精解 吉象万年暦

―気学、紫微斗数、推命、断易活用―

昭和元年(1926)～令和50年(2068)

― 目 次 ―

　日の「九星」について …………………4
　万年暦の見方 ……………………………5

万年暦　昭和元年 (1926) 〜令和50年 (2068) …6

各種占術表
　地域別・時差一覧表 …………………292
　推命関係各表 …………………………293
　紫微斗数関係各表 ……………………300
　気学関係各表 …………………………314
　断易関係各表 …………………………322

日の「九星」について

「冬至」近くの「甲子」の日に「一白」を配置し「陽遁」が始まり、夏至近くの「甲子」の日に「九紫」を配置し「陰遁」が始まります。

この「冬夏至」近くの「甲子」の日の考え方は、「冬至」「夏至」を中心に考えた場合「小雪」より後「立春」より前に「甲子」がある場合に、ここから「陽遁上元」を起こし、「夏至」の場合は「小満」より後、「立秋」より前に「甲子」がある場合は、ここから「陰遁上元」を起こします。

たとえば、2019年は、「夏至」近くの「甲子」日は5月27日でここから「陰遁」が起こり、180日後の「甲子」日は11月23日（正確には22日23時が起点）ですが、これは、「小雪」（22日23：58）より前にあるため、ここに「閏」を置きます。

「冬至」に「閏」を置くときは、前半30日を「陰遁」として「甲子」の日に「九紫」を配置し、後半30日を「陽遁」として「甲子」の日に「七赤」を配置します。

「夏至」に「閏」を置くときは、前半30日を「陽遁」として「甲子」の日に「一白」を配置し、後半30日を「陰遁」として「甲午」の日に「三碧」を配置します。

4

―万年暦の見方―

平成元年	1989年	己巳年	二黒土星		
12月丙子	11月乙亥	10月甲戌	9月癸酉	8月壬申	7月辛未
7日 12：20	7日 19：33	8日 16：27	8日 00：54	7日 22：04	7日 12：19
22日 06：21	22日 17：04	23日 19：35	23日 10：20	23日 12：46	23日 05：45
一白水星	二黒土星	三碧木星	四緑木星	五黄土星	六白金星

- 年の干支 / 年の九星
- 月の干支
- 節入
- 中節
- 月の九星

1	11月4日	二黒	乙未	10月3日	五黄	乙丑	9月2日	九紫	甲午	8月2日	三碧	甲子	6月30日	七赤	癸巳	5月28日	八白	壬戌
2	11月5日	一白	丙申	10月4日	四緑	丙寅	9月3日	八白	乙未	8月3日	二黒	乙丑	7月1日	六白	甲午	5月29日	九紫	癸亥
3	11月6日	九紫	丁酉	10月5日	三碧	丁卯	9月4日	七赤	丙申	8月4日	一白	丙寅	7月2日	五黄	乙未	6月1日	九紫	甲子
4	11月7日	八白	戊戌	10月6日	二黒	戊辰	9月5日	六白	丁酉	8月5日	九紫	丁卯	7月3日	四緑	丙申	6月2日	八白	乙丑
5	11月8日	七赤	己亥	10月7日	一白	己巳	9月6日	五黄	戊戌	8月6日	八白	戊辰	7月4日	三碧	丁酉	6月3日	七赤	丙寅
6	11月9日	六白	庚子	10月8日	九紫	庚午	9月7日	四緑	己亥	8月7日	七赤	己巳	7月5日	二黒	戊戌	6月4日	六白	丁卯
7	11月10日	五黄	辛丑	10月9日	八白	辛未	9月8日	三碧	庚子	8月8日	六白	庚午	7月6日	一白	己亥	6月5日	五黄	戊辰
8	11月11日	四緑	壬寅	10月10日	七赤	壬申	9月9日	二黒	辛丑	8月9日	五黄	辛未	7月7日	九紫	庚子	6月6日	四緑	己巳
9	11月12日	三碧	癸卯	10月11日	六白	癸酉	9月10日	一白	壬寅	8月10日	四緑	壬申	7月8日	八白	辛丑	6月7日	三碧	庚午
10	11月13日	二黒	甲辰	10月12日	五黄	甲戌	9月11日	九紫	癸卯	8月11日	三碧	癸酉	7月9日	七赤	壬寅	6月8日	二黒	辛未
11	11月14日	一白	乙巳	10月13日	四緑	乙亥	9月12日	八白	甲辰	8月12日	二黒	甲戌	7月10日	六白	癸卯	6月9日	一白	壬申
12	11月15日	九紫	丙午	10月14日	三碧	丙子	9月13日	七赤	乙巳	8月13日	一白	乙亥	7月11日	五黄	甲辰	6月10日	九紫	癸酉
13	11月16日	八白	丁未	10月15日	二黒	丁丑	9月14日	六白	丙午	8月14日	九紫	丙子	7月12日	四緑	乙巳	6月11日	八白	甲戌
14	11月17日	七赤	戊申	10月16日	一白	戊寅	9月15日	五黄	丁未	8月15日	八白	丁丑	7月13日	三碧	丙午	6月12日	七赤	乙亥
15	11月18日	六白	己酉	10月17日	九紫	己卯	9月16日	四緑	戊申	8月16日	七赤	戊寅	7月14日	二黒	丁未	6月13日	六白	丙子
16	11月19日	五黄	庚戌	10月18日	八白	庚辰	9月17日	三碧	己酉	8月17日	六白	己卯	7月15日	一白	戊申	6月14日	五黄	丁丑
17	11月20日	四緑	辛亥	10月19日	七赤	辛巳	9月18日	二黒	庚戌	8月18日	五黄	庚辰	7月16日	九紫	己酉	6月15日	四緑	戊寅
18	11月21日	三碧	壬子	10月20日	六白	壬午	9月19日	一白	辛亥	8月19日	四緑	辛巳	7月17日	八白	庚戌	6月16日	三碧	己卯
19	11月22日	二黒	癸丑	10月21日	五黄	癸未	9月20日	九紫	壬子	8月20日	三碧	壬午	7月18日	七赤	辛亥	6月17日	二黒	庚辰
20	11月23日	一白	甲寅	10月22日	四緑	甲申	9月21日	八白	癸丑	8月21日	二黒	癸未	7月19日	六白	壬子	6月18日	一白	辛巳
21	11月24日	九紫	乙卯	10月23日	三碧	乙酉	9月22日	七赤	甲寅	8月22日	一白	甲申	7月20日	五黄	癸丑	6月19日	九紫	壬午
22	11月25日	八白	丙辰	10月24日	二黒	丙戌	9月23日	六白	乙卯	8月23日	九紫	乙酉	7月21日	四緑	甲寅	6月20日	八白	癸未
23	11月26日	七赤	丁巳	10月25日	一白	丁亥	9月24日	五黄	丙辰	8月24日	八白	丙戌	7月22日	三碧	乙卯	6月21日	七赤	甲申
24	11月27日	六白	戊午	10月26日	九紫	戊子	9月25日	四緑	丁巳	8月25日	七赤	丁亥	7月23日	二黒	丙辰	6月22日	六白	乙酉
25	11月28日	五黄	己未	10月27日	八白	己丑	9月26日	三碧	戊午	8月26日	六白	戊子	7月24日	一白	丁巳	6月23日	五黄	丙戌
26	11月29日	四緑	庚申	10月28日	七赤	庚寅	9月27日	二黒	己未	8月27日	五黄	己丑	7月25日	九紫	戊午	6月24日	四緑	丁亥
27	11月30日	三碧	辛酉	10月29日	六白	辛卯	9月28日	一白	庚申	8月28日	四緑	庚寅	7月26日	八白	己未	6月25日	三碧	戊子
28	12月1日	二黒	壬戌	11月1日	五黄	壬辰	9月29日	九紫	辛酉	8月29日	三碧	辛卯	7月27日	七赤	庚申	6月26日	二黒	己丑
29	12月2日	一白	癸亥	11月2日	四緑	癸巳	9月30日	八白	壬戌	8月30日	二黒	壬辰	7月28日	六白	辛酉	6月27日	一白	庚寅
30	12月3日	一白	甲子	11月3日	三碧	甲午	10月1日	七赤	癸亥	9月1日	一白	癸巳	7月29日	五黄	壬戌	6月28日	九紫	辛卯
31	12月4日	二黒	乙丑				10月2日	六白	甲子				8月1日	四緑	癸亥	6月29日	八白	壬辰

- 現行のカレンダー
- （なし陽遁）
- 陰遁
- 節入
- 太陰暦（旧暦）
- 日の九星
- 日の干支

5　万年暦の見方

6月甲午			5月癸巳			4月壬辰			3月辛卯			2月庚寅			1月己丑			
6日 20:41			6日 16:07			5日 22:18			6日 17:00			4日 22:39			6日 10:54			
22日 13:29			22日 05:13			21日 05:35			21日 18:01			19日 18:35			21日 04:13			
七赤金星			八白土星			九紫火星			一白水星			二黒土星			三碧木星			
4月21日	七赤	辛酉	3月20日	三碧	庚寅	2月19日	九紫	庚申	1月17日	五黄	己丑	12月19日	四緑	辛酉	11月17日	九紫	庚寅	1
4月22日	八白	壬戌	3月21日	四緑	辛卯	2月20日	一白	辛酉	1月18日	六白	庚寅	12月20日	五黄	壬戌	11月18日	一白	辛卯	2
4月23日	九紫	癸亥	3月22日	五黄	壬辰	2月21日	二黒	壬戌	1月19日	七赤	辛卯	12月21日	六白	癸亥	11月19日	二黒	壬辰	3
4月24日	九紫	甲子	3月23日	六白	癸巳	2月22日	三碧	癸亥	1月20日	八白	壬辰	12月22日	七赤	甲子	11月20日	三碧	癸巳	4
4月25日	八白	乙丑	3月24日	七赤	甲午	2月23日	四緑	甲子	1月21日	九紫	癸巳	12月23日	八白	乙丑	11月21日	四緑	甲午	5
4月26日	七赤	丙寅	3月25日	八白	乙未	2月24日	五黄	乙丑	1月22日	一白	甲午	12月24日	九紫	丙寅	11月22日	五黄	乙未	6
4月27日	六白	丁卯	3月26日	九紫	丙申	2月25日	六白	丙寅	1月23日	二黒	乙未	12月25日	一白	丁卯	11月23日	六白	丙申	7
4月28日	五黄	戊辰	3月27日	一白	丁酉	2月26日	七赤	丁卯	1月24日	三碧	丙申	12月26日	二黒	戊辰	11月24日	七赤	丁酉	8
4月29日	四緑	己巳	3月28日	二黒	戊戌	2月27日	八白	戊辰	1月25日	四緑	丁酉	12月27日	三碧	己巳	11月25日	八白	戊戌	9
5月1日	三碧	庚午	3月29日	三碧	己亥	2月28日	九紫	己巳	1月26日	五黄	戊戌	12月28日	四緑	庚午	11月26日	九紫	己亥	10
5月2日	二黒	辛未	3月30日	四緑	庚子	2月29日	一白	庚午	1月27日	六白	己亥	12月29日	五黄	辛未	11月27日	一白	庚子	11
5月3日	一白	壬申	4月1日	五黄	辛丑	3月1日	二黒	辛未	1月28日	七赤	庚子	12月30日	六白	壬申	11月28日	二黒	辛丑	12
5月4日	九紫	癸酉	4月2日	六白	壬寅	3月2日	三碧	壬申	1月29日	八白	辛丑	1月1日	七赤	癸酉	11月29日	三碧	壬寅	13
5月5日	八白	甲戌	4月3日	七赤	癸卯	3月3日	四緑	癸酉	2月1日	九紫	壬寅	1月2日	八白	甲戌	12月1日	四緑	癸卯	14
5月6日	七赤	乙亥	4月4日	八白	甲辰	3月4日	五黄	甲戌	2月2日	一白	癸卯	1月3日	九紫	乙亥	12月2日	五黄	甲辰	15
5月7日	六白	丙子	4月5日	九紫	乙巳	3月5日	六白	乙亥	2月3日	二黒	甲辰	1月4日	一白	丙子	12月3日	六白	乙巳	16
5月8日	五黄	丁丑	4月6日	一白	丙午	3月6日	七赤	丙子	2月4日	三碧	乙巳	1月5日	二黒	丁丑	12月4日	七赤	丙午	17
5月9日	四緑	戊寅	4月7日	二黒	丁未	3月7日	八白	丁丑	2月5日	四緑	丙午	1月6日	三碧	戊寅	12月5日	八白	丁未	18
5月10日	三碧	己卯	4月8日	三碧	戊申	3月8日	九紫	戊寅	2月6日	五黄	丁未	1月7日	四緑	己卯	12月6日	九紫	戊申	19
5月11日	二黒	庚辰	4月9日	四緑	己酉	3月9日	一白	己卯	2月7日	六白	戊申	1月8日	五黄	庚辰	12月7日	一白	己酉	20
5月12日	一白	辛巳	4月10日	五黄	庚戌	3月10日	二黒	庚辰	2月8日	七赤	己酉	1月9日	六白	辛巳	12月8日	二黒	庚戌	21
5月13日	九紫	壬午	4月11日	六白	辛亥	3月11日	三碧	辛巳	2月9日	八白	庚戌	1月10日	七赤	壬午	12月9日	三碧	辛亥	22
5月14日	八白	癸未	4月12日	七赤	壬子	3月12日	四緑	壬午	2月10日	九紫	辛亥	1月11日	八白	癸未	12月10日	四緑	壬子	23
5月15日	七赤	甲申	4月13日	八白	癸丑	3月13日	五黄	癸未	2月11日	一白	壬子	1月12日	九紫	甲申	12月11日	五黄	癸丑	24
5月16日	六白	乙酉	4月14日	九紫	甲寅	3月14日	六白	甲申	2月12日	二黒	癸丑	1月13日	一白	乙酉	12月12日	六白	甲寅	25
5月17日	五黄	丙戌	4月15日	一白	乙卯	3月15日	七赤	乙酉	2月13日	三碧	甲寅	1月14日	二黒	丙戌	12月13日	七赤	乙卯	26
5月18日	四緑	丁亥	4月16日	二黒	丙辰	3月16日	八白	丙戌	2月14日	四緑	乙卯	1月15日	三碧	丁亥	12月14日	八白	丙辰	27
5月19日	三碧	戊子	4月17日	三碧	丁巳	3月17日	九紫	丁亥	2月15日	五黄	丙辰	1月16日	四緑	戊子	12月15日	九紫	丁巳	28
5月20日	二黒	己丑	4月18日	四緑	戊午	3月18日	一白	戊子	2月16日	六白	丁巳				12月16日	一白	戊午	29
5月21日	一白	庚寅	4月19日	五黄	己未	3月19日	二黒	己丑	2月17日	七赤	戊午				12月17日	二黒	己未	30
			4月20日	六白	庚申				2月18日	八白	己未				12月18日	三碧	庚申	31

昭和元年		1926年		丙寅年		二黒土星					
12月庚子		11月己亥		10月戊戌		9月丁酉		8月丙申		7月乙未	
8日 05：38		8日 13：07		9日 10：24		8日 19：16		8日 16：45		8日 07：06	
22日 23：33		23日 10：27		24日 13：17		24日 04：27		24日 07：15		24日 00：25	
一白水星		二黒土星		三碧木星		四緑木星		五黄土星		六白金星	

1	10月27日	一白	甲子	9月26日	三碧	甲午	8月25日	七赤	癸亥	7月25日	一白	癸巳	6月23日	五黄	壬戌	5月22日	九紫	辛巳
2	10月28日	二黒	乙丑	9月27日	二黒	乙未	8月26日	六白	甲子	7月26日	九紫	甲午	6月24日	四緑	癸亥	5月23日	八白	壬午
3	10月29日	三碧	丙寅	9月28日	一白	丙申	8月27日	五黄	乙丑	7月27日	八白	乙未	6月25日	三碧	甲子	5月24日	七赤	癸未
4	10月30日	四緑	丁卯	9月29日	九紫	丁酉	8月28日	四緑	丙寅	7月28日	七赤	丙申	6月26日	二黒	乙丑	5月25日	六白	甲午
5	11月1日	五黄	戊辰	10月1日	八白	戊戌	8月29日	三碧	丁卯	7月29日	六白	丁酉	6月27日	一白	丙寅	5月26日	五黄	乙未
6	11月2日	六白	己巳	10月2日	七赤	己亥	8月30日	二黒	戊辰	7月30日	五黄	戊戌	6月28日	九紫	丁卯	5月27日	四緑	丙申
7	11月3日	七赤	庚午	10月3日	六白	庚子	9月1日	一白	己巳	8月1日	四緑	己亥	6月29日	八白	戊辰	5月28日	三碧	丁酉
8	11月4日	八白	辛未	10月4日	五黄	辛丑	9月2日	九紫	庚午	8月2日	三碧	庚子	7月1日	七赤	己巳	5月29日	二黒	戊戌
9	11月5日	九紫	壬申	10月5日	四緑	壬寅	9月3日	八白	辛未	8月3日	二黒	辛丑	7月2日	六白	庚午	5月30日	一白	己亥
10	11月6日	一白	癸酉	10月6日	三碧	癸卯	9月4日	七赤	壬申	8月4日	一白	壬寅	7月3日	五黄	辛未	6月1日	九紫	庚子
11	11月7日	二黒	甲戌	10月7日	二黒	甲辰	9月5日	六白	癸酉	8月5日	九紫	癸卯	7月4日	四緑	壬申	6月2日	八白	辛丑
12	11月8日	三碧	乙亥	10月8日	一白	乙巳	9月6日	五黄	甲戌	8月6日	八白	甲辰	7月5日	三碧	癸酉	6月3日	七赤	壬寅
13	11月9日	四緑	丙子	10月9日	九紫	丙午	9月7日	四緑	乙亥	8月7日	七赤	乙巳	7月6日	二黒	甲戌	6月4日	六白	癸卯
14	11月10日	五黄	丁丑	10月10日	八白	丁未	9月8日	三碧	丙子	8月8日	六白	丙午	7月7日	一白	乙亥	6月5日	五黄	甲辰
15	11月11日	六白	戊寅	10月11日	七赤	戊申	9月9日	二黒	丁丑	8月9日	五黄	丁未	7月8日	九紫	丙子	6月6日	四緑	乙巳
16	11月12日	七赤	己卯	10月12日	六白	己酉	9月10日	一白	戊寅	8月10日	四緑	戊申	7月9日	八白	丁丑	6月7日	三碧	丙午
17	11月13日	八白	庚辰	10月13日	五黄	庚戌	9月11日	九紫	己卯	8月11日	三碧	己酉	7月10日	七赤	戊寅	6月8日	二黒	丁未
18	11月14日	九紫	辛巳	10月14日	四緑	辛亥	9月12日	八白	庚辰	8月12日	二黒	庚戌	7月11日	六白	己卯	6月9日	一白	戊申
19	11月15日	一白	壬午	10月15日	三碧	壬子	9月13日	七赤	辛巳	8月13日	一白	辛亥	7月12日	五黄	庚辰	6月10日	九紫	己酉
20	11月16日	二黒	癸未	10月16日	二黒	癸丑	9月14日	六白	壬午	8月14日	九紫	壬子	7月13日	四緑	辛巳	6月11日	八白	庚戌
21	11月17日	三碧	甲申	10月17日	一白	甲寅	9月15日	五黄	癸未	8月15日	八白	癸丑	7月14日	三碧	壬午	6月12日	七赤	辛亥
22	11月18日	四緑	乙酉	10月18日	九紫	乙卯	9月16日	四緑	甲申	8月16日	七赤	甲寅	7月15日	二黒	癸未	6月13日	六白	壬子
23	11月19日	五黄	丙戌	10月19日	八白	丙辰	9月17日	三碧	乙酉	8月17日	六白	乙卯	7月16日	一白	甲申	6月14日	五黄	癸丑
24	11月20日	六白	丁亥	10月20日	七赤	丁巳	9月18日	二黒	丙戌	8月18日	五黄	丙辰	7月17日	九紫	乙酉	6月15日	四緑	甲寅
25	11月21日	七赤	戊子	10月21日	六白	戊午	9月19日	一白	丁亥	8月19日	四緑	丁巳	7月18日	八白	丙戌	6月16日	三碧	乙卯
26	11月22日	八白	己丑	10月22日	五黄	己未	9月20日	九紫	戊子	8月20日	三碧	戊午	7月19日	七赤	丁亥	6月17日	二黒	丙辰
27	11月23日	九紫	庚寅	10月23日	四緑	庚申	9月21日	八白	己丑	8月21日	二黒	己未	7月20日	六白	戊子	6月18日	一白	丁巳
28	11月24日	一白	辛卯	10月24日	三碧	辛酉	9月22日	七赤	庚寅	8月22日	一白	庚申	7月21日	五黄	己丑	6月19日	九紫	戊午
29	11月25日	二黒	壬辰	10月25日	二黒	壬戌	9月23日	六白	辛卯	8月23日	九紫	辛酉	7月22日	四緑	庚寅	6月20日	八白	己未
30	11月26日	三碧	癸巳	10月26日	一白	癸亥	9月24日	五黄	壬辰	8月24日	八白	壬戌	7月23日	三碧	辛卯	6月21日	七赤	庚申
31	11月27日	四緑	甲午				9月25日	四緑	癸巳				7月24日	二黒	壬辰	6月22日	六白	辛酉

6月丙午	5月乙巳	4月甲辰	3月癸卯	2月壬寅	1月辛丑	
7日 02：24	6日 21：52	6日 04：05	6日 22：51	5日 04：31	6日 16：45	
22日 19：22	22日 11：07	21日 11：31	21日 23：59	20日 00：35	21日 10：13	
四緑木星	五黄土星	六白金星	七赤金星	八白土星	九紫火星	
5月2日 七赤 丙寅	4月1日 八白 乙未	2月29日 五黄 乙丑	1月28日 一白 甲午	12月29日 九紫 丙寅	11月28日 五黄 乙未	1
5月3日 六白 丁卯	4月2日 九紫 丙申	3月1日 六白 丙寅	1月29日 二黒 乙未	1月1日 一白 丁卯	11月29日 六白 丙申	2
5月4日 五黄 戊辰	4月3日 一白 丁酉	3月2日 七赤 丁卯	1月30日 三碧 丙申	1月2日 二黒 戊辰	11月30日 七赤 丁酉	3
5月5日 四緑 己巳	4月4日 二黒 戊戌	3月3日 八白 戊辰	2月1日 四緑 丁酉	1月3日 三碧 己巳	12月1日 八白 戊戌	4
5月6日 三碧 庚午	4月5日 三碧 己亥	3月4日 九紫 己巳	2月2日 五黄 戊戌	1月4日 四緑 庚午	12月2日 九紫 己亥	5
5月7日 二黒 辛未	4月6日 四緑 庚子	3月5日 一白 庚午	2月3日 六白 己亥	1月5日 五黄 辛未	12月3日 一白 庚子	6
5月8日 一白 壬申	4月7日 五黄 辛丑	3月6日 二黒 辛未	2月4日 七赤 庚子	1月6日 六白 壬申	12月4日 二黒 辛丑	7
5月9日 九紫 癸酉	4月8日 六白 壬寅	3月7日 三碧 壬申	2月5日 八白 辛丑	1月7日 七赤 癸酉	12月5日 三碧 壬寅	8
5月10日 八白 甲戌	4月9日 七赤 癸卯	3月8日 四緑 癸酉	2月6日 九紫 壬寅	1月8日 八白 甲戌	12月6日 四緑 癸卯	9
5月11日 七赤 乙亥	4月10日 八白 甲辰	3月9日 五黄 甲戌	2月7日 一白 癸卯	1月9日 九紫 乙亥	12月7日 五黄 甲辰	10
5月12日 六白 丙子	4月11日 九紫 乙巳	3月10日 六白 乙亥	2月8日 二黒 甲辰	1月10日 一白 丙子	12月8日 六白 乙巳	11
5月13日 五黄 丁丑	4月12日 一白 丙午	3月11日 七赤 丙子	2月9日 三碧 乙巳	1月11日 二黒 丁丑	12月9日 七赤 丙午	12
5月14日 四緑 戊寅	4月13日 二黒 丁未	3月12日 八白 丁丑	2月10日 四緑 丙午	1月12日 三碧 戊寅	12月10日 八白 丁未	13
5月15日 三碧 己卯	4月14日 三碧 戊申	3月13日 九紫 戊寅	2月11日 五黄 丁未	1月13日 四緑 己卯	12月11日 九紫 戊申	14
5月16日 二黒 庚辰	4月15日 四緑 己酉	3月14日 一白 己卯	2月12日 六白 戊申	1月14日 五黄 庚辰	12月12日 一白 己酉	15
5月17日 一白 辛巳	4月16日 五黄 庚戌	3月15日 二黒 庚辰	2月13日 七赤 己酉	1月15日 六白 辛巳	12月13日 二黒 庚戌	16
5月18日 九紫 壬午	4月17日 六白 辛亥	3月16日 三碧 辛巳	2月14日 八白 庚戌	1月16日 七赤 壬午	12月14日 三碧 辛亥	17
5月19日 八白 癸未	4月18日 七赤 壬子	3月17日 四緑 壬午	2月15日 九紫 辛亥	1月17日 八白 癸未	12月15日 四緑 壬子	18
5月20日 七赤 甲申	4月19日 八白 癸丑	3月18日 五黄 癸未	2月16日 一白 壬子	1月18日 九紫 甲申	12月16日 五黄 癸丑	19
5月21日 六白 乙酉	4月20日 九紫 甲寅	3月19日 六白 甲申	2月17日 二黒 癸丑	1月19日 一白 乙酉	12月17日 六白 甲寅	20
5月22日 五黄 丙戌	4月21日 一白 乙卯	3月20日 七赤 乙酉	2月18日 三碧 甲寅	1月20日 二黒 丙戌	12月18日 七赤 乙卯	21
5月23日 四緑 丁亥	4月22日 二黒 丙辰	3月21日 八白 丙戌	2月19日 四緑 乙卯	1月21日 三碧 丁亥	12月19日 八白 丙辰	22
5月24日 三碧 戊子	4月23日 三碧 丁巳	3月22日 九紫 丁亥	2月20日 五黄 丙辰	1月22日 四緑 戊子	12月20日 九紫 丁巳	23
5月25日 二黒 己丑	4月24日 四緑 戊午	3月23日 一白 戊子	2月21日 六白 丁巳	1月23日 五黄 己丑	12月21日 一白 戊午	24
5月26日 一白 庚寅	4月25日 五黄 己未	3月24日 二黒 己丑	2月22日 七赤 戊午	1月24日 六白 庚寅	12月22日 二黒 己未	25
5月27日 九紫 辛卯	4月26日 六白 庚申	3月25日 三碧 庚寅	2月23日 八白 己未	1月25日 七赤 辛卯	12月23日 三碧 庚申	26
5月28日 八白 壬辰	4月27日 七赤 辛酉	3月26日 四緑 辛卯	2月24日 九紫 庚申	1月26日 八白 壬辰	12月24日 四緑 辛酉	27
5月29日 七赤 癸巳	4月28日 八白 壬戌	3月27日 五黄 壬辰	2月25日 一白 辛酉	1月27日 九紫 癸巳	12月25日 五黄 壬戌	28
6月1日 六白 甲午	4月29日 九紫 癸亥	3月28日 六白 癸巳	2月26日 二黒 壬戌		12月26日 六白 癸亥	29
6月2日 五黄 乙未	4月30日 九紫 甲子	3月29日 七赤 甲午	2月27日 三碧 癸亥		12月27日 七赤 甲子	30
	5月1日 八白 乙丑		2月28日 四緑 甲子		12月28日 八白 乙丑	31

8

昭和2年			1927年			丁卯年			一白水星		
12月壬子			11月辛亥			10月庚戌			9月己酉			8月戊申			7月丁未		
8日 11：26			8日 18：56			9日 16：14			9日 01：06			8日 22：32			8日 12：50		
23日 05：19			23日 16：13			24日 19：06			24日 10：17			24日 13：06			24日 06：17		
七赤金星			八白土星			九紫火星			一白水星			二黒土星			三碧木星		

1	11月8日	六白	己巳	10月7日	七赤	己亥	9月6日	二黒	戊辰	8月6日	五黄	戊戌	7月4日	九紫	丁卯	6月3日	四緑	丙寅
2	11月9日	七赤	庚午	10月8日	六白	庚子	9月7日	一白	己巳	8月7日	四緑	己亥	7月5日	八白	戊辰	6月4日	三碧	丁卯
3	11月10日	八白	辛未	10月9日	五黄	辛丑	9月8日	九紫	庚午	8月8日	三碧	庚子	7月6日	七赤	己巳	6月5日	二黒	戊辰
4	11月11日	九紫	壬申	10月10日	四緑	壬寅	9月9日	八白	辛未	8月9日	二黒	辛丑	7月7日	六白	庚午	6月6日	一白	己巳
5	11月12日	一白	癸酉	10月11日	三碧	癸卯	9月10日	七赤	壬申	8月10日	一白	壬寅	7月8日	五黄	辛未	6月7日	九紫	庚午
6	11月13日	二黒	甲戌	10月12日	二黒	甲辰	9月11日	六白	癸酉	8月11日	九紫	癸卯	7月9日	四緑	壬申	6月8日	八白	辛未
7	11月14日	三碧	乙亥	10月13日	一白	乙巳	9月12日	五黄	甲戌	8月12日	八白	甲辰	7月10日	三碧	癸酉	6月9日	七赤	壬申
8	11月15日	四緑	丙子	10月14日	九紫	丙午	9月13日	四緑	乙亥	8月13日	七赤	乙巳	7月11日	二黒	甲戌	6月10日	六白	癸酉
9	11月16日	五黄	丁丑	10月15日	八白	丁未	9月14日	三碧	丙子	8月14日	六白	丙午	7月12日	一白	乙亥	6月11日	五黄	甲戌
10	11月17日	六白	戊寅	10月16日	七赤	戊申	9月15日	二黒	丁丑	8月15日	五黄	丁未	7月13日	九紫	丙子	6月12日	四緑	乙亥
11	11月18日	七赤	己卯	10月17日	六白	己酉	9月16日	一白	戊寅	8月16日	四緑	戊申	7月14日	八白	丁丑	6月13日	三碧	丙子
12	11月19日	八白	庚辰	10月18日	五黄	庚戌	9月17日	九紫	己卯	8月17日	三碧	己酉	7月15日	七赤	戊寅	6月14日	二黒	丁丑
13	11月20日	九紫	辛巳	10月19日	四緑	辛亥	9月18日	八白	庚辰	8月18日	二黒	庚戌	7月16日	六白	己卯	6月15日	一白	戊寅
14	11月21日	一白	壬午	10月20日	三碧	壬子	9月19日	七赤	辛巳	8月19日	一白	辛亥	7月17日	五黄	庚辰	6月16日	九紫	己卯
15	11月22日	二黒	癸未	10月21日	二黒	癸丑	9月20日	六白	壬午	8月20日	九紫	壬子	7月18日	四緑	辛巳	6月17日	八白	庚辰
16	11月23日	三碧	甲申	10月22日	一白	甲寅	9月21日	五黄	癸未	8月21日	八白	癸丑	7月19日	三碧	壬午	6月18日	七赤	辛巳
17	11月24日	四緑	乙酉	10月23日	九紫	乙卯	9月22日	四緑	甲申	8月22日	七赤	甲寅	7月20日	二黒	癸未	6月19日	六白	壬午
18	11月25日	五黄	丙戌	10月24日	八白	丙辰	9月23日	三碧	乙酉	8月23日	六白	乙卯	7月21日	一白	甲申	6月20日	五黄	癸未
19	11月26日	六白	丁亥	10月25日	七赤	丁巳	9月24日	二黒	丙戌	8月24日	五黄	丙辰	7月22日	九紫	乙酉	6月21日	四緑	甲申
20	11月27日	七赤	戊子	10月26日	六白	戊午	9月25日	一白	丁亥	8月25日	四緑	丁巳	7月23日	八白	丙戌	6月22日	三碧	乙酉
21	11月28日	八白	己丑	10月27日	五黄	己未	9月26日	九紫	戊子	8月26日	三碧	戊午	7月24日	七赤	丁亥	6月23日	二黒	丙戌
22	11月29日	九紫	庚寅	10月28日	四緑	庚申	9月27日	八白	己丑	8月27日	二黒	己未	7月25日	六白	戊子	6月24日	一白	丁亥
23	11月30日	一白	辛卯	10月29日	三碧	辛酉	9月28日	七赤	庚寅	8月28日	一白	庚申	7月26日	五黄	己丑	6月25日	九紫	戊子
24	12月1日	二黒	壬辰	11月1日	二黒	壬戌	9月29日	六白	辛卯	8月29日	九紫	辛酉	7月27日	四緑	庚寅	6月26日	八白	己丑
25	12月2日	三碧	癸巳	11月2日	一白	癸亥	9月30日	五黄	壬辰	8月30日	八白	壬戌	7月28日	三碧	辛卯	6月27日	七赤	庚寅
26	12月3日	四緑	甲午	11月3日	一白	甲子	10月1日	四緑	癸巳	9月1日	七赤	癸亥	7月29日	二黒	壬辰	6月28日	六白	辛卯
27	12月4日	五黄	乙未	11月4日	二黒	乙丑	10月2日	三碧	甲午	9月2日	六白	甲子	8月1日	一白	癸巳	6月29日	五黄	壬辰
28	12月5日	六白	丙申	11月5日	三碧	丙寅	10月3日	二黒	乙未	9月3日	五黄	乙丑	8月2日	九紫	甲午	6月30日	四緑	癸巳
29	12月6日	七赤	丁酉	11月6日	四緑	丁卯	10月4日	一白	丙申	9月4日	四緑	丙寅	8月3日	八白	乙未	7月1日	三碧	甲午
30	12月7日	八白	戊戌	11月7日	五黄	戊辰	10月5日	九紫	丁酉	9月5日	三碧	丁卯	8月4日	七赤	丙申	7月2日	二黒	乙未
31	12月8日	九紫	己亥				10月6日	八白	戊戌				8月5日	六白	丁酉	7月3日	一白	丙申

万年暦

6月戊午			5月丁巳			4月丙辰			3月乙卯			2月甲寅			1月癸丑			
6日 08：17			6日 03：42			5日 09：54			6日 04：37			5日 10：17			6日 22：32			
22日 01：07			21日 16：51			20日 17：15			21日 05：44			20日 06：20			21日 15：57			
一白水星			二黒土星			三碧木星			四緑木星			五黄土星			六白金星			
4月14日	九紫	壬申	3月12日	五黄	辛丑	閏2月11日	二黒	辛未	2月10日	七赤	庚子	1月10日	五黄	辛未	12月9日	一白	庚子	1
4月15日	一白	癸酉	3月13日	六白	壬寅	閏2月12日	三碧	壬申	2月11日	八白	辛丑	1月11日	六白	壬申	12月10日	二黒	辛丑	2
4月16日	二黒	甲戌	3月14日	七赤	癸卯	閏2月13日	四緑	癸酉	2月12日	九紫	壬寅	1月12日	七赤	癸酉	12月11日	三碧	壬寅	3
4月17日	三碧	乙亥	3月15日	八白	甲辰	閏2月14日	五黄	甲戌	2月13日	一白	癸卯	1月13日	八白	甲戌	12月12日	四緑	癸卯	4
4月18日	四緑	丙子	3月16日	九紫	乙巳	閏2月15日	六白	乙亥	2月14日	二黒	甲辰	1月14日	九紫	乙亥	12月13日	五黄	甲辰	5
4月19日	五黄	丁丑	3月17日	一白	丙午	閏2月16日	七赤	丙子	2月15日	三碧	乙巳	1月15日	一白	丙子	12月14日	六白	乙巳	6
4月20日	六白	戊寅	3月18日	二黒	丁未	閏2月17日	八白	丁丑	2月16日	四緑	丙午	1月16日	二黒	丁丑	12月15日	七赤	丙午	7
4月21日	七赤	己卯	3月19日	三碧	戊申	閏2月18日	九紫	戊寅	2月17日	五黄	丁未	1月17日	三碧	戊寅	12月16日	八白	丁未	8
4月22日	八白	庚辰	3月20日	四緑	己酉	閏2月19日	一白	己卯	2月18日	六白	戊申	1月18日	四緑	己卯	12月17日	九紫	戊申	9
4月23日	九紫	辛巳	3月21日	五黄	庚戌	閏2月20日	二黒	庚辰	2月19日	七赤	己酉	1月19日	五黄	庚辰	12月18日	一白	己酉	10
4月24日	一白	壬午	3月22日	六白	辛亥	閏2月21日	三碧	辛巳	2月20日	八白	庚戌	1月20日	六白	辛巳	12月19日	二黒	庚戌	11
4月25日	二黒	癸未	3月23日	七赤	壬子	閏2月22日	四緑	壬午	2月21日	九紫	辛亥	1月21日	七赤	壬午	12月20日	三碧	辛亥	12
4月26日	三碧	甲申	3月24日	八白	癸丑	閏2月23日	五黄	癸未	2月22日	一白	壬子	1月22日	八白	癸未	12月21日	四緑	壬子	13
4月27日	四緑	乙酉	3月25日	九紫	甲寅	閏2月24日	六白	甲申	2月23日	二黒	癸丑	1月23日	九紫	甲申	12月22日	五黄	癸丑	14
4月28日	五黄	丙戌	3月26日	一白	乙卯	閏2月25日	七赤	乙酉	2月24日	三碧	甲寅	1月24日	一白	乙酉	12月23日	六白	甲寅	15
4月29日	六白	丁亥	3月27日	二黒	丙辰	閏2月26日	八白	丙戌	2月25日	四緑	乙卯	1月25日	二黒	丙戌	12月24日	七赤	乙卯	16
4月30日	七赤	戊子	3月28日	三碧	丁巳	閏2月27日	九紫	丁亥	2月26日	五黄	丙辰	1月26日	三碧	丁亥	12月25日	八白	丙辰	17
5月1日	八白	己丑	3月29日	四緑	戊午	閏2月28日	一白	戊子	2月27日	六白	丁巳	1月27日	四緑	戊子	12月26日	九紫	丁巳	18
5月2日	九紫	庚寅	4月1日	五黄	己未	閏2月29日	二黒	己丑	2月28日	七赤	戊午	1月28日	五黄	己丑	12月27日	一白	戊午	19
5月3日	一白	辛卯	4月2日	六白	庚申	3月1日	三碧	庚寅	2月29日	八白	己未	1月29日	六白	庚寅	12月28日	二黒	己未	20
5月4日	二黒	壬辰	4月3日	七赤	辛酉	3月2日	四緑	辛卯	2月30日	九紫	庚申	2月1日	七赤	辛卯	12月29日	三碧	庚申	21
5月5日	三碧	癸巳	4月4日	八白	壬戌	3月3日	五黄	壬辰	閏2月1日	一白	辛酉	2月2日	八白	壬辰	12月30日	四緑	辛酉	22
5月6日	三碧	甲午	4月5日	九紫	癸亥	3月4日	六白	癸巳	閏2月2日	二黒	壬戌	2月3日	九紫	癸巳	1月1日	五黄	壬戌	23
5月7日	二黒	乙未	4月6日	一白	甲子	3月5日	七赤	甲午	閏2月3日	三碧	癸亥	2月4日	一白	甲午	1月2日	六白	癸亥	24
5月8日	一白	丙申	4月7日	二黒	乙丑	3月6日	八白	乙未	閏2月4日	四緑	甲子	2月5日	二黒	乙未	1月3日	七赤	甲子	25
5月9日	九紫	丁酉	4月8日	三碧	丙寅	3月7日	九紫	丙申	閏2月5日	五黄	乙丑	2月6日	三碧	丙申	1月4日	八白	乙丑	26
5月10日	八白	戊戌	4月9日	四緑	丁卯	3月8日	一白	丁酉	閏2月6日	六白	丙寅	2月7日	四緑	丁酉	1月5日	九紫	丙寅	27
5月11日	七赤	己亥	4月10日	五黄	戊辰	3月9日	二黒	戊戌	閏2月7日	七赤	丁卯	2月8日	五黄	戊戌	1月6日	一白	丁卯	28
5月12日	六白	庚子	4月11日	六白	己巳	3月10日	三碧	己亥	閏2月8日	八白	戊辰	2月9日	六白	己亥	1月7日	二黒	戊辰	29
5月13日	五黄	辛丑	4月12日	七赤	庚午	3月11日	四緑	庚子	閏2月9日	九紫	己巳				1月8日	三碧	己巳	30
			4月13日	八白	辛未				閏2月10日	一白	庚午				1月9日	四緑	庚午	31

昭和3年	1928年	戊辰年	九紫火星		
12月甲子	11月癸亥	10月壬戌	9月辛酉	8月庚申	7月己未
7日 17：17	8日 00：49	8日 22：09	8日 07：02	8日 04：28	7日 18：45
22日 11：04	22日 22：00	24日 00：54	23日 16：05	23日 18：54	23日 12：03
四緑木星	五黄土星	六白金星	七赤金星	八白土星	九紫火星

1	10月20日	四緑	乙亥	9月19日	七赤	乙巳	8月18日	二黒	甲戌	7月18日	五黄	甲辰	6月16日	九紫	癸酉	5月14日	四緑	壬寅
2	10月21日	三碧	丙子	9月20日	六白	丙午	8月19日	一白	乙亥	7月19日	四緑	乙巳	6月17日	八白	甲戌	5月15日	三碧	癸卯
3	10月22日	二黒	丁丑	9月21日	五黄	丁未	8月20日	九紫	丙子	7月20日	三碧	丙午	6月18日	七赤	乙亥	5月16日	二黒	甲辰
4	10月23日	一白	戊寅	9月22日	四緑	戊申	8月21日	八白	丁丑	7月21日	二黒	丁未	6月19日	六白	丙子	5月17日	一白	乙巳
5	10月24日	九紫	己卯	9月23日	三碧	己酉	8月22日	七赤	戊寅	7月22日	一白	戊申	6月20日	五黄	丁丑	5月18日	九紫	丙午
6	10月25日	八白	庚辰	9月24日	二黒	庚戌	8月23日	六白	己卯	7月23日	九紫	己酉	6月21日	四緑	戊寅	5月19日	八白	丁未
7	10月26日	七赤	辛巳	9月25日	一白	辛亥	8月24日	五黄	庚辰	7月24日	八白	庚戌	6月22日	三碧	己卯	5月20日	七赤	戊申
8	10月27日	六白	壬午	9月26日	九紫	壬子	8月25日	四緑	辛巳	7月25日	七赤	辛亥	6月23日	二黒	庚辰	5月21日	六白	己酉
9	10月28日	五黄	癸未	9月27日	八白	癸丑	8月26日	三碧	壬午	7月26日	六白	壬子	6月24日	一白	辛巳	5月22日	五黄	庚戌
10	10月29日	四緑	甲申	9月28日	七赤	甲寅	8月27日	二黒	癸未	7月27日	五黄	癸丑	6月25日	九紫	壬午	5月23日	四緑	辛亥
11	10月30日	三碧	乙酉	9月29日	六白	乙卯	8月28日	一白	甲申	7月28日	四緑	甲寅	6月26日	八白	癸未	5月24日	三碧	壬子
12	11月1日	二黒	丙戌	10月1日	五黄	丙辰	8月29日	九紫	乙酉	7月29日	三碧	乙卯	6月27日	七赤	甲申	5月25日	二黒	癸丑
13	11月2日	一白	丁亥	10月2日	四緑	丁巳	8月30日	八白	丙戌	7月30日	二黒	丙辰	6月28日	六白	乙酉	5月26日	一白	甲寅
14	11月3日	九紫	戊子	10月3日	三碧	戊午	9月1日	七赤	丁亥	8月1日	一白	丁巳	6月29日	五黄	丙戌	5月27日	九紫	乙卯
15	11月4日	八白	己丑	10月4日	二黒	己未	9月2日	六白	戊子	8月2日	九紫	戊午	7月1日	四緑	丁亥	5月28日	八白	丙辰
16	11月5日	七赤	庚寅	10月5日	一白	庚申	9月3日	五黄	己丑	8月3日	八白	己未	7月2日	三碧	戊子	5月29日	七赤	丁巳
17	11月6日	六白	辛卯	10月6日	九紫	辛酉	9月4日	四緑	庚寅	8月4日	七赤	庚申	7月3日	二黒	己丑	6月1日	六白	戊午
18	11月7日	五黄	壬辰	10月7日	八白	壬戌	9月5日	三碧	辛卯	8月5日	六白	辛酉	7月4日	一白	庚寅	6月2日	五黄	己未
19	11月8日	四緑	癸巳	10月8日	七赤	癸亥	9月6日	二黒	壬辰	8月6日	五黄	壬戌	7月5日	九紫	辛卯	6月3日	四緑	庚申
20	11月9日	三碧	甲午	10月9日	六白	甲子	9月7日	一白	癸巳	8月7日	四緑	癸亥	7月6日	八白	壬辰	6月4日	三碧	辛酉
21	11月10日	二黒	乙未	10月10日	五黄	乙丑	9月8日	九紫	甲午	8月8日	三碧	甲子	7月7日	七赤	癸巳	6月5日	二黒	壬戌
22	11月11日	一白	丙申	10月11日	四緑	丙寅	9月9日	八白	乙未	8月9日	二黒	乙丑	7月8日	六白	甲午	6月6日	一白	癸亥
23	11月12日	九紫	丁酉	10月12日	三碧	丁卯	9月10日	七赤	丙申	8月10日	一白	丙寅	7月9日	五黄	乙未	6月7日	九紫	甲子
24	11月13日	八白	戊戌	10月13日	二黒	戊辰	9月11日	六白	丁酉	8月11日	九紫	丁卯	7月10日	四緑	丙申	6月8日	八白	乙丑
25	11月14日	七赤	己亥	10月14日	一白	己巳	9月12日	五黄	戊戌	8月12日	八白	戊辰	7月11日	三碧	丁酉	6月9日	七赤	丙寅
26	11月15日	六白	庚子	10月15日	九紫	庚午	9月13日	四緑	己亥	8月13日	七赤	己巳	7月12日	二黒	戊戌	6月10日	六白	丁卯
27	11月16日	五黄	辛丑	10月16日	八白	辛未	9月14日	三碧	庚子	8月14日	六白	庚午	7月13日	一白	己亥	6月11日	五黄	戊辰
28	11月17日	四緑	壬寅	10月17日	七赤	壬申	9月15日	二黒	辛丑	8月15日	五黄	辛未	7月14日	九紫	庚子	6月12日	四緑	己巳
29	11月18日	三碧	癸卯	10月18日	六白	癸酉	9月16日	一白	壬寅	8月16日	四緑	壬申	7月15日	八白	辛丑	6月13日	三碧	庚午
30	11月19日	二黒	甲辰	10月19日	五黄	甲戌	9月17日	九紫	癸卯	8月17日	三碧	癸酉	7月16日	七赤	壬寅	6月14日	二黒	辛未
31	11月20日	一白	乙巳				9月18日	八白	甲辰				7月17日	六白	癸卯	6月15日	一白	壬申

11　　万年暦

6月庚午			5月己巳			4月戊辰			3月丁卯			2月丙寅			1月乙丑			
6日 14：11			6日 09：39			5日 15：50			6日 10：32			4日 16：09			6日 04：23			
22日 07：01			21日 22：47			20日 23：09			21日 11：34			19日 12：07			20日 21：43			
七赤金星			八白土星			九紫火星			一白水星			二黒土星			三碧木星			
4月24日	八白	丁丑	3月22日	四緑	丙午	2月22日	一白	丙子	1月20日	六白	乙巳	12月22日	五黄	丁丑	11月21日	九紫	丙午	1
4月25日	九紫	戊寅	3月23日	五黄	丁未	2月23日	二黒	丁丑	1月21日	七赤	丙午	12月23日	六白	戊寅	11月22日	八白	丁未	2
4月26日	一白	己卯	3月24日	六白	戊申	2月24日	三碧	戊寅	1月22日	八白	丁未	12月24日	七赤	己卯	11月23日	七赤	戊申	3
4月27日	二黒	庚辰	3月25日	七赤	己酉	2月25日	四緑	己卯	1月23日	九紫	戊申	12月25日	八白	庚辰	11月24日	六白	己酉	4
4月28日	三碧	辛巳	3月26日	八白	庚戌	2月26日	五黄	庚辰	1月24日	一白	己酉	12月26日	九紫	辛巳	11月25日	五黄	庚戌	5
4月29日	四緑	壬午	3月27日	九紫	辛亥	2月27日	六白	辛巳	1月25日	二黒	庚戌	12月27日	一白	壬午	11月26日	四緑	辛亥	6
5月1日	五黄	癸未	3月28日	一白	壬子	2月28日	七赤	壬午	1月26日	三碧	辛亥	12月28日	二黒	癸未	11月27日	三碧	壬子	7
5月2日	六白	甲申	3月29日	二黒	癸丑	2月29日	八白	癸未	1月27日	四緑	壬子	12月29日	三碧	甲申	11月28日	二黒	癸丑	8
5月3日	七赤	乙酉	4月1日	三碧	甲寅	2月30日	九紫	甲申	1月28日	五黄	癸丑	12月30日	四緑	乙酉	11月29日	一白	甲寅	9
5月4日	八白	丙戌	4月2日	四緑	乙卯	3月1日	一白	乙酉	1月29日	六白	甲寅	1月1日	五黄	丙戌	11月30日	九紫	乙卯	10
5月5日	九紫	丁亥	4月3日	五黄	丙辰	3月2日	二黒	丙戌	2月1日	七赤	乙卯	1月2日	六白	丁亥	12月1日	八白	丙辰	11
5月6日	一白	戊子	4月4日	六白	丁巳	3月3日	三碧	丁亥	2月2日	八白	丙辰	1月3日	七赤	戊子	12月2日	七赤	丁巳	12
5月7日	二黒	己丑	4月5日	七赤	戊午	3月4日	四緑	戊子	2月3日	九紫	丁巳	1月4日	八白	己丑	12月3日	六白	戊午	13
5月8日	三碧	庚寅	4月6日	八白	己未	3月5日	五黄	己丑	2月4日	一白	戊午	1月5日	九紫	庚寅	12月4日	五黄	己未	14
5月9日	四緑	辛卯	4月7日	九紫	庚申	3月6日	六白	庚寅	2月5日	二黒	己未	1月6日	一白	辛卯	12月5日	四緑	庚申	15
5月10日	五黄	壬辰	4月8日	一白	辛酉	3月7日	七赤	辛卯	2月6日	三碧	庚申	1月7日	二黒	壬辰	12月6日	三碧	辛酉	16
5月11日	六白	癸巳	4月9日	二黒	壬戌	3月8日	八白	壬辰	2月7日	四緑	辛酉	1月8日	三碧	癸巳	12月7日	二黒	壬戌	17
5月12日	七赤	甲午	4月10日	三碧	癸亥	3月9日	九紫	癸巳	2月8日	五黄	壬戌	1月9日	四緑	甲午	12月8日	一白	癸亥	18
5月13日	八白	乙未	4月11日	四緑	甲子	3月10日	一白	甲午	2月9日	六白	癸亥	1月10日	五黄	乙未	12月9日	一白	甲子	19
5月14日	九紫	丙申	4月12日	五黄	乙丑	3月11日	二黒	乙未	2月10日	七赤	甲子	1月11日	六白	丙申	12月10日	二黒	乙丑	20
5月15日	一白	丁酉	4月13日	六白	丙寅	3月12日	三碧	丙申	2月11日	八白	乙丑	1月12日	七赤	丁酉	12月11日	三碧	丙寅	21
5月16日	二黒	戊戌	4月14日	七赤	丁卯	3月13日	四緑	丁酉	2月12日	九紫	丙寅	1月13日	八白	戊戌	12月12日	四緑	丁卯	22
5月17日	三碧	己亥	4月15日	八白	戊辰	3月14日	五黄	戊戌	2月13日	一白	丁卯	1月14日	九紫	己亥	12月13日	五黄	戊辰	23
5月18日	四緑	庚子	4月16日	九紫	己巳	3月15日	六白	己亥	2月14日	二黒	戊辰	1月15日	一白	庚子	12月14日	六白	己巳	24
5月19日	五黄	辛丑	4月17日	一白	庚午	3月16日	七赤	庚子	2月15日	三碧	己巳	1月16日	二黒	辛丑	12月15日	七赤	庚午	25
5月20日	六白	壬寅	4月18日	二黒	辛未	3月17日	八白	辛丑	2月16日	四緑	庚午	1月17日	三碧	壬寅	12月16日	八白	辛未	26
5月21日	七赤	癸卯	4月19日	三碧	壬申	3月18日	九紫	壬寅	2月17日	五黄	辛未	1月18日	四緑	癸卯	12月17日	九紫	壬申	27
5月22日	八白	甲辰	4月20日	四緑	癸酉	3月19日	一白	癸卯	2月18日	六白	壬申	1月19日	五黄	甲辰	12月18日	一白	癸酉	28
5月23日	九紫	乙巳	4月21日	五黄	甲戌	3月20日	二黒	甲辰	2月19日	七赤	癸酉				12月19日	二黒	甲戌	29
5月24日	一白	丙午	4月22日	六白	乙亥	3月21日	三碧	乙巳	2月20日	八白	甲戌				12月20日	三碧	乙亥	30
			4月23日	七赤	丙子				2月21日	九紫	乙亥				12月21日	四緑	丙子	31

	昭和4年			1929年			己巳年			八白土星				
	12月丙子			11月乙亥			10月甲戌			9月癸酉			8月壬申			7月辛未		
	7日 22：57			8日 06：27			9日 03：46			8日 12：39			8日 10：09			8日 00：32		
	22日 16：53			23日 03：48			24日 06：41			23日 21：52			24日 00：41			23日 17：54		
	一白水星			二黒土星			三碧木星			四緑木星			五黄土星			六白金星		
1	11月1日	八白	庚辰	10月1日	二黒	庚戌	8月29日	六白	己卯	7月28日	九紫	己酉	6月26日	四緑	戊寅	5月25日	二黒	丁酉
2	11月2日	七赤	辛巳	10月2日	一白	辛亥	8月30日	五黄	庚辰	7月29日	八白	庚戌	6月27日	三碧	己卯	5月26日	三碧	戊戌
3	11月3日	六白	壬午	10月3日	九紫	壬子	9月1日	四緑	辛巳	8月1日	七赤	辛亥	6月28日	二黒	庚辰	5月27日	四緑	己亥
4	11月4日	五黄	癸未	10月4日	八白	癸丑	9月2日	三碧	壬午	8月2日	六白	壬子	6月29日	一白	辛巳	5月28日	五黄	庚子
5	11月5日	四緑	甲申	10月5日	七赤	甲寅	9月3日	二黒	癸未	8月3日	五黄	癸丑	7月1日	九紫	壬午	5月29日	六白	辛丑
6	11月6日	三碧	乙酉	10月6日	六白	乙卯	9月4日	一白	甲申	8月4日	四緑	甲寅	7月2日	八白	癸未	5月30日	七赤	壬寅
7	11月7日	二黒	丙戌	10月7日	五黄	丙辰	9月5日	九紫	乙酉	8月5日	三碧	乙卯	7月3日	七赤	甲申	6月1日	八白	癸卯
8	11月8日	一白	丁亥	10月8日	四緑	丁巳	9月6日	八白	丙戌	8月6日	二黒	丙辰	7月4日	六白	乙酉	6月2日	九紫	甲辰
9	11月9日	九紫	戊子	10月9日	三碧	戊午	9月7日	七赤	丁亥	8月7日	一白	丁巳	7月5日	五黄	丙戌	6月3日	一白	乙巳
10	11月10日	八白	己丑	10月10日	二黒	己未	9月8日	六白	戊子	8月8日	九紫	戊午	7月6日	四緑	丁亥	6月4日	二黒	丙午
11	11月11日	七赤	庚寅	10月11日	一白	庚申	9月9日	五黄	己丑	8月9日	八白	己未	7月7日	三碧	戊子	6月5日	三碧	丁未
12	11月12日	六白	辛卯	10月12日	九紫	辛酉	9月10日	四緑	庚寅	8月10日	七赤	庚申	7月8日	二黒	己丑	6月6日	四緑	戊申
13	11月13日	五黄	壬辰	10月13日	八白	壬戌	9月11日	三碧	辛卯	8月11日	六白	辛酉	7月9日	一白	庚寅	6月7日	五黄	己未
14	11月14日	四緑	癸巳	10月14日	七赤	癸亥	9月12日	二黒	壬辰	8月12日	五黄	壬戌	7月10日	九紫	辛卯	6月8日	六白	庚申
15	11月15日	三碧	甲午	10月15日	六白	甲子	9月13日	一白	癸巳	8月13日	四緑	癸亥	7月11日	八白	壬辰	6月9日	七赤	辛酉
16	11月16日	二黒	乙未	10月16日	五黄	乙丑	9月14日	九紫	甲午	8月14日	三碧	甲子	7月12日	七赤	癸巳	6月10日	八白	壬戌
17	11月17日	一白	丙申	10月17日	四緑	丙寅	9月15日	八白	乙未	8月15日	二黒	乙丑	7月13日	六白	甲午	6月11日	九紫	癸亥
18	11月18日	九紫	丁酉	10月18日	三碧	丁卯	9月16日	七赤	丙申	8月16日	一白	丙寅	7月14日	五黄	乙未	6月12日	九紫	甲子
19	11月19日	八白	戊戌	10月19日	二黒	戊辰	9月17日	六白	丁酉	8月17日	九紫	丁卯	7月15日	四緑	丙申	6月13日	八白	乙丑
20	11月20日	七赤	己亥	10月20日	一白	己巳	9月18日	五黄	戊戌	8月18日	八白	戊辰	7月16日	三碧	丁酉	6月14日	七赤	丙寅
21	11月21日	六白	庚子	10月21日	九紫	庚午	9月19日	四緑	己亥	8月19日	七赤	己巳	7月17日	二黒	戊戌	6月15日	六白	丁卯
22	11月22日	五黄	辛丑	10月22日	八白	辛未	9月20日	三碧	庚子	8月20日	六白	庚午	7月18日	一白	己亥	6月16日	五黄	戊辰
23	11月23日	四緑	壬寅	10月23日	七赤	壬申	9月21日	二黒	辛丑	8月21日	五黄	辛未	7月19日	九紫	庚子	6月17日	四緑	己巳
24	11月24日	三碧	癸卯	10月24日	六白	癸酉	9月22日	一白	壬寅	8月22日	四緑	壬申	7月20日	八白	辛丑	6月18日	三碧	庚午
25	11月25日	二黒	甲辰	10月25日	五黄	甲戌	9月23日	九紫	癸卯	8月23日	三碧	癸酉	7月21日	七赤	壬寅	6月19日	二黒	辛未
26	11月26日	一白	乙巳	10月26日	四緑	乙亥	9月24日	八白	甲辰	8月24日	二黒	甲戌	7月22日	六白	癸卯	6月20日	一白	壬申
27	11月27日	九紫	丙午	10月27日	三碧	丙子	9月25日	七赤	乙巳	8月25日	一白	乙亥	7月23日	五黄	甲辰	6月21日	九紫	癸酉
28	11月28日	八白	丁未	10月28日	二黒	丁丑	9月26日	六白	丙午	8月26日	九紫	丙子	7月24日	四緑	乙巳	6月22日	八白	甲戌
29	11月29日	七赤	戊申	10月29日	一白	戊寅	9月27日	五黄	丁未	8月27日	八白	丁丑	7月25日	三碧	丙午	6月23日	七赤	乙亥
30	11月30日	六白	己酉	10月30日	九紫	己卯	9月28日	四緑	戊申	8月28日	七赤	戊寅	7月26日	二黒	丁未	6月24日	六白	丙子
31	12月1日	五黄	庚戌				9月29日	三碧	己酉				7月27日	一白	戊申	6月25日	五黄	丁丑

6月壬午			5月辛巳			4月庚辰			3月己卯			2月戊寅			1月丁丑			
6日 19:58			6日 15:26			5日 21:36			6日 16:16			4日 21:51			6日 10:03			
22日 12:53			22日 04:42			21日 05:05			21日 17:29			19日 18:00			21日 03:33			
四緑木星			五黄土星			六白金星			七赤金星			八白土星			九紫火星			
5月5日	四緑	壬午	4月3日	九紫	辛亥	3月3日	六白	辛巳	2月2日	二黒	庚戌	1月3日	一白	壬午	12月2日	四緑	辛亥	1
5月6日	五黄	癸未	4月4日	一白	壬子	3月4日	七赤	壬午	2月3日	三碧	辛亥	1月4日	二黒	癸未	12月3日	三碧	壬子	2
5月7日	六白	甲申	4月5日	二黒	癸丑	3月5日	八白	癸未	2月4日	四緑	壬子	1月5日	三碧	甲申	12月4日	二黒	癸丑	3
5月8日	七赤	乙酉	4月6日	三碧	甲寅	3月6日	九紫	甲申	2月5日	五黄	癸丑	1月6日	四緑	乙酉	12月5日	一白	甲寅	4
5月9日	八白	丙戌	4月7日	四緑	乙卯	3月7日	一白	乙酉	2月6日	六白	甲寅	1月7日	五黄	丙戌	12月6日	九紫	乙卯	5
5月10日	九紫	丁亥	4月8日	五黄	丙辰	3月8日	二黒	丙戌	2月7日	七赤	乙卯	1月8日	六白	丁亥	12月7日	八白	丙辰	6
5月11日	一白	戊子	4月9日	六白	丁巳	3月9日	三碧	丁亥	2月8日	八白	丙辰	1月9日	七赤	戊子	12月8日	七赤	丁巳	7
5月12日	二黒	己丑	4月10日	七赤	戊午	3月10日	四緑	戊子	2月9日	九紫	丁巳	1月10日	八白	己丑	12月9日	六白	戊午	8
5月13日	三碧	庚寅	4月11日	八白	己未	3月11日	五黄	己丑	2月10日	一白	戊午	1月11日	九紫	庚寅	12月10日	五黄	己未	9
5月14日	四緑	辛卯	4月12日	九紫	庚申	3月12日	六白	庚寅	2月11日	二黒	己未	1月12日	一白	辛卯	12月11日	四緑	庚申	10
5月15日	五黄	壬辰	4月13日	一白	辛酉	3月13日	七赤	辛卯	2月12日	三碧	庚申	1月13日	二黒	壬辰	12月12日	三碧	辛酉	11
5月16日	六白	癸巳	4月14日	二黒	壬戌	3月14日	八白	壬辰	2月13日	四緑	辛酉	1月14日	三碧	癸巳	12月13日	二黒	壬戌	12
5月17日	七赤	甲午	4月15日	三碧	癸亥	3月15日	九紫	癸巳	2月14日	五黄	壬戌	1月15日	四緑	甲午	12月14日	一白	癸亥	13
5月18日	八白	乙未	4月16日	四緑	甲子	3月16日	一白	甲午	2月15日	六白	癸亥	1月16日	五黄	乙未	12月15日	一白	甲子	14
5月19日	九紫	丙申	4月17日	五黄	乙丑	3月17日	二黒	乙未	2月16日	七赤	甲子	1月17日	六白	丙申	12月16日	二黒	乙丑	15
5月20日	一白	丁酉	4月18日	六白	丙寅	3月18日	三碧	丙申	2月17日	八白	乙丑	1月18日	七赤	丁酉	12月17日	三碧	丙寅	16
5月21日	二黒	戊戌	4月19日	七赤	丁卯	3月19日	四緑	丁酉	2月18日	九紫	丙寅	1月19日	八白	戊戌	12月18日	四緑	丁卯	17
5月22日	三碧	己亥	4月20日	八白	戊辰	3月20日	五黄	戊戌	2月19日	一白	丁卯	1月20日	九紫	己亥	12月19日	五黄	戊辰	18
5月23日	四緑	庚子	4月21日	九紫	己巳	3月21日	六白	己亥	2月20日	二黒	戊辰	1月21日	一白	庚子	12月20日	六白	己巳	19
5月24日	五黄	辛丑	4月22日	一白	庚午	3月22日	七赤	庚子	2月21日	三碧	己巳	1月22日	二黒	辛丑	12月21日	七赤	庚午	20
5月25日	六白	壬寅	4月23日	二黒	辛未	3月23日	八白	辛丑	2月22日	四緑	庚午	1月23日	三碧	壬寅	12月22日	八白	辛未	21
5月26日	七赤	癸卯	4月24日	三碧	壬申	3月24日	九紫	壬寅	2月23日	五黄	辛未	1月24日	四緑	癸卯	12月23日	九紫	壬申	22
5月27日	八白	甲辰	4月25日	四緑	癸酉	3月25日	一白	癸卯	2月24日	六白	壬申	1月25日	五黄	甲辰	12月24日	一白	癸酉	23
5月28日	九紫	乙巳	4月26日	五黄	甲戌	3月26日	二黒	甲辰	2月25日	七赤	癸酉	1月26日	六白	乙巳	12月25日	二黒	甲戌	24
5月29日	一白	丙午	4月27日	六白	乙亥	3月27日	三碧	乙巳	2月26日	八白	甲戌	1月27日	七赤	丙午	12月26日	三碧	乙亥	25
6月1日	二黒	丁未	4月28日	七赤	丙子	3月28日	四緑	丙午	2月27日	九紫	乙亥	1月28日	八白	丁未	12月27日	四緑	丙子	26
6月2日	三碧	戊申	4月29日	八白	丁丑	3月29日	五黄	丁未	2月28日	一白	丙子	1月29日	九紫	戊申	12月28日	五黄	丁丑	27
6月3日	四緑	己酉	5月1日	九紫	戊寅	3月30日	六白	戊申	2月29日	二黒	丁丑	2月1日	一白	己酉	12月29日	六白	戊寅	28
6月4日	五黄	庚戌	5月2日	一白	己卯	4月1日	七赤	己酉	2月30日	三碧	戊寅				12月30日	七赤	己卯	29
6月5日	六白	辛亥	5月3日	二黒	庚辰	4月2日	八白	庚戌	3月1日	四緑	己卯				1月1日	八白	庚辰	30
			5月4日	三碧	辛巳				3月2日	五黄	庚辰				1月2日	九紫	辛巳	31

14

昭和5年		1930年		庚午年		七赤金星					
12月戊子		11月丁亥		10月丙戌		9月乙酉		8月甲申		7月癸未	
8日 04：51		8日 12：20		9日 09：37		8日 18：28		8日 15：57		8日 06：20	
22日 22：40		23日 09：34		24日 12：26		24日 03：35		24日 06：26		23日 23：42	
七赤金星		八白土星		九紫火星		一白水星		二黒土星		三碧木星	

1	10月12日	三碧	乙酉	9月11日	六白	乙卯	8月10日	一白	甲申	7月9日	四緑	甲寅	閏6月7日	八白	癸未	6月6日	七赤	壬子
2	10月13日	二黒	丙戌	9月12日	五黄	丙辰	8月11日	九紫	乙酉	7月10日	三碧	乙卯	閏6月8日	七赤	甲申	6月7日	八白	癸丑
3	10月14日	一白	丁亥	9月13日	四緑	丁巳	8月12日	八白	丙戌	7月11日	二黒	丙辰	閏6月9日	六白	乙酉	6月8日	九紫	甲寅
4	10月15日	九紫	戊子	9月14日	三碧	戊午	8月13日	七赤	丁亥	7月12日	一白	丁巳	閏6月10日	五黄	丙戌	6月9日	一白	乙卯
5	10月16日	八白	己丑	9月15日	二黒	己未	8月14日	六白	戊子	7月13日	九紫	戊午	閏6月11日	四緑	丁亥	6月10日	二黒	丙辰
6	10月17日	七赤	庚寅	9月16日	一白	庚申	8月15日	五黄	己丑	7月14日	八白	己未	閏6月12日	三碧	戊子	6月11日	三碧	丁巳
7	10月18日	六白	辛卯	9月17日	九紫	辛酉	8月16日	四緑	庚寅	7月15日	七赤	庚申	閏6月13日	二黒	己丑	6月12日	四緑	戊午
8	10月19日	五黄	壬辰	9月18日	八白	壬戌	8月17日	三碧	辛卯	7月16日	六白	辛酉	閏6月14日	一白	庚寅	6月13日	五黄	己未
9	10月20日	四緑	癸巳	9月19日	七赤	癸亥	8月18日	二黒	壬辰	7月17日	五黄	壬戌	閏6月15日	九紫	辛卯	6月14日	六白	庚申
10	10月21日	三碧	甲午	9月20日	六白	甲子	8月19日	一白	癸巳	7月18日	四緑	癸亥	閏6月16日	八白	壬辰	6月15日	七赤	辛酉
11	10月22日	二黒	乙未	9月21日	五黄	乙丑	8月20日	九紫	甲午	7月19日	三碧	甲子	閏6月17日	七赤	癸巳	6月16日	八白	壬戌
12	10月23日	一白	丙申	9月22日	四緑	丙寅	8月21日	八白	乙未	7月20日	二黒	乙丑	閏6月18日	六白	甲午	6月17日	九紫	癸亥
13	10月24日	九紫	丁酉	9月23日	三碧	丁卯	8月22日	七赤	丙申	7月21日	一白	丙寅	閏6月19日	五黄	乙未	6月18日	九紫	甲子
14	10月25日	八白	戊戌	9月24日	二黒	戊辰	8月23日	六白	丁酉	7月22日	九紫	丁卯	閏6月20日	四緑	丙申	6月19日	八白	乙丑
15	10月26日	七赤	己亥	9月25日	一白	己巳	8月24日	五黄	戊戌	7月23日	八白	戊辰	閏6月21日	三碧	丁酉	6月20日	七赤	丙寅
16	10月27日	六白	庚子	9月26日	九紫	庚午	8月25日	四緑	己亥	7月24日	七赤	己巳	閏6月22日	二黒	戊戌	6月21日	六白	丁卯
17	10月28日	五黄	辛丑	9月27日	八白	辛未	8月26日	三碧	庚子	7月25日	六白	庚午	閏6月23日	一白	己亥	6月22日	五黄	戊辰
18	10月29日	四緑	壬寅	9月28日	七赤	壬申	8月27日	二黒	辛丑	7月26日	五黄	辛未	閏6月24日	九紫	庚子	6月23日	四緑	己巳
19	10月30日	三碧	癸卯	9月29日	六白	癸酉	8月28日	一白	壬寅	7月27日	四緑	壬申	閏6月25日	八白	辛丑	6月24日	三碧	庚午
20	11月1日	二黒	甲辰	10月1日	五黄	甲戌	8月29日	九紫	癸卯	7月28日	三碧	癸酉	閏6月26日	七赤	壬寅	6月25日	二黒	辛未
21	11月2日	一白	乙巳	10月2日	四緑	乙亥	8月30日	八白	甲辰	7月29日	二黒	甲戌	閏6月27日	六白	癸卯	6月26日	一白	壬申
22	11月3日	九紫	丙午	10月3日	三碧	丙子	9月1日	七赤	乙巳	8月1日	一白	乙亥	閏6月28日	五黄	甲辰	6月27日	九紫	癸酉
23	11月4日	八白	丁未	10月4日	二黒	丁丑	9月2日	六白	丙午	8月2日	九紫	丙子	閏6月29日	四緑	乙巳	6月28日	八白	甲戌
24	11月5日	七赤	戊申	10月5日	一白	戊寅	9月3日	五黄	丁未	8月3日	八白	丁丑	7月1日	三碧	丙午	6月29日	七赤	乙亥
25	11月6日	六白	己酉	10月6日	九紫	己卯	9月4日	四緑	戊申	8月4日	七赤	戊寅	7月2日	二黒	丁未	6月30日	六白	丙子
26	11月7日	五黄	庚戌	10月7日	八白	庚辰	9月5日	三碧	己酉	8月5日	六白	己卯	7月3日	一白	戊申	閏6月1日	五黄	丁丑
27	11月8日	四緑	辛亥	10月8日	七赤	辛巳	9月6日	二黒	庚戌	8月6日	五黄	庚辰	7月4日	九紫	己酉	閏6月2日	四緑	戊寅
28	11月9日	三碧	壬子	10月9日	六白	壬午	9月7日	一白	辛亥	8月7日	四緑	辛巳	7月5日	八白	庚戌	閏6月3日	三碧	己卯
29	11月10日	二黒	癸丑	10月10日	五黄	癸未	9月8日	九紫	壬子	8月8日	三碧	壬午	7月6日	七赤	辛亥	閏6月4日	二黒	庚辰
30	11月11日	一白	甲寅	10月11日	四緑	甲申	9月9日	八白	癸丑	8月9日	二黒	癸未	7月7日	六白	壬子	閏6月5日	一白	辛巳
31	11月12日	九紫	乙卯				9月10日	七赤	甲寅				7月8日	五黄	癸丑	閏6月6日	九紫	壬午

15　　万年暦

6月甲午	5月癸巳	4月壬辰	3月辛卯	2月庚寅	1月己丑	
7日 01：42	6日 21：09	6日 03：20	6日 22：02	5日 03：41	6日 15：56	
22日 18：28	22日 10：15	21日 10：39	21日 23：06	19日 23：40	21日 09：18	
一白水星	二黒土星	三碧木星	四緑木星	五黄土星	六白金星	
4月15日 九紫 丁亥	3月14日 五黄 丙辰	2月14日 二黒 丙戌	1月13日 七赤 乙卯	12月14日 六白 丁亥	11月13日 八白 丙辰	1
4月16日 一白 戊子	3月15日 六白 丁巳	2月15日 三碧 丁亥	1月14日 八白 丙辰	12月15日 七赤 戊子	11月14日 七赤 丁巳	2
4月17日 二黒 己丑	3月16日 七赤 戊午	2月16日 四緑 戊子	1月15日 九紫 丁巳	12月16日 八白 己丑	11月15日 六白 戊午	3
4月18日 三碧 庚寅	3月17日 八白 己未	2月17日 五黄 己丑	1月16日 一白 戊午	12月17日 九紫 庚寅	11月16日 五黄 己未	4
4月19日 四緑 辛卯	3月18日 九紫 庚申	2月18日 六白 庚寅	1月17日 二黒 己未	12月18日 一白 辛卯	11月17日 四緑 庚申	5
4月20日 五黄 壬辰	3月19日 一白 辛酉	2月19日 七赤 辛卯	1月18日 三碧 庚申	12月19日 二黒 壬辰	11月18日 三碧 辛酉	6
4月21日 六白 癸巳	3月20日 二黒 壬戌	2月20日 八白 壬辰	1月19日 四緑 辛酉	12月20日 三碧 癸巳	11月19日 二黒 壬戌	7
4月22日 七赤 甲午	3月21日 三碧 癸亥	2月21日 九紫 癸巳	1月20日 五黄 壬戌	12月21日 四緑 甲午	11月20日 一白 癸亥	8
4月23日 八白 乙未	3月22日 四緑 甲子	2月22日 一白 甲午	1月21日 六白 癸亥	12月22日 五黄 乙未	11月21日 一白 甲子	9
4月24日 九紫 丙申	3月23日 五黄 乙丑	2月23日 二黒 乙未	1月22日 七赤 甲子	12月23日 六白 丙申	11月22日 二黒 乙丑	10
4月25日 一白 丁酉	3月24日 六白 丙寅	2月24日 三碧 丙申	1月23日 八白 乙丑	12月24日 七赤 丁酉	11月23日 三碧 丙寅	11
4月26日 二黒 戊戌	3月25日 七赤 丁卯	2月25日 四緑 丁酉	1月24日 九紫 丙寅	12月25日 八白 戊戌	11月24日 四緑 丁卯	12
4月27日 三碧 己亥	3月26日 八白 戊辰	2月26日 五黄 戊戌	1月25日 一白 丁卯	12月26日 九紫 己亥	11月25日 五黄 戊辰	13
4月28日 四緑 庚子	3月27日 九紫 己巳	2月27日 六白 己亥	1月26日 二黒 戊辰	12月27日 一白 庚子	11月26日 六白 己巳	14
4月29日 五黄 辛丑	3月28日 一白 庚午	2月28日 七赤 庚子	1月27日 三碧 己巳	12月28日 二黒 辛丑	11月27日 七赤 庚午	15
5月1日 六白 壬寅	3月29日 二黒 辛未	2月29日 八白 辛丑	1月28日 四緑 庚午	12月29日 三碧 壬寅	11月28日 八白 辛未	16
5月2日 七赤 癸卯	3月30日 三碧 壬申	2月30日 九紫 壬寅	1月29日 五黄 辛未	1月1日 四緑 癸卯	11月29日 九紫 壬申	17
5月3日 八白 甲辰	4月1日 四緑 癸酉	3月1日 一白 癸卯	1月30日 六白 壬申	1月2日 五黄 甲辰	11月30日 一白 癸酉	18
5月4日 九紫 乙巳	4月2日 五黄 甲戌	3月2日 二黒 甲辰	2月1日 七赤 癸酉	1月3日 六白 乙巳	12月1日 二黒 甲戌	19
5月5日 一白 丙午	4月3日 六白 乙亥	3月3日 三碧 乙巳	2月2日 八白 甲戌	1月4日 七赤 丙午	12月2日 三碧 乙亥	20
5月6日 二黒 丁未	4月4日 七赤 丙子	3月4日 四緑 丙午	2月3日 九紫 乙亥	1月5日 八白 丁未	12月3日 四緑 丙子	21
5月7日 三碧 戊申	4月5日 八白 丁丑	3月5日 五黄 丁未	2月4日 一白 丙子	1月6日 九紫 戊申	12月4日 五黄 丁丑	22
5月8日 四緑 己酉	4月6日 九紫 戊寅	3月6日 六白 戊申	2月5日 二黒 丁丑	1月7日 一白 己酉	12月5日 六白 戊寅	23
5月9日 五黄 庚戌	4月7日 一白 己卯	3月7日 七赤 己酉	2月6日 三碧 戊寅	1月8日 二黒 庚戌	12月6日 七赤 己卯	24
5月10日 六白 辛亥	4月8日 二黒 庚辰	3月8日 八白 庚戌	2月7日 四緑 己卯	1月9日 三碧 辛亥	12月7日 八白 庚辰	25
5月11日 七赤 壬子	4月9日 三碧 辛巳	3月9日 九紫 辛亥	2月8日 五黄 庚辰	1月10日 四緑 壬子	12月8日 九紫 辛巳	26
5月12日 八白 癸丑	4月10日 四緑 壬午	3月10日 一白 壬子	2月9日 六白 辛巳	1月11日 五黄 癸丑	12月9日 一白 壬午	27
5月13日 九紫 甲寅	4月11日 五黄 癸未	3月11日 二黒 癸丑	2月10日 七赤 壬午	1月12日 六白 甲寅	12月10日 二黒 癸未	28
5月14日 一白 乙卯	4月12日 六白 甲申	3月12日 三碧 甲寅	2月11日 八白 癸未		12月11日 三碧 甲申	29
5月15日 二黒 丙辰	4月13日 七赤 乙酉	3月13日 四緑 乙卯	2月12日 九紫 甲申		12月12日 四緑 乙酉	30
	4月14日 八白 丙戌		2月13日 一白 乙酉		12月13日 五黄 丙戌	31

	昭和6年			1931年			辛未年			六白金星							
	12月庚子			11月己亥			10月戊戌			9月丁酉			8月丙申			7月乙未	
	8日 10：40			8日 18：10			9日 15：27			9日 00：17			8日 21：45			8日 12：05	
	23日 04：29			23日 15：25			24日 18：15			24日 09：23			24日 12：10			24日 05：21	
	四緑木星			五黄土星			六白金星			七赤金星			八白土星			九紫火星	
1	10月22日	七赤	庚寅	9月22日	一白	庚申	8月20日	五黄	己丑	7月19日	八白	己未	6月18日	三碧	戊子	5月16日	三碧	丁巳
2	10月23日	六白	辛卯	9月23日	九紫	辛酉	8月21日	四緑	庚寅	7月20日	七赤	庚申	6月19日	二黒	己丑	5月17日	四緑	戊午
3	10月24日	五黄	壬辰	9月24日	八白	壬戌	8月22日	三碧	辛卯	7月21日	六白	辛酉	6月20日	一白	庚寅	5月18日	五黄	己未
4	10月25日	四緑	癸巳	9月25日	七赤	癸亥	8月23日	二黒	壬辰	7月22日	五黄	壬戌	6月21日	九紫	辛卯	5月19日	六白	庚申
5	10月26日	三碧	甲午	9月26日	六白	甲子	8月24日	一白	癸巳	7月23日	四緑	癸亥	6月22日	八白	壬辰	5月20日	七赤	辛酉
6	10月27日	二黒	乙未	9月27日	五黄	乙丑	8月25日	九紫	甲午	7月24日	三碧	甲子	6月23日	七赤	癸巳	5月21日	八白	壬戌
7	10月28日	一白	丙申	9月28日	四緑	丙寅	8月26日	八白	乙未	7月25日	二黒	乙丑	6月24日	六白	甲午	5月22日	九紫	癸亥
8	10月29日	九紫	丁酉	9月29日	三碧	丁卯	8月27日	七赤	丙申	7月26日	一白	丙寅	6月25日	五黄	乙未	5月23日	九紫	甲子
9	11月1日	八白	戊戌	9月30日	二黒	戊辰	8月28日	六白	丁酉	7月27日	九紫	丁卯	6月26日	四緑	丙申	5月24日	八白	乙丑
10	11月2日	七赤	己亥	10月1日	一白	己巳	8月29日	五黄	戊戌	7月28日	八白	戊辰	6月27日	三碧	丁酉	5月25日	七赤	丙寅
11	11月3日	六白	庚子	10月2日	九紫	庚午	9月1日	四緑	己亥	7月29日	七赤	己巳	6月28日	二黒	戊戌	5月26日	六白	丁卯
12	11月4日	五黄	辛丑	10月3日	八白	辛未	9月2日	三碧	庚子	8月1日	六白	庚午	6月29日	一白	己亥	5月27日	五黄	戊辰
13	11月5日	四緑	壬寅	10月4日	七赤	壬申	9月3日	二黒	辛丑	8月2日	五黄	辛未	6月30日	九紫	庚子	5月28日	四緑	己巳
14	11月6日	三碧	癸卯	10月5日	六白	癸酉	9月4日	一白	壬寅	8月3日	四緑	壬申	7月1日	八白	辛丑	5月29日	三碧	庚午
15	11月7日	二黒	甲辰	10月6日	五黄	甲戌	9月5日	九紫	癸卯	8月4日	三碧	癸酉	7月2日	七赤	壬寅	6月1日	二黒	辛未
16	11月8日	一白	乙巳	10月7日	四緑	乙亥	9月6日	八白	甲辰	8月5日	二黒	甲戌	7月3日	六白	癸卯	6月2日	一白	壬申
17	11月9日	九紫	丙午	10月8日	三碧	丙子	9月7日	七赤	乙巳	8月6日	一白	乙亥	7月4日	五黄	甲辰	6月3日	九紫	癸酉
18	11月10日	八白	丁未	10月9日	二黒	丁丑	9月8日	六白	丙午	8月7日	九紫	丙子	7月5日	四緑	乙巳	6月4日	八白	甲戌
19	11月11日	七赤	戊申	10月10日	一白	戊寅	9月9日	五黄	丁未	8月8日	八白	丁丑	7月6日	三碧	丙午	6月5日	七赤	乙亥
20	11月12日	六白	己酉	10月11日	九紫	己卯	9月10日	四緑	戊申	8月9日	七赤	戊寅	7月7日	二黒	丁未	6月6日	六白	丙子
21	11月13日	五黄	庚戌	10月12日	八白	庚辰	9月11日	三碧	己酉	8月10日	六白	己卯	7月8日	一白	戊申	6月7日	五黄	丁丑
22	11月14日	四緑	辛亥	10月13日	七赤	辛巳	9月12日	二黒	庚戌	8月11日	五黄	庚辰	7月9日	九紫	己酉	6月8日	四緑	戊寅
23	11月15日	三碧	壬子	10月14日	六白	壬午	9月13日	一白	辛亥	8月12日	四緑	辛巳	7月10日	八白	庚戌	6月9日	三碧	己卯
24	11月16日	二黒	癸丑	10月15日	五黄	癸未	9月14日	九紫	壬子	8月13日	三碧	壬午	7月11日	七赤	辛亥	6月10日	二黒	庚辰
25	11月17日	一白	甲寅	10月16日	四緑	甲申	9月15日	八白	癸丑	8月14日	二黒	癸未	7月12日	六白	壬子	6月11日	一白	辛巳
26	11月18日	九紫	乙卯	10月17日	三碧	乙酉	9月16日	七赤	甲寅	8月15日	一白	甲申	7月13日	五黄	癸丑	6月12日	九紫	壬午
27	11月19日	八白	丙辰	10月18日	二黒	丙戌	9月17日	六白	乙卯	8月16日	九紫	乙酉	7月14日	四緑	甲寅	6月13日	八白	癸未
28	11月20日	七赤	丁巳	10月19日	一白	丁亥	9月18日	五黄	丙辰	8月17日	八白	丙戌	7月15日	三碧	乙卯	6月14日	七赤	甲申
29	11月21日	六白	戊午	10月20日	九紫	戊子	9月19日	四緑	丁巳	8月18日	七赤	丁亥	7月16日	二黒	丙辰	6月15日	六白	乙酉
30	11月22日	五黄	己未	10月21日	八白	己丑	9月20日	三碧	戊午	8月19日	六白	戊子	7月17日	一白	丁巳	6月16日	五黄	丙戌
31	11月23日	四緑	庚申				9月21日	二黒	己未				7月18日	九紫	戊午	6月17日	四緑	丁亥

6月丙午	5月乙巳	4月甲辰	3月癸卯	2月壬寅	1月辛丑	
6日 07：27	6日 02：55	5日 09：06	6日 03：49	5日 09：29	6日 21：45	
22日 00：22	21日 16：06	20日 16：28	21日 04：53	20日 05：28	21日 15：07	
七赤金星	八白土星	九紫火星	一白水星	二黒土星	三碧木星	
4月27日 六白 癸巳	3月26日 二黒 壬戌	2月26日 八白 壬辰	1月25日 四緑 辛酉	12月25日 二黒 壬辰	11月24日 三碧 辛酉	1
4月28日 七赤 甲午	3月27日 三碧 癸亥	2月27日 九紫 癸巳	1月26日 五黄 壬戌	12月26日 三碧 癸巳	11月25日 二黒 壬戌	2
4月29日 八白 乙未	3月28日 四緑 甲子	2月28日 一白 甲午	1月27日 六白 癸亥	12月27日 四緑 甲午	11月26日 一白 癸亥	3
5月1日 九紫 丙申	3月29日 五黄 乙丑	2月29日 二黒 乙未	1月28日 七赤 甲子	12月28日 五黄 乙未	11月27日 一白 甲子	4
5月2日 一白 丁酉	3月30日 六白 丙寅	2月30日 三碧 丙申	1月29日 八白 乙丑	12月29日 六白 丙申	11月28日 二黒 乙丑	5
5月3日 二黒 戊戌	4月1日 七赤 丁卯	3月1日 四緑 丁酉	1月30日 九紫 丙寅	1月1日 七赤 丁酉	11月29日 三碧 丙寅	6
5月4日 三碧 己亥	4月2日 八白 戊辰	3月2日 五黄 戊戌	2月1日 一白 丁卯	1月2日 八白 戊戌	11月30日 四緑 丁卯	7
5月5日 四緑 庚子	4月3日 九紫 己巳	3月3日 六白 己亥	2月2日 二黒 戊辰	1月3日 九紫 己亥	12月1日 五黄 戊辰	8
5月6日 五黄 辛丑	4月4日 一白 庚午	3月4日 七赤 庚子	2月3日 三碧 己巳	1月4日 一白 庚子	12月2日 六白 己巳	9
5月7日 六白 壬寅	4月5日 二黒 辛未	3月5日 八白 辛丑	2月4日 四緑 庚午	1月5日 二黒 辛丑	12月3日 七赤 庚午	10
5月8日 七赤 癸卯	4月6日 三碧 壬申	3月6日 九紫 壬寅	2月5日 五黄 辛未	1月6日 三碧 壬寅	12月4日 八白 辛未	11
5月9日 八白 甲辰	4月7日 四緑 癸酉	3月7日 一白 癸卯	2月6日 六白 壬申	1月7日 四緑 癸卯	12月5日 九紫 壬申	12
5月10日 九紫 乙巳	4月8日 五黄 甲戌	3月8日 二黒 甲辰	2月7日 七赤 癸酉	1月8日 五黄 甲辰	12月6日 一白 癸酉	13
5月11日 一白 丙午	4月9日 六白 乙亥	3月9日 三碧 乙巳	2月8日 八白 甲戌	1月9日 六白 乙巳	12月7日 二黒 甲戌	14
5月12日 二黒 丁未	4月10日 七赤 丙子	3月10日 四緑 丙午	2月9日 九紫 乙亥	1月10日 七赤 丙午	12月8日 三碧 乙亥	15
5月13日 三碧 戊申	4月11日 八白 丁丑	3月11日 五黄 丁未	2月10日 一白 丙子	1月11日 八白 丁未	12月9日 四緑 丙子	16
5月14日 四緑 己酉	4月12日 九紫 戊寅	3月12日 六白 戊申	2月11日 二黒 丁丑	1月12日 九紫 戊申	12月10日 五黄 丁丑	17
5月15日 五黄 庚戌	4月13日 一白 己卯	3月13日 七赤 己酉	2月12日 三碧 戊寅	1月13日 一白 己酉	12月11日 六白 戊寅	18
5月16日 六白 辛亥	4月14日 二黒 庚辰	3月14日 八白 庚戌	2月13日 四緑 己卯	1月14日 二黒 庚戌	12月12日 七赤 己卯	19
5月17日 七赤 壬子	4月15日 三碧 辛巳	3月15日 九紫 辛亥	2月14日 五黄 庚辰	1月15日 三碧 辛亥	12月13日 八白 庚辰	20
5月18日 八白 癸丑	4月16日 四緑 壬午	3月16日 一白 壬子	2月15日 六白 辛巳	1月16日 四緑 壬子	12月14日 九紫 辛巳	21
5月19日 九紫 甲寅	4月17日 五黄 癸未	3月17日 二黒 癸丑	2月16日 七赤 壬午	1月17日 五黄 癸丑	12月15日 一白 壬午	22
5月20日 一白 乙卯	4月18日 六白 甲申	3月18日 三碧 甲寅	2月17日 八白 癸未	1月18日 六白 甲寅	12月16日 二黒 癸未	23
5月21日 二黒 丙辰	4月19日 七赤 乙酉	3月19日 四緑 乙卯	2月18日 九紫 甲申	1月19日 七赤 乙卯	12月17日 三碧 甲申	24
5月22日 三碧 丁巳	4月20日 八白 丙戌	3月20日 五黄 丙辰	2月19日 一白 乙酉	1月20日 八白 丙辰	12月18日 四緑 乙酉	25
5月23日 四緑 戊午	4月21日 九紫 丁亥	3月21日 六白 丁巳	2月20日 二黒 丙戌	1月21日 九紫 丁巳	12月19日 五黄 丙戌	26
5月24日 五黄 己未	4月22日 一白 戊子	3月22日 七赤 戊午	2月21日 三碧 丁亥	1月22日 一白 戊午	12月20日 六白 丁亥	27
5月25日 六白 庚申	4月23日 二黒 己丑	3月23日 八白 己未	2月22日 四緑 戊子	1月23日 二黒 己未	12月21日 七赤 戊子	28
5月26日 七赤 辛酉	4月24日 三碧 庚寅	3月24日 九紫 庚申	2月23日 五黄 己丑	1月24日 三碧 庚申	12月22日 八白 己丑	29
5月27日 八白 壬戌	4月25日 四緑 辛卯	3月25日 一白 辛酉	2月24日 六白 庚寅		12月23日 九紫 庚寅	30
	4月26日 五黄 壬辰		2月25日 七赤 辛卯		12月24日 一白 辛卯	31

昭和7年		1932年		壬申年		五黄土星					
12月壬子		11月辛亥		10月庚戌		9月己酉		8月戊申		7月丁未	
7日 16：18		7日 23：49		8日 21：10		8日 06：03		8日 03：32		7日 17：52	
22日 10：14		22日 21：10		24日 00：04		23日 15：16		23日 18：06		23日 11：18	
一白水星		二黒土星		三碧木星		四緑木星		五黄土星		六白金星	

1	11月4日	一白	丙申	10月4日	四緑	丙寅	9月2日	八白	乙未	8月1日	二黒	乙丑	6月29日	六白	甲午	5月28日	九紫	癸巳
2	11月5日	九紫	丁酉	10月5日	三碧	丁卯	9月3日	七赤	丙申	8月2日	一白	丙寅	7月1日	五黄	乙未	5月29日	九紫	甲午
3	11月6日	八白	戊戌	10月6日	二黒	戊辰	9月4日	六白	丁酉	8月3日	九紫	丁卯	7月2日	四緑	丙申	5月30日	八白	乙未
4	11月7日	七赤	己亥	10月7日	一白	己巳	9月5日	五黄	戊戌	8月4日	八白	戊辰	7月3日	三碧	丁酉	6月1日	七赤	丙申
5	11月8日	六白	庚子	10月8日	九紫	庚午	9月6日	四緑	己亥	8月5日	七赤	己巳	7月4日	二黒	戊戌	6月2日	六白	丁酉
6	11月9日	五黄	辛丑	10月9日	八白	辛未	9月7日	三碧	庚子	8月6日	六白	庚午	7月5日	一白	己亥	6月3日	五黄	戊戌
7	11月10日	四緑	壬寅	10月10日	七赤	壬申	9月8日	二黒	辛丑	8月7日	五黄	辛未	7月6日	九紫	庚子	6月4日	四緑	己亥
8	11月11日	三碧	癸卯	10月11日	六白	癸酉	9月9日	一白	壬寅	8月8日	四緑	壬申	7月7日	八白	辛丑	6月5日	三碧	庚子
9	11月12日	二黒	甲辰	10月12日	五黄	甲戌	9月10日	九紫	癸卯	8月9日	三碧	癸酉	7月8日	七赤	壬寅	6月6日	二黒	辛丑
10	11月13日	一白	乙巳	10月13日	四緑	乙亥	9月11日	八白	甲辰	8月10日	二黒	甲戌	7月9日	六白	癸卯	6月7日	一白	壬寅
11	11月14日	九紫	丙午	10月14日	三碧	丙子	9月12日	七赤	乙巳	8月11日	一白	乙亥	7月10日	五黄	甲辰	6月8日	九紫	癸卯
12	11月15日	八白	丁未	10月15日	二黒	丁丑	9月13日	六白	丙午	8月12日	九紫	丙子	7月11日	四緑	乙巳	6月9日	八白	甲辰
13	11月16日	七赤	戊申	10月16日	一白	戊寅	9月14日	五黄	丁未	8月13日	八白	丁丑	7月12日	三碧	丙午	6月10日	七赤	乙巳
14	11月17日	六白	己酉	10月17日	九紫	己卯	9月15日	四緑	戊申	8月14日	七赤	戊寅	7月13日	二黒	丁未	6月11日	六白	丙午
15	11月18日	五黄	庚戌	10月18日	八白	庚辰	9月16日	三碧	己酉	8月15日	六白	己卯	7月14日	一白	戊申	6月12日	五黄	丁未
16	11月19日	四緑	辛亥	10月19日	七赤	辛巳	9月17日	二黒	庚戌	8月16日	五黄	庚辰	7月15日	九紫	己酉	6月13日	四緑	戊申
17	11月20日	三碧	壬子	10月20日	六白	壬午	9月18日	一白	辛亥	8月17日	四緑	辛巳	7月16日	八白	庚戌	6月14日	三碧	己酉
18	11月21日	二黒	癸丑	10月21日	五黄	癸未	9月19日	九紫	壬子	8月18日	三碧	壬午	7月17日	七赤	辛亥	6月15日	二黒	庚戌
19	11月22日	一白	甲寅	10月22日	四緑	甲申	9月20日	八白	癸丑	8月19日	二黒	癸未	7月18日	六白	壬子	6月16日	一白	辛亥
20	11月23日	九紫	乙卯	10月23日	三碧	乙酉	9月21日	七赤	甲寅	8月20日	一白	甲申	7月19日	五黄	癸丑	6月17日	九紫	壬子
21	11月24日	八白	丙辰	10月24日	二黒	丙戌	9月22日	六白	乙卯	8月21日	九紫	乙酉	7月20日	四緑	甲寅	6月18日	八白	癸丑
22	11月25日	七赤	丁巳	10月25日	一白	丁亥	9月23日	五黄	丙辰	8月22日	八白	丙戌	7月21日	三碧	乙卯	6月19日	七赤	甲寅
23	11月26日	六白	戊午	10月26日	九紫	戊子	9月24日	四緑	丁巳	8月23日	七赤	丁亥	7月22日	二黒	丙辰	6月20日	六白	乙卯
24	11月27日	五黄	己未	10月27日	八白	己丑	9月25日	三碧	戊午	8月24日	六白	戊子	7月23日	一白	丁巳	6月21日	五黄	丙辰
25	11月28日	四緑	庚申	10月28日	七赤	庚寅	9月26日	二黒	己未	8月25日	五黄	己丑	7月24日	九紫	戊午	6月22日	四緑	丁巳
26	11月29日	三碧	辛酉	10月29日	六白	辛卯	9月27日	一白	庚申	8月26日	四緑	庚寅	7月25日	八白	己未	6月23日	三碧	戊午
27	12月1日	二黒	壬戌	10月30日	五黄	壬辰	9月28日	九紫	辛酉	8月27日	三碧	辛卯	7月26日	七赤	庚申	6月24日	二黒	己未
28	12月2日	一白	癸亥	11月1日	四緑	癸巳	9月29日	八白	壬戌	8月28日	二黒	壬辰	7月27日	六白	辛酉	6月25日	一白	庚申
29	12月3日	一白	甲子	11月2日	三碧	甲午	10月1日	七赤	癸亥	8月29日	一白	癸巳	7月28日	五黄	壬戌	6月26日	九紫	辛酉
30	12月4日	二黒	乙丑	11月3日	二黒	乙未	10月2日	六白	甲子	9月1日	九紫	甲午	7月29日	四緑	癸亥	6月27日	八白	壬戌
31	12月5日	三碧	丙寅				10月3日	五黄	乙丑				7月30日	三碧	甲子	6月28日	七赤	癸亥

6月戊午	5月丁巳	4月丙辰	3月乙卯	2月甲寅	1月癸丑	
6日 13：16	6日 08：41	5日 14：50	6日 09：31	4日 15：09	6日 03：23	
22日 06：11	21日 21：56	20日 22：18	21日 10：43	19日 11：16	20日 20：52	
四緑木星	五黄土星	六白金星	七赤金星	八白土星	九紫火星	
5月9日 二黒 戊戌	4月7日 七赤 丁卯	3月7日 四緑 丁酉	2月6日 九紫 丙寅	1月7日 八白 戊戌	12月6日 四緑 丁卯	1
5月10日 三碧 己亥	4月8日 八白 戊辰	3月8日 五黄 戊戌	2月7日 一白 丁卯	1月8日 九紫 己亥	12月7日 五黄 戊辰	2
5月11日 四緑 庚子	4月9日 九紫 己巳	3月9日 六白 己亥	2月8日 二黒 戊辰	1月9日 一白 庚子	12月8日 六白 己巳	3
5月12日 五黄 辛丑	4月10日 一白 庚午	3月10日 七赤 庚子	2月9日 三碧 己巳	1月10日 二黒 辛丑	12月9日 七赤 庚午	4
5月13日 六白 壬寅	4月11日 二黒 辛未	3月11日 八白 辛丑	2月10日 四緑 庚午	1月11日 三碧 壬寅	12月10日 八白 辛未	5
5月14日 七赤 癸卯	4月12日 三碧 壬申	3月12日 九紫 壬寅	2月11日 五黄 辛未	1月12日 四緑 癸卯	12月11日 九紫 壬申	6
5月15日 八白 甲辰	4月13日 四緑 癸酉	3月13日 一白 癸卯	2月12日 六白 壬申	1月13日 五黄 甲辰	12月12日 一白 癸酉	7
5月16日 九紫 乙巳	4月14日 五黄 甲戌	3月14日 二黒 甲辰	2月13日 七赤 癸酉	1月14日 六白 乙巳	12月13日 二黒 甲戌	8
5月17日 一白 丙午	4月15日 六白 乙亥	3月15日 三碧 乙巳	2月14日 八白 甲戌	1月15日 七赤 丙午	12月14日 三碧 乙亥	9
5月18日 二黒 丁未	4月16日 七赤 丙子	3月16日 四緑 丙午	2月15日 九紫 乙亥	1月16日 八白 丁未	12月15日 四緑 丙子	10
5月19日 三碧 戊申	4月17日 八白 丁丑	3月17日 五黄 丁未	2月16日 一白 丙子	1月17日 九紫 戊申	12月16日 五黄 丁丑	11
5月20日 四緑 己酉	4月18日 九紫 戊寅	3月18日 六白 戊申	2月17日 二黒 丁丑	1月18日 一白 己酉	12月17日 六白 戊寅	12
5月21日 五黄 庚戌	4月19日 一白 己卯	3月19日 七赤 己酉	2月18日 三碧 戊寅	1月19日 二黒 庚戌	12月18日 七赤 己卯	13
5月22日 六白 辛亥	4月20日 二黒 庚辰	3月20日 八白 庚戌	2月19日 四緑 己卯	1月20日 三碧 辛亥	12月19日 八白 庚辰	14
5月23日 七赤 壬子	4月21日 三碧 辛巳	3月21日 九紫 辛亥	2月20日 五黄 庚辰	1月21日 四緑 壬子	12月20日 九紫 辛巳	15
5月24日 八白 癸丑	4月22日 四緑 壬午	3月22日 一白 壬子	2月21日 六白 辛巳	1月22日 五黄 癸丑	12月21日 一白 壬午	16
5月25日 九紫 甲寅	4月23日 五黄 癸未	3月23日 二黒 癸丑	2月22日 七赤 壬午	1月23日 六白 甲寅	12月22日 二黒 癸未	17
5月26日 一白 乙卯	4月24日 六白 甲申	3月24日 三碧 甲寅	2月23日 八白 癸未	1月24日 七赤 乙卯	12月23日 三碧 甲申	18
5月27日 二黒 丙辰	4月25日 七赤 乙酉	3月25日 四緑 乙卯	2月24日 九紫 甲申	1月25日 八白 丙辰	12月24日 四緑 乙酉	19
5月28日 三碧 丁巳	4月26日 八白 丙戌	3月26日 五黄 丙辰	2月25日 一白 乙酉	1月26日 九紫 丁巳	12月25日 五黄 丙戌	20
5月29日 四緑 戊午	4月27日 九紫 丁亥	3月27日 六白 丁巳	2月26日 二黒 丙戌	1月27日 一白 戊午	12月26日 六白 丁亥	21
5月30日 五黄 己未	4月28日 一白 戊子	3月28日 七赤 戊午	2月27日 三碧 丁亥	1月28日 二黒 己未	12月27日 七赤 戊子	22
閏5月1日 六白 庚申	4月29日 二黒 己丑	3月29日 八白 己未	2月28日 四緑 戊子	1月29日 三碧 庚申	12月28日 八白 己丑	23
閏5月2日 七赤 辛酉	5月1日 三碧 庚寅	3月30日 九紫 庚申	2月29日 五黄 己丑	2月1日 四緑 辛酉	12月29日 九紫 庚寅	24
閏5月3日 八白 壬戌	5月2日 四緑 辛卯	4月1日 一白 辛酉	2月30日 六白 庚寅	2月2日 五黄 壬戌	12月30日 一白 辛卯	25
閏5月4日 九紫 癸亥	5月3日 五黄 壬辰	4月2日 二黒 壬戌	3月1日 七赤 辛卯	2月3日 六白 癸亥	1月1日 二黒 壬辰	26
閏5月5日 九紫 甲子	5月4日 六白 癸巳	4月3日 三碧 癸亥	3月2日 八白 壬辰	2月4日 七赤 甲子	1月2日 三碧 癸巳	27
閏5月6日 八白 乙丑	5月5日 七赤 甲午	4月4日 四緑 甲子	3月3日 九紫 癸巳	2月5日 八白 乙丑	1月3日 四緑 甲午	28
閏5月7日 七赤 丙寅	5月6日 八白 乙未	4月5日 五黄 乙丑	3月4日 一白 甲午		1月4日 五黄 乙未	29
閏5月8日 六白 丁卯	5月7日 九紫 丙申	4月6日 六白 丙寅	3月5日 二黒 乙未		1月5日 六白 丙申	30
	5月8日 一白 丁酉		3月6日 三碧 丙申		1月6日 七赤 丁酉	31

昭和8年			1933年			癸酉年			四緑木星								
12月甲子			11月癸亥			10月壬戌			9月辛酉			8月庚申			7月己未		
7日 22：10			8日 05：42			9日 03：04			8日 11：58			8日 09：26			7日 23：44		
22日 15：57			23日 02：53			24日 05：48			23日 21：01			23日 23：53			23日 17：05		
七赤金星			八白土星			九紫火星			一白水星			二黒土星			三碧木星		
1	10月14日	五黄	辛丑	9月14日	八白	辛未	8月12日	三碧	庚子	7月12日	六白	庚午	6月10日	一白	己亥	閏5月9日	五黄	戊辰
2	10月15日	四緑	壬寅	9月15日	七赤	壬申	8月13日	二黒	辛丑	7月13日	五黄	辛未	6月11日	九紫	庚子	閏5月10日	四緑	己巳
3	10月16日	三碧	癸卯	9月16日	六白	癸酉	8月14日	一白	壬寅	7月14日	四緑	壬申	6月12日	八白	辛丑	閏5月11日	三碧	庚午
4	10月17日	二黒	甲辰	9月17日	五黄	甲戌	8月15日	九紫	癸卯	7月15日	三碧	癸酉	6月13日	七赤	壬寅	閏5月12日	二黒	辛未
5	10月18日	一白	乙巳	9月18日	四緑	乙亥	8月16日	八白	甲辰	7月16日	二黒	甲戌	6月14日	六白	癸卯	閏5月13日	一白	壬申
6	10月19日	九紫	丙午	9月19日	三碧	丙子	8月17日	七赤	乙巳	7月17日	一白	乙亥	6月15日	五黄	甲辰	閏5月14日	九紫	癸酉
7	10月20日	八白	丁未	9月20日	二黒	丁丑	8月18日	六白	丙午	7月18日	九紫	丙子	6月16日	四緑	乙巳	閏5月15日	八白	甲戌
8	10月21日	七赤	戊申	9月21日	一白	戊寅	8月19日	五黄	丁未	7月19日	八白	丁丑	6月17日	三碧	丙午	閏5月16日	七赤	乙亥
9	10月22日	六白	己酉	9月22日	九紫	己卯	8月20日	四緑	戊申	7月20日	七赤	戊寅	6月18日	二黒	丁未	閏5月17日	六白	丙子
10	10月23日	五黄	庚戌	9月23日	八白	庚辰	8月21日	三碧	己酉	7月21日	六白	己卯	6月19日	一白	戊申	閏5月18日	五黄	丁丑
11	10月24日	四緑	辛亥	9月24日	七赤	辛巳	8月22日	二黒	庚戌	7月22日	五黄	庚辰	6月20日	九紫	己酉	閏5月19日	四緑	戊寅
12	10月25日	三碧	壬子	9月25日	六白	壬午	8月23日	一白	辛亥	7月23日	四緑	辛巳	6月21日	八白	庚戌	閏5月20日	三碧	己卯
13	10月26日	二黒	癸丑	9月26日	五黄	癸未	8月24日	九紫	壬子	7月24日	三碧	壬午	6月22日	七赤	辛亥	閏5月21日	二黒	庚辰
14	10月27日	一白	甲寅	9月27日	四緑	甲申	8月25日	八白	癸丑	7月25日	二黒	癸未	6月23日	六白	壬子	閏5月22日	一白	辛巳
15	10月28日	九紫	乙卯	9月28日	三碧	乙酉	8月26日	七赤	甲寅	7月26日	一白	甲申	6月24日	五黄	癸丑	閏5月23日	九紫	壬午
16	10月29日	八白	丙辰	9月29日	二黒	丙戌	8月27日	六白	乙卯	7月27日	九紫	乙酉	6月25日	四緑	甲寅	閏5月24日	八白	癸未
17	11月1日	七赤	丁巳	9月30日	一白	丁亥	8月28日	五黄	丙辰	7月28日	八白	丙戌	6月26日	三碧	乙卯	閏5月25日	七赤	甲申
18	11月2日	六白	戊午	10月1日	九紫	戊子	8月29日	四緑	丁巳	7月29日	七赤	丁亥	6月27日	二黒	丙辰	閏5月26日	六白	乙酉
19	11月3日	五黄	己未	10月2日	八白	己丑	9月1日	三碧	戊午	7月30日	六白	戊子	6月28日	一白	丁巳	閏5月27日	五黄	丙戌
20	11月4日	四緑	庚申	10月3日	七赤	庚寅	9月2日	二黒	己未	8月1日	五黄	己丑	6月29日	九紫	戊午	閏5月28日	四緑	丁亥
21	11月5日	三碧	辛酉	10月4日	六白	辛卯	9月3日	一白	庚申	8月2日	四緑	庚寅	7月1日	八白	己未	閏5月29日	三碧	戊子
22	11月6日	二黒	壬戌	10月5日	五黄	壬辰	9月4日	九紫	辛酉	8月3日	三碧	辛卯	7月2日	七赤	庚申	閏5月30日	二黒	己丑
23	11月7日	一白	癸亥	10月6日	四緑	癸巳	9月5日	八白	壬戌	8月4日	二黒	壬辰	7月3日	六白	辛酉	6月1日	一白	庚寅
24	11月8日	一白	甲子	10月7日	三碧	甲午	9月6日	七赤	癸亥	8月5日	一白	癸巳	7月4日	五黄	壬戌	6月2日	九紫	辛卯
25	11月9日	二黒	乙丑	10月8日	二黒	乙未	9月7日	六白	甲子	8月6日	九紫	甲午	7月5日	四緑	癸亥	6月3日	八白	壬辰
26	11月10日	三碧	丙寅	10月9日	一白	丙申	9月8日	五黄	乙丑	8月7日	八白	乙未	7月6日	三碧	甲子	6月4日	七赤	癸巳
27	11月11日	四緑	丁卯	10月10日	九紫	丁酉	9月9日	四緑	丙寅	8月8日	七赤	丙申	7月7日	二黒	乙丑	6月5日	六白	甲午
28	11月12日	五黄	戊辰	10月11日	八白	戊戌	9月10日	三碧	丁卯	8月9日	六白	丁酉	7月8日	一白	丙寅	6月6日	五黄	乙未
29	11月13日	六白	己巳	10月12日	七赤	己亥	9月11日	二黒	戊辰	8月10日	五黄	戊戌	7月9日	九紫	丁卯	6月7日	四緑	丙申
30	11月14日	七赤	庚午	10月13日	六白	庚子	9月12日	一白	己巳	8月11日	四緑	己亥	7月10日	八白	戊辰	6月8日	三碧	丁酉
31	11月15日	八白	辛未				9月13日	九紫	庚午				7月11日	七赤	己巳	6月9日	二黒	戊戌

万年暦

6月庚午		5月己巳		4月戊辰		3月丁卯		2月丙寅		1月乙丑		
6日 19:00		6日 14:30		5日 20:43		6日 15:27		4日 21:04		6日 09:16		
22日 11:47		22日 03:34		21日 04:00		21日 16:28		19日 17:02		21日 02:37		
一白水星		二黒土星		三碧木星		四緑木星		五黄土星		六白金星		
4月20日	七赤	癸卯	3月18日	三碧	壬申	2月18日	九紫	壬寅	1月16日	五黄	辛未	12月18日	四緑	癸卯	11月16日	九紫	壬申	1
4月21日	八白	甲辰	3月19日	四緑	癸酉	2月19日	一白	癸卯	1月17日	六白	壬申	12月19日	五黄	甲辰	11月17日	一白	癸酉	2
4月22日	九紫	乙巳	3月20日	五黄	甲戌	2月20日	二黒	甲辰	1月18日	七赤	癸酉	12月20日	六白	乙巳	11月18日	二黒	甲戌	3
4月23日	一白	丙午	3月21日	六白	乙亥	2月21日	三碧	乙巳	1月19日	八白	甲戌	12月21日	七赤	丙午	11月19日	三碧	乙亥	4
4月24日	二黒	丁未	3月22日	七赤	丙子	2月22日	四緑	丙午	1月20日	九紫	乙亥	12月22日	八白	丁未	11月20日	四緑	丙子	5
4月25日	三碧	戊申	3月23日	八白	丁丑	2月23日	五黄	丁未	1月21日	一白	丙子	12月23日	九紫	戊申	11月21日	五黄	丁丑	6
4月26日	四緑	己酉	3月24日	九紫	戊寅	2月24日	六白	戊申	1月22日	二黒	丁丑	12月24日	一白	己酉	11月22日	六白	戊寅	7
4月27日	五黄	庚戌	3月25日	一白	己卯	2月25日	七赤	己酉	1月23日	三碧	戊寅	12月25日	二黒	庚戌	11月23日	七赤	己卯	8
4月28日	六白	辛亥	3月26日	二黒	庚辰	2月26日	八白	庚戌	1月24日	四緑	己卯	12月26日	三碧	辛亥	11月24日	八白	庚辰	9
4月29日	七赤	壬子	3月27日	三碧	辛巳	2月27日	九紫	辛亥	1月25日	五黄	庚辰	12月27日	四緑	壬子	11月25日	九紫	辛巳	10
4月30日	八白	癸丑	3月28日	四緑	壬午	2月28日	一白	壬子	1月26日	六白	辛巳	12月28日	五黄	癸丑	11月26日	一白	壬午	11
5月1日	九紫	甲寅	3月29日	五黄	癸未	2月29日	二黒	癸丑	1月27日	七赤	壬午	12月29日	六白	甲寅	11月27日	二黒	癸未	12
5月2日	一白	乙卯	4月1日	六白	甲申	2月30日	三碧	甲寅	1月28日	八白	癸未	12月30日	七赤	乙卯	11月28日	三碧	甲申	13
5月3日	二黒	丙辰	4月2日	七赤	乙酉	3月1日	四緑	乙卯	1月29日	九紫	甲申	1月1日	八白	丙辰	11月29日	四緑	乙酉	14
5月4日	三碧	丁巳	4月3日	八白	丙戌	3月2日	五黄	丙辰	2月1日	一白	乙酉	1月2日	九紫	丁巳	12月1日	五黄	丙戌	15
5月5日	四緑	戊午	4月4日	九紫	丁亥	3月3日	六白	丁巳	2月2日	二黒	丙戌	1月3日	一白	戊午	12月2日	六白	丁亥	16
5月6日	五黄	己未	4月5日	一白	戊子	3月4日	七赤	戊午	2月3日	三碧	丁亥	1月4日	二黒	己未	12月3日	七赤	戊子	17
5月7日	六白	庚申	4月6日	二黒	己丑	3月5日	八白	己未	2月4日	四緑	戊子	1月5日	三碧	庚申	12月4日	八白	己丑	18
5月8日	七赤	辛酉	4月7日	三碧	庚寅	3月6日	九紫	庚申	2月5日	五黄	己丑	1月6日	四緑	辛酉	12月5日	九紫	庚寅	19
5月9日	八白	壬戌	4月8日	四緑	辛卯	3月7日	一白	辛酉	2月6日	六白	庚寅	1月7日	五黄	壬戌	12月6日	一白	辛卯	20
5月10日	九紫	癸亥	4月9日	五黄	壬辰	3月8日	二黒	壬戌	2月7日	七赤	辛卯	1月8日	六白	癸亥	12月7日	二黒	壬辰	21
5月11日	九紫	甲子	4月10日	六白	癸巳	3月9日	三碧	癸亥	2月8日	八白	壬辰	1月9日	七赤	甲子	12月8日	三碧	癸巳	22
5月12日	八白	乙丑	4月11日	七赤	甲午	3月10日	四緑	甲子	2月9日	九紫	癸巳	1月10日	八白	乙丑	12月9日	四緑	甲午	23
5月13日	七赤	丙寅	4月12日	八白	乙未	3月11日	五黄	乙丑	2月10日	一白	甲午	1月11日	九紫	丙寅	12月10日	五黄	乙未	24
5月14日	六白	丁卯	4月13日	九紫	丙申	3月12日	六白	丙寅	2月11日	二黒	乙未	1月12日	一白	丁卯	12月11日	六白	丙申	25
5月15日	五黄	戊辰	4月14日	一白	丁酉	3月13日	七赤	丁卯	2月12日	三碧	丙申	1月13日	二黒	戊辰	12月12日	七赤	丁酉	26
5月16日	四緑	己巳	4月15日	二黒	戊戌	3月14日	八白	戊辰	2月13日	四緑	丁酉	1月14日	三碧	己巳	12月13日	八白	戊戌	27
5月17日	三碧	庚午	4月16日	三碧	己亥	3月15日	九紫	己巳	2月14日	五黄	戊戌	1月15日	四緑	庚午	12月14日	九紫	己亥	28
5月18日	二黒	辛未	4月17日	四緑	庚子	3月16日	一白	庚午	2月15日	六白	己亥				12月15日	一白	庚子	29
5月19日	一白	壬申	4月18日	五黄	辛丑	3月17日	二黒	辛未	2月16日	七赤	庚子				12月16日	二黒	辛丑	30
			4月19日	六白	壬寅				2月17日	八白	辛丑				12月17日	三碧	壬寅	31

22

	昭和9年			1934年			甲戌年			三碧木星				
	12月丙子			11月乙亥			10月甲戌			9月癸酉			8月壬申			7月辛未		
	8日 03：56			8日 11：26			9日 08：45			8日 17：37			8日 15：04			8日 05：24		
	22日 21：49			23日 08：43			24日 11：36			24日 02：45			24日 05：33			23日 22：42		
	四緑木星			五黄土星			六白金星			七赤金星			八白土星			九紫火星		
1	10月25日	九紫	丙午	9月24日	三碧	丙子	8月23日	七赤	乙巳	7月23日	一白	乙亥	6月21日	五黄	甲辰	5月20日	九紫	癸酉
2	10月26日	八白	丁未	9月25日	二黒	丁丑	8月24日	六白	丙午	7月24日	九紫	丙子	6月22日	四緑	乙巳	5月21日	八白	甲戌
3	10月27日	七赤	戊申	9月26日	一白	戊寅	8月25日	五黄	丁未	7月25日	八白	丁丑	6月23日	三碧	丙午	5月22日	七赤	乙亥
4	10月28日	六白	己酉	9月27日	九紫	己卯	8月26日	四緑	戊申	7月26日	七赤	戊寅	6月24日	二黒	丁未	5月23日	六白	丙子
5	10月29日	五黄	庚戌	9月28日	八白	庚辰	8月27日	三碧	己酉	7月27日	六白	己卯	6月25日	一白	戊申	5月24日	五黄	丁丑
6	10月30日	四緑	辛亥	9月29日	七赤	辛巳	8月28日	二黒	庚戌	7月28日	五黄	庚辰	6月26日	九紫	己酉	5月25日	四緑	戊寅
7	11月1日	三碧	壬子	10月1日	六白	壬午	8月29日	一白	辛亥	7月29日	四緑	辛巳	6月27日	八白	庚戌	5月26日	三碧	己卯
8	11月2日	二黒	癸丑	10月2日	五黄	癸未	8月30日	九紫	壬子	7月30日	三碧	壬午	6月28日	七赤	辛亥	5月27日	二黒	庚辰
9	11月3日	一白	甲寅	10月3日	四緑	甲申	9月1日	八白	癸丑	8月1日	二黒	癸未	6月29日	六白	壬子	5月28日	一白	辛巳
10	11月4日	九紫	乙卯	10月4日	三碧	乙酉	9月2日	七赤	甲寅	8月2日	一白	甲申	7月1日	五黄	癸丑	5月29日	九紫	壬午
11	11月5日	八白	丙辰	10月5日	二黒	丙戌	9月3日	六白	乙卯	8月3日	九紫	乙酉	7月2日	四緑	甲寅	5月30日	八白	癸未
12	11月6日	七赤	丁巳	10月6日	一白	丁亥	9月4日	五黄	丙辰	8月4日	八白	丙戌	7月3日	三碧	乙卯	6月1日	七赤	甲申
13	11月7日	六白	戊午	10月7日	九紫	戊子	9月5日	四緑	丁巳	8月5日	七赤	丁亥	7月4日	二黒	丙辰	6月2日	六白	乙酉
14	11月8日	五黄	己未	10月8日	八白	己丑	9月6日	三碧	戊午	8月6日	六白	戊子	7月5日	一白	丁巳	6月3日	五黄	丙戌
15	11月9日	四緑	庚申	10月9日	七赤	庚寅	9月7日	二黒	己未	8月7日	五黄	己丑	7月6日	九紫	戊午	6月4日	四緑	丁亥
16	11月10日	三碧	辛酉	10月10日	六白	辛卯	9月8日	一白	庚申	8月8日	四緑	庚寅	7月7日	八白	己未	6月5日	三碧	戊子
17	11月11日	二黒	壬戌	10月11日	五黄	壬辰	9月9日	九紫	辛酉	8月9日	三碧	辛卯	7月8日	七赤	庚申	6月6日	二黒	己丑
18	11月12日	一白	癸亥	10月12日	四緑	癸巳	9月10日	八白	壬戌	8月10日	二黒	壬辰	7月9日	六白	辛酉	6月7日	一白	庚寅
19	11月13日	一白	甲子	10月13日	三碧	甲午	9月11日	七赤	癸亥	8月11日	一白	癸巳	7月10日	五黄	壬戌	6月8日	九紫	辛卯
20	11月14日	二黒	乙丑	10月14日	二黒	乙未	9月12日	六白	甲子	8月12日	九紫	甲午	7月11日	四緑	癸亥	6月9日	八白	壬辰
21	11月15日	三碧	丙寅	10月15日	一白	丙申	9月13日	五黄	乙丑	8月13日	八白	乙未	7月12日	三碧	甲子	6月10日	七赤	癸巳
22	11月16日	四緑	丁卯	10月16日	九紫	丁酉	9月14日	四緑	丙寅	8月14日	七赤	丙申	7月13日	二黒	乙丑	6月11日	六白	甲午
23	11月17日	五黄	戊辰	10月17日	八白	戊戌	9月15日	三碧	丁卯	8月15日	六白	丁酉	7月14日	一白	丙寅	6月12日	五黄	乙未
24	11月18日	六白	己巳	10月18日	七赤	己亥	9月16日	二黒	戊辰	8月16日	五黄	戊戌	7月15日	九紫	丁卯	6月13日	四緑	丙申
25	11月19日	七赤	庚午	10月19日	六白	庚子	9月17日	一白	己巳	8月17日	四緑	己亥	7月16日	八白	戊辰	6月14日	三碧	丁酉
26	11月20日	八白	辛未	10月20日	五黄	辛丑	9月18日	九紫	庚午	8月18日	三碧	庚子	7月17日	七赤	己巳	6月15日	二黒	戊戌
27	11月21日	九紫	壬申	10月21日	四緑	壬寅	9月19日	八白	辛未	8月19日	二黒	辛丑	7月18日	六白	庚午	6月16日	一白	己亥
28	11月22日	一白	癸酉	10月22日	三碧	癸卯	9月20日	七赤	壬申	8月20日	一白	壬寅	7月19日	五黄	辛未	6月17日	九紫	庚子
29	11月23日	二黒	甲戌	10月23日	二黒	甲辰	9月21日	六白	癸酉	8月21日	九紫	癸卯	7月20日	四緑	壬申	6月18日	八白	辛丑
30	11月24日	三碧	乙亥	10月24日	一白	乙巳	9月22日	五黄	甲戌	8月22日	八白	甲辰	7月21日	三碧	癸酉	6月19日	七赤	壬寅
31	11月25日	四緑	丙子				9月23日	四緑	乙亥				7月22日	二黒	甲戌	6月20日	六白	癸卯

6月壬午	5月辛巳	4月庚辰	3月己卯	2月戊寅	1月丁丑	
7日 00:40	6日 20:11	6日 02:26	6日 21:11	5日 02:49	6日 15:02	
22日 17:37	22日 09:23	21日 09:49	21日 22:18	19日 22:53	21日 08:28	
七赤金星	八白土星	九紫火星	一白水星	二黒土星	三碧木星	
5月1日 三碧 戊申	3月29日 八白 丁丑	2月28日 五黄 丁未	1月26日 一白 丙子	12月28日 九紫 戊申	11月26日 五黄 丁丑	1
5月2日 四緑 己酉	3月30日 九紫 戊寅	2月29日 六白 戊申	1月27日 二黒 丁丑	12月29日 一白 己酉	11月27日 六白 戊寅	2
5月3日 五黄 庚戌	4月1日 一白 己卯	3月1日 七赤 己酉	1月28日 三碧 戊寅	12月30日 二黒 庚戌	11月28日 七赤 己卯	3
5月4日 六白 辛亥	4月2日 二黒 庚辰	3月2日 八白 庚戌	1月29日 四緑 己卯	1月1日 三碧 辛亥	11月29日 八白 庚辰	4
5月5日 七赤 壬子	4月3日 三碧 辛巳	3月3日 九紫 辛亥	2月1日 五黄 庚辰	1月2日 四緑 壬子	12月1日 九紫 辛巳	5
5月6日 八白 癸丑	4月4日 四緑 壬午	3月4日 一白 壬子	2月2日 六白 辛巳	1月3日 五黄 癸丑	12月2日 一白 壬午	6
5月7日 九紫 甲寅	4月5日 五黄 癸未	3月5日 二黒 癸丑	2月3日 七赤 壬午	1月4日 六白 甲寅	12月3日 二黒 癸未	7
5月8日 一白 乙卯	4月6日 六白 甲申	3月6日 三碧 甲寅	2月4日 八白 癸未	1月5日 七赤 乙卯	12月4日 三碧 甲申	8
5月9日 二黒 丙辰	4月7日 七赤 乙酉	3月7日 四緑 乙卯	2月5日 九紫 甲申	1月6日 八白 丙辰	12月5日 四緑 乙酉	9
5月10日 三碧 丁巳	4月8日 八白 丙戌	3月8日 五黄 丙辰	2月6日 一白 乙酉	1月7日 九紫 丁巳	12月6日 五黄 丙戌	10
5月11日 四緑 戊午	4月9日 九紫 丁亥	3月9日 六白 丁巳	2月7日 二黒 丙戌	1月8日 一白 戊午	12月7日 六白 丁亥	11
5月12日 五黄 己未	4月10日 一白 戊子	3月10日 七赤 戊午	2月8日 三碧 丁亥	1月9日 二黒 己未	12月8日 七赤 戊子	12
5月13日 六白 庚申	4月11日 二黒 己丑	3月11日 八白 己未	2月9日 四緑 戊子	1月10日 三碧 庚申	12月9日 八白 己丑	13
5月14日 七赤 辛酉	4月12日 三碧 庚寅	3月12日 九紫 庚申	2月10日 五黄 己丑	1月11日 四緑 辛酉	12月10日 九紫 庚寅	14
5月15日 八白 壬戌	4月13日 四緑 辛卯	3月13日 一白 辛酉	2月11日 六白 庚寅	1月12日 五黄 壬戌	12月11日 一白 辛卯	15
5月16日 九紫 癸亥	4月14日 五黄 壬辰	3月14日 二黒 壬戌	2月12日 七赤 辛卯	1月13日 六白 癸亥	12月12日 二黒 壬辰	16
5月17日 九紫 甲子	4月15日 六白 癸巳	3月15日 三碧 癸亥	2月13日 八白 壬辰	1月14日 七赤 甲子	12月13日 三碧 癸巳	17
5月18日 八白 乙丑	4月16日 七赤 甲午	3月16日 四緑 甲子	2月14日 九紫 癸巳	1月15日 八白 乙丑	12月14日 四緑 甲午	18
5月19日 七赤 丙寅	4月17日 八白 乙未	3月17日 五黄 乙丑	2月15日 一白 甲午	1月16日 九紫 丙寅	12月15日 五黄 乙未	19
5月20日 六白 丁卯	4月18日 九紫 丙申	3月18日 六白 丙寅	2月16日 二黒 乙未	1月17日 一白 丁卯	12月16日 六白 丙申	20
5月21日 五黄 戊辰	4月19日 一白 丁酉	3月19日 七赤 丁卯	2月17日 三碧 丙申	1月18日 二黒 戊辰	12月17日 七赤 丁酉	21
5月22日 四緑 己巳	4月20日 二黒 戊戌	3月20日 八白 戊辰	2月18日 四緑 丁酉	1月19日 三碧 己巳	12月18日 八白 戊戌	22
5月23日 三碧 庚午	4月21日 三碧 己亥	3月21日 九紫 己巳	2月19日 五黄 戊戌	1月20日 四緑 庚午	12月19日 九紫 己亥	23
5月24日 二黒 辛未	4月22日 四緑 庚子	3月22日 一白 庚午	2月20日 六白 己亥	1月21日 五黄 辛未	12月20日 一白 庚子	24
5月25日 一白 壬申	4月23日 五黄 辛丑	3月23日 二黒 辛未	2月21日 七赤 庚子	1月22日 六白 壬申	12月21日 二黒 辛丑	25
5月26日 九紫 癸酉	4月24日 六白 壬寅	3月24日 三碧 壬申	2月22日 八白 辛丑	1月23日 七赤 癸酉	12月22日 三碧 壬寅	26
5月27日 八白 甲戌	4月25日 七赤 癸卯	3月25日 四緑 癸酉	2月23日 九紫 壬寅	1月24日 八白 甲戌	12月23日 四緑 癸卯	27
5月28日 七赤 乙亥	4月26日 八白 甲辰	3月26日 五黄 甲戌	2月24日 一白 癸卯	1月25日 九紫 乙亥	12月24日 五黄 甲辰	28
5月29日 六白 丙子	4月27日 九紫 乙巳	3月27日 六白 乙亥	2月25日 二黒 甲辰		12月25日 六白 乙巳	29
5月30日 五黄 丁丑	4月28日 一白 丙午	3月28日 七赤 丙子	2月26日 三碧 乙巳		12月26日 七赤 丙午	30
	4月29日 二黒 丁未		2月27日 四緑 丙午		12月27日 八白 丁未	31

昭和10年		1935年		乙亥年		二黒土星					
12月戊子		11月丁亥		10月丙戌		9月乙酉		8月甲申		7月癸未	
8日 09:44		8日 17:16		9日 14:35		8日 23:25		8日 20:48		8日 11:05	
23日 03:37		23日 14:34		24日 17:28		24日 08:38		24日 11:25		24日 04:33	
一白水星		二黒土星		三碧木星		四緑木星		五黄土星		六白金星	

1	11月6日	四緑	辛亥	10月6日	七赤	辛巳	9月4日	二黒	庚戌	8月4日	五黄	庚辰	7月3日	九紫	己酉	6月1日	四緑	戊寅
2	11月7日	三碧	壬子	10月7日	六白	壬午	9月5日	一白	辛亥	8月5日	四緑	辛巳	7月4日	八白	庚戌	6月2日	三碧	己卯
3	11月8日	二黒	癸丑	10月8日	五黄	癸未	9月6日	九紫	壬子	8月6日	三碧	壬午	7月5日	七赤	辛亥	6月3日	二黒	庚辰
4	11月9日	一白	甲寅	10月9日	四緑	甲申	9月7日	八白	癸丑	8月7日	二黒	癸未	7月6日	六白	壬子	6月4日	一白	辛巳
5	11月10日	九紫	乙卯	10月10日	三碧	乙酉	9月8日	七赤	甲寅	8月8日	一白	甲申	7月7日	五黄	癸丑	6月5日	九紫	壬午
6	11月11日	八白	丙辰	10月11日	二黒	丙戌	9月9日	六白	乙卯	8月9日	九紫	乙酉	7月8日	四緑	甲寅	6月6日	八白	癸未
7	11月12日	七赤	丁巳	10月12日	一白	丁亥	9月10日	五黄	丙辰	8月10日	八白	丙戌	7月9日	三碧	乙卯	6月7日	七赤	甲申
8	11月13日	六白	戊午	10月13日	九紫	戊子	9月11日	四緑	丁巳	8月11日	七赤	丁亥	7月10日	二黒	丙辰	6月8日	六白	乙酉
9	11月14日	五黄	己未	10月14日	八白	己丑	9月12日	三碧	戊午	8月12日	六白	戊子	7月11日	一白	丁巳	6月9日	五黄	丙戌
10	11月15日	四緑	庚申	10月15日	七赤	庚寅	9月13日	二黒	己未	8月13日	五黄	己丑	7月12日	九紫	戊午	6月10日	四緑	丁亥
11	11月16日	三碧	辛酉	10月16日	六白	辛卯	9月14日	一白	庚申	8月14日	四緑	庚寅	7月13日	八白	己未	6月11日	三碧	戊子
12	11月17日	二黒	壬戌	10月17日	五黄	壬辰	9月15日	九紫	辛酉	8月15日	三碧	辛卯	7月14日	七赤	庚申	6月12日	二黒	己丑
13	11月18日	一白	癸亥	10月18日	四緑	癸巳	9月16日	八白	壬戌	8月16日	二黒	壬辰	7月15日	六白	辛酉	6月13日	一白	庚寅
14	11月19日	一白	甲子	10月19日	三碧	甲午	9月17日	七赤	癸亥	8月17日	一白	癸巳	7月16日	五黄	壬戌	6月14日	九紫	辛卯
15	11月20日	二黒	乙丑	10月20日	二黒	乙未	9月18日	六白	甲子	8月18日	九紫	甲午	7月17日	四緑	癸亥	6月15日	八白	壬辰
16	11月21日	三碧	丙寅	10月21日	一白	丙申	9月19日	五黄	乙丑	8月19日	八白	乙未	7月18日	三碧	甲子	6月16日	七赤	癸巳
17	11月22日	四緑	丁卯	10月22日	九紫	丁酉	9月20日	四緑	丙寅	8月20日	七赤	丙申	7月19日	二黒	乙丑	6月17日	六白	甲午
18	11月23日	五黄	戊辰	10月23日	八白	戊戌	9月21日	三碧	丁卯	8月21日	六白	丁酉	7月20日	一白	丙寅	6月18日	五黄	乙未
19	11月24日	六白	己巳	10月24日	七赤	己亥	9月22日	二黒	戊辰	8月22日	五黄	戊戌	7月21日	九紫	丁卯	6月19日	四緑	丙申
20	11月25日	七赤	庚午	10月25日	六白	庚子	9月23日	一白	己巳	8月23日	四緑	己亥	7月22日	八白	戊辰	6月20日	三碧	丁酉
21	11月26日	八白	辛未	10月26日	五黄	辛丑	9月24日	九紫	庚午	8月24日	三碧	庚子	7月23日	七赤	己巳	6月21日	二黒	戊戌
22	11月27日	九紫	壬申	10月27日	四緑	壬寅	9月25日	八白	辛未	8月25日	二黒	辛丑	7月24日	六白	庚午	6月22日	一白	己亥
23	11月28日	一白	癸酉	10月28日	三碧	癸卯	9月26日	七赤	壬申	8月26日	一白	壬寅	7月25日	五黄	辛未	6月23日	九紫	庚子
24	11月29日	二黒	甲戌	10月29日	二黒	甲辰	9月27日	六白	癸酉	8月27日	九紫	癸卯	7月26日	四緑	壬申	6月24日	八白	辛丑
25	11月30日	三碧	乙亥	10月30日	一白	乙巳	9月28日	五黄	甲戌	8月28日	八白	甲辰	7月27日	三碧	癸酉	6月25日	七赤	壬寅
26	12月1日	四緑	丙子	11月1日	九紫	丙午	9月29日	四緑	乙亥	8月29日	七赤	乙巳	7月28日	二黒	甲戌	6月26日	六白	癸卯
27	12月2日	五黄	丁丑	11月2日	八白	丁未	10月1日	三碧	丙子	8月30日	六白	丙午	7月29日	一白	乙亥	6月27日	五黄	甲辰
28	12月3日	六白	戊寅	11月3日	七赤	戊申	10月2日	二黒	丁丑	9月1日	五黄	丁未	7月30日	九紫	丙子	6月28日	四緑	乙巳
29	12月4日	七赤	己卯	11月4日	六白	己酉	10月3日	一白	戊寅	9月2日	四緑	戊申	8月1日	八白	丁丑	6月29日	三碧	丙午
30	12月5日	八白	庚辰	11月5日	五黄	庚戌	10月4日	九紫	己卯	9月3日	三碧	己酉	8月2日	七赤	戊寅	7月1日	二黒	丁未
31	12月6日	九紫	辛巳				10月5日	八白	庚辰				8月3日	六白	己卯	7月2日	一白	戊申

25　　万年暦

6月甲午	5月癸巳	4月壬辰	3月辛卯	2月庚寅	1月己丑	
6日 06:30	6日 01:55	5日 08:06	6日 02:49	5日 08:30	6日 20:47	
21日 23:21	21日 15:06	20日 15:30	21日 03:58	20日 04:34	21日 14:13	
四緑木星	五黄土星	六白金星	七赤金星	八白土星	九紫火星	
4月12日 九紫 甲寅	閏3月11日 五黄 癸未	3月10日 二黒 癸丑	2月8日 七赤 壬午	1月9日 五黄 癸丑	12月7日 一白 壬午	1
4月13日 一白 乙卯	閏3月12日 六白 甲申	3月11日 三碧 甲寅	2月9日 八白 癸未	1月10日 六白 甲寅	12月8日 二黒 癸未	2
4月14日 二黒 丙辰	閏3月13日 七赤 乙酉	3月12日 四緑 乙卯	2月10日 九紫 甲申	1月11日 七赤 乙卯	12月9日 三碧 甲申	3
4月15日 三碧 丁巳	閏3月14日 八白 丙戌	3月13日 五黄 丙辰	2月11日 一白 乙酉	1月12日 八白 丙辰	12月10日 四緑 乙酉	4
4月16日 四緑 戊午	閏3月15日 九紫 丁亥	3月14日 六白 丁巳	2月12日 二黒 丙戌	1月13日 九紫 丁巳	12月11日 五黄 丙戌	5
4月17日 五黄 己未	閏3月16日 一白 戊子	3月15日 七赤 戊午	2月13日 三碧 丁亥	1月14日 一白 戊午	12月12日 六白 丁亥	6
4月18日 六白 庚申	閏3月17日 二黒 己丑	3月16日 八白 己未	2月14日 四緑 戊子	1月15日 二黒 己未	12月13日 七赤 戊子	7
4月19日 七赤 辛酉	閏3月18日 三碧 庚寅	3月17日 九紫 庚申	2月15日 五黄 己丑	1月16日 三碧 庚申	12月14日 八白 己丑	8
4月20日 八白 壬戌	閏3月19日 四緑 辛卯	3月18日 一白 辛酉	2月16日 六白 庚寅	1月17日 四緑 辛酉	12月15日 九紫 庚寅	9
4月21日 九紫 癸亥	閏3月20日 五黄 壬辰	3月19日 二黒 壬戌	2月17日 七赤 辛卯	1月18日 五黄 壬戌	12月16日 一白 辛卯	10
4月22日 九紫 甲子	閏3月21日 六白 癸巳	3月20日 三碧 癸亥	2月18日 八白 壬辰	1月19日 六白 癸亥	12月17日 二黒 壬辰	11
4月23日 八白 乙丑	閏3月22日 七赤 甲午	3月21日 四緑 甲子	2月19日 九紫 癸巳	1月20日 七赤 甲子	12月18日 三碧 癸巳	12
4月24日 七赤 丙寅	閏3月23日 八白 乙未	3月22日 五黄 乙丑	2月20日 一白 甲午	1月21日 八白 乙丑	12月19日 四緑 甲午	13
4月25日 六白 丁卯	閏3月24日 九紫 丙申	3月23日 六白 丙寅	2月21日 二黒 乙未	1月22日 九紫 丙寅	12月20日 五黄 乙未	14
4月26日 五黄 戊辰	閏3月25日 一白 丁酉	3月24日 七赤 丁卯	2月22日 三碧 丙申	1月23日 一白 丁卯	12月21日 六白 丙申	15
4月27日 四緑 己巳	閏3月26日 二黒 戊戌	3月25日 八白 戊辰	2月23日 四緑 丁酉	1月24日 二黒 戊辰	12月22日 七赤 丁酉	16
4月28日 三碧 庚午	閏3月27日 三碧 己亥	3月26日 九紫 己巳	2月24日 五黄 戊戌	1月25日 三碧 己巳	12月23日 八白 戊戌	17
4月29日 二黒 辛未	閏3月28日 四緑 庚子	3月27日 一白 庚午	2月25日 六白 己亥	1月26日 四緑 庚午	12月24日 九紫 己亥	18
5月1日 一白 壬申	閏3月29日 五黄 辛丑	3月28日 二黒 辛未	2月26日 七赤 庚子	1月27日 五黄 辛未	12月25日 一白 庚子	19
5月2日 九紫 癸酉	閏3月30日 六白 壬寅	3月29日 三碧 壬申	2月27日 八白 辛丑	1月28日 六白 壬申	12月26日 二黒 辛丑	20
5月3日 八白 甲戌	4月1日 七赤 癸卯	閏3月1日 四緑 癸酉	2月28日 九紫 壬寅	1月29日 七赤 癸酉	12月27日 三碧 壬寅	21
5月4日 七赤 乙亥	4月2日 八白 甲辰	閏3月2日 五黄 甲戌	2月29日 一白 癸卯	1月30日 八白 甲戌	12月28日 四緑 癸卯	22
5月5日 六白 丙子	4月3日 九紫 乙巳	閏3月3日 六白 乙亥	3月1日 二黒 甲辰	2月1日 九紫 乙亥	12月29日 五黄 甲辰	23
5月6日 五黄 丁丑	4月4日 一白 丙午	閏3月4日 七赤 丙子	3月2日 三碧 乙巳	2月2日 一白 丙子	1月1日 六白 乙巳	24
5月7日 四緑 戊寅	4月5日 二黒 丁未	閏3月5日 八白 丁丑	3月3日 四緑 丙午	2月3日 二黒 丁丑	1月2日 七赤 丙午	25
5月8日 三碧 己卯	4月6日 三碧 戊申	閏3月6日 九紫 戊寅	3月4日 五黄 丁未	2月4日 三碧 戊寅	1月3日 八白 丁未	26
5月9日 二黒 庚辰	4月7日 四緑 己酉	閏3月7日 一白 己卯	3月5日 六白 戊申	2月5日 四緑 己卯	1月4日 九紫 戊申	27
5月10日 一白 辛巳	4月8日 五黄 庚戌	閏3月8日 二黒 庚辰	3月6日 七赤 己酉	2月6日 五黄 庚辰	1月5日 一白 己酉	28
5月11日 九紫 壬午	4月9日 六白 辛亥	閏3月9日 三碧 辛巳	3月7日 八白 庚戌	2月7日 六白 辛巳	1月6日 二黒 庚戌	29
5月12日 八白 癸未	4月10日 七赤 壬子	閏3月10日 四緑 壬午	3月8日 九紫 辛亥		1月7日 三碧 辛亥	30
	4月11日 八白 癸丑		3月9日 一白 壬子		1月8日 四緑 壬子	31

昭和11年			1936年			丙子年			一白水星		
12月庚子			11月己亥			10月戊戌			9月丁酉			8月丙申			7月乙未		
7日 15：42			7日 23：13			8日 20：32			8日 05：21			8日 02：44			7日 16：58		
22日 09：27			22日 20：24			23日 23：17			23日 14：26			23日 17：11			23日 10：18		
七赤金星			八白土星			九紫火星			一白水星			二黒土星			三碧木星		

1	10月18日	七赤	丁巳	9月18日	一白	丁亥	8月16日	五黄	丙辰	7月16日	八白	丙戌	6月14日	三碧	乙卯	5月13日	七赤	甲申
2	10月19日	六白	戊午	9月19日	九紫	戊子	8月17日	四緑	丁巳	7月17日	七赤	丁亥	6月15日	二黒	丙辰	5月14日	六白	乙酉
3	10月20日	五黄	己未	9月20日	八白	己丑	8月18日	三碧	戊午	7月18日	六白	戊子	6月16日	一白	丁巳	5月15日	五黄	丙戌
4	10月21日	四緑	庚申	9月21日	七赤	庚寅	8月19日	二黒	己未	7月19日	五黄	己丑	6月17日	九紫	戊午	5月16日	四緑	丁亥
5	10月22日	三碧	辛酉	9月22日	六白	辛卯	8月20日	一白	庚申	7月20日	四緑	庚寅	6月18日	八白	己未	5月17日	三碧	戊子
6	10月23日	二黒	壬戌	9月23日	五黄	壬辰	8月21日	九紫	辛酉	7月21日	三碧	辛卯	6月19日	七赤	庚申	5月18日	二黒	己丑
7	10月24日	一白	癸亥	9月24日	四緑	癸巳	8月22日	八白	壬戌	7月22日	二黒	壬辰	6月20日	六白	辛酉	5月19日	一白	庚寅
8	10月25日	一白	甲子	9月25日	三碧	甲午	8月23日	七赤	癸亥	7月23日	一白	癸巳	6月21日	五黄	壬戌	5月20日	九紫	辛卯
9	10月26日	二黒	乙丑	9月26日	二黒	乙未	8月24日	六白	甲子	7月24日	九紫	甲午	6月22日	四緑	癸亥	5月21日	八白	壬辰
10	10月27日	三碧	丙寅	9月27日	一白	丙申	8月25日	五黄	乙丑	7月25日	八白	乙未	6月23日	三碧	甲子	5月22日	七赤	癸巳
11	10月28日	四緑	丁卯	9月28日	九紫	丁酉	8月26日	四緑	丙寅	7月26日	七赤	丙申	6月24日	二黒	乙丑	5月23日	六白	甲午
12	10月29日	五黄	戊辰	9月29日	八白	戊戌	8月27日	三碧	丁卯	7月27日	六白	丁酉	6月25日	一白	丙寅	5月24日	五黄	乙未
13	10月30日	六白	己巳	9月30日	七赤	己亥	8月28日	二黒	戊辰	7月28日	五黄	戊戌	6月26日	九紫	丁卯	5月25日	四緑	丙申
14	11月1日	七赤	庚午	10月1日	六白	庚子	8月29日	一白	己巳	7月29日	四緑	己亥	6月27日	八白	戊辰	5月26日	三碧	丁酉
15	11月2日	八白	辛未	10月2日	五黄	辛丑	9月1日	九紫	庚午	7月30日	三碧	庚子	6月28日	七赤	己巳	5月27日	二黒	戊戌
16	11月3日	九紫	壬申	10月3日	四緑	壬寅	9月2日	八白	辛未	8月1日	二黒	辛丑	6月29日	六白	庚午	5月28日	一白	己亥
17	11月4日	一白	癸酉	10月4日	三碧	癸卯	9月3日	七赤	壬申	8月2日	一白	壬寅	7月1日	五黄	辛未	5月29日	九紫	庚子
18	11月5日	二黒	甲戌	10月5日	二黒	甲辰	9月4日	六白	癸酉	8月3日	九紫	癸卯	7月2日	四緑	壬申	5月30日	八白	辛丑
19	11月6日	三碧	乙亥	10月6日	一白	乙巳	9月5日	五黄	甲戌	8月4日	八白	甲辰	7月3日	三碧	癸酉	6月1日	七赤	壬寅
20	11月7日	四緑	丙子	10月7日	九紫	丙午	9月6日	四緑	乙亥	8月5日	七赤	乙巳	7月4日	二黒	甲戌	6月2日	六白	癸卯
21	11月8日	五黄	丁丑	10月8日	八白	丁未	9月7日	三碧	丙子	8月6日	六白	丙午	7月5日	一白	乙亥	6月3日	五黄	甲辰
22	11月9日	六白	戊寅	10月9日	七赤	戊申	9月8日	二黒	丁丑	8月7日	五黄	丁未	7月6日	九紫	丙子	6月4日	四緑	乙巳
23	11月10日	七赤	己卯	10月10日	六白	己酉	9月9日	一白	戊寅	8月8日	四緑	戊申	7月7日	八白	丁丑	6月5日	三碧	丙午
24	11月11日	八白	庚辰	10月11日	五黄	庚戌	9月10日	九紫	己卯	8月9日	三碧	己酉	7月8日	七赤	戊寅	6月6日	二黒	丁未
25	11月12日	九紫	辛巳	10月12日	四緑	辛亥	9月11日	八白	庚辰	8月10日	二黒	庚戌	7月9日	六白	己卯	6月7日	一白	戊申
26	11月13日	一白	壬午	10月13日	三碧	壬子	9月12日	七赤	辛巳	8月11日	一白	辛亥	7月10日	五黄	庚辰	6月8日	九紫	己酉
27	11月14日	二黒	癸未	10月14日	二黒	癸丑	9月13日	六白	壬午	8月12日	九紫	壬子	7月11日	四緑	辛巳	6月9日	八白	庚戌
28	11月15日	三碧	甲申	10月15日	一白	甲寅	9月14日	五黄	癸未	8月13日	八白	癸丑	7月12日	三碧	壬午	6月10日	七赤	辛亥
29	11月16日	四緑	乙酉	10月16日	九紫	乙卯	9月15日	四緑	甲申	8月14日	七赤	甲寅	7月13日	二黒	癸未	6月11日	六白	壬子
30	11月17日	五黄	丙戌	10月17日	八白	丙辰	9月16日	三碧	乙酉	8月15日	六白	乙卯	7月14日	一白	甲申	6月12日	五黄	癸丑
31	11月18日	六白	丁亥				9月17日	二黒	丙戌				7月15日	九紫	乙酉	6月13日	四緑	甲寅

万年暦

6月丙午	5月乙巳	4月甲辰	3月癸卯	2月壬寅	1月辛丑	
6日 12：22	6日 07：49	5日 14：00	6日 08：44	4日 14：26	6日 02：44	
22日 05：12	21日 20：56	20日 21：18	21日 09：44	19日 10：21	20日 20：02	
一白水星	二黒土星	三碧木星	四緑木星	五黄土星	六白金星	
4月23日 五黄 己未	3月21日 一白 戊子	2月20日 七赤 戊午	1月19日 三碧 丁亥	12月20日 二黒 己未	11月19日 七赤 戊子	1
4月24日 六白 庚申	3月22日 二黒 己丑	2月21日 八白 己未	1月20日 四緑 戊子	12月21日 三碧 庚申	11月20日 八白 己丑	2
4月25日 七赤 辛酉	3月23日 三碧 庚寅	2月22日 九紫 庚申	1月21日 五黄 己丑	12月22日 四緑 辛酉	11月21日 九紫 庚寅	3
4月26日 八白 壬戌	3月24日 四緑 辛卯	2月23日 一白 辛酉	1月22日 六白 庚寅	12月23日 五黄 壬戌	11月22日 一白 辛卯	4
4月27日 九紫 癸亥	3月25日 五黄 壬辰	2月24日 二黒 壬戌	1月23日 七赤 辛卯	12月24日 六白 癸亥	11月23日 二黒 壬辰	5
4月28日 九紫 甲子	3月26日 六白 癸巳	2月25日 三碧 癸亥	1月24日 八白 壬辰	12月25日 七赤 甲子	11月24日 三碧 癸巳	6
4月29日 八白 乙丑	3月27日 七赤 甲午	2月26日 四緑 甲子	1月25日 九紫 癸巳	12月26日 八白 乙丑	11月25日 四緑 甲午	7
4月30日 七赤 丙寅	3月28日 八白 乙未	2月27日 五黄 乙丑	1月26日 一白 甲午	12月27日 九紫 丙寅	11月26日 五黄 乙未	8
5月1日 六白 丁卯	3月29日 九紫 丙申	2月28日 六白 丙寅	1月27日 二黒 乙未	12月28日 一白 丁卯	11月27日 六白 丙申	9
5月2日 五黄 戊辰	4月1日 一白 丁酉	2月29日 七赤 丁卯	1月28日 三碧 丙申	12月29日 二黒 戊辰	11月28日 七赤 丁酉	10
5月3日 四緑 己巳	4月2日 二黒 戊戌	3月1日 八白 戊辰	1月29日 四緑 丁酉	1月1日 三碧 己巳	11月29日 八白 戊戌	11
5月4日 三碧 庚午	4月3日 三碧 己亥	3月2日 九紫 己巳	1月30日 五黄 戊戌	1月2日 四緑 庚午	11月30日 九紫 己亥	12
5月5日 二黒 辛未	4月4日 四緑 庚子	3月3日 一白 庚午	2月1日 六白 己亥	1月3日 五黄 辛未	12月1日 一白 庚子	13
5月6日 一白 壬申	4月5日 五黄 辛丑	3月4日 二黒 辛未	2月2日 七赤 庚子	1月4日 六白 壬申	12月2日 二黒 辛丑	14
5月7日 九紫 癸酉	4月6日 六白 壬寅	3月5日 三碧 壬申	2月3日 八白 辛丑	1月5日 七赤 癸酉	12月3日 三碧 壬寅	15
5月8日 八白 甲戌	4月7日 七赤 癸卯	3月6日 四緑 癸酉	2月4日 九紫 壬寅	1月6日 八白 甲戌	12月4日 四緑 癸卯	16
5月9日 七赤 乙亥	4月8日 八白 甲辰	3月7日 五黄 甲戌	2月5日 一白 癸卯	1月7日 九紫 乙亥	12月5日 五黄 甲辰	17
5月10日 六白 丙子	4月9日 九紫 乙巳	3月8日 六白 乙亥	2月6日 二黒 甲辰	1月8日 一白 丙子	12月6日 六白 乙巳	18
5月11日 五黄 丁丑	4月10日 一白 丙午	3月9日 七赤 丙子	2月7日 三碧 乙巳	1月9日 二黒 丁丑	12月7日 七赤 丙午	19
5月12日 四緑 戊寅	4月11日 二黒 丁未	3月10日 八白 丁丑	2月8日 四緑 丙午	1月10日 三碧 戊寅	12月8日 八白 丁未	20
5月13日 三碧 己卯	4月12日 三碧 戊申	3月11日 九紫 戊寅	2月9日 五黄 丁未	1月11日 四緑 己卯	12月9日 九紫 戊申	21
5月14日 二黒 庚辰	4月13日 四緑 己酉	3月12日 一白 己卯	2月10日 六白 戊申	1月12日 五黄 庚辰	12月10日 一白 己酉	22
5月15日 一白 辛巳	4月14日 五黄 庚戌	3月13日 二黒 庚辰	2月11日 七赤 己酉	1月13日 六白 辛巳	12月11日 二黒 庚戌	23
5月16日 九紫 壬午	4月15日 六白 辛亥	3月14日 三碧 辛巳	2月12日 八白 庚戌	1月14日 七赤 壬午	12月12日 三碧 辛亥	24
5月17日 八白 癸未	4月16日 七赤 壬子	3月15日 四緑 壬午	2月13日 九紫 辛亥	1月15日 八白 癸未	12月13日 四緑 壬子	25
5月18日 七赤 甲申	4月17日 八白 癸丑	3月16日 五黄 癸未	2月14日 一白 壬子	1月16日 九紫 甲申	12月14日 五黄 癸丑	26
5月19日 六白 乙酉	4月18日 九紫 甲寅	3月17日 六白 甲申	2月15日 二黒 癸丑	1月17日 一白 乙酉	12月15日 六白 甲寅	27
5月20日 五黄 丙戌	4月19日 一白 乙卯	3月18日 七赤 乙酉	2月16日 三碧 甲寅	1月18日 二黒 丙戌	12月16日 七赤 乙卯	28
5月21日 四緑 丁亥	4月20日 二黒 丙辰	3月19日 八白 丙戌	2月17日 四緑 乙卯		12月17日 八白 丙辰	29
5月22日 三碧 戊子	4月21日 三碧 丁巳	3月20日 九紫 丁亥	2月18日 五黄 丙辰		12月18日 九紫 丁巳	30
	4月22日 四緑 戊午		2月19日 六白 丁巳		12月19日 一白 戊午	31

昭和12年		1937年		丁丑年		九紫火星					
12月壬子		11月辛亥		10月庚戌		9月己酉		8月戊申		7月丁未	
7日 21：26		8日 04：54		9日 02：10		8日 10：59		8日 08：26		7日 22：46	
22日 15：22		23日 02：16		24日 05：05		23日 20：12		23日 22：58		23日 16：08	
四緑木星		五黄土星		六白金星		七赤金星		八白土星		九紫火星	
1	10月29日	二黒 壬戌	9月29日	五黄 壬辰	8月27日	九紫 辛酉	7月27日	三碧 辛卯	6月25日	七赤 庚申	5月23日	二黒 己丑
2	10月30日	一白 癸亥	9月30日	四緑 癸巳	8月28日	八白 壬戌	7月28日	二黒 壬辰	6月26日	六白 辛酉	5月24日	一白 庚寅
3	11月1日	一白 甲子	10月1日	三碧 甲午	8月29日	七赤 癸亥	7月29日	一白 癸巳	6月27日	五黄 壬戌	5月25日	九紫 辛卯
4	11月2日	二黒 乙丑	10月2日	二黒 乙未	9月1日	六白 甲子	7月30日	九紫 甲午	6月28日	四緑 癸亥	5月26日	八白 壬辰
5	11月3日	三碧 丙寅	10月3日	一白 丙申	9月2日	五黄 乙丑	8月1日	八白 乙未	6月29日	三碧 甲子	5月27日	七赤 癸巳
6	11月4日	四緑 丁卯	10月4日	九紫 丁酉	9月3日	四緑 丙寅	8月2日	七赤 丙申	7月1日	二黒 乙丑	5月28日	六白 甲午
7	11月5日	五黄 戊辰	10月5日	八白 戊戌	9月4日	三碧 丁卯	8月3日	六白 丁酉	7月2日	一白 丙寅	5月29日	五黄 乙未
8	11月6日	六白 己巳	10月6日	七赤 己亥	9月5日	二黒 戊辰	8月4日	五黄 戊戌	7月3日	九紫 丁卯	6月1日	四緑 丙申
9	11月7日	七赤 庚午	10月7日	六白 庚子	9月6日	一白 己巳	8月5日	四緑 己亥	7月4日	八白 戊辰	6月2日	三碧 丁酉
10	11月8日	八白 辛未	10月8日	五黄 辛丑	9月7日	九紫 庚午	8月6日	三碧 庚子	7月5日	七赤 己巳	6月3日	二黒 戊戌
11	11月9日	九紫 壬申	10月9日	四緑 壬寅	9月8日	八白 辛未	8月7日	二黒 辛丑	7月6日	六白 庚午	6月4日	一白 己亥
12	11月10日	一白 癸酉	10月10日	三碧 癸卯	9月9日	七赤 壬申	8月8日	一白 壬寅	7月7日	五黄 辛未	6月5日	九紫 庚子
13	11月11日	二黒 甲戌	10月11日	二黒 甲辰	9月10日	六白 癸酉	8月9日	九紫 癸卯	7月8日	四緑 壬申	6月6日	八白 辛丑
14	11月12日	三碧 乙亥	10月12日	一白 乙巳	9月11日	五黄 甲戌	8月10日	八白 甲辰	7月9日	三碧 癸酉	6月7日	七赤 壬寅
15	11月13日	四緑 丙子	10月13日	九紫 丙午	9月12日	四緑 乙亥	8月11日	七赤 乙巳	7月10日	二黒 甲戌	6月8日	六白 癸卯
16	11月14日	五黄 丁丑	10月14日	八白 丁未	9月13日	三碧 丙子	8月12日	六白 丙午	7月11日	一白 乙亥	6月9日	五黄 甲辰
17	11月15日	六白 戊寅	10月15日	七赤 戊申	9月14日	二黒 丁丑	8月13日	五黄 丁未	7月12日	九紫 丙子	6月10日	四緑 乙巳
18	11月16日	七赤 己卯	10月16日	六白 己酉	9月15日	一白 戊寅	8月14日	四緑 戊申	7月13日	八白 丁丑	6月11日	三碧 丙午
19	11月17日	八白 庚辰	10月17日	五黄 庚戌	9月16日	九紫 己卯	8月15日	三碧 己酉	7月14日	七赤 戊寅	6月12日	二黒 丁未
20	11月18日	九紫 辛巳	10月18日	四緑 辛亥	9月17日	八白 庚辰	8月16日	二黒 庚戌	7月15日	六白 己卯	6月13日	一白 戊申
21	11月19日	一白 壬午	10月19日	三碧 壬子	9月18日	七赤 辛巳	8月17日	一白 辛亥	7月16日	五黄 庚辰	6月14日	九紫 己酉
22	11月20日	二黒 癸未	10月20日	二黒 癸丑	9月19日	六白 壬午	8月18日	九紫 壬子	7月17日	四緑 辛巳	6月15日	八白 庚戌
23	11月21日	三碧 甲申	10月21日	一白 甲寅	9月20日	五黄 癸未	8月19日	八白 癸丑	7月18日	三碧 壬午	6月16日	七赤 辛亥
24	11月22日	四緑 乙酉	10月22日	九紫 乙卯	9月21日	四緑 甲申	8月20日	七赤 甲寅	7月19日	二黒 癸未	6月17日	六白 壬子
25	11月23日	五黄 丙戌	10月23日	八白 丙辰	9月22日	三碧 乙酉	8月21日	六白 乙卯	7月20日	一白 甲申	6月18日	五黄 癸丑
26	11月24日	六白 丁亥	10月24日	七赤 丁巳	9月23日	二黒 丙戌	8月22日	五黄 丙辰	7月21日	九紫 乙酉	6月19日	四緑 甲寅
27	11月25日	七赤 戊子	10月25日	六白 戊午	9月24日	一白 丁亥	8月23日	四緑 丁巳	7月22日	八白 丙戌	6月20日	三碧 乙卯
28	11月26日	八白 己丑	10月26日	五黄 己未	9月25日	九紫 戊子	8月24日	三碧 戊午	7月23日	七赤 丁亥	6月21日	二黒 丙辰
29	11月27日	九紫 庚寅	10月27日	四緑 庚申	9月26日	八白 己丑	8月25日	二黒 己未	7月24日	六白 戊子	6月22日	一白 丁巳
30	11月28日	一白 辛卯	10月28日	三碧 辛酉	9月27日	七赤 庚寅	8月26日	一白 庚申	7月25日	五黄 己丑	6月23日	九紫 戊午
31	11月29日	二黒 壬辰			9月28日	六白 辛卯			7月26日	四緑 庚寅	6月24日	八白 己未

万年暦

6月戊午	5月丁巳	4月丙辰	3月乙卯	2月甲寅	1月癸丑	
6日 18：06	6日 13：34	5日 19：47	6日 14：33	4日 20：15	6日 08：32	
22日 11：04	22日 02：49	21日 03：13	21日 15：42	19日 16：20	21日 01：59	
七赤金星	八白土星	九紫火星	一白水星	二黒土星	三碧木星	
5月4日 九紫 甲子	4月2日 六白 癸巳	3月1日 三碧 癸亥	1月30日 八白 壬辰	1月2日 七赤 甲子	11月30日 三碧 癸巳	1
5月5日 八白 乙丑	4月3日 七赤 甲午	3月2日 四緑 甲子	2月1日 九紫 癸巳	1月3日 八白 乙丑	12月1日 四緑 甲午	2
5月6日 七赤 丙寅	4月4日 八白 乙未	3月3日 五黄 乙丑	2月2日 一白 甲午	1月4日 九紫 丙寅	12月2日 五黄 乙未	3
5月7日 六白 丁卯	4月5日 九紫 丙申	3月4日 六白 丙寅	2月3日 二黒 乙未	1月5日 一白 丁卯	12月3日 六白 丙申	4
5月8日 五黄 戊辰	4月6日 一白 丁酉	3月5日 七赤 丁卯	2月4日 三碧 丙申	1月6日 二黒 戊辰	12月4日 七赤 丁酉	5
5月9日 四緑 己巳	4月7日 二黒 戊戌	3月6日 八白 戊辰	2月5日 四緑 丁酉	1月7日 三碧 己巳	12月5日 八白 戊戌	6
5月10日 三碧 庚午	4月8日 三碧 己亥	3月7日 九紫 己巳	2月6日 五黄 戊戌	1月8日 四緑 庚午	12月6日 九紫 己亥	7
5月11日 二黒 辛未	4月9日 四緑 庚子	3月8日 一白 庚午	2月7日 六白 己亥	1月9日 五黄 辛未	12月7日 一白 庚子	8
5月12日 一白 壬申	4月10日 五黄 辛丑	3月9日 二黒 辛未	2月8日 七赤 庚子	1月10日 六白 壬申	12月8日 二黒 辛丑	9
5月13日 九紫 癸酉	4月11日 六白 壬寅	3月10日 三碧 壬申	2月9日 八白 辛丑	1月11日 七赤 癸酉	12月9日 三碧 壬寅	10
5月14日 八白 甲戌	4月12日 七赤 癸卯	3月11日 四緑 癸酉	2月10日 九紫 壬寅	1月12日 八白 甲戌	12月10日 四緑 癸卯	11
5月15日 七赤 乙亥	4月13日 八白 甲辰	3月12日 五黄 甲戌	2月11日 一白 癸卯	1月13日 九紫 乙亥	12月11日 五黄 甲辰	12
5月16日 六白 丙子	4月14日 九紫 乙巳	3月13日 六白 乙亥	2月12日 二黒 甲辰	1月14日 一白 丙子	12月12日 六白 乙巳	13
5月17日 五黄 丁丑	4月15日 一白 丙午	3月14日 七赤 丙子	2月13日 三碧 乙巳	1月15日 二黒 丁丑	12月13日 七赤 丙午	14
5月18日 四緑 戊寅	4月16日 二黒 丁未	3月15日 八白 丁丑	2月14日 四緑 丙午	1月16日 三碧 戊寅	12月14日 八白 丁未	15
5月19日 三碧 己卯	4月17日 三碧 戊申	3月16日 九紫 戊寅	2月15日 五黄 丁未	1月17日 四緑 己卯	12月15日 九紫 戊申	16
5月20日 二黒 庚辰	4月18日 四緑 己酉	3月17日 一白 己卯	2月16日 六白 戊申	1月18日 五黄 庚辰	12月16日 一白 己酉	17
5月21日 一白 辛巳	4月19日 五黄 庚戌	3月18日 二黒 庚辰	2月17日 七赤 己酉	1月19日 六白 辛巳	12月17日 二黒 庚戌	18
5月22日 九紫 壬午	4月20日 六白 辛亥	3月19日 三碧 辛巳	2月18日 八白 庚戌	1月20日 七赤 壬午	12月18日 三碧 辛亥	19
5月23日 八白 癸未	4月21日 七赤 壬子	3月20日 四緑 壬午	2月19日 九紫 辛亥	1月21日 八白 癸未	12月19日 四緑 壬子	20
5月24日 七赤 甲申	4月22日 八白 癸丑	3月21日 五黄 癸未	2月20日 一白 壬子	1月22日 九紫 甲申	12月20日 五黄 癸丑	21
5月25日 六白 乙酉	4月23日 九紫 甲寅	3月22日 六白 甲申	2月21日 二黒 癸丑	1月23日 一白 乙酉	12月21日 六白 甲寅	22
5月26日 五黄 丙戌	4月24日 一白 乙卯	3月23日 七赤 乙酉	2月22日 三碧 甲寅	1月24日 二黒 丙戌	12月22日 七赤 乙卯	23
5月27日 四緑 丁亥	4月25日 二黒 丙辰	3月24日 八白 丙戌	2月23日 四緑 乙卯	1月25日 三碧 丁亥	12月23日 八白 丙辰	24
5月28日 三碧 戊子	4月26日 三碧 丁巳	3月25日 九紫 丁亥	2月24日 五黄 丙辰	1月26日 四緑 戊子	12月24日 九紫 丁巳	25
5月29日 二黒 己丑	4月27日 四緑 戊午	3月26日 一白 戊子	2月25日 六白 丁巳	1月27日 五黄 己丑	12月25日 一白 戊午	26
5月30日 一白 庚寅	4月28日 五黄 己未	3月27日 二黒 己丑	2月26日 七赤 戊午	1月28日 六白 庚寅	12月26日 二黒 己未	27
6月1日 九紫 辛卯	4月29日 六白 庚申	3月28日 三碧 庚寅	2月27日 八白 己未	1月29日 七赤 辛卯	12月27日 三碧 庚申	28
6月2日 八白 壬辰	5月1日 七赤 辛酉	3月29日 四緑 辛卯	2月28日 九紫 庚申		12月28日 四緑 辛酉	29
6月3日 七赤 癸巳	5月2日 八白 壬戌	4月1日 五黄 壬辰	2月29日 一白 辛酉		12月29日 五黄 壬戌	30
	5月3日 九紫 癸亥		2月30日 二黒 壬戌		1月1日 六白 癸亥	31

30

	昭和13年		1938年		戊寅年		八白土星				
	12月甲子		11月癸亥		10月壬戌		9月辛酉		8月庚申		7月己未	
	8日 03:22		8日 10:48		9日 08:00		8日 16:48		8日 14:13		8日 04:32	
	22日 21:14		23日 08:06		24日 10:53		24日 01:59		24日 04:46		23日 21:58	
	一白水星		二黒土星		三碧木星		四緑木星		五黄土星		六白金星	
1	10月10日	四緑 丁卯	9月10日	九紫 丁酉	8月8日	四緑 丙寅	閏7月8日	七赤 丙申	7月6日	二黒 乙丑	6月4日	六白 甲午
2	10月11日	五黄 戊辰	9月11日	八白 戊戌	8月9日	三碧 丁卯	閏7月9日	六白 丁酉	7月7日	一白 丙寅	6月5日	五黄 乙未
3	10月12日	六白 己巳	9月12日	七赤 己亥	8月10日	二黒 戊辰	閏7月10日	五黄 戊戌	7月8日	九紫 丁卯	6月6日	四緑 丙申
4	10月13日	七赤 庚午	9月13日	六白 庚子	8月11日	一白 己巳	閏7月11日	四緑 己亥	7月9日	八白 戊辰	6月7日	三碧 丁酉
5	10月14日	八白 辛未	9月14日	五黄 辛丑	8月12日	九紫 庚午	閏7月12日	三碧 庚子	7月10日	七赤 己巳	6月8日	二黒 戊戌
6	10月15日	九紫 壬申	9月15日	四緑 壬寅	8月13日	八白 辛未	閏7月13日	二黒 辛丑	7月11日	六白 庚午	6月9日	一白 己亥
7	10月16日	一白 癸酉	9月16日	三碧 癸卯	8月14日	七赤 壬申	閏7月14日	一白 壬寅	7月12日	五黄 辛未	6月10日	九紫 庚子
8	10月17日	二黒 甲戌	9月17日	二黒 甲辰	8月15日	六白 癸酉	閏7月15日	九紫 癸卯	7月13日	四緑 壬申	6月11日	八白 辛丑
9	10月18日	三碧 乙亥	9月18日	一白 乙巳	8月16日	五黄 甲戌	閏7月16日	八白 甲辰	7月14日	三碧 癸酉	6月12日	七赤 壬寅
10	10月19日	四緑 丙子	9月19日	九紫 丙午	8月17日	四緑 乙亥	閏7月17日	七赤 乙巳	7月15日	二黒 甲戌	6月13日	六白 癸卯
11	10月20日	五黄 丁丑	9月20日	八白 丁未	8月18日	三碧 丙子	閏7月18日	六白 丙午	7月16日	一白 乙亥	6月14日	五黄 甲辰
12	10月21日	六白 戊寅	9月21日	七赤 戊申	8月19日	二黒 丁丑	閏7月19日	五黄 丁未	7月17日	九紫 丙子	6月15日	四緑 乙巳
13	10月22日	七赤 己卯	9月22日	六白 己酉	8月20日	一白 戊寅	閏7月20日	四緑 戊申	7月18日	八白 丁丑	6月16日	三碧 丙午
14	10月23日	八白 庚辰	9月23日	五黄 庚戌	8月21日	九紫 己卯	閏7月21日	三碧 己酉	7月19日	七赤 戊寅	6月17日	二黒 丁未
15	10月24日	九紫 辛巳	9月24日	四緑 辛亥	8月22日	八白 庚辰	閏7月22日	二黒 庚戌	7月20日	六白 己卯	6月18日	一白 戊申
16	10月25日	一白 壬午	9月25日	三碧 壬子	8月23日	七赤 辛巳	閏7月23日	一白 辛亥	7月21日	五黄 庚辰	6月19日	九紫 己酉
17	10月26日	二黒 癸未	9月26日	二黒 癸丑	8月24日	六白 壬午	閏7月24日	九紫 壬子	7月22日	四緑 辛巳	6月20日	八白 庚戌
18	10月27日	三碧 甲申	9月27日	一白 甲寅	8月25日	五黄 癸未	閏7月25日	八白 癸丑	7月23日	三碧 壬午	6月21日	七赤 辛亥
19	10月28日	四緑 乙酉	9月28日	九紫 乙卯	8月26日	四緑 甲申	閏7月26日	七赤 甲寅	7月24日	二黒 癸未	6月22日	六白 壬子
20	10月29日	五黄 丙戌	9月29日	八白 丙辰	8月27日	三碧 乙酉	閏7月27日	六白 乙卯	7月25日	一白 甲申	6月23日	五黄 癸丑
21	10月30日	六白 丁亥	9月30日	七赤 丁巳	8月28日	二黒 丙戌	閏7月28日	五黄 丙辰	7月26日	九紫 乙酉	6月24日	四緑 甲寅
22	11月1日	七赤 戊子	10月1日	六白 戊午	8月29日	一白 丁亥	閏7月29日	四緑 丁巳	7月27日	八白 丙戌	6月25日	三碧 乙卯
23	11月2日	八白 己丑	10月2日	五黄 己未	9月1日	九紫 戊子	閏7月30日	三碧 戊午	7月28日	七赤 丁亥	6月26日	二黒 丙辰
24	11月3日	九紫 庚寅	10月3日	四緑 庚申	9月2日	八白 己丑	8月1日	二黒 己未	7月29日	六白 戊子	6月27日	一白 丁巳
25	11月4日	一白 辛卯	10月4日	三碧 辛酉	9月3日	七赤 庚寅	8月2日	一白 庚申	閏7月1日	五黄 己丑	6月28日	九紫 戊午
26	11月5日	二黒 壬辰	10月5日	二黒 壬戌	9月4日	六白 辛卯	8月3日	九紫 辛酉	閏7月2日	四緑 庚寅	6月29日	八白 己未
27	11月6日	三碧 癸巳	10月6日	一白 癸亥	9月5日	五黄 壬辰	8月4日	八白 壬戌	閏7月3日	三碧 辛卯	7月1日	七赤 庚申
28	11月7日	四緑 甲午	10月7日	一白 甲子	9月6日	四緑 癸巳	8月5日	七赤 癸亥	閏7月4日	二黒 壬辰	7月2日	六白 辛酉
29	11月8日	五黄 乙未	10月8日	二黒 乙丑	9月7日	三碧 甲午	8月6日	六白 甲子	閏7月5日	一白 癸巳	7月3日	五黄 壬戌
30	11月9日	六白 丙申	10月9日	三碧 丙寅	9月8日	二黒 乙未	8月7日	五黄 乙丑	閏7月6日	九紫 甲午	7月4日	四緑 癸亥
31	11月10日	七赤 丁酉			9月9日	一白 丙申			閏7月7日	八白 乙未	7月5日	三碧 甲子

6月庚午			5月己巳			4月戊辰			3月丁卯			2月丙寅			1月乙丑			
6日 23：51			6日 19：20			6日 01：36			6日 20：26			5日 02：11			6日 14：28			
22日 16：39			22日 08：26			21日 08：54			21日 21：27			19日 22：09			21日 07：51			
四緑木星			五黄土星			六白金星			七赤金星			八白土星			九紫火星			
4月14日	四緑	己巳	3月12日	二黒	戊戌	2月12日	八白	戊辰	1月11日	四緑	丁酉	12月13日	三碧	己卯	11月11日	八白	戊戌	1
4月15日	三碧	庚午	3月13日	三碧	己亥	2月13日	九紫	己巳	1月12日	五黄	戊戌	12月14日	四緑	庚午	11月12日	九紫	己亥	2
4月16日	二黒	辛未	3月14日	四緑	庚子	2月14日	一白	庚午	1月13日	六白	己亥	12月15日	五黄	辛未	11月13日	一白	庚子	3
4月17日	一白	壬申	3月15日	五黄	辛丑	2月15日	二黒	辛未	1月14日	七赤	庚子	12月16日	六白	壬申	11月14日	二黒	辛丑	4
4月18日	九紫	癸酉	3月16日	六白	壬寅	2月16日	三碧	壬申	1月15日	八白	辛丑	12月17日	七赤	癸酉	11月15日	三碧	壬寅	5
4月19日	八白	甲戌	3月17日	七赤	癸卯	2月17日	四緑	癸酉	1月16日	九紫	壬寅	12月18日	八白	甲戌	11月16日	四緑	癸卯	6
4月20日	七赤	乙亥	3月18日	八白	甲辰	2月18日	五黄	甲戌	1月17日	一白	癸卯	12月19日	九紫	乙亥	11月17日	五黄	甲辰	7
4月21日	六白	丙子	3月19日	九紫	乙巳	2月19日	六白	乙亥	1月18日	二黒	甲辰	12月20日	一白	丙子	11月18日	六白	乙巳	8
4月22日	五黄	丁丑	3月20日	一白	丙午	2月20日	七赤	丙子	1月19日	三碧	乙巳	12月21日	二黒	丁丑	11月19日	七赤	丙午	9
4月23日	四緑	戊寅	3月21日	二黒	丁未	2月21日	八白	丁丑	1月20日	四緑	丙午	12月22日	三碧	戊寅	11月20日	八白	丁未	10
4月24日	三碧	己卯	3月22日	三碧	戊申	2月22日	九紫	戊寅	1月21日	五黄	丁未	12月23日	四緑	己卯	11月21日	九紫	戊申	11
4月25日	二黒	庚辰	3月23日	四緑	己酉	2月23日	一白	己卯	1月22日	六白	戊申	12月24日	五黄	庚辰	11月22日	一白	己酉	12
4月26日	一白	辛巳	3月24日	五黄	庚戌	2月24日	二黒	庚辰	1月23日	七赤	己酉	12月25日	六白	辛巳	11月23日	二黒	庚戌	13
4月27日	九紫	壬午	3月25日	六白	辛亥	2月25日	三碧	辛巳	1月24日	八白	庚戌	12月26日	七赤	壬午	11月24日	三碧	辛亥	14
4月28日	八白	癸未	3月26日	七赤	壬子	2月26日	四緑	壬午	1月25日	九紫	辛亥	12月27日	八白	癸未	11月25日	四緑	壬子	15
4月29日	七赤	甲申	3月27日	八白	癸丑	2月27日	五黄	癸未	1月26日	一白	壬子	12月28日	九紫	甲申	11月26日	五黄	癸丑	16
5月1日	六白	乙酉	3月28日	九紫	甲寅	2月28日	六白	甲申	1月27日	二黒	癸丑	12月29日	一白	乙酉	11月27日	六白	甲寅	17
5月2日	五黄	丙戌	3月29日	一白	乙卯	2月29日	七赤	乙酉	1月28日	三碧	甲寅	12月30日	二黒	丙戌	11月28日	七赤	乙卯	18
5月3日	四緑	丁亥	4月1日	二黒	丙辰	2月30日	八白	丙戌	1月29日	四緑	乙卯	1月1日	三碧	丁亥	11月29日	八白	丙辰	19
5月4日	三碧	戊子	4月2日	三碧	丁巳	3月1日	九紫	丁亥	1月30日	五黄	丙辰	1月2日	四緑	戊子	12月1日	九紫	丁巳	20
5月5日	二黒	己丑	4月3日	四緑	戊午	3月2日	一白	戊子	2月1日	六白	丁巳	1月3日	五黄	己丑	12月2日	一白	戊午	21
5月6日	一白	庚寅	4月4日	五黄	己未	3月3日	二黒	己丑	2月2日	七赤	戊午	1月4日	六白	庚寅	12月3日	二黒	己未	22
5月7日	九紫	辛卯	4月5日	六白	庚申	3月4日	三碧	庚寅	2月3日	八白	己未	1月5日	七赤	辛卯	12月4日	三碧	庚申	23
5月8日	八白	壬辰	4月6日	七赤	辛酉	3月5日	四緑	辛卯	2月4日	九紫	庚申	1月6日	八白	壬辰	12月5日	四緑	辛酉	24
5月9日	七赤	癸巳	4月7日	八白	壬戌	3月6日	五黄	壬辰	2月5日	一白	辛酉	1月7日	九紫	癸巳	12月6日	五黄	壬戌	25
5月10日	六白	甲午	4月8日	九紫	癸亥	3月7日	六白	癸巳	2月6日	二黒	壬戌	1月8日	一白	甲午	12月7日	六白	癸亥	26
5月11日	五黄	乙未	4月9日	九紫	甲子	3月8日	七赤	甲午	2月7日	三碧	癸亥	1月9日	二黒	乙未	12月8日	七赤	甲子	27
5月12日	四緑	丙申	4月10日	八白	乙丑	3月9日	八白	乙未	2月8日	四緑	甲子	1月10日	三碧	丙申	12月9日	八白	乙丑	28
5月13日	三碧	丁酉	4月11日	七赤	丙寅	3月10日	九紫	丙申	2月9日	五黄	乙丑				12月10日	九紫	丙寅	29
5月14日	二黒	戊戌	4月12日	六白	丁卯	3月11日	一白	丁酉	2月10日	六白	丙寅				12月11日	一白	丁卯	30
			4月13日	五黄	戊辰				2月11日	七赤	丁卯				12月12日	二黒	戊辰	31

	昭和14年		1939年		己卯年		七赤金星				
	12月丙子		11月乙亥		10月甲戌		9月癸酉		8月壬申		7月辛未	
	8日 09：17		8日 16：43		9日 13：56		8日 22：41		8日 20：03		8日 10：18	
	23日 03：06		23日 13：58		24日 16：45		24日 07：49		24日 10：31		24日 03：37	
	七赤金星		八白土星		九紫火星		一白水星		二黒土星		三碧木星	
1	10月21日	一白 壬申	9月20日	四緑 壬寅	8月19日	八白 辛未	7月18日	二黒 辛丑	6月16日	六白 庚午	5月15日	一白 己巳
2	10月22日	九紫 癸酉	9月21日	三碧 癸卯	8月20日	七赤 壬申	7月19日	一白 壬寅	6月17日	五黄 辛未	5月16日	九紫 庚午
3	10月23日	八白 甲戌	9月22日	二黒 甲辰	8月21日	六白 癸酉	7月20日	九紫 癸卯	6月18日	四緑 壬申	5月17日	八白 辛未
4	10月24日	七赤 乙亥	9月23日	一白 乙巳	8月22日	五黄 甲戌	7月21日	八白 甲辰	6月19日	三碧 癸酉	5月18日	七赤 壬申
5	10月25日	六白 丙子	9月24日	九紫 丙午	8月23日	四緑 乙亥	7月22日	七赤 乙巳	6月20日	二黒 甲戌	5月19日	六白 癸酉
6	10月26日	五黄 丁丑	9月25日	八白 丁未	8月24日	三碧 丙子	7月23日	六白 丙午	6月21日	一白 乙亥	5月20日	五黄 甲戌
7	10月27日	四緑 戊寅	9月26日	七赤 戊申	8月25日	二黒 丁丑	7月24日	五黄 丁未	6月22日	九紫 丙子	5月21日	四緑 乙亥
8	10月28日	三碧 己卯	9月27日	六白 己酉	8月26日	一白 戊寅	7月25日	四緑 戊申	6月23日	八白 丁丑	5月22日	三碧 丙午
9	10月29日	二黒 庚辰	9月28日	五黄 庚戌	8月27日	九紫 己卯	7月26日	三碧 己酉	6月24日	七赤 戊寅	5月23日	二黒 丁未
10	10月30日	一白 辛巳	9月29日	四緑 辛亥	8月28日	八白 庚辰	7月27日	二黒 庚戌	6月25日	六白 己卯	5月24日	一白 戊申
11	11月1日	九紫 壬午	10月1日	三碧 壬子	8月29日	七赤 辛巳	7月28日	一白 辛亥	6月26日	五黄 庚辰	5月25日	九紫 己酉
12	11月2日	八白 癸未	10月2日	二黒 癸丑	8月30日	六白 壬午	7月29日	九紫 壬子	6月27日	四緑 辛巳	5月26日	八白 庚戌
13	11月3日	七赤 甲申	10月3日	一白 甲寅	9月1日	五黄 癸未	8月1日	八白 癸丑	6月28日	三碧 壬午	5月27日	七赤 辛亥
14	11月4日	六白 乙酉	10月4日	九紫 乙卯	9月2日	四緑 甲申	8月2日	七赤 甲寅	6月29日	二黒 癸未	5月28日	六白 壬子
15	11月5日	五黄 丙戌	10月5日	八白 丙辰	9月3日	三碧 乙酉	8月3日	六白 乙卯	7月1日	一白 甲申	5月29日	五黄 癸丑
16	11月6日	四緑 丁亥	10月6日	七赤 丁巳	9月4日	二黒 丙戌	8月4日	五黄 丙辰	7月2日	九紫 乙酉	5月30日	四緑 甲寅
17	11月7日	三碧 戊子	10月7日	六白 戊午	9月5日	一白 丁亥	8月5日	四緑 丁巳	7月3日	八白 丙戌	6月1日	三碧 乙卯
18	11月8日	二黒 己丑	10月8日	五黄 己未	9月6日	九紫 戊子	8月6日	三碧 戊午	7月4日	七赤 丁亥	6月2日	二黒 丙辰
19	11月9日	一白 庚寅	10月9日	四緑 庚申	9月7日	八白 己丑	8月7日	二黒 己未	7月5日	六白 戊子	6月3日	一白 丁巳
20	11月10日	九紫 辛卯	10月10日	三碧 辛酉	9月8日	七赤 庚寅	8月8日	一白 庚申	7月6日	五黄 己丑	6月4日	九紫 戊午
21	11月11日	八白 壬辰	10月11日	二黒 壬戌	9月9日	六白 辛卯	8月9日	九紫 辛酉	7月7日	四緑 庚寅	6月5日	八白 己未
22	11月12日	七赤 癸巳	10月12日	一白 癸亥	9月10日	五黄 壬辰	8月10日	八白 壬戌	7月8日	三碧 辛卯	6月6日	七赤 庚申
23	11月13日	七赤 甲午	10月13日	九紫 甲子	9月11日	四緑 癸巳	8月11日	七赤 癸亥	7月9日	二黒 壬辰	6月7日	六白 辛酉
24	11月14日	八白 乙未	10月14日	八白 乙丑	9月12日	三碧 甲午	8月12日	六白 甲子	7月10日	一白 癸巳	6月8日	五黄 壬戌
25	11月15日	九紫 丙申	10月15日	七赤 丙寅	9月13日	二黒 乙未	8月13日	五黄 乙丑	7月11日	九紫 甲午	6月9日	四緑 癸亥
26	11月16日	一白 丁酉	10月16日	六白 丁卯	9月14日	一白 丙申	8月14日	四緑 丙寅	7月12日	八白 乙未	6月10日	三碧 甲子
27	11月17日	二黒 戊戌	10月17日	五黄 戊辰	9月15日	九紫 丁酉	8月15日	三碧 丁卯	7月13日	七赤 丙申	6月11日	二黒 乙丑
28	11月18日	三碧 己亥	10月18日	四緑 己巳	9月16日	八白 戊戌	8月16日	二黒 戊辰	7月14日	六白 丁酉	6月12日	一白 丙寅
29	11月19日	四緑 庚子	10月19日	三碧 庚午	9月17日	七赤 己亥	8月17日	一白 己巳	7月15日	五黄 戊戌	6月13日	九紫 丁卯
30	11月20日	五黄 辛丑	10月20日	二黒 辛未	9月18日	六白 庚子	8月18日	九紫 庚午	7月16日	四緑 己亥	6月14日	八白 戊辰
31	11月21日	六白 壬寅			9月19日	五黄 辛丑			7月17日	三碧 庚子	6月15日	七赤 己巳

33　　万年暦

6月壬午			5月辛巳			4月庚辰			3月己卯			2月戊寅			1月丁丑			
6日 05：44			6日 01：16			5日 07：34			6日 02：23			5日 08：07			6日 20：24			
21日 22：36			21日 14：23			20日 14：50			21日 03：23			20日 04：03			21日 13：44			
一白水星			二黒土星			三碧木星			四緑木星			五黄土星			六白金星			
4月26日	六白	乙亥	3月24日	二黒	甲辰	2月24日	八白	甲戌	1月23日	四緑	癸卯	12月24日	二黒	甲辰	11月22日	七赤	癸卯	1
4月27日	七赤	丙子	3月25日	三碧	乙巳	2月25日	九紫	乙亥	1月24日	五黄	甲辰	12月25日	三碧	乙巳	11月23日	八白	甲辰	2
4月28日	八白	丁丑	3月26日	四緑	丙午	2月26日	一白	丙子	1月25日	六白	乙巳	12月26日	四緑	丙午	11月24日	九紫	乙巳	3
4月29日	九紫	戊寅	3月27日	五黄	丁未	2月27日	二黒	丁丑	1月26日	七赤	丙午	12月27日	五黄	丁未	11月25日	一白	丙午	4
4月30日	一白	己卯	3月28日	六白	戊申	2月28日	三碧	戊寅	1月27日	八白	丁未	12月28日	六白	戊寅	11月26日	二黒	丁未	5
5月1日	二黒	庚辰	3月29日	七赤	己酉	2月29日	四緑	己卯	1月28日	九紫	戊申	12月29日	七赤	己卯	11月27日	三碧	戊申	6
5月2日	三碧	辛巳	4月1日	八白	庚戌	2月30日	五黄	庚辰	1月29日	一白	己酉	12月30日	八白	庚辰	11月28日	四緑	己酉	7
5月3日	四緑	壬午	4月2日	九紫	辛亥	3月1日	六白	辛巳	1月30日	二黒	庚戌	1月1日	九紫	辛巳	11月29日	五黄	庚戌	8
5月4日	五黄	癸未	4月3日	一白	壬子	3月2日	七赤	壬午	2月1日	三碧	辛亥	1月2日	一白	壬午	12月1日	六白	辛亥	9
5月5日	六白	甲申	4月4日	二黒	癸丑	3月3日	八白	癸未	2月2日	四緑	壬子	1月3日	二黒	癸未	12月2日	七赤	壬子	10
5月6日	七赤	乙酉	4月5日	三碧	甲寅	3月4日	九紫	甲申	2月3日	五黄	癸丑	1月4日	三碧	甲申	12月3日	八白	癸丑	11
5月7日	八白	丙戌	4月6日	四緑	乙卯	3月5日	一白	乙酉	2月4日	六白	甲寅	1月5日	四緑	乙酉	12月4日	九紫	甲寅	12
5月8日	九紫	丁亥	4月7日	五黄	丙辰	3月6日	二黒	丙戌	2月5日	七赤	乙卯	1月6日	五黄	丙戌	12月5日	一白	乙卯	13
5月9日	一白	戊子	4月8日	六白	丁巳	3月7日	三碧	丁亥	2月6日	八白	丙辰	1月7日	六白	丁亥	12月6日	二黒	丙辰	14
5月10日	二黒	己丑	4月9日	七赤	戊午	3月8日	四緑	戊子	2月7日	九紫	丁巳	1月8日	七赤	戊子	12月7日	三碧	丁巳	15
5月11日	三碧	庚寅	4月10日	八白	己未	3月9日	五黄	己丑	2月8日	一白	戊午	1月9日	八白	己丑	12月8日	四緑	戊午	16
5月12日	四緑	辛卯	4月11日	九紫	庚申	3月10日	六白	庚寅	2月9日	二黒	己未	1月10日	九紫	庚寅	12月9日	五黄	己未	17
5月13日	五黄	壬辰	4月12日	一白	辛酉	3月11日	七赤	辛卯	2月10日	三碧	庚申	1月11日	一白	辛卯	12月10日	六白	庚申	18
5月14日	六白	癸巳	4月13日	二黒	壬戌	3月12日	八白	壬辰	2月11日	四緑	辛酉	1月12日	二黒	壬辰	12月11日	七赤	辛酉	19
5月15日	七赤	甲午	4月14日	三碧	癸亥	3月13日	九紫	癸巳	2月12日	五黄	壬戌	1月13日	三碧	癸巳	12月12日	八白	壬戌	20
5月16日	八白	乙未	4月15日	四緑	甲子	3月14日	一白	甲午	2月13日	六白	癸亥	1月14日	四緑	甲午	12月13日	九紫	癸亥	21
5月17日	九紫	丙申	4月16日	五黄	乙丑	3月15日	二黒	乙未	2月14日	七赤	甲子	1月15日	五黄	乙未	12月14日	一白	甲子	22
5月18日	一白	丁酉	4月17日	六白	丙寅	3月16日	三碧	丙申	2月15日	八白	乙丑	1月16日	六白	丙申	12月15日	二黒	乙丑	23
5月19日	二黒	戊戌	4月18日	七赤	丁卯	3月17日	四緑	丁酉	2月16日	九紫	丙寅	1月17日	七赤	丁酉	12月16日	三碧	丙寅	24
5月20日	三碧	己亥	4月19日	八白	戊辰	3月18日	五黄	戊戌	2月17日	一白	丁卯	1月18日	八白	戊戌	12月17日	四緑	丁卯	25
5月21日	四緑	庚子	4月20日	九紫	己巳	3月19日	六白	己亥	2月18日	二黒	戊辰	1月19日	九紫	己亥	12月18日	五黄	戊辰	26
5月22日	五黄	辛丑	4月21日	一白	庚午	3月20日	七赤	庚子	2月19日	三碧	己巳	1月20日	一白	庚子	12月19日	六白	己巳	27
5月23日	六白	壬寅	4月22日	二黒	辛未	3月21日	八白	辛丑	2月20日	四緑	庚午	1月21日	二黒	辛丑	12月20日	七赤	庚午	28
5月24日	七赤	癸卯	4月23日	三碧	壬申	3月22日	九紫	壬寅	2月21日	五黄	辛未	1月22日	三碧	壬寅	12月21日	八白	辛未	29
5月25日	八白	甲辰	4月24日	四緑	癸酉	3月23日	一白	癸卯	2月22日	六白	壬申				12月22日	九紫	壬申	30
			4月25日	五黄	甲戌				2月23日	七赤	癸酉				12月23日	一白	癸酉	31

昭和15年		1940年		庚辰年		六白金星					
12月戊子		11月丁亥		10月丙戌		9月乙酉		8月甲申		7月癸未	
7日 14：58		7日 22：27		8日 19：42		8日 04：29		8日 01：51		7日 16：08	
22日 08：55		22日 19：49		23日 22：39		23日 13：45		23日 16：28		23日 09：34	
四緑木星		五黄土星		六白金星		七赤金星		八白土星		九紫火星	
1	11月3日	一白	戊寅	10月2日	四緑	戊申	9月1日	八白	丁丑	7月29日	二黒	丁未	6月28日	六白	丙子	5月26日	九紫	乙亥
2	11月4日	九紫	己卯	10月3日	三碧	己酉	9月2日	七赤	戊寅	8月1日	一白	戊申	6月29日	五黄	丁丑	5月27日	一白	丙子
3	11月5日	八白	庚辰	10月4日	二黒	庚戌	9月3日	六白	己卯	8月2日	九紫	己酉	6月30日	四緑	戊寅	5月28日	二黒	丁丑
4	11月6日	七赤	辛巳	10月5日	一白	辛亥	9月4日	五黄	庚辰	8月3日	八白	庚戌	7月1日	三碧	己卯	5月29日	三碧	戊寅
5	11月7日	六白	壬午	10月6日	九紫	壬子	9月5日	四緑	辛巳	8月4日	七赤	辛亥	7月2日	二黒	庚辰	6月1日	四緑	己卯
6	11月8日	五黄	癸未	10月7日	八白	癸丑	9月6日	三碧	壬午	8月5日	六白	壬子	7月3日	一白	辛巳	6月2日	五黄	庚辰
7	11月9日	四緑	甲申	10月8日	七赤	甲寅	9月7日	二黒	癸未	8月6日	五黄	癸丑	7月4日	九紫	壬午	6月3日	六白	辛巳
8	11月10日	三碧	乙酉	10月9日	六白	乙卯	9月8日	一白	甲申	8月7日	四緑	甲寅	7月5日	八白	癸未	6月4日	七赤	壬午
9	11月11日	二黒	丙戌	10月10日	五黄	丙辰	9月9日	九紫	乙酉	8月8日	三碧	乙卯	7月6日	七赤	甲申	6月5日	八白	癸未
10	11月12日	一白	丁亥	10月11日	四緑	丁巳	9月10日	八白	丙戌	8月9日	二黒	丙辰	7月7日	六白	乙酉	6月6日	九紫	甲申
11	11月13日	九紫	戊子	10月12日	三碧	戊午	9月11日	七赤	丁亥	8月10日	一白	丁巳	7月8日	五黄	丙戌	6月7日	一白	乙酉
12	11月14日	八白	己丑	10月13日	二黒	己未	9月12日	六白	戊子	8月11日	九紫	戊午	7月9日	四緑	丁亥	6月8日	二黒	丙戌
13	11月15日	七赤	庚寅	10月14日	一白	庚申	9月13日	五黄	己丑	8月12日	八白	己未	7月10日	三碧	戊子	6月9日	三碧	丁亥
14	11月16日	六白	辛卯	10月15日	九紫	辛酉	9月14日	四緑	庚寅	8月13日	七赤	庚申	7月11日	二黒	己丑	6月10日	四緑	戊子
15	11月17日	五黄	壬辰	10月16日	八白	壬戌	9月15日	三碧	辛卯	8月14日	六白	辛酉	7月12日	一白	庚寅	6月11日	五黄	己丑
16	11月18日	四緑	癸巳	10月17日	七赤	癸亥	9月16日	二黒	壬辰	8月15日	五黄	壬戌	7月13日	九紫	辛卯	6月12日	六白	庚寅
17	11月19日	三碧	甲午	10月18日	六白	甲子	9月17日	一白	癸巳	8月16日	四緑	癸亥	7月14日	八白	壬辰	6月13日	七赤	辛卯
18	11月20日	二黒	乙未	10月19日	五黄	乙丑	9月18日	九紫	甲午	8月17日	三碧	甲子	7月15日	七赤	癸巳	6月14日	八白	壬辰
19	11月21日	一白	丙申	10月20日	四緑	丙寅	9月19日	八白	乙未	8月18日	二黒	乙丑	7月16日	六白	甲午	6月15日	九紫	癸巳
20	11月22日	九紫	丁酉	10月21日	三碧	丁卯	9月20日	七赤	丙申	8月19日	一白	丙寅	7月17日	五黄	乙未	6月16日	九紫	甲午
21	11月23日	八白	戊戌	10月22日	二黒	戊辰	9月21日	六白	丁酉	8月20日	九紫	丁卯	7月18日	四緑	丙申	6月17日	八白	乙未
22	11月24日	七赤	己亥	10月23日	一白	己巳	9月22日	五黄	戊戌	8月21日	八白	戊辰	7月19日	三碧	丁酉	6月18日	七赤	丙申
23	11月25日	六白	庚子	10月24日	九紫	庚午	9月23日	四緑	己亥	8月22日	七赤	己巳	7月20日	二黒	戊戌	6月19日	六白	丁酉
24	11月26日	五黄	辛丑	10月25日	八白	辛未	9月24日	三碧	庚子	8月23日	六白	庚午	7月21日	一白	己亥	6月20日	五黄	戊戌
25	11月27日	四緑	壬寅	10月26日	七赤	壬申	9月25日	二黒	辛丑	8月24日	五黄	辛未	7月22日	九紫	庚子	6月21日	四緑	己亥
26	11月28日	三碧	癸卯	10月27日	六白	癸酉	9月26日	一白	壬寅	8月25日	四緑	壬申	7月23日	八白	辛丑	6月22日	三碧	庚子
27	11月29日	二黒	甲辰	10月28日	五黄	甲戌	9月27日	九紫	癸卯	8月26日	三碧	癸酉	7月24日	七赤	壬寅	6月23日	二黒	辛丑
28	11月30日	一白	乙巳	10月29日	四緑	乙亥	9月28日	八白	甲辰	8月27日	二黒	甲戌	7月25日	六白	癸卯	6月24日	一白	壬寅
29	12月1日	九紫	丙午	11月1日	三碧	丙子	9月29日	七赤	乙巳	8月28日	一白	乙亥	7月26日	五黄	甲辰	6月25日	九紫	癸卯
30	12月2日	八白	丁未	11月2日	二黒	丁丑	9月30日	六白	丙午	8月29日	九紫	丙子	7月27日	四緑	乙巳	6月26日	八白	甲辰
31	12月3日	七赤	戊申				10月1日	五黄	丁未				7月28日	三碧	丙午	6月27日	七赤	乙巳

35　　万年暦

6月甲午			5月癸巳			4月壬辰			3月辛卯			2月庚寅			1月己丑			
6日 11：39			6日 07：09			5日 13：24			6日 08：10			4日 13：49			6日 02：04			
22日 04：33			21日 20：22			20日 20：50			21日 09：20			19日 09：56			20日 19：33			
七赤金星			八白土星			九紫火星			一白水星			二黒土星			三碧木星			
5月7日	二黒	庚辰	4月6日	七赤	己酉	3月5日	四緑	己卯	2月4日	九紫	戊申	1月6日	八白	庚辰	12月4日	六白	己酉	1
5月8日	三碧	辛巳	4月7日	八白	庚戌	3月6日	五黄	庚辰	2月5日	一白	己酉	1月7日	九紫	辛巳	12月5日	五黄	庚戌	2
5月9日	四緑	壬午	4月8日	九紫	辛亥	3月7日	六白	辛巳	2月6日	二黒	庚戌	1月8日	一白	壬午	12月6日	四緑	辛亥	3
5月10日	五黄	癸未	4月9日	一白	壬子	3月8日	七赤	壬午	2月7日	三碧	辛亥	1月9日	二黒	癸未	12月7日	三碧	壬子	4
5月11日	六白	甲申	4月10日	二黒	癸丑	3月9日	八白	癸未	2月8日	四緑	壬子	1月10日	三碧	甲申	12月8日	二黒	癸丑	5
5月12日	七赤	乙酉	4月11日	三碧	甲寅	3月10日	九紫	甲申	2月9日	五黄	癸丑	1月11日	四緑	乙酉	12月9日	一白	甲寅	6
5月13日	八白	丙戌	4月12日	四緑	乙卯	3月11日	一白	乙酉	2月10日	六白	甲寅	1月12日	五黄	丙戌	12月10日	九紫	乙卯	7
5月14日	九紫	丁亥	4月13日	五黄	丙辰	3月12日	二黒	丙戌	2月11日	七赤	乙卯	1月13日	六白	丁亥	12月11日	八白	丙辰	8
5月15日	一白	戊子	4月14日	六白	丁巳	3月13日	三碧	丁亥	2月12日	八白	丙辰	1月14日	七赤	戊子	12月12日	七赤	丁巳	9
5月16日	二黒	己丑	4月15日	七赤	戊午	3月14日	四緑	戊子	2月13日	九紫	丁巳	1月15日	八白	己丑	12月13日	六白	戊午	10
5月17日	三碧	庚寅	4月16日	八白	己未	3月15日	五黄	己丑	2月14日	一白	戊午	1月16日	九紫	庚寅	12月14日	五黄	己未	11
5月18日	四緑	辛卯	4月17日	九紫	庚申	3月16日	六白	庚寅	2月15日	二黒	己未	1月17日	一白	辛卯	12月15日	四緑	庚申	12
5月19日	五黄	壬辰	4月18日	一白	辛酉	3月17日	七赤	辛卯	2月16日	三碧	庚申	1月18日	二黒	壬辰	12月16日	三碧	辛酉	13
5月20日	六白	癸巳	4月19日	二黒	壬戌	3月18日	八白	壬辰	2月17日	四緑	辛酉	1月19日	三碧	癸巳	12月17日	二黒	壬戌	14
5月21日	七赤	甲午	4月20日	三碧	癸亥	3月19日	九紫	癸巳	2月18日	五黄	壬戌	1月20日	四緑	甲午	12月18日	一白	癸亥	15
5月22日	八白	乙未	4月21日	四緑	甲子	3月20日	一白	甲午	2月19日	六白	癸亥	1月21日	五黄	乙未	12月19日	一白	甲子	16
5月23日	九紫	丙申	4月22日	五黄	乙丑	3月21日	二黒	乙未	2月20日	七赤	甲子	1月22日	六白	丙申	12月20日	二黒	乙丑	17
5月24日	一白	丁酉	4月23日	六白	丙寅	3月22日	三碧	丙申	2月21日	八白	乙丑	1月23日	七赤	丁酉	12月21日	三碧	丙寅	18
5月25日	二黒	戊戌	4月24日	七赤	丁卯	3月23日	四緑	丁酉	2月22日	九紫	丙寅	1月24日	八白	戊戌	12月22日	四緑	丁卯	19
5月26日	三碧	己亥	4月25日	八白	戊辰	3月24日	五黄	戊戌	2月23日	一白	丁卯	1月25日	九紫	己亥	12月23日	五黄	戊辰	20
5月27日	四緑	庚子	4月26日	九紫	己巳	3月25日	六白	己亥	2月24日	二黒	戊辰	1月26日	一白	庚子	12月24日	六白	己巳	21
5月28日	五黄	辛丑	4月27日	一白	庚午	3月26日	七赤	庚子	2月25日	三碧	己巳	1月27日	二黒	辛丑	12月25日	七赤	庚午	22
5月29日	六白	壬寅	4月28日	二黒	辛未	3月27日	八白	辛丑	2月26日	四緑	庚午	1月28日	三碧	壬寅	12月26日	八白	辛未	23
5月30日	七赤	癸卯	4月29日	三碧	壬申	3月28日	九紫	壬寅	2月27日	五黄	辛未	1月29日	四緑	癸卯	12月27日	九紫	壬申	24
6月1日	八白	甲辰	4月30日	四緑	癸酉	3月29日	一白	癸卯	2月28日	六白	壬申	1月30日	五黄	甲辰	12月28日	一白	癸酉	25
6月2日	九紫	乙巳	5月1日	五黄	甲戌	4月1日	二黒	甲辰	2月29日	七赤	癸酉	2月1日	六白	乙巳	12月29日	二黒	甲戌	26
6月3日	一白	丙午	5月2日	六白	乙亥	4月2日	三碧	乙巳	2月30日	八白	甲戌	2月2日	七赤	丙午	1月1日	三碧	乙亥	27
6月4日	二黒	丁未	5月3日	七赤	丙子	4月3日	四緑	丙午	3月1日	九紫	乙亥	2月3日	八白	丁未	1月2日	四緑	丙子	28
6月5日	三碧	戊申	5月4日	八白	丁丑	4月4日	五黄	丁未	3月2日	一白	丙子				1月3日	五黄	丁丑	29
6月6日	四緑	己酉	5月5日	九紫	戊寅	4月5日	六白	戊申	3月3日	二黒	丁丑				1月4日	六白	戊寅	30
			5月6日	一白	己卯				3月4日	三碧	戊寅				1月5日	七赤	己卯	31

36

昭和16年		1941年		辛巳年		五黄土星					
12月庚子		11月己亥		10月戊戌		9月丁酉		8月丙申		7月乙未	
7日20：56		8日04：24		9日01：38		8日10：24		8日07：46		7日22：03	
22日14：44		23日01：37		24日04：27		23日19：33		23日22：17		23日15：26	
一白水星		二黒土星		三碧木星		四緑木星		五黄土星		六白金星	

1	10月13日	五黄	癸未	9月13日	八白	癸丑	8月11日	三碧	壬午	7月10日	六白	壬子	閏6月9日	一白	辛巳	6月7日	五黄	庚戌
2	10月14日	四緑	甲申	9月14日	七赤	甲寅	8月12日	二黒	癸未	7月11日	五黄	癸丑	閏6月10日	九紫	壬午	6月8日	六白	辛亥
3	10月15日	三碧	乙酉	9月15日	六白	乙卯	8月13日	一白	甲申	7月12日	四緑	甲寅	閏6月11日	八白	癸未	6月9日	七赤	壬子
4	10月16日	二黒	丙戌	9月16日	五黄	丙辰	8月14日	九紫	乙酉	7月13日	三碧	乙卯	閏6月12日	七赤	甲申	6月10日	八白	癸丑
5	10月17日	一白	丁亥	9月17日	四緑	丁巳	8月15日	八白	丙戌	7月14日	二黒	丙辰	閏6月13日	六白	乙酉	6月11日	九紫	甲寅
6	10月18日	九紫	戊子	9月18日	三碧	戊午	8月16日	七赤	丁亥	7月15日	一白	丁巳	閏6月14日	五黄	丙戌	6月12日	一白	乙卯
7	10月19日	八白	己丑	9月19日	二黒	己未	8月17日	六白	戊子	7月16日	九紫	戊午	閏6月15日	四緑	丁亥	6月13日	二黒	丙辰
8	10月20日	七赤	庚寅	9月20日	一白	庚申	8月18日	五黄	己丑	7月17日	八白	己未	閏6月16日	三碧	戊子	6月14日	三碧	丁巳
9	10月21日	六白	辛卯	9月21日	九紫	辛酉	8月19日	四緑	庚寅	7月18日	七赤	庚申	閏6月17日	二黒	己丑	6月15日	四緑	戊午
10	10月22日	五黄	壬辰	9月22日	八白	壬戌	8月20日	三碧	辛卯	7月19日	六白	辛酉	閏6月18日	一白	庚寅	6月16日	五黄	己未
11	10月23日	四緑	癸巳	9月23日	七赤	癸亥	8月21日	二黒	壬辰	7月20日	五黄	壬戌	閏6月19日	九紫	辛卯	6月17日	六白	庚申
12	10月24日	三碧	甲午	9月24日	六白	甲子	8月22日	一白	癸巳	7月21日	四緑	癸亥	閏6月20日	八白	壬辰	6月18日	七赤	辛酉
13	10月25日	二黒	乙未	9月25日	五黄	乙丑	8月23日	九紫	甲午	7月22日	三碧	甲子	閏6月21日	七赤	癸巳	6月19日	八白	壬戌
14	10月26日	一白	丙申	9月26日	四緑	丙寅	8月24日	八白	乙未	7月23日	二黒	乙丑	閏6月22日	六白	甲午	6月20日	九紫	癸亥
15	10月27日	九紫	丁酉	9月27日	三碧	丁卯	8月25日	七赤	丙申	7月24日	一白	丙寅	閏6月23日	五黄	乙未	6月21日	九紫	甲子
16	10月28日	八白	戊戌	9月28日	二黒	戊辰	8月26日	六白	丁酉	7月25日	九紫	丁卯	閏6月24日	四緑	丙申	6月22日	八白	乙丑
17	10月29日	七赤	己亥	9月29日	一白	己巳	8月27日	五黄	戊戌	7月26日	八白	戊辰	閏6月25日	三碧	丁酉	6月23日	七赤	丙寅
18	11月1日	六白	庚子	9月30日	九紫	庚午	8月28日	四緑	己亥	7月27日	七赤	己巳	閏6月26日	二黒	戊戌	6月24日	六白	丁卯
19	11月2日	五黄	辛丑	10月1日	八白	辛未	8月29日	三碧	庚子	7月28日	六白	庚午	閏6月27日	一白	己亥	6月25日	五黄	戊辰
20	11月3日	四緑	壬寅	10月2日	七赤	壬申	9月1日	二黒	辛丑	7月29日	五黄	辛未	閏6月28日	九紫	庚子	6月26日	四緑	己巳
21	11月4日	三碧	癸卯	10月3日	六白	癸酉	9月2日	一白	壬寅	8月1日	四緑	壬申	閏6月29日	八白	辛丑	6月27日	三碧	庚午
22	11月5日	二黒	甲辰	10月4日	五黄	甲戌	9月3日	九紫	癸卯	8月2日	三碧	癸酉	閏6月30日	七赤	壬寅	6月28日	二黒	辛未
23	11月6日	一白	乙巳	10月5日	四緑	乙亥	9月4日	八白	甲辰	8月3日	二黒	甲戌	7月1日	六白	癸卯	6月29日	一白	壬申
24	11月7日	九紫	丙午	10月6日	三碧	丙子	9月5日	七赤	乙巳	8月4日	一白	乙亥	7月2日	五黄	甲辰	閏6月1日	九紫	癸酉
25	11月8日	八白	丁未	10月7日	二黒	丁丑	9月6日	六白	丙午	8月5日	九紫	丙子	7月3日	四緑	乙巳	閏6月2日	八白	甲戌
26	11月9日	七赤	戊申	10月8日	一白	戊寅	9月7日	五黄	丁未	8月6日	八白	丁丑	7月4日	三碧	丙午	閏6月3日	七赤	乙亥
27	11月10日	六白	己酉	10月9日	九紫	己卯	9月8日	四緑	戊申	8月7日	七赤	戊寅	7月5日	二黒	丁未	閏6月4日	六白	丙子
28	11月11日	五黄	庚戌	10月10日	八白	庚辰	9月9日	三碧	己酉	8月8日	六白	己卯	7月6日	一白	戊申	閏6月5日	五黄	丁丑
29	11月12日	四緑	辛亥	10月11日	七赤	辛巳	9月10日	二黒	庚戌	8月9日	五黄	庚辰	7月7日	九紫	己酉	閏6月6日	四緑	戊寅
30	11月13日	三碧	壬子	10月12日	六白	壬午	9月11日	一白	辛亥	8月10日	四緑	辛巳	7月8日	八白	庚戌	閏6月7日	三碧	己卯
31	11月14日	二黒	癸丑				9月12日	九紫	壬子				7月9日	七赤	辛亥	閏6月8日	二黒	庚辰

6月丙午			5月乙巳			4月甲辰			3月癸卯			2月壬寅			1月辛丑			
6日 17：32			6日 13：06			5日 19：24			6日 14：09			4日 19：48			6日 08：02			
22日 10：15			22日 02：08			21日 02：39			21日 15：10			19日 15：47			21日 01：23			
四緑木星			五黄土星			六白金星			七赤金星			八白土星			九紫火星			
4月18日	七赤	乙酉	3月17日	三碧	甲寅	2月16日	九紫	甲申	1月15日	五黄	癸丑	12月16日	四緑	乙酉	11月15日	一白	甲寅	1
4月19日	八白	丙戌	3月18日	四緑	乙卯	2月17日	一白	乙酉	1月16日	六白	甲寅	12月17日	五黄	丙戌	11月16日	九紫	乙卯	2
4月20日	九紫	丁亥	3月19日	五黄	丙辰	2月18日	二黒	丙戌	1月17日	七赤	乙卯	12月18日	六白	丁亥	11月17日	八白	丙辰	3
4月21日	一白	戊子	3月20日	六白	丁巳	2月19日	三碧	丁亥	1月18日	八白	丙辰	12月19日	七赤	戊子	11月18日	七赤	丁巳	4
4月22日	二黒	己丑	3月21日	七赤	戊午	2月20日	四緑	戊子	1月19日	九紫	丁巳	12月20日	八白	己丑	11月19日	六白	戊午	5
4月23日	三碧	庚寅	3月22日	八白	己未	2月21日	五黄	己丑	1月20日	一白	戊午	12月21日	九紫	庚寅	11月20日	五黄	己未	6
4月24日	四緑	辛卯	3月23日	九紫	庚申	2月22日	六白	庚寅	1月21日	二黒	己未	12月22日	一白	辛卯	11月21日	四緑	庚申	7
4月25日	五黄	壬辰	3月24日	一白	辛酉	2月23日	七赤	辛卯	1月22日	三碧	庚申	12月23日	二黒	壬辰	11月22日	三碧	辛酉	8
4月26日	六白	癸巳	3月25日	二黒	壬戌	2月24日	八白	壬辰	1月23日	四緑	辛酉	12月24日	三碧	癸巳	11月23日	二黒	壬戌	9
4月27日	七赤	甲午	3月26日	三碧	癸亥	2月25日	九紫	癸巳	1月24日	五黄	壬戌	12月25日	四緑	甲午	11月24日	一白	癸亥	10
4月28日	八白	乙未	3月27日	四緑	甲子	2月26日	一白	甲午	1月25日	六白	癸亥	12月26日	五黄	乙未	11月25日	九紫	甲子	11
4月29日	九紫	丙申	3月28日	五黄	乙丑	2月27日	二黒	乙未	1月26日	七赤	甲子	12月27日	六白	丙申	11月26日	二黒	乙丑	12
4月30日	一白	丁酉	3月29日	六白	丙寅	2月28日	三碧	丙申	1月27日	八白	乙丑	12月28日	七赤	丁酉	11月27日	三碧	丙寅	13
5月1日	二黒	戊戌	3月30日	七赤	丁卯	2月29日	四緑	丁酉	1月28日	九紫	丙寅	12月29日	八白	戊戌	11月28日	四緑	丁卯	14
5月2日	三碧	己亥	4月1日	八白	戊辰	3月1日	五黄	戊戌	1月29日	一白	丁卯	1月1日	九紫	己亥	11月29日	五黄	戊辰	15
5月3日	四緑	庚子	4月2日	九紫	己巳	3月2日	六白	己亥	1月30日	二黒	戊辰	1月2日	一白	庚子	11月30日	六白	己巳	16
5月4日	五黄	辛丑	4月3日	一白	庚午	3月3日	七赤	庚子	2月1日	三碧	己巳	1月3日	二黒	辛丑	12月1日	七赤	庚午	17
5月5日	六白	壬寅	4月4日	二黒	辛未	3月4日	八白	辛丑	2月2日	四緑	庚午	1月4日	三碧	壬寅	12月2日	八白	辛未	18
5月6日	七赤	癸卯	4月5日	三碧	壬申	3月5日	九紫	壬寅	2月3日	五黄	辛未	1月5日	四緑	癸卯	12月3日	九紫	壬申	19
5月7日	八白	甲辰	4月6日	四緑	癸酉	3月6日	一白	癸卯	2月4日	六白	壬申	1月6日	五黄	甲辰	12月4日	一白	癸酉	20
5月8日	九紫	乙巳	4月7日	五黄	甲戌	3月7日	二黒	甲辰	2月5日	七赤	癸酉	1月7日	六白	乙巳	12月5日	二黒	甲戌	21
5月9日	一白	丙午	4月8日	六白	乙亥	3月8日	三碧	乙巳	2月6日	八白	甲戌	1月8日	七赤	丙午	12月6日	三碧	乙亥	22
5月10日	二黒	丁未	4月9日	七赤	丙子	3月9日	四緑	丙午	2月7日	九紫	乙亥	1月9日	八白	丁未	12月7日	四緑	丙子	23
5月11日	三碧	戊申	4月10日	八白	丁丑	3月10日	五黄	丁未	2月8日	一白	丙子	1月10日	九紫	戊申	12月8日	五黄	丁丑	24
5月12日	四緑	己酉	4月11日	九紫	戊寅	3月11日	六白	戊申	2月9日	二黒	丁丑	1月11日	一白	己酉	12月9日	六白	戊寅	25
5月13日	五黄	庚戌	4月12日	一白	己卯	3月12日	七赤	己酉	2月10日	三碧	戊寅	1月12日	二黒	庚戌	12月10日	七赤	己卯	26
5月14日	六白	辛亥	4月13日	二黒	庚辰	3月13日	八白	庚戌	2月11日	四緑	己卯	1月13日	三碧	辛亥	12月11日	八白	庚辰	27
5月15日	七赤	壬子	4月14日	三碧	辛巳	3月14日	九紫	辛亥	2月12日	五黄	庚辰	1月14日	四緑	壬子	12月12日	九紫	辛巳	28
5月16日	八白	癸丑	4月15日	四緑	壬午	3月15日	一白	壬子	2月13日	六白	辛巳				12月13日	一白	壬午	29
5月17日	九紫	甲寅	4月16日	五黄	癸未	3月16日	二黒	癸丑	2月14日	七赤	壬午				12月14日	二黒	癸未	30
			4月17日	六白	甲申				2月15日	八白	癸未				12月15日	三碧	甲申	31

昭和17年		1942年		壬午年		四緑木星					
12月壬子		11月辛亥		10月庚戌		9月己酉		8月戊申		7月丁未	
8日 02：46		8日 10：11		9日 07：22		8日 16：06		8日 13：30		8日 03：51	
22日 20：39		23日 07：30		24日 10：15		24日 01：17		24日 03：58		23日 21：07	
七赤金星		八白土星		九紫火星		一白水星		二黒土星		三碧木星	

1	10月23日	九紫	戊子	9月23日	三碧	戊午	8月21日	七赤	丁亥	7月21日	一白	丁巳	6月20日	五黄	丙戌	5月18日	一白	乙亥
2	10月24日	八白	己丑	9月24日	二黒	己未	8月22日	六白	戊子	7月22日	九紫	戊午	6月21日	四緑	丁亥	5月19日	二黒	丙子
3	10月25日	七赤	庚寅	9月25日	一白	庚申	8月23日	五黄	己丑	7月23日	八白	己未	6月22日	三碧	戊子	5月20日	三碧	丁丑
4	10月26日	六白	辛卯	9月26日	九紫	辛酉	8月24日	四緑	庚寅	7月24日	七赤	庚申	6月23日	二黒	己丑	5月21日	四緑	戊寅
5	10月27日	五黄	壬辰	9月27日	八白	壬戌	8月25日	三碧	辛卯	7月25日	六白	辛酉	6月24日	一白	庚寅	5月22日	五黄	己卯
6	10月28日	四緑	癸巳	9月28日	七赤	癸亥	8月26日	二黒	壬辰	7月26日	五黄	壬戌	6月25日	九紫	辛卯	5月23日	六白	庚辰
7	10月29日	三碧	甲午	9月29日	六白	甲子	8月27日	一白	癸巳	7月27日	四緑	癸亥	6月26日	八白	壬辰	5月24日	七赤	辛巳
8	11月1日	二黒	乙未	9月30日	五黄	乙丑	8月28日	九紫	甲午	7月28日	三碧	甲子	6月27日	七赤	癸巳	5月25日	八白	壬午
9	11月2日	一白	丙申	10月1日	四緑	丙寅	8月29日	八白	乙未	7月29日	二黒	乙丑	6月28日	六白	甲午	5月26日	九紫	癸未
10	11月3日	九紫	丁酉	10月2日	三碧	丁卯	9月1日	七赤	丙申	7月30日	一白	丙寅	6月29日	五黄	乙未	5月27日	九紫	甲申
11	11月4日	八白	戊戌	10月3日	二黒	戊辰	9月2日	六白	丁酉	8月1日	九紫	丁卯	6月30日	四緑	丙申	5月28日	八白	乙酉
12	11月5日	七赤	己亥	10月4日	一白	己巳	9月3日	五黄	戊戌	8月2日	八白	戊辰	7月1日	三碧	丁酉	5月29日	七赤	丙戌
13	11月6日	六白	庚子	10月5日	九紫	庚午	9月4日	四緑	己亥	8月3日	七赤	己巳	7月2日	二黒	戊戌	6月1日	六白	丁亥
14	11月7日	五黄	辛丑	10月6日	八白	辛未	9月5日	三碧	庚子	8月4日	六白	庚午	7月3日	一白	己亥	6月2日	五黄	戊子
15	11月8日	四緑	壬寅	10月7日	七赤	壬申	9月6日	二黒	辛丑	8月5日	五黄	辛未	7月4日	九紫	庚子	6月3日	四緑	己丑
16	11月9日	三碧	癸卯	10月8日	六白	癸酉	9月7日	一白	壬寅	8月6日	四緑	壬申	7月5日	八白	辛丑	6月4日	三碧	庚寅
17	11月10日	二黒	甲辰	10月9日	五黄	甲戌	9月8日	九紫	癸卯	8月7日	三碧	癸酉	7月6日	七赤	壬寅	6月5日	二黒	辛卯
18	11月11日	一白	乙巳	10月10日	四緑	乙亥	9月9日	八白	甲辰	8月8日	二黒	甲戌	7月7日	六白	癸卯	6月6日	一白	壬辰
19	11月12日	九紫	丙午	10月11日	三碧	丙子	9月10日	七赤	乙巳	8月9日	一白	乙亥	7月8日	五黄	甲辰	6月7日	九紫	癸巳
20	11月13日	八白	丁未	10月12日	二黒	丁丑	9月11日	六白	丙午	8月10日	九紫	丙子	7月9日	四緑	乙巳	6月8日	八白	甲午
21	11月14日	七赤	戊申	10月13日	一白	戊寅	9月12日	五黄	丁未	8月11日	八白	丁丑	7月10日	三碧	丙午	6月9日	七赤	乙未
22	11月15日	六白	己酉	10月14日	九紫	己卯	9月13日	四緑	戊申	8月12日	七赤	戊寅	7月11日	二黒	丁未	6月10日	六白	丙申
23	11月16日	五黄	庚戌	10月15日	八白	庚辰	9月14日	三碧	己酉	8月13日	六白	己卯	7月12日	一白	戊申	6月11日	五黄	丁酉
24	11月17日	四緑	辛亥	10月16日	七赤	辛巳	9月15日	二黒	庚戌	8月14日	五黄	庚辰	7月13日	九紫	己酉	6月12日	四緑	戊戌
25	11月18日	三碧	壬子	10月17日	六白	壬午	9月16日	一白	辛亥	8月15日	四緑	辛巳	7月14日	八白	庚戌	6月13日	三碧	己亥
26	11月19日	二黒	癸丑	10月18日	五黄	癸未	9月17日	九紫	壬子	8月16日	三碧	壬午	7月15日	七赤	辛亥	6月14日	二黒	庚子
27	11月20日	一白	甲寅	10月19日	四緑	甲申	9月18日	八白	癸丑	8月17日	二黒	癸未	7月16日	六白	壬子	6月15日	一白	辛丑
28	11月21日	九紫	乙卯	10月20日	三碧	乙酉	9月19日	七赤	甲寅	8月18日	一白	甲申	7月17日	五黄	癸丑	6月16日	九紫	壬寅
29	11月22日	八白	丙辰	10月21日	二黒	丙戌	9月20日	六白	乙卯	8月19日	九紫	乙酉	7月18日	四緑	甲寅	6月17日	八白	癸卯
30	11月23日	七赤	丁巳	10月22日	一白	丁亥	9月21日	五黄	丙辰	8月20日	八白	丙戌	7月19日	三碧	乙卯	6月18日	七赤	甲辰
31	11月24日	六白	戊午				9月22日	四緑	丁巳				7月20日	二黒	丙辰	6月19日	六白	乙巳

6月戊午	5月丁巳	4月丙辰	3月乙卯	2月甲寅	1月癸丑	
6日 23：18	6日 18：52	6日 01：11	6日 19：59	5日 01：40	6日 13：54	
22日 16：11	22日 08：02	21日 08：31	21日 21：03	19日 21：40	21日 07：19	
一白水星	二黒土星	三碧木星	四緑木星	五黄土星	六白金星	
4月29日 三碧 庚寅	3月27日 八白 己未	2月27日 五黄 己丑	1月25日 一白 戊午	12月27日 九紫 庚寅	11月25日 五黄 己未	1
4月30日 四緑 辛卯	3月28日 九紫 庚申	2月28日 六白 庚寅	1月26日 二黒 己未	12月28日 一白 辛卯	11月26日 四緑 庚申	2
5月1日 五黄 壬辰	3月29日 一白 辛酉	2月29日 七赤 辛卯	1月27日 三碧 庚申	12月29日 二黒 壬辰	11月27日 三碧 辛酉	3
5月2日 六白 癸巳	4月1日 二黒 壬戌	2月30日 八白 壬辰	1月28日 四緑 辛酉	12月30日 三碧 癸巳	11月28日 二黒 壬戌	4
5月3日 七赤 甲午	4月2日 三碧 癸亥	3月1日 九紫 癸巳	1月29日 五黄 壬戌	1月1日 四緑 甲午	11月29日 一白 癸亥	5
5月4日 八白 乙未	4月3日 四緑 甲子	3月2日 一白 甲午	2月1日 六白 癸亥	1月2日 五黄 乙未	12月1日 一白 甲子	6
5月5日 九紫 丙申	4月4日 五黄 乙丑	3月3日 二黒 乙未	2月2日 七赤 甲子	1月3日 六白 丙申	12月2日 二黒 乙丑	7
5月6日 一白 丁酉	4月5日 六白 丙寅	3月4日 三碧 丙申	2月3日 八白 乙丑	1月4日 七赤 丁酉	12月3日 三碧 丙寅	8
5月7日 二黒 戊戌	4月6日 七赤 丁卯	3月5日 四緑 丁酉	2月4日 九紫 丙寅	1月5日 八白 戊戌	12月4日 四緑 丁卯	9
5月8日 三碧 己亥	4月7日 八白 戊辰	3月6日 五黄 戊戌	2月5日 一白 丁卯	1月6日 九紫 己亥	12月5日 五黄 戊辰	10
5月9日 四緑 庚子	4月8日 九紫 己巳	3月7日 六白 己亥	2月6日 二黒 戊辰	1月7日 一白 庚子	12月6日 六白 己巳	11
5月10日 五黄 辛丑	4月9日 一白 庚午	3月8日 七赤 庚子	2月7日 三碧 己巳	1月8日 二黒 辛丑	12月7日 七赤 庚午	12
5月11日 六白 壬寅	4月10日 二黒 辛未	3月9日 八白 辛丑	2月8日 四緑 庚午	1月9日 三碧 壬寅	12月8日 八白 辛未	13
5月12日 七赤 癸卯	4月11日 三碧 壬申	3月10日 九紫 壬寅	2月9日 五黄 辛未	1月10日 四緑 癸卯	12月9日 九紫 壬申	14
5月13日 八白 甲辰	4月12日 四緑 癸酉	3月11日 一白 癸卯	2月10日 六白 壬申	1月11日 五黄 甲辰	12月10日 一白 癸酉	15
5月14日 九紫 乙巳	4月13日 五黄 甲戌	3月12日 二黒 甲辰	2月11日 七赤 癸酉	1月12日 六白 乙巳	12月11日 二黒 甲戌	16
5月15日 一白 丙午	4月14日 六白 乙亥	3月13日 三碧 乙巳	2月12日 八白 甲戌	1月13日 七赤 丙午	12月12日 三碧 乙亥	17
5月16日 二黒 丁未	4月15日 七赤 丙子	3月14日 四緑 丙午	2月13日 九紫 乙亥	1月14日 八白 丁未	12月13日 四緑 丙子	18
5月17日 三碧 戊申	4月16日 八白 丁丑	3月15日 五黄 丁未	2月14日 一白 丙子	1月15日 九紫 戊申	12月14日 五黄 丁丑	19
5月18日 四緑 己酉	4月17日 九紫 戊寅	3月16日 六白 戊申	2月15日 二黒 丁丑	1月16日 一白 己酉	12月15日 六白 戊寅	20
5月19日 五黄 庚戌	4月18日 一白 己卯	3月17日 七赤 己酉	2月16日 三碧 戊寅	1月17日 二黒 庚戌	12月16日 七赤 己卯	21
5月20日 六白 辛亥	4月19日 二黒 庚辰	3月18日 八白 庚戌	2月17日 四緑 己卯	1月18日 三碧 辛亥	12月17日 八白 庚辰	22
5月21日 七赤 壬子	4月20日 三碧 辛巳	3月19日 九紫 辛亥	2月18日 五黄 庚辰	1月19日 四緑 壬子	12月18日 九紫 辛巳	23
5月22日 八白 癸丑	4月21日 四緑 壬午	3月20日 一白 壬子	2月19日 六白 辛巳	1月20日 五黄 癸丑	12月19日 一白 壬午	24
5月23日 九紫 甲寅	4月22日 五黄 癸未	3月21日 二黒 癸丑	2月20日 七赤 壬午	1月21日 六白 甲寅	12月20日 二黒 癸未	25
5月24日 一白 乙卯	4月23日 六白 甲申	3月22日 三碧 甲寅	2月21日 八白 癸未	1月22日 七赤 乙卯	12月21日 三碧 甲申	26
5月25日 二黒 丙辰	4月24日 七赤 乙酉	3月23日 四緑 乙卯	2月22日 九紫 甲申	1月23日 八白 丙辰	12月22日 四緑 乙酉	27
5月26日 三碧 丁巳	4月25日 八白 丙戌	3月24日 五黄 丙辰	2月23日 一白 乙酉	1月24日 九紫 丁巳	12月23日 五黄 丙戌	28
5月27日 四緑 戊午	4月26日 九紫 丁亥	3月25日 六白 丁巳	2月24日 二黒 丙戌		12月24日 六白 丁亥	29
5月28日 五黄 己未	4月27日 一白 戊子	3月26日 七赤 戊午	2月25日 三碧 丁亥		12月25日 七赤 戊子	30
	4月28日 二黒 己丑		2月26日 四緑 戊子		12月26日 八白 己丑	31

昭和18年		1943年		癸未年		三碧木星					
12月甲子		11月癸亥		10月壬戌		9月辛酉		8月庚申		7月己未	
8日 08：32		8日 15：58		9日 13：10		8日 21：56		8日 19：19		8日 09：38	
23日 02：28		23日 13：20		24日 16：08		24日 07：12		24日 09：55		24日 03：04	
四緑木星		五黄土星		六白金星		七赤金星		八白土星		九紫火星	

1	11月4日	四緑	癸巳	10月4日	七赤	癸亥	9月3日	二黒	壬辰	8月2日	五黄	壬戌	7月1日	九紫	辛卯	5月29日	六白	庚寅
2	11月5日	三碧	甲午	10月5日	六白	甲子	9月4日	一白	癸巳	8月3日	四緑	癸亥	7月2日	八白	壬辰	6月1日	七赤	辛卯
3	11月6日	二黒	乙未	10月6日	五黄	乙丑	9月5日	九紫	甲午	8月4日	三碧	甲子	7月3日	七赤	癸巳	6月2日	八白	壬辰
4	11月7日	一白	丙申	10月7日	四緑	丙寅	9月6日	八白	乙未	8月5日	二黒	乙丑	7月4日	六白	甲午	6月3日	九紫	癸巳
5	11月8日	九紫	丁酉	10月8日	三碧	丁卯	9月7日	七赤	丙申	8月6日	一白	丙寅	7月5日	五黄	乙未	6月4日	九紫	甲午
6	11月9日	八白	戊戌	10月9日	二黒	戊辰	9月8日	六白	丁酉	8月7日	九紫	丁卯	7月6日	四緑	丙申	6月5日	八白	乙未
7	11月10日	七赤	己亥	10月10日	一白	己巳	9月9日	五黄	戊戌	8月8日	八白	戊辰	7月7日	三碧	丁酉	6月6日	七赤	丙申
8	11月11日	六白	庚子	10月11日	九紫	庚午	9月10日	四緑	己亥	8月9日	七赤	己巳	7月8日	二黒	戊戌	6月7日	六白	丁酉
9	11月12日	五黄	辛丑	10月12日	八白	辛未	9月11日	三碧	庚子	8月10日	六白	庚午	7月9日	一白	己亥	6月8日	五黄	戊戌
10	11月13日	四緑	壬寅	10月13日	七赤	壬申	9月12日	二黒	辛丑	8月11日	五黄	辛未	7月10日	九紫	庚子	6月9日	四緑	己亥
11	11月14日	三碧	癸卯	10月14日	六白	癸酉	9月13日	一白	壬寅	8月12日	四緑	壬申	7月11日	八白	辛丑	6月10日	三碧	庚子
12	11月15日	二黒	甲辰	10月15日	五黄	甲戌	9月14日	九紫	癸卯	8月13日	三碧	癸酉	7月12日	七赤	壬寅	6月11日	二黒	辛丑
13	11月16日	一白	乙巳	10月16日	四緑	乙亥	9月15日	八白	甲辰	8月14日	二黒	甲戌	7月13日	六白	癸卯	6月12日	一白	壬寅
14	11月17日	九紫	丙午	10月17日	三碧	丙子	9月16日	七赤	乙巳	8月15日	一白	乙亥	7月14日	五黄	甲辰	6月13日	九紫	癸卯
15	11月18日	八白	丁未	10月18日	二黒	丁丑	9月17日	六白	丙午	8月16日	九紫	丙子	7月15日	四緑	乙巳	6月14日	八白	甲辰
16	11月19日	七赤	戊申	10月19日	一白	戊寅	9月18日	五黄	丁未	8月17日	八白	丁丑	7月16日	三碧	丙午	6月15日	七赤	乙巳
17	11月20日	六白	己酉	10月20日	九紫	己卯	9月19日	四緑	戊申	8月18日	七赤	戊寅	7月17日	二黒	丁未	6月16日	六白	丙午
18	11月21日	五黄	庚戌	10月21日	八白	庚辰	9月20日	三碧	己酉	8月19日	六白	己卯	7月18日	一白	戊申	6月17日	五黄	丁未
19	11月22日	四緑	辛亥	10月22日	七赤	辛巳	9月21日	二黒	庚戌	8月20日	五黄	庚辰	7月19日	九紫	己酉	6月18日	四緑	戊申
20	11月23日	三碧	壬子	10月23日	六白	壬午	9月22日	一白	辛亥	8月21日	四緑	辛巳	7月20日	八白	庚戌	6月19日	三碧	己酉
21	11月24日	二黒	癸丑	10月24日	五黄	癸未	9月23日	九紫	壬子	8月22日	三碧	壬午	7月21日	七赤	辛亥	6月20日	二黒	庚戌
22	11月25日	一白	甲寅	10月25日	四緑	甲申	9月24日	八白	癸丑	8月23日	二黒	癸未	7月22日	六白	壬子	6月21日	一白	辛亥
23	11月26日	九紫	乙卯	10月26日	三碧	乙酉	9月25日	七赤	甲寅	8月24日	一白	甲申	7月23日	五黄	癸丑	6月22日	九紫	壬子
24	11月27日	八白	丙辰	10月27日	二黒	丙戌	9月26日	六白	乙卯	8月25日	九紫	乙酉	7月24日	四緑	甲寅	6月23日	八白	癸丑
25	11月28日	七赤	丁巳	10月28日	一白	丁亥	9月27日	五黄	丙辰	8月26日	八白	丙戌	7月25日	三碧	乙卯	6月24日	七赤	甲寅
26	11月29日	六白	戊午	10月29日	九紫	戊子	9月28日	四緑	丁巳	8月27日	七赤	丁亥	7月26日	二黒	丙辰	6月25日	六白	乙卯
27	12月1日	五黄	己未	10月30日	八白	己丑	9月29日	三碧	戊午	8月28日	六白	戊子	7月27日	一白	丁巳	6月26日	五黄	丙辰
28	12月2日	四緑	庚申	11月1日	七赤	庚寅	9月30日	二黒	己未	8月29日	五黄	己丑	7月28日	九紫	戊午	6月27日	四緑	丁巳
29	12月3日	三碧	辛酉	11月2日	六白	辛卯	10月1日	一白	庚申	9月1日	四緑	庚寅	7月29日	八白	己未	6月28日	三碧	戊午
30	12月4日	二黒	壬戌	11月3日	五黄	壬辰	10月2日	九紫	辛酉	9月2日	三碧	辛卯	7月30日	七赤	庚申	6月29日	二黒	己未
31	12月5日	一白	癸亥				10月3日	八白	壬戌				8月1日	六白	辛酉	6月30日	一白	庚申

6月庚午		5月己巳		4月戊辰		3月丁卯		2月丙寅		1月乙丑		
6日 05：10		6日 00：38		5日 06：54		6日 01：41		5日 07：23		6日 19：39		
21日 22：01		21日 13：49		20日 14：17		21日 02：49		20日 03：28		21日 13：07		
七赤金星		八白土星		九紫火星		一白水星		二黒土星		三碧木星		
閏4月11日	九紫	丙申	4月9日	五黄	乙丑	3月9日	二黒	乙未	2月7日	七赤	甲子	1月7日	五黄	乙未	12月6日	一白	甲子	1
閏4月12日	一白	丁酉	4月10日	六白	丙寅	3月10日	三碧	丙申	2月8日	八白	乙丑	1月8日	六白	丙申	12月7日	二黒	乙丑	2
閏4月13日	二黒	戊戌	4月11日	七赤	丁卯	3月11日	四緑	丁酉	2月9日	九紫	丙寅	1月9日	七赤	丁酉	12月8日	三碧	丙寅	3
閏4月14日	三碧	己亥	4月12日	八白	戊辰	3月12日	五黄	戊戌	2月10日	一白	丁卯	1月10日	八白	戊戌	12月9日	四緑	丁卯	4
閏4月15日	四緑	庚子	4月13日	九紫	己巳	3月13日	六白	己亥	2月11日	二黒	戊辰	1月11日	九紫	己亥	12月10日	五黄	戊辰	5
閏4月16日	五黄	辛丑	4月14日	一白	庚午	3月14日	七赤	庚子	2月12日	三碧	己巳	1月12日	一白	庚子	12月11日	六白	己巳	6
閏4月17日	六白	壬寅	4月15日	二黒	辛未	3月15日	八白	辛丑	2月13日	四緑	庚午	1月13日	二黒	辛丑	12月12日	七赤	庚午	7
閏4月18日	七赤	癸卯	4月16日	三碧	壬申	3月16日	九紫	壬寅	2月14日	五黄	辛未	1月14日	三碧	壬寅	12月13日	八白	辛未	8
閏4月19日	八白	甲辰	4月17日	四緑	癸酉	3月17日	一白	癸卯	2月15日	六白	壬申	1月15日	四緑	癸卯	12月14日	九紫	壬申	9
閏4月20日	九紫	乙巳	4月18日	五黄	甲戌	3月18日	二黒	甲辰	2月16日	七赤	癸酉	1月16日	五黄	甲辰	12月15日	一白	癸酉	10
閏4月21日	一白	丙午	4月19日	六白	乙亥	3月19日	三碧	乙巳	2月17日	八白	甲戌	1月17日	六白	乙巳	12月16日	二黒	甲戌	11
閏4月22日	二黒	丁未	4月20日	七赤	丙子	3月20日	四緑	丙午	2月18日	九紫	乙亥	1月18日	七赤	丙午	12月17日	三碧	乙亥	12
閏4月23日	三碧	戊申	4月21日	八白	丁丑	3月21日	五黄	丁未	2月19日	一白	丙子	1月19日	八白	丁未	12月18日	四緑	丙子	13
閏4月24日	四緑	己酉	4月22日	九紫	戊寅	3月22日	六白	戊申	2月20日	二黒	丁丑	1月20日	九紫	戊申	12月19日	五黄	丁丑	14
閏4月25日	五黄	庚戌	4月23日	一白	己卯	3月23日	七赤	己酉	2月21日	三碧	戊寅	1月21日	一白	己酉	12月20日	六白	戊寅	15
閏4月26日	六白	辛亥	4月24日	二黒	庚辰	3月24日	八白	庚戌	2月22日	四緑	己卯	1月22日	二黒	庚戌	12月21日	七赤	己卯	16
閏4月27日	七赤	壬子	4月25日	三碧	辛巳	3月25日	九紫	辛亥	2月23日	五黄	庚辰	1月23日	三碧	辛亥	12月22日	八白	庚辰	17
閏4月28日	八白	癸丑	4月26日	四緑	壬午	3月26日	一白	壬子	2月24日	六白	辛巳	1月24日	四緑	壬子	12月23日	九紫	辛巳	18
閏4月29日	九紫	甲寅	4月27日	五黄	癸未	3月27日	二黒	癸丑	2月25日	七赤	壬午	1月25日	五黄	癸丑	12月24日	一白	壬午	19
閏4月30日	一白	乙卯	4月28日	六白	甲申	3月28日	三碧	甲寅	2月26日	八白	癸未	1月26日	六白	甲寅	12月25日	二黒	癸未	20
5月1日	二黒	丙辰	4月29日	七赤	乙酉	3月29日	四緑	乙卯	2月27日	九紫	甲申	1月27日	七赤	乙卯	12月26日	三碧	甲申	21
5月2日	三碧	丁巳	閏4月1日	八白	丙戌	3月30日	五黄	丙辰	2月28日	一白	乙酉	1月28日	八白	丙辰	12月27日	四緑	乙酉	22
5月3日	四緑	戊午	閏4月2日	九紫	丁亥	4月1日	六白	丁巳	2月29日	二黒	丙戌	1月29日	九紫	丁巳	12月28日	五黄	丙戌	23
5月4日	五黄	己未	閏4月3日	一白	戊子	4月2日	七赤	戊午	3月1日	三碧	丁亥	2月1日	一白	戊午	12月29日	六白	丁亥	24
5月5日	六白	庚申	閏4月4日	二黒	己丑	4月3日	八白	己未	3月2日	四緑	戊子	2月2日	二黒	己未	12月30日	七赤	戊子	25
5月6日	七赤	辛酉	閏4月5日	三碧	庚寅	4月4日	九紫	庚申	3月3日	五黄	己丑	2月3日	三碧	庚申	1月1日	八白	己丑	26
5月7日	八白	壬戌	閏4月6日	四緑	辛卯	4月5日	一白	辛酉	3月4日	六白	庚寅	2月4日	四緑	辛酉	1月2日	九紫	庚寅	27
5月8日	九紫	癸亥	閏4月7日	五黄	壬辰	4月6日	二黒	壬戌	3月5日	七赤	辛卯	2月5日	五黄	壬戌	1月3日	一白	辛卯	28
5月9日	九紫	甲子	閏4月8日	六白	癸巳	4月7日	三碧	癸亥	3月6日	八白	壬辰	2月6日	六白	癸亥	1月4日	二黒	壬辰	29
5月10日	八白	乙丑	閏4月9日	七赤	甲午	4月8日	四緑	甲子	3月7日	九紫	癸巳				1月5日	三碧	癸巳	30
			閏4月10日	八白	乙未				3月8日	一白	甲午				1月6日	四緑	甲午	31

42

昭和19年		1944年		甲申年		二黒土星					
12月丙子		11月乙亥		10月甲戌		9月癸酉		8月壬申		7月辛未	
7日 14：27		7日 21：54		8日 19：08		8日 03：56		8日 01：19		7日 15：36	
22日 08：14		22日 19：06		23日 21：55		23日 13：02		23日 15：47		23日 08：56	
一白水星		二黒土星		三碧木星		四緑木星		五黄土星		六白金星	
1	10月16日	七赤	己亥	9月16日	一白	己巳	8月15日	五黄	戊戌	7月14日	八白	戊辰	6月13日	三碧	丁酉	5月11日	七赤	丙寅
2	10月17日	六白	庚子	9月17日	九紫	庚午	8月16日	四緑	己亥	7月15日	七赤	己巳	6月14日	二黒	戊戌	5月12日	六白	丁卯
3	10月18日	五黄	辛丑	9月18日	八白	辛未	8月17日	三碧	庚子	7月16日	六白	庚午	6月15日	一白	己亥	5月13日	五黄	戊辰
4	10月19日	四緑	壬寅	9月19日	七赤	壬申	8月18日	二黒	辛丑	7月17日	五黄	辛未	6月16日	九紫	庚子	5月14日	四緑	己巳
5	10月20日	三碧	癸卯	9月20日	六白	癸酉	8月19日	一白	壬寅	7月18日	四緑	壬申	6月17日	八白	辛丑	5月15日	三碧	庚午
6	10月21日	二黒	甲辰	9月21日	五黄	甲戌	8月20日	九紫	癸卯	7月19日	三碧	癸酉	6月18日	七赤	壬寅	5月16日	二黒	辛未
7	10月22日	一白	乙巳	9月22日	四緑	乙亥	8月21日	八白	甲辰	7月20日	二黒	甲戌	6月19日	六白	癸卯	5月17日	一白	壬申
8	10月23日	九紫	丙午	9月23日	三碧	丙子	8月22日	七赤	乙巳	7月21日	一白	乙亥	6月20日	五黄	甲辰	5月18日	九紫	癸酉
9	10月24日	八白	丁未	9月24日	二黒	丁丑	8月23日	六白	丙午	7月22日	九紫	丙子	6月21日	四緑	乙巳	5月19日	八白	甲戌
10	10月25日	七赤	戊申	9月25日	一白	戊寅	8月24日	五黄	丁未	7月23日	八白	丁丑	6月22日	三碧	丙午	5月20日	七赤	乙亥
11	10月26日	六白	己酉	9月26日	九紫	己卯	8月25日	四緑	戊申	7月24日	七赤	戊寅	6月23日	二黒	丁未	5月21日	六白	丙子
12	10月27日	五黄	庚戌	9月27日	八白	庚辰	8月26日	三碧	己酉	7月25日	六白	己卯	6月24日	一白	戊申	5月22日	五黄	丁丑
13	10月28日	四緑	辛亥	9月28日	七赤	辛巳	8月27日	二黒	庚戌	7月26日	五黄	庚辰	6月25日	九紫	己酉	5月23日	四緑	戊寅
14	10月29日	三碧	壬子	9月29日	六白	壬午	8月28日	一白	辛亥	7月27日	四緑	辛巳	6月26日	八白	庚戌	5月24日	三碧	己卯
15	11月1日	二黒	癸丑	9月30日	五黄	癸未	8月29日	九紫	壬子	7月28日	三碧	壬午	6月27日	七赤	辛亥	5月25日	二黒	庚辰
16	11月2日	一白	甲寅	10月1日	四緑	甲申	8月30日	八白	癸丑	7月29日	二黒	癸未	6月28日	六白	壬子	5月26日	一白	辛巳
17	11月3日	九紫	乙卯	10月2日	三碧	乙酉	9月1日	七赤	甲寅	8月1日	一白	甲申	6月29日	五黄	癸丑	5月27日	九紫	壬午
18	11月4日	八白	丙辰	10月3日	二黒	丙戌	9月2日	六白	乙卯	8月2日	九紫	乙酉	6月30日	四緑	甲寅	5月28日	八白	癸未
19	11月5日	七赤	丁巳	10月4日	一白	丁亥	9月3日	五黄	丙辰	8月3日	八白	丙戌	7月1日	三碧	乙卯	5月29日	七赤	甲申
20	11月6日	六白	戊午	10月5日	九紫	戊子	9月4日	四緑	丁巳	8月4日	七赤	丁亥	7月2日	二黒	丙辰	6月1日	六白	乙酉
21	11月7日	五黄	己未	10月6日	八白	己丑	9月5日	三碧	戊午	8月5日	六白	戊子	7月3日	一白	丁巳	6月2日	五黄	丙戌
22	11月8日	四緑	庚申	10月7日	七赤	庚寅	9月6日	二黒	己未	8月6日	五黄	己丑	7月4日	九紫	戊午	6月3日	四緑	丁亥
23	11月9日	三碧	辛酉	10月8日	六白	辛卯	9月7日	一白	庚申	8月7日	四緑	庚寅	7月5日	八白	己未	6月4日	三碧	戊子
24	11月10日	二黒	壬戌	10月9日	五黄	壬辰	9月8日	九紫	辛酉	8月8日	三碧	辛卯	7月6日	七赤	庚申	6月5日	二黒	己丑
25	11月11日	一白	癸亥	10月10日	四緑	癸巳	9月9日	八白	壬戌	8月9日	二黒	壬辰	7月7日	六白	辛酉	6月6日	一白	庚寅
26	11月12日	一白	甲子	10月11日	三碧	甲午	9月10日	七赤	癸亥	8月10日	一白	癸巳	7月8日	五黄	壬戌	6月7日	九紫	辛卯
27	11月13日	二黒	乙丑	10月12日	二黒	乙未	9月11日	六白	甲子	8月11日	九紫	甲午	7月9日	四緑	癸亥	6月8日	八白	壬辰
28	11月14日	三碧	丙寅	10月13日	一白	丙申	9月12日	五黄	乙丑	8月12日	八白	乙未	7月10日	三碧	甲子	6月9日	七赤	癸巳
29	11月15日	四緑	丁卯	10月14日	九紫	丁酉	9月13日	四緑	丙寅	8月13日	七赤	丙申	7月11日	二黒	乙丑	6月10日	六白	甲午
30	11月16日	五黄	戊辰	10月15日	八白	戊戌	9月14日	三碧	丁卯	8月14日	六白	丁酉	7月12日	一白	丙寅	6月11日	五黄	乙未
31	11月17日	六白	己巳				9月15日	二黒	戊辰				7月13日	九紫	丁卯	6月12日	四緑	丙申

6月壬午			5月辛巳			4月庚辰			3月己卯			2月戊寅			1月丁丑			
6日 11：04			6日 06：35			5日 12：51			6日 07：38			4日 13：20			6日 01：34			
22日 03：51			21日 19：39			20日 20：06			21日 08：37			19日 09：15			20日 18：54			
四緑木星			五黄土星			六白金星			七赤金星			八白土星			九紫火星			
4月21日	五黄	辛丑	3月20日	一白	庚午	2月19日	七赤	庚子	1月17日	三碧	己巳	12月19日	二黒	辛丑	11月18日	七赤	庚午	1
4月22日	六白	壬寅	3月21日	二黒	辛未	2月20日	八白	辛丑	1月18日	四緑	庚午	12月20日	三碧	壬寅	11月19日	八白	辛未	2
4月23日	七赤	癸卯	3月22日	三碧	壬申	2月21日	九紫	壬寅	1月19日	五黄	辛未	12月21日	四緑	癸卯	11月20日	九紫	壬申	3
4月24日	八白	甲辰	3月23日	四緑	癸酉	2月22日	一白	癸卯	1月20日	六白	壬申	12月22日	五黄	甲辰	11月21日	一白	癸酉	4
4月25日	九紫	乙巳	3月24日	五黄	甲戌	2月23日	二黒	甲辰	1月21日	七赤	癸酉	12月23日	六白	乙巳	11月22日	二黒	甲戌	5
4月26日	一白	丙午	3月25日	六白	乙亥	2月24日	三碧	乙巳	1月22日	八白	甲戌	12月24日	七赤	丙午	11月23日	三碧	乙亥	6
4月27日	二黒	丁未	3月26日	七赤	丙子	2月25日	四緑	丙午	1月23日	九紫	乙亥	12月25日	八白	丁未	11月24日	四緑	丙子	7
4月28日	三碧	戊申	3月27日	八白	丁丑	2月26日	五黄	丁未	1月24日	一白	丙子	12月26日	九紫	戊申	11月25日	五黄	丁丑	8
4月29日	四緑	己酉	3月28日	九紫	戊寅	2月27日	六白	戊申	1月25日	二黒	丁丑	12月27日	一白	己酉	11月26日	六白	戊寅	9
5月1日	五黄	庚戌	3月29日	一白	己卯	2月28日	七赤	己酉	1月26日	三碧	戊寅	12月28日	二黒	庚戌	11月27日	七赤	己卯	10
5月2日	六白	辛亥	3月30日	二黒	庚辰	2月29日	八白	庚戌	1月27日	四緑	己卯	12月29日	三碧	辛亥	11月28日	八白	庚辰	11
5月3日	七赤	壬子	4月1日	三碧	辛巳	3月1日	九紫	辛亥	1月28日	五黄	庚辰	12月30日	四緑	壬子	11月29日	九紫	辛巳	12
5月4日	八白	癸丑	4月2日	四緑	壬午	3月2日	一白	壬子	1月29日	六白	辛巳	1月1日	五黄	癸丑	11月30日	一白	壬午	13
5月5日	九紫	甲寅	4月3日	五黄	癸未	3月3日	二黒	癸丑	2月1日	七赤	壬午	1月2日	六白	甲寅	12月1日	二黒	癸未	14
5月6日	一白	乙卯	4月4日	六白	甲申	3月4日	三碧	甲寅	2月2日	八白	癸未	1月3日	七赤	乙卯	12月2日	三碧	甲申	15
5月7日	二黒	丙辰	4月5日	七赤	乙酉	3月5日	四緑	乙卯	2月3日	九紫	甲申	1月4日	八白	丙辰	12月3日	四緑	乙酉	16
5月8日	三碧	丁巳	4月6日	八白	丙戌	3月6日	五黄	丙辰	2月4日	一白	乙酉	1月5日	九紫	丁巳	12月4日	五黄	丙戌	17
5月9日	四緑	戊午	4月7日	九紫	丁亥	3月7日	六白	丁巳	2月5日	二黒	丙戌	1月6日	一白	戊午	12月5日	六白	丁亥	18
5月10日	五黄	己未	4月8日	一白	戊子	3月8日	七赤	戊午	2月6日	三碧	丁亥	1月7日	二黒	己未	12月6日	七赤	戊子	19
5月11日	六白	庚申	4月9日	二黒	己丑	3月9日	八白	己未	2月7日	四緑	戊子	1月8日	三碧	庚申	12月7日	八白	己丑	20
5月12日	七赤	辛酉	4月10日	三碧	庚寅	3月10日	九紫	庚申	2月8日	五黄	己丑	1月9日	四緑	辛酉	12月8日	九紫	庚寅	21
5月13日	八白	壬戌	4月11日	四緑	辛卯	3月11日	一白	辛酉	2月9日	六白	庚寅	1月10日	五黄	壬戌	12月9日	一白	辛卯	22
5月14日	九紫	癸亥	4月12日	五黄	壬辰	3月12日	二黒	壬戌	2月10日	七赤	辛卯	1月11日	六白	癸亥	12月10日	二黒	壬辰	23
5月15日	九紫	甲子	4月13日	六白	癸巳	3月13日	三碧	癸亥	2月11日	八白	壬辰	1月12日	七赤	甲子	12月11日	三碧	癸巳	24
5月16日	八白	乙丑	4月14日	七赤	甲午	3月14日	四緑	甲子	2月12日	九紫	癸巳	1月13日	八白	乙丑	12月12日	四緑	甲午	25
5月17日	七赤	丙寅	4月15日	八白	乙未	3月15日	五黄	乙丑	2月13日	一白	甲午	1月14日	九紫	丙寅	12月13日	五黄	乙未	26
5月18日	六白	丁卯	4月16日	九紫	丙申	3月16日	六白	丙寅	2月14日	二黒	乙未	1月15日	一白	丁卯	12月14日	六白	丙申	27
5月19日	五黄	戊辰	4月17日	一白	丁酉	3月17日	七赤	丁卯	2月15日	三碧	丙申	1月16日	二黒	戊辰	12月15日	七赤	丁酉	28
5月20日	四緑	己巳	4月18日	二黒	戊戌	3月18日	八白	戊辰	2月16日	四緑	丁酉				12月16日	八白	戊戌	29
5月21日	三碧	庚午	4月19日	三碧	己亥	3月19日	九紫	己巳	2月17日	五黄	戊戌				12月17日	九紫	己亥	30
			4月20日	四緑	庚子				2月18日	六白	己亥				12月18日	一白	庚子	31

	昭和20年			1945年			乙酉年			一白水星							
	12月戊子			11月丁亥			10月丙戌			9月乙酉			8月甲申			7月癸未		
	7日 20:07			8日 03:33			9日 00:48			8日 09:38			8日 07:06			7日 21:27		
	22日 14:03			23日 00:54			24日 03:42			23日 18:49			23日 21:36			23日 14:46		
	七赤金星			八白土星			九紫火星			一白水星			二黒土星			三碧木星		
1	10月27日	二黒	甲辰	9月27日	五黄	甲戌	8月26日	九紫	癸卯	7月25日	三碧	癸酉	6月24日	七赤	壬寅	5月22日	二黒	辛丑
2	10月28日	一白	乙巳	9月28日	四緑	乙亥	8月27日	八白	甲辰	7月26日	二黒	甲戌	6月25日	六白	癸卯	5月23日	一白	壬寅
3	10月29日	九紫	丙午	9月29日	三碧	丙子	8月28日	七赤	乙巳	7月27日	一白	乙亥	6月26日	五黄	甲辰	5月24日	九紫	癸卯
4	10月30日	八白	丁未	9月30日	二黒	丁丑	8月29日	六白	丙午	7月28日	九紫	丙子	6月27日	四緑	乙巳	5月25日	八白	甲辰
5	11月1日	七赤	戊申	10月1日	一白	戊寅	8月30日	五黄	丁未	7月29日	八白	丁丑	6月28日	三碧	丙午	5月26日	七赤	乙巳
6	11月2日	六白	己酉	10月2日	九紫	己卯	9月1日	四緑	戊申	8月1日	七赤	戊寅	6月29日	二黒	丁未	5月27日	六白	丙午
7	11月3日	五黄	庚戌	10月3日	八白	庚辰	9月2日	三碧	己酉	8月2日	六白	己卯	6月30日	一白	戊申	5月28日	五黄	丁未
8	11月4日	四緑	辛亥	10月4日	七赤	辛巳	9月3日	二黒	庚戌	8月3日	五黄	庚辰	7月1日	九紫	己酉	5月29日	四緑	戊申
9	11月5日	三碧	壬子	10月5日	六白	壬午	9月4日	一白	辛亥	8月4日	四緑	辛巳	7月2日	八白	庚戌	6月1日	三碧	己酉
10	11月6日	二黒	癸丑	10月6日	五黄	癸未	9月5日	九紫	壬子	8月5日	三碧	壬午	7月3日	七赤	辛亥	6月2日	二黒	庚戌
11	11月7日	一白	甲寅	10月7日	四緑	甲申	9月6日	八白	癸丑	8月6日	二黒	癸未	7月4日	六白	壬子	6月3日	一白	辛亥
12	11月8日	九紫	乙卯	10月8日	三碧	乙酉	9月7日	七赤	甲寅	8月7日	一白	甲申	7月5日	五黄	癸丑	6月4日	九紫	壬子
13	11月9日	八白	丙辰	10月9日	二黒	丙戌	9月8日	六白	乙卯	8月8日	九紫	乙酉	7月6日	四緑	甲寅	6月5日	八白	癸丑
14	11月10日	七赤	丁巳	10月10日	一白	丁亥	9月9日	五黄	丙辰	8月9日	八白	丙戌	7月7日	三碧	乙卯	6月6日	七赤	甲寅
15	11月11日	六白	戊午	10月11日	九紫	戊子	9月10日	四緑	丁巳	8月10日	七赤	丁亥	7月8日	二黒	丙辰	6月7日	六白	乙卯
16	11月12日	五黄	己未	10月12日	八白	己丑	9月11日	三碧	戊午	8月11日	六白	戊子	7月9日	一白	丁巳	6月8日	五黄	丙辰
17	11月13日	四緑	庚申	10月13日	七赤	庚寅	9月12日	二黒	己未	8月12日	五黄	己丑	7月10日	九紫	戊午	6月9日	四緑	丁巳
18	11月14日	三碧	辛酉	10月14日	六白	辛卯	9月13日	一白	庚申	8月13日	四緑	庚寅	7月11日	八白	己未	6月10日	三碧	戊午
19	11月15日	二黒	壬戌	10月15日	五黄	壬辰	9月14日	九紫	辛酉	8月14日	三碧	辛卯	7月12日	七赤	庚申	6月11日	二黒	己未
20	11月16日	一白	癸亥	10月16日	四緑	癸巳	9月15日	八白	壬戌	8月15日	二黒	壬辰	7月13日	六白	辛酉	6月12日	一白	庚申
21	11月17日	一白	甲子	10月17日	三碧	甲午	9月16日	七赤	癸亥	8月16日	一白	癸巳	7月14日	五黄	壬戌	6月13日	九紫	辛酉
22	11月18日	二黒	乙丑	10月18日	二黒	乙未	9月17日	六白	甲子	8月17日	九紫	甲午	7月15日	四緑	癸亥	6月14日	八白	壬戌
23	11月19日	三碧	丙寅	10月19日	一白	丙申	9月18日	五黄	乙丑	8月18日	八白	乙未	7月16日	三碧	甲子	6月15日	七赤	癸亥
24	11月20日	四緑	丁卯	10月20日	九紫	丁酉	9月19日	四緑	丙寅	8月19日	七赤	丙申	7月17日	二黒	乙丑	6月16日	六白	甲子
25	11月21日	五黄	戊辰	10月21日	八白	戊戌	9月20日	三碧	丁卯	8月20日	六白	丁酉	7月18日	一白	丙寅	6月17日	五黄	乙丑
26	11月22日	六白	己巳	10月22日	七赤	己亥	9月21日	二黒	戊辰	8月21日	五黄	戊戌	7月19日	九紫	丁卯	6月18日	四緑	丙寅
27	11月23日	七赤	庚午	10月23日	六白	庚子	9月22日	一白	己巳	8月22日	四緑	己亥	7月20日	八白	戊辰	6月19日	三碧	丁卯
28	11月24日	八白	辛未	10月24日	五黄	辛丑	9月23日	九紫	庚午	8月23日	三碧	庚子	7月21日	七赤	己巳	6月20日	二黒	戊辰
29	11月25日	九紫	壬申	10月25日	四緑	壬寅	9月24日	八白	辛未	8月24日	二黒	辛丑	7月22日	六白	庚午	6月21日	一白	己巳
30	11月26日	一白	癸酉	10月26日	三碧	癸卯	9月25日	七赤	壬申	8月25日	一白	壬寅	7月23日	五黄	辛未	6月22日	九紫	庚午
31	11月27日	二黒	甲戌				9月26日	六白	癸酉				7月24日	四緑	壬申	6月23日	八白	辛未

6月甲午			5月癸巳			4月壬辰			3月辛卯			2月庚寅			1月己丑			
6日 16：48			6日 12：20			5日 18：38			6日 13：25			4日 19：05			6日 07：17			
22日 09：44			22日 01：33			21日 02：01			21日 14：32			19日 15：09			21日 00：45			
一白水星			二黒土星			三碧木星			四緑木星			五黄土星			六白金星			
5月2日	一白	丙午	4月1日	六白	乙亥	2月29日	三碧	乙巳	1月28日	八白	甲戌	12月30日	七赤	丙午	11月28日	三碧	乙亥	1
5月3日	二黒	丁未	4月2日	七赤	丙子	3月1日	四緑	丙午	1月29日	九紫	乙亥	1月1日	八白	丁未	11月29日	四緑	丙子	2
5月4日	三碧	戊申	4月3日	八白	丁丑	3月2日	五黄	丁未	1月30日	一白	丙子	1月2日	九紫	戊申	12月1日	五黄	丁丑	3
5月5日	四緑	己酉	4月4日	九紫	戊寅	3月3日	六白	戊申	2月1日	二黒	丁丑	1月3日	一白	己酉	12月2日	六白	戊寅	4
5月6日	五黄	庚戌	4月5日	一白	己卯	3月4日	七赤	己酉	2月2日	三碧	戊寅	1月4日	二黒	庚戌	12月3日	七赤	己卯	5
5月7日	六白	辛亥	4月6日	二黒	庚辰	3月5日	八白	庚戌	2月3日	四緑	己卯	1月5日	三碧	辛亥	12月4日	八白	庚辰	6
5月8日	七赤	壬子	4月7日	三碧	辛巳	3月6日	九紫	辛亥	2月4日	五黄	庚辰	1月6日	四緑	壬子	12月5日	九紫	辛巳	7
5月9日	八白	癸丑	4月8日	四緑	壬午	3月7日	一白	壬子	2月5日	六白	辛巳	1月7日	五黄	癸丑	12月6日	一白	壬午	8
5月10日	九紫	甲寅	4月9日	五黄	癸未	3月8日	二黒	癸丑	2月6日	七赤	壬午	1月8日	六白	甲寅	12月7日	二黒	癸未	9
5月11日	一白	乙卯	4月10日	六白	甲申	3月9日	三碧	甲寅	2月7日	八白	癸未	1月9日	七赤	乙卯	12月8日	三碧	甲申	10
5月12日	二黒	丙辰	4月11日	七赤	乙酉	3月10日	四緑	乙卯	2月8日	九紫	甲申	1月10日	八白	丙辰	12月9日	四緑	乙酉	11
5月13日	三碧	丁巳	4月12日	八白	丙戌	3月11日	五黄	丙辰	2月9日	一白	乙酉	1月11日	九紫	丁巳	12月10日	五黄	丙戌	12
5月14日	四緑	戊午	4月13日	九紫	丁亥	3月12日	六白	丁巳	2月10日	二黒	丙戌	1月12日	一白	戊午	12月11日	六白	丁亥	13
5月15日	五黄	己未	4月14日	一白	戊子	3月13日	七赤	戊午	2月11日	三碧	丁亥	1月13日	二黒	己未	12月12日	七赤	戊子	14
5月16日	六白	庚申	4月15日	二黒	己丑	3月14日	八白	己未	2月12日	四緑	戊子	1月14日	三碧	庚申	12月13日	八白	己丑	15
5月17日	七赤	辛酉	4月16日	三碧	庚寅	3月15日	九紫	庚申	2月13日	五黄	己丑	1月15日	四緑	辛酉	12月14日	九紫	庚寅	16
5月18日	八白	壬戌	4月17日	四緑	辛卯	3月16日	一白	辛酉	2月14日	六白	庚寅	1月16日	五黄	壬戌	12月15日	一白	辛卯	17
5月19日	九紫	癸亥	4月18日	五黄	壬辰	3月17日	二黒	壬戌	2月15日	七赤	辛卯	1月17日	六白	癸亥	12月16日	二黒	壬辰	18
5月20日	九紫	甲子	4月19日	六白	癸巳	3月18日	三碧	癸亥	2月16日	八白	壬辰	1月18日	七赤	甲子	12月17日	三碧	癸巳	19
5月21日	八白	乙丑	4月20日	七赤	甲午	3月19日	四緑	甲子	2月17日	九紫	癸巳	1月19日	八白	乙丑	12月18日	四緑	甲午	20
5月22日	七赤	丙寅	4月21日	八白	乙未	3月20日	五黄	乙丑	2月18日	一白	甲午	1月20日	九紫	丙寅	12月19日	五黄	乙未	21
5月23日	六白	丁卯	4月22日	九紫	丙申	3月21日	六白	丙寅	2月19日	二黒	乙未	1月21日	一白	丁卯	12月20日	六白	丙申	22
5月24日	五黄	戊辰	4月23日	一白	丁酉	3月22日	七赤	丁卯	2月20日	三碧	丙申	1月22日	二黒	戊辰	12月21日	七赤	丁酉	23
5月25日	四緑	己巳	4月24日	二黒	戊戌	3月23日	八白	戊辰	2月21日	四緑	丁酉	1月23日	三碧	己巳	12月22日	八白	戊戌	24
5月26日	三碧	庚午	4月25日	三碧	己亥	3月24日	九紫	己巳	2月22日	五黄	戊戌	1月24日	四緑	庚午	12月23日	九紫	己亥	25
5月27日	二黒	辛未	4月26日	四緑	庚子	3月25日	一白	庚午	2月23日	六白	己亥	1月25日	五黄	辛未	12月24日	一白	庚子	26
5月28日	一白	壬申	4月27日	五黄	辛丑	3月26日	二黒	辛未	2月24日	七赤	庚子	1月26日	六白	壬申	12月25日	二黒	辛丑	27
5月29日	九紫	癸酉	4月28日	六白	壬寅	3月27日	三碧	壬申	2月25日	八白	辛丑	1月27日	七赤	癸酉	12月26日	三碧	壬寅	28
6月1日	八白	甲戌	4月29日	七赤	癸卯	3月28日	四緑	癸酉	2月26日	九紫	壬寅				12月27日	四緑	癸卯	29
6月2日	七赤	乙亥	4月30日	八白	甲辰	3月29日	五黄	甲戌	2月27日	一白	癸卯				12月28日	五黄	甲辰	30
			5月1日	九紫	乙巳				2月28日	二黒	甲辰				12月29日	六白	乙巳	31

46

昭和21年		1946年		丙戌年		九紫火星					
12月庚子		11月己亥		10月戊戌		9月丁酉		8月丙申		7月乙未	
8日 02：00		8日 09：26		9日 06：40		8日 15：27		8日 12：52		8日 03：11	
22日 19：53		23日 06：45		24日 09：33		24日 00：40		24日 03：27		23日 20：38	
四緑木星		五黄土星		六白金星		七赤金星		八白土星		九紫火星	

1	11月8日	六白	己酉	10月8日	九紫	己卯	9月7日	四緑	戊申	8月6日	七赤	戊寅	7月5日	二黒	丁未	6月3日	六白	丙子
2	11月9日	五黄	庚戌	10月9日	八白	庚辰	9月8日	三碧	己酉	8月7日	六白	己卯	7月6日	一白	戊申	6月4日	五黄	丁丑
3	11月10日	四緑	辛亥	10月10日	七赤	辛巳	9月9日	二黒	庚戌	8月8日	五黄	庚辰	7月7日	九紫	己酉	6月5日	四緑	戊寅
4	11月11日	三碧	壬子	10月11日	六白	壬午	9月10日	一白	辛亥	8月9日	四緑	辛巳	7月8日	八白	庚戌	6月6日	三碧	己卯
5	11月12日	二黒	癸丑	10月12日	五黄	癸未	9月11日	九紫	壬子	8月10日	三碧	壬午	7月9日	七赤	辛亥	6月7日	二黒	庚辰
6	11月13日	一白	甲寅	10月13日	四緑	甲申	9月12日	八白	癸丑	8月11日	二黒	癸未	7月10日	六白	壬子	6月8日	一白	辛巳
7	11月14日	九紫	乙卯	10月14日	三碧	乙酉	9月13日	七赤	甲寅	8月12日	一白	甲申	7月11日	五黄	癸丑	6月9日	九紫	壬午
8	11月15日	八白	丙辰	10月15日	二黒	丙戌	9月14日	六白	乙卯	8月13日	九紫	乙酉	7月12日	四緑	甲寅	6月10日	八白	癸未
9	11月16日	七赤	丁巳	10月16日	一白	丁亥	9月15日	五黄	丙辰	8月14日	八白	丙戌	7月13日	三碧	乙卯	6月11日	七赤	甲申
10	11月17日	六白	戊午	10月17日	九紫	戊子	9月16日	四緑	丁巳	8月15日	七赤	丁亥	7月14日	二黒	丙辰	6月12日	六白	乙酉
11	11月18日	五黄	己未	10月18日	八白	己丑	9月17日	三碧	戊午	8月16日	六白	戊子	7月15日	一白	丁巳	6月13日	五黄	丙戌
12	11月19日	四緑	庚申	10月19日	七赤	庚寅	9月18日	二黒	己未	8月17日	五黄	己丑	7月16日	九紫	戊午	6月14日	四緑	丁亥
13	11月20日	三碧	辛酉	10月20日	六白	辛卯	9月19日	一白	庚申	8月18日	四緑	庚寅	7月17日	八白	己未	6月15日	三碧	戊子
14	11月21日	二黒	壬戌	10月21日	五黄	壬辰	9月20日	九紫	辛酉	8月19日	三碧	辛卯	7月18日	七赤	庚申	6月16日	二黒	己丑
15	11月22日	一白	癸亥	10月22日	四緑	癸巳	9月21日	八白	壬戌	8月20日	二黒	壬辰	7月19日	六白	辛酉	6月17日	一白	庚寅
16	11月23日	一白	甲子	10月23日	三碧	甲午	9月22日	七赤	癸亥	8月21日	一白	癸巳	7月20日	五黄	壬戌	6月18日	九紫	辛卯
17	11月24日	二黒	乙丑	10月24日	二黒	乙未	9月23日	六白	甲子	8月22日	九紫	甲午	7月21日	四緑	癸亥	6月19日	八白	壬辰
18	11月25日	三碧	丙寅	10月25日	一白	丙申	9月24日	五黄	乙丑	8月23日	八白	乙未	7月22日	三碧	甲子	6月20日	七赤	癸巳
19	11月26日	四緑	丁卯	10月26日	九紫	丁酉	9月25日	四緑	丙寅	8月24日	七赤	丙申	7月23日	二黒	乙丑	6月21日	六白	甲午
20	11月27日	五黄	戊辰	10月27日	八白	戊戌	9月26日	三碧	丁卯	8月25日	六白	丁酉	7月24日	一白	丙寅	6月22日	五黄	乙未
21	11月28日	六白	己巳	10月28日	七赤	己亥	9月27日	二黒	戊辰	8月26日	五黄	戊戌	7月25日	九紫	丁卯	6月23日	四緑	丙申
22	11月29日	七赤	庚午	10月29日	六白	庚子	9月28日	一白	己巳	8月27日	四緑	己亥	7月26日	八白	戊辰	6月24日	三碧	丁酉
23	12月1日	八白	辛未	10月30日	五黄	辛丑	9月29日	九紫	庚午	8月28日	三碧	庚子	7月27日	七赤	己巳	6月25日	二黒	戊戌
24	12月2日	九紫	壬申	11月1日	四緑	壬寅	9月30日	八白	辛未	8月29日	二黒	辛丑	7月28日	六白	庚午	6月26日	一白	己亥
25	12月3日	一白	癸酉	11月2日	三碧	癸卯	10月1日	七赤	壬申	9月1日	一白	壬寅	7月29日	五黄	辛未	6月27日	九紫	庚子
26	12月4日	二黒	甲戌	11月3日	二黒	甲辰	10月2日	六白	癸酉	9月2日	九紫	癸卯	7月30日	四緑	壬申	6月28日	八白	辛丑
27	12月5日	三碧	乙亥	11月4日	一白	乙巳	10月3日	五黄	甲戌	9月3日	八白	甲辰	8月1日	三碧	癸酉	6月29日	七赤	壬寅
28	12月6日	四緑	丙子	11月5日	九紫	丙午	10月4日	四緑	乙亥	9月4日	七赤	乙巳	8月2日	二黒	甲戌	7月1日	六白	癸卯
29	12月7日	五黄	丁丑	11月6日	八白	丁未	10月5日	三碧	丙子	9月5日	六白	丙午	8月3日	一白	乙亥	7月2日	五黄	甲辰
30	12月8日	六白	戊寅	11月7日	七赤	戊申	10月6日	二黒	丁丑	9月6日	五黄	丁未	8月4日	九紫	丙子	7月3日	四緑	乙巳
31	12月9日	七赤	己卯				10月7日	一白	戊寅				8月5日	八白	丁丑	7月4日	三碧	丙午

6月丙午			5月乙巳			4月甲辰			3月癸卯			2月壬寅			1月辛丑			
6日 22:31			6日 18:02			6日 00:19			6日 19:08			5日 00:51			6日 13:07			
22日 15:19			22日 07:08			21日 07:38			21日 20:12			19日 20:52			21日 06:32			
七赤金星			八白土星			九紫火星			一白水星			二黒土星			三碧木星			
4月13日	六白	辛亥	3月11日	二黒	庚辰	閏2月10日	八白	庚戌	2月9日	四緑	己卯	1月11日	三碧	辛亥	12月10日	八白	庚辰	1
4月14日	七赤	壬子	3月12日	三碧	辛巳	閏2月11日	九紫	辛亥	2月10日	五黄	庚辰	1月12日	四緑	壬子	12月11日	九紫	辛巳	2
4月15日	八白	癸丑	3月13日	四緑	壬午	閏2月12日	一白	壬子	2月11日	六白	辛巳	1月13日	五黄	癸丑	12月12日	一白	壬午	3
4月16日	九紫	甲寅	3月14日	五黄	癸未	閏2月13日	二黒	癸丑	2月12日	七赤	壬午	1月14日	六白	甲寅	12月13日	二黒	癸未	4
4月17日	一白	乙卯	3月15日	六白	甲申	閏2月14日	三碧	甲寅	2月13日	八白	癸未	1月15日	七赤	乙卯	12月14日	三碧	甲申	5
4月18日	二黒	丙辰	3月16日	七赤	乙酉	閏2月15日	四緑	乙卯	2月14日	九紫	甲申	1月16日	八白	丙辰	12月15日	四緑	乙酉	6
4月19日	三碧	丁巳	3月17日	八白	丙戌	閏2月16日	五黄	丙辰	2月15日	一白	乙酉	1月17日	九紫	丁巳	12月16日	五黄	丙戌	7
4月20日	四緑	戊午	3月18日	九紫	丁亥	閏2月17日	六白	丁巳	2月16日	二黒	丙戌	1月18日	一白	戊午	12月17日	六白	丁亥	8
4月21日	五黄	己未	3月19日	一白	戊子	閏2月18日	七赤	戊午	2月17日	三碧	丁亥	1月19日	二黒	己未	12月18日	七赤	戊子	9
4月22日	六白	庚申	3月20日	二黒	己丑	閏2月19日	八白	己未	2月18日	四緑	戊子	1月20日	三碧	庚申	12月19日	八白	己丑	10
4月23日	七赤	辛酉	3月21日	三碧	庚寅	閏2月20日	九紫	庚申	2月19日	五黄	己丑	1月21日	四緑	辛酉	12月20日	九紫	庚寅	11
4月24日	八白	壬戌	3月22日	四緑	辛卯	閏2月21日	一白	辛酉	2月20日	六白	庚寅	1月22日	五黄	壬戌	12月21日	一白	辛卯	12
4月25日	九紫	癸亥	3月23日	五黄	壬辰	閏2月22日	二黒	壬戌	2月21日	七赤	辛卯	1月23日	六白	癸亥	12月22日	二黒	壬辰	13
4月26日	九紫	甲子	3月24日	六白	癸巳	閏2月23日	三碧	癸亥	2月22日	八白	壬辰	1月24日	七赤	甲子	12月23日	三碧	癸巳	14
4月27日	八白	乙丑	3月25日	七赤	甲午	閏2月24日	四緑	甲子	2月23日	九紫	癸巳	1月25日	八白	乙丑	12月24日	四緑	甲午	15
4月28日	七赤	丙寅	3月26日	八白	乙未	閏2月25日	五黄	乙丑	2月24日	一白	甲午	1月26日	九紫	丙寅	12月25日	五黄	乙未	16
4月29日	六白	丁卯	3月27日	九紫	丙申	閏2月26日	六白	丙寅	2月25日	二黒	乙未	1月27日	一白	丁卯	12月26日	六白	丙申	17
4月30日	五黄	戊辰	3月28日	一白	丁酉	閏2月27日	七赤	丁卯	2月26日	三碧	丙申	1月28日	二黒	戊辰	12月27日	七赤	丁酉	18
5月1日	四緑	己巳	3月29日	二黒	戊戌	閏2月28日	八白	戊辰	2月27日	四緑	丁酉	1月29日	三碧	己巳	12月28日	八白	戊戌	19
5月2日	三碧	庚午	4月1日	三碧	己亥	閏2月29日	九紫	己巳	2月28日	五黄	戊戌	1月30日	四緑	庚午	12月29日	九紫	己亥	20
5月3日	二黒	辛未	4月2日	四緑	庚子	3月1日	一白	庚午	2月29日	六白	己亥	2月1日	五黄	辛未	12月30日	一白	庚子	21
5月4日	一白	壬申	4月3日	五黄	辛丑	3月2日	二黒	辛未	2月30日	七赤	庚子	2月2日	六白	壬申	1月1日	二黒	辛丑	22
5月5日	九紫	癸酉	4月4日	六白	壬寅	3月3日	三碧	壬申	閏2月1日	八白	辛丑	2月3日	七赤	癸酉	1月2日	三碧	壬寅	23
5月6日	八白	甲戌	4月5日	七赤	癸卯	3月4日	四緑	癸酉	閏2月2日	九紫	壬寅	2月4日	八白	甲戌	1月3日	四緑	癸卯	24
5月7日	七赤	乙亥	4月6日	八白	甲辰	3月5日	五黄	甲戌	閏2月3日	一白	癸卯	2月5日	九紫	乙亥	1月4日	五黄	甲辰	25
5月8日	六白	丙子	4月7日	九紫	乙巳	3月6日	六白	乙亥	閏2月4日	二黒	甲辰	2月6日	一白	丙子	1月5日	六白	乙巳	26
5月9日	五黄	丁丑	4月8日	一白	丙午	3月7日	七赤	丙子	閏2月5日	三碧	乙巳	2月7日	二黒	丁丑	1月6日	七赤	丙午	27
5月10日	四緑	戊寅	4月9日	二黒	丁未	3月8日	八白	丁丑	閏2月6日	四緑	丙午	2月8日	三碧	戊寅	1月7日	八白	丁未	28
5月11日	三碧	己卯	4月10日	三碧	戊申	3月9日	九紫	戊寅	閏2月7日	五黄	丁未				1月8日	九紫	戊申	29
5月12日	二黒	庚辰	4月11日	四緑	己酉	3月10日	一白	己卯	閏2月8日	六白	戊申				1月9日	一白	己酉	30
			4月12日	五黄	庚戌				閏2月9日	七赤	己酉				1月10日	二黒	庚戌	31

昭和22年			1947年			丁亥年			八白土星								
12月壬子			11月辛亥			10月庚戌			9月己酉			8月戊申			7月丁未		
8日 07：56			8日 15：24			9日 12：36			8日 21：21			8日 18：41			8日 08：56		
23日 01：43			23日 12：37			24日 15：25			24日 06：28			24日 09：09			24日 02：15		
一白水星			二黒土星			三碧木星			四緑木星			五黄土星			六白金星		
1	10月19日	一白	甲寅	9月19日	四緑	甲申	8月17日	八白	癸丑	7月17日	二黒	癸未	6月15日	六白	壬子	5月13日	一白	辛巳
2	10月20日	九紫	乙卯	9月20日	三碧	乙酉	8月18日	七赤	甲寅	7月18日	一白	甲申	6月16日	五黄	癸丑	5月14日	九紫	壬午
3	10月21日	八白	丙辰	9月21日	二黒	丙戌	8月19日	六白	乙卯	7月19日	九紫	乙酉	6月17日	四緑	甲寅	5月15日	八白	癸未
4	10月22日	七赤	丁巳	9月22日	一白	丁亥	8月20日	五黄	丙辰	7月20日	八白	丙戌	6月18日	三碧	乙卯	5月16日	七赤	甲申
5	10月23日	六白	戊午	9月23日	九紫	戊子	8月21日	四緑	丁巳	7月21日	七赤	丁亥	6月19日	二黒	丙辰	5月17日	六白	乙酉
6	10月24日	五黄	己未	9月24日	八白	己丑	8月22日	三碧	戊午	7月22日	六白	戊子	6月20日	一白	丁巳	5月18日	五黄	丙戌
7	10月25日	四緑	庚申	9月25日	七赤	庚寅	8月23日	二黒	己未	7月23日	五黄	己丑	6月21日	九紫	戊午	5月19日	四緑	丁亥
8	10月26日	三碧	辛酉	9月26日	六白	辛卯	8月24日	一白	庚申	7月24日	四緑	庚寅	6月22日	八白	己未	5月20日	三碧	戊子
9	10月27日	二黒	壬戌	9月27日	五黄	壬辰	8月25日	九紫	辛酉	7月25日	三碧	辛卯	6月23日	七赤	庚申	5月21日	二黒	己丑
10	10月28日	一白	癸亥	9月28日	四緑	癸巳	8月26日	八白	壬戌	7月26日	二黒	壬辰	6月24日	六白	辛酉	5月22日	一白	庚寅
11	10月29日	一白	甲子	9月29日	三碧	甲午	8月27日	七赤	癸亥	7月27日	一白	癸巳	6月25日	五黄	壬戌	5月23日	九紫	辛卯
12	11月1日	二黒	乙丑	9月30日	二黒	乙未	8月28日	六白	甲子	7月28日	九紫	甲午	6月26日	四緑	癸亥	5月24日	八白	壬辰
13	11月2日	三碧	丙寅	10月1日	一白	丙申	8月29日	五黄	乙丑	7月29日	八白	乙未	6月27日	三碧	甲子	5月25日	七赤	癸巳
14	11月3日	四緑	丁卯	10月2日	九紫	丁酉	9月1日	四緑	丙寅	7月30日	七赤	丙申	6月28日	二黒	乙丑	5月26日	六白	甲午
15	11月4日	五黄	戊辰	10月3日	八白	戊戌	9月2日	三碧	丁卯	8月1日	六白	丁酉	6月29日	一白	丙寅	5月27日	五黄	乙未
16	11月5日	六白	己巳	10月4日	七赤	己亥	9月3日	二黒	戊辰	8月2日	五黄	戊戌	7月1日	九紫	丁卯	5月28日	四緑	丙申
17	11月6日	七赤	庚午	10月5日	六白	庚子	9月4日	一白	己巳	8月3日	四緑	己亥	7月2日	八白	戊辰	5月29日	三碧	丁酉
18	11月7日	八白	辛未	10月6日	五黄	辛丑	9月5日	九紫	庚午	8月4日	三碧	庚子	7月3日	七赤	己巳	6月1日	二黒	戊戌
19	11月8日	九紫	壬申	10月7日	四緑	壬寅	9月6日	八白	辛未	8月5日	二黒	辛丑	7月4日	六白	庚午	6月2日	一白	己亥
20	11月9日	一白	癸酉	10月8日	三碧	癸卯	9月7日	七赤	壬申	8月6日	一白	壬寅	7月5日	五黄	辛未	6月3日	九紫	庚子
21	11月10日	二黒	甲戌	10月9日	二黒	甲辰	9月8日	六白	癸酉	8月7日	九紫	癸卯	7月6日	四緑	壬申	6月4日	八白	辛丑
22	11月11日	三碧	乙亥	10月10日	一白	乙巳	9月9日	五黄	甲戌	8月8日	八白	甲辰	7月7日	三碧	癸酉	6月5日	七赤	壬寅
23	11月12日	四緑	丙子	10月11日	九紫	丙午	9月10日	四緑	乙亥	8月9日	七赤	乙巳	7月8日	二黒	甲戌	6月6日	六白	癸卯
24	11月13日	五黄	丁丑	10月12日	八白	丁未	9月11日	三碧	丙子	8月10日	六白	丙午	7月9日	一白	乙亥	6月7日	五黄	甲辰
25	11月14日	六白	戊寅	10月13日	七赤	戊申	9月12日	二黒	丁丑	8月11日	五黄	丁未	7月10日	九紫	丙子	6月8日	四緑	乙巳
26	11月15日	七赤	己卯	10月14日	六白	己酉	9月13日	一白	戊寅	8月12日	四緑	戊申	7月11日	八白	丁丑	6月9日	三碧	丙午
27	11月16日	八白	庚辰	10月15日	五黄	庚戌	9月14日	九紫	己卯	8月13日	三碧	己酉	7月12日	七赤	戊寅	6月10日	二黒	丁未
28	11月17日	九紫	辛巳	10月16日	四緑	辛亥	9月15日	八白	庚辰	8月14日	二黒	庚戌	7月13日	六白	己卯	6月11日	一白	戊申
29	11月18日	一白	壬午	10月17日	三碧	壬子	9月16日	七赤	辛巳	8月15日	一白	辛亥	7月14日	五黄	庚辰	6月12日	九紫	己酉
30	11月19日	二黒	癸未	10月18日	二黒	癸丑	9月17日	六白	壬午	8月16日	九紫	壬子	7月15日	四緑	辛巳	6月13日	八白	庚戌
31	11月20日	三碧	甲申				9月18日	五黄	癸未				7月16日	三碧	壬午	6月14日	七赤	辛亥

6月戊午		5月丁巳		4月丙辰		3月乙卯		2月甲寅		1月癸丑		
6日 04：20		5日 23：51		5日 06：08		6日 00：57		5日 06：42		6日 19：01		
21日 21：11		21日 12：57		20日 13：24		21日 01：56		20日 02：37		21日 12：19		
四緑木星		五黄土星		六白金星		七赤金星		八白土星		九紫火星		
4月24日	三碧 丁巳	3月23日	八白 丙戌	2月22日	五黄 丙辰	1月21日	一白 乙酉	12月22日	八白 丙辰	11月21日	四緑 乙酉	1
4月25日	四緑 戊午	3月24日	九紫 丁亥	2月23日	六白 丁巳	1月22日	二黒 丙戌	12月23日	九紫 丁巳	11月22日	五黄 丙戌	2
4月26日	五黄 己未	3月25日	一白 戊子	2月24日	七赤 戊午	1月23日	三碧 丁亥	12月24日	一白 戊午	11月23日	六白 丁亥	3
4月27日	六白 庚申	3月26日	二黒 己丑	2月25日	八白 己未	1月24日	四緑 戊子	12月25日	二黒 己未	11月24日	七赤 戊子	4
4月28日	七赤 辛酉	3月27日	三碧 庚寅	2月26日	九紫 庚申	1月25日	五黄 己丑	12月26日	三碧 庚申	11月25日	八白 己丑	5
4月29日	八白 壬戌	3月28日	四緑 辛卯	2月27日	一白 辛酉	1月26日	六白 庚寅	12月27日	四緑 辛酉	11月26日	九紫 庚寅	6
5月1日	九紫 癸亥	3月29日	五黄 壬辰	2月28日	二黒 壬戌	1月27日	七赤 辛卯	12月28日	五黄 壬戌	11月27日	一白 辛卯	7
5月2日	九紫 甲子	3月30日	六白 癸巳	2月29日	三碧 癸亥	1月28日	八白 壬辰	12月29日	六白 癸亥	11月28日	二黒 壬辰	8
5月3日	八白 乙丑	4月1日	七赤 甲午	3月1日	四緑 甲子	1月29日	九紫 癸巳	12月30日	七赤 甲子	11月29日	三碧 癸巳	9
5月4日	七赤 丙寅	4月2日	八白 乙未	3月2日	五黄 乙丑	1月30日	一白 甲午	1月1日	八白 乙丑	11月30日	四緑 甲午	10
5月5日	六白 丁卯	4月3日	九紫 丙申	3月3日	六白 丙寅	2月1日	二黒 乙未	1月2日	九紫 丙寅	12月1日	五黄 乙未	11
5月6日	五黄 戊辰	4月4日	一白 丁酉	3月4日	七赤 丁卯	2月2日	三碧 丙申	1月3日	一白 丁卯	12月2日	六白 丙申	12
5月7日	四緑 己巳	4月5日	二黒 戊戌	3月5日	八白 戊辰	2月3日	四緑 丁酉	1月4日	二黒 戊辰	12月3日	七赤 丁酉	13
5月8日	三碧 庚午	4月6日	三碧 己亥	3月6日	九紫 己巳	2月4日	五黄 戊戌	1月5日	三碧 己巳	12月4日	八白 戊戌	14
5月9日	二黒 辛未	4月7日	四緑 庚子	3月7日	一白 庚午	2月5日	六白 己亥	1月6日	四緑 庚午	12月5日	九紫 己亥	15
5月10日	一白 壬申	4月8日	五黄 辛丑	3月8日	二黒 辛未	2月6日	七赤 庚子	1月7日	五黄 辛未	12月6日	一白 庚子	16
5月11日	九紫 癸酉	4月9日	六白 壬寅	3月9日	三碧 壬申	2月7日	八白 辛丑	1月8日	六白 壬申	12月7日	二黒 辛丑	17
5月12日	八白 甲戌	4月10日	七赤 癸卯	3月10日	四緑 癸酉	2月8日	九紫 壬寅	1月9日	七赤 癸酉	12月8日	三碧 壬寅	18
5月13日	七赤 乙亥	4月11日	八白 甲辰	3月11日	五黄 甲戌	2月9日	一白 癸卯	1月10日	八白 甲戌	12月9日	四緑 癸卯	19
5月14日	六白 丙子	4月12日	九紫 乙巳	3月12日	六白 乙亥	2月10日	二黒 甲辰	1月11日	九紫 乙亥	12月10日	五黄 甲辰	20
5月15日	五黄 丁丑	4月13日	一白 丙午	3月13日	七赤 丙子	2月11日	三碧 乙巳	1月12日	一白 丙子	12月11日	六白 乙巳	21
5月16日	四緑 戊寅	4月14日	二黒 丁未	3月14日	八白 丁丑	2月12日	四緑 丙午	1月13日	二黒 丁丑	12月12日	七赤 丙午	22
5月17日	三碧 己卯	4月15日	三碧 戊申	3月15日	九紫 戊寅	2月13日	五黄 丁未	1月14日	三碧 戊寅	12月13日	八白 丁未	23
5月18日	二黒 庚辰	4月16日	四緑 己酉	3月16日	一白 己卯	2月14日	六白 戊申	1月15日	四緑 己卯	12月14日	九紫 戊申	24
5月19日	一白 辛巳	4月17日	五黄 庚戌	3月17日	二黒 庚辰	2月15日	七赤 己酉	1月16日	五黄 庚辰	12月15日	一白 己酉	25
5月20日	九紫 壬午	4月18日	六白 辛亥	3月18日	三碧 辛巳	2月16日	八白 庚戌	1月17日	六白 辛巳	12月16日	二黒 庚戌	26
5月21日	八白 癸未	4月19日	七赤 壬子	3月19日	四緑 壬午	2月17日	九紫 辛亥	1月18日	七赤 壬午	12月17日	三碧 辛亥	27
5月22日	七赤 甲申	4月20日	八白 癸丑	3月20日	五黄 癸未	2月18日	一白 壬子	1月19日	八白 癸未	12月18日	四緑 壬子	28
5月23日	六白 乙酉	4月21日	九紫 甲寅	3月21日	六白 甲申	2月19日	二黒 癸丑	1月20日	九紫 甲申	12月19日	五黄 癸丑	29
5月24日	五黄 丙戌	4月22日	一白 乙卯	3月22日	七赤 乙酉	2月20日	三碧 甲寅			12月20日	六白 甲寅	30
		4月23日	二黒 丙辰			2月21日	四緑 乙卯			12月21日	七赤 乙卯	31

50

昭和23年		1948年		戊子年		七赤金星					
12月甲子		11月癸亥		10月壬戌		9月辛酉		8月庚申		7月己未	
7日 13:38		7日 21:06		8日 18:19		8日 03:04		8日 00:26		7日 14:44	
22日 07:33		22日 18:29		23日 21:17		23日 12:21		23日 15:02		23日 08:08	
七赤金星		八白土星		九紫火星		一白水星		二黒土星		三碧木星	
1	11月1日	四緑	庚申	10月1日	七赤	庚寅	8月29日	二黒	己未	7月28日	五黄	己丑	6月26日	九紫	戊午	5月25日	四緑	丁亥
2	11月2日	三碧	辛酉	10月2日	六白	辛卯	8月30日	一白	庚申	7月29日	四緑	庚寅	6月27日	八白	己未	5月26日	三碧	戊子
3	11月3日	二黒	壬戌	10月3日	五黄	壬辰	9月1日	九紫	辛酉	8月1日	三碧	辛卯	6月28日	七赤	庚申	5月27日	二黒	己丑
4	11月4日	一白	癸亥	10月4日	四緑	癸巳	9月2日	八白	壬戌	8月2日	二黒	壬辰	6月29日	六白	辛酉	5月28日	一白	庚寅
5	11月5日	一白	甲子	10月5日	三碧	甲午	9月3日	七赤	癸亥	8月3日	一白	癸巳	7月1日	五黄	壬戌	5月29日	九紫	辛卯
6	11月6日	二黒	乙丑	10月6日	二黒	乙未	9月4日	六白	甲子	8月4日	九紫	甲午	7月2日	四緑	癸亥	5月30日	八白	壬辰
7	11月7日	三碧	丙寅	10月7日	一白	丙申	9月5日	五黄	乙丑	8月5日	八白	乙未	7月3日	三碧	甲子	6月1日	七赤	癸巳
8	11月8日	四緑	丁卯	10月8日	九紫	丁酉	9月6日	四緑	丙寅	8月6日	七赤	丙申	7月4日	二黒	乙丑	6月2日	六白	甲午
9	11月9日	五黄	戊辰	10月9日	八白	戊戌	9月7日	三碧	丁卯	8月7日	六白	丁酉	7月5日	一白	丙寅	6月3日	五黄	乙未
10	11月10日	六白	己巳	10月10日	七赤	己亥	9月8日	二黒	戊辰	8月8日	五黄	戊戌	7月6日	九紫	丁卯	6月4日	四緑	丙申
11	11月11日	七赤	庚午	10月11日	六白	庚子	9月9日	一白	己巳	8月9日	四緑	己亥	7月7日	八白	戊辰	6月5日	三碧	丁酉
12	11月12日	八白	辛未	10月12日	五黄	辛丑	9月10日	九紫	庚午	8月10日	三碧	庚子	7月8日	七赤	己巳	6月6日	二黒	戊戌
13	11月13日	九紫	壬申	10月13日	四緑	壬寅	9月11日	八白	辛未	8月11日	二黒	辛丑	7月9日	六白	庚午	6月7日	一白	己亥
14	11月14日	一白	癸酉	10月14日	三碧	癸卯	9月12日	七赤	壬申	8月12日	一白	壬寅	7月10日	五黄	辛未	6月8日	九紫	庚子
15	11月15日	二黒	甲戌	10月15日	二黒	甲辰	9月13日	六白	癸酉	8月13日	九紫	癸卯	7月11日	四緑	壬申	6月9日	八白	辛丑
16	11月16日	三碧	乙亥	10月16日	一白	乙巳	9月14日	五黄	甲戌	8月14日	八白	甲辰	7月12日	三碧	癸酉	6月10日	七赤	壬寅
17	11月17日	四緑	丙子	10月17日	九紫	丙午	9月15日	四緑	乙亥	8月15日	七赤	乙巳	7月13日	二黒	甲戌	6月11日	六白	癸卯
18	11月18日	五黄	丁丑	10月18日	八白	丁未	9月16日	三碧	丙子	8月16日	六白	丙午	7月14日	一白	乙亥	6月12日	五黄	甲辰
19	11月19日	六白	戊寅	10月19日	七赤	戊申	9月17日	二黒	丁丑	8月17日	五黄	丁未	7月15日	九紫	丙子	6月13日	四緑	乙巳
20	11月20日	七赤	己卯	10月20日	六白	己酉	9月18日	一白	戊寅	8月18日	四緑	戊申	7月16日	八白	丁丑	6月14日	三碧	丙午
21	11月21日	八白	庚辰	10月21日	五黄	庚戌	9月19日	九紫	己卯	8月19日	三碧	己酉	7月17日	七赤	戊寅	6月15日	二黒	丁未
22	11月22日	九紫	辛巳	10月22日	四緑	辛亥	9月20日	八白	庚辰	8月20日	二黒	庚戌	7月18日	六白	己卯	6月16日	一白	戊申
23	11月23日	一白	壬午	10月23日	三碧	壬子	9月21日	七赤	辛巳	8月21日	一白	辛亥	7月19日	五黄	庚辰	6月17日	九紫	己酉
24	11月24日	二黒	癸未	10月24日	二黒	癸丑	9月22日	六白	壬午	8月22日	九紫	壬子	7月20日	四緑	辛巳	6月18日	八白	庚戌
25	11月25日	三碧	甲申	10月25日	一白	甲寅	9月23日	五黄	癸未	8月23日	八白	癸丑	7月21日	三碧	壬午	6月19日	七赤	辛亥
26	11月26日	四緑	乙酉	10月26日	九紫	乙卯	9月24日	四緑	甲申	8月24日	七赤	甲寅	7月22日	二黒	癸未	6月20日	六白	壬子
27	11月27日	五黄	丙戌	10月27日	八白	丙辰	9月25日	三碧	乙酉	8月25日	六白	乙卯	7月23日	一白	甲申	6月21日	五黄	癸丑
28	11月28日	六白	丁亥	10月28日	七赤	丁巳	9月26日	二黒	丙戌	8月26日	五黄	丙辰	7月24日	九紫	乙酉	6月22日	四緑	甲寅
29	11月29日	七赤	戊子	10月29日	六白	戊午	9月27日	一白	丁亥	8月27日	四緑	丁巳	7月25日	八白	丙戌	6月23日	三碧	乙卯
30	12月1日	八白	己丑	10月30日	五黄	己未	9月28日	九紫	戊子	8月28日	三碧	戊午	7月26日	七赤	丁亥	6月24日	二黒	丙辰
31	12月2日	九紫	庚寅				9月29日	八白	己丑				7月27日	六白	戊子	6月25日	一白	丁巳

万年暦

6月庚午	5月己巳	4月戊辰	3月丁卯	2月丙寅	1月乙丑	
6日 10：07	6日 05：36	5日 11：51	6日 06：39	4日 12：23	6日 00：41	
22日 03：03	21日 18：50	20日 19：16	21日 07：47	19日 08：27	20日 18：09	
一白水星	二黒土星	三碧木星	四緑木星	五黄土星	六白金星	
5月5日 八白 壬戌	4月4日 四緑 辛卯	3月3日 一白 辛酉	2月2日 六白 庚寅	1月4日 五黄 壬戌	12月3日 一白 辛卯	1
5月6日 九紫 癸亥	4月5日 五黄 壬辰	3月4日 二黒 壬戌	2月3日 七赤 辛卯	1月5日 六白 癸亥	12月4日 二黒 壬辰	2
5月7日 九紫 甲子	4月6日 六白 癸巳	3月5日 三碧 癸亥	2月4日 八白 壬辰	1月6日 七赤 甲子	12月5日 三碧 癸巳	3
5月8日 八白 乙丑	4月7日 七赤 甲午	3月6日 四緑 甲子	2月5日 九紫 癸巳	1月7日 八白 乙丑	12月6日 四緑 甲午	4
5月9日 七赤 丙寅	4月8日 八白 乙未	3月7日 五黄 乙丑	2月6日 一白 甲午	1月8日 九紫 丙寅	12月7日 五黄 乙未	5
5月10日 六白 丁卯	4月9日 九紫 丙申	3月8日 六白 丙寅	2月7日 二黒 乙未	1月9日 一白 丁卯	12月8日 六白 丙申	6
5月11日 五黄 戊辰	4月10日 一白 丁酉	3月9日 七赤 丁卯	2月8日 三碧 丙申	1月10日 二黒 戊辰	12月9日 七赤 丁酉	7
5月12日 四緑 己巳	4月11日 二黒 戊戌	3月10日 八白 戊辰	2月9日 四緑 丁酉	1月11日 三碧 己巳	12月10日 八白 戊戌	8
5月13日 三碧 庚午	4月12日 三碧 己亥	3月11日 九紫 己巳	2月10日 五黄 戊戌	1月12日 四緑 庚午	12月11日 九紫 己亥	9
5月14日 二黒 辛未	4月13日 四緑 庚子	3月12日 一白 庚午	2月11日 六白 己亥	1月13日 五黄 辛未	12月12日 一白 庚子	10
5月15日 一白 壬申	4月14日 五黄 辛丑	3月13日 二黒 辛未	2月12日 七赤 庚子	1月14日 六白 壬申	12月13日 二黒 辛丑	11
5月16日 九紫 癸酉	4月15日 六白 壬寅	3月14日 三碧 壬申	2月13日 八白 辛丑	1月15日 七赤 癸酉	12月14日 三碧 壬寅	12
5月17日 八白 甲戌	4月16日 七赤 癸卯	3月15日 四緑 癸酉	2月14日 九紫 壬寅	1月16日 八白 甲戌	12月15日 四緑 癸卯	13
5月18日 七赤 乙亥	4月17日 八白 甲辰	3月16日 五黄 甲戌	2月15日 一白 癸卯	1月17日 九紫 乙亥	12月16日 五黄 甲辰	14
5月19日 六白 丙子	4月18日 九紫 乙巳	3月17日 六白 乙亥	2月16日 二黒 甲辰	1月18日 一白 丙子	12月17日 六白 乙巳	15
5月20日 五黄 丁丑	4月19日 一白 丙午	3月18日 七赤 丙子	2月17日 三碧 乙巳	1月19日 二黒 丁丑	12月18日 七赤 丙午	16
5月21日 四緑 戊寅	4月20日 二黒 丁未	3月19日 八白 丁丑	2月18日 四緑 丙午	1月20日 三碧 戊寅	12月19日 八白 丁未	17
5月22日 三碧 己卯	4月21日 三碧 戊申	3月20日 九紫 戊寅	2月19日 五黄 丁未	1月21日 四緑 己卯	12月20日 九紫 戊申	18
5月23日 二黒 庚辰	4月22日 四緑 己酉	3月21日 一白 己卯	2月20日 六白 戊申	1月22日 五黄 庚辰	12月21日 一白 己酉	19
5月24日 一白 辛巳	4月23日 五黄 庚戌	3月22日 二黒 庚辰	2月21日 七赤 己酉	1月23日 六白 辛巳	12月22日 二黒 庚戌	20
5月25日 九紫 壬午	4月24日 六白 辛亥	3月23日 三碧 辛巳	2月22日 八白 庚戌	1月24日 七赤 壬午	12月23日 三碧 辛亥	21
5月26日 八白 癸未	4月25日 七赤 壬子	3月24日 四緑 壬午	2月23日 九紫 辛亥	1月25日 八白 癸未	12月24日 四緑 壬子	22
5月27日 七赤 甲申	4月26日 八白 癸丑	3月25日 五黄 癸未	2月24日 一白 壬子	1月26日 九紫 甲申	12月25日 五黄 癸丑	23
5月28日 六白 乙酉	4月27日 九紫 甲寅	3月26日 六白 甲申	2月25日 二黒 癸丑	1月27日 一白 乙酉	12月26日 六白 甲寅	24
5月29日 五黄 丙戌	4月28日 一白 乙卯	3月27日 七赤 乙酉	2月26日 三碧 甲寅	1月28日 二黒 丙戌	12月27日 七赤 乙卯	25
6月1日 四緑 丁亥	4月29日 二黒 丙辰	3月28日 八白 丙戌	2月27日 四緑 乙卯	1月29日 三碧 丁亥	12月28日 八白 丙辰	26
6月2日 三碧 戊子	4月30日 三碧 丁巳	3月29日 九紫 丁亥	2月28日 五黄 丙辰	1月30日 四緑 戊子	12月29日 九紫 丁巳	27
6月3日 二黒 己丑	5月1日 四緑 戊午	4月1日 一白 戊子	2月29日 六白 丁巳	2月1日 五黄 己丑	12月30日 一白 戊午	28
6月4日 一白 庚寅	5月2日 五黄 己未	4月2日 二黒 己丑	2月30日 七赤 戊午		1月1日 二黒 己未	29
6月5日 九紫 辛卯	5月3日 六白 庚申	4月3日 三碧 庚寅	3月1日 八白 己未		1月2日 三碧 庚申	30
	5月4日 七赤 辛酉		3月2日 九紫 庚申		1月3日 四緑 辛酉	31

52

昭和24年			1949年			己丑年			六白金星		
12月丙子			11月乙亥			10月甲戌			9月癸酉			8月壬申			7月辛未
7日 19：33			8日 02：59			9日 00：11			8日 08：54			8日 06：15			7日 20：32
22日 13：23			23日 00：16			24日 03：03			23日 18：05			23日 20：48			23日 13：57
	四緑木星			五黄土星			六白金星			七赤金星			八白土星			九紫火星	
1	10月12日	二黒	乙丑	9月11日	二黒	乙未	8月10日	六白	甲子	閏7月9日	九紫	甲午	7月7日	四緑	癸亥	6月6日	八白	壬辰
2	10月13日	三碧	丙寅	9月12日	一白	丙申	8月11日	五黄	乙丑	閏7月10日	八白	乙未	7月8日	三碧	甲子	6月7日	七赤	癸巳
3	10月14日	四緑	丁卯	9月13日	九紫	丁酉	8月12日	四緑	丙寅	閏7月11日	七赤	丙申	7月9日	二黒	乙丑	6月8日	六白	甲午
4	10月15日	五黄	戊辰	9月14日	八白	戊戌	8月13日	三碧	丁卯	閏7月12日	六白	丁酉	7月10日	一白	丙寅	6月9日	五黄	乙未
5	10月16日	六白	己巳	9月15日	七赤	己亥	8月14日	二黒	戊辰	閏7月13日	五黄	戊戌	7月11日	九紫	丁卯	6月10日	四緑	丙申
6	10月17日	七赤	庚午	9月16日	六白	庚子	8月15日	一白	己巳	閏7月14日	四緑	己亥	7月12日	八白	戊辰	6月11日	三碧	丁酉
7	10月18日	八白	辛未	9月17日	五黄	辛丑	8月16日	九紫	庚午	閏7月15日	三碧	庚子	7月13日	七赤	己巳	6月12日	二黒	戊戌
8	10月19日	九紫	壬申	9月18日	四緑	壬寅	8月17日	八白	辛未	閏7月16日	二黒	辛丑	7月14日	六白	庚午	6月13日	一白	己亥
9	10月20日	一白	癸酉	9月19日	三碧	癸卯	8月18日	七赤	壬申	閏7月17日	一白	壬寅	7月15日	五黄	辛未	6月14日	九紫	庚子
10	10月21日	二黒	甲戌	9月20日	二黒	甲辰	8月19日	六白	癸酉	閏7月18日	九紫	癸卯	7月16日	四緑	壬申	6月15日	八白	辛丑
11	10月22日	三碧	乙亥	9月21日	一白	乙巳	8月20日	五黄	甲戌	閏7月19日	八白	甲辰	7月17日	三碧	癸酉	6月16日	七赤	壬寅
12	10月23日	四緑	丙子	9月22日	九紫	丙午	8月21日	四緑	乙亥	閏7月20日	七赤	乙巳	7月18日	二黒	甲戌	6月17日	六白	癸卯
13	10月24日	五黄	丁丑	9月23日	八白	丁未	8月22日	三碧	丙子	閏7月21日	六白	丙午	7月19日	一白	乙亥	6月18日	五黄	甲辰
14	10月25日	六白	戊寅	9月24日	七赤	戊申	8月23日	二黒	丁丑	閏7月22日	五黄	丁未	7月20日	九紫	丙子	6月19日	四緑	乙巳
15	10月26日	七赤	己卯	9月25日	六白	己酉	8月24日	一白	戊寅	閏7月23日	四緑	戊申	7月21日	八白	丁丑	6月20日	三碧	丙午
16	10月27日	八白	庚辰	9月26日	五黄	庚戌	8月25日	九紫	己卯	閏7月24日	三碧	己酉	7月22日	七赤	戊寅	6月21日	二黒	丁未
17	10月28日	九紫	辛巳	9月27日	四緑	辛亥	8月26日	八白	庚辰	閏7月25日	二黒	庚戌	7月23日	六白	己卯	6月22日	一白	戊申
18	10月29日	一白	壬午	9月28日	三碧	壬子	8月27日	七赤	辛巳	閏7月26日	一白	辛亥	7月24日	五黄	庚辰	6月23日	九紫	己酉
19	10月30日	二黒	癸未	9月29日	二黒	癸丑	8月28日	六白	壬午	閏7月27日	九紫	壬子	7月25日	四緑	辛巳	6月24日	八白	庚戌
20	11月1日	三碧	甲申	10月1日	一白	甲寅	8月29日	五黄	癸未	閏7月28日	八白	癸丑	7月26日	三碧	壬午	6月25日	七赤	辛亥
21	11月2日	四緑	乙酉	10月2日	九紫	乙卯	8月30日	四緑	甲申	閏7月29日	七赤	甲寅	7月27日	二黒	癸未	6月26日	六白	壬子
22	11月3日	五黄	丙戌	10月3日	八白	丙辰	9月1日	三碧	乙酉	8月1日	六白	乙卯	7月28日	一白	甲申	6月27日	五黄	癸丑
23	11月4日	六白	丁亥	10月4日	七赤	丁巳	9月2日	二黒	丙戌	8月2日	五黄	丙辰	7月29日	九紫	乙酉	6月28日	四緑	甲寅
24	11月5日	七赤	戊子	10月5日	六白	戊午	9月3日	一白	丁亥	8月3日	四緑	丁巳	閏7月1日	八白	丙戌	6月29日	三碧	乙卯
25	11月6日	八白	己丑	10月6日	五黄	己未	9月4日	九紫	戊子	8月4日	三碧	戊午	閏7月2日	七赤	丁亥	6月30日	二黒	丙辰
26	11月7日	九紫	庚寅	10月7日	四緑	庚申	9月5日	八白	己丑	8月5日	二黒	己未	閏7月3日	六白	戊子	7月1日	一白	丁巳
27	11月8日	一白	辛卯	10月8日	三碧	辛酉	9月6日	七赤	庚寅	8月6日	一白	庚申	閏7月4日	五黄	己丑	7月2日	九紫	戊午
28	11月9日	二黒	壬辰	10月9日	二黒	壬戌	9月7日	六白	辛卯	8月7日	九紫	辛酉	閏7月5日	四緑	庚寅	7月3日	八白	己未
29	11月10日	三碧	癸巳	10月10日	一白	癸亥	9月8日	五黄	壬辰	8月8日	八白	壬戌	閏7月6日	三碧	辛卯	7月4日	七赤	庚申
30	11月11日	四緑	甲午	10月11日	一白	甲子	9月9日	四緑	癸巳	8月9日	七赤	癸亥	閏7月7日	二黒	壬辰	7月5日	六白	辛酉
31	11月12日	五黄	乙未				9月10日	三碧	甲午				閏7月8日	一白	癸巳	7月6日	五黄	壬戌

6月壬午			5月辛巳			4月庚辰			3月己卯			2月戊寅			1月丁丑			
6日 15：51			6日 11：24			5日 17：44			6日 12：35			4日 18：20			6日 06：39			
22日 08：36			22日 00：27			21日 00：59			21日 13：35			19日 14：17			20日 23：59			
七赤金星			八白土星			九紫火星			一白水星			二黒土星			三碧木星			
4月16日	六白	丁卯	3月15日	九紫	丙申	2月14日	六白	丙寅	1月13日	二黒	乙未	12月15日	一白	丁卯	11月13日	六白	丙申	1
4月17日	五黄	戊辰	3月16日	一白	丁酉	2月15日	七赤	丁卯	1月14日	三碧	丙申	12月16日	二黒	戊辰	11月14日	七赤	丁酉	2
4月18日	四緑	己巳	3月17日	二黒	戊戌	2月16日	八白	戊辰	1月15日	四緑	丁酉	12月17日	三碧	己巳	11月15日	八白	戊戌	3
4月19日	三碧	庚午	3月18日	三碧	己亥	2月17日	九紫	己巳	1月16日	五黄	戊戌	12月18日	四緑	庚午	11月16日	九紫	己亥	4
4月20日	二黒	辛未	3月19日	四緑	庚子	2月18日	一白	庚午	1月17日	六白	己亥	12月19日	五黄	辛未	11月17日	一白	庚子	5
4月21日	一白	壬申	3月20日	五黄	辛丑	2月19日	二黒	辛未	1月18日	七赤	庚子	12月20日	六白	壬申	11月18日	二黒	辛丑	6
4月22日	九紫	癸酉	3月21日	六白	壬寅	2月20日	三碧	壬申	1月19日	八白	辛丑	12月21日	七赤	癸酉	11月19日	三碧	壬寅	7
4月23日	八白	甲戌	3月22日	七赤	癸卯	2月21日	四緑	癸酉	1月20日	九紫	壬寅	12月22日	八白	甲戌	11月20日	四緑	癸卯	8
4月24日	七赤	乙亥	3月23日	八白	甲辰	2月22日	五黄	甲戌	1月21日	一白	癸卯	12月23日	九紫	乙亥	11月21日	五黄	甲辰	9
4月25日	六白	丙子	3月24日	九紫	乙巳	2月23日	六白	乙亥	1月22日	二黒	甲辰	12月24日	一白	丙子	11月22日	六白	乙巳	10
4月26日	五黄	丁丑	3月25日	一白	丙午	2月24日	七赤	丙子	1月23日	三碧	乙巳	12月25日	二黒	丁丑	11月23日	七赤	丙午	11
4月27日	四緑	戊寅	3月26日	二黒	丁未	2月25日	八白	丁丑	1月24日	四緑	丙午	12月26日	三碧	戊寅	11月24日	八白	丁未	12
4月28日	三碧	己卯	3月27日	三碧	戊申	2月26日	九紫	戊寅	1月25日	五黄	丁未	12月27日	四緑	己卯	11月25日	九紫	戊申	13
4月29日	二黒	庚辰	3月28日	四緑	己酉	2月27日	一白	己卯	1月26日	六白	戊申	12月28日	五黄	庚辰	11月26日	一白	己酉	14
4月30日	一白	辛巳	3月29日	五黄	庚戌	2月28日	二黒	庚辰	1月27日	七赤	己酉	12月29日	六白	辛巳	11月27日	二黒	庚戌	15
5月1日	九紫	壬午	3月30日	六白	辛亥	2月29日	三碧	辛巳	1月28日	八白	庚戌	12月30日	七赤	壬午	11月28日	三碧	辛亥	16
5月2日	八白	癸未	4月1日	七赤	壬子	3月1日	四緑	壬午	1月29日	九紫	辛亥	1月1日	八白	癸未	11月29日	四緑	壬子	17
5月3日	七赤	甲申	4月2日	八白	癸丑	3月2日	五黄	癸未	1月30日	一白	壬子	1月2日	九紫	甲申	12月1日	五黄	癸丑	18
5月4日	六白	乙酉	4月3日	九紫	甲寅	3月3日	六白	甲申	2月1日	二黒	癸丑	1月3日	一白	乙酉	12月2日	六白	甲寅	19
5月5日	五黄	丙戌	4月4日	一白	乙卯	3月4日	七赤	乙酉	2月2日	三碧	甲寅	1月4日	二黒	丙戌	12月3日	七赤	乙卯	20
5月6日	四緑	丁亥	4月5日	二黒	丙辰	3月5日	八白	丙戌	2月3日	四緑	乙卯	1月5日	三碧	丁亥	12月4日	八白	丙辰	21
5月7日	三碧	戊子	4月6日	三碧	丁巳	3月6日	九紫	丁亥	2月4日	五黄	丙辰	1月6日	四緑	戊子	12月5日	九紫	丁巳	22
5月8日	二黒	己丑	4月7日	四緑	戊午	3月7日	一白	戊子	2月5日	六白	丁巳	1月7日	五黄	己丑	12月6日	一白	戊午	23
5月9日	一白	庚寅	4月8日	五黄	己未	3月8日	二黒	己丑	2月6日	七赤	戊午	1月8日	六白	庚寅	12月7日	二黒	己未	24
5月10日	九紫	辛卯	4月9日	六白	庚申	3月9日	三碧	庚寅	2月7日	八白	己未	1月9日	七赤	辛卯	12月8日	三碧	庚申	25
5月11日	八白	壬辰	4月10日	七赤	辛酉	3月10日	四緑	辛卯	2月8日	九紫	庚申	1月10日	八白	壬辰	12月9日	四緑	辛酉	26
5月12日	七赤	癸巳	4月11日	八白	壬戌	3月11日	五黄	壬辰	2月9日	一白	辛酉	1月11日	九紫	癸巳	12月10日	五黄	壬戌	27
5月13日	六白	甲午	4月12日	九紫	癸亥	3月12日	六白	癸巳	2月10日	二黒	壬戌	1月12日	一白	甲午	12月11日	六白	癸亥	28
5月14日	五黄	乙未	4月13日	九紫	甲子	3月13日	七赤	甲午	2月11日	三碧	癸亥				12月12日	七赤	甲子	29
5月15日	四緑	丙申	4月14日	八白	乙丑	3月14日	八白	乙未	2月12日	四緑	甲子				12月13日	八白	乙丑	30
			4月15日	七赤	丙寅				2月13日	五黄	乙丑				12月14日	九紫	丙寅	31

昭和25年		1950年		庚寅年		五黄土星					
12月戊子		11月丁亥		10月丙戌		9月乙酉		8月甲申		7月癸未	
8日 01：21		8日 08：43		9日 05：51		8日 14：33		8日 11：55		8日 02：13	
22日 19：13		23日 06：02		24日 08：45		23日 23：43		24日 02：23		23日 19：29	
一白水星		二黒土星		三碧木星		四緑木星		五黄土星		六白金星	
1	10月22日	七赤	庚午	9月22日	六白	庚子	8月20日	一白	己巳	7月19日	四緑	己亥	6月18日	八白	戊辰	5月16日	三碧	丁酉
2	10月23日	八白	辛未	9月23日	五黄	辛丑	8月21日	九紫	庚午	7月20日	三碧	庚子	6月19日	七赤	己巳	5月17日	二黒	戊戌
3	10月24日	九紫	壬申	9月24日	四緑	壬寅	8月22日	八白	辛未	7月21日	二黒	辛丑	6月20日	六白	庚午	5月18日	一白	己亥
4	10月25日	一白	癸酉	9月25日	三碧	癸卯	8月23日	七赤	壬申	7月22日	一白	壬寅	6月21日	五黄	辛未	5月19日	九紫	庚子
5	10月26日	二黒	甲戌	9月26日	二黒	甲辰	8月24日	六白	癸酉	7月23日	九紫	癸卯	6月22日	四緑	壬申	5月20日	八白	辛丑
6	10月27日	三碧	乙亥	9月27日	一白	乙巳	8月25日	五黄	甲戌	7月24日	八白	甲辰	6月23日	三碧	癸酉	5月21日	七赤	壬寅
7	10月28日	四緑	丙子	9月28日	九紫	丙午	8月26日	四緑	乙亥	7月25日	七赤	乙巳	6月24日	二黒	甲戌	5月22日	六白	癸卯
8	10月29日	五黄	丁丑	9月29日	八白	丁未	8月27日	三碧	丙子	7月26日	六白	丙午	6月25日	一白	乙亥	5月23日	五黄	甲辰
9	11月1日	六白	戊寅	9月30日	七赤	戊申	8月28日	二黒	丁丑	7月27日	五黄	丁未	6月26日	九紫	丙子	5月24日	四緑	乙巳
10	11月2日	七赤	己卯	10月1日	六白	己酉	8月29日	一白	戊寅	7月28日	四緑	戊申	6月27日	八白	丁丑	5月25日	三碧	丙午
11	11月3日	八白	庚辰	10月2日	五黄	庚戌	9月1日	九紫	己卯	7月29日	三碧	己酉	6月28日	七赤	戊寅	5月26日	二黒	丁未
12	11月4日	九紫	辛巳	10月3日	四緑	辛亥	9月2日	八白	庚辰	8月1日	二黒	庚戌	6月29日	六白	己卯	5月27日	一白	戊申
13	11月5日	一白	壬午	10月4日	三碧	壬子	9月3日	七赤	辛巳	8月2日	一白	辛亥	6月30日	五黄	庚辰	5月28日	九紫	己酉
14	11月6日	二黒	癸未	10月5日	二黒	癸丑	9月4日	六白	壬午	8月3日	九紫	壬子	7月1日	四緑	辛巳	5月29日	八白	庚戌
15	11月7日	三碧	甲申	10月6日	一白	甲寅	9月5日	五黄	癸未	8月4日	八白	癸丑	7月2日	三碧	壬午	6月1日	七赤	辛亥
16	11月8日	四緑	乙酉	10月7日	九紫	乙卯	9月6日	四緑	甲申	8月5日	七赤	甲寅	7月3日	二黒	癸未	6月2日	六白	壬子
17	11月9日	五黄	丙戌	10月8日	八白	丙辰	9月7日	三碧	乙酉	8月6日	六白	乙卯	7月4日	一白	甲申	6月3日	五黄	癸丑
18	11月10日	六白	丁亥	10月9日	七赤	丁巳	9月8日	二黒	丙戌	8月7日	五黄	丙辰	7月5日	九紫	乙酉	6月4日	四緑	甲寅
19	11月11日	七赤	戊子	10月10日	六白	戊午	9月9日	一白	丁亥	8月8日	四緑	丁巳	7月6日	八白	丙戌	6月5日	三碧	乙卯
20	11月12日	八白	己丑	10月11日	五黄	己未	9月10日	九紫	戊子	8月9日	三碧	戊午	7月7日	七赤	丁亥	6月6日	二黒	丙辰
21	11月13日	九紫	庚寅	10月12日	四緑	庚申	9月11日	八白	己丑	8月10日	二黒	己未	7月8日	六白	戊子	6月7日	一白	丁巳
22	11月14日	一白	辛卯	10月13日	三碧	辛酉	9月12日	七赤	庚寅	8月11日	一白	庚申	7月9日	五黄	己丑	6月8日	九紫	戊午
23	11月15日	二黒	壬辰	10月14日	二黒	壬戌	9月13日	六白	辛卯	8月12日	九紫	辛酉	7月10日	四緑	庚寅	6月9日	八白	己未
24	11月16日	三碧	癸巳	10月15日	一白	癸亥	9月14日	五黄	壬辰	8月13日	八白	壬戌	7月11日	三碧	辛卯	6月10日	七赤	庚申
25	11月17日	四緑	甲午	10月16日	一白	甲子	9月15日	四緑	癸巳	8月14日	七赤	癸亥	7月12日	二黒	壬辰	6月11日	六白	辛酉
26	11月18日	五黄	乙未	10月17日	二黒	乙丑	9月16日	三碧	甲午	8月15日	六白	甲子	7月13日	一白	癸巳	6月12日	五黄	壬戌
27	11月19日	六白	丙申	10月18日	三碧	丙寅	9月17日	二黒	乙未	8月16日	五黄	乙丑	7月14日	九紫	甲午	6月13日	四緑	癸亥
28	11月20日	七赤	丁酉	10月19日	四緑	丁卯	9月18日	一白	丙申	8月17日	四緑	丙寅	7月15日	八白	乙未	6月14日	三碧	甲子
29	11月21日	八白	戊戌	10月20日	五黄	戊辰	9月19日	九紫	丁酉	8月18日	三碧	丁卯	7月16日	七赤	丙申	6月15日	二黒	乙丑
30	11月22日	九紫	己亥	10月21日	六白	己巳	9月20日	八白	戊戌	8月19日	二黒	戊辰	7月17日	六白	丁酉	6月16日	一白	丙寅
31	11月23日	一白	庚子				9月21日	七赤	己亥				7月18日	五黄	戊戌	6月17日	九紫	丁卯

6月甲午			5月癸巳			4月壬辰			3月辛卯			2月庚寅			1月己丑			
6日 21：32			6日 17：09			5日 23：32			6日 18：26			5日 00：13			6日 12：30			
22日 14：24			22日 06：15			21日 06：48			21日 19：25			19日 20：09			21日 05：52			
	四緑木星			五黄土星			六白金星			七赤金星			八白土星			九紫火星		
4月27日	九紫	壬申	3月26日	五黄	辛丑	2月25日	二黒	辛未	1月24日	七赤	庚子	12月25日	六白	壬申	11月24日	二黒	辛丑	1
4月28日	一白	癸酉	3月27日	六白	壬寅	2月26日	三碧	壬申	1月25日	八白	辛丑	12月26日	七赤	癸酉	11月25日	三碧	壬寅	2
4月29日	二黒	甲戌	3月28日	七赤	癸卯	2月27日	四緑	癸酉	1月26日	九紫	壬寅	12月27日	八白	甲戌	11月26日	四緑	癸卯	3
4月30日	三碧	乙亥	3月29日	八白	甲辰	2月28日	五黄	甲戌	1月27日	一白	癸卯	12月28日	九紫	乙亥	11月27日	五黄	甲辰	4
5月1日	四緑	丙子	3月30日	九紫	乙巳	2月29日	六白	乙亥	1月28日	二黒	甲辰	12月29日	一白	丙子	11月28日	六白	乙巳	5
5月2日	五黄	丁丑	4月1日	一白	丙午	3月1日	七赤	丙子	1月29日	三碧	乙巳	1月1日	二黒	丁丑	11月29日	七赤	丙午	6
5月3日	六白	戊寅	4月2日	二黒	丁未	3月2日	八白	丁丑	1月30日	四緑	丙午	1月2日	三碧	戊寅	11月30日	八白	丁未	7
5月4日	七赤	己卯	4月3日	三碧	戊申	3月3日	九紫	戊寅	2月1日	五黄	丁未	1月3日	四緑	己卯	12月1日	九紫	戊申	8
5月5日	八白	庚辰	4月4日	四緑	己酉	3月4日	一白	己卯	2月2日	六白	戊申	1月4日	五黄	庚辰	12月2日	一白	己酉	9
5月6日	九紫	辛巳	4月5日	五黄	庚戌	3月5日	二黒	庚辰	2月3日	七赤	己酉	1月5日	六白	辛巳	12月3日	二黒	庚戌	10
5月7日	一白	壬午	4月6日	六白	辛亥	3月6日	三碧	辛巳	2月4日	八白	庚戌	1月6日	七赤	壬午	12月4日	三碧	辛亥	11
5月8日	二黒	癸未	4月7日	七赤	壬子	3月7日	四緑	壬午	2月5日	九紫	辛亥	1月7日	八白	癸未	12月5日	四緑	壬子	12
5月9日	三碧	甲申	4月8日	八白	癸丑	3月8日	五黄	癸未	2月6日	一白	壬子	1月8日	九紫	甲申	12月6日	五黄	癸丑	13
5月10日	四緑	乙酉	4月9日	九紫	甲寅	3月9日	六白	甲申	2月7日	二黒	癸丑	1月9日	一白	乙酉	12月7日	六白	甲寅	14
5月11日	五黄	丙戌	4月10日	一白	乙卯	3月10日	七赤	乙酉	2月8日	三碧	甲寅	1月10日	二黒	丙戌	12月8日	七赤	乙卯	15
5月12日	六白	丁亥	4月11日	二黒	丙辰	3月11日	八白	丙戌	2月9日	四緑	乙卯	1月11日	三碧	丁亥	12月9日	八白	丙辰	16
5月13日	七赤	戊子	4月12日	三碧	丁巳	3月12日	九紫	丁亥	2月10日	五黄	丙辰	1月12日	四緑	戊子	12月10日	九紫	丁巳	17
5月14日	八白	己丑	4月13日	四緑	戊午	3月13日	一白	戊子	2月11日	六白	丁巳	1月13日	五黄	己丑	12月11日	一白	戊午	18
5月15日	九紫	庚寅	4月14日	五黄	己未	3月14日	二黒	己丑	2月12日	七赤	戊午	1月14日	六白	庚寅	12月12日	二黒	己未	19
5月16日	一白	辛卯	4月15日	六白	庚申	3月15日	三碧	庚寅	2月13日	八白	己未	1月15日	七赤	辛卯	12月13日	三碧	庚申	20
5月17日	二黒	壬辰	4月16日	七赤	辛酉	3月16日	四緑	辛卯	2月14日	九紫	庚申	1月16日	八白	壬辰	12月14日	四緑	辛酉	21
5月18日	三碧	癸巳	4月17日	八白	壬戌	3月17日	五黄	壬辰	2月15日	一白	辛酉	1月17日	九紫	癸巳	12月15日	五黄	壬戌	22
5月19日	三碧	甲午	4月18日	九紫	癸亥	3月18日	六白	癸巳	2月16日	二黒	壬戌	1月18日	一白	甲午	12月16日	六白	癸亥	23
5月20日	二黒	乙未	4月19日	一白	甲子	3月19日	七赤	甲午	2月17日	三碧	癸亥	1月19日	二黒	乙未	12月17日	七赤	甲子	24
5月21日	一白	丙申	4月20日	二黒	乙丑	3月20日	八白	乙未	2月18日	四緑	甲子	1月20日	三碧	丙申	12月18日	八白	乙丑	25
5月22日	九紫	丁酉	4月21日	三碧	丙寅	3月21日	九紫	丙申	2月19日	五黄	乙丑	1月21日	四緑	丁酉	12月19日	九紫	丙寅	26
5月23日	八白	戊戌	4月22日	四緑	丁卯	3月22日	一白	丁酉	2月20日	六白	丙寅	1月22日	五黄	戊戌	12月20日	一白	丁卯	27
5月24日	七赤	己亥	4月23日	五黄	戊辰	3月23日	二黒	戊戌	2月21日	七赤	丁卯	1月23日	六白	己亥	12月21日	二黒	戊辰	28
5月25日	六白	庚子	4月24日	六白	己巳	3月24日	三碧	己亥	2月22日	八白	戊辰				12月22日	三碧	己巳	29
5月26日	五黄	辛丑	4月25日	七赤	庚午	3月25日	四緑	庚子	2月23日	九紫	己巳				12月23日	四緑	庚午	30
			4月26日	八白	辛未				2月24日	一白	庚午				12月24日	五黄	辛未	31

昭和26年			1951年			辛卯年			四緑木星								
	12月庚子			11月己亥			10月戊戌			9月丁酉			8月丙申			7月乙未	
	8日 07：02			8日 14：26			9日 11：36			8日 20：18			8日 17：37			8日 07：53	
	23日 00：59			23日 11：50			24日 14：36			24日 05：37			24日 08：16			24日 01：20	
	七赤金星			八白土星			九紫火星			一白水星			二黒土星			三碧木星	
1	11月3日	四緑	乙亥	10月3日	七赤	乙巳	9月1日	二黒	甲戌	8月1日	五黄	甲辰	6月29日	九紫	癸酉	5月27日	四緑	壬寅
2	11月4日	三碧	丙子	10月4日	六白	丙午	9月2日	一白	乙亥	8月2日	四緑	乙巳	6月30日	八白	甲戌	5月28日	三碧	癸卯
3	11月5日	二黒	丁丑	10月5日	五黄	丁未	9月3日	九紫	丙子	8月3日	三碧	丙午	7月1日	七赤	乙亥	5月29日	二黒	甲辰
4	11月6日	一白	戊寅	10月6日	四緑	戊申	9月4日	八白	丁丑	8月4日	二黒	丁未	7月2日	六白	丙子	6月1日	一白	乙巳
5	11月7日	九紫	己卯	10月7日	三碧	己酉	9月5日	七赤	戊寅	8月5日	一白	戊申	7月3日	五黄	丁丑	6月2日	九紫	丙午
6	11月8日	八白	庚辰	10月8日	二黒	庚戌	9月6日	六白	己卯	8月6日	九紫	己酉	7月4日	四緑	戊寅	6月3日	八白	丁未
7	11月9日	七赤	辛巳	10月9日	一白	辛亥	9月7日	五黄	庚辰	8月7日	八白	庚戌	7月5日	三碧	己卯	6月4日	七赤	戊申
8	11月10日	六白	壬午	10月10日	九紫	壬子	9月8日	四緑	辛巳	8月8日	七赤	辛亥	7月6日	二黒	庚辰	6月5日	六白	己酉
9	11月11日	五黄	癸未	10月11日	八白	癸丑	9月9日	三碧	壬午	8月9日	六白	壬子	7月7日	一白	辛巳	6月6日	五黄	庚戌
10	11月12日	四緑	甲申	10月12日	七赤	甲寅	9月10日	二黒	癸未	8月10日	五黄	癸丑	7月8日	九紫	壬午	6月7日	四緑	辛亥
11	11月13日	三碧	乙酉	10月13日	六白	乙卯	9月11日	一白	甲申	8月11日	四緑	甲寅	7月9日	八白	癸未	6月8日	三碧	壬子
12	11月14日	二黒	丙戌	10月14日	五黄	丙辰	9月12日	九紫	乙酉	8月12日	三碧	乙卯	7月10日	七赤	甲申	6月9日	二黒	癸丑
13	11月15日	一白	丁亥	10月15日	四緑	丁巳	9月13日	八白	丙戌	8月13日	二黒	丙辰	7月11日	六白	乙酉	6月10日	一白	甲寅
14	11月16日	九紫	戊子	10月16日	三碧	戊午	9月14日	七赤	丁亥	8月14日	一白	丁巳	7月12日	五黄	丙戌	6月11日	九紫	乙卯
15	11月17日	八白	己丑	10月17日	二黒	己未	9月15日	六白	戊子	8月15日	九紫	戊午	7月13日	四緑	丁亥	6月12日	八白	丙辰
16	11月18日	七赤	庚寅	10月18日	一白	庚申	9月16日	五黄	己丑	8月16日	八白	己未	7月14日	三碧	戊子	6月13日	七赤	丁巳
17	11月19日	六白	辛卯	10月19日	九紫	辛酉	9月17日	四緑	庚寅	8月17日	七赤	庚申	7月15日	二黒	己丑	6月14日	六白	戊午
18	11月20日	五黄	壬辰	10月20日	八白	壬戌	9月18日	三碧	辛卯	8月18日	六白	辛酉	7月16日	一白	庚寅	6月15日	五黄	己未
19	11月21日	四緑	癸巳	10月21日	七赤	癸亥	9月19日	二黒	壬辰	8月19日	五黄	壬戌	7月17日	九紫	辛卯	6月16日	四緑	庚申
20	11月22日	三碧	甲午	10月22日	六白	甲子	9月20日	一白	癸巳	8月20日	四緑	癸亥	7月18日	八白	壬辰	6月17日	三碧	辛酉
21	11月23日	二黒	乙未	10月23日	五黄	乙丑	9月21日	九紫	甲午	8月21日	三碧	甲子	7月19日	七赤	癸巳	6月18日	二黒	壬戌
22	11月24日	一白	丙申	10月24日	四緑	丙寅	9月22日	八白	乙未	8月22日	二黒	乙丑	7月20日	六白	甲午	6月19日	一白	癸亥
23	11月25日	九紫	丁酉	10月25日	三碧	丁卯	9月23日	七赤	丙申	8月23日	一白	丙寅	7月21日	五黄	乙未	6月20日	九紫	甲子
24	11月26日	八白	戊戌	10月26日	二黒	戊辰	9月24日	六白	丁酉	8月24日	九紫	丁卯	7月22日	四緑	丙申	6月21日	八白	乙丑
25	11月27日	七赤	己亥	10月27日	一白	己巳	9月25日	五黄	戊戌	8月25日	八白	戊辰	7月23日	三碧	丁酉	6月22日	七赤	丙寅
26	11月28日	六白	庚子	10月28日	九紫	庚午	9月26日	四緑	己亥	8月26日	七赤	己巳	7月24日	二黒	戊戌	6月23日	六白	丁卯
27	11月29日	五黄	辛丑	10月29日	八白	辛未	9月27日	三碧	庚子	8月27日	六白	庚午	7月25日	一白	己亥	6月24日	五黄	戊辰
28	12月1日	四緑	壬寅	10月30日	七赤	壬申	9月28日	二黒	辛丑	8月28日	五黄	辛未	7月26日	九紫	庚子	6月25日	四緑	己巳
29	12月2日	三碧	癸卯	11月1日	六白	癸酉	9月29日	一白	壬寅	8月29日	四緑	壬申	7月27日	八白	辛丑	6月26日	三碧	庚午
30	12月3日	二黒	甲辰	11月2日	五黄	甲戌	10月1日	九紫	癸卯	8月30日	三碧	癸酉	7月28日	七赤	壬寅	6月27日	二黒	辛未
31	12月4日	一白	乙巳				10月2日	八白	甲辰				7月29日	六白	癸卯	6月28日	一白	壬申

6月丙午			5月乙巳			4月甲辰			3月癸卯			2月壬寅			1月辛丑			
6日 03：19			5日 22：53			5日 05：15			6日 00：07			5日 05：53			6日 18：09			
21日 20：11			21日 12：03			20日 12：36			21日 01：14			20日 01：57			21日 11：38			
一白水星			二黒土星			三碧木星			四緑木星			五黄土星			六白金星			
5月9日	九紫	戊寅	4月8日	五黄	丁未	3月7日	二黒	丁丑	2月6日	七赤	丙午	1月6日	五黄	丁丑	12月5日	九紫	丙午	1
5月10日	一白	己卯	4月9日	六白	戊申	3月8日	三碧	戊寅	2月7日	八白	丁未	1月7日	六白	戊寅	12月6日	八白	丁未	2
5月11日	二黒	庚辰	4月10日	七赤	己酉	3月9日	四緑	己卯	2月8日	九紫	戊申	1月8日	七赤	己卯	12月7日	七赤	戊申	3
5月12日	三碧	辛巳	4月11日	八白	庚戌	3月10日	五黄	庚辰	2月9日	一白	己酉	1月9日	八白	庚辰	12月8日	六白	己酉	4
5月13日	四緑	壬午	4月12日	九紫	辛亥	3月11日	六白	辛巳	2月10日	二黒	庚戌	1月10日	九紫	辛巳	12月9日	五黄	庚戌	5
5月14日	五黄	癸未	4月13日	一白	壬子	3月12日	七赤	壬午	2月11日	三碧	辛亥	1月11日	一白	壬午	12月10日	四緑	辛亥	6
5月15日	六白	甲申	4月14日	二黒	癸丑	3月13日	八白	癸未	2月12日	四緑	壬子	1月12日	二黒	癸未	12月11日	三碧	壬子	7
5月16日	七赤	乙酉	4月15日	三碧	甲寅	3月14日	九紫	甲申	2月13日	五黄	癸丑	1月13日	三碧	甲申	12月12日	二黒	癸丑	8
5月17日	八白	丙戌	4月16日	四緑	乙卯	3月15日	一白	乙酉	2月14日	六白	甲寅	1月14日	四緑	乙酉	12月13日	一白	甲寅	9
5月18日	九紫	丁亥	4月17日	五黄	丙辰	3月16日	二黒	丙戌	2月15日	七赤	乙卯	1月15日	五黄	丙戌	12月14日	九紫	乙卯	10
5月19日	一白	戊子	4月18日	六白	丁巳	3月17日	三碧	丁亥	2月16日	八白	丙辰	1月16日	六白	丁亥	12月15日	八白	丙辰	11
5月20日	二黒	己丑	4月19日	七赤	戊午	3月18日	四緑	戊子	2月17日	九紫	丁巳	1月17日	七赤	戊子	12月16日	七赤	丁巳	12
5月21日	三碧	庚寅	4月20日	八白	己未	3月19日	五黄	己丑	2月18日	一白	戊午	1月18日	八白	己丑	12月17日	六白	戊午	13
5月22日	四緑	辛卯	4月21日	九紫	庚申	3月20日	六白	庚寅	2月19日	二黒	己未	1月19日	九紫	庚寅	12月18日	五黄	己未	14
5月23日	五黄	壬辰	4月22日	一白	辛酉	3月21日	七赤	辛卯	2月20日	三碧	庚申	1月20日	一白	辛卯	12月19日	四緑	庚申	15
5月24日	六白	癸巳	4月23日	二黒	壬戌	3月22日	八白	壬辰	2月21日	四緑	辛酉	1月21日	二黒	壬辰	12月20日	三碧	辛酉	16
5月25日	七赤	甲午	4月24日	三碧	癸亥	3月23日	九紫	癸巳	2月22日	五黄	壬戌	1月22日	三碧	癸巳	12月21日	二黒	壬戌	17
5月26日	八白	乙未	4月25日	四緑	甲子	3月24日	一白	甲午	2月23日	六白	癸亥	1月23日	四緑	甲午	12月22日	一白	癸亥	18
5月27日	九紫	丙申	4月26日	五黄	乙丑	3月25日	二黒	乙未	2月24日	七赤	甲子	1月24日	五黄	乙未	12月23日	一白	甲子	19
5月28日	一白	丁酉	4月27日	六白	丙寅	3月26日	三碧	丙申	2月25日	八白	乙丑	1月25日	六白	丙申	12月24日	二黒	乙丑	20
5月29日	二黒	戊戌	4月28日	七赤	丁卯	3月27日	四緑	丁酉	2月26日	九紫	丙寅	1月26日	七赤	丁酉	12月25日	三碧	丙寅	21
閏5月1日	三碧	己亥	4月29日	八白	戊辰	3月28日	五黄	戊戌	2月27日	一白	丁卯	1月27日	八白	戊戌	12月26日	四緑	丁卯	22
閏5月2日	四緑	庚子	4月30日	九紫	己巳	3月29日	六白	己亥	2月28日	二黒	戊辰	1月28日	九紫	己亥	12月27日	五黄	戊辰	23
閏5月3日	五黄	辛丑	5月1日	一白	庚午	4月1日	七赤	庚子	2月29日	三碧	己巳	1月29日	一白	庚子	12月28日	六白	己巳	24
閏5月4日	六白	壬寅	5月2日	二黒	辛未	4月2日	八白	辛丑	2月30日	四緑	庚午	2月1日	二黒	辛丑	12月29日	七赤	庚午	25
閏5月5日	七赤	癸卯	5月3日	三碧	壬申	4月3日	九紫	壬寅	3月1日	五黄	辛未	2月2日	三碧	壬寅	12月30日	八白	辛未	26
閏5月6日	八白	甲辰	5月4日	四緑	癸酉	4月4日	一白	癸卯	3月2日	六白	壬申	2月3日	四緑	癸卯	1月1日	九紫	壬申	27
閏5月7日	九紫	乙巳	5月5日	五黄	甲戌	4月5日	二黒	甲辰	3月3日	七赤	癸酉	2月4日	五黄	甲辰	1月2日	一白	癸酉	28
閏5月8日	一白	丙午	5月6日	六白	乙亥	4月6日	三碧	乙巳	3月4日	八白	甲戌	2月5日	六白	乙巳	1月3日	二黒	甲戌	29
閏5月9日	二黒	丁未	5月7日	七赤	丙子	4月7日	四緑	丙午	3月5日	九紫	乙亥				1月4日	三碧	乙亥	30
			5月8日	八白	丁丑				3月6日	一白	丙子				1月5日	四緑	丙子	31

	昭和27年		1952年		壬辰年		三碧木星				
	12月壬子		11月辛亥		10月庚戌		9月己酉		8月戊申		7月丁未	
	7日 12：55		7日 20：21		8日 17：32		8日 02：14		7日 23：31		7日 13：44	
	22日 06：42		22日 17：35		23日 20：22		23日 11：24		23日 14：03		23日 07：07	
	四緑木星		五黄土星		六白金星		七赤金星		八白土星		九紫火星	
1	10月15日	七赤 辛巳	9月14日	一白 辛亥	8月13日	五黄 庚辰	7月12日	八白 庚戌	6月11日	三碧 己卯	閏5月10日	三碧 戊申
2	10月16日	六白 壬午	9月15日	九紫 壬子	8月14日	四緑 辛巳	7月13日	七赤 辛亥	6月12日	二黒 庚辰	閏5月11日	四緑 己酉
3	10月17日	五黄 癸未	9月16日	八白 癸丑	8月15日	三碧 壬午	7月14日	六白 壬子	6月13日	一白 辛巳	閏5月12日	五黄 庚戌
4	10月18日	四緑 甲申	9月17日	七赤 甲寅	8月16日	二黒 癸未	7月15日	五黄 癸丑	6月14日	九紫 壬午	閏5月13日	六白 辛亥
5	10月19日	三碧 乙酉	9月18日	六白 乙卯	8月17日	一白 甲申	7月16日	四緑 甲寅	6月15日	八白 癸未	閏5月14日	七赤 壬子
6	10月20日	二黒 丙戌	9月19日	五黄 丙辰	8月18日	九紫 乙酉	7月17日	三碧 乙卯	6月16日	七赤 甲申	閏5月15日	八白 癸丑
7	10月21日	一白 丁亥	9月20日	四緑 丁巳	8月19日	八白 丙戌	7月18日	二黒 丙辰	6月17日	六白 乙酉	閏5月16日	九紫 甲寅
8	10月22日	九紫 戊子	9月21日	三碧 戊午	8月20日	七赤 丁亥	7月19日	一白 丁巳	6月18日	五黄 丙戌	閏5月17日	一白 乙卯
9	10月23日	八白 己丑	9月22日	二黒 己未	8月21日	六白 戊子	7月20日	九紫 戊午	6月19日	四緑 丁亥	閏5月18日	二黒 丙辰
10	10月24日	七赤 庚寅	9月23日	一白 庚申	8月22日	五黄 己丑	7月21日	八白 己未	6月20日	三碧 戊子	閏5月19日	三碧 丁巳
11	10月25日	六白 辛卯	9月24日	九紫 辛酉	8月23日	四緑 庚寅	7月22日	七赤 庚申	6月21日	二黒 己丑	閏5月20日	四緑 戊午
12	10月26日	五黄 壬辰	9月25日	八白 壬戌	8月24日	三碧 辛卯	7月23日	六白 辛酉	6月22日	一白 庚寅	閏5月21日	五黄 己未
13	10月27日	四緑 癸巳	9月26日	七赤 癸亥	8月25日	二黒 壬辰	7月24日	五黄 壬戌	6月23日	九紫 辛卯	閏5月22日	六白 庚申
14	10月28日	三碧 甲午	9月27日	六白 甲子	8月26日	一白 癸巳	7月25日	四緑 癸亥	6月24日	八白 壬辰	閏5月23日	七赤 辛酉
15	10月29日	二黒 乙未	9月28日	五黄 乙丑	8月27日	九紫 甲午	7月26日	三碧 甲子	6月25日	七赤 癸巳	閏5月24日	八白 壬戌
16	10月30日	一白 丙申	9月29日	四緑 丙寅	8月28日	八白 乙未	7月27日	二黒 乙丑	6月26日	六白 甲午	閏5月25日	九紫 癸亥
17	11月1日	九紫 丁酉	10月1日	三碧 丁卯	8月29日	七赤 丙申	7月28日	一白 丙寅	6月27日	五黄 乙未	閏5月26日	九紫 甲子
18	11月2日	八白 戊戌	10月2日	二黒 戊辰	8月30日	六白 丁酉	7月29日	九紫 丁卯	6月28日	四緑 丙申	閏5月27日	八白 乙丑
19	11月3日	七赤 己亥	10月3日	一白 己巳	9月1日	五黄 戊戌	8月1日	八白 戊辰	6月29日	三碧 丁酉	閏5月28日	七赤 丙寅
20	11月4日	六白 庚子	10月4日	九紫 庚午	9月2日	四緑 己亥	8月2日	七赤 己巳	6月30日	二黒 戊戌	閏5月29日	六白 丁卯
21	11月5日	五黄 辛丑	10月5日	八白 辛未	9月3日	三碧 庚子	8月3日	六白 庚午	7月1日	一白 己亥	閏5月30日	五黄 戊辰
22	11月6日	四緑 壬寅	10月6日	七赤 壬申	9月4日	二黒 辛丑	8月4日	五黄 辛未	7月2日	九紫 庚子	6月1日	四緑 己巳
23	11月7日	三碧 癸卯	10月7日	六白 癸酉	9月5日	一白 壬寅	8月5日	四緑 壬申	7月3日	八白 辛丑	6月2日	三碧 庚午
24	11月8日	二黒 甲辰	10月8日	五黄 甲戌	9月6日	九紫 癸卯	8月6日	三碧 癸酉	7月4日	七赤 壬寅	6月3日	二黒 辛未
25	11月9日	一白 乙巳	10月9日	四緑 乙亥	9月7日	八白 甲辰	8月7日	二黒 甲戌	7月5日	六白 癸卯	6月4日	一白 壬申
26	11月10日	九紫 丙午	10月10日	三碧 丙子	9月8日	七赤 乙巳	8月8日	一白 乙亥	7月6日	五黄 甲辰	6月5日	九紫 癸酉
27	11月11日	八白 丁未	10月11日	二黒 丁丑	9月9日	六白 丙午	8月9日	九紫 丙子	7月7日	四緑 乙巳	6月6日	八白 戊戌
28	11月12日	七赤 戊申	10月12日	一白 戊寅	9月10日	五黄 丁未	8月10日	八白 丁丑	7月8日	三碧 丙午	6月7日	七赤 乙亥
29	11月13日	六白 己酉	10月13日	九紫 己卯	9月11日	四緑 戊申	8月11日	七赤 戊寅	7月9日	二黒 丁未	6月8日	六白 丙子
30	11月14日	五黄 庚戌	10月14日	八白 庚辰	9月12日	三碧 己酉	8月12日	六白 己卯	7月10日	一白 戊申	6月9日	五黄 丁丑
31	11月15日	四緑 辛亥			9月13日	二黒 庚戌			7月11日	九紫 己酉	6月10日	四緑 戊寅

6月戊午			5月丁巳			4月丙辰			3月乙卯			2月甲寅			1月癸丑			
6日 09：15			6日 04：51			5日 11：12			6日 06：03			4日 11：46			6日 00：02			
22日 01：59			21日 17：51			20日 18：25			21日 07：01			19日 07：41			20日 17：21			
七赤金星			八白土星			九紫火星			一白水星			二黒土星			三碧木星			
4月20日	五黄	癸未	3月18日	一白	壬子	2月18日	七赤	壬午	1月16日	三碧	辛亥	12月18日	二黒	癸未	11月16日	三碧	壬子	1
4月21日	六白	甲申	3月19日	二黒	癸丑	2月19日	八白	癸未	1月17日	四緑	壬子	12月19日	三碧	甲申	11月17日	二黒	癸丑	2
4月22日	七赤	乙酉	3月20日	三碧	甲寅	2月20日	九紫	甲申	1月18日	五黄	癸丑	12月20日	四緑	乙酉	11月18日	一白	甲寅	3
4月23日	八白	丙戌	3月21日	四緑	乙卯	2月21日	一白	乙酉	1月19日	六白	甲寅	12月21日	五黄	丙戌	11月19日	九紫	乙卯	4
4月24日	九紫	丁亥	3月22日	五黄	丙辰	2月22日	二黒	丙戌	1月20日	七赤	乙卯	12月22日	六白	丁亥	11月20日	八白	丙辰	5
4月25日	一白	戊子	3月23日	六白	丁巳	2月23日	三碧	丁亥	1月21日	八白	丙辰	12月23日	七赤	戊子	11月21日	七赤	丁巳	6
4月26日	二黒	己丑	3月24日	七赤	戊午	2月24日	四緑	戊子	1月22日	九紫	丁巳	12月24日	八白	己丑	11月22日	六白	戊午	7
4月27日	三碧	庚寅	3月25日	八白	己未	2月25日	五黄	己丑	1月23日	一白	戊午	12月25日	九紫	庚寅	11月23日	五黄	己未	8
4月28日	四緑	辛卯	3月26日	九紫	庚申	2月26日	六白	庚寅	1月24日	二黒	己未	12月26日	一白	辛卯	11月24日	四緑	庚申	9
4月29日	五黄	壬辰	3月27日	一白	辛酉	2月27日	七赤	辛卯	1月25日	三碧	庚申	12月27日	二黒	壬辰	11月25日	三碧	辛酉	10
5月1日	六白	癸巳	3月28日	二黒	壬戌	2月28日	八白	壬辰	1月26日	四緑	辛酉	12月28日	三碧	癸巳	11月26日	二黒	壬戌	11
5月2日	七赤	甲午	3月29日	三碧	癸亥	2月29日	九紫	癸巳	1月27日	五黄	壬戌	12月29日	四緑	甲午	11月27日	一白	癸亥	12
5月3日	八白	乙未	4月1日	四緑	甲子	2月30日	一白	甲午	1月28日	六白	癸亥	12月30日	五黄	乙未	11月28日	一白	甲子	13
5月4日	九紫	丙申	4月2日	五黄	乙丑	3月1日	二黒	乙未	1月29日	七赤	甲子	1月1日	六白	丙申	11月29日	二黒	乙丑	14
5月5日	一白	丁酉	4月3日	六白	丙寅	3月2日	三碧	丙申	2月1日	八白	乙丑	1月2日	七赤	丁酉	12月1日	三碧	丙寅	15
5月6日	二黒	戊戌	4月4日	七赤	丁卯	3月3日	四緑	丁酉	2月2日	九紫	丙寅	1月3日	八白	戊戌	12月2日	四緑	丁卯	16
5月7日	三碧	己亥	4月5日	八白	戊辰	3月4日	五黄	戊戌	2月3日	一白	丁卯	1月4日	九紫	己亥	12月3日	五黄	戊辰	17
5月8日	四緑	庚子	4月6日	九紫	己巳	3月5日	六白	己亥	2月4日	二黒	戊辰	1月5日	一白	庚子	12月4日	六白	己巳	18
5月9日	五黄	辛丑	4月7日	一白	庚午	3月6日	七赤	庚子	2月5日	三碧	己巳	1月6日	二黒	辛丑	12月5日	七赤	庚午	19
5月10日	六白	壬寅	4月8日	二黒	辛未	3月7日	八白	辛丑	2月6日	四緑	庚午	1月7日	三碧	壬寅	12月6日	八白	辛未	20
5月11日	七赤	癸卯	4月9日	三碧	壬申	3月8日	九紫	壬寅	2月7日	五黄	辛未	1月8日	四緑	癸卯	12月7日	九紫	壬申	21
5月12日	八白	甲辰	4月10日	四緑	癸酉	3月9日	一白	癸卯	2月8日	六白	壬申	1月9日	五黄	甲辰	12月8日	一白	癸酉	22
5月13日	九紫	乙巳	4月11日	五黄	甲戌	3月10日	二黒	甲辰	2月9日	七赤	癸酉	1月10日	六白	乙巳	12月9日	二黒	甲戌	23
5月14日	一白	丙午	4月12日	六白	乙亥	3月11日	三碧	乙巳	2月10日	八白	甲戌	1月11日	七赤	丙午	12月10日	三碧	乙亥	24
5月15日	二黒	丁未	4月13日	七赤	丙子	3月12日	四緑	丙午	2月11日	九紫	乙亥	1月12日	八白	丁未	12月11日	四緑	丙子	25
5月16日	三碧	戊申	4月14日	八白	丁丑	3月13日	五黄	丁未	2月12日	一白	丙子	1月13日	九紫	戊申	12月12日	五黄	丁丑	26
5月17日	四緑	己酉	4月15日	九紫	戊寅	3月14日	六白	戊申	2月13日	二黒	丁丑	1月14日	一白	己酉	12月13日	六白	戊寅	27
5月18日	五黄	庚戌	4月16日	一白	己卯	3月15日	七赤	己酉	2月14日	三碧	戊寅	1月15日	二黒	庚戌	12月14日	七赤	己卯	28
5月19日	六白	辛亥	4月17日	二黒	庚辰	3月16日	八白	庚戌	2月15日	四緑	己卯				12月15日	八白	庚辰	29
5月20日	七赤	壬子	4月18日	三碧	辛巳	3月17日	九紫	辛亥	2月16日	五黄	庚辰				12月16日	九紫	辛巳	30
			4月19日	四緑	壬午				2月17日	六白	辛巳				12月17日	一白	壬午	31

60

昭和28年	1953年	癸巳年	二黒土星		
12月甲子	11月癸亥	10月壬戌	9月辛酉	8月庚申	7月己未
7日 18：36	8日 02：00	8日 23：10	8日 07：53	8日 05：15	7日 19：34
22日 12：31	22日 23：21	24日 02：05	23日 17：06	23日 19：46	23日 12：52
一白水星	二黒土星	三碧木星	四緑木星	五黄土星	六白金星

1	10月25日	二黒	丙戌	9月25日	五黄	丙辰	8月24日	九紫	乙酉	7月23日	三碧	乙卯	6月22日	七赤	甲申	5月21日	八白	癸丑
2	10月26日	一白	丁亥	9月26日	四緑	丁巳	8月25日	八白	丙戌	7月24日	二黒	丙辰	6月23日	六白	乙酉	5月22日	九紫	甲寅
3	10月27日	九紫	戊子	9月27日	三碧	戊午	8月26日	七赤	丁亥	7月25日	一白	丁巳	6月24日	五黄	丙戌	5月23日	一白	乙卯
4	10月28日	八白	己丑	9月28日	二黒	己未	8月27日	六白	戊子	7月26日	九紫	戊午	6月25日	四緑	丁亥	5月24日	二黒	丙辰
5	10月29日	七赤	庚寅	9月29日	一白	庚申	8月28日	五黄	己丑	7月27日	八白	己未	6月26日	三碧	戊子	5月25日	三碧	丁巳
6	11月1日	六白	辛卯	9月30日	九紫	辛酉	8月29日	四緑	庚寅	7月28日	七赤	庚申	6月27日	二黒	己丑	5月26日	四緑	戊午
7	11月2日	五黄	壬辰	10月1日	八白	壬戌	8月30日	三碧	辛卯	7月29日	六白	辛酉	6月28日	一白	庚寅	5月27日	五黄	己未
8	11月3日	四緑	癸巳	10月2日	七赤	癸亥	9月1日	二黒	壬辰	8月1日	五黄	壬戌	6月29日	九紫	辛卯	5月28日	六白	庚申
9	11月4日	三碧	甲午	10月3日	六白	甲子	9月2日	一白	癸巳	8月2日	四緑	癸亥	6月30日	八白	壬辰	5月29日	七赤	辛酉
10	11月5日	二黒	乙未	10月4日	五黄	乙丑	9月3日	九紫	甲午	8月3日	三碧	甲子	7月1日	七赤	癸巳	5月30日	八白	壬戌
11	11月6日	一白	丙申	10月5日	四緑	丙寅	9月4日	八白	乙未	8月4日	二黒	乙丑	7月2日	六白	甲午	6月1日	九紫	癸亥
12	11月7日	九紫	丁酉	10月6日	三碧	丁卯	9月5日	七赤	丙申	8月5日	一白	丙寅	7月3日	五黄	乙未	6月2日	九紫	甲子
13	11月8日	八白	戊戌	10月7日	二黒	戊辰	9月6日	六白	丁酉	8月6日	九紫	丁卯	7月4日	四緑	丙申	6月3日	八白	乙丑
14	11月9日	七赤	己亥	10月8日	一白	己巳	9月7日	五黄	戊戌	8月7日	八白	戊辰	7月5日	三碧	丁酉	6月4日	七赤	丙寅
15	11月10日	六白	庚子	10月9日	九紫	庚午	9月8日	四緑	己亥	8月8日	七赤	己巳	7月6日	二黒	戊戌	6月5日	六白	丁卯
16	11月11日	五黄	辛丑	10月10日	八白	辛未	9月9日	三碧	庚子	8月9日	六白	庚午	7月7日	一白	己亥	6月6日	五黄	戊辰
17	11月12日	四緑	壬寅	10月11日	七赤	壬申	9月10日	二黒	辛丑	8月10日	五黄	辛未	7月8日	九紫	庚子	6月7日	四緑	己巳
18	11月13日	三碧	癸卯	10月12日	六白	癸酉	9月11日	一白	壬寅	8月11日	四緑	壬申	7月9日	八白	辛丑	6月8日	三碧	庚午
19	11月14日	二黒	甲辰	10月13日	五黄	甲戌	9月12日	九紫	癸卯	8月12日	三碧	癸酉	7月10日	七赤	壬寅	6月9日	二黒	辛未
20	11月15日	一白	乙巳	10月14日	四緑	乙亥	9月13日	八白	甲辰	8月13日	二黒	甲戌	7月11日	六白	癸卯	6月10日	一白	壬申
21	11月16日	九紫	丙午	10月15日	三碧	丙子	9月14日	七赤	乙巳	8月14日	一白	乙亥	7月12日	五黄	甲辰	6月11日	九紫	癸酉
22	11月17日	八白	丁未	10月16日	二黒	丁丑	9月15日	六白	丙午	8月15日	九紫	丙子	7月13日	四緑	乙巳	6月12日	八白	甲戌
23	11月18日	七赤	戊申	10月17日	一白	戊寅	9月16日	五黄	丁未	8月16日	八白	丁丑	7月14日	三碧	丙午	6月13日	七赤	乙亥
24	11月19日	六白	己酉	10月18日	九紫	己卯	9月17日	四緑	戊申	8月17日	七赤	戊寅	7月15日	二黒	丁未	6月14日	六白	丙子
25	11月20日	五黄	庚戌	10月19日	八白	庚辰	9月18日	三碧	己酉	8月18日	六白	己卯	7月16日	一白	戊申	6月15日	五黄	丁丑
26	11月21日	四緑	辛亥	10月20日	七赤	辛巳	9月19日	二黒	庚戌	8月19日	五黄	庚辰	7月17日	九紫	己酉	6月16日	四緑	戊寅
27	11月22日	三碧	壬子	10月21日	六白	壬午	9月20日	一白	辛亥	8月20日	四緑	辛巳	7月18日	八白	庚戌	6月17日	三碧	己卯
28	11月23日	二黒	癸丑	10月22日	五黄	癸未	9月21日	九紫	壬子	8月21日	三碧	壬午	7月19日	七赤	辛亥	6月18日	二黒	庚辰
29	11月24日	一白	甲寅	10月23日	四緑	甲申	9月22日	八白	癸丑	8月22日	二黒	癸未	7月20日	六白	壬子	6月19日	一白	辛巳
30	11月25日	九紫	乙卯	10月24日	三碧	乙酉	9月23日	七赤	甲寅	8月23日	一白	甲申	7月21日	五黄	癸丑	6月20日	九紫	壬午
31	11月26日	八白	丙辰				9月24日	六白	乙卯				7月22日	四緑	甲寅	6月21日	八白	癸未

6月庚午	5月己巳	4月戊辰	3月丁卯	2月丙寅	1月乙丑	
6日 14：59	6日 10：37	5日 16：58	6日 11：49	4日 17：31	6日 05：45	
22日 07：53	21日 23：46	21日 00：18	21日 12：53	19日 13：33	20日 23：11	
四緑木星	五黄土星	六白金星	七赤金星	八白土星	九紫火星	
5月1日 一白 戊子	3月29日 六白 丁巳	2月28日 三碧 丁亥	1月26日 八白 丙辰	12月28日 七赤 戊子	11月27日 七赤 丁巳	1
5月2日 二黒 己丑	3月30日 七赤 戊午	2月29日 四緑 戊子	1月27日 九紫 丁巳	12月29日 八白 己丑	11月28日 六白 戊午	2
5月3日 三碧 庚寅	4月1日 八白 己未	3月1日 五黄 己丑	1月28日 一白 戊午	12月30日 九紫 庚寅	11月29日 五黄 己未	3
5月4日 四緑 辛卯	4月2日 九紫 庚申	3月2日 六白 庚寅	1月29日 二黒 己未	1月1日 一白 辛卯	11月30日 四緑 庚申	4
5月5日 五黄 壬辰	4月3日 一白 辛酉	3月3日 七赤 辛卯	2月1日 三碧 庚申	1月2日 二黒 壬辰	12月1日 三碧 辛酉	5
5月6日 六白 癸巳	4月4日 二黒 壬戌	3月4日 八白 壬辰	2月2日 四緑 辛酉	1月3日 三碧 癸巳	12月2日 二黒 壬戌	6
5月7日 七赤 甲午	4月5日 三碧 癸亥	3月5日 九紫 癸巳	2月3日 五黄 壬戌	1月4日 四緑 甲午	12月3日 一白 癸亥	7
5月8日 八白 乙未	4月6日 四緑 甲子	3月6日 一白 甲午	2月4日 六白 癸亥	1月5日 五黄 乙未	12月4日 一白 甲子	8
5月9日 九紫 丙申	4月7日 五黄 乙丑	3月7日 二黒 乙未	2月5日 七赤 甲子	1月6日 六白 丙申	12月5日 二黒 乙丑	9
5月10日 一白 丁酉	4月8日 六白 丙寅	3月8日 三碧 丙申	2月6日 八白 乙丑	1月7日 七赤 丁酉	12月6日 三碧 丙寅	10
5月11日 二黒 戊戌	4月9日 七赤 丁卯	3月9日 四緑 丁酉	2月7日 九紫 丙寅	1月8日 八白 戊戌	12月7日 四緑 丁卯	11
5月12日 三碧 己亥	4月10日 八白 戊辰	3月10日 五黄 戊戌	2月8日 一白 丁卯	1月9日 九紫 己亥	12月8日 五黄 戊辰	12
5月13日 四緑 庚子	4月11日 九紫 己巳	3月11日 六白 己亥	2月9日 二黒 戊辰	1月10日 一白 庚子	12月9日 六白 己巳	13
5月14日 五黄 辛丑	4月12日 一白 庚午	3月12日 七赤 庚子	2月10日 三碧 己巳	1月11日 二黒 辛丑	12月10日 七赤 庚午	14
5月15日 六白 壬寅	4月13日 二黒 辛未	3月13日 八白 辛丑	2月11日 四緑 庚午	1月12日 三碧 壬寅	12月11日 八白 辛未	15
5月16日 七赤 癸卯	4月14日 三碧 壬申	3月14日 九紫 壬寅	2月12日 五黄 辛未	1月13日 四緑 癸卯	12月12日 九紫 壬申	16
5月17日 八白 甲辰	4月15日 四緑 癸酉	3月15日 一白 癸卯	2月13日 六白 壬申	1月14日 五黄 甲辰	12月13日 一白 癸酉	17
5月18日 九紫 乙巳	4月16日 五黄 甲戌	3月16日 二黒 甲辰	2月14日 七赤 癸酉	1月15日 六白 乙巳	12月14日 二黒 甲戌	18
5月19日 一白 丙午	4月17日 六白 乙亥	3月17日 三碧 乙巳	2月15日 八白 甲戌	1月16日 七赤 丙午	12月15日 三碧 乙亥	19
5月20日 二黒 丁未	4月18日 七赤 丙子	3月18日 四緑 丙午	2月16日 九紫 乙亥	1月17日 八白 丁未	12月16日 四緑 丙子	20
5月21日 三碧 戊申	4月19日 八白 丁丑	3月19日 五黄 丁未	2月17日 一白 丙子	1月18日 九紫 戊申	12月17日 五黄 丁丑	21
5月22日 四緑 己酉	4月20日 九紫 戊寅	3月20日 六白 戊申	2月18日 二黒 丁丑	1月19日 一白 己酉	12月18日 六白 戊寅	22
5月23日 五黄 庚戌	4月21日 一白 己卯	3月21日 七赤 己酉	2月19日 三碧 戊寅	1月20日 二黒 庚戌	12月19日 七赤 己卯	23
5月24日 六白 辛亥	4月22日 二黒 庚辰	3月22日 八白 庚戌	2月20日 四緑 己卯	1月21日 三碧 辛亥	12月20日 八白 庚辰	24
5月25日 七赤 壬子	4月23日 三碧 辛巳	3月23日 九紫 辛亥	2月21日 五黄 庚辰	1月22日 四緑 壬子	12月21日 九紫 辛巳	25
5月26日 八白 癸丑	4月24日 四緑 壬午	3月24日 一白 壬子	2月22日 六白 辛巳	1月23日 五黄 癸丑	12月22日 一白 壬午	26
5月27日 九紫 甲寅	4月25日 五黄 癸未	3月25日 二黒 癸丑	2月23日 七赤 壬午	1月24日 六白 甲寅	12月23日 二黒 癸未	27
5月28日 一白 乙卯	4月26日 六白 甲申	3月26日 三碧 甲寅	2月24日 八白 癸未	1月25日 七赤 乙卯	12月24日 三碧 甲申	28
5月29日 二黒 丙辰	4月27日 七赤 乙酉	3月27日 四緑 乙卯	2月25日 九紫 甲申		12月25日 四緑 乙酉	29
6月1日 三碧 丁巳	4月28日 八白 丙戌	3月28日 五黄 丙辰	2月26日 一白 乙酉		12月26日 五黄 丙戌	30
	4月29日 九紫 丁亥		2月27日 二黒 丙戌		12月27日 六白 丁亥	31

昭和29年		1954年		甲午年		一白水星					
12月丙子		11月乙亥		10月甲戌		9月癸酉		8月壬申		7月辛未	
8日 00：28		8日 07：49		9日 04：57		8日 13：38		8日 11：00		8日 01：19	
22日 18：24		23日 05：13		24日 07：55		23日 22：55		24日 01：36		23日 18：45	
七赤金星		八白土星		九紫火星		一白水星		二黒土星		三碧木星	

1	11月7日	六白	辛卯	10月6日	九紫	辛酉	9月5日	四緑	庚寅	8月5日	七赤	庚申	7月3日	二黒	己丑	6月2日	四緑	戊午
2	11月8日	五黄	壬辰	10月7日	八白	壬戌	9月6日	三碧	辛卯	8月6日	六白	辛酉	7月4日	一白	庚寅	6月3日	五黄	己未
3	11月9日	四緑	癸巳	10月8日	七赤	癸亥	9月7日	二黒	壬辰	8月7日	五黄	壬戌	7月5日	九紫	辛卯	6月4日	六白	庚申
4	11月10日	三碧	甲午	10月9日	六白	甲子	9月8日	一白	癸巳	8月8日	四緑	癸亥	7月6日	八白	壬辰	6月5日	七赤	辛酉
5	11月11日	二黒	乙未	10月10日	五黄	乙丑	9月9日	九紫	甲午	8月9日	三碧	甲子	7月7日	七赤	癸巳	6月6日	八白	壬戌
6	11月12日	一白	丙申	10月11日	四緑	丙寅	9月10日	八白	乙未	8月10日	二黒	乙丑	7月8日	六白	甲午	6月7日	九紫	癸亥
7	11月13日	九紫	丁酉	10月12日	三碧	丁卯	9月11日	七赤	丙申	8月11日	一白	丙寅	7月9日	五黄	乙未	6月8日	九紫	甲子
8	11月14日	八白	戊戌	10月13日	二黒	戊辰	9月12日	六白	丁酉	8月12日	九紫	丁卯	7月10日	四緑	丙申	6月9日	八白	乙丑
9	11月15日	七赤	己亥	10月14日	一白	己巳	9月13日	五黄	戊戌	8月13日	八白	戊辰	7月11日	三碧	丁酉	6月10日	七赤	丙寅
10	11月16日	六白	庚子	10月15日	九紫	庚午	9月14日	四緑	己亥	8月14日	七赤	己巳	7月12日	二黒	戊戌	6月11日	六白	丁卯
11	11月17日	五黄	辛丑	10月16日	八白	辛未	9月15日	三碧	庚子	8月15日	六白	庚午	7月13日	一白	己亥	6月12日	五黄	戊辰
12	11月18日	四緑	壬寅	10月17日	七赤	壬申	9月16日	二黒	辛丑	8月16日	五黄	辛未	7月14日	九紫	庚子	6月13日	四緑	己巳
13	11月19日	三碧	癸卯	10月18日	六白	癸酉	9月17日	一白	壬寅	8月17日	四緑	壬申	7月15日	八白	辛丑	6月14日	三碧	庚午
14	11月20日	二黒	甲辰	10月19日	五黄	甲戌	9月18日	九紫	癸卯	8月18日	三碧	癸酉	7月16日	七赤	壬寅	6月15日	二黒	辛未
15	11月21日	一白	乙巳	10月20日	四緑	乙亥	9月19日	八白	甲辰	8月19日	二黒	甲戌	7月17日	六白	癸卯	6月16日	一白	壬申
16	11月22日	九紫	丙午	10月21日	三碧	丙子	9月20日	七赤	乙巳	8月20日	一白	乙亥	7月18日	五黄	甲辰	6月17日	九紫	癸酉
17	11月23日	八白	丁未	10月22日	二黒	丁丑	9月21日	六白	丙午	8月21日	九紫	丙子	7月19日	四緑	乙巳	6月18日	八白	甲戌
18	11月24日	七赤	戊申	10月23日	一白	戊寅	9月22日	五黄	丁未	8月22日	八白	丁丑	7月20日	三碧	丙午	6月19日	七赤	乙亥
19	11月25日	六白	己酉	10月24日	九紫	己卯	9月23日	四緑	戊申	8月23日	七赤	戊寅	7月21日	二黒	丁未	6月20日	六白	丙子
20	11月26日	五黄	庚戌	10月25日	八白	庚辰	9月24日	三碧	己酉	8月24日	六白	己卯	7月22日	一白	戊申	6月21日	五黄	丁丑
21	11月27日	四緑	辛亥	10月26日	七赤	辛巳	9月25日	二黒	庚戌	8月25日	五黄	庚辰	7月23日	九紫	己酉	6月22日	四緑	戊寅
22	11月28日	三碧	壬子	10月27日	六白	壬午	9月26日	一白	辛亥	8月26日	四緑	辛巳	7月24日	八白	庚戌	6月23日	三碧	己卯
23	11月29日	二黒	癸丑	10月28日	五黄	癸未	9月27日	九紫	壬子	8月27日	三碧	壬午	7月25日	七赤	辛亥	6月24日	二黒	庚辰
24	11月30日	一白	甲寅	10月29日	四緑	甲申	9月28日	八白	癸丑	8月28日	二黒	癸未	7月26日	六白	壬子	6月25日	一白	辛巳
25	12月1日	九紫	乙卯	11月1日	三碧	乙酉	9月29日	七赤	甲寅	8月29日	一白	甲申	7月27日	五黄	癸丑	6月26日	九紫	壬午
26	12月2日	八白	丙辰	11月2日	二黒	丙戌	9月30日	六白	乙卯	8月30日	九紫	乙酉	7月28日	四緑	甲寅	6月27日	八白	癸未
27	12月3日	七赤	丁巳	11月3日	一白	丁亥	10月1日	五黄	丙辰	9月1日	八白	丙戌	7月29日	三碧	乙卯	6月28日	七赤	甲申
28	12月4日	六白	戊午	11月4日	九紫	戊子	10月2日	四緑	丁巳	9月2日	七赤	丁亥	8月1日	二黒	丙辰	6月29日	六白	乙酉
29	12月5日	五黄	己未	11月5日	八白	己丑	10月3日	三碧	戊午	9月3日	六白	戊子	8月2日	一白	丁巳	6月30日	五黄	丙戌
30	12月6日	四緑	庚申	11月6日	七赤	庚寅	10月4日	二黒	己未	9月4日	五黄	己丑	8月3日	九紫	戊午	7月1日	四緑	丁亥
31	12月7日	三碧	辛酉				10月5日	一白	庚申				8月4日	八白	己未	7月2日	三碧	戊子

6月壬午	5月辛巳	4月庚辰	3月己卯	2月戊寅	1月丁丑	
6日 20：42	6日 16：16	5日 22：38	6日 17：31	4日 23：18	6日 11：36	
22日 13：31	22日 05：23	21日 05：56	21日 18：35	19日 19：19	21日 05：02	
一白水星	二黒土星	三碧木星	四緑木星	五黄土星	六白金星	
4月11日 六白 癸巳	閏3月10日 二黒 壬戌	3月9日 八白 壬辰	2月7日 四緑 辛酉	1月9日 三碧 癸巳	12月8日 二黒 壬戌	1
4月12日 七赤 甲午	閏3月11日 三碧 癸亥	3月10日 九紫 癸巳	2月8日 五黄 壬戌	1月10日 四緑 甲午	12月9日 一白 癸亥	2
4月13日 八白 乙未	閏3月12日 四緑 甲子	3月11日 一白 甲午	2月9日 六白 癸亥	1月11日 五黄 乙未	12月10日 一白 甲子	3
4月14日 九紫 丙申	閏3月13日 五黄 乙丑	3月12日 二黒 乙未	2月10日 七赤 甲子	1月12日 六白 丙申	12月11日 二黒 乙丑	4
4月15日 一白 丁酉	閏3月14日 六白 丙寅	3月13日 三碧 丙申	2月11日 八白 乙丑	1月13日 七赤 丁酉	12月12日 三碧 丙寅	5
4月16日 二黒 戊戌	閏3月15日 七赤 丁卯	3月14日 四緑 丁酉	2月12日 九紫 丙寅	1月14日 八白 戊戌	12月13日 四緑 丁卯	6
4月17日 三碧 己亥	閏3月16日 八白 戊辰	3月15日 五黄 戊戌	2月13日 一白 丁卯	1月15日 九紫 己亥	12月14日 五黄 戊辰	7
4月18日 四緑 庚子	閏3月17日 九紫 己巳	3月16日 六白 己亥	2月14日 二黒 戊辰	1月16日 一白 庚子	12月15日 六白 己巳	8
4月19日 五黄 辛丑	閏3月18日 一白 庚午	3月17日 七赤 庚子	2月15日 三碧 己巳	1月17日 二黒 辛丑	12月16日 七赤 庚午	9
4月20日 六白 壬寅	閏3月19日 二黒 辛未	3月18日 八白 辛丑	2月16日 四緑 庚午	1月18日 三碧 壬寅	12月17日 八白 辛未	10
4月21日 七赤 癸卯	閏3月20日 三碧 壬申	3月19日 九紫 壬寅	2月17日 五黄 辛未	1月19日 四緑 癸卯	12月18日 九紫 壬申	11
4月22日 八白 甲辰	閏3月21日 四緑 癸酉	3月20日 一白 癸卯	2月18日 六白 壬申	1月20日 五黄 甲辰	12月19日 一白 癸酉	12
4月23日 九紫 乙巳	閏3月22日 五黄 甲戌	3月21日 二黒 甲辰	2月19日 七赤 癸酉	1月21日 六白 乙巳	12月20日 二黒 甲戌	13
4月24日 一白 丙午	閏3月23日 六白 乙亥	3月22日 三碧 乙巳	2月20日 八白 甲戌	1月22日 七赤 丙午	12月21日 三碧 乙亥	14
4月25日 二黒 丁未	閏3月24日 七赤 丙子	3月23日 四緑 丙午	2月21日 九紫 乙亥	1月23日 八白 丁未	12月22日 四緑 丙子	15
4月26日 三碧 戊申	閏3月25日 八白 丁丑	3月24日 五黄 丁未	2月22日 一白 丙子	1月24日 九紫 戊申	12月23日 五黄 丁丑	16
4月27日 四緑 己酉	閏3月26日 九紫 戊寅	3月25日 六白 戊申	2月23日 二黒 丁丑	1月25日 一白 己酉	12月24日 六白 戊寅	17
4月28日 五黄 庚戌	閏3月27日 一白 己卯	3月26日 七赤 己酉	2月24日 三碧 戊寅	1月26日 二黒 庚戌	12月25日 七赤 己卯	18
4月29日 六白 辛亥	閏3月28日 二黒 庚辰	3月27日 八白 庚戌	2月25日 四緑 己卯	1月27日 三碧 辛亥	12月26日 八白 庚辰	19
5月1日 七赤 壬子	閏3月29日 三碧 辛巳	3月28日 九紫 辛亥	2月26日 五黄 庚辰	1月28日 四緑 壬子	12月27日 九紫 辛巳	20
5月2日 八白 癸丑	閏3月30日 四緑 壬午	3月29日 一白 壬子	2月27日 六白 辛巳	1月29日 五黄 癸丑	12月28日 一白 壬午	21
5月3日 九紫 甲寅	4月1日 五黄 癸未	閏3月1日 二黒 癸丑	2月28日 七赤 壬午	1月30日 六白 甲寅	12月29日 二黒 癸未	22
5月4日 一白 乙卯	4月2日 六白 甲申	閏3月2日 三碧 甲寅	2月29日 八白 癸未	2月1日 七赤 乙卯	12月30日 三碧 甲申	23
5月5日 二黒 丙辰	4月3日 七赤 乙酉	閏3月3日 四緑 乙卯	3月1日 九紫 甲申	2月2日 八白 丙辰	1月1日 四緑 乙酉	24
5月6日 三碧 丁巳	4月4日 八白 丙戌	閏3月4日 五黄 丙辰	3月2日 一白 乙酉	2月3日 九紫 丁巳	1月2日 五黄 丙戌	25
5月7日 四緑 戊午	4月5日 九紫 丁亥	閏3月5日 六白 丁巳	3月3日 二黒 丙戌	2月4日 一白 戊午	1月3日 六白 丁亥	26
5月8日 五黄 己未	4月6日 一白 戊子	閏3月6日 七赤 戊午	3月4日 三碧 丁亥	2月5日 二黒 己未	1月4日 七赤 戊子	27
5月9日 六白 庚申	4月7日 二黒 己丑	閏3月7日 八白 己未	3月5日 四緑 戊子	2月6日 三碧 庚申	1月5日 八白 己丑	28
5月10日 七赤 辛酉	4月8日 三碧 庚寅	閏3月8日 九紫 庚申	3月6日 五黄 己丑		1月6日 九紫 庚寅	29
5月11日 八白 壬戌	4月9日 四緑 辛卯	閏3月9日 一白 辛酉	3月7日 六白 庚寅		1月7日 一白 辛卯	30
	4月10日 五黄 壬辰		3月8日 七赤 辛卯		1月8日 二黒 壬辰	31

64

昭和30年		1955年		乙未年		九紫火星					
12月戊子		11月丁亥		10月丙戌		9月乙酉		8月甲申		7月癸未	
8日 06：22		8日 13：44		9日 10：51		8日 19：32		8日 16：51		8日 07：06	
23日 00：11		23日 11：00		24日 13：42		24日 04：40		24日 07：19		24日 00：25	
四緑木星		五黄土星		六白金星		七赤金星		八白土星		九紫火星	

1	10月18日	一白	丙申	9月17日	四緑	丙寅	8月16日	八白	乙未	7月15日	二黒	乙丑	6月14日	六白	甲午	5月12日	九紫	癸亥
2	10月19日	九紫	丁酉	9月18日	三碧	丁卯	8月17日	七赤	丙申	7月16日	一白	丙寅	6月15日	五黄	乙未	5月13日	九紫	甲子
3	10月20日	八白	戊戌	9月19日	二黒	戊辰	8月18日	六白	丁酉	7月17日	九紫	丁卯	6月16日	四緑	丙申	5月14日	八白	乙丑
4	10月21日	七赤	己亥	9月20日	一白	己巳	8月19日	五黄	戊戌	7月18日	八白	戊辰	6月17日	三碧	丁酉	5月15日	七赤	丙寅
5	10月22日	六白	庚子	9月21日	九紫	庚午	8月20日	四緑	己亥	7月19日	七赤	己巳	6月18日	二黒	戊戌	5月16日	六白	丁卯
6	10月23日	五黄	辛丑	9月22日	八白	辛未	8月21日	三碧	庚子	7月20日	六白	庚午	6月19日	一白	己亥	5月17日	五黄	戊辰
7	10月24日	四緑	壬寅	9月23日	七赤	壬申	8月22日	二黒	辛丑	7月21日	五黄	辛未	6月20日	九紫	庚子	5月18日	四緑	己巳
8	10月25日	三碧	癸卯	9月24日	六白	癸酉	8月23日	一白	壬寅	7月22日	四緑	壬申	6月21日	八白	辛丑	5月19日	三碧	庚午
9	10月26日	二黒	甲辰	9月25日	五黄	甲戌	8月24日	九紫	癸卯	7月23日	三碧	癸酉	6月22日	七赤	壬寅	5月20日	二黒	辛未
10	10月27日	一白	乙巳	9月26日	四緑	乙亥	8月25日	八白	甲辰	7月24日	二黒	甲戌	6月23日	六白	癸卯	5月21日	一白	壬申
11	10月28日	九紫	丙午	9月27日	三碧	丙子	8月26日	七赤	乙巳	7月25日	一白	乙亥	6月24日	五黄	甲辰	5月22日	九紫	癸酉
12	10月29日	八白	丁未	9月28日	二黒	丁丑	8月27日	六白	丙午	7月26日	九紫	丙子	6月25日	四緑	乙巳	5月23日	八白	甲戌
13	10月30日	七赤	戊申	9月29日	一白	戊寅	8月28日	五黄	丁未	7月27日	八白	丁丑	6月26日	三碧	丙午	5月24日	七赤	乙亥
14	11月1日	六白	己酉	10月1日	九紫	己卯	8月29日	四緑	戊申	7月28日	七赤	戊寅	6月27日	二黒	丁未	5月25日	六白	丙子
15	11月2日	五黄	庚戌	10月2日	八白	庚辰	8月30日	三碧	己酉	7月29日	六白	己卯	6月28日	一白	戊申	5月26日	五黄	丁丑
16	11月3日	四緑	辛亥	10月3日	七赤	辛巳	9月1日	二黒	庚戌	8月1日	五黄	庚辰	6月29日	九紫	己酉	5月27日	四緑	戊寅
17	11月4日	三碧	壬子	10月4日	六白	壬午	9月2日	一白	辛亥	8月2日	四緑	辛巳	6月30日	八白	庚戌	5月28日	三碧	己卯
18	11月5日	二黒	癸丑	10月5日	五黄	癸未	9月3日	九紫	壬子	8月3日	三碧	壬午	7月1日	七赤	辛亥	5月29日	二黒	庚辰
19	11月6日	一白	甲寅	10月6日	四緑	甲申	9月4日	八白	癸丑	8月4日	二黒	癸未	7月2日	六白	壬子	6月1日	一白	辛巳
20	11月7日	九紫	乙卯	10月7日	三碧	乙酉	9月5日	七赤	甲寅	8月5日	一白	甲申	7月3日	五黄	癸丑	6月2日	九紫	壬午
21	11月8日	八白	丙辰	10月8日	二黒	丙戌	9月6日	六白	乙卯	8月6日	九紫	乙酉	7月4日	四緑	甲寅	6月3日	八白	癸未
22	11月9日	七赤	丁巳	10月9日	一白	丁亥	9月7日	五黄	丙辰	8月7日	八白	丙戌	7月5日	三碧	乙卯	6月4日	七赤	甲申
23	11月10日	六白	戊午	10月10日	九紫	戊子	9月8日	四緑	丁巳	8月8日	七赤	丁亥	7月6日	二黒	丙辰	6月5日	六白	乙酉
24	11月11日	五黄	己未	10月11日	八白	己丑	9月9日	三碧	戊午	8月9日	六白	戊子	7月7日	一白	丁巳	6月6日	五黄	丙戌
25	11月12日	四緑	庚申	10月12日	七赤	庚寅	9月10日	二黒	己未	8月10日	五黄	己丑	7月8日	九紫	戊午	6月7日	四緑	丁亥
26	11月13日	三碧	辛酉	10月13日	六白	辛卯	9月11日	一白	庚申	8月11日	四緑	庚寅	7月9日	八白	己未	6月8日	三碧	戊子
27	11月14日	二黒	壬戌	10月14日	五黄	壬辰	9月12日	九紫	辛酉	8月12日	三碧	辛卯	7月10日	七赤	庚申	6月9日	二黒	己丑
28	11月15日	一白	癸亥	10月15日	四緑	癸巳	9月13日	八白	壬戌	8月13日	二黒	壬辰	7月11日	六白	辛酉	6月10日	一白	庚寅
29	11月16日	一白	甲子	10月16日	三碧	甲午	9月14日	七赤	癸亥	8月14日	一白	癸巳	7月12日	五黄	壬戌	6月11日	九紫	辛卯
30	11月17日	二黒	乙丑	10月17日	二黒	乙未	9月15日	六白	甲子	8月15日	九紫	甲午	7月13日	四緑	癸亥	6月12日	八白	壬辰
31	11月18日	三碧	丙寅				9月16日	五黄	乙丑				7月14日	三碧	甲子	6月13日	七赤	癸巳

万年暦

6月甲午			5月癸巳			4月壬辰			3月辛卯			2月庚寅			1月己丑			
6日 02：35			5日 22：08			5日 04：30			5日 23：24			5日 05：12			6日 17：31			
21日 19：24			21日 11：11			20日 11：42			21日 00：19			20日 01：05			21日 10：49			
七赤金星			八白土星			九紫火星			一白水星			二黒土星			三碧木星			
4月23日	三碧	己亥	3月21日	八白	戊辰	2月21日	五黄	戊戌	1月19日	一白	丁卯	12月20日	八白	戊辰	11月19日	四緑	丁卯	1
4月24日	四緑	庚子	3月22日	九紫	己巳	2月22日	六白	己亥	1月20日	二黒	戊辰	12月21日	九紫	己巳	11月20日	五黄	戊辰	2
4月25日	五黄	辛丑	3月23日	一白	庚午	2月23日	七赤	庚子	1月21日	三碧	己巳	12月22日	一白	庚午	11月21日	六白	己巳	3
4月26日	六白	壬寅	3月24日	二黒	辛未	2月24日	八白	辛丑	1月22日	四緑	庚午	12月23日	二黒	辛未	11月22日	七赤	庚午	4
4月27日	七赤	癸卯	3月25日	三碧	壬申	2月25日	九紫	壬寅	1月23日	五黄	辛未	12月24日	三碧	壬申	11月23日	八白	辛未	5
4月28日	八白	甲辰	3月26日	四緑	癸酉	2月26日	一白	癸卯	1月24日	六白	壬申	12月25日	四緑	癸酉	11月24日	九紫	壬申	6
4月29日	九紫	乙巳	3月27日	五黄	甲戌	2月27日	二黒	甲辰	1月25日	七赤	癸酉	12月26日	五黄	甲戌	11月25日	一白	癸酉	7
4月30日	一白	丙午	3月28日	六白	乙亥	2月28日	三碧	乙巳	1月26日	八白	甲戌	12月27日	六白	乙亥	11月26日	二黒	甲戌	8
5月1日	二黒	丁未	3月29日	七赤	丙子	2月29日	四緑	丙午	1月27日	九紫	乙亥	12月28日	七赤	丙子	11月27日	三碧	乙亥	9
5月2日	三碧	戊申	4月1日	八白	丁丑	2月30日	五黄	丁未	1月28日	一白	丙子	12月29日	八白	丁丑	11月28日	四緑	丙子	10
5月3日	四緑	己酉	4月2日	九紫	戊寅	3月1日	六白	戊申	1月29日	二黒	丁丑	12月30日	九紫	戊申	11月29日	五黄	丁丑	11
5月4日	五黄	庚戌	4月3日	一白	己卯	3月2日	七赤	己酉	2月1日	三碧	戊寅	1月1日	一白	己酉	11月30日	六白	戊寅	12
5月5日	六白	辛亥	4月4日	二黒	庚辰	3月3日	八白	庚戌	2月2日	四緑	己卯	1月2日	二黒	庚戌	12月1日	七赤	己卯	13
5月6日	七赤	壬子	4月5日	三碧	辛巳	3月4日	九紫	辛亥	2月3日	五黄	庚辰	1月3日	三碧	辛亥	12月2日	八白	庚辰	14
5月7日	八白	癸丑	4月6日	四緑	壬午	3月5日	一白	壬子	2月4日	六白	辛巳	1月4日	四緑	壬子	12月3日	九紫	辛巳	15
5月8日	九紫	甲寅	4月7日	五黄	癸未	3月6日	二黒	癸丑	2月5日	七赤	壬午	1月5日	五黄	癸丑	12月4日	一白	壬午	16
5月9日	一白	乙卯	4月8日	六白	甲申	3月7日	三碧	甲寅	2月6日	八白	癸未	1月6日	六白	甲寅	12月5日	二黒	癸未	17
5月10日	二黒	丙辰	4月9日	七赤	乙酉	3月8日	四緑	乙卯	2月7日	九紫	甲申	1月7日	七赤	乙卯	12月6日	三碧	甲申	18
5月11日	三碧	丁巳	4月10日	八白	丙戌	3月9日	五黄	丙辰	2月8日	一白	乙酉	1月8日	八白	丙辰	12月7日	四緑	乙酉	19
5月12日	四緑	戊午	4月11日	九紫	丁亥	3月10日	六白	丁巳	2月9日	二黒	丙戌	1月9日	九紫	丁巳	12月8日	五黄	丙戌	20
5月13日	五黄	己未	4月12日	一白	戊子	3月11日	七赤	戊午	2月10日	三碧	丁亥	1月10日	一白	戊午	12月9日	六白	丁亥	21
5月14日	六白	庚申	4月13日	二黒	己丑	3月12日	八白	己未	2月11日	四緑	戊子	1月11日	二黒	己未	12月10日	七赤	戊子	22
5月15日	七赤	辛酉	4月14日	三碧	庚寅	3月13日	九紫	庚申	2月12日	五黄	己丑	1月12日	三碧	庚申	12月11日	八白	己丑	23
5月16日	八白	壬戌	4月15日	四緑	辛卯	3月14日	一白	辛酉	2月13日	六白	庚寅	1月13日	四緑	辛酉	12月12日	九紫	庚寅	24
5月17日	九紫	癸亥	4月16日	五黄	壬辰	3月15日	二黒	壬戌	2月14日	七赤	辛卯	1月14日	五黄	壬戌	12月13日	一白	辛卯	25
5月18日	九紫	甲子	4月17日	六白	癸巳	3月16日	三碧	癸亥	2月15日	八白	壬辰	1月15日	六白	癸亥	12月14日	二黒	壬辰	26
5月19日	八白	乙丑	4月18日	七赤	甲午	3月17日	四緑	甲子	2月16日	九紫	癸巳	1月16日	七赤	甲子	12月15日	三碧	癸巳	27
5月20日	七赤	丙寅	4月19日	八白	乙未	3月18日	五黄	乙丑	2月17日	一白	甲午	1月17日	八白	乙丑	12月16日	四緑	甲午	28
5月21日	六白	丁卯	4月20日	九紫	丙申	3月19日	六白	丙寅	2月18日	二黒	乙未	1月18日	九紫	丙寅	12月17日	五黄	乙未	29
5月22日	五黄	戊辰	4月21日	一白	丁酉	3月20日	七赤	丁卯	2月19日	三碧	丙申				12月18日	六白	丙申	30
			4月22日	二黒	戊戌				2月20日	四緑	丁酉				12月19日	七赤	丁酉	31

昭和31年			1956年			丙申年			八白土星								
	12月庚子			11月己亥			10月戊戌			9月丁酉			8月丙申			7月乙未	
	7日 12：02			7日 19：25			8日 16：35			8日 01：19			7日 22：41			7日 12：58	
	22日 06：00			22日 16：49			23日 19：33			23日 10：34			23日 13：15			23日 06：20	
	一白水星			二黒土星			三碧木星			四緑木星			五黄土星			六白金星	
1	10月29日	四緑	壬寅	9月29日	七赤	壬申	8月27日	二黒	辛丑	7月27日	五黄	辛未	6月25日	九紫	庚子	5月23日	四緑	己巳
2	11月1日	三碧	癸卯	9月30日	六白	癸酉	8月28日	一白	壬寅	7月28日	四緑	壬申	6月26日	八白	辛丑	5月24日	三碧	庚午
3	11月2日	二黒	甲辰	10月1日	五黄	甲戌	8月29日	九紫	癸卯	7月29日	三碧	癸酉	6月27日	七赤	壬寅	5月25日	二黒	辛未
4	11月3日	一白	乙巳	10月2日	四緑	乙亥	9月1日	八白	甲辰	7月30日	二黒	甲戌	6月28日	六白	癸卯	5月26日	一白	壬申
5	11月4日	九紫	丙午	10月3日	三碧	丙子	9月2日	七赤	乙巳	8月1日	一白	乙亥	6月29日	五黄	甲辰	5月27日	九紫	癸酉
6	11月5日	八白	丁未	10月4日	二黒	丁丑	9月3日	六白	丙午	8月2日	九紫	丙子	7月1日	四緑	乙巳	5月28日	八白	甲戌
7	11月6日	七赤	戊申	10月5日	一白	戊寅	9月4日	五黄	丁未	8月3日	八白	丁丑	7月2日	三碧	丙午	5月29日	七赤	乙亥
8	11月7日	六白	己酉	10月6日	九紫	己卯	9月5日	四緑	戊申	8月4日	七赤	戊寅	7月3日	二黒	丁未	6月1日	六白	丙子
9	11月8日	五黄	庚戌	10月7日	八白	庚辰	9月6日	三碧	己酉	8月5日	六白	己卯	7月4日	一白	戊申	6月2日	五黄	丁丑
10	11月9日	四緑	辛亥	10月8日	七赤	辛巳	9月7日	二黒	庚戌	8月6日	五黄	庚辰	7月5日	九紫	己酉	6月3日	四緑	戊寅
11	11月10日	三碧	壬子	10月9日	六白	壬午	9月8日	一白	辛亥	8月7日	四緑	辛巳	7月6日	八白	庚戌	6月4日	三碧	己卯
12	11月11日	二黒	癸丑	10月10日	五黄	癸未	9月9日	九紫	壬子	8月8日	三碧	壬午	7月7日	七赤	辛亥	6月5日	二黒	庚辰
13	11月12日	一白	甲寅	10月11日	四緑	甲申	9月10日	八白	癸丑	8月9日	二黒	癸未	7月8日	六白	壬子	6月6日	一白	辛巳
14	11月13日	九紫	乙卯	10月12日	三碧	乙酉	9月11日	七赤	甲寅	8月10日	一白	甲申	7月9日	五黄	癸丑	6月7日	九紫	壬午
15	11月14日	八白	丙辰	10月13日	二黒	丙戌	9月12日	六白	乙卯	8月11日	九紫	乙酉	7月10日	四緑	甲寅	6月8日	八白	癸未
16	11月15日	七赤	丁巳	10月14日	一白	丁亥	9月13日	五黄	丙辰	8月12日	八白	丙戌	7月11日	三碧	乙卯	6月9日	七赤	甲申
17	11月16日	六白	戊午	10月15日	九紫	戊子	9月14日	四緑	丁巳	8月13日	七赤	丁亥	7月12日	二黒	丙辰	6月10日	六白	乙酉
18	11月17日	五黄	己未	10月16日	八白	己丑	9月15日	三碧	戊午	8月14日	六白	戊子	7月13日	一白	丁巳	6月11日	五黄	丙戌
19	11月18日	四緑	庚申	10月17日	七赤	庚寅	9月16日	二黒	己未	8月15日	五黄	己丑	7月14日	九紫	戊午	6月12日	四緑	丁亥
20	11月19日	三碧	辛酉	10月18日	六白	辛卯	9月17日	一白	庚申	8月16日	四緑	庚寅	7月15日	八白	己未	6月13日	三碧	戊子
21	11月20日	二黒	壬戌	10月19日	五黄	壬辰	9月18日	九紫	辛酉	8月17日	三碧	辛卯	7月16日	七赤	庚申	6月14日	二黒	己丑
22	11月21日	一白	癸亥	10月20日	四緑	癸巳	9月19日	八白	壬戌	8月18日	二黒	壬辰	7月17日	六白	辛酉	6月15日	一白	庚寅
23	11月22日	一白	甲子	10月21日	三碧	甲午	9月20日	七赤	癸亥	8月19日	一白	癸巳	7月18日	五黄	壬戌	6月16日	九紫	辛卯
24	11月23日	二黒	乙丑	10月22日	二黒	乙未	9月21日	六白	甲子	8月20日	九紫	甲午	7月19日	四緑	癸亥	6月17日	八白	壬辰
25	11月24日	三碧	丙寅	10月23日	一白	丙申	9月22日	五黄	乙丑	8月21日	八白	乙未	7月20日	三碧	甲子	6月18日	七赤	癸巳
26	11月25日	四緑	丁卯	10月24日	九紫	丁酉	9月23日	四緑	丙寅	8月22日	七赤	丙申	7月21日	二黒	乙丑	6月19日	六白	甲午
27	11月26日	五黄	戊辰	10月25日	八白	戊戌	9月24日	三碧	丁卯	8月23日	六白	丁酉	7月22日	一白	丙寅	6月20日	五黄	乙未
28	11月27日	六白	己巳	10月26日	七赤	己亥	9月25日	二黒	戊辰	8月24日	五黄	戊戌	7月23日	九紫	丁卯	6月21日	四緑	丙申
29	11月28日	七赤	庚午	10月27日	六白	庚子	9月26日	一白	己巳	8月25日	四緑	己亥	7月24日	八白	戊辰	6月22日	三碧	丁酉
30	11月29日	八白	辛未	10月28日	五黄	辛丑	9月27日	九紫	庚午	8月26日	三碧	庚子	7月25日	七赤	己巳	6月23日	二黒	戊戌
31	11月30日	九紫	壬申				9月28日	八白	辛未				7月26日	六白	庚午	6月24日	一白	己亥

6月丙午			5月乙巳			4月甲辰			3月癸卯			2月壬寅			1月辛丑			
6日 08：24			6日 03：57			5日 10：18			6日 05：10			4日 10：55			5日 23：11			
22日 01：20			21日 17：09			20日 17：40			21日 06：15			19日 06：58			20日 16：39			
四緑木星			五黄土星			六白金星			七赤金星			八白土星			九紫火星			
5月4日	八白	甲辰	4月2日	四緑	癸酉	3月2日	一白	癸卯	1月30日	六白	壬申	1月2日	五黄	甲辰	12月1日	一白	癸酉	1
5月5日	九紫	乙巳	4月3日	五黄	甲戌	3月3日	二黒	甲辰	2月1日	七赤	癸酉	1月3日	六白	乙巳	12月2日	二黒	甲戌	2
5月6日	一白	丙午	4月4日	六白	乙亥	3月4日	三碧	乙巳	2月2日	八白	甲戌	1月4日	七赤	丙午	12月3日	三碧	乙亥	3
5月7日	二黒	丁未	4月5日	七赤	丙子	3月5日	四緑	丙午	2月3日	九紫	乙亥	1月5日	八白	丁未	12月4日	四緑	丙子	4
5月8日	三碧	戊申	4月6日	八白	丁丑	3月6日	五黄	丁未	2月4日	一白	丙子	1月6日	九紫	戊申	12月5日	五黄	丁丑	5
5月9日	四緑	己酉	4月7日	九紫	戊寅	3月7日	六白	戊申	2月5日	二黒	丁丑	1月7日	一白	己酉	12月6日	六白	戊寅	6
5月10日	五黄	庚戌	4月8日	一白	己卯	3月8日	七赤	己酉	2月6日	三碧	戊寅	1月8日	二黒	庚戌	12月7日	七赤	己卯	7
5月11日	六白	辛亥	4月9日	二黒	庚辰	3月9日	八白	庚戌	2月7日	四緑	己卯	1月9日	三碧	辛亥	12月8日	八白	庚辰	8
5月12日	七赤	壬子	4月10日	三碧	辛巳	3月10日	九紫	辛亥	2月8日	五黄	庚辰	1月10日	四緑	壬子	12月9日	九紫	辛巳	9
5月13日	八白	癸丑	4月11日	四緑	壬午	3月11日	一白	壬子	2月9日	六白	辛巳	1月11日	五黄	癸丑	12月10日	一白	壬午	10
5月14日	九紫	甲寅	4月12日	五黄	癸未	3月12日	二黒	癸丑	2月10日	七赤	壬午	1月12日	六白	甲寅	12月11日	二黒	癸未	11
5月15日	一白	乙卯	4月13日	六白	甲申	3月13日	三碧	甲寅	2月11日	八白	癸未	1月13日	七赤	乙卯	12月12日	三碧	甲申	12
5月16日	二黒	丙辰	4月14日	七赤	乙酉	3月14日	四緑	乙卯	2月12日	九紫	甲申	1月14日	八白	丙辰	12月13日	四緑	乙酉	13
5月17日	三碧	丁巳	4月15日	八白	丙戌	3月15日	五黄	丙辰	2月13日	一白	乙酉	1月15日	九紫	丁巳	12月14日	五黄	丙戌	14
5月18日	四緑	戊午	4月16日	九紫	丁亥	3月16日	六白	丁巳	2月14日	二黒	丙戌	1月16日	一白	戊午	12月15日	六白	丁亥	15
5月19日	五黄	己未	4月17日	一白	戊子	3月17日	七赤	戊午	2月15日	三碧	丁亥	1月17日	二黒	己未	12月16日	七赤	戊子	16
5月20日	六白	庚申	4月18日	二黒	己丑	3月18日	八白	己未	2月16日	四緑	戊子	1月18日	三碧	庚申	12月17日	八白	己丑	17
5月21日	七赤	辛酉	4月19日	三碧	庚寅	3月19日	九紫	庚申	2月17日	五黄	己丑	1月19日	四緑	辛酉	12月18日	九紫	庚寅	18
5月22日	八白	壬戌	4月20日	四緑	辛卯	3月20日	一白	辛酉	2月18日	六白	庚寅	1月20日	五黄	壬戌	12月19日	一白	辛卯	19
5月23日	九紫	癸亥	4月21日	五黄	壬辰	3月21日	二黒	壬戌	2月19日	七赤	辛卯	1月21日	六白	癸亥	12月20日	二黒	壬辰	20
5月24日	九紫	甲子	4月22日	六白	癸巳	3月22日	三碧	癸亥	2月20日	八白	壬辰	1月22日	七赤	甲子	12月21日	三碧	癸巳	21
5月25日	八白	乙丑	4月23日	七赤	甲午	3月23日	四緑	甲子	2月21日	九紫	癸巳	1月23日	八白	乙丑	12月22日	四緑	甲午	22
5月26日	七赤	丙寅	4月24日	八白	乙未	3月24日	五黄	乙丑	2月22日	一白	甲午	1月24日	九紫	丙寅	12月23日	五黄	乙未	23
5月27日	六白	丁卯	4月25日	九紫	丙申	3月25日	六白	丙寅	2月23日	二黒	乙未	1月25日	一白	丁卯	12月24日	六白	丙申	24
5月28日	五黄	戊辰	4月26日	一白	丁酉	3月26日	七赤	丁卯	2月24日	三碧	丙申	1月26日	二黒	戊辰	12月25日	七赤	丁酉	25
5月29日	四緑	己巳	4月27日	二黒	戊戌	3月27日	八白	戊辰	2月25日	四緑	丁酉	1月27日	三碧	己巳	12月26日	八白	戊戌	26
5月30日	三碧	庚午	4月28日	三碧	己亥	3月28日	九紫	己巳	2月26日	五黄	戊戌	1月28日	四緑	庚午	12月27日	九紫	己亥	27
6月1日	二黒	辛未	4月29日	四緑	庚子	3月29日	一白	庚午	2月27日	六白	己亥	1月29日	五黄	辛未	12月28日	一白	庚子	28
6月2日	一白	壬申	5月1日	五黄	辛丑	3月30日	二黒	辛未	2月28日	七赤	庚子				12月29日	二黒	辛丑	29
6月3日	九紫	癸酉	5月2日	六白	壬寅	4月1日	三碧	壬申	2月29日	八白	辛丑				12月30日	三碧	壬寅	30
			5月3日	七赤	癸卯				3月1日	九紫	壬寅				1月1日	四緑	癸卯	31

68

昭和32年		1957年		丁酉年		七赤金星					
12月壬子		11月辛亥		10月庚戌		9月己酉		8月戊申		7月丁未	
7日 17：56		8日 01：19		8日 22：29		8日 07：12		8日 04：32		7日 18：48	
22日 11：49		22日 22：39		24日 01：23		23日 16：25		23日 19：07		23日 12：15	
七赤金星		八白土星		九紫火星		一白水星		二黒土星		三碧木星	

#												
1	10月10日	八白	丁未	9月10日	二黒	丁丑	閏8月8日	六白	丙午	8月8日	九紫	丙子	7月6日	四緑	乙巳	6月4日	八白	甲午
2	10月11日	七赤	戊申	9月11日	一白	戊寅	閏8月9日	五黄	丁未	8月9日	八白	丁丑	7月7日	三碧	丙午	6月5日	七赤	乙未
3	10月12日	六白	己酉	9月12日	九紫	己卯	閏8月10日	四緑	戊申	8月10日	七赤	戊寅	7月8日	二黒	丁未	6月6日	六白	丙申
4	10月13日	五黄	庚戌	9月13日	八白	庚辰	閏8月11日	三碧	己酉	8月11日	六白	己卯	7月9日	一白	戊申	6月7日	五黄	丁丑
5	10月14日	四緑	辛亥	9月14日	七赤	辛巳	閏8月12日	二黒	庚戌	8月12日	五黄	庚辰	7月10日	九紫	己酉	6月8日	四緑	戊寅
6	10月15日	三碧	壬子	9月15日	六白	壬午	閏8月13日	一白	辛亥	8月13日	四緑	辛巳	7月11日	八白	庚戌	6月9日	三碧	己卯
7	10月16日	二黒	癸丑	9月16日	五黄	癸未	閏8月14日	九紫	壬子	8月14日	三碧	壬午	7月12日	七赤	辛亥	6月10日	二黒	庚辰
8	10月17日	一白	甲寅	9月17日	四緑	甲申	閏8月15日	八白	癸丑	8月15日	二黒	癸未	7月13日	六白	壬子	6月11日	一白	辛巳
9	10月18日	九紫	乙卯	9月18日	三碧	乙酉	閏8月16日	七赤	甲寅	8月16日	一白	甲申	7月14日	五黄	癸丑	6月12日	九紫	壬午
10	10月19日	八白	丙辰	9月19日	二黒	丙戌	閏8月17日	六白	乙卯	8月17日	九紫	乙酉	7月15日	四緑	甲寅	6月13日	八白	癸未
11	10月20日	七赤	丁巳	9月20日	一白	丁亥	閏8月18日	五黄	丙辰	8月18日	八白	丙戌	7月16日	三碧	乙卯	6月14日	七赤	甲申
12	10月21日	六白	戊午	9月21日	九紫	戊子	閏8月19日	四緑	丁巳	8月19日	七赤	丁亥	7月17日	二黒	丙辰	6月15日	六白	乙酉
13	10月22日	五黄	己未	9月22日	八白	己丑	閏8月20日	三碧	戊午	8月20日	六白	戊子	7月18日	一白	丁巳	6月16日	五黄	丙戌
14	10月23日	四緑	庚申	9月23日	七赤	庚寅	閏8月21日	二黒	己未	8月21日	五黄	己丑	7月19日	九紫	戊午	6月17日	四緑	丁亥
15	10月24日	三碧	辛酉	9月24日	六白	辛卯	閏8月22日	一白	庚申	8月22日	四緑	庚寅	7月20日	八白	己未	6月18日	三碧	戊子
16	10月25日	二黒	壬戌	9月25日	五黄	壬辰	閏8月23日	九紫	辛酉	8月23日	三碧	辛卯	7月21日	七赤	庚申	6月19日	二黒	己丑
17	10月26日	一白	癸亥	9月26日	四緑	癸巳	閏8月24日	八白	壬戌	8月24日	二黒	壬辰	7月22日	六白	辛酉	6月20日	一白	庚寅
18	10月27日	一白	甲子	9月27日	三碧	甲午	閏8月25日	七赤	癸亥	8月25日	一白	癸巳	7月23日	五黄	壬戌	6月21日	九紫	辛卯
19	10月28日	二黒	乙丑	9月28日	二黒	乙未	閏8月26日	六白	甲子	8月26日	九紫	甲午	7月24日	四緑	癸亥	6月22日	八白	壬辰
20	10月29日	三碧	丙寅	9月29日	一白	丙申	閏8月27日	五黄	乙丑	8月27日	八白	乙未	7月25日	三碧	甲子	6月23日	七赤	癸巳
21	11月1日	四緑	丁卯	9月30日	九紫	丁酉	閏8月28日	四緑	丙寅	8月28日	七赤	丙申	7月26日	二黒	乙丑	6月24日	六白	甲午
22	11月2日	五黄	戊辰	10月1日	八白	戊戌	閏8月29日	三碧	丁卯	8月29日	六白	丁酉	7月27日	一白	丙寅	6月25日	五黄	乙未
23	11月3日	六白	己巳	10月2日	七赤	己亥	9月1日	二黒	戊辰	8月30日	五黄	戊戌	7月28日	九紫	丁卯	6月26日	四緑	丙申
24	11月4日	七赤	庚午	10月3日	六白	庚子	9月2日	一白	己巳	閏8月1日	四緑	己亥	7月29日	八白	戊辰	6月27日	三碧	丁酉
25	11月5日	八白	辛未	10月4日	五黄	辛丑	9月3日	九紫	庚午	閏8月2日	三碧	庚子	8月1日	七赤	己巳	6月28日	二黒	戊戌
26	11月6日	九紫	壬申	10月5日	四緑	壬寅	9月4日	八白	辛未	閏8月3日	二黒	辛丑	8月2日	六白	庚午	6月29日	一白	己亥
27	11月7日	一白	癸酉	10月6日	三碧	癸卯	9月5日	七赤	壬申	閏8月4日	一白	壬寅	8月3日	五黄	辛未	7月1日	九紫	庚子
28	11月8日	二黒	甲戌	10月7日	二黒	甲辰	9月6日	六白	癸酉	閏8月5日	九紫	癸卯	8月4日	四緑	甲申	7月2日	八白	辛丑
29	11月9日	三碧	乙亥	10月8日	一白	乙巳	9月7日	五黄	甲戌	閏8月6日	八白	甲辰	8月5日	三碧	癸酉	7月3日	七赤	壬寅
30	11月10日	四緑	丙子	10月9日	九紫	丙午	9月8日	四緑	乙亥	閏8月7日	七赤	乙巳	8月6日	二黒	甲戌	7月4日	六白	癸卯
31	11月11日	五黄	丁丑				9月9日	三碧	丙子				8月7日	一白	乙亥	7月5日	五黄	甲辰

6月戊午	5月丁巳	4月丙辰	3月乙卯	2月甲寅	1月癸丑	
6日 14：12	6日 09：48	5日 16：11	6日 11：04	4日 16：49	6日 05：05	
22日 06：57	21日 22：50	20日 23：26	21日 12：05	19日 12：48	20日 22：29	
一白水星	二黒土星	三碧木星	四緑木星	五黄土星	六白金星	
4月14日 四緑 己酉	3月13日 九紫 戊寅	2月13日 六白 戊申	1月11日 二黒 丁丑	12月13日 一白 己酉	11月12日 六白 戊寅	1
4月15日 五黄 庚戌	3月14日 一白 己卯	2月14日 七赤 己酉	1月12日 三碧 戊寅	12月14日 二黒 庚戌	11月13日 七赤 己卯	2
4月16日 六白 辛亥	3月15日 二黒 庚辰	2月15日 八白 庚戌	1月13日 四緑 己卯	12月15日 三碧 辛亥	11月14日 八白 庚辰	3
4月17日 七赤 壬子	3月16日 三碧 辛巳	2月16日 九紫 辛亥	1月14日 五黄 庚辰	12月16日 四緑 壬子	11月15日 九紫 辛巳	4
4月18日 八白 癸丑	3月17日 四緑 壬午	2月17日 一白 壬子	1月15日 六白 辛巳	12月17日 五黄 癸丑	11月16日 一白 壬午	5
4月19日 九紫 甲寅	3月18日 五黄 癸未	2月18日 二黒 癸丑	1月16日 七赤 壬午	12月18日 六白 甲寅	11月17日 二黒 癸未	6
4月20日 一白 乙卯	3月19日 六白 甲申	2月19日 三碧 甲寅	1月17日 八白 癸未	12月19日 七赤 乙卯	11月18日 三碧 甲申	7
4月21日 二黒 丙辰	3月20日 七赤 乙酉	2月20日 四緑 乙卯	1月18日 九紫 甲申	12月20日 八白 丙辰	11月19日 四緑 乙酉	8
4月22日 三碧 丁巳	3月21日 八白 丙戌	2月21日 五黄 丙辰	1月19日 一白 乙酉	12月21日 九紫 丁巳	11月20日 五黄 丙戌	9
4月23日 四緑 戊午	3月22日 九紫 丁亥	2月22日 六白 丁巳	1月20日 二黒 丙戌	12月22日 一白 戊午	11月21日 六白 丁亥	10
4月24日 五黄 己未	3月23日 一白 戊子	2月23日 七赤 戊午	1月21日 三碧 丁亥	12月23日 二黒 己未	11月22日 七赤 戊子	11
4月25日 六白 庚申	3月24日 二黒 己丑	2月24日 八白 己未	1月22日 四緑 戊子	12月24日 三碧 庚申	11月23日 八白 己丑	12
4月26日 七赤 辛酉	3月25日 三碧 庚寅	2月25日 九紫 庚申	1月23日 五黄 己丑	12月25日 四緑 辛酉	11月24日 九紫 庚寅	13
4月27日 八白 壬戌	3月26日 四緑 辛卯	2月26日 一白 辛酉	1月24日 六白 庚寅	12月26日 五黄 壬戌	11月25日 一白 辛卯	14
4月28日 九紫 癸亥	3月27日 五黄 壬辰	2月27日 二黒 壬戌	1月25日 七赤 辛卯	12月27日 六白 癸亥	11月26日 二黒 壬辰	15
4月29日 九紫 甲子	3月28日 六白 癸巳	2月28日 三碧 癸亥	1月26日 八白 壬辰	12月28日 七赤 甲子	11月27日 三碧 癸巳	16
5月1日 八白 乙丑	3月29日 七赤 甲午	2月29日 四緑 甲子	1月27日 九紫 癸巳	12月29日 八白 乙丑	11月28日 四緑 甲午	17
5月2日 七赤 丙寅	3月30日 八白 乙未	2月30日 五黄 乙丑	1月28日 一白 甲午	12月30日 九紫 丙寅	11月29日 五黄 乙未	18
5月3日 六白 丁卯	4月1日 九紫 丙申	3月1日 六白 丙寅	1月29日 二黒 乙未	1月1日 一白 丁卯	11月30日 六白 丙申	19
5月4日 五黄 戊辰	4月2日 一白 丁酉	3月2日 七赤 丁卯	2月1日 三碧 丙申	1月2日 二黒 戊辰	12月1日 七赤 丁酉	20
5月5日 四緑 己巳	4月3日 二黒 戊戌	3月3日 八白 戊辰	2月2日 四緑 丁酉	1月3日 三碧 己巳	12月2日 八白 戊戌	21
5月6日 三碧 庚午	4月4日 三碧 己亥	3月4日 九紫 己巳	2月3日 五黄 戊戌	1月4日 四緑 庚午	12月3日 九紫 己亥	22
5月7日 二黒 辛未	4月5日 四緑 庚子	3月5日 一白 庚午	2月4日 六白 己亥	1月5日 五黄 辛未	12月4日 一白 庚子	23
5月8日 一白 壬申	4月6日 五黄 辛丑	3月6日 二黒 辛未	2月5日 七赤 庚子	1月6日 六白 壬申	12月5日 二黒 辛丑	24
5月9日 九紫 癸酉	4月7日 六白 壬寅	3月7日 三碧 壬申	2月6日 八白 辛丑	1月7日 七赤 癸酉	12月6日 三碧 壬寅	25
5月10日 八白 甲戌	4月8日 七赤 癸卯	3月8日 四緑 癸酉	2月7日 九紫 壬寅	1月8日 八白 甲戌	12月7日 四緑 癸卯	26
5月11日 七赤 乙亥	4月9日 八白 甲辰	3月9日 五黄 甲戌	2月8日 一白 癸卯	1月9日 九紫 乙亥	12月8日 五黄 甲辰	27
5月12日 六白 丙子	4月10日 九紫 乙巳	3月10日 六白 乙亥	2月9日 二黒 甲辰	1月10日 一白 丙子	12月9日 六白 乙巳	28
5月13日 五黄 丁丑	4月11日 一白 丙午	3月11日 七赤 丙子	2月10日 三碧 乙巳		12月10日 七赤 丙午	29
5月14日 四緑 戊寅	4月12日 二黒 丁未	3月12日 八白 丁丑	2月11日 四緑 丙午		12月11日 八白 丁未	30
	4月13日 三碧 戊申		2月12日 五黄 丁未		12月12日 九紫 戊申	31

70

昭和33年			1958年			戊戌年			六白金星								
12月甲子			11月癸亥			10月壬戌			9月辛酉			8月庚申			7月己未		
7日 23：50			8日 07：12			9日 04：18			8日 12：58			8日 10：17			8日 00：33		
22日 17：40			23日 04：29			24日 07：11			23日 22：08			24日 00：45			23日 17：50		
四緑木星			五黄土星			六白金星			七赤金星			八白土星			九紫火星		
1	10月21日	三碧	壬子	9月20日	六白	壬午	8月19日	一白	辛亥	7月18日	四緑	辛巳	6月16日	八白	庚戌	5月15日	三碧	己巳
2	10月22日	二黒	癸丑	9月21日	五黄	癸未	8月20日	九紫	壬子	7月19日	三碧	壬午	6月17日	七赤	辛亥	5月16日	二黒	庚午
3	10月23日	一白	甲寅	9月22日	四緑	甲申	8月21日	八白	癸丑	7月20日	二黒	癸未	6月18日	六白	壬子	5月17日	一白	辛未
4	10月24日	九紫	乙卯	9月23日	三碧	乙酉	8月22日	七赤	甲寅	7月21日	一白	甲申	6月19日	五黄	癸丑	5月18日	九紫	壬申
5	10月25日	八白	丙辰	9月24日	二黒	丙戌	8月23日	六白	乙卯	7月22日	九紫	乙酉	6月20日	四緑	甲寅	5月19日	八白	癸酉
6	10月26日	七赤	丁巳	9月25日	一白	丁亥	8月24日	五黄	丙辰	7月23日	八白	丙戌	6月21日	三碧	乙卯	5月20日	七赤	甲戌
7	10月27日	六白	戊午	9月26日	九紫	戊子	8月25日	四緑	丁巳	7月24日	七赤	丁亥	6月22日	二黒	丙辰	5月21日	六白	乙酉
8	10月28日	五黄	己未	9月27日	八白	己丑	8月26日	三碧	戊午	7月25日	六白	戊子	6月23日	一白	丁巳	5月22日	五黄	丙戌
9	10月29日	四緑	庚申	9月28日	七赤	庚寅	8月27日	二黒	己未	7月26日	五黄	己丑	6月24日	九紫	戊午	5月23日	四緑	丁亥
10	10月30日	三碧	辛酉	9月29日	六白	辛卯	8月28日	一白	庚申	7月27日	四緑	庚寅	6月25日	八白	己未	5月24日	三碧	戊子
11	11月1日	二黒	壬戌	10月1日	五黄	壬辰	8月29日	九紫	辛酉	7月28日	三碧	辛卯	6月26日	七赤	庚申	5月25日	二黒	己丑
12	11月2日	一白	癸亥	10月2日	四緑	癸巳	8月30日	八白	壬戌	7月29日	二黒	壬辰	6月27日	六白	辛酉	5月26日	一白	庚寅
13	11月3日	一白	甲子	10月3日	三碧	甲午	9月1日	七赤	癸亥	8月1日	一白	癸巳	6月28日	五黄	壬戌	5月27日	九紫	辛卯
14	11月4日	二黒	乙丑	10月4日	二黒	乙未	9月2日	六白	甲子	8月2日	九紫	甲午	6月29日	四緑	癸亥	5月28日	八白	壬辰
15	11月5日	三碧	丙寅	10月5日	一白	丙申	9月3日	五黄	乙丑	8月3日	八白	乙未	7月1日	三碧	甲子	5月29日	七赤	癸巳
16	11月6日	四緑	丁卯	10月6日	九紫	丁酉	9月4日	四緑	丙寅	8月4日	七赤	丙申	7月2日	二黒	乙丑	5月30日	六白	甲午
17	11月7日	五黄	戊辰	10月7日	八白	戊戌	9月5日	三碧	丁卯	8月5日	六白	丁酉	7月3日	一白	丙寅	6月1日	五黄	乙未
18	11月8日	六白	己巳	10月8日	七赤	己亥	9月6日	二黒	戊辰	8月6日	五黄	戊戌	7月4日	九紫	丁卯	6月2日	四緑	丙申
19	11月9日	七赤	庚午	10月9日	六白	庚子	9月7日	一白	己巳	8月7日	四緑	己亥	7月5日	八白	戊辰	6月3日	三碧	丁酉
20	11月10日	八白	辛未	10月10日	五黄	辛丑	9月8日	九紫	庚午	8月8日	三碧	庚子	7月6日	七赤	己巳	6月4日	二黒	戊戌
21	11月11日	九紫	壬申	10月11日	四緑	壬寅	9月9日	八白	辛未	8月9日	二黒	辛丑	7月7日	六白	庚午	6月5日	一白	己亥
22	11月12日	一白	癸酉	10月12日	三碧	癸卯	9月10日	七赤	壬申	8月10日	一白	壬寅	7月8日	五黄	辛未	6月6日	九紫	庚子
23	11月13日	二黒	甲戌	10月13日	二黒	甲辰	9月11日	六白	癸酉	8月11日	九紫	癸卯	7月9日	四緑	壬申	6月7日	八白	辛丑
24	11月14日	三碧	乙亥	10月14日	一白	乙巳	9月12日	五黄	甲戌	8月12日	八白	甲辰	7月10日	三碧	癸酉	6月8日	七赤	壬寅
25	11月15日	四緑	丙子	10月15日	九紫	丙午	9月13日	四緑	乙亥	8月13日	七赤	乙巳	7月11日	二黒	甲戌	6月9日	六白	癸卯
26	11月16日	五黄	丁丑	10月16日	八白	丁未	9月14日	三碧	丙子	8月14日	六白	丙午	7月12日	一白	乙亥	6月10日	五黄	甲辰
27	11月17日	六白	戊寅	10月17日	七赤	戊申	9月15日	二黒	丁丑	8月15日	五黄	丁未	7月13日	九紫	丙子	6月11日	四緑	乙巳
28	11月18日	七赤	己卯	10月18日	六白	己酉	9月16日	一白	戊寅	8月16日	四緑	戊申	7月14日	八白	丁丑	6月12日	三碧	丙午
29	11月19日	八白	庚辰	10月19日	五黄	庚戌	9月17日	九紫	己卯	8月17日	三碧	己酉	7月15日	七赤	戊寅	6月13日	二黒	丁未
30	11月20日	九紫	辛巳	10月20日	四緑	辛亥	9月18日	八白	庚辰	8月18日	二黒	庚戌	7月16日	六白	己卯	6月14日	一白	戊申
31	11月21日	一白	壬午				9月19日	七赤	辛巳				7月17日	五黄	庚辰	6月15日	九紫	己酉

万年暦

6月庚午			5月己巳			4月戊辰			3月丁卯			2月丙寅			1月乙丑			
6日 20：00			6日 15：38			5日 22：02			6日 16：56			4日 22：42			6日 10：58			
22日 12：49			22日 04：42			21日 05：16			21日 17：54			19日 18：37			21日 04：19			
七赤金星			八白土星			九紫火星			一白水星			二黒土星			三碧木星			
4月25日	九紫	甲寅	3月24日	五黄	癸未	2月24日	二黒	癸丑	1月22日	七赤	壬午	12月24日	六白	甲寅	11月22日	二黒	癸未	1
4月26日	一白	乙卯	3月25日	六白	甲申	2月25日	三碧	甲寅	1月23日	八白	癸未	12月25日	七赤	乙卯	11月23日	三碧	甲申	2
4月27日	二黒	丙辰	3月26日	七赤	乙酉	2月26日	四緑	乙卯	1月24日	九紫	甲申	12月26日	八白	丙辰	11月24日	四緑	乙酉	3
4月28日	三碧	丁巳	3月27日	八白	丙戌	2月27日	五黄	丙辰	1月25日	一白	乙酉	12月27日	九紫	丁巳	11月25日	五黄	丙戌	4
4月29日	四緑	戊午	3月28日	九紫	丁亥	2月28日	六白	丁巳	1月26日	二黒	丙戌	12月28日	一白	戊午	11月26日	六白	丁亥	5
5月1日	五黄	己未	3月29日	一白	戊子	2月29日	七赤	戊午	1月27日	三碧	丁亥	12月29日	二黒	己未	11月27日	七赤	戊子	6
5月2日	六白	庚申	3月30日	二黒	己丑	2月30日	八白	己未	1月28日	四緑	戊子	12月30日	三碧	庚申	11月28日	八白	己丑	7
5月3日	七赤	辛酉	4月1日	三碧	庚寅	3月1日	九紫	庚申	1月29日	五黄	己丑	1月1日	四緑	辛酉	11月29日	九紫	庚寅	8
5月4日	八白	壬戌	4月2日	四緑	辛卯	3月2日	一白	辛酉	2月1日	六白	庚寅	1月2日	五黄	壬戌	12月1日	一白	辛卯	9
5月5日	九紫	癸亥	4月3日	五黄	壬辰	3月3日	二黒	壬戌	2月2日	七赤	辛卯	1月3日	六白	癸亥	12月2日	二黒	壬辰	10
5月6日	九紫	甲子	4月4日	六白	癸巳	3月4日	三碧	癸亥	2月3日	八白	壬辰	1月4日	七赤	甲子	12月3日	三碧	癸巳	11
5月7日	八白	乙丑	4月5日	七赤	甲午	3月5日	四緑	甲子	2月4日	九紫	癸巳	1月5日	八白	乙丑	12月4日	四緑	甲午	12
5月8日	七赤	丙寅	4月6日	八白	乙未	3月6日	五黄	乙丑	2月5日	一白	甲午	1月6日	九紫	丙寅	12月5日	五黄	乙未	13
5月9日	六白	丁卯	4月7日	九紫	丙申	3月7日	六白	丙寅	2月6日	二黒	乙未	1月7日	一白	丁卯	12月6日	六白	丙申	14
5月10日	五黄	戊辰	4月8日	一白	丁酉	3月8日	七赤	丁卯	2月7日	三碧	丙申	1月8日	二黒	戊辰	12月7日	七赤	丁酉	15
5月11日	四緑	己巳	4月9日	二黒	戊戌	3月9日	八白	戊辰	2月8日	四緑	丁酉	1月9日	三碧	己巳	12月8日	八白	戊戌	16
5月12日	三碧	庚午	4月10日	三碧	己亥	3月10日	九紫	己巳	2月9日	五黄	戊戌	1月10日	四緑	庚午	12月9日	九紫	己亥	17
5月13日	二黒	辛未	4月11日	四緑	庚子	3月11日	一白	庚午	2月10日	六白	己亥	1月11日	五黄	辛未	12月10日	一白	庚子	18
5月14日	一白	壬申	4月12日	五黄	辛丑	3月12日	二黒	辛未	2月11日	七赤	庚子	1月12日	六白	壬申	12月11日	二黒	辛丑	19
5月15日	九紫	癸酉	4月13日	六白	壬寅	3月13日	三碧	壬申	2月12日	八白	辛丑	1月13日	七赤	癸酉	12月12日	三碧	壬寅	20
5月16日	八白	甲戌	4月14日	七赤	癸卯	3月14日	四緑	癸酉	2月13日	九紫	壬寅	1月14日	八白	甲戌	12月13日	四緑	癸卯	21
5月17日	七赤	乙亥	4月15日	八白	甲辰	3月15日	五黄	甲戌	2月14日	一白	癸卯	1月15日	九紫	乙亥	12月14日	五黄	甲辰	22
5月18日	六白	丙子	4月16日	九紫	乙巳	3月16日	六白	乙亥	2月15日	二黒	甲辰	1月16日	一白	丙子	12月15日	六白	乙巳	23
5月19日	五黄	丁丑	4月17日	一白	丙午	3月17日	七赤	丙子	2月16日	三碧	乙巳	1月17日	二黒	丁丑	12月16日	七赤	丙午	24
5月20日	四緑	戊寅	4月18日	二黒	丁未	3月18日	八白	丁丑	2月17日	四緑	丙午	1月18日	三碧	戊寅	12月17日	八白	丁未	25
5月21日	三碧	己卯	4月19日	三碧	戊申	3月19日	九紫	戊寅	2月18日	五黄	丁未	1月19日	四緑	己卯	12月18日	九紫	戊申	26
5月22日	二黒	庚辰	4月20日	四緑	己酉	3月20日	一白	己卯	2月19日	六白	戊申	1月20日	五黄	庚辰	12月19日	一白	己酉	27
5月23日	一白	辛巳	4月21日	五黄	庚戌	3月21日	二黒	庚辰	2月20日	七赤	己酉	1月21日	六白	辛巳	12月20日	二黒	庚戌	28
5月24日	九紫	壬午	4月22日	六白	辛亥	3月22日	三碧	辛巳	2月21日	八白	庚戌				12月21日	三碧	辛亥	29
5月25日	八白	癸未	4月23日	七赤	壬子	3月23日	四緑	壬午	2月22日	九紫	辛亥				12月22日	四緑	壬子	30
			4月24日	八白	癸丑				2月23日	一白	壬子				12月23日	五黄	癸丑	31

	昭和34年			1959年			己亥年			五黄土星				
	12月丙子			11月乙亥			10月甲戌			9月癸酉		8月壬申		7月辛未
	8日 05：37			8日 13：02			9日 10：09			8日 18：47		8日 16：04		8日 06：19
	22日 23：34			23日 10：27			24日 13：11			24日 04：08		24日 06：43		23日 23：45
	一白水星			二黒土星			三碧木星			四緑木星		五黄土星		六白金星
1	11月2日	七赤	丁巳	10月1日	一白	丁亥	8月29日	五黄	丙辰	7月29日	八白	丙戌	6月27日	三碧	乙卯	5月26日	七赤	甲申
2	11月3日	六白	戊午	10月2日	九紫	戊子	9月1日	四緑	丁巳	7月30日	七赤	丁亥	6月28日	二黒	丙辰	5月27日	六白	乙酉
3	11月4日	五黄	己未	10月3日	八白	己丑	9月2日	三碧	戊午	8月1日	六白	戊子	6月29日	一白	丁巳	5月28日	五黄	丙戌
4	11月5日	四緑	庚申	10月4日	七赤	庚寅	9月3日	二黒	己未	8月2日	五黄	己丑	7月1日	九紫	戊午	5月29日	四緑	丁亥
5	11月6日	三碧	辛酉	10月5日	六白	辛卯	9月4日	一白	庚申	8月3日	四緑	庚寅	7月2日	八白	己未	5月30日	三碧	戊子
6	11月7日	二黒	壬戌	10月6日	五黄	壬辰	9月5日	九紫	辛酉	8月4日	三碧	辛卯	7月3日	七赤	庚申	6月1日	二黒	己丑
7	11月8日	一白	癸亥	10月7日	四緑	癸巳	9月6日	八白	壬戌	8月5日	二黒	壬辰	7月4日	六白	辛酉	6月2日	一白	庚寅
8	11月9日	一白	甲子	10月8日	三碧	甲午	9月7日	七赤	癸亥	8月6日	一白	癸巳	7月5日	五黄	壬戌	6月3日	九紫	辛卯
9	11月10日	二黒	乙丑	10月9日	二黒	乙未	9月8日	六白	甲子	8月7日	九紫	甲午	7月6日	四緑	癸亥	6月4日	八白	壬辰
10	11月11日	三碧	丙寅	10月10日	一白	丙申	9月9日	五黄	乙丑	8月8日	八白	乙未	7月7日	三碧	甲子	6月5日	七赤	癸巳
11	11月12日	四緑	丁卯	10月11日	九紫	丁酉	9月10日	四緑	丙寅	8月9日	七赤	丙申	7月8日	二黒	乙丑	6月6日	六白	甲午
12	11月13日	五黄	戊辰	10月12日	八白	戊戌	9月11日	三碧	丁卯	8月10日	六白	丁酉	7月9日	一白	丙寅	6月7日	五黄	乙未
13	11月14日	六白	己巳	10月13日	七赤	己亥	9月12日	二黒	戊辰	8月11日	五黄	戊戌	7月10日	九紫	丁卯	6月8日	四緑	丙申
14	11月15日	七赤	庚午	10月14日	六白	庚子	9月13日	一白	己巳	8月12日	四緑	己亥	7月11日	八白	戊辰	6月9日	三碧	丁酉
15	11月16日	八白	辛未	10月15日	五黄	辛丑	9月14日	九紫	庚午	8月13日	三碧	庚子	7月12日	七赤	己巳	6月10日	二黒	戊戌
16	11月17日	九紫	壬申	10月16日	四緑	壬寅	9月15日	八白	辛未	8月14日	二黒	辛丑	7月13日	六白	庚午	6月11日	一白	己亥
17	11月18日	一白	癸酉	10月17日	三碧	癸卯	9月16日	七赤	壬申	8月15日	一白	壬寅	7月14日	五黄	辛未	6月12日	九紫	庚子
18	11月19日	二黒	甲戌	10月18日	二黒	甲辰	9月17日	六白	癸酉	8月16日	九紫	癸卯	7月15日	四緑	壬申	6月13日	八白	辛丑
19	11月20日	三碧	乙亥	10月19日	一白	乙巳	9月18日	五黄	甲戌	8月17日	八白	甲辰	7月16日	三碧	癸酉	6月14日	七赤	壬寅
20	11月21日	四緑	丙子	10月20日	九紫	丙午	9月19日	四緑	乙亥	8月18日	七赤	乙巳	7月17日	二黒	甲戌	6月15日	六白	癸卯
21	11月22日	五黄	丁丑	10月21日	八白	丁未	9月20日	三碧	丙子	8月19日	六白	丙午	7月18日	一白	乙亥	6月16日	五黄	甲辰
22	11月23日	六白	戊寅	10月22日	七赤	戊申	9月21日	二黒	丁丑	8月20日	五黄	丁未	7月19日	九紫	丙子	6月17日	四緑	乙巳
23	11月24日	七赤	己卯	10月23日	六白	己酉	9月22日	一白	戊寅	8月21日	四緑	戊申	7月20日	八白	丁丑	6月18日	三碧	丙午
24	11月25日	八白	庚辰	10月24日	五黄	庚戌	9月23日	九紫	己卯	8月22日	三碧	己酉	7月21日	七赤	戊寅	6月19日	二黒	丁未
25	11月26日	九紫	辛巳	10月25日	四緑	辛亥	9月24日	八白	庚辰	8月23日	二黒	庚戌	7月22日	六白	己卯	6月20日	一白	戊申
26	11月27日	一白	壬午	10月26日	三碧	壬子	9月25日	七赤	辛巳	8月24日	一白	辛亥	7月23日	五黄	庚辰	6月21日	九紫	己酉
27	11月28日	二黒	癸未	10月27日	二黒	癸丑	9月26日	六白	壬午	8月25日	九紫	壬子	7月24日	四緑	辛巳	6月22日	八白	庚戌
28	11月29日	三碧	甲申	10月28日	一白	甲寅	9月27日	五黄	癸未	8月26日	八白	癸丑	7月25日	三碧	壬午	6月23日	七赤	辛亥
29	11月30日	四緑	乙酉	10月29日	九紫	乙卯	9月28日	四緑	甲申	8月27日	七赤	甲寅	7月26日	二黒	癸未	6月24日	六白	壬子
30	12月1日	五黄	丙戌	11月1日	八白	丙辰	9月29日	三碧	乙酉	8月28日	六白	乙卯	7月27日	一白	甲申	6月25日	五黄	癸丑
31	12月2日	六白	丁亥				9月30日	二黒	丙戌				7月28日	九紫	乙酉	6月26日	四緑	甲寅

6月壬午	5月辛巳	4月庚辰	3月己卯	2月戊寅	1月丁丑	
6日 01：48	5日 21：22	5日 03：43	5日 22：36	5日 04：23	6日 16：42	
21日 18：41	21日 10：33	20日 11：05	20日 23：42	20日 00：26	21日 10：10	
四緑木星	五黄土星	六白金星	七赤金星	八白土星	九紫火星	
5月8日 六白 庚申	4月6日 二黒 己丑	3月6日 八白 己未	2月4日 四緑 戊子	1月5日 二黒 己未	12月3日 七赤 戊子	1
5月9日 七赤 辛酉	4月7日 三碧 庚寅	3月7日 九紫 庚申	2月5日 五黄 己丑	1月6日 三碧 庚申	12月4日 八白 己丑	2
5月10日 八白 壬戌	4月8日 四緑 辛卯	3月8日 一白 辛酉	2月6日 六白 庚寅	1月7日 四緑 辛酉	12月5日 九紫 庚寅	3
5月11日 九紫 癸亥	4月9日 五黄 壬辰	3月9日 二黒 壬戌	2月7日 七赤 辛卯	1月8日 五黄 壬戌	12月6日 一白 辛卯	4
5月12日 九紫 甲子	4月10日 六白 癸巳	3月10日 三碧 癸亥	2月8日 八白 壬辰	1月9日 六白 癸亥	12月7日 二黒 壬辰	5
5月13日 八白 乙丑	4月11日 七赤 甲午	3月11日 四緑 甲子	2月9日 九紫 癸巳	1月10日 七赤 甲子	12月8日 三碧 癸巳	6
5月14日 七赤 丙寅	4月12日 八白 乙未	3月12日 五黄 乙丑	2月10日 一白 甲午	1月11日 八白 乙丑	12月9日 四緑 甲午	7
5月15日 六白 丁卯	4月13日 九紫 丙申	3月13日 六白 丙寅	2月11日 二黒 乙未	1月12日 九紫 丙寅	12月10日 五黄 乙未	8
5月16日 五黄 戊辰	4月14日 一白 丁酉	3月14日 七赤 丁卯	2月12日 三碧 丙申	1月13日 一白 丁卯	12月11日 六白 丙申	9
5月17日 四緑 己巳	4月15日 二黒 戊戌	3月15日 八白 戊辰	2月13日 四緑 丁酉	1月14日 二黒 戊辰	12月12日 七赤 丁酉	10
5月18日 三碧 庚午	4月16日 三碧 己亥	3月16日 九紫 己巳	2月14日 五黄 戊戌	1月15日 三碧 己巳	12月13日 八白 戊戌	11
5月19日 二黒 辛未	4月17日 四緑 庚子	3月17日 一白 庚午	2月15日 六白 己亥	1月16日 四緑 庚午	12月14日 九紫 己亥	12
5月20日 一白 壬申	4月18日 五黄 辛丑	3月18日 二黒 辛未	2月16日 七赤 庚子	1月17日 五黄 辛未	12月15日 一白 庚子	13
5月21日 九紫 癸酉	4月19日 六白 壬寅	3月19日 三碧 壬申	2月17日 八白 辛丑	1月18日 六白 壬申	12月16日 二黒 辛丑	14
5月22日 八白 甲戌	4月20日 七赤 癸卯	3月20日 四緑 癸酉	2月18日 九紫 壬寅	1月19日 七赤 癸酉	12月17日 三碧 壬寅	15
5月23日 七赤 乙亥	4月21日 八白 甲辰	3月21日 五黄 甲戌	2月19日 一白 癸卯	1月20日 八白 甲戌	12月18日 四緑 癸卯	16
5月24日 六白 丙子	4月22日 九紫 乙巳	3月22日 六白 乙亥	2月20日 二黒 甲辰	1月21日 九紫 乙亥	12月19日 五黄 甲辰	17
5月25日 五黄 丁丑	4月23日 一白 丙午	3月23日 七赤 丙子	2月21日 三碧 乙巳	1月22日 一白 丙子	12月20日 六白 乙巳	18
5月26日 四緑 戊寅	4月24日 二黒 丁未	3月24日 八白 丁丑	2月22日 四緑 丙午	1月23日 二黒 丁丑	12月21日 七赤 丙午	19
5月27日 三碧 己卯	4月25日 三碧 戊申	3月25日 九紫 戊寅	2月23日 五黄 丁未	1月24日 三碧 戊寅	12月22日 八白 丁未	20
5月28日 二黒 庚辰	4月26日 四緑 己酉	3月26日 一白 己卯	2月24日 六白 戊申	1月25日 四緑 己卯	12月23日 九紫 戊申	21
5月29日 一白 辛巳	4月27日 五黄 庚戌	3月27日 二黒 庚辰	2月25日 七赤 己酉	1月26日 五黄 庚辰	12月24日 一白 己酉	22
5月30日 九紫 壬午	4月28日 六白 辛亥	3月28日 三碧 辛巳	2月26日 八白 庚戌	1月27日 六白 辛巳	12月25日 二黒 庚戌	23
6月1日 八白 癸未	4月29日 七赤 壬子	3月29日 四緑 壬午	2月27日 九紫 辛亥	1月28日 七赤 壬午	12月26日 三碧 辛亥	24
6月2日 七赤 甲申	5月1日 八白 癸丑	3月30日 五黄 癸未	2月28日 一白 壬子	1月29日 八白 癸未	12月27日 四緑 壬子	25
6月3日 六白 乙酉	5月2日 九紫 甲寅	4月1日 六白 甲申	2月29日 二黒 癸丑	1月30日 九紫 甲申	12月28日 五黄 癸丑	26
6月4日 五黄 丙戌	5月3日 一白 乙卯	4月2日 七赤 乙酉	3月1日 三碧 甲寅	2月1日 一白 乙酉	12月29日 六白 甲寅	27
6月5日 四緑 丁亥	5月4日 二黒 丙辰	4月3日 八白 丙戌	3月2日 四緑 乙卯	2月2日 二黒 丙戌	1月1日 七赤 乙卯	28
6月6日 三碧 戊子	5月5日 三碧 丁巳	4月4日 九紫 丁亥	3月3日 五黄 丙辰	2月3日 三碧 丁亥	1月2日 八白 丙辰	29
6月7日 二黒 己丑	5月6日 四緑 戊午	4月5日 一白 戊子	3月4日 六白 丁巳		1月3日 九紫 丁巳	30
	5月7日 五黄 己未		3月5日 七赤 戊午		1月4日 一白 戊午	31

	昭和35年			1960年			庚子年			四緑木星			
	12月戊子			11月丁亥			10月丙戌			9月乙酉		8月甲申		7月癸未	
	7日 11：37			7日 19：02			8日 16：09			8日 00：45		7日 21：59		7日 12：12	
	22日 05：25			22日 16：18			23日 19：02			23日 09：59		23日 12：34		23日 05：37	
	七赤金星			八白土星			九紫火星			一白水星		二黒土星		三碧木星	
1	10月13日	一白	癸亥	9月13日	四緑	癸巳	8月11日	八白	壬戌	7月11日	二黒	壬辰	閏6月9日	六白	辛酉	6月8日	一白	庚寅
2	10月14日	一白	甲子	9月14日	三碧	甲午	8月12日	七赤	癸亥	7月12日	一白	癸巳	閏6月10日	五黄	壬戌	6月9日	九紫	辛卯
3	10月15日	二黒	乙丑	9月15日	二黒	乙未	8月13日	六白	甲子	7月13日	九紫	甲午	閏6月11日	四緑	癸亥	6月10日	八白	壬辰
4	10月16日	三碧	丙寅	9月16日	一白	丙申	8月14日	五黄	乙丑	7月14日	八白	乙未	閏6月12日	三碧	甲子	6月11日	七赤	癸巳
5	10月17日	四緑	丁卯	9月17日	九紫	丁酉	8月15日	四緑	丙寅	7月15日	七赤	丙申	閏6月13日	二黒	乙丑	6月12日	六白	甲午
6	10月18日	五黄	戊辰	9月18日	八白	戊戌	8月16日	三碧	丁卯	7月16日	六白	丁酉	閏6月14日	一白	丙寅	6月13日	五黄	乙未
7	10月19日	六白	己巳	9月19日	七赤	己亥	8月17日	二黒	戊辰	7月17日	五黄	戊戌	閏6月15日	九紫	丁卯	6月14日	四緑	丙申
8	10月20日	七赤	庚午	9月20日	六白	庚子	8月18日	一白	己巳	7月18日	四緑	己亥	閏6月16日	八白	戊辰	6月15日	三碧	丁酉
9	10月21日	八白	辛未	9月21日	五黄	辛丑	8月19日	九紫	庚午	7月19日	三碧	庚子	閏6月17日	七赤	己巳	6月16日	二黒	戊戌
10	10月22日	九紫	壬申	9月22日	四緑	壬寅	8月20日	八白	辛未	7月20日	二黒	辛丑	閏6月18日	六白	庚午	6月17日	一白	己亥
11	10月23日	一白	癸酉	9月23日	三碧	癸卯	8月21日	七赤	壬申	7月21日	一白	壬寅	閏6月19日	五黄	辛未	6月18日	九紫	庚子
12	10月24日	二黒	甲戌	9月24日	二黒	甲辰	8月22日	六白	癸酉	7月22日	九紫	癸卯	閏6月20日	四緑	壬申	6月19日	八白	辛丑
13	10月25日	三碧	乙亥	9月25日	一白	乙巳	8月23日	五黄	甲戌	7月23日	八白	甲辰	閏6月21日	三碧	癸酉	6月20日	七赤	壬寅
14	10月26日	四緑	丙子	9月26日	九紫	丙午	8月24日	四緑	乙亥	7月24日	七赤	乙巳	閏6月22日	二黒	甲戌	6月21日	六白	癸卯
15	10月27日	五黄	丁丑	9月27日	八白	丁未	8月25日	三碧	丙子	7月25日	六白	丙午	閏6月23日	一白	乙亥	6月22日	五黄	甲辰
16	10月28日	六白	戊寅	9月28日	七赤	戊申	8月26日	二黒	丁丑	7月26日	五黄	丁未	閏6月24日	九紫	丙子	6月23日	四緑	乙巳
17	10月29日	七赤	己卯	9月29日	六白	己酉	8月27日	一白	戊寅	7月27日	四緑	戊申	閏6月25日	八白	丁丑	6月24日	三碧	丙午
18	11月1日	八白	庚辰	9月30日	五黄	庚戌	8月28日	九紫	己卯	7月28日	三碧	己酉	閏6月26日	七赤	戊寅	6月25日	二黒	丁未
19	11月2日	九紫	辛巳	10月1日	四緑	辛亥	8月29日	八白	庚辰	7月29日	二黒	庚戌	閏6月27日	六白	己卯	6月26日	一白	戊申
20	11月3日	一白	壬午	10月2日	三碧	壬子	9月1日	七赤	辛巳	7月30日	一白	辛亥	閏6月28日	五黄	庚辰	6月27日	九紫	己酉
21	11月4日	二黒	癸未	10月3日	二黒	癸丑	9月2日	六白	壬午	8月1日	九紫	壬子	閏6月29日	四緑	辛巳	6月28日	八白	庚戌
22	11月5日	三碧	甲申	10月4日	一白	甲寅	9月3日	五黄	癸未	8月2日	八白	癸丑	7月1日	三碧	壬午	6月29日	七赤	辛亥
23	11月6日	四緑	乙酉	10月5日	九紫	乙卯	9月4日	四緑	甲申	8月3日	七赤	甲寅	7月2日	二黒	癸未	6月30日	六白	壬子
24	11月7日	五黄	丙戌	10月6日	八白	丙辰	9月5日	三碧	乙酉	8月4日	六白	乙卯	7月3日	一白	甲申	閏6月1日	五黄	癸丑
25	11月8日	六白	丁亥	10月7日	七赤	丁巳	9月6日	二黒	丙戌	8月5日	五黄	丙辰	7月4日	九紫	乙酉	閏6月2日	四緑	甲寅
26	11月9日	七赤	戊子	10月8日	六白	戊午	9月7日	一白	丁亥	8月6日	四緑	丁巳	7月5日	八白	丙戌	閏6月3日	三碧	乙卯
27	11月10日	八白	己丑	10月9日	五黄	己未	9月8日	九紫	戊子	8月7日	三碧	戊午	7月6日	七赤	丁亥	閏6月4日	二黒	丙辰
28	11月11日	九紫	庚寅	10月10日	四緑	庚申	9月9日	八白	己丑	8月8日	二黒	己未	7月7日	六白	戊子	閏6月5日	一白	丁巳
29	11月12日	一白	辛卯	10月11日	三碧	辛酉	9月10日	七赤	庚寅	8月9日	一白	庚申	7月8日	五黄	己丑	閏6月6日	九紫	戊午
30	11月13日	二黒	壬辰	10月12日	二黒	壬戌	9月11日	六白	辛卯	8月10日	九紫	辛酉	7月9日	四緑	庚寅	閏6月7日	八白	己未
31	11月14日	三碧	癸巳				9月12日	五黄	壬辰				7月10日	三碧	辛卯	閏6月8日	七赤	庚申

6月甲午	5月癸巳	4月壬辰	3月辛卯	2月庚寅	1月己丑	
6日 07：45	6日 03：20	5日 09：42	6日 04：35	4日 10：22	5日 22：42	
22日 00：29	21日 16：21	20日 16：55	21日 05：32	19日 06：16	20日 16：01	
一白水星	二黒土星	三碧木星	四緑木星	五黄土星	六白金星	
4月18日 八白 乙丑	3月17日 七赤 甲午	2月16日 四緑 甲子	1月15日 九紫 癸巳	12月16日 八白 乙丑	11月15日 四緑 甲午	1
4月19日 七赤 丙寅	3月18日 八白 乙未	2月17日 五黄 乙丑	1月16日 一白 甲午	12月17日 九紫 丙寅	11月16日 五黄 乙未	2
4月20日 六白 丁卯	3月19日 九紫 丙申	2月18日 六白 丙寅	1月17日 二黒 乙未	12月18日 一白 丁卯	11月17日 六白 丙申	3
4月21日 五黄 戊辰	3月20日 一白 丁酉	2月19日 七赤 丁卯	1月18日 三碧 丙申	12月19日 二黒 戊辰	11月18日 七赤 丁酉	4
4月22日 四緑 己巳	3月21日 二黒 戊戌	2月20日 八白 戊辰	1月19日 四緑 丁酉	12月20日 三碧 己巳	11月19日 八白 戊戌	5
4月23日 三碧 庚午	3月22日 三碧 己亥	2月21日 九紫 己巳	1月20日 五黄 戊戌	12月21日 四緑 庚午	11月20日 九紫 己亥	6
4月24日 二黒 辛未	3月23日 四緑 庚子	2月22日 一白 庚午	1月21日 六白 己亥	12月22日 五黄 辛未	11月21日 一白 庚子	7
4月25日 一白 壬申	3月24日 五黄 辛丑	2月23日 二黒 辛未	1月22日 七赤 庚子	12月23日 六白 壬申	11月22日 二黒 辛丑	8
4月26日 九紫 癸酉	3月25日 六白 壬寅	2月24日 三碧 壬申	1月23日 八白 辛丑	12月24日 七赤 癸酉	11月23日 三碧 壬寅	9
4月27日 八白 甲戌	3月26日 七赤 癸卯	2月25日 四緑 癸酉	1月24日 九紫 壬寅	12月25日 八白 甲戌	11月24日 四緑 癸卯	10
4月28日 七赤 乙亥	3月27日 八白 甲辰	2月26日 五黄 甲戌	1月25日 一白 癸卯	12月26日 九紫 乙亥	11月25日 五黄 甲辰	11
4月29日 六白 丙子	3月28日 九紫 乙巳	2月27日 六白 乙亥	1月26日 二黒 甲辰	12月27日 一白 丙子	11月26日 六白 乙巳	12
5月1日 五黄 丁丑	3月29日 一白 丙午	2月28日 七赤 丙子	1月27日 三碧 乙巳	12月28日 二黒 丁丑	11月27日 七赤 丙午	13
5月2日 四緑 戊寅	3月30日 二黒 丁未	2月29日 八白 丁丑	1月28日 四緑 丙午	12月29日 三碧 戊寅	11月28日 八白 丁未	14
5月3日 三碧 己卯	4月1日 三碧 戊申	3月1日 九紫 戊寅	1月29日 五黄 丁未	1月1日 四緑 己卯	11月29日 九紫 戊申	15
5月4日 二黒 庚辰	4月2日 四緑 己酉	3月2日 一白 己卯	1月30日 六白 戊申	1月2日 五黄 庚辰	11月30日 一白 己酉	16
5月5日 一白 辛巳	4月3日 五黄 庚戌	3月3日 二黒 庚辰	2月1日 七赤 己酉	1月3日 六白 辛巳	12月1日 二黒 庚戌	17
5月6日 九紫 壬午	4月4日 六白 辛亥	3月4日 三碧 辛巳	2月2日 八白 庚戌	1月4日 七赤 壬午	12月2日 三碧 辛亥	18
5月7日 八白 癸未	4月5日 七赤 壬子	3月5日 四緑 壬午	2月3日 九紫 辛亥	1月5日 八白 癸未	12月3日 四緑 壬子	19
5月8日 七赤 甲申	4月6日 八白 癸丑	3月6日 五黄 癸未	2月4日 一白 壬子	1月6日 九紫 甲申	12月4日 五黄 癸丑	20
5月9日 六白 乙酉	4月7日 九紫 甲寅	3月7日 六白 甲申	2月5日 二黒 癸丑	1月7日 一白 乙酉	12月5日 六白 甲寅	21
5月10日 五黄 丙戌	4月8日 一白 乙卯	3月8日 七赤 乙酉	2月6日 三碧 甲寅	1月8日 二黒 丙戌	12月6日 七赤 乙卯	22
5月11日 四緑 丁亥	4月9日 二黒 丙辰	3月9日 八白 丙戌	2月7日 四緑 乙卯	1月9日 三碧 丁亥	12月7日 八白 丙辰	23
5月12日 三碧 戊子	4月10日 三碧 丁巳	3月10日 九紫 丁亥	2月8日 五黄 丙辰	1月10日 四緑 戊子	12月8日 九紫 丁巳	24
5月13日 二黒 己丑	4月11日 四緑 戊午	3月11日 一白 戊子	2月9日 六白 丁巳	1月11日 五黄 己丑	12月9日 一白 戊午	25
5月14日 一白 庚寅	4月12日 五黄 己未	3月12日 二黒 己丑	2月10日 七赤 戊午	1月12日 六白 庚寅	12月10日 二黒 己未	26
5月15日 九紫 辛卯	4月13日 六白 庚申	3月13日 三碧 庚寅	2月11日 八白 己未	1月13日 七赤 辛卯	12月11日 三碧 庚申	27
5月16日 八白 壬辰	4月14日 七赤 辛酉	3月14日 四緑 辛卯	2月12日 九紫 庚申	1月14日 八白 壬辰	12月12日 四緑 辛酉	28
5月17日 七赤 癸巳	4月15日 八白 壬戌	3月15日 五黄 壬辰	2月13日 一白 辛酉		12月13日 五黄 壬戌	29
5月18日 六白 甲午	4月16日 九紫 癸亥	3月16日 六白 癸巳	2月14日 二黒 壬戌		12月14日 六白 癸亥	30
	4月17日 九紫 甲子		2月15日 三碧 癸亥		12月15日 七赤 甲子	31

76

昭和36年		1961年				辛丑年				三碧木星	
12月庚子		11月己亥		10月戊戌		9月丁酉		8月丙申		7月乙未	
7日 17:25		8日 00:45		8日 21:51		8日 06:29		8日 03:48		7日 18:06	
22日 11:19		22日 22:07		24日 00:47		23日 15:43		23日 18:19		23日 11:23	
四緑木星		五黄土星		六白金星		七赤金星		八白土星		九紫火星	
1	10月24日	五黄	戊辰	9月23日	八白	戊戌	8月22日	三碧	丁卯	7月22日	六白	丁酉	6月20日	一白	丙寅	5月19日	五黄	乙未
2	10月25日	六白	己巳	9月24日	七赤	己亥	8月23日	二黒	戊辰	7月23日	五黄	戊戌	6月21日	九紫	丁卯	5月20日	四緑	丙申
3	10月26日	七赤	庚午	9月25日	六白	庚子	8月24日	一白	己巳	7月24日	四緑	己亥	6月22日	八白	戊辰	5月21日	三碧	丁酉
4	10月27日	八白	辛未	9月26日	五黄	辛丑	8月25日	九紫	庚午	7月25日	三碧	庚子	6月23日	七赤	己巳	5月22日	二黒	戊戌
5	10月28日	九紫	壬申	9月27日	四緑	壬寅	8月26日	八白	辛未	7月26日	二黒	辛丑	6月24日	六白	庚午	5月23日	一白	己亥
6	10月29日	一白	癸酉	9月28日	三碧	癸卯	8月27日	七赤	壬申	7月27日	一白	壬寅	6月25日	五黄	辛未	5月24日	九紫	庚子
7	10月30日	二黒	甲戌	9月29日	二黒	甲辰	8月28日	六白	癸酉	7月28日	九紫	癸卯	6月26日	四緑	壬申	5月25日	八白	辛丑
8	11月1日	三碧	乙亥	10月1日	一白	乙巳	8月29日	五黄	甲戌	7月29日	八白	甲辰	6月27日	三碧	癸酉	5月26日	七赤	壬寅
9	11月2日	四緑	丙子	10月2日	九紫	丙午	8月30日	四緑	乙亥	7月30日	七赤	乙巳	6月28日	二黒	甲戌	5月27日	六白	癸卯
10	11月3日	五黄	丁丑	10月3日	八白	丁未	9月1日	三碧	丙子	8月1日	六白	丙午	6月29日	一白	乙亥	5月28日	五黄	甲辰
11	11月4日	六白	戊寅	10月4日	七赤	戊申	9月2日	二黒	丁丑	8月2日	五黄	丁未	7月1日	九紫	丙子	5月29日	四緑	乙巳
12	11月5日	七赤	己卯	10月5日	六白	己酉	9月3日	一白	戊寅	8月3日	四緑	戊申	7月2日	八白	丁丑	5月30日	三碧	丙午
13	11月6日	八白	庚辰	10月6日	五黄	庚戌	9月4日	九紫	己卯	8月4日	三碧	己酉	7月3日	七赤	戊寅	6月1日	二黒	丁未
14	11月7日	九紫	辛巳	10月7日	四緑	辛亥	9月5日	八白	庚辰	8月5日	二黒	庚戌	7月4日	六白	己卯	6月2日	一白	戊申
15	11月8日	一白	壬午	10月8日	三碧	壬子	9月6日	七赤	辛巳	8月6日	一白	辛亥	7月5日	五黄	庚辰	6月3日	九紫	己酉
16	11月9日	二黒	癸未	10月9日	二黒	癸丑	9月7日	六白	壬午	8月7日	九紫	壬子	7月6日	四緑	辛巳	6月4日	八白	庚戌
17	11月10日	三碧	甲申	10月10日	一白	甲寅	9月8日	五黄	癸未	8月8日	八白	癸丑	7月7日	三碧	壬午	6月5日	七赤	辛亥
18	11月11日	四緑	乙酉	10月11日	九紫	乙卯	9月9日	四緑	甲申	8月9日	七赤	甲寅	7月8日	二黒	癸未	6月6日	六白	壬子
19	11月12日	五黄	丙戌	10月12日	八白	丙辰	9月10日	三碧	乙酉	8月10日	六白	乙卯	7月9日	一白	甲申	6月7日	五黄	癸丑
20	11月13日	六白	丁亥	10月13日	七赤	丁巳	9月11日	二黒	丙戌	8月11日	五黄	丙辰	7月10日	九紫	乙酉	6月8日	四緑	甲寅
21	11月14日	七赤	戊子	10月14日	六白	戊午	9月12日	一白	丁亥	8月12日	四緑	丁巳	7月11日	八白	丙戌	6月9日	三碧	乙卯
22	11月15日	八白	己丑	10月15日	五黄	己未	9月13日	九紫	戊子	8月13日	三碧	戊午	7月12日	七赤	丁亥	6月10日	二黒	丙辰
23	11月16日	九紫	庚寅	10月16日	四緑	庚申	9月14日	八白	己丑	8月14日	二黒	己未	7月13日	六白	戊子	6月11日	一白	丁巳
24	11月17日	一白	辛卯	10月17日	三碧	辛酉	9月15日	七赤	庚寅	8月15日	一白	庚申	7月14日	五黄	己丑	6月12日	九紫	戊午
25	11月18日	二黒	壬辰	10月18日	二黒	壬戌	9月16日	六白	辛卯	8月16日	九紫	辛酉	7月15日	四緑	庚寅	6月13日	八白	己未
26	11月19日	三碧	癸巳	10月19日	一白	癸亥	9月17日	五黄	壬辰	8月17日	八白	壬戌	7月16日	三碧	辛卯	6月14日	七赤	庚申
27	11月20日	四緑	甲午	10月20日	一白	甲子	9月18日	四緑	癸巳	8月18日	七赤	癸亥	7月17日	二黒	壬辰	6月15日	六白	辛酉
28	11月21日	五黄	乙未	10月21日	二黒	乙丑	9月19日	三碧	甲午	8月19日	六白	甲子	7月18日	一白	癸巳	6月16日	五黄	壬戌
29	11月22日	六白	丙申	10月22日	三碧	丙寅	9月20日	二黒	乙未	8月20日	五黄	乙丑	7月19日	九紫	甲午	6月17日	四緑	癸亥
30	11月23日	七赤	丁酉	10月23日	四緑	丁卯	9月21日	一白	丙申	8月21日	四緑	丙寅	7月20日	八白	乙未	6月18日	三碧	甲子
31	11月24日	八白	戊戌				9月22日	九紫	丁酉				7月21日	七赤	丙申	6月19日	二黒	乙丑

6月丙午	5月乙巳	4月甲辰	3月癸卯	2月壬寅	1月辛丑	
6日 13：30	6日 09：08	5日 15：34	6日 10：30	4日 16：17	6日 04：34	
22日 06：23	21日 22：15	20日 22：50	21日 11：30	19日 12：15	20日 21：58	
七赤金星	八白土星	九紫火星	一白水星	二黒土星	三碧木星	
4月29日 三碧 庚午	3月27日 三碧 己亥	2月27日 九紫 己巳	1月25日 五黄 戊戌	12月27日 四緑 庚午	11月25日 九紫 己亥	1
5月1日 二黒 辛未	3月28日 四緑 庚子	2月28日 一白 庚午	1月26日 六白 己亥	12月28日 五黄 辛未	11月26日 一白 庚子	2
5月2日 一白 壬申	3月29日 五黄 辛丑	2月29日 二黒 辛未	1月27日 七赤 庚子	12月29日 六白 壬申	11月27日 二黒 辛丑	3
5月3日 九紫 癸酉	4月1日 六白 壬寅	2月30日 三碧 壬申	1月28日 八白 辛丑	12月30日 七赤 癸酉	11月28日 三碧 壬寅	4
5月4日 八白 甲戌	4月2日 七赤 癸卯	3月1日 四緑 癸酉	1月29日 九紫 壬寅	1月1日 八白 甲戌	11月29日 四緑 癸卯	5
5月5日 七赤 乙亥	4月3日 八白 甲辰	3月2日 五黄 甲戌	2月1日 一白 癸卯	1月2日 九紫 乙亥	12月1日 五黄 甲辰	6
5月6日 六白 丙子	4月4日 九紫 乙巳	3月3日 六白 乙亥	2月2日 二黒 甲辰	1月3日 一白 丙子	12月2日 六白 乙巳	7
5月7日 五黄 丁丑	4月5日 一白 丙午	3月4日 七赤 丙子	2月3日 三碧 乙巳	1月4日 二黒 丁丑	12月3日 七赤 丙午	8
5月8日 四緑 戊寅	4月6日 二黒 丁未	3月5日 八白 丁丑	2月4日 四緑 丙午	1月5日 三碧 戊寅	12月4日 八白 丁未	9
5月9日 三碧 己卯	4月7日 三碧 戊申	3月6日 九紫 戊寅	2月5日 五黄 丁未	1月6日 四緑 己卯	12月5日 九紫 戊申	10
5月10日 二黒 庚辰	4月8日 四緑 己酉	3月7日 一白 己卯	2月6日 六白 戊申	1月7日 五黄 庚辰	12月6日 一白 己酉	11
5月11日 一白 辛巳	4月9日 五黄 庚戌	3月8日 二黒 庚辰	2月7日 七赤 己酉	1月8日 六白 辛巳	12月7日 二黒 庚戌	12
5月12日 九紫 壬午	4月10日 六白 辛亥	3月9日 三碧 辛巳	2月8日 八白 庚戌	1月9日 七赤 壬午	12月8日 三碧 辛亥	13
5月13日 八白 癸未	4月11日 七赤 壬子	3月10日 四緑 壬午	2月9日 九紫 辛亥	1月10日 八白 癸未	12月9日 四緑 壬子	14
5月14日 七赤 甲申	4月12日 八白 癸丑	3月11日 五黄 癸未	2月10日 一白 壬子	1月11日 九紫 甲申	12月10日 五黄 癸丑	15
5月15日 六白 乙酉	4月13日 九紫 甲寅	3月12日 六白 甲申	2月11日 二黒 癸丑	1月12日 一白 乙酉	12月11日 六白 甲寅	16
5月16日 五黄 丙戌	4月14日 一白 乙卯	3月13日 七赤 乙酉	2月12日 三碧 甲寅	1月13日 二黒 丙戌	12月12日 七赤 乙卯	17
5月17日 四緑 丁亥	4月15日 二黒 丙辰	3月14日 八白 丙戌	2月13日 四緑 乙卯	1月14日 三碧 丁亥	12月13日 八白 丙辰	18
5月18日 三碧 戊子	4月16日 三碧 丁巳	3月15日 九紫 丁亥	2月14日 五黄 丙辰	1月15日 四緑 戊子	12月14日 九紫 丁巳	19
5月19日 二黒 己丑	4月17日 四緑 戊午	3月16日 一白 戊子	2月15日 六白 丁巳	1月16日 五黄 己丑	12月15日 一白 戊午	20
5月20日 一白 庚寅	4月18日 五黄 己未	3月17日 二黒 己丑	2月16日 七赤 戊午	1月17日 六白 庚寅	12月16日 二黒 己未	21
5月21日 九紫 辛卯	4月19日 六白 庚申	3月18日 三碧 庚寅	2月17日 八白 己未	1月18日 七赤 辛卯	12月17日 三碧 庚申	22
5月22日 八白 壬辰	4月20日 七赤 辛酉	3月19日 四緑 辛卯	2月18日 九紫 庚申	1月19日 八白 壬辰	12月18日 四緑 辛酉	23
5月23日 七赤 癸巳	4月21日 八白 壬戌	3月20日 五黄 壬辰	2月19日 一白 辛酉	1月20日 九紫 癸巳	12月19日 五黄 壬戌	24
5月24日 六白 甲午	4月22日 九紫 癸亥	3月21日 六白 癸巳	2月20日 二黒 壬戌	1月21日 一白 甲午	12月20日 六白 癸亥	25
5月25日 五黄 乙未	4月23日 九紫 甲子	3月22日 七赤 甲午	2月21日 三碧 癸亥	1月22日 二黒 乙未	12月21日 七赤 甲子	26
5月26日 四緑 丙申	4月24日 八白 乙丑	3月23日 八白 乙未	2月22日 四緑 甲子	1月23日 三碧 丙申	12月22日 八白 乙丑	27
5月27日 三碧 丁酉	4月25日 七赤 丙寅	3月24日 九紫 丙申	2月23日 五黄 乙丑	1月24日 四緑 丁酉	12月23日 九紫 丙寅	28
5月28日 二黒 戊戌	4月26日 六白 丁卯	3月25日 一白 丁酉	2月24日 六白 丙寅		12月24日 一白 丁卯	29
5月29日 一白 己亥	4月27日 五黄 戊辰	3月26日 二黒 戊戌	2月25日 七赤 丁卯		12月25日 二黒 戊辰	30
	4月28日 四緑 己巳		2月26日 八白 戊辰		12月26日 三碧 己巳	31

78

昭和37年		1962年		壬寅年		二黒土星					
12月壬子		11月辛亥		10月庚戌		9月己酉		8月戊申		7月丁未	
7日 23:16		8日 06:34		9日 03:38		8日 12:16		8日 09:34		7日 23:50	
22日 17:15		23日 04:01		24日 06:39		23日 21:35		24日 00:13		23日 17:18	
一白水星		二黒土星		三碧木星		四緑木星		五黄土星		六白金星	

1	11月5日	九紫 癸酉	10月5日	三碧 癸卯	9月3日	七赤 壬申	8月3日	一白 壬寅	7月2日	五黄 辛未	5月30日	九紫 庚子
2	11月6日	八白 甲戌	10月6日	二黒 甲辰	9月4日	六白 癸酉	8月4日	九紫 癸卯	7月3日	四緑 壬申	6月1日	八白 辛丑
3	11月7日	七赤 乙亥	10月7日	一白 乙巳	9月5日	五黄 甲戌	8月5日	八白 甲辰	7月4日	三碧 癸酉	6月2日	七赤 壬寅
4	11月8日	六白 丙子	10月8日	九紫 丙午	9月6日	四緑 乙亥	8月6日	七赤 乙巳	7月5日	二黒 甲戌	6月3日	六白 癸卯
5	11月9日	五黄 丁丑	10月9日	八白 丁未	9月7日	三碧 丙子	8月7日	六白 丙午	7月6日	一白 乙亥	6月4日	五黄 甲辰
6	11月10日	四緑 戊寅	10月10日	七赤 戊申	9月8日	二黒 丁丑	8月8日	五黄 丁未	7月7日	九紫 丙子	6月5日	四緑 乙巳
7	11月11日	三碧 己卯	10月11日	六白 己酉	9月9日	一白 戊寅	8月9日	四緑 戊申	7月8日	八白 丁丑	6月6日	三碧 丙午
8	11月12日	二黒 庚辰	10月12日	五黄 庚戌	9月10日	九紫 己卯	8月10日	三碧 己酉	7月9日	七赤 戊寅	6月7日	二黒 丁未
9	11月13日	一白 辛巳	10月13日	四緑 辛亥	9月11日	八白 庚辰	8月11日	二黒 庚戌	7月10日	六白 己卯	6月8日	一白 戊申
10	11月14日	九紫 壬午	10月14日	三碧 壬子	9月12日	七赤 辛巳	8月12日	一白 辛亥	7月11日	五黄 庚辰	6月9日	九紫 己酉
11	11月15日	八白 癸未	10月15日	二黒 癸丑	9月13日	六白 壬午	8月13日	九紫 壬子	7月12日	四緑 辛巳	6月10日	八白 庚戌
12	11月16日	七赤 甲申	10月16日	一白 甲寅	9月14日	五黄 癸未	8月14日	八白 癸丑	7月13日	三碧 壬午	6月11日	七赤 辛亥
13	11月17日	六白 乙酉	10月17日	九紫 乙卯	9月15日	四緑 甲申	8月15日	七赤 甲寅	7月14日	二黒 癸未	6月12日	六白 壬子
14	11月18日	五黄 丙戌	10月18日	八白 丙辰	9月16日	三碧 乙酉	8月16日	六白 乙卯	7月15日	一白 甲申	6月13日	五黄 癸丑
15	11月19日	四緑 丁亥	10月19日	七赤 丁巳	9月17日	二黒 丙戌	8月17日	五黄 丙辰	7月16日	九紫 乙酉	6月14日	四緑 甲寅
16	11月20日	三碧 戊子	10月20日	六白 戊午	9月18日	一白 丁亥	8月18日	四緑 丁巳	7月17日	八白 丙戌	6月15日	三碧 乙卯
17	11月21日	二黒 己丑	10月21日	五黄 己未	9月19日	九紫 戊子	8月19日	三碧 戊午	7月18日	七赤 丁亥	6月16日	二黒 丙辰
18	11月22日	一白 庚寅	10月22日	四緑 庚申	9月20日	八白 己丑	8月20日	二黒 己未	7月19日	六白 戊子	6月17日	一白 丁巳
19	11月23日	九紫 辛卯	10月23日	三碧 辛酉	9月21日	七赤 庚寅	8月21日	一白 庚申	7月20日	五黄 己丑	6月18日	九紫 戊午
20	11月24日	八白 壬辰	10月24日	二黒 壬戌	9月22日	六白 辛卯	8月22日	九紫 辛酉	7月21日	四緑 庚寅	6月19日	八白 己未
21	11月25日	七赤 癸巳	10月25日	一白 癸亥	9月23日	五黄 壬辰	8月23日	八白 壬戌	7月22日	三碧 辛卯	6月20日	七赤 庚申
22	11月26日	七赤 甲午	10月26日	九紫 甲子	9月24日	四緑 癸巳	8月24日	七赤 癸亥	7月23日	二黒 壬辰	6月21日	六白 辛酉
23	11月27日	八白 乙未	10月27日	八白 乙丑	9月25日	三碧 甲午	8月25日	六白 甲子	7月24日	一白 癸巳	6月22日	五黄 壬戌
24	11月28日	九紫 丙申	10月28日	七赤 丙寅	9月26日	二黒 乙未	8月26日	五黄 乙丑	7月25日	九紫 甲午	6月23日	四緑 癸亥
25	11月29日	一白 丁酉	10月29日	六白 丁卯	9月27日	一白 丙申	8月27日	四緑 丙寅	7月26日	八白 乙未	6月24日	三碧 甲子
26	11月30日	二黒 戊戌	10月30日	五黄 戊辰	9月28日	九紫 丁酉	8月28日	三碧 丁卯	7月27日	七赤 丙申	6月25日	二黒 乙丑
27	12月1日	三碧 己亥	11月1日	四緑 己巳	9月29日	八白 戊戌	8月29日	二黒 戊辰	7月28日	六白 丁酉	6月26日	一白 丙寅
28	12月2日	四緑 庚子	11月2日	三碧 庚午	10月1日	七赤 己亥	8月30日	一白 己巳	7月29日	五黄 戊戌	6月27日	九紫 丁卯
29	12月3日	五黄 辛丑	11月3日	二黒 辛未	10月2日	六白 庚子	9月1日	九紫 庚午	7月30日	四緑 己亥	6月28日	八白 戊辰
30	12月4日	六白 壬寅	11月4日	一白 壬申	10月3日	五黄 辛丑	9月2日	八白 辛未	8月1日	三碧 庚子	6月29日	七赤 己巳
31	12月5日	七赤 癸卯			10月4日	四緑 壬寅			8月2日	二黒 辛丑	7月1日	六白 庚午

万年暦

6月戊午	5月丁巳	4月丙辰	3月乙卯	2月甲寅	1月癸丑	
6日 19：13	6日 14：50	5日 21：18	6日 16：17	4日 22：08	6日 10：26	
22日 12：03	22日 03：56	21日 04：35	21日 17：20	19日 18：09	21日 03：54	
四緑木星	五黄土星	六白金星	七赤金星	八白土星	九紫火星	
閏4月10日 六白 乙亥	4月8日 二黒 甲辰	3月8日 八白 甲戌	2月6日 四緑 癸卯	1月8日 三碧 乙亥	12月6日 八白 甲辰	1
閏4月11日 七赤 丙子	4月9日 三碧 乙巳	3月9日 九紫 乙亥	2月7日 五黄 甲辰	1月9日 四緑 丙子	12月7日 九紫 乙巳	2
閏4月12日 八白 丁丑	4月10日 四緑 丙午	3月10日 一白 丙子	2月8日 六白 乙巳	1月10日 五黄 丁丑	12月8日 一白 丙午	3
閏4月13日 九紫 戊寅	4月11日 五黄 丁未	3月11日 二黒 丁丑	2月9日 七赤 丙午	1月11日 六白 戊寅	12月9日 二黒 丁未	4
閏4月14日 一白 己卯	4月12日 六白 戊申	3月12日 三碧 戊寅	2月10日 八白 丁未	1月12日 七赤 己卯	12月10日 三碧 戊申	5
閏4月15日 二黒 庚辰	4月13日 七赤 己酉	3月13日 四緑 己卯	2月11日 九紫 戊申	1月13日 八白 庚辰	12月11日 四緑 己酉	6
閏4月16日 三碧 辛巳	4月14日 八白 庚戌	3月14日 五黄 庚辰	2月12日 一白 己酉	1月14日 九紫 辛巳	12月12日 五黄 庚戌	7
閏4月17日 四緑 壬午	4月15日 九紫 辛亥	3月15日 六白 辛巳	2月13日 二黒 庚戌	1月15日 一白 壬午	12月13日 六白 辛亥	8
閏4月18日 五黄 癸未	4月16日 一白 壬子	3月16日 七赤 壬午	2月14日 三碧 辛亥	1月16日 二黒 癸未	12月14日 七赤 壬子	9
閏4月19日 六白 甲申	4月17日 二黒 癸丑	3月17日 八白 癸未	2月15日 四緑 壬子	1月17日 三碧 甲申	12月15日 八白 癸丑	10
閏4月20日 七赤 乙酉	4月18日 三碧 甲寅	3月18日 九紫 甲申	2月16日 五黄 癸丑	1月18日 四緑 乙酉	12月16日 九紫 甲寅	11
閏4月21日 八白 丙戌	4月19日 四緑 乙卯	3月19日 一白 乙酉	2月17日 六白 甲寅	1月19日 五黄 丙戌	12月17日 一白 乙卯	12
閏4月22日 九紫 丁亥	4月20日 五黄 丙辰	3月20日 二黒 丙戌	2月18日 七赤 乙卯	1月20日 六白 丁亥	12月18日 二黒 丙辰	13
閏4月23日 一白 戊子	4月21日 六白 丁巳	3月21日 三碧 丁亥	2月19日 八白 丙辰	1月21日 七赤 戊子	12月19日 三碧 丁巳	14
閏4月24日 二黒 己丑	4月22日 七赤 戊午	3月22日 四緑 戊子	2月20日 九紫 丁巳	1月22日 八白 己丑	12月20日 四緑 戊午	15
閏4月25日 三碧 庚寅	4月23日 八白 己未	3月23日 五黄 己丑	2月21日 一白 戊午	1月23日 九紫 庚寅	12月21日 五黄 己未	16
閏4月26日 四緑 辛卯	4月24日 九紫 庚申	3月24日 六白 庚寅	2月22日 二黒 己未	1月24日 一白 辛卯	12月22日 六白 庚申	17
閏4月27日 五黄 壬辰	4月25日 一白 辛酉	3月25日 七赤 辛卯	2月23日 三碧 庚申	1月25日 二黒 壬辰	12月23日 七赤 辛酉	18
閏4月28日 六白 癸巳	4月26日 二黒 壬戌	3月26日 八白 壬辰	2月24日 四緑 辛酉	1月26日 三碧 癸巳	12月24日 八白 壬戌	19
閏4月29日 七赤 甲午	4月27日 三碧 癸亥	3月27日 九紫 癸巳	2月25日 五黄 壬戌	1月27日 四緑 甲午	12月25日 九紫 癸亥	20
5月1日 八白 乙未	4月28日 四緑 甲子	3月28日 一白 甲午	2月26日 六白 癸亥	1月28日 五黄 乙未	12月26日 一白 甲子	21
5月2日 九紫 丙申	4月29日 五黄 乙丑	3月29日 二黒 乙未	2月27日 七赤 甲子	1月29日 六白 丙申	12月27日 二黒 乙丑	22
5月3日 一白 丁酉	閏4月1日 六白 丙寅	3月30日 三碧 丙申	2月28日 八白 乙丑	1月30日 七赤 丁酉	12月28日 三碧 丙寅	23
5月4日 二黒 戊戌	閏4月2日 七赤 丁卯	4月1日 四緑 丁酉	2月29日 九紫 丙寅	2月1日 八白 戊戌	12月29日 四緑 丁卯	24
5月5日 三碧 己亥	閏4月3日 八白 戊辰	4月2日 五黄 戊戌	3月1日 一白 丁卯	2月2日 九紫 己亥	1月1日 五黄 戊辰	25
5月6日 四緑 庚子	閏4月4日 九紫 己巳	4月3日 六白 己亥	3月2日 二黒 戊辰	2月3日 一白 庚子	1月2日 六白 己巳	26
5月7日 五黄 辛丑	閏4月5日 一白 庚午	4月4日 七赤 庚子	3月3日 三碧 己巳	2月4日 二黒 辛丑	1月3日 七赤 庚午	27
5月8日 六白 壬寅	閏4月6日 二黒 辛未	4月5日 八白 辛丑	3月4日 四緑 庚午	2月5日 三碧 壬寅	1月4日 八白 辛未	28
5月9日 七赤 癸卯	閏4月7日 三碧 壬申	4月6日 九紫 壬寅	3月5日 五黄 辛未		1月5日 九紫 壬申	29
5月10日 八白 甲辰	閏4月8日 四緑 癸酉	4月7日 一白 癸卯	3月6日 六白 壬申		1月6日 一白 癸酉	30
	閏4月9日 五黄 甲戌		3月7日 七赤 癸酉		1月7日 二黒 甲戌	31

80

昭和38年		1963年		癸卯年		一白水星					
12月甲子		11月癸亥		10月壬戌		9月辛酉		8月庚申		7月己未	
8日 05:12		8日 12:31		9日 09:36		8日 18:12		8日 15:26		8日 05:37	
22日 23:01		23日 09:48		24日 12:28		24日 03:23		24日 05:58		23日 22:59	
七赤金星		八白土星		九紫火星		一白水星		二黒土星		三碧木星	

1	10月16日	一白	戊寅	9月16日	四緑	戊申	8月14日	八白	丁丑	7月14日	二黒	丁未	6月12日	六白	丙子	5月11日	九紫	乙巳
2	10月17日	九紫	己卯	9月17日	三碧	己酉	8月15日	七赤	戊寅	7月15日	一白	戊申	6月13日	五黄	丁丑	5月12日	一白	丙午
3	10月18日	八白	庚辰	9月18日	二黒	庚戌	8月16日	六白	己卯	7月16日	九紫	己酉	6月14日	四緑	戊寅	5月13日	二黒	丁未
4	10月19日	七赤	辛巳	9月19日	一白	辛亥	8月17日	五黄	庚辰	7月17日	八白	庚戌	6月15日	三碧	己卯	5月14日	三碧	戊申
5	10月20日	六白	壬午	9月20日	九紫	壬子	8月18日	四緑	辛巳	7月18日	七赤	辛亥	6月16日	二黒	庚辰	5月15日	四緑	己酉
6	10月21日	五黄	癸未	9月21日	八白	癸丑	8月19日	三碧	壬午	7月19日	六白	壬子	6月17日	一白	辛巳	5月16日	五黄	庚戌
7	10月22日	四緑	甲申	9月22日	七赤	甲寅	8月20日	二黒	癸未	7月20日	五黄	癸丑	6月18日	九紫	壬午	5月17日	六白	辛亥
8	10月23日	三碧	乙酉	9月23日	六白	乙卯	8月21日	一白	甲申	7月21日	四緑	甲寅	6月19日	八白	癸未	5月18日	七赤	壬子
9	10月24日	二黒	丙戌	9月24日	五黄	丙辰	8月22日	九紫	乙酉	7月22日	三碧	乙卯	6月20日	七赤	甲申	5月19日	八白	癸丑
10	10月25日	一白	丁亥	9月25日	四緑	丁巳	8月23日	八白	丙戌	7月23日	二黒	丙辰	6月21日	六白	乙酉	5月20日	九紫	甲寅
11	10月26日	九紫	戊子	9月26日	三碧	戊午	8月24日	七赤	丁亥	7月24日	一白	丁巳	6月22日	五黄	丙戌	5月21日	一白	乙卯
12	10月27日	八白	己丑	9月27日	二黒	己未	8月25日	六白	戊子	7月25日	九紫	戊午	6月23日	四緑	丁亥	5月22日	二黒	丙辰
13	10月28日	七赤	庚寅	9月28日	一白	庚申	8月26日	五黄	己丑	7月26日	八白	己未	6月24日	三碧	戊子	5月23日	三碧	丁巳
14	10月29日	六白	辛卯	9月29日	九紫	辛酉	8月27日	四緑	庚寅	7月27日	七赤	庚申	6月25日	二黒	己丑	5月24日	四緑	戊午
15	10月30日	五黄	壬辰	9月30日	八白	壬戌	8月28日	三碧	辛卯	7月28日	六白	辛酉	6月26日	一白	庚寅	5月25日	五黄	己未
16	11月1日	四緑	癸巳	10月1日	七赤	癸亥	8月29日	二黒	壬辰	7月29日	五黄	壬戌	6月27日	九紫	辛卯	5月26日	六白	庚申
17	11月2日	三碧	甲午	10月2日	六白	甲子	9月1日	一白	癸巳	7月30日	四緑	癸亥	6月28日	八白	壬辰	5月27日	七赤	辛酉
18	11月3日	二黒	乙未	10月3日	五黄	乙丑	9月2日	九紫	甲午	8月1日	三碧	甲子	6月29日	七赤	癸巳	5月28日	八白	壬戌
19	11月4日	一白	丙申	10月4日	四緑	丙寅	9月3日	八白	乙未	8月2日	二黒	乙丑	7月1日	六白	甲午	5月29日	九紫	癸亥
20	11月5日	九紫	丁酉	10月5日	三碧	丁卯	9月4日	七赤	丙申	8月3日	一白	丙寅	7月2日	五黄	乙未	5月30日	九紫	甲子
21	11月6日	八白	戊戌	10月6日	二黒	戊辰	9月5日	六白	丁酉	8月4日	九紫	丁卯	7月3日	四緑	丙申	6月1日	八白	乙丑
22	11月7日	七赤	己亥	10月7日	一白	己巳	9月6日	五黄	戊戌	8月5日	八白	戊辰	7月4日	三碧	丁酉	6月2日	七赤	丙寅
23	11月8日	六白	庚子	10月8日	九紫	庚午	9月7日	四緑	己亥	8月6日	七赤	己巳	7月5日	二黒	戊戌	6月3日	六白	丁卯
24	11月9日	五黄	辛丑	10月9日	八白	辛未	9月8日	三碧	庚子	8月7日	六白	庚午	7月6日	一白	己亥	6月4日	五黄	戊辰
25	11月10日	四緑	壬寅	10月10日	七赤	壬申	9月9日	二黒	辛丑	8月8日	五黄	辛未	7月7日	九紫	庚子	6月5日	四緑	己巳
26	11月11日	三碧	癸卯	10月11日	六白	癸酉	9月10日	一白	壬寅	8月9日	四緑	壬申	7月8日	八白	辛丑	6月6日	三碧	庚午
27	11月12日	二黒	甲辰	10月12日	五黄	甲戌	9月11日	九紫	癸卯	8月10日	三碧	癸酉	7月9日	七赤	壬寅	6月7日	二黒	辛未
28	11月13日	一白	乙巳	10月13日	四緑	乙亥	9月12日	八白	甲辰	8月11日	二黒	甲戌	7月10日	六白	癸卯	6月8日	一白	壬申
29	11月14日	九紫	丙午	10月14日	三碧	丙子	9月13日	七赤	乙巳	8月12日	一白	乙亥	7月11日	五黄	甲辰	6月9日	九紫	癸酉
30	11月15日	八白	丁未	10月15日	二黒	丁丑	9月14日	六白	丙午	8月13日	九紫	丙子	7月12日	四緑	乙巳	6月10日	八白	甲戌
31	11月16日	七赤	戊申				9月15日	五黄	丁未				7月13日	三碧	丙午	6月11日	七赤	乙亥

6月庚午			5月己巳			4月戊辰			3月丁卯			2月丙寅			1月乙丑			
6日 01：10			5日 20：49			5日 03：17			5日 22：16			5日 04：05			6日 16：22			
21日 17：56			21日 09：48			20日 10：26			20日 23：09			19日 23：58			21日 09：41			
一白水星			二黒土星			三碧木星			四緑木星			五黄土星			六白金星			
4月21日	三碧	辛巳	3月20日	八白	庚戌	2月19日	五黄	庚辰	1月18日	一白	己酉	12月18日	八白	庚辰	11月17日	六白	己卯	1
4月22日	四緑	壬午	3月21日	九紫	辛亥	2月20日	六白	辛巳	1月19日	二黒	庚戌	12月19日	九紫	辛巳	11月18日	五黄	庚戌	2
4月23日	五黄	癸未	3月22日	一白	壬子	2月21日	七赤	壬午	1月20日	三碧	辛亥	12月20日	一白	壬午	11月19日	四緑	辛亥	3
4月24日	六白	甲申	3月23日	二黒	癸丑	2月22日	八白	癸未	1月21日	四緑	壬子	12月21日	二黒	癸未	11月20日	三碧	壬子	4
4月25日	七赤	乙酉	3月24日	三碧	甲寅	2月23日	九紫	甲申	1月22日	五黄	癸丑	12月22日	三碧	甲申	11月21日	二黒	癸丑	5
4月26日	八白	丙戌	3月25日	四緑	乙卯	2月24日	一白	乙酉	1月23日	六白	甲寅	12月23日	四緑	乙酉	11月22日	一白	甲寅	6
4月27日	九紫	丁亥	3月26日	五黄	丙辰	2月25日	二黒	丙戌	1月24日	七赤	乙卯	12月24日	五黄	丙戌	11月23日	九紫	乙卯	7
4月28日	一白	戊子	3月27日	六白	丁巳	2月26日	三碧	丁亥	1月25日	八白	丙辰	12月25日	六白	丁亥	11月24日	八白	丙辰	8
4月29日	二黒	己丑	3月28日	七赤	戊午	2月27日	四緑	戊子	1月26日	九紫	丁巳	12月26日	七赤	戊子	11月25日	七赤	丁巳	9
5月1日	三碧	庚寅	3月29日	八白	己未	2月28日	五黄	己丑	1月27日	一白	戊午	12月27日	八白	己丑	11月26日	六白	戊午	10
5月2日	四緑	辛卯	3月30日	九紫	庚申	2月29日	六白	庚寅	1月28日	二黒	己未	12月28日	九紫	庚寅	11月27日	五黄	己未	11
5月3日	五黄	壬辰	4月1日	一白	辛酉	3月1日	七赤	辛卯	1月29日	三碧	庚申	12月29日	一白	辛卯	11月28日	四緑	庚申	12
5月4日	六白	癸巳	4月2日	二黒	壬戌	3月2日	八白	壬辰	1月30日	四緑	辛酉	1月1日	二黒	壬辰	11月29日	三碧	辛酉	13
5月5日	七赤	甲午	4月3日	三碧	癸亥	3月3日	九紫	癸巳	2月1日	五黄	壬戌	1月2日	三碧	癸巳	11月30日	二黒	壬戌	14
5月6日	八白	乙未	4月4日	四緑	甲子	3月4日	一白	甲午	2月2日	六白	癸亥	1月3日	四緑	甲午	12月1日	一白	癸亥	15
5月7日	九紫	丙申	4月5日	五黄	乙丑	3月5日	二黒	乙未	2月3日	七赤	甲子	1月4日	五黄	乙未	12月2日	一白	甲子	16
5月8日	一白	丁酉	4月6日	六白	丙寅	3月6日	三碧	丙申	2月4日	八白	乙丑	1月5日	六白	丙申	12月3日	二黒	乙丑	17
5月9日	二黒	戊戌	4月7日	七赤	丁卯	3月7日	四緑	丁酉	2月5日	九紫	丙寅	1月6日	七赤	丁酉	12月4日	三碧	丙寅	18
5月10日	三碧	己亥	4月8日	八白	戊辰	3月8日	五黄	戊戌	2月6日	一白	丁卯	1月7日	八白	戊戌	12月5日	四緑	丁卯	19
5月11日	四緑	庚子	4月9日	九紫	己巳	3月9日	六白	己亥	2月7日	二黒	戊辰	1月8日	九紫	己亥	12月6日	五黄	戊辰	20
5月12日	五黄	辛丑	4月10日	一白	庚午	3月10日	七赤	庚子	2月8日	三碧	己巳	1月9日	一白	庚子	12月7日	六白	己巳	21
5月13日	六白	壬寅	4月11日	二黒	辛未	3月11日	八白	辛丑	2月9日	四緑	庚午	1月10日	二黒	辛丑	12月8日	七赤	庚午	22
5月14日	七赤	癸卯	4月12日	三碧	壬申	3月12日	九紫	壬寅	2月10日	五黄	辛未	1月11日	三碧	壬寅	12月9日	八白	辛未	23
5月15日	八白	甲辰	4月13日	四緑	癸酉	3月13日	一白	癸卯	2月11日	六白	壬申	1月12日	四緑	癸卯	12月10日	九紫	壬申	24
5月16日	九紫	乙巳	4月14日	五黄	甲戌	3月14日	二黒	甲辰	2月12日	七赤	癸酉	1月13日	五黄	甲辰	12月11日	一白	癸酉	25
5月17日	一白	丙午	4月15日	六白	乙亥	3月15日	三碧	乙巳	2月13日	八白	甲戌	1月14日	六白	乙巳	12月12日	二黒	甲戌	26
5月18日	二黒	丁未	4月16日	七赤	丙子	3月16日	四緑	丙午	2月14日	九紫	乙亥	1月15日	七赤	丙午	12月13日	三碧	乙亥	27
5月19日	三碧	戊申	4月17日	八白	丁丑	3月17日	五黄	丁未	2月15日	一白	丙子	1月16日	八白	丁未	12月14日	四緑	丙子	28
5月20日	四緑	己酉	4月18日	九紫	戊寅	3月18日	六白	戊申	2月16日	二黒	丁丑	1月17日	九紫	戊申	12月15日	五黄	丁丑	29
5月21日	五黄	庚戌	4月19日	一白	己卯	3月19日	七赤	己酉	2月17日	三碧	戊寅				12月16日	六白	戊寅	30
			4月20日	二黒	庚辰				2月18日	四緑	己卯				12月17日	七赤	己卯	31

昭和39年		1964年		甲辰年		九紫火星					
12月丙子		11月乙亥		10月甲戌		9月癸酉		8月壬申		7月辛未	
7日 10：52		7日 18：14		8日 15：21		7日 23：59		7日 21：17		7日 11：32	
22日 04：49		22日 15：38		23日 18：19		23日 09：16		23日 11：51		23日 04：53	
四緑木星		五黄土星		六白金星		七赤金星		八白土星		九紫火星	

	12月		11月		10月		9月		8月		7月	
1	10月28日	四緑 甲申	9月27日	七赤 甲寅	8月26日	二黒 癸未	7月25日	五黄 癸丑	6月24日	九紫 壬午	5月22日	六白 辛巳
2	10月29日	三碧 乙酉	9月28日	六白 乙卯	8月27日	一白 甲申	7月26日	四緑 甲寅	6月25日	八白 癸未	5月23日	七赤 壬午
3	10月30日	二黒 丙戌	9月29日	五黄 丙辰	8月28日	九紫 乙酉	7月27日	三碧 乙卯	6月26日	七赤 甲申	5月24日	八白 癸未
4	11月1日	一白 丁亥	10月1日	四緑 丁巳	8月29日	八白 丙戌	7月28日	二黒 丙辰	6月27日	六白 乙酉	5月25日	九紫 甲申
5	11月2日	九紫 戊子	10月2日	三碧 戊午	8月30日	七赤 丁亥	7月29日	一白 丁巳	6月28日	五黄 丙戌	5月26日	一白 乙酉
6	11月3日	八白 己丑	10月3日	二黒 己未	9月1日	六白 戊子	8月1日	九紫 戊午	6月29日	四緑 丁亥	5月27日	二黒 丙戌
7	11月4日	七赤 庚寅	10月4日	一白 庚申	9月2日	五黄 己丑	8月2日	八白 己未	6月30日	三碧 戊子	5月28日	三碧 丁亥
8	11月5日	六白 辛卯	10月5日	九紫 辛酉	9月3日	四緑 庚寅	8月3日	七赤 庚申	7月1日	二黒 己丑	5月29日	四緑 戊子
9	11月6日	五黄 壬辰	10月6日	八白 壬戌	9月4日	三碧 辛卯	8月4日	六白 辛酉	7月2日	一白 庚寅	6月1日	五黄 己丑
10	11月7日	四緑 癸巳	10月7日	七赤 癸亥	9月5日	二黒 壬辰	8月5日	五黄 壬戌	7月3日	九紫 辛卯	6月2日	六白 庚寅
11	11月8日	三碧 甲午	10月8日	六白 甲子	9月6日	一白 癸巳	8月6日	四緑 癸亥	7月4日	八白 壬辰	6月3日	七赤 辛卯
12	11月9日	二黒 乙未	10月9日	五黄 乙丑	9月7日	九紫 甲午	8月7日	三碧 甲子	7月5日	七赤 癸巳	6月4日	八白 壬辰
13	11月10日	一白 丙申	10月10日	四緑 丙寅	9月8日	八白 乙未	8月8日	二黒 乙丑	7月6日	六白 甲午	6月5日	九紫 癸巳
14	11月11日	九紫 丁酉	10月11日	三碧 丁卯	9月9日	七赤 丙申	8月9日	一白 丙寅	7月7日	五黄 乙未	6月6日	九紫 甲午
15	11月12日	八白 戊戌	10月12日	二黒 戊辰	9月10日	六白 丁酉	8月10日	九紫 丁卯	7月8日	四緑 丙申	6月7日	八白 乙未
16	11月13日	七赤 己亥	10月13日	一白 己巳	9月11日	五黄 戊戌	8月11日	八白 戊辰	7月9日	三碧 丁酉	6月8日	七赤 丙申
17	11月14日	六白 庚子	10月14日	九紫 庚午	9月12日	四緑 己亥	8月12日	七赤 己巳	7月10日	二黒 戊戌	6月9日	六白 丁酉
18	11月15日	五黄 辛丑	10月15日	八白 辛未	9月13日	三碧 庚子	8月13日	六白 庚午	7月11日	一白 己亥	6月10日	五黄 戊戌
19	11月16日	四緑 壬寅	10月16日	七赤 壬申	9月14日	二黒 辛丑	8月14日	五黄 辛未	7月12日	九紫 庚子	6月11日	四緑 己亥
20	11月17日	三碧 癸卯	10月17日	六白 癸酉	9月15日	一白 壬寅	8月15日	四緑 壬申	7月13日	八白 辛丑	6月12日	三碧 庚子
21	11月18日	二黒 甲辰	10月18日	五黄 甲戌	9月16日	九紫 癸卯	8月16日	三碧 癸酉	7月14日	七赤 壬寅	6月13日	二黒 辛丑
22	11月19日	一白 乙巳	10月19日	四緑 乙亥	9月17日	八白 甲辰	8月17日	二黒 甲戌	7月15日	六白 癸卯	6月14日	一白 壬寅
23	11月20日	九紫 丙午	10月20日	三碧 丙子	9月18日	七赤 乙巳	8月18日	一白 乙亥	7月16日	五黄 甲辰	6月15日	九紫 癸卯
24	11月21日	八白 丁未	10月21日	二黒 丁丑	9月19日	六白 丙午	8月19日	九紫 丙子	7月17日	四緑 乙巳	6月16日	八白 甲辰
25	11月22日	七赤 戊申	10月22日	一白 戊寅	9月20日	五黄 丁未	8月20日	八白 丁丑	7月18日	三碧 丙午	6月17日	七赤 乙巳
26	11月23日	六白 己酉	10月23日	九紫 己卯	9月21日	四緑 戊申	8月21日	七赤 戊寅	7月19日	二黒 丁未	6月18日	六白 丙午
27	11月24日	五黄 庚戌	10月24日	八白 庚辰	9月22日	三碧 己酉	8月22日	六白 己卯	7月20日	一白 戊申	6月19日	五黄 丁未
28	11月25日	四緑 辛亥	10月25日	七赤 辛巳	9月23日	二黒 庚戌	8月23日	五黄 庚辰	7月21日	九紫 己酉	6月20日	四緑 戊申
29	11月26日	三碧 壬子	10月26日	六白 壬午	9月24日	一白 辛亥	8月24日	四緑 辛巳	7月22日	八白 庚戌	6月21日	三碧 己酉
30	11月27日	二黒 癸丑	10月27日	五黄 癸未	9月25日	九紫 壬子	8月25日	三碧 壬午	7月23日	七赤 辛亥	6月22日	二黒 庚戌
31	11月28日	一白 甲寅			9月26日	八白 癸丑			7月24日	六白 壬子	6月23日	一白 辛亥

6月壬午			5月辛巳			4月庚辰			3月己卯			2月戊寅			1月丁丑			
6日 07：01			6日 02：40			5日 09：05			6日 04：01			4日 09：47			5日 22：02			
21日 23：55			21日 15：49			20日 16：24			21日 05：04			19日 05：48			20日 15：29			
七赤金星			八白土星			九紫火星			一白水星			二黒土星			三碧木星			
5月2日	八白	丙戌	4月1日	四緑	乙卯	2月30日	一白	乙酉	1月28日	六白	甲寅	12月30日	五黄	丙戌	11月29日	九紫	乙卯	
5月3日	九紫	丁亥	4月2日	五黄	丙辰	3月1日	二黒	丙戌	1月29日	七赤	乙卯	1月1日	六白	丁亥	11月30日	八白	丙辰	2
5月4日	一白	戊子	4月3日	六白	丁巳	3月2日	三碧	丁亥	2月1日	八白	丙辰	1月2日	七赤	戊子	12月1日	七赤	丁巳	3
5月5日	二黒	己丑	4月4日	七赤	戊午	3月3日	四緑	戊子	2月2日	九紫	丁巳	1月3日	八白	己丑	12月2日	六白	戊午	4
5月6日	三碧	庚寅	4月5日	八白	己未	3月4日	五黄	己丑	2月3日	一白	戊午	1月4日	九紫	庚寅	12月3日	五黄	己未	5
5月7日	四緑	辛卯	4月6日	九紫	庚申	3月5日	六白	庚寅	2月4日	二黒	己未	1月5日	一白	辛卯	12月4日	四緑	庚申	6
5月8日	五黄	壬辰	4月7日	一白	辛酉	3月6日	七赤	辛卯	2月5日	三碧	庚申	1月6日	二黒	壬辰	12月5日	三碧	辛酉	7
5月9日	六白	癸巳	4月8日	二黒	壬戌	3月7日	八白	壬辰	2月6日	四緑	辛酉	1月7日	三碧	癸巳	12月6日	二黒	壬戌	8
5月10日	七赤	甲午	4月9日	三碧	癸亥	3月8日	九紫	癸巳	2月7日	五黄	壬戌	1月8日	四緑	甲午	12月7日	一白	癸亥	9
5月11日	八白	乙未	4月10日	四緑	甲子	3月9日	一白	甲午	2月8日	六白	癸亥	1月9日	五黄	乙未	12月8日	一白	甲子	
5月12日	九紫	丙申	4月11日	五黄	乙丑	3月10日	二黒	乙未	2月9日	七赤	甲子	1月10日	六白	丙申	12月9日	二黒	乙丑	
5月13日	一白	丁酉	4月12日	六白	丙寅	3月11日	三碧	丙申	2月10日	八白	乙丑	1月11日	七赤	丁酉	12月10日	三碧	丙寅	12
5月14日	二黒	戊戌	4月13日	七赤	丁卯	3月12日	四緑	丁酉	2月11日	九紫	丙寅	1月12日	八白	戊戌	12月11日	四緑	丁卯	13
5月15日	三碧	己亥	4月14日	八白	戊辰	3月13日	五黄	戊戌	2月12日	一白	丁卯	1月13日	九紫	己亥	12月12日	五黄	戊辰	14
5月16日	四緑	庚子	4月15日	九紫	己巳	3月14日	六白	己亥	2月13日	二黒	戊辰	1月14日	一白	庚子	12月13日	六白	己巳	15
5月17日	五黄	辛丑	4月16日	一白	庚午	3月15日	七赤	庚子	2月14日	三碧	己巳	1月15日	二黒	辛丑	12月14日	七赤	庚午	16
5月18日	六白	壬寅	4月17日	二黒	辛未	3月16日	八白	辛丑	2月15日	四緑	庚午	1月16日	三碧	壬寅	12月15日	八白	辛未	17
5月19日	七赤	癸卯	4月18日	三碧	壬申	3月17日	九紫	壬寅	2月16日	五黄	辛未	1月17日	四緑	癸卯	12月16日	九紫	壬申	18
5月20日	八白	甲辰	4月19日	四緑	癸酉	3月18日	一白	癸卯	2月17日	六白	壬申	1月18日	五黄	甲辰	12月17日	一白	癸酉	19
5月21日	九紫	乙巳	4月20日	五黄	甲戌	3月19日	二黒	甲辰	2月18日	七赤	癸酉	1月19日	六白	乙巳	12月18日	二黒	甲戌	20
5月22日	一白	丙午	4月21日	六白	乙亥	3月20日	三碧	乙巳	2月19日	八白	甲戌	1月20日	七赤	丙午	12月19日	三碧	乙亥	21
5月23日	二黒	丁未	4月22日	七赤	丙子	3月21日	四緑	丙午	2月20日	九紫	乙亥	1月21日	八白	丁未	12月20日	四緑	丙子	22
5月24日	三碧	戊申	4月23日	八白	丁丑	3月22日	五黄	丁未	2月21日	一白	丙子	1月22日	九紫	戊申	12月21日	五黄	丁丑	23
5月25日	四緑	己酉	4月24日	九紫	戊寅	3月23日	六白	戊申	2月22日	二黒	丁丑	1月23日	一白	己酉	12月22日	六白	戊寅	24
5月26日	五黄	庚戌	4月25日	一白	己卯	3月24日	七赤	己酉	2月23日	三碧	戊寅	1月24日	二黒	庚戌	12月23日	七赤	己卯	25
5月27日	六白	辛亥	4月26日	二黒	庚辰	3月25日	八白	庚戌	2月24日	四緑	己卯	1月25日	三碧	辛亥	12月24日	八白	庚辰	26
5月28日	七赤	壬子	4月27日	三碧	辛巳	3月26日	九紫	辛亥	2月25日	五黄	庚辰	1月26日	四緑	壬子	12月25日	九紫	辛巳	27
5月29日	八白	癸丑	4月28日	四緑	壬午	3月27日	一白	壬子	2月26日	六白	辛巳	1月27日	五黄	癸丑	12月26日	一白	壬午	28
6月1日	九紫	甲寅	4月29日	五黄	癸未	3月28日	二黒	癸丑	2月27日	七赤	壬午				12月27日	二黒	癸未	29
6月2日	一白	乙卯	4月30日	六白	甲申	3月29日	三碧	甲寅	2月28日	八白	癸未				12月28日	三碧	甲申	30
			5月1日	七赤	乙酉				2月29日	九紫	甲申				12月29日	四緑	乙酉	31

	昭和40年		1965年		乙巳年		八白土星				
	12月戊子		11月丁亥		10月丙戌		9月乙酉		8月甲申		7月癸未	
	7日 16：45		8日 00：05		8日 21：10		8日 05：48		8日 03：05		7日 17：22	
	22日 10：41		22日 21：28		24日 00：09		23日 15：05		23日 17：43		23日 10：49	
	一白水星		二黒土星		三碧木星		四緑木星		五黄土星		六白金星	
1	11月9日	八白 己丑	10月9日	二黒 己未	9月7日	六白 戊子	8月6日	九紫 戊午	7月5日	四緑 丁亥	6月3日	二黒 丙辰
2	11月10日	七赤 庚寅	10月10日	一白 庚申	9月8日	五黄 己丑	8月7日	八白 己未	7月6日	三碧 戊子	6月4日	三碧 丁巳
3	11月11日	六白 辛卯	10月11日	九紫 辛酉	9月9日	四緑 庚寅	8月8日	七赤 庚申	7月7日	二黒 己丑	6月5日	四緑 戊午
4	11月12日	五黄 壬辰	10月12日	八白 壬戌	9月10日	三碧 辛卯	8月9日	六白 辛酉	7月8日	一白 庚寅	6月6日	五黄 己未
5	11月13日	四緑 癸巳	10月13日	七赤 癸亥	9月11日	二黒 壬辰	8月10日	五黄 壬戌	7月9日	九紫 辛卯	6月7日	六白 庚申
6	11月14日	三碧 甲午	10月14日	六白 甲子	9月12日	一白 癸巳	8月11日	四緑 癸亥	7月10日	八白 壬辰	6月8日	七赤 辛酉
7	11月15日	二黒 乙未	10月15日	五黄 乙丑	9月13日	九紫 甲午	8月12日	三碧 甲子	7月11日	七赤 癸巳	6月9日	八白 壬戌
8	11月16日	一白 丙申	10月16日	四緑 丙寅	9月14日	八白 乙未	8月13日	二黒 乙丑	7月12日	六白 甲午	6月10日	九紫 癸亥
9	11月17日	九紫 丁酉	10月17日	三碧 丁卯	9月15日	七赤 丙申	8月14日	一白 丙寅	7月13日	五黄 乙未	6月11日	九紫 甲子
10	11月18日	八白 戊戌	10月18日	二黒 戊辰	9月16日	六白 丁酉	8月15日	九紫 丁卯	7月14日	四緑 丙申	6月12日	八白 乙丑
11	11月19日	七赤 己亥	10月19日	一白 己巳	9月17日	五黄 戊戌	8月16日	八白 戊辰	7月15日	三碧 丁酉	6月13日	七赤 丙寅
12	11月20日	六白 庚子	10月20日	九紫 庚午	9月18日	四緑 己亥	8月17日	七赤 己巳	7月16日	二黒 戊戌	6月14日	六白 丁卯
13	11月21日	五黄 辛丑	10月21日	八白 辛未	9月19日	三碧 庚子	8月18日	六白 庚午	7月17日	一白 己亥	6月15日	五黄 戊辰
14	11月22日	四緑 壬寅	10月22日	七赤 壬申	9月20日	二黒 辛丑	8月19日	五黄 辛未	7月18日	九紫 庚子	6月16日	四緑 己巳
15	11月23日	三碧 癸卯	10月23日	六白 癸酉	9月21日	一白 壬寅	8月20日	四緑 壬申	7月19日	八白 辛丑	6月17日	三碧 庚午
16	11月24日	二黒 甲辰	10月24日	五黄 甲戌	9月22日	九紫 癸卯	8月21日	三碧 癸酉	7月20日	七赤 壬寅	6月18日	二黒 辛未
17	11月25日	一白 乙巳	10月25日	四緑 乙亥	9月23日	八白 甲辰	8月22日	二黒 甲戌	7月21日	六白 癸卯	6月19日	一白 壬申
18	11月26日	九紫 丙午	10月26日	三碧 丙子	9月24日	七赤 乙巳	8月23日	一白 乙亥	7月22日	五黄 甲辰	6月20日	九紫 癸酉
19	11月27日	八白 丁未	10月27日	二黒 丁丑	9月25日	六白 丙午	8月24日	九紫 丙子	7月23日	四緑 乙巳	6月21日	八白 甲戌
20	11月28日	七赤 戊申	10月28日	一白 戊寅	9月26日	五黄 丁未	8月25日	八白 丁丑	7月24日	三碧 丙午	6月22日	七赤 乙亥
21	11月29日	六白 己酉	10月29日	九紫 己卯	9月27日	四緑 戊申	8月26日	七赤 戊寅	7月25日	二黒 丁未	6月23日	六白 丙子
22	11月30日	五黄 庚戌	10月30日	八白 庚辰	9月28日	三碧 己酉	8月27日	六白 己卯	7月26日	一白 戊申	6月24日	五黄 丁丑
23	12月1日	四緑 辛亥	11月1日	七赤 辛巳	9月29日	二黒 庚戌	8月28日	五黄 庚辰	7月27日	九紫 己酉	6月25日	四緑 戊寅
24	12月2日	三碧 壬子	11月2日	六白 壬午	10月1日	一白 辛亥	8月29日	四緑 辛巳	7月28日	八白 庚戌	6月26日	三碧 己卯
25	12月3日	二黒 癸丑	11月3日	五黄 癸未	10月2日	九紫 壬子	9月1日	三碧 壬午	7月29日	七赤 辛亥	6月27日	二黒 庚辰
26	12月4日	一白 甲寅	11月4日	四緑 甲申	10月3日	八白 癸丑	9月2日	二黒 癸未	7月30日	六白 壬子	6月28日	一白 辛巳
27	12月5日	九紫 乙卯	11月5日	三碧 乙酉	10月4日	七赤 甲寅	9月3日	一白 甲申	8月1日	五黄 癸丑	6月29日	九紫 壬午
28	12月6日	八白 丙辰	11月6日	二黒 丙戌	10月5日	六白 乙卯	9月4日	九紫 乙酉	8月2日	四緑 甲寅	7月1日	八白 癸未
29	12月7日	七赤 丁巳	11月7日	一白 丁亥	10月6日	五黄 丙辰	9月5日	八白 丙戌	8月3日	三碧 乙卯	7月2日	七赤 甲申
30	12月8日	六白 戊午	11月8日	九紫 戊子	10月7日	四緑 丁巳	9月6日	七赤 丁亥	8月4日	二黒 丙辰	7月3日	六白 乙酉
31	12月9日	五黄 己未			10月8日	三碧 戊午			8月5日	一白 丁巳	7月4日	五黄 丙戌

6月甲午			5月癸巳			4月壬辰			3月辛卯			2月庚寅			1月己丑			
6日 12：49			6日 08：29			5日 14：55			6日 09：51			4日 15：38			6日 03：55			
22日 05：33			21日 21：31			20日 22：10			21日 10：52			19日 11：38			20日 21：20			
四緑木星			五黄土星			六白金星			七赤金星			八白土星			九紫火星			
4月13日	四緑	辛卯	閏3月11日	九紫	庚申	3月11日	六白	庚寅	2月10日	二黒	己未	1月11日	一白	辛卯	12月10日	四緑	庚申	1
4月14日	五黄	壬辰	閏3月12日	一白	辛酉	3月12日	七赤	辛卯	2月11日	三碧	庚申	1月12日	二黒	壬辰	12月11日	三碧	辛酉	2
4月15日	六白	癸巳	閏3月13日	二黒	壬戌	3月13日	八白	壬辰	2月12日	四緑	辛酉	1月13日	三碧	癸巳	12月12日	二黒	壬戌	3
4月16日	七赤	甲午	閏3月14日	三碧	癸亥	3月14日	九紫	癸巳	2月13日	五黄	壬戌	1月14日	四緑	甲午	12月13日	一白	癸亥	4
4月17日	八白	乙未	閏3月15日	四緑	甲子	3月15日	一白	甲午	2月14日	六白	癸亥	1月15日	五黄	乙未	12月14日	一白	甲子	5
4月18日	九紫	丙申	閏3月16日	五黄	乙丑	3月16日	二黒	乙未	2月15日	七赤	甲子	1月16日	六白	丙申	12月15日	二黒	乙丑	6
4月19日	一白	丁酉	閏3月17日	六白	丙寅	3月17日	三碧	丙申	2月16日	八白	乙丑	1月17日	七赤	丁酉	12月16日	三碧	丙寅	7
4月20日	二黒	戊戌	閏3月18日	七赤	丁卯	3月18日	四緑	丁酉	2月17日	九紫	丙寅	1月18日	八白	戊戌	12月17日	四緑	丁卯	8
4月21日	三碧	己亥	閏3月19日	八白	戊辰	3月19日	五黄	戊戌	2月18日	一白	丁卯	1月19日	九紫	己亥	12月18日	五黄	戊辰	9
4月22日	四緑	庚子	閏3月20日	九紫	己巳	3月20日	六白	己亥	2月19日	二黒	戊辰	1月20日	一白	庚子	12月19日	六白	己巳	10
4月23日	五黄	辛丑	閏3月21日	一白	庚午	3月21日	七赤	庚子	2月20日	三碧	己巳	1月21日	二黒	辛丑	12月20日	七赤	庚午	11
4月24日	六白	壬寅	閏3月22日	二黒	辛未	3月22日	八白	辛丑	2月21日	四緑	庚午	1月22日	三碧	壬寅	12月21日	八白	辛未	12
4月25日	七赤	癸卯	閏3月23日	三碧	壬申	3月23日	九紫	壬寅	2月22日	五黄	辛未	1月23日	四緑	癸卯	12月22日	九紫	壬申	13
4月26日	八白	甲辰	閏3月24日	四緑	癸酉	3月24日	一白	癸卯	2月23日	六白	壬申	1月24日	五黄	甲辰	12月23日	一白	癸酉	14
4月27日	九紫	乙巳	閏3月25日	五黄	甲戌	3月25日	二黒	甲辰	2月24日	七赤	癸酉	1月25日	六白	乙巳	12月24日	二黒	甲戌	15
4月28日	一白	丙午	閏3月26日	六白	乙亥	3月26日	三碧	乙巳	2月25日	八白	甲戌	1月26日	七赤	丙午	12月25日	三碧	乙亥	16
4月29日	二黒	丁未	閏3月27日	七赤	丙子	3月27日	四緑	丙午	2月26日	九紫	乙亥	1月27日	八白	丁未	12月26日	四緑	丙子	17
4月30日	三碧	戊申	閏3月28日	八白	丁丑	3月28日	五黄	丁未	2月27日	一白	丙子	1月28日	九紫	戊申	12月27日	五黄	丁丑	18
5月1日	四緑	己酉	閏3月29日	九紫	戊寅	3月29日	六白	戊申	2月28日	二黒	丁丑	1月29日	一白	己酉	12月28日	六白	戊寅	19
5月2日	五黄	庚戌	4月1日	一白	己卯	3月30日	七赤	己酉	2月29日	三碧	戊寅	2月1日	二黒	庚戌	12月29日	七赤	己卯	20
5月3日	六白	辛亥	4月2日	二黒	庚辰	閏3月1日	八白	庚戌	2月30日	四緑	己卯	2月2日	三碧	辛亥	12月30日	八白	庚辰	21
5月4日	七赤	壬子	4月3日	三碧	辛巳	閏3月2日	九紫	辛亥	3月1日	五黄	庚辰	2月3日	四緑	壬子	1月1日	九紫	辛巳	22
5月5日	八白	癸丑	4月4日	四緑	壬午	閏3月3日	一白	壬子	3月2日	六白	辛巳	2月4日	五黄	癸丑	1月2日	一白	壬午	23
5月6日	九紫	甲寅	4月5日	五黄	癸未	閏3月4日	二黒	癸丑	3月3日	七赤	壬午	2月5日	六白	甲寅	1月3日	二黒	癸未	24
5月7日	一白	乙卯	4月6日	六白	甲申	閏3月5日	三碧	甲寅	3月4日	八白	癸未	2月6日	七赤	乙卯	1月4日	三碧	甲申	25
5月8日	二黒	丙辰	4月7日	七赤	乙酉	閏3月6日	四緑	乙卯	3月5日	九紫	甲申	2月7日	八白	丙辰	1月5日	四緑	乙酉	26
5月9日	三碧	丁巳	4月8日	八白	丙戌	閏3月7日	五黄	丙辰	3月6日	一白	乙酉	2月8日	九紫	丁巳	1月6日	五黄	丙戌	27
5月10日	四緑	戊午	4月9日	九紫	丁亥	閏3月8日	六白	丁巳	3月7日	二黒	丙戌	2月9日	一白	戊午	1月7日	六白	丁亥	28
5月11日	五黄	己未	4月10日	一白	戊子	閏3月9日	七赤	戊午	3月8日	三碧	丁亥				1月8日	七赤	戊子	29
5月12日	六白	庚申	4月11日	二黒	己丑	閏3月10日	八白	己未	3月9日	四緑	戊子				1月9日	八白	己丑	30
			4月12日	三碧	庚寅				3月10日	五黄	己丑				1月10日	九紫	庚寅	31

86

昭和41年		1966年		丙午年		七赤金星					
12月庚子		11月己亥		10月戊戌		9月丁酉		8月丙申		7月乙未	
7日 22：38		8日 05：54		9日 02：56		8日 11：31		8日 08：49		7日 23：07	
22日 16：28		23日 03：14		24日 05：50		23日 20：42		23日 23：17		23日 16：23	
七赤金星		八白土星		九紫火星		一白水星		二黒土星		三碧木星	
1	10月20日 三碧 甲午	9月19日	六白 甲子	8月17日	一白 癸巳	7月17日	四緑 癸亥	6月15日	八白 壬辰	5月13日	七赤 辛亥
2	10月21日 二黒 乙未	9月20日	五黄 乙丑	8月18日	九紫 甲午	7月18日	三碧 甲子	6月16日	七赤 癸巳	5月14日	八白 壬子
3	10月22日 一白 丙申	9月21日	四緑 丙寅	8月19日	八白 乙未	7月19日	二黒 乙丑	6月17日	六白 甲午	5月15日	九紫 癸亥
4	10月23日 九紫 丁酉	9月22日	三碧 丁卯	8月20日	七赤 丙申	7月20日	一白 丙寅	6月18日	五黄 乙未	5月16日	九紫 甲子
5	10月24日 八白 戊戌	9月23日	二黒 戊辰	8月21日	六白 丁酉	7月21日	九紫 丁卯	6月19日	四緑 丙申	5月17日	八白 乙丑
6	10月25日 七赤 己亥	9月24日	一白 己巳	8月22日	五黄 戊戌	7月22日	八白 戊辰	6月20日	三碧 丁酉	5月18日	七赤 丙寅
7	10月26日 六白 庚子	9月25日	九紫 庚午	8月23日	四緑 己亥	7月23日	七赤 己巳	6月21日	二黒 戊戌	5月19日	六白 丁卯
8	10月27日 五黄 辛丑	9月26日	八白 辛未	8月24日	三碧 庚子	7月24日	六白 庚午	6月22日	一白 己亥	5月20日	五黄 戊辰
9	10月28日 四緑 壬寅	9月27日	七赤 壬申	8月25日	二黒 辛丑	7月25日	五黄 辛未	6月23日	九紫 庚子	5月21日	四緑 己巳
10	10月29日 三碧 癸卯	9月28日	六白 癸酉	8月26日	一白 壬寅	7月26日	四緑 壬申	6月24日	八白 辛丑	5月22日	三碧 庚午
11	10月30日 二黒 甲辰	9月29日	五黄 甲戌	8月27日	九紫 癸卯	7月27日	三碧 癸酉	6月25日	七赤 壬寅	5月23日	二黒 辛未
12	11月1日 一白 乙巳	10月1日	四緑 乙亥	8月28日	八白 甲辰	7月28日	二黒 甲戌	6月26日	六白 癸卯	5月24日	一白 壬申
13	11月2日 九紫 丙午	10月2日	三碧 丙子	8月29日	七赤 乙巳	7月29日	一白 乙亥	6月27日	五黄 甲辰	5月25日	九紫 癸酉
14	11月3日 八白 丁未	10月3日	二黒 丁丑	9月1日	六白 丙午	7月30日	九紫 丙子	6月28日	四緑 乙巳	5月26日	八白 甲戌
15	11月4日 七赤 戊申	10月4日	一白 戊寅	9月2日	五黄 丁未	8月1日	八白 丁丑	6月29日	三碧 丙午	5月27日	七赤 乙亥
16	11月5日 六白 己酉	10月5日	九紫 己卯	9月3日	四緑 戊申	8月2日	七赤 戊寅	7月1日	二黒 丁未	5月28日	六白 丙子
17	11月6日 五黄 庚戌	10月6日	八白 庚辰	9月4日	三碧 己酉	8月3日	六白 己卯	7月2日	一白 戊申	5月29日	五黄 丁丑
18	11月7日 四緑 辛亥	10月7日	七赤 辛巳	9月5日	二黒 庚戌	8月4日	五黄 庚辰	7月3日	九紫 己酉	6月1日	四緑 戊寅
19	11月8日 三碧 壬子	10月8日	六白 壬午	9月6日	一白 辛亥	8月5日	四緑 辛巳	7月4日	八白 庚戌	6月2日	三碧 己卯
20	11月9日 二黒 癸丑	10月9日	五黄 癸未	9月7日	九紫 壬子	8月6日	三碧 壬午	7月5日	七赤 辛亥	6月3日	二黒 庚辰
21	11月10日 一白 甲寅	10月10日	四緑 甲申	9月8日	八白 癸丑	8月7日	二黒 癸未	7月6日	六白 壬子	6月4日	一白 辛巳
22	11月11日 九紫 乙卯	10月11日	三碧 乙酉	9月9日	七赤 甲寅	8月8日	一白 甲申	7月7日	五黄 癸丑	6月5日	九紫 壬午
23	11月12日 八白 丙辰	10月12日	二黒 丙戌	9月10日	六白 乙卯	8月9日	九紫 乙酉	7月8日	四緑 甲寅	6月6日	八白 癸未
24	11月13日 七赤 丁巳	10月13日	一白 丁亥	9月11日	五黄 丙辰	8月10日	八白 丙戌	7月9日	三碧 乙卯	6月7日	七赤 甲申
25	11月14日 六白 戊午	10月14日	九紫 戊子	9月12日	四緑 丁巳	8月11日	七赤 丁亥	7月10日	二黒 丙辰	6月8日	六白 乙酉
26	11月15日 五黄 己未	10月15日	八白 己丑	9月13日	三碧 戊午	8月12日	六白 戊子	7月11日	一白 丁巳	6月9日	五黄 丙戌
27	11月16日 四緑 庚申	10月16日	七赤 庚寅	9月14日	二黒 己未	8月13日	五黄 己丑	7月12日	九紫 戊午	6月10日	四緑 丁亥
28	11月17日 三碧 辛酉	10月17日	六白 辛卯	9月15日	一白 庚申	8月14日	四緑 庚寅	7月13日	八白 己未	6月11日	三碧 戊子
29	11月18日 二黒 壬戌	10月18日	五黄 壬辰	9月16日	九紫 辛酉	8月15日	三碧 辛卯	7月14日	七赤 庚申	6月12日	二黒 己丑
30	11月19日 一白 癸亥	10月19日	四緑 癸巳	9月17日	八白 壬戌	8月16日	二黒 壬辰	7月15日	六白 辛酉	6月13日	一白 庚寅
31	11月20日 一白 甲子			9月18日	七赤 癸亥			7月16日	五黄 壬戌	6月14日	九紫 辛卯

6月丙午	5月乙巳	4月甲辰	3月癸卯	2月壬寅	1月辛丑	
6日 18:36	6日 14:16	5日 20:43	6日 15:41	4日 21:31	6日 09:49	
22日 11:23	22日 03:17	21日 03:54	21日 16:36	19日 17:23	21日 03:08	
一白水星	二黒土星	三碧木星	四緑木星	五黄土星	六白金星	
4月24日 九紫 丙申	3月22日 五黄 乙丑	2月22日 二黒 乙未	1月21日 七赤 甲子	12月22日 六白 丙申	11月21日 二黒 乙丑	1
4月25日 一白 丁酉	3月23日 六白 丙寅	2月23日 三碧 丙申	1月22日 八白 乙丑	12月23日 七赤 丁酉	11月22日 三碧 丙寅	2
4月26日 二黒 戊戌	3月24日 七赤 丁卯	2月24日 四緑 丁酉	1月23日 九紫 丙寅	12月24日 八白 戊戌	11月23日 四緑 丁卯	3
4月27日 三碧 己亥	3月25日 八白 戊辰	2月25日 五黄 戊戌	1月24日 一白 丁卯	12月25日 九紫 己亥	11月24日 五黄 戊辰	4
4月28日 四緑 庚子	3月26日 九紫 己巳	2月26日 六白 己亥	1月25日 二黒 戊辰	12月26日 一白 庚子	11月25日 六白 己巳	5
4月29日 五黄 辛丑	3月27日 一白 庚午	2月27日 七赤 庚子	1月26日 三碧 己巳	12月27日 二黒 辛丑	11月26日 七赤 庚午	6
4月30日 六白 壬寅	3月28日 二黒 辛未	2月28日 八白 辛丑	1月27日 四緑 庚午	12月28日 三碧 壬寅	11月27日 八白 辛未	7
5月1日 七赤 癸卯	3月29日 三碧 壬申	2月29日 九紫 壬寅	1月28日 五黄 辛未	12月29日 四緑 癸卯	11月28日 九紫 壬申	8
5月2日 八白 甲辰	4月1日 四緑 癸酉	2月30日 一白 癸卯	1月29日 六白 壬申	1月1日 五黄 甲辰	11月29日 一白 癸酉	9
5月3日 九紫 乙巳	4月2日 五黄 甲戌	3月1日 二黒 甲辰	1月30日 七赤 癸酉	1月2日 六白 乙巳	11月30日 二黒 甲戌	10
5月4日 一白 丙午	4月3日 六白 乙亥	3月2日 三碧 乙巳	2月1日 八白 甲戌	1月3日 七赤 丙午	12月1日 三碧 乙亥	11
5月5日 二黒 丁未	4月4日 七赤 丙子	3月3日 四緑 丙午	2月2日 九紫 乙亥	1月4日 八白 丁未	12月2日 四緑 丙子	12
5月6日 三碧 戊申	4月5日 八白 丁丑	3月4日 五黄 丁未	2月3日 一白 丙子	1月5日 九紫 戊申	12月3日 五黄 丁丑	13
5月7日 四緑 己酉	4月6日 九紫 戊寅	3月5日 六白 戊申	2月4日 二黒 丁丑	1月6日 一白 己酉	12月4日 六白 戊寅	14
5月8日 五黄 庚戌	4月7日 一白 己卯	3月6日 七赤 己酉	2月5日 三碧 戊寅	1月7日 二黒 庚戌	12月5日 七赤 己卯	15
5月9日 六白 辛亥	4月8日 二黒 庚辰	3月7日 八白 庚戌	2月6日 四緑 己卯	1月8日 三碧 辛亥	12月6日 八白 庚辰	16
5月10日 七赤 壬子	4月9日 三碧 辛巳	3月8日 九紫 辛亥	2月7日 五黄 庚辰	1月9日 四緑 壬子	12月7日 九紫 辛巳	17
5月11日 八白 癸丑	4月10日 四緑 壬午	3月9日 一白 壬子	2月8日 六白 辛巳	1月10日 五黄 癸丑	12月8日 一白 壬午	18
5月12日 九紫 甲寅	4月11日 五黄 癸未	3月10日 二黒 癸丑	2月9日 七赤 壬午	1月11日 六白 甲寅	12月9日 二黒 癸未	19
5月13日 一白 乙卯	4月12日 六白 甲申	3月11日 三碧 甲寅	2月10日 八白 癸未	1月12日 七赤 乙卯	12月10日 三碧 甲申	20
5月14日 二黒 丙辰	4月13日 七赤 乙酉	3月12日 四緑 乙卯	2月11日 九紫 甲申	1月13日 八白 丙辰	12月11日 四緑 乙酉	21
5月15日 三碧 丁巳	4月14日 八白 丙戌	3月13日 五黄 丙辰	2月12日 一白 乙酉	1月14日 九紫 丁巳	12月12日 五黄 丙戌	22
5月16日 四緑 戊午	4月15日 九紫 丁亥	3月14日 六白 丁巳	2月13日 二黒 丙戌	1月15日 一白 戊午	12月13日 六白 丁亥	23
5月17日 五黄 己未	4月16日 一白 戊子	3月15日 七赤 戊午	2月14日 三碧 丁亥	1月16日 二黒 己未	12月14日 七赤 戊子	24
5月18日 六白 庚申	4月17日 二黒 己丑	3月16日 八白 己未	2月15日 四緑 戊子	1月17日 三碧 庚申	12月15日 八白 己丑	25
5月19日 七赤 辛酉	4月18日 三碧 庚寅	3月17日 九紫 庚申	2月16日 五黄 己丑	1月18日 四緑 辛酉	12月16日 九紫 庚寅	26
5月20日 八白 壬戌	4月19日 四緑 辛卯	3月18日 一白 辛酉	2月17日 六白 庚寅	1月19日 五黄 壬戌	12月17日 一白 辛卯	27
5月21日 九紫 癸亥	4月20日 五黄 壬辰	3月19日 二黒 壬戌	2月18日 七赤 辛卯	1月20日 六白 癸亥	12月18日 二黒 壬辰	28
5月22日 九紫 甲子	4月21日 六白 癸巳	3月20日 三碧 癸亥	2月19日 八白 壬辰		12月19日 三碧 癸巳	29
5月23日 八白 乙丑	4月22日 七赤 甲午	3月21日 四緑 甲子	2月20日 九紫 癸巳		12月20日 四緑 甲午	30
	4月23日 八白 乙未		2月21日 一白 甲午		12月21日 五黄 乙未	31

88

昭和42年		1967年				丁未年		六白金星			
12月壬子		11月辛亥		10月庚戌		9月己酉		8月戊申		7月丁未	
8日 04：17		8日 11：37		9日 08：40		8日 17：17		8日 14：35		8日 04：53	
22日 22：16		23日 09：04		24日 11：43		24日 02：37		24日 05：12		23日 22：16	
四緑木星		五黄土星		六白金星		七赤金星		八白土星		九紫火星	

1	10月30日	七赤	己亥	9月29日	一白	己巳	8月28日	五黄	戊戌	7月27日	八白	戊辰	6月25日	三碧	丁酉	5月24日	七赤	丙寅
2	11月1日	六白	庚子	10月1日	九紫	庚午	8月29日	四緑	己亥	7月28日	七赤	己巳	6月26日	二黒	戊戌	5月25日	六白	丁卯
3	11月2日	五黄	辛丑	10月2日	八白	辛未	8月30日	三碧	庚子	7月29日	六白	庚午	6月27日	一白	己亥	5月26日	五黄	戊辰
4	11月3日	四緑	壬寅	10月3日	七赤	壬申	9月1日	二黒	辛丑	8月1日	五黄	辛未	6月28日	九紫	庚子	5月27日	四緑	己巳
5	11月4日	三碧	癸卯	10月4日	六白	癸酉	9月2日	一白	壬寅	8月2日	四緑	壬申	6月29日	八白	辛丑	5月28日	三碧	庚午
6	11月5日	二黒	甲辰	10月5日	五黄	甲戌	9月3日	九紫	癸卯	8月3日	三碧	癸酉	7月1日	七赤	壬寅	5月29日	二黒	辛未
7	11月6日	一白	乙巳	10月6日	四緑	乙亥	9月4日	八白	甲辰	8月4日	二黒	甲戌	7月2日	六白	癸卯	5月30日	一白	壬申
8	11月7日	九紫	丙午	10月7日	三碧	丙子	9月5日	七赤	乙巳	8月5日	一白	乙亥	7月3日	五黄	甲辰	6月1日	九紫	癸酉
9	11月8日	八白	丁未	10月8日	二黒	丁丑	9月6日	六白	丙午	8月6日	九紫	丙子	7月4日	四緑	乙巳	6月2日	八白	甲戌
10	11月9日	七赤	戊申	10月9日	一白	戊寅	9月7日	五黄	丁未	8月7日	八白	丁丑	7月5日	三碧	丙午	6月3日	七赤	乙亥
11	11月10日	六白	己酉	10月10日	九紫	己卯	9月8日	四緑	戊申	8月8日	七赤	戊寅	7月6日	二黒	丁未	6月4日	六白	丙子
12	11月11日	五黄	庚戌	10月11日	八白	庚辰	9月9日	三碧	己酉	8月9日	六白	己卯	7月7日	一白	戊申	6月5日	五黄	丁丑
13	11月12日	四緑	辛亥	10月12日	七赤	辛巳	9月10日	二黒	庚戌	8月10日	五黄	庚辰	7月8日	九紫	己酉	6月6日	四緑	戊寅
14	11月13日	三碧	壬子	10月13日	六白	壬午	9月11日	一白	辛亥	8月11日	四緑	辛巳	7月9日	八白	庚戌	6月7日	三碧	己卯
15	11月14日	二黒	癸丑	10月14日	五黄	癸未	9月12日	九紫	壬子	8月12日	三碧	壬午	7月10日	七赤	辛亥	6月8日	二黒	庚辰
16	11月15日	一白	甲寅	10月15日	四緑	甲申	9月13日	八白	癸丑	8月13日	二黒	癸未	7月11日	六白	壬子	6月9日	一白	辛巳
17	11月16日	九紫	乙卯	10月16日	三碧	乙酉	9月14日	七赤	甲寅	8月14日	一白	甲申	7月12日	五黄	癸丑	6月10日	九紫	壬午
18	11月17日	八白	丙辰	10月17日	二黒	丙戌	9月15日	六白	乙卯	8月15日	九紫	乙酉	7月13日	四緑	甲寅	6月11日	八白	癸未
19	11月18日	七赤	丁巳	10月18日	一白	丁亥	9月16日	五黄	丙辰	8月16日	八白	丙戌	7月14日	三碧	乙卯	6月12日	七赤	甲申
20	11月19日	六白	戊午	10月19日	九紫	戊子	9月17日	四緑	丁巳	8月17日	七赤	丁亥	7月15日	二黒	丙辰	6月13日	六白	乙酉
21	11月20日	五黄	己未	10月20日	八白	己丑	9月18日	三碧	戊午	8月18日	六白	戊子	7月16日	一白	丁巳	6月14日	五黄	丙戌
22	11月21日	四緑	庚申	10月21日	七赤	庚寅	9月19日	二黒	己未	8月19日	五黄	己丑	7月17日	九紫	戊午	6月15日	四緑	丁亥
23	11月22日	三碧	辛酉	10月22日	六白	辛卯	9月20日	一白	庚申	8月20日	四緑	庚寅	7月18日	八白	己未	6月16日	三碧	戊子
24	11月23日	二黒	壬戌	10月23日	五黄	壬辰	9月21日	九紫	辛酉	8月21日	三碧	辛卯	7月19日	七赤	庚申	6月17日	二黒	己丑
25	11月24日	一白	癸亥	10月24日	四緑	癸巳	9月22日	八白	壬戌	8月22日	二黒	壬辰	7月20日	六白	辛酉	6月18日	一白	庚寅
26	11月25日	一白	甲子	10月25日	三碧	甲午	9月23日	七赤	癸亥	8月23日	一白	癸巳	7月21日	五黄	壬戌	6月19日	九紫	辛卯
27	11月26日	二黒	乙丑	10月26日	二黒	乙未	9月24日	六白	甲子	8月24日	九紫	甲午	7月22日	四緑	癸亥	6月20日	八白	壬辰
28	11月27日	三碧	丙寅	10月27日	一白	丙申	9月25日	五黄	乙丑	8月25日	八白	乙未	7月23日	三碧	甲子	6月21日	七赤	癸巳
29	11月28日	四緑	丁卯	10月28日	九紫	丁酉	9月26日	四緑	丙寅	8月26日	七赤	丙申	7月24日	二黒	乙丑	6月22日	六白	甲午
30	11月29日	五黄	戊辰	10月29日	八白	戊戌	9月27日	三碧	丁卯	8月27日	六白	丁酉	7月25日	一白	丙寅	6月23日	五黄	乙未
31	12月1日	六白	己巳				9月28日	二黒	戊辰				7月26日	九紫	丁卯	6月24日	四緑	丙申

6月戊午	5月丁巳	4月丙辰	3月乙卯	2月甲寅	1月癸丑	
6日 00:19	5日 19:55	5日 02:20	5日 21:17	5日 03:07	6日 15:26	
21日 17:13	21日 09:05	20日 09:40	20日 22:21	19日 23:09	21日 08:54	
七赤金星	八白土星	九紫火星	一白水星	二黒土星	三碧木星	
5月6日 六白 壬寅	4月4日 二黒 辛未	3月4日 八白 辛丑	2月3日 四緑 庚午	1月3日 二黒 辛丑	12月2日 七赤 庚午	1
5月7日 七赤 癸卯	4月5日 三碧 壬申	3月5日 九紫 壬寅	2月4日 五黄 辛未	1月4日 三碧 壬寅	12月3日 八白 辛未	2
5月8日 八白 甲辰	4月6日 四緑 癸酉	3月6日 一白 癸卯	2月5日 六白 壬申	1月5日 四緑 癸卯	12月4日 九紫 壬申	3
5月9日 九紫 乙巳	4月7日 五黄 甲戌	3月7日 二黒 甲辰	2月6日 七赤 癸酉	1月6日 五黄 甲辰	12月5日 一白 癸酉	4
5月10日 一白 丙午	4月8日 六白 乙亥	3月8日 三碧 乙巳	2月7日 八白 甲戌	1月7日 六白 乙巳	12月6日 二黒 甲戌	5
5月11日 二黒 丁未	4月9日 七赤 丙子	3月9日 四緑 丙午	2月8日 九紫 乙亥	1月8日 七赤 丙午	12月7日 三碧 乙亥	6
5月12日 三碧 戊申	4月10日 八白 丁丑	3月10日 五黄 丁未	2月9日 一白 丙子	1月9日 八白 丁未	12月8日 四緑 丙子	7
5月13日 四緑 己酉	4月11日 九紫 戊寅	3月11日 六白 戊申	2月10日 二黒 丁丑	1月10日 九紫 戊申	12月9日 五黄 丁丑	8
5月14日 五黄 庚戌	4月12日 一白 己卯	3月12日 七赤 己酉	2月11日 三碧 戊寅	1月11日 一白 己酉	12月10日 六白 戊寅	9
5月15日 六白 辛亥	4月13日 二黒 庚辰	3月13日 八白 庚戌	2月12日 四緑 己卯	1月12日 二黒 庚戌	12月11日 七赤 己卯	10
5月16日 七赤 壬子	4月14日 三碧 辛巳	3月14日 九紫 辛亥	2月13日 五黄 庚辰	1月13日 三碧 辛亥	12月12日 八白 庚辰	11
5月17日 八白 癸丑	4月15日 四緑 壬午	3月15日 一白 壬子	2月14日 六白 辛巳	1月14日 四緑 壬子	12月13日 九紫 辛巳	12
5月18日 九紫 甲寅	4月16日 五黄 癸未	3月16日 二黒 癸丑	2月15日 七赤 壬午	1月15日 五黄 癸丑	12月14日 一白 壬午	13
5月19日 一白 乙卯	4月17日 六白 甲申	3月17日 三碧 甲寅	2月16日 八白 癸未	1月16日 六白 甲寅	12月15日 二黒 癸未	14
5月20日 二黒 丙辰	4月18日 七赤 乙酉	3月18日 四緑 乙卯	2月17日 九紫 甲申	1月17日 七赤 乙卯	12月16日 三碧 甲申	15
5月21日 三碧 丁巳	4月19日 八白 丙戌	3月19日 五黄 丙辰	2月18日 一白 乙酉	1月18日 八白 丙辰	12月17日 四緑 乙酉	16
5月22日 四緑 戊午	4月20日 九紫 丁亥	3月20日 六白 丁巳	2月19日 二黒 丙戌	1月19日 九紫 丁巳	12月18日 五黄 丙戌	17
5月23日 五黄 己未	4月21日 一白 戊子	3月21日 七赤 戊午	2月20日 三碧 丁亥	1月20日 一白 戊午	12月19日 六白 丁亥	18
5月24日 六白 庚申	4月22日 二黒 己丑	3月22日 八白 己未	2月21日 四緑 戊子	1月21日 二黒 己未	12月20日 七赤 戊子	19
5月25日 七赤 辛酉	4月23日 三碧 庚寅	3月23日 九紫 庚申	2月22日 五黄 己丑	1月22日 三碧 庚申	12月21日 八白 己丑	20
5月26日 八白 壬戌	4月24日 四緑 辛卯	3月24日 一白 辛酉	2月23日 六白 庚寅	1月23日 四緑 辛酉	12月22日 九紫 庚寅	21
5月27日 九紫 癸亥	4月25日 五黄 壬辰	3月25日 二黒 壬戌	2月24日 七赤 辛卯	1月24日 五黄 壬戌	12月23日 一白 辛卯	22
5月28日 九紫 甲子	4月26日 六白 癸巳	3月26日 三碧 癸亥	2月25日 八白 壬辰	1月25日 六白 癸亥	12月24日 二黒 壬辰	23
5月29日 八白 乙丑	4月27日 七赤 甲午	3月27日 四緑 甲子	2月26日 九紫 癸巳	1月26日 七赤 甲子	12月25日 三碧 癸巳	24
5月30日 七赤 丙寅	4月28日 八白 乙未	3月28日 五黄 乙丑	2月27日 一白 甲午	1月27日 八白 乙丑	12月26日 四緑 甲午	25
6月1日 六白 丁卯	4月29日 九紫 丙申	3月29日 六白 丙寅	2月28日 二黒 乙未	1月28日 九紫 丙寅	12月27日 五黄 乙未	26
6月2日 五黄 戊辰	5月1日 一白 丁酉	3月30日 七赤 丁卯	2月29日 三碧 丙申	1月29日 一白 丁卯	12月28日 六白 丙申	27
6月3日 四緑 己巳	5月2日 二黒 戊戌	4月1日 八白 戊辰	2月30日 四緑 丁酉	2月1日 二黒 戊辰	12月29日 七赤 丁酉	28
6月4日 三碧 庚午	5月3日 三碧 己亥	4月2日 九紫 己巳	3月1日 五黄 戊戌	2月2日 三碧 己巳	12月30日 八白 戊戌	29
6月5日 二黒 辛未	5月4日 四緑 庚子	4月3日 一白 庚午	3月2日 六白 己亥		1月1日 九紫 己亥	30
	5月5日 五黄 辛丑		3月3日 七赤 庚子		1月2日 一白 庚子	31

昭和43年	1968年	戊申年	五黄土星		
12月甲子	11月癸亥	10月壬戌	9月辛酉	8月庚申	7月己未
7日 10：08	7日 17：29	8日 14：34	7日 23：11	7日 20：27	7日 10：41
22日 04：00	22日 14：48	23日 17：29	23日 08：26	23日 11：02	23日 04：07
一白水星	二黒土星	三碧木星	四緑木星	五黄土星	六白金星

1	10月12日	一白	乙巳	9月11日	四緑	乙亥	8月10日	八白	甲辰	閏7月9日	二黒	甲戌	7月8日	六白	癸卯	6月6日	一白	壬寅
2	10月13日	九紫	丙午	9月12日	三碧	丙子	8月11日	七赤	乙巳	閏7月10日	一白	乙亥	7月9日	五黄	甲辰	6月7日	九紫	癸卯
3	10月14日	八白	丁未	9月13日	二黒	丁丑	8月12日	六白	丙午	閏7月11日	九紫	丙子	7月10日	四緑	乙巳	6月8日	八白	甲戌
4	10月15日	七赤	戊申	9月14日	一白	戊寅	8月13日	五黄	丁未	閏7月12日	八白	丁丑	7月11日	三碧	丙午	6月9日	七赤	乙亥
5	10月16日	六白	己酉	9月15日	九紫	己卯	8月14日	四緑	戊申	閏7月13日	七赤	戊寅	7月12日	二黒	丁未	6月10日	六白	丙子
6	10月17日	五黄	庚戌	9月16日	八白	庚辰	8月15日	三碧	己酉	閏7月14日	六白	己卯	7月13日	一白	戊申	6月11日	五黄	丁丑
7	10月18日	四緑	辛亥	9月17日	七赤	辛巳	8月16日	二黒	庚戌	閏7月15日	五黄	庚辰	7月14日	九紫	己酉	6月12日	四緑	戊寅
8	10月19日	三碧	壬子	9月18日	六白	壬午	8月17日	一白	辛亥	閏7月16日	四緑	辛巳	7月15日	八白	庚戌	6月13日	三碧	己卯
9	10月20日	二黒	癸丑	9月19日	五黄	癸未	8月18日	九紫	壬子	閏7月17日	三碧	壬午	7月16日	七赤	辛亥	6月14日	二黒	庚辰
10	10月21日	一白	甲寅	9月20日	四緑	甲申	8月19日	八白	癸丑	閏7月18日	二黒	癸未	7月17日	六白	壬子	6月15日	一白	辛巳
11	10月22日	九紫	乙卯	9月21日	三碧	乙酉	8月20日	七赤	甲寅	閏7月19日	一白	甲申	7月18日	五黄	癸丑	6月16日	九紫	壬午
12	10月23日	八白	丙辰	9月22日	二黒	丙戌	8月21日	六白	乙卯	閏7月20日	九紫	乙酉	7月19日	四緑	甲寅	6月17日	八白	癸未
13	10月24日	七赤	丁巳	9月23日	一白	丁亥	8月22日	五黄	丙辰	閏7月21日	八白	丙戌	7月20日	三碧	乙卯	6月18日	七赤	甲申
14	10月25日	六白	戊午	9月24日	九紫	戊子	8月23日	四緑	丁巳	閏7月22日	七赤	丁亥	7月21日	二黒	丙辰	6月19日	六白	乙酉
15	10月26日	五黄	己未	9月25日	八白	己丑	8月24日	三碧	戊午	閏7月23日	六白	戊子	7月22日	一白	丁巳	6月20日	五黄	丙戌
16	10月27日	四緑	庚申	9月26日	七赤	庚寅	8月25日	二黒	己未	閏7月24日	五黄	己丑	7月23日	九紫	戊午	6月21日	四緑	丁亥
17	10月28日	三碧	辛酉	9月27日	六白	辛卯	8月26日	一白	庚申	閏7月25日	四緑	庚寅	7月24日	八白	己未	6月22日	三碧	戊子
18	10月29日	二黒	壬戌	9月28日	五黄	壬辰	8月27日	九紫	辛酉	閏7月26日	三碧	辛卯	7月25日	七赤	庚申	6月23日	二黒	己丑
19	10月30日	一白	癸亥	9月29日	四緑	癸巳	8月28日	八白	壬戌	閏7月27日	二黒	壬辰	7月26日	六白	辛酉	6月24日	一白	庚寅
20	11月1日	一白	甲子	10月1日	三碧	甲午	8月29日	七赤	癸亥	閏7月28日	一白	癸巳	7月27日	五黄	壬戌	6月25日	九紫	辛卯
21	11月2日	二黒	乙丑	10月2日	二黒	乙未	8月30日	六白	甲子	閏7月29日	九紫	甲午	7月28日	四緑	癸亥	6月26日	八白	壬辰
22	11月3日	三碧	丙寅	10月3日	一白	丙申	9月1日	五黄	乙丑	8月1日	八白	乙未	7月29日	三碧	甲子	6月27日	七赤	癸巳
23	11月4日	四緑	丁卯	10月4日	九紫	丁酉	9月2日	四緑	丙寅	8月2日	七赤	丙申	7月30日	二黒	乙丑	6月28日	六白	甲午
24	11月5日	五黄	戊辰	10月5日	八白	戊戌	9月3日	三碧	丁卯	8月3日	六白	丁酉	閏7月1日	一白	丙寅	6月29日	五黄	乙未
25	11月6日	六白	己巳	10月6日	七赤	己亥	9月4日	二黒	戊辰	8月4日	五黄	戊戌	閏7月2日	九紫	丁卯	7月1日	四緑	丙申
26	11月7日	七赤	庚午	10月7日	六白	庚子	9月5日	一白	己巳	8月5日	四緑	己亥	閏7月3日	八白	戊辰	7月2日	三碧	丁酉
27	11月8日	八白	辛未	10月8日	五黄	辛丑	9月6日	九紫	庚午	8月6日	三碧	庚子	閏7月4日	七赤	己巳	7月3日	二黒	戊戌
28	11月9日	九紫	壬申	10月9日	四緑	壬寅	9月7日	八白	辛未	8月7日	二黒	辛丑	閏7月5日	六白	庚午	7月4日	一白	己亥
29	11月10日	一白	癸酉	10月10日	三碧	癸卯	9月8日	七赤	壬申	8月8日	一白	壬寅	閏7月6日	五黄	辛未	7月5日	九紫	庚子
30	11月11日	二黒	甲戌	10月11日	二黒	甲辰	9月9日	六白	癸酉	8月9日	九紫	癸卯	閏7月7日	四緑	壬申	7月6日	八白	辛丑
31	11月12日	三碧	乙亥				9月10日	五黄	甲戌				閏7月8日	三碧	癸酉	7月7日	七赤	壬寅

6月庚午			5月己巳			4月戊辰			3月丁卯			2月丙寅			1月乙丑			
6日 06：11			6日 01：49			5日 08：14			6日 03：10			4日 08：59			5日 21：17			
21日 22：54			21日 14：49			20日 15：26			21日 04：08			19日 04：54			20日 14：38			
四緑木星			五黄土星			六白金星			七赤金星			八白土星			九紫火星			
4月17日	二黒	丁未	3月15日	七赤	丙子	2月15日	四緑	丙午	1月13日	九紫	乙亥	12月15日	八白	丁未	11月13日	四緑	丙子	1
4月18日	三碧	戊申	3月16日	八白	丁丑	2月16日	五黄	丁未	1月14日	一白	丙子	12月16日	九紫	戊申	11月14日	五黄	丁丑	2
4月19日	四緑	己酉	3月17日	九紫	戊寅	2月17日	六白	戊申	1月15日	二黒	丁丑	12月17日	一白	己酉	11月15日	六白	戊寅	3
4月20日	五黄	庚戌	3月18日	一白	己卯	2月18日	七赤	己酉	1月16日	三碧	戊寅	12月18日	二黒	庚戌	11月16日	七赤	己卯	4
4月21日	六白	辛亥	3月19日	二黒	庚辰	2月19日	八白	庚戌	1月17日	四緑	己卯	12月19日	三碧	辛亥	11月17日	八白	庚辰	5
4月22日	七赤	壬子	3月20日	三碧	辛巳	2月20日	九紫	辛亥	1月18日	五黄	庚辰	12月20日	四緑	壬子	11月18日	九紫	辛巳	6
4月23日	八白	癸丑	3月21日	四緑	壬午	2月21日	一白	壬子	1月19日	六白	辛巳	12月21日	五黄	癸丑	11月19日	一白	壬午	7
4月24日	九紫	甲寅	3月22日	五黄	癸未	2月22日	二黒	癸丑	1月20日	七赤	壬午	12月22日	六白	甲寅	11月20日	二黒	癸未	8
4月25日	一白	乙卯	3月23日	六白	甲申	2月23日	三碧	甲寅	1月21日	八白	癸未	12月23日	七赤	乙卯	11月21日	三碧	甲申	9
4月26日	二黒	丙辰	3月24日	七赤	乙酉	2月24日	四緑	乙卯	1月22日	九紫	甲申	12月24日	八白	丙辰	11月22日	四緑	乙酉	10
4月27日	三碧	丁巳	3月25日	八白	丙戌	2月25日	五黄	丙辰	1月23日	一白	乙酉	12月25日	九紫	丁巳	11月23日	五黄	丙戌	11
4月28日	四緑	戊午	3月26日	九紫	丁亥	2月26日	六白	丁巳	1月24日	二黒	丙戌	12月26日	一白	戊午	11月24日	六白	丁亥	12
4月29日	五黄	己未	3月27日	一白	戊子	2月27日	七赤	戊午	1月25日	三碧	丁亥	12月27日	二黒	己未	11月25日	七赤	戊子	13
4月30日	六白	庚申	3月28日	二黒	己丑	2月28日	八白	己未	1月26日	四緑	戊子	12月28日	三碧	庚申	11月26日	八白	己丑	14
5月1日	七赤	辛酉	3月29日	三碧	庚寅	2月29日	九紫	庚申	1月27日	五黄	己丑	12月29日	四緑	辛酉	11月27日	九紫	庚寅	15
5月2日	八白	壬戌	4月1日	四緑	辛卯	2月30日	一白	辛酉	1月28日	六白	庚寅	12月30日	五黄	壬戌	11月28日	一白	辛卯	16
5月3日	九紫	癸亥	4月2日	五黄	壬辰	3月1日	二黒	壬戌	1月29日	七赤	辛卯	1月1日	六白	癸亥	11月29日	二黒	壬辰	17
5月4日	九紫	甲子	4月3日	六白	癸巳	3月2日	三碧	癸亥	2月1日	八白	壬辰	1月2日	七赤	甲子	12月1日	三碧	癸巳	18
5月5日	八白	乙丑	4月4日	七赤	甲午	3月3日	四緑	甲子	2月2日	九紫	癸巳	1月3日	八白	乙丑	12月2日	四緑	甲午	19
5月6日	七赤	丙寅	4月5日	八白	乙未	3月4日	五黄	乙丑	2月3日	一白	甲午	1月4日	九紫	丙寅	12月3日	五黄	乙未	20
5月7日	六白	丁卯	4月6日	九紫	丙申	3月5日	六白	丙寅	2月4日	二黒	乙未	1月5日	一白	丁卯	12月4日	六白	丙申	21
5月8日	五黄	戊辰	4月7日	一白	丁酉	3月6日	七赤	丁卯	2月5日	三碧	丙申	1月6日	二黒	戊辰	12月5日	七赤	丁酉	22
5月9日	四緑	己巳	4月8日	二黒	戊戌	3月7日	八白	戊辰	2月6日	四緑	丁酉	1月7日	三碧	己巳	12月6日	八白	戊戌	23
5月10日	三碧	庚午	4月9日	三碧	己亥	3月8日	九紫	己巳	2月7日	五黄	戊戌	1月8日	四緑	庚午	12月7日	九紫	己亥	24
5月11日	二黒	辛未	4月10日	四緑	庚子	3月9日	一白	庚午	2月8日	六白	己亥	1月9日	五黄	辛未	12月8日	一白	庚子	25
5月12日	一白	壬申	4月11日	五黄	辛丑	3月10日	二黒	辛未	2月9日	七赤	庚子	1月10日	六白	壬申	12月9日	二黒	辛丑	26
5月13日	九紫	癸酉	4月12日	六白	壬寅	3月11日	三碧	壬申	2月10日	八白	辛丑	1月11日	七赤	癸酉	12月10日	三碧	壬寅	27
5月14日	八白	甲戌	4月13日	七赤	癸卯	3月12日	四緑	癸酉	2月11日	九紫	壬寅	1月12日	八白	甲戌	12月11日	四緑	癸卯	28
5月15日	七赤	乙亥	4月14日	八白	甲辰	3月13日	五黄	甲戌	2月12日	一白	癸卯				12月12日	五黄	甲辰	29
5月16日	六白	丙子	4月15日	九紫	乙巳	3月14日	六白	乙亥	2月13日	二黒	甲辰				12月13日	六白	乙巳	30
			4月16日	一白	丙午				2月14日	三碧	乙巳				12月14日	七赤	丙午	31

昭和44年		1969年				己酉年		四緑木星			
12月丙子		11月乙亥		10月甲戌		9月癸酉		8月壬申		7月辛未	
7日 15：51		7日 23：11		8日 20：16		8日 04：55		8日 02：14		7日 16：31	
22日 09：43		22日 20：31		23日 23：11		23日 14：07		23日 16：43		23日 09：48	
七赤金星		八白土星		九紫火星		一白水星		二黒土星		三碧木星	

1	10月22日	五黄	庚戌	9月22日	八白	庚辰	8月20日	三碧	己酉	7月20日	六白	己卯	6月19日	一白	戊申	5月17日	五黄	丁未
2	10月23日	四緑	辛亥	9月23日	七赤	辛巳	8月21日	二黒	庚戌	7月21日	五黄	庚辰	6月20日	九紫	己酉	5月18日	四緑	戊申
3	10月24日	三碧	壬子	9月24日	六白	壬午	8月22日	一白	辛亥	7月22日	四緑	辛巳	6月21日	八白	庚戌	5月19日	三碧	己酉
4	10月25日	二黒	癸丑	9月25日	五黄	癸未	8月23日	九紫	壬子	7月23日	三碧	壬午	6月22日	七赤	辛亥	5月20日	二黒	庚戌
5	10月26日	一白	甲寅	9月26日	四緑	甲申	8月24日	八白	癸丑	7月24日	二黒	癸未	6月23日	六白	壬子	5月21日	一白	辛亥
6	10月27日	九紫	乙卯	9月27日	三碧	乙酉	8月25日	七赤	甲寅	7月25日	一白	甲申	6月24日	五黄	癸丑	5月22日	九紫	壬子
7	10月28日	八白	丙辰	9月28日	二黒	丙戌	8月26日	六白	乙卯	7月26日	九紫	乙酉	6月25日	四緑	甲寅	5月23日	八白	癸丑
8	10月29日	七赤	丁巳	9月29日	一白	丁亥	8月27日	五黄	丙辰	7月27日	八白	丙戌	6月26日	三碧	乙卯	5月24日	七赤	甲寅
9	11月1日	六白	戊午	9月30日	九紫	戊子	8月28日	四緑	丁巳	7月28日	七赤	丁亥	6月27日	二黒	丙辰	5月25日	六白	乙卯
10	11月2日	五黄	己未	10月1日	八白	己丑	8月29日	三碧	戊午	7月29日	六白	戊子	6月28日	一白	丁巳	5月26日	五黄	丙辰
11	11月3日	四緑	庚申	10月2日	七赤	庚寅	9月1日	二黒	己未	7月30日	五黄	己丑	6月29日	九紫	戊午	5月27日	四緑	丁巳
12	11月4日	三碧	辛酉	10月3日	六白	辛卯	9月2日	一白	庚申	8月1日	四緑	庚寅	6月30日	八白	己未	5月28日	三碧	戊午
13	11月5日	二黒	壬戌	10月4日	五黄	壬辰	9月3日	九紫	辛酉	8月2日	三碧	辛卯	7月1日	七赤	庚申	5月29日	二黒	己未
14	11月6日	一白	癸亥	10月5日	四緑	癸巳	9月4日	八白	壬戌	8月3日	二黒	壬辰	7月2日	六白	辛酉	6月1日	一白	庚申
15	11月7日	一白	甲子	10月6日	三碧	甲午	9月5日	七赤	癸亥	8月4日	一白	癸巳	7月3日	五黄	壬戌	6月2日	九紫	辛酉
16	11月8日	二黒	乙丑	10月7日	二黒	乙未	9月6日	六白	甲子	8月5日	九紫	甲午	7月4日	四緑	癸亥	6月3日	八白	壬戌
17	11月9日	三碧	丙寅	10月8日	一白	丙申	9月7日	五黄	乙丑	8月6日	八白	乙未	7月5日	三碧	甲子	6月4日	七赤	癸亥
18	11月10日	四緑	丁卯	10月9日	九紫	丁酉	9月8日	四緑	丙寅	8月7日	七赤	丙申	7月6日	二黒	乙丑	6月5日	六白	甲午
19	11月11日	五黄	戊辰	10月10日	八白	戊戌	9月9日	三碧	丁卯	8月8日	六白	丁酉	7月7日	一白	丙寅	6月6日	五黄	乙未
20	11月12日	六白	己巳	10月11日	七赤	己亥	9月10日	二黒	戊辰	8月9日	五黄	戊戌	7月8日	九紫	丁卯	6月7日	四緑	丙申
21	11月13日	七赤	庚午	10月12日	六白	庚子	9月11日	一白	己巳	8月10日	四緑	己亥	7月9日	八白	戊辰	6月8日	三碧	丁酉
22	11月14日	八白	辛未	10月13日	五黄	辛丑	9月12日	九紫	庚午	8月11日	三碧	庚子	7月10日	七赤	己巳	6月9日	二黒	戊戌
23	11月15日	九紫	壬申	10月14日	四緑	壬寅	9月13日	八白	辛未	8月12日	二黒	辛丑	7月11日	六白	庚午	6月10日	一白	己亥
24	11月16日	一白	癸酉	10月15日	三碧	癸卯	9月14日	七赤	壬申	8月13日	一白	壬寅	7月12日	五黄	辛未	6月11日	九紫	庚子
25	11月17日	二黒	甲戌	10月16日	二黒	甲辰	9月15日	六白	癸酉	8月14日	九紫	癸卯	7月13日	四緑	壬申	6月12日	八白	辛丑
26	11月18日	三碧	乙亥	10月17日	一白	乙巳	9月16日	五黄	甲戌	8月15日	八白	甲辰	7月14日	三碧	癸酉	6月13日	七赤	壬寅
27	11月19日	四緑	丙子	10月18日	九紫	丙午	9月17日	四緑	乙亥	8月16日	七赤	乙巳	7月15日	二黒	甲戌	6月14日	六白	癸卯
28	11月20日	五黄	丁丑	10月19日	八白	丁未	9月18日	三碧	丙子	8月17日	六白	丙午	7月16日	一白	乙亥	6月15日	五黄	甲辰
29	11月21日	六白	戊寅	10月20日	七赤	戊申	9月19日	二黒	丁丑	8月18日	五黄	丁未	7月17日	九紫	丙子	6月16日	四緑	乙巳
30	11月22日	七赤	己卯	10月21日	六白	己酉	9月20日	一白	戊寅	8月19日	四緑	戊申	7月18日	八白	丁丑	6月17日	三碧	丙午
31	11月23日	八白	庚辰				9月21日	九紫	己卯				7月19日	七赤	戊寅	6月18日	二黒	丁未

6月壬午	5月辛巳	4月庚辰	3月己卯	2月戊寅	1月丁丑	
6日 11：51	6日 07：33	5日 14：01	6日 08：58	4日 14：45	6日 03：01	
22日 04：42	21日 20：36	20日 21：14	21日 09：56	19日 10：42	20日 20：23	
一白水星	二黒土星	三碧木星	四緑木星	五黄土星	六白金星	
4月28日 七赤 壬子	3月26日 三碧 辛巳	2月25日 九紫 辛亥	1月24日 五黄 庚辰	12月25日 四緑 壬子	11月24日 九紫 辛巳	1
4月29日 八白 癸丑	3月27日 四緑 壬午	2月26日 一白 壬子	1月25日 六白 辛巳	12月26日 五黄 癸丑	11月25日 一白 壬午	2
4月30日 九紫 甲寅	3月28日 五黄 癸未	2月27日 二黒 癸丑	1月26日 七赤 壬午	12月27日 六白 甲寅	11月26日 二黒 癸未	3
5月1日 一白 乙卯	3月29日 六白 甲申	2月28日 三碧 甲寅	1月27日 八白 癸未	12月28日 七赤 乙卯	11月27日 三碧 甲申	4
5月2日 二黒 丙辰	4月1日 七赤 乙酉	2月29日 四緑 乙卯	1月28日 九紫 甲申	12月29日 八白 丙辰	11月28日 四緑 乙酉	5
5月3日 三碧 丁巳	4月2日 八白 丙戌	3月1日 五黄 丙辰	1月29日 一白 乙酉	1月1日 九紫 丁巳	11月29日 五黄 丙戌	6
5月4日 四緑 戊午	4月3日 九紫 丁亥	3月2日 六白 丁巳	1月30日 二黒 丙戌	1月2日 一白 戊午	11月30日 六白 丁亥	7
5月5日 五黄 己未	4月4日 一白 戊子	3月3日 七赤 戊午	2月1日 三碧 丁亥	1月3日 二黒 己未	12月1日 七赤 戊子	8
5月6日 六白 庚申	4月5日 二黒 己丑	3月4日 八白 己未	2月2日 四緑 戊子	1月4日 三碧 庚申	12月2日 八白 己丑	9
5月7日 七赤 辛酉	4月6日 三碧 庚寅	3月5日 九紫 庚申	2月3日 五黄 己丑	1月5日 四緑 辛酉	12月3日 九紫 庚寅	10
5月8日 八白 壬戌	4月7日 四緑 辛卯	3月6日 一白 辛酉	2月4日 六白 庚寅	1月6日 五黄 壬戌	12月4日 一白 辛卯	11
5月9日 九紫 癸亥	4月8日 五黄 壬辰	3月7日 二黒 壬戌	2月5日 七赤 辛卯	1月7日 六白 癸亥	12月5日 二黒 壬辰	12
5月10日 九紫 甲子	4月9日 六白 癸巳	3月8日 三碧 癸亥	2月6日 八白 壬辰	1月8日 七赤 甲子	12月6日 三碧 癸巳	13
5月11日 八白 乙丑	4月10日 七赤 甲午	3月9日 四緑 甲子	2月7日 九紫 癸巳	1月9日 八白 乙丑	12月7日 四緑 甲午	14
5月12日 七赤 丙寅	4月11日 八白 乙未	3月10日 五黄 乙丑	2月8日 一白 甲午	1月10日 九紫 丙寅	12月8日 五黄 乙未	15
5月13日 六白 丁卯	4月12日 九紫 丙申	3月11日 六白 丙寅	2月9日 二黒 乙未	1月11日 一白 丁卯	12月9日 六白 丙申	16
5月14日 五黄 戊辰	4月13日 一白 丁酉	3月12日 七赤 丁卯	2月10日 三碧 丙申	1月12日 二黒 戊辰	12月10日 七赤 丁酉	17
5月15日 四緑 己巳	4月14日 二黒 戊戌	3月13日 八白 戊辰	2月11日 四緑 丁酉	1月13日 三碧 己巳	12月11日 八白 戊戌	18
5月16日 三碧 庚午	4月15日 三碧 己亥	3月14日 九紫 己巳	2月12日 五黄 戊戌	1月14日 四緑 庚午	12月12日 九紫 己亥	19
5月17日 二黒 辛未	4月16日 四緑 庚子	3月15日 一白 庚午	2月13日 六白 己亥	1月15日 五黄 辛未	12月13日 一白 庚子	20
5月18日 一白 壬申	4月17日 五黄 辛丑	3月16日 二黒 辛未	2月14日 七赤 庚子	1月16日 六白 壬申	12月14日 二黒 辛丑	21
5月19日 九紫 癸酉	4月18日 六白 壬寅	3月17日 三碧 壬申	2月15日 八白 辛丑	1月17日 七赤 癸酉	12月15日 三碧 壬寅	22
5月20日 八白 甲戌	4月19日 七赤 癸卯	3月18日 四緑 癸酉	2月16日 九紫 壬寅	1月18日 八白 甲戌	12月16日 四緑 癸卯	23
5月21日 七赤 乙亥	4月20日 八白 甲辰	3月19日 五黄 甲戌	2月17日 一白 癸卯	1月19日 九紫 乙亥	12月17日 五黄 甲辰	24
5月22日 六白 丙子	4月21日 九紫 乙巳	3月20日 六白 乙亥	2月18日 二黒 甲辰	1月20日 一白 丙子	12月18日 六白 乙巳	25
5月23日 五黄 丁丑	4月22日 一白 丙午	3月21日 七赤 丙子	2月19日 三碧 乙巳	1月21日 二黒 丁丑	12月19日 七赤 丙午	26
5月24日 四緑 戊寅	4月23日 二黒 丁未	3月22日 八白 丁丑	2月20日 四緑 丙午	1月22日 三碧 戊寅	12月20日 八白 丁未	27
5月25日 三碧 己卯	4月24日 三碧 戊申	3月23日 九紫 戊寅	2月21日 五黄 丁未	1月23日 四緑 己卯	12月21日 九紫 戊申	28
5月26日 二黒 庚辰	4月25日 四緑 己酉	3月24日 一白 己卯	2月22日 六白 戊申		12月22日 一白 己酉	29
5月27日 一白 辛巳	4月26日 五黄 庚戌	3月25日 二黒 庚辰	2月23日 七赤 己酉		12月23日 二黒 庚戌	30
	4月27日 六白 辛亥		2月24日 八白 庚戌		12月24日 三碧 辛亥	31

昭和45年	1970年	庚戌年	三碧木星		
12月戊子	11月丁亥	10月丙戌	9月乙酉	8月甲申	7月癸未
7日 21：36	8日 04：57	9日 02：01	8日 10：38	8日 07：54	7日 22：10
22日 15：35	23日 02：24	24日 05：04	23日 19：59	23日 22：34	23日 15：36
四緑木星	五黄土星	六白金星	七赤金星	八白土星	九紫火星

1	11月3日	九紫	乙卯	10月3日	三碧	乙酉	9月2日	七赤	甲寅	8月1日	一白	甲申	6月29日	五黄	癸丑	5月28日	九紫	壬子
2	11月4日	八白	丙辰	10月4日	二黒	丙戌	9月3日	六白	乙卯	8月2日	九紫	乙酉	7月1日	四緑	甲寅	5月29日	八白	癸丑
3	11月5日	七赤	丁巳	10月5日	一白	丁亥	9月4日	五黄	丙辰	8月3日	八白	丙戌	7月2日	三碧	乙卯	5月30日	七赤	甲寅
4	11月6日	六白	戊午	10月6日	九紫	戊子	9月5日	四緑	丁巳	8月4日	七赤	丁亥	7月3日	二黒	丙辰	6月1日	六白	乙卯
5	11月7日	五黄	己未	10月7日	八白	己丑	9月6日	三碧	戊午	8月5日	六白	戊子	7月4日	一白	丁巳	6月2日	五黄	丙辰
6	11月8日	四緑	庚申	10月8日	七赤	庚寅	9月7日	二黒	己未	8月6日	五黄	己丑	7月5日	九紫	戊午	6月3日	四緑	丁巳
7	11月9日	三碧	辛酉	10月9日	六白	辛卯	9月8日	一白	庚申	8月7日	四緑	庚寅	7月6日	八白	己未	6月4日	三碧	戊午
8	11月10日	二黒	壬戌	10月10日	五黄	壬辰	9月9日	九紫	辛酉	8月8日	三碧	辛卯	7月7日	七赤	庚申	6月5日	二黒	己未
9	11月11日	一白	癸亥	10月11日	四緑	癸巳	9月10日	八白	壬戌	8月9日	二黒	壬辰	7月8日	六白	辛酉	6月6日	一白	庚申
10	11月12日	一白	甲子	10月12日	三碧	甲午	9月11日	七赤	癸亥	8月10日	一白	癸巳	7月9日	五黄	壬戌	6月7日	九紫	辛酉
11	11月13日	二黒	乙丑	10月13日	二黒	乙未	9月12日	六白	甲子	8月11日	九紫	甲午	7月10日	四緑	癸亥	6月8日	八白	壬戌
12	11月14日	三碧	丙寅	10月14日	一白	丙申	9月13日	五黄	乙丑	8月12日	八白	乙未	7月11日	三碧	甲子	6月9日	七赤	癸亥
13	11月15日	四緑	丁卯	10月15日	九紫	丁酉	9月14日	四緑	丙寅	8月13日	七赤	丙申	7月12日	二黒	乙丑	6月10日	六白	甲子
14	11月16日	五黄	戊辰	10月16日	八白	戊戌	9月15日	三碧	丁卯	8月14日	六白	丁酉	7月13日	一白	丙寅	6月11日	五黄	乙丑
15	11月17日	六白	己巳	10月17日	七赤	己亥	9月16日	二黒	戊辰	8月15日	五黄	戊戌	7月14日	九紫	丁卯	6月12日	四緑	丙寅
16	11月18日	七赤	庚午	10月18日	六白	庚子	9月17日	一白	己巳	8月16日	四緑	己亥	7月15日	八白	戊辰	6月13日	三碧	丁卯
17	11月19日	八白	辛未	10月19日	五黄	辛丑	9月18日	九紫	庚午	8月17日	三碧	庚子	7月16日	七赤	己巳	6月14日	二黒	戊辰
18	11月20日	九紫	壬申	10月20日	四緑	壬寅	9月19日	八白	辛未	8月18日	二黒	辛丑	7月17日	六白	庚午	6月15日	一白	己巳
19	11月21日	一白	癸酉	10月21日	三碧	癸卯	9月20日	七赤	壬申	8月19日	一白	壬寅	7月18日	五黄	辛未	6月16日	九紫	庚午
20	11月22日	二黒	甲戌	10月22日	二黒	甲辰	9月21日	六白	癸酉	8月20日	九紫	癸卯	7月19日	四緑	壬申	6月17日	八白	辛未
21	11月23日	三碧	乙亥	10月23日	一白	乙巳	9月22日	五黄	甲戌	8月21日	八白	甲辰	7月20日	三碧	癸酉	6月18日	七赤	壬申
22	11月24日	四緑	丙子	10月24日	九紫	丙午	9月23日	四緑	乙亥	8月22日	七赤	乙巳	7月21日	二黒	甲戌	6月19日	六白	癸酉
23	11月25日	五黄	丁丑	10月25日	八白	丁未	9月24日	三碧	丙子	8月23日	六白	丙午	7月22日	一白	乙亥	6月20日	五黄	甲戌
24	11月26日	六白	戊寅	10月26日	七赤	戊申	9月25日	二黒	丁丑	8月24日	五黄	丁未	7月23日	九紫	丙子	6月21日	四緑	乙亥
25	11月27日	七赤	己卯	10月27日	六白	己酉	9月26日	一白	戊寅	8月25日	四緑	戊申	7月24日	八白	丁丑	6月22日	三碧	丙子
26	11月28日	八白	庚辰	10月28日	五黄	庚戌	9月27日	九紫	己卯	8月26日	三碧	己酉	7月25日	七赤	戊寅	6月23日	二黒	丁丑
27	11月29日	九紫	辛巳	10月29日	四緑	辛亥	9月28日	八白	庚辰	8月27日	二黒	庚戌	7月26日	六白	己卯	6月24日	一白	戊寅
28	12月1日	一白	壬午	10月30日	三碧	壬子	9月29日	七赤	辛巳	8月28日	一白	辛亥	7月27日	五黄	庚辰	6月25日	九紫	己卯
29	12月2日	二黒	癸未	11月1日	二黒	癸丑	9月30日	六白	壬午	8月29日	九紫	壬子	7月28日	四緑	辛巳	6月26日	八白	庚辰
30	12月3日	三碧	甲申	11月2日	一白	甲寅	10月1日	五黄	癸未	9月1日	八白	癸丑	7月29日	三碧	壬午	6月27日	七赤	辛巳
31	12月4日	四緑	乙酉				10月2日	四緑	甲申				7月30日	二黒	癸未	6月28日	六白	壬午

6月甲午	5月癸巳	4月壬辰	3月辛卯	2月庚寅	1月己丑	
6日 17:27	6日 13:07	5日 19:36	6日 14:35	4日 20:25	6日 08:45	
22日 10:18	22日 02:14	21日 02:54	21日 15:38	19日 16:27	21日 02:12	
七赤金星	八白土星	九紫火星	一白水星	二黒土星	三碧木星	
5月9日 三碧 丁巳	4月7日 八白 丙戌	3月6日 五黄 丙辰	2月5日 一白 乙酉	1月6日 九紫 丁巳	12月5日 五黄 丙戌	1
5月10日 四緑 戊午	4月8日 九紫 丁亥	3月7日 六白 丁巳	2月6日 二黒 丙戌	1月7日 一白 戊午	12月6日 六白 丁亥	2
5月11日 五黄 己未	4月9日 一白 戊子	3月8日 七赤 戊午	2月7日 三碧 丁亥	1月8日 二黒 己未	12月7日 七赤 戊子	3
5月12日 六白 庚申	4月10日 二黒 己丑	3月9日 八白 己未	2月8日 四緑 戊子	1月9日 三碧 庚申	12月8日 八白 己丑	4
5月13日 七赤 辛酉	4月11日 三碧 庚寅	3月10日 九紫 庚申	2月9日 五黄 己丑	1月10日 四緑 辛酉	12月9日 九紫 庚寅	5
5月14日 八白 壬戌	4月12日 四緑 辛卯	3月11日 一白 辛酉	2月10日 六白 庚寅	1月11日 五黄 壬戌	12月10日 一白 辛卯	6
5月15日 九紫 癸亥	4月13日 五黄 壬辰	3月12日 二黒 壬戌	2月11日 七赤 辛卯	1月12日 六白 癸亥	12月11日 二黒 壬辰	7
5月16日 九紫 甲子	4月14日 六白 癸巳	3月13日 三碧 癸亥	2月12日 八白 壬辰	1月13日 七赤 甲子	12月12日 三碧 癸巳	8
5月17日 八白 乙丑	4月15日 七赤 甲午	3月14日 四緑 甲子	2月13日 九紫 癸巳	1月14日 八白 乙丑	12月13日 四緑 甲午	9
5月18日 七赤 丙寅	4月16日 八白 乙未	3月15日 五黄 乙丑	2月14日 一白 甲午	1月15日 九紫 丙寅	12月14日 五黄 乙未	10
5月19日 六白 丁卯	4月17日 九紫 丙申	3月16日 六白 丙寅	2月15日 二黒 乙未	1月16日 一白 丁卯	12月15日 六白 丙申	11
5月20日 五黄 戊辰	4月18日 一白 丁酉	3月17日 七赤 丁卯	2月16日 三碧 丙申	1月17日 二黒 戊辰	12月16日 七赤 丁酉	12
5月21日 四緑 己巳	4月19日 二黒 戊戌	3月18日 八白 戊辰	2月17日 四緑 丁酉	1月18日 三碧 己巳	12月17日 八白 戊戌	13
5月22日 三碧 庚午	4月20日 三碧 己亥	3月19日 九紫 己巳	2月18日 五黄 戊戌	1月19日 四緑 庚午	12月18日 九紫 己亥	14
5月23日 二黒 辛未	4月21日 四緑 庚子	3月20日 一白 庚午	2月19日 六白 己亥	1月20日 五黄 辛未	12月19日 一白 庚子	15
5月24日 一白 壬申	4月22日 五黄 辛丑	3月21日 二黒 辛未	2月20日 七赤 庚子	1月21日 六白 壬申	12月20日 二黒 辛丑	16
5月25日 九紫 癸酉	4月23日 六白 壬寅	3月22日 三碧 壬申	2月21日 八白 辛丑	1月22日 七赤 癸酉	12月21日 三碧 壬寅	17
5月26日 八白 甲戌	4月24日 七赤 癸卯	3月23日 四緑 癸酉	2月22日 九紫 壬寅	1月23日 八白 甲戌	12月22日 四緑 癸卯	18
5月27日 七赤 乙亥	4月25日 八白 甲辰	3月24日 五黄 甲戌	2月23日 一白 癸卯	1月24日 九紫 乙亥	12月23日 五黄 甲辰	19
5月28日 六白 丙子	4月26日 九紫 乙巳	3月25日 六白 乙亥	2月24日 二黒 甲辰	1月25日 一白 丙子	12月24日 六白 乙巳	20
5月29日 五黄 丁丑	4月27日 一白 丙午	3月26日 七赤 丙子	2月25日 三碧 乙巳	1月26日 二黒 丁丑	12月25日 七赤 丙午	21
5月30日 四緑 戊寅	4月28日 二黒 丁未	3月27日 八白 丁丑	2月26日 四緑 丙午	1月27日 三碧 戊寅	12月26日 八白 丁未	22
閏5月1日 三碧 己卯	4月29日 三碧 戊申	3月28日 九紫 戊寅	2月27日 五黄 丁未	1月28日 四緑 己卯	12月27日 九紫 戊申	23
閏5月2日 二黒 庚辰	5月1日 四緑 己酉	3月29日 一白 己卯	2月28日 六白 戊申	1月29日 五黄 庚辰	12月28日 一白 己酉	24
閏5月3日 一白 辛巳	5月2日 五黄 庚戌	4月1日 二黒 庚辰	2月29日 七赤 己酉	2月1日 六白 辛巳	12月29日 二黒 庚戌	25
閏5月4日 九紫 壬午	5月3日 六白 辛亥	4月2日 三碧 辛巳	2月30日 八白 庚戌	2月2日 七赤 壬午	12月30日 三碧 辛亥	26
閏5月5日 八白 癸未	5月4日 七赤 壬子	4月3日 四緑 壬午	3月1日 九紫 辛亥	2月3日 八白 癸未	1月1日 四緑 壬子	27
閏5月6日 七赤 甲申	5月5日 八白 癸丑	4月4日 五黄 癸未	3月2日 一白 壬子	2月4日 九紫 甲申	1月2日 五黄 癸丑	28
閏5月7日 六白 乙酉	5月6日 九紫 甲寅	4月5日 六白 甲申	3月3日 二黒 癸丑		1月3日 六白 甲寅	29
閏5月8日 五黄 丙戌	5月7日 一白 乙卯	4月6日 七赤 乙酉	3月4日 三碧 甲寅		1月4日 七赤 乙卯	30
	5月8日 二黒 丙辰		3月5日 四緑 乙卯		1月5日 八白 丙辰	31

昭和46年		1971年			辛亥年		二黒土星				
12月庚子		11月己亥		10月戊戌		9月丁酉		8月丙申		7月乙未	
8日 03：35		8日 10：56		9日 07：58		8日 16：30		8日 13：40		8日 03：50	
22日 21：23		23日 08：13		24日 10：52		24日 01：45		24日 04：16		23日 21：14	
一白水星		二黒土星		三碧木星		四緑木星		五黄土星		六白金星	

	12月		11月		10月		9月		8月		7月	
1	10月14日	四緑 庚申	9月14日	七赤 庚寅	8月13日	二黒 己未	7月12日	五黄 己丑	6月11日	九紫 戊午	閏5月9日	四緑 丁亥
2	10月15日	三碧 辛酉	9月15日	六白 辛卯	8月14日	一白 庚申	7月13日	四緑 庚寅	6月12日	八白 己未	閏5月10日	三碧 戊子
3	10月16日	二黒 壬戌	9月16日	五黄 壬辰	8月15日	九紫 辛酉	7月14日	三碧 辛卯	6月13日	七赤 庚申	閏5月11日	二黒 己丑
4	10月17日	一白 癸亥	9月17日	四緑 癸巳	8月16日	八白 壬戌	7月15日	二黒 壬辰	6月14日	六白 辛酉	閏5月12日	一白 庚寅
5	10月18日	一白 甲子	9月18日	三碧 甲午	8月17日	七赤 癸亥	7月16日	一白 癸巳	6月15日	五黄 壬戌	閏5月13日	九紫 辛卯
6	10月19日	二黒 乙丑	9月19日	二黒 乙未	8月18日	六白 甲子	7月17日	九紫 甲午	6月16日	四緑 癸亥	閏5月14日	八白 壬辰
7	10月20日	三碧 丙寅	9月20日	一白 丙申	8月19日	五黄 乙丑	7月18日	八白 乙未	6月17日	三碧 甲子	閏5月15日	七赤 癸巳
8	10月21日	四緑 丁卯	9月21日	九紫 丁酉	8月20日	四緑 丙寅	7月19日	七赤 丙申	6月18日	二黒 乙丑	閏5月16日	六白 甲午
9	10月22日	五黄 戊辰	9月22日	八白 戊戌	8月21日	三碧 丁卯	7月20日	六白 丁酉	6月19日	一白 丙寅	閏5月17日	五黄 乙未
10	10月23日	六白 己巳	9月23日	七赤 己亥	8月22日	二黒 戊辰	7月21日	五黄 戊戌	6月20日	九紫 丁卯	閏5月18日	四緑 丙申
11	10月24日	七赤 庚午	9月24日	六白 庚子	8月23日	一白 己巳	7月22日	四緑 己亥	6月21日	八白 戊辰	閏5月19日	三碧 丁酉
12	10月25日	八白 辛未	9月25日	五黄 辛丑	8月24日	九紫 庚午	7月23日	三碧 庚子	6月22日	七赤 己巳	閏5月20日	二黒 戊戌
13	10月26日	九紫 壬申	9月26日	四緑 壬寅	8月25日	八白 辛未	7月24日	二黒 辛丑	6月23日	六白 庚午	閏5月21日	一白 己亥
14	10月27日	一白 癸酉	9月27日	三碧 癸卯	8月26日	七赤 壬申	7月25日	一白 壬寅	6月24日	五黄 辛未	閏5月22日	九紫 庚子
15	10月28日	二黒 甲戌	9月28日	二黒 甲辰	8月27日	六白 癸酉	7月26日	九紫 癸卯	6月25日	四緑 壬申	閏5月23日	八白 辛丑
16	10月29日	三碧 乙亥	9月29日	一白 乙巳	8月28日	五黄 甲戌	7月27日	八白 甲辰	6月26日	三碧 癸酉	閏5月24日	七赤 壬寅
17	10月30日	四緑 丙子	9月30日	九紫 丙午	8月29日	四緑 乙亥	7月28日	七赤 乙巳	6月27日	二黒 甲戌	閏5月25日	六白 癸卯
18	11月1日	五黄 丁丑	10月1日	八白 丁未	8月30日	三碧 丙子	7月29日	六白 丙午	6月28日	一白 乙亥	閏5月26日	五黄 甲辰
19	11月2日	六白 戊寅	10月2日	七赤 戊申	9月1日	二黒 丁丑	8月1日	五黄 丁未	6月29日	九紫 丙子	閏5月27日	四緑 乙巳
20	11月3日	七赤 己卯	10月3日	六白 己酉	9月2日	一白 戊寅	8月2日	四緑 戊申	6月30日	八白 丁丑	閏5月28日	三碧 丙午
21	11月4日	八白 庚辰	10月4日	五黄 庚戌	9月3日	九紫 己卯	8月3日	三碧 己酉	7月1日	七赤 戊寅	閏5月29日	二黒 丁未
22	11月5日	九紫 辛巳	10月5日	四緑 辛亥	9月4日	八白 庚辰	8月4日	二黒 庚戌	7月2日	六白 己卯	6月1日	一白 戊申
23	11月6日	一白 壬午	10月6日	三碧 壬子	9月5日	七赤 辛巳	8月5日	一白 辛亥	7月3日	五黄 庚辰	6月2日	九紫 己酉
24	11月7日	二黒 癸未	10月7日	二黒 癸丑	9月6日	六白 壬午	8月6日	九紫 壬子	7月4日	四緑 辛巳	6月3日	八白 庚戌
25	11月8日	三碧 甲申	10月8日	一白 甲寅	9月7日	五黄 癸未	8月7日	八白 癸丑	7月5日	三碧 壬午	6月4日	七赤 辛亥
26	11月9日	四緑 乙酉	10月9日	九紫 乙卯	9月8日	四緑 甲申	8月8日	七赤 甲寅	7月6日	二黒 癸未	6月5日	六白 壬子
27	11月10日	五黄 丙戌	10月10日	八白 丙辰	9月9日	三碧 乙酉	8月9日	六白 乙卯	7月7日	一白 甲申	6月6日	五黄 癸丑
28	11月11日	六白 丁亥	10月11日	七赤 丁巳	9月10日	二黒 丙戌	8月10日	五黄 丙辰	7月8日	九紫 乙酉	6月7日	四緑 甲寅
29	11月12日	七赤 戊子	10月12日	六白 戊午	9月11日	一白 丁亥	8月11日	四緑 丁巳	7月9日	八白 丙戌	6月8日	三碧 乙卯
30	11月13日	八白 己丑	10月13日	五黄 己未	9月12日	九紫 戊子	8月12日	三碧 戊午	7月10日	七赤 丁亥	6月9日	二黒 丙辰
31	11月14日	九紫 庚寅			9月13日	八白 己丑			7月11日	六白 戊子	6月10日	一白 丁巳

6月丙午		5月乙巳		4月甲辰		3月癸卯		2月壬寅		1月辛丑		
5日 23：21		5日 19：00		5日 01：28		5日 20：28		5日 02：20		6日 14：41		
21日 16：05		21日 07：58		20日 08：36		20日 21：21		19日 22：12		21日 07：59		
四緑木星		五黄土星		六白金星		七赤金星		八白土星		九紫火星		
4月20日	九紫 癸亥	3月18日	五黄 壬辰	2月18日	二黒 壬戌	1月16日	七赤 辛卯	12月17日	五黄 壬戌	11月15日	一白 辛卯	1
4月21日	九紫 甲子	3月19日	六白 癸巳	2月19日	三碧 癸亥	1月17日	八白 壬辰	12月18日	六白 癸亥	11月16日	二黒 壬辰	2
4月22日	八白 乙丑	3月20日	七赤 甲午	2月20日	四緑 甲子	1月18日	九紫 癸巳	12月19日	七赤 甲子	11月17日	三碧 癸巳	3
4月23日	七赤 丙寅	3月21日	八白 乙未	2月21日	五黄 乙丑	1月19日	一白 甲午	12月20日	八白 乙丑	11月18日	四緑 甲午	4
4月24日	六白 丁卯	3月22日	九紫 丙申	2月22日	六白 丙寅	1月20日	二黒 乙未	12月21日	九紫 丙寅	11月19日	五黄 乙未	5
4月25日	五黄 戊辰	3月23日	一白 丁酉	2月23日	七赤 丁卯	1月21日	三碧 丙申	12月22日	一白 丁卯	11月20日	六白 丙申	6
4月26日	四緑 己巳	3月24日	二黒 戊戌	2月24日	八白 戊辰	1月22日	四緑 丁酉	12月23日	二黒 戊辰	11月21日	七赤 丁酉	7
4月27日	三碧 庚午	3月25日	三碧 己亥	2月25日	九紫 己巳	1月23日	五黄 戊戌	12月24日	三碧 己巳	11月22日	八白 戊戌	8
4月28日	二黒 辛未	3月26日	四緑 庚子	2月26日	一白 庚午	1月24日	六白 己亥	12月25日	四緑 庚午	11月23日	九紫 己亥	9
4月29日	一白 壬申	3月27日	五黄 辛丑	2月27日	二黒 辛未	1月25日	七赤 庚子	12月26日	五黄 辛未	11月24日	一白 庚子	10
5月1日	九紫 癸酉	3月28日	六白 壬寅	2月28日	三碧 壬申	1月26日	八白 辛丑	12月27日	六白 壬申	11月25日	二黒 辛丑	11
5月2日	八白 甲戌	3月29日	七赤 癸卯	2月29日	四緑 癸酉	1月27日	九紫 壬寅	12月28日	七赤 癸酉	11月26日	三碧 壬寅	12
5月3日	七赤 乙亥	4月1日	八白 甲辰	2月30日	五黄 甲戌	1月28日	一白 癸卯	12月29日	八白 甲戌	11月27日	四緑 癸卯	13
5月4日	六白 丙子	4月2日	九紫 乙巳	3月1日	六白 乙亥	1月29日	二黒 甲辰	12月30日	九紫 乙亥	11月28日	五黄 甲辰	14
5月5日	五黄 丁丑	4月3日	一白 丙午	3月2日	七赤 丙子	2月1日	三碧 乙巳	1月1日	一白 丙子	11月29日	六白 乙巳	15
5月6日	四緑 戊寅	4月4日	二黒 丁未	3月3日	八白 丁丑	2月2日	四緑 丙午	1月2日	二黒 丁丑	12月1日	七赤 丙午	16
5月7日	三碧 己卯	4月5日	三碧 戊申	3月4日	九紫 戊寅	2月3日	五黄 丁未	1月3日	三碧 戊寅	12月2日	八白 丁未	17
5月8日	二黒 庚辰	4月6日	四緑 己酉	3月5日	一白 己卯	2月4日	六白 戊申	1月4日	四緑 己卯	12月3日	九紫 戊申	18
5月9日	一白 辛巳	4月7日	五黄 庚戌	3月6日	二黒 庚辰	2月5日	七赤 己酉	1月5日	五黄 庚辰	12月4日	一白 己酉	19
5月10日	九紫 壬午	4月8日	六白 辛亥	3月7日	三碧 辛巳	2月6日	八白 庚戌	1月6日	六白 辛巳	12月5日	二黒 庚戌	20
5月11日	八白 癸未	4月9日	七赤 壬子	3月8日	四緑 壬午	2月7日	九紫 辛亥	1月7日	七赤 壬午	12月6日	三碧 辛亥	21
5月12日	七赤 甲申	4月10日	八白 癸丑	3月9日	五黄 癸未	2月8日	一白 壬子	1月8日	八白 癸未	12月7日	四緑 壬子	22
5月13日	六白 乙酉	4月11日	九紫 甲寅	3月10日	六白 甲申	2月9日	二黒 癸丑	1月9日	九紫 甲申	12月8日	五黄 癸丑	23
5月14日	五黄 丙戌	4月12日	一白 乙卯	3月11日	七赤 乙酉	2月10日	三碧 甲寅	1月10日	一白 乙酉	12月9日	六白 甲寅	24
5月15日	四緑 丁亥	4月13日	二黒 丙辰	3月12日	八白 丙戌	2月11日	四緑 乙卯	1月11日	二黒 丙戌	12月10日	七赤 乙卯	25
5月16日	三碧 戊子	4月14日	三碧 丁巳	3月13日	九紫 丁亥	2月12日	五黄 丙辰	1月12日	三碧 丁亥	12月11日	八白 丙辰	26
5月17日	二黒 己丑	4月15日	四緑 戊午	3月14日	一白 戊子	2月13日	六白 丁巳	1月13日	四緑 戊子	12月12日	九紫 丁巳	27
5月18日	一白 庚寅	4月16日	五黄 己未	3月15日	二黒 己丑	2月14日	七赤 戊午	1月14日	五黄 己丑	12月13日	一白 戊午	28
5月19日	九紫 辛卯	4月17日	六白 庚申	3月16日	三碧 庚寅	2月15日	八白 己未	1月15日	六白 庚寅	12月14日	二黒 己未	29
5月20日	八白 壬辰	4月18日	七赤 辛酉	3月17日	四緑 辛卯	2月16日	九紫 庚申			12月15日	三碧 庚申	30
		4月19日	八白 壬戌			2月17日	一白 辛酉			12月16日	四緑 辛酉	31

98

昭和47年		1972年		壬子年		一白水星					
\multicolumn{2}{c|}{12月壬子}	\multicolumn{2}{c|}{11月辛亥}	\multicolumn{2}{c|}{10月庚戌}	\multicolumn{2}{c|}{9月己酉}	\multicolumn{2}{c|}{8月戊申}	\multicolumn{2}{c}{7月丁未}
7日 09：18		7日 16：38		8日 13：41		7日 22：15		7日 19：29		7日 09：42	
22日 03：12		22日 14：01		23日 16：40		23日 07：33		23日 10：04		23日 03：03	
\multicolumn{2}{c|}{七赤金星}	\multicolumn{2}{c|}{八白土星}	\multicolumn{2}{c|}{九紫火星}	\multicolumn{2}{c|}{一白水星}	\multicolumn{2}{c|}{二黒土星}	\multicolumn{2}{c}{三碧木星}

1	10月26日	三碧	丙寅	9月26日	一白	丙申	8月24日	五黄	乙丑	7月24日	八白	乙未	6月22日	三碧	甲子	5月21日	七赤	癸巳
2	10月27日	四緑	丁卯	9月27日	九紫	丁酉	8月25日	四緑	丙寅	7月25日	七赤	丙申	6月23日	二黒	乙丑	5月22日	六白	甲午
3	10月28日	五黄	戊辰	9月28日	八白	戊戌	8月26日	三碧	丁卯	7月26日	六白	丁酉	6月24日	一白	丙寅	5月23日	五黄	乙未
4	10月29日	六白	己巳	9月29日	七赤	己亥	8月27日	二黒	戊辰	7月27日	五黄	戊戌	6月25日	九紫	丁卯	5月24日	四緑	丙申
5	10月30日	七赤	庚午	9月30日	六白	庚子	8月28日	一白	己巳	7月28日	四緑	己亥	6月26日	八白	戊辰	5月25日	三碧	丁酉
6	11月1日	八白	辛未	10月1日	五黄	辛丑	8月29日	九紫	庚午	7月29日	三碧	庚子	6月27日	七赤	己巳	5月26日	二黒	戊戌
7	11月2日	九紫	壬申	10月2日	四緑	壬寅	9月1日	八白	辛未	7月30日	二黒	辛丑	6月28日	六白	庚午	5月27日	一白	己亥
8	11月3日	一白	癸酉	10月3日	三碧	癸卯	9月2日	七赤	壬申	8月1日	一白	壬寅	6月29日	五黄	辛未	5月28日	九紫	庚子
9	11月4日	二黒	甲戌	10月4日	二黒	甲辰	9月3日	六白	癸酉	8月2日	九紫	癸卯	7月1日	四緑	壬申	5月29日	八白	辛丑
10	11月5日	三碧	乙亥	10月5日	一白	乙巳	9月4日	五黄	甲戌	8月3日	八白	甲辰	7月2日	三碧	癸酉	5月30日	七赤	壬寅
11	11月6日	四緑	丙子	10月6日	九紫	丙午	9月5日	四緑	乙亥	8月4日	七赤	乙巳	7月3日	二黒	甲戌	6月1日	六白	癸卯
12	11月7日	五黄	丁丑	10月7日	八白	丁未	9月6日	三碧	丙子	8月5日	六白	丙午	7月4日	一白	乙亥	6月2日	五黄	甲辰
13	11月8日	六白	戊寅	10月8日	七赤	戊申	9月7日	二黒	丁丑	8月6日	五黄	丁未	7月5日	九紫	丙子	6月3日	四緑	乙巳
14	11月9日	七赤	己卯	10月9日	六白	己酉	9月8日	一白	戊寅	8月7日	四緑	戊申	7月6日	八白	丁丑	6月4日	三碧	丙午
15	11月10日	八白	庚辰	10月10日	五黄	庚戌	9月9日	九紫	己卯	8月8日	三碧	己酉	7月7日	七赤	戊寅	6月5日	二黒	丁未
16	11月11日	九紫	辛巳	10月11日	四緑	辛亥	9月10日	八白	庚辰	8月9日	二黒	庚戌	7月8日	六白	己卯	6月6日	一白	戊申
17	11月12日	一白	壬午	10月12日	三碧	壬子	9月11日	七赤	辛巳	8月10日	一白	辛亥	7月9日	五黄	庚辰	6月7日	九紫	己酉
18	11月13日	二黒	癸未	10月13日	二黒	癸丑	9月12日	六白	壬午	8月11日	九紫	壬子	7月10日	四緑	辛巳	6月8日	八白	庚戌
19	11月14日	三碧	甲申	10月14日	一白	甲寅	9月13日	五黄	癸未	8月12日	八白	癸丑	7月11日	三碧	壬午	6月9日	七赤	辛亥
20	11月15日	四緑	乙酉	10月15日	九紫	乙卯	9月14日	四緑	甲申	8月13日	七赤	甲寅	7月12日	二黒	癸未	6月10日	六白	壬子
21	11月16日	五黄	丙戌	10月16日	八白	丙辰	9月15日	三碧	乙酉	8月14日	六白	乙卯	7月13日	一白	甲申	6月11日	五黄	癸丑
22	11月17日	六白	丁亥	10月17日	七赤	丁巳	9月16日	二黒	丙戌	8月15日	五黄	丙辰	7月14日	九紫	乙酉	6月12日	四緑	甲寅
23	11月18日	七赤	戊子	10月18日	六白	戊午	9月17日	一白	丁亥	8月16日	四緑	丁巳	7月15日	八白	丙戌	6月13日	三碧	乙卯
24	11月19日	八白	己丑	10月19日	五黄	己未	9月18日	九紫	戊子	8月17日	三碧	戊午	7月16日	七赤	丁亥	6月14日	二黒	丙辰
25	11月20日	九紫	庚寅	10月20日	四緑	庚申	9月19日	八白	己丑	8月18日	二黒	己未	7月17日	六白	戊子	6月15日	一白	丁巳
26	11月21日	一白	辛卯	10月21日	三碧	辛酉	9月20日	七赤	庚寅	8月19日	一白	庚申	7月18日	五黄	己丑	6月16日	九紫	戊午
27	11月22日	二黒	壬辰	10月22日	二黒	壬戌	9月21日	六白	辛卯	8月20日	九紫	辛酉	7月19日	四緑	庚寅	6月17日	八白	己未
28	11月23日	三碧	癸巳	10月23日	一白	癸亥	9月22日	五黄	壬辰	8月21日	八白	壬戌	7月20日	三碧	辛卯	6月18日	七赤	庚申
29	11月24日	四緑	甲午	10月24日	一白	甲子	9月23日	四緑	癸巳	8月22日	七赤	癸亥	7月21日	二黒	壬辰	6月19日	六白	辛酉
30	11月25日	五黄	乙未	10月25日	二黒	乙丑	9月24日	三碧	甲午	8月23日	六白	甲子	7月22日	一白	癸巳	6月20日	五黄	壬戌
31	11月26日	六白	丙申				9月25日	二黒	乙未				7月23日	九紫	甲午	6月21日	四緑	癸亥

万年暦

6月戊午			5月丁巳			4月丙辰			3月乙卯			2月甲寅			1月癸丑		
6日 05：06			6日 00：45			5日 07：13			6日 02：13			4日 08：05			5日 20：25		
21日 22：00			21日 13：52			20日 14：29			21日 03：12			19日 04：02			20日 13：49		
一白水星			二黒土星			三碧木星			四緑木星			五黄土星			六白金星		
5月1日	五黄	戊辰	3月29日	一白	丁酉	2月28日	七赤	丁卯	1月27日	三碧	丙申	12月28日	二黒	戊辰	11月27日	七赤	丁酉
5月2日	四緑	己巳	3月30日	二黒	戊戌	2月29日	八白	戊辰	1月28日	四緑	丁酉	12月29日	三碧	己巳	11月28日	八白	戊戌	2
5月3日	三碧	庚午	4月1日	三碧	己亥	3月1日	九紫	己巳	1月29日	五黄	戊戌	1月1日	四緑	庚午	11月29日	九紫	己亥	3
5月4日	二黒	辛未	4月2日	四緑	庚子	3月2日	一白	庚午	1月30日	六白	己亥	1月2日	五黄	辛未	11月30日	一白	庚子	4
5月5日	一白	壬申	4月3日	五黄	辛丑	3月3日	二黒	辛未	2月1日	七赤	庚子	1月3日	六白	壬申	12月1日	二黒	辛丑	5
5月6日	九紫	癸酉	4月4日	六白	壬寅	3月4日	三碧	壬申	2月2日	八白	辛丑	1月4日	七赤	癸酉	12月2日	三碧	壬寅	6
5月7日	八白	甲戌	4月5日	七赤	癸卯	3月5日	四緑	癸酉	2月3日	九紫	壬寅	1月5日	八白	甲戌	12月3日	四緑	癸卯	7
5月8日	七赤	乙亥	4月6日	八白	甲辰	3月6日	五黄	甲戌	2月4日	一白	癸卯	1月6日	九紫	乙亥	12月4日	五黄	甲辰	8
5月9日	六白	丙子	4月7日	九紫	乙巳	3月7日	六白	乙亥	2月5日	二黒	甲辰	1月7日	一白	丙子	12月5日	六白	乙巳	9
5月10日	五黄	丁丑	4月8日	一白	丙午	3月8日	七赤	丙子	2月6日	三碧	乙巳	1月8日	二黒	丁丑	12月6日	七赤	丙午	10
5月11日	四緑	戊寅	4月9日	二黒	丁未	3月9日	八白	丁丑	2月7日	四緑	丙午	1月9日	三碧	戊寅	12月7日	八白	丁未	11
5月12日	三碧	己卯	4月10日	三碧	戊申	3月10日	九紫	戊寅	2月8日	五黄	丁未	1月10日	四緑	己卯	12月8日	九紫	戊申	12
5月13日	二黒	庚辰	4月11日	四緑	己酉	3月11日	一白	己卯	2月9日	六白	戊申	1月11日	五黄	庚辰	12月9日	一白	己酉	13
5月14日	一白	辛巳	4月12日	五黄	庚戌	3月12日	二黒	庚辰	2月10日	七赤	己酉	1月12日	六白	辛巳	12月10日	二黒	庚戌	14
5月15日	九紫	壬午	4月13日	六白	辛亥	3月13日	三碧	辛巳	2月11日	八白	庚戌	1月13日	七赤	壬午	12月11日	三碧	辛亥	15
5月16日	八白	癸未	4月14日	七赤	壬子	3月14日	四緑	壬午	2月12日	九紫	辛亥	1月14日	八白	癸未	12月12日	四緑	壬子	16
5月17日	七赤	甲申	4月15日	八白	癸丑	3月15日	五黄	癸未	2月13日	一白	壬子	1月15日	九紫	甲申	12月13日	五黄	癸丑	17
5月18日	六白	乙酉	4月16日	九紫	甲寅	3月16日	六白	甲申	2月14日	二黒	癸丑	1月16日	一白	乙酉	12月14日	六白	甲寅	18
5月19日	五黄	丙戌	4月17日	一白	乙卯	3月17日	七赤	乙酉	2月15日	三碧	甲寅	1月17日	二黒	丙戌	12月15日	七赤	乙卯	19
5月20日	四緑	丁亥	4月18日	二黒	丙辰	3月18日	八白	丙戌	2月16日	四緑	乙卯	1月18日	三碧	丁亥	12月16日	八白	丙辰	20
5月21日	三碧	戊子	4月19日	三碧	丁巳	3月19日	九紫	丁亥	2月17日	五黄	丙辰	1月19日	四緑	戊子	12月17日	九紫	丁巳	21
5月22日	二黒	己丑	4月20日	四緑	戊午	3月20日	一白	戊子	2月18日	六白	丁巳	1月20日	五黄	己丑	12月18日	一白	戊午	22
5月23日	一白	庚寅	4月21日	五黄	己未	3月21日	二黒	己丑	2月19日	七赤	戊午	1月21日	六白	庚寅	12月19日	二黒	己未	23
5月24日	九紫	辛卯	4月22日	六白	庚申	3月22日	三碧	庚寅	2月20日	八白	己未	1月22日	七赤	辛卯	12月20日	三碧	庚申	24
5月25日	八白	壬辰	4月23日	七赤	辛酉	3月23日	四緑	辛卯	2月21日	九紫	庚申	1月23日	八白	壬辰	12月21日	四緑	辛酉	25
5月26日	七赤	癸巳	4月24日	八白	壬戌	3月24日	五黄	壬辰	2月22日	一白	辛酉	1月24日	九紫	癸巳	12月22日	五黄	壬戌	26
5月27日	六白	甲午	4月25日	九紫	癸亥	3月25日	六白	癸巳	2月23日	二黒	壬戌	1月25日	一白	甲午	12月23日	六白	癸亥	27
5月28日	五黄	乙未	4月26日	九紫	甲子	3月26日	七赤	甲午	2月24日	三碧	癸亥	1月26日	二黒	乙未	12月24日	七赤	甲子	28
5月29日	四緑	丙申	4月27日	八白	乙丑	3月27日	八白	乙未	2月25日	四緑	甲子				12月25日	八白	乙丑	29
6月1日	三碧	丁酉	4月28日	七赤	丙寅	3月28日	九紫	丙申	2月26日	五黄	乙丑				12月26日	九紫	丙寅	30
			4月29日	六白	丁卯				2月27日	六白	丙寅				12月27日	一白	丁卯	31

100

昭和48年		1973年		癸丑年		九紫火星					
12月甲子		11月癸亥		10月壬戌		9月辛酉		8月庚申		7月己未	
7日 15：10		7日 22：26		8日 19：26		8日 04：00		8日 01：13		7日 15：27	
22日 09：07		22日 19：53		23日 22：29		23日 13：21		23日 15：54		23日 08：56	
四緑木星		五黄土星		六白金星		七赤金星		八白土星		九紫火星	
1	11月7日	八白	辛未	10月7日	五黄	辛丑	9月6日	九紫	庚午	8月5日	三碧	庚子	7月3日	七赤	己巳	6月2日	二黒	戊戌
2	11月8日	九紫	壬申	10月8日	四緑	壬寅	9月7日	八白	辛未	8月6日	二黒	辛丑	7月4日	六白	庚午	6月3日	一白	己亥
3	11月9日	一白	癸酉	10月9日	三碧	癸卯	9月8日	七赤	壬申	8月7日	一白	壬寅	7月5日	五黄	辛未	6月4日	九紫	庚子
4	11月10日	二黒	甲戌	10月10日	二黒	甲辰	9月9日	六白	癸酉	8月8日	九紫	癸卯	7月6日	四緑	壬申	6月5日	八白	辛丑
5	11月11日	三碧	乙亥	10月11日	一白	乙巳	9月10日	五黄	甲戌	8月9日	八白	甲辰	7月7日	三碧	癸酉	6月6日	七赤	壬寅
6	11月12日	四緑	丙子	10月12日	九紫	丙午	9月11日	四緑	乙亥	8月10日	七赤	乙巳	7月8日	二黒	甲戌	6月7日	六白	癸卯
7	11月13日	五黄	丁丑	10月13日	八白	丁未	9月12日	三碧	丙子	8月11日	六白	丙午	7月9日	一白	乙亥	6月8日	五黄	甲辰
8	11月14日	六白	戊寅	10月14日	七赤	戊申	9月13日	二黒	丁丑	8月12日	五黄	丁未	7月10日	九紫	丙子	6月9日	四緑	乙巳
9	11月15日	七赤	己卯	10月15日	六白	己酉	9月14日	一白	戊寅	8月13日	四緑	戊申	7月11日	八白	丁丑	6月10日	三碧	丙午
10	11月16日	八白	庚辰	10月16日	五黄	庚戌	9月15日	九紫	己卯	8月14日	三碧	己酉	7月12日	七赤	戊寅	6月11日	二黒	丁未
11	11月17日	九紫	辛巳	10月17日	四緑	辛亥	9月16日	八白	庚辰	8月15日	二黒	庚戌	7月13日	六白	己卯	6月12日	一白	戊申
12	11月18日	一白	壬午	10月18日	三碧	壬子	9月17日	七赤	辛巳	8月16日	一白	辛亥	7月14日	五黄	庚辰	6月13日	九紫	己酉
13	11月19日	二黒	癸未	10月19日	二黒	癸丑	9月18日	六白	壬午	8月17日	九紫	壬子	7月15日	四緑	辛巳	6月14日	八白	庚戌
14	11月20日	三碧	甲申	10月20日	一白	甲寅	9月19日	五黄	癸未	8月18日	八白	癸丑	7月16日	三碧	壬午	6月15日	七赤	辛亥
15	11月21日	四緑	乙酉	10月21日	九紫	乙卯	9月20日	四緑	甲申	8月19日	七赤	甲寅	7月17日	二黒	癸未	6月16日	六白	壬子
16	11月22日	五黄	丙戌	10月22日	八白	丙辰	9月21日	三碧	乙酉	8月20日	六白	乙卯	7月18日	一白	甲申	6月17日	五黄	癸丑
17	11月23日	六白	丁亥	10月23日	七赤	丁巳	9月22日	二黒	丙戌	8月21日	五黄	丙辰	7月19日	九紫	乙酉	6月18日	四緑	甲寅
18	11月24日	七赤	戊子	10月24日	六白	戊午	9月23日	一白	丁亥	8月22日	四緑	丁巳	7月20日	八白	丙戌	6月19日	三碧	乙卯
19	11月25日	八白	己丑	10月25日	五黄	己未	9月24日	九紫	戊子	8月23日	三碧	戊午	7月21日	七赤	丁亥	6月20日	二黒	丙辰
20	11月26日	九紫	庚寅	10月26日	四緑	庚申	9月25日	八白	己丑	8月24日	二黒	己未	7月22日	六白	戊子	6月21日	一白	丁巳
21	11月27日	一白	辛卯	10月27日	三碧	辛酉	9月26日	七赤	庚寅	8月25日	一白	庚申	7月23日	五黄	己丑	6月22日	九紫	戊午
22	11月28日	二黒	壬辰	10月28日	二黒	壬戌	9月27日	六白	辛卯	8月26日	九紫	辛酉	7月24日	四緑	庚寅	6月23日	八白	己未
23	11月29日	三碧	癸巳	10月29日	一白	癸亥	9月28日	五黄	壬辰	8月27日	八白	壬戌	7月25日	三碧	辛卯	6月24日	七赤	庚申
24	11月30日	四緑	甲午	10月30日	一白	甲子	9月29日	四緑	癸巳	8月28日	七赤	癸亥	7月26日	二黒	壬辰	6月25日	六白	辛酉
25	12月1日	五黄	乙未	11月1日	二黒	乙丑	9月30日	三碧	甲午	8月29日	六白	甲子	7月27日	一白	癸巳	6月26日	五黄	壬戌
26	12月2日	六白	丙申	11月2日	三碧	丙寅	10月1日	二黒	乙未	9月1日	五黄	乙丑	7月28日	九紫	甲午	6月27日	四緑	癸亥
27	12月3日	七赤	丁酉	11月3日	四緑	丁卯	10月2日	一白	丙申	9月2日	四緑	丙寅	7月29日	八白	乙未	6月28日	三碧	甲子
28	12月4日	八白	戊戌	11月4日	五黄	戊辰	10月3日	九紫	丁酉	9月3日	三碧	丁卯	8月1日	七赤	丙申	6月29日	二黒	乙丑
29	12月5日	九紫	己亥	11月5日	六白	己巳	10月4日	八白	戊戌	9月4日	二黒	戊辰	8月2日	六白	丁酉	6月30日	一白	丙寅
30	12月6日	一白	庚子	11月6日	七赤	庚午	10月5日	七赤	己亥	9月5日	一白	己巳	8月3日	五黄	戊戌	7月1日	九紫	丁卯
31	12月7日	二黒	辛丑				10月6日	六白	庚子				8月4日	四緑	己亥	7月2日	八白	戊辰

6月庚午			5月己巳			4月戊辰			3月丁卯			2月丙寅			1月乙丑			
6日 10：51			6日 06：32			5日 13：04			6日 08：07			4日 14：01			6日 02：20			
22日 03：37			21日 19：35			20日 20：17			21日 09：06			19日 09：59			20日 19：46			
七赤金星			八白土星			九紫火星			一白水星			二黒土星			三碧木星			
閏4月11日	一白	癸酉	4月10日	六白	壬寅	3月9日	三碧	壬申	2月8日	八白	辛丑	1月10日	七赤	癸酉	12月8日	三碧	壬寅	1
閏4月12日	二黒	甲戌	4月11日	七赤	癸卯	3月10日	四緑	癸酉	2月9日	九紫	壬寅	1月11日	八白	甲戌	12月9日	四緑	癸卯	2
閏4月13日	三碧	乙亥	4月12日	八白	甲辰	3月11日	五黄	甲戌	2月10日	一白	癸卯	1月12日	九紫	乙亥	12月10日	五黄	甲辰	3
閏4月14日	四緑	丙子	4月13日	九紫	乙巳	3月12日	六白	乙亥	2月11日	二黒	甲辰	1月13日	一白	丙子	12月11日	六白	乙巳	4
閏4月15日	五黄	丁丑	4月14日	一白	丙午	3月13日	七赤	丙子	2月12日	三碧	乙巳	1月14日	二黒	丁丑	12月12日	七赤	丙午	5
閏4月16日	六白	戊寅	4月15日	二黒	丁未	3月14日	八白	丁丑	2月13日	四緑	丙午	1月15日	三碧	戊寅	12月13日	八白	丁未	6
閏4月17日	七赤	己卯	4月16日	三碧	戊申	3月15日	九紫	戊寅	2月14日	五黄	丁未	1月16日	四緑	己卯	12月14日	九紫	戊申	7
閏4月18日	八白	庚辰	4月17日	四緑	己酉	3月16日	一白	己卯	2月15日	六白	戊申	1月17日	五黄	庚辰	12月15日	一白	己酉	8
閏4月19日	九紫	辛巳	4月18日	五黄	庚戌	3月17日	二黒	庚辰	2月16日	七赤	己酉	1月18日	六白	辛巳	12月16日	二黒	庚戌	9
閏4月20日	一白	壬午	4月19日	六白	辛亥	3月18日	三碧	辛巳	2月17日	八白	庚戌	1月19日	七赤	壬午	12月17日	三碧	辛亥	10
閏4月21日	二黒	癸未	4月20日	七赤	壬子	3月19日	四緑	壬午	2月18日	九紫	辛亥	1月20日	八白	癸未	12月18日	四緑	壬子	11
閏4月22日	三碧	甲申	4月21日	八白	癸丑	3月20日	五黄	癸未	2月19日	一白	壬子	1月21日	九紫	甲申	12月19日	五黄	癸丑	12
閏4月23日	四緑	乙酉	4月22日	九紫	甲寅	3月21日	六白	甲申	2月20日	二黒	癸丑	1月22日	一白	乙酉	12月20日	六白	甲寅	13
閏4月24日	五黄	丙戌	4月23日	一白	乙卯	3月22日	七赤	乙酉	2月21日	三碧	甲寅	1月23日	二黒	丙戌	12月21日	七赤	乙卯	14
閏4月25日	六白	丁亥	4月24日	二黒	丙辰	3月23日	八白	丙戌	2月22日	四緑	乙卯	1月24日	三碧	丁亥	12月22日	八白	丙辰	15
閏4月26日	七赤	戊子	4月25日	三碧	丁巳	3月24日	九紫	丁亥	2月23日	五黄	丙辰	1月25日	四緑	戊子	12月23日	九紫	丁巳	16
閏4月27日	八白	己丑	4月26日	四緑	戊午	3月25日	一白	戊子	2月24日	六白	丁巳	1月26日	五黄	己丑	12月24日	一白	戊午	17
閏4月28日	九紫	庚寅	4月27日	五黄	己未	3月26日	二黒	己丑	2月25日	七赤	戊午	1月27日	六白	庚寅	12月25日	二黒	己未	18
閏4月29日	一白	辛卯	4月28日	六白	庚申	3月27日	三碧	庚寅	2月26日	八白	己未	1月28日	七赤	辛卯	12月26日	三碧	庚申	19
5月1日	二黒	壬辰	4月29日	七赤	辛酉	3月28日	四緑	辛卯	2月27日	九紫	庚申	1月29日	八白	壬辰	12月27日	四緑	辛酉	20
5月2日	三碧	癸巳	4月30日	八白	壬戌	3月29日	五黄	壬辰	2月28日	一白	辛酉	1月30日	九紫	癸巳	12月28日	五黄	壬戌	21
5月3日	三碧	甲午	閏4月1日	九紫	癸亥	4月1日	六白	癸巳	2月29日	二黒	壬戌	2月1日	一白	甲午	12月29日	六白	癸亥	22
5月4日	二黒	乙未	閏4月2日	一白	甲子	4月2日	七赤	甲午	2月30日	三碧	癸亥	2月2日	二黒	乙未	1月1日	七赤	甲子	23
5月5日	一白	丙申	閏4月3日	二黒	乙丑	4月3日	八白	乙未	3月1日	四緑	甲子	2月3日	三碧	丙申	1月2日	八白	乙丑	24
5月6日	九紫	丁酉	閏4月4日	三碧	丙寅	4月4日	九紫	丙申	3月2日	五黄	乙丑	2月4日	四緑	丁酉	1月3日	九紫	丙寅	25
5月7日	八白	戊戌	閏4月5日	四緑	丁卯	4月5日	一白	丁酉	3月3日	六白	丙寅	2月5日	五黄	戊戌	1月4日	一白	丁卯	26
5月8日	七赤	己亥	閏4月6日	五黄	戊辰	4月6日	二黒	戊戌	3月4日	七赤	丁卯	2月6日	六白	己亥	1月5日	二黒	戊辰	27
5月9日	六白	庚子	閏4月7日	六白	己巳	4月7日	三碧	己亥	3月5日	八白	戊辰	2月7日	七赤	庚子	1月6日	三碧	己巳	28
5月10日	五黄	辛丑	閏4月8日	七赤	庚午	4月8日	四緑	庚子	3月6日	九紫	己巳				1月7日	四緑	庚午	29
5月11日	四緑	壬寅	閏4月9日	八白	辛未	4月9日	五黄	辛丑	3月7日	一白	庚午				1月8日	五黄	辛未	30
			閏4月10日	九紫	壬申				3月8日	二黒	辛未				1月9日	六白	壬申	31

102

昭和49年		1974年		甲寅年		八白土星					
12月丙子		11月乙亥		10月甲戌		9月癸酉		8月壬申		7月辛未	
7日 21：04		8日 04：17		9日 01：14		8日 09：45		8日 06：58		7日 21：11	
22日 14：56		23日 01：38		24日 04：09		23日 18：58		23日 21：29		23日 14：31	
一白水星		二黒土星		三碧木星		四緑木星		五黄土星		六白金星	

1	10月18日	三碧	丙子	9月18日	六白	丙午	8月16日	一白	乙亥	7月15日	四緑	乙巳	6月14日	八白	甲戌	5月12日	三碧	癸卯
2	10月19日	二黒	丁丑	9月19日	五黄	丁未	8月17日	九紫	丙子	7月16日	三碧	丙午	6月15日	七赤	乙亥	5月13日	二黒	甲辰
3	10月20日	一白	戊寅	9月20日	四緑	戊申	8月18日	八白	丁丑	7月17日	二黒	丁未	6月16日	六白	丙子	5月14日	一白	乙巳
4	10月21日	九紫	己卯	9月21日	三碧	己酉	8月19日	七赤	戊寅	7月18日	一白	戊申	6月17日	五黄	丁丑	5月15日	九紫	丙午
5	10月22日	八白	庚辰	9月22日	二黒	庚戌	8月20日	六白	己卯	7月19日	九紫	己酉	6月18日	四緑	戊寅	5月16日	八白	丁未
6	10月23日	七赤	辛巳	9月23日	一白	辛亥	8月21日	五黄	庚辰	7月20日	八白	庚戌	6月19日	三碧	己卯	5月17日	七赤	戊申
7	10月24日	六白	壬午	9月24日	九紫	壬子	8月22日	四緑	辛巳	7月21日	七赤	辛亥	6月20日	二黒	庚辰	5月18日	六白	己酉
8	10月25日	五黄	癸未	9月25日	八白	癸丑	8月23日	三碧	壬午	7月22日	六白	壬子	6月21日	一白	辛巳	5月19日	五黄	庚戌
9	10月26日	四緑	甲申	9月26日	七赤	甲寅	8月24日	二黒	癸未	7月23日	五黄	癸丑	6月22日	九紫	壬午	5月20日	四緑	辛亥
10	10月27日	三碧	乙酉	9月27日	六白	乙卯	8月25日	一白	甲申	7月24日	四緑	甲寅	6月23日	八白	癸未	5月21日	三碧	壬子
11	10月28日	二黒	丙戌	9月28日	五黄	丙辰	8月26日	九紫	乙酉	7月25日	三碧	乙卯	6月24日	七赤	甲申	5月22日	二黒	癸丑
12	10月29日	一白	丁亥	9月29日	四緑	丁巳	8月27日	八白	丙戌	7月26日	二黒	丙辰	6月25日	六白	乙酉	5月23日	一白	甲寅
13	10月30日	九紫	戊子	9月30日	三碧	戊午	8月28日	七赤	丁亥	7月27日	一白	丁巳	6月26日	五黄	丙戌	5月24日	九紫	乙卯
14	11月1日	八白	己丑	10月1日	二黒	己未	8月29日	六白	戊子	7月28日	九紫	戊午	6月27日	四緑	丁亥	5月25日	八白	丙辰
15	11月2日	七赤	庚寅	10月2日	一白	庚申	9月1日	五黄	己丑	7月29日	八白	己未	6月28日	三碧	戊子	5月26日	七赤	丁巳
16	11月3日	六白	辛卯	10月3日	九紫	辛酉	9月2日	四緑	庚寅	8月1日	七赤	庚申	6月29日	二黒	己丑	5月27日	六白	戊午
17	11月4日	五黄	壬辰	10月4日	八白	壬戌	9月3日	三碧	辛卯	8月2日	六白	辛酉	6月30日	一白	庚寅	5月28日	五黄	己未
18	11月5日	四緑	癸巳	10月5日	七赤	癸亥	9月4日	二黒	壬辰	8月3日	五黄	壬戌	7月1日	九紫	辛卯	5月29日	四緑	庚申
19	11月6日	三碧	甲午	10月6日	六白	甲子	9月5日	一白	癸巳	8月4日	四緑	癸亥	7月2日	八白	壬辰	6月1日	三碧	辛酉
20	11月7日	二黒	乙未	10月7日	五黄	乙丑	9月6日	九紫	甲午	8月5日	三碧	甲子	7月3日	七赤	癸巳	6月2日	二黒	壬戌
21	11月8日	一白	丙申	10月8日	四緑	丙寅	9月7日	八白	乙未	8月6日	二黒	乙丑	7月4日	六白	甲午	6月3日	一白	癸亥
22	11月9日	九紫	丁酉	10月9日	三碧	丁卯	9月8日	七赤	丙申	8月7日	一白	丙寅	7月5日	五黄	乙未	6月4日	九紫	甲子
23	11月10日	八白	戊戌	10月10日	二黒	戊辰	9月9日	六白	丁酉	8月8日	九紫	丁卯	7月6日	四緑	丙申	6月5日	八白	乙丑
24	11月11日	七赤	己亥	10月11日	一白	己巳	9月10日	五黄	戊戌	8月9日	八白	戊辰	7月7日	三碧	丁酉	6月6日	七赤	丙寅
25	11月12日	六白	庚子	10月12日	九紫	庚午	9月11日	四緑	己亥	8月10日	七赤	己巳	7月8日	二黒	戊戌	6月7日	六白	丁卯
26	11月13日	五黄	辛丑	10月13日	八白	辛未	9月12日	三碧	庚子	8月11日	六白	庚午	7月9日	一白	己亥	6月8日	五黄	戊辰
27	11月14日	四緑	壬寅	10月14日	七赤	壬申	9月13日	二黒	辛丑	8月12日	五黄	辛未	7月10日	九紫	庚子	6月9日	四緑	己巳
28	11月15日	三碧	癸卯	10月15日	六白	癸酉	9月14日	一白	壬寅	8月13日	四緑	壬申	7月11日	八白	辛丑	6月10日	三碧	庚午
29	11月16日	二黒	甲辰	10月16日	五黄	甲戌	9月15日	九紫	癸卯	8月14日	三碧	癸酉	7月12日	七赤	壬寅	6月11日	二黒	辛未
30	11月17日	一白	乙巳	10月17日	四緑	乙亥	9月16日	八白	甲辰	8月15日	二黒	甲戌	7月13日	六白	癸卯	6月12日	一白	壬申
31	11月18日	九紫	丙午				9月17日	七赤	乙巳				7月14日	五黄	甲辰	6月13日	九紫	癸酉

	6月壬午			5月辛巳			4月庚辰			3月己卯			2月戊寅			1月丁丑		
	6日 16:41			6日 12:26			5日 19:00			6日 14:05			4日 20:00			6日 08:18		
	22日 09:26			22日 01:23			21日 02:06			21日 14:56			19日 15:50			21日 01:37		
	四緑木星			五黄土星			六白金星			七赤金星			八白土星			九紫火星		
4月22日	九紫	戊寅	3月20日	五黄	丁未	2月20日	二黒	丁丑	1月19日	七赤	丙午	12月21日	六白	戊寅	11月19日	八白	丁未	1
4月23日	一白	己卯	3月21日	六白	戊申	2月21日	三碧	戊寅	1月20日	八白	丁未	12月22日	七赤	己卯	11月20日	七赤	戊申	2
4月24日	二黒	庚辰	3月22日	七赤	己酉	2月22日	四緑	己卯	1月21日	九紫	戊申	12月23日	八白	庚辰	11月21日	六白	己酉	3
4月25日	三碧	辛巳	3月23日	八白	庚戌	2月23日	五黄	庚辰	1月22日	一白	己酉	12月24日	九紫	辛巳	11月22日	五黄	庚戌	4
4月26日	四緑	壬午	3月24日	九紫	辛亥	2月24日	六白	辛巳	1月23日	二黒	庚戌	12月25日	一白	壬午	11月23日	四緑	辛亥	5
4月27日	五黄	癸未	3月25日	一白	壬子	2月25日	七赤	壬午	1月24日	三碧	辛亥	12月26日	二黒	癸未	11月24日	三碧	壬子	6
4月28日	六白	甲申	3月26日	二黒	癸丑	2月26日	八白	癸未	1月25日	四緑	壬子	12月27日	三碧	甲申	11月25日	二黒	癸丑	7
4月29日	七赤	乙酉	3月27日	三碧	甲寅	2月27日	九紫	甲申	1月26日	五黄	癸丑	12月28日	四緑	乙酉	11月26日	一白	甲寅	8
4月30日	八白	丙戌	3月28日	四緑	乙卯	2月28日	一白	乙酉	1月27日	六白	甲寅	12月29日	五黄	丙戌	11月27日	九紫	乙卯	9
5月1日	九紫	丁亥	3月29日	五黄	丙辰	2月29日	二黒	丙戌	1月28日	七赤	乙卯	12月30日	六白	丁亥	11月28日	八白	丙辰	10
5月2日	一白	戊子	4月1日	六白	丁巳	2月30日	三碧	丁亥	1月29日	八白	丙辰	1月1日	七赤	戊子	11月29日	七赤	丁巳	11
5月3日	二黒	己丑	4月2日	七赤	戊午	3月1日	四緑	戊子	1月30日	九紫	丁巳	1月2日	八白	己丑	12月1日	六白	戊午	12
5月4日	三碧	庚寅	4月3日	八白	己未	3月2日	五黄	己丑	2月1日	一白	戊午	1月3日	九紫	庚寅	12月2日	五黄	己未	13
5月5日	四緑	辛卯	4月4日	九紫	庚申	3月3日	六白	庚寅	2月2日	二黒	己未	1月4日	一白	辛卯	12月3日	四緑	庚申	14
5月6日	五黄	壬辰	4月5日	一白	辛酉	3月4日	七赤	辛卯	2月3日	三碧	庚申	1月5日	二黒	壬辰	12月4日	三碧	辛酉	15
5月7日	六白	癸巳	4月6日	二黒	壬戌	3月5日	八白	壬辰	2月4日	四緑	辛酉	1月6日	三碧	癸巳	12月5日	二黒	壬戌	16
5月8日	七赤	甲午	4月7日	三碧	癸亥	3月6日	九紫	癸巳	2月5日	五黄	壬戌	1月7日	四緑	甲午	12月6日	一白	癸亥	17
5月9日	八白	乙未	4月8日	四緑	甲子	3月7日	一白	甲午	2月6日	六白	癸亥	1月8日	五黄	乙未	12月7日	一白	甲子	18
5月10日	九紫	丙申	4月9日	五黄	乙丑	3月8日	二黒	乙未	2月7日	七赤	甲子	1月9日	六白	丙申	12月8日	二黒	乙丑	19
5月11日	一白	丁酉	4月10日	六白	丙寅	3月9日	三碧	丙申	2月8日	八白	乙丑	1月10日	七赤	丁酉	12月9日	三碧	丙寅	20
5月12日	二黒	戊戌	4月11日	七赤	丁卯	3月10日	四緑	丁酉	2月9日	九紫	丙寅	1月11日	八白	戊戌	12月10日	四緑	丁卯	21
5月13日	三碧	己亥	4月12日	八白	戊辰	3月11日	五黄	戊戌	2月10日	一白	丁卯	1月12日	九紫	己亥	12月11日	五黄	戊辰	22
5月14日	四緑	庚子	4月13日	九紫	己巳	3月12日	六白	己亥	2月11日	二黒	戊辰	1月13日	一白	庚子	12月12日	六白	己巳	23
5月15日	五黄	辛丑	4月14日	一白	庚午	3月13日	七赤	庚子	2月12日	三碧	己巳	1月14日	二黒	辛丑	12月13日	七赤	庚午	24
5月16日	六白	壬寅	4月15日	二黒	辛未	3月14日	八白	辛丑	2月13日	四緑	庚午	1月15日	三碧	壬寅	12月14日	八白	辛未	25
5月17日	七赤	癸卯	4月16日	三碧	壬申	3月15日	九紫	壬寅	2月14日	五黄	辛未	1月16日	四緑	癸卯	12月15日	九紫	壬申	26
5月18日	八白	甲辰	4月17日	四緑	癸酉	3月16日	一白	癸卯	2月15日	六白	壬申	1月17日	五黄	甲辰	12月16日	一白	癸酉	27
5月19日	九紫	乙巳	4月18日	五黄	甲戌	3月17日	二黒	甲辰	2月16日	七赤	癸酉	1月18日	六白	乙巳	12月17日	二黒	甲戌	28
5月20日	一白	丙午	4月19日	六白	乙亥	3月18日	三碧	乙巳	2月17日	八白	甲戌				12月18日	三碧	乙亥	29
5月21日	二黒	丁未	4月20日	七赤	丙子	3月19日	四緑	丙午	2月18日	九紫	乙亥				12月19日	四緑	丙子	30
			4月21日	八白	丁丑				2月19日	一白	丙子				12月20日	五黄	丁丑	31

昭和50年			1975年			乙卯年			七赤金星								
12月戊子			11月丁亥			10月丙戌			9月乙酉			8月甲申			7月癸未		
8日 02：46			8日 10：02			9日 07：01			8日 15：33			8日 12：45			8日 03：00		
22日 20：46			23日 07：30			24日 10：05			24日 00：54			24日 03：24			23日 20：22		
七赤金星			八白土星			九紫火星			一白水星			二黒土星			三碧木星		
1	10月29日	七赤	辛巳	9月28日	一白	辛亥	8月26日	五黄	庚辰	7月26日	八白	庚戌	6月24日	三碧	己卯	5月22日	三碧	戊申
2	10月30日	六白	壬午	9月29日	九紫	壬子	8月27日	四緑	辛巳	7月27日	七赤	辛亥	6月25日	二黒	庚辰	5月23日	四緑	己酉
3	11月1日	五黄	癸未	10月1日	八白	癸丑	8月28日	三碧	壬午	7月28日	六白	壬子	6月26日	一白	辛巳	5月24日	五黄	庚戌
4	11月2日	四緑	甲申	10月2日	七赤	甲寅	8月29日	二黒	癸未	7月29日	五黄	癸丑	6月27日	九紫	壬午	5月25日	六白	辛亥
5	11月3日	三碧	乙酉	10月3日	六白	乙卯	9月1日	一白	甲申	7月30日	四緑	甲寅	6月28日	八白	癸未	5月26日	七赤	壬子
6	11月4日	二黒	丙戌	10月4日	五黄	丙辰	9月2日	九紫	乙酉	8月1日	三碧	乙卯	6月29日	七赤	甲申	5月27日	八白	癸丑
7	11月5日	一白	丁亥	10月5日	四緑	丁巳	9月3日	八白	丙戌	8月2日	二黒	丙辰	7月1日	六白	乙酉	5月28日	九紫	甲寅
8	11月6日	九紫	戊子	10月6日	三碧	戊午	9月4日	七赤	丁亥	8月3日	一白	丁巳	7月2日	五黄	丙戌	5月29日	一白	乙卯
9	11月7日	八白	己丑	10月7日	二黒	己未	9月5日	六白	戊子	8月4日	九紫	戊午	7月3日	四緑	丁亥	6月1日	二黒	丙辰
10	11月8日	七赤	庚寅	10月8日	一白	庚申	9月6日	五黄	己丑	8月5日	八白	己未	7月4日	三碧	戊子	6月2日	三碧	丁巳
11	11月9日	六白	辛卯	10月9日	九紫	辛酉	9月7日	四緑	庚寅	8月6日	七赤	庚申	7月5日	二黒	己丑	6月3日	四緑	戊午
12	11月10日	五黄	壬辰	10月10日	八白	壬戌	9月8日	三碧	辛卯	8月7日	六白	辛酉	7月6日	一白	庚寅	6月4日	五黄	己未
13	11月11日	四緑	癸巳	10月11日	七赤	癸亥	9月9日	二黒	壬辰	8月8日	五黄	壬戌	7月7日	九紫	辛卯	6月5日	六白	庚申
14	11月12日	三碧	甲午	10月12日	六白	甲子	9月10日	一白	癸巳	8月9日	四緑	癸亥	7月8日	八白	壬辰	6月6日	七赤	辛酉
15	11月13日	二黒	乙未	10月13日	五黄	乙丑	9月11日	九紫	甲午	8月10日	三碧	甲子	7月9日	七赤	癸巳	6月7日	八白	壬戌
16	11月14日	一白	丙申	10月14日	四緑	丙寅	9月12日	八白	乙未	8月11日	二黒	乙丑	7月10日	六白	甲午	6月8日	九紫	癸亥
17	11月15日	九紫	丁酉	10月15日	三碧	丁卯	9月13日	七赤	丙申	8月12日	一白	丙寅	7月11日	五黄	乙未	6月9日	九紫	甲子
18	11月16日	八白	戊戌	10月16日	二黒	戊辰	9月14日	六白	丁酉	8月13日	九紫	丁卯	7月12日	四緑	丙申	6月10日	八白	乙丑
19	11月17日	七赤	己亥	10月17日	一白	己巳	9月15日	五黄	戊戌	8月14日	八白	戊辰	7月13日	三碧	丁酉	6月11日	七赤	丙寅
20	11月18日	六白	庚子	10月18日	九紫	庚午	9月16日	四緑	己亥	8月15日	七赤	己巳	7月14日	二黒	戊戌	6月12日	六白	丁卯
21	11月19日	五黄	辛丑	10月19日	八白	辛未	9月17日	三碧	庚子	8月16日	六白	庚午	7月15日	一白	己亥	6月13日	五黄	戊辰
22	11月20日	四緑	壬寅	10月20日	七赤	壬申	9月18日	二黒	辛丑	8月17日	五黄	辛未	7月16日	九紫	庚子	6月14日	四緑	己巳
23	11月21日	三碧	癸卯	10月21日	六白	癸酉	9月19日	一白	壬寅	8月18日	四緑	壬申	7月17日	八白	辛丑	6月15日	三碧	庚午
24	11月22日	二黒	甲辰	10月22日	五黄	甲戌	9月20日	九紫	癸卯	8月19日	三碧	癸酉	7月18日	七赤	壬寅	6月16日	二黒	辛未
25	11月23日	一白	乙巳	10月23日	四緑	乙亥	9月21日	八白	甲辰	8月20日	二黒	甲戌	7月19日	六白	癸卯	6月17日	一白	壬申
26	11月24日	九紫	丙午	10月24日	三碧	丙子	9月22日	七赤	乙巳	8月21日	一白	乙亥	7月20日	五黄	甲辰	6月18日	九紫	癸酉
27	11月25日	八白	丁未	10月25日	二黒	丁丑	9月23日	六白	丙午	8月22日	九紫	丙子	7月21日	四緑	乙巳	6月19日	八白	甲戌
28	11月26日	七赤	戊申	10月26日	一白	戊寅	9月24日	五黄	丁未	8月23日	八白	丁丑	7月22日	三碧	丙午	6月20日	七赤	乙亥
29	11月27日	六白	己酉	10月27日	九紫	己卯	9月25日	四緑	戊申	8月24日	七赤	戊寅	7月23日	二黒	丁未	6月21日	六白	丙子
30	11月28日	五黄	庚戌	10月28日	八白	庚辰	9月26日	三碧	己酉	8月25日	六白	己卯	7月24日	一白	戊申	6月22日	五黄	丁丑
31	11月29日	四緑	辛亥				9月27日	二黒	庚戌				7月25日	九紫	己酉	6月23日	四緑	戊寅

万年暦

6月甲午	5月癸巳	4月壬辰	3月辛卯	2月庚寅	1月己丑	
5日 22：31	5日 18：13	5日 00：45	5日 19：48	5日 01：40	6日 13：58	
21日 15：24	21日 07：20	20日 08：02	20日 20：49	19日 21：40	21日 07：25	
一白水星	二黒土星	三碧木星	四緑木星	五黄土星	六白金星	
5月4日 六白 甲申	4月3日 二黒 癸丑	3月2日 八白 癸未	2月1日 四緑 壬子	1月2日 二黒 癸未	12月1日 三碧 壬子	1
5月5日 七赤 乙酉	4月4日 三碧 甲寅	3月3日 九紫 甲申	2月2日 五黄 癸丑	1月3日 三碧 甲申	12月2日 二黒 癸丑	2
5月6日 八白 丙戌	4月5日 四緑 乙卯	3月4日 一白 乙酉	2月3日 六白 甲寅	1月4日 四緑 乙酉	12月3日 一白 甲寅	3
5月7日 九紫 丁亥	4月6日 五黄 丙辰	3月5日 二黒 丙戌	2月4日 七赤 乙卯	1月5日 五黄 丙戌	12月4日 九紫 乙卯	4
5月8日 一白 戊子	4月7日 六白 丁巳	3月6日 三碧 丁亥	2月5日 八白 丙辰	1月6日 六白 丁亥	12月5日 八白 丙辰	5
5月9日 二黒 己丑	4月8日 七赤 戊午	3月7日 四緑 戊子	2月6日 九紫 丁巳	1月7日 七赤 戊子	12月6日 七赤 丁巳	6
5月10日 三碧 庚寅	4月9日 八白 己未	3月8日 五黄 己丑	2月7日 一白 戊午	1月8日 八白 己丑	12月7日 六白 戊午	7
5月11日 四緑 辛卯	4月10日 九紫 庚申	3月9日 六白 庚寅	2月8日 二黒 己未	1月9日 九紫 庚寅	12月8日 五黄 己未	8
5月12日 五黄 壬辰	4月11日 一白 辛酉	3月10日 七赤 辛卯	2月9日 三碧 庚申	1月10日 一白 辛卯	12月9日 四緑 庚申	9
5月13日 六白 癸巳	4月12日 二黒 壬戌	3月11日 八白 壬辰	2月10日 四緑 辛酉	1月11日 二黒 壬辰	12月10日 三碧 辛酉	10
5月14日 七赤 甲午	4月13日 三碧 癸亥	3月12日 九紫 癸巳	2月11日 五黄 壬戌	1月12日 三碧 癸巳	12月11日 二黒 壬戌	11
5月15日 八白 乙未	4月14日 四緑 甲子	3月13日 一白 甲午	2月12日 六白 癸亥	1月13日 四緑 甲午	12月12日 一白 癸亥	12
5月16日 九紫 丙申	4月15日 五黄 乙丑	3月14日 二黒 乙未	2月13日 七赤 甲子	1月14日 五黄 乙未	12月13日 一白 甲子	13
5月17日 一白 丁酉	4月16日 六白 丙寅	3月15日 三碧 丙申	2月14日 八白 乙丑	1月15日 六白 丙申	12月14日 二黒 乙丑	14
5月18日 二黒 戊戌	4月17日 七赤 丁卯	3月16日 四緑 丁酉	2月15日 九紫 丙寅	1月16日 七赤 丁酉	12月15日 三碧 丙寅	15
5月19日 三碧 己亥	4月18日 八白 戊辰	3月17日 五黄 戊戌	2月16日 一白 丁卯	1月17日 八白 戊戌	12月16日 四緑 丁卯	16
5月20日 四緑 庚子	4月19日 九紫 己巳	3月18日 六白 己亥	2月17日 二黒 戊辰	1月18日 九紫 己亥	12月17日 五黄 戊辰	17
5月21日 五黄 辛丑	4月20日 一白 庚午	3月19日 七赤 庚子	2月18日 三碧 己巳	1月19日 一白 庚子	12月18日 六白 己巳	18
5月22日 六白 壬寅	4月21日 二黒 辛未	3月20日 八白 辛丑	2月19日 四緑 庚午	1月20日 二黒 辛丑	12月19日 七赤 庚午	19
5月23日 七赤 癸卯	4月22日 三碧 壬申	3月21日 九紫 壬寅	2月20日 五黄 辛未	1月21日 三碧 壬寅	12月20日 八白 辛未	20
5月24日 八白 甲辰	4月23日 四緑 癸酉	3月22日 一白 癸卯	2月21日 六白 壬申	1月22日 四緑 癸卯	12月21日 九紫 壬申	21
5月25日 九紫 乙巳	4月24日 五黄 甲戌	3月23日 二黒 甲辰	2月22日 七赤 癸酉	1月23日 五黄 甲辰	12月22日 一白 癸酉	22
5月26日 一白 丙午	4月25日 六白 乙亥	3月24日 三碧 乙巳	2月23日 八白 甲戌	1月24日 六白 乙巳	12月23日 二黒 甲戌	23
5月27日 二黒 丁未	4月26日 七赤 丙子	3月25日 四緑 丙午	2月24日 九紫 乙亥	1月25日 七赤 丙午	12月24日 三碧 乙亥	24
5月28日 三碧 戊申	4月27日 八白 丁丑	3月26日 五黄 丁未	2月25日 一白 丙子	1月26日 八白 丁未	12月25日 四緑 丙子	25
5月29日 四緑 己酉	4月28日 九紫 戊寅	3月27日 六白 戊申	2月26日 二黒 丁丑	1月27日 九紫 戊申	12月26日 五黄 丁丑	26
6月1日 五黄 庚戌	4月29日 一白 己卯	3月28日 七赤 己酉	2月27日 三碧 戊寅	1月28日 一白 己酉	12月27日 六白 戊寅	27
6月2日 六白 辛亥	4月30日 二黒 庚辰	3月29日 八白 庚戌	2月28日 四緑 己卯	1月29日 二黒 庚戌	12月28日 七赤 己卯	28
6月3日 七赤 壬子	5月1日 三碧 辛巳	4月1日 九紫 辛亥	2月29日 五黄 庚辰	1月30日 三碧 辛亥	12月29日 八白 庚辰	29
6月4日 八白 癸丑	5月2日 四緑 壬午	4月2日 一白 壬子	2月30日 六白 辛巳		12月30日 九紫 辛巳	30
	5月3日 五黄 癸未		3月1日 七赤 壬午		1月1日 一白 壬午	31

昭和51年			1976年			丙辰年			六白金星								
	12月庚子			11月己亥			10月戊戌			9月丁酉			8月丙申			7月乙未	
	7日 08：41			7日 15：58			8日 12：57			7日 21：28			7日 18：38			7日 08：51	
	22日 02：35			22日 13：21			23日 15：57			23日 06：47			23日 09：18			23日 02：19	
	四緑木星			五黄土星			六白金星			七赤金星			八白土星			九紫火星	
1	10月10日	一白	丁亥	9月10日	四緑	丁巳	閏8月8日	八白	丙戌	8月8日	二黒	丙辰	7月6日	六白	乙酉	6月5日	九紫	甲寅
2	10月11日	九紫	戊子	9月11日	三碧	戊午	閏8月9日	七赤	丁亥	8月9日	一白	丁巳	7月7日	五黄	丙戌	6月6日	一白	乙卯
3	10月12日	八白	己丑	9月12日	二黒	己未	閏8月10日	六白	戊子	8月10日	九紫	戊午	7月8日	四緑	丁亥	6月7日	二黒	丙辰
4	10月13日	七赤	庚寅	9月13日	一白	庚申	閏8月11日	五黄	己丑	8月11日	八白	己未	7月9日	三碧	戊子	6月8日	三碧	丁巳
5	10月14日	六白	辛卯	9月14日	九紫	辛酉	閏8月12日	四緑	庚寅	8月12日	七赤	庚申	7月10日	二黒	己丑	6月9日	四緑	戊午
6	10月15日	五黄	壬辰	9月15日	八白	壬戌	閏8月13日	三碧	辛卯	8月13日	六白	辛酉	7月11日	一白	庚寅	6月10日	五黄	己未
7	10月16日	四緑	癸巳	9月16日	七赤	癸亥	閏8月14日	二黒	壬辰	8月14日	五黄	壬戌	7月12日	九紫	辛卯	6月11日	六白	庚申
8	10月17日	三碧	甲午	9月17日	六白	甲子	閏8月15日	一白	癸巳	8月15日	四緑	癸亥	7月13日	八白	壬辰	6月12日	七赤	辛酉
9	10月18日	二黒	乙未	9月18日	五黄	乙丑	閏8月16日	九紫	甲午	8月16日	三碧	甲子	7月14日	七赤	癸巳	6月13日	八白	壬戌
10	10月19日	一白	丙申	9月19日	四緑	丙寅	閏8月17日	八白	乙未	8月17日	二黒	乙丑	7月15日	六白	甲午	6月14日	九紫	癸亥
11	10月20日	九紫	丁酉	9月20日	三碧	丁卯	閏8月18日	七赤	丙申	8月18日	一白	丙寅	7月16日	五黄	乙未	6月15日	九紫	甲子
12	10月21日	八白	戊戌	9月21日	二黒	戊辰	閏8月19日	六白	丁酉	8月19日	九紫	丁卯	7月17日	四緑	丙申	6月16日	八白	乙丑
13	10月22日	七赤	己亥	9月22日	一白	己巳	閏8月20日	五黄	戊戌	8月20日	八白	戊辰	7月18日	三碧	丁酉	6月17日	七赤	丙寅
14	10月23日	六白	庚子	9月23日	九紫	庚午	閏8月21日	四緑	己亥	8月21日	七赤	己巳	7月19日	二黒	戊戌	6月18日	六白	丁卯
15	10月24日	五黄	辛丑	9月24日	八白	辛未	閏8月22日	三碧	庚子	8月22日	六白	庚午	7月20日	一白	己亥	6月19日	五黄	戊辰
16	10月25日	四緑	壬寅	9月25日	七赤	壬申	閏8月23日	二黒	辛丑	8月23日	五黄	辛未	7月21日	九紫	庚子	6月20日	四緑	己巳
17	10月26日	三碧	癸卯	9月26日	六白	癸酉	閏8月24日	一白	壬寅	8月24日	四緑	壬申	7月22日	八白	辛丑	6月21日	三碧	庚午
18	10月27日	二黒	甲辰	9月27日	五黄	甲戌	閏8月25日	九紫	癸卯	8月25日	三碧	癸酉	7月23日	七赤	壬寅	6月22日	二黒	辛未
19	10月28日	一白	乙巳	9月28日	四緑	乙亥	閏8月26日	八白	甲辰	8月26日	二黒	甲戌	7月24日	六白	癸卯	6月23日	一白	壬申
20	10月29日	九紫	丙午	9月29日	三碧	丙子	閏8月27日	七赤	乙巳	8月27日	一白	乙亥	7月25日	五黄	甲辰	6月24日	九紫	癸酉
21	11月1日	八白	丁未	9月30日	二黒	丁丑	閏8月28日	六白	丙午	8月28日	九紫	丙子	7月26日	四緑	乙巳	6月25日	八白	甲戌
22	11月2日	七赤	戊申	10月1日	一白	戊寅	閏8月29日	五黄	丁未	8月29日	八白	丁丑	7月27日	三碧	丙午	6月26日	七赤	乙亥
23	11月3日	六白	己酉	10月2日	九紫	己卯	9月1日	四緑	戊申	8月30日	七赤	戊寅	7月28日	二黒	丁未	6月27日	六白	丙子
24	11月4日	五黄	庚戌	10月3日	八白	庚辰	9月2日	三碧	己酉	閏8月1日	六白	己卯	7月29日	一白	戊申	6月28日	五黄	丁丑
25	11月5日	四緑	辛亥	10月4日	七赤	辛巳	9月3日	二黒	庚戌	閏8月2日	五黄	庚辰	8月1日	九紫	己酉	6月29日	四緑	戊寅
26	11月6日	三碧	壬子	10月5日	六白	壬午	9月4日	一白	辛亥	閏8月3日	四緑	辛巳	8月2日	八白	庚戌	6月30日	三碧	己卯
27	11月7日	二黒	癸丑	10月6日	五黄	癸未	9月5日	九紫	壬子	閏8月4日	三碧	壬午	8月3日	七赤	辛亥	7月1日	二黒	庚辰
28	11月8日	一白	甲寅	10月7日	四緑	甲申	9月6日	八白	癸丑	閏8月5日	二黒	癸未	8月4日	六白	壬子	7月2日	一白	辛巳
29	11月9日	九紫	乙卯	10月8日	三碧	乙酉	9月7日	七赤	甲寅	閏8月6日	一白	甲申	8月5日	五黄	癸丑	7月3日	九紫	壬午
30	11月10日	八白	丙辰	10月9日	二黒	丙戌	9月8日	六白	乙卯	閏8月7日	九紫	乙酉	8月6日	四緑	甲寅	7月4日	八白	癸未
31	11月11日	七赤	丁巳				9月9日	五黄	丙辰				8月7日	三碧	乙卯	7月5日	七赤	甲申

6月丙午			5月乙巳			4月甲辰			3月癸卯			2月壬寅			1月辛丑			
6日 04：32			6日 00：15			5日 06：45			6日 01：43			4日 07：33			5日 19：51			
21日 21：14			21日 13：14			20日 13：56			21日 02：41			19日 03：30			20日 13：15			
七赤金星			八白土星			九紫火星			一白水星			二黒土星			三碧木星			
4月15日	二黒	己丑	3月14日	七赤	戊午	2月13日	四緑	戊子	1月12日	九紫	丁巳	12月14日	八白	己丑	11月12日	六白	戊午	1
4月16日	三碧	庚寅	3月15日	八白	己未	2月14日	五黄	己丑	1月13日	一白	戊午	12月15日	九紫	庚寅	11月13日	五黄	己未	2
4月17日	四緑	辛卯	3月16日	九紫	庚申	2月15日	六白	庚寅	1月14日	二黒	己未	12月16日	一白	辛卯	11月14日	四緑	庚申	3
4月18日	五黄	壬辰	3月17日	一白	辛酉	2月16日	七赤	辛卯	1月15日	三碧	庚申	12月17日	二黒	壬辰	11月15日	三碧	辛酉	4
4月19日	六白	癸巳	3月18日	二黒	壬戌	2月17日	八白	壬辰	1月16日	四緑	辛酉	12月18日	三碧	癸巳	11月16日	二黒	壬戌	5
4月20日	七赤	甲午	3月19日	三碧	癸亥	2月18日	九紫	癸巳	1月17日	五黄	壬戌	12月19日	四緑	甲午	11月17日	一白	癸亥	6
4月21日	八白	乙未	3月20日	四緑	甲子	2月19日	一白	甲午	1月18日	六白	癸亥	12月20日	五黄	乙未	11月18日	一白	甲子	7
4月22日	九紫	丙申	3月21日	五黄	乙丑	2月20日	二黒	乙未	1月19日	七赤	甲子	12月21日	六白	丙申	11月19日	二黒	乙丑	8
4月23日	一白	丁酉	3月22日	六白	丙寅	2月21日	三碧	丙申	1月20日	八白	乙丑	12月22日	七赤	丁酉	11月20日	三碧	丙寅	9
4月24日	二黒	戊戌	3月23日	七赤	丁卯	2月22日	四緑	丁酉	1月21日	九紫	丙寅	12月23日	八白	戊戌	11月21日	四緑	丁卯	10
4月25日	三碧	己亥	3月24日	八白	戊辰	2月23日	五黄	戊戌	1月22日	一白	丁卯	12月24日	九紫	己亥	11月22日	五黄	戊辰	11
4月26日	四緑	庚子	3月25日	九紫	己巳	2月24日	六白	己亥	1月23日	二黒	戊辰	12月25日	一白	庚子	11月23日	六白	己巳	12
4月27日	五黄	辛丑	3月26日	一白	庚午	2月25日	七赤	庚子	1月24日	三碧	己巳	12月26日	二黒	辛丑	11月24日	七赤	庚午	13
4月28日	六白	壬寅	3月27日	二黒	辛未	2月26日	八白	辛丑	1月25日	四緑	庚午	12月27日	三碧	壬寅	11月25日	八白	辛未	14
4月29日	七赤	癸卯	3月28日	三碧	壬申	2月27日	九紫	壬寅	1月26日	五黄	辛未	12月28日	四緑	癸卯	11月26日	九紫	壬申	15
4月30日	八白	甲辰	3月29日	四緑	癸酉	2月28日	一白	癸卯	1月27日	六白	壬申	12月29日	五黄	甲辰	11月27日	一白	癸酉	16
5月1日	九紫	乙巳	3月30日	五黄	甲戌	2月29日	二黒	甲辰	1月28日	七赤	癸酉	12月30日	六白	乙巳	11月28日	二黒	甲戌	17
5月2日	一白	丙午	4月1日	六白	乙亥	3月1日	三碧	乙巳	1月29日	八白	甲戌	1月1日	七赤	丙午	11月29日	三碧	乙亥	18
5月3日	二黒	丁未	4月2日	七赤	丙子	3月2日	四緑	丙午	1月30日	九紫	乙亥	1月2日	八白	丁未	12月1日	四緑	丙子	19
5月4日	三碧	戊申	4月3日	八白	丁丑	3月3日	五黄	丁未	2月1日	一白	丙子	1月3日	九紫	戊申	12月2日	五黄	丁丑	20
5月5日	四緑	己酉	4月4日	九紫	戊寅	3月4日	六白	戊申	2月2日	二黒	丁丑	1月4日	一白	己酉	12月3日	六白	戊寅	21
5月6日	五黄	庚戌	4月5日	一白	己卯	3月5日	七赤	己酉	2月3日	三碧	戊寅	1月5日	二黒	庚戌	12月4日	七赤	己卯	22
5月7日	六白	辛亥	4月6日	二黒	庚辰	3月6日	八白	庚戌	2月4日	四緑	己卯	1月6日	三碧	辛亥	12月5日	八白	庚辰	23
5月8日	七赤	壬子	4月7日	三碧	辛巳	3月7日	九紫	辛亥	2月5日	五黄	庚辰	1月7日	四緑	壬子	12月6日	九紫	辛巳	24
5月9日	八白	癸丑	4月8日	四緑	壬午	3月8日	一白	壬子	2月6日	六白	辛巳	1月8日	五黄	癸丑	12月7日	一白	壬午	25
5月10日	九紫	甲寅	4月9日	五黄	癸未	3月9日	二黒	癸丑	2月7日	七赤	壬午	1月9日	六白	甲寅	12月8日	二黒	癸未	26
5月11日	一白	乙卯	4月10日	六白	甲申	3月10日	三碧	甲寅	2月8日	八白	癸未	1月10日	七赤	乙卯	12月9日	三碧	甲申	27
5月12日	二黒	丙辰	4月11日	七赤	乙酉	3月11日	四緑	乙卯	2月9日	九紫	甲申	1月11日	八白	丙辰	12月10日	四緑	乙酉	28
5月13日	三碧	丁巳	4月12日	八白	丙戌	3月12日	五黄	丙辰	2月10日	一白	乙酉				12月11日	五黄	丙戌	29
5月14日	四緑	戊午	4月13日	九紫	丁亥	3月13日	六白	丁巳	2月11日	二黒	丙戌				12月12日	六白	丁亥	30
			4月14日	一白	戊子				2月12日	三碧	丁亥				12月13日	七赤	戊子	31

昭和52年		1977年		丁巳年		五黄土星					
12月壬子		11月辛亥		10月庚戌		9月己酉		8月戊申		7月丁未	
7日 14:31		7日 21:46		8日 18:43		8日 03:15		8日 00:30		7日 14:48	
22日 08:23		22日 19:07		23日 21:40		23日 12:29		23日 15:00		23日 08:03	
一白水星		二黒土星		三碧木星		四緑木星		五黄土星		六白金星	

1	10月21日	五黄	壬辰	9月20日	八白	壬戌	8月19日	三碧	辛卯	7月18日	六白	辛酉	6月17日	一白	庚寅	5月15日	五黄	己丑
2	10月22日	四緑	癸巳	9月21日	七赤	癸亥	8月20日	二黒	壬辰	7月19日	五黄	壬戌	6月18日	九紫	辛卯	5月16日	六白	庚寅
3	10月23日	三碧	甲午	9月22日	六白	甲子	8月21日	一白	癸巳	7月20日	四緑	癸亥	6月19日	八白	壬辰	5月17日	七赤	辛卯
4	10月24日	二黒	乙未	9月23日	五黄	乙丑	8月22日	九紫	甲午	7月21日	三碧	甲子	6月20日	七赤	癸巳	5月18日	八白	壬辰
5	10月25日	一白	丙申	9月24日	四緑	丙寅	8月23日	八白	乙未	7月22日	二黒	乙丑	6月21日	六白	甲午	5月19日	九紫	癸巳
6	10月26日	九紫	丁酉	9月25日	三碧	丁卯	8月24日	七赤	丙申	7月23日	一白	丙寅	6月22日	五黄	乙未	5月20日	九紫	甲午
7	10月27日	八白	戊戌	9月26日	二黒	戊辰	8月25日	六白	丁酉	7月24日	九紫	丁卯	6月23日	四緑	丙申	5月21日	八白	乙未
8	10月28日	七赤	己亥	9月27日	一白	己巳	8月26日	五黄	戊戌	7月25日	八白	戊辰	6月24日	三碧	丁酉	5月22日	七赤	丙申
9	10月29日	六白	庚子	9月28日	九紫	庚午	8月27日	四緑	己亥	7月26日	七赤	己巳	6月25日	二黒	戊戌	5月23日	六白	丁酉
10	10月30日	五黄	辛丑	9月29日	八白	辛未	8月28日	三碧	庚子	7月27日	六白	庚午	6月26日	一白	己亥	5月24日	五黄	戊戌
11	11月1日	四緑	壬寅	10月1日	七赤	壬申	8月29日	二黒	辛丑	7月28日	五黄	辛未	6月27日	九紫	庚子	5月25日	四緑	己亥
12	11月2日	三碧	癸卯	10月2日	六白	癸酉	8月30日	一白	壬寅	7月29日	四緑	壬申	6月28日	八白	辛丑	5月26日	三碧	庚子
13	11月3日	二黒	甲辰	10月3日	五黄	甲戌	9月1日	九紫	癸卯	8月1日	三碧	癸酉	6月29日	七赤	壬寅	5月27日	二黒	辛丑
14	11月4日	一白	乙巳	10月4日	四緑	乙亥	9月2日	八白	甲辰	8月2日	二黒	甲戌	6月30日	六白	癸卯	5月28日	一白	壬寅
15	11月5日	九紫	丙午	10月5日	三碧	丙子	9月3日	七赤	乙巳	8月3日	一白	乙亥	7月1日	五黄	甲辰	5月29日	九紫	癸卯
16	11月6日	八白	丁未	10月6日	二黒	丁丑	9月4日	六白	丙午	8月4日	九紫	丙子	7月2日	四緑	乙巳	6月1日	八白	甲辰
17	11月7日	七赤	戊申	10月7日	一白	戊寅	9月5日	五黄	丁未	8月5日	八白	丁丑	7月3日	三碧	丙午	6月2日	七赤	乙巳
18	11月8日	六白	己酉	10月8日	九紫	己卯	9月6日	四緑	戊申	8月6日	七赤	戊寅	7月4日	二黒	丁未	6月3日	六白	丙午
19	11月9日	五黄	庚戌	10月9日	八白	庚辰	9月7日	三碧	己酉	8月7日	六白	己卯	7月5日	一白	戊申	6月4日	五黄	丁未
20	11月10日	四緑	辛亥	10月10日	七赤	辛巳	9月8日	二黒	庚戌	8月8日	五黄	庚辰	7月6日	九紫	己酉	6月5日	四緑	戊申
21	11月11日	三碧	壬子	10月11日	六白	壬午	9月9日	一白	辛亥	8月9日	四緑	辛巳	7月7日	八白	庚戌	6月6日	三碧	己酉
22	11月12日	二黒	癸丑	10月12日	五黄	癸未	9月10日	九紫	壬子	8月10日	三碧	壬午	7月8日	七赤	辛亥	6月7日	二黒	庚戌
23	11月13日	一白	甲寅	10月13日	四緑	甲申	9月11日	八白	癸丑	8月11日	二黒	癸未	7月9日	六白	壬子	6月8日	一白	辛亥
24	11月14日	九紫	乙卯	10月14日	三碧	乙酉	9月12日	七赤	甲寅	8月12日	一白	甲申	7月10日	五黄	癸丑	6月9日	九紫	壬子
25	11月15日	八白	丙辰	10月15日	二黒	丙戌	9月13日	六白	乙卯	8月13日	九紫	乙酉	7月11日	四緑	甲寅	6月10日	八白	癸丑
26	11月16日	七赤	丁巳	10月16日	一白	丁亥	9月14日	五黄	丙辰	8月14日	八白	丙戌	7月12日	三碧	乙卯	6月11日	七赤	甲寅
27	11月17日	六白	戊午	10月17日	九紫	戊子	9月15日	四緑	丁巳	8月15日	七赤	丁亥	7月13日	二黒	丙辰	6月12日	六白	乙卯
28	11月18日	五黄	己未	10月18日	八白	己丑	9月16日	三碧	戊午	8月16日	六白	戊子	7月14日	一白	丁巳	6月13日	五黄	丙辰
29	11月19日	四緑	庚申	10月19日	七赤	庚寅	9月17日	二黒	己未	8月17日	五黄	己丑	7月15日	九紫	戊午	6月14日	四緑	丁巳
30	11月20日	三碧	辛酉	10月20日	六白	辛卯	9月18日	一白	庚申	8月18日	四緑	庚寅	7月16日	八白	己未	6月15日	三碧	戊午
31	11月21日	二黒	壬戌				9月19日	九紫	辛酉				7月17日	七赤	庚申	6月16日	二黒	己未

6月戊午			5月丁巳			4月丙辰			3月乙卯			2月甲寅			1月癸丑			
6日 10：23			6日 06：08			5日 12：39			6日 07：38			4日 13：27			6日 01：43			
22日 03：09			21日 19：08			20日 19：49			21日 08：33			19日 09：21			20日 19：04			
四緑木星			五黄土星			六白金星			七赤金星			八白土星			九紫火星			
4月26日	七赤	甲午	3月24日	三碧	癸亥	2月24日	九紫	癸巳	1月23日	五黄	壬戌	12月24日	四緑	甲午	11月22日	一白	癸亥	1
4月27日	八白	乙未	3月25日	四緑	甲子	2月25日	一白	甲午	1月24日	六白	癸亥	12月25日	五黄	乙未	11月23日	一白	甲子	2
4月28日	九紫	丙申	3月26日	五黄	乙丑	2月26日	二黒	乙未	1月25日	七赤	甲子	12月26日	六白	丙申	11月24日	二黒	乙丑	3
4月29日	一白	丁酉	3月27日	六白	丙寅	2月27日	三碧	丙申	1月26日	八白	乙丑	12月27日	七赤	丁酉	11月25日	三碧	丙寅	4
4月30日	二黒	戊戌	3月28日	七赤	丁卯	2月28日	四緑	丁酉	1月27日	九紫	丙寅	12月28日	八白	戊戌	11月26日	四緑	丁卯	5
5月1日	三碧	己亥	3月29日	八白	戊辰	2月29日	五黄	戊戌	1月28日	一白	丁卯	12月29日	九紫	己亥	11月27日	五黄	戊辰	6
5月2日	四緑	庚子	4月1日	九紫	己巳	2月30日	六白	己亥	1月29日	二黒	戊辰	1月1日	一白	庚子	11月28日	六白	己巳	7
5月3日	五黄	辛丑	4月2日	一白	庚午	3月1日	七赤	庚子	1月30日	三碧	己巳	1月2日	二黒	辛丑	11月29日	七赤	庚午	8
5月4日	六白	壬寅	4月3日	二黒	辛未	3月2日	八白	辛丑	2月1日	四緑	庚午	1月3日	三碧	壬寅	12月1日	八白	辛未	9
5月5日	七赤	癸卯	4月4日	三碧	壬申	3月3日	九紫	壬寅	2月2日	五黄	辛未	1月4日	四緑	癸卯	12月2日	九紫	壬申	10
5月6日	八白	甲辰	4月5日	四緑	癸酉	3月4日	一白	癸卯	2月3日	六白	壬申	1月5日	五黄	甲辰	12月3日	一白	癸酉	11
5月7日	九紫	乙巳	4月6日	五黄	甲戌	3月5日	二黒	甲辰	2月4日	七赤	癸酉	1月6日	六白	乙巳	12月4日	二黒	甲戌	12
5月8日	一白	丙午	4月7日	六白	乙亥	3月6日	三碧	乙巳	2月5日	八白	甲戌	1月7日	七赤	丙午	12月5日	三碧	乙亥	13
5月9日	二黒	丁未	4月8日	七赤	丙子	3月7日	四緑	丙午	2月6日	九紫	乙亥	1月8日	八白	丁未	12月6日	四緑	丙子	14
5月10日	三碧	戊申	4月9日	八白	丁丑	3月8日	五黄	丁未	2月7日	一白	丙子	1月9日	九紫	戊申	12月7日	五黄	丁丑	15
5月11日	四緑	己酉	4月10日	九紫	戊寅	3月9日	六白	戊申	2月8日	二黒	丁丑	1月10日	一白	己酉	12月8日	六白	戊寅	16
5月12日	五黄	庚戌	4月11日	一白	己卯	3月10日	七赤	己酉	2月9日	三碧	戊寅	1月11日	二黒	庚戌	12月9日	七赤	己卯	17
5月13日	六白	辛亥	4月12日	二黒	庚辰	3月11日	八白	庚戌	2月10日	四緑	己卯	1月12日	三碧	辛亥	12月10日	八白	庚辰	18
5月14日	七赤	壬子	4月13日	三碧	辛巳	3月12日	九紫	辛亥	2月11日	五黄	庚辰	1月13日	四緑	壬子	12月11日	九紫	辛巳	19
5月15日	八白	癸丑	4月14日	四緑	壬午	3月13日	一白	壬子	2月12日	六白	辛巳	1月14日	五黄	癸丑	12月12日	一白	壬午	20
5月16日	九紫	甲寅	4月15日	五黄	癸未	3月14日	二黒	癸丑	2月13日	七赤	壬午	1月15日	六白	甲寅	12月13日	二黒	癸未	21
5月17日	一白	乙卯	4月16日	六白	甲申	3月15日	三碧	甲寅	2月14日	八白	癸未	1月16日	七赤	乙卯	12月14日	三碧	甲申	22
5月18日	二黒	丙辰	4月17日	七赤	乙酉	3月16日	四緑	乙卯	2月15日	九紫	甲申	1月17日	八白	丙辰	12月15日	四緑	乙酉	23
5月19日	三碧	丁巳	4月18日	八白	丙戌	3月17日	五黄	丙辰	2月16日	一白	乙酉	1月18日	九紫	丁巳	12月16日	五黄	丙戌	24
5月20日	四緑	戊午	4月19日	九紫	丁亥	3月18日	六白	丁巳	2月17日	二黒	丙戌	1月19日	一白	戊午	12月17日	六白	丁亥	25
5月21日	五黄	己未	4月20日	一白	戊子	3月19日	七赤	戊午	2月18日	三碧	丁亥	1月20日	二黒	己未	12月18日	七赤	戊子	26
5月22日	六白	庚申	4月21日	二黒	己丑	3月20日	八白	己未	2月19日	四緑	戊子	1月21日	三碧	庚申	12月19日	八白	己丑	27
5月23日	七赤	辛酉	4月22日	三碧	庚寅	3月21日	九紫	庚申	2月20日	五黄	己丑	1月22日	四緑	辛酉	12月20日	九紫	庚寅	28
5月24日	八白	壬戌	4月23日	四緑	辛卯	3月22日	一白	辛酉	2月21日	六白	庚寅				12月21日	一白	辛卯	29
5月25日	九紫	癸亥	4月24日	五黄	壬辰	3月23日	二黒	壬戌	2月22日	七赤	辛卯				12月22日	二黒	壬辰	30
			4月25日	六白	癸巳				2月23日	八白	壬辰				12月23日	三碧	癸巳	31

110

昭和53年		1978年		戊午年		四緑木星					
12月甲子		11月癸亥		10月壬戌		9月辛酉		8月庚申		7月己未	
7日 20:20		8日 03:34		9日 00:31		8日 09:02		8日 06:17		7日 20:36	
22日 14:21		23日 01:04		24日 03:37		23日 18:25		23日 20:56		23日 14:00	
七赤金星		八白土星		九紫火星		一白水星		二黒土星		三碧木星	

1	11月2日	九紫	丁酉	10月1日	三碧	丁卯	8月29日	七赤	丙申	7月29日	一白	丙寅	6月28日	五黄	乙未	5月26日	九紫	甲子
2	11月3日	八白	戊戌	10月2日	二黒	戊辰	9月1日	六白	丁酉	7月30日	九紫	丁卯	6月29日	四緑	丙申	5月27日	八白	乙丑
3	11月4日	七赤	己亥	10月3日	一白	己巳	9月2日	五黄	戊戌	8月1日	八白	戊辰	6月30日	三碧	丁酉	5月28日	七赤	丙寅
4	11月5日	六白	庚子	10月4日	九紫	庚午	9月3日	四緑	己亥	8月2日	七赤	己巳	7月1日	二黒	戊戌	5月29日	六白	丁卯
5	11月6日	五黄	辛丑	10月5日	八白	辛未	9月4日	三碧	庚子	8月3日	六白	庚午	7月2日	一白	己亥	6月1日	五黄	戊辰
6	11月7日	四緑	壬寅	10月6日	七赤	壬申	9月5日	二黒	辛丑	8月4日	五黄	辛未	7月3日	九紫	庚子	6月2日	四緑	己巳
7	11月8日	三碧	癸卯	10月7日	六白	癸酉	9月6日	一白	壬寅	8月5日	四緑	壬申	7月4日	八白	辛丑	6月3日	三碧	庚午
8	11月9日	二黒	甲辰	10月8日	五黄	甲戌	9月7日	九紫	癸卯	8月6日	三碧	癸酉	7月5日	七赤	壬寅	6月4日	二黒	辛未
9	11月10日	一白	乙巳	10月9日	四緑	乙亥	9月8日	八白	甲辰	8月7日	二黒	甲戌	7月6日	六白	癸卯	6月5日	一白	壬申
10	11月11日	九紫	丙午	10月10日	三碧	丙子	9月9日	七赤	乙巳	8月8日	一白	乙亥	7月7日	五黄	甲辰	6月6日	九紫	癸酉
11	11月12日	八白	丁未	10月11日	二黒	丁丑	9月10日	六白	丙午	8月9日	九紫	丙子	7月8日	四緑	乙巳	6月7日	八白	甲戌
12	11月13日	七赤	戊申	10月12日	一白	戊寅	9月11日	五黄	丁未	8月10日	八白	丁丑	7月9日	三碧	丙午	6月8日	七赤	乙亥
13	11月14日	六白	己酉	10月13日	九紫	己卯	9月12日	四緑	戊申	8月11日	七赤	戊寅	7月10日	二黒	丁未	6月9日	六白	丙子
14	11月15日	五黄	庚戌	10月14日	八白	庚辰	9月13日	三碧	己酉	8月12日	六白	己卯	7月11日	一白	戊申	6月10日	五黄	丁丑
15	11月16日	四緑	辛亥	10月15日	七赤	辛巳	9月14日	二黒	庚戌	8月13日	五黄	庚辰	7月12日	九紫	己酉	6月11日	四緑	戊寅
16	11月17日	三碧	壬子	10月16日	六白	壬午	9月15日	一白	辛亥	8月14日	四緑	辛巳	7月13日	八白	庚戌	6月12日	三碧	己卯
17	11月18日	二黒	癸丑	10月17日	五黄	癸未	9月16日	九紫	壬子	8月15日	三碧	壬午	7月14日	七赤	辛亥	6月13日	二黒	庚辰
18	11月19日	一白	甲寅	10月18日	四緑	甲申	9月17日	八白	癸丑	8月16日	二黒	癸未	7月15日	六白	壬子	6月14日	一白	辛巳
19	11月20日	九紫	乙卯	10月19日	三碧	乙酉	9月18日	七赤	甲寅	8月17日	一白	甲申	7月16日	五黄	癸丑	6月15日	九紫	壬午
20	11月21日	八白	丙辰	10月20日	二黒	丙戌	9月19日	六白	乙卯	8月18日	九紫	乙酉	7月17日	四緑	甲寅	6月16日	八白	癸未
21	11月22日	七赤	丁巳	10月21日	一白	丁亥	9月20日	五黄	丙辰	8月19日	八白	丙戌	7月18日	三碧	乙卯	6月17日	七赤	甲申
22	11月23日	六白	戊午	10月22日	九紫	戊子	9月21日	四緑	丁巳	8月20日	七赤	丁亥	7月19日	二黒	丙辰	6月18日	六白	乙酉
23	11月24日	五黄	己未	10月23日	八白	己丑	9月22日	三碧	戊午	8月21日	六白	戊子	7月20日	一白	丁巳	6月19日	五黄	丙戌
24	11月25日	四緑	庚申	10月24日	七赤	庚寅	9月23日	二黒	己未	8月22日	五黄	己丑	7月21日	九紫	戊午	6月20日	四緑	丁亥
25	11月26日	三碧	辛酉	10月25日	六白	辛卯	9月24日	一白	庚申	8月23日	四緑	庚寅	7月22日	八白	己未	6月21日	三碧	戊子
26	11月27日	二黒	壬戌	10月26日	五黄	壬辰	9月25日	九紫	辛酉	8月24日	三碧	辛卯	7月23日	七赤	庚申	6月22日	二黒	己丑
27	11月28日	一白	癸亥	10月27日	四緑	癸巳	9月26日	八白	壬戌	8月25日	二黒	壬辰	7月24日	六白	辛酉	6月23日	一白	庚寅
28	11月29日	一白	甲子	10月28日	三碧	甲午	9月27日	七赤	癸亥	8月26日	一白	癸巳	7月25日	五黄	壬戌	6月24日	九紫	辛卯
29	11月30日	二黒	乙丑	10月29日	二黒	乙未	9月28日	六白	甲子	8月27日	九紫	甲午	7月26日	四緑	癸亥	6月25日	八白	壬辰
30	12月1日	三碧	丙寅	11月1日	一白	丙申	9月29日	五黄	乙丑	8月28日	八白	乙未	7月27日	三碧	甲子	6月26日	七赤	癸巳
31	12月2日	四緑	丁卯				9月30日	四緑	丙寅				7月28日	二黒	乙丑	6月27日	六白	甲午

6月庚午			5月己巳			4月戊辰			3月丁卯			2月丙寅			1月乙丑			
6日 16:04			6日 11:47			5日 18:18			6日 13:19			4日 19:12			6日 07:31			
22日 08:55			22日 00:53			21日 01:35			21日 14:22			19日 15:13			21日 01:00			
一白水星			二黒土星			三碧木星			四緑木星			五黄土星			六白金星			
5月7日	三碧	己亥	4月6日	八白	戊辰	3月5日	五黄	戊戌	2月3日	一白	丁卯	1月5日	九紫	己亥	12月3日	五黄	戊辰	1
5月8日	四緑	庚子	4月7日	九紫	己巳	3月6日	六白	己亥	2月4日	二黒	戊辰	1月6日	一白	庚子	12月4日	六白	己巳	2
5月9日	五黄	辛丑	4月8日	一白	庚午	3月7日	七赤	庚子	2月5日	三碧	己巳	1月7日	二黒	辛丑	12月5日	七赤	庚午	3
5月10日	六白	壬寅	4月9日	二黒	辛未	3月8日	八白	辛丑	2月6日	四緑	庚午	1月8日	三碧	壬寅	12月6日	八白	辛未	4
5月11日	七赤	癸卯	4月10日	三碧	壬申	3月9日	九紫	壬寅	2月7日	五黄	辛未	1月9日	四緑	癸卯	12月7日	九紫	壬申	5
5月12日	八白	甲辰	4月11日	四緑	癸酉	3月10日	一白	癸卯	2月8日	六白	壬申	1月10日	五黄	甲辰	12月8日	一白	癸酉	6
5月13日	九紫	乙巳	4月12日	五黄	甲戌	3月11日	二黒	甲辰	2月9日	七赤	癸酉	1月11日	六白	乙巳	12月9日	二黒	甲戌	7
5月14日	一白	丙午	4月13日	六白	乙亥	3月12日	三碧	乙巳	2月10日	八白	甲戌	1月12日	七赤	丙午	12月10日	三碧	乙亥	8
5月15日	二黒	丁未	4月14日	七赤	丙子	3月13日	四緑	丙午	2月11日	九紫	乙亥	1月13日	八白	丁未	12月11日	四緑	丙子	9
5月16日	三碧	戊申	4月15日	八白	丁丑	3月14日	五黄	丁未	2月12日	一白	丙子	1月14日	九紫	戊申	12月12日	五黄	丁丑	10
5月17日	四緑	己酉	4月16日	九紫	戊寅	3月15日	六白	戊申	2月13日	二黒	丁丑	1月15日	一白	己酉	12月13日	六白	戊寅	11
5月18日	五黄	庚戌	4月17日	一白	己卯	3月16日	七赤	己酉	2月14日	三碧	戊寅	1月16日	二黒	庚戌	12月14日	七赤	己卯	12
5月19日	六白	辛亥	4月18日	二黒	庚辰	3月17日	八白	庚戌	2月15日	四緑	己卯	1月17日	三碧	辛亥	12月15日	八白	庚辰	13
5月20日	七赤	壬子	4月19日	三碧	辛巳	3月18日	九紫	辛亥	2月16日	五黄	庚辰	1月18日	四緑	壬子	12月16日	九紫	辛巳	14
5月21日	八白	癸丑	4月20日	四緑	壬午	3月19日	一白	壬子	2月17日	六白	辛巳	1月19日	五黄	癸丑	12月17日	一白	壬午	15
5月22日	九紫	甲寅	4月21日	五黄	癸未	3月20日	二黒	癸丑	2月18日	七赤	壬午	1月20日	六白	甲寅	12月18日	二黒	癸未	16
5月23日	一白	乙卯	4月22日	六白	甲申	3月21日	三碧	甲寅	2月19日	八白	癸未	1月21日	七赤	乙卯	12月19日	三碧	甲申	17
5月24日	二黒	丙辰	4月23日	七赤	乙酉	3月22日	四緑	乙卯	2月20日	九紫	甲申	1月22日	八白	丙辰	12月20日	四緑	乙酉	18
5月25日	三碧	丁巳	4月24日	八白	丙戌	3月23日	五黄	丙辰	2月21日	一白	乙酉	1月23日	九紫	丁巳	12月21日	五黄	丙戌	19
5月26日	四緑	戊午	4月25日	九紫	丁亥	3月24日	六白	丁巳	2月22日	二黒	丙戌	1月24日	一白	戊午	12月22日	六白	丁亥	20
5月27日	五黄	己未	4月26日	一白	戊子	3月25日	七赤	戊午	2月23日	三碧	丁亥	1月25日	二黒	己未	12月23日	七赤	戊子	21
5月28日	六白	庚申	4月27日	二黒	己丑	3月26日	八白	己未	2月24日	四緑	戊子	1月26日	三碧	庚申	12月24日	八白	己丑	22
5月29日	七赤	辛酉	4月28日	三碧	庚寅	3月27日	九紫	庚申	2月25日	五黄	己丑	1月27日	四緑	辛酉	12月25日	九紫	庚寅	23
6月1日	八白	壬戌	4月29日	四緑	辛卯	3月28日	一白	辛酉	2月26日	六白	庚寅	1月28日	五黄	壬戌	12月26日	一白	辛卯	24
6月2日	九紫	癸亥	4月30日	五黄	壬辰	3月29日	二黒	壬戌	2月27日	七赤	辛卯	1月29日	六白	癸亥	12月27日	二黒	壬辰	25
6月3日	九紫	甲子	5月1日	六白	癸巳	4月1日	三碧	癸亥	2月28日	八白	壬辰	1月30日	七赤	甲子	12月28日	三碧	癸巳	26
6月4日	八白	乙丑	5月2日	七赤	甲午	4月2日	四緑	甲子	2月29日	九紫	癸巳	2月1日	八白	乙丑	12月29日	四緑	甲午	27
6月5日	七赤	丙寅	5月3日	八白	乙未	4月3日	五黄	乙丑	3月1日	一白	甲午	2月2日	九紫	丙寅	12月30日			28
6月6日	六白	丁卯	5月4日	九紫	丙申	4月4日	六白	丙寅	3月2日	二黒	乙未				1月2日	六白	丙申	29
6月7日	五黄	戊辰	5月5日	一白	丁酉	4月5日	七赤	丁卯	3月3日	三碧	丙申				1月3日	七赤	丁酉	30
			5月6日	二黒	戊戌				3月4日	四緑	丁酉				1月4日	八白	戊戌	31

112

昭和54年		1979年		己未年		三碧木星					
12月丙子		11月乙亥		10月甲戌		9月癸酉		8月壬申		7月辛未	
8日 02：17		8日 09：32		9日 06：30		8日 15：00		8日 12：11		8日 02：24	
22日 20：09		23日 06：53		24日 09：28		24日 00：16		24日 02：47		23日 19：48	
四緑木星		五黄土星		六白金星		七赤金星		八白土星		九紫火星	

	12月		11月		10月		9月		8月		7月	
1	10月12日	四緑 壬寅	9月12日	七赤 壬申	8月11日	二黒 辛丑	7月10日	五黄 辛未	閏6月9日	九紫 庚子	6月8日	四緑 己巳
2	10月13日	三碧 癸卯	9月13日	六白 癸酉	8月12日	一白 壬寅	7月11日	四緑 壬申	閏6月10日	八白 辛丑	6月9日	三碧 庚午
3	10月14日	二黒 甲辰	9月14日	五黄 甲戌	8月13日	九紫 癸卯	7月12日	三碧 癸酉	閏6月11日	七赤 壬寅	6月10日	二黒 辛未
4	10月15日	一白 乙巳	9月15日	四緑 乙亥	8月14日	八白 甲辰	7月13日	二黒 甲戌	閏6月12日	六白 癸卯	6月11日	一白 壬申
5	10月16日	九紫 丙午	9月16日	三碧 丙子	8月15日	七赤 乙巳	7月14日	一白 乙亥	閏6月13日	五黄 甲辰	6月12日	九紫 癸酉
6	10月17日	八白 丁未	9月17日	二黒 丁丑	8月16日	六白 丙午	7月15日	九紫 丙子	閏6月14日	四緑 乙巳	6月13日	八白 甲戌
7	10月18日	七赤 戊申	9月18日	一白 戊寅	8月17日	五黄 丁未	7月16日	八白 丁丑	閏6月15日	三碧 丙午	6月14日	七赤 乙亥
8	10月19日	六白 己酉	9月19日	九紫 己卯	8月18日	四緑 戊申	7月17日	七赤 戊寅	閏6月16日	二黒 丁未	6月15日	六白 丙子
9	10月20日	五黄 庚戌	9月20日	八白 庚辰	8月19日	三碧 己酉	7月18日	六白 己卯	閏6月17日	一白 戊申	6月16日	五黄 丁丑
10	10月21日	四緑 辛亥	9月21日	七赤 辛巳	8月20日	二黒 庚戌	7月19日	五黄 庚辰	閏6月18日	九紫 己酉	6月17日	四緑 戊寅
11	10月22日	三碧 壬子	9月22日	六白 壬午	8月21日	一白 辛亥	7月20日	四緑 辛巳	閏6月19日	八白 庚戌	6月18日	三碧 己卯
12	10月23日	二黒 癸丑	9月23日	五黄 癸未	8月22日	九紫 壬子	7月21日	三碧 壬午	閏6月20日	七赤 辛亥	6月19日	二黒 庚辰
13	10月24日	一白 甲寅	9月24日	四緑 甲申	8月23日	八白 癸丑	7月22日	二黒 癸未	閏6月21日	六白 壬子	6月20日	一白 辛巳
14	10月25日	九紫 乙卯	9月25日	三碧 乙酉	8月24日	七赤 甲寅	7月23日	一白 甲申	閏6月22日	五黄 癸丑	6月21日	九紫 壬午
15	10月26日	八白 丙辰	9月26日	二黒 丙戌	8月25日	六白 乙卯	7月24日	九紫 乙酉	閏6月23日	四緑 甲寅	6月22日	八白 癸未
16	10月27日	七赤 丁巳	9月27日	一白 丁亥	8月26日	五黄 丙辰	7月25日	八白 丙戌	閏6月24日	三碧 乙卯	6月23日	七赤 甲申
17	10月28日	六白 戊午	9月28日	九紫 戊子	8月27日	四緑 丁巳	7月26日	七赤 丁亥	閏6月25日	二黒 丙辰	6月24日	六白 乙酉
18	10月29日	五黄 己未	9月29日	八白 己丑	8月28日	三碧 戊午	7月27日	六白 戊子	閏6月26日	一白 丁巳	6月25日	五黄 丙戌
19	11月1日	四緑 庚申	9月30日	七赤 庚寅	8月29日	二黒 己未	7月28日	五黄 己丑	閏6月27日	九紫 戊午	6月26日	四緑 丁亥
20	11月2日	三碧 辛酉	10月1日	六白 辛卯	8月30日	一白 庚申	7月29日	四緑 庚寅	閏6月28日	八白 己未	6月27日	三碧 戊子
21	11月3日	二黒 壬戌	10月2日	五黄 壬辰	9月1日	九紫 辛酉	8月1日	三碧 辛卯	閏6月29日	七赤 庚申	6月28日	二黒 己丑
22	11月4日	一白 癸亥	10月3日	四緑 癸巳	9月2日	八白 壬戌	8月2日	二黒 壬辰	閏6月30日	六白 辛酉	6月29日	一白 庚寅
23	11月5日	一白 甲子	10月4日	三碧 甲午	9月3日	七赤 癸亥	8月3日	一白 癸巳	7月1日	五黄 壬戌	6月30日	九紫 辛卯
24	11月6日	二黒 乙丑	10月5日	二黒 乙未	9月4日	六白 甲子	8月4日	九紫 甲午	7月2日	四緑 癸亥	閏6月1日	八白 壬辰
25	11月7日	三碧 丙寅	10月6日	一白 丙申	9月5日	五黄 乙丑	8月5日	八白 乙未	7月3日	三碧 甲子	閏6月2日	七赤 癸巳
26	11月8日	四緑 丁卯	10月7日	九紫 丁酉	9月6日	四緑 丙寅	8月6日	七赤 丙申	7月4日	二黒 乙丑	閏6月3日	六白 甲午
27	11月9日	五黄 戊辰	10月8日	八白 戊戌	9月7日	三碧 丁卯	8月7日	六白 丁酉	7月5日	一白 丙寅	閏6月4日	五黄 乙未
28	11月10日	六白 己巳	10月9日	七赤 己亥	9月8日	二黒 戊辰	8月8日	五黄 戊戌	7月6日	九紫 丁卯	閏6月5日	四緑 丙申
29	11月11日	七赤 庚午	10月10日	六白 庚子	9月9日	一白 己巳	8月9日	四緑 己亥	7月7日	八白 戊辰	閏6月6日	三碧 丁酉
30	11月12日	八白 辛未	10月11日	五黄 辛丑	9月10日	九紫 庚午	8月10日	三碧 庚子	7月8日	七赤 己巳	閏6月7日	二黒 戊戌
31	11月13日	九紫 壬申			9月11日	八白 辛未			7月9日	六白 庚午	閏6月8日	一白 己亥

6月壬午			5月辛巳			4月庚辰			3月己卯			2月戊寅			1月丁丑			
5日 22：03			5日 17：44			5日 00：14			5日 19：17			5日 01：09			6日 13：28			
21日 14：46			21日 06：41			20日 07：22			20日 20：10			19日 21：02			21日 06：48			
七赤金星			八白土星			九紫火星			一白水星			二黒土星			三碧木星			
4月19日	九紫	乙巳	3月17日	五黄	甲戌	2月16日	二黒	甲辰	1月15日	七赤	癸酉	12月15日	五黄	甲辰	11月14日	一白	癸酉	1
4月20日	一白	丙午	3月18日	六白	乙亥	2月17日	三碧	乙巳	1月16日	八白	甲戌	12月16日	六白	乙巳	11月15日	二黒	甲戌	2
4月21日	二黒	丁未	3月19日	七赤	丙子	2月18日	四緑	丙午	1月17日	九紫	乙亥	12月17日	七赤	丙午	11月16日	三碧	乙亥	3
4月22日	三碧	戊申	3月20日	八白	丁丑	2月19日	五黄	丁未	1月18日	一白	丙子	12月18日	八白	丁未	11月17日	四緑	丙子	4
4月23日	四緑	己酉	3月21日	九紫	戊寅	2月20日	六白	戊申	1月19日	二黒	丁丑	12月19日	九紫	戊申	11月18日	五黄	丁丑	5
4月24日	五黄	庚戌	3月22日	一白	己卯	2月21日	七赤	己酉	1月20日	三碧	戊寅	12月20日	一白	己酉	11月19日	六白	戊寅	6
4月25日	六白	辛亥	3月23日	二黒	庚辰	2月22日	八白	庚戌	1月21日	四緑	己卯	12月21日	二黒	庚戌	11月20日	七赤	己卯	7
4月26日	七赤	壬子	3月24日	三碧	辛巳	2月23日	九紫	辛亥	1月22日	五黄	庚辰	12月22日	三碧	辛亥	11月21日	八白	庚辰	8
4月27日	八白	癸丑	3月25日	四緑	壬午	2月24日	一白	壬子	1月23日	六白	辛巳	12月23日	四緑	壬子	11月22日	九紫	辛巳	9
4月28日	九紫	甲寅	3月26日	五黄	癸未	2月25日	二黒	癸丑	1月24日	七赤	壬午	12月24日	五黄	癸丑	11月23日	一白	壬午	10
4月29日	一白	乙卯	3月27日	六白	甲申	2月26日	三碧	甲寅	1月25日	八白	癸未	12月25日	六白	甲寅	11月24日	二黒	癸未	11
4月30日	二黒	丙辰	3月28日	七赤	乙酉	2月27日	四緑	乙卯	1月26日	九紫	甲申	12月26日	七赤	乙卯	11月25日	三碧	甲申	12
5月1日	三碧	丁巳	3月29日	八白	丙戌	2月28日	五黄	丙辰	1月27日	一白	乙酉	12月27日	八白	丙辰	11月26日	四緑	乙酉	13
5月2日	四緑	戊午	4月1日	九紫	丁亥	2月29日	六白	丁巳	1月28日	二黒	丙戌	12月28日	九紫	丁巳	11月27日	五黄	丙戌	14
5月3日	五黄	己未	4月2日	一白	戊子	3月1日	七赤	戊午	1月29日	三碧	丁亥	12月29日	一白	戊午	11月28日	六白	丁亥	15
5月4日	六白	庚申	4月3日	二黒	己丑	3月2日	八白	己未	1月30日	四緑	戊子	1月1日	二黒	己未	11月29日	七赤	戊子	16
5月5日	七赤	辛酉	4月4日	三碧	庚寅	3月3日	九紫	庚申	2月1日	五黄	己丑	1月2日	三碧	庚申	11月30日	八白	己丑	17
5月6日	八白	壬戌	4月5日	四緑	辛卯	3月4日	一白	辛酉	2月2日	六白	庚寅	1月3日	四緑	辛酉	12月1日	九紫	庚寅	18
5月7日	九紫	癸亥	4月6日	五黄	壬辰	3月5日	二黒	壬戌	2月3日	七赤	辛卯	1月4日	五黄	壬戌	12月2日	一白	辛卯	19
5月8日	九紫	甲子	4月7日	六白	癸巳	3月6日	三碧	癸亥	2月4日	八白	壬辰	1月5日	六白	癸亥	12月3日	二黒	壬辰	20
5月9日	八白	乙丑	4月8日	七赤	甲午	3月7日	四緑	甲子	2月5日	九紫	癸巳	1月6日	七赤	甲子	12月4日	三碧	癸巳	21
5月10日	七赤	丙寅	4月9日	八白	乙未	3月8日	五黄	乙丑	2月6日	一白	甲午	1月7日	八白	乙丑	12月5日	四緑	甲午	22
5月11日	六白	丁卯	4月10日	九紫	丙申	3月9日	六白	丙寅	2月7日	二黒	乙未	1月8日	九紫	丙寅	12月6日	五黄	乙未	23
5月12日	五黄	戊辰	4月11日	一白	丁酉	3月10日	七赤	丁卯	2月8日	三碧	丙申	1月9日	一白	丁卯	12月7日	六白	丙申	24
5月13日	四緑	己巳	4月12日	二黒	戊戌	3月11日	八白	戊辰	2月9日	四緑	丁酉	1月10日	二黒	戊辰	12月8日	七赤	丁酉	25
5月14日	三碧	庚午	4月13日	三碧	己亥	3月12日	九紫	己巳	2月10日	五黄	戊戌	1月11日	三碧	己巳	12月9日	八白	戊戌	26
5月15日	二黒	辛未	4月14日	四緑	庚子	3月13日	一白	庚午	2月11日	六白	己亥	1月12日	四緑	庚午	12月10日	九紫	己亥	27
5月16日	一白	壬申	4月15日	五黄	辛丑	3月14日	二黒	辛未	2月12日	七赤	庚子	1月13日	五黄	辛未	12月11日	一白	庚子	28
5月17日	九紫	癸酉	4月16日	六白	壬寅	3月15日	三碧	壬申	2月13日	八白	辛丑	1月14日	六白	壬申	12月12日	二黒	辛丑	29
5月18日	八白	甲戌	4月17日	七赤	癸卯	3月16日	四緑	癸酉	2月14日	九紫	壬寅				12月13日	三碧	壬寅	30
			4月18日	八白	甲辰				2月15日	一白	癸卯				12月14日	四緑	癸卯	31

114

	昭和55年		1980年		庚申年		二黒土星				
	12月戊子		11月丁亥		10月丙戌		9月乙酉		8月甲申		7月癸未	
	7日 08:00		7日 15:17		8日 12:19		7日 20:54		7日 18:09		7日 08:23	
	22日 01:55		22日 12:40		23日 15:17		23日 06:09		23日 08:41		23日 01:42	
	一白水星		二黒土星		三碧木星		四緑木星		五黄土星		六白金星	
1	10月24日	七赤 戊申	9月24日	一白 戊寅	8月23日	五黄 丁未	7月22日	八白 丁丑	6月21日	三碧 丙午	5月19日	七赤 乙巳
2	10月25日	六白 己酉	9月25日	九紫 己卯	8月24日	四緑 戊申	7月23日	七赤 戊寅	6月22日	二黒 丁未	5月20日	六白 丙午
3	10月26日	五黄 庚戌	9月26日	八白 庚辰	8月25日	三碧 己酉	7月24日	六白 己卯	6月23日	一白 戊申	5月21日	五黄 丁未
4	10月27日	四緑 辛亥	9月27日	七赤 辛巳	8月26日	二黒 庚戌	7月25日	五黄 庚辰	6月24日	九紫 己酉	5月22日	四緑 戊申
5	10月28日	三碧 壬子	9月28日	六白 壬午	8月27日	一白 辛亥	7月26日	四緑 辛巳	6月25日	八白 庚戌	5月23日	三碧 己酉
6	10月29日	二黒 癸丑	9月29日	五黄 癸未	8月28日	九紫 壬子	7月27日	三碧 壬午	6月26日	七赤 辛亥	5月24日	二黒 庚戌
7	11月1日	一白 甲寅	9月30日	四緑 甲申	8月29日	八白 癸丑	7月28日	二黒 癸未	6月27日	六白 壬子	5月25日	一白 辛亥
8	11月2日	九紫 乙卯	10月1日	三碧 乙酉	8月30日	七赤 甲寅	7月29日	一白 甲申	6月28日	五黄 癸丑	5月26日	九紫 壬子
9	11月3日	八白 丙辰	10月2日	二黒 丙戌	9月1日	六白 乙卯	8月1日	九紫 乙酉	6月29日	四緑 甲寅	5月27日	八白 癸丑
10	11月4日	七赤 丁巳	10月3日	一白 丁亥	9月2日	五黄 丙辰	8月2日	八白 丙戌	6月30日	三碧 乙卯	5月28日	七赤 甲寅
11	11月5日	六白 戊午	10月4日	九紫 戊子	9月3日	四緑 丁巳	8月3日	七赤 丁亥	7月1日	二黒 丙辰	5月29日	六白 乙卯
12	11月6日	五黄 己未	10月5日	八白 己丑	9月4日	三碧 戊午	8月4日	六白 戊子	7月2日	一白 丁巳	6月1日	五黄 丙辰
13	11月7日	四緑 庚申	10月6日	七赤 庚寅	9月5日	二黒 己未	8月5日	五黄 己丑	7月3日	九紫 戊午	6月2日	四緑 丁巳
14	11月8日	三碧 辛酉	10月7日	六白 辛卯	9月6日	一白 庚申	8月6日	四緑 庚寅	7月4日	八白 己未	6月3日	三碧 戊午
15	11月9日	二黒 壬戌	10月8日	五黄 壬辰	9月7日	九紫 辛酉	8月7日	三碧 辛卯	7月5日	七赤 庚申	6月4日	二黒 己未
16	11月10日	一白 癸亥	10月9日	四緑 癸巳	9月8日	八白 壬戌	8月8日	二黒 壬辰	7月6日	六白 辛酉	6月5日	一白 庚申
17	11月11日	一白 甲子	10月10日	三碧 甲午	9月9日	七赤 癸亥	8月9日	一白 癸巳	7月7日	五黄 壬戌	6月6日	九紫 辛酉
18	11月12日	二黒 乙丑	10月11日	二黒 乙未	9月10日	六白 甲子	8月10日	九紫 甲午	7月8日	四緑 癸亥	6月7日	八白 壬戌
19	11月13日	三碧 丙寅	10月12日	一白 丙申	9月11日	五黄 乙丑	8月11日	八白 乙未	7月9日	三碧 甲子	6月8日	七赤 癸亥
20	11月14日	四緑 丁卯	10月13日	九紫 丁酉	9月12日	四緑 丙寅	8月12日	七赤 丙申	7月10日	二黒 乙丑	6月9日	六白 甲子
21	11月15日	五黄 戊辰	10月14日	八白 戊戌	9月13日	三碧 丁卯	8月13日	六白 丁酉	7月11日	一白 丙寅	6月10日	五黄 乙丑
22	11月16日	六白 己巳	10月15日	七赤 己亥	9月14日	二黒 戊辰	8月14日	五黄 戊戌	7月12日	九紫 丁卯	6月11日	四緑 丙寅
23	11月17日	七赤 庚午	10月16日	六白 庚子	9月15日	一白 己巳	8月15日	四緑 己亥	7月13日	八白 戊辰	6月12日	三碧 丁卯
24	11月18日	八白 辛未	10月17日	五黄 辛丑	9月16日	九紫 庚午	8月16日	三碧 庚子	7月14日	七赤 己巳	6月13日	二黒 戊辰
25	11月19日	九紫 壬申	10月18日	四緑 壬寅	9月17日	八白 辛未	8月17日	二黒 辛丑	7月15日	六白 庚午	6月14日	一白 己巳
26	11月20日	一白 癸酉	10月19日	三碧 癸卯	9月18日	七赤 壬申	8月18日	一白 壬寅	7月16日	五黄 辛未	6月15日	九紫 庚午
27	11月21日	二黒 甲戌	10月20日	二黒 甲辰	9月19日	六白 癸酉	8月19日	九紫 癸卯	7月17日	四緑 壬申	6月16日	八白 辛未
28	11月22日	三碧 乙亥	10月21日	一白 乙巳	9月20日	五黄 甲戌	8月20日	八白 甲辰	7月18日	三碧 癸酉	6月17日	七赤 壬申
29	11月23日	四緑 丙子	10月22日	九紫 丙午	9月21日	四緑 乙亥	8月21日	七赤 乙巳	7月19日	二黒 甲戌	6月18日	六白 癸酉
30	11月24日	五黄 丁丑	10月23日	八白 丁未	9月22日	三碧 丙子	8月22日	六白 丙午	7月20日	一白 乙亥	6月19日	五黄 甲戌
31	11月25日	六白 戊寅			9月23日	二黒 丁丑			7月21日	九紫 丙子	6月20日	四緑 乙亥

6月甲午	5月癸巳	4月壬辰	3月辛卯	2月庚寅	1月己丑	
6日 03：51	5日 23：34	5日 06：05	6日 01：05	4日 06：56	5日 19：12	
21日 20：44	21日 12：38	20日 13：18	21日 02：03	19日 02：52	20日 12：36	
四緑木星	五黄土星	六白金星	七赤金星	八白土星	九紫火星	
4月29日	五黄	庚戌	3月27日	一白	己卯	2月27日	七赤	己酉	1月25日	三碧	戊寅	12月27日	二黒	庚戌	11月26日	七赤	己卯	1
5月1日	六白	辛亥	3月28日	二黒	庚辰	2月28日	八白	庚戌	1月26日	四緑	己卯	12月28日	三碧	辛亥	11月27日	八白	庚辰	2
5月2日	七赤	壬子	3月29日	三碧	辛巳	2月29日	九紫	辛亥	1月27日	五黄	庚辰	12月29日	四緑	壬子	11月28日	九紫	辛巳	3
5月3日	八白	癸丑	4月1日	四緑	壬午	2月30日	一白	壬子	1月28日	六白	辛巳	12月30日	五黄	癸丑	11月29日	一白	壬午	4
5月4日	九紫	甲寅	4月2日	五黄	癸未	3月1日	二黒	癸丑	1月29日	七赤	壬午	1月1日	六白	甲寅	11月30日	二黒	癸未	5
5月5日	一白	乙卯	4月3日	六白	甲申	3月2日	三碧	甲寅	2月1日	八白	癸未	1月2日	七赤	乙卯	12月1日	三碧	甲申	6
5月6日	二黒	丙辰	4月4日	七赤	乙酉	3月3日	四緑	乙卯	2月2日	九紫	甲申	1月3日	八白	丙辰	12月2日	四緑	乙酉	7
5月7日	三碧	丁巳	4月5日	八白	丙戌	3月4日	五黄	丙辰	2月3日	一白	乙酉	1月4日	九紫	丁巳	12月3日	五黄	丙戌	8
5月8日	四緑	戊午	4月6日	九紫	丁亥	3月5日	六白	丁巳	2月4日	二黒	丙戌	1月5日	一白	戊午	12月4日	六白	丁亥	9
5月9日	五黄	己未	4月7日	一白	戊子	3月6日	七赤	戊午	2月5日	三碧	丁亥	1月6日	二黒	己未	12月5日	七赤	戊子	10
5月10日	六白	庚申	4月8日	二黒	己丑	3月7日	八白	己未	2月6日	四緑	戊子	1月7日	三碧	庚申	12月6日	八白	己丑	11
5月11日	七赤	辛酉	4月9日	三碧	庚寅	3月8日	九紫	庚申	2月7日	五黄	己丑	1月8日	四緑	辛酉	12月7日	九紫	庚寅	12
5月12日	八白	壬戌	4月10日	四緑	辛卯	3月9日	一白	辛酉	2月8日	六白	庚寅	1月9日	五黄	壬戌	12月8日	一白	辛卯	13
5月13日	九紫	癸亥	4月11日	五黄	壬辰	3月10日	二黒	壬戌	2月9日	七赤	辛卯	1月10日	六白	癸亥	12月9日	二黒	壬辰	14
5月14日	九紫	甲子	4月12日	六白	癸巳	3月11日	三碧	癸亥	2月10日	八白	壬辰	1月11日	七赤	甲子	12月10日	三碧	癸巳	15
5月15日	八白	乙丑	4月13日	七赤	甲午	3月12日	四緑	甲子	2月11日	九紫	癸巳	1月12日	八白	乙丑	12月11日	四緑	甲午	16
5月16日	七赤	丙寅	4月14日	八白	乙未	3月13日	五黄	乙丑	2月12日	一白	甲午	1月13日	九紫	丙寅	12月12日	五黄	乙未	17
5月17日	六白	丁卯	4月15日	九紫	丙申	3月14日	六白	丙寅	2月13日	二黒	乙未	1月14日	一白	丁卯	12月13日	六白	丙申	18
5月18日	五黄	戊辰	4月16日	一白	丁酉	3月15日	七赤	丁卯	2月14日	三碧	丙申	1月15日	二黒	戊辰	12月14日	七赤	丁酉	19
5月19日	四緑	己巳	4月17日	二黒	戊戌	3月16日	八白	戊辰	2月15日	四緑	丁酉	1月16日	三碧	己巳	12月15日	八白	戊戌	20
5月20日	三碧	庚午	4月18日	三碧	己亥	3月17日	九紫	己巳	2月16日	五黄	戊戌	1月17日	四緑	庚午	12月16日	九紫	己亥	21
5月21日	二黒	辛未	4月19日	四緑	庚子	3月18日	一白	庚午	2月17日	六白	己亥	1月18日	五黄	辛未	12月17日	一白	庚子	22
5月22日	一白	壬申	4月20日	五黄	辛丑	3月19日	二黒	辛未	2月18日	七赤	庚子	1月19日	六白	壬申	12月18日	二黒	辛丑	23
5月23日	九紫	癸酉	4月21日	六白	壬寅	3月20日	三碧	壬申	2月19日	八白	辛丑	1月20日	七赤	癸酉	12月19日	三碧	壬寅	24
5月24日	八白	甲戌	4月22日	七赤	癸卯	3月21日	四緑	癸酉	2月20日	九紫	壬寅	1月21日	八白	甲戌	12月20日	四緑	癸卯	25
5月25日	七赤	乙亥	4月23日	八白	甲辰	3月22日	五黄	甲戌	2月21日	一白	癸卯	1月22日	九紫	乙亥	12月21日	五黄	甲辰	26
5月26日	六白	丙子	4月24日	九紫	乙巳	3月23日	六白	乙亥	2月22日	二黒	甲辰	1月23日	一白	丙子	12月22日	六白	乙巳	27
5月27日	五黄	丁丑	4月25日	一白	丙午	3月24日	七赤	丙子	2月23日	三碧	乙巳	1月24日	二黒	丁丑	12月23日	七赤	丙午	28
5月28日	四緑	戊寅	4月26日	二黒	丁未	3月25日	八白	丁丑	2月24日	四緑	丙午				12月24日	八白	丁未	29
5月29日	三碧	己卯	4月27日	三碧	戊申	3月26日	九紫	戊寅	2月25日	五黄	丁未				12月25日	九紫	戊申	30
			4月28日	四緑	己酉				2月26日	六白	戊申				12月26日	一白	己酉	31

昭和56年			1981年			辛酉年			一白水星		
12月庚子			11月己亥			10月戊戌			9月丁酉			8月丙申			7月乙未
7日 13：50			7日 21：07			8日 18：09			8日 02：44			7日 23：58			7日 14：11
22日 07：50			22日 18：35			23日 21：12			23日 12：05			23日 14：39			23日 07：40
七赤金星			八白土星			九紫火星			一白水星			二黒土星			三碧木星

1	11月6日	二黒	癸丑	10月5日	五黄	癸未	9月4日	九紫	壬子	8月4日	三碧	壬午	7月2日	七赤	辛亥	5月30日	二黒	庚寅
2	11月7日	一白	甲寅	10月6日	四緑	甲申	9月5日	八白	癸丑	8月5日	二黒	癸未	7月3日	六白	壬子	6月1日	一白	辛卯
3	11月8日	九紫	乙卯	10月7日	三碧	乙酉	9月6日	七赤	甲寅	8月6日	一白	甲申	7月4日	五黄	癸丑	6月2日	九紫	壬辰
4	11月9日	八白	丙辰	10月8日	二黒	丙戌	9月7日	六白	乙卯	8月7日	九紫	乙酉	7月5日	四緑	甲寅	6月3日	八白	癸巳
5	11月10日	七赤	丁巳	10月9日	一白	丁亥	9月8日	五黄	丙辰	8月8日	八白	丙戌	7月6日	三碧	乙卯	6月4日	七赤	甲午
6	11月11日	六白	戊午	10月10日	九紫	戊子	9月9日	四緑	丁巳	8月9日	七赤	丁亥	7月7日	二黒	丙辰	6月5日	六白	乙未
7	11月12日	五黄	己未	10月11日	八白	己丑	9月10日	三碧	戊午	8月10日	六白	戊子	7月8日	一白	丁巳	6月6日	五黄	丙申
8	11月13日	四緑	庚申	10月12日	七赤	庚寅	9月11日	二黒	己未	8月11日	五黄	己丑	7月9日	九紫	戊午	6月7日	四緑	丁酉
9	11月14日	三碧	辛酉	10月13日	六白	辛卯	9月12日	一白	庚申	8月12日	四緑	庚寅	7月10日	八白	己未	6月8日	三碧	戊戌
10	11月15日	二黒	壬戌	10月14日	五黄	壬辰	9月13日	九紫	辛酉	8月13日	三碧	辛卯	7月11日	七赤	庚申	6月9日	二黒	己丑
11	11月16日	一白	癸亥	10月15日	四緑	癸巳	9月14日	八白	壬戌	8月14日	二黒	壬辰	7月12日	六白	辛酉	6月10日	一白	庚寅
12	11月17日	一白	甲子	10月16日	三碧	甲午	9月15日	七赤	癸亥	8月15日	一白	癸巳	7月13日	五黄	壬戌	6月11日	九紫	辛卯
13	11月18日	二黒	乙丑	10月17日	二黒	乙未	9月16日	六白	甲子	8月16日	九紫	甲午	7月14日	四緑	癸亥	6月12日	八白	壬辰
14	11月19日	三碧	丙寅	10月18日	一白	丙申	9月17日	五黄	乙丑	8月17日	八白	乙未	7月15日	三碧	甲子	6月13日	七赤	癸巳
15	11月20日	四緑	丁卯	10月19日	九紫	丁酉	9月18日	四緑	丙寅	8月18日	七赤	丙申	7月16日	二黒	乙丑	6月14日	六白	甲午
16	11月21日	五黄	戊辰	10月20日	八白	戊戌	9月19日	三碧	丁卯	8月19日	六白	丁酉	7月17日	一白	丙寅	6月15日	五黄	乙未
17	11月22日	六白	己巳	10月21日	七赤	己亥	9月20日	二黒	戊辰	8月20日	五黄	戊戌	7月18日	九紫	丁卯	6月16日	四緑	丙申
18	11月23日	七赤	庚午	10月22日	六白	庚子	9月21日	一白	己巳	8月21日	四緑	己亥	7月19日	八白	戊辰	6月17日	三碧	丁酉
19	11月24日	八白	辛未	10月23日	五黄	辛丑	9月22日	九紫	庚午	8月22日	三碧	庚子	7月20日	七赤	己巳	6月18日	二黒	戊戌
20	11月25日	九紫	壬申	10月24日	四緑	壬寅	9月23日	八白	辛未	8月23日	二黒	辛丑	7月21日	六白	庚午	6月19日	一白	己亥
21	11月26日	一白	癸酉	10月25日	三碧	癸卯	9月24日	七赤	壬申	8月24日	一白	壬寅	7月22日	五黄	辛未	6月20日	九紫	庚子
22	11月27日	二黒	甲戌	10月26日	二黒	甲辰	9月25日	六白	癸酉	8月25日	九紫	癸卯	7月23日	四緑	壬申	6月21日	八白	辛丑
23	11月28日	三碧	乙亥	10月27日	一白	乙巳	9月26日	五黄	甲戌	8月26日	八白	甲辰	7月24日	三碧	癸酉	6月22日	七赤	壬寅
24	11月29日	四緑	丙子	10月28日	九紫	丙午	9月27日	四緑	乙亥	8月27日	七赤	乙巳	7月25日	二黒	甲戌	6月23日	六白	癸卯
25	11月30日	五黄	丁丑	10月29日	八白	丁未	9月28日	三碧	丙子	8月28日	六白	丙午	7月26日	一白	乙亥	6月24日	五黄	甲辰
26	12月1日	六白	戊寅	11月1日	七赤	戊申	9月29日	二黒	丁丑	8月29日	五黄	丁未	7月27日	九紫	丙子	6月25日	四緑	乙巳
27	12月2日	七赤	己卯	11月2日	六白	己酉	9月30日	一白	戊寅	8月30日	四緑	戊申	7月28日	八白	丁丑	6月26日	三碧	丙午
28	12月3日	八白	庚辰	11月3日	五黄	庚戌	10月1日	九紫	己卯	9月1日	三碧	己酉	7月29日	七赤	戊寅	6月27日	二黒	丁未
29	12月4日	九紫	辛巳	11月4日	四緑	辛亥	10月2日	八白	庚辰	9月2日	二黒	庚戌	8月1日	六白	己卯	6月28日	一白	戊申
30	12月5日	一白	壬午	11月5日	三碧	壬子	10月3日	七赤	辛巳	9月3日	一白	辛亥	8月2日	五黄	庚辰	6月29日	九紫	己酉
31	12月6日	二黒	癸未				10月4日	六白	壬午				8月3日	四緑	辛巳	7月1日	八白	庚戌

6月丙午	5月乙巳	4月甲辰	3月癸卯	2月壬寅	1月辛丑	
6日 09:35	6日 05:18	5日 11:52	6日 06:55	4日 12:46	6日 01:02	
22日 02:22	21日 18:21	20日 19:06	21日 07:56	19日 08:47	20日 18:31	
一白水星	二黒土星	三碧木星	四緑木星	五黄土星	六白金星	
閏4月10日 一白 乙卯	4月8日 六白 甲申	3月8日 三碧 甲寅	2月6日 八白 癸未	1月8日 七赤 乙卯	12月7日 三碧 甲申	1
閏4月11日 二黒 丙辰	4月9日 七赤 乙酉	3月9日 四緑 乙卯	2月7日 九紫 甲申	1月9日 八白 丙辰	12月8日 四緑 乙酉	2
閏4月12日 三碧 丁巳	4月10日 八白 丙戌	3月10日 五黄 丙辰	2月8日 一白 乙酉	1月10日 九紫 丁巳	12月9日 五黄 丙戌	3
閏4月13日 四緑 戊午	4月11日 九紫 丁亥	3月11日 六白 丁巳	2月9日 二黒 丙戌	1月11日 一白 戊午	12月10日 六白 丁亥	4
閏4月14日 五黄 己未	4月12日 一白 戊子	3月12日 七赤 戊午	2月10日 三碧 丁亥	1月12日 二黒 己未	12月11日 七赤 戊子	5
閏4月15日 六白 庚申	4月13日 二黒 己丑	3月13日 八白 己未	2月11日 四緑 戊子	1月13日 三碧 庚申	12月12日 八白 己丑	6
閏4月16日 七赤 辛酉	4月14日 三碧 庚寅	3月14日 九紫 庚申	2月12日 五黄 己丑	1月14日 四緑 辛酉	12月13日 九紫 庚寅	7
閏4月17日 八白 壬戌	4月15日 四緑 辛卯	3月15日 一白 辛酉	2月13日 六白 庚寅	1月15日 五黄 壬戌	12月14日 一白 辛卯	8
閏4月18日 九紫 癸亥	4月16日 五黄 壬辰	3月16日 二黒 壬戌	2月14日 七赤 辛卯	1月16日 六白 癸亥	12月15日 二黒 壬辰	9
閏4月19日 九紫 甲子	4月17日 六白 癸巳	3月17日 三碧 癸亥	2月15日 八白 壬辰	1月17日 七赤 甲子	12月16日 三碧 癸巳	10
閏4月20日 八白 乙丑	4月18日 七赤 甲午	3月18日 四緑 甲子	2月16日 九紫 癸巳	1月18日 八白 乙丑	12月17日 四緑 甲午	11
閏4月21日 七赤 丙寅	4月19日 八白 乙未	3月19日 五黄 乙丑	2月17日 一白 甲午	1月19日 九紫 丙寅	12月18日 五黄 乙未	12
閏4月22日 六白 丁卯	4月20日 九紫 丙申	3月20日 六白 丙寅	2月18日 二黒 乙未	1月20日 一白 丁卯	12月19日 六白 丙申	13
閏4月23日 五黄 戊辰	4月21日 一白 丁酉	3月21日 七赤 丁卯	2月19日 三碧 丙申	1月21日 二黒 戊辰	12月20日 七赤 丁酉	14
閏4月24日 四緑 己巳	4月22日 二黒 戊戌	3月22日 八白 戊辰	2月20日 四緑 丁酉	1月22日 三碧 己巳	12月21日 八白 戊戌	15
閏4月25日 三碧 庚午	4月23日 三碧 己亥	3月23日 九紫 己巳	2月21日 五黄 戊戌	1月23日 四緑 庚午	12月22日 九紫 己亥	16
閏4月26日 二黒 辛未	4月24日 四緑 庚子	3月24日 一白 庚午	2月22日 六白 己亥	1月24日 五黄 辛未	12月23日 一白 庚子	17
閏4月27日 一白 壬申	4月25日 五黄 辛丑	3月25日 二黒 辛未	2月23日 七赤 庚子	1月25日 六白 壬申	12月24日 二黒 辛丑	18
閏4月28日 九紫 癸酉	4月26日 六白 壬寅	3月26日 三碧 壬申	2月24日 八白 辛丑	1月26日 七赤 癸酉	12月25日 三碧 壬寅	19
閏4月29日 八白 甲戌	4月27日 七赤 癸卯	3月27日 四緑 癸酉	2月25日 九紫 壬寅	1月27日 八白 甲戌	12月26日 四緑 癸卯	20
5月1日 七赤 乙亥	4月28日 八白 甲辰	3月28日 五黄 甲戌	2月26日 一白 癸卯	1月28日 九紫 乙亥	12月27日 五黄 甲辰	21
5月2日 六白 丙子	4月29日 九紫 乙巳	3月29日 六白 乙亥	2月27日 二黒 甲辰	1月29日 一白 丙子	12月28日 六白 乙巳	22
5月3日 五黄 丁丑	閏4月1日 一白 丙午	3月30日 七赤 丙子	2月28日 三碧 乙巳	1月30日 二黒 丁丑	12月29日 七赤 丙午	23
5月4日 四緑 戊寅	閏4月2日 二黒 丁未	4月1日 八白 丁丑	2月29日 四緑 丙午	2月1日 三碧 戊寅	12月30日 八白 丁未	24
5月5日 三碧 己卯	閏4月3日 三碧 戊申	4月2日 九紫 戊寅	3月1日 五黄 丁未	2月2日 四緑 己卯	1月1日 九紫 戊申	25
5月6日 二黒 庚辰	閏4月4日 四緑 己酉	4月3日 一白 己卯	3月2日 六白 戊申	2月3日 五黄 庚辰	1月2日 一白 己酉	26
5月7日 一白 辛巳	閏4月5日 五黄 庚戌	4月4日 二黒 庚辰	3月3日 七赤 己酉	2月4日 六白 辛巳	1月3日 二黒 庚戌	27
5月8日 九紫 壬午	閏4月6日 六白 辛亥	4月5日 三碧 辛巳	3月4日 八白 庚戌	2月5日 七赤 壬午	1月4日 三碧 辛亥	28
5月9日 八白 癸未	閏4月7日 七赤 壬子	4月6日 四緑 壬午	3月5日 九紫 辛亥		1月5日 四緑 壬子	29
5月10日 七赤 甲申	閏4月8日 八白 癸丑	4月7日 五黄 癸未	3月6日 一白 壬子		1月6日 五黄 癸丑	30
	閏4月9日 九紫 甲寅		3月7日 二黒 癸丑		1月7日 六白 甲寅	31

118

昭和57年		1982年		壬戌年		九紫火星					
12月壬子		11月辛亥		10月庚戌		9月己酉		8月戊申		7月丁未	
7日 19：47		8日 03：03		9日 00：01		8日 08：32		8日 05：42		7日 19：54	
22日 13：38		23日 00：22		24日 02：57		23日 17：46		23日 20：16		23日 13：16	
四緑木星		五黄土星		六白金星		七赤金星		八白土星		九紫火星	

1	10月16日	六白	戊午	9月16日	九紫	戊子	8月15日	四緑	丁巳	7月14日	七赤	丁亥	6月12日	二黒	丙辰	5月11日	六白	乙酉
2	10月17日	五黄	己未	9月17日	八白	己丑	8月16日	三碧	戊午	7月15日	六白	戊子	6月13日	一白	丁巳	5月12日	五黄	丙戌
3	10月18日	四緑	庚申	9月18日	七赤	庚寅	8月17日	二黒	己未	7月16日	五黄	己丑	6月14日	九紫	戊午	5月13日	四緑	丁亥
4	10月19日	三碧	辛酉	9月19日	六白	辛卯	8月18日	一白	庚申	7月17日	四緑	庚寅	6月15日	八白	己未	5月14日	三碧	戊子
5	10月20日	二黒	壬戌	9月20日	五黄	壬辰	8月19日	九紫	辛酉	7月18日	三碧	辛卯	6月16日	七赤	庚申	5月15日	二黒	己丑
6	10月21日	一白	癸亥	9月21日	四緑	癸巳	8月20日	八白	壬戌	7月19日	二黒	壬辰	6月17日	六白	辛酉	5月16日	一白	庚寅
7	10月22日	一白	甲子	9月22日	三碧	甲午	8月21日	七赤	癸亥	7月20日	一白	癸巳	6月18日	五黄	壬戌	5月17日	九紫	辛卯
8	10月23日	二黒	乙丑	9月23日	二黒	乙未	8月22日	六白	甲子	7月21日	九紫	甲午	6月19日	四緑	癸亥	5月18日	八白	壬辰
9	10月24日	三碧	丙寅	9月24日	一白	丙申	8月23日	五黄	乙丑	7月22日	八白	乙未	6月20日	三碧	甲子	5月19日	七赤	癸巳
10	10月25日	四緑	丁卯	9月25日	九紫	丁酉	8月24日	四緑	丙寅	7月23日	七赤	丙申	6月21日	二黒	乙丑	5月20日	六白	甲午
11	10月26日	五黄	戊辰	9月26日	八白	戊戌	8月25日	三碧	丁卯	7月24日	六白	丁酉	6月22日	一白	丙寅	5月21日	五黄	乙未
12	10月27日	六白	己巳	9月27日	七赤	己亥	8月26日	二黒	戊辰	7月25日	五黄	戊戌	6月23日	九紫	丁卯	5月22日	四緑	丙申
13	10月28日	七赤	庚午	9月28日	六白	庚子	8月27日	一白	己巳	7月26日	四緑	己亥	6月24日	八白	戊辰	5月23日	三碧	丁酉
14	10月29日	八白	辛未	9月29日	五黄	辛丑	8月28日	九紫	庚午	7月27日	三碧	庚子	6月25日	七赤	己巳	5月24日	二黒	戊戌
15	11月1日	九紫	壬申	9月30日	四緑	壬寅	8月29日	八白	辛未	7月28日	二黒	辛丑	6月26日	六白	庚午	5月25日	一白	己亥
16	11月2日	一白	癸酉	10月1日	三碧	癸卯	8月30日	七赤	壬申	7月29日	一白	壬寅	6月27日	五黄	辛未	5月26日	九紫	庚子
17	11月3日	二黒	甲戌	10月2日	二黒	甲辰	9月1日	六白	癸酉	8月1日	九紫	癸卯	6月28日	四緑	壬申	5月27日	八白	辛丑
18	11月4日	三碧	乙亥	10月3日	一白	乙巳	9月2日	五黄	甲戌	8月2日	八白	甲辰	6月29日	三碧	癸酉	5月28日	七赤	壬寅
19	11月5日	四緑	丙子	10月4日	九紫	丙午	9月3日	四緑	乙亥	8月3日	七赤	乙巳	7月1日	二黒	甲戌	5月29日	六白	癸卯
20	11月6日	五黄	丁丑	10月5日	八白	丁未	9月4日	三碧	丙子	8月4日	六白	丙午	7月2日	一白	乙亥	5月30日	五黄	甲辰
21	11月7日	六白	戊寅	10月6日	七赤	戊申	9月5日	二黒	丁丑	8月5日	五黄	丁未	7月3日	九紫	丙子	6月1日	四緑	乙巳
22	11月8日	七赤	己卯	10月7日	六白	己酉	9月6日	一白	戊寅	8月6日	四緑	戊申	7月4日	八白	丁丑	6月2日	三碧	丙午
23	11月9日	八白	庚辰	10月8日	五黄	庚戌	9月7日	九紫	己卯	8月7日	三碧	己酉	7月5日	七赤	戊寅	6月3日	二黒	丁未
24	11月10日	九紫	辛巳	10月9日	四緑	辛亥	9月8日	八白	庚辰	8月8日	二黒	庚戌	7月6日	六白	己卯	6月4日	一白	戊申
25	11月11日	一白	壬午	10月10日	三碧	壬子	9月9日	七赤	辛巳	8月9日	一白	辛亥	7月7日	五黄	庚辰	6月5日	九紫	己酉
26	11月12日	二黒	癸未	10月11日	二黒	癸丑	9月10日	六白	壬午	8月10日	九紫	壬子	7月8日	四緑	辛巳	6月6日	八白	庚戌
27	11月13日	三碧	甲申	10月12日	一白	甲寅	9月11日	五黄	癸未	8月11日	八白	癸丑	7月9日	三碧	壬午	6月7日	七赤	辛亥
28	11月14日	四緑	乙酉	10月13日	九紫	乙卯	9月12日	四緑	甲申	8月12日	七赤	甲寅	7月10日	二黒	癸未	6月8日	六白	壬子
29	11月15日	五黄	丙戌	10月14日	八白	丙辰	9月13日	三碧	乙酉	8月13日	六白	乙卯	7月11日	一白	甲申	6月9日	五黄	癸丑
30	11月16日	六白	丁亥	10月15日	七赤	丁巳	9月14日	二黒	丙戌	8月14日	五黄	丙辰	7月12日	九紫	乙酉	6月10日	四緑	甲寅
31	11月17日	七赤	戊子				9月15日	一白	丁亥				7月13日	八白	丙戌	6月11日	三碧	乙卯

6月戊午	5月丁巳	4月丙辰	3月乙卯	2月甲寅	1月癸丑	
6日 15：25	6日 11：09	5日 17：43	6日 12：47	4日 18：40	6日 06：59	
22日 08：08	22日 00：05	21日 00：49	21日 13：38	19日 14：31	21日 00：17	
七赤金星	八白土星	九紫火星	一白水星	二黒土星	三碧木星	
4月20日 六白 庚申	3月19日 二黒 己丑	2月18日 八白 己未	1月17日 四緑 戊子	12月19日 三碧 庚申	11月18日 八白 己丑	1
4月21日 七赤 辛酉	3月20日 三碧 庚寅	2月19日 九紫 庚申	1月18日 五黄 己丑	12月20日 四緑 辛酉	11月19日 九紫 庚寅	2
4月22日 八白 壬戌	3月21日 四緑 辛卯	2月20日 一白 辛酉	1月19日 六白 庚寅	12月21日 五黄 壬戌	11月20日 一白 辛卯	3
4月23日 九紫 癸亥	3月22日 五黄 壬辰	2月21日 二黒 壬戌	1月20日 七赤 辛卯	12月22日 六白 癸亥	11月21日 二黒 壬辰	4
4月24日 九紫 甲子	3月23日 六白 癸巳	2月22日 三碧 癸亥	1月21日 八白 壬辰	12月23日 七赤 甲子	11月22日 三碧 癸巳	5
4月25日 八白 乙丑	3月24日 七赤 甲午	2月23日 四緑 甲子	1月22日 九紫 癸巳	12月24日 八白 乙丑	11月23日 四緑 甲午	6
4月26日 七赤 丙寅	3月25日 八白 乙未	2月24日 五黄 乙丑	1月23日 一白 甲午	12月25日 九紫 丙寅	11月24日 五黄 乙未	7
4月27日 六白 丁卯	3月26日 九紫 丙申	2月25日 六白 丙寅	1月24日 二黒 乙未	12月26日 一白 丁卯	11月25日 六白 丙申	8
4月28日 五黄 戊辰	3月27日 一白 丁酉	2月26日 七赤 丁卯	1月25日 三碧 丙申	12月27日 二黒 戊辰	11月26日 七赤 丁酉	9
4月29日 四緑 己巳	3月28日 二黒 戊戌	2月27日 八白 戊辰	1月26日 四緑 丁酉	12月28日 三碧 己巳	11月27日 八白 戊戌	10
5月1日 三碧 庚午	3月29日 三碧 己亥	2月28日 九紫 己巳	1月27日 五黄 戊戌	12月29日 四緑 庚午	11月28日 九紫 己亥	11
5月2日 二黒 辛未	3月30日 四緑 庚子	2月29日 一白 庚午	1月28日 六白 己亥	12月30日 五黄 辛未	11月29日 一白 庚子	12
5月3日 一白 壬申	4月1日 五黄 辛丑	3月1日 二黒 辛未	1月29日 七赤 庚子	1月1日 六白 壬申	11月30日 二黒 辛丑	13
5月4日 九紫 癸酉	4月2日 六白 壬寅	3月2日 三碧 壬申	1月30日 八白 辛丑	1月2日 七赤 癸酉	12月1日 三碧 壬寅	14
5月5日 八白 甲戌	4月3日 七赤 癸卯	3月3日 四緑 癸酉	2月1日 九紫 壬寅	1月3日 八白 甲戌	12月2日 四緑 癸卯	15
5月6日 七赤 乙亥	4月4日 八白 甲辰	3月4日 五黄 甲戌	2月2日 一白 癸卯	1月4日 九紫 乙亥	12月3日 五黄 甲辰	16
5月7日 六白 丙子	4月5日 九紫 乙巳	3月5日 六白 乙亥	2月3日 二黒 甲辰	1月5日 一白 丙子	12月4日 六白 乙巳	17
5月8日 五黄 丁丑	4月6日 一白 丙午	3月6日 七赤 丙子	2月4日 三碧 乙巳	1月6日 二黒 丁丑	12月5日 七赤 丙午	18
5月9日 四緑 戊寅	4月7日 二黒 丁未	3月7日 八白 丁丑	2月5日 四緑 丙午	1月7日 三碧 戊寅	12月6日 八白 丁未	19
5月10日 三碧 己卯	4月8日 三碧 戊申	3月8日 九紫 戊寅	2月6日 五黄 丁未	1月8日 四緑 己卯	12月7日 九紫 戊申	20
5月11日 二黒 庚辰	4月9日 四緑 己酉	3月9日 一白 己卯	2月7日 六白 戊申	1月9日 五黄 庚辰	12月8日 一白 己酉	21
5月12日 一白 辛巳	4月10日 五黄 庚戌	3月10日 二黒 庚辰	2月8日 七赤 己酉	1月10日 六白 辛巳	12月9日 二黒 庚戌	22
5月13日 九紫 壬午	4月11日 六白 辛亥	3月11日 三碧 辛巳	2月9日 八白 庚戌	1月11日 七赤 壬午	12月10日 三碧 辛亥	23
5月14日 八白 癸未	4月12日 七赤 壬子	3月12日 四緑 壬午	2月10日 九紫 辛亥	1月12日 八白 癸未	12月11日 四緑 壬子	24
5月15日 七赤 甲申	4月13日 八白 癸丑	3月13日 五黄 癸未	2月11日 一白 壬子	1月13日 九紫 甲申	12月12日 五黄 癸丑	25
5月16日 六白 乙酉	4月14日 九紫 甲寅	3月14日 六白 甲申	2月12日 二黒 癸丑	1月14日 一白 乙酉	12月13日 六白 甲寅	26
5月17日 五黄 丙戌	4月15日 一白 乙卯	3月15日 七赤 乙酉	2月13日 三碧 甲寅	1月15日 二黒 丙戌	12月14日 七赤 乙卯	27
5月18日 四緑 丁亥	4月16日 二黒 丙辰	3月16日 八白 丙戌	2月14日 四緑 乙卯	1月16日 三碧 丁亥	12月15日 八白 丙辰	28
5月19日 三碧 戊子	4月17日 三碧 丁巳	3月17日 九紫 丁亥	2月15日 五黄 丙辰		12月16日 九紫 丁巳	29
5月20日 二黒 己丑	4月18日 四緑 戊午	3月18日 一白 戊子	2月16日 六白 丁巳		12月17日 一白 戊午	30
	4月19日 五黄 己未		2月17日 七赤 戊午		12月18日 二黒 己未	31

120

昭和58年			1983年			癸亥年			八白土星							
	12月甲子			11月癸亥			10月壬戌			9月辛酉			8月庚申			7月己未
	8日 01：33			8日 08：51			9日 05：50			8日 14：20			8日 11：30			8日 01：43
	22日 19：30			23日 06：17			24日 08：53			23日 23：41			24日 02：08			23日 19：05
	一白水星			二黒土星			三碧木星			四緑木星			五黄土星			六白金星
1	10月27日	一白	癸亥	9月27日	四緑	癸巳	8月25日	八白	壬戌	7月24日	二黒	壬辰	6月23日	六白	辛酉	5月21日	一白	庚寅
2	10月28日	一白	甲子	9月28日	三碧	甲午	8月26日	七赤	癸亥	7月25日	一白	癸巳	6月24日	五黄	壬戌	5月22日	九紫	辛卯
3	10月29日	二黒	乙丑	9月29日	二黒	乙未	8月27日	六白	甲子	7月26日	九紫	甲午	6月25日	四緑	癸亥	5月23日	八白	壬辰
4	11月1日	三碧	丙寅	9月30日	一白	丙申	8月28日	五黄	乙丑	7月27日	八白	乙未	6月26日	三碧	甲子	5月24日	七赤	癸巳
5	11月2日	四緑	丁卯	10月1日	九紫	丁酉	8月29日	四緑	丙寅	7月28日	七赤	丙申	6月27日	二黒	乙丑	5月25日	六白	甲午
6	11月3日	五黄	戊辰	10月2日	八白	戊戌	9月1日	三碧	丁卯	7月29日	六白	丁酉	6月28日	一白	丙寅	5月26日	五黄	乙未
7	11月4日	六白	己巳	10月3日	七赤	己亥	9月2日	二黒	戊辰	8月1日	五黄	戊戌	6月29日	九紫	丁卯	5月27日	四緑	丙申
8	11月5日	七赤	庚午	10月4日	六白	庚子	9月3日	一白	己巳	8月2日	四緑	己亥	6月30日	八白	戊辰	5月28日	三碧	丁酉
9	11月6日	八白	辛未	10月5日	五黄	辛丑	9月4日	九紫	庚午	8月3日	三碧	庚子	7月1日	七赤	己巳	5月29日	二黒	戊戌
10	11月7日	九紫	壬申	10月6日	四緑	壬寅	9月5日	八白	辛未	8月4日	二黒	辛丑	7月2日	六白	庚午	6月1日	一白	己亥
11	11月8日	一白	癸酉	10月7日	三碧	癸卯	9月6日	七赤	壬申	8月5日	一白	壬寅	7月3日	五黄	辛未	6月2日	九紫	庚子
12	11月9日	二黒	甲戌	10月8日	二黒	甲辰	9月7日	六白	癸酉	8月6日	九紫	癸卯	7月4日	四緑	壬申	6月3日	八白	辛丑
13	11月10日	三碧	乙亥	10月9日	一白	乙巳	9月8日	五黄	甲戌	8月7日	八白	甲辰	7月5日	三碧	癸酉	6月4日	七赤	壬寅
14	11月11日	四緑	丙子	10月10日	九紫	丙午	9月9日	四緑	乙亥	8月8日	七赤	乙巳	7月6日	二黒	甲戌	6月5日	六白	癸卯
15	11月12日	五黄	丁丑	10月11日	八白	丁未	9月10日	三碧	丙子	8月9日	六白	丙午	7月7日	一白	乙亥	6月6日	五黄	甲辰
16	11月13日	六白	戊寅	10月12日	七赤	戊申	9月11日	二黒	丁丑	8月10日	五黄	丁未	7月8日	九紫	丙子	6月7日	四緑	乙巳
17	11月14日	七赤	己卯	10月13日	六白	己酉	9月12日	一白	戊寅	8月11日	四緑	戊申	7月9日	八白	丁丑	6月8日	三碧	丙午
18	11月15日	八白	庚辰	10月14日	五黄	庚戌	9月13日	九紫	己卯	8月12日	三碧	己酉	7月10日	七赤	戊寅	6月9日	二黒	丁未
19	11月16日	九紫	辛巳	10月15日	四緑	辛亥	9月14日	八白	庚辰	8月13日	二黒	庚戌	7月11日	六白	己卯	6月10日	一白	戊申
20	11月17日	一白	壬午	10月16日	三碧	壬子	9月15日	七赤	辛巳	8月14日	一白	辛亥	7月12日	五黄	庚辰	6月11日	九紫	己酉
21	11月18日	二黒	癸未	10月17日	二黒	癸丑	9月16日	六白	壬午	8月15日	九紫	壬子	7月13日	四緑	辛巳	6月12日	八白	庚戌
22	11月19日	三碧	甲申	10月18日	一白	甲寅	9月17日	五黄	癸未	8月16日	八白	癸丑	7月14日	三碧	壬午	6月13日	七赤	辛亥
23	11月20日	四緑	乙酉	10月19日	九紫	乙卯	9月18日	四緑	甲申	8月17日	七赤	甲寅	7月15日	二黒	癸未	6月14日	六白	壬子
24	11月21日	五黄	丙戌	10月20日	八白	丙辰	9月19日	三碧	乙酉	8月18日	六白	乙卯	7月16日	一白	甲申	6月15日	五黄	癸丑
25	11月22日	六白	丁亥	10月21日	七赤	丁巳	9月20日	二黒	丙戌	8月19日	五黄	丙辰	7月17日	九紫	乙酉	6月16日	四緑	甲寅
26	11月23日	七赤	戊子	10月22日	六白	戊午	9月21日	一白	丁亥	8月20日	四緑	丁巳	7月18日	八白	丙戌	6月17日	三碧	乙卯
27	11月24日	八白	己丑	10月23日	五黄	己未	9月22日	九紫	戊子	8月21日	三碧	戊午	7月19日	七赤	丁亥	6月18日	二黒	丙辰
28	11月25日	九紫	庚寅	10月24日	四緑	庚申	9月23日	八白	己丑	8月22日	二黒	己未	7月20日	六白	戊子	6月19日	一白	丁巳
29	11月26日	一白	辛卯	10月25日	三碧	辛酉	9月24日	七赤	庚寅	8月23日	一白	庚申	7月21日	五黄	己丑	6月20日	九紫	戊午
30	11月27日	二黒	壬辰	10月26日	二黒	壬戌	9月25日	六白	辛卯	8月24日	九紫	辛酉	7月22日	四緑	庚寅	6月21日	八白	己未
31	11月28日	三碧	癸巳				9月26日	五黄	壬辰				7月23日	三碧	辛卯	6月22日	七赤	庚申

万年暦

6月庚午			5月己巳			4月戊辰			3月丁卯			2月丙寅			1月乙丑			
5日 21:08			5日 16:49			4日 23:21			5日 18:24			5日 00:19			6日 12:41			
21日 14:02			21日 05:56			20日 06:37			20日 19:24			19日 20:17			21日 06:06			
四緑木星			五黄土星			六白金星			七赤金星			八白土星			九紫火星			
5月2日	七赤	丙寅	4月1日	八白	乙未	3月1日	五黄	乙丑	1月29日	一白	甲午	12月30日	八白	乙丑	11月29日	四緑	甲午	1
5月3日	六白	丁卯	4月2日	九紫	丙申	3月2日	六白	丙寅	1月30日	二黒	乙未	1月1日	九紫	丙寅	11月30日	五黄	乙未	2
5月4日	五黄	戊辰	4月3日	一白	丁酉	3月3日	七赤	丁卯	2月1日	三碧	丙申	1月2日	一白	丁卯	12月1日	六白	丙申	3
5月5日	四緑	己巳	4月4日	二黒	戊戌	3月4日	八白	戊辰	2月2日	四緑	丁酉	1月3日	二黒	戊辰	12月2日	七赤	丁酉	4
5月6日	三碧	庚午	4月5日	三碧	己亥	3月5日	九紫	己巳	2月3日	五黄	戊戌	1月4日	三碧	己巳	12月3日	八白	戊戌	5
5月7日	二黒	辛未	4月6日	四緑	庚子	3月6日	一白	庚午	2月4日	六白	己亥	1月5日	四緑	庚午	12月4日	九紫	己亥	6
5月8日	一白	壬申	4月7日	五黄	辛丑	3月7日	二黒	辛未	2月5日	七赤	庚子	1月6日	五黄	辛未	12月5日	一白	庚子	7
5月9日	九紫	癸酉	4月8日	六白	壬寅	3月8日	三碧	壬申	2月6日	八白	辛丑	1月7日	六白	壬申	12月6日	二黒	辛丑	8
5月10日	八白	甲戌	4月9日	七赤	癸卯	3月9日	四緑	癸酉	2月7日	九紫	壬寅	1月8日	七赤	癸酉	12月7日	三碧	壬寅	9
5月11日	七赤	乙亥	4月10日	八白	甲辰	3月10日	五黄	甲戌	2月8日	一白	癸卯	1月9日	八白	甲戌	12月8日	四緑	癸卯	10
5月12日	六白	丙子	4月11日	九紫	乙巳	3月11日	六白	乙亥	2月9日	二黒	甲辰	1月10日	九紫	乙亥	12月9日	五黄	甲辰	11
5月13日	五黄	丁丑	4月12日	一白	丙午	3月12日	七赤	丙子	2月10日	三碧	乙巳	1月11日	一白	丙子	12月10日	六白	乙巳	12
5月14日	四緑	戊寅	4月13日	二黒	丁未	3月13日	八白	丁丑	2月11日	四緑	丙午	1月12日	二黒	丁丑	12月11日	七赤	丙午	13
5月15日	三碧	己卯	4月14日	三碧	戊申	3月14日	九紫	戊寅	2月12日	五黄	丁未	1月13日	三碧	戊寅	12月12日	八白	丁未	14
5月16日	二黒	庚辰	4月15日	四緑	己酉	3月15日	一白	己卯	2月13日	六白	戊申	1月14日	四緑	己卯	12月13日	九紫	戊申	15
5月17日	一白	辛巳	4月16日	五黄	庚戌	3月16日	二黒	庚辰	2月14日	七赤	己酉	1月15日	五黄	庚辰	12月14日	一白	己酉	16
5月18日	九紫	壬午	4月17日	六白	辛亥	3月17日	三碧	辛巳	2月15日	八白	庚戌	1月16日	六白	辛巳	12月15日	二黒	庚戌	17
5月19日	八白	癸未	4月18日	七赤	壬子	3月18日	四緑	壬午	2月16日	九紫	辛亥	1月17日	七赤	壬午	12月16日	三碧	辛亥	18
5月20日	七赤	甲申	4月19日	八白	癸丑	3月19日	五黄	癸未	2月17日	一白	壬子	1月18日	八白	癸未	12月17日	四緑	壬子	19
5月21日	六白	乙酉	4月20日	九紫	甲寅	3月20日	六白	甲申	2月18日	二黒	癸丑	1月19日	九紫	甲申	12月18日	五黄	癸丑	20
5月22日	五黄	丙戌	4月21日	一白	乙卯	3月21日	七赤	乙酉	2月19日	三碧	甲寅	1月20日	一白	乙酉	12月19日	六白	甲寅	21
5月23日	四緑	丁亥	4月22日	二黒	丙辰	3月22日	八白	丙戌	2月20日	四緑	乙卯	1月21日	二黒	丙戌	12月20日	七赤	乙卯	22
5月24日	三碧	戊子	4月23日	三碧	丁巳	3月23日	九紫	丁亥	2月21日	五黄	丙辰	1月22日	三碧	丁亥	12月21日	八白	丙辰	23
5月25日	二黒	己丑	4月24日	四緑	戊午	3月24日	一白	戊子	2月22日	六白	丁巳	1月23日	四緑	戊子	12月22日	九紫	丁巳	24
5月26日	一白	庚寅	4月25日	五黄	己未	3月25日	二黒	己丑	2月23日	七赤	戊午	1月24日	五黄	己丑	12月23日	一白	戊午	25
5月27日	九紫	辛卯	4月26日	六白	庚申	3月26日	三碧	庚寅	2月24日	八白	己未	1月25日	六白	庚寅	12月24日	二黒	己未	26
5月28日	八白	壬辰	4月27日	七赤	辛酉	3月27日	四緑	辛卯	2月25日	九紫	庚申	1月26日	七赤	辛卯	12月25日	三碧	庚申	27
5月29日	七赤	癸巳	4月28日	八白	壬戌	3月28日	五黄	壬辰	2月26日	一白	辛酉	1月27日	八白	壬辰	12月26日	四緑	辛酉	28
6月1日	六白	甲午	4月29日	九紫	癸亥	3月29日	六白	癸巳	2月27日	二黒	壬戌	1月28日	九紫	癸巳	12月27日	五黄	壬戌	29
6月2日	五黄	乙未	4月30日	九紫	甲子	3月30日	七赤	甲午	2月28日	三碧	癸亥				12月28日	六白	癸亥	30
			5月1日	八白	乙丑				2月29日	四緑	甲子				12月29日	七赤	甲子	31

	昭和59年		1984年		甲子年		七赤金星					
	12月丙子		11月乙亥		10月甲戌		9月癸酉		8月壬申		7月辛未	
	7日 07：28		7日 14：45		8日 11：42		7日 20：09		7日 17：18		7日 07：29	
	22日 01：23		22日 12：10		23日 14：45		23日 05：32		23日 08：00		23日 00：59	
	七赤金星		八白土星		九紫火星		一白水星		二黒土星		三碧木星	
1	閏10月9日	六白 己巳	10月9日	七赤 己亥	9月7日	二黒 戊辰	8月6日	五黄 戊戌	7月5日	九紫 丁卯	6月3日	四緑 丙申
2	閏10月10日	七赤 庚午	10月10日	六白 庚子	9月8日	一白 己巳	8月7日	四緑 己亥	7月6日	八白 戊辰	6月4日	三碧 丁酉
3	閏10月11日	八白 辛未	10月11日	五黄 辛丑	9月9日	九紫 庚午	8月8日	三碧 庚子	7月7日	七赤 己巳	6月5日	二黒 戊戌
4	閏10月12日	九紫 壬申	10月12日	四緑 壬寅	9月10日	八白 辛未	8月9日	二黒 辛丑	7月8日	六白 庚午	6月6日	一白 己亥
5	閏10月13日	一白 癸酉	10月13日	三碧 癸卯	9月11日	七赤 壬申	8月10日	一白 壬寅	7月9日	五黄 辛未	6月7日	九紫 庚子
6	閏10月14日	二黒 甲戌	10月14日	二黒 甲辰	9月12日	六白 癸酉	8月11日	九紫 癸卯	7月10日	四緑 壬申	6月8日	八白 辛丑
7	閏10月15日	三碧 乙亥	10月15日	一白 乙巳	9月13日	五黄 甲戌	8月12日	八白 甲辰	7月11日	三碧 癸酉	6月9日	七赤 壬寅
8	閏10月16日	四緑 丙子	10月16日	九紫 丙午	9月14日	四緑 乙亥	8月13日	七赤 乙巳	7月12日	二黒 甲戌	6月10日	六白 癸卯
9	閏10月17日	五黄 丁丑	10月17日	八白 丁未	9月15日	三碧 丙子	8月14日	六白 丙午	7月13日	一白 乙亥	6月11日	五黄 甲辰
10	閏10月18日	六白 戊寅	10月18日	七赤 戊申	9月16日	二黒 丁丑	8月15日	五黄 丁未	7月14日	九紫 丙子	6月12日	四緑 乙巳
11	閏10月19日	七赤 己卯	10月19日	六白 己酉	9月17日	一白 戊寅	8月16日	四緑 戊申	7月15日	八白 丁丑	6月13日	三碧 丙午
12	閏10月20日	八白 庚辰	10月20日	五黄 庚戌	9月18日	九紫 己卯	8月17日	三碧 己酉	7月16日	七赤 戊寅	6月14日	二黒 丁未
13	閏10月21日	九紫 辛巳	10月21日	四緑 辛亥	9月19日	八白 庚辰	8月18日	二黒 庚戌	7月17日	六白 己卯	6月15日	一白 戊申
14	閏10月22日	一白 壬午	10月22日	三碧 壬子	9月20日	七赤 辛巳	8月19日	一白 辛亥	7月18日	五黄 庚辰	6月16日	九紫 己酉
15	閏10月23日	二黒 癸未	10月23日	二黒 癸丑	9月21日	六白 壬午	8月20日	九紫 壬子	7月19日	四緑 辛巳	6月17日	八白 庚戌
16	閏10月24日	三碧 甲申	10月24日	一白 甲寅	9月22日	五黄 癸未	8月21日	八白 癸丑	7月20日	三碧 壬午	6月18日	七赤 辛亥
17	閏10月25日	四緑 乙酉	10月25日	九紫 乙卯	9月23日	四緑 甲申	8月22日	七赤 甲寅	7月21日	二黒 癸未	6月19日	六白 壬子
18	閏10月26日	五黄 丙戌	10月26日	八白 丙辰	9月24日	三碧 乙酉	8月23日	六白 乙卯	7月22日	一白 甲申	6月20日	五黄 癸丑
19	閏10月27日	六白 丁亥	10月27日	七赤 丁巳	9月25日	二黒 丙戌	8月24日	五黄 丙辰	7月23日	九紫 乙酉	6月21日	四緑 甲寅
20	閏10月28日	七赤 戊子	10月28日	六白 戊午	9月26日	一白 丁亥	8月25日	四緑 丁巳	7月24日	八白 丙戌	6月22日	三碧 乙卯
21	閏10月29日	八白 己丑	10月29日	五黄 己未	9月27日	九紫 戊子	8月26日	三碧 戊午	7月25日	七赤 丁亥	6月23日	二黒 丙辰
22	11月1日	九紫 庚寅	10月30日	四緑 庚申	9月28日	八白 己丑	8月27日	二黒 己未	7月26日	六白 戊子	6月24日	一白 丁巳
23	11月2日	一白 辛卯	閏10月1日	三碧 辛酉	9月29日	七赤 庚寅	8月28日	一白 庚申	7月27日	五黄 己丑	6月25日	九紫 戊午
24	11月3日	二黒 壬辰	閏10月2日	二黒 壬戌	10月1日	六白 辛卯	8月29日	九紫 辛酉	7月28日	四緑 庚寅	6月26日	八白 己未
25	11月4日	三碧 癸巳	閏10月3日	一白 癸亥	10月2日	五黄 壬辰	9月1日	八白 壬戌	7月29日	三碧 辛卯	6月27日	七赤 庚申
26	11月5日	四緑 甲午	閏10月4日	一白 甲子	10月3日	四緑 癸巳	9月2日	七赤 癸亥	7月30日	二黒 壬辰	6月28日	六白 辛酉
27	11月6日	五黄 乙未	閏10月5日	二黒 乙丑	10月4日	三碧 甲午	9月3日	六白 甲子	8月1日	一白 癸巳	6月29日	五黄 壬戌
28	11月7日	六白 丙申	閏10月6日	三碧 丙寅	10月5日	二黒 乙未	9月4日	五黄 乙丑	8月2日	九紫 甲午	7月1日	四緑 癸亥
29	11月8日	七赤 丁酉	閏10月7日	四緑 丁卯	10月6日	一白 丙申	9月5日	四緑 丙寅	8月3日	八白 乙未	7月2日	三碧 甲子
30	11月9日	八白 戊戌	閏10月8日	五黄 戊辰	10月7日	九紫 丁酉	9月6日	三碧 丁卯	8月4日	七赤 丙申	7月3日	二黒 乙丑
31	11月10日	九紫 己亥			10月8日	八白 戊戌			8月5日	六白 丁酉	7月4日	一白 丙寅

	6月壬午			5月辛巳			4月庚辰			3月己卯			2月戊寅			1月丁丑		
	6日 03：00			5日 22：41			5日 05：12			6日 00：16			4日 06：12			5日 18：36		
	21日 19：44			21日 11：42			20日 12：24			21日 01：13			19日 02：07			20日 11：58		
	一白水星			二黒土星			三碧木星			四緑木星			五黄土星			六白金星		
4月13日	二黒	辛未	3月12日	四緑	庚子	2月12日	一白	庚午	1月10日	六白	己亥	12月12日	五黄	辛未	11月11日	一白	庚子	1
4月14日	一白	壬申	3月13日	五黄	辛丑	2月13日	二黒	辛未	1月11日	七赤	庚子	12月13日	六白	壬申	11月12日	二黒	辛丑	2
4月15日	九紫	癸酉	3月14日	六白	壬寅	2月14日	三碧	壬申	1月12日	八白	辛丑	12月14日	七赤	癸酉	11月13日	三碧	壬寅	3
4月16日	八白	甲戌	3月15日	七赤	癸卯	2月15日	四緑	癸酉	1月13日	九紫	壬寅	12月15日	八白	甲戌	11月14日	四緑	癸卯	4
4月17日	七赤	乙亥	3月16日	八白	甲辰	2月16日	五黄	甲戌	1月14日	一白	癸卯	12月16日	九紫	乙亥	11月15日	五黄	甲辰	5
4月18日	六白	丙子	3月17日	九紫	乙巳	2月17日	六白	乙亥	1月15日	二黒	甲辰	12月17日	一白	丙子	11月16日	六白	乙巳	6
4月19日	五黄	丁丑	3月18日	一白	丙午	2月18日	七赤	丙子	1月16日	三碧	乙巳	12月18日	二黒	丁丑	11月17日	七赤	丙午	7
4月20日	四緑	戊寅	3月19日	二黒	丁未	2月19日	八白	丁丑	1月17日	四緑	丙午	12月19日	三碧	戊寅	11月18日	八白	丁未	8
4月21日	三碧	己卯	3月20日	三碧	戊申	2月20日	九紫	戊寅	1月18日	五黄	丁未	12月20日	四緑	己卯	11月19日	九紫	戊申	9
4月22日	二黒	庚辰	3月21日	四緑	己酉	2月21日	一白	己卯	1月19日	六白	戊申	12月21日	五黄	庚辰	11月20日	一白	己酉	10
4月23日	一白	辛巳	3月22日	五黄	庚戌	2月22日	二黒	庚辰	1月20日	七赤	己酉	12月22日	六白	辛巳	11月21日	二黒	庚戌	11
4月24日	九紫	壬午	3月23日	六白	辛亥	2月23日	三碧	辛巳	1月21日	八白	庚戌	12月23日	七赤	壬午	11月22日	三碧	辛亥	12
4月25日	八白	癸未	3月24日	七赤	壬子	2月24日	四緑	壬午	1月22日	九紫	辛亥	12月24日	八白	癸未	11月23日	四緑	壬子	13
4月26日	七赤	甲申	3月25日	八白	癸丑	2月25日	五黄	癸未	1月23日	一白	壬子	12月25日	九紫	甲申	11月24日	五黄	癸丑	14
4月27日	六白	乙酉	3月26日	九紫	甲寅	2月26日	六白	甲申	1月24日	二黒	癸丑	12月26日	一白	乙酉	11月25日	六白	甲寅	15
4月28日	五黄	丙戌	3月27日	一白	乙卯	2月27日	七赤	乙酉	1月25日	三碧	甲寅	12月27日	二黒	丙戌	11月26日	七赤	乙卯	16
4月29日	四緑	丁亥	3月28日	二黒	丙辰	2月28日	八白	丙戌	1月26日	四緑	乙卯	12月28日	三碧	丁亥	11月27日	八白	丙辰	17
5月1日	三碧	戊子	3月29日	三碧	丁巳	2月29日	九紫	丁亥	1月27日	五黄	丙辰	12月29日	四緑	戊子	11月28日	九紫	丁巳	18
5月2日	二黒	己丑	3月30日	四緑	戊午	2月30日	一白	戊子	1月28日	六白	丁巳	12月30日	五黄	己丑	11月29日	一白	戊午	19
5月3日	一白	庚寅	4月1日	五黄	己未	3月1日	二黒	己丑	1月29日	七赤	戊午	1月1日	六白	庚寅	11月30日	二黒	己未	20
5月4日	九紫	辛卯	4月2日	六白	庚申	3月2日	三碧	庚寅	2月1日	八白	己未	1月2日	七赤	辛卯	12月1日	三碧	庚申	21
5月5日	八白	壬辰	4月3日	七赤	辛酉	3月3日	四緑	辛卯	2月2日	九紫	庚申	1月3日	八白	壬辰	12月2日	四緑	辛酉	22
5月6日	七赤	癸巳	4月4日	八白	壬戌	3月4日	五黄	壬辰	2月3日	一白	辛酉	1月4日	九紫	癸巳	12月3日	五黄	壬戌	23
5月7日	六白	甲午	4月5日	九紫	癸亥	3月5日	六白	癸巳	2月4日	二黒	壬戌	1月5日	一白	甲午	12月4日	六白	癸亥	24
5月8日	五黄	乙未	4月6日	九紫	甲子	3月6日	七赤	甲午	2月5日	三碧	癸亥	1月6日	二黒	乙未	12月5日	七赤	甲子	25
5月9日	四緑	丙申	4月7日	八白	乙丑	3月7日	八白	乙未	2月6日	四緑	甲子	1月7日	三碧	丙申	12月6日	八白	乙丑	26
5月10日	三碧	丁酉	4月8日	七赤	丙寅	3月8日	九紫	丙申	2月7日	五黄	乙丑	1月8日	四緑	丁酉	12月7日	九紫	丙寅	27
5月11日	二黒	戊戌	4月9日	六白	丁卯	3月9日	一白	丁酉	2月8日	六白	丙寅	1月9日	五黄	戊戌	12月8日	一白	丁卯	28
5月12日	一白	己亥	4月10日	五黄	戊辰	3月10日	二黒	戊戌	2月9日	七赤	丁卯				12月9日	二黒	戊辰	29
5月13日	九紫	庚子	4月11日	四緑	己巳	3月11日	三碧	己亥	2月10日	八白	戊辰				12月10日	三碧	己巳	30
			4月12日	三碧	庚午				2月11日	九紫	己巳				12月11日	四緑	庚午	31

	昭和60年			1985年			乙丑年			六白金星							
	12月戊子			11月丁亥			10月丙戌			9月乙酉			8月甲申			7月癸未	
	7日 13：16			7日 20：29			8日 17：24			8日 01：52			7日 23：04			7日 13：19	
	22日 07：08			22日 17：51			23日 20：21			23日 11：07			23日 13：35			23日 06：37	
	四緑木星			五黄土星			六白金星			七赤金星			八白土星			九紫火星	
1	10月20日	八白	甲戌	9月19日	二黒	甲辰	8月17日	六白	癸酉	7月17日	九紫	癸卯	6月15日	四緑	壬申	5月14日	八白	辛丑
2	10月21日	七赤	乙亥	9月20日	一白	乙巳	8月18日	五黄	甲戌	7月18日	八白	甲辰	6月16日	三碧	癸酉	5月15日	七赤	壬寅
3	10月22日	六白	丙子	9月21日	九紫	丙午	8月19日	四緑	乙亥	7月19日	七赤	乙巳	6月17日	二黒	甲戌	5月16日	六白	癸卯
4	10月23日	五黄	丁丑	9月22日	八白	丁未	8月20日	三碧	丙子	7月20日	六白	丙午	6月18日	一白	乙亥	5月17日	五黄	甲辰
5	10月24日	四緑	戊寅	9月23日	七赤	戊申	8月21日	二黒	丁丑	7月21日	五黄	丁未	6月19日	九紫	丙子	5月18日	四緑	乙巳
6	10月25日	三碧	己卯	9月24日	六白	己酉	8月22日	一白	戊寅	7月22日	四緑	戊申	6月20日	八白	丁丑	5月19日	三碧	丙午
7	10月26日	二黒	庚辰	9月25日	五黄	庚戌	8月23日	九紫	己卯	7月23日	三碧	己酉	6月21日	七赤	戊寅	5月20日	二黒	丁未
8	10月27日	一白	辛巳	9月26日	四緑	辛亥	8月24日	八白	庚辰	7月24日	二黒	庚戌	6月22日	六白	己卯	5月21日	一白	戊申
9	10月28日	九紫	壬午	9月27日	三碧	壬子	8月25日	七赤	辛巳	7月25日	一白	辛亥	6月23日	五黄	庚辰	5月22日	九紫	己酉
10	10月29日	八白	癸未	9月28日	二黒	癸丑	8月26日	六白	壬午	7月26日	九紫	壬子	6月24日	四緑	辛巳	5月23日	八白	庚戌
11	10月30日	七赤	甲申	9月29日	一白	甲寅	8月27日	五黄	癸未	7月27日	八白	癸丑	6月25日	三碧	壬午	5月24日	七赤	辛亥
12	11月1日	六白	乙酉	10月1日	九紫	乙卯	8月28日	四緑	甲申	7月28日	七赤	甲寅	6月26日	二黒	癸未	5月25日	六白	壬子
13	11月2日	五黄	丙戌	10月2日	八白	丙辰	8月29日	三碧	乙酉	7月29日	六白	乙卯	6月27日	一白	甲申	5月26日	五黄	癸丑
14	11月3日	四緑	丁亥	10月3日	七赤	丁巳	9月1日	二黒	丙戌	7月30日	五黄	丙辰	6月28日	九紫	乙酉	5月27日	四緑	甲寅
15	11月4日	三碧	戊子	10月4日	六白	戊午	9月2日	一白	丁亥	8月1日	四緑	丁巳	6月29日	八白	丙戌	5月28日	三碧	乙卯
16	11月5日	二黒	己丑	10月5日	五黄	己未	9月3日	九紫	戊子	8月2日	三碧	戊午	7月1日	七赤	丁亥	5月29日	二黒	丙辰
17	11月6日	一白	庚寅	10月6日	四緑	庚申	9月4日	八白	己丑	8月3日	二黒	己未	7月2日	六白	戊子	5月30日	一白	丁巳
18	11月7日	九紫	辛卯	10月7日	三碧	辛酉	9月5日	七赤	庚寅	8月4日	一白	庚申	7月3日	五黄	己丑	6月1日	九紫	戊午
19	11月8日	八白	壬辰	10月8日	二黒	壬戌	9月6日	六白	辛卯	8月5日	九紫	辛酉	7月4日	四緑	庚寅	6月2日	八白	己未
20	11月9日	七赤	癸巳	10月9日	一白	癸亥	9月7日	五黄	壬辰	8月6日	八白	壬戌	7月5日	三碧	辛卯	6月3日	七赤	庚申
21	11月10日	七赤	甲午	10月10日	九紫	甲子	9月8日	四緑	癸巳	8月7日	七赤	癸亥	7月6日	二黒	壬辰	6月4日	六白	辛酉
22	11月11日	八白	乙未	10月11日	八白	乙丑	9月9日	三碧	甲午	8月8日	六白	甲子	7月7日	一白	癸巳	6月5日	五黄	壬戌
23	11月12日	九紫	丙申	10月12日	七赤	丙寅	9月10日	二黒	乙未	8月9日	五黄	乙丑	7月8日	九紫	甲午	6月6日	四緑	癸亥
24	11月13日	一白	丁酉	10月13日	六白	丁卯	9月11日	一白	丙申	8月10日	四緑	丙寅	7月9日	八白	乙未	6月7日	三碧	甲子
25	11月14日	二黒	戊戌	10月14日	五黄	戊辰	9月12日	九紫	丁酉	8月11日	三碧	丁卯	7月10日	七赤	丙申	6月8日	二黒	乙丑
26	11月15日	三碧	己亥	10月15日	四緑	己巳	9月13日	八白	戊戌	8月12日	二黒	戊辰	7月11日	六白	丁酉	6月9日	一白	丙寅
27	11月16日	四緑	庚子	10月16日	三碧	庚午	9月14日	七赤	己亥	8月13日	一白	己巳	7月12日	五黄	戊戌	6月10日	九紫	丁卯
28	11月17日	五黄	辛丑	10月17日	二黒	辛未	9月15日	六白	庚子	8月14日	九紫	庚午	7月13日	四緑	己亥	6月11日	八白	戊辰
29	11月18日	六白	壬寅	10月18日	一白	壬申	9月16日	五黄	辛丑	8月15日	八白	辛未	7月14日	三碧	庚子	6月12日	七赤	己巳
30	11月19日	七赤	癸卯	10月19日	九紫	癸酉	9月17日	四緑	壬寅	8月16日	七赤	壬申	7月15日	二黒	辛丑	6月13日	六白	庚午
31	11月20日	八白	甲辰				9月18日	三碧	癸卯				7月16日	一白	壬寅	6月14日	五黄	辛未

6月甲午	5月癸巳	4月壬辰	3月辛卯	2月庚寅	1月己丑	
6日 08：44	6日 04：30	5日 11：05	6日 06：12	4日 12：08	6日 00：28	
22日 01：30	21日 17：27	20日 18：11	21日 07：02	19日 07：57	20日 17：46	
七赤金星	八白土星	九紫火星	一白水星	二黒土星	三碧木星	
4月24日 七赤 丙子	3月23日 三碧 乙巳	2月23日 九紫 乙亥	1月21日 五黄 甲辰	12月23日 四緑 丙子	11月21日 九紫 乙巳	1
4月25日 八白 丁丑	3月24日 四緑 丙午	2月24日 一白 丙子	1月22日 六白 乙巳	12月24日 五黄 丁丑	11月22日 一白 丙午	2
4月26日 九紫 戊寅	3月25日 五黄 丁未	2月25日 二黒 丁丑	1月23日 七赤 丙午	12月25日 六白 戊寅	11月23日 二黒 丁未	3
4月27日 一白 己卯	3月26日 六白 戊申	2月26日 三碧 戊寅	1月24日 八白 丁未	12月26日 七赤 己卯	11月24日 三碧 戊申	4
4月28日 二黒 庚辰	3月27日 七赤 己酉	2月27日 四緑 己卯	1月25日 九紫 戊申	12月27日 八白 庚辰	11月25日 四緑 己酉	5
4月29日 三碧 辛巳	3月28日 八白 庚戌	2月28日 五黄 庚辰	1月26日 一白 己酉	12月28日 九紫 辛巳	11月26日 五黄 庚戌	6
5月1日 四緑 壬午	3月29日 九紫 辛亥	2月29日 六白 辛巳	1月27日 二黒 庚戌	12月29日 一白 壬午	11月27日 六白 辛亥	7
5月2日 五黄 癸未	3月30日 一白 壬子	2月30日 七赤 壬午	1月28日 三碧 辛亥	12月30日 二黒 癸未	11月28日 七赤 壬子	8
5月3日 六白 甲申	4月1日 二黒 癸丑	3月1日 八白 癸未	1月29日 四緑 壬子	1月1日 三碧 甲申	11月29日 八白 癸丑	9
5月4日 七赤 乙酉	4月2日 三碧 甲寅	3月2日 九紫 甲申	2月1日 五黄 癸丑	1月2日 四緑 乙酉	12月1日 九紫 甲寅	10
5月5日 八白 丙戌	4月3日 四緑 乙卯	3月3日 一白 乙酉	2月2日 六白 甲寅	1月3日 五黄 丙戌	12月2日 一白 乙卯	11
5月6日 九紫 丁亥	4月4日 五黄 丙辰	3月4日 二黒 丙戌	2月3日 七赤 乙卯	1月4日 六白 丁亥	12月3日 二黒 丙辰	12
5月7日 一白 戊子	4月5日 六白 丁巳	3月5日 三碧 丁亥	2月4日 八白 丙辰	1月5日 七赤 戊子	12月4日 三碧 丁巳	13
5月8日 二黒 己丑	4月6日 七赤 戊午	3月6日 四緑 戊子	2月5日 九紫 丁巳	1月6日 八白 己丑	12月5日 四緑 戊午	14
5月9日 三碧 庚寅	4月7日 八白 己未	3月7日 五黄 己丑	2月6日 一白 戊午	1月7日 九紫 庚寅	12月6日 五黄 己未	15
5月10日 四緑 辛卯	4月8日 九紫 庚申	3月8日 六白 庚寅	2月7日 二黒 己未	1月8日 一白 辛卯	12月7日 六白 庚申	16
5月11日 五黄 壬辰	4月9日 一白 辛酉	3月9日 七赤 辛卯	2月8日 三碧 庚申	1月9日 二黒 壬辰	12月8日 七赤 辛酉	17
5月12日 六白 癸巳	4月10日 二黒 壬戌	3月10日 八白 壬辰	2月9日 四緑 辛酉	1月10日 三碧 癸巳	12月9日 八白 壬戌	18
5月13日 七赤 甲午	4月11日 三碧 癸亥	3月11日 九紫 癸巳	2月10日 五黄 壬戌	1月11日 四緑 甲午	12月10日 九紫 癸亥	19
5月14日 八白 乙未	4月12日 四緑 甲子	3月12日 一白 甲午	2月11日 六白 癸亥	1月12日 五黄 乙未	12月11日 一白 甲子	20
5月15日 九紫 丙申	4月13日 五黄 乙丑	3月13日 二黒 乙未	2月12日 七赤 甲子	1月13日 六白 丙申	12月12日 二黒 乙丑	21
5月16日 一白 丁酉	4月14日 六白 丙寅	3月14日 三碧 丙申	2月13日 八白 乙丑	1月14日 七赤 丁酉	12月13日 三碧 丙寅	22
5月17日 二黒 戊戌	4月15日 七赤 丁卯	3月15日 四緑 丁酉	2月14日 九紫 丙寅	1月15日 八白 戊戌	12月14日 四緑 丁卯	23
5月18日 三碧 己亥	4月16日 八白 戊辰	3月16日 五黄 戊戌	2月15日 一白 丁卯	1月16日 九紫 己亥	12月15日 五黄 戊辰	24
5月19日 四緑 庚子	4月17日 九紫 己巳	3月17日 六白 己亥	2月16日 二黒 戊辰	1月17日 一白 庚子	12月16日 六白 己巳	25
5月20日 五黄 辛丑	4月18日 一白 庚午	3月18日 七赤 庚子	2月17日 三碧 己巳	1月18日 二黒 辛丑	12月17日 七赤 庚午	26
5月21日 六白 壬寅	4月19日 二黒 辛未	3月19日 八白 辛丑	2月18日 四緑 庚午	1月19日 三碧 壬寅	12月18日 八白 辛未	27
5月22日 七赤 癸卯	4月20日 三碧 壬申	3月20日 九紫 壬寅	2月19日 五黄 辛未	1月20日 四緑 癸卯	12月19日 九紫 壬申	28
5月23日 八白 甲辰	4月21日 四緑 癸酉	3月21日 一白 癸卯	2月20日 六白 壬申		12月20日 一白 癸酉	29
5月24日 九紫 乙巳	4月22日 五黄 甲戌	3月22日 二黒 甲辰	2月21日 七赤 癸酉		12月21日 二黒 甲戌	30
	4月23日 六白 乙亥		2月22日 八白 甲戌		12月22日 三碧 乙亥	31

	昭和61年		1986年		丙寅年		五黄土星				
	12月庚子		11月己亥		10月戊戌		9月丁酉		8月丙申		7月乙未	
	7日 19：01		8日 02：12		8日 23：06		8日 07：34		8日 04：45		7日 19：01	
	22日 13：02		22日 23：44		24日 02：14		23日 16：58		23日 19：25		23日 12：24	
	一白水星		二黒土星		三碧木星		四緑木星		五黄土星		六白金星	
1	10月30日	九紫 己卯	9月29日	三碧 己酉	8月28日	七赤 戊寅	7月27日	一白 戊申	6月26日	五黄 丁丑	5月25日	一白 丙午
2	11月1日	八白 庚辰	10月1日	二黒 庚戌	8月29日	六白 己卯	7月28日	九紫 己酉	6月27日	四緑 戊寅	5月26日	二黒 丁未
3	11月2日	七赤 辛巳	10月2日	一白 辛亥	8月30日	五黄 庚辰	7月29日	八白 庚戌	6月28日	三碧 己卯	5月27日	三碧 戊申
4	11月3日	六白 壬午	10月3日	九紫 壬子	9月1日	四緑 辛巳	8月1日	七赤 辛亥	6月29日	二黒 庚辰	5月28日	四緑 己酉
5	11月4日	五黄 癸未	10月4日	八白 癸丑	9月2日	三碧 壬午	8月2日	六白 壬子	6月30日	一白 辛巳	5月29日	五黄 庚戌
6	11月5日	四緑 甲申	10月5日	七赤 甲寅	9月3日	二黒 癸未	8月3日	五黄 癸丑	7月1日	九紫 壬午	5月30日	六白 辛亥
7	11月6日	三碧 乙酉	10月6日	六白 乙卯	9月4日	一白 甲申	8月4日	四緑 甲寅	7月2日	八白 癸未	6月1日	七赤 壬子
8	11月7日	二黒 丙戌	10月7日	五黄 丙辰	9月5日	九紫 乙酉	8月5日	三碧 乙卯	7月3日	七赤 甲申	6月2日	八白 癸丑
9	11月8日	一白 丁亥	10月8日	四緑 丁巳	9月6日	八白 丙戌	8月6日	二黒 丙辰	7月4日	六白 乙酉	6月3日	九紫 甲寅
10	11月9日	九紫 戊子	10月9日	三碧 戊午	9月7日	七赤 丁亥	8月7日	一白 丁巳	7月5日	五黄 丙戌	6月4日	一白 乙卯
11	11月10日	八白 己丑	10月10日	二黒 己未	9月8日	六白 戊子	8月8日	九紫 戊午	7月6日	四緑 丁亥	6月5日	二黒 丙辰
12	11月11日	七赤 庚寅	10月11日	一白 庚申	9月9日	五黄 己丑	8月9日	八白 己未	7月7日	三碧 戊子	6月6日	三碧 丁巳
13	11月12日	六白 辛卯	10月12日	九紫 辛酉	9月10日	四緑 庚寅	8月10日	七赤 庚申	7月8日	二黒 己丑	6月7日	四緑 戊午
14	11月13日	五黄 壬辰	10月13日	八白 壬戌	9月11日	三碧 辛卯	8月11日	六白 辛酉	7月9日	一白 庚寅	6月8日	五黄 己未
15	11月14日	四緑 癸巳	10月14日	七赤 癸亥	9月12日	二黒 壬辰	8月12日	五黄 壬戌	7月10日	九紫 辛卯	6月9日	六白 庚申
16	11月15日	三碧 甲午	10月15日	六白 甲子	9月13日	一白 癸巳	8月13日	四緑 癸亥	7月11日	八白 壬辰	6月10日	七赤 辛酉
17	11月16日	二黒 乙未	10月16日	五黄 乙丑	9月14日	九紫 甲午	8月14日	三碧 甲子	7月12日	七赤 癸巳	6月11日	八白 壬戌
18	11月17日	一白 丙申	10月17日	四緑 丙寅	9月15日	八白 乙未	8月15日	二黒 乙丑	7月13日	六白 甲午	6月12日	九紫 癸亥
19	11月18日	九紫 丁酉	10月18日	三碧 丁卯	9月16日	七赤 丙申	8月16日	一白 丙寅	7月14日	五黄 乙未	6月13日	九紫 甲子
20	11月19日	八白 戊戌	10月19日	二黒 戊辰	9月17日	六白 丁酉	8月17日	九紫 丁卯	7月15日	四緑 丙申	6月14日	八白 乙丑
21	11月20日	七赤 己亥	10月20日	一白 己巳	9月18日	五黄 戊戌	8月18日	八白 戊辰	7月16日	三碧 丁酉	6月15日	七赤 丙寅
22	11月21日	六白 庚子	10月21日	九紫 庚午	9月19日	四緑 己亥	8月19日	七赤 己巳	7月17日	二黒 戊戌	6月16日	六白 丁卯
23	11月22日	五黄 辛丑	10月22日	八白 辛未	9月20日	三碧 庚子	8月20日	六白 庚午	7月18日	一白 己亥	6月17日	五黄 戊辰
24	11月23日	四緑 壬寅	10月23日	七赤 壬申	9月21日	二黒 辛丑	8月21日	五黄 辛未	7月19日	九紫 庚子	6月18日	四緑 己巳
25	11月24日	三碧 癸卯	10月24日	六白 癸酉	9月22日	一白 壬寅	8月22日	四緑 壬申	7月20日	八白 辛丑	6月19日	三碧 庚午
26	11月25日	二黒 甲辰	10月25日	五黄 甲戌	9月23日	九紫 癸卯	8月23日	三碧 癸酉	7月21日	七赤 壬寅	6月20日	二黒 辛未
27	11月26日	一白 乙巳	10月26日	四緑 乙亥	9月24日	八白 甲辰	8月24日	二黒 甲戌	7月22日	六白 癸卯	6月21日	一白 壬申
28	11月27日	九紫 丙午	10月27日	三碧 丙子	9月25日	七赤 乙巳	8月25日	一白 乙亥	7月23日	五黄 甲辰	6月22日	九紫 癸酉
29	11月28日	八白 丁未	10月28日	二黒 丁丑	9月26日	六白 丙午	8月26日	九紫 丙子	7月24日	四緑 乙巳	6月23日	八白 甲戌
30	11月29日	七赤 戊申	10月29日	一白 戊寅	9月27日	五黄 丁未	8月27日	八白 丁丑	7月25日	三碧 丙午	6月24日	七赤 乙亥
31	12月1日	六白 己酉			9月28日	四緑 戊申			7月26日	二黒 丁未	6月25日	六白 丙子

6月丙午			5月乙巳			4月甲辰			3月癸卯			2月壬寅			1月辛丑			
6日 14：18			6日 10：05			5日 16：43			6日 11：53			4日 17：51			6日 06：13			
22日 07：10			21日 23：09			20日 23：57			21日 12：51			19日 13：50			20日 23：40			
四緑木星			五黄土星			六白金星			七赤金星			八白土星			九紫火星			
5月5日	三碧	辛巳	4月4日	八白	庚戌	3月4日	五黄	庚辰	2月2日	一白	己酉	1月4日	九紫	辛巳	12月2日	五黄	庚戌	1
5月6日	四緑	壬午	4月5日	九紫	辛亥	3月5日	六白	辛巳	2月3日	二黒	庚戌	1月5日	一白	壬午	12月3日	四緑	辛亥	2
5月7日	五黄	癸未	4月6日	一白	壬子	3月6日	七赤	壬午	2月4日	三碧	辛亥	1月6日	二黒	癸未	12月4日	三碧	壬子	3
5月8日	六白	甲申	4月7日	二黒	癸丑	3月7日	八白	癸未	2月5日	四緑	壬子	1月7日	三碧	甲申	12月5日	二黒	癸丑	4
5月9日	七赤	乙酉	4月8日	三碧	甲寅	3月8日	九紫	甲申	2月6日	五黄	癸丑	1月8日	四緑	乙酉	12月6日	一白	甲寅	5
5月10日	八白	丙戌	4月9日	四緑	乙卯	3月9日	一白	乙酉	2月7日	六白	甲寅	1月9日	五黄	丙戌	12月7日	九紫	乙卯	6
5月11日	九紫	丁亥	4月10日	五黄	丙辰	3月10日	二黒	丙戌	2月8日	七赤	乙卯	1月10日	六白	丁亥	12月8日	八白	丙辰	7
5月12日	一白	戊子	4月11日	六白	丁巳	3月11日	三碧	丁亥	2月9日	八白	丙辰	1月11日	七赤	戊子	12月9日	七赤	丁巳	8
5月13日	二黒	己丑	4月12日	七赤	戊午	3月12日	四緑	戊子	2月10日	九紫	丁巳	1月12日	八白	己丑	12月10日	六白	戊午	9
5月14日	三碧	庚寅	4月13日	八白	己未	3月13日	五黄	己丑	2月11日	一白	戊午	1月13日	九紫	庚寅	12月11日	五黄	己未	10
5月15日	四緑	辛卯	4月14日	九紫	庚申	3月14日	六白	庚寅	2月12日	二黒	己未	1月14日	一白	辛卯	12月12日	四緑	庚申	11
5月16日	五黄	壬辰	4月15日	一白	辛酉	3月15日	七赤	辛卯	2月13日	三碧	庚申	1月15日	二黒	壬辰	12月13日	三碧	辛酉	12
5月17日	六白	癸巳	4月16日	二黒	壬戌	3月16日	八白	壬辰	2月14日	四緑	辛酉	1月16日	三碧	癸巳	12月14日	二黒	壬戌	13
5月18日	七赤	甲午	4月17日	三碧	癸亥	3月17日	九紫	癸巳	2月15日	五黄	壬戌	1月17日	四緑	甲午	12月15日	一白	癸亥	14
5月19日	八白	乙未	4月18日	四緑	甲子	3月18日	一白	甲午	2月16日	六白	癸亥	1月18日	五黄	乙未	12月16日	一白	甲子	15
5月20日	九紫	丙申	4月19日	五黄	乙丑	3月19日	二黒	乙未	2月17日	七赤	甲子	1月19日	六白	丙申	12月17日	二黒	乙丑	16
5月21日	一白	丁酉	4月20日	六白	丙寅	3月20日	三碧	丙申	2月18日	八白	乙丑	1月20日	七赤	丁酉	12月18日	三碧	丙寅	17
5月22日	二黒	戊戌	4月21日	七赤	丁卯	3月21日	四緑	丁酉	2月19日	九紫	丙寅	1月21日	八白	戊戌	12月19日	四緑	丁卯	18
5月23日	三碧	己亥	4月22日	八白	戊辰	3月22日	五黄	戊戌	2月20日	一白	丁卯	1月22日	九紫	己亥	12月20日	五黄	戊辰	19
5月24日	四緑	庚子	4月23日	九紫	己巳	3月23日	六白	己亥	2月21日	二黒	戊辰	1月23日	一白	庚子	12月21日	六白	己巳	20
5月25日	五黄	辛丑	4月24日	一白	庚午	3月24日	七赤	庚子	2月22日	三碧	己巳	1月24日	二黒	辛丑	12月22日	七赤	庚午	21
5月26日	六白	壬寅	4月25日	二黒	辛未	3月25日	八白	辛丑	2月23日	四緑	庚午	1月25日	三碧	壬寅	12月23日	八白	辛未	22
5月27日	七赤	癸卯	4月26日	三碧	壬申	3月26日	九紫	壬寅	2月24日	五黄	辛未	1月26日	四緑	癸卯	12月24日	九紫	壬申	23
5月28日	八白	甲辰	4月27日	四緑	癸酉	3月27日	一白	癸卯	2月25日	六白	壬申	1月27日	五黄	甲辰	12月25日	一白	癸酉	24
5月29日	九紫	乙巳	4月28日	五黄	甲戌	3月28日	二黒	甲辰	2月26日	七赤	癸酉	1月28日	六白	乙巳	12月26日	二黒	甲戌	25
6月1日	一白	丙午	4月29日	六白	乙亥	3月29日	三碧	乙巳	2月27日	八白	甲戌	1月29日	七赤	丙午	12月27日	三碧	乙亥	26
6月2日	二黒	丁未	4月30日	七赤	丙子	3月30日	四緑	丙午	2月28日	九紫	乙亥	1月30日	八白	丁未	12月28日	四緑	丙子	27
6月3日	三碧	戊申	5月1日	八白	丁丑	4月1日	五黄	丁未	2月29日	一白	丙子	2月1日	九紫	戊申	12月29日	五黄	丁丑	28
6月4日	四緑	己酉	5月2日	九紫	戊寅	4月2日	六白	戊申	3月1日	二黒	丁丑				1月1日	六白	戊寅	29
6月5日	五黄	庚戌	5月3日	一白	己卯	4月3日	七赤	己酉	3月2日	三碧	戊寅				1月2日	七赤	己卯	30
			5月4日	二黒	庚辰				3月3日	四緑	己卯				1月3日	八白	庚辰	31

昭和62年		1987年		丁卯年		四緑木星					
12月壬子		11月辛亥		10月庚戌		9月己酉		8月戊申		7月丁未	
8日 00：52		8日 08：05		9日 04：59		8日 13：24		8日 10：29		8日 00：38	
22日 18：46		23日 05：29		24日 08：01		23日 22：45		24日 01：09		23日 18：06	
七赤金星		八白土星		九紫火星		一白水星		二黒土星		三碧木星	

1	10月11日	四緑	甲申	9月10日	七赤	甲寅	8月9日	二黒	癸未	7月9日	五黄	癸丑	閏6月7日	九紫	壬午	6月6日	六白	辛亥
2	10月12日	三碧	乙酉	9月11日	六白	乙卯	8月10日	一白	甲申	7月10日	四緑	甲寅	閏6月8日	八白	癸未	6月7日	七赤	壬子
3	10月13日	二黒	丙戌	9月12日	五黄	丙辰	8月11日	九紫	乙酉	7月11日	三碧	乙卯	閏6月9日	七赤	甲申	6月8日	八白	癸丑
4	10月14日	一白	丁亥	9月13日	四緑	丁巳	8月12日	八白	丙戌	7月12日	二黒	丙辰	閏6月10日	六白	乙酉	6月9日	九紫	甲寅
5	10月15日	九紫	戊子	9月14日	三碧	戊午	8月13日	七赤	丁亥	7月13日	一白	丁巳	閏6月11日	五黄	丙戌	6月10日	一白	乙卯
6	10月16日	八白	己丑	9月15日	二黒	己未	8月14日	六白	戊子	7月14日	九紫	戊午	閏6月12日	四緑	丁亥	6月11日	二黒	丙辰
7	10月17日	七赤	庚寅	9月16日	一白	庚申	8月15日	五黄	己丑	7月15日	八白	己未	閏6月13日	三碧	戊子	6月12日	三碧	丁巳
8	10月18日	六白	辛卯	9月17日	九紫	辛酉	8月16日	四緑	庚寅	7月16日	七赤	庚申	閏6月14日	二黒	己丑	6月13日	四緑	戊午
9	10月19日	五黄	壬辰	9月18日	八白	壬戌	8月17日	三碧	辛卯	7月17日	六白	辛酉	閏6月15日	一白	庚寅	6月14日	五黄	己未
10	10月20日	四緑	癸巳	9月19日	七赤	癸亥	8月18日	二黒	壬辰	7月18日	五黄	壬戌	閏6月16日	九紫	辛卯	6月15日	六白	庚申
11	10月21日	三碧	甲午	9月20日	六白	甲子	8月19日	一白	癸巳	7月19日	四緑	癸亥	閏6月17日	八白	壬辰	6月16日	七赤	辛酉
12	10月22日	二黒	乙未	9月21日	五黄	乙丑	8月20日	九紫	甲午	7月20日	三碧	甲子	閏6月18日	七赤	癸巳	6月17日	八白	壬戌
13	10月23日	一白	丙申	9月22日	四緑	丙寅	8月21日	八白	乙未	7月21日	二黒	乙丑	閏6月19日	六白	甲午	6月18日	九紫	癸亥
14	10月24日	九紫	丁酉	9月23日	三碧	丁卯	8月22日	七赤	丙申	7月22日	一白	丙寅	閏6月20日	五黄	乙未	6月19日	九紫	甲子
15	10月25日	八白	戊戌	9月24日	二黒	戊辰	8月23日	六白	丁酉	7月23日	九紫	丁卯	閏6月21日	四緑	丙申	6月20日	八白	乙丑
16	10月26日	七赤	己亥	9月25日	一白	己巳	8月24日	五黄	戊戌	7月24日	八白	戊辰	閏6月22日	三碧	丁酉	6月21日	七赤	丙寅
17	10月27日	六白	庚子	9月26日	九紫	庚午	8月25日	四緑	己亥	7月25日	七赤	己巳	閏6月23日	二黒	戊戌	6月22日	六白	丁卯
18	10月28日	五黄	辛丑	9月27日	八白	辛未	8月26日	三碧	庚子	7月26日	六白	庚午	閏6月24日	一白	己亥	6月23日	五黄	戊辰
19	10月29日	四緑	壬寅	9月28日	七赤	壬申	8月27日	二黒	辛丑	7月27日	五黄	辛未	閏6月25日	九紫	庚子	6月24日	四緑	己巳
20	10月30日	三碧	癸卯	9月29日	六白	癸酉	8月28日	一白	壬寅	7月28日	四緑	壬申	閏6月26日	八白	辛丑	6月25日	三碧	庚午
21	11月1日	二黒	甲辰	10月1日	五黄	甲戌	8月29日	九紫	癸卯	7月29日	三碧	癸酉	閏6月27日	七赤	壬寅	6月26日	二黒	辛未
22	11月2日	一白	乙巳	10月2日	四緑	乙亥	8月30日	八白	甲辰	7月30日	二黒	甲戌	閏6月28日	六白	癸卯	6月27日	一白	壬申
23	11月3日	九紫	丙午	10月3日	三碧	丙子	9月1日	七赤	乙巳	8月1日	一白	乙亥	閏6月29日	五黄	甲辰	6月28日	九紫	癸酉
24	11月4日	八白	丁未	10月4日	二黒	丁丑	9月2日	六白	丙午	8月2日	九紫	丙子	7月1日	四緑	乙巳	6月29日	八白	甲戌
25	11月5日	七赤	戊申	10月5日	一白	戊寅	9月3日	五黄	丁未	8月3日	八白	丁丑	7月2日	三碧	丙午	6月30日	七赤	乙亥
26	11月6日	六白	己酉	10月6日	九紫	己卯	9月4日	四緑	戊申	8月4日	七赤	戊寅	7月3日	二黒	丁未	閏6月1日	六白	丙子
27	11月7日	五黄	庚戌	10月7日	八白	庚辰	9月5日	三碧	己酉	8月5日	六白	己卯	7月4日	一白	戊申	閏6月2日	五黄	丁丑
28	11月8日	四緑	辛亥	10月8日	七赤	辛巳	9月6日	二黒	庚戌	8月6日	五黄	庚辰	7月5日	九紫	己酉	閏6月3日	四緑	戊寅
29	11月9日	三碧	壬子	10月9日	六白	壬午	9月7日	一白	辛亥	8月7日	四緑	辛巳	7月6日	八白	庚戌	閏6月4日	三碧	己卯
30	11月10日	二黒	癸丑	10月10日	五黄	癸未	9月8日	九紫	壬子	8月8日	三碧	壬午	7月7日	七赤	辛亥	閏6月5日	二黒	庚辰
31	11月11日	一白	甲寅				9月9日	八白	癸丑				7月8日	六白	壬子	閏6月6日	一白	辛巳

6月戊午		5月丁巳		4月丙辰		3月乙卯		2月甲寅		1月癸丑		
5日 20：14		5日 16：01		4日 22：39		5日 17：46		4日 23：43		6日 12：03		
21日 12：56		21日 04：56		20日 05：44		20日 18：38		19日 19：35		21日 05：24		
一白水星		二黒土星		三碧木星		四緑木星		五黄土星		六白金星		
4月17日	九紫 丁亥	3月16日	五黄 丙辰	2月15日	二黒 丙戌	1月13日	七赤 乙卯	12月14日	五黄 丙戌	11月12日	九紫 乙卯	1
4月18日	一白 戊子	3月17日	六白 丁巳	2月16日	三碧 丁亥	1月14日	八白 丙辰	12月15日	六白 丁亥	11月13日	八白 丙辰	2
4月19日	二黒 己丑	3月18日	七赤 戊午	2月17日	四緑 戊子	1月15日	九紫 丁巳	12月16日	七赤 戊子	11月14日	七赤 丁巳	3
4月20日	三碧 庚寅	3月19日	八白 己未	2月18日	五黄 己丑	1月16日	一白 戊午	12月17日	八白 己丑	11月15日	六白 戊午	4
4月21日	四緑 辛卯	3月20日	九紫 庚申	2月19日	六白 庚寅	1月17日	二黒 己未	12月18日	九紫 庚寅	11月16日	五黄 己未	5
4月22日	五黄 壬辰	3月21日	一白 辛酉	2月20日	七赤 辛卯	1月18日	三碧 庚申	12月19日	一白 辛卯	11月17日	四緑 庚申	6
4月23日	六白 癸巳	3月22日	二黒 壬戌	2月21日	八白 壬辰	1月19日	四緑 辛酉	12月20日	二黒 壬辰	11月18日	三碧 辛酉	7
4月24日	七赤 甲午	3月23日	三碧 癸亥	2月22日	九紫 癸巳	1月20日	五黄 壬戌	12月21日	三碧 癸巳	11月19日	二黒 壬戌	8
4月25日	八白 乙未	3月24日	四緑 甲子	2月23日	一白 甲午	1月21日	六白 癸亥	12月22日	四緑 甲午	11月20日	一白 癸亥	9
4月26日	九紫 丙申	3月25日	五黄 乙丑	2月24日	二黒 乙未	1月22日	七赤 甲子	12月23日	五黄 乙未	11月21日	一白 甲子	10
4月27日	一白 丁酉	3月26日	六白 丙寅	2月25日	三碧 丙申	1月23日	八白 乙丑	12月24日	六白 丙申	11月22日	二黒 乙丑	11
4月28日	二黒 戊戌	3月27日	七赤 丁卯	2月26日	四緑 丁酉	1月24日	九紫 丙寅	12月25日	七赤 丁酉	11月23日	三碧 丙寅	12
4月29日	三碧 己亥	3月28日	八白 戊辰	2月27日	五黄 戊戌	1月25日	一白 丁卯	12月26日	八白 戊戌	11月24日	四緑 丁卯	13
5月1日	四緑 庚子	3月29日	九紫 己巳	2月28日	六白 己亥	1月26日	二黒 戊辰	12月27日	九紫 己亥	11月25日	五黄 戊辰	14
5月2日	五黄 辛丑	3月30日	一白 庚午	2月29日	七赤 庚子	1月27日	三碧 己巳	12月28日	一白 庚子	11月26日	六白 己巳	15
5月3日	六白 壬寅	4月1日	二黒 辛未	3月1日	八白 辛丑	1月28日	四緑 庚午	12月29日	二黒 辛丑	11月27日	七赤 庚午	16
5月4日	七赤 癸卯	4月2日	三碧 壬申	3月2日	九紫 壬寅	1月29日	五黄 辛未	12月30日	三碧 壬寅	11月28日	八白 辛未	17
5月5日	八白 甲辰	4月3日	四緑 癸酉	3月3日	一白 癸卯	2月1日	六白 壬申	1月1日	四緑 癸卯	11月29日	九紫 壬申	18
5月6日	九紫 乙巳	4月4日	五黄 甲戌	3月4日	二黒 甲辰	2月2日	七赤 癸酉	1月2日	五黄 甲辰	12月1日	一白 癸酉	19
5月7日	一白 丙午	4月5日	六白 乙亥	3月5日	三碧 乙巳	2月3日	八白 甲戌	1月3日	六白 乙巳	12月2日	二黒 甲戌	20
5月8日	二黒 丁未	4月6日	七赤 丙子	3月6日	四緑 丙午	2月4日	九紫 乙亥	1月4日	七赤 丙午	12月3日	三碧 乙亥	21
5月9日	三碧 戊申	4月7日	八白 丁丑	3月7日	五黄 丁未	2月5日	一白 丙子	1月5日	八白 丁未	12月4日	四緑 丙子	22
5月10日	四緑 己酉	4月8日	九紫 戊寅	3月8日	六白 戊申	2月6日	二黒 丁丑	1月6日	九紫 戊申	12月5日	五黄 丁丑	23
5月11日	五黄 庚戌	4月9日	一白 己卯	3月9日	七赤 己酉	2月7日	三碧 戊寅	1月7日	一白 己酉	12月6日	六白 戊寅	24
5月12日	六白 辛亥	4月10日	二黒 庚辰	3月10日	八白 庚戌	2月8日	四緑 己卯	1月8日	二黒 庚戌	12月7日	七赤 己卯	25
5月13日	七赤 壬子	4月11日	三碧 辛巳	3月11日	九紫 辛亥	2月9日	五黄 庚辰	1月9日	三碧 辛亥	12月8日	八白 庚辰	26
5月14日	八白 癸丑	4月12日	四緑 壬午	3月12日	一白 壬子	2月10日	六白 辛巳	1月10日	四緑 壬子	12月9日	九紫 辛巳	27
5月15日	九紫 甲寅	4月13日	五黄 癸未	3月13日	二黒 癸丑	2月11日	七赤 壬午	1月11日	五黄 癸丑	12月10日	一白 壬午	28
5月16日	一白 乙卯	4月14日	六白 甲申	3月14日	三碧 甲寅	2月12日	八白 癸未	1月12日	六白 甲寅	12月11日	二黒 癸未	29
5月17日	二黒 丙辰	4月15日	七赤 乙酉	3月15日	四緑 乙卯	2月13日	九紫 甲申			12月12日	三碧 甲申	30
		4月16日	八白 丙戌			2月14日	一白 乙酉			12月13日	四緑 乙酉	31

130

	昭和63年		1988年		戊辰年		三碧木星				
	12月甲子		11月癸亥		10月壬戌		9月辛酉		8月庚申		7月己未	
	7日 06：34		7日 13：48		8日 10：44		7日 19：11		7日 16：20		7日 06：32	
	22日 00：27		22日 11：11		23日 13：44		23日 04：29		23日 06：54		22日 23：51	
	四緑木星		五黄土星		六白金星		七赤金星		八白土星		九紫火星	
1	10月23日	七赤 庚寅	9月22日	一白 庚申	8月21日	五黄 己丑	7月21日	八白 己未	6月19日	三碧 戊子	5月18日	三碧 丁巳
2	10月24日	六白 辛卯	9月23日	九紫 辛酉	8月22日	四緑 庚寅	7月22日	七赤 庚申	6月20日	二黒 己丑	5月19日	四緑 戊午
3	10月25日	五黄 壬辰	9月24日	八白 壬戌	8月23日	三碧 辛卯	7月23日	六白 辛酉	6月21日	一白 庚寅	5月20日	五黄 己未
4	10月26日	四緑 癸巳	9月25日	七赤 癸亥	8月24日	二黒 壬辰	7月24日	五黄 壬戌	6月22日	九紫 辛卯	5月21日	六白 庚申
5	10月27日	三碧 甲午	9月26日	六白 甲子	8月25日	一白 癸巳	7月25日	四緑 癸亥	6月23日	八白 壬辰	5月22日	七赤 辛酉
6	10月28日	二黒 乙未	9月27日	五黄 乙丑	8月26日	九紫 甲午	7月26日	三碧 甲子	6月24日	七赤 癸巳	5月23日	八白 壬戌
7	10月29日	一白 丙申	9月28日	四緑 丙寅	8月27日	八白 乙未	7月27日	二黒 乙丑	6月25日	六白 甲午	5月24日	九紫 癸亥
8	10月30日	九紫 丁酉	9月29日	三碧 丁卯	8月28日	七赤 丙申	7月28日	一白 丙寅	6月26日	五黄 乙未	5月25日	九紫 甲子
9	11月1日	八白 戊戌	10月1日	二黒 戊辰	8月29日	六白 丁酉	7月29日	九紫 丁卯	6月27日	四緑 丙申	5月26日	八白 乙丑
10	11月2日	七赤 己亥	10月2日	一白 己巳	8月30日	五黄 戊戌	7月30日	八白 戊辰	6月28日	三碧 丁酉	5月27日	七赤 丙寅
11	11月3日	六白 庚子	10月3日	九紫 庚午	9月1日	四緑 己亥	8月1日	七赤 己巳	6月29日	二黒 戊戌	5月28日	六白 丁卯
12	11月4日	五黄 辛丑	10月4日	八白 辛未	9月2日	三碧 庚子	8月2日	六白 庚午	7月1日	一白 己亥	5月29日	五黄 戊辰
13	11月5日	四緑 壬寅	10月5日	七赤 壬申	9月3日	二黒 辛丑	8月3日	五黄 辛未	7月2日	九紫 庚子	5月30日	四緑 己巳
14	11月6日	三碧 癸卯	10月6日	六白 癸酉	9月4日	一白 壬寅	8月4日	四緑 壬申	7月3日	八白 辛丑	6月1日	三碧 庚午
15	11月7日	二黒 甲辰	10月7日	五黄 甲戌	9月5日	九紫 癸卯	8月5日	三碧 癸酉	7月4日	七赤 壬寅	6月2日	二黒 辛未
16	11月8日	一白 乙巳	10月8日	四緑 乙亥	9月6日	八白 甲辰	8月6日	二黒 甲戌	7月5日	六白 癸卯	6月3日	一白 壬申
17	11月9日	九紫 丙午	10月9日	三碧 丙子	9月7日	七赤 乙巳	8月7日	一白 乙亥	7月6日	五黄 甲辰	6月4日	九紫 癸酉
18	11月10日	八白 丁未	10月10日	二黒 丁丑	9月8日	六白 丙午	8月8日	九紫 丙子	7月7日	四緑 乙巳	6月5日	八白 甲戌
19	11月11日	七赤 戊申	10月11日	一白 戊寅	9月9日	五黄 丁未	8月9日	八白 丁丑	7月8日	三碧 丙午	6月6日	七赤 乙亥
20	11月12日	六白 己酉	10月12日	九紫 己卯	9月10日	四緑 戊申	8月10日	七赤 戊寅	7月9日	二黒 丁未	6月7日	六白 丙子
21	11月13日	五黄 庚戌	10月13日	八白 庚辰	9月11日	三碧 己酉	8月11日	六白 己卯	7月10日	一白 戊申	6月8日	五黄 丁丑
22	11月14日	四緑 辛亥	10月14日	七赤 辛巳	9月12日	二黒 庚戌	8月12日	五黄 庚辰	7月11日	九紫 己酉	6月9日	四緑 戊寅
23	11月15日	三碧 壬子	10月15日	六白 壬午	9月13日	一白 辛亥	8月13日	四緑 辛巳	7月12日	八白 庚戌	6月10日	三碧 己卯
24	11月16日	二黒 癸丑	10月16日	五黄 癸未	9月14日	九紫 壬子	8月14日	三碧 壬午	7月13日	七赤 辛亥	6月11日	二黒 庚辰
25	11月17日	一白 甲寅	10月17日	四緑 甲申	9月15日	八白 癸丑	8月15日	二黒 癸未	7月14日	六白 壬子	6月12日	一白 辛巳
26	11月18日	九紫 乙卯	10月18日	三碧 乙酉	9月16日	七赤 甲寅	8月16日	一白 甲申	7月15日	五黄 癸丑	6月13日	九紫 壬午
27	11月19日	八白 丙辰	10月19日	二黒 丙戌	9月17日	六白 乙卯	8月17日	九紫 乙酉	7月16日	四緑 甲寅	6月14日	八白 癸未
28	11月20日	七赤 丁巳	10月20日	一白 丁亥	9月18日	五黄 丙辰	8月18日	八白 丙戌	7月17日	三碧 乙卯	6月15日	七赤 甲申
29	11月21日	六白 戊午	10月21日	九紫 戊子	9月19日	四緑 丁巳	8月19日	七赤 丁亥	7月18日	二黒 丙辰	6月16日	六白 乙酉
30	11月22日	五黄 己未	10月22日	八白 己丑	9月20日	三碧 戊午	8月20日	六白 戊子	7月19日	一白 丁巳	6月17日	五黄 丙戌
31	11月23日	四緑 庚申			9月21日	二黒 己未			7月20日	九紫 戊午	6月18日	四緑 丁亥

6月庚午			5月己巳			4月戊辰			3月丁卯			2月丙寅			1月乙丑			
6日 02:04			5日 21:53			5日 04:30			5日 23:34			4日 05:27			5日 17:45			
21日 18:52			21日 10:52			20日 11:38			21日 00:28			19日 01:20			20日 11:07			
七赤金星			八白土星			九紫火星			一白水星			二黒土星			三碧木星			
4月28日	五黄	壬辰	3月26日	一白	辛酉	2月25日	七赤	辛卯	1月24日	三碧	庚申	12月25日	二黒	壬辰	11月24日	三碧	辛酉	1
4月29日	六白	癸巳	3月27日	二黒	壬戌	2月26日	八白	壬辰	1月25日	四緑	辛酉	12月26日	三碧	癸巳	11月25日	二黒	壬戌	2
4月30日	七赤	甲午	3月28日	三碧	癸亥	2月27日	九紫	癸巳	1月26日	五黄	壬戌	12月27日	四緑	甲午	11月26日	一白	癸亥	3
5月1日	八白	乙未	3月29日	四緑	甲子	2月28日	一白	甲午	1月27日	六白	癸亥	12月28日	五黄	乙未	11月27日	一白	甲子	4
5月2日	九紫	丙申	4月1日	五黄	乙丑	2月29日	二黒	乙未	1月28日	七赤	甲子	12月29日	六白	丙申	11月28日	二黒	乙丑	5
5月3日	一白	丁酉	4月2日	六白	丙寅	3月1日	三碧	丙申	1月29日	八白	乙丑	1月1日	七赤	丁酉	11月29日	三碧	丙寅	6
5月4日	二黒	戊戌	4月3日	七赤	丁卯	3月2日	四緑	丁酉	1月30日	九紫	丙寅	1月2日	八白	戊戌	11月30日	四緑	丁卯	7
5月5日	三碧	己亥	4月4日	八白	戊辰	3月3日	五黄	戊戌	2月1日	一白	丁卯	1月3日	九紫	己亥	12月1日	五黄	戊辰	8
5月6日	四緑	庚子	4月5日	九紫	己巳	3月4日	六白	己亥	2月2日	二黒	戊辰	1月4日	一白	庚子	12月2日	六白	己巳	9
5月7日	五黄	辛丑	4月6日	一白	庚午	3月5日	七赤	庚子	2月3日	三碧	己巳	1月5日	二黒	辛丑	12月3日	七赤	庚午	10
5月8日	六白	壬寅	4月7日	二黒	辛未	3月6日	八白	辛丑	2月4日	四緑	庚午	1月6日	三碧	壬寅	12月4日	八白	辛未	11
5月9日	七赤	癸卯	4月8日	三碧	壬申	3月7日	九紫	壬寅	2月5日	五黄	辛未	1月7日	四緑	癸卯	12月5日	九紫	壬申	12
5月10日	八白	甲辰	4月9日	四緑	癸酉	3月8日	一白	癸卯	2月6日	六白	壬申	1月8日	五黄	甲辰	12月6日	一白	癸酉	13
5月11日	九紫	乙巳	4月10日	五黄	甲戌	3月9日	二黒	甲辰	2月7日	七赤	癸酉	1月9日	六白	乙巳	12月7日	二黒	甲戌	14
5月12日	一白	丙午	4月11日	六白	乙亥	3月10日	三碧	乙巳	2月8日	八白	甲戌	1月10日	七赤	丙午	12月8日	三碧	乙亥	15
5月13日	二黒	丁未	4月12日	七赤	丙子	3月11日	四緑	丙午	2月9日	九紫	乙亥	1月11日	八白	丁未	12月9日	四緑	丙子	16
5月14日	三碧	戊申	4月13日	八白	丁丑	3月12日	五黄	丁未	2月10日	一白	丙子	1月12日	九紫	戊申	12月10日	五黄	丁丑	17
5月15日	四緑	己酉	4月14日	九紫	戊寅	3月13日	六白	戊申	2月11日	二黒	丁丑	1月13日	一白	己酉	12月11日	六白	戊寅	18
5月16日	五黄	庚戌	4月15日	一白	己卯	3月14日	七赤	己酉	2月12日	三碧	戊寅	1月14日	二黒	庚戌	12月12日	七赤	己卯	19
5月17日	六白	辛亥	4月16日	二黒	庚辰	3月15日	八白	庚戌	2月13日	四緑	己卯	1月15日	三碧	辛亥	12月13日	八白	庚辰	20
5月18日	七赤	壬子	4月17日	三碧	辛巳	3月16日	九紫	辛亥	2月14日	五黄	庚辰	1月16日	四緑	壬子	12月14日	九紫	辛巳	21
5月19日	八白	癸丑	4月18日	四緑	壬午	3月17日	一白	壬子	2月15日	六白	辛巳	1月17日	五黄	癸丑	12月15日	一白	壬午	22
5月20日	九紫	甲寅	4月19日	五黄	癸未	3月18日	二黒	癸丑	2月16日	七赤	壬午	1月18日	六白	甲寅	12月16日	二黒	癸未	23
5月21日	一白	乙卯	4月20日	六白	甲申	3月19日	三碧	甲寅	2月17日	八白	癸未	1月19日	七赤	乙卯	12月17日	三碧	甲申	24
5月22日	二黒	丙辰	4月21日	七赤	乙酉	3月20日	四緑	乙卯	2月18日	九紫	甲申	1月20日	八白	丙辰	12月18日	四緑	乙酉	25
5月23日	三碧	丁巳	4月22日	八白	丙戌	3月21日	五黄	丙辰	2月19日	一白	乙酉	1月21日	九紫	丁巳	12月19日	五黄	丙戌	26
5月24日	四緑	戊午	4月23日	九紫	丁亥	3月22日	六白	丁巳	2月20日	二黒	丙戌	1月22日	一白	戊午	12月20日	六白	丁亥	27
5月25日	五黄	己未	4月24日	一白	戊子	3月23日	七赤	戊午	2月21日	三碧	丁亥	1月23日	二黒	己未	12月21日	七赤	戊子	28
5月26日	六白	庚申	4月25日	二黒	己丑	3月24日	八白	己未	2月22日	四緑	戊子				12月22日	八白	己丑	29
5月27日	七赤	辛酉	4月26日	三碧	庚寅	3月25日	九紫	庚申	2月23日	五黄	己丑				12月23日	九紫	庚寅	30
			4月27日	四緑	辛卯				2月24日	六白	庚寅				12月24日	一白	辛卯	31

	平成元年			1989年			己巳年			二黒土星						
	12月丙子			11月乙亥			10月甲戌			9月癸酉			8月壬申			7月辛未		
	7日 12：20			7日 19：33			8日 16：27			8日 00：54			7日 22：04			7日 12：19		
	22日 06：21			22日 17：04			23日 19：35			23日 10：20			23日 12：46			23日 05：45		
	一白水星			二黒土星			三碧木星			四緑木星			五黄土星			六白金星		
1	11月4日	二黒	乙未	10月3日	五黄	乙丑	9月2日	九紫	甲午	8月2日	三碧	甲子	6月30日	七赤	癸巳	5月28日	八白	壬戌
2	11月5日	一白	丙申	10月4日	四緑	丙寅	9月3日	八白	乙未	8月3日	二黒	乙丑	7月1日	六白	甲午	5月29日	九紫	癸亥
3	11月6日	九紫	丁酉	10月5日	三碧	丁卯	9月4日	七赤	丙申	8月4日	一白	丙寅	7月2日	五黄	乙未	6月1日	九紫	甲子
4	11月7日	八白	戊戌	10月6日	二黒	戊辰	9月5日	六白	丁酉	8月5日	九紫	丁卯	7月3日	四緑	丙申	6月2日	八白	乙丑
5	11月8日	七赤	己亥	10月7日	一白	己巳	9月6日	五黄	戊戌	8月6日	八白	戊辰	7月4日	三碧	丁酉	6月3日	七赤	丙寅
6	11月9日	六白	庚子	10月8日	九紫	庚午	9月7日	四緑	己亥	8月7日	七赤	己巳	7月5日	二黒	戊戌	6月4日	六白	丁卯
7	11月10日	五黄	辛丑	10月9日	八白	辛未	9月8日	三碧	庚子	8月8日	六白	庚午	7月6日	一白	己亥	6月5日	五黄	戊辰
8	11月11日	四緑	壬寅	10月10日	七赤	壬申	9月9日	二黒	辛丑	8月9日	五黄	辛未	7月7日	九紫	庚子	6月6日	四緑	己巳
9	11月12日	三碧	癸卯	10月11日	六白	癸酉	9月10日	一白	壬寅	8月10日	四緑	壬申	7月8日	八白	辛丑	6月7日	三碧	庚午
10	11月13日	二黒	甲辰	10月12日	五黄	甲戌	9月11日	九紫	癸卯	8月11日	三碧	癸酉	7月9日	七赤	壬寅	6月8日	二黒	辛未
11	11月14日	一白	乙巳	10月13日	四緑	乙亥	9月12日	八白	甲辰	8月12日	二黒	甲戌	7月10日	六白	癸卯	6月9日	一白	壬申
12	11月15日	九紫	丙午	10月14日	三碧	丙子	9月13日	七赤	乙巳	8月13日	一白	乙亥	7月11日	五黄	甲辰	6月10日	九紫	癸酉
13	11月16日	八白	丁未	10月15日	二黒	丁丑	9月14日	六白	丙午	8月14日	九紫	丙子	7月12日	四緑	乙巳	6月11日	八白	甲戌
14	11月17日	七赤	戊申	10月16日	一白	戊寅	9月15日	五黄	丁未	8月15日	八白	丁丑	7月13日	三碧	丙午	6月12日	七赤	乙亥
15	11月18日	六白	己酉	10月17日	九紫	己卯	9月16日	四緑	戊申	8月16日	七赤	戊寅	7月14日	二黒	丁未	6月13日	六白	丙子
16	11月19日	五黄	庚戌	10月18日	八白	庚辰	9月17日	三碧	己酉	8月17日	六白	己卯	7月15日	一白	戊申	6月14日	五黄	丁丑
17	11月20日	四緑	辛亥	10月19日	七赤	辛巳	9月18日	二黒	庚戌	8月18日	五黄	庚辰	7月16日	九紫	己酉	6月15日	四緑	戊寅
18	11月21日	三碧	壬子	10月20日	六白	壬午	9月19日	一白	辛亥	8月19日	四緑	辛巳	7月17日	八白	庚戌	6月16日	三碧	己卯
19	11月22日	二黒	癸丑	10月21日	五黄	癸未	9月20日	九紫	壬子	8月20日	三碧	壬午	7月18日	七赤	辛亥	6月17日	二黒	庚辰
20	11月23日	一白	甲寅	10月22日	四緑	甲申	9月21日	八白	癸丑	8月21日	二黒	癸未	7月19日	六白	壬子	6月18日	一白	辛巳
21	11月24日	九紫	乙卯	10月23日	三碧	乙酉	9月22日	七赤	甲寅	8月22日	一白	甲申	7月20日	五黄	癸丑	6月19日	九紫	壬午
22	11月25日	八白	丙辰	10月24日	二黒	丙戌	9月23日	六白	乙卯	8月23日	九紫	乙酉	7月21日	四緑	甲寅	6月20日	八白	癸未
23	11月26日	七赤	丁巳	10月25日	一白	丁亥	9月24日	五黄	丙辰	8月24日	八白	丙戌	7月22日	三碧	乙卯	6月21日	七赤	甲申
24	11月27日	六白	戊午	10月26日	九紫	戊子	9月25日	四緑	丁巳	8月25日	七赤	丁亥	7月23日	二黒	丙辰	6月22日	六白	乙酉
25	11月28日	五黄	己未	10月27日	八白	己丑	9月26日	三碧	戊午	8月26日	六白	戊子	7月24日	一白	丁巳	6月23日	五黄	丙戌
26	11月29日	四緑	庚申	10月28日	七赤	庚寅	9月27日	二黒	己未	8月27日	五黄	己丑	7月25日	九紫	戊午	6月24日	四緑	丁亥
27	11月30日	三碧	辛酉	10月29日	六白	辛卯	9月28日	一白	庚申	8月28日	四緑	庚寅	7月26日	八白	己未	6月25日	三碧	戊子
28	12月1日	二黒	壬戌	11月1日	五黄	壬辰	9月29日	九紫	辛酉	8月29日	三碧	辛卯	7月27日	七赤	庚申	6月26日	二黒	己丑
29	12月2日	一白	癸亥	11月2日	四緑	癸巳	9月30日	八白	壬戌	8月30日	二黒	壬辰	7月28日	六白	辛酉	6月27日	一白	庚寅
30	12月3日	一白	甲子	11月3日	三碧	甲午	10月1日	七赤	癸亥	9月1日	一白	癸巳	7月29日	五黄	壬戌	6月28日	九紫	辛卯
31	12月4日	二黒	乙丑				10月2日	六白	甲子				8月1日	四緑	癸亥	6月29日	八白	壬辰

	6月壬午			5月辛巳			4月庚辰			3月己卯			2月戊寅			1月丁丑		
	6日 07：45			6日 03：34			5日 10：13			6日 05：20			4日 11：14			5日 23：33		
	22日 00：32			21日 16：36			20日 17：26			21日 06：19			19日 07：14			20日 17：01		
	四緑木星			五黄土星			六白金星			七赤金星			八白土星			九紫火星		
5月9日	一白	丁酉	4月7日	六白	丙寅	3月6日	三碧	丙申	2月5日	八白	乙丑	1月6日	七赤	丁酉	12月5日	三碧	丙寅	1
5月10日	二黒	戊戌	4月8日	七赤	丁卯	3月7日	四緑	丁酉	2月6日	九紫	丙寅	1月7日	八白	戊戌	12月6日	四緑	丁卯	2
5月11日	三碧	己亥	4月9日	八白	戊辰	3月8日	五黄	戊戌	2月7日	一白	丁卯	1月8日	九紫	己亥	12月7日	五黄	戊辰	3
5月12日	四緑	庚子	4月10日	九紫	己巳	3月9日	六白	己亥	2月8日	二黒	戊辰	1月9日	一白	庚子	12月8日	六白	己巳	4
5月13日	五黄	辛丑	4月11日	一白	庚午	3月10日	七赤	庚子	2月9日	三碧	己巳	1月10日	二黒	辛丑	12月9日	七赤	庚午	5
5月14日	六白	壬寅	4月12日	二黒	辛未	3月11日	八白	辛丑	2月10日	四緑	庚午	1月11日	三碧	壬寅	12月10日	八白	辛未	6
5月15日	七赤	癸卯	4月13日	三碧	壬申	3月12日	九紫	壬寅	2月11日	五黄	辛未	1月12日	四緑	癸卯	12月11日	九紫	壬申	7
5月16日	八白	甲辰	4月14日	四緑	癸酉	3月13日	一白	癸卯	2月12日	六白	壬申	1月13日	五黄	甲辰	12月12日	一白	癸酉	8
5月17日	九紫	乙巳	4月15日	五黄	甲戌	3月14日	二黒	甲辰	2月13日	七赤	癸酉	1月14日	六白	乙巳	12月13日	二黒	甲戌	9
5月18日	一白	丙午	4月16日	六白	乙亥	3月15日	三碧	乙巳	2月14日	八白	甲戌	1月15日	七赤	丙午	12月14日	三碧	乙亥	10
5月19日	二黒	丁未	4月17日	七赤	丙子	3月16日	四緑	丙午	2月15日	九紫	乙亥	1月16日	八白	丁未	12月15日	四緑	丙子	11
5月20日	三碧	戊申	4月18日	八白	丁丑	3月17日	五黄	丁未	2月16日	一白	丙子	1月17日	九紫	戊申	12月16日	五黄	丁丑	12
5月21日	四緑	己酉	4月19日	九紫	戊寅	3月18日	六白	戊申	2月17日	二黒	丁丑	1月18日	一白	己酉	12月17日	六白	戊寅	13
5月22日	五黄	庚戌	4月20日	一白	己卯	3月19日	七赤	己酉	2月18日	三碧	戊寅	1月19日	二黒	庚戌	12月18日	七赤	己卯	14
5月23日	六白	辛亥	4月21日	二黒	庚辰	3月20日	八白	庚戌	2月19日	四緑	己卯	1月20日	三碧	辛亥	12月19日	八白	庚辰	15
5月24日	七赤	壬子	4月22日	三碧	辛巳	3月21日	九紫	辛亥	2月20日	五黄	庚辰	1月21日	四緑	壬子	12月20日	九紫	辛巳	16
5月25日	八白	癸丑	4月23日	四緑	壬午	3月22日	一白	壬子	2月21日	六白	辛巳	1月22日	五黄	癸丑	12月21日	一白	壬午	17
5月26日	九紫	甲寅	4月24日	五黄	癸未	3月23日	二黒	癸丑	2月22日	七赤	壬午	1月23日	六白	甲寅	12月22日	二黒	癸未	18
5月27日	一白	乙卯	4月25日	六白	甲申	3月24日	三碧	甲寅	2月23日	八白	癸未	1月24日	七赤	乙卯	12月23日	三碧	甲申	19
5月28日	二黒	丙辰	4月26日	七赤	乙酉	3月25日	四緑	乙卯	2月24日	九紫	甲申	1月25日	八白	丙辰	12月24日	四緑	乙酉	20
5月29日	三碧	丁巳	4月27日	八白	丙戌	3月26日	五黄	丙辰	2月25日	一白	乙酉	1月26日	九紫	丁巳	12月25日	五黄	丙戌	21
5月30日	四緑	戊午	4月28日	九紫	丁亥	3月27日	六白	丁巳	2月26日	二黒	丙戌	1月27日	一白	戊午	12月26日	六白	丁亥	22
閏5月1日	五黄	己未	4月29日	一白	戊子	3月28日	七赤	戊午	2月27日	三碧	丁亥	1月28日	二黒	己未	12月27日	七赤	戊子	23
閏5月2日	六白	庚申	5月1日	二黒	己丑	3月29日	八白	己未	2月28日	四緑	戊子	1月29日	三碧	庚申	12月28日	八白	己丑	24
閏5月3日	七赤	辛酉	5月2日	三碧	庚寅	4月1日	九紫	庚申	2月29日	五黄	己丑	2月1日	四緑	辛酉	12月29日	九紫	庚寅	25
閏5月4日	八白	壬戌	5月3日	四緑	辛卯	4月2日	一白	辛酉	2月30日	六白	庚寅	2月2日	五黄	壬戌	12月30日	一白	辛卯	26
閏5月5日	九紫	癸亥	5月4日	五黄	壬辰	4月3日	二黒	壬戌	3月1日	七赤	辛卯	2月3日	六白	癸亥	1月1日	二黒	壬辰	27
閏5月6日	九紫	甲子	5月5日	六白	癸巳	4月4日	三碧	癸亥	3月2日	八白	壬辰	2月4日	七赤	甲子	1月2日	三碧	癸巳	28
閏5月7日	八白	乙丑	5月6日	七赤	甲午	4月5日	四緑	甲子	3月3日	九紫	癸巳				1月3日	四緑	甲午	29
閏5月8日	七赤	丙寅	5月7日	八白	乙未	4月6日	五黄	乙丑	3月4日	一白	甲午				1月4日	五黄	乙未	30
			5月8日	九紫	丙申				3月5日	二黒	乙未				1月5日	六白	丙申	31

平成2年		1990年				庚午年		一白水星			
12月戊子		11月丁亥		10月丙戌		9月乙酉		8月甲申		7月癸未	
7日 18：13		8日 01：22		8日 22：13		8日 06：38		8日 03：46		7日 18：00	
22日 12：06		22日 22：46		24日 01：13		23日 15：56		23日 18：21		23日 11：21	
七赤金星		八白土星		九紫火星		一白水星		二黒土星		三碧木星	

1	10月15日	六白	庚子	9月14日	九紫	庚午	8月13日	四緑	己亥	7月13日	七赤	己巳	6月11日	二黒	戊戌	閏5月9日	六白	丁卯
2	10月16日	五黄	辛丑	9月15日	八白	辛未	8月14日	三碧	庚子	7月14日	六白	庚午	6月12日	一白	己亥	閏5月10日	五黄	戊辰
3	10月17日	四緑	壬寅	9月16日	七赤	壬申	8月15日	二黒	辛丑	7月15日	五黄	辛未	6月13日	九紫	庚子	閏5月11日	四緑	己巳
4	10月18日	三碧	癸卯	9月17日	六白	癸酉	8月16日	一白	壬寅	7月16日	四緑	壬申	6月14日	八白	辛丑	閏5月12日	三碧	庚午
5	10月19日	二黒	甲辰	9月18日	五黄	甲戌	8月17日	九紫	癸卯	7月17日	三碧	癸酉	6月15日	七赤	壬寅	閏5月13日	二黒	辛未
6	10月20日	一白	乙巳	9月19日	四緑	乙亥	8月18日	八白	甲辰	7月18日	二黒	甲戌	6月16日	六白	癸卯	閏5月14日	一白	壬申
7	10月21日	九紫	丙午	9月20日	三碧	丙子	8月19日	七赤	乙巳	7月19日	一白	乙亥	6月17日	五黄	甲辰	閏5月15日	九紫	癸酉
8	10月22日	八白	丁未	9月21日	二黒	丁丑	8月20日	六白	丙午	7月20日	九紫	丙子	6月18日	四緑	乙巳	閏5月16日	八白	甲戌
9	10月23日	七赤	戊申	9月22日	一白	戊寅	8月21日	五黄	丁未	7月21日	八白	丁丑	6月19日	三碧	丙午	閏5月17日	七赤	乙亥
10	10月24日	六白	己酉	9月23日	九紫	己卯	8月22日	四緑	戊申	7月22日	七赤	戊寅	6月20日	二黒	丁未	閏5月18日	六白	丙子
11	10月25日	五黄	庚戌	9月24日	八白	庚辰	8月23日	三碧	己酉	7月23日	六白	己卯	6月21日	一白	戊申	閏5月19日	五黄	丁丑
12	10月26日	四緑	辛亥	9月25日	七赤	辛巳	8月24日	二黒	庚戌	7月24日	五黄	庚辰	6月22日	九紫	己酉	閏5月20日	四緑	戊寅
13	10月27日	三碧	壬子	9月26日	六白	壬午	8月25日	一白	辛亥	7月25日	四緑	辛巳	6月23日	八白	庚戌	閏5月21日	三碧	己卯
14	10月28日	二黒	癸丑	9月27日	五黄	癸未	8月26日	九紫	壬子	7月26日	三碧	壬午	6月24日	七赤	辛亥	閏5月22日	二黒	庚辰
15	10月29日	一白	甲寅	9月28日	四緑	甲申	8月27日	八白	癸丑	7月27日	二黒	癸未	6月25日	六白	壬子	閏5月23日	一白	辛巳
16	10月30日	九紫	乙卯	9月29日	三碧	乙酉	8月28日	七赤	甲寅	7月28日	一白	甲申	6月26日	五黄	癸丑	閏5月24日	九紫	壬午
17	11月1日	八白	丙辰	10月1日	二黒	丙戌	8月29日	六白	乙卯	7月29日	九紫	乙酉	6月27日	四緑	甲寅	閏5月25日	八白	癸未
18	11月2日	七赤	丁巳	10月2日	一白	丁亥	8月30日	五黄	丙辰	7月30日	八白	丙戌	6月28日	三碧	乙卯	閏5月26日	七赤	甲申
19	11月3日	六白	戊午	10月3日	九紫	戊子	9月1日	四緑	丁巳	8月1日	七赤	丁亥	6月29日	二黒	丙辰	閏5月27日	六白	乙酉
20	11月4日	五黄	己未	10月4日	八白	己丑	9月2日	三碧	戊午	8月2日	六白	戊子	7月1日	一白	丁巳	閏5月28日	五黄	丙戌
21	11月5日	四緑	庚申	10月5日	七赤	庚寅	9月3日	二黒	己未	8月3日	五黄	己丑	7月2日	九紫	戊午	閏5月29日	四緑	丁亥
22	11月6日	三碧	辛酉	10月6日	六白	辛卯	9月4日	一白	庚申	8月4日	四緑	庚寅	7月3日	八白	己未	6月1日	三碧	戊子
23	11月7日	二黒	壬戌	10月7日	五黄	壬辰	9月5日	九紫	辛酉	8月5日	三碧	辛卯	7月4日	七赤	庚申	6月2日	二黒	己丑
24	11月8日	一白	癸亥	10月8日	四緑	癸巳	9月6日	八白	壬戌	8月6日	二黒	壬辰	7月5日	六白	辛酉	6月3日	一白	庚寅
25	11月9日	一白	甲子	10月9日	三碧	甲午	9月7日	七赤	癸亥	8月7日	一白	癸巳	7月6日	五黄	壬戌	6月4日	九紫	辛卯
26	11月10日	二黒	乙丑	10月10日	二黒	乙未	9月8日	六白	甲子	8月8日	九紫	甲午	7月7日	四緑	癸亥	6月5日	八白	壬辰
27	11月11日	三碧	丙寅	10月11日	一白	丙申	9月9日	五黄	乙丑	8月9日	八白	乙未	7月8日	三碧	甲子	6月6日	七赤	癸巳
28	11月12日	四緑	丁卯	10月12日	九紫	丁酉	9月10日	四緑	丙寅	8月10日	七赤	丙申	7月9日	二黒	乙丑	6月7日	六白	甲午
29	11月13日	五黄	戊辰	10月13日	八白	戊戌	9月11日	三碧	丁卯	8月11日	六白	丁酉	7月10日	一白	丙寅	6月8日	五黄	乙未
30	11月14日	六白	己巳	10月14日	七赤	己亥	9月12日	二黒	戊辰	8月12日	五黄	戊戌	7月11日	九紫	丁卯	6月9日	四緑	丙申
31	11月15日	七赤	庚午				9月13日	一白	己巳				7月12日	八白	戊辰	6月10日	三碧	丁酉

6月甲午	5月癸巳	4月壬辰	3月辛卯	2月庚寅	1月己丑	
6日 13：37	6日 09：25	5日 16：04	6日 11：13	4日 17：09	6日 05：28	
22日 06：18	21日 22：19	20日 23：07	21日 12：02	19日 12：59	20日 22：47	
一白水星	二黒土星	三碧木星	四緑木星	五黄土星	六白金星	
4月19日 六白 壬寅	3月17日 二黒 辛未	2月17日 八白 辛丑	1月15日 四緑 庚午	12月17日 三碧 壬寅	11月16日 八白 辛未	1
4月20日 七赤 癸卯	3月18日 三碧 壬申	2月18日 九紫 壬寅	1月16日 五黄 辛未	12月18日 四緑 癸卯	11月17日 九紫 壬申	2
4月21日 八白 甲辰	3月19日 四緑 癸酉	2月19日 一白 癸卯	1月17日 六白 壬申	12月19日 五黄 甲辰	11月18日 一白 癸酉	3
4月22日 九紫 乙巳	3月20日 五黄 甲戌	2月20日 二黒 甲辰	1月18日 七赤 癸酉	12月20日 六白 乙巳	11月19日 二黒 甲戌	4
4月23日 一白 丙午	3月21日 六白 乙亥	2月21日 三碧 乙巳	1月19日 八白 甲戌	12月21日 七赤 丙午	11月20日 三碧 乙亥	5
4月24日 二黒 丁未	3月22日 七赤 丙子	2月22日 四緑 丙午	1月20日 九紫 乙亥	12月22日 八白 丁未	11月21日 四緑 丙子	6
4月25日 三碧 戊申	3月23日 八白 丁丑	2月23日 五黄 丁未	1月21日 一白 丙子	12月23日 九紫 戊申	11月22日 五黄 丁丑	7
4月26日 四緑 己酉	3月24日 九紫 戊寅	2月24日 六白 戊申	1月22日 二黒 丁丑	12月24日 一白 己酉	11月23日 六白 戊寅	8
4月27日 五黄 庚戌	3月25日 一白 己卯	2月25日 七赤 己酉	1月23日 三碧 戊寅	12月25日 二黒 庚戌	11月24日 七赤 己卯	9
4月28日 六白 辛亥	3月26日 二黒 庚辰	2月26日 八白 庚戌	1月24日 四緑 己卯	12月26日 三碧 辛亥	11月25日 八白 庚辰	10
4月29日 七赤 壬子	3月27日 三碧 辛巳	2月27日 九紫 辛亥	1月25日 五黄 庚辰	12月27日 四緑 壬子	11月26日 九紫 辛巳	11
5月1日 八白 癸丑	3月28日 四緑 壬午	2月28日 一白 壬子	1月26日 六白 辛巳	12月28日 五黄 癸丑	11月27日 一白 壬午	12
5月2日 九紫 甲寅	3月29日 五黄 癸未	2月29日 二黒 癸丑	1月27日 七赤 壬午	12月29日 六白 甲寅	11月28日 二黒 癸未	13
5月3日 一白 乙卯	4月1日 六白 甲申	2月30日 三碧 甲寅	1月28日 八白 癸未	12月30日 七赤 乙卯	11月29日 三碧 甲申	14
5月4日 二黒 丙辰	4月2日 七赤 乙酉	3月1日 四緑 乙卯	1月29日 九紫 甲申	1月1日 八白 丙辰	11月30日 四緑 乙酉	15
5月5日 三碧 丁巳	4月3日 八白 丙戌	3月2日 五黄 丙辰	2月1日 一白 乙酉	1月2日 九紫 丁巳	12月1日 五黄 丙戌	16
5月6日 四緑 戊午	4月4日 九紫 丁亥	3月3日 六白 丁巳	2月2日 二黒 丙戌	1月3日 一白 戊午	12月2日 六白 丁亥	17
5月7日 五黄 己未	4月5日 一白 戊子	3月4日 七赤 戊午	2月3日 三碧 丁亥	1月4日 二黒 己未	12月3日 七赤 戊子	18
5月8日 六白 庚申	4月6日 二黒 己丑	3月5日 八白 己未	2月4日 四緑 戊子	1月5日 三碧 庚申	12月4日 八白 己丑	19
5月9日 七赤 辛酉	4月7日 三碧 庚寅	3月6日 九紫 庚申	2月5日 五黄 己丑	1月6日 四緑 辛酉	12月5日 九紫 庚寅	20
5月10日 八白 壬戌	4月8日 四緑 辛卯	3月7日 一白 辛酉	2月6日 六白 庚寅	1月7日 五黄 壬戌	12月6日 一白 辛卯	21
5月11日 九紫 癸亥	4月9日 五黄 壬辰	3月8日 二黒 壬戌	2月7日 七赤 辛卯	1月8日 六白 癸亥	12月7日 二黒 壬辰	22
5月12日 九紫 甲子	4月10日 六白 癸巳	3月9日 三碧 癸亥	2月8日 八白 壬辰	1月9日 七赤 甲子	12月8日 三碧 癸巳	23
5月13日 八白 乙丑	4月11日 七赤 甲午	3月10日 四緑 甲子	2月9日 九紫 癸巳	1月10日 八白 乙丑	12月9日 四緑 甲午	24
5月14日 七赤 丙寅	4月12日 八白 乙未	3月11日 五黄 乙丑	2月10日 一白 甲午	1月11日 九紫 丙寅	12月10日 五黄 乙未	25
5月15日 六白 丁卯	4月13日 九紫 丙申	3月12日 六白 丙寅	2月11日 二黒 乙未	1月12日 一白 丁卯	12月11日 六白 丙申	26
5月16日 五黄 戊辰	4月14日 一白 丁酉	3月13日 七赤 丁卯	2月12日 三碧 丙申	1月13日 二黒 戊辰	12月12日 七赤 丁酉	27
5月17日 四緑 己巳	4月15日 二黒 戊戌	3月14日 八白 戊辰	2月13日 四緑 丁酉	1月14日 三碧 己巳	12月13日 八白 戊戌	28
5月18日 三碧 庚午	4月16日 三碧 己亥	3月15日 九紫 己巳	2月14日 五黄 戊戌		12月14日 九紫 己亥	29
5月19日 二黒 辛未	4月17日 四緑 庚子	3月16日 一白 庚午	2月15日 六白 己亥		12月15日 一白 庚子	30
	4月18日 五黄 辛丑		2月16日 七赤 庚子		12月16日 二黒 辛丑	31

136

平成3年		1991年		辛未年		九紫火星					
12月庚子		11月己亥		10月戊戌		9月丁酉		8月丙申		7月乙未	
7日 23：55		8日 07：07		9日 04：00		8日 12：28		8日 09：38		7日 23：53	
22日 17：53		23日 04：35		24日 07：04		23日 21：48		24日 00：13		23日 17：11	
四緑木星		五黄土星		六白金星		七赤金星		八白土星		九紫火星	
1	10月26日 一白 乙巳	9月25日 四緑 乙亥	8月24日 八白 甲辰	7月23日 二黒 甲戌	6月21日 六白 癸卯	5月20日 一白 壬寅
2	10月27日 九紫 丙午	9月26日 三碧 丙子	8月25日 七赤 乙巳	7月24日 一白 乙亥	6月22日 五黄 甲辰	5月21日 九紫 癸卯
3	10月28日 八白 丁未	9月27日 二黒 丁丑	8月26日 六白 丙午	7月25日 九紫 丙子	6月23日 四緑 乙巳	5月22日 八白 甲辰
4	10月29日 七赤 戊申	9月28日 一白 戊寅	8月27日 五黄 丁未	7月26日 八白 丁丑	6月24日 三碧 丙午	5月23日 七赤 乙巳
5	10月30日 六白 己酉	9月29日 九紫 己卯	8月28日 四緑 戊申	7月27日 七赤 戊寅	6月25日 二黒 丁未	5月24日 六白 丙午
6	11月1日 五黄 庚戌	10月1日 八白 庚辰	8月29日 三碧 己酉	7月28日 六白 己卯	6月26日 一白 戊申	5月25日 五黄 丁未
7	11月2日 四緑 辛亥	10月2日 七赤 辛巳	8月30日 二黒 庚戌	7月29日 五黄 庚辰	6月27日 九紫 己酉	5月26日 四緑 戊申
8	11月3日 三碧 壬子	10月3日 六白 壬午	9月1日 一白 辛亥	8月1日 四緑 辛巳	6月28日 八白 庚戌	5月27日 三碧 己酉
9	11月4日 二黒 癸丑	10月4日 五黄 癸未	9月2日 九紫 壬子	8月2日 三碧 壬午	6月29日 七赤 辛亥	5月28日 二黒 庚戌
10	11月5日 一白 甲寅	10月5日 四緑 甲申	9月3日 八白 癸丑	8月3日 二黒 癸未	7月1日 六白 壬子	5月29日 一白 辛亥
11	11月6日 九紫 乙卯	10月6日 三碧 乙酉	9月4日 七赤 甲寅	8月4日 一白 甲申	7月2日 五黄 癸丑	5月30日 九紫 壬子
12	11月7日 八白 丙辰	10月7日 二黒 丙戌	9月5日 六白 乙卯	8月5日 九紫 乙酉	7月3日 四緑 甲寅	6月1日 八白 癸丑
13	11月8日 七赤 丁巳	10月8日 一白 丁亥	9月6日 五黄 丙辰	8月6日 八白 丙戌	7月4日 三碧 乙卯	6月2日 七赤 甲寅
14	11月9日 六白 戊午	10月9日 九紫 戊子	9月7日 四緑 丁巳	8月7日 七赤 丁亥	7月5日 二黒 丙辰	6月3日 六白 乙卯
15	11月10日 五黄 己未	10月10日 八白 己丑	9月8日 三碧 戊午	8月8日 六白 戊子	7月6日 一白 丁巳	6月4日 五黄 丙辰
16	11月11日 四緑 庚申	10月11日 七赤 庚寅	9月9日 二黒 己未	8月9日 五黄 己丑	7月7日 九紫 戊午	6月5日 四緑 丁巳
17	11月12日 三碧 辛酉	10月12日 六白 辛卯	9月10日 一白 庚申	8月10日 四緑 庚寅	7月8日 八白 己未	6月6日 三碧 戊午
18	11月13日 二黒 壬戌	10月13日 五黄 壬辰	9月11日 九紫 辛酉	8月11日 三碧 辛卯	7月9日 七赤 庚申	6月7日 二黒 己未
19	11月14日 一白 癸亥	10月14日 四緑 癸巳	9月12日 八白 壬戌	8月12日 二黒 壬辰	7月10日 六白 辛酉	6月8日 一白 庚申
20	11月15日 一白 甲子	10月15日 三碧 甲午	9月13日 七赤 癸亥	8月13日 一白 癸巳	7月11日 五黄 壬戌	6月9日 九紫 辛酉
21	11月16日 二黒 乙丑	10月16日 二黒 乙未	9月14日 六白 甲子	8月14日 九紫 甲午	7月12日 四緑 癸亥	6月10日 八白 壬戌
22	11月17日 三碧 丙寅	10月17日 一白 丙申	9月15日 五黄 乙丑	8月15日 八白 乙未	7月13日 三碧 甲子	6月11日 七赤 癸亥
23	11月18日 四緑 丁卯	10月18日 九紫 丁酉	9月16日 四緑 丙寅	8月16日 七赤 丙申	7月14日 二黒 乙丑	6月12日 六白 甲子
24	11月19日 五黄 戊辰	10月19日 八白 戊戌	9月17日 三碧 丁卯	8月17日 六白 丁酉	7月15日 一白 丙寅	6月13日 五黄 乙丑
25	11月20日 六白 己巳	10月20日 七赤 己亥	9月18日 二黒 戊辰	8月18日 五黄 戊戌	7月16日 九紫 丁卯	6月14日 四緑 丙寅
26	11月21日 七赤 庚午	10月21日 六白 庚子	9月19日 一白 己巳	8月19日 四緑 己亥	7月17日 八白 戊辰	6月15日 三碧 丁卯
27	11月22日 八白 辛未	10月22日 五黄 辛丑	9月20日 九紫 庚午	8月20日 三碧 庚子	7月18日 七赤 己巳	6月16日 二黒 戊辰
28	11月23日 九紫 壬申	10月23日 四緑 壬寅	9月21日 八白 辛未	8月21日 二黒 辛丑	7月19日 六白 庚午	6月17日 一白 己巳
29	11月24日 一白 癸酉	10月24日 三碧 癸卯	9月22日 七赤 壬申	8月22日 一白 壬寅	7月20日 五黄 辛未	6月18日 九紫 庚午
30	11月25日 二黒 甲戌	10月25日 二黒 甲辰	9月23日 六白 癸酉	8月23日 九紫 癸卯	7月21日 四緑 壬申	6月19日 八白 辛未
31	11月26日 三碧 乙亥		9月24日 五黄 甲戌		7月22日 三碧 癸酉	6月20日 七赤 壬申

6月丙午	5月乙巳	4月甲辰	3月癸卯	2月壬寅	1月辛丑	
5日 19：21	5日 15：07	4日 21：44	5日 16：52	4日 22：49	6日 11：09	
21日 12：14	21日 04：11	20日 04：55	20日 17：48	19日 18：44	21日 04：33	
七赤金星	八白土星	九紫火星	一白水星	二黒土星	三碧木星	
5月1日 三碧 戊申	3月29日 八白 丁丑	2月29日 五黄 丁未	1月27日 一白 丙子	12月28日 八白 丁丑	11月27日 四緑 丙子	1
5月2日 四緑 己酉	3月30日 九紫 戊寅	2月30日 六白 戊申	1月28日 二黒 丁丑	12月29日 九紫 戊寅	11月28日 五黄 丁丑	2
5月3日 五黄 庚戌	4月1日 一白 己卯	3月1日 七赤 己酉	1月29日 三碧 戊寅	12月30日 一白 己卯	11月29日 六白 戊寅	3
5月4日 六白 辛亥	4月2日 二黒 庚辰	3月2日 八白 庚戌	2月1日 四緑 己卯	1月1日 二黒 庚戌	11月30日 七赤 己卯	4
5月5日 七赤 壬子	4月3日 三碧 辛巳	3月3日 九紫 辛亥	2月2日 五黄 庚辰	1月2日 三碧 辛亥	12月1日 八白 庚辰	5
5月6日 八白 癸丑	4月4日 四緑 壬午	3月4日 一白 壬子	2月3日 六白 辛巳	1月3日 四緑 壬子	12月2日 九紫 辛巳	6
5月7日 九紫 甲寅	4月5日 五黄 癸未	3月5日 二黒 癸丑	2月4日 七赤 壬午	1月4日 五黄 癸丑	12月3日 一白 壬午	7
5月8日 一白 乙卯	4月6日 六白 甲申	3月6日 三碧 甲寅	2月5日 八白 癸未	1月5日 六白 甲寅	12月4日 二黒 癸未	8
5月9日 二黒 丙辰	4月7日 七赤 乙酉	3月7日 四緑 乙卯	2月6日 九紫 甲申	1月6日 七赤 乙卯	12月5日 三碧 甲申	9
5月10日 三碧 丁巳	4月8日 八白 丙戌	3月8日 五黄 丙辰	2月7日 一白 乙酉	1月7日 八白 丙辰	12月6日 四緑 乙酉	10
5月11日 四緑 戊午	4月9日 九紫 丁亥	3月9日 六白 丁巳	2月8日 二黒 丙戌	1月8日 九紫 丁巳	12月7日 五黄 丙戌	11
5月12日 五黄 己未	4月10日 一白 戊子	3月10日 七赤 戊午	2月9日 三碧 丁亥	1月9日 一白 戊午	12月8日 六白 丁亥	12
5月13日 六白 庚申	4月11日 二黒 己丑	3月11日 八白 己未	2月10日 四緑 戊子	1月10日 二黒 己未	12月9日 七赤 戊子	13
5月14日 七赤 辛酉	4月12日 三碧 庚寅	3月12日 九紫 庚申	2月11日 五黄 己丑	1月11日 三碧 庚申	12月10日 八白 己丑	14
5月15日 八白 壬戌	4月13日 四緑 辛卯	3月13日 一白 辛酉	2月12日 六白 庚寅	1月12日 四緑 辛酉	12月11日 九紫 庚寅	15
5月16日 九紫 癸亥	4月14日 五黄 壬辰	3月14日 二黒 壬戌	2月13日 七赤 辛卯	1月13日 五黄 壬戌	12月12日 一白 辛卯	16
5月17日 九紫 甲子	4月15日 六白 癸巳	3月15日 三碧 癸亥	2月14日 八白 壬辰	1月14日 六白 癸亥	12月13日 二黒 壬辰	17
5月18日 八白 乙丑	4月16日 七赤 甲午	3月16日 四緑 甲子	2月15日 九紫 癸巳	1月15日 七赤 甲子	12月14日 三碧 癸巳	18
5月19日 七赤 丙寅	4月17日 八白 乙未	3月17日 五黄 乙丑	2月16日 一白 甲午	1月16日 八白 乙丑	12月15日 四緑 甲午	19
5月20日 六白 丁卯	4月18日 九紫 丙申	3月18日 六白 丙寅	2月17日 二黒 乙未	1月17日 九紫 丙寅	12月16日 五黄 乙未	20
5月21日 五黄 戊辰	4月19日 一白 丁酉	3月19日 七赤 丁卯	2月18日 三碧 丙申	1月18日 一白 丁卯	12月17日 六白 丙申	21
5月22日 四緑 己巳	4月20日 二黒 戊戌	3月20日 八白 戊辰	2月19日 四緑 丁酉	1月19日 二黒 戊辰	12月18日 七赤 丁酉	22
5月23日 三碧 庚午	4月21日 三碧 己亥	3月21日 九紫 己巳	2月20日 五黄 戊戌	1月20日 三碧 己巳	12月19日 八白 戊戌	23
5月24日 二黒 辛未	4月22日 四緑 庚子	3月22日 一白 庚午	2月21日 六白 己亥	1月21日 四緑 庚午	12月20日 九紫 己亥	24
5月25日 一白 壬申	4月23日 五黄 辛丑	3月23日 二黒 辛未	2月22日 七赤 庚子	1月22日 五黄 辛未	12月21日 一白 庚子	25
5月26日 九紫 癸酉	4月24日 六白 壬寅	3月24日 三碧 壬申	2月23日 八白 辛丑	1月23日 六白 壬申	12月22日 二黒 辛丑	26
5月27日 八白 甲戌	4月25日 七赤 癸卯	3月25日 四緑 癸酉	2月24日 九紫 壬寅	1月24日 七赤 癸酉	12月23日 三碧 壬寅	27
5月28日 七赤 乙亥	4月26日 八白 甲辰	3月26日 五黄 甲戌	2月25日 一白 癸卯	1月25日 八白 甲戌	12月24日 四緑 癸卯	28
5月29日 六白 丙子	4月27日 九紫 乙巳	3月27日 六白 乙亥	2月26日 二黒 甲辰	1月26日 九紫 乙亥	12月25日 五黄 甲辰	29
6月1日 五黄 丁丑	4月28日 一白 丙午	3月28日 七赤 丙子	2月27日 三碧 乙巳		12月26日 六白 乙巳	30
	4月29日 二黒 丁未		2月28日 四緑 丙午		12月27日 七赤 丙午	31

138

平成4年			1992年			壬申年			八白土星								
	12月壬子			11月辛亥			10月庚戌			9月己酉			8月戊申			7月丁未	
	7日 05：44			7日 12：56			8日 09：50			7日 18：18			7日 15：28			7日 05：40	
	21日 23：43			22日 10：25			23日 12：56			23日 03：42			23日 06：10			22日 23：09	
	一白水星			二黒土星			三碧木星			四緑木星			五黄土星			六白金星	
1	11月8日	四緑	辛亥	10月7日	七赤	辛巳	9月6日	二黒	庚戌	8月5日	五黄	庚辰	7月3日	九紫	己酉	6月2日	四緑	戊寅
2	11月9日	三碧	壬子	10月8日	六白	壬午	9月7日	一白	辛亥	8月6日	四緑	辛巳	7月4日	八白	庚戌	6月3日	三碧	己卯
3	11月10日	二黒	癸丑	10月9日	五黄	癸未	9月8日	九紫	壬子	8月7日	三碧	壬午	7月5日	七赤	辛亥	6月4日	二黒	庚辰
4	11月11日	一白	甲寅	10月10日	四緑	甲申	9月9日	八白	癸丑	8月8日	二黒	癸未	7月6日	六白	壬子	6月5日	一白	辛巳
5	11月12日	九紫	乙卯	10月11日	三碧	乙酉	9月10日	七赤	甲寅	8月9日	一白	甲申	7月7日	五黄	癸丑	6月6日	九紫	壬午
6	11月13日	八白	丙辰	10月12日	二黒	丙戌	9月11日	六白	乙卯	8月10日	九紫	乙酉	7月8日	四緑	甲寅	6月7日	八白	癸未
7	11月14日	七赤	丁巳	10月13日	一白	丁亥	9月12日	五黄	丙辰	8月11日	八白	丙戌	7月9日	三碧	乙卯	6月8日	七赤	甲申
8	11月15日	六白	戊午	10月14日	九紫	戊子	9月13日	四緑	丁巳	8月12日	七赤	丁亥	7月10日	二黒	丙辰	6月9日	六白	乙酉
9	11月16日	五黄	己未	10月15日	八白	己丑	9月14日	三碧	戊午	8月13日	六白	戊子	7月11日	一白	丁巳	6月10日	五黄	丙戌
10	11月17日	四緑	庚申	10月16日	七赤	庚寅	9月15日	二黒	己未	8月14日	五黄	己丑	7月12日	九紫	戊午	6月11日	四緑	丁亥
11	11月18日	三碧	辛酉	10月17日	六白	辛卯	9月16日	一白	庚申	8月15日	四緑	庚寅	7月13日	八白	己未	6月12日	三碧	戊子
12	11月19日	二黒	壬戌	10月18日	五黄	壬辰	9月17日	九紫	辛酉	8月16日	三碧	辛卯	7月14日	七赤	庚申	6月13日	二黒	己丑
13	11月20日	一白	癸亥	10月19日	四緑	癸巳	9月18日	八白	壬戌	8月17日	二黒	壬辰	7月15日	六白	辛酉	6月14日	一白	庚寅
14	11月21日	一白	甲子	10月20日	三碧	甲午	9月19日	七赤	癸亥	8月18日	一白	癸巳	7月16日	五黄	壬戌	6月15日	九紫	辛卯
15	11月22日	二黒	乙丑	10月21日	二黒	乙未	9月20日	六白	甲子	8月19日	九紫	甲午	7月17日	四緑	癸亥	6月16日	八白	壬辰
16	11月23日	三碧	丙寅	10月22日	一白	丙申	9月21日	五黄	乙丑	8月20日	八白	乙未	7月18日	三碧	甲子	6月17日	七赤	癸巳
17	11月24日	四緑	丁卯	10月23日	九紫	丁酉	9月22日	四緑	丙寅	8月21日	七赤	丙申	7月19日	二黒	乙丑	6月18日	六白	甲午
18	11月25日	五黄	戊辰	10月24日	八白	戊戌	9月23日	三碧	丁卯	8月22日	六白	丁酉	7月20日	一白	丙寅	6月19日	五黄	乙未
19	11月26日	六白	己巳	10月25日	七赤	己亥	9月24日	二黒	戊辰	8月23日	五黄	戊戌	7月21日	九紫	丁卯	6月20日	四緑	丙申
20	11月27日	七赤	庚午	10月26日	六白	庚子	9月25日	一白	己巳	8月24日	四緑	己亥	7月22日	八白	戊辰	6月21日	三碧	丁酉
21	11月28日	八白	辛未	10月27日	五黄	辛丑	9月26日	九紫	庚午	8月25日	三碧	庚子	7月23日	七赤	己巳	6月22日	二黒	戊戌
22	11月29日	九紫	壬申	10月28日	四緑	壬寅	9月27日	八白	辛未	8月26日	二黒	辛丑	7月24日	六白	庚午	6月23日	一白	己亥
23	11月30日	一白	癸酉	10月29日	三碧	癸卯	9月28日	七赤	壬申	8月27日	一白	壬寅	7月25日	五黄	辛未	6月24日	九紫	庚子
24	12月1日	二黒	甲戌	11月1日	二黒	甲辰	9月29日	六白	癸酉	8月28日	九紫	癸卯	7月26日	四緑	壬申	6月25日	八白	辛丑
25	12月2日	三碧	乙亥	11月2日	一白	乙巳	9月30日	五黄	甲戌	8月29日	八白	甲辰	7月27日	三碧	癸酉	6月26日	七赤	壬寅
26	12月3日	四緑	丙子	11月3日	九紫	丙午	10月1日	四緑	乙亥	9月1日	七赤	乙巳	7月28日	二黒	甲戌	6月27日	六白	癸卯
27	12月4日	五黄	丁丑	11月4日	八白	丁未	10月2日	三碧	丙子	9月2日	六白	丙午	7月29日	一白	乙亥	6月28日	五黄	甲辰
28	12月5日	六白	戊寅	11月5日	七赤	戊申	10月3日	二黒	丁丑	9月3日	五黄	丁未	8月1日	九紫	丙子	6月29日	四緑	乙巳
29	12月6日	七赤	己卯	11月6日	六白	己酉	10月4日	一白	戊寅	9月4日	四緑	戊申	8月2日	八白	丁丑	6月30日	三碧	丙午
30	12月7日	八白	庚辰	11月7日	五黄	庚戌	10月5日	九紫	己卯	9月5日	三碧	己酉	8月3日	七赤	戊寅	7月1日	二黒	丁未
31	12月8日	九紫	辛巳				10月6日	八白	庚辰				8月4日	六白	己卯	7月2日	一白	戊申

6月戊午			5月丁巳			4月丙辰			3月乙卯			2月甲寅			1月癸丑			
6日 01：14			5日 21：00			5日 03：36			5日 22：42			4日 04：38			5日 16：57			
21日 17：59			21日 10：00			20日 10：47			20日 23：40			19日 00：36			20日 10：23			
四緑木星			五黄土星			六白金星			七赤金星			八白土星			九紫火星			
4月12日	八白	癸丑	閏3月10日	四緑	壬午	3月10日	一白	壬子	2月9日	六白	辛巳	1月10日	五黄	癸丑	12月9日	一白	壬午	1
4月13日	九紫	甲寅	閏3月11日	五黄	癸未	3月11日	二黒	癸丑	2月10日	七赤	壬午	1月11日	六白	甲寅	12月10日	二黒	癸未	2
4月14日	一白	乙卯	閏3月12日	六白	甲申	3月12日	三碧	甲寅	2月11日	八白	癸未	1月12日	七赤	乙卯	12月11日	三碧	甲申	3
4月15日	二黒	丙辰	閏3月13日	七赤	乙酉	3月13日	四緑	乙卯	2月12日	九紫	甲申	1月13日	八白	丙辰	12月12日	四緑	乙酉	4
4月16日	三碧	丁巳	閏3月14日	八白	丙戌	3月14日	五黄	丙辰	2月13日	一白	乙酉	1月14日	九紫	丁巳	12月13日	五黄	丙戌	5
4月17日	四緑	戊午	閏3月15日	九紫	丁亥	3月15日	六白	丁巳	2月14日	二黒	丙戌	1月15日	一白	戊午	12月14日	六白	丁亥	6
4月18日	五黄	己未	閏3月16日	一白	戊子	3月16日	七赤	戊午	2月15日	三碧	丁亥	1月16日	二黒	己未	12月15日	七赤	戊子	7
4月19日	六白	庚申	閏3月17日	二黒	己丑	3月17日	八白	己未	2月16日	四緑	戊子	1月17日	三碧	庚申	12月16日	八白	己丑	8
4月20日	七赤	辛酉	閏3月18日	三碧	庚寅	3月18日	九紫	庚申	2月17日	五黄	己丑	1月18日	四緑	辛酉	12月17日	九紫	庚寅	9
4月21日	八白	壬戌	閏3月19日	四緑	辛卯	3月19日	一白	辛酉	2月18日	六白	庚寅	1月19日	五黄	壬戌	12月18日	一白	辛卯	10
4月22日	九紫	癸亥	閏3月20日	五黄	壬辰	3月20日	二黒	壬戌	2月19日	七赤	辛卯	1月20日	六白	癸亥	12月19日	二黒	壬辰	11
4月23日	九紫	甲子	閏3月21日	六白	癸巳	3月21日	三碧	癸亥	2月20日	八白	壬辰	1月21日	七赤	甲子	12月20日	三碧	癸巳	12
4月24日	八白	乙丑	閏3月22日	七赤	甲午	3月22日	四緑	甲子	2月21日	九紫	癸巳	1月22日	八白	乙丑	12月21日	四緑	甲午	13
4月25日	七赤	丙寅	閏3月23日	八白	乙未	3月23日	五黄	乙丑	2月22日	一白	甲午	1月23日	九紫	丙寅	12月22日	五黄	乙未	14
4月26日	六白	丁卯	閏3月24日	九紫	丙申	3月24日	六白	丙寅	2月23日	二黒	乙未	1月24日	一白	丁卯	12月23日	六白	丙申	15
4月27日	五黄	戊辰	閏3月25日	一白	丁酉	3月25日	七赤	丁卯	2月24日	三碧	丙申	1月25日	二黒	戊辰	12月24日	七赤	丁酉	16
4月28日	四緑	己巳	閏3月26日	二黒	戊戌	3月26日	八白	戊辰	2月25日	四緑	丁酉	1月26日	三碧	己巳	12月25日	八白	戊戌	17
4月29日	三碧	庚午	閏3月27日	三碧	己亥	3月27日	九紫	己巳	2月26日	五黄	戊戌	1月27日	四緑	庚午	12月26日	九紫	己亥	18
4月30日	二黒	辛未	閏3月28日	四緑	庚子	3月28日	一白	庚午	2月27日	六白	己亥	1月28日	五黄	辛未	12月27日	一白	庚子	19
5月1日	一白	壬申	閏3月29日	五黄	辛丑	3月29日	二黒	辛未	2月28日	七赤	庚子	1月29日	六白	壬申	12月28日	二黒	辛丑	20
5月2日	九紫	癸酉	4月1日	六白	壬寅	3月30日	三碧	壬申	2月29日	八白	辛丑	2月1日	七赤	癸酉	12月29日	三碧	壬寅	21
5月3日	八白	甲戌	4月2日	七赤	癸卯	閏3月1日	四緑	癸酉	3月30日	九紫	壬寅	2月2日	八白	甲戌	12月30日	四緑	癸卯	22
5月4日	七赤	乙亥	4月3日	八白	甲辰	閏3月2日	五黄	甲戌	3月1日	一白	癸卯	2月3日	九紫	乙亥	1月1日	五黄	甲辰	23
5月5日	六白	丙子	4月4日	九紫	乙巳	閏3月3日	六白	乙亥	3月2日	二黒	甲辰	2月4日	一白	丙子	1月2日	六白	乙巳	24
5月6日	五黄	丁丑	4月5日	一白	丙午	閏3月4日	七赤	丙子	3月3日	三碧	乙巳	2月5日	二黒	丁丑	1月3日	七赤	丙午	25
5月7日	四緑	戊寅	4月6日	二黒	丁未	閏3月5日	八白	丁丑	3月4日	四緑	丙午	2月6日	三碧	戊寅	1月4日	八白	丁未	26
5月8日	三碧	己卯	4月7日	三碧	戊申	閏3月6日	九紫	戊寅	3月5日	五黄	丁未	2月7日	四緑	己卯	1月5日	九紫	戊申	27
5月9日	二黒	庚辰	4月8日	四緑	己酉	閏3月7日	一白	己卯	3月6日	六白	戊申	2月8日	五黄	庚辰	1月6日	一白	己酉	28
5月10日	一白	辛巳	4月9日	五黄	庚戌	閏3月8日	二黒	庚辰	3月7日	七赤	己酉				1月7日	二黒	庚戌	29
5月11日	九紫	壬午	4月10日	六白	辛亥	閏3月9日	三碧	辛巳	3月8日	八白	庚戌				1月8日	三碧	辛亥	30
			4月11日	七赤	壬子				3月9日	九紫	辛亥				1月9日	四緑	壬子	31

140

	平成5年		1993年		癸酉年		七赤金星				
	12月甲子		11月癸亥		10月壬戌		9月辛酉		8月庚申		7月己未	
	7日 11：34		7日 18：44		8日 15：39		8日 00：07		7日 21：18		7日 11：32	
	22日 05：26		22日 16：06		23日 18：36		23日 09：22		23日 11：50		23日 04：51	
	七赤金星		八白土星		九紫火星		一白水星		二黒土星		三碧木星	
1	10月18日	八白 丙辰	9月18日	二黒 丙戌	8月16日	六白 乙卯	7月15日	九紫 乙酉	6月14日	四緑 甲寅	5月12日	八白 癸未
2	10月19日	七赤 丁巳	9月19日	一白 丁亥	8月17日	五黄 丙辰	7月16日	八白 丙戌	6月15日	三碧 乙卯	5月13日	七赤 甲申
3	10月20日	六白 戊午	9月20日	九紫 戊子	8月18日	四緑 丁巳	7月17日	七赤 丁亥	6月16日	二黒 丙辰	5月14日	六白 乙酉
4	10月21日	五黄 己未	9月21日	八白 己丑	8月19日	三碧 戊午	7月18日	六白 戊子	6月17日	一白 丁巳	5月15日	五黄 丙戌
5	10月22日	四緑 庚申	9月22日	七赤 庚寅	8月20日	二黒 己未	7月19日	五黄 己丑	6月18日	九紫 戊午	5月16日	四緑 丁亥
6	10月23日	三碧 辛酉	9月23日	六白 辛卯	8月21日	一白 庚申	7月20日	四緑 庚寅	6月19日	八白 己未	5月17日	三碧 戊子
7	10月24日	二黒 壬戌	9月24日	五黄 壬辰	8月22日	九紫 辛酉	7月21日	三碧 辛卯	6月20日	七赤 庚申	5月18日	二黒 己丑
8	10月25日	一白 癸亥	9月25日	四緑 癸巳	8月23日	八白 壬戌	7月22日	二黒 壬辰	6月21日	六白 辛酉	5月19日	一白 庚寅
9	10月26日	一白 甲子	9月26日	三碧 甲午	8月24日	七赤 癸亥	7月23日	一白 癸巳	6月22日	五黄 壬戌	5月20日	九紫 辛卯
10	10月27日	二黒 乙丑	9月27日	二黒 乙未	8月25日	六白 甲子	7月24日	九紫 甲午	6月23日	四緑 癸亥	5月21日	八白 壬辰
11	10月28日	三碧 丙寅	9月28日	一白 丙申	8月26日	五黄 乙丑	7月25日	八白 乙未	6月24日	三碧 甲子	5月22日	七赤 癸巳
12	10月29日	四緑 丁卯	9月29日	九紫 丁酉	8月27日	四緑 丙寅	7月26日	七赤 丙申	6月25日	二黒 乙丑	5月23日	六白 甲午
13	11月1日	五黄 戊辰	9月30日	八白 戊戌	8月28日	三碧 丁卯	7月27日	六白 丁酉	6月26日	一白 丙寅	5月24日	五黄 乙未
14	11月2日	六白 己巳	10月1日	七赤 己亥	8月29日	二黒 戊辰	7月28日	五黄 戊戌	6月27日	九紫 丁卯	5月25日	四緑 丙申
15	11月3日	七赤 庚午	10月2日	六白 庚子	9月1日	一白 己巳	7月29日	四緑 己亥	6月28日	八白 戊辰	5月26日	三碧 丁酉
16	11月4日	八白 辛未	10月3日	五黄 辛丑	9月2日	九紫 庚午	8月1日	三碧 庚子	6月29日	七赤 己巳	5月27日	二黒 戊戌
17	11月5日	九紫 壬申	10月4日	四緑 壬寅	9月3日	八白 辛未	8月2日	二黒 辛丑	6月30日	六白 庚午	5月28日	一白 己亥
18	11月6日	一白 癸酉	10月5日	三碧 癸卯	9月4日	七赤 壬申	8月3日	一白 壬寅	7月1日	五黄 辛未	5月29日	九紫 庚子
19	11月7日	二黒 甲戌	10月6日	二黒 甲辰	9月5日	六白 癸酉	8月4日	九紫 癸卯	7月2日	四緑 壬申	6月1日	八白 辛丑
20	11月8日	三碧 乙亥	10月7日	一白 乙巳	9月6日	五黄 甲戌	8月5日	八白 甲辰	7月3日	三碧 癸酉	6月2日	七赤 壬寅
21	11月9日	四緑 丙子	10月8日	九紫 丙午	9月7日	四緑 乙亥	8月6日	七赤 乙巳	7月4日	二黒 甲戌	6月3日	六白 癸卯
22	11月10日	五黄 丁丑	10月9日	八白 丁未	9月8日	三碧 丙子	8月7日	六白 丙午	7月5日	一白 乙亥	6月4日	五黄 甲辰
23	11月11日	六白 戊寅	10月10日	七赤 戊申	9月9日	二黒 丁丑	8月8日	五黄 丁未	7月6日	九紫 丙子	6月5日	四緑 乙巳
24	11月12日	七赤 己卯	10月11日	六白 己酉	9月10日	一白 戊寅	8月9日	四緑 戊申	7月7日	八白 丁丑	6月6日	三碧 丙午
25	11月13日	八白 庚辰	10月12日	五黄 庚戌	9月11日	九紫 己卯	8月10日	三碧 己酉	7月8日	七赤 戊寅	6月7日	二黒 丁未
26	11月14日	九紫 辛巳	10月13日	四緑 辛亥	9月12日	八白 庚辰	8月11日	二黒 庚戌	7月9日	六白 己卯	6月8日	一白 戊申
27	11月15日	一白 壬午	10月14日	三碧 壬子	9月13日	七赤 辛巳	8月12日	一白 辛亥	7月10日	五黄 庚辰	6月9日	九紫 己酉
28	11月16日	二黒 癸未	10月15日	二黒 癸丑	9月14日	六白 壬午	8月13日	九紫 壬子	7月11日	四緑 辛巳	6月10日	八白 庚戌
29	11月17日	三碧 甲申	10月16日	一白 甲寅	9月15日	五黄 癸未	8月14日	八白 癸丑	7月12日	三碧 壬午	6月11日	七赤 辛亥
30	11月18日	四緑 乙酉	10月17日	九紫 乙卯	9月16日	四緑 甲申	8月15日	七赤 甲寅	7月13日	二黒 癸未	6月12日	六白 壬子
31	11月19日	五黄 丙戌			9月17日	三碧 乙酉			7月14日	一白 甲申	6月13日	五黄 癸丑

6月庚午		5月己巳		4月戊辰		3月丁卯		2月丙寅		1月乙丑		
6日 07:04		6日 02:53		5日 09:31		6日 04:37		4日 10:31		5日 22:49		
21日 23:47		21日 15:48		20日 16:35		21日 05:27		19日 06:22		20日 16:08		
一白水星		二黒土星		三碧木星		四緑木星		五黄土星		六白金星		
4月22日	四緑 戊午	3月21日	九紫 丁亥	2月21日	六白 丁巳	1月20日	二黒 丙戌	12月21日	一白 戊午	11月20日	六白 丁亥	1
4月23日	五黄 己未	3月22日	一白 戊子	2月22日	七赤 戊午	1月21日	三碧 丁亥	12月22日	二黒 己未	11月21日	七赤 戊子	2
4月24日	六白 庚申	3月23日	二黒 己丑	2月23日	八白 己未	1月22日	四緑 戊子	12月23日	三碧 庚申	11月22日	八白 己丑	3
4月25日	七赤 辛酉	3月24日	三碧 庚寅	2月24日	九紫 庚申	1月23日	五黄 己丑	12月24日	四緑 辛酉	11月23日	九紫 庚寅	4
4月26日	八白 壬戌	3月25日	四緑 辛卯	2月25日	一白 辛酉	1月24日	六白 庚寅	12月25日	五黄 壬戌	11月24日	一白 辛卯	5
4月27日	九紫 癸亥	3月26日	五黄 壬辰	2月26日	二黒 壬戌	1月25日	七赤 辛卯	12月26日	六白 癸亥	11月25日	二黒 壬辰	6
4月28日	九紫 甲子	3月27日	六白 癸巳	2月27日	三碧 癸亥	1月26日	八白 壬辰	12月27日	七赤 甲子	11月26日	三碧 癸巳	7
4月29日	八白 乙丑	3月28日	七赤 甲午	2月28日	四緑 甲子	1月27日	九紫 癸巳	12月28日	八白 乙丑	11月27日	四緑 甲午	8
5月1日	七赤 丙寅	3月29日	八白 乙未	2月29日	五黄 乙丑	1月28日	一白 甲午	12月29日	九紫 丙寅	11月28日	五黄 乙未	9
5月2日	六白 丁卯	3月30日	九紫 丙申	2月30日	六白 丙寅	1月29日	二黒 乙未	1月1日	一白 丁卯	11月29日	六白 丙申	10
5月3日	五黄 戊辰	4月1日	一白 丁酉	3月1日	七赤 丁卯	1月30日	三碧 丙申	1月2日	二黒 戊辰	11月30日	七赤 丁酉	11
5月4日	四緑 己巳	4月2日	二黒 戊戌	3月2日	八白 戊辰	2月1日	四緑 丁酉	1月3日	三碧 己巳	12月1日	八白 戊戌	12
5月5日	三碧 庚午	4月3日	三碧 己亥	3月3日	九紫 己巳	2月2日	五黄 戊戌	1月4日	四緑 庚午	12月2日	九紫 己亥	13
5月6日	二黒 辛未	4月4日	四緑 庚子	3月4日	一白 庚午	2月3日	六白 己亥	1月5日	五黄 辛未	12月3日	一白 庚子	14
5月7日	一白 壬申	4月5日	五黄 辛丑	3月5日	二黒 辛未	2月4日	七赤 庚子	1月6日	六白 壬申	12月4日	二黒 辛丑	15
5月8日	九紫 癸酉	4月6日	六白 壬寅	3月6日	三碧 壬申	2月5日	八白 辛丑	1月7日	七赤 癸酉	12月5日	三碧 壬寅	16
5月9日	八白 甲戌	4月7日	七赤 癸卯	3月7日	四緑 癸酉	2月6日	九紫 壬寅	1月8日	八白 甲戌	12月6日	四緑 癸卯	17
5月10日	七赤 乙亥	4月8日	八白 甲辰	3月8日	五黄 甲戌	2月7日	一白 癸卯	1月9日	九紫 乙亥	12月7日	五黄 甲辰	18
5月11日	六白 丙子	4月9日	九紫 乙巳	3月9日	六白 乙亥	2月8日	二黒 甲辰	1月10日	一白 丙子	12月8日	六白 乙巳	19
5月12日	五黄 丁丑	4月10日	一白 丙午	3月10日	七赤 丙子	2月9日	三碧 乙巳	1月11日	二黒 丁丑	12月9日	七赤 丙午	20
5月13日	四緑 戊寅	4月11日	二黒 丁未	3月11日	八白 丁丑	2月10日	四緑 丙午	1月12日	三碧 戊寅	12月10日	八白 丁未	21
5月14日	三碧 己卯	4月12日	三碧 戊申	3月12日	九紫 戊寅	2月11日	五黄 丁未	1月13日	四緑 己卯	12月11日	九紫 戊申	22
5月15日	二黒 庚辰	4月13日	四緑 己酉	3月13日	一白 己卯	2月12日	六白 戊申	1月14日	五黄 庚辰	12月12日	一白 己酉	23
5月16日	一白 辛巳	4月14日	五黄 庚戌	3月14日	二黒 庚辰	2月13日	七赤 己酉	1月15日	六白 辛巳	12月13日	二黒 庚戌	24
5月17日	九紫 壬午	4月15日	六白 辛亥	3月15日	三碧 辛巳	2月14日	八白 庚戌	1月16日	七赤 壬午	12月14日	三碧 辛亥	25
5月18日	八白 癸未	4月16日	七赤 壬子	3月16日	四緑 壬午	2月15日	九紫 辛亥	1月17日	八白 癸未	12月15日	四緑 壬子	26
5月19日	七赤 甲申	4月17日	八白 癸丑	3月17日	五黄 癸未	2月16日	一白 壬子	1月18日	九紫 甲申	12月16日	五黄 癸丑	27
5月20日	六白 乙酉	4月18日	九紫 甲寅	3月18日	六白 甲申	2月17日	二黒 癸丑	1月19日	一白 乙酉	12月17日	六白 甲寅	28
5月21日	五黄 丙戌	4月19日	一白 乙卯	3月19日	七赤 乙酉	2月18日	三碧 甲寅			12月18日	七赤 乙卯	29
5月22日	四緑 丁亥	4月20日	二黒 丙辰	3月20日	八白 丙戌	2月19日	四緑 乙卯			12月19日	八白 丙辰	30
		4月21日	三碧 丁巳			2月20日	五黄 丙辰			12月20日	九紫 丁巳	31

	平成6年		1994年		甲戌年		六白金星				
	12月丙子		11月乙亥		10月甲戌		9月癸酉		8月壬申		7月辛未	
	7日 17：23		8日 00：35		8日 21：28		8日 05：54		8日 03：04		7日 17：20	
	22日 11：23		22日 22：06		24日 00：35		23日 15：18		23日 17：44		23日 10：41	
	四緑木星		五黄土星		六白金星		七赤金星		八白土星		九紫火星	
1	10月29日	三碧	辛酉	9月28日	六白	辛卯	8月26日	一白	庚申	7月26日	四緑	庚寅	6月24日	八白	己未	5月23日	三碧	戊子
2	10月30日	二黒	壬戌	9月29日	五黄	壬辰	8月27日	九紫	辛酉	7月27日	三碧	辛卯	6月25日	七赤	庚申	5月24日	二黒	己丑
3	11月1日	一白	癸亥	10月1日	四緑	癸巳	8月28日	八白	壬戌	7月28日	二黒	壬辰	6月26日	六白	辛酉	5月25日	一白	庚寅
4	11月2日	一白	甲子	10月2日	三碧	甲午	8月29日	七赤	癸亥	7月29日	一白	癸巳	6月27日	五黄	壬戌	5月26日	九紫	辛卯
5	11月3日	二黒	乙丑	10月3日	二黒	乙未	9月1日	六白	甲子	7月30日	九紫	甲午	6月28日	四緑	癸亥	5月27日	八白	壬辰
6	11月4日	三碧	丙寅	10月4日	一白	丙申	9月2日	五黄	乙丑	8月1日	八白	乙未	6月29日	三碧	甲子	5月28日	七赤	癸巳
7	11月5日	四緑	丁卯	10月5日	九紫	丁酉	9月3日	四緑	丙寅	8月2日	七赤	丙申	7月1日	二黒	乙丑	5月29日	六白	甲午
8	11月6日	五黄	戊辰	10月6日	八白	戊戌	9月4日	三碧	丁卯	8月3日	六白	丁酉	7月2日	一白	丙寅	5月30日	五黄	乙未
9	11月7日	六白	己巳	10月7日	七赤	己亥	9月5日	二黒	戊辰	8月4日	五黄	戊戌	7月3日	九紫	丁卯	6月1日	四緑	丙申
10	11月8日	七赤	庚午	10月8日	六白	庚子	9月6日	一白	己巳	8月5日	四緑	己亥	7月4日	八白	戊辰	6月2日	三碧	丁酉
11	11月9日	八白	辛未	10月9日	五黄	辛丑	9月7日	九紫	庚午	8月6日	三碧	庚子	7月5日	七赤	己巳	6月3日	二黒	戊戌
12	11月10日	九紫	壬申	10月10日	四緑	壬寅	9月8日	八白	辛未	8月7日	二黒	辛丑	7月6日	六白	庚午	6月4日	一白	己亥
13	11月11日	一白	癸酉	10月11日	三碧	癸卯	9月9日	七赤	壬申	8月8日	一白	壬寅	7月7日	五黄	辛未	6月5日	九紫	庚子
14	11月12日	二黒	甲戌	10月12日	二黒	甲辰	9月10日	六白	癸酉	8月9日	九紫	癸卯	7月8日	四緑	壬申	6月6日	八白	辛丑
15	11月13日	三碧	乙亥	10月13日	一白	乙巳	9月11日	五黄	甲戌	8月10日	八白	甲辰	7月9日	三碧	癸酉	6月7日	七赤	壬寅
16	11月14日	四緑	丙子	10月14日	九紫	丙午	9月12日	四緑	乙亥	8月11日	七赤	乙巳	7月10日	二黒	甲戌	6月8日	六白	癸卯
17	11月15日	五黄	丁丑	10月15日	八白	丁未	9月13日	三碧	丙子	8月12日	六白	丙午	7月11日	一白	乙亥	6月9日	五黄	甲辰
18	11月16日	六白	戊寅	10月16日	七赤	戊申	9月14日	二黒	丁丑	8月13日	五黄	丁未	7月12日	九紫	丙子	6月10日	四緑	乙巳
19	11月17日	七赤	己卯	10月17日	六白	己酉	9月15日	一白	戊寅	8月14日	四緑	戊申	7月13日	八白	丁丑	6月11日	三碧	丙午
20	11月18日	八白	庚辰	10月18日	五黄	庚戌	9月16日	九紫	己卯	8月15日	三碧	己酉	7月14日	七赤	戊寅	6月12日	二黒	丁未
21	11月19日	九紫	辛巳	10月19日	四緑	辛亥	9月17日	八白	庚辰	8月16日	二黒	庚戌	7月15日	六白	己卯	6月13日	一白	戊申
22	11月20日	一白	壬午	10月20日	三碧	壬子	9月18日	七赤	辛巳	8月17日	一白	辛亥	7月16日	五黄	庚辰	6月14日	九紫	己酉
23	11月21日	二黒	癸未	10月21日	二黒	癸丑	9月19日	六白	壬午	8月18日	九紫	壬子	7月17日	四緑	辛巳	6月15日	八白	庚戌
24	11月22日	三碧	甲申	10月22日	一白	甲寅	9月20日	五黄	癸未	8月19日	八白	癸丑	7月18日	三碧	壬午	6月16日	七赤	辛亥
25	11月23日	四緑	乙酉	10月23日	九紫	乙卯	9月21日	四緑	甲申	8月20日	七赤	甲寅	7月19日	二黒	癸未	6月17日	六白	壬子
26	11月24日	五黄	丙戌	10月24日	八白	丙辰	9月22日	三碧	乙酉	8月21日	六白	乙卯	7月20日	一白	甲申	6月18日	五黄	癸丑
27	11月25日	六白	丁亥	10月25日	七赤	丁巳	9月23日	二黒	丙戌	8月22日	五黄	丙辰	7月21日	九紫	乙酉	6月19日	四緑	甲寅
28	11月26日	七赤	戊子	10月26日	六白	戊午	9月24日	一白	丁亥	8月23日	四緑	丁巳	7月22日	八白	丙戌	6月20日	三碧	乙卯
29	11月27日	八白	己丑	10月27日	五黄	己未	9月25日	九紫	戊子	8月24日	三碧	戊午	7月23日	七赤	丁亥	6月21日	二黒	丙辰
30	11月28日	九紫	庚寅	10月28日	四緑	庚申	9月26日	八白	己丑	8月25日	二黒	己未	7月24日	六白	戊子	6月22日	一白	丁巳
31	11月29日	一白	辛卯				9月27日	七赤	庚寅				7月25日	五黄	己丑	6月23日	九紫	戊午

6月壬午			5月辛巳			4月庚辰			3月己卯			2月戊寅			1月丁丑			
6日 12：42			6日 08：29			5日 15：07			6日 10：15			4日 16：13			6日 04：34			
22日 05：34			21日 21：34			20日 22：20			21日 11：13			19日 12：10			20日 22：01			
七赤金星			八白土星			九紫火星			一白水星			二黒土星			三碧木星			
5月4日	九紫	癸亥	4月2日	五黄	壬辰	3月2日	二黒	壬戌	2月1日	七赤	辛卯	1月2日	六白	癸亥	12月1日	二黒	壬辰	1
5月5日	九紫	甲子	4月3日	六白	癸巳	3月3日	三碧	癸亥	2月2日	八白	壬辰	1月3日	七赤	甲子	12月2日	三碧	癸巳	2
5月6日	八白	乙丑	4月4日	七赤	甲午	3月4日	四緑	甲子	2月3日	九紫	癸巳	1月4日	八白	乙丑	12月3日	四緑	甲午	3
5月7日	七赤	丙寅	4月5日	八白	乙未	3月5日	五黄	乙丑	2月4日	一白	甲午	1月5日	九紫	丙寅	12月4日	五黄	乙未	4
5月8日	六白	丁卯	4月6日	九紫	丙申	3月6日	六白	丙寅	2月5日	二黒	乙未	1月6日	一白	丁卯	12月5日	六白	丙申	5
5月9日	五黄	戊辰	4月7日	一白	丁酉	3月7日	七赤	丁卯	2月6日	三碧	丙申	1月7日	二黒	戊辰	12月6日	七赤	丁酉	6
5月10日	四緑	己巳	4月8日	二黒	戊戌	3月8日	八白	戊辰	2月7日	四緑	丁酉	1月8日	三碧	己巳	12月7日	八白	戊戌	7
5月11日	三碧	庚午	4月9日	三碧	己亥	3月9日	九紫	己巳	2月8日	五黄	戊戌	1月9日	四緑	庚午	12月8日	九紫	己亥	8
5月12日	二黒	辛未	4月10日	四緑	庚子	3月10日	一白	庚午	2月9日	六白	己亥	1月10日	五黄	辛未	12月9日	一白	庚子	9
5月13日	一白	壬申	4月11日	五黄	辛丑	3月11日	二黒	辛未	2月10日	七赤	庚子	1月11日	六白	壬申	12月10日	二黒	辛丑	10
5月14日	九紫	癸酉	4月12日	六白	壬寅	3月12日	三碧	壬申	2月11日	八白	辛丑	1月12日	七赤	癸酉	12月11日	三碧	壬寅	11
5月15日	八白	甲戌	4月13日	七赤	癸卯	3月13日	四緑	癸酉	2月12日	九紫	壬寅	1月13日	八白	甲戌	12月12日	四緑	癸卯	12
5月16日	七赤	乙亥	4月14日	八白	甲辰	3月14日	五黄	甲戌	2月13日	一白	癸卯	1月14日	九紫	乙亥	12月13日	五黄	甲辰	13
5月17日	六白	丙子	4月15日	九紫	乙巳	3月15日	六白	乙亥	2月14日	二黒	甲辰	1月15日	一白	丙子	12月14日	六白	乙巳	14
5月18日	五黄	丁丑	4月16日	一白	丙午	3月16日	七赤	丙子	2月15日	三碧	乙巳	1月16日	二黒	丁丑	12月15日	七赤	丙午	15
5月19日	四緑	戊寅	4月17日	二黒	丁未	3月17日	八白	丁丑	2月16日	四緑	丙午	1月17日	三碧	戊寅	12月16日	八白	丁未	16
5月20日	三碧	己卯	4月18日	三碧	戊申	3月18日	九紫	戊寅	2月17日	五黄	丁未	1月18日	四緑	己卯	12月17日	九紫	戊申	17
5月21日	二黒	庚辰	4月19日	四緑	己酉	3月19日	一白	己卯	2月18日	六白	戊申	1月19日	五黄	庚辰	12月18日	一白	己酉	18
5月22日	一白	辛巳	4月20日	五黄	庚戌	3月20日	二黒	庚辰	2月19日	七赤	己酉	1月20日	六白	辛巳	12月19日	二黒	庚戌	19
5月23日	九紫	壬午	4月21日	六白	辛亥	3月21日	三碧	辛巳	2月20日	八白	庚戌	1月21日	七赤	壬午	12月20日	三碧	辛亥	20
5月24日	八白	癸未	4月22日	七赤	壬子	3月22日	四緑	壬午	2月21日	九紫	辛亥	1月22日	八白	癸未	12月21日	四緑	壬子	21
5月25日	七赤	甲申	4月23日	八白	癸丑	3月23日	五黄	癸未	2月22日	一白	壬子	1月23日	九紫	甲申	12月22日	五黄	癸丑	22
5月26日	六白	乙酉	4月24日	九紫	甲寅	3月24日	六白	甲申	2月23日	二黒	癸丑	1月24日	一白	乙酉	12月23日	六白	甲寅	23
5月27日	五黄	丙戌	4月25日	一白	乙卯	3月25日	七赤	乙酉	2月24日	三碧	甲寅	1月25日	二黒	丙戌	12月24日	七赤	乙卯	24
5月28日	四緑	丁亥	4月26日	二黒	丙辰	3月26日	八白	丙戌	2月25日	四緑	乙卯	1月26日	三碧	丁亥	12月25日	八白	丙辰	25
5月29日	三碧	戊子	4月27日	三碧	丁巳	3月27日	九紫	丁亥	2月26日	五黄	丙辰	1月27日	四緑	戊子	12月26日	九紫	丁巳	26
5月30日	二黒	己丑	4月28日	四緑	戊午	3月28日	一白	戊子	2月27日	六白	丁巳	1月28日	五黄	己丑	12月27日	一白	戊午	27
6月1日	一白	庚寅	4月29日	五黄	己未	3月29日	二黒	己丑	2月28日	七赤	戊午	1月29日	六白	庚寅	12月28日	二黒	己未	28
6月2日	九紫	辛卯	5月1日	六白	庚申	3月30日	三碧	庚寅	2月29日	八白	己未				12月29日	三碧	庚申	29
6月3日	八白	壬辰	5月2日	七赤	辛酉	4月1日	四緑	辛卯	2月30日	九紫	庚申				12月30日	四緑	辛酉	30
			5月3日	八白	壬戌				3月1日	一白	辛酉				1月1日	五黄	壬戌	31

144

	平成7年			1995年			乙亥年			五黄土星							
	12月戊子			11月丁亥			10月丙戌			9月乙酉			8月甲申			7月癸未	
	7日 23：22			8日 06：35			9日 03：26			8日 11：48			8日 08：52			7日 23：01	
	22日 17：17			23日 04：01			24日 06：31			23日 21：12			23日 23：34			23日 16：30	
	一白水星			二黒土星			三碧木星			四緑木星			五黄土星			六白金星	
1	10月9日	三碧	丙寅	9月9日	一白	丙申	閏8月7日	五黄	乙丑	8月7日	八白	乙未	7月5日	三碧	甲子	6月4日	七赤	癸巳
2	10月10日	四緑	丁卯	9月10日	九紫	丁酉	閏8月8日	四緑	丙寅	8月8日	七赤	丙申	7月6日	二黒	乙丑	6月5日	六白	甲午
3	10月11日	五黄	戊辰	9月11日	八白	戊戌	閏8月9日	三碧	丁卯	8月9日	六白	丁酉	7月7日	一白	丙寅	6月6日	五黄	乙未
4	10月12日	六白	己巳	9月12日	七赤	己亥	閏8月10日	二黒	戊辰	8月10日	五黄	戊戌	7月8日	九紫	丁卯	6月7日	四緑	丙申
5	10月13日	七赤	庚午	9月13日	六白	庚子	閏8月11日	一白	己巳	8月11日	四緑	己亥	7月9日	八白	戊辰	6月8日	三碧	丁酉
6	10月14日	八白	辛未	9月14日	五黄	辛丑	閏8月12日	九紫	庚午	8月12日	三碧	庚子	7月10日	七赤	己巳	6月9日	二黒	戊戌
7	10月15日	九紫	壬申	9月15日	四緑	壬寅	閏8月13日	八白	辛未	8月13日	二黒	辛丑	7月11日	六白	庚午	6月10日	一白	己亥
8	10月16日	一白	癸酉	9月16日	三碧	癸卯	閏8月14日	七赤	壬申	8月14日	一白	壬寅	7月12日	五黄	辛未	6月11日	九紫	庚子
9	10月17日	二黒	甲戌	9月17日	二黒	甲辰	閏8月15日	六白	癸酉	8月15日	九紫	癸卯	7月13日	四緑	壬申	6月12日	八白	辛丑
10	10月18日	三碧	乙亥	9月18日	一白	乙巳	閏8月16日	五黄	甲戌	8月16日	八白	甲辰	7月14日	三碧	癸酉	6月13日	七赤	壬寅
11	10月19日	四緑	丙子	9月19日	九紫	丙午	閏8月17日	四緑	乙亥	8月17日	七赤	乙巳	7月15日	二黒	甲戌	6月14日	六白	癸卯
12	10月20日	五黄	丁丑	9月20日	八白	丁未	閏8月18日	三碧	丙子	8月18日	六白	丙午	7月16日	一白	乙亥	6月15日	五黄	甲辰
13	10月21日	六白	戊寅	9月21日	七赤	戊申	閏8月19日	二黒	丁丑	8月19日	五黄	丁未	7月17日	九紫	丙子	6月16日	四緑	乙巳
14	10月22日	七赤	己卯	9月22日	六白	己酉	閏8月20日	一白	戊寅	8月20日	四緑	戊申	7月18日	八白	丁丑	6月17日	三碧	丙午
15	10月23日	八白	庚辰	9月23日	五黄	庚戌	閏8月21日	九紫	己卯	8月21日	三碧	己酉	7月19日	七赤	戊寅	6月18日	二黒	丁未
16	10月24日	九紫	辛巳	9月24日	四緑	辛亥	閏8月22日	八白	庚辰	8月22日	二黒	庚戌	7月20日	六白	己卯	6月19日	一白	戊申
17	10月25日	一白	壬午	9月25日	三碧	壬子	閏8月23日	七赤	辛巳	8月23日	一白	辛亥	7月21日	五黄	庚辰	6月20日	九紫	己酉
18	10月26日	二黒	癸未	9月26日	二黒	癸丑	閏8月24日	六白	壬午	8月24日	九紫	壬子	7月22日	四緑	辛巳	6月21日	八白	庚戌
19	10月27日	三碧	甲申	9月27日	一白	甲寅	閏8月25日	五黄	癸未	8月25日	八白	癸丑	7月23日	三碧	壬午	6月22日	七赤	辛亥
20	10月28日	四緑	乙酉	9月28日	九紫	乙卯	閏8月26日	四緑	甲申	8月26日	七赤	甲寅	7月24日	二黒	癸未	6月23日	六白	壬子
21	10月29日	五黄	丙戌	9月29日	八白	丙辰	閏8月27日	三碧	乙酉	8月27日	六白	乙卯	7月25日	一白	甲申	6月24日	五黄	癸丑
22	11月1日	六白	丁亥	9月30日	七赤	丁巳	閏8月28日	二黒	丙戌	8月28日	五黄	丙辰	7月26日	九紫	乙酉	6月25日	四緑	甲寅
23	11月2日	七赤	戊子	10月1日	六白	戊午	閏8月29日	一白	丁亥	8月29日	四緑	丁巳	7月27日	八白	丙戌	6月26日	三碧	乙卯
24	11月3日	八白	己丑	10月2日	五黄	己未	9月1日	九紫	戊子	8月30日	三碧	戊午	7月28日	七赤	丁亥	6月27日	二黒	丙辰
25	11月4日	九紫	庚寅	10月3日	四緑	庚申	9月2日	八白	己丑	閏8月1日	二黒	己未	7月29日	六白	戊子	6月28日	一白	丁巳
26	11月5日	一白	辛卯	10月4日	三碧	辛酉	9月3日	七赤	庚寅	閏8月2日	一白	庚申	8月1日	五黄	己丑	6月29日	九紫	戊午
27	11月6日	二黒	壬辰	10月5日	二黒	壬戌	9月4日	六白	辛卯	閏8月3日	九紫	辛酉	8月2日	四緑	庚寅	6月30日	八白	己未
28	11月7日	三碧	癸巳	10月6日	一白	癸亥	9月5日	五黄	壬辰	閏8月4日	八白	壬戌	8月3日	三碧	辛卯	7月1日	七赤	庚申
29	11月8日	四緑	甲午	10月7日	一白	甲子	9月6日	四緑	癸巳	閏8月5日	七赤	癸亥	8月4日	二黒	壬辰	7月2日	六白	辛酉
30	11月9日	五黄	乙未	10月8日	二黒	乙丑	9月7日	三碧	甲午	閏8月6日	六白	甲子	8月5日	一白	癸巳	7月3日	五黄	壬戌
31	11月10日	六白	丙申				9月8日	二黒	乙未				8月6日	九紫	甲午	7月4日	四緑	癸亥

6月甲午			5月癸巳			4月壬辰			3月辛卯			2月庚寅			1月己丑			
5日 18：40			5日 14：25			4日 21：01			5日 16：09			4日 22：08			6日 10：32			
21日 11：23			21日 03：23			20日 04：09			20日 17：02			19日 18：00			21日 03：53			
四緑木星			五黄土星			六白金星			七赤金星			八白土星			九紫火星			
4月16日	四緑	己巳	3月14日	二黒	戊戌	2月14日	八白	戊辰	1月12日	四緑	丁酉	12月13日	二黒	戊辰	11月11日	七赤	丁酉	1
4月17日	三碧	庚午	3月15日	三碧	己亥	2月15日	九紫	己巳	1月13日	五黄	戊戌	12月14日	三碧	己巳	11月12日	八白	戊戌	2
4月18日	二黒	辛未	3月16日	四緑	庚子	2月16日	一白	庚午	1月14日	六白	己亥	12月15日	四緑	庚午	11月13日	九紫	己亥	3
4月19日	一白	壬申	3月17日	五黄	辛丑	2月17日	二黒	辛未	1月15日	七赤	庚子	12月16日	五黄	辛未	11月14日	一白	庚子	4
4月20日	九紫	癸酉	3月18日	六白	壬寅	2月18日	三碧	壬申	1月16日	八白	辛丑	12月17日	六白	壬申	11月15日	二黒	辛丑	5
4月21日	八白	甲戌	3月19日	七赤	癸卯	2月19日	四緑	癸酉	1月17日	九紫	壬寅	12月18日	七赤	癸酉	11月16日	三碧	壬寅	6
4月22日	七赤	乙亥	3月20日	八白	甲辰	2月20日	五黄	甲戌	1月18日	一白	癸卯	12月19日	八白	甲戌	11月17日	四緑	癸卯	7
4月23日	六白	丙子	3月21日	九紫	乙巳	2月21日	六白	乙亥	1月19日	二黒	甲辰	12月20日	九紫	乙亥	11月18日	五黄	甲辰	8
4月24日	五黄	丁丑	3月22日	一白	丙午	2月22日	七赤	丙子	1月20日	三碧	乙巳	12月21日	一白	乙亥	11月19日	六白	乙巳	9
4月25日	四緑	戊寅	3月23日	二黒	丁未	2月23日	八白	丁丑	1月21日	四緑	丙午	12月22日	二黒	丁丑	11月20日	七赤	丙午	10
4月26日	三碧	己卯	3月24日	三碧	戊申	2月24日	九紫	戊寅	1月22日	五黄	丁未	12月23日	三碧	戊寅	11月21日	八白	丁未	11
4月27日	二黒	庚辰	3月25日	四緑	己酉	2月25日	一白	己卯	1月23日	六白	戊申	12月24日	四緑	己卯	11月22日	九紫	戊申	12
4月28日	一白	辛巳	3月26日	五黄	庚戌	2月26日	二黒	庚辰	1月24日	七赤	己酉	12月25日	五黄	庚辰	11月23日	一白	己酉	13
4月29日	九紫	壬午	3月27日	六白	辛亥	2月27日	三碧	辛巳	1月25日	八白	庚戌	12月26日	六白	辛巳	11月24日	二黒	庚戌	14
4月30日	八白	癸未	3月28日	七赤	壬子	2月28日	四緑	壬午	1月26日	九紫	辛亥	12月27日	七赤	辛亥	11月25日	三碧	辛亥	15
5月1日	七赤	甲申	3月29日	八白	癸丑	2月29日	五黄	癸未	1月27日	一白	壬子	12月28日	八白	癸未	11月26日	四緑	壬子	16
5月2日	六白	乙酉	4月1日	九紫	甲寅	2月30日	六白	甲申	1月28日	二黒	癸丑	12月29日	九紫	甲申	11月27日	五黄	癸丑	17
5月3日	五黄	丙戌	4月2日	一白	乙卯	3月1日	七赤	乙酉	1月29日	三碧	甲寅	12月30日	一白	乙酉	11月28日	六白	甲寅	18
5月4日	四緑	丁亥	4月3日	二黒	丙辰	3月2日	八白	丙戌	2月1日	四緑	乙卯	1月1日	二黒	丙戌	11月29日	七赤	乙卯	19
5月5日	三碧	戊子	4月4日	三碧	丁巳	3月3日	九紫	丁亥	2月2日	五黄	丙辰	1月2日	三碧	丁亥	12月1日	八白	丙辰	20
5月6日	二黒	己丑	4月5日	四緑	戊午	3月4日	一白	戊子	2月3日	六白	丁巳	1月3日	四緑	戊子	12月2日	九紫	丁巳	21
5月7日	一白	庚寅	4月6日	五黄	己未	3月5日	二黒	己丑	2月4日	七赤	戊午	1月4日	五黄	己丑	12月3日	一白	戊午	22
5月8日	九紫	辛卯	4月7日	六白	庚申	3月6日	三碧	庚寅	2月5日	八白	己未	1月5日	六白	庚寅	12月4日	二黒	己未	23
5月9日	八白	壬辰	4月8日	七赤	辛酉	3月7日	四緑	辛卯	2月6日	九紫	庚申	1月6日	七赤	辛卯	12月5日	三碧	庚申	24
5月10日	七赤	癸巳	4月9日	八白	壬戌	3月8日	五黄	壬辰	2月7日	一白	辛酉	1月7日	八白	壬辰	12月6日	四緑	辛酉	25
5月11日	六白	甲午	4月10日	九紫	癸亥	3月9日	六白	癸巳	2月8日	二黒	壬戌	1月8日	九紫	癸巳	12月7日	五黄	壬戌	26
5月12日	五黄	乙未	4月11日	九紫	甲子	3月10日	七赤	甲午	2月9日	三碧	癸亥	1月9日	一白	甲午	12月8日	六白	癸亥	27
5月13日	四緑	丙申	4月12日	八白	乙丑	3月11日	八白	乙未	2月10日	四緑	甲子	1月10日	二黒	乙未	12月9日	七赤	甲子	28
5月14日	三碧	丁酉	4月13日	七赤	丙寅	3月12日	九紫	丙申	2月11日	五黄	乙丑	1月11日	三碧	丙申	12月10日	八白	乙丑	29
5月15日	二黒	戊戌	4月14日	六白	丁卯	3月13日	一白	丁酉	2月12日	六白	丙寅				12月11日	九紫	丙寅	30
			4月15日	五黄	戊辰				2月13日	七赤	丁卯				12月12日	一白	丁卯	31

平成8年		1996年		丙子年		四緑木星					
	12月庚子		11月己亥		10月戊戌		9月丁酉		8月丙申		7月乙未
	7日 05：14		7日 12：26		8日 09：18		7日 17：42		7日 14：48		7日 05：00
	21日 23：06		22日 09：49		23日 12：18		23日 03：00		23日 05：22		22日 22：18
	七赤金星		八白土星		九紫火星		一白水星		二黒土星		三碧木星
1	10月21日	九紫 壬申	9月21日	四緑 壬寅	8月19日	八白 辛未	7月19日	二黒 辛丑	6月17日	六白 庚午	5月16日	一白 己巳
2	10月22日	一白 癸酉	9月22日	三碧 癸卯	8月20日	七赤 壬申	7月20日	一白 壬寅	6月18日	五黄 辛未	5月17日	九紫 庚午
3	10月23日	二黒 甲戌	9月23日	二黒 甲辰	8月21日	六白 癸酉	7月21日	九紫 癸卯	6月19日	四緑 壬申	5月18日	八白 辛未
4	10月24日	三碧 乙亥	9月24日	一白 乙巳	8月22日	五黄 甲戌	7月22日	八白 甲辰	6月20日	三碧 癸酉	5月19日	七赤 壬申
5	10月25日	四緑 丙子	9月25日	九紫 丙午	8月23日	四緑 乙亥	7月23日	七赤 乙巳	6月21日	二黒 甲戌	5月20日	六白 癸酉
6	10月26日	五黄 丁丑	9月26日	八白 丁未	8月24日	三碧 丙子	7月24日	六白 丙午	6月22日	一白 乙亥	5月21日	五黄 甲戌
7	10月27日	六白 戊寅	9月27日	七赤 戊申	8月25日	二黒 丁丑	7月25日	五黄 丁未	6月23日	九紫 丙子	5月22日	四緑 乙亥
8	10月28日	七赤 己卯	9月28日	六白 己酉	8月26日	一白 戊寅	7月26日	四緑 戊申	6月24日	八白 丁丑	5月23日	三碧 丙子
9	10月29日	八白 庚辰	9月29日	五黄 庚戌	8月27日	九紫 己卯	7月27日	三碧 己酉	6月25日	七赤 戊寅	5月24日	二黒 丁丑
10	10月30日	九紫 辛巳	9月30日	四緑 辛亥	8月28日	八白 庚辰	7月28日	二黒 庚戌	6月26日	六白 己卯	5月25日	一白 戊寅
11	11月1日	一白 壬午	10月1日	三碧 壬子	8月29日	七赤 辛巳	7月29日	一白 辛亥	6月27日	五黄 庚辰	5月26日	九紫 己卯
12	11月2日	二黒 癸未	10月2日	二黒 癸丑	9月1日	六白 壬午	7月30日	九紫 壬子	6月28日	四緑 辛巳	5月27日	八白 庚辰
13	11月3日	三碧 甲申	10月3日	一白 甲寅	9月2日	五黄 癸未	8月1日	八白 癸丑	6月29日	三碧 壬午	5月28日	七赤 辛巳
14	11月4日	四緑 乙酉	10月4日	九紫 乙卯	9月3日	四緑 甲申	8月2日	七赤 甲寅	7月1日	二黒 癸未	5月29日	六白 壬午
15	11月5日	五黄 丙戌	10月5日	八白 丙辰	9月4日	三碧 乙酉	8月3日	六白 乙卯	7月2日	一白 甲申	5月30日	五黄 癸未
16	11月6日	六白 丁亥	10月6日	七赤 丁巳	9月5日	二黒 丙戌	8月4日	五黄 丙辰	7月3日	九紫 乙酉	6月1日	四緑 甲申
17	11月7日	七赤 戊子	10月7日	六白 戊午	9月6日	一白 丁亥	8月5日	四緑 丁巳	7月4日	八白 丙戌	6月2日	三碧 乙酉
18	11月8日	八白 己丑	10月8日	五黄 己未	9月7日	九紫 戊子	8月6日	三碧 戊午	7月5日	七赤 丁亥	6月3日	二黒 丙辰
19	11月9日	九紫 庚寅	10月9日	四緑 庚申	9月8日	八白 己丑	8月7日	二黒 己未	7月6日	六白 戊子	6月4日	一白 丁巳
20	11月10日	一白 辛卯	10月10日	三碧 辛酉	9月9日	七赤 庚寅	8月8日	一白 庚申	7月7日	五黄 己丑	6月5日	九紫 戊午
21	11月11日	二黒 壬辰	10月11日	二黒 壬戌	9月10日	六白 辛卯	8月9日	九紫 辛酉	7月8日	四緑 庚寅	6月6日	八白 己未
22	11月12日	三碧 癸巳	10月12日	一白 癸亥	9月11日	五黄 壬辰	8月10日	八白 壬戌	7月9日	三碧 辛卯	6月7日	七赤 庚申
23	11月13日	四緑 甲午	10月13日	一白 甲子	9月12日	四緑 癸巳	8月11日	七赤 癸亥	7月10日	二黒 壬辰	6月8日	六白 辛酉
24	11月14日	五黄 乙未	10月14日	二黒 乙丑	9月13日	三碧 甲午	8月12日	六白 甲子	7月11日	一白 癸巳	6月9日	五黄 壬戌
25	11月15日	六白 丙申	10月15日	三碧 丙寅	9月14日	二黒 乙未	8月13日	五黄 乙丑	7月12日	九紫 甲午	6月10日	四緑 癸亥
26	11月16日	七赤 丁酉	10月16日	四緑 丁卯	9月15日	一白 丙申	8月14日	四緑 丙寅	7月13日	八白 乙未	6月11日	三碧 甲子
27	11月17日	八白 戊戌	10月17日	五黄 戊辰	9月16日	九紫 丁酉	8月15日	三碧 丁卯	7月14日	七赤 丙申	6月12日	二黒 乙丑
28	11月18日	九紫 己亥	10月18日	六白 己巳	9月17日	八白 戊戌	8月16日	二黒 戊辰	7月15日	六白 丁酉	6月13日	一白 丙寅
29	11月19日	一白 庚子	10月19日	七赤 庚午	9月18日	七赤 己亥	8月17日	一白 己巳	7月16日	五黄 戊戌	6月14日	九紫 丁卯
30	11月20日	二黒 辛丑	10月20日	八白 辛未	9月19日	六白 庚子	8月18日	九紫 庚午	7月17日	四緑 己亥	6月15日	八白 戊辰
31	11月21日	三碧 壬寅			9月20日	五黄 辛丑			7月18日	三碧 庚子	6月16日	七赤 己巳

6月丙午			5月乙巳			4月甲辰			3月癸卯			2月壬寅			1月辛丑			
6日 00:32			5日 20:19			5日 02:56			5日 22:04			4日 04:02			5日 16:24			
21日 17:19			21日 09:17			20日 10:02			20日 22:54			18日 23:51			20日 09:42			
一白水星			二黒土星			三碧木星			四緑木星			五黄土星			六白金星			
4月26日	二黒	甲戌	3月25日	七赤	癸卯	2月24日	四緑	癸酉	1月22日	九紫	壬寅	12月24日	八白	甲戌	11月22日	四緑	癸卯	1
4月27日	三碧	乙亥	3月26日	八白	甲辰	2月25日	五黄	甲戌	1月23日	一白	癸卯	12月25日	九紫	乙亥	11月23日	五黄	甲辰	2
4月28日	四緑	丙子	3月27日	九紫	乙巳	2月26日	六白	乙亥	1月24日	二黒	甲辰	12月26日	一白	丙子	11月24日	六白	乙巳	3
4月29日	五黄	丁丑	3月28日	一白	丙午	2月27日	七赤	丙子	1月25日	三碧	乙巳	12月27日	二黒	丁丑	11月25日	七赤	丙午	4
5月1日	六白	戊寅	3月29日	二黒	丁未	2月28日	八白	丁丑	1月26日	四緑	丙午	12月28日	三碧	戊寅	11月26日	八白	丁未	5
5月2日	七赤	己卯	3月30日	三碧	戊申	2月29日	九紫	戊寅	1月27日	五黄	丁未	12月29日	四緑	己卯	11月27日	九紫	戊申	6
5月3日	八白	庚辰	4月1日	四緑	己酉	3月1日	一白	己卯	1月28日	六白	戊申	12月30日	五黄	庚辰	11月28日	一白	己酉	7
5月4日	九紫	辛巳	4月2日	五黄	庚戌	3月2日	二黒	庚辰	1月29日	七赤	己酉	1月1日	六白	辛巳	11月29日	二黒	庚戌	8
5月5日	一白	壬午	4月3日	六白	辛亥	3月3日	三碧	辛巳	2月1日	八白	庚戌	1月2日	七赤	壬午	12月1日	三碧	辛亥	9
5月6日	二黒	癸未	4月4日	七赤	壬子	3月4日	四緑	壬午	2月2日	九紫	辛亥	1月3日	八白	癸未	12月2日	四緑	壬子	10
5月7日	三碧	甲申	4月5日	八白	癸丑	3月5日	五黄	癸未	2月3日	一白	壬子	1月4日	九紫	甲申	12月3日	五黄	癸丑	11
5月8日	四緑	乙酉	4月6日	九紫	甲寅	3月6日	六白	甲申	2月4日	二黒	癸丑	1月5日	一白	乙酉	12月4日	六白	甲寅	12
5月9日	五黄	丙戌	4月7日	一白	乙卯	3月7日	七赤	乙酉	2月5日	三碧	甲寅	1月6日	二黒	丙戌	12月5日	七赤	乙卯	13
5月10日	六白	丁亥	4月8日	二黒	丙辰	3月8日	八白	丙戌	2月6日	四緑	乙卯	1月7日	三碧	丁亥	12月6日	八白	丙辰	14
5月11日	七赤	戊子	4月9日	三碧	丁巳	3月9日	九紫	丁亥	2月7日	五黄	丙辰	1月8日	四緑	戊子	12月7日	九紫	丁巳	15
5月12日	八白	己丑	4月10日	四緑	戊午	3月10日	一白	戊子	2月8日	六白	丁巳	1月9日	五黄	己丑	12月8日	一白	戊午	16
5月13日	九紫	庚寅	4月11日	五黄	己未	3月11日	二黒	己丑	2月9日	七赤	戊午	1月10日	六白	庚寅	12月9日	二黒	己未	17
5月14日	一白	辛卯	4月12日	六白	庚申	3月12日	三碧	庚寅	2月10日	八白	己未	1月11日	七赤	辛卯	12月10日	三碧	庚申	18
5月15日	二黒	壬辰	4月13日	七赤	辛酉	3月13日	四緑	辛卯	2月11日	九紫	庚申	1月12日	八白	壬辰	12月11日	四緑	辛酉	19
5月16日	三碧	癸巳	4月14日	八白	壬戌	3月14日	五黄	壬辰	2月12日	一白	辛酉	1月13日	九紫	癸巳	12月12日	五黄	壬戌	20
5月17日	三碧	甲午	4月15日	九紫	癸亥	3月15日	六白	癸巳	2月13日	二黒	壬戌	1月14日	一白	甲午	12月13日	六白	癸亥	21
5月18日	二黒	乙未	4月16日	一白	甲子	3月16日	七赤	甲午	2月14日	三碧	癸亥	1月15日	二黒	乙未	12月14日	七赤	甲子	22
5月19日	一白	丙申	4月17日	二黒	乙丑	3月17日	八白	乙未	2月15日	四緑	甲子	1月16日	三碧	丙申	12月15日	八白	乙丑	23
5月20日	九紫	丁酉	4月18日	三碧	丙寅	3月18日	九紫	丙申	2月16日	五黄	乙丑	1月17日	四緑	丁酉	12月16日	九紫	丙寅	24
5月21日	八白	戊戌	4月19日	四緑	丁卯	3月19日	一白	丁酉	2月17日	六白	丙寅	1月18日	五黄	戊戌	12月17日	一白	丁卯	25
5月22日	七赤	己亥	4月20日	五黄	戊辰	3月20日	二黒	戊戌	2月18日	七赤	丁卯	1月19日	六白	己亥	12月18日	二黒	戊辰	26
5月23日	六白	庚子	4月21日	六白	己巳	3月21日	三碧	己亥	2月19日	八白	戊辰	1月20日	七赤	庚子	12月19日	三碧	己巳	27
5月24日	五黄	辛丑	4月22日	七赤	庚午	3月22日	四緑	庚子	2月20日	九紫	己巳	1月21日	八白	辛丑	12月20日	四緑	庚午	28
5月25日	四緑	壬寅	4月23日	八白	辛未	3月23日	五黄	辛丑	2月21日	一白	庚午				12月21日	五黄	辛未	29
5月26日	三碧	癸卯	4月24日	九紫	壬申	3月24日	六白	壬寅	2月22日	二黒	辛未				12月22日	六白	壬申	30
			4月25日	一白	癸酉				2月23日	三碧	壬申				12月23日	七赤	癸酉	31

148

平成9年		1997年		丁丑年		三碧木星					
12月壬子		11月辛亥		10月庚戌		9月己酉		8月戊申		7月丁未	
7日 11:04		7日 18:14		8日 15:05		7日 23:29		7日 20:36		7日 10:49	
22日 05:07		22日 15:47		23日 18:15		23日 08:56		23日 11:19		23日 04:15	
四緑木星		五黄土星		六白金星		七赤金星		八白土星		九紫火星	
1	11月2日	二黒	丁丑	10月2日	五黄	丁未	8月30日	九紫	丙子	7月30日	三碧	丙午	6月28日	七赤	乙亥	5月27日	二黒	甲辰
2	11月3日	一白	戊寅	10月3日	四緑	戊申	9月1日	八白	丁丑	8月1日	二黒	丁未	6月29日	六白	丙子	5月28日	一白	乙巳
3	11月4日	九紫	己卯	10月4日	三碧	己酉	9月2日	七赤	戊寅	8月2日	一白	戊申	7月1日	五黄	丁丑	5月29日	九紫	丙午
4	11月5日	八白	庚辰	10月5日	二黒	庚戌	9月3日	六白	己卯	8月3日	九紫	己酉	7月2日	四緑	戊寅	5月30日	八白	丁未
5	11月6日	七赤	辛巳	10月6日	一白	辛亥	9月4日	五黄	庚辰	8月4日	八白	庚戌	7月3日	三碧	己卯	6月1日	七赤	戊申
6	11月7日	六白	壬午	10月7日	九紫	壬子	9月5日	四緑	辛巳	8月5日	七赤	辛亥	7月4日	二黒	庚辰	6月2日	六白	己酉
7	11月8日	五黄	癸未	10月8日	八白	癸丑	9月6日	三碧	壬午	8月6日	六白	壬子	7月5日	一白	辛巳	6月3日	五黄	庚戌
8	11月9日	四緑	甲申	10月9日	七赤	甲寅	9月7日	二黒	癸未	8月7日	五黄	癸丑	7月6日	九紫	壬午	6月4日	四緑	辛亥
9	11月10日	三碧	乙酉	10月10日	六白	乙卯	9月8日	一白	甲申	8月8日	四緑	甲寅	7月7日	八白	癸未	6月5日	三碧	壬子
10	11月11日	二黒	丙戌	10月11日	五黄	丙辰	9月9日	九紫	乙酉	8月9日	三碧	乙卯	7月8日	七赤	甲申	6月6日	二黒	癸丑
11	11月12日	一白	丁亥	10月12日	四緑	丁巳	9月10日	八白	丙戌	8月10日	二黒	丙辰	7月9日	六白	乙酉	6月7日	一白	甲寅
12	11月13日	九紫	戊子	10月13日	三碧	戊午	9月11日	七赤	丁亥	8月11日	一白	丁巳	7月10日	五黄	丙戌	6月8日	九紫	乙卯
13	11月14日	八白	己丑	10月14日	二黒	己未	9月12日	六白	戊子	8月12日	九紫	戊午	7月11日	四緑	丁亥	6月9日	八白	丙辰
14	11月15日	七赤	庚寅	10月15日	一白	庚申	9月13日	五黄	己丑	8月13日	八白	己未	7月12日	三碧	戊子	6月10日	七赤	丁巳
15	11月16日	六白	辛卯	10月16日	九紫	辛酉	9月14日	四緑	庚寅	8月14日	七赤	庚申	7月13日	二黒	己丑	6月11日	六白	戊午
16	11月17日	五黄	壬辰	10月17日	八白	壬戌	9月15日	三碧	辛卯	8月15日	六白	辛酉	7月14日	一白	庚寅	6月12日	五黄	己未
17	11月18日	四緑	癸巳	10月18日	七赤	癸亥	9月16日	二黒	壬辰	8月16日	五黄	壬戌	7月15日	九紫	辛卯	6月13日	四緑	庚申
18	11月19日	三碧	甲午	10月19日	六白	甲子	9月17日	一白	癸巳	8月17日	四緑	癸亥	7月16日	八白	壬辰	6月14日	三碧	辛酉
19	11月20日	二黒	乙未	10月20日	五黄	乙丑	9月18日	九紫	甲午	8月18日	三碧	甲子	7月17日	七赤	癸巳	6月15日	二黒	壬戌
20	11月21日	一白	丙申	10月21日	四緑	丙寅	9月19日	八白	乙未	8月19日	二黒	乙丑	7月18日	六白	甲午	6月16日	一白	癸亥
21	11月22日	九紫	丁酉	10月22日	三碧	丁卯	9月20日	七赤	丙申	8月20日	一白	丙寅	7月19日	五黄	乙未	6月17日	九紫	甲子
22	11月23日	八白	戊戌	10月23日	二黒	戊辰	9月21日	六白	丁酉	8月21日	九紫	丁卯	7月20日	四緑	丙申	6月18日	八白	乙丑
23	11月24日	七赤	己亥	10月24日	一白	己巳	9月22日	五黄	戊戌	8月22日	八白	戊辰	7月21日	三碧	丁酉	6月19日	七赤	丙寅
24	11月25日	六白	庚子	10月25日	九紫	庚午	9月23日	四緑	己亥	8月23日	七赤	己巳	7月22日	二黒	戊戌	6月20日	六白	丁卯
25	11月26日	五黄	辛丑	10月26日	八白	辛未	9月24日	三碧	庚子	8月24日	六白	庚午	7月23日	一白	己亥	6月21日	五黄	戊辰
26	11月27日	四緑	壬寅	10月27日	七赤	壬申	9月25日	二黒	辛丑	8月25日	五黄	辛未	7月24日	九紫	庚子	6月22日	四緑	己巳
27	11月28日	三碧	癸卯	10月28日	六白	癸酉	9月26日	一白	壬寅	8月26日	四緑	壬申	7月25日	八白	辛丑	6月23日	三碧	庚午
28	11月29日	二黒	甲辰	10月29日	五黄	甲戌	9月27日	九紫	癸卯	8月27日	三碧	癸酉	7月26日	七赤	壬寅	6月24日	二黒	辛未
29	11月30日	一白	乙巳	10月30日	四緑	乙亥	9月28日	八白	甲辰	8月28日	二黒	甲戌	7月27日	六白	癸卯	6月25日	一白	壬申
30	12月1日	九紫	丙午	11月1日	三碧	丙子	9月29日	七赤	乙巳	8月29日	一白	乙亥	7月28日	五黄	甲辰	6月26日	九紫	癸酉
31	12月2日	八白	丁未				10月1日	六白	丙午				7月29日	四緑	乙巳	6月27日	八白	甲戌

6月戊午	5月丁巳	4月丙辰	3月乙卯	2月甲寅	1月癸丑	
6日 06：12	6日 02：03	5日 08：45	6日 03：57	4日 09：57	5日 22：18	
21日 23：02	21日 15：05	20日 15：56	21日 04：55	19日 05：55	20日 15：46	
七赤金星	八白土星	九紫火星	一白水星	二黒土星	三碧木星	
5月7日 一白 己卯	4月6日 六白 戊申	3月5日 三碧 戊寅	2月3日 八白 丁未	1月5日 七赤 己卯	12月3日 七赤 戊申	1
5月8日 二黒 庚辰	4月7日 七赤 己酉	3月6日 四緑 己卯	2月4日 九紫 戊申	1月6日 八白 庚辰	12月4日 六白 己酉	2
5月9日 三碧 辛巳	4月8日 八白 庚戌	3月7日 五黄 庚辰	2月5日 一白 己酉	1月7日 九紫 辛巳	12月5日 五黄 庚戌	3
5月10日 四緑 壬午	4月9日 九紫 辛亥	3月8日 六白 辛巳	2月6日 二黒 庚戌	1月8日 一白 壬午	12月6日 四緑 辛亥	4
5月11日 五黄 癸未	4月10日 一白 壬子	3月9日 七赤 壬午	2月7日 三碧 辛亥	1月9日 二黒 癸未	12月7日 三碧 壬子	5
5月12日 六白 甲申	4月11日 二黒 癸丑	3月10日 八白 癸未	2月8日 四緑 壬子	1月10日 三碧 甲申	12月8日 二黒 癸丑	6
5月13日 七赤 乙酉	4月12日 三碧 甲寅	3月11日 九紫 甲申	2月9日 五黄 癸丑	1月11日 四緑 乙酉	12月9日 一白 甲寅	7
5月14日 八白 丙戌	4月13日 四緑 乙卯	3月12日 一白 乙酉	2月10日 六白 甲寅	1月12日 五黄 丙戌	12月10日 九紫 乙卯	8
5月15日 九紫 丁亥	4月14日 五黄 丙辰	3月13日 二黒 丙戌	2月11日 七赤 乙卯	1月13日 六白 丁亥	12月11日 八白 丙辰	9
5月16日 一白 戊子	4月15日 六白 丁巳	3月14日 三碧 丁亥	2月12日 八白 丙辰	1月14日 七赤 戊子	12月12日 七赤 丁巳	10
5月17日 二黒 己丑	4月16日 七赤 戊午	3月15日 四緑 戊子	2月13日 九紫 丁巳	1月15日 八白 己丑	12月13日 六白 戊午	11
5月18日 三碧 庚寅	4月17日 八白 己未	3月16日 五黄 己丑	2月14日 一白 戊午	1月16日 九紫 庚寅	12月14日 五黄 己未	12
5月19日 四緑 辛卯	4月18日 九紫 庚申	3月17日 六白 庚寅	2月15日 二黒 己未	1月17日 一白 辛卯	12月15日 四緑 庚申	13
5月20日 五黄 壬辰	4月19日 一白 辛酉	3月18日 七赤 辛卯	2月16日 三碧 庚申	1月18日 二黒 壬辰	12月16日 三碧 辛酉	14
5月21日 六白 癸巳	4月20日 二黒 壬戌	3月19日 八白 壬辰	2月17日 四緑 辛酉	1月19日 三碧 癸巳	12月17日 二黒 壬戌	15
5月22日 七赤 甲午	4月21日 三碧 癸亥	3月20日 九紫 癸巳	2月18日 五黄 壬戌	1月20日 四緑 甲午	12月18日 一白 癸亥	16
5月23日 八白 乙未	4月22日 四緑 甲子	3月21日 一白 甲午	2月19日 六白 癸亥	1月21日 五黄 乙未	12月19日 一白 甲子	17
5月24日 九紫 丙申	4月23日 五黄 乙丑	3月22日 二黒 乙未	2月20日 七赤 甲子	1月22日 六白 丙申	12月20日 二黒 乙丑	18
5月25日 一白 丁酉	4月24日 六白 丙寅	3月23日 三碧 丙申	2月21日 八白 乙丑	1月23日 七赤 丁酉	12月21日 三碧 丙寅	19
5月26日 二黒 戊戌	4月25日 七赤 丁卯	3月24日 四緑 丁酉	2月22日 九紫 丙寅	1月24日 八白 戊戌	12月22日 四緑 丁卯	20
5月27日 三碧 己亥	4月26日 八白 戊辰	3月25日 五黄 戊戌	2月23日 一白 丁卯	1月25日 九紫 己亥	12月23日 五黄 戊辰	21
5月28日 四緑 庚子	4月27日 九紫 己巳	3月26日 六白 己亥	2月24日 二黒 戊辰	1月26日 一白 庚子	12月24日 六白 己巳	22
5月29日 五黄 辛丑	4月28日 一白 庚午	3月27日 七赤 庚子	2月25日 三碧 己巳	1月27日 二黒 辛丑	12月25日 七赤 庚午	23
閏5月1日 六白 壬寅	4月29日 二黒 辛未	3月28日 八白 辛丑	2月26日 四緑 庚午	1月28日 三碧 壬寅	12月26日 八白 辛未	24
閏5月2日 七赤 癸卯	4月30日 三碧 壬申	3月29日 九紫 壬寅	2月27日 五黄 辛未	1月29日 四緑 癸卯	12月27日 九紫 壬申	25
閏5月3日 八白 甲辰	5月1日 四緑 癸酉	4月1日 一白 癸卯	2月28日 六白 壬申	1月30日 五黄 甲辰	12月28日 一白 癸酉	26
閏5月4日 九紫 乙巳	5月2日 五黄 甲戌	4月2日 二黒 甲辰	2月29日 七赤 癸酉	2月1日 六白 乙巳	12月29日 二黒 甲戌	27
閏5月5日 一白 丙午	5月3日 六白 乙亥	4月3日 三碧 乙巳	3月1日 八白 甲戌	2月2日 七赤 丙午	1月1日 三碧 乙亥	28
閏5月6日 二黒 丁未	5月4日 七赤 丙子	4月4日 四緑 丙午	3月2日 九紫 乙亥		1月2日 四緑 丙子	29
閏5月7日 三碧 戊申	5月5日 八白 丁丑	4月5日 五黄 丁未	3月3日 一白 丙子		1月3日 五黄 丁丑	30
	5月6日 九紫 戊寅		3月4日 二黒 丁丑		1月4日 六白 戊寅	31

150

	平成10年		1998年		戊寅年		二黒土星				
	12月甲子		11月癸亥		10月壬戌		9月辛酉		8月庚申		7月己未	
	7日 17:01		8日 00:08		8日 20:56		8日 05:16		8日 02:20		7日 16:30	
	22日 10:56		22日 21:34		23日 23:58		23日 14:37		23日 16:59		23日 09:55	
	一白水星		二黒土星		三碧木星		四緑木星		五黄土星		六白金星	
1	10月13日	六白 壬午	9月13日	九紫 壬子	8月11日	四緑 辛巳	7月11日	七赤 辛亥	6月10日	二黒 庚辰	閏5月8日	四緑 己酉
2	10月14日	五黄 癸未	9月14日	八白 癸丑	8月12日	三碧 壬午	7月12日	六白 壬子	6月11日	一白 辛巳	閏5月9日	五黄 庚戌
3	10月15日	四緑 甲申	9月15日	七赤 甲寅	8月13日	二黒 癸未	7月13日	五黄 癸丑	6月12日	九紫 壬午	閏5月10日	六白 辛亥
4	10月16日	三碧 乙酉	9月16日	六白 乙卯	8月14日	一白 甲申	7月14日	四緑 甲寅	6月13日	八白 癸未	閏5月11日	七赤 壬子
5	10月17日	二黒 丙戌	9月17日	五黄 丙辰	8月15日	九紫 乙酉	7月15日	三碧 乙卯	6月14日	七赤 甲申	閏5月12日	八白 癸丑
6	10月18日	一白 丁亥	9月18日	四緑 丁巳	8月16日	八白 丙戌	7月16日	二黒 丙辰	6月15日	六白 乙酉	閏5月13日	九紫 甲寅
7	10月19日	九紫 戊子	9月19日	三碧 戊午	8月17日	七赤 丁亥	7月17日	一白 丁巳	6月16日	五黄 丙戌	閏5月14日	一白 乙卯
8	10月20日	八白 己丑	9月20日	二黒 己未	8月18日	六白 戊子	7月18日	九紫 戊午	6月17日	四緑 丁亥	閏5月15日	二黒 丙辰
9	10月21日	七赤 庚寅	9月21日	一白 庚申	8月19日	五黄 己丑	7月19日	八白 己未	6月18日	三碧 戊子	閏5月16日	三碧 丁巳
10	10月22日	六白 辛卯	9月22日	九紫 辛酉	8月20日	四緑 庚寅	7月20日	七赤 庚申	6月19日	二黒 己丑	閏5月17日	四緑 戊午
11	10月23日	五黄 壬辰	9月23日	八白 壬戌	8月21日	三碧 辛卯	7月21日	六白 辛酉	6月20日	一白 庚寅	閏5月18日	五黄 己未
12	10月24日	四緑 癸巳	9月24日	七赤 癸亥	8月22日	二黒 壬辰	7月22日	五黄 壬戌	6月21日	九紫 辛卯	閏5月19日	六白 庚申
13	10月25日	三碧 甲午	9月25日	六白 甲子	8月23日	一白 癸巳	7月23日	四緑 癸亥	6月22日	八白 壬辰	閏5月20日	七赤 辛酉
14	10月26日	二黒 乙未	9月26日	五黄 乙丑	8月24日	九紫 甲午	7月24日	三碧 甲子	6月23日	七赤 癸巳	閏5月21日	八白 壬戌
15	10月27日	一白 丙申	9月27日	四緑 丙寅	8月25日	八白 乙未	7月25日	二黒 乙丑	6月24日	六白 甲午	閏5月22日	九紫 癸亥
16	10月28日	九紫 丁酉	9月28日	三碧 丁卯	8月26日	七赤 丙申	7月26日	一白 丙寅	6月25日	五黄 乙未	閏5月23日	九紫 甲子
17	10月29日	八白 戊戌	9月29日	二黒 戊辰	8月27日	六白 丁酉	7月27日	九紫 丁卯	6月26日	四緑 丙申	閏5月24日	八白 乙丑
18	10月30日	七赤 己亥	9月30日	一白 己巳	8月28日	五黄 戊戌	7月28日	八白 戊辰	6月27日	三碧 丁酉	閏5月25日	七赤 丙寅
19	11月1日	六白 庚子	10月1日	九紫 庚午	8月29日	四緑 己亥	7月29日	七赤 己巳	6月28日	二黒 戊戌	閏5月26日	六白 丁卯
20	11月2日	五黄 辛丑	10月2日	八白 辛未	9月1日	三碧 庚子	7月30日	六白 庚午	6月29日	一白 己亥	閏5月27日	五黄 戊辰
21	11月3日	四緑 壬寅	10月3日	七赤 壬申	9月2日	二黒 辛丑	8月1日	五黄 辛未	6月30日	九紫 庚子	閏5月28日	四緑 己巳
22	11月4日	三碧 癸卯	10月4日	六白 癸酉	9月3日	一白 壬寅	8月2日	四緑 壬申	7月1日	八白 辛丑	閏5月29日	三碧 庚午
23	11月5日	二黒 甲辰	10月5日	五黄 甲戌	9月4日	九紫 癸卯	8月3日	三碧 癸酉	7月2日	七赤 壬寅	6月1日	二黒 辛未
24	11月6日	一白 乙巳	10月6日	四緑 乙亥	9月5日	八白 甲辰	8月4日	二黒 甲戌	7月3日	六白 癸卯	6月2日	一白 壬申
25	11月7日	九紫 丙午	10月7日	三碧 丙子	9月6日	七赤 乙巳	8月5日	一白 乙亥	7月4日	五黄 甲辰	6月3日	九紫 癸酉
26	11月8日	八白 丁未	10月8日	二黒 丁丑	9月7日	六白 丙午	8月6日	九紫 丙子	7月5日	四緑 乙巳	6月4日	八白 甲戌
27	11月9日	七赤 戊申	10月9日	一白 戊寅	9月8日	五黄 丁未	8月7日	八白 丁丑	7月6日	三碧 丙午	6月5日	七赤 乙亥
28	11月10日	六白 己酉	10月10日	九紫 己卯	9月9日	四緑 戊申	8月8日	七赤 戊寅	7月7日	二黒 丁未	6月6日	六白 丙子
29	11月11日	五黄 庚戌	10月11日	八白 庚辰	9月10日	三碧 己酉	8月9日	六白 己卯	7月8日	一白 戊申	6月7日	五黄 丁丑
30	11月12日	四緑 辛亥	10月12日	七赤 辛巳	9月11日	二黒 庚戌	8月10日	五黄 庚辰	7月9日	九紫 己酉	6月8日	四緑 戊寅
31	11月13日	三碧 壬子			9月12日	一白 辛亥			7月10日	八白 庚戌	6月9日	三碧 己卯

万年暦

6月庚午	5月己巳	4月戊辰	3月丁卯	2月丙寅	1月乙丑	
6日 12：08	6日 08：00	5日 14：44	6日 09：58	4日 15：57	6日 04：17	
22日 04：48	21日 20：51	20日 21：45	21日 10：46	19日 11：47	20日 21：37	
四緑木星	五黄土星	六白金星	七赤金星	八白土星	九紫火星	
4月18日 六白 甲申	3月16日 二黒 癸丑	2月15日 八白 癸未	1月14日 四緑 壬子	12月15日 三碧 甲申	11月14日 二黒 癸丑	1
4月19日 七赤 乙酉	3月17日 三碧 甲寅	2月16日 九紫 甲申	1月15日 五黄 癸丑	12月16日 四緑 乙酉	11月15日 一白 甲寅	2
4月20日 八白 丙戌	3月18日 四緑 乙卯	2月17日 一白 乙酉	1月16日 六白 甲寅	12月17日 五黄 丙戌	11月16日 九紫 乙卯	3
4月21日 九紫 丁亥	3月19日 五黄 丙辰	2月18日 二黒 丙戌	1月17日 七赤 乙卯	12月18日 六白 丁亥	11月17日 八白 丙辰	4
4月22日 一白 戊子	3月20日 六白 丁巳	2月19日 三碧 丁亥	1月18日 八白 丙辰	12月19日 七赤 戊子	11月18日 七赤 丁巳	5
4月23日 二黒 己丑	3月21日 七赤 戊午	2月20日 四緑 戊子	1月19日 九紫 丁巳	12月20日 八白 己丑	11月19日 六白 戊午	6
4月24日 三碧 庚寅	3月22日 八白 己未	2月21日 五黄 己丑	1月20日 一白 戊午	12月21日 九紫 庚寅	11月20日 五黄 己未	7
4月25日 四緑 辛卯	3月23日 九紫 庚申	2月22日 六白 庚寅	1月21日 二黒 己未	12月22日 一白 辛卯	11月21日 四緑 庚申	8
4月26日 五黄 壬辰	3月24日 一白 辛酉	2月23日 七赤 辛卯	1月22日 三碧 庚申	12月23日 二黒 壬辰	11月22日 三碧 辛酉	9
4月27日 六白 癸巳	3月25日 二黒 壬戌	2月24日 八白 壬辰	1月23日 四緑 辛酉	12月24日 三碧 癸巳	11月23日 二黒 壬戌	10
4月28日 七赤 甲午	3月26日 三碧 癸亥	2月25日 九紫 癸巳	1月24日 五黄 壬戌	12月25日 四緑 甲午	11月24日 一白 癸亥	11
4月29日 八白 乙未	3月27日 四緑 甲子	2月26日 一白 甲午	1月25日 六白 癸亥	12月26日 五黄 乙未	11月25日 一白 甲子	12
4月30日 九紫 丙申	3月28日 五黄 乙丑	2月27日 二黒 乙未	1月26日 七赤 甲子	12月27日 六白 丙申	11月26日 二黒 乙丑	13
5月1日 一白 丁酉	3月29日 六白 丙寅	2月28日 三碧 丙申	1月27日 八白 乙丑	12月28日 七赤 丁酉	11月27日 三碧 丙寅	14
5月2日 二黒 戊戌	4月1日 七赤 丁卯	2月29日 四緑 丁酉	1月28日 九紫 丙寅	12月29日 八白 戊戌	11月28日 四緑 丁卯	15
5月3日 三碧 己亥	4月2日 八白 戊辰	3月1日 五黄 戊戌	1月29日 一白 丁卯	1月1日 九紫 己亥	11月29日 五黄 戊辰	16
5月4日 四緑 庚子	4月3日 九紫 己巳	3月2日 六白 己亥	1月30日 二黒 戊辰	1月2日 一白 庚子	11月30日 六白 己巳	17
5月5日 五黄 辛丑	4月4日 一白 庚午	3月3日 七赤 庚子	2月1日 三碧 己巳	1月3日 二黒 辛丑	12月1日 七赤 庚午	18
5月6日 六白 壬寅	4月5日 二黒 辛未	3月4日 八白 辛丑	2月2日 四緑 庚午	1月4日 三碧 壬寅	12月2日 八白 辛未	19
5月7日 七赤 癸卯	4月6日 三碧 壬申	3月5日 九紫 壬寅	2月3日 五黄 辛未	1月5日 四緑 癸卯	12月3日 九紫 壬申	20
5月8日 八白 甲辰	4月7日 四緑 癸酉	3月6日 一白 癸卯	2月4日 六白 壬申	1月6日 五黄 甲辰	12月4日 一白 癸酉	21
5月9日 九紫 乙巳	4月8日 五黄 甲戌	3月7日 二黒 甲辰	2月5日 七赤 癸酉	1月7日 六白 乙巳	12月5日 二黒 甲戌	22
5月10日 一白 丙午	4月9日 六白 乙亥	3月8日 三碧 乙巳	2月6日 八白 甲戌	1月8日 七赤 丙午	12月6日 三碧 乙亥	23
5月11日 二黒 丁未	4月10日 七赤 丙子	3月9日 四緑 丙午	2月7日 九紫 乙亥	1月9日 八白 丁未	12月7日 四緑 丙子	24
5月12日 三碧 戊申	4月11日 八白 丁丑	3月10日 五黄 丁未	2月8日 一白 丙子	1月10日 九紫 戊申	12月8日 五黄 丁丑	25
5月13日 四緑 己酉	4月12日 九紫 戊寅	3月11日 六白 戊申	2月9日 二黒 丁丑	1月11日 一白 己酉	12月9日 六白 戊寅	26
5月14日 五黄 庚戌	4月13日 一白 己卯	3月12日 七赤 己酉	2月10日 三碧 戊寅	1月12日 二黒 庚戌	12月10日 七赤 己卯	27
5月15日 六白 辛亥	4月14日 二黒 庚辰	3月13日 八白 庚戌	2月11日 四緑 己卯	1月13日 三碧 辛亥	12月11日 八白 庚辰	28
5月16日 七赤 壬子	4月15日 三碧 辛巳	3月14日 九紫 辛亥	2月12日 五黄 庚辰		12月12日 九紫 辛巳	29
5月17日 八白 癸丑	4月16日 四緑 壬午	3月15日 一白 壬子	2月13日 六白 辛巳		12月13日 一白 壬午	30
	4月17日 五黄 癸未		2月14日 七赤 壬午		12月14日 二黒 癸未	31

152

	平成11年			1999年			己卯年			一白水星				
	12月丙子			11月乙亥			10月甲戌			9月癸酉			8月壬申			7月辛未	
	7日 22：47			8日 05：57			9日 02：48			8日 11：10			8日 08：14			7日 22：24	
	22日 16：43			23日 03：24			24日 05：52			23日 20：32			23日 22：51			23日 15：44	
	七赤金星			八白土星			九紫火星			一白水星			二黒土星			三碧木星	
1	10月24日	一白	丁亥	9月24日	四緑	丁巳	8月22日	八白	丙戌	7月22日	二黒	丙辰	6月20日	六白	乙酉	5月18日	九紫	甲寅
2	10月25日	九紫	戊子	9月25日	三碧	戊午	8月23日	七赤	丁亥	7月23日	一白	丁巳	6月21日	五黄	丙戌	5月19日	一白	乙卯
3	10月26日	八白	己丑	9月26日	二黒	己未	8月24日	六白	戊子	7月24日	九紫	戊午	6月22日	四緑	丁亥	5月20日	二黒	丙辰
4	10月27日	七赤	庚寅	9月27日	一白	庚申	8月25日	五黄	己丑	7月25日	八白	己未	6月23日	三碧	戊子	5月21日	三碧	丁巳
5	10月28日	六白	辛卯	9月28日	九紫	辛酉	8月26日	四緑	庚寅	7月26日	七赤	庚申	6月24日	二黒	己丑	5月22日	四緑	戊午
6	10月29日	五黄	壬辰	9月29日	八白	壬戌	8月27日	三碧	辛卯	7月27日	六白	辛酉	6月25日	一白	庚寅	5月23日	五黄	己未
7	10月30日	四緑	癸巳	9月30日	七赤	癸亥	8月28日	二黒	壬辰	7月28日	五黄	壬戌	6月26日	九紫	辛卯	5月24日	六白	庚申
8	11月1日	三碧	甲午	10月1日	六白	甲子	8月29日	一白	癸巳	7月29日	四緑	癸亥	6月27日	八白	壬辰	5月25日	七赤	辛酉
9	11月2日	二黒	乙未	10月2日	五黄	乙丑	9月1日	九紫	甲午	7月30日	三碧	甲子	6月28日	七赤	癸巳	5月26日	八白	壬戌
10	11月3日	一白	丙申	10月3日	四緑	丙寅	9月2日	八白	乙未	8月1日	二黒	乙丑	6月29日	六白	甲午	5月27日	九紫	癸亥
11	11月4日	九紫	丁酉	10月4日	三碧	丁卯	9月3日	七赤	丙申	8月2日	一白	丙寅	7月1日	五黄	乙未	5月28日	九紫	甲子
12	11月5日	八白	戊戌	10月5日	二黒	戊辰	9月4日	六白	丁酉	8月3日	九紫	丁卯	7月2日	四緑	丙申	5月29日	八白	乙丑
13	11月6日	七赤	己亥	10月6日	一白	己巳	9月5日	五黄	戊戌	8月4日	八白	戊辰	7月3日	三碧	丁酉	6月1日	七赤	丙寅
14	11月7日	六白	庚子	10月7日	九紫	庚午	9月6日	四緑	己亥	8月5日	七赤	己巳	7月4日	二黒	戊戌	6月2日	六白	丁卯
15	11月8日	五黄	辛丑	10月8日	八白	辛未	9月7日	三碧	庚子	8月6日	六白	庚午	7月5日	一白	己亥	6月3日	五黄	戊辰
16	11月9日	四緑	壬寅	10月9日	七赤	壬申	9月8日	二黒	辛丑	8月7日	五黄	辛未	7月6日	九紫	庚子	6月4日	四緑	己巳
17	11月10日	三碧	癸卯	10月10日	六白	癸酉	9月9日	一白	壬寅	8月8日	四緑	壬申	7月7日	八白	辛丑	6月5日	三碧	庚午
18	11月11日	二黒	甲辰	10月11日	五黄	甲戌	9月10日	九紫	癸卯	8月9日	三碧	癸酉	7月8日	七赤	壬寅	6月6日	二黒	辛未
19	11月12日	一白	乙巳	10月12日	四緑	乙亥	9月11日	八白	甲辰	8月10日	二黒	甲戌	7月9日	六白	癸卯	6月7日	一白	壬申
20	11月13日	九紫	丙午	10月13日	三碧	丙子	9月12日	七赤	乙巳	8月11日	一白	乙亥	7月10日	五黄	甲辰	6月8日	九紫	癸酉
21	11月14日	八白	丁未	10月14日	二黒	丁丑	9月13日	六白	丙午	8月12日	九紫	丙子	7月11日	四緑	乙巳	6月9日	八白	甲戌
22	11月15日	七赤	戊申	10月15日	一白	戊寅	9月14日	五黄	丁未	8月13日	八白	丁丑	7月12日	三碧	丙午	6月10日	七赤	乙亥
23	11月16日	六白	己酉	10月16日	九紫	己卯	9月15日	四緑	戊申	8月14日	七赤	戊寅	7月13日	二黒	丁未	6月11日	六白	丙子
24	11月17日	五黄	庚戌	10月17日	八白	庚辰	9月16日	三碧	己酉	8月15日	六白	己卯	7月14日	一白	戊申	6月12日	五黄	丁丑
25	11月18日	四緑	辛亥	10月18日	七赤	辛巳	9月17日	二黒	庚戌	8月16日	五黄	庚辰	7月15日	九紫	己酉	6月13日	四緑	戊寅
26	11月19日	三碧	壬子	10月19日	六白	壬午	9月18日	一白	辛亥	8月17日	四緑	辛巳	7月16日	八白	庚戌	6月14日	三碧	己卯
27	11月20日	二黒	癸丑	10月20日	五黄	癸未	9月19日	九紫	壬子	8月18日	三碧	壬午	7月17日	七赤	辛亥	6月15日	二黒	庚辰
28	11月21日	一白	甲寅	10月21日	四緑	甲申	9月20日	八白	癸丑	8月19日	二黒	癸未	7月18日	六白	壬子	6月16日	一白	辛巳
29	11月22日	九紫	乙卯	10月22日	三碧	乙酉	9月21日	七赤	甲寅	8月20日	一白	甲申	7月19日	五黄	癸丑	6月17日	九紫	壬午
30	11月23日	八白	丙辰	10月23日	二黒	丙戌	9月22日	六白	乙卯	8月21日	九紫	乙酉	7月20日	四緑	甲寅	6月18日	八白	癸未
31	11月24日	七赤	丁巳				9月23日	五黄	丙辰				7月21日	三碧	乙卯	6月19日	七赤	甲申

6月壬午			5月辛巳			4月庚辰			3月己卯			2月戊寅			1月丁丑			
5日 17：57			5日 13：49			4日 20：32			5日 15：43			4日 21：41			6日 10：00			
21日 10：47			21日 02：48			20日 03：39			20日 16：35			19日 17：34			21日 03：23			
一白水星			二黒土星			三碧木星			四緑木星			五黄土星			六白金星			
4月29日	三碧	庚寅	3月27日	八白	己未	2月27日	五黄	己丑	1月26日	一白	戊午	12月26日	八白	己丑	11月25日	六白	戊午	1
5月1日	四緑	辛卯	3月28日	九紫	庚申	2月28日	六白	庚寅	1月27日	二黒	己未	12月27日	九紫	庚寅	11月26日	五黄	己未	2
5月2日	五黄	壬辰	3月29日	一白	辛酉	2月29日	七赤	辛卯	1月28日	三碧	庚申	12月28日	一白	辛卯	11月27日	四緑	庚申	3
5月3日	六白	癸巳	4月1日	二黒	壬戌	2月30日	八白	壬辰	1月29日	四緑	辛酉	12月29日	二黒	壬辰	11月28日	三碧	辛酉	4
5月4日	七赤	甲午	4月2日	三碧	癸亥	3月1日	九紫	癸巳	1月30日	五黄	壬戌	1月1日	三碧	癸巳	11月29日	二黒	壬戌	5
5月5日	八白	乙未	4月3日	四緑	甲子	3月2日	一白	甲午	2月1日	六白	癸亥	1月2日	四緑	甲午	11月30日	一白	癸亥	6
5月6日	九紫	丙申	4月4日	五黄	乙丑	3月3日	二黒	乙未	2月2日	七赤	甲子	1月3日	五黄	乙未	12月1日	一白	甲子	7
5月7日	一白	丁酉	4月5日	六白	丙寅	3月4日	三碧	丙申	2月3日	八白	乙丑	1月4日	六白	丙申	12月2日	二黒	乙丑	8
5月8日	二黒	戊戌	4月6日	七赤	丁卯	3月5日	四緑	丁酉	2月4日	九紫	丙寅	1月5日	七赤	丁酉	12月3日	三碧	丙寅	9
5月9日	三碧	己亥	4月7日	八白	戊辰	3月6日	五黄	戊戌	2月5日	一白	丁卯	1月6日	八白	戊戌	12月4日	四緑	丁卯	10
5月10日	四緑	庚子	4月8日	九紫	己巳	3月7日	六白	己亥	2月6日	二黒	戊辰	1月7日	九紫	己亥	12月5日	五黄	戊辰	11
5月11日	五黄	辛丑	4月9日	一白	庚午	3月8日	七赤	庚子	2月7日	三碧	己巳	1月8日	一白	庚子	12月6日	六白	己巳	12
5月12日	六白	壬寅	4月10日	二黒	辛未	3月9日	八白	辛丑	2月8日	四緑	庚午	1月9日	二黒	辛丑	12月7日	七赤	庚午	13
5月13日	七赤	癸卯	4月11日	三碧	壬申	3月10日	九紫	壬寅	2月9日	五黄	辛未	1月10日	三碧	壬寅	12月8日	八白	辛未	14
5月14日	八白	甲辰	4月12日	四緑	癸酉	3月11日	一白	癸卯	2月10日	六白	壬申	1月11日	四緑	癸卯	12月9日	九紫	壬申	15
5月15日	九紫	乙巳	4月13日	五黄	甲戌	3月12日	二黒	甲辰	2月11日	七赤	癸酉	1月12日	五黄	甲辰	12月10日	一白	癸酉	16
5月16日	一白	丙午	4月14日	六白	乙亥	3月13日	三碧	乙巳	2月12日	八白	甲戌	1月13日	六白	乙巳	12月11日	二黒	甲戌	17
5月17日	二黒	丁未	4月15日	七赤	丙子	3月14日	四緑	丙午	2月13日	九紫	乙亥	1月14日	七赤	丙午	12月12日	三碧	乙亥	18
5月18日	三碧	戊申	4月16日	八白	丁丑	3月15日	五黄	丁未	2月14日	一白	丙子	1月15日	八白	丁未	12月13日	四緑	丙子	19
5月19日	四緑	己酉	4月17日	九紫	戊寅	3月16日	六白	戊申	2月15日	二黒	丁丑	1月16日	九紫	戊申	12月14日	五黄	丁丑	20
5月20日	五黄	庚戌	4月18日	一白	己卯	3月17日	七赤	己酉	2月16日	三碧	戊寅	1月17日	一白	己酉	12月15日	六白	戊寅	21
5月21日	六白	辛亥	4月19日	二黒	庚辰	3月18日	八白	庚戌	2月17日	四緑	己卯	1月18日	二黒	庚戌	12月16日	七赤	己卯	22
5月22日	七赤	壬子	4月20日	三碧	辛巳	3月19日	九紫	辛亥	2月18日	五黄	庚辰	1月19日	三碧	辛亥	12月17日	八白	庚辰	23
5月23日	八白	癸丑	4月21日	四緑	壬午	3月20日	一白	壬子	2月19日	六白	辛巳	1月20日	四緑	壬子	12月18日	九紫	辛巳	24
5月24日	九紫	甲寅	4月22日	五黄	癸未	3月21日	二黒	癸丑	2月20日	七赤	壬午	1月21日	五黄	癸丑	12月19日	一白	壬午	25
5月25日	一白	乙卯	4月23日	六白	甲申	3月22日	三碧	甲寅	2月21日	八白	癸未	1月22日	六白	甲寅	12月20日	二黒	癸未	26
5月26日	二黒	丙辰	4月24日	七赤	乙酉	3月23日	四緑	乙卯	2月22日	九紫	甲申	1月23日	七赤	乙卯	12月21日	三碧	甲申	27
5月27日	三碧	丁巳	4月25日	八白	丙戌	3月24日	五黄	丙辰	2月23日	一白	乙酉	1月24日	八白	丙辰	12月22日	四緑	乙酉	28
5月28日	四緑	戊午	4月26日	九紫	丁亥	3月25日	六白	丁巳	2月24日	二黒	丙戌	1月25日	九紫	丁巳	12月23日	五黄	丙戌	29
5月29日	五黄	己未	4月27日	一白	戊子	3月26日	七赤	戊午	2月25日	三碧	丁亥				12月24日	六白	丁亥	30
			4月28日	二黒	己丑				2月26日	四緑	戊子				12月25日	七赤	戊子	31

	平成12年		2000年		庚辰年		九紫火星					
	12月戊子		11月丁亥		10月丙戌		9月乙酉		8月甲申		7月癸未	
	7日 04：36		7日 11：47		8日 08：38		7日 17：00		7日 14：03		7日 04：14	
	21日 22：37		22日 09：18		23日 11：47		23日 02：28		23日 04：49		22日 21：43	
	四緑木星		五黄土星		六白金星		七赤金星		八白土星		九紫火星	
1	11月6日	四緑 癸巳	10月6日	七赤 癸亥	9月4日	二黒 壬辰	8月4日	五黄 壬戌	7月2日	九紫 辛卯	5月30日	六白 庚寅
2	11月7日	三碧 甲午	10月7日	六白 甲子	9月5日	一白 癸巳	8月5日	四緑 癸亥	7月3日	八白 壬辰	6月1日	七赤 辛卯
3	11月8日	二黒 乙未	10月8日	五黄 乙丑	9月6日	九紫 甲午	8月6日	三碧 甲子	7月4日	七赤 癸巳	6月2日	八白 壬辰
4	11月9日	一白 丙申	10月9日	四緑 丙寅	9月7日	八白 乙未	8月7日	二黒 乙丑	7月5日	六白 甲午	6月3日	九紫 癸巳
5	11月10日	九紫 丁酉	10月10日	三碧 丁卯	9月8日	七赤 丙申	8月8日	一白 丙寅	7月6日	五黄 乙未	6月4日	九紫 甲午
6	11月11日	八白 戊戌	10月11日	二黒 戊辰	9月9日	六白 丁酉	8月9日	九紫 丁卯	7月7日	四緑 丙申	6月5日	八白 乙未
7	11月12日	七赤 己亥	10月12日	一白 己巳	9月10日	五黄 戊戌	8月10日	八白 戊辰	7月8日	三碧 丁酉	6月6日	七赤 丙申
8	11月13日	六白 庚子	10月13日	九紫 庚午	9月11日	四緑 己亥	8月11日	七赤 己巳	7月9日	二黒 戊戌	6月7日	六白 丁酉
9	11月14日	五黄 辛丑	10月14日	八白 辛未	9月12日	三碧 庚子	8月12日	六白 庚午	7月10日	一白 己亥	6月8日	五黄 戊戌
10	11月15日	四緑 壬寅	10月15日	七赤 壬申	9月13日	二黒 辛丑	8月13日	五黄 辛未	7月11日	九紫 庚子	6月9日	四緑 己亥
11	11月16日	三碧 癸卯	10月16日	六白 癸酉	9月14日	一白 壬寅	8月14日	四緑 壬申	7月12日	八白 辛丑	6月10日	三碧 庚子
12	11月17日	二黒 甲辰	10月17日	五黄 甲戌	9月15日	九紫 癸卯	8月15日	三碧 癸酉	7月13日	七赤 壬寅	6月11日	二黒 辛丑
13	11月18日	一白 乙巳	10月18日	四緑 乙亥	9月16日	八白 甲辰	8月16日	二黒 甲戌	7月14日	六白 癸卯	6月12日	一白 壬寅
14	11月19日	九紫 丙午	10月19日	三碧 丙子	9月17日	七赤 乙巳	8月17日	一白 乙亥	7月15日	五黄 甲辰	6月13日	九紫 癸卯
15	11月20日	八白 丁未	10月20日	二黒 丁丑	9月18日	六白 丙午	8月18日	九紫 丙子	7月16日	四緑 乙巳	6月14日	八白 甲辰
16	11月21日	七赤 戊申	10月21日	一白 戊寅	9月19日	五黄 丁未	8月19日	八白 丁丑	7月17日	三碧 丙午	6月15日	七赤 乙巳
17	11月22日	六白 己酉	10月22日	九紫 己卯	9月20日	四緑 戊申	8月20日	七赤 戊寅	7月18日	二黒 丁未	6月16日	六白 丙午
18	11月23日	五黄 庚戌	10月23日	八白 庚辰	9月21日	三碧 己酉	8月21日	六白 己卯	7月19日	一白 戊申	6月17日	五黄 丁未
19	11月24日	四緑 辛亥	10月24日	七赤 辛巳	9月22日	二黒 庚戌	8月22日	五黄 庚辰	7月20日	九紫 己酉	6月18日	四緑 戊申
20	11月25日	三碧 壬子	10月25日	六白 壬午	9月23日	一白 辛亥	8月23日	四緑 辛巳	7月21日	八白 庚戌	6月19日	三碧 己酉
21	11月26日	二黒 癸丑	10月26日	五黄 癸未	9月24日	九紫 壬子	8月24日	三碧 壬午	7月22日	七赤 辛亥	6月20日	二黒 庚戌
22	11月27日	一白 甲寅	10月27日	四緑 甲申	9月25日	八白 癸丑	8月25日	二黒 癸未	7月23日	六白 壬子	6月21日	一白 辛亥
23	11月28日	九紫 乙卯	10月28日	三碧 乙酉	9月26日	七赤 甲寅	8月26日	一白 甲申	7月24日	五黄 癸丑	6月22日	九紫 壬子
24	11月29日	八白 丙辰	10月29日	二黒 丙戌	9月27日	六白 乙卯	8月27日	九紫 乙酉	7月25日	四緑 甲寅	6月23日	八白 癸丑
25	11月30日	七赤 丁巳	10月30日	一白 丁亥	9月28日	五黄 丙辰	8月28日	八白 丙戌	7月26日	三碧 乙卯	6月24日	七赤 甲寅
26	12月1日	六白 戊午	11月1日	九紫 戊子	9月29日	四緑 丁巳	8月29日	七赤 丁亥	7月27日	二黒 丙辰	6月25日	六白 乙卯
27	12月2日	五黄 己未	11月2日	八白 己丑	10月1日	三碧 戊午	8月30日	六白 戊子	7月28日	一白 丁巳	6月26日	五黄 丙辰
28	12月3日	四緑 庚申	11月3日	七赤 庚寅	10月2日	二黒 己未	9月1日	五黄 己丑	7月29日	九紫 戊午	6月27日	四緑 丁巳
29	12月4日	三碧 辛酉	11月4日	六白 辛卯	10月3日	一白 庚申	9月2日	四緑 庚寅	8月1日	八白 己未	6月28日	三碧 戊午
30	12月5日	二黒 壬戌	11月5日	五黄 壬辰	10月4日	九紫 辛酉	9月3日	三碧 辛卯	8月2日	七赤 庚申	6月29日	二黒 己未
31	12月6日	一白 癸亥			10月5日	八白 壬戌			8月3日	六白 辛酉	7月1日	一白 庚申

6月甲午			5月癸巳			4月壬辰			3月辛卯			2月庚寅			1月己丑			
5日 23：52			5日 19：43			5日 02：24			5日 21：33			4日 03：30			5日 15：49			
21日 16：37			21日 08：43			20日 09：35			20日 22：31			18日 23：28			20日 09：17			
七赤金星			八白土星			九紫火星			一白水星			二黒土星			三碧木星			
閏4月10日	八白	乙未	4月8日	四緑	甲子	3月8日	一白	甲午	2月7日	六白	癸亥	1月9日	五黄	乙未	12月7日	一白	甲子	1
閏4月11日	九紫	丙申	4月9日	五黄	乙丑	3月9日	二黒	乙未	2月8日	七赤	甲子	1月10日	六白	丙申	12月8日	二黒	乙丑	2
閏4月12日	一白	丁酉	4月10日	六白	丙寅	3月10日	三碧	丙申	2月9日	八白	乙丑	1月11日	七赤	丁酉	12月9日	三碧	丙寅	3
閏4月13日	二黒	戊戌	4月11日	七赤	丁卯	3月11日	四緑	丁酉	2月10日	九紫	丙寅	1月12日	八白	戊戌	12月10日	四緑	丁卯	4
閏4月14日	三碧	己亥	4月12日	八白	戊辰	3月12日	五黄	戊戌	2月11日	一白	丁卯	1月13日	九紫	己亥	12月11日	五黄	戊辰	5
閏4月15日	四緑	庚子	4月13日	九紫	己巳	3月13日	六白	己亥	2月12日	二黒	戊辰	1月14日	一白	庚子	12月12日	六白	己巳	6
閏4月16日	五黄	辛丑	4月14日	一白	庚午	3月14日	七赤	庚子	2月13日	三碧	己巳	1月15日	二黒	辛丑	12月13日	七赤	庚午	7
閏4月17日	六白	壬寅	4月15日	二黒	辛未	3月15日	八白	辛丑	2月14日	四緑	庚午	1月16日	三碧	壬寅	12月14日	八白	辛未	8
閏4月18日	七赤	癸卯	4月16日	三碧	壬申	3月16日	九紫	壬寅	2月15日	五黄	辛未	1月17日	四緑	癸卯	12月15日	九紫	壬申	9
閏4月19日	八白	甲辰	4月17日	四緑	癸酉	3月17日	一白	癸卯	2月16日	六白	壬申	1月18日	五黄	甲辰	12月16日	一白	癸酉	10
閏4月20日	九紫	乙巳	4月18日	五黄	甲戌	3月18日	二黒	甲辰	2月17日	七赤	癸酉	1月19日	六白	乙巳	12月17日	二黒	甲戌	11
閏4月21日	一白	丙午	4月19日	六白	乙亥	3月19日	三碧	乙巳	2月18日	八白	甲戌	1月20日	七赤	丙午	12月18日	三碧	乙亥	12
閏4月22日	二黒	丁未	4月20日	七赤	丙子	3月20日	四緑	丙午	2月19日	九紫	乙亥	1月21日	八白	丁未	12月19日	四緑	丙子	13
閏4月23日	三碧	戊申	4月21日	八白	丁丑	3月21日	五黄	丁未	2月20日	一白	丙子	1月22日	九紫	戊申	12月20日	五黄	丁丑	14
閏4月24日	四緑	己酉	4月22日	九紫	戊寅	3月22日	六白	戊申	2月21日	二黒	丁丑	1月23日	一白	己酉	12月21日	六白	戊寅	15
閏4月25日	五黄	庚戌	4月23日	一白	己卯	3月23日	七赤	己酉	2月22日	三碧	戊寅	1月24日	二黒	庚戌	12月22日	七赤	己卯	16
閏4月26日	六白	辛亥	4月24日	二黒	庚辰	3月24日	八白	庚戌	2月23日	四緑	己卯	1月25日	三碧	辛亥	12月23日	八白	庚辰	17
閏4月27日	七赤	壬子	4月25日	三碧	辛巳	3月25日	九紫	辛亥	2月24日	五黄	庚辰	1月26日	四緑	壬子	12月24日	九紫	辛巳	18
閏4月28日	八白	癸丑	4月26日	四緑	壬午	3月26日	一白	壬子	2月25日	六白	辛巳	1月27日	五黄	癸丑	12月25日	一白	壬午	19
閏4月29日	九紫	甲寅	4月27日	五黄	癸未	3月27日	二黒	癸丑	2月26日	七赤	壬午	1月28日	六白	甲寅	12月26日	二黒	癸未	20
5月1日	一白	乙卯	4月28日	六白	甲申	3月28日	三碧	甲寅	2月27日	八白	癸未	1月29日	七赤	乙卯	12月27日	三碧	甲申	21
5月2日	二黒	丙辰	4月29日	七赤	乙酉	3月29日	四緑	乙卯	2月28日	九紫	甲申	1月30日	八白	丙辰	12月28日	四緑	乙酉	22
5月3日	三碧	丁巳	閏4月1日	八白	丙戌	3月30日	五黄	丙辰	2月29日	一白	乙酉	2月1日	九紫	丁巳	12月29日	五黄	丙戌	23
5月4日	四緑	戊午	閏4月2日	九紫	丁亥	4月1日	六白	丁巳	2月30日	二黒	丙戌	2月2日	一白	戊午	1月1日	六白	丁亥	24
5月5日	五黄	己未	閏4月3日	一白	戊子	4月2日	七赤	戊午	3月1日	三碧	丁亥	2月3日	二黒	己未	1月2日	七赤	戊子	25
5月6日	六白	庚申	閏4月4日	二黒	己丑	4月3日	八白	己未	3月2日	四緑	戊子	2月4日	三碧	庚申	1月3日	八白	己丑	26
5月7日	七赤	辛酉	閏4月5日	三碧	庚寅	4月4日	九紫	庚申	3月3日	五黄	己丑	2月5日	四緑	辛酉	1月4日	九紫	庚寅	27
5月8日	八白	壬戌	閏4月6日	四緑	辛卯	4月5日	一白	辛酉	3月4日	六白	庚寅	2月6日	五黄	壬戌	1月5日	一白	辛卯	28
5月9日	九紫	癸亥	閏4月7日	五黄	壬辰	4月6日	二黒	壬戌	3月5日	七赤	辛卯				1月6日	二黒	壬辰	29
5月10日	九紫	甲子	閏4月8日	六白	癸巳	4月7日	三碧	癸亥	3月6日	八白	壬辰				1月7日	三碧	癸巳	30
			閏4月9日	七赤	甲午				3月7日	九紫	癸巳				1月8日	四緑	甲午	31

平成13年		2001年		辛巳年		八白土星					
12月庚子		11月己亥		10月戊戌		9月丁酉		8月丙申		7月乙未	
7日 10:28		7日 17:36		8日 14:24		7日 22:46		7日 19:53		7日 10:07	
22日 04:21		22日 14:59		23日 17:24		23日 08:04		23日 10:28		23日 03:27	
一白水星		二黒土星		三碧木星		四緑木星		五黄土星		六白金星	

1	10月17日	八白	戊戌	9月16日	二黒	戊辰	8月15日	六白	丁酉	7月14日	九紫	丁卯	6月12日	四緑	丙申	5月11日	八白	乙巳
2	10月18日	七赤	己亥	9月17日	一白	己巳	8月16日	五黄	戊戌	7月15日	八白	戊辰	6月13日	三碧	丁酉	5月12日	七赤	丙寅
3	10月19日	六白	庚子	9月18日	九紫	庚午	8月17日	四緑	己亥	7月16日	七赤	己巳	6月14日	二黒	戊戌	5月13日	六白	丁卯
4	10月20日	五黄	辛丑	9月19日	八白	辛未	8月18日	三碧	庚子	7月17日	六白	庚午	6月15日	一白	己亥	5月14日	五黄	戊辰
5	10月21日	四緑	壬寅	9月20日	七赤	壬申	8月19日	二黒	辛丑	7月18日	五黄	辛未	6月16日	九紫	庚子	5月15日	四緑	己巳
6	10月22日	三碧	癸卯	9月21日	六白	癸酉	8月20日	一白	壬寅	7月19日	四緑	壬申	6月17日	八白	辛丑	5月16日	三碧	庚午
7	10月23日	二黒	甲辰	9月22日	五黄	甲戌	8月21日	九紫	癸卯	7月20日	三碧	癸酉	6月18日	七赤	壬寅	5月17日	二黒	辛未
8	10月24日	一白	乙巳	9月23日	四緑	乙亥	8月22日	八白	甲辰	7月21日	二黒	甲戌	6月19日	六白	癸卯	5月18日	一白	壬申
9	10月25日	九紫	丙午	9月24日	三碧	丙子	8月23日	七赤	乙巳	7月22日	一白	乙亥	6月20日	五黄	甲辰	5月19日	九紫	癸酉
10	10月26日	八白	丁未	9月25日	二黒	丁丑	8月24日	六白	丙午	7月23日	九紫	丙子	6月21日	四緑	乙巳	5月20日	八白	甲戌
11	10月27日	七赤	戊申	9月26日	一白	戊寅	8月25日	五黄	丁未	7月24日	八白	丁丑	6月22日	三碧	丙午	5月21日	七赤	乙亥
12	10月28日	六白	己酉	9月27日	九紫	己卯	8月26日	四緑	戊申	7月25日	七赤	戊寅	6月23日	二黒	丁未	5月22日	六白	丙子
13	10月29日	五黄	庚戌	9月28日	八白	庚辰	8月27日	三碧	己酉	7月26日	六白	己卯	6月24日	一白	戊申	5月23日	五黄	丁丑
14	10月30日	四緑	辛亥	9月29日	七赤	辛巳	8月28日	二黒	庚戌	7月27日	五黄	庚辰	6月25日	九紫	己酉	5月24日	四緑	戊寅
15	11月1日	三碧	壬子	10月1日	六白	壬午	8月29日	一白	辛亥	7月28日	四緑	辛巳	6月26日	八白	庚戌	5月25日	三碧	己卯
16	11月2日	二黒	癸丑	10月2日	五黄	癸未	8月30日	九紫	壬子	7月29日	三碧	壬午	6月27日	七赤	辛亥	5月26日	二黒	庚辰
17	11月3日	一白	甲寅	10月3日	四緑	甲申	9月1日	八白	癸丑	8月1日	二黒	癸未	6月28日	六白	壬子	5月27日	一白	辛巳
18	11月4日	九紫	乙卯	10月4日	三碧	乙酉	9月2日	七赤	甲寅	8月2日	一白	甲申	6月29日	五黄	癸丑	5月28日	九紫	壬午
19	11月5日	八白	丙辰	10月5日	二黒	丙戌	9月3日	六白	乙卯	8月3日	九紫	乙酉	7月1日	四緑	甲寅	5月29日	八白	癸未
20	11月6日	七赤	丁巳	10月6日	一白	丁亥	9月4日	五黄	丙辰	8月4日	八白	丙戌	7月2日	三碧	乙卯	5月30日	七赤	甲申
21	11月7日	六白	戊午	10月7日	九紫	戊子	9月5日	四緑	丁巳	8月5日	七赤	丁亥	7月3日	二黒	丙辰	6月1日	六白	乙酉
22	11月8日	五黄	己未	10月8日	八白	己丑	9月6日	三碧	戊午	8月6日	六白	戊子	7月4日	一白	丁巳	6月2日	五黄	丙戌
23	11月9日	四緑	庚申	10月9日	七赤	庚寅	9月7日	二黒	己未	8月7日	五黄	己丑	7月5日	九紫	戊午	6月3日	四緑	丁亥
24	11月10日	三碧	辛酉	10月10日	六白	辛卯	9月8日	一白	庚申	8月8日	四緑	庚寅	7月6日	八白	己未	6月4日	三碧	戊子
25	11月11日	二黒	壬戌	10月11日	五黄	壬辰	9月9日	九紫	辛酉	8月9日	三碧	辛卯	7月7日	七赤	庚申	6月5日	二黒	己丑
26	11月12日	一白	癸亥	10月12日	四緑	癸巳	9月10日	八白	壬戌	8月10日	二黒	壬辰	7月8日	六白	辛酉	6月6日	一白	庚寅
27	11月13日	一白	甲子	10月13日	三碧	甲午	9月11日	七赤	癸亥	8月11日	一白	癸巳	7月9日	五黄	壬戌	6月7日	九紫	辛卯
28	11月14日	二黒	乙丑	10月14日	二黒	乙未	9月12日	六白	甲子	8月12日	九紫	甲午	7月10日	四緑	癸亥	6月8日	八白	壬辰
29	11月15日	三碧	丙寅	10月15日	一白	丙申	9月13日	五黄	乙丑	8月13日	八白	乙未	7月11日	三碧	甲子	6月9日	七赤	癸巳
30	11月16日	四緑	丁卯	10月16日	九紫	丁酉	9月14日	四緑	丙寅	8月14日	七赤	丙申	7月12日	二黒	乙丑	6月10日	六白	甲午
31	11月17日	五黄	戊辰				9月15日	三碧	丁卯				7月13日	一白	丙寅	6月11日	五黄	乙未

	6月丙午			5月乙巳			4月甲辰			3月癸卯			2月壬寅			1月辛丑		
	6日 05：44			6日 01：36			5日 08：17			6日 03：28			4日 09：25			5日 21：44		
	21日 22：24			21日 14：28			20日 15：19			21日 04：16			19日 05：14			20日 15：03		
	四緑木星			五黄土星			六白金星			七赤金星			八白土星			九紫火星		
4月21日	四緑	庚子	3月19日	九紫	己巳	2月19日	六白	己亥	1月18日	二黒	戊辰	12月20日	一白	庚子	11月18日	六白	己巳	1
4月22日	五黄	辛丑	3月20日	一白	庚午	2月20日	七赤	庚子	1月19日	三碧	己巳	12月21日	二黒	辛丑	11月19日	七赤	庚午	2
4月23日	六白	壬寅	3月21日	二黒	辛未	2月21日	八白	辛丑	1月20日	四緑	庚午	12月22日	三碧	壬寅	11月20日	八白	辛未	3
4月24日	七赤	癸卯	3月22日	三碧	壬申	2月22日	九紫	壬寅	1月21日	五黄	辛未	12月23日	四緑	癸卯	11月21日	九紫	壬申	4
4月25日	八白	甲辰	3月23日	四緑	癸酉	2月23日	一白	癸卯	1月22日	六白	壬申	12月24日	五黄	甲辰	11月22日	一白	癸酉	5
4月26日	九紫	乙巳	3月24日	五黄	甲戌	2月24日	二黒	甲辰	1月23日	七赤	癸酉	12月25日	六白	乙巳	11月23日	二黒	甲戌	6
4月27日	一白	丙午	3月25日	六白	乙亥	2月25日	三碧	乙巳	1月24日	八白	甲戌	12月26日	七赤	丙午	11月24日	三碧	乙亥	7
4月28日	二黒	丁未	3月26日	七赤	丙子	2月26日	四緑	丙午	1月25日	九紫	乙亥	12月27日	八白	丁未	11月25日	四緑	丙子	8
4月29日	三碧	戊申	3月27日	八白	丁丑	2月27日	五黄	丁未	1月26日	一白	丙子	12月28日	九紫	戊申	11月26日	五黄	丁丑	9
4月30日	四緑	己酉	3月28日	九紫	戊寅	2月28日	六白	戊申	1月27日	二黒	丁丑	12月29日	一白	己酉	11月27日	六白	戊寅	10
5月1日	五黄	庚戌	3月29日	一白	己卯	2月29日	七赤	己酉	1月28日	三碧	戊寅	12月30日	二黒	庚戌	11月28日	七赤	己卯	11
5月2日	六白	辛亥	4月1日	二黒	庚辰	2月30日	八白	庚戌	1月29日	四緑	己卯	1月1日	三碧	辛亥	11月29日	八白	庚辰	12
5月3日	七赤	壬子	4月2日	三碧	辛巳	3月1日	九紫	辛亥	1月30日	五黄	庚辰	1月2日	四緑	壬子	12月1日	九紫	辛巳	13
5月4日	八白	癸丑	4月3日	四緑	壬午	3月2日	一白	壬子	2月1日	六白	辛巳	1月3日	五黄	癸丑	12月2日	一白	壬午	14
5月5日	九紫	甲寅	4月4日	五黄	癸未	3月3日	二黒	癸丑	2月2日	七赤	壬午	1月4日	六白	甲寅	12月3日	二黒	癸未	15
5月6日	一白	乙卯	4月5日	六白	甲申	3月4日	三碧	甲寅	2月3日	八白	癸未	1月5日	七赤	乙卯	12月4日	三碧	甲申	16
5月7日	二黒	丙辰	4月6日	七赤	乙酉	3月5日	四緑	乙卯	2月4日	九紫	甲申	1月6日	八白	丙辰	12月5日	四緑	乙酉	17
5月8日	三碧	丁巳	4月7日	八白	丙戌	3月6日	五黄	丙辰	2月5日	一白	乙酉	1月7日	九紫	丁巳	12月6日	五黄	丙戌	18
5月9日	四緑	戊午	4月8日	九紫	丁亥	3月7日	六白	丁巳	2月6日	二黒	丙戌	1月8日	一白	戊午	12月7日	六白	丁亥	19
5月10日	五黄	己未	4月9日	一白	戊子	3月8日	七赤	戊午	2月7日	三碧	丁亥	1月9日	二黒	己未	12月8日	七赤	戊子	20
5月11日	六白	庚申	4月10日	二黒	己丑	3月9日	八白	己未	2月8日	四緑	戊子	1月10日	三碧	庚申	12月9日	八白	己丑	21
5月12日	七赤	辛酉	4月11日	三碧	庚寅	3月10日	九紫	庚申	2月9日	五黄	己丑	1月11日	四緑	辛酉	12月10日	九紫	庚寅	22
5月13日	八白	壬戌	4月12日	四緑	辛卯	3月11日	一白	辛酉	2月10日	六白	庚寅	1月12日	五黄	壬戌	12月11日	一白	辛卯	23
5月14日	九紫	癸亥	4月13日	五黄	壬辰	3月12日	二黒	壬戌	2月11日	七赤	辛卯	1月13日	六白	癸亥	12月12日	二黒	壬辰	24
5月15日	九紫	甲子	4月14日	六白	癸巳	3月13日	三碧	癸亥	2月12日	八白	壬辰	1月14日	七赤	甲子	12月13日	三碧	癸巳	25
5月16日	八白	乙丑	4月15日	七赤	甲午	3月14日	四緑	甲子	2月13日	九紫	癸巳	1月15日	八白	乙丑	12月14日	四緑	甲午	26
5月17日	七赤	丙寅	4月16日	八白	乙未	3月15日	五黄	乙丑	2月14日	一白	甲午	1月16日	九紫	丙寅	12月15日	五黄	乙未	27
5月18日	六白	丁卯	4月17日	九紫	丙申	3月16日	六白	丙寅	2月15日	二黒	乙未	1月17日	一白	丁卯	12月16日	六白	丙申	28
5月19日	五黄	戊辰	4月18日	一白	丁酉	3月17日	七赤	丁卯	2月16日	三碧	丙申				12月17日	七赤	丁酉	29
5月20日	四緑	己巳	4月19日	二黒	戊戌	3月18日	八白	戊辰	2月17日	四緑	丁酉				12月18日	八白	戊戌	30
			4月20日	三碧	己亥				2月18日	五黄	戊戌				12月19日	九紫	己亥	31

158

	平成14年		2002年		壬午年		七赤金星					
	12月壬子		11月辛亥		10月庚戌		9月己酉		8月戊申		7月丁未	
	7日 16:14		7日 23:21		8日 20:08		8日 04:31		8日 01:40		7日 15:56	
	22日 10:15		22日 20:53		23日 23:17		23日 13:55		23日 16:17		23日 09:15	
	七赤金星		八白土星		九紫火星		一白水星		二黒土星		三碧木星	
1	10月27日	三碧 癸卯	9月27日	六白 癸酉	8月25日	一白 壬寅	7月24日	四緑 壬申	6月23日	八白 辛丑	5月21日	三碧 庚午
2	10月28日	二黒 甲辰	9月28日	五黄 甲戌	8月26日	九紫 癸卯	7月25日	三碧 癸酉	6月24日	七赤 壬寅	5月22日	二黒 辛未
3	10月29日	一白 乙巳	9月29日	四緑 乙亥	8月27日	八白 甲辰	7月26日	二黒 甲戌	6月25日	六白 癸卯	5月23日	一白 壬申
4	11月1日	九紫 丙午	9月30日	三碧 丙子	8月28日	七赤 乙巳	7月27日	一白 乙亥	6月26日	五黄 甲辰	5月24日	九紫 癸酉
5	11月2日	八白 丁未	10月1日	二黒 丁丑	8月29日	六白 丙午	7月28日	九紫 丙子	6月27日	四緑 乙巳	5月25日	八白 甲戌
6	11月3日	七赤 戊申	10月2日	一白 戊寅	9月1日	五黄 丁未	7月29日	八白 丁丑	6月28日	三碧 丙午	5月26日	七赤 乙亥
7	11月4日	六白 己酉	10月3日	九紫 己卯	9月2日	四緑 戊申	8月1日	七赤 戊寅	6月29日	二黒 丁未	5月27日	六白 丙子
8	11月5日	五黄 庚戌	10月4日	八白 庚辰	9月3日	三碧 己酉	8月2日	六白 己卯	6月30日	一白 戊申	5月28日	五黄 丁丑
9	11月6日	四緑 辛亥	10月5日	七赤 辛巳	9月4日	二黒 庚戌	8月3日	五黄 庚辰	7月1日	九紫 己酉	5月29日	四緑 戊寅
10	11月7日	三碧 壬子	10月6日	六白 壬午	9月5日	一白 辛亥	8月4日	四緑 辛巳	7月2日	八白 庚戌	6月1日	三碧 己卯
11	11月8日	二黒 癸丑	10月7日	五黄 癸未	9月6日	九紫 壬子	8月5日	三碧 壬午	7月3日	七赤 辛亥	6月2日	二黒 庚辰
12	11月9日	一白 甲寅	10月8日	四緑 甲申	9月7日	八白 癸丑	8月6日	二黒 癸未	7月4日	六白 壬子	6月3日	一白 辛巳
13	11月10日	九紫 乙卯	10月9日	三碧 乙酉	9月8日	七赤 甲寅	8月7日	一白 甲申	7月5日	五黄 癸丑	6月4日	九紫 壬午
14	11月11日	八白 丙辰	10月10日	二黒 丙戌	9月9日	六白 乙卯	8月8日	九紫 乙酉	7月6日	四緑 甲寅	6月5日	八白 癸未
15	11月12日	七赤 丁巳	10月11日	一白 丁亥	9月10日	五黄 丙辰	8月9日	八白 丙戌	7月7日	三碧 乙卯	6月6日	七赤 甲申
16	11月13日	六白 戊午	10月12日	九紫 戊子	9月11日	四緑 丁巳	8月10日	七赤 丁亥	7月8日	二黒 丙辰	6月7日	六白 乙酉
17	11月14日	五黄 己未	10月13日	八白 己丑	9月12日	三碧 戊午	8月11日	六白 戊子	7月9日	一白 丁巳	6月8日	五黄 丙戌
18	11月15日	四緑 庚申	10月14日	七赤 庚寅	9月13日	二黒 己未	8月12日	五黄 己丑	7月10日	九紫 戊午	6月9日	四緑 丁亥
19	11月16日	三碧 辛酉	10月15日	六白 辛卯	9月14日	一白 庚申	8月13日	四緑 庚寅	7月11日	八白 己未	6月10日	三碧 戊子
20	11月17日	二黒 壬戌	10月16日	五黄 壬辰	9月15日	九紫 辛酉	8月14日	三碧 辛卯	7月12日	七赤 庚申	6月11日	二黒 己丑
21	11月18日	一白 癸亥	10月17日	四緑 癸巳	9月16日	八白 壬戌	8月15日	二黒 壬辰	7月13日	六白 辛酉	6月12日	一白 庚寅
22	11月19日	一白 甲子	10月18日	三碧 甲午	9月17日	七赤 癸亥	8月16日	一白 癸巳	7月14日	五黄 壬戌	6月13日	九紫 辛卯
23	11月20日	二黒 乙丑	10月19日	二黒 乙未	9月18日	六白 甲子	8月17日	九紫 甲午	7月15日	四緑 癸亥	6月14日	八白 壬辰
24	11月21日	三碧 丙寅	10月20日	一白 丙申	9月19日	五黄 乙丑	8月18日	八白 乙未	7月16日	三碧 甲子	6月15日	七赤 癸巳
25	11月22日	四緑 丁卯	10月21日	九紫 丁酉	9月20日	四緑 丙寅	8月19日	七赤 丙申	7月17日	二黒 乙丑	6月16日	六白 甲午
26	11月23日	五黄 戊辰	10月22日	八白 戊戌	9月21日	三碧 丁卯	8月20日	六白 丁酉	7月18日	一白 丙寅	6月17日	五黄 乙未
27	11月24日	六白 己巳	10月23日	七赤 己亥	9月22日	二黒 戊辰	8月21日	五黄 戊戌	7月19日	九紫 丁卯	6月18日	四緑 丙申
28	11月25日	七赤 庚午	10月24日	六白 庚子	9月23日	一白 己巳	8月22日	四緑 己亥	7月20日	八白 戊辰	6月19日	三碧 丁酉
29	11月26日	八白 辛未	10月25日	五黄 辛丑	9月24日	九紫 庚午	8月23日	三碧 庚子	7月21日	七赤 己巳	6月20日	二黒 戊戌
30	11月27日	九紫 壬申	10月26日	四緑 壬寅	9月25日	八白 辛未	8月24日	二黒 辛丑	7月22日	六白 庚午	6月21日	一白 己亥
31	11月28日	一白 癸酉			9月26日	七赤 壬申			7月23日	五黄 辛未	6月22日	九紫 庚子

6月戊午			5月丁巳			4月丙辰			3月乙卯			2月甲寅			1月癸丑			
6日 11:19			6日 07:09			5日 13:51			6日 09:05			4日 15:06			6日 03:28			
22日 04:10			21日 20:11			20日 21:01			21日 09:59			19日 11:00			20日 20:53			
一白水星			二黒土星			三碧木星			四緑木星			五黄土星			六白金星			
5月2日	九紫	乙巳	4月1日	五黄	甲戌	2月30日	二黒	甲辰	1月29日	七赤	癸酉	1月1日	六白	乙巳	11月29日	二黒	甲戌	1
5月3日	一白	丙午	4月2日	六白	乙亥	3月1日	三碧	乙巳	1月30日	八白	甲戌	1月2日	七赤	丙午	11月30日	三碧	乙亥	2
5月4日	二黒	丁未	4月3日	七赤	丙子	3月2日	四緑	丙午	2月1日	九紫	乙亥	1月3日	八白	丁未	12月1日	四緑	丙子	3
5月5日	三碧	戊申	4月4日	八白	丁丑	3月3日	五黄	丁未	2月2日	一白	丙子	1月4日	九紫	戊申	12月2日	五黄	丁丑	4
5月6日	四緑	己酉	4月5日	九紫	戊寅	3月4日	六白	戊申	2月3日	二黒	丁丑	1月5日	一白	己酉	12月3日	六白	戊寅	5
5月7日	五黄	庚戌	4月6日	一白	己卯	3月5日	七赤	己酉	2月4日	三碧	戊寅	1月6日	二黒	庚戌	12月4日	七赤	己卯	6
5月8日	六白	辛亥	4月7日	二黒	庚辰	3月6日	八白	庚戌	2月5日	四緑	己卯	1月7日	三碧	辛亥	12月5日	八白	庚辰	7
5月9日	七赤	壬子	4月8日	三碧	辛巳	3月7日	九紫	辛亥	2月6日	五黄	庚辰	1月8日	四緑	壬子	12月6日	九紫	辛巳	8
5月10日	八白	癸丑	4月9日	四緑	壬午	3月8日	一白	壬子	2月7日	六白	辛巳	1月9日	五黄	癸丑	12月7日	一白	壬午	9
5月11日	九紫	甲寅	4月10日	五黄	癸未	3月9日	二黒	癸丑	2月8日	七赤	壬午	1月10日	六白	甲寅	12月8日	二黒	癸未	10
5月12日	一白	乙卯	4月11日	六白	甲申	3月10日	三碧	甲寅	2月9日	八白	癸未	1月11日	七赤	乙卯	12月9日	三碧	甲申	11
5月13日	二黒	丙辰	4月12日	七赤	乙酉	3月11日	四緑	乙卯	2月10日	九紫	甲申	1月12日	八白	丙辰	12月10日	四緑	乙酉	12
5月14日	三碧	丁巳	4月13日	八白	丙戌	3月12日	五黄	丙辰	2月11日	一白	乙酉	1月13日	九紫	丁巳	12月11日	五黄	丙戌	13
5月15日	四緑	戊午	4月14日	九紫	丁亥	3月13日	六白	丁巳	2月12日	二黒	丙戌	1月14日	一白	戊午	12月12日	六白	丁亥	14
5月16日	五黄	己未	4月15日	一白	戊子	3月14日	七赤	戊午	2月13日	三碧	丁亥	1月15日	二黒	己未	12月13日	七赤	戊子	15
5月17日	六白	庚申	4月16日	二黒	己丑	3月15日	八白	己未	2月14日	四緑	戊子	1月16日	三碧	庚申	12月14日	八白	己丑	16
5月18日	七赤	辛酉	4月17日	三碧	庚寅	3月16日	九紫	庚申	2月15日	五黄	己丑	1月17日	四緑	辛酉	12月15日	九紫	庚寅	17
5月19日	八白	壬戌	4月18日	四緑	辛卯	3月17日	一白	辛酉	2月16日	六白	庚寅	1月18日	五黄	壬戌	12月16日	一白	辛卯	18
5月20日	九紫	癸亥	4月19日	五黄	壬辰	3月18日	二黒	壬戌	2月17日	七赤	辛卯	1月19日	六白	癸亥	12月17日	二黒	壬辰	19
5月21日	九紫	甲子	4月20日	六白	癸巳	3月19日	三碧	癸亥	2月18日	八白	壬辰	1月20日	七赤	甲子	12月18日	三碧	癸巳	20
5月22日	八白	乙丑	4月21日	七赤	甲午	3月20日	四緑	甲子	2月19日	九紫	癸巳	1月21日	八白	乙丑	12月19日	四緑	甲午	21
5月23日	七赤	丙寅	4月22日	八白	乙未	3月21日	五黄	乙丑	2月20日	一白	甲午	1月22日	九紫	丙寅	12月20日	五黄	乙未	22
5月24日	六白	丁卯	4月23日	九紫	丙申	3月22日	六白	丙寅	2月21日	二黒	乙未	1月23日	一白	丁卯	12月21日	六白	丙申	23
5月25日	五黄	戊辰	4月24日	一白	丁酉	3月23日	七赤	丁卯	2月22日	三碧	丙申	1月24日	二黒	戊辰	12月22日	七赤	丁酉	24
5月26日	四緑	己巳	4月25日	二黒	戊戌	3月24日	八白	戊辰	2月23日	四緑	丁酉	1月25日	三碧	己巳	12月23日	八白	戊戌	25
5月27日	三碧	庚午	4月26日	三碧	己亥	3月25日	九紫	己巳	2月24日	五黄	戊戌	1月26日	四緑	庚午	12月24日	九紫	己亥	26
5月28日	二黒	辛未	4月27日	四緑	庚子	3月26日	一白	庚午	2月25日	六白	己亥	1月27日	五黄	辛未	12月25日	一白	庚子	27
5月29日	一白	壬申	4月28日	五黄	辛丑	3月27日	二黒	辛未	2月26日	七赤	庚子	1月28日	六白	壬申	12月26日	二黒	辛丑	28
5月30日	九紫	癸酉	4月29日	六白	壬寅	3月28日	三碧	壬申	2月27日	八白	辛丑				12月27日	三碧	壬寅	29
6月1日	八白	甲戌	4月30日	七赤	癸卯	3月29日	四緑	癸酉	2月28日	九紫	壬寅				12月28日	四緑	癸卯	30
			5月1日	八白	甲辰				2月29日	一白	癸卯				12月29日	五黄	甲辰	31

	平成15年			2003年			癸未年			六白金星					
	12月甲子			11月癸亥			10月壬戌			9月辛酉			8月庚申			7月己未		
	7日 22：05			8日 05：12			9日 01：59			8日 10：20			8日 07：24			7日 21：36		
	22日 16：04			23日 02：43			24日 05：07			23日 19：46			23日 22：08			23日 15：04		
	四緑木星			五黄土星			六白金星			七赤金星			八白土星			九紫火星		
1	11月8日	七赤	戊申	10月8日	一白	戊寅	9月6日	五黄	丁未	8月5日	八白	丁丑	7月4日	三碧	丙午	6月2日	七赤	乙亥
2	11月9日	六白	己酉	10月9日	九紫	己卯	9月7日	四緑	戊申	8月6日	七赤	戊寅	7月5日	二黒	丁未	6月3日	六白	丙子
3	11月10日	五黄	庚戌	10月10日	八白	庚辰	9月8日	三碧	己酉	8月7日	六白	己卯	7月6日	一白	戊申	6月4日	五黄	丁丑
4	11月11日	四緑	辛亥	10月11日	七赤	辛巳	9月9日	二黒	庚戌	8月8日	五黄	庚辰	7月7日	九紫	己酉	6月5日	四緑	戊寅
5	11月12日	三碧	壬子	10月12日	六白	壬午	9月10日	一白	辛亥	8月9日	四緑	辛巳	7月8日	八白	庚戌	6月6日	三碧	己卯
6	11月13日	二黒	癸丑	10月13日	五黄	癸未	9月11日	九紫	壬子	8月10日	三碧	壬午	7月9日	七赤	辛亥	6月7日	二黒	庚辰
7	11月14日	一白	甲寅	10月14日	四緑	甲申	9月12日	八白	癸丑	8月11日	二黒	癸未	7月10日	六白	壬子	6月8日	一白	辛巳
8	11月15日	九紫	乙卯	10月15日	三碧	乙酉	9月13日	七赤	甲寅	8月12日	一白	甲申	7月11日	五黄	癸丑	6月9日	九紫	壬午
9	11月16日	八白	丙辰	10月16日	二黒	丙戌	9月14日	六白	乙卯	8月13日	九紫	乙酉	7月12日	四緑	甲寅	6月10日	八白	癸未
10	11月17日	七赤	丁巳	10月17日	一白	丁亥	9月15日	五黄	丙辰	8月14日	八白	丙戌	7月13日	三碧	乙卯	6月11日	七赤	甲申
11	11月18日	六白	戊午	10月18日	九紫	戊子	9月16日	四緑	丁巳	8月15日	七赤	丁亥	7月14日	二黒	丙辰	6月12日	六白	乙酉
12	11月19日	五黄	己未	10月19日	八白	己丑	9月17日	三碧	戊午	8月16日	六白	戊子	7月15日	一白	丁巳	6月13日	五黄	丙戌
13	11月20日	四緑	庚申	10月20日	七赤	庚寅	9月18日	二黒	己未	8月17日	五黄	己丑	7月16日	九紫	戊午	6月14日	四緑	丁亥
14	11月21日	三碧	辛酉	10月21日	六白	辛卯	9月19日	一白	庚申	8月18日	四緑	庚寅	7月17日	八白	己未	6月15日	三碧	戊子
15	11月22日	二黒	壬戌	10月22日	五黄	壬辰	9月20日	九紫	辛酉	8月19日	三碧	辛卯	7月18日	七赤	庚申	6月16日	二黒	己丑
16	11月23日	一白	癸亥	10月23日	四緑	癸巳	9月21日	八白	壬戌	8月20日	二黒	壬辰	7月19日	六白	辛酉	6月17日	一白	庚寅
17	11月24日	一白	甲子	10月24日	三碧	甲午	9月22日	七赤	癸亥	8月21日	一白	癸巳	7月20日	五黄	壬戌	6月18日	九紫	辛卯
18	11月25日	二黒	乙丑	10月25日	二黒	乙未	9月23日	六白	甲子	8月22日	九紫	甲午	7月21日	四緑	癸亥	6月19日	八白	壬辰
19	11月26日	三碧	丙寅	10月26日	一白	丙申	9月24日	五黄	乙丑	8月23日	八白	乙未	7月22日	三碧	甲子	6月20日	七赤	癸巳
20	11月27日	四緑	丁卯	10月27日	九紫	丁酉	9月25日	四緑	丙寅	8月24日	七赤	丙申	7月23日	二黒	乙丑	6月21日	六白	甲午
21	11月28日	五黄	戊辰	10月28日	八白	戊戌	9月26日	三碧	丁卯	8月25日	六白	丁酉	7月24日	一白	丙寅	6月22日	五黄	乙未
22	11月29日	六白	己巳	10月29日	七赤	己亥	9月27日	二黒	戊辰	8月26日	五黄	戊戌	7月25日	九紫	丁卯	6月23日	四緑	丙申
23	12月1日	七赤	庚午	10月30日	六白	庚子	9月28日	一白	己巳	8月27日	四緑	己亥	7月26日	八白	戊辰	6月24日	三碧	丁酉
24	12月2日	八白	辛未	11月1日	五黄	辛丑	9月29日	九紫	庚午	8月28日	三碧	庚子	7月27日	七赤	己巳	6月25日	二黒	戊戌
25	12月3日	九紫	壬申	11月2日	四緑	壬寅	10月1日	八白	辛未	8月29日	二黒	辛丑	7月28日	六白	庚午	6月26日	一白	己亥
26	12月4日	一白	癸酉	11月3日	三碧	癸卯	10月2日	七赤	壬申	9月1日	一白	壬寅	7月29日	五黄	辛未	6月27日	九紫	庚子
27	12月5日	二黒	甲戌	11月4日	二黒	甲辰	10月3日	六白	癸酉	9月2日	九紫	癸卯	7月30日	四緑	壬申	6月28日	八白	辛丑
28	12月6日	三碧	乙亥	11月5日	一白	乙巳	10月4日	五黄	甲戌	9月3日	八白	甲辰	8月1日	三碧	癸酉	6月29日	七赤	壬寅
29	12月7日	四緑	丙子	11月6日	九紫	丙午	10月5日	四緑	乙亥	9月4日	七赤	乙巳	8月2日	二黒	甲戌	7月1日	六白	癸卯
30	12月8日	五黄	丁丑	11月7日	八白	丁未	10月6日	三碧	丙子	9月5日	六白	丙午	8月3日	一白	乙亥	7月2日	五黄	甲辰
31	12月9日	六白	戊寅				10月7日	二黒	丁丑				8月4日	九紫	丙子	7月3日	四緑	乙巳

6月庚午		5月己巳		4月戊辰		3月丁卯		2月丙寅		1月乙丑		
5日 17:13		5日 13:01		4日 19:42		5日 14:55		4日 20:56		6日 09:19		
21日 09:57		21日 01:58		20日 02:49		20日 15:48		19日 16:50		21日 02:43		
七赤金星		八白土星		九紫火星		一白水星		二黒土星		三碧木星		
4月14日	六白	辛亥	3月13日	二黒	庚辰	閏2月12日	八白	庚戌	2月11日	四緑	己卯	1月11日	二黒	庚辰	12月10日	七赤	己卯	1
4月15日	七赤	壬子	3月14日	三碧	辛巳	閏2月13日	九紫	辛亥	2月12日	五黄	庚辰	1月12日	三碧	辛巳	12月11日	八白	庚辰	2
4月16日	八白	癸丑	3月15日	四緑	壬午	閏2月14日	一白	壬子	2月13日	六白	辛巳	1月13日	四緑	壬午	12月12日	九紫	辛巳	3
4月17日	九紫	甲寅	3月16日	五黄	癸未	閏2月15日	二黒	癸丑	2月14日	七赤	壬午	1月14日	五黄	癸丑	12月13日	一白	壬午	4
4月18日	一白	乙卯	3月17日	六白	甲申	閏2月16日	三碧	甲寅	2月15日	八白	癸未	1月15日	六白	甲寅	12月14日	二黒	癸未	5
4月19日	二黒	丙辰	3月18日	七赤	乙酉	閏2月17日	四緑	乙卯	2月16日	九紫	甲申	1月16日	七赤	乙卯	12月15日	三碧	甲申	6
4月20日	三碧	丁巳	3月19日	八白	丙戌	閏2月18日	五黄	丙辰	2月17日	一白	乙酉	1月17日	八白	丙辰	12月16日	四緑	乙酉	7
4月21日	四緑	戊午	3月20日	九紫	丁亥	閏2月19日	六白	丁巳	2月18日	二黒	丙戌	1月18日	九紫	丁巳	12月17日	五黄	丙戌	8
4月22日	五黄	己未	3月21日	一白	戊子	閏2月20日	七赤	戊午	2月19日	三碧	丁亥	1月19日	一白	戊午	12月18日	六白	丁亥	9
4月23日	六白	庚申	3月22日	二黒	己丑	閏2月21日	八白	己未	2月20日	四緑	戊子	1月20日	二黒	己未	12月19日	七赤	戊子	10
4月24日	七赤	辛酉	3月23日	三碧	庚寅	閏2月22日	九紫	庚申	2月21日	五黄	己丑	1月21日	三碧	庚申	12月20日	八白	己丑	11
4月25日	八白	壬戌	3月24日	四緑	辛卯	閏2月23日	一白	辛酉	2月22日	六白	庚寅	1月22日	四緑	辛酉	12月21日	九紫	庚寅	12
4月26日	九紫	癸亥	3月25日	五黄	壬辰	閏2月24日	二黒	壬戌	2月23日	七赤	辛卯	1月23日	五黄	壬戌	12月22日	一白	辛卯	13
4月27日	九紫	甲子	3月26日	六白	癸巳	閏2月25日	三碧	癸亥	2月24日	八白	壬辰	1月24日	六白	癸亥	12月23日	二黒	壬辰	14
4月28日	八白	乙丑	3月27日	七赤	甲午	閏2月26日	四緑	甲子	2月25日	九紫	癸巳	1月25日	七赤	甲子	12月24日	三碧	癸巳	15
4月29日	七赤	丙寅	3月28日	八白	乙未	閏2月27日	五黄	乙丑	2月26日	一白	甲午	1月26日	八白	乙丑	12月25日	四緑	甲午	16
4月30日	六白	丁卯	3月29日	九紫	丙申	閏2月28日	六白	丙寅	2月27日	二黒	乙未	1月27日	九紫	丙寅	12月26日	五黄	乙未	17
5月1日	五黄	戊辰	3月30日	一白	丁酉	閏2月29日	七赤	丁卯	2月28日	三碧	丙申	1月28日	一白	丁卯	12月27日	六白	丙申	18
5月2日	四緑	己巳	4月1日	二黒	戊戌	3月1日	八白	戊辰	2月29日	四緑	丁酉	1月29日	二黒	戊辰	12月28日	七赤	丁酉	19
5月3日	三碧	庚午	4月2日	三碧	己亥	3月2日	九紫	己巳	2月30日	五黄	戊戌	2月1日	三碧	己巳	12月29日	八白	戊戌	20
5月4日	二黒	辛未	4月3日	四緑	庚子	3月3日	一白	庚午	閏2月1日	六白	己亥	2月2日	四緑	庚午	12月30日	九紫	己亥	21
5月5日	一白	壬申	4月4日	五黄	辛丑	3月4日	二黒	辛未	閏2月2日	七赤	庚子	2月3日	五黄	辛未	1月1日	一白	庚子	22
5月6日	九紫	癸酉	4月5日	六白	壬寅	3月5日	三碧	壬申	閏2月3日	八白	辛丑	2月4日	六白	壬申	1月2日	二黒	辛丑	23
5月7日	八白	甲戌	4月6日	七赤	癸卯	3月6日	四緑	癸酉	閏2月4日	九紫	壬寅	2月5日	七赤	癸酉	1月3日	三碧	壬寅	24
5月8日	七赤	乙亥	4月7日	八白	甲辰	3月7日	五黄	甲戌	閏2月5日	一白	癸卯	2月6日	八白	甲戌	1月4日	四緑	癸卯	25
5月9日	六白	丙子	4月8日	九紫	乙巳	3月8日	六白	乙亥	閏2月6日	二黒	甲辰	2月7日	九紫	乙亥	1月5日	五黄	甲辰	26
5月10日	五黄	丁丑	4月9日	一白	丙午	3月9日	七赤	丙子	閏2月7日	三碧	乙巳	2月8日	一白	丙子	1月6日	六白	乙巳	27
5月11日	四緑	戊寅	4月10日	二黒	丁未	3月10日	八白	丁丑	閏2月8日	四緑	丙午	2月9日	二黒	丁丑	1月7日	七赤	丙午	28
5月12日	三碧	己卯	4月11日	三碧	戊申	3月11日	九紫	戊寅	閏2月9日	五黄	丁未	2月10日	三碧	戊寅	1月8日	八白	丁未	29
5月13日	二黒	庚辰	4月12日	四緑	己酉	3月12日	一白	己卯	閏2月10日	六白	戊申				1月9日	九紫	戊申	30
			4月13日	五黄	庚戌				閏2月11日	七赤	己酉				1月10日	一白	己酉	31

	平成16年		2004年				甲申年				五黄土星	
	12月丙子		11月乙亥		10月甲戌		9月癸酉		8月壬申		7月辛未	
	7日 03:49		7日 10:58		8日 07:48		7日 16:12		7日 13:19		7日 03:31	
	21日 21:42		22日 08:21		23日 10:48		23日 01:29		23日 03:53		22日 20:50	
	一白水星		二黒土星		三碧木星		四緑木星		五黄土星		六白金星	
1	10月20日	一白 甲寅	9月19日	四緑 甲申	8月18日	八白 癸丑	7月17日	二黒 癸未	6月16日	六白 壬子	5月14日	一白 辛巳
2	10月21日	九紫 乙卯	9月20日	三碧 乙酉	8月19日	七赤 甲寅	7月18日	一白 甲申	6月17日	五黄 癸丑	5月15日	九紫 壬午
3	10月22日	八白 丙辰	9月21日	二黒 丙戌	8月20日	六白 乙卯	7月19日	九紫 乙酉	6月18日	四緑 甲寅	5月16日	八白 癸未
4	10月23日	七赤 丁巳	9月22日	一白 丁亥	8月21日	五黄 丙辰	7月20日	八白 丙戌	6月19日	三碧 乙卯	5月17日	七赤 甲申
5	10月24日	六白 戊午	9月23日	九紫 戊子	8月22日	四緑 丁巳	7月21日	七赤 丁亥	6月20日	二黒 丙辰	5月18日	六白 乙酉
6	10月25日	五黄 己未	9月24日	八白 己丑	8月23日	三碧 戊午	7月22日	六白 戊子	6月21日	一白 丁巳	5月19日	五黄 丙戌
7	10月26日	四緑 庚申	9月25日	七赤 庚寅	8月24日	二黒 己未	7月23日	五黄 己丑	6月22日	九紫 戊午	5月20日	四緑 丁亥
8	10月27日	三碧 辛酉	9月26日	六白 辛卯	8月25日	一白 庚申	7月24日	四緑 庚寅	6月23日	八白 己未	5月21日	三碧 戊子
9	10月28日	二黒 壬戌	9月27日	五黄 壬辰	8月26日	九紫 辛酉	7月25日	三碧 辛卯	6月24日	七赤 庚申	5月22日	二黒 己丑
10	10月29日	一白 癸亥	9月28日	四緑 癸巳	8月27日	八白 壬戌	7月26日	二黒 壬辰	6月25日	六白 辛酉	5月23日	一白 庚寅
11	10月30日	一白 甲子	9月29日	三碧 甲午	8月28日	七赤 癸亥	7月27日	一白 癸巳	6月26日	五黄 壬戌	5月24日	九紫 辛卯
12	11月1日	二黒 乙丑	10月1日	二黒 乙未	8月29日	六白 甲子	7月28日	九紫 甲午	6月27日	四緑 癸亥	5月25日	八白 壬辰
13	11月2日	三碧 丙寅	10月2日	一白 丙申	8月30日	五黄 乙丑	7月29日	八白 乙未	6月28日	三碧 甲子	5月26日	七赤 癸巳
14	11月3日	四緑 丁卯	10月3日	九紫 丁酉	9月1日	四緑 丙寅	8月1日	七赤 丙申	6月29日	二黒 乙丑	5月27日	六白 甲午
15	11月4日	五黄 戊辰	10月4日	八白 戊戌	9月2日	三碧 丁卯	8月2日	六白 丁酉	6月30日	一白 丙寅	5月28日	五黄 乙未
16	11月5日	六白 己巳	10月5日	七赤 己亥	9月3日	二黒 戊辰	8月3日	五黄 戊戌	7月1日	九紫 丁卯	5月29日	四緑 丙申
17	11月6日	七赤 庚午	10月6日	六白 庚子	9月4日	一白 己巳	8月4日	四緑 己亥	7月2日	八白 戊辰	6月1日	三碧 丁酉
18	11月7日	八白 辛未	10月7日	五黄 辛丑	9月5日	九紫 庚午	8月5日	三碧 庚子	7月3日	七赤 己巳	6月2日	二黒 戊戌
19	11月8日	九紫 壬申	10月8日	四緑 壬寅	9月6日	八白 辛未	8月6日	二黒 辛丑	7月4日	六白 庚午	6月3日	一白 己亥
20	11月9日	一白 癸酉	10月9日	三碧 癸卯	9月7日	七赤 壬申	8月7日	一白 壬寅	7月5日	五黄 辛未	6月4日	九紫 庚子
21	11月10日	二黒 甲戌	10月10日	二黒 甲辰	9月8日	六白 癸酉	8月8日	九紫 癸卯	7月6日	四緑 壬申	6月5日	八白 辛丑
22	11月11日	三碧 乙亥	10月11日	一白 乙巳	9月9日	五黄 甲戌	8月9日	八白 甲辰	7月7日	三碧 癸酉	6月6日	七赤 壬寅
23	11月12日	四緑 丙子	10月12日	九紫 丙午	9月10日	四緑 乙亥	8月10日	七赤 乙巳	7月8日	二黒 甲戌	6月7日	六白 癸卯
24	11月13日	五黄 丁丑	10月13日	八白 丁未	9月11日	三碧 丙子	8月11日	六白 丙午	7月9日	一白 乙亥	6月8日	五黄 甲辰
25	11月14日	六白 戊寅	10月14日	七赤 戊申	9月12日	二黒 丁丑	8月12日	五黄 丁未	7月10日	九紫 丙子	6月9日	四緑 乙巳
26	11月15日	七赤 己卯	10月15日	六白 己酉	9月13日	一白 戊寅	8月13日	四緑 戊申	7月11日	八白 丁丑	6月10日	三碧 丙午
27	11月16日	八白 庚辰	10月16日	五黄 庚戌	9月14日	九紫 己卯	8月14日	三碧 己酉	7月12日	七赤 戊寅	6月11日	二黒 丁未
28	11月17日	九紫 辛巳	10月17日	四緑 辛亥	9月15日	八白 庚辰	8月15日	二黒 庚戌	7月13日	六白 己卯	6月12日	一白 戊申
29	11月18日	一白 壬午	10月18日	三碧 壬子	9月16日	七赤 辛巳	8月16日	一白 辛亥	7月14日	五黄 庚辰	6月13日	九紫 己酉
30	11月19日	二黒 癸未	10月19日	二黒 癸丑	9月17日	六白 壬午	8月17日	九紫 壬子	7月15日	四緑 辛巳	6月14日	八白 庚戌
31	11月20日	三碧 甲申			9月18日	五黄 癸未			7月16日	三碧 壬午	6月15日	七赤 辛亥

万年暦

6月壬午			5月辛巳			4月庚辰			3月己卯			2月戊寅			1月丁丑			
5日 23:01			5日 18:52			5日 01:33			5日 20:45			4日 02:43			5日 15:03			
21日 15:46			21日 07:47			20日 08:36			20日 21:33			18日 22:32			20日 08:22			
四緑木星			五黄土星			六白金星			七赤金星			八白土星			九紫火星			
4月25日	二黒	丙辰	3月23日	七赤	乙酉	2月23日	四緑	乙卯	1月21日	九紫	甲申	12月23日	八白	丙辰	11月21日	四緑	乙酉	1
4月26日	三碧	丁巳	3月24日	八白	丙戌	2月24日	五黄	丙辰	1月22日	一白	乙酉	12月24日	九紫	丁巳	11月22日	五黄	丙戌	2
4月27日	四緑	戊午	3月25日	九紫	丁亥	2月25日	六白	丁巳	1月23日	二黒	丙戌	12月25日	一白	戊午	11月23日	六白	丁亥	3
4月28日	五黄	己未	3月26日	一白	戊子	2月26日	七赤	戊午	1月24日	三碧	丁亥	12月26日	二黒	己未	11月24日	七赤	戊子	4
4月29日	六白	庚申	3月27日	二黒	己丑	2月27日	八白	己未	1月25日	四緑	戊子	12月27日	三碧	庚申	11月25日	八白	己丑	5
4月30日	七赤	辛酉	3月28日	三碧	庚寅	2月28日	九紫	庚申	1月26日	五黄	己丑	12月28日	四緑	辛酉	11月26日	九紫	庚寅	6
5月1日	八白	壬戌	3月29日	四緑	辛卯	2月29日	一白	辛酉	1月27日	六白	庚寅	12月29日	五黄	壬戌	11月27日	一白	辛卯	7
5月2日	九紫	癸亥	4月1日	五黄	壬辰	2月30日	二黒	壬戌	1月28日	七赤	辛卯	12月30日	六白	癸亥	11月28日	二黒	壬辰	8
5月3日	九紫	甲子	4月2日	六白	癸巳	3月1日	三碧	癸亥	1月29日	八白	壬辰	1月1日	七赤	甲子	11月29日	三碧	癸巳	9
5月4日	八白	乙丑	4月3日	七赤	甲午	3月2日	四緑	甲子	2月1日	九紫	癸巳	1月2日	八白	乙丑	12月1日	四緑	甲午	10
5月5日	七赤	丙寅	4月4日	八白	乙未	3月3日	五黄	乙丑	2月2日	一白	甲午	1月3日	九紫	丙寅	12月2日	五黄	乙未	11
5月6日	六白	丁卯	4月5日	九紫	丙申	3月4日	六白	丙寅	2月3日	二黒	乙未	1月4日	一白	丁卯	12月3日	六白	丙申	12
5月7日	五黄	戊辰	4月6日	一白	丁酉	3月5日	七赤	丁卯	2月4日	三碧	丙申	1月5日	二黒	戊辰	12月4日	七赤	丁酉	13
5月8日	四緑	己巳	4月7日	二黒	戊戌	3月6日	八白	戊辰	2月5日	四緑	丁酉	1月6日	三碧	己巳	12月5日	八白	戊戌	14
5月9日	三碧	庚午	4月8日	三碧	己亥	3月7日	九紫	己巳	2月6日	五黄	戊戌	1月7日	四緑	庚午	12月6日	九紫	己亥	15
5月10日	二黒	辛未	4月9日	四緑	庚子	3月8日	一白	庚午	2月7日	六白	己亥	1月8日	五黄	辛未	12月7日	一白	庚子	16
5月11日	一白	壬申	4月10日	五黄	辛丑	3月9日	二黒	辛未	2月8日	七赤	庚子	1月9日	六白	壬申	12月8日	二黒	辛丑	17
5月12日	九紫	癸酉	4月11日	六白	壬寅	3月10日	三碧	壬申	2月9日	八白	辛丑	1月10日	七赤	癸酉	12月9日	三碧	壬寅	18
5月13日	八白	甲戌	4月12日	七赤	癸卯	3月11日	四緑	癸酉	2月10日	九紫	壬寅	1月11日	八白	甲戌	12月10日	四緑	癸卯	19
5月14日	七赤	乙亥	4月13日	八白	甲辰	3月12日	五黄	甲戌	2月11日	一白	癸卯	1月12日	九紫	乙亥	12月11日	五黄	甲辰	20
5月15日	六白	丙子	4月14日	九紫	乙巳	3月13日	六白	乙亥	2月12日	二黒	甲辰	1月13日	一白	丙子	12月12日	六白	乙巳	21
5月16日	五黄	丁丑	4月15日	一白	丙午	3月14日	七赤	丙子	2月13日	三碧	乙巳	1月14日	二黒	丁丑	12月13日	七赤	丙午	22
5月17日	四緑	戊寅	4月16日	二黒	丁未	3月15日	八白	丁丑	2月14日	四緑	丙午	1月15日	三碧	戊寅	12月14日	八白	丁未	23
5月18日	三碧	己卯	4月17日	三碧	戊申	3月16日	九紫	戊寅	2月15日	五黄	丁未	1月16日	四緑	己卯	12月15日	九紫	戊申	24
5月19日	二黒	庚辰	4月18日	四緑	己酉	3月17日	一白	己卯	2月16日	六白	戊申	1月17日	五黄	庚辰	12月16日	一白	己酉	25
5月20日	一白	辛巳	4月19日	五黄	庚戌	3月18日	二黒	庚辰	2月17日	七赤	己酉	1月18日	六白	辛巳	12月17日	二黒	庚戌	26
5月21日	九紫	壬午	4月20日	六白	辛亥	3月19日	三碧	辛巳	2月18日	八白	庚戌	1月19日	七赤	壬午	12月18日	三碧	辛亥	27
5月22日	八白	癸未	4月21日	七赤	壬子	3月20日	四緑	壬午	2月19日	九紫	辛亥	1月20日	八白	癸未	12月19日	四緑	壬子	28
5月23日	七赤	甲申	4月22日	八白	癸丑	3月21日	五黄	癸未	2月20日	一白	壬子				12月20日	五黄	癸丑	29
5月24日	六白	乙酉	4月23日	九紫	甲寅	3月22日	六白	甲申	2月21日	二黒	癸丑				12月21日	六白	甲寅	30
			4月24日	一白	乙卯				2月22日	三碧	甲寅				12月22日	七赤	乙卯	31

	平成17年			2005年			乙酉年			四緑木星		
	12月戊子			11月丁亥			10月丙戌			9月乙酉			8月甲申			7月癸未		
	7日 09：33			7日 16：42			8日 13：33			7日 21：56			7日 19：03			7日 09：16		
	22日 03：35			22日 14：15			23日 16：42			23日 07：23			23日 09：45			23日 02：40		
	七赤金星			八白土星			九紫火星			一白水星			二黒土星			三碧木星		
1	10月30日	五黄	己未	9月30日	八白	己丑	8月28日	三碧	戊午	7月28日	六白	戊子	6月27日	一白	丁巳	5月25日	五黄	丙戌
2	11月1日	四緑	庚申	10月1日	七赤	庚寅	8月29日	二黒	己未	7月29日	五黄	己丑	6月28日	九紫	戊午	5月26日	四緑	丁亥
3	11月2日	三碧	辛酉	10月2日	六白	辛卯	9月1日	一白	庚申	7月30日	四緑	庚寅	6月29日	八白	己未	5月27日	三碧	戊子
4	11月3日	二黒	壬戌	10月3日	五黄	壬辰	9月2日	九紫	辛酉	8月1日	三碧	辛卯	6月30日	七赤	庚申	5月28日	二黒	己丑
5	11月4日	一白	癸亥	10月4日	四緑	癸巳	9月3日	八白	壬戌	8月2日	二黒	壬辰	7月1日	六白	辛酉	5月29日	一白	庚寅
6	11月5日	一白	甲子	10月5日	三碧	甲午	9月4日	七赤	癸亥	8月3日	一白	癸巳	7月2日	五黄	壬戌	6月1日	九紫	辛卯
7	11月6日	二黒	乙丑	10月6日	二黒	乙未	9月5日	六白	甲子	8月4日	九紫	甲午	7月3日	四緑	癸亥	6月2日	八白	壬辰
8	11月7日	三碧	丙寅	10月7日	一白	丙申	9月6日	五黄	乙丑	8月5日	八白	乙未	7月4日	三碧	甲子	6月3日	七赤	癸巳
9	11月8日	四緑	丁卯	10月8日	九紫	丁酉	9月7日	四緑	丙寅	8月6日	七赤	丙申	7月5日	二黒	乙丑	6月4日	六白	甲午
10	11月9日	五黄	戊辰	10月9日	八白	戊戌	9月8日	三碧	丁卯	8月7日	六白	丁酉	7月6日	一白	丙寅	6月5日	五黄	乙未
11	11月10日	六白	己巳	10月10日	七赤	己亥	9月9日	二黒	戊辰	8月8日	五黄	戊戌	7月7日	九紫	丁卯	6月6日	四緑	丙申
12	11月11日	七赤	庚午	10月11日	六白	庚子	9月10日	一白	己巳	8月9日	四緑	己亥	7月8日	八白	戊辰	6月7日	三碧	丁酉
13	11月12日	八白	辛未	10月12日	五黄	辛丑	9月11日	九紫	庚午	8月10日	三碧	庚子	7月9日	七赤	己巳	6月8日	二黒	戊戌
14	11月13日	九紫	壬申	10月13日	四緑	壬寅	9月12日	八白	辛未	8月11日	二黒	辛丑	7月10日	六白	庚午	6月9日	一白	己亥
15	11月14日	一白	癸酉	10月14日	三碧	癸卯	9月13日	七赤	壬申	8月12日	一白	壬寅	7月11日	五黄	辛未	6月10日	九紫	庚子
16	11月15日	二黒	甲戌	10月15日	二黒	甲辰	9月14日	六白	癸酉	8月13日	九紫	癸卯	7月12日	四緑	壬申	6月11日	八白	辛丑
17	11月16日	三碧	乙亥	10月16日	一白	乙巳	9月15日	五黄	甲戌	8月14日	八白	甲辰	7月13日	三碧	癸酉	6月12日	七赤	壬寅
18	11月17日	四緑	丙子	10月17日	九紫	丙午	9月16日	四緑	乙亥	8月15日	七赤	乙巳	7月14日	二黒	甲戌	6月13日	六白	癸卯
19	11月18日	五黄	丁丑	10月18日	八白	丁未	9月17日	三碧	丙子	8月16日	六白	丙午	7月15日	一白	乙亥	6月14日	五黄	甲辰
20	11月19日	六白	戊寅	10月19日	七赤	戊申	9月18日	二黒	丁丑	8月17日	五黄	丁未	7月16日	九紫	丙子	6月15日	四緑	乙巳
21	11月20日	七赤	己卯	10月20日	六白	己酉	9月19日	一白	戊寅	8月18日	四緑	戊申	7月17日	八白	丁丑	6月16日	三碧	丙午
22	11月21日	八白	庚辰	10月21日	五黄	庚戌	9月20日	九紫	己卯	8月19日	三碧	己酉	7月18日	七赤	戊寅	6月17日	二黒	丁未
23	11月22日	九紫	辛巳	10月22日	四緑	辛亥	9月21日	八白	庚辰	8月20日	二黒	庚戌	7月19日	六白	己卯	6月18日	一白	戊申
24	11月23日	一白	壬午	10月23日	三碧	壬子	9月22日	七赤	辛巳	8月21日	一白	辛亥	7月20日	五黄	庚辰	6月19日	九紫	己酉
25	11月24日	二黒	癸未	10月24日	二黒	癸丑	9月23日	六白	壬午	8月22日	九紫	壬子	7月21日	四緑	辛巳	6月20日	八白	庚戌
26	11月25日	三碧	甲申	10月25日	一白	甲寅	9月24日	五黄	癸未	8月23日	八白	癸丑	7月22日	三碧	壬午	6月21日	七赤	辛亥
27	11月26日	四緑	乙酉	10月26日	九紫	乙卯	9月25日	四緑	甲申	8月24日	七赤	甲寅	7月23日	二黒	癸未	6月22日	六白	壬子
28	11月27日	五黄	丙戌	10月27日	八白	丙辰	9月26日	三碧	乙酉	8月25日	六白	乙卯	7月24日	一白	甲申	6月23日	五黄	癸丑
29	11月28日	六白	丁亥	10月28日	七赤	丁巳	9月27日	二黒	丙戌	8月26日	五黄	丙辰	7月25日	九紫	乙酉	6月24日	四緑	甲寅
30	11月29日	七赤	戊子	10月29日	六白	戊午	9月28日	一白	丁亥	8月27日	四緑	丁巳	7月26日	八白	丙戌	6月25日	三碧	乙卯
31	12月1日	八白	己丑				9月29日	九紫	戊子				7月27日	七赤	丁亥	6月26日	二黒	丙辰

6月甲午	5月癸巳	4月壬辰	3月辛卯	2月庚寅	1月己丑	
6日 04：36	6日 00：30	5日 07：15	6日 02：28	4日 08：27	5日 20：47	
21日 21：25	21日 13：31	20日 14：25	21日 03：25	19日 04：25	20日 14：15	
一白水星	二黒土星	三碧木星	四緑木星	五黄土星	六白金星	
5月6日 七赤 辛酉	4月4日 三碧 庚寅	3月4日 九紫 庚申	2月2日 五黄 己丑	1月4日 四緑 辛酉	12月2日 九紫 庚寅	1
5月7日 八白 壬戌	4月5日 四緑 辛卯	3月5日 一白 辛酉	2月3日 六白 庚寅	1月5日 五黄 壬戌	12月3日 一白 辛卯	2
5月8日 九紫 癸亥	4月6日 五黄 壬辰	3月6日 二黒 壬戌	2月4日 七赤 辛卯	1月6日 六白 癸亥	12月4日 二黒 壬辰	3
5月9日 九紫 甲子	4月7日 六白 癸巳	3月7日 三碧 癸亥	2月5日 八白 壬辰	1月7日 七赤 甲子	12月5日 三碧 癸巳	4
5月10日 八白 乙丑	4月8日 七赤 甲午	3月8日 四緑 甲子	2月6日 九紫 癸巳	1月8日 八白 乙丑	12月6日 四緑 甲午	5
5月11日 七赤 丙寅	4月9日 八白 乙未	3月9日 五黄 乙丑	2月7日 一白 甲午	1月9日 九紫 丙寅	12月7日 五黄 乙未	6
5月12日 六白 丁卯	4月10日 九紫 丙申	3月10日 六白 丙寅	2月8日 二黒 乙未	1月10日 一白 丁卯	12月8日 六白 丙申	7
5月13日 五黄 戊辰	4月11日 一白 丁酉	3月11日 七赤 丁卯	2月9日 三碧 丙申	1月11日 二黒 戊辰	12月9日 七赤 丁酉	8
5月14日 四緑 己巳	4月12日 二黒 戊戌	3月12日 八白 戊辰	2月10日 四緑 丁酉	1月12日 三碧 己巳	12月10日 八白 戊戌	9
5月15日 三碧 庚午	4月13日 三碧 己亥	3月13日 九紫 己巳	2月11日 五黄 戊戌	1月13日 四緑 庚午	12月11日 九紫 己亥	10
5月16日 二黒 辛未	4月14日 四緑 庚子	3月14日 一白 庚午	2月12日 六白 己亥	1月14日 五黄 辛未	12月12日 一白 庚子	11
5月17日 一白 壬申	4月15日 五黄 辛丑	3月15日 二黒 辛未	2月13日 七赤 庚子	1月15日 六白 壬申	12月13日 二黒 辛丑	12
5月18日 九紫 癸酉	4月16日 六白 壬寅	3月16日 三碧 壬申	2月14日 八白 辛丑	1月16日 七赤 癸酉	12月14日 三碧 壬寅	13
5月19日 八白 甲戌	4月17日 七赤 癸卯	3月17日 四緑 癸酉	2月15日 九紫 壬寅	1月17日 八白 甲戌	12月15日 四緑 癸卯	14
5月20日 七赤 乙亥	4月18日 八白 甲辰	3月18日 五黄 甲戌	2月16日 一白 癸卯	1月18日 九紫 乙亥	12月16日 五黄 甲辰	15
5月21日 六白 丙子	4月19日 九紫 乙巳	3月19日 六白 乙亥	2月17日 二黒 甲辰	1月19日 一白 丙子	12月17日 六白 乙巳	16
5月22日 五黄 丁丑	4月20日 一白 丙午	3月20日 七赤 丙子	2月18日 三碧 乙巳	1月20日 二黒 丁丑	12月18日 七赤 丙午	17
5月23日 四緑 戊寅	4月21日 二黒 丁未	3月21日 八白 丁丑	2月19日 四緑 丙午	1月21日 三碧 戊寅	12月19日 八白 丁未	18
5月24日 三碧 己卯	4月22日 三碧 戊申	3月22日 九紫 戊寅	2月20日 五黄 丁未	1月22日 四緑 己卯	12月20日 九紫 戊申	19
5月25日 二黒 庚辰	4月23日 四緑 己酉	3月23日 一白 己卯	2月21日 六白 戊申	1月23日 五黄 庚辰	12月21日 一白 己酉	20
5月26日 一白 辛巳	4月24日 五黄 庚戌	3月24日 二黒 庚辰	2月22日 七赤 己酉	1月24日 六白 辛巳	12月22日 二黒 庚戌	21
5月27日 九紫 壬午	4月25日 六白 辛亥	3月25日 三碧 辛巳	2月23日 八白 庚戌	1月25日 七赤 壬午	12月23日 三碧 辛亥	22
5月28日 八白 癸未	4月26日 七赤 壬子	3月26日 四緑 壬午	2月24日 九紫 辛亥	1月26日 八白 癸未	12月24日 四緑 壬子	23
5月29日 七赤 甲申	4月27日 八白 癸丑	3月27日 五黄 癸未	2月25日 一白 壬子	1月27日 九紫 甲申	12月25日 五黄 癸丑	24
5月30日 六白 乙酉	4月28日 九紫 甲寅	3月28日 六白 甲申	2月26日 二黒 癸丑	1月28日 一白 乙酉	12月26日 六白 甲寅	25
6月1日 五黄 丙戌	4月29日 一白 乙卯	3月29日 七赤 乙酉	2月27日 三碧 甲寅	1月29日 二黒 丙戌	12月27日 七赤 乙卯	26
6月2日 四緑 丁亥	5月1日 二黒 丙辰	3月30日 八白 丙戌	2月28日 四緑 乙卯	1月30日 三碧 丁亥	12月28日 八白 丙辰	27
6月3日 三碧 戊子	5月2日 三碧 丁巳	4月1日 九紫 丁亥	2月29日 五黄 丙辰	2月1日 四緑 戊子	12月29日 九紫 丁巳	28
6月4日 二黒 己丑	5月3日 四緑 戊午	4月2日 一白 戊子	3月1日 六白 丁巳		1月1日 一白 戊午	29
6月5日 一白 庚寅	5月4日 五黄 己未	4月3日 二黒 己丑	3月2日 七赤 戊午		1月2日 二黒 己未	30
	5月5日 六白 庚申		3月3日 八白 己未		1月3日 三碧 庚申	31

166

平成18年			2006年			丙戌年			三碧木星					
12月庚子			11月己亥			10月戊戌			9月丁酉			8月丙申	7月乙未	
7日 15：26			7日 22：35			8日 19：21			8日 03：39			8日 00：40	7日 14：51	
22日 09：22			22日 20：01			23日 22：26			23日 13：03			23日 15：22	23日 08：17	
四緑木星			五黄土星			六白金星			七赤金星			八白土星	九紫火星	
1	10月11日	一白	甲子	9月11日	三碧	甲午	8月10日	七赤	癸亥	閏7月9日	一白	癸巳	7月8日	五黄	壬戌	6月6日	九紫	辛卯
2	10月12日	二黒	乙丑	9月12日	二黒	乙未	8月11日	六白	甲子	閏7月10日	九紫	甲午	7月9日	四緑	癸亥	6月7日	八白	壬辰
3	10月13日	三碧	丙寅	9月13日	一白	丙申	8月12日	五黄	乙丑	閏7月11日	八白	乙未	7月10日	三碧	甲子	6月8日	七赤	癸巳
4	10月14日	四緑	丁卯	9月14日	九紫	丁酉	8月13日	四緑	丙寅	閏7月12日	七赤	丙申	7月11日	二黒	乙丑	6月9日	六白	甲午
5	10月15日	五黄	戊辰	9月15日	八白	戊戌	8月14日	三碧	丁卯	閏7月13日	六白	丁酉	7月12日	一白	丙寅	6月10日	五黄	乙未
6	10月16日	六白	己巳	9月16日	七赤	己亥	8月15日	二黒	戊辰	閏7月14日	五黄	戊戌	7月13日	九紫	丁卯	6月11日	四緑	丙申
7	10月17日	七赤	庚午	9月17日	六白	庚子	8月16日	一白	己巳	閏7月15日	四緑	己亥	7月14日	八白	戊辰	6月12日	三碧	丁酉
8	10月18日	八白	辛未	9月18日	五黄	辛丑	8月17日	九紫	庚午	閏7月16日	三碧	庚子	7月15日	七赤	己巳	6月13日	二黒	戊戌
9	10月19日	九紫	壬申	9月19日	四緑	壬寅	8月18日	八白	辛未	閏7月17日	二黒	辛丑	7月16日	六白	庚午	6月14日	一白	己亥
10	10月20日	一白	癸酉	9月20日	三碧	癸卯	8月19日	七赤	壬申	閏7月18日	一白	壬寅	7月17日	五黄	辛未	6月15日	九紫	庚子
11	10月21日	二黒	甲戌	9月21日	二黒	甲辰	8月20日	六白	癸酉	閏7月19日	九紫	癸卯	7月18日	四緑	壬申	6月16日	八白	辛丑
12	10月22日	三碧	乙亥	9月22日	一白	乙巳	8月21日	五黄	甲戌	閏7月20日	八白	甲辰	7月19日	三碧	癸酉	6月17日	七赤	壬寅
13	10月23日	四緑	丙子	9月23日	九紫	丙午	8月22日	四緑	乙亥	閏7月21日	七赤	乙巳	7月20日	二黒	甲戌	6月18日	六白	癸卯
14	10月24日	五黄	丁丑	9月24日	八白	丁未	8月23日	三碧	丙子	閏7月22日	六白	丙午	7月21日	一白	乙亥	6月19日	五黄	甲辰
15	10月25日	六白	戊寅	9月25日	七赤	戊申	8月24日	二黒	丁丑	閏7月23日	五黄	丁未	7月22日	九紫	丙子	6月20日	四緑	乙巳
16	10月26日	七赤	己卯	9月26日	六白	己酉	8月25日	一白	戊寅	閏7月24日	四緑	戊申	7月23日	八白	丁丑	6月21日	三碧	丙午
17	10月27日	八白	庚辰	9月27日	五黄	庚戌	8月26日	九紫	己卯	閏7月25日	三碧	己酉	7月24日	七赤	戊寅	6月22日	二黒	丁未
18	10月28日	九紫	辛巳	9月28日	四緑	辛亥	8月27日	八白	庚辰	閏7月26日	二黒	庚戌	7月25日	六白	己卯	6月23日	一白	戊申
19	10月29日	一白	壬午	9月29日	三碧	壬子	8月28日	七赤	辛巳	閏7月27日	一白	辛亥	7月26日	五黄	庚辰	6月24日	九紫	己酉
20	11月1日	二黒	癸未	9月30日	二黒	癸丑	8月29日	六白	壬午	閏7月28日	九紫	壬子	7月27日	四緑	辛巳	6月25日	八白	庚戌
21	11月2日	三碧	甲申	10月1日	一白	甲寅	8月30日	五黄	癸未	閏7月29日	八白	癸丑	7月28日	三碧	壬午	6月26日	七赤	辛亥
22	11月3日	四緑	乙酉	10月2日	九紫	乙卯	9月1日	四緑	甲申	8月1日	七赤	甲寅	7月29日	二黒	癸未	6月27日	六白	壬子
23	11月4日	五黄	丙戌	10月3日	八白	丙辰	9月2日	三碧	乙酉	8月2日	六白	乙卯	7月30日	一白	甲申	6月28日	五黄	癸丑
24	11月5日	六白	丁亥	10月4日	七赤	丁巳	9月3日	二黒	丙戌	8月3日	五黄	丙辰	閏7月1日	九紫	乙酉	6月29日	四緑	甲寅
25	11月6日	七赤	戊子	10月5日	六白	戊午	9月4日	一白	丁亥	8月4日	四緑	丁巳	閏7月2日	八白	丙戌	7月1日	三碧	乙卯
26	11月7日	八白	己丑	10月6日	五黄	己未	9月5日	九紫	戊子	8月5日	三碧	戊午	閏7月3日	七赤	丁亥	7月2日	二黒	丙辰
27	11月8日	九紫	庚寅	10月7日	四緑	庚申	9月6日	八白	己丑	8月6日	二黒	己未	閏7月4日	六白	戊子	7月3日	一白	丁巳
28	11月9日	一白	辛卯	10月8日	三碧	辛酉	9月7日	七赤	庚寅	8月7日	一白	庚申	閏7月5日	五黄	己丑	7月4日	九紫	戊午
29	11月10日	二黒	壬辰	10月9日	二黒	壬戌	9月8日	六白	辛卯	8月8日	九紫	辛酉	閏7月6日	四緑	庚寅	7月5日	八白	己未
30	11月11日	三碧	癸巳	10月10日	一白	癸亥	9月9日	五黄	壬辰	8月9日	八白	壬戌	閏7月7日	三碧	辛卯	7月6日	七赤	庚申
31	11月12日	四緑	甲午				9月10日	四緑	癸巳				閏7月8日	二黒	壬辰	7月7日	六白	辛酉

6月丙午	5月乙巳	4月甲辰	3月癸卯	2月壬寅	1月辛丑	
6日 10：26	6日 06：20	5日 13：04	6日 08：18	4日 14：18	6日 02：40	
22日 03：05	21日 19：11	20日 20：07	21日 09：07	19日 10：09	20日 20：00	
七赤金星	八白土星	九紫火星	一白水星	二黒土星	三碧木星	
4月16日 七赤 丙寅	3月15日 八白 乙未	2月14日 五黄 乙丑	1月12日 一白 甲午	12月14日 九紫 丙寅	11月13日 五黄 乙未	1
4月17日 六白 丁卯	3月16日 九紫 丙申	2月15日 六白 丙寅	1月13日 二黒 乙未	12月15日 一白 丁卯	11月14日 六白 丙申	2
4月18日 五黄 戊辰	3月17日 一白 丁酉	2月16日 七赤 丁卯	1月14日 三碧 丙申	12月16日 二黒 戊辰	11月15日 七赤 丁酉	3
4月19日 四緑 己巳	3月18日 二黒 戊戌	2月17日 八白 戊辰	1月15日 四緑 丁酉	12月17日 三碧 己巳	11月16日 八白 戊戌	4
4月20日 三碧 庚午	3月19日 三碧 己亥	2月18日 九紫 己巳	1月16日 五黄 戊戌	12月18日 四緑 庚午	11月17日 九紫 己亥	5
4月21日 二黒 辛未	3月20日 四緑 庚子	2月19日 一白 庚午	1月17日 六白 己亥	12月19日 五黄 辛未	11月18日 一白 庚子	6
4月22日 一白 壬申	3月21日 五黄 辛丑	2月20日 二黒 辛未	1月18日 七赤 庚子	12月20日 六白 壬申	11月19日 二黒 辛丑	7
4月23日 九紫 癸酉	3月22日 六白 壬寅	2月21日 三碧 壬申	1月19日 八白 辛丑	12月21日 七赤 癸酉	11月20日 三碧 壬寅	8
4月24日 八白 甲戌	3月23日 七赤 癸卯	2月22日 四緑 癸酉	1月20日 九紫 壬寅	12月22日 八白 甲戌	11月21日 四緑 癸卯	9
4月25日 七赤 乙亥	3月24日 八白 甲辰	2月23日 五黄 甲戌	1月21日 一白 癸卯	12月23日 九紫 乙亥	11月22日 五黄 甲辰	10
4月26日 六白 丙子	3月25日 九紫 乙巳	2月24日 六白 乙亥	1月22日 二黒 甲辰	12月24日 一白 丙子	11月23日 六白 乙巳	11
4月27日 五黄 丁丑	3月26日 一白 丙午	2月25日 七赤 丙子	1月23日 三碧 乙巳	12月25日 二黒 丁丑	11月24日 七赤 丙午	12
4月28日 四緑 戊寅	3月27日 二黒 丁未	2月26日 八白 丁丑	1月24日 四緑 丙午	12月26日 三碧 戊寅	11月25日 八白 丁未	13
4月29日 三碧 己卯	3月28日 三碧 戊申	2月27日 九紫 戊寅	1月25日 五黄 丁未	12月27日 四緑 己卯	11月26日 九紫 戊申	14
5月1日 二黒 庚辰	3月29日 四緑 己酉	2月28日 一白 己卯	1月26日 六白 戊申	12月28日 五黄 庚辰	11月27日 一白 己酉	15
5月2日 一白 辛巳	3月30日 五黄 庚戌	2月29日 二黒 庚辰	1月27日 七赤 己酉	12月29日 六白 辛巳	11月28日 二黒 庚戌	16
5月3日 九紫 壬午	4月1日 六白 辛亥	3月1日 三碧 辛巳	1月28日 八白 庚戌	12月30日 七赤 壬午	11月29日 三碧 辛亥	17
5月4日 八白 癸未	4月2日 七赤 壬子	3月2日 四緑 壬午	1月29日 九紫 辛亥	1月1日 八白 癸未	11月30日 四緑 壬子	18
5月5日 七赤 甲申	4月3日 八白 癸丑	3月3日 五黄 癸未	2月1日 一白 壬子	1月2日 九紫 甲申	12月1日 五黄 癸丑	19
5月6日 六白 乙酉	4月4日 九紫 甲寅	3月4日 六白 甲申	2月2日 二黒 癸丑	1月3日 一白 乙酉	12月2日 六白 甲寅	20
5月7日 五黄 丙戌	4月5日 一白 乙卯	3月5日 七赤 乙酉	2月3日 三碧 甲寅	1月4日 二黒 丙戌	12月3日 七赤 乙卯	21
5月8日 四緑 丁亥	4月6日 二黒 丙辰	3月6日 八白 丙戌	2月4日 四緑 乙卯	1月5日 三碧 丁亥	12月4日 八白 丙辰	22
5月9日 三碧 戊子	4月7日 三碧 丁巳	3月7日 九紫 丁亥	2月5日 五黄 丙辰	1月6日 四緑 戊子	12月5日 九紫 丁巳	23
5月10日 二黒 己丑	4月8日 四緑 戊午	3月8日 一白 戊子	2月6日 六白 丁巳	1月7日 五黄 己丑	12月6日 一白 戊午	24
5月11日 一白 庚寅	4月9日 五黄 己未	3月9日 二黒 己丑	2月7日 七赤 戊午	1月8日 六白 庚寅	12月7日 二黒 己未	25
5月12日 九紫 辛卯	4月10日 六白 庚申	3月10日 三碧 庚寅	2月8日 八白 己未	1月9日 七赤 辛卯	12月8日 三碧 庚申	26
5月13日 八白 壬辰	4月11日 七赤 辛酉	3月11日 四緑 辛卯	2月9日 九紫 庚申	1月10日 八白 壬辰	12月9日 四緑 辛酉	27
5月14日 七赤 癸巳	4月12日 八白 壬戌	3月12日 五黄 壬辰	2月10日 一白 辛酉	1月11日 九紫 癸巳	12月10日 五黄 壬戌	28
5月15日 六白 甲午	4月13日 九紫 癸亥	3月13日 六白 癸巳	2月11日 二黒 壬戌		12月11日 六白 癸亥	29
5月16日 五黄 乙未	4月14日 九紫 甲子	3月14日 七赤 甲午	2月12日 三碧 癸亥		12月12日 七赤 甲子	30
	4月15日 八白 乙丑		2月13日 四緑 甲子		12月13日 八白 乙丑	31

168

平成19年		2007年		丁亥年		二黒土星					
12月壬子		11月辛亥		10月庚戌		9月己酉		8月戊申		7月丁未	
7日 21:13		8日 04:23		9日 01:11		8日 09:30		8日 06:31		7日 20:41	
22日 15:07		23日 01:49		24日 04:15		23日 18:51		23日 21:08		23日 14:00	
一白水星		二黒土星		三碧木星		四緑木星		五黄土星		六白金星	

	12月			11月			10月			9月			8月			7月	
1	10月22日	六白	己巳	9月22日	七赤	己亥	8月21日	二黒	戊辰	7月20日	五黄	戊戌	6月19日	九紫	丁卯	5月17日	四緑	丙寅
2	10月23日	七赤	庚午	9月23日	六白	庚子	8月22日	一白	己巳	7月21日	四緑	己亥	6月20日	八白	戊辰	5月18日	三碧	丁卯
3	10月24日	八白	辛未	9月24日	五黄	辛丑	8月23日	九紫	庚午	7月22日	三碧	庚子	6月21日	七赤	己巳	5月19日	二黒	戊辰
4	10月25日	九紫	壬申	9月25日	四緑	壬寅	8月24日	八白	辛未	7月23日	二黒	辛丑	6月22日	六白	庚午	5月20日	一白	己巳
5	10月26日	一白	癸酉	9月26日	三碧	癸卯	8月25日	七赤	壬申	7月24日	一白	壬寅	6月23日	五黄	辛未	5月21日	九紫	庚午
6	10月27日	二黒	甲戌	9月27日	二黒	甲辰	8月26日	六白	癸酉	7月25日	九紫	癸卯	6月24日	四緑	壬申	5月22日	八白	辛未
7	10月28日	三碧	乙亥	9月28日	一白	乙巳	8月27日	五黄	甲戌	7月26日	八白	甲辰	6月25日	三碧	癸酉	5月23日	七赤	壬申
8	10月29日	四緑	丙子	9月29日	九紫	丙午	8月28日	四緑	乙亥	7月27日	七赤	乙巳	6月26日	二黒	甲戌	5月24日	六白	癸酉
9	10月30日	五黄	丁丑	9月30日	八白	丁未	8月29日	三碧	丙子	7月28日	六白	丙午	6月27日	一白	乙亥	5月25日	五黄	甲戌
10	11月1日	六白	戊寅	10月1日	七赤	戊申	8月30日	二黒	丁丑	7月29日	五黄	丁未	6月28日	九紫	丙子	5月26日	四緑	乙亥
11	11月2日	七赤	己卯	10月2日	六白	己酉	9月1日	一白	戊寅	8月1日	四緑	戊申	6月29日	八白	丁丑	5月27日	三碧	丙子
12	11月3日	八白	庚辰	10月3日	五黄	庚戌	9月2日	九紫	己卯	8月2日	三碧	己酉	6月30日	七赤	戊寅	5月28日	二黒	丁丑
13	11月4日	九紫	辛巳	10月4日	四緑	辛亥	9月3日	八白	庚辰	8月3日	二黒	庚戌	7月1日	六白	己卯	5月29日	一白	戊寅
14	11月5日	一白	壬午	10月5日	三碧	壬子	9月4日	七赤	辛巳	8月4日	一白	辛亥	7月2日	五黄	庚辰	6月1日	九紫	己卯
15	11月6日	二黒	癸未	10月6日	二黒	癸丑	9月5日	六白	壬午	8月5日	九紫	壬子	7月3日	四緑	辛巳	6月2日	八白	庚辰
16	11月7日	三碧	甲申	10月7日	一白	甲寅	9月6日	五黄	癸未	8月6日	八白	癸丑	7月4日	三碧	壬午	6月3日	七赤	辛巳
17	11月8日	四緑	乙酉	10月8日	九紫	乙卯	9月7日	四緑	甲申	8月7日	七赤	甲寅	7月5日	二黒	癸未	6月4日	六白	壬午
18	11月9日	五黄	丙戌	10月9日	八白	丙辰	9月8日	三碧	乙酉	8月8日	六白	乙卯	7月6日	一白	甲申	6月5日	五黄	癸未
19	11月10日	六白	丁亥	10月10日	七赤	丁巳	9月9日	二黒	丙戌	8月9日	五黄	丙辰	7月7日	九紫	乙酉	6月6日	四緑	甲申
20	11月11日	七赤	戊子	10月11日	六白	戊午	9月10日	一白	丁亥	8月10日	四緑	丁巳	7月8日	八白	丙戌	6月7日	三碧	乙酉
21	11月12日	八白	己丑	10月12日	五黄	己未	9月11日	九紫	戊子	8月11日	三碧	戊午	7月9日	七赤	丁亥	6月8日	二黒	丙戌
22	11月13日	九紫	庚寅	10月13日	四緑	庚申	9月12日	八白	己丑	8月12日	二黒	己未	7月10日	六白	戊子	6月9日	一白	丁亥
23	11月14日	一白	辛卯	10月14日	三碧	辛酉	9月13日	七赤	庚寅	8月13日	一白	庚申	7月11日	五黄	己丑	6月10日	九紫	戊子
24	11月15日	二黒	壬辰	10月15日	二黒	壬戌	9月14日	六白	辛卯	8月14日	九紫	辛酉	7月12日	四緑	庚寅	6月11日	八白	己丑
25	11月16日	三碧	癸巳	10月16日	一白	癸亥	9月15日	五黄	壬辰	8月15日	八白	壬戌	7月13日	三碧	辛卯	6月12日	七赤	庚寅
26	11月17日	四緑	甲午	10月17日	一白	甲子	9月16日	四緑	癸巳	8月16日	七赤	癸亥	7月14日	二黒	壬辰	6月13日	六白	辛卯
27	11月18日	五黄	乙未	10月18日	二黒	乙丑	9月17日	三碧	甲午	8月17日	六白	甲子	7月15日	一白	癸巳	6月14日	五黄	壬辰
28	11月19日	六白	丙申	10月19日	三碧	丙寅	9月18日	二黒	乙未	8月18日	五黄	乙丑	7月16日	九紫	甲午	6月15日	四緑	癸巳
29	11月20日	七赤	丁酉	10月20日	四緑	丁卯	9月19日	一白	丙申	8月19日	四緑	丙寅	7月17日	八白	乙未	6月16日	三碧	甲午
30	11月21日	八白	戊戌	10月21日	五黄	戊辰	9月20日	九紫	丁酉	8月20日	三碧	丁卯	7月18日	七赤	丙申	6月17日	二黒	乙未
31	11月22日	九紫	己亥				9月21日	八白	戊戌				7月19日	六白	丁酉	6月18日	一白	丙寅

万年暦

6月戊午	5月丁巳	4月丙辰	3月乙卯	2月甲寅	1月癸丑	
5日 16:10	5日 12:02	4日 18:46	5日 13:59	4日 20:00	6日 08:24	
21日 08:58	21日 01:00	20日 01:51	20日 14:48	19日 15:50	21日 01:43	
四緑木星	五黄土星	六白金星	七赤金星	八白土星	九紫火星	
4月28日 一白 壬申	3月26日 五黄 辛丑	2月25日 二黒 辛未	1月24日 七赤 庚子	12月25日 五黄 辛未	11月23日 一白 庚子	1
4月29日 九紫 癸酉	3月27日 六白 壬寅	2月26日 三碧 壬申	1月25日 八白 辛丑	12月26日 六白 壬申	11月24日 二黒 辛丑	2
4月30日 八白 甲戌	3月28日 七赤 癸卯	2月27日 四緑 癸酉	1月26日 九紫 壬寅	12月27日 七赤 癸酉	11月25日 三碧 壬寅	3
5月1日 七赤 乙亥	3月29日 八白 甲辰	2月28日 五黄 甲戌	1月27日 一白 癸卯	12月28日 八白 甲戌	11月26日 四緑 癸卯	4
5月2日 六白 丙子	4月1日 九紫 乙巳	2月29日 六白 乙亥	1月28日 二黒 甲辰	12月29日 九紫 乙亥	11月27日 五黄 甲辰	5
5月3日 五黄 丁丑	4月2日 一白 丙午	3月1日 七赤 丙子	1月29日 三碧 乙巳	12月30日 一白 丙子	11月28日 六白 乙巳	6
5月4日 四緑 戊寅	4月3日 二黒 丁未	3月2日 八白 丁丑	1月30日 四緑 丙午	1月1日 二黒 丁丑	11月29日 七赤 丙午	7
5月5日 三碧 己卯	4月4日 三碧 戊申	3月3日 九紫 戊寅	2月1日 五黄 丁未	1月2日 三碧 戊寅	12月1日 八白 丁未	8
5月6日 二黒 庚辰	4月5日 四緑 己酉	3月4日 一白 己卯	2月2日 六白 戊申	1月3日 四緑 己卯	12月2日 九紫 戊申	9
5月7日 一白 辛巳	4月6日 五黄 庚戌	3月5日 二黒 庚辰	2月3日 七赤 己酉	1月4日 五黄 庚辰	12月3日 一白 己酉	10
5月8日 九紫 壬午	4月7日 六白 辛亥	3月6日 三碧 辛巳	2月4日 八白 庚戌	1月5日 六白 辛巳	12月4日 二黒 庚戌	11
5月9日 八白 癸未	4月8日 七赤 壬子	3月7日 四緑 壬午	2月5日 九紫 辛亥	1月6日 七赤 壬午	12月5日 三碧 辛亥	12
5月10日 七赤 甲申	4月9日 八白 癸丑	3月8日 五黄 癸未	2月6日 一白 壬子	1月7日 八白 癸未	12月6日 四緑 壬子	13
5月11日 六白 乙酉	4月10日 九紫 甲寅	3月9日 六白 甲申	2月7日 二黒 癸丑	1月8日 九紫 甲申	12月7日 五黄 癸丑	14
5月12日 五黄 丙戌	4月11日 一白 乙卯	3月10日 七赤 乙酉	2月8日 三碧 甲寅	1月9日 一白 乙酉	12月8日 六白 甲寅	15
5月13日 四緑 丁亥	4月12日 二黒 丙辰	3月11日 八白 丙戌	2月9日 四緑 乙卯	1月10日 二黒 丙戌	12月9日 七赤 乙卯	16
5月14日 三碧 戊子	4月13日 三碧 丁巳	3月12日 九紫 丁亥	2月10日 五黄 丙辰	1月11日 三碧 丁亥	12月10日 八白 丙辰	17
5月15日 二黒 己丑	4月14日 四緑 戊午	3月13日 一白 戊子	2月11日 六白 丁巳	1月12日 四緑 戊子	12月11日 九紫 丁巳	18
5月16日 一白 庚寅	4月15日 五黄 己未	3月14日 二黒 己丑	2月12日 七赤 戊午	1月13日 五黄 己丑	12月12日 一白 戊午	19
5月17日 九紫 辛卯	4月16日 六白 庚申	3月15日 三碧 庚寅	2月13日 八白 己未	1月14日 六白 庚寅	12月13日 二黒 己未	20
5月18日 八白 壬辰	4月17日 七赤 辛酉	3月16日 四緑 辛卯	2月14日 九紫 庚申	1月15日 七赤 辛卯	12月14日 三碧 庚申	21
5月19日 七赤 癸巳	4月18日 八白 壬戌	3月17日 五黄 壬辰	2月15日 一白 辛酉	1月16日 八白 壬辰	12月15日 四緑 辛酉	22
5月20日 六白 甲午	4月19日 九紫 癸亥	3月18日 六白 癸巳	2月16日 二黒 壬戌	1月17日 九紫 癸巳	12月16日 五黄 壬戌	23
5月21日 五黄 乙未	4月20日 九紫 甲子	3月19日 七赤 甲午	2月17日 三碧 癸亥	1月18日 一白 甲午	12月17日 六白 癸亥	24
5月22日 四緑 丙申	4月21日 八白 乙丑	3月20日 八白 乙未	2月18日 四緑 甲子	1月19日 二黒 乙未	12月18日 七赤 甲子	25
5月23日 三碧 丁酉	4月22日 七赤 丙寅	3月21日 九紫 丙申	2月19日 五黄 乙丑	1月20日 三碧 丙申	12月19日 八白 乙丑	26
5月24日 二黒 戊戌	4月23日 六白 丁卯	3月22日 一白 丁酉	2月20日 六白 丙寅	1月21日 四緑 丁酉	12月20日 九紫 丙寅	27
5月25日 一白 己亥	4月24日 五黄 戊辰	3月23日 二黒 戊戌	2月21日 七赤 丁卯	1月22日 五黄 戊戌	12月21日 一白 丁卯	28
5月26日 九紫 庚子	4月25日 四緑 己巳	3月24日 三碧 己亥	2月22日 八白 戊辰	1月23日 六白 己亥	12月22日 二黒 戊辰	29
5月27日 八白 辛丑	4月26日 三碧 庚午	3月25日 四緑 庚子	2月23日 九紫 己巳		12月23日 三碧 己巳	30
	4月27日 二黒 辛未		2月24日 一白 庚午		12月24日 四緑 庚午	31

平成20年			2008年			戊子年			一白水星							
	12月甲子			11月癸亥			10月壬戌			9月辛酉			8月庚申			7月己未
	7日 03：01			7日 10：10			8日 06：56			7日 15：14			7日 12：16			7日 02：26
	21日 21：03			22日 07：43			23日 10：08			23日 00：45			23日 03：02			22日 19：54
	七赤金星			八白土星			九紫火星			一白水星			二黒土星			三碧木星
1	11月4日	七赤	乙亥	10月4日	一白	乙巳	9月3日	五黄	甲戌	8月2日	八白	甲辰	7月1日	三碧	癸酉	5月28日	七赤	壬寅
2	11月5日	六白	丙子	10月5日	九紫	丙午	9月4日	四緑	乙亥	8月3日	七赤	乙巳	7月2日	二黒	甲戌	5月29日	六白	癸卯
3	11月6日	五黄	丁丑	10月6日	八白	丁未	9月5日	三碧	丙子	8月4日	六白	丙午	7月3日	一白	乙亥	6月1日	五黄	甲辰
4	11月7日	四緑	戊寅	10月7日	七赤	戊申	9月6日	二黒	丁丑	8月5日	五黄	丁未	7月4日	九紫	丙子	6月2日	四緑	乙巳
5	11月8日	三碧	己卯	10月8日	六白	己酉	9月7日	一白	戊寅	8月6日	四緑	戊申	7月5日	八白	丁丑	6月3日	三碧	丙午
6	11月9日	二黒	庚辰	10月9日	五黄	庚戌	9月8日	九紫	己卯	8月7日	三碧	己酉	7月6日	七赤	戊寅	6月4日	二黒	丁未
7	11月10日	一白	辛巳	10月10日	四緑	辛亥	9月9日	八白	庚辰	8月8日	二黒	庚戌	7月7日	六白	己卯	6月5日	一白	戊申
8	11月11日	九紫	壬午	10月11日	三碧	壬子	9月10日	七赤	辛巳	8月9日	一白	辛亥	7月8日	五黄	庚辰	6月6日	九紫	己酉
9	11月12日	八白	癸未	10月12日	二黒	癸丑	9月11日	六白	壬午	8月10日	九紫	壬子	7月9日	四緑	辛巳	6月7日	八白	庚戌
10	11月13日	七赤	甲申	10月13日	一白	甲寅	9月12日	五黄	癸未	8月11日	八白	癸丑	7月10日	三碧	壬午	6月8日	七赤	辛亥
11	11月14日	六白	乙酉	10月14日	九紫	乙卯	9月13日	四緑	甲申	8月12日	七赤	甲寅	7月11日	二黒	癸未	6月9日	六白	壬子
12	11月15日	五黄	丙戌	10月15日	八白	丙辰	9月14日	三碧	乙酉	8月13日	六白	乙卯	7月12日	一白	甲申	6月10日	五黄	癸丑
13	11月16日	四緑	丁亥	10月16日	七赤	丁巳	9月15日	二黒	丙戌	8月14日	五黄	丙辰	7月13日	九紫	乙酉	6月11日	四緑	甲寅
14	11月17日	三碧	戊子	10月17日	六白	戊午	9月16日	一白	丁亥	8月15日	四緑	丁巳	7月14日	八白	丙戌	6月12日	三碧	乙卯
15	11月18日	二黒	己丑	10月18日	五黄	己未	9月17日	九紫	戊子	8月16日	三碧	戊午	7月15日	七赤	丁亥	6月13日	二黒	丙辰
16	11月19日	一白	庚寅	10月19日	四緑	庚申	9月18日	八白	己丑	8月17日	二黒	己未	7月16日	六白	戊子	6月14日	一白	丁巳
17	11月20日	九紫	辛卯	10月20日	三碧	辛酉	9月19日	七赤	庚寅	8月18日	一白	庚申	7月17日	五黄	己丑	6月15日	九紫	戊午
18	11月21日	八白	壬辰	10月21日	二黒	壬戌	9月20日	六白	辛卯	8月19日	九紫	辛酉	7月18日	四緑	庚寅	6月16日	八白	己未
19	11月22日	七赤	癸巳	10月22日	一白	癸亥	9月21日	五黄	壬辰	8月20日	八白	壬戌	7月19日	三碧	辛卯	6月17日	七赤	庚申
20	11月23日	七赤	甲午	10月23日	九紫	甲子	9月22日	四緑	癸巳	8月21日	七赤	癸亥	7月20日	二黒	壬辰	6月18日	六白	辛酉
21	11月24日	八白	乙未	10月24日	八白	乙丑	9月23日	三碧	甲午	8月22日	六白	甲子	7月21日	一白	癸巳	6月19日	五黄	壬戌
22	11月25日	九紫	丙申	10月25日	七赤	丙寅	9月24日	二黒	乙未	8月23日	五黄	乙丑	7月22日	九紫	甲午	6月20日	四緑	癸亥
23	11月26日	一白	丁酉	10月26日	六白	丁卯	9月25日	一白	丙申	8月24日	四緑	丙寅	7月23日	八白	乙未	6月21日	三碧	甲子
24	11月27日	二黒	戊戌	10月27日	五黄	戊辰	9月26日	九紫	丁酉	8月25日	三碧	丁卯	7月24日	七赤	丙申	6月22日	二黒	乙丑
25	11月28日	三碧	己亥	10月28日	四緑	己巳	9月27日	八白	戊戌	8月26日	二黒	戊辰	7月25日	六白	丁酉	6月23日	一白	丙寅
26	11月29日	四緑	庚子	10月29日	三碧	庚午	9月28日	七赤	己亥	8月27日	一白	己巳	7月26日	五黄	戊戌	6月24日	九紫	丁卯
27	12月1日	五黄	辛丑	10月30日	二黒	辛未	9月29日	六白	庚子	8月28日	九紫	庚午	7月27日	四緑	己亥	6月25日	八白	戊辰
28	12月2日	六白	壬寅	11月1日	一白	壬申	9月30日	五黄	辛丑	8月29日	八白	辛未	7月28日	三碧	庚子	6月26日	七赤	己巳
29	12月3日	七赤	癸卯	11月2日	九紫	癸酉	10月1日	四緑	壬寅	9月1日	七赤	壬申	7月29日	二黒	辛丑	6月27日	六白	庚午
30	12月4日	八白	甲辰	11月3日	八白	甲戌	10月2日	三碧	癸卯	9月2日	六白	癸酉	7月30日	一白	壬寅	6月28日	五黄	辛未
31	12月5日	九紫	乙巳				10月3日	二黒	甲辰				8月1日	九紫	癸卯	6月29日	四緑	壬申

6月庚午			5月己巳			4月戊辰			3月丁卯			2月丙寅			1月乙丑			
5日 21：58			5日 17：50			5日 00：33			5日 19：48			4日 01：50			5日 14：14			
21日 14：44			21日 06：50			20日 07：43			20日 20：44			18日 21：47			20日 07：40			
一白水星			二黒土星			三碧木星			四緑木星			五黄土星			六白金星			
5月9日	八白	丁丑	4月7日	四緑	丙午	3月6日	一白	丙子	2月5日	六白	乙巳	1月7日	五黄	丁丑	12月6日	一白	丙午	1
5月10日	九紫	戊寅	4月8日	五黄	丁未	3月7日	二黒	丁丑	2月6日	七赤	丙午	1月8日	六白	戊寅	12月7日	二黒	丁未	2
5月11日	一白	己卯	4月9日	六白	戊申	3月8日	三碧	戊寅	2月7日	八白	丁未	1月9日	七赤	己卯	12月8日	三碧	戊申	3
5月12日	二黒	庚辰	4月10日	七赤	己酉	3月9日	四緑	己卯	2月8日	九紫	戊申	1月10日	八白	庚辰	12月9日	四緑	己酉	4
5月13日	三碧	辛巳	4月11日	八白	庚戌	3月10日	五黄	庚辰	2月9日	一白	己酉	1月11日	九紫	辛巳	12月10日	五黄	庚戌	5
5月14日	四緑	壬午	4月12日	九紫	辛亥	3月11日	六白	辛巳	2月10日	二黒	庚戌	1月12日	一白	壬午	12月11日	六白	辛亥	6
5月15日	五黄	癸未	4月13日	一白	壬子	3月12日	七赤	壬午	2月11日	三碧	辛亥	1月13日	二黒	癸未	12月12日	七赤	壬子	7
5月16日	六白	甲申	4月14日	二黒	癸丑	3月13日	八白	癸未	2月12日	四緑	壬子	1月14日	三碧	甲申	12月13日	八白	癸丑	8
5月17日	七赤	乙酉	4月15日	三碧	甲寅	3月14日	九紫	甲申	2月13日	五黄	癸丑	1月15日	四緑	乙酉	12月14日	九紫	甲寅	9
5月18日	八白	丙戌	4月16日	四緑	乙卯	3月15日	一白	乙酉	2月14日	六白	甲寅	1月16日	五黄	丙戌	12月15日	一白	乙卯	10
5月19日	九紫	丁亥	4月17日	五黄	丙辰	3月16日	二黒	丙戌	2月15日	七赤	乙卯	1月17日	六白	丁亥	12月16日	二黒	丙辰	11
5月20日	一白	戊子	4月18日	六白	丁巳	3月17日	三碧	丁亥	2月16日	八白	丙辰	1月18日	七赤	戊子	12月17日	三碧	丁巳	12
5月21日	二黒	己丑	4月19日	七赤	戊午	3月18日	四緑	戊子	2月17日	九紫	丁巳	1月19日	八白	己丑	12月18日	四緑	戊午	13
5月22日	三碧	庚寅	4月20日	八白	己未	3月19日	五黄	己丑	2月18日	一白	戊午	1月20日	九紫	庚寅	12月19日	五黄	己未	14
5月23日	四緑	辛卯	4月21日	九紫	庚申	3月20日	六白	庚寅	2月19日	二黒	己未	1月21日	一白	辛卯	12月20日	六白	庚申	15
5月24日	五黄	壬辰	4月22日	一白	辛酉	3月21日	七赤	辛卯	2月20日	三碧	庚申	1月22日	二黒	壬辰	12月21日	七赤	辛酉	16
5月25日	六白	癸巳	4月23日	二黒	壬戌	3月22日	八白	壬辰	2月21日	四緑	辛酉	1月23日	三碧	癸巳	12月22日	八白	壬戌	17
5月26日	七赤	甲午	4月24日	三碧	癸亥	3月23日	九紫	癸巳	2月22日	五黄	壬戌	1月24日	四緑	甲午	12月23日	九紫	癸亥	18
5月27日	八白	乙未	4月25日	四緑	甲子	3月24日	一白	甲午	2月23日	六白	癸亥	1月25日	五黄	乙未	12月24日	一白	甲子	19
5月28日	九紫	丙申	4月26日	五黄	乙丑	3月25日	二黒	乙未	2月24日	七赤	甲子	1月26日	六白	丙申	12月25日	二黒	乙丑	20
5月29日	一白	丁酉	4月27日	六白	丙寅	3月26日	三碧	丙申	2月25日	八白	乙丑	1月27日	七赤	丁酉	12月26日	三碧	丙寅	21
5月30日	二黒	戊戌	4月28日	七赤	丁卯	3月27日	四緑	丁酉	2月26日	九紫	丙寅	1月28日	八白	戊戌	12月27日	四緑	丁卯	22
閏5月1日	三碧	己亥	4月29日	八白	戊辰	3月28日	五黄	戊戌	2月27日	一白	丁卯	1月29日	九紫	己亥	12月28日	五黄	戊辰	23
閏5月2日	四緑	庚子	5月1日	九紫	己巳	3月29日	六白	己亥	2月28日	二黒	戊辰	1月30日	一白	庚子	12月29日	六白	己巳	24
閏5月3日	五黄	辛丑	5月2日	一白	庚午	4月1日	七赤	庚子	2月29日	三碧	己巳	2月1日	二黒	辛丑	12月30日	七赤	庚午	25
閏5月4日	六白	壬寅	5月3日	二黒	辛未	4月2日	八白	辛丑	2月30日	四緑	庚午	2月2日	三碧	壬寅	1月1日	八白	辛未	26
閏5月5日	七赤	癸卯	5月4日	三碧	壬申	4月3日	九紫	壬寅	3月1日	五黄	辛未	2月3日	四緑	癸卯	1月2日	九紫	壬申	27
閏5月6日	八白	甲辰	5月5日	四緑	癸酉	4月4日	一白	癸卯	3月2日	六白	壬申	2月4日	五黄	甲辰	1月3日	一白	癸酉	28
閏5月7日	九紫	乙巳	5月6日	五黄	甲戌	4月5日	二黒	甲辰	3月3日	七赤	癸酉				1月4日	二黒	甲戌	29
閏5月8日	一白	丙午	5月7日	六白	乙亥	4月6日	三碧	乙巳	3月4日	八白	甲戌				1月5日	三碧	乙亥	30
			5月8日	七赤	丙子				3月5日	九紫	乙亥				1月6日	四緑	丙子	31

平成21年		2009年		己丑年		九紫火星					
12月丙子		11月乙亥		10月甲戌		9月癸酉		8月壬申		7月辛未	
7日 08:51		7日 15:55		8日 12:40		7日 20:58		7日 18:01		7日 08:13	
22日 02:46		22日 13:21		23日 15:43		23日 06:19		23日 08:39		23日 01:36	
四緑木星		五黄土星		六白金星		七赤金星		八白土星		九紫火星	

1	10月15日	八白	庚辰	9月15日	二黒	庚戌	8月13日	六白	己卯	7月13日	九紫	己酉	6月11日	四緑	戊寅	閏5月9日	二黒	丁未
2	10月16日	七赤	辛巳	9月16日	一白	辛亥	8月14日	五黄	庚辰	7月14日	八白	庚戌	6月12日	三碧	己卯	閏5月10日	三碧	戊申
3	10月17日	六白	壬午	9月17日	九紫	壬子	8月15日	四緑	辛巳	7月15日	七赤	辛亥	6月13日	二黒	庚辰	閏5月11日	四緑	己酉
4	10月18日	五黄	癸未	9月18日	八白	癸丑	8月16日	三碧	壬午	7月16日	六白	壬子	6月14日	一白	辛巳	閏5月12日	五黄	庚戌
5	10月19日	四緑	甲申	9月19日	七赤	甲寅	8月17日	二黒	癸未	7月17日	五黄	癸丑	6月15日	九紫	壬午	閏5月13日	六白	辛亥
6	10月20日	三碧	乙酉	9月20日	六白	乙卯	8月18日	一白	甲申	7月18日	四緑	甲寅	6月16日	八白	癸未	閏5月14日	七赤	壬子
7	10月21日	二黒	丙戌	9月21日	五黄	丙辰	8月19日	九紫	乙酉	7月19日	三碧	乙卯	6月17日	七赤	甲申	閏5月15日	八白	癸丑
8	10月22日	一白	丁亥	9月22日	四緑	丁巳	8月20日	八白	丙戌	7月20日	二黒	丙辰	6月18日	六白	乙酉	閏5月16日	九紫	甲寅
9	10月23日	九紫	戊子	9月23日	三碧	戊午	8月21日	七赤	丁亥	7月21日	一白	丁巳	6月19日	五黄	丙戌	閏5月17日	一白	乙卯
10	10月24日	八白	己丑	9月24日	二黒	己未	8月22日	六白	戊子	7月22日	九紫	戊午	6月20日	四緑	丁亥	閏5月18日	二黒	丙辰
11	10月25日	七赤	庚寅	9月25日	一白	庚申	8月23日	五黄	己丑	7月23日	八白	己未	6月21日	三碧	戊子	閏5月19日	三碧	丁巳
12	10月26日	六白	辛卯	9月26日	九紫	辛酉	8月24日	四緑	庚寅	7月24日	七赤	庚申	6月22日	二黒	己丑	閏5月20日	四緑	戊午
13	10月27日	五黄	壬辰	9月27日	八白	壬戌	8月25日	三碧	辛卯	7月25日	六白	辛酉	6月23日	一白	庚寅	閏5月21日	五黄	己未
14	10月28日	四緑	癸巳	9月28日	七赤	癸亥	8月26日	二黒	壬辰	7月26日	五黄	壬戌	6月24日	九紫	辛卯	閏5月22日	六白	庚申
15	10月29日	三碧	甲午	9月29日	六白	甲子	8月27日	一白	癸巳	7月27日	四緑	癸亥	6月25日	八白	壬辰	閏5月23日	七赤	辛酉
16	11月1日	二黒	乙未	9月30日	五黄	乙丑	8月28日	九紫	甲午	7月28日	三碧	甲子	6月26日	七赤	癸巳	閏5月24日	八白	壬戌
17	11月2日	一白	丙申	10月1日	四緑	丙寅	8月29日	八白	乙未	7月29日	二黒	乙丑	6月27日	六白	甲午	閏5月25日	九紫	癸亥
18	11月3日	九紫	丁酉	10月2日	三碧	丁卯	9月1日	七赤	丙申	7月30日	一白	丙寅	6月28日	五黄	乙未	閏5月26日	九紫	甲子
19	11月4日	八白	戊戌	10月3日	二黒	戊辰	9月2日	六白	丁酉	8月1日	九紫	丁卯	6月29日	四緑	丙申	閏5月27日	八白	乙丑
20	11月5日	七赤	己亥	10月4日	一白	己巳	9月3日	五黄	戊戌	8月2日	八白	戊辰	7月1日	三碧	丁酉	閏5月28日	七赤	丙寅
21	11月6日	六白	庚子	10月5日	九紫	庚午	9月4日	四緑	己亥	8月3日	七赤	己巳	7月2日	二黒	戊戌	閏5月29日	六白	丁卯
22	11月7日	五黄	辛丑	10月6日	八白	辛未	9月5日	三碧	庚子	8月4日	六白	庚午	7月3日	一白	己亥	6月1日	五黄	戊辰
23	11月8日	四緑	壬寅	10月7日	七赤	壬申	9月6日	二黒	辛丑	8月5日	五黄	辛未	7月4日	九紫	庚子	6月2日	四緑	己巳
24	11月9日	三碧	癸卯	10月8日	六白	癸酉	9月7日	一白	壬寅	8月6日	四緑	壬申	7月5日	八白	辛丑	6月3日	三碧	庚午
25	11月10日	二黒	甲辰	10月9日	五黄	甲戌	9月8日	九紫	癸卯	8月7日	三碧	癸酉	7月6日	七赤	壬寅	6月4日	二黒	辛未
26	11月11日	一白	乙巳	10月10日	四緑	乙亥	9月9日	八白	甲辰	8月8日	二黒	甲戌	7月7日	六白	癸卯	6月5日	一白	壬申
27	11月12日	九紫	丙午	10月11日	三碧	丙子	9月10日	七赤	乙巳	8月9日	一白	乙亥	7月8日	五黄	甲辰	6月6日	九紫	癸酉
28	11月13日	八白	丁未	10月12日	二黒	丁丑	9月11日	六白	丙午	8月10日	九紫	丙子	7月9日	四緑	乙巳	6月7日	八白	甲戌
29	11月14日	七赤	戊申	10月13日	一白	戊寅	9月12日	五黄	丁未	8月11日	八白	丁丑	7月10日	三碧	丙午	6月8日	七赤	乙亥
30	11月15日	六白	己酉	10月14日	九紫	己卯	9月13日	四緑	戊申	8月12日	七赤	戊寅	7月11日	二黒	丁未	6月9日	六白	丙子
31	11月16日	五黄	庚戌				9月14日	三碧	己酉				7月12日	一白	戊申	6月10日	五黄	丁丑

6月壬午			5月辛巳			4月庚辰			3月己卯			2月戊寅			1月丁丑			
6日 03：48			5日 23：42			5日 06：30			6日 01：47			4日 07：48			5日 20：09			
21日 20：28			21日 12：32			20日 13：29			21日 02：32			19日 03：36			20日 13：28			
七赤金星			八白土星			九紫火星			一白水星			二黒土星			三碧木星			
4月19日	四緑	壬午	3月18日	九紫	辛亥	2月17日	六白	辛巳	1月16日	二黒	庚戌	12月18日	一白	壬午	11月17日	四緑	辛亥	1
4月20日	五黄	癸未	3月19日	一白	壬子	2月18日	七赤	壬午	1月17日	三碧	辛亥	12月19日	二黒	癸未	11月18日	三碧	壬子	2
4月21日	六白	甲申	3月20日	二黒	癸丑	2月19日	八白	癸未	1月18日	四緑	壬子	12月20日	三碧	甲申	11月19日	二黒	癸丑	3
4月22日	七赤	乙酉	3月21日	三碧	甲寅	2月20日	九紫	甲申	1月19日	五黄	癸丑	12月21日	四緑	乙酉	11月20日	一白	甲寅	4
4月23日	八白	丙戌	3月22日	四緑	乙卯	2月21日	一白	乙酉	1月20日	六白	甲寅	12月22日	五黄	丙戌	11月21日	九紫	乙卯	5
4月24日	九紫	丁亥	3月23日	五黄	丙辰	2月22日	二黒	丙戌	1月21日	七赤	乙卯	12月23日	六白	丁亥	11月22日	八白	丙辰	6
4月25日	一白	戊子	3月24日	六白	丁巳	2月23日	三碧	丁亥	1月22日	八白	丙辰	12月24日	七赤	戊子	11月23日	七赤	丁巳	7
4月26日	二黒	己丑	3月25日	七赤	戊午	2月24日	四緑	戊子	1月23日	九紫	丁巳	12月25日	八白	己丑	11月24日	六白	戊午	8
4月27日	三碧	庚寅	3月26日	八白	己未	2月25日	五黄	己丑	1月24日	一白	戊午	12月26日	九紫	庚寅	11月25日	五黄	己未	9
4月28日	四緑	辛卯	3月27日	九紫	庚申	2月26日	六白	庚寅	1月25日	二黒	己未	12月27日	一白	辛卯	11月26日	四緑	庚申	10
4月29日	五黄	壬辰	3月28日	一白	辛酉	2月27日	七赤	辛卯	1月26日	三碧	庚申	12月28日	二黒	壬辰	11月27日	三碧	辛酉	11
5月1日	六白	癸巳	3月29日	二黒	壬戌	2月28日	八白	壬辰	1月27日	四緑	辛酉	12月29日	三碧	癸巳	11月28日	二黒	壬戌	12
5月2日	七赤	甲午	3月30日	三碧	癸亥	2月29日	九紫	癸巳	1月28日	五黄	壬戌	12月30日	四緑	甲午	11月29日	一白	癸亥	13
5月3日	八白	乙未	4月1日	四緑	甲子	3月1日	一白	甲午	1月29日	六白	癸亥	1月1日	五黄	乙未	11月30日	二黒	甲子	14
5月4日	九紫	丙申	4月2日	五黄	乙丑	3月2日	二黒	乙未	1月30日	七赤	甲子	1月2日	六白	丙申	12月1日	二黒	乙丑	15
5月5日	一白	丁酉	4月3日	六白	丙寅	3月3日	三碧	丙申	2月1日	八白	乙丑	1月3日	七赤	丁酉	12月2日	三碧	丙寅	16
5月6日	二黒	戊戌	4月4日	七赤	丁卯	3月4日	四緑	丁酉	2月2日	九紫	丙寅	1月4日	八白	戊戌	12月3日	四緑	丁卯	17
5月7日	三碧	己亥	4月5日	八白	戊辰	3月5日	五黄	戊戌	2月3日	一白	丁卯	1月5日	九紫	己亥	12月4日	五黄	戊辰	18
5月8日	四緑	庚子	4月6日	九紫	己巳	3月6日	六白	己亥	2月4日	二黒	戊辰	1月6日	一白	庚子	12月5日	六白	己巳	19
5月9日	五黄	辛丑	4月7日	一白	庚午	3月7日	七赤	庚子	2月5日	三碧	己巳	1月7日	二黒	辛丑	12月6日	七赤	庚午	20
5月10日	六白	壬寅	4月8日	二黒	辛未	3月8日	八白	辛丑	2月6日	四緑	庚午	1月8日	三碧	壬寅	12月7日	八白	辛未	21
5月11日	七赤	癸卯	4月9日	三碧	壬申	3月9日	九紫	壬寅	2月7日	五黄	辛未	1月9日	四緑	癸卯	12月8日	九紫	壬申	22
5月12日	八白	甲辰	4月10日	四緑	癸酉	3月10日	一白	癸卯	2月8日	六白	壬申	1月10日	五黄	甲辰	12月9日	一白	癸酉	23
5月13日	九紫	乙巳	4月11日	五黄	甲戌	3月11日	二黒	甲辰	2月9日	七赤	癸酉	1月11日	六白	乙巳	12月10日	二黒	甲戌	24
5月14日	一白	丙午	4月12日	六白	乙亥	3月12日	三碧	乙巳	2月10日	八白	甲戌	1月12日	七赤	丙午	12月11日	三碧	乙亥	25
5月15日	二黒	丁未	4月13日	七赤	丙子	3月13日	四緑	丙午	2月11日	九紫	乙亥	1月13日	八白	丁未	12月12日	四緑	丙子	26
5月16日	三碧	戊申	4月14日	八白	丁丑	3月14日	五黄	丁未	2月12日	一白	丙子	1月14日	九紫	戊申	12月13日	五黄	丁丑	27
5月17日	四緑	己酉	4月15日	九紫	戊寅	3月15日	六白	戊申	2月13日	二黒	丁丑	1月15日	一白	己酉	12月14日	六白	戊寅	28
5月18日	五黄	庚戌	4月16日	一白	己卯	3月16日	七赤	己酉	2月14日	三碧	戊寅				12月15日	七赤	己卯	29
5月19日	六白	辛亥	4月17日	二黒	庚辰	3月17日	八白	庚戌	2月15日	四緑	己卯				12月16日	八白	庚辰	30
			4月18日	三碧	辛巳				2月16日	五黄	庚辰				12月17日	九紫	辛巳	31

174

	平成22年		2010年		庚寅年		八白土星				
	12月戊子		11月丁亥		10月丙戌		9月乙酉		8月甲申		7月癸未	
	7日 14：38		7日 21：41		8日 18：26		8日 02：45		7日 23：50		7日 14：02	
	22日 08：38		22日 19：13		23日 21：34		23日 12：09		23日 14：27		23日 07：21	
	一白水星		二黒土星		三碧木星		四緑木星		五黄土星		六白金星	
1	10月26日	三碧 乙酉	9月25日	六白 乙卯	8月24日	一白 甲申	7月23日	四緑 甲寅	6月21日	八白 癸未	5月20日	七赤 壬子
2	10月27日	二黒 丙戌	9月26日	五黄 丙辰	8月25日	九紫 乙酉	7月24日	三碧 乙卯	6月22日	七赤 甲申	5月21日	八白 癸丑
3	10月28日	一白 丁亥	9月27日	四緑 丁巳	8月26日	八白 丙戌	7月25日	二黒 丙辰	6月23日	六白 乙酉	5月22日	九紫 甲寅
4	10月29日	九紫 戊子	9月28日	三碧 戊午	8月27日	七赤 丁亥	7月26日	一白 丁巳	6月24日	五黄 丙戌	5月23日	一白 乙卯
5	10月30日	八白 己丑	9月29日	二黒 己未	8月28日	六白 戊子	7月27日	九紫 戊午	6月25日	四緑 丁亥	5月24日	二黒 丙辰
6	11月1日	七赤 庚寅	10月1日	一白 庚申	8月29日	五黄 己丑	7月28日	八白 己未	6月26日	三碧 戊子	5月25日	三碧 丁巳
7	11月2日	六白 辛卯	10月2日	九紫 辛酉	8月30日	四緑 庚寅	7月29日	七赤 庚申	6月27日	二黒 己丑	5月26日	四緑 戊午
8	11月3日	五黄 壬辰	10月3日	八白 壬戌	9月1日	三碧 辛卯	8月1日	六白 辛酉	6月28日	一白 庚寅	5月27日	五黄 己未
9	11月4日	四緑 癸巳	10月4日	七赤 癸亥	9月2日	二黒 壬辰	8月2日	五黄 壬戌	6月29日	九紫 辛卯	5月28日	六白 庚申
10	11月5日	三碧 甲午	10月5日	六白 甲子	9月3日	一白 癸巳	8月3日	四緑 癸亥	7月1日	八白 壬辰	5月29日	七赤 辛酉
11	11月6日	二黒 乙未	10月6日	五黄 乙丑	9月4日	九紫 甲午	8月4日	三碧 甲子	7月2日	七赤 癸巳	5月30日	八白 壬戌
12	11月7日	一白 丙申	10月7日	四緑 丙寅	9月5日	八白 乙未	8月5日	二黒 乙丑	7月3日	六白 甲午	6月1日	九紫 癸亥
13	11月8日	九紫 丁酉	10月8日	三碧 丁卯	9月6日	七赤 丙申	8月6日	一白 丙寅	7月4日	五黄 乙未	6月2日	九紫 甲子
14	11月9日	八白 戊戌	10月9日	二黒 戊辰	9月7日	六白 丁酉	8月7日	九紫 丁卯	7月5日	四緑 丙申	6月3日	八白 乙丑
15	11月10日	七赤 己亥	10月10日	一白 己巳	9月8日	五黄 戊戌	8月8日	八白 戊辰	7月6日	三碧 丁酉	6月4日	七赤 丙寅
16	11月11日	六白 庚子	10月11日	九紫 庚午	9月9日	四緑 己亥	8月9日	七赤 己巳	7月7日	二黒 戊戌	6月5日	六白 丁卯
17	11月12日	五黄 辛丑	10月12日	八白 辛未	9月10日	三碧 庚子	8月10日	六白 庚午	7月8日	一白 己亥	6月6日	五黄 戊辰
18	11月13日	四緑 壬寅	10月13日	七赤 壬申	9月11日	二黒 辛丑	8月11日	五黄 辛未	7月9日	九紫 庚子	6月7日	四緑 己巳
19	11月14日	三碧 癸卯	10月14日	六白 癸酉	9月12日	一白 壬寅	8月12日	四緑 壬申	7月10日	八白 辛丑	6月8日	三碧 庚午
20	11月15日	二黒 甲辰	10月15日	五黄 甲戌	9月13日	九紫 癸卯	8月13日	三碧 癸酉	7月11日	七赤 壬寅	6月9日	二黒 辛未
21	11月16日	一白 乙巳	10月16日	四緑 乙亥	9月14日	八白 甲辰	8月14日	二黒 甲戌	7月12日	六白 癸卯	6月10日	一白 壬申
22	11月17日	九紫 丙午	10月17日	三碧 丙子	9月15日	七赤 乙巳	8月15日	一白 乙亥	7月13日	五黄 甲辰	6月11日	九紫 癸酉
23	11月18日	八白 丁未	10月18日	二黒 丁丑	9月16日	六白 丙午	8月16日	九紫 丙子	7月14日	四緑 乙巳	6月12日	八白 甲戌
24	11月19日	七赤 戊申	10月19日	一白 戊寅	9月17日	五黄 丁未	8月17日	八白 丁丑	7月15日	三碧 丙午	6月13日	七赤 乙亥
25	11月20日	六白 己酉	10月20日	九紫 己卯	9月18日	四緑 戊申	8月18日	七赤 戊寅	7月16日	二黒 丁未	6月14日	六白 丙子
26	11月21日	五黄 庚戌	10月21日	八白 庚辰	9月19日	三碧 己酉	8月19日	六白 己卯	7月17日	一白 戊申	6月15日	五黄 丁丑
27	11月22日	四緑 辛亥	10月22日	七赤 辛巳	9月20日	二黒 庚戌	8月20日	五黄 庚辰	7月18日	九紫 己酉	6月16日	四緑 戊寅
28	11月23日	三碧 壬子	10月23日	六白 壬午	9月21日	一白 辛亥	8月21日	四緑 辛巳	7月19日	八白 庚戌	6月17日	三碧 己卯
29	11月24日	二黒 癸丑	10月24日	五黄 癸未	9月22日	九紫 壬子	8月22日	三碧 壬午	7月20日	七赤 辛亥	6月18日	二黒 庚辰
30	11月25日	一白 甲寅	10月25日	四緑 甲申	9月23日	八白 癸丑	8月23日	二黒 癸未	7月21日	六白 壬子	6月19日	一白 辛巳
31	11月26日	九紫 乙卯			9月24日	七赤 甲寅			7月22日	五黄 癸丑	6月20日	九紫 壬午

	6月甲午		5月癸巳		4月壬辰		3月辛卯		2月庚寅		1月己丑	
	6日 09：26		6日 05：21		5日 12：11		6日 07：30		4日 13：34		6日 01：55	
	22日 02：16		21日 18：20		20日 19：16		21日 08：20		19日 09：26		20日 19：19	
	四緑木星		五黄土星		六白金星		七赤金星		八白土星		九紫火星	
4月30日	九紫	丁亥	3月29日	五黄	丙辰	2月28日	二黒	丙戌	1月27日	七赤	乙卯	12月29日	六白	丁酉	11月27日	八白	丙辰	1
5月1日	一白	戊子	3月30日	六白	丁巳	2月29日	三碧	丁亥	1月28日	八白	丙辰	12月30日	七赤	戊戌	11月28日	七赤	丁巳	2
5月2日	二黒	己丑	4月1日	七赤	戊午	3月1日	四緑	戊子	1月29日	九紫	丁巳	1月1日	八白	己丑	11月29日	六白	戊午	3
5月3日	三碧	庚寅	4月2日	八白	己未	3月2日	五黄	己丑	1月30日	一白	戊午	1月2日	九紫	庚寅	12月1日	五黄	己未	4
5月4日	四緑	辛卯	4月3日	九紫	庚申	3月3日	六白	庚寅	2月1日	二黒	己未	1月3日	一白	辛卯	12月2日	四緑	庚申	5
5月5日	五黄	壬辰	4月4日	一白	辛酉	3月4日	七赤	辛卯	2月2日	三碧	庚申	1月4日	二黒	壬辰	12月3日	三碧	辛酉	6
5月6日	六白	癸巳	4月5日	二黒	壬戌	3月5日	八白	壬辰	2月3日	四緑	辛酉	1月5日	三碧	癸巳	12月4日	二黒	壬戌	7
5月7日	七赤	甲午	4月6日	三碧	癸亥	3月6日	九紫	癸巳	2月4日	五黄	壬戌	1月6日	四緑	甲午	12月5日	一白	癸亥	8
5月8日	八白	乙未	4月7日	四緑	甲子	3月7日	一白	甲午	2月5日	六白	癸亥	1月7日	五黄	乙未	12月6日	一白	甲子	9
5月9日	九紫	丙申	4月8日	五黄	乙丑	3月8日	二黒	乙未	2月6日	七赤	甲子	1月8日	六白	丙申	12月7日	二黒	乙丑	10
5月10日	一白	丁酉	4月9日	六白	丙寅	3月9日	三碧	丙申	2月7日	八白	乙丑	1月9日	七赤	丁酉	12月8日	三碧	丙寅	11
5月11日	二黒	戊戌	4月10日	七赤	丁卯	3月10日	四緑	丁酉	2月8日	九紫	丙寅	1月10日	八白	戊戌	12月9日	四緑	丁卯	12
5月12日	三碧	己亥	4月11日	八白	戊辰	3月11日	五黄	戊戌	2月9日	一白	丁卯	1月11日	九紫	己亥	12月10日	五黄	戊辰	13
5月13日	四緑	庚子	4月12日	九紫	己巳	3月12日	六白	己亥	2月10日	二黒	戊辰	1月12日	一白	庚子	12月11日	六白	己巳	14
5月14日	五黄	辛丑	4月13日	一白	庚午	3月13日	七赤	庚子	2月11日	三碧	己巳	1月13日	二黒	辛丑	12月12日	七赤	庚午	15
5月15日	六白	壬寅	4月14日	二黒	辛未	3月14日	八白	辛丑	2月12日	四緑	庚午	1月14日	三碧	壬寅	12月13日	八白	辛未	16
5月16日	七赤	癸卯	4月15日	三碧	壬申	3月15日	九紫	壬寅	2月13日	五黄	辛未	1月15日	四緑	癸卯	12月14日	九紫	壬申	17
5月17日	八白	甲辰	4月16日	四緑	癸酉	3月16日	一白	癸卯	2月14日	六白	壬申	1月16日	五黄	甲辰	12月15日	一白	癸酉	18
5月18日	九紫	乙巳	4月17日	五黄	甲戌	3月17日	二黒	甲辰	2月15日	七赤	癸酉	1月17日	六白	乙巳	12月16日	二黒	甲戌	19
5月19日	一白	丙午	4月18日	六白	乙亥	3月18日	三碧	乙巳	2月16日	八白	甲戌	1月18日	七赤	丙午	12月17日	三碧	乙亥	20
5月20日	二黒	丁未	4月19日	七赤	丙子	3月19日	四緑	丙午	2月17日	九紫	乙亥	1月19日	八白	丁未	12月18日	四緑	丙子	21
5月21日	三碧	戊申	4月20日	八白	丁丑	3月20日	五黄	丁未	2月18日	一白	丙子	1月20日	九紫	戊申	12月19日	五黄	丁丑	22
5月22日	四緑	己酉	4月21日	九紫	戊寅	3月21日	六白	戊申	2月19日	二黒	丁丑	1月21日	一白	己酉	12月20日	六白	戊寅	23
5月23日	五黄	庚戌	4月22日	一白	己卯	3月22日	七赤	己酉	2月20日	三碧	戊寅	1月22日	二黒	庚戌	12月21日	七赤	己卯	24
5月24日	六白	辛亥	4月23日	二黒	庚辰	3月23日	八白	庚戌	2月21日	四緑	己卯	1月23日	三碧	辛亥	12月22日	八白	庚辰	25
5月25日	七赤	壬子	4月24日	三碧	辛巳	3月24日	九紫	辛亥	2月22日	五黄	庚辰	1月24日	四緑	壬子	12月23日	九紫	辛巳	26
5月26日	八白	癸丑	4月25日	四緑	壬午	3月25日	一白	壬子	2月23日	六白	辛巳	1月25日	五黄	癸丑	12月24日	一白	壬午	27
5月27日	九紫	甲寅	4月26日	五黄	癸未	3月26日	二黒	癸丑	2月24日	七赤	壬午	1月26日	六白	甲寅	12月25日	二黒	癸未	28
5月28日	一白	乙卯	4月27日	六白	甲申	3月27日	三碧	甲寅	2月25日	八白	癸未				12月26日	三碧	甲申	29
5月29日	二黒	丙辰	4月28日	七赤	乙酉	3月28日	四緑	乙卯	2月26日	九紫	甲申				12月27日	四緑	乙酉	30
			4月29日	八白	丙戌				2月27日	一白	乙酉				12月28日	五黄	丙戌	31

	平成23年			2011年		辛卯年		七赤金星				
	12月庚子			11月己亥		10月戊戌		9月丁酉		8月丙申		7月乙未
	7日 20:29			8日 03:34		9日 00:18		8日 08:34		8日 05:34		7日 19:42
	22日 14:30			23日 01:07		24日 03:29		23日 18:04		23日 20:21		23日 13:12
	七赤金星			八白土星		九紫火星		一白水星		二黒土星		三碧木星
1	11月7日	七赤	庚寅	10月6日	一白	庚申	9月5日	五黄	己丑	8月4日	八白	己未	7月2日	三碧	戊子	6月1日	三碧	丁巳
2	11月8日	六白	辛卯	10月7日	九紫	辛酉	9月6日	四緑	庚寅	8月5日	七赤	庚申	7月3日	二黒	己丑	6月2日	四緑	戊午
3	11月9日	五黄	壬辰	10月8日	八白	壬戌	9月7日	三碧	辛卯	8月6日	六白	辛酉	7月4日	一白	庚寅	6月3日	五黄	己未
4	11月10日	四緑	癸巳	10月9日	七赤	癸亥	9月8日	二黒	壬辰	8月7日	五黄	壬戌	7月5日	九紫	辛卯	6月4日	六白	庚申
5	11月11日	三碧	甲午	10月10日	六白	甲子	9月9日	一白	癸巳	8月8日	四緑	癸亥	7月6日	八白	壬辰	6月5日	七赤	辛酉
6	11月12日	二黒	乙未	10月11日	五黄	乙丑	9月10日	九紫	甲午	8月9日	三碧	甲子	7月7日	七赤	癸巳	6月6日	八白	壬戌
7	11月13日	一白	丙申	10月12日	四緑	丙寅	9月11日	八白	乙未	8月10日	二黒	乙丑	7月8日	六白	甲午	6月7日	九紫	癸亥
8	11月14日	九紫	丁酉	10月13日	三碧	丁卯	9月12日	七赤	丙申	8月11日	一白	丙寅	7月9日	五黄	乙未	6月8日	九紫	甲子
9	11月15日	八白	戊戌	10月14日	二黒	戊辰	9月13日	六白	丁酉	8月12日	九紫	丁卯	7月10日	四緑	丙申	6月9日	八白	乙丑
10	11月16日	七赤	己亥	10月15日	一白	己巳	9月14日	五黄	戊戌	8月13日	八白	戊辰	7月11日	三碧	丁酉	6月10日	七赤	丙寅
11	11月17日	六白	庚子	10月16日	九紫	庚午	9月15日	四緑	己亥	8月14日	七赤	己巳	7月12日	二黒	戊戌	6月11日	六白	丁卯
12	11月18日	五黄	辛丑	10月17日	八白	辛未	9月16日	三碧	庚子	8月15日	六白	庚午	7月13日	一白	己亥	6月12日	五黄	戊辰
13	11月19日	四緑	壬寅	10月18日	七赤	壬申	9月17日	二黒	辛丑	8月16日	五黄	辛未	7月14日	九紫	庚子	6月13日	四緑	己巳
14	11月20日	三碧	癸卯	10月19日	六白	癸酉	9月18日	一白	壬寅	8月17日	四緑	壬申	7月15日	八白	辛丑	6月14日	三碧	庚午
15	11月21日	二黒	甲辰	10月20日	五黄	甲戌	9月19日	九紫	癸卯	8月18日	三碧	癸酉	7月16日	七赤	壬寅	6月15日	二黒	辛未
16	11月22日	一白	乙巳	10月21日	四緑	乙亥	9月20日	八白	甲辰	8月19日	二黒	甲戌	7月17日	六白	癸卯	6月16日	一白	壬申
17	11月23日	九紫	丙午	10月22日	三碧	丙子	9月21日	七赤	乙巳	8月20日	一白	乙亥	7月18日	五黄	甲辰	6月17日	九紫	癸酉
18	11月24日	八白	丁未	10月23日	二黒	丁丑	9月22日	六白	丙午	8月21日	九紫	丙子	7月19日	四緑	乙巳	6月18日	八白	甲戌
19	11月25日	七赤	戊申	10月24日	一白	戊寅	9月23日	五黄	丁未	8月22日	八白	丁丑	7月20日	三碧	丙午	6月19日	七赤	乙亥
20	11月26日	六白	己酉	10月25日	九紫	己卯	9月24日	四緑	戊申	8月23日	七赤	戊寅	7月21日	二黒	丁未	6月20日	六白	丙子
21	11月27日	五黄	庚戌	10月26日	八白	庚辰	9月25日	三碧	己酉	8月24日	六白	己卯	7月22日	一白	戊申	6月21日	五黄	丁丑
22	11月28日	四緑	辛亥	10月27日	七赤	辛巳	9月26日	二黒	庚戌	8月25日	五黄	庚辰	7月23日	九紫	己酉	6月22日	四緑	戊寅
23	11月29日	三碧	壬子	10月28日	六白	壬午	9月27日	一白	辛亥	8月26日	四緑	辛巳	7月24日	八白	庚戌	6月23日	三碧	己卯
24	11月30日	二黒	癸丑	10月29日	五黄	癸未	9月28日	九紫	壬子	8月27日	三碧	壬午	7月25日	七赤	辛亥	6月24日	二黒	庚辰
25	12月1日	一白	甲寅	11月1日	四緑	甲申	9月29日	八白	癸丑	8月28日	二黒	癸未	7月26日	六白	壬子	6月25日	一白	辛巳
26	12月2日	九紫	乙卯	11月2日	三碧	乙酉	9月30日	七赤	甲寅	8月29日	一白	甲申	7月27日	五黄	癸丑	6月26日	九紫	壬午
27	12月3日	八白	丙辰	11月3日	二黒	丙戌	10月1日	六白	乙卯	9月1日	九紫	乙酉	7月28日	四緑	甲寅	6月27日	八白	癸未
28	12月4日	七赤	丁巳	11月4日	一白	丁亥	10月2日	五黄	丙辰	9月2日	八白	丙戌	7月29日	三碧	乙卯	6月28日	七赤	甲申
29	12月5日	六白	戊午	11月5日	九紫	戊子	10月3日	四緑	丁巳	9月3日	七赤	丁亥	8月1日	二黒	丙辰	6月29日	六白	乙酉
30	12月6日	五黄	己未	11月6日	八白	己丑	10月4日	三碧	戊午	9月4日	六白	戊子	8月2日	一白	丁巳	6月30日	五黄	丙戌
31	12月7日	四緑	庚申				10月5日	二黒	己未				8月3日	九紫	戊午	7月1日	四緑	丁亥

6月丙午			5月乙巳			4月甲辰			3月癸卯			2月壬寅			1月辛丑			
5日 15：25			5日 11：18			4日 18：04			5日 13：21			4日 19：23			6日 07：44			
21日 08：09			21日 00：14			20日 01：10			20日 14：14			19日 15：18			21日 01：10			
一白水星			二黒土星			三碧木星			四緑木星			五黄土星			六白金星			
4月12日	六白	癸巳	閏3月11日	二黒	壬戌	3月11日	八白	壬辰	2月9日	四緑	辛酉	1月10日	二黒	壬辰	12月8日	三碧	辛酉	1
4月13日	七赤	甲午	閏3月12日	三碧	癸亥	3月12日	九紫	癸巳	2月10日	五黄	壬戌	1月11日	三碧	癸巳	12月9日	二黒	壬戌	2
4月14日	八白	乙未	閏3月13日	四緑	甲子	3月13日	一白	甲午	2月11日	六白	癸亥	1月12日	四緑	甲午	12月10日	一白	癸亥	3
4月15日	九紫	丙申	閏3月14日	五黄	乙丑	3月14日	二黒	乙未	2月12日	七赤	甲子	1月13日	五黄	乙未	12月11日	一白	甲子	4
4月16日	一白	丁酉	閏3月15日	六白	丙寅	3月15日	三碧	丙申	2月13日	八白	乙丑	1月14日	六白	丙申	12月12日	二黒	乙丑	5
4月17日	二黒	戊戌	閏3月16日	七赤	丁卯	3月16日	四緑	丁酉	2月14日	九紫	丙寅	1月15日	七赤	丁酉	12月13日	三碧	丙寅	6
4月18日	三碧	己亥	閏3月17日	八白	戊辰	3月17日	五黄	戊戌	2月15日	一白	丁卯	1月16日	八白	戊戌	12月14日	四緑	丁卯	7
4月19日	四緑	庚子	閏3月18日	九紫	己巳	3月18日	六白	己亥	2月16日	二黒	戊辰	1月17日	九紫	己亥	12月15日	五黄	戊辰	8
4月20日	五黄	辛丑	閏3月19日	一白	庚午	3月19日	七赤	庚子	2月17日	三碧	己巳	1月18日	一白	庚子	12月16日	六白	己巳	9
4月21日	六白	壬寅	閏3月20日	二黒	辛未	3月20日	八白	辛丑	2月18日	四緑	庚午	1月19日	二黒	辛丑	12月17日	七赤	庚午	10
4月22日	七赤	癸卯	閏3月21日	三碧	壬申	3月21日	九紫	壬寅	2月19日	五黄	辛未	1月20日	三碧	壬寅	12月18日	八白	辛未	11
4月23日	八白	甲辰	閏3月22日	四緑	癸酉	3月22日	一白	癸卯	2月20日	六白	壬申	1月21日	四緑	癸卯	12月19日	九紫	壬申	12
4月24日	九紫	乙巳	閏3月23日	五黄	甲戌	3月23日	二黒	甲辰	2月21日	七赤	癸酉	1月22日	五黄	甲辰	12月20日	一白	癸酉	13
4月25日	一白	丙午	閏3月24日	六白	乙亥	3月24日	三碧	乙巳	2月22日	八白	甲戌	1月23日	六白	乙巳	12月21日	二黒	甲戌	14
4月26日	二黒	丁未	閏3月25日	七赤	丙子	3月25日	四緑	丙午	2月23日	九紫	乙亥	1月24日	七赤	丙午	12月22日	三碧	乙亥	15
4月27日	三碧	戊申	閏3月26日	八白	丁丑	3月26日	五黄	丁未	2月24日	一白	丙子	1月25日	八白	丁未	12月23日	四緑	丙子	16
4月28日	四緑	己酉	閏3月27日	九紫	戊寅	3月27日	六白	戊申	2月25日	二黒	丁丑	1月26日	九紫	戊申	12月24日	五黄	丁丑	17
4月29日	五黄	庚戌	閏3月28日	一白	己卯	3月28日	七赤	己酉	2月26日	三碧	戊寅	1月27日	一白	己酉	12月25日	六白	戊寅	18
4月30日	六白	辛亥	閏3月29日	二黒	庚辰	3月29日	八白	庚戌	2月27日	四緑	己卯	1月28日	二黒	庚戌	12月26日	七赤	己卯	19
5月1日	七赤	壬子	閏3月30日	三碧	辛巳	3月30日	九紫	辛亥	2月28日	五黄	庚辰	1月29日	三碧	辛亥	12月27日	八白	庚辰	20
5月2日	八白	癸丑	4月1日	四緑	壬午	閏3月1日	一白	壬子	2月29日	六白	辛巳	1月30日	四緑	壬子	12月28日	九紫	辛巳	21
5月3日	九紫	甲寅	4月2日	五黄	癸未	閏3月2日	二黒	癸丑	3月1日	七赤	壬午	2月1日	五黄	癸丑	12月29日	一白	壬午	22
5月4日	一白	乙卯	4月3日	六白	甲申	閏3月3日	三碧	甲寅	3月2日	八白	癸未	2月2日	六白	甲寅	1月1日	二黒	癸未	23
5月5日	二黒	丙辰	4月4日	七赤	乙酉	閏3月4日	四緑	乙卯	3月3日	九紫	甲申	2月3日	七赤	乙卯	1月2日	三碧	甲申	24
5月6日	三碧	丁巳	4月5日	八白	丙戌	閏3月5日	五黄	丙辰	3月4日	一白	乙酉	2月4日	八白	丙辰	1月3日	四緑	乙酉	25
5月7日	四緑	戊午	4月6日	九紫	丁亥	閏3月6日	六白	丁巳	3月5日	二黒	丙戌	2月5日	九紫	丁巳	1月4日	五黄	丙戌	26
5月8日	五黄	己未	4月7日	一白	戊子	閏3月7日	七赤	戊午	3月6日	三碧	丁亥	2月6日	一白	戊午	1月5日	六白	丁亥	27
5月9日	六白	庚申	4月8日	二黒	己丑	閏3月8日	八白	己未	3月7日	四緑	戊子	2月7日	二黒	己未	1月6日	七赤	戊子	28
5月10日	七赤	辛酉	4月9日	三碧	庚寅	閏3月9日	九紫	庚申	3月8日	五黄	己丑	2月8日	三碧	庚申	1月7日	八白	己丑	29
5月11日	八白	壬戌	4月10日	四緑	辛卯	閏3月10日	一白	辛酉	3月9日	六白	庚寅				1月8日	九紫	庚寅	30
			4月11日	五黄	壬辰				3月10日	七赤	辛卯				1月9日	一白	辛卯	31

	平成24年			2012年			壬辰年			六白金星							
	12月壬子			11月辛亥			10月庚戌			9月己酉			8月戊申			7月丁未		
	7日 02：19			7日 09：25			8日 06：10			7日 14：28			7日 11：31			7日 01：41		
	21日 20：12			22日 06：50			23日 09：12			22日 23：48			23日 02：07			22日 19：01		
	四緑木星			五黄土星			六白金星			七赤金星			八白土星			九紫火星		
1	10月18日	一白	丙申	9月18日	四緑	丙寅	8月16日	八白	乙未	7月15日	二黒	乙丑	6月14日	六白	甲午	5月12日	九紫	癸亥
2	10月19日	九紫	丁酉	9月19日	三碧	丁卯	8月17日	七赤	丙申	7月16日	一白	丙寅	6月15日	五黄	乙未	5月13日	九紫	甲子
3	10月20日	八白	戊戌	9月20日	二黒	戊辰	8月18日	六白	丁酉	7月17日	九紫	丁卯	6月16日	四緑	丙申	5月14日	八白	乙丑
4	10月21日	七赤	己亥	9月21日	一白	己巳	8月19日	五黄	戊戌	7月18日	八白	戊辰	6月17日	三碧	丁酉	5月15日	七赤	丙寅
5	10月22日	六白	庚子	9月22日	九紫	庚午	8月20日	四緑	己亥	7月19日	七赤	己巳	6月18日	二黒	戊戌	5月16日	六白	丁卯
6	10月23日	五黄	辛丑	9月23日	八白	辛未	8月21日	三碧	庚子	7月20日	六白	庚午	6月19日	一白	己亥	5月17日	五黄	戊辰
7	10月24日	四緑	壬寅	9月24日	七赤	壬申	8月22日	二黒	辛丑	7月21日	五黄	辛未	6月20日	九紫	庚子	5月18日	四緑	己巳
8	10月25日	三碧	癸卯	9月25日	六白	癸酉	8月23日	一白	壬寅	7月22日	四緑	壬申	6月21日	八白	辛丑	5月19日	三碧	庚午
9	10月26日	二黒	甲辰	9月26日	五黄	甲戌	8月24日	九紫	癸卯	7月23日	三碧	癸酉	6月22日	七赤	壬寅	5月20日	二黒	辛未
10	10月27日	一白	乙巳	9月27日	四緑	乙亥	8月25日	八白	甲辰	7月24日	二黒	甲戌	6月23日	六白	癸卯	5月21日	一白	壬申
11	10月28日	九紫	丙午	9月28日	三碧	丙子	8月26日	七赤	乙巳	7月25日	一白	乙亥	6月24日	五黄	甲辰	5月22日	九紫	癸酉
12	10月29日	八白	丁未	9月29日	二黒	丁丑	8月27日	六白	丙午	7月26日	九紫	丙子	6月25日	四緑	乙巳	5月23日	八白	甲戌
13	11月1日	七赤	戊申	9月30日	一白	戊寅	8月28日	五黄	丁未	7月27日	八白	丁丑	6月26日	三碧	丙午	5月24日	七赤	乙亥
14	11月2日	六白	己酉	10月1日	九紫	己卯	8月29日	四緑	戊申	7月28日	七赤	戊寅	6月27日	二黒	丁未	5月25日	六白	丙子
15	11月3日	五黄	庚戌	10月2日	八白	庚辰	9月1日	三碧	己酉	7月29日	六白	己卯	6月28日	一白	戊申	5月26日	五黄	丁丑
16	11月4日	四緑	辛亥	10月3日	七赤	辛巳	9月2日	二黒	庚戌	8月1日	五黄	庚辰	6月29日	九紫	己酉	5月27日	四緑	戊寅
17	11月5日	三碧	壬子	10月4日	六白	壬午	9月3日	一白	辛亥	8月2日	四緑	辛巳	6月30日	八白	庚戌	5月28日	三碧	己卯
18	11月6日	二黒	癸丑	10月5日	五黄	癸未	9月4日	九紫	壬子	8月3日	三碧	壬午	7月1日	七赤	辛亥	5月29日	二黒	庚辰
19	11月7日	一白	甲寅	10月6日	四緑	甲申	9月5日	八白	癸丑	8月4日	二黒	癸未	7月2日	六白	壬子	6月1日	一白	辛巳
20	11月8日	九紫	乙卯	10月7日	三碧	乙酉	9月6日	七赤	甲寅	8月5日	一白	甲申	7月3日	五黄	癸丑	6月2日	九紫	壬午
21	11月9日	八白	丙辰	10月8日	二黒	丙戌	9月7日	六白	乙卯	8月6日	九紫	乙酉	7月4日	四緑	甲寅	6月3日	八白	癸未
22	11月10日	七赤	丁巳	10月9日	一白	丁亥	9月8日	五黄	丙辰	8月7日	八白	丙戌	7月5日	三碧	乙卯	6月4日	七赤	甲申
23	11月11日	六白	戊午	10月10日	九紫	戊子	9月9日	四緑	丁巳	8月8日	七赤	丁亥	7月6日	二黒	丙辰	6月5日	六白	乙酉
24	11月12日	五黄	己未	10月11日	八白	己丑	9月10日	三碧	戊午	8月9日	六白	戊子	7月7日	一白	丁巳	6月6日	五黄	丙戌
25	11月13日	四緑	庚申	10月12日	七赤	庚寅	9月11日	二黒	己未	8月10日	五黄	己丑	7月8日	九紫	戊午	6月7日	四緑	丁亥
26	11月14日	三碧	辛酉	10月13日	六白	辛卯	9月12日	一白	庚申	8月11日	四緑	庚寅	7月9日	八白	己未	6月8日	三碧	戊子
27	11月15日	二黒	壬戌	10月14日	五黄	壬辰	9月13日	九紫	辛酉	8月12日	三碧	辛卯	7月10日	七赤	庚申	6月9日	二黒	己丑
28	11月16日	一白	癸亥	10月15日	四緑	癸巳	9月14日	八白	壬戌	8月13日	二黒	壬辰	7月11日	六白	辛酉	6月10日	一白	庚寅
29	11月17日	一白	甲子	10月16日	三碧	甲午	9月15日	七赤	癸亥	8月14日	一白	癸巳	7月12日	五黄	壬戌	6月11日	九紫	辛卯
30	11月18日	二黒	乙丑	10月17日	二黒	乙未	9月16日	六白	甲子	8月15日	九紫	甲午	7月13日	四緑	癸亥	6月12日	八白	壬辰
31	11月19日	三碧	丙寅				9月17日	五黄	乙丑				7月14日	三碧	甲子	6月13日	七赤	癸巳

6月戊午			5月丁巳			4月丙辰			3月乙卯			2月甲寅			1月癸丑			
5日 21:23			5日 17:17			5日 00:01			5日 19:14			4日 01:14			5日 13:34			
21日 14:04			21日 06:09			20日 07:02			20日 20:01			18日 21:01			20日 06:52			
七赤金星			八白土星			九紫火星			一白水星			二黒土星			三碧木星			
4月23日	二黒	戊戌	3月22日	七赤	丁卯	2月21日	四緑	丁酉	1月20日	九紫	丙寅	12月21日	八白	戊戌	11月20日	四緑	丁卯	1
4月24日	三碧	己亥	3月23日	八白	戊辰	2月22日	五黄	戊戌	1月21日	一白	丁卯	12月22日	九紫	己亥	11月21日	五黄	戊辰	2
4月25日	四緑	庚子	3月24日	九紫	己巳	2月23日	六白	己亥	1月22日	二黒	戊辰	12月23日	一白	庚子	11月22日	六白	己巳	3
4月26日	五黄	辛丑	3月25日	一白	庚午	2月24日	七赤	庚子	1月23日	三碧	己巳	12月24日	二黒	辛丑	11月23日	七赤	庚午	4
4月27日	六白	壬寅	3月26日	二黒	辛未	2月25日	八白	辛丑	1月24日	四緑	庚午	12月25日	三碧	壬寅	11月24日	八白	辛未	5
4月28日	七赤	癸卯	3月27日	三碧	壬申	2月26日	九紫	壬寅	1月25日	五黄	辛未	12月26日	四緑	癸卯	11月25日	九紫	壬申	6
4月29日	八白	甲辰	3月28日	四緑	癸酉	2月27日	一白	癸卯	1月26日	六白	壬申	12月27日	五黄	甲辰	11月26日	一白	癸酉	7
4月30日	九紫	乙巳	3月29日	五黄	甲戌	2月28日	二黒	甲辰	1月27日	七赤	癸酉	12月28日	六白	乙巳	11月27日	二黒	甲戌	8
5月1日	一白	丙午	3月30日	六白	乙亥	2月29日	三碧	乙巳	1月28日	八白	甲戌	12月29日	七赤	丙午	11月28日	三碧	乙亥	9
5月2日	二黒	丁未	4月1日	七赤	丙子	3月1日	四緑	丙午	1月29日	九紫	乙亥	1月1日	八白	丁未	11月29日	四緑	丙子	10
5月3日	三碧	戊申	4月2日	八白	丁丑	3月2日	五黄	丁未	1月30日	一白	丙子	1月2日	九紫	戊申	11月30日	五黄	丁丑	11
5月4日	四緑	己酉	4月3日	九紫	戊寅	3月3日	六白	戊申	2月1日	二黒	丁丑	1月3日	一白	己酉	12月1日	六白	戊寅	12
5月5日	五黄	庚戌	4月4日	一白	己卯	3月4日	七赤	己酉	2月2日	三碧	戊寅	1月4日	二黒	庚戌	12月2日	七赤	己卯	13
5月6日	六白	辛亥	4月5日	二黒	庚辰	3月5日	八白	庚戌	2月3日	四緑	己卯	1月5日	三碧	辛亥	12月3日	八白	庚辰	14
5月7日	七赤	壬子	4月6日	三碧	辛巳	3月6日	九紫	辛亥	2月4日	五黄	庚辰	1月6日	四緑	壬子	12月4日	九紫	辛巳	15
5月8日	八白	癸丑	4月7日	四緑	壬午	3月7日	一白	壬子	2月5日	六白	辛巳	1月7日	五黄	癸丑	12月5日	一白	壬午	16
5月9日	九紫	甲寅	4月8日	五黄	癸未	3月8日	二黒	癸丑	2月6日	七赤	壬午	1月8日	六白	甲寅	12月6日	二黒	癸未	17
5月10日	一白	乙卯	4月9日	六白	甲申	3月9日	三碧	甲寅	2月7日	八白	癸未	1月9日	七赤	乙卯	12月7日	三碧	甲申	18
5月11日	二黒	丙辰	4月10日	七赤	乙酉	3月10日	四緑	乙卯	2月8日	九紫	甲申	1月10日	八白	丙辰	12月8日	四緑	乙酉	19
5月12日	三碧	丁巳	4月11日	八白	丙戌	3月11日	五黄	丙辰	2月9日	一白	乙酉	1月11日	九紫	丁巳	12月9日	五黄	丙戌	20
5月13日	四緑	戊午	4月12日	九紫	丁亥	3月12日	六白	丁巳	2月10日	二黒	丙戌	1月12日	一白	戊午	12月10日	六白	丁亥	21
5月14日	五黄	己未	4月13日	一白	戊子	3月13日	七赤	戊午	2月11日	三碧	丁亥	1月13日	二黒	己未	12月11日	七赤	戊子	22
5月15日	六白	庚申	4月14日	二黒	己丑	3月14日	八白	己未	2月12日	四緑	戊子	1月14日	三碧	庚申	12月12日	八白	己丑	23
5月16日	七赤	辛酉	4月15日	三碧	庚寅	3月15日	九紫	庚申	2月13日	五黄	己丑	1月15日	四緑	辛酉	12月13日	九紫	庚寅	24
5月17日	八白	壬戌	4月16日	四緑	辛卯	3月16日	一白	辛酉	2月14日	六白	庚寅	1月16日	五黄	壬戌	12月14日	一白	辛卯	25
5月18日	九紫	癸亥	4月17日	五黄	壬辰	3月17日	二黒	壬戌	2月15日	七赤	辛卯	1月17日	六白	癸亥	12月15日	二黒	壬辰	26
5月19日	九紫	甲子	4月18日	六白	癸巳	3月18日	三碧	癸亥	2月16日	八白	壬辰	1月18日	七赤	甲子	12月16日	三碧	癸巳	27
5月20日	八白	乙丑	4月19日	七赤	甲午	3月19日	四緑	甲子	2月17日	九紫	癸巳	1月19日	八白	乙丑	12月17日	四緑	甲午	28
5月21日	七赤	丙寅	4月20日	八白	乙未	3月20日	五黄	乙丑	2月18日	一白	甲午				12月18日	五黄	乙未	29
5月22日	六白	丁卯	4月21日	九紫	丙申	3月21日	六白	丙寅	2月19日	二黒	乙未				12月19日	六白	丙申	30
			4月22日	一白	丁酉				2月20日	三碧	丙申				12月20日	七赤	丁酉	31

平成25年		2013年		癸巳年		五黄土星					
12月甲子		11月癸亥		10月壬戌		9月辛酉		8月庚申		7月己未	
7日 08：09		7日 15：13		8日 11：57		7日 20：16		7日 17：20		7日 07：35	
22日 02：11		22日 12：48		23日 15：09		23日 05：43		23日 08：01		23日 00：56	
一白水星		二黒土星		三碧木星		四緑木星		五黄土星		六白金星	

1	10月29日	五黄	辛丑	9月28日	八白	辛未	8月27日	三碧	庚子	7月26日	六白	庚午	6月25日	一白	己亥	5月23日	五黄	戊辰
2	10月30日	四緑	壬寅	9月29日	七赤	壬申	8月28日	二黒	辛丑	7月27日	五黄	辛未	6月26日	九紫	庚子	5月24日	四緑	己巳
3	11月1日	三碧	癸卯	10月1日	六白	癸酉	8月29日	一白	壬寅	7月28日	四緑	壬申	6月27日	八白	辛丑	5月25日	三碧	庚午
4	11月2日	二黒	甲辰	10月2日	五黄	甲戌	8月30日	九紫	癸卯	7月29日	三碧	癸酉	6月28日	七赤	壬寅	5月26日	二黒	辛未
5	11月3日	一白	乙巳	10月3日	四緑	乙亥	9月1日	八白	甲辰	8月1日	二黒	甲戌	6月29日	六白	癸卯	5月27日	一白	壬申
6	11月4日	九紫	丙午	10月4日	三碧	丙子	9月2日	七赤	乙巳	8月2日	一白	乙亥	6月30日	五黄	甲辰	5月28日	九紫	癸酉
7	11月5日	八白	丁未	10月5日	二黒	丁丑	9月3日	六白	丙午	8月3日	九紫	丙子	7月1日	四緑	乙巳	5月29日	八白	甲戌
8	11月6日	七赤	戊申	10月6日	一白	戊寅	9月4日	五黄	丁未	8月4日	八白	丁丑	7月2日	三碧	丙午	6月1日	七赤	乙亥
9	11月7日	六白	己酉	10月7日	九紫	己卯	9月5日	四緑	戊申	8月5日	七赤	戊寅	7月3日	二黒	丁未	6月2日	六白	丙子
10	11月8日	五黄	庚戌	10月8日	八白	庚辰	9月6日	三碧	己酉	8月6日	六白	己卯	7月4日	一白	戊申	6月3日	五黄	丁丑
11	11月9日	四緑	辛亥	10月9日	七赤	辛巳	9月7日	二黒	庚戌	8月7日	五黄	庚辰	7月5日	九紫	己酉	6月4日	四緑	戊寅
12	11月10日	三碧	壬子	10月10日	六白	壬午	9月8日	一白	辛亥	8月8日	四緑	辛巳	7月6日	八白	庚戌	6月5日	三碧	己卯
13	11月11日	二黒	癸丑	10月11日	五黄	癸未	9月9日	九紫	壬子	8月9日	三碧	壬午	7月7日	七赤	辛亥	6月6日	二黒	庚辰
14	11月12日	一白	甲寅	10月12日	四緑	甲申	9月10日	八白	癸丑	8月10日	二黒	癸未	7月8日	六白	壬子	6月7日	一白	辛巳
15	11月13日	九紫	乙卯	10月13日	三碧	乙酉	9月11日	七赤	甲寅	8月11日	一白	甲申	7月9日	五黄	癸丑	6月8日	九紫	壬午
16	11月14日	八白	丙辰	10月14日	二黒	丙戌	9月12日	六白	乙卯	8月12日	九紫	乙酉	7月10日	四緑	甲寅	6月9日	八白	癸未
17	11月15日	七赤	丁巳	10月15日	一白	丁亥	9月13日	五黄	丙辰	8月13日	八白	丙戌	7月11日	三碧	乙卯	6月10日	七赤	甲申
18	11月16日	六白	戊午	10月16日	九紫	戊子	9月14日	四緑	丁巳	8月14日	七赤	丁亥	7月12日	二黒	丙辰	6月11日	六白	乙酉
19	11月17日	五黄	己未	10月17日	八白	己丑	9月15日	三碧	戊午	8月15日	六白	戊子	7月13日	一白	丁巳	6月12日	五黄	丙戌
20	11月18日	四緑	庚申	10月18日	七赤	庚寅	9月16日	二黒	己未	8月16日	五黄	己丑	7月14日	九紫	戊午	6月13日	四緑	丁亥
21	11月19日	三碧	辛酉	10月19日	六白	辛卯	9月17日	一白	庚申	8月17日	四緑	庚寅	7月15日	八白	己未	6月14日	三碧	戊子
22	11月20日	二黒	壬戌	10月20日	五黄	壬辰	9月18日	九紫	辛酉	8月18日	三碧	辛卯	7月16日	七赤	庚申	6月15日	二黒	己丑
23	11月21日	一白	癸亥	10月21日	四緑	癸巳	9月19日	八白	壬戌	8月19日	二黒	壬辰	7月17日	六白	辛酉	6月16日	一白	庚寅
24	11月22日	一白	甲子	10月22日	三碧	甲午	9月20日	七赤	癸亥	8月20日	一白	癸巳	7月18日	五黄	壬戌	6月17日	九紫	辛卯
25	11月23日	二黒	乙丑	10月23日	二黒	乙未	9月21日	六白	甲子	8月21日	九紫	甲午	7月19日	四緑	癸亥	6月18日	八白	壬辰
26	11月24日	三碧	丙寅	10月24日	一白	丙申	9月22日	五黄	乙丑	8月22日	八白	乙未	7月20日	三碧	甲子	6月19日	七赤	癸巳
27	11月25日	四緑	丁卯	10月25日	九紫	丁酉	9月23日	四緑	丙寅	8月23日	七赤	丙申	7月21日	二黒	乙丑	6月20日	六白	甲午
28	11月26日	五黄	戊辰	10月26日	八白	戊戌	9月24日	三碧	丁卯	8月24日	六白	丁酉	7月22日	一白	丙寅	6月21日	五黄	乙未
29	11月27日	六白	己巳	10月27日	七赤	己亥	9月25日	二黒	戊辰	8月25日	五黄	戊戌	7月23日	九紫	丁卯	6月22日	四緑	丙申
30	11月28日	七赤	庚午	10月28日	六白	庚子	9月26日	一白	己巳	8月26日	四緑	己亥	7月24日	八白	戊辰	6月23日	三碧	丁酉
31	11月29日	八白	辛未				9月27日	九紫	庚午				7月25日	七赤	己巳	6月24日	二黒	戊戌

6月庚午			5月己巳			4月戊辰			3月丁卯			2月丙寅			1月乙丑			
6日 03：03			5日 22：59			5日 05：46			6日 01：02			4日 07：03			5日 19：24			
21日 19：51			21日 11：58			20日 12：54			21日 01：56			19日 02：59			20日 12：51			
四緑木星			五黄土星			六白金星			七赤金星			八白土星			九紫火星			
5月4日	七赤	癸卯	4月3日	三碧	壬申	3月2日	九紫	壬寅	2月1日	五黄	辛未	1月2日	四緑	癸卯	12月1日	九紫	壬申	1
5月5日	八白	甲辰	4月4日	四緑	癸酉	3月3日	一白	癸卯	2月2日	六白	壬申	1月3日	五黄	甲辰	12月2日	一白	癸酉	2
5月6日	九紫	乙巳	4月5日	五黄	甲戌	3月4日	二黒	甲辰	2月3日	七赤	癸酉	1月4日	六白	乙巳	12月3日	二黒	甲戌	3
5月7日	一白	丙午	4月6日	六白	乙亥	3月5日	三碧	乙巳	2月4日	八白	甲戌	1月5日	七赤	丙午	12月4日	三碧	乙亥	4
5月8日	二黒	丁未	4月7日	七赤	丙子	3月6日	四緑	丙午	2月5日	九紫	乙亥	1月6日	八白	丁未	12月5日	四緑	丙子	5
5月9日	三碧	戊申	4月8日	八白	丁丑	3月7日	五黄	丁未	2月6日	一白	丙子	1月7日	九紫	戊申	12月6日	五黄	丁丑	6
5月10日	四緑	己酉	4月9日	九紫	戊寅	3月8日	六白	戊申	2月7日	二黒	丁丑	1月8日	一白	己酉	12月7日	六白	戊寅	7
5月11日	五黄	庚戌	4月10日	一白	己卯	3月9日	七赤	己酉	2月8日	三碧	戊寅	1月9日	二黒	庚戌	12月8日	七赤	己卯	8
5月12日	六白	辛亥	4月11日	二黒	庚辰	3月10日	八白	庚戌	2月9日	四緑	己卯	1月10日	三碧	辛亥	12月9日	八白	庚辰	9
5月13日	七赤	壬子	4月12日	三碧	辛巳	3月11日	九紫	辛亥	2月10日	五黄	庚辰	1月11日	四緑	壬子	12月10日	九紫	辛巳	10
5月14日	八白	癸丑	4月13日	四緑	壬午	3月12日	一白	壬子	2月11日	六白	辛巳	1月12日	五黄	癸丑	12月11日	一白	壬午	11
5月15日	九紫	甲寅	4月14日	五黄	癸未	3月13日	二黒	癸丑	2月12日	七赤	壬午	1月13日	六白	甲寅	12月12日	二黒	癸未	12
5月16日	一白	乙卯	4月15日	六白	甲申	3月14日	三碧	甲寅	2月13日	八白	癸未	1月14日	七赤	乙卯	12月13日	三碧	甲申	13
5月17日	二黒	丙辰	4月16日	七赤	乙酉	3月15日	四緑	乙卯	2月14日	九紫	甲申	1月15日	八白	丙辰	12月14日	四緑	乙酉	14
5月18日	三碧	丁巳	4月17日	八白	丙戌	3月16日	五黄	丙辰	2月15日	一白	乙酉	1月16日	九紫	丁巳	12月15日	五黄	丙戌	15
5月19日	四緑	戊午	4月18日	九紫	丁亥	3月17日	六白	丁巳	2月16日	二黒	丙戌	1月17日	一白	戊午	12月16日	六白	丁亥	16
5月20日	五黄	己未	4月19日	一白	戊子	3月18日	七赤	戊午	2月17日	三碧	丁亥	1月18日	二黒	己未	12月17日	七赤	戊子	17
5月21日	六白	庚申	4月20日	二黒	己丑	3月19日	八白	己未	2月18日	四緑	戊子	1月19日	三碧	庚申	12月18日	八白	己丑	18
5月22日	七赤	辛酉	4月21日	三碧	庚寅	3月20日	九紫	庚申	2月19日	五黄	己丑	1月20日	四緑	辛酉	12月19日	九紫	庚寅	19
5月23日	八白	壬戌	4月22日	四緑	辛卯	3月21日	一白	辛酉	2月20日	六白	庚寅	1月21日	五黄	壬戌	12月20日	一白	辛卯	20
5月24日	九紫	癸亥	4月23日	五黄	壬辰	3月22日	二黒	壬戌	2月21日	七赤	辛卯	1月22日	六白	癸亥	12月21日	二黒	壬辰	21
5月25日	九紫	甲子	4月24日	六白	癸巳	3月23日	三碧	癸亥	2月22日	八白	壬辰	1月23日	七赤	甲子	12月22日	三碧	癸巳	22
5月26日	八白	乙丑	4月25日	七赤	甲午	3月24日	四緑	甲子	2月23日	九紫	癸巳	1月24日	八白	乙丑	12月23日	四緑	甲午	23
5月27日	七赤	丙寅	4月26日	八白	乙未	3月25日	五黄	乙丑	2月24日	一白	甲午	1月25日	九紫	丙寅	12月24日	五黄	乙未	24
5月28日	六白	丁卯	4月27日	九紫	丙申	3月26日	六白	丙寅	2月25日	二黒	乙未	1月26日	一白	丁卯	12月25日	六白	丙申	25
5月29日	五黄	戊辰	4月28日	一白	丁酉	3月27日	七赤	丁卯	2月26日	三碧	丙申	1月27日	二黒	戊辰	12月26日	七赤	丁酉	26
6月1日	四緑	己巳	4月29日	二黒	戊戌	3月28日	八白	戊辰	2月27日	四緑	丁酉	1月28日	三碧	己巳	12月27日	八白	戊戌	27
6月2日	三碧	庚午	4月30日	三碧	己亥	3月29日	九紫	己巳	2月28日	五黄	戊戌	1月29日	四緑	庚午	12月28日	九紫	己亥	28
6月3日	二黒	辛未	5月1日	四緑	庚子	4月1日	一白	庚午	2月29日	六白	己亥				12月29日	一白	庚子	29
6月4日	一白	壬申	5月2日	五黄	辛丑	4月2日	二黒	辛未	2月30日	七赤	庚子				12月30日	二黒	辛丑	30
			5月3日	六白	壬寅				3月1日	八白	辛丑				1月1日	三碧	壬寅	31

平成26年			2014年			甲午年			四緑木星							
12月丙子			11月乙亥			10月甲戌			9月癸酉			8月壬申			7月辛未		
7日 14：04			7日 21：06			8日 17：47			8日 02：01			7日 23：02			7日 13：15		
22日 08：03			22日 18：38			23日 20：56			23日 11：28			23日 13：45			23日 06：41		
七赤金星			八白土星			九紫火星			一白水星			二黒土星			三碧木星		
1	10月10日	九紫	丙午	閏9月9日	三碧	丙子	9月8日	七赤	乙巳	8月8日	一白	乙亥	7月6日	五黄	甲辰	6月5日	九紫	癸酉
2	10月11日	八白	丁未	閏9月10日	二黒	丁丑	9月9日	六白	丙午	8月9日	九紫	丙子	7月7日	四緑	乙巳	6月6日	八白	甲戌
3	10月12日	七赤	戊申	閏9月11日	一白	戊寅	9月10日	五黄	丁未	8月10日	八白	丁丑	7月8日	三碧	丙午	6月7日	七赤	乙亥
4	10月13日	六白	己酉	閏9月12日	九紫	己卯	9月11日	四緑	戊申	8月11日	七赤	戊寅	7月9日	二黒	丁未	6月8日	六白	丙子
5	10月14日	五黄	庚戌	閏9月13日	八白	庚辰	9月12日	三碧	己酉	8月12日	六白	己卯	7月10日	一白	戊申	6月9日	五黄	丁丑
6	10月15日	四緑	辛亥	閏9月14日	七赤	辛巳	9月13日	二黒	庚戌	8月13日	五黄	庚辰	7月11日	九紫	己酉	6月10日	四緑	戊寅
7	10月16日	三碧	壬子	閏9月15日	六白	壬午	9月14日	一白	辛亥	8月14日	四緑	辛巳	7月12日	八白	庚戌	6月11日	三碧	己卯
8	10月17日	二黒	癸丑	閏9月16日	五黄	癸未	9月15日	九紫	壬子	8月15日	三碧	壬午	7月13日	七赤	辛亥	6月12日	二黒	庚辰
9	10月18日	一白	甲寅	閏9月17日	四緑	甲申	9月16日	八白	癸丑	8月16日	二黒	癸未	7月14日	六白	壬子	6月13日	一白	辛巳
10	10月19日	九紫	乙卯	閏9月18日	三碧	乙酉	9月17日	七赤	甲寅	8月17日	一白	甲申	7月15日	五黄	癸丑	6月14日	九紫	壬午
11	10月20日	八白	丙辰	閏9月19日	二黒	丙戌	9月18日	六白	乙卯	8月18日	九紫	乙酉	7月16日	四緑	甲寅	6月15日	八白	癸未
12	10月21日	七赤	丁巳	閏9月20日	一白	丁亥	9月19日	五黄	丙辰	8月19日	八白	丙戌	7月17日	三碧	乙卯	6月16日	七赤	甲申
13	10月22日	六白	戊午	閏9月21日	九紫	戊子	9月20日	四緑	丁巳	8月20日	七赤	丁亥	7月18日	二黒	丙辰	6月17日	六白	乙酉
14	10月23日	五黄	己未	閏9月22日	八白	己丑	9月21日	三碧	戊午	8月21日	六白	戊子	7月19日	一白	丁巳	6月18日	五黄	丙戌
15	10月24日	四緑	庚申	閏9月23日	七赤	庚寅	9月22日	二黒	己未	8月22日	五黄	己丑	7月20日	九紫	戊午	6月19日	四緑	丁亥
16	10月25日	三碧	辛酉	閏9月24日	六白	辛卯	9月23日	一白	庚申	8月23日	四緑	庚寅	7月21日	八白	己未	6月20日	三碧	戊子
17	10月26日	二黒	壬戌	閏9月25日	五黄	壬辰	9月24日	九紫	辛酉	8月24日	三碧	辛卯	7月22日	七赤	庚申	6月21日	二黒	己丑
18	10月27日	一白	癸亥	閏9月26日	四緑	癸巳	9月25日	八白	壬戌	8月25日	二黒	壬辰	7月23日	六白	辛酉	6月22日	一白	庚寅
19	10月28日	一白	甲子	閏9月27日	三碧	甲午	9月26日	七赤	癸亥	8月26日	一白	癸巳	7月24日	五黄	壬戌	6月23日	九紫	辛卯
20	10月29日	二黒	乙丑	閏9月28日	二黒	乙未	9月27日	六白	甲子	8月27日	九紫	甲午	7月25日	四緑	癸亥	6月24日	八白	壬辰
21	10月30日	三碧	丙寅	閏9月29日	一白	丙申	9月28日	五黄	乙丑	8月28日	八白	乙未	7月26日	三碧	甲子	6月25日	七赤	癸巳
22	11月1日	四緑	丁卯	10月1日	九紫	丁酉	9月29日	四緑	丙寅	8月29日	七赤	丙申	7月27日	二黒	乙丑	6月26日	六白	甲午
23	11月2日	五黄	戊辰	10月2日	八白	戊戌	9月30日	三碧	丁卯	8月30日	六白	丁酉	7月28日	一白	丙寅	6月27日	五黄	乙未
24	11月3日	六白	己巳	10月3日	七赤	己亥	閏9月1日	二黒	戊辰	9月1日	五黄	戊戌	7月29日	九紫	丁卯	6月28日	四緑	丙申
25	11月4日	七赤	庚午	10月4日	六白	庚子	閏9月2日	一白	己巳	9月2日	四緑	己亥	8月1日	八白	戊辰	6月29日	三碧	丁酉
26	11月5日	八白	辛未	10月5日	五黄	辛丑	閏9月3日	九紫	庚午	9月3日	三碧	庚子	8月2日	七赤	己巳	6月30日	二黒	戊戌
27	11月6日	九紫	壬申	10月6日	四緑	壬寅	閏9月4日	八白	辛未	9月4日	二黒	辛丑	8月3日	六白	庚午	7月1日	一白	己亥
28	11月7日	一白	癸酉	10月7日	三碧	癸卯	閏9月5日	七赤	壬申	9月5日	一白	壬寅	8月4日	五黄	辛未	7月2日	九紫	庚子
29	11月8日	二黒	甲戌	10月8日	二黒	甲辰	閏9月6日	六白	癸酉	9月6日	九紫	癸卯	8月5日	四緑	壬申	7月3日	八白	辛丑
30	11月9日	三碧	乙亥	10月9日	一白	乙巳	閏9月7日	五黄	甲戌	9月7日	八白	甲辰	8月6日	三碧	癸酉	7月4日	七赤	壬寅
31	11月10日	四緑	丙子				閏9月8日	四緑	乙亥				8月7日	二黒	甲戌	7月5日	六白	癸卯

6月壬午			5月辛巳			4月庚辰			3月己卯			2月戊寅			1月丁丑			
6日 08：58			6日 04：52			5日 11：38			6日 06：55			4日 12：58			6日 01：20			
22日 01：37			21日 17：44			20日 18：41			21日 07：44			19日 08：49			20日 18：43			
一白水星			二黒土星			三碧木星			四緑木星			五黄土星			六白金星			
4月15日	三碧	戊申	3月13日	八白	丁丑	2月13日	五黄	丁未	1月11日	一白	丙子	12月13日	九紫	戊申	11月11日	五黄	丁丑	1
4月16日	四緑	己酉	3月14日	九紫	戊寅	2月14日	六白	戊申	1月12日	二黒	丁丑	12月14日	一白	己酉	11月12日	六白	戊寅	2
4月17日	五黄	庚戌	3月15日	一白	己卯	2月15日	七赤	己酉	1月13日	三碧	戊寅	12月15日	二黒	庚戌	11月13日	七赤	己卯	3
4月18日	六白	辛亥	3月16日	二黒	庚辰	2月16日	八白	庚戌	1月14日	四緑	己卯	12月16日	三碧	辛亥	11月14日	八白	庚辰	4
4月19日	七赤	壬子	3月17日	三碧	辛巳	2月17日	九紫	辛亥	1月15日	五黄	庚辰	12月17日	四緑	壬子	11月15日	九紫	辛巳	5
4月20日	八白	癸丑	3月18日	四緑	壬午	2月18日	一白	壬子	1月16日	六白	辛巳	12月18日	五黄	癸丑	11月16日	一白	壬午	6
4月21日	九紫	甲寅	3月19日	五黄	癸未	2月19日	二黒	癸丑	1月17日	七赤	壬午	12月19日	六白	甲寅	11月17日	二黒	癸未	7
4月22日	一白	乙卯	3月20日	六白	甲申	2月20日	三碧	甲寅	1月18日	八白	癸未	12月20日	七赤	乙卯	11月18日	三碧	甲申	8
4月23日	二黒	丙辰	3月21日	七赤	乙酉	2月21日	四緑	乙卯	1月19日	九紫	甲申	12月21日	八白	丙辰	11月19日	四緑	乙酉	9
4月24日	三碧	丁巳	3月22日	八白	丙戌	2月22日	五黄	丙辰	1月20日	一白	乙酉	12月22日	九紫	丁巳	11月20日	五黄	丙戌	10
4月25日	四緑	戊午	3月23日	九紫	丁亥	2月23日	六白	丁巳	1月21日	二黒	丙戌	12月23日	一白	戊午	11月21日	六白	丁亥	11
4月26日	五黄	己未	3月24日	一白	戊子	2月24日	七赤	戊午	1月22日	三碧	丁亥	12月24日	二黒	己未	11月22日	七赤	戊子	12
4月27日	六白	庚申	3月25日	二黒	己丑	2月25日	八白	己未	1月23日	四緑	戊子	12月25日	三碧	庚申	11月23日	八白	己丑	13
4月28日	七赤	辛酉	3月26日	三碧	庚寅	2月26日	九紫	庚申	1月24日	五黄	己丑	12月26日	四緑	辛酉	11月24日	九紫	庚寅	14
4月29日	八白	壬戌	3月27日	四緑	辛卯	2月27日	一白	辛酉	1月25日	六白	庚寅	12月27日	五黄	壬戌	11月25日	一白	辛卯	15
5月1日	九紫	癸亥	3月28日	五黄	壬辰	2月28日	二黒	壬戌	1月26日	七赤	辛卯	12月28日	六白	癸亥	11月26日	二黒	壬辰	16
5月2日	九紫	甲子	3月29日	六白	癸巳	2月29日	三碧	癸亥	1月27日	八白	壬辰	12月29日	七赤	甲子	11月27日	三碧	癸巳	17
5月3日	八白	乙丑	4月1日	七赤	甲午	2月30日	四緑	甲子	1月28日	九紫	癸巳	12月30日	八白	乙丑	11月28日	四緑	甲午	18
5月4日	七赤	丙寅	4月2日	八白	乙未	3月1日	五黄	乙丑	1月29日	一白	甲午	1月1日	九紫	丙寅	11月29日	五黄	乙未	19
5月5日	六白	丁卯	4月3日	九紫	丙申	3月2日	六白	丙寅	2月1日	二黒	乙未	1月2日	一白	丁卯	12月1日	六白	丙申	20
5月6日	五黄	戊辰	4月4日	一白	丁酉	3月3日	七赤	丁卯	2月2日	三碧	丙申	1月3日	二黒	戊辰	12月2日	七赤	丁酉	21
5月7日	四緑	己巳	4月5日	二黒	戊戌	3月4日	八白	戊辰	2月3日	四緑	丁酉	1月4日	三碧	己巳	12月3日	八白	戊戌	22
5月8日	三碧	庚午	4月6日	三碧	己亥	3月5日	九紫	己巳	2月4日	五黄	戊戌	1月5日	四緑	庚午	12月4日	九紫	己亥	23
5月9日	二黒	辛未	4月7日	四緑	庚子	3月6日	一白	庚午	2月5日	六白	己亥	1月6日	五黄	辛未	12月5日	一白	庚子	24
5月10日	一白	壬申	4月8日	五黄	辛丑	3月7日	二黒	辛未	2月6日	七赤	庚子	1月7日	六白	壬申	12月6日	二黒	辛丑	25
5月11日	九紫	癸酉	4月9日	六白	壬寅	3月8日	三碧	壬申	2月7日	八白	辛丑	1月8日	七赤	癸酉	12月7日	三碧	壬寅	26
5月12日	八白	甲戌	4月10日	七赤	癸卯	3月9日	四緑	癸酉	2月8日	九紫	壬寅	1月9日	八白	甲戌	12月8日	四緑	癸卯	27
5月13日	七赤	乙亥	4月11日	八白	甲辰	3月10日	五黄	甲戌	2月9日	一白	癸卯	1月10日	九紫	乙亥	12月9日	五黄	甲辰	28
5月14日	六白	丙子	4月12日	九紫	乙巳	3月11日	六白	乙亥	2月10日	二黒	甲辰				12月10日	六白	乙巳	29
5月15日	五黄	丁丑	4月13日	一白	丙午	3月12日	七赤	丙子	2月11日	三碧	乙巳				12月11日	七赤	丙午	30
			4月14日	二黒	丁未				2月12日	四緑	丙午				12月12日	八白	丁未	31

184

	平成27年		2015年		乙未年		三碧木星			
	12月戊子		11月丁亥		10月丙戌		9月乙酉		8月甲申	7月癸未
	7日 19：53		8日 02：58		8日 23：42		8日 07：59		8日 05：01	7日 19：12
	22日 13：48		23日 00：25		24日 02：46		23日 17：20		23日 19：37	23日 12：30
	四緑木星		五黄土星		六白金星		七赤金星		八白土星	九紫火星
1	10月20日	四緑 辛亥	9月20日	七赤 辛巳	8月19日	二黒 庚戌	7月19日	五黄 庚辰	6月17日 九紫 己酉	5月16日 四緑 戊寅
2	10月21日	三碧 壬子	9月21日	六白 壬午	8月20日	一白 辛亥	7月20日	四緑 辛巳	6月18日 八白 庚戌	5月17日 三碧 己卯
3	10月22日	二黒 癸丑	9月22日	五黄 癸未	8月21日	九紫 壬子	7月21日	三碧 壬午	6月19日 七赤 辛亥	5月18日 二黒 庚辰
4	10月23日	一白 甲寅	9月23日	四緑 甲申	8月22日	八白 癸丑	7月22日	二黒 癸未	6月20日 六白 壬子	5月19日 一白 辛巳
5	10月24日	九紫 乙卯	9月24日	三碧 乙酉	8月23日	七赤 甲寅	7月23日	一白 甲申	6月21日 五黄 癸丑	5月20日 九紫 壬午
6	10月25日	八白 丙辰	9月25日	二黒 丙戌	8月24日	六白 乙卯	7月24日	九紫 乙酉	6月22日 四緑 甲寅	5月21日 八白 癸未
7	10月26日	七赤 丁巳	9月26日	一白 丁亥	8月25日	五黄 丙辰	7月25日	八白 丙戌	6月23日 三碧 乙卯	5月22日 七赤 甲申
8	10月27日	六白 戊午	9月27日	九紫 戊子	8月26日	四緑 丁巳	7月26日	七赤 丁亥	6月24日 二黒 丙辰	5月23日 六白 乙酉
9	10月28日	五黄 己未	9月28日	八白 己丑	8月27日	三碧 戊午	7月27日	六白 戊子	6月25日 一白 丁巳	5月24日 五黄 丙戌
10	10月29日	四緑 庚申	9月29日	七赤 庚寅	8月28日	二黒 己未	7月28日	五黄 己丑	6月26日 九紫 戊午	5月25日 四緑 丁亥
11	11月1日	三碧 辛酉	9月30日	六白 辛卯	8月29日	一白 庚申	7月29日	四緑 庚寅	6月27日 八白 己未	5月26日 三碧 戊子
12	11月2日	二黒 壬戌	10月1日	五黄 壬辰	8月30日	九紫 辛酉	7月30日	三碧 辛卯	6月28日 七赤 庚申	5月27日 二黒 己丑
13	11月3日	一白 癸亥	10月2日	四緑 癸巳	9月1日	八白 壬戌	8月1日	二黒 壬辰	6月29日 六白 辛酉	5月28日 一白 庚寅
14	11月4日	一白 甲子	10月3日	三碧 甲午	9月2日	七赤 癸亥	8月2日	一白 癸巳	7月1日 五黄 壬戌	5月29日 九紫 辛卯
15	11月5日	二黒 乙丑	10月4日	二黒 乙未	9月3日	六白 甲子	8月3日	九紫 甲午	7月2日 四緑 癸亥	5月30日 八白 壬辰
16	11月6日	三碧 丙寅	10月5日	一白 丙申	9月4日	五黄 乙丑	8月4日	八白 乙未	7月3日 三碧 甲子	6月1日 七赤 癸巳
17	11月7日	四緑 丁卯	10月6日	九紫 丁酉	9月5日	四緑 丙寅	8月5日	七赤 丙申	7月4日 二黒 乙丑	6月2日 六白 甲午
18	11月8日	五黄 戊辰	10月7日	八白 戊戌	9月6日	三碧 丁卯	8月6日	六白 丁酉	7月5日 一白 丙寅	6月3日 五黄 乙未
19	11月9日	六白 己巳	10月8日	七赤 己亥	9月7日	二黒 戊辰	8月7日	五黄 戊戌	7月6日 九紫 丁卯	6月4日 四緑 丙申
20	11月10日	七赤 庚午	10月9日	六白 庚子	9月8日	一白 己巳	8月8日	四緑 己亥	7月7日 八白 戊辰	6月5日 三碧 丁酉
21	11月11日	八白 辛未	10月10日	五黄 辛丑	9月9日	九紫 庚午	8月9日	三碧 庚子	7月8日 七赤 己巳	6月6日 二黒 戊戌
22	11月12日	九紫 壬申	10月11日	四緑 壬寅	9月10日	八白 辛未	8月10日	二黒 辛丑	7月9日 六白 庚午	6月7日 一白 己亥
23	11月13日	一白 癸酉	10月12日	三碧 癸卯	9月11日	七赤 壬申	8月11日	一白 壬寅	7月10日 五黄 辛未	6月8日 九紫 庚子
24	11月14日	二黒 甲戌	10月13日	二黒 甲辰	9月12日	六白 癸酉	8月12日	九紫 癸卯	7月11日 四緑 壬申	6月9日 八白 辛丑
25	11月15日	三碧 乙亥	10月14日	一白 乙巳	9月13日	五黄 甲戌	8月13日	八白 甲辰	7月12日 三碧 癸酉	6月10日 七赤 壬寅
26	11月16日	四緑 丙子	10月15日	九紫 丙午	9月14日	四緑 乙亥	8月14日	七赤 乙巳	7月13日 二黒 甲戌	6月11日 六白 癸卯
27	11月17日	五黄 丁丑	10月16日	八白 丁未	9月15日	三碧 丙子	8月15日	六白 丙午	7月14日 一白 乙亥	6月12日 五黄 甲辰
28	11月18日	六白 戊寅	10月17日	七赤 戊申	9月16日	二黒 丁丑	8月16日	五黄 丁未	7月15日 九紫 丙子	6月13日 四緑 乙巳
29	11月19日	七赤 己卯	10月18日	六白 己酉	9月17日	一白 戊寅	8月17日	四緑 戊申	7月16日 八白 丁丑	6月14日 三碧 丙午
30	11月20日	八白 庚辰	10月19日	五黄 庚戌	9月18日	九紫 己卯	8月18日	三碧 己酉	7月17日 七赤 戊寅	6月15日 二黒 丁未
31	11月21日	九紫 辛巳			9月19日	八白 庚辰			7月18日 六白 己卯	6月16日 一白 戊申

6月甲午	5月癸巳	4月壬辰	3月辛卯	2月庚寅	1月己丑	
5日 14：48	5日 10：41	4日 17：27	5日 12：43	4日 18：46	6日 07：08	
21日 07：33	20日 23：36	20日 00：29	20日 13：30	19日 14：33	21日 00：27	
七赤金星	八白土星	九紫火星	一白水星	二黒土星	三碧木星	
4月26日 九紫 甲寅	3月25日 五黄 癸未	2月24日 二黒 癸丑	1月23日 七赤 壬午	12月23日 五黄 癸丑	11月22日 一白 壬午	1
4月27日 一白 乙卯	3月26日 六白 甲申	2月25日 三碧 甲寅	1月24日 八白 癸未	12月24日 六白 甲寅	11月23日 二黒 癸未	2
4月28日 二黒 丙辰	3月27日 七赤 乙酉	2月26日 四緑 乙卯	1月25日 九紫 甲申	12月25日 七赤 乙卯	11月24日 三碧 甲申	3
4月29日 三碧 丁巳	3月28日 八白 丙戌	2月27日 五黄 丙辰	1月26日 一白 乙酉	12月26日 八白 丙辰	11月25日 四緑 乙酉	4
5月1日 四緑 戊午	3月29日 九紫 丁亥	2月28日 六白 丁巳	1月27日 二黒 丙戌	12月27日 九紫 丁巳	11月26日 五黄 丙戌	5
5月2日 五黄 己未	3月30日 一白 戊子	2月29日 七赤 戊午	1月28日 三碧 丁亥	12月28日 一白 戊午	11月27日 六白 丁亥	6
5月3日 六白 庚申	4月1日 二黒 己丑	3月1日 八白 己未	1月29日 四緑 戊子	12月29日 二黒 己未	11月28日 七赤 戊子	7
5月4日 七赤 辛酉	4月2日 三碧 庚寅	3月2日 九紫 庚申	1月30日 五黄 己丑	1月1日 三碧 庚申	11月29日 八白 己丑	8
5月5日 八白 壬戌	4月3日 四緑 辛卯	3月3日 一白 辛酉	2月1日 六白 庚寅	1月2日 四緑 辛酉	11月30日 九紫 庚寅	9
5月6日 九紫 癸亥	4月4日 五黄 壬辰	3月4日 二黒 壬戌	2月2日 七赤 辛卯	1月3日 五黄 壬戌	12月1日 一白 辛卯	10
5月7日 九紫 甲子	4月5日 六白 癸巳	3月5日 三碧 癸亥	2月3日 八白 壬辰	1月4日 六白 癸亥	12月2日 二黒 壬辰	11
5月8日 八白 乙丑	4月6日 七赤 甲午	3月6日 四緑 甲子	2月4日 九紫 癸巳	1月5日 七赤 甲子	12月3日 三碧 癸巳	12
5月9日 七赤 丙寅	4月7日 八白 乙未	3月7日 五黄 乙丑	2月5日 一白 甲午	1月6日 八白 乙丑	12月4日 四緑 甲午	13
5月10日 六白 丁卯	4月8日 九紫 丙申	3月8日 六白 丙寅	2月6日 二黒 乙未	1月7日 九紫 丙寅	12月5日 五黄 乙未	14
5月11日 五黄 戊辰	4月9日 一白 丁酉	3月9日 七赤 丁卯	2月7日 三碧 丙申	1月8日 一白 丁卯	12月6日 六白 丙申	15
5月12日 四緑 己巳	4月10日 二黒 戊戌	3月10日 八白 戊辰	2月8日 四緑 丁酉	1月9日 二黒 戊辰	12月7日 七赤 丁酉	16
5月13日 三碧 庚午	4月11日 三碧 己亥	3月11日 九紫 己巳	2月9日 五黄 戊戌	1月10日 三碧 己巳	12月8日 八白 戊戌	17
5月14日 二黒 辛未	4月12日 四緑 庚子	3月12日 一白 庚午	2月10日 六白 己亥	1月11日 四緑 庚午	12月9日 九紫 己亥	18
5月15日 一白 壬申	4月13日 五黄 辛丑	3月13日 二黒 辛未	2月11日 七赤 庚子	1月12日 五黄 辛未	12月10日 一白 庚子	19
5月16日 九紫 癸酉	4月14日 六白 壬寅	3月14日 三碧 壬申	2月12日 八白 辛丑	1月13日 六白 壬申	12月11日 二黒 辛丑	20
5月17日 八白 甲戌	4月15日 七赤 癸卯	3月15日 四緑 癸酉	2月13日 九紫 壬寅	1月14日 七赤 癸酉	12月12日 三碧 壬寅	21
5月18日 七赤 乙亥	4月16日 八白 甲辰	3月16日 五黄 甲戌	2月14日 一白 癸卯	1月15日 八白 甲戌	12月13日 四緑 癸卯	22
5月19日 六白 丙子	4月17日 九紫 乙巳	3月17日 六白 乙亥	2月15日 二黒 甲辰	1月16日 九紫 乙亥	12月14日 五黄 甲辰	23
5月20日 五黄 丁丑	4月18日 一白 丙午	3月18日 七赤 丙子	2月16日 三碧 乙巳	1月17日 一白 丙子	12月15日 六白 乙巳	24
5月21日 四緑 戊寅	4月19日 二黒 丁未	3月19日 八白 丁丑	2月17日 四緑 丙午	1月18日 二黒 丁丑	12月16日 七赤 丙午	25
5月22日 三碧 己卯	4月20日 三碧 戊申	3月20日 九紫 戊寅	2月18日 五黄 丁未	1月19日 三碧 戊寅	12月17日 八白 丁未	26
5月23日 二黒 庚辰	4月21日 四緑 己酉	3月21日 一白 己卯	2月19日 六白 戊申	1月20日 四緑 己卯	12月18日 九紫 戊申	27
5月24日 一白 辛巳	4月22日 五黄 庚戌	3月22日 二黒 庚辰	2月20日 七赤 己酉	1月21日 五黄 庚辰	12月19日 一白 己酉	28
5月25日 九紫 壬午	4月23日 六白 辛亥	3月23日 三碧 辛巳	2月21日 八白 庚戌	1月22日 六白 辛巳	12月20日 二黒 庚戌	29
5月26日 八白 癸未	4月24日 七赤 壬子	3月24日 四緑 壬午	2月22日 九紫 辛亥		12月21日 三碧 辛亥	30
	4月25日 八白 癸丑		2月23日 一白 壬子		12月22日 四緑 壬子	31

平成28年		2016年		丙申年		二黒土星					
12月庚子		11月己亥		10月戊戌		9月丁酉		8月丙申		7月乙未	
7日 01：41		7日 08：47		8日 05：33		7日 13：51		7日 10：53		7日 01：03	
21日 19：44		22日 06：22		23日 08：45		22日 23：21		23日 01：38		22日 18：30	
一白水星		二黒土星		三碧木星		四緑木星		五黄土星		六白金星	

1	11月3日	七赤	丁巳	10月2日	一白	丁亥	9月1日	五黄	丙辰	8月1日	八白	丙戌	6月29日	三碧	乙卯	5月27日	七赤	甲申
2	11月4日	六白	戊午	10月3日	九紫	戊子	9月2日	四緑	丁巳	8月2日	七赤	丁亥	6月30日	二黒	丙辰	5月28日	六白	乙酉
3	11月5日	五黄	己未	10月4日	八白	己丑	9月3日	三碧	戊午	8月3日	六白	戊子	7月1日	一白	丁巳	5月29日	五黄	丙戌
4	11月6日	四緑	庚申	10月5日	七赤	庚寅	9月4日	二黒	己未	8月4日	五黄	己丑	7月2日	九紫	戊午	6月1日	四緑	丁亥
5	11月7日	三碧	辛酉	10月6日	六白	辛卯	9月5日	一白	庚申	8月5日	四緑	庚寅	7月3日	八白	己未	6月2日	三碧	戊子
6	11月8日	二黒	壬戌	10月7日	五黄	壬辰	9月6日	九紫	辛酉	8月6日	三碧	辛卯	7月4日	七赤	庚申	6月3日	二黒	己丑
7	11月9日	一白	癸亥	10月8日	四緑	癸巳	9月7日	八白	壬戌	8月7日	二黒	壬辰	7月5日	六白	辛酉	6月4日	一白	庚寅
8	11月10日	一白	甲子	10月9日	三碧	甲午	9月8日	七赤	癸亥	8月8日	一白	癸巳	7月6日	五黄	壬戌	6月5日	九紫	辛卯
9	11月11日	二黒	乙丑	10月10日	二黒	乙未	9月9日	六白	甲子	8月9日	九紫	甲午	7月7日	四緑	癸亥	6月6日	八白	壬辰
10	11月12日	三碧	丙寅	10月11日	一白	丙申	9月10日	五黄	乙丑	8月10日	八白	乙未	7月8日	三碧	甲子	6月7日	七赤	癸巳
11	11月13日	四緑	丁卯	10月12日	九紫	丁酉	9月11日	四緑	丙寅	8月11日	七赤	丙申	7月9日	二黒	乙丑	6月8日	六白	甲午
12	11月14日	五黄	戊辰	10月13日	八白	戊戌	9月12日	三碧	丁卯	8月12日	六白	丁酉	7月10日	一白	丙寅	6月9日	五黄	乙未
13	11月15日	六白	己巳	10月14日	七赤	己亥	9月13日	二黒	戊辰	8月13日	五黄	戊戌	7月11日	九紫	丁卯	6月10日	四緑	丙申
14	11月16日	七赤	庚午	10月15日	六白	庚子	9月14日	一白	己巳	8月14日	四緑	己亥	7月12日	八白	戊辰	6月11日	三碧	丁酉
15	11月17日	八白	辛未	10月16日	五黄	辛丑	9月15日	九紫	庚午	8月15日	三碧	庚子	7月13日	七赤	己巳	6月12日	二黒	戊戌
16	11月18日	九紫	壬申	10月17日	四緑	壬寅	9月16日	八白	辛未	8月16日	二黒	辛丑	7月14日	六白	庚午	6月13日	一白	己亥
17	11月19日	一白	癸酉	10月18日	三碧	癸卯	9月17日	七赤	壬申	8月17日	一白	壬寅	7月15日	五黄	辛未	6月14日	九紫	庚子
18	11月20日	二黒	甲戌	10月19日	二黒	甲辰	9月18日	六白	癸酉	8月18日	九紫	癸卯	7月16日	四緑	壬申	6月15日	八白	辛丑
19	11月21日	三碧	乙亥	10月20日	一白	乙巳	9月19日	五黄	甲戌	8月19日	八白	甲辰	7月17日	三碧	癸酉	6月16日	七赤	壬寅
20	11月22日	四緑	丙子	10月21日	九紫	丙午	9月20日	四緑	乙亥	8月20日	七赤	乙巳	7月18日	二黒	甲戌	6月17日	六白	癸卯
21	11月23日	五黄	丁丑	10月22日	八白	丁未	9月21日	三碧	丙子	8月21日	六白	丙午	7月19日	一白	乙亥	6月18日	五黄	甲辰
22	11月24日	六白	戊寅	10月23日	七赤	戊申	9月22日	二黒	丁丑	8月22日	五黄	丁未	7月20日	九紫	丙子	6月19日	四緑	乙巳
23	11月25日	七赤	己卯	10月24日	六白	己酉	9月23日	一白	戊寅	8月23日	四緑	戊申	7月21日	八白	丁丑	6月20日	三碧	丙午
24	11月26日	八白	庚辰	10月25日	五黄	庚戌	9月24日	九紫	己卯	8月24日	三碧	己酉	7月22日	七赤	戊寅	6月21日	二黒	丁未
25	11月27日	九紫	辛巳	10月26日	四緑	辛亥	9月25日	八白	庚辰	8月25日	二黒	庚戌	7月23日	六白	己卯	6月22日	一白	戊申
26	11月28日	一白	壬午	10月27日	三碧	壬子	9月26日	七赤	辛巳	8月26日	一白	辛亥	7月24日	五黄	庚辰	6月23日	九紫	己酉
27	11月29日	二黒	癸未	10月28日	二黒	癸丑	9月27日	六白	壬午	8月27日	九紫	壬子	7月25日	四緑	辛巳	6月24日	八白	庚戌
28	11月30日	三碧	甲申	10月29日	一白	甲寅	9月28日	五黄	癸未	8月28日	八白	癸丑	7月26日	三碧	壬午	6月25日	七赤	辛亥
29	12月1日	四緑	乙酉	11月1日	九紫	乙卯	9月29日	四緑	甲申	8月29日	七赤	甲寅	7月27日	二黒	癸未	6月26日	六白	壬子
30	12月2日	五黄	丙戌	11月2日	八白	丙辰	9月30日	三碧	乙酉	8月30日	六白	乙卯	7月28日	一白	甲申	6月27日	五黄	癸丑
31	12月3日	六白	丁亥				10月1日	二黒	丙戌				7月29日	九紫	乙酉	6月28日	四緑	甲寅

6月丙午			5月乙巳			4月甲辰			3月癸卯			2月壬寅			1月辛丑			
5日 20:35			5日 16:30			4日 23:17			5日 18:33			4日 00:34			5日 12:55			
21日 13:23			21日 05:30			20日 06:26			20日 19:29			18日 20:31			20日 06:23			
四緑木星			五黄土星			六白金星			七赤金星			八白土星			九紫火星			
5月7日	五黄	己未	4月6日	一白	戊子	3月5日	七赤	戊午	2月4日	三碧	丁亥	1月5日	二黒	己未	12月4日	七赤	戊子	1
5月8日	六白	庚申	4月7日	二黒	己丑	3月6日	八白	己未	2月5日	四緑	戊子	1月6日	三碧	庚申	12月5日	八白	己丑	2
5月9日	七赤	辛酉	4月8日	三碧	庚寅	3月7日	九紫	庚申	2月6日	五黄	己丑	1月7日	四緑	辛酉	12月6日	九紫	庚寅	3
5月10日	八白	壬戌	4月9日	四緑	辛卯	3月8日	一白	辛酉	2月7日	六白	庚寅	1月8日	五黄	壬戌	12月7日	一白	辛卯	4
5月11日	九紫	癸亥	4月10日	五黄	壬辰	3月9日	二黒	壬戌	2月8日	七赤	辛卯	1月9日	六白	癸亥	12月8日	二黒	壬辰	5
5月12日	九紫	甲子	4月11日	六白	癸巳	3月10日	三碧	癸亥	2月9日	八白	壬辰	1月10日	七赤	甲子	12月9日	三碧	癸巳	6
5月13日	八白	乙丑	4月12日	七赤	甲午	3月11日	四緑	甲子	2月10日	九紫	癸巳	1月11日	八白	乙丑	12月10日	四緑	甲午	7
5月14日	七赤	丙寅	4月13日	八白	乙未	3月12日	五黄	乙丑	2月11日	一白	甲午	1月12日	九紫	丙寅	12月11日	五黄	乙未	8
5月15日	六白	丁卯	4月14日	九紫	丙申	3月13日	六白	丙寅	2月12日	二黒	乙未	1月13日	一白	丁卯	12月12日	六白	丙申	9
5月16日	五黄	戊辰	4月15日	一白	丁酉	3月14日	七赤	丁卯	2月13日	三碧	丙申	1月14日	二黒	戊辰	12月13日	七赤	丁酉	10
5月17日	四緑	己巳	4月16日	二黒	戊戌	3月15日	八白	戊辰	2月14日	四緑	丁酉	1月15日	三碧	己巳	12月14日	八白	戊戌	11
5月18日	三碧	庚午	4月17日	三碧	己亥	3月16日	九紫	己巳	2月15日	五黄	戊戌	1月16日	四緑	庚午	12月15日	九紫	己亥	12
5月19日	二黒	辛未	4月18日	四緑	庚子	3月17日	一白	庚午	2月16日	六白	己亥	1月17日	五黄	辛未	12月16日	一白	庚子	13
5月20日	一白	壬申	4月19日	五黄	辛丑	3月18日	二黒	辛未	2月17日	七赤	庚子	1月18日	六白	壬申	12月17日	二黒	辛丑	14
5月21日	九紫	癸酉	4月20日	六白	壬寅	3月19日	三碧	壬申	2月18日	八白	辛丑	1月19日	七赤	癸酉	12月18日	三碧	壬寅	15
5月22日	八白	甲戌	4月21日	七赤	癸卯	3月20日	四緑	癸酉	2月19日	九紫	壬寅	1月20日	八白	甲戌	12月19日	四緑	癸卯	16
5月23日	七赤	乙亥	4月22日	八白	甲辰	3月21日	五黄	甲戌	2月20日	一白	癸卯	1月21日	九紫	乙亥	12月20日	五黄	甲辰	17
5月24日	六白	丙子	4月23日	九紫	乙巳	3月22日	六白	乙亥	2月21日	二黒	甲辰	1月22日	一白	丙子	12月21日	六白	乙巳	18
5月25日	五黄	丁丑	4月24日	一白	丙午	3月23日	七赤	丙子	2月22日	三碧	乙巳	1月23日	二黒	丁丑	12月22日	七赤	丙午	19
5月26日	四緑	戊寅	4月25日	二黒	丁未	3月24日	八白	丁丑	2月23日	四緑	丙午	1月24日	三碧	戊寅	12月23日	八白	丁未	20
5月27日	三碧	己卯	4月26日	三碧	戊申	3月25日	九紫	戊寅	2月24日	五黄	丁未	1月25日	四緑	己卯	12月24日	九紫	戊申	21
5月28日	二黒	庚辰	4月27日	四緑	己酉	3月26日	一白	己卯	2月25日	六白	戊申	1月26日	五黄	庚辰	12月25日	一白	己酉	22
5月29日	一白	辛巳	4月28日	五黄	庚戌	3月27日	二黒	庚辰	2月26日	七赤	己酉	1月27日	六白	辛巳	12月26日	二黒	庚戌	23
閏5月1日	九紫	壬午	4月29日	六白	辛亥	3月28日	三碧	辛巳	2月27日	八白	庚戌	1月28日	七赤	壬午	12月27日	三碧	辛亥	24
閏5月2日	八白	癸未	4月30日	七赤	壬子	3月29日	四緑	壬午	2月28日	九紫	辛亥	1月29日	八白	癸未	12月28日	四緑	壬子	25
閏5月3日	七赤	甲申	5月1日	八白	癸丑	4月1日	五黄	癸未	2月29日	一白	壬子	2月1日	九紫	甲申	12月29日	五黄	癸丑	26
閏5月4日	六白	乙酉	5月2日	九紫	甲寅	4月2日	六白	甲申	2月30日	二黒	癸丑	2月2日	一白	乙酉	12月30日	六白	甲寅	27
閏5月5日	五黄	丙戌	5月3日	一白	乙卯	4月3日	七赤	乙酉	3月1日	三碧	甲寅	2月3日	二黒	丙戌	1月1日	七赤	乙卯	28
閏5月6日	四緑	丁亥	5月4日	二黒	丙辰	4月4日	八白	丙戌	3月2日	四緑	乙卯				1月2日	八白	丙辰	29
閏5月7日	三碧	戊子	5月5日	三碧	丁巳	4月5日	九紫	丁亥	3月3日	五黄	丙辰				1月3日	九紫	丁巳	30
			5月6日	四緑	戊午				3月4日	六白	丁巳				1月4日	一白	戊午	31

平成29年		2017年		丁酉年		一白水星					
12月壬子		11月辛亥		10月庚戌		9月己酉		8月戊申		7月丁未	
7日 07：32		7日 14：37		8日 11：22		7日 19：39		7日 16：40		7日 06：50	
22日 01：27		22日 12：04		23日 14：26		23日 05：02		23日 07：20		23日 00：15	
七赤金星		八白土星		九紫火星		一白水星		二黒土星		三碧木星	
1	10月14日 二黒 壬戌	9月13日 五黄 壬辰	8月12日 九紫 辛酉	7月11日 三碧 辛卯	6月10日 七赤 庚申	閏5月8日 二黒 己丑
2	10月15日 一白 癸亥	9月14日 四緑 癸巳	8月13日 八白 壬戌	7月12日 二黒 壬辰	6月11日 六白 辛酉	閏5月9日 一白 庚寅
3	10月16日 一白 甲子	9月15日 三碧 甲午	8月14日 七赤 癸亥	7月13日 一白 癸巳	6月12日 五黄 壬戌	閏5月10日 九紫 辛卯
4	10月17日 二黒 乙丑	9月16日 二黒 乙未	8月15日 六白 甲子	7月14日 九紫 甲午	6月13日 四緑 癸亥	閏5月11日 八白 壬辰
5	10月18日 三碧 丙寅	9月17日 一白 丙申	8月16日 五黄 乙丑	7月15日 八白 乙未	6月14日 三碧 甲子	閏5月12日 七赤 癸巳
6	10月19日 四緑 丁卯	9月18日 九紫 丁酉	8月17日 四緑 丙寅	7月16日 七赤 丙申	6月15日 二黒 乙丑	閏5月13日 六白 甲午
7	10月20日 五黄 戊辰	9月19日 八白 戊戌	8月18日 三碧 丁卯	7月17日 六白 丁酉	6月16日 一白 丙寅	閏5月14日 五黄 乙未
8	10月21日 六白 己巳	9月20日 七赤 己亥	8月19日 二黒 戊辰	7月18日 五黄 戊戌	6月17日 九紫 丁卯	閏5月15日 四緑 丙申
9	10月22日 七赤 庚午	9月21日 六白 庚子	8月20日 一白 己巳	7月19日 四緑 己亥	6月18日 八白 戊辰	閏5月16日 三碧 丁酉
10	10月23日 八白 辛未	9月22日 五黄 辛丑	8月21日 九紫 庚午	7月20日 三碧 庚子	6月19日 七赤 己巳	閏5月17日 二黒 戊戌
11	10月24日 九紫 壬申	9月23日 四緑 壬寅	8月22日 八白 辛未	7月21日 二黒 辛丑	6月20日 六白 庚午	閏5月18日 一白 己亥
12	10月25日 一白 癸酉	9月24日 三碧 癸卯	8月23日 七赤 壬申	7月22日 一白 壬寅	6月21日 五黄 辛未	閏5月19日 九紫 庚子
13	10月26日 二黒 甲戌	9月25日 二黒 甲辰	8月24日 六白 癸酉	7月23日 九紫 癸卯	6月22日 四緑 壬申	閏5月20日 八白 辛丑
14	10月27日 三碧 乙亥	9月26日 一白 乙巳	8月25日 五黄 甲戌	7月24日 八白 甲辰	6月23日 三碧 癸酉	閏5月21日 七赤 壬寅
15	10月28日 四緑 丙子	9月27日 九紫 丙午	8月26日 四緑 乙亥	7月25日 七赤 乙巳	6月24日 二黒 甲戌	閏5月22日 六白 癸卯
16	10月29日 五黄 丁丑	9月28日 八白 丁未	8月27日 三碧 丙子	7月26日 六白 丙午	6月25日 一白 乙亥	閏5月23日 五黄 甲辰
17	10月30日 六白 戊寅	9月29日 七赤 戊申	8月28日 二黒 丁丑	7月27日 五黄 丁未	6月26日 九紫 丙子	閏5月24日 四緑 乙巳
18	11月1日 七赤 己卯	10月1日 六白 己酉	8月29日 一白 戊寅	7月28日 四緑 戊申	6月27日 八白 丁丑	閏5月25日 三碧 丙午
19	11月2日 八白 庚辰	10月2日 五黄 庚戌	8月30日 九紫 己卯	7月29日 三碧 己酉	6月28日 七赤 戊寅	閏5月26日 二黒 丁未
20	11月3日 九紫 辛巳	10月3日 四緑 辛亥	9月1日 八白 庚辰	8月1日 二黒 庚戌	6月29日 六白 己卯	閏5月27日 一白 戊申
21	11月4日 一白 壬午	10月4日 三碧 壬子	9月2日 七赤 辛巳	8月2日 一白 辛亥	6月30日 五黄 庚辰	閏5月28日 九紫 己酉
22	11月5日 二黒 癸未	10月5日 二黒 癸丑	9月3日 六白 壬午	8月3日 九紫 壬子	7月1日 四緑 辛巳	閏5月29日 八白 庚戌
23	11月6日 三碧 甲申	10月6日 一白 甲寅	9月4日 五黄 癸未	8月4日 八白 癸丑	7月2日 三碧 壬午	6月1日 七赤 辛亥
24	11月7日 四緑 乙酉	10月7日 九紫 乙卯	9月5日 四緑 甲申	8月5日 七赤 甲寅	7月3日 二黒 癸未	6月2日 六白 壬子
25	11月8日 五黄 丙戌	10月8日 八白 丙辰	9月6日 三碧 乙酉	8月6日 六白 乙卯	7月4日 一白 甲申	6月3日 五黄 癸丑
26	11月9日 六白 丁亥	10月9日 七赤 丁巳	9月7日 二黒 丙戌	8月7日 五黄 丙辰	7月5日 九紫 乙酉	6月4日 四緑 甲寅
27	11月10日 七赤 戊子	10月10日 六白 戊午	9月8日 一白 丁亥	8月8日 四緑 丁巳	7月6日 八白 丙戌	6月5日 三碧 乙卯
28	11月11日 八白 己丑	10月11日 五黄 己未	9月9日 九紫 戊子	8月9日 三碧 戊午	7月7日 七赤 丁亥	6月6日 二黒 丙辰
29	11月12日 九紫 庚寅	10月12日 四緑 庚申	9月10日 八白 己丑	8月10日 二黒 己未	7月8日 六白 戊子	6月7日 一白 丁巳
30	11月13日 一白 辛卯	10月13日 三碧 辛酉	9月11日 七赤 庚寅	8月11日 一白 庚申	7月9日 五黄 己丑	6月8日 九紫 戊午
31	11月14日 二黒 壬辰		9月12日 六白 辛卯		7月10日 四緑 庚寅	6月9日 八白 己未

6月戊午		5月丁巳		4月丙辰		3月乙卯		2月甲寅		1月癸丑		
6日 02：28		5日 22：24		5日 05：12		6日 00：28		4日 06：29		5日 18：48		
21日 19：06		21日 11：13		20日 12：12		21日 01：15		19日 02：18		20日 12：09		
一白水星		二黒土星		三碧木星		四緑木星		五黄土星		六白金星		
4月18日	九紫	甲子	3月16日	六白	癸巳	2月16日	三碧	癸亥	1月14日	八白	壬辰	12月16日	七赤	甲子	11月15日	三碧	癸巳	1
4月19日	八白	乙丑	3月17日	七赤	甲午	2月17日	四緑	甲子	1月15日	九紫	癸巳	12月17日	八白	乙丑	11月16日	四緑	甲午	2
4月20日	七赤	丙寅	3月18日	八白	乙未	2月18日	五黄	乙丑	1月16日	一白	甲午	12月18日	九紫	丙寅	11月17日	五黄	乙未	3
4月21日	六白	丁卯	3月19日	九紫	丙申	2月19日	六白	丙寅	1月17日	二黒	乙未	12月19日	一白	丁卯	11月18日	六白	丙申	4
4月22日	五黄	戊辰	3月20日	一白	丁酉	2月20日	七赤	丁卯	1月18日	三碧	丙申	12月20日	二黒	戊辰	11月19日	七赤	丁酉	5
4月23日	四緑	己巳	3月21日	二黒	戊戌	2月21日	八白	戊辰	1月19日	四緑	丁酉	12月21日	三碧	己巳	11月20日	八白	戊戌	6
4月24日	三碧	庚午	3月22日	三碧	己亥	2月22日	九紫	己巳	1月20日	五黄	戊戌	12月22日	四緑	庚午	11月21日	九紫	己亥	7
4月25日	二黒	辛未	3月23日	四緑	庚子	2月23日	一白	庚午	1月21日	六白	己亥	12月23日	五黄	辛未	11月22日	一白	庚子	8
4月26日	一白	壬申	3月24日	五黄	辛丑	2月24日	二黒	辛未	1月22日	七赤	庚子	12月24日	六白	壬申	11月23日	二黒	辛丑	9
4月27日	九紫	癸酉	3月25日	六白	壬寅	2月25日	三碧	壬申	1月23日	八白	辛丑	12月25日	七赤	癸酉	11月24日	三碧	壬寅	10
4月28日	八白	甲戌	3月26日	七赤	癸卯	2月26日	四緑	癸酉	1月24日	九紫	壬寅	12月26日	八白	甲戌	11月25日	四緑	癸卯	11
4月29日	七赤	乙亥	3月27日	八白	甲辰	2月27日	五黄	甲戌	1月25日	一白	癸卯	12月27日	九紫	乙亥	11月26日	五黄	甲辰	12
4月30日	六白	丙子	3月28日	九紫	乙巳	2月28日	六白	乙亥	1月26日	二黒	甲辰	12月28日	一白	丙子	11月27日	六白	乙巳	13
5月1日	五黄	丁丑	3月29日	一白	丙午	2月29日	七赤	丙子	1月27日	三碧	乙巳	12月29日	二黒	丁丑	11月28日	七赤	丙午	14
5月2日	四緑	戊寅	4月1日	二黒	丁未	2月30日	八白	丁丑	1月28日	四緑	丙午	12月30日	三碧	戊寅	11月29日	八白	丁未	15
5月3日	三碧	己卯	4月2日	三碧	戊申	3月1日	九紫	戊寅	1月29日	五黄	丁未	1月1日	四緑	己卯	11月30日	九紫	戊申	16
5月4日	二黒	庚辰	4月3日	四緑	己酉	3月2日	一白	己卯	2月1日	六白	戊申	1月2日	五黄	庚辰	12月1日	一白	己酉	17
5月5日	一白	辛巳	4月4日	五黄	庚戌	3月3日	二黒	庚辰	2月2日	七赤	己酉	1月3日	六白	辛巳	12月2日	二黒	庚戌	18
5月6日	九紫	壬午	4月5日	六白	辛亥	3月4日	三碧	辛巳	2月3日	八白	庚戌	1月4日	七赤	壬午	12月3日	三碧	辛亥	19
5月7日	八白	癸未	4月6日	七赤	壬子	3月5日	四緑	壬午	2月4日	九紫	辛亥	1月5日	八白	癸未	12月4日	四緑	壬子	20
5月8日	七赤	甲申	4月7日	八白	癸丑	3月6日	五黄	癸未	2月5日	一白	壬子	1月6日	九紫	甲申	12月5日	五黄	癸丑	21
5月9日	六白	乙酉	4月8日	九紫	甲寅	3月7日	六白	甲申	2月6日	二黒	癸丑	1月7日	一白	乙酉	12月6日	六白	甲寅	22
5月10日	五黄	丙戌	4月9日	一白	乙卯	3月8日	七赤	乙酉	2月7日	三碧	甲寅	1月8日	二黒	丙戌	12月7日	七赤	乙卯	23
5月11日	四緑	丁亥	4月10日	二黒	丙辰	3月9日	八白	丙戌	2月8日	四緑	乙卯	1月9日	三碧	丁亥	12月8日	八白	丙辰	24
5月12日	三碧	戊子	4月11日	三碧	丁巳	3月10日	九紫	丁亥	2月9日	五黄	丙辰	1月10日	四緑	戊子	12月9日	九紫	丁巳	25
5月13日	二黒	己丑	4月12日	四緑	戊午	3月11日	一白	戊子	2月10日	六白	丁巳	1月11日	五黄	己丑	12月10日	一白	戊午	26
5月14日	一白	庚寅	4月13日	五黄	己未	3月12日	二黒	己丑	2月11日	七赤	戊午	1月12日	六白	庚寅	12月11日	二黒	己未	27
5月15日	九紫	辛卯	4月14日	六白	庚申	3月13日	三碧	庚寅	2月12日	八白	己未	1月13日	七赤	辛卯	12月12日	三碧	庚申	28
5月16日	八白	壬辰	4月15日	七赤	辛酉	3月14日	四緑	辛卯	2月13日	九紫	庚申				12月13日	四緑	辛酉	29
5月17日	七赤	癸巳	4月16日	八白	壬戌	3月15日	五黄	壬辰	2月14日	一白	辛酉				12月14日	五黄	壬戌	30
			4月17日	九紫	癸亥				2月15日	二黒	壬戌				12月15日	六白	癸亥	31

	平成30年		2018年		戊戌年		九紫火星				
	12月甲子		11月癸亥		10月壬戌		9月辛酉		8月庚申		7月己未	
	7日 13：25		7日 20：31		8日 17：14		8日 01：30		7日 22：31		7日 12：41	
	22日 07：22		22日 18：00		23日 20：22		23日 10：54		23日 13：09		23日 06：00	
	四緑木星		五黄土星		六白金星		七赤金星		八白土星		九紫火星	
1	10月24日	四緑	丁卯	9月24日	九紫	丁酉	8月22日	四緑	丙寅	7月22日	七赤	丙申	6月20日	二黒	乙丑	5月18日	六白	甲午
2	10月25日	五黄	戊辰	9月25日	八白	戊戌	8月23日	三碧	丁卯	7月23日	六白	丁酉	6月21日	一白	丙寅	5月19日	五黄	乙未
3	10月26日	六白	己巳	9月26日	七赤	己亥	8月24日	二黒	戊辰	7月24日	五黄	戊戌	6月22日	九紫	丁卯	5月20日	四緑	丙申
4	10月27日	七赤	庚午	9月27日	六白	庚子	8月25日	一白	己巳	7月25日	四緑	己亥	6月23日	八白	戊辰	5月21日	三碧	丁酉
5	10月28日	八白	辛未	9月28日	五黄	辛丑	8月26日	九紫	庚午	7月26日	三碧	庚子	6月24日	七赤	己巳	5月22日	二黒	戊戌
6	10月29日	九紫	壬申	9月29日	四緑	壬寅	8月27日	八白	辛未	7月27日	二黒	辛丑	6月25日	六白	庚午	5月23日	一白	己亥
7	11月1日	一白	癸酉	9月30日	三碧	癸卯	8月28日	七赤	壬申	7月28日	一白	壬寅	6月26日	五黄	辛未	5月24日	九紫	庚子
8	11月2日	二黒	甲戌	10月1日	二黒	甲辰	8月29日	六白	癸酉	7月29日	九紫	癸卯	6月27日	四緑	壬申	5月25日	八白	辛丑
9	11月3日	三碧	乙亥	10月2日	一白	乙巳	9月1日	五黄	甲戌	7月30日	八白	甲辰	6月28日	三碧	癸酉	5月26日	七赤	壬寅
10	11月4日	四緑	丙子	10月3日	九紫	丙午	9月2日	四緑	乙亥	8月1日	七赤	乙巳	6月29日	二黒	甲戌	5月27日	六白	癸卯
11	11月5日	五黄	丁丑	10月4日	八白	丁未	9月3日	三碧	丙子	8月2日	六白	丙午	7月1日	一白	乙亥	5月28日	五黄	甲辰
12	11月6日	六白	戊寅	10月5日	七赤	戊申	9月4日	二黒	丁丑	8月3日	五黄	丁未	7月2日	九紫	丙子	5月29日	四緑	乙巳
13	11月7日	七赤	己卯	10月6日	六白	己酉	9月5日	一白	戊寅	8月4日	四緑	戊申	7月3日	八白	丁丑	6月1日	三碧	丙午
14	11月8日	八白	庚辰	10月7日	五黄	庚戌	9月6日	九紫	己卯	8月5日	三碧	己酉	7月4日	七赤	戊寅	6月2日	二黒	丁未
15	11月9日	九紫	辛巳	10月8日	四緑	辛亥	9月7日	八白	庚辰	8月6日	二黒	庚戌	7月5日	六白	己卯	6月3日	一白	戊申
16	11月10日	一白	壬午	10月9日	三碧	壬子	9月8日	七赤	辛巳	8月7日	一白	辛亥	7月6日	五黄	庚辰	6月4日	九紫	己酉
17	11月11日	二黒	癸未	10月10日	二黒	癸丑	9月9日	六白	壬午	8月8日	九紫	壬子	7月7日	四緑	辛巳	6月5日	八白	庚戌
18	11月12日	三碧	甲申	10月11日	一白	甲寅	9月10日	五黄	癸未	8月9日	八白	癸丑	7月8日	三碧	壬午	6月6日	七赤	辛亥
19	11月13日	四緑	乙酉	10月12日	九紫	乙卯	9月11日	四緑	甲申	8月10日	七赤	甲寅	7月9日	二黒	癸未	6月7日	六白	壬子
20	11月14日	五黄	丙戌	10月13日	八白	丙辰	9月12日	三碧	乙酉	8月11日	六白	乙卯	7月10日	一白	甲申	6月8日	五黄	癸丑
21	11月15日	六白	丁亥	10月14日	七赤	丁巳	9月13日	二黒	丙戌	8月12日	五黄	丙辰	7月11日	九紫	乙酉	6月9日	四緑	甲寅
22	11月16日	七赤	戊子	10月15日	六白	戊午	9月14日	一白	丁亥	8月13日	四緑	丁巳	7月12日	八白	丙戌	6月10日	三碧	乙卯
23	11月17日	八白	己丑	10月16日	五黄	己未	9月15日	九紫	戊子	8月14日	三碧	戊午	7月13日	七赤	丁亥	6月11日	二黒	丙辰
24	11月18日	九紫	庚寅	10月17日	四緑	庚申	9月16日	八白	己丑	8月15日	二黒	己未	7月14日	六白	戊子	6月12日	一白	丁巳
25	11月19日	一白	辛卯	10月18日	三碧	辛酉	9月17日	七赤	庚寅	8月16日	一白	庚申	7月15日	五黄	己丑	6月13日	九紫	戊午
26	11月20日	二黒	壬辰	10月19日	二黒	壬戌	9月18日	六白	辛卯	8月17日	九紫	辛酉	7月16日	四緑	庚寅	6月14日	八白	己未
27	11月21日	三碧	癸巳	10月20日	一白	癸亥	9月19日	五黄	壬辰	8月18日	八白	壬戌	7月17日	三碧	辛卯	6月15日	七赤	庚申
28	11月22日	四緑	甲午	10月21日	一白	甲子	9月20日	四緑	癸巳	8月19日	七赤	癸亥	7月18日	二黒	壬辰	6月16日	六白	辛酉
29	11月23日	五黄	乙未	10月22日	二黒	乙丑	9月21日	三碧	甲午	8月20日	六白	甲子	7月19日	一白	癸巳	6月17日	五黄	壬戌
30	11月24日	六白	丙申	10月23日	三碧	丙寅	9月22日	二黒	乙未	8月21日	五黄	乙丑	7月20日	九紫	甲午	6月18日	四緑	癸亥
31	11月25日	七赤	丁酉				9月23日	一白	丙申				7月21日	八白	乙未	6月19日	三碧	甲子

万年暦

6月庚午			5月己巳			4月戊辰			3月丁卯			2月丙寅			1月乙丑			
6日 08:05			6日 04:01			5日 10:51			6日 06:10			4日 12:15			6日 00:39			
22日 00:53			21日 16:57			20日 17:54			21日 06:58			19日 08:04			20日 18:00			
七赤金星			八白土星			九紫火星			一白水星			二黒土星			三碧木星			
4月28日	四緑	己巳	3月27日	二黒	戊戌	2月26日	八白	戊辰	1月25日	四緑	丁酉	12月27日	三碧	己巳	11月26日	八白	戊戌	1
4月29日	三碧	庚午	3月28日	三碧	己亥	2月27日	九紫	己巳	1月26日	五黄	戊戌	12月28日	四緑	庚午	11月27日	九紫	己亥	2
5月1日	二黒	辛未	3月29日	四緑	庚子	2月28日	一白	庚午	1月27日	六白	己亥	12月29日	五黄	辛未	11月28日	一白	庚子	3
5月2日	一白	壬申	3月30日	五黄	辛丑	2月29日	二黒	辛未	1月28日	七赤	庚子	12月30日	六白	壬申	11月29日	二黒	辛丑	4
5月3日	九紫	癸酉	4月1日	六白	壬寅	3月1日	三碧	壬申	1月29日	八白	辛丑	1月1日	七赤	癸酉	11月30日	三碧	壬寅	5
5月4日	八白	甲戌	4月2日	七赤	癸卯	3月2日	四緑	癸酉	1月30日	九紫	壬寅	1月2日	八白	甲戌	12月1日	四緑	癸卯	6
5月5日	七赤	乙亥	4月3日	八白	甲辰	3月3日	五黄	甲戌	2月1日	一白	癸卯	1月3日	九紫	乙亥	12月2日	五黄	甲辰	7
5月6日	六白	丙子	4月4日	九紫	乙巳	3月4日	六白	乙亥	2月2日	二黒	甲辰	1月4日	一白	丙子	12月3日	六白	乙巳	8
5月7日	五黄	丁丑	4月5日	一白	丙午	3月5日	七赤	丙子	2月3日	三碧	乙巳	1月5日	二黒	丁丑	12月4日	七赤	丙午	9
5月8日	四緑	戊寅	4月6日	二黒	丁未	3月6日	八白	丁丑	2月4日	四緑	丙午	1月6日	三碧	戊寅	12月5日	八白	丁未	10
5月9日	三碧	己卯	4月7日	三碧	戊申	3月7日	九紫	戊寅	2月5日	五黄	丁未	1月7日	四緑	己卯	12月6日	九紫	戊申	11
5月10日	二黒	庚辰	4月8日	四緑	己酉	3月8日	一白	己卯	2月6日	六白	戊申	1月8日	五黄	庚辰	12月7日	一白	己酉	12
5月11日	一白	辛巳	4月9日	五黄	庚戌	3月9日	二黒	庚辰	2月7日	七赤	己酉	1月9日	六白	辛巳	12月8日	二黒	庚戌	13
5月12日	九紫	壬午	4月10日	六白	辛亥	3月10日	三碧	辛巳	2月8日	八白	庚戌	1月10日	七赤	壬午	12月9日	三碧	辛亥	14
5月13日	八白	癸未	4月11日	七赤	壬子	3月11日	四緑	壬午	2月9日	九紫	辛亥	1月11日	八白	癸未	12月10日	四緑	壬子	15
5月14日	七赤	甲申	4月12日	八白	癸丑	3月12日	五黄	癸未	2月10日	一白	壬子	1月12日	九紫	甲申	12月11日	五黄	癸丑	16
5月15日	六白	乙酉	4月13日	九紫	甲寅	3月13日	六白	甲申	2月11日	二黒	癸丑	1月13日	一白	乙酉	12月12日	六白	甲寅	17
5月16日	五黄	丙戌	4月14日	一白	乙卯	3月14日	七赤	乙酉	2月12日	三碧	甲寅	1月14日	二黒	丙戌	12月13日	七赤	乙卯	18
5月17日	四緑	丁亥	4月15日	二黒	丙辰	3月15日	八白	丙戌	2月13日	四緑	乙卯	1月15日	三碧	丁亥	12月14日	八白	丙辰	19
5月18日	三碧	戊子	4月16日	三碧	丁巳	3月16日	九紫	丁亥	2月14日	五黄	丙辰	1月16日	四緑	戊子	12月15日	九紫	丁巳	20
5月19日	二黒	己丑	4月17日	四緑	戊午	3月17日	一白	戊子	2月15日	六白	丁巳	1月17日	五黄	己丑	12月16日	一白	戊午	21
5月20日	一白	庚寅	4月18日	五黄	己未	3月18日	二黒	己丑	2月16日	七赤	戊午	1月18日	六白	庚寅	12月17日	二黒	己未	22
5月21日	九紫	辛卯	4月19日	六白	庚申	3月19日	三碧	庚寅	2月17日	八白	己未	1月19日	七赤	辛卯	12月18日	三碧	庚申	23
5月22日	八白	壬辰	4月20日	七赤	辛酉	3月20日	四緑	辛卯	2月18日	九紫	庚申	1月20日	八白	壬辰	12月19日	四緑	辛酉	24
5月23日	七赤	癸巳	4月21日	八白	壬戌	3月21日	五黄	壬辰	2月19日	一白	辛酉	1月21日	九紫	癸巳	12月20日	五黄	壬戌	25
5月24日	六白	甲午	4月22日	九紫	癸亥	3月22日	六白	癸巳	2月20日	二黒	壬戌	1月22日	一白	甲午	12月21日	六白	癸亥	26
5月25日	五黄	乙未	4月23日	九紫	甲子	3月23日	七赤	甲午	2月21日	三碧	癸亥	1月23日	二黒	乙未	12月22日	七赤	甲子	27
5月26日	四緑	丙申	4月24日	八白	乙丑	3月24日	八白	乙未	2月22日	四緑	甲子	1月24日	三碧	丙申	12月23日	八白	乙丑	28
5月27日	三碧	丁酉	4月25日	七赤	丙寅	3月25日	九紫	丙申	2月23日	五黄	乙丑				12月24日	九紫	丙寅	29
5月28日	二黒	戊戌	4月26日	六白	丁卯	3月26日	一白	丁酉	2月24日	六白	丙寅				12月25日	一白	丁卯	30
			4月27日	五黄	戊辰				2月25日	七赤	丁卯				12月26日	二黒	戊辰	31

192

	令和元年			2019年			己亥年			八白土星				
	12月丙子			11月乙亥			10月甲戌			9月癸酉			8月壬申			7月辛未	
	7日 19：18			8日 02：23			8日 23：05			8日 07：17			8日 04：13			7日 18：20	
	22日 13：19			22日 23：58			24日 02：19			23日 16：50			23日 19：02			23日 11：50	
	一白水星			二黒土星			三碧木星			四緑木星			五黄土星			六白金星	
1	11月5日	一白	壬申	10月5日	四緑	壬寅	9月3日	八白	辛未	8月3日	二黒	辛丑	7月1日	六白	庚午	5月29日	一白	己巳
2	11月6日	九紫	癸酉	10月6日	三碧	癸卯	9月4日	七赤	壬申	8月4日	一白	壬寅	7月2日	五黄	辛未	5月30日	九紫	庚午
3	11月7日	八白	甲戌	10月7日	二黒	甲辰	9月5日	六白	癸酉	8月5日	九紫	癸卯	7月3日	四緑	壬申	6月1日	八白	辛未
4	11月8日	七赤	乙亥	10月8日	一白	乙巳	9月6日	五黄	甲戌	8月6日	八白	甲辰	7月4日	三碧	癸酉	6月2日	七赤	壬申
5	11月9日	六白	丙子	10月9日	九紫	丙午	9月7日	四緑	乙亥	8月7日	七赤	乙巳	7月5日	二黒	甲戌	6月3日	六白	癸酉
6	11月10日	五黄	丁丑	10月10日	八白	丁未	9月8日	三碧	丙子	8月8日	六白	丙午	7月6日	一白	乙亥	6月4日	五黄	甲戌
7	11月11日	四緑	戊寅	10月11日	七赤	戊申	9月9日	二黒	丁丑	8月9日	五黄	丁未	7月7日	九紫	丙子	6月5日	四緑	乙亥
8	11月12日	三碧	己卯	10月12日	六白	己酉	9月10日	一白	戊寅	8月10日	四緑	戊申	7月8日	八白	丁丑	6月6日	三碧	丙子
9	11月13日	二黒	庚辰	10月13日	五黄	庚戌	9月11日	九紫	己卯	8月11日	三碧	己酉	7月9日	七赤	戊寅	6月7日	二黒	丁丑
10	11月14日	一白	辛巳	10月14日	四緑	辛亥	9月12日	八白	庚辰	8月12日	二黒	庚戌	7月10日	六白	己卯	6月8日	一白	戊寅
11	11月15日	九紫	壬午	10月15日	三碧	壬子	9月13日	七赤	辛巳	8月13日	一白	辛亥	7月11日	五黄	庚辰	6月9日	九紫	己卯
12	11月16日	八白	癸未	10月16日	二黒	癸丑	9月14日	六白	壬午	8月14日	九紫	壬子	7月12日	四緑	辛巳	6月10日	八白	庚辰
13	11月17日	七赤	甲申	10月17日	一白	甲寅	9月15日	五黄	癸未	8月15日	八白	癸丑	7月13日	三碧	壬午	6月11日	七赤	辛巳
14	11月18日	六白	乙酉	10月18日	九紫	乙卯	9月16日	四緑	甲申	8月16日	七赤	甲寅	7月14日	二黒	癸未	6月12日	六白	壬午
15	11月19日	五黄	丙戌	10月19日	八白	丙辰	9月17日	三碧	乙酉	8月17日	六白	乙卯	7月15日	一白	甲申	6月13日	五黄	癸未
16	11月20日	四緑	丁亥	10月20日	七赤	丁巳	9月18日	二黒	丙戌	8月18日	五黄	丙辰	7月16日	九紫	乙酉	6月14日	四緑	甲申
17	11月21日	三碧	戊子	10月21日	六白	戊午	9月19日	一白	丁亥	8月19日	四緑	丁巳	7月17日	八白	丙戌	6月15日	三碧	乙酉
18	11月22日	二黒	己丑	10月22日	五黄	己未	9月20日	九紫	戊子	8月20日	三碧	戊午	7月18日	七赤	丁亥	6月16日	二黒	丙戌
19	11月23日	一白	庚寅	10月23日	四緑	庚申	9月21日	八白	己丑	8月21日	二黒	己未	7月19日	六白	戊子	6月17日	一白	丁亥
20	11月24日	九紫	辛卯	10月24日	三碧	辛酉	9月22日	七赤	庚寅	8月22日	一白	庚申	7月20日	五黄	己丑	6月18日	九紫	戊子
21	11月25日	八白	壬辰	10月25日	二黒	壬戌	9月23日	六白	辛卯	8月23日	九紫	辛酉	7月21日	四緑	庚寅	6月19日	八白	己丑
22	11月26日	七赤	癸巳	10月26日	一白	癸亥	9月24日	五黄	壬辰	8月24日	八白	壬戌	7月22日	三碧	辛卯	6月20日	七赤	庚寅
23	11月27日	七赤	甲午	10月27日	九紫	甲子	9月25日	四緑	癸巳	8月25日	七赤	癸亥	7月23日	二黒	壬辰	6月21日	六白	辛卯
24	11月28日	八白	乙未	10月28日	八白	乙丑	9月26日	三碧	甲午	8月26日	六白	甲子	7月24日	一白	癸巳	6月22日	五黄	壬辰
25	11月29日	九紫	丙申	10月29日	七赤	丙寅	9月27日	二黒	乙未	8月27日	五黄	乙丑	7月25日	九紫	甲午	6月23日	四緑	癸巳
26	12月1日	一白	丁酉	10月30日	六白	丁卯	9月28日	一白	丙申	8月28日	四緑	丙寅	7月26日	八白	乙未	6月24日	三碧	甲午
27	12月2日	二黒	戊戌	11月1日	五黄	戊辰	9月29日	九紫	丁酉	8月29日	三碧	丁卯	7月27日	七赤	丙申	6月25日	二黒	乙未
28	12月3日	三碧	己亥	11月2日	四緑	己巳	10月1日	八白	戊戌	8月30日	二黒	戊辰	7月28日	六白	丁酉	6月26日	一白	丙申
29	12月4日	四緑	庚子	11月3日	三碧	庚午	10月2日	七赤	己亥	9月1日	一白	己巳	7月29日	五黄	戊戌	6月27日	九紫	丁酉
30	12月5日	五黄	辛丑	11月4日	二黒	辛未	10月3日	六白	庚子	9月2日	九紫	庚午	8月1日	四緑	己亥	6月28日	八白	戊戌
31	12月6日	六白	壬寅				10月4日	五黄	辛丑				8月2日	三碧	庚子	6月29日	七赤	己亥

6月壬午			5月辛巳			4月庚辰			3月己卯			2月戊寅			1月丁丑			
5日 13：57			5日 09：50			4日 16：37			5日 11：57			4日 18：04			6日 06：30			
21日 06：43			20日 22：48			19日 23：44			20日 12：49			19日 13：58			20日 23：55			
四緑木星			五黄土星			六白金星			七赤金星			八白土星			九紫火星			
閏4月10日	六白	乙亥	4月9日	二黒	甲辰	3月9日	八白	甲戌	2月7日	四緑	癸卯	1月8日	二黒	甲戌	12月7日	七赤	癸卯	1
閏4月11日	七赤	丙子	4月10日	三碧	乙巳	3月10日	九紫	乙亥	2月8日	五黄	甲辰	1月9日	三碧	乙亥	12月8日	八白	甲辰	2
閏4月12日	八白	丁丑	4月11日	四緑	丙午	3月11日	一白	丙子	2月9日	六白	乙巳	1月10日	四緑	丙子	12月9日	九紫	乙巳	3
閏4月13日	九紫	戊寅	4月12日	五黄	丁未	3月12日	二黒	丁丑	2月10日	七赤	丙午	1月11日	五黄	丁丑	12月10日	一白	丙午	4
閏4月14日	一白	己卯	4月13日	六白	戊申	3月13日	三碧	戊寅	2月11日	八白	丁未	1月12日	六白	戊寅	12月11日	二黒	丁未	5
閏4月15日	二黒	庚辰	4月14日	七赤	己酉	3月14日	四緑	己卯	2月12日	九紫	戊申	1月13日	七赤	己卯	12月12日	三碧	戊申	6
閏4月16日	三碧	辛巳	4月15日	八白	庚戌	3月15日	五黄	庚辰	2月13日	一白	己酉	1月14日	八白	庚辰	12月13日	四緑	己酉	7
閏4月17日	四緑	壬午	4月16日	九紫	辛亥	3月16日	六白	辛巳	2月14日	二黒	庚戌	1月15日	九紫	辛巳	12月14日	五黄	庚戌	8
閏4月18日	五黄	癸未	4月17日	一白	壬子	3月17日	七赤	壬午	2月15日	三碧	辛亥	1月16日	一白	壬午	12月15日	六白	辛亥	9
閏4月19日	六白	甲申	4月18日	二黒	癸丑	3月18日	八白	癸未	2月16日	四緑	壬子	1月17日	二黒	癸未	12月16日	七赤	壬子	10
閏4月20日	七赤	乙酉	4月19日	三碧	甲寅	3月19日	九紫	甲申	2月17日	五黄	癸丑	1月18日	三碧	甲申	12月17日	八白	癸丑	11
閏4月21日	八白	丙戌	4月20日	四緑	乙卯	3月20日	一白	乙酉	2月18日	六白	甲寅	1月19日	四緑	乙酉	12月18日	九紫	甲寅	12
閏4月22日	九紫	丁亥	4月21日	五黄	丙辰	3月21日	二黒	丙戌	2月19日	七赤	乙卯	1月20日	五黄	丙戌	12月19日	一白	乙卯	13
閏4月23日	一白	戊子	4月22日	六白	丁巳	3月22日	三碧	丁亥	2月20日	八白	丙辰	1月21日	六白	丁亥	12月20日	二黒	丙辰	14
閏4月24日	二黒	己丑	4月23日	七赤	戊午	3月23日	四緑	戊子	2月21日	九紫	丁巳	1月22日	七赤	戊子	12月21日	三碧	丁巳	15
閏4月25日	三碧	庚寅	4月24日	八白	己未	3月24日	五黄	己丑	2月22日	一白	戊午	1月23日	八白	己丑	12月22日	四緑	戊午	16
閏4月26日	四緑	辛卯	4月25日	九紫	庚申	3月25日	六白	庚寅	2月23日	二黒	己未	1月24日	九紫	庚寅	12月23日	五黄	己未	17
閏4月27日	五黄	壬辰	4月26日	一白	辛酉	3月26日	七赤	辛卯	2月24日	三碧	庚申	1月25日	一白	辛卯	12月24日	六白	庚申	18
閏4月28日	六白	癸巳	4月27日	二黒	壬戌	3月27日	八白	壬辰	2月25日	四緑	辛酉	1月26日	二黒	壬辰	12月25日	七赤	辛酉	19
閏4月29日	七赤	甲午	4月28日	三碧	癸亥	3月28日	九紫	癸巳	2月26日	五黄	壬戌	1月27日	三碧	癸巳	12月26日	八白	壬戌	20
5月1日	八白	乙未	4月29日	四緑	甲子	3月29日	一白	甲午	2月27日	六白	癸亥	1月28日	四緑	甲午	12月27日	九紫	癸亥	21
5月2日	九紫	丙申	4月30日	五黄	乙丑	3月30日	二黒	乙未	2月28日	七赤	甲子	1月29日	五黄	乙未	12月28日	一白	甲子	22
5月3日	一白	丁酉	閏4月1日	六白	丙寅	4月1日	三碧	丙申	2月29日	八白	乙丑	1月30日	六白	丙申	12月29日	二黒	乙丑	23
5月4日	二黒	戊戌	閏4月2日	七赤	丁卯	4月2日	四緑	丁酉	3月1日	九紫	丙寅	2月1日	七赤	丁酉	12月30日	三碧	丙寅	24
5月5日	三碧	己亥	閏4月3日	八白	戊辰	4月3日	五黄	戊戌	3月2日	一白	丁卯	2月2日	八白	戊戌	1月1日	四緑	丁卯	25
5月6日	四緑	庚子	閏4月4日	九紫	己巳	4月4日	六白	己亥	3月3日	二黒	戊辰	2月3日	九紫	己亥	1月2日	五黄	戊辰	26
5月7日	五黄	辛丑	閏4月5日	一白	庚午	4月5日	七赤	庚子	3月4日	三碧	己巳	2月4日	一白	庚子	1月3日	六白	己巳	27
5月8日	六白	壬寅	閏4月6日	二黒	辛未	4月6日	八白	辛丑	3月5日	四緑	庚午	2月5日	二黒	辛丑	1月4日	七赤	庚午	28
5月9日	七赤	癸卯	閏4月7日	三碧	壬申	4月7日	九紫	壬寅	3月6日	五黄	辛未	2月6日	三碧	壬寅	1月5日	八白	辛未	29
5月10日	八白	甲辰	閏4月8日	四緑	癸酉	4月8日	一白	癸卯	3月7日	六白	壬申				1月6日	九紫	壬申	30
			閏4月9日	五黄	甲戌				3月8日	七赤	癸酉				1月7日	一白	癸酉	31

194

令和2年			2020年			庚子年			七赤金星								
	12月戊子			11月丁亥			10月丙戌			9月乙酉			8月甲申			7月癸未	
	7日 01：09			7日 08：13			8日 04：54			7日 13：08			7日 10：07			7日 00：14	
	21日 19：02			22日 05：39			23日 07：58			22日 22：30			23日 00：45			22日 17：37	
	七赤金星			八白土星			九紫火星			一白水星			二黒土星			三碧木星	
1	10月17日	一白	戊寅	9月16日	四緑	戊申	8月15日	八白	丁丑	7月14日	二黒	丁未	6月12日	六白	丙子	5月11日	九紫	乙巳
2	10月18日	九紫	己卯	9月17日	三碧	己酉	8月16日	七赤	戊寅	7月15日	一白	戊申	6月13日	五黄	丁丑	5月12日	一白	丙午
3	10月19日	八白	庚辰	9月18日	二黒	庚戌	8月17日	六白	己卯	7月16日	九紫	己酉	6月14日	四緑	戊寅	5月13日	二黒	丁未
4	10月20日	七赤	辛巳	9月19日	一白	辛亥	8月18日	五黄	庚辰	7月17日	八白	庚戌	6月15日	三碧	己卯	5月14日	三碧	戊申
5	10月21日	六白	壬午	9月20日	九紫	壬子	8月19日	四緑	辛巳	7月18日	七赤	辛亥	6月16日	二黒	庚辰	5月15日	四緑	己酉
6	10月22日	五黄	癸未	9月21日	八白	癸丑	8月20日	三碧	壬午	7月19日	六白	壬子	6月17日	一白	辛巳	5月16日	五黄	庚戌
7	10月23日	四緑	甲申	9月22日	七赤	甲寅	8月21日	二黒	癸未	7月20日	五黄	癸丑	6月18日	九紫	壬午	5月17日	六白	辛亥
8	10月24日	三碧	乙酉	9月23日	六白	乙卯	8月22日	一白	甲申	7月21日	四緑	甲寅	6月19日	八白	癸未	5月18日	七赤	壬子
9	10月25日	二黒	丙戌	9月24日	五黄	丙辰	8月23日	九紫	乙酉	7月22日	三碧	乙卯	6月20日	七赤	甲申	5月19日	八白	癸丑
10	10月26日	一白	丁亥	9月25日	四緑	丁巳	8月24日	八白	丙戌	7月23日	二黒	丙辰	6月21日	六白	乙酉	5月20日	九紫	甲寅
11	10月27日	九紫	戊子	9月26日	三碧	戊午	8月25日	七赤	丁亥	7月24日	一白	丁巳	6月22日	五黄	丙戌	5月21日	一白	乙卯
12	10月28日	八白	己丑	9月27日	二黒	己未	8月26日	六白	戊子	7月25日	九紫	戊午	6月23日	四緑	丁亥	5月22日	二黒	丙辰
13	10月29日	七赤	庚寅	9月28日	一白	庚申	8月27日	五黄	己丑	7月26日	八白	己未	6月24日	三碧	戊子	5月23日	三碧	丁巳
14	10月30日	六白	辛卯	9月29日	九紫	辛酉	8月28日	四緑	庚寅	7月27日	七赤	庚申	6月25日	二黒	己丑	5月24日	四緑	戊午
15	11月1日	五黄	壬辰	10月1日	八白	壬戌	8月29日	三碧	辛卯	7月28日	六白	辛酉	6月26日	一白	庚寅	5月25日	五黄	己未
16	11月2日	四緑	癸巳	10月2日	七赤	癸亥	8月30日	二黒	壬辰	7月29日	五黄	壬戌	6月27日	九紫	辛卯	5月26日	六白	庚申
17	11月3日	三碧	甲午	10月3日	六白	甲子	9月1日	一白	癸巳	8月1日	四緑	癸亥	6月28日	八白	壬辰	5月27日	七赤	辛酉
18	11月4日	二黒	乙未	10月4日	五黄	乙丑	9月2日	九紫	甲午	8月2日	三碧	甲子	6月29日	七赤	癸巳	5月28日	八白	壬戌
19	11月5日	一白	丙申	10月5日	四緑	丙寅	9月3日	八白	乙未	8月3日	二黒	乙丑	7月1日	六白	甲午	5月29日	九紫	癸亥
20	11月6日	九紫	丁酉	10月6日	三碧	丁卯	9月4日	七赤	丙申	8月4日	一白	丙寅	7月2日	五黄	乙未	5月30日	九紫	甲子
21	11月7日	八白	戊戌	10月7日	二黒	戊辰	9月5日	六白	丁酉	8月5日	九紫	丁卯	7月3日	四緑	丙申	6月1日	八白	乙丑
22	11月8日	七赤	己亥	10月8日	一白	己巳	9月6日	五黄	戊戌	8月6日	八白	戊辰	7月4日	三碧	丁酉	6月2日	七赤	丙寅
23	11月9日	六白	庚子	10月9日	九紫	庚午	9月7日	四緑	己亥	8月7日	七赤	己巳	7月5日	二黒	戊戌	6月3日	六白	丁卯
24	11月10日	五黄	辛丑	10月10日	八白	辛未	9月8日	三碧	庚子	8月8日	六白	庚午	7月6日	一白	己亥	6月4日	五黄	戊辰
25	11月11日	四緑	壬寅	10月11日	七赤	壬申	9月9日	二黒	辛丑	8月9日	五黄	辛未	7月7日	九紫	庚子	6月5日	四緑	己巳
26	11月12日	三碧	癸卯	10月12日	六白	癸酉	9月10日	一白	壬寅	8月10日	四緑	壬申	7月8日	八白	辛丑	6月6日	三碧	庚午
27	11月13日	二黒	甲辰	10月13日	五黄	甲戌	9月11日	九紫	癸卯	8月11日	三碧	癸酉	7月9日	七赤	壬寅	6月7日	二黒	辛未
28	11月14日	一白	乙巳	10月14日	四緑	乙亥	9月12日	八白	甲辰	8月12日	二黒	甲戌	7月10日	六白	癸卯	6月8日	一白	壬申
29	11月15日	九紫	丙午	10月15日	三碧	丙子	9月13日	七赤	乙巳	8月13日	一白	乙亥	7月11日	五黄	甲辰	6月9日	九紫	癸酉
30	11月16日	八白	丁未	10月16日	二黒	丁丑	9月14日	六白	丙午	8月14日	九紫	丙子	7月12日	四緑	乙巳	6月10日	八白	戌戌
31	11月17日	七赤	戊申				9月15日	五黄	丁未				7月13日	三碧	丙午	6月11日	七赤	乙亥

万年暦

6月甲午			5月癸巳			4月壬辰			3月辛卯			2月庚寅			1月己丑			
5日 19:51			5日 15:46			4日 22:34			5日 17:53			3日 23:59			5日 12:24			
21日 12:32			21日 04:36			20日 05:32			20日 18:37			18日 19:44			20日 05:40			
一白水星			二黒土星			三碧木星			四緑木星			五黄土星			六白金星			
4月21日	二黒	庚辰	3月20日	七赤	己酉	2月20日	四緑	己卯	1月18日	九紫	戊申	12月20日	八白	庚辰	11月18日	六白	己亥	1
4月22日	三碧	辛巳	3月21日	八白	庚戌	2月21日	五黄	庚辰	1月19日	一白	己酉	12月21日	九紫	辛巳	11月19日	五黄	庚戌	2
4月23日	四緑	壬午	3月22日	九紫	辛亥	2月22日	六白	辛巳	1月20日	二黒	庚戌	12月22日	一白	壬午	11月20日	四緑	辛亥	3
4月24日	五黄	癸未	3月23日	一白	壬子	2月23日	七赤	壬午	1月21日	三碧	辛亥	12月23日	二黒	癸未	11月21日	三碧	壬子	4
4月25日	六白	甲申	3月24日	二黒	癸丑	2月24日	八白	癸未	1月22日	四緑	壬子	12月24日	三碧	甲申	11月22日	二黒	癸丑	5
4月26日	七赤	乙酉	3月25日	三碧	甲寅	2月25日	九紫	甲申	1月23日	五黄	癸丑	12月25日	四緑	乙酉	11月23日	一白	甲寅	6
4月27日	八白	丙戌	3月26日	四緑	乙卯	2月26日	一白	乙酉	1月24日	六白	甲寅	12月26日	五黄	丙戌	11月24日	九紫	乙卯	7
4月28日	九紫	丁亥	3月27日	五黄	丙辰	2月27日	二黒	丙戌	1月25日	七赤	乙卯	12月27日	六白	丁亥	11月25日	八白	丙辰	8
4月29日	一白	戊子	3月28日	六白	丁巳	2月28日	三碧	丁亥	1月26日	八白	丙辰	12月28日	七赤	戊子	11月26日	七赤	丁巳	9
5月1日	二黒	己丑	3月29日	七赤	戊午	2月29日	四緑	戊子	1月27日	九紫	丁巳	12月29日	八白	己丑	11月27日	六白	戊午	10
5月2日	三碧	庚寅	3月30日	八白	己未	2月30日	五黄	己丑	1月28日	一白	戊午	12月30日	九紫	庚寅	11月28日	五黄	己未	11
5月3日	四緑	辛卯	4月1日	九紫	庚申	3月1日	六白	庚寅	1月29日	二黒	己未	1月1日	一白	辛卯	11月29日	四緑	庚申	12
5月4日	五黄	壬辰	4月2日	一白	辛酉	3月2日	七赤	辛卯	2月1日	三碧	庚申	1月2日	二黒	壬辰	12月1日	三碧	辛酉	13
5月5日	六白	癸巳	4月3日	二黒	壬戌	3月3日	八白	壬辰	2月2日	四緑	辛酉	1月3日	三碧	癸巳	12月2日	二黒	壬戌	14
5月6日	七赤	甲午	4月4日	三碧	癸亥	3月4日	九紫	癸巳	2月3日	五黄	壬戌	1月4日	四緑	甲午	12月3日	一白	癸亥	15
5月7日	八白	乙未	4月5日	四緑	甲子	3月5日	一白	甲午	2月4日	六白	癸亥	1月5日	五黄	乙未	12月4日	一白	甲子	16
5月8日	九紫	丙申	4月6日	五黄	乙丑	3月6日	二黒	乙未	2月5日	七赤	甲子	1月6日	六白	丙申	12月5日	二黒	乙丑	17
5月9日	一白	丁酉	4月7日	六白	丙寅	3月7日	三碧	丙申	2月6日	八白	乙丑	1月7日	七赤	丁酉	12月6日	三碧	丙寅	18
5月10日	二黒	戊戌	4月8日	七赤	丁卯	3月8日	四緑	丁酉	2月7日	九紫	丙寅	1月8日	八白	戊戌	12月7日	四緑	丁卯	19
5月11日	三碧	己亥	4月9日	八白	戊辰	3月9日	五黄	戊戌	2月8日	一白	丁卯	1月9日	九紫	己亥	12月8日	五黄	戊辰	20
5月12日	四緑	庚子	4月10日	九紫	己巳	3月10日	六白	己亥	2月9日	二黒	戊辰	1月10日	一白	庚子	12月9日	六白	己巳	21
5月13日	五黄	辛丑	4月11日	一白	庚午	3月11日	七赤	庚子	2月10日	三碧	己巳	1月11日	二黒	辛丑	12月10日	七赤	庚午	22
5月14日	六白	壬寅	4月12日	二黒	辛未	3月12日	八白	辛丑	2月11日	四緑	庚午	1月12日	三碧	壬寅	12月11日	八白	辛未	23
5月15日	七赤	癸卯	4月13日	三碧	壬申	3月13日	九紫	壬寅	2月12日	五黄	辛未	1月13日	四緑	癸卯	12月12日	九紫	壬申	24
5月16日	八白	甲辰	4月14日	四緑	癸酉	3月14日	一白	癸卯	2月13日	六白	壬申	1月14日	五黄	甲辰	12月13日	一白	癸酉	25
5月17日	九紫	乙巳	4月15日	五黄	甲戌	3月15日	二黒	甲辰	2月14日	七赤	癸酉	1月15日	六白	乙巳	12月14日	二黒	甲戌	26
5月18日	一白	丙午	4月16日	六白	乙亥	3月16日	三碧	乙巳	2月15日	八白	甲戌	1月16日	七赤	丙午	12月15日	三碧	乙亥	27
5月19日	二黒	丁未	4月17日	七赤	丙子	3月17日	四緑	丙午	2月16日	九紫	乙亥	1月17日	八白	丁未	12月16日	四緑	丙子	28
5月20日	三碧	戊申	4月18日	八白	丁丑	3月18日	五黄	丁未	2月17日	一白	丙子				12月17日	五黄	丁丑	29
5月21日	四緑	己酉	4月19日	九紫	戊寅	3月19日	六白	戊申	2月18日	二黒	丁丑				12月18日	六白	戊寅	30
			4月20日	一白	己卯				2月19日	三碧	戊寅				12月19日	七赤	己卯	31

196

	令和3年			2021年		辛丑年		六白金星				
	12月庚子			11月己亥		10月戊戌		9月丁酉		8月丙申		7月乙未
	7日 06：57			7日 13：58		8日 10：38		7日 18：52		7日 15：54		7日 06：06
	22日 00：59			22日 11：33		23日 13：50		23日 04：20		23日 06：35		22日 23：27
	四緑木星			五黄土星		六白金星		七赤金星		八白土星		九紫火星
1	10月27日	五黄	癸未	9月27日	八白	癸丑	8月25日	三碧	壬午	7月25日	六白	壬子	6月23日	一白	辛巳	5月22日	五黄	庚戌
2	10月28日	四緑	甲申	9月28日	七赤	甲寅	8月26日	二黒	癸未	7月26日	五黄	癸丑	6月24日	九紫	壬午	5月23日	六白	辛亥
3	10月29日	三碧	乙酉	9月29日	六白	乙卯	8月27日	一白	甲申	7月27日	四緑	甲寅	6月25日	八白	癸未	5月24日	七赤	壬子
4	11月1日	二黒	丙戌	9月30日	五黄	丙辰	8月28日	九紫	乙酉	7月28日	三碧	乙卯	6月26日	七赤	甲申	5月25日	八白	癸丑
5	11月2日	一白	丁亥	10月1日	四緑	丁巳	8月29日	八白	丙戌	7月29日	二黒	丙辰	6月27日	六白	乙酉	5月26日	九紫	甲寅
6	11月3日	九紫	戊子	10月2日	三碧	戊午	9月1日	七赤	丁亥	7月30日	一白	丁巳	6月28日	五黄	丙戌	5月27日	一白	乙卯
7	11月4日	八白	己丑	10月3日	二黒	己未	9月2日	六白	戊子	8月1日	九紫	戊午	6月29日	四緑	丁亥	5月28日	二黒	丙辰
8	11月5日	七赤	庚寅	10月4日	一白	庚申	9月3日	五黄	己丑	8月2日	八白	己未	7月1日	三碧	戊子	5月29日	三碧	丁巳
9	11月6日	六白	辛卯	10月5日	九紫	辛酉	9月4日	四緑	庚寅	8月3日	七赤	庚申	7月2日	二黒	己丑	5月30日	四緑	戊午
10	11月7日	五黄	壬辰	10月6日	八白	壬戌	9月5日	三碧	辛卯	8月4日	六白	辛酉	7月3日	一白	庚寅	6月1日	五黄	己未
11	11月8日	四緑	癸巳	10月7日	七赤	癸亥	9月6日	二黒	壬辰	8月5日	五黄	壬戌	7月4日	九紫	辛卯	6月2日	六白	庚申
12	11月9日	三碧	甲午	10月8日	六白	甲子	9月7日	一白	癸巳	8月6日	四緑	癸亥	7月5日	八白	壬辰	6月3日	七赤	辛酉
13	11月10日	二黒	乙未	10月9日	五黄	乙丑	9月8日	九紫	甲午	8月7日	三碧	甲子	7月6日	七赤	癸巳	6月4日	八白	壬戌
14	11月11日	一白	丙申	10月10日	四緑	丙寅	9月9日	八白	乙未	8月8日	二黒	乙丑	7月7日	六白	甲午	6月5日	九紫	癸亥
15	11月12日	九紫	丁酉	10月11日	三碧	丁卯	9月10日	七赤	丙申	8月9日	一白	丙寅	7月8日	五黄	乙未	6月6日	九紫	甲子
16	11月13日	八白	戊戌	10月12日	二黒	戊辰	9月11日	六白	丁酉	8月10日	九紫	丁卯	7月9日	四緑	丙申	6月7日	八白	乙丑
17	11月14日	七赤	己亥	10月13日	一白	己巳	9月12日	五黄	戊戌	8月11日	八白	戊辰	7月10日	三碧	丁酉	6月8日	七赤	丙寅
18	11月15日	六白	庚子	10月14日	九紫	庚午	9月13日	四緑	己亥	8月12日	七赤	己巳	7月11日	二黒	戊戌	6月9日	六白	丁卯
19	11月16日	五黄	辛丑	10月15日	八白	辛未	9月14日	三碧	庚子	8月13日	六白	庚午	7月12日	一白	己亥	6月10日	五黄	戊辰
20	11月17日	四緑	壬寅	10月16日	七赤	壬申	9月15日	二黒	辛丑	8月14日	五黄	辛未	7月13日	九紫	庚子	6月11日	四緑	己巳
21	11月18日	三碧	癸卯	10月17日	六白	癸酉	9月16日	一白	壬寅	8月15日	四緑	壬申	7月14日	八白	辛丑	6月12日	三碧	庚午
22	11月19日	二黒	甲辰	10月18日	五黄	甲戌	9月17日	九紫	癸卯	8月16日	三碧	癸酉	7月15日	七赤	壬寅	6月13日	二黒	辛未
23	11月20日	一白	乙巳	10月19日	四緑	乙亥	9月18日	八白	甲辰	8月17日	二黒	甲戌	7月16日	六白	癸卯	6月14日	一白	壬申
24	11月21日	九紫	丙午	10月20日	三碧	丙子	9月19日	七赤	乙巳	8月18日	一白	乙亥	7月17日	五黄	甲辰	6月15日	九紫	癸酉
25	11月22日	八白	丁未	10月21日	二黒	丁丑	9月20日	六白	丙午	8月19日	九紫	丙子	7月18日	四緑	乙巳	6月16日	八白	甲戌
26	11月23日	七赤	戊申	10月22日	一白	戊寅	9月21日	五黄	丁未	8月20日	八白	丁丑	7月19日	三碧	丙午	6月17日	七赤	乙亥
27	11月24日	六白	己酉	10月23日	九紫	己卯	9月22日	四緑	戊申	8月21日	七赤	戊寅	7月20日	二黒	丁未	6月18日	六白	丙子
28	11月25日	五黄	庚戌	10月24日	八白	庚辰	9月23日	三碧	己酉	8月22日	六白	己卯	7月21日	一白	戊申	6月19日	五黄	丁丑
29	11月26日	四緑	辛亥	10月25日	七赤	辛巳	9月24日	二黒	庚戌	8月23日	五黄	庚辰	7月22日	九紫	己酉	6月20日	四緑	戊寅
30	11月27日	三碧	壬子	10月26日	六白	壬午	9月25日	一白	辛亥	8月24日	四緑	辛巳	7月23日	八白	庚戌	6月21日	三碧	己卯
31	11月28日	二黒	癸丑				9月26日	九紫	壬子				7月24日	七赤	辛亥	6月22日	二黒	庚辰

6月丙午			5月乙巳			4月甲辰			3月癸卯			2月壬寅			1月辛丑			
6日 01：25			5日 21：25			5日 04：19			5日 23：43			4日 05：51			5日 18：15			
21日 18：14			21日 10：22			20日 11：23			21日 00：32			19日 01：43			20日 11：40			
七赤金星			八白土星			九紫火星			一白水星			二黒土星			三碧木星			
5月3日	七赤	乙酉	4月1日	三碧	甲寅	3月1日	九紫	甲申	1月29日	五黄	癸丑	1月1日	四緑	乙酉	11月29日	一白	甲寅	1
5月4日	八白	丙戌	4月2日	四緑	乙卯	3月2日	一白	乙酉	1月30日	六白	甲寅	1月2日	五黄	丙戌	11月30日	九紫	乙卯	2
5月5日	九紫	丁亥	4月3日	五黄	丙辰	3月3日	二黒	丙戌	2月1日	七赤	乙卯	1月3日	六白	丁亥	12月1日	八白	丙辰	3
5月6日	一白	戊子	4月4日	六白	丁巳	3月4日	三碧	丁亥	2月2日	八白	丙辰	1月4日	七赤	戊子	12月2日	七赤	丁巳	4
5月7日	二黒	己丑	4月5日	七赤	戊午	3月5日	四緑	戊子	2月3日	九紫	丁巳	1月5日	八白	己丑	12月3日	六白	戊午	5
5月8日	三碧	庚寅	4月6日	八白	己未	3月6日	五黄	己丑	2月4日	一白	戊午	1月6日	九紫	庚寅	12月4日	五黄	己未	6
5月9日	四緑	辛卯	4月7日	九紫	庚申	3月7日	六白	庚寅	2月5日	二黒	己未	1月7日	一白	辛卯	12月5日	四緑	庚申	7
5月10日	五黄	壬辰	4月8日	一白	辛酉	3月8日	七赤	辛卯	2月6日	三碧	庚申	1月8日	二黒	壬辰	12月6日	三碧	辛酉	8
5月11日	六白	癸巳	4月9日	二黒	壬戌	3月9日	八白	壬辰	2月7日	四緑	辛酉	1月9日	三碧	癸巳	12月7日	二黒	壬戌	9
5月12日	七赤	甲午	4月10日	三碧	癸亥	3月10日	九紫	癸巳	2月8日	五黄	壬戌	1月10日	四緑	甲午	12月8日	一白	癸亥	10
5月13日	八白	乙未	4月11日	四緑	甲子	3月11日	一白	甲午	2月9日	六白	癸亥	1月11日	五黄	乙未	12月9日	一白	甲子	11
5月14日	九紫	丙申	4月12日	五黄	乙丑	3月12日	二黒	乙未	2月10日	七赤	甲子	1月12日	六白	丙申	12月10日	二黒	乙丑	12
5月15日	一白	丁酉	4月13日	六白	丙寅	3月13日	三碧	丙申	2月11日	八白	乙丑	1月13日	七赤	丁酉	12月11日	三碧	丙寅	13
5月16日	二黒	戊戌	4月14日	七赤	丁卯	3月14日	四緑	丁酉	2月12日	九紫	丙寅	1月14日	八白	戊戌	12月12日	四緑	丁卯	14
5月17日	三碧	己亥	4月15日	八白	戊辰	3月15日	五黄	戊戌	2月13日	一白	丁卯	1月15日	九紫	己亥	12月13日	五黄	戊辰	15
5月18日	四緑	庚子	4月16日	九紫	己巳	3月16日	六白	己亥	2月14日	二黒	戊辰	1月16日	一白	庚子	12月14日	六白	己巳	16
5月19日	五黄	辛丑	4月17日	一白	庚午	3月17日	七赤	庚子	2月15日	三碧	己巳	1月17日	二黒	辛丑	12月15日	七赤	庚午	17
5月20日	六白	壬寅	4月18日	二黒	辛未	3月18日	八白	辛丑	2月16日	四緑	庚午	1月18日	三碧	壬寅	12月16日	八白	辛未	18
5月21日	七赤	癸卯	4月19日	三碧	壬申	3月19日	九紫	壬寅	2月17日	五黄	辛未	1月19日	四緑	癸卯	12月17日	九紫	壬申	19
5月22日	八白	甲辰	4月20日	四緑	癸酉	3月20日	一白	癸卯	2月18日	六白	壬申	1月20日	五黄	甲辰	12月18日	一白	癸酉	20
5月23日	九紫	乙巳	4月21日	五黄	甲戌	3月21日	二黒	甲辰	2月19日	七赤	癸酉	1月21日	六白	乙巳	12月19日	二黒	甲戌	21
5月24日	一白	丙午	4月22日	六白	乙亥	3月22日	三碧	乙巳	2月20日	八白	甲戌	1月22日	七赤	丙午	12月20日	三碧	乙亥	22
5月25日	二黒	丁未	4月23日	七赤	丙子	3月23日	四緑	丙午	2月21日	九紫	乙亥	1月23日	八白	丁未	12月21日	四緑	丙子	23
5月26日	三碧	戊申	4月24日	八白	丁丑	3月24日	五黄	丁未	2月22日	一白	丙子	1月24日	九紫	戊申	12月22日	五黄	丁丑	24
5月27日	四緑	己酉	4月25日	九紫	戊寅	3月25日	六白	戊申	2月23日	二黒	丁丑	1月25日	一白	己酉	12月23日	六白	戊寅	25
5月28日	五黄	庚戌	4月26日	一白	己卯	3月26日	七赤	己酉	2月24日	三碧	戊寅	1月26日	二黒	庚戌	12月24日	七赤	己卯	26
5月29日	六白	辛亥	4月27日	二黒	庚辰	3月27日	八白	庚戌	2月25日	四緑	己卯	1月27日	三碧	辛亥	12月25日	八白	庚辰	27
5月30日	七赤	壬子	4月28日	三碧	辛巳	3月28日	九紫	辛亥	2月26日	五黄	庚辰	1月28日	四緑	壬子	12月26日	九紫	辛巳	28
6月1日	八白	癸丑	4月29日	四緑	壬午	3月29日	一白	壬子	2月27日	六白	辛巳				12月27日	一白	壬午	29
6月2日	九紫	甲寅	5月1日	五黄	癸未	3月30日	二黒	癸丑	2月28日	七赤	壬午				12月28日	二黒	癸未	30
			5月2日	六白	甲申				2月29日	八白	癸未				12月29日	三碧	甲申	31

令和4年		2022年		壬寅年		五黄土星					
12月壬子		11月辛亥		10月庚戌		9月己酉		8月戊申		7月丁未	
7日 12：46		7日 19：45		8日 16：21		8日 00：32		7日 21：29		7日 11：38	
22日 06：48		22日 17：20		23日 19：35		23日 10：03		23日 12：16		23日 05：07	
一白水星		二黒土星		三碧木星		四緑木星		五黄土星		六白金星	

1	11月8日	九紫	戊子	10月8日	三碧	戊午	9月6日	七赤	丁亥	8月6日	一白	丁巳	7月4日	五黄	丙戌	6月3日	一白	乙卯
2	11月9日	八白	己丑	10月9日	二黒	己未	9月7日	六白	戊子	8月7日	九紫	戊午	7月5日	四緑	丁亥	6月4日	二黒	丙辰
3	11月10日	七赤	庚寅	10月10日	一白	庚申	9月8日	五黄	己丑	8月8日	八白	己未	7月6日	三碧	戊子	6月5日	三碧	丁巳
4	11月11日	六白	辛卯	10月11日	九紫	辛酉	9月9日	四緑	庚寅	8月9日	七赤	庚申	7月7日	二黒	己丑	6月6日	四緑	戊午
5	11月12日	五黄	壬辰	10月12日	八白	壬戌	9月10日	三碧	辛卯	8月10日	六白	辛酉	7月8日	一白	庚寅	6月7日	五黄	己未
6	11月13日	四緑	癸巳	10月13日	七赤	癸亥	9月11日	二黒	壬辰	8月11日	五黄	壬戌	7月9日	九紫	辛卯	6月8日	六白	庚申
7	11月14日	三碧	甲午	10月14日	六白	甲子	9月12日	一白	癸巳	8月12日	四緑	癸亥	7月10日	八白	壬辰	6月9日	七赤	辛酉
8	11月15日	二黒	乙未	10月15日	五黄	乙丑	9月13日	九紫	甲午	8月13日	三碧	甲子	7月11日	七赤	癸巳	6月10日	八白	壬戌
9	11月16日	一白	丙申	10月16日	四緑	丙寅	9月14日	八白	乙未	8月14日	二黒	乙丑	7月12日	六白	甲午	6月11日	九紫	癸亥
10	11月17日	九紫	丁酉	10月17日	三碧	丁卯	9月15日	七赤	丙申	8月15日	一白	丙寅	7月13日	五黄	乙未	6月12日	九紫	甲子
11	11月18日	八白	戊戌	10月18日	二黒	戊辰	9月16日	六白	丁酉	8月16日	九紫	丁卯	7月14日	四緑	丙申	6月13日	八白	乙丑
12	11月19日	七赤	己亥	10月19日	一白	己巳	9月17日	五黄	戊戌	8月17日	八白	戊辰	7月15日	三碧	丁酉	6月14日	七赤	丙寅
13	11月20日	六白	庚子	10月20日	九紫	庚午	9月18日	四緑	己亥	8月18日	七赤	己巳	7月16日	二黒	戊戌	6月15日	六白	丁卯
14	11月21日	五黄	辛丑	10月21日	八白	辛未	9月19日	三碧	庚子	8月19日	六白	庚午	7月17日	一白	己亥	6月16日	五黄	戊辰
15	11月22日	四緑	壬寅	10月22日	七赤	壬申	9月20日	二黒	辛丑	8月20日	五黄	辛未	7月18日	九紫	庚子	6月17日	四緑	己巳
16	11月23日	三碧	癸卯	10月23日	六白	癸酉	9月21日	一白	壬寅	8月21日	四緑	壬申	7月19日	八白	辛丑	6月18日	三碧	庚午
17	11月24日	二黒	甲辰	10月24日	五黄	甲戌	9月22日	九紫	癸卯	8月22日	三碧	癸酉	7月20日	七赤	壬寅	6月19日	二黒	辛未
18	11月25日	一白	乙巳	10月25日	四緑	乙亥	9月23日	八白	甲辰	8月23日	二黒	甲戌	7月21日	六白	癸卯	6月20日	一白	壬申
19	11月26日	九紫	丙午	10月26日	三碧	丙子	9月24日	七赤	乙巳	8月24日	一白	乙亥	7月22日	五黄	甲辰	6月21日	九紫	癸酉
20	11月27日	八白	丁未	10月27日	二黒	丁丑	9月25日	六白	丙午	8月25日	九紫	丙子	7月23日	四緑	乙巳	6月22日	八白	甲戌
21	11月28日	七赤	戊申	10月28日	一白	戊寅	9月26日	五黄	丁未	8月26日	八白	丁丑	7月24日	三碧	丙午	6月23日	七赤	乙亥
22	11月29日	六白	己酉	10月29日	九紫	己卯	9月27日	四緑	戊申	8月27日	七赤	戊寅	7月25日	二黒	丁未	6月24日	六白	丙子
23	12月1日	五黄	庚戌	10月30日	八白	庚辰	9月28日	三碧	己酉	8月28日	六白	己卯	7月26日	一白	戊申	6月25日	五黄	丁丑
24	12月2日	四緑	辛亥	11月1日	七赤	辛巳	9月29日	二黒	庚戌	8月29日	五黄	庚辰	7月27日	九紫	己酉	6月26日	四緑	戊寅
25	12月3日	三碧	壬子	11月2日	六白	壬午	10月1日	一白	辛亥	8月30日	四緑	辛巳	7月28日	八白	庚戌	6月27日	三碧	己卯
26	12月4日	二黒	癸丑	11月3日	五黄	癸未	10月2日	九紫	壬子	9月1日	三碧	壬午	7月29日	七赤	辛亥	6月28日	二黒	庚辰
27	12月5日	一白	甲寅	11月4日	四緑	甲申	10月3日	八白	癸丑	9月2日	二黒	癸未	8月1日	六白	壬子	6月29日	一白	辛巳
28	12月6日	九紫	乙卯	11月5日	三碧	乙酉	10月4日	七赤	甲寅	9月3日	一白	甲申	8月2日	五黄	癸丑	6月30日	九紫	壬午
29	12月7日	八白	丙辰	11月6日	二黒	丙戌	10月5日	六白	乙卯	9月4日	九紫	乙酉	8月3日	四緑	甲寅	7月1日	八白	癸未
30	12月8日	七赤	丁巳	11月7日	一白	丁亥	10月6日	五黄	丙辰	9月5日	八白	丙戌	8月4日	三碧	乙卯	7月2日	七赤	甲申
31	12月9日	六白	戊午				10月7日	四緑	丁巳				8月5日	二黒	丙辰	7月3日	六白	乙酉

6月戊午		5月丁巳		4月丙辰		3月乙卯		2月甲寅		1月癸丑		
6日 07:18		6日 03:18		5日 10:12		6日 05:35		4日 11:43		6日 00:05		
21日 23:58		21日 16:08		20日 17:12		21日 06:23		19日 07:34		20日 17:30		
四緑木星		五黄土星		六白金星		七赤金星		八白土星		九紫火星		
4月13日	三碧 庚寅	3月12日	八白 己未	閏2月11日	五黄 己丑	2月10日	一白 戊午	1月11日	九紫 庚寅	12月10日	五黄 己未	1
4月14日	四緑 辛卯	3月13日	九紫 庚申	閏2月12日	六白 庚寅	2月11日	二黒 己未	1月12日	一白 辛卯	12月11日	四緑 庚申	2
4月15日	五黄 壬辰	3月14日	一白 辛酉	閏2月13日	七赤 辛卯	2月12日	三碧 庚申	1月13日	二黒 壬辰	12月12日	三碧 辛酉	3
4月16日	六白 癸巳	3月15日	二黒 壬戌	閏2月14日	八白 壬辰	2月13日	四緑 辛酉	1月14日	三碧 癸巳	12月13日	二黒 壬戌	4
4月17日	七赤 甲午	3月16日	三碧 癸亥	閏2月15日	九紫 癸巳	2月14日	五黄 壬戌	1月15日	四緑 甲午	12月14日	一白 癸亥	5
4月18日	八白 乙未	3月17日	四緑 甲子	閏2月16日	一白 甲午	2月15日	六白 癸亥	1月16日	五黄 乙未	12月15日	一白 甲子	6
4月19日	九紫 丙申	3月18日	五黄 乙丑	閏2月17日	二黒 乙未	2月16日	七赤 甲子	1月17日	六白 丙申	12月16日	二黒 乙丑	7
4月20日	一白 丁酉	3月19日	六白 丙寅	閏2月18日	三碧 丙申	2月17日	八白 乙丑	1月18日	七赤 丁酉	12月17日	三碧 丙寅	8
4月21日	二黒 戊戌	3月20日	七赤 丁卯	閏2月19日	四緑 丁酉	2月18日	九紫 丙寅	1月19日	八白 戊戌	12月18日	四緑 丁卯	9
4月22日	三碧 己亥	3月21日	八白 戊辰	閏2月20日	五黄 戊戌	2月19日	一白 丁卯	1月20日	九紫 己亥	12月19日	五黄 戊辰	10
4月23日	四緑 庚子	3月22日	九紫 己巳	閏2月21日	六白 己亥	2月20日	二黒 戊辰	1月21日	一白 庚子	12月20日	六白 己巳	11
4月24日	五黄 辛丑	3月23日	一白 庚午	閏2月22日	七赤 庚子	2月21日	三碧 己巳	1月22日	二黒 辛丑	12月21日	七赤 庚午	12
4月25日	六白 壬寅	3月24日	二黒 辛未	閏2月23日	八白 辛丑	2月22日	四緑 庚午	1月23日	三碧 壬寅	12月22日	八白 辛未	13
4月26日	七赤 癸卯	3月25日	三碧 壬申	閏2月24日	九紫 壬寅	2月23日	五黄 辛未	1月24日	四緑 癸卯	12月23日	九紫 壬申	14
4月27日	八白 甲辰	3月26日	四緑 癸酉	閏2月25日	一白 癸卯	2月24日	六白 壬申	1月25日	五黄 甲辰	12月24日	一白 癸酉	15
4月28日	九紫 乙巳	3月27日	五黄 甲戌	閏2月26日	二黒 甲辰	2月25日	七赤 癸酉	1月26日	六白 乙巳	12月25日	二黒 甲戌	16
4月29日	一白 丙午	3月28日	六白 乙亥	閏2月27日	三碧 乙巳	2月26日	八白 甲戌	1月27日	七赤 丙午	12月26日	三碧 乙亥	17
5月1日	二黒 丁未	3月29日	七赤 丙子	閏2月28日	四緑 丙午	2月27日	九紫 乙亥	1月28日	八白 丁未	12月27日	四緑 丙子	18
5月2日	三碧 戊申	3月30日	八白 丁丑	閏2月29日	五黄 丁未	2月28日	一白 丙子	1月29日	九紫 戊申	12月28日	五黄 丁丑	19
5月3日	四緑 己酉	4月1日	九紫 戊寅	3月1日	六白 戊申	2月29日	二黒 丁丑	2月1日	一白 己酉	12月29日	六白 戊寅	20
5月4日	五黄 庚戌	4月2日	一白 己卯	3月2日	七赤 己酉	2月30日	三碧 戊寅	2月2日	二黒 庚戌	12月30日	七赤 己卯	21
5月5日	六白 辛亥	4月3日	二黒 庚辰	3月3日	八白 庚戌	閏2月1日	四緑 己卯	2月3日	三碧 辛亥	1月1日	八白 庚辰	22
5月6日	七赤 壬子	4月4日	三碧 辛巳	3月4日	九紫 辛亥	閏2月2日	五黄 庚辰	2月4日	四緑 壬子	1月2日	九紫 辛巳	23
5月7日	八白 癸丑	4月5日	四緑 壬午	3月5日	一白 壬子	閏2月3日	六白 辛巳	2月5日	五黄 癸丑	1月3日	一白 壬午	24
5月8日	九紫 甲寅	4月6日	五黄 癸未	3月6日	二黒 癸丑	閏2月4日	七赤 壬午	2月6日	六白 甲寅	1月4日	二黒 癸未	25
5月9日	一白 乙卯	4月7日	六白 甲申	3月7日	三碧 甲寅	閏2月5日	八白 癸未	2月7日	七赤 乙卯	1月5日	三碧 甲申	26
5月10日	二黒 丙辰	4月8日	七赤 乙酉	3月8日	四緑 乙卯	閏2月6日	九紫 甲申	2月8日	八白 丙辰	1月6日	四緑 乙酉	27
5月11日	三碧 丁巳	4月9日	八白 丙戌	3月9日	五黄 丙辰	閏2月7日	一白 乙酉	2月9日	九紫 丁巳	1月7日	五黄 丙戌	28
5月12日	四緑 戊午	4月10日	九紫 丁亥	3月10日	六白 丁巳	閏2月8日	二黒 丙戌			1月8日	六白 丁亥	29
5月13日	五黄 己未	4月11日	一白 戊子	3月11日	七赤 戊午	閏2月9日	三碧 丁亥			1月9日	七赤 戊子	30
		4月12日	二黒 己丑			閏2月10日	四緑 戊子			1月10日	八白 己丑	31

令和5年			2023年			癸卯年			四緑木星								
	12月甲子			11月癸亥			10月壬戌			9月辛酉			8月庚申			7月己未	
	7日 18：33			8日 01：35			8日 22：15			8日 06：26			8日 03：22			7日 17：30	
	22日 12：27			22日 23：02			24日 01：20			23日 15：49			23日 18：01			23日 10：50	
	七赤金星			八白土星			九紫火星			一白水星			二黒土星			三碧木星	
1	10月19日	四緑	癸巳	9月18日	七赤	癸亥	8月17日	二黒	壬辰	7月17日	五黄	壬戌	6月15日	九紫	辛卯	5月14日	六白	庚寅
2	10月20日	三碧	甲午	9月19日	六白	甲子	8月18日	一白	癸巳	7月18日	四緑	癸亥	6月16日	八白	壬辰	5月15日	七赤	辛卯
3	10月21日	二黒	乙未	9月20日	五黄	乙丑	8月19日	九紫	甲午	7月19日	三碧	甲子	6月17日	七赤	癸巳	5月16日	八白	壬辰
4	10月22日	一白	丙申	9月21日	四緑	丙寅	8月20日	八白	乙未	7月20日	二黒	乙丑	6月18日	六白	甲午	5月17日	九紫	癸巳
5	10月23日	九紫	丁酉	9月22日	三碧	丁卯	8月21日	七赤	丙申	7月21日	一白	丙寅	6月19日	五黄	乙未	5月18日	九紫	甲午
6	10月24日	八白	戊戌	9月23日	二黒	戊辰	8月22日	六白	丁酉	7月22日	九紫	丁卯	6月20日	四緑	丙申	5月19日	八白	乙未
7	10月25日	七赤	己亥	9月24日	一白	己巳	8月23日	五黄	戊戌	7月23日	八白	戊辰	6月21日	三碧	丁酉	5月20日	七赤	丙申
8	10月26日	六白	庚子	9月25日	九紫	庚午	8月24日	四緑	己亥	7月24日	七赤	己巳	6月22日	二黒	戊戌	5月21日	六白	丁酉
9	10月27日	五黄	辛丑	9月26日	八白	辛未	8月25日	三碧	庚子	7月25日	六白	庚午	6月23日	一白	己亥	5月22日	五黄	戊戌
10	10月28日	四緑	壬寅	9月27日	七赤	壬申	8月26日	二黒	辛丑	7月26日	五黄	辛未	6月24日	九紫	庚子	5月23日	四緑	己亥
11	10月29日	三碧	癸卯	9月28日	六白	癸酉	8月27日	一白	壬寅	7月27日	四緑	壬申	6月25日	八白	辛丑	5月24日	三碧	庚子
12	10月30日	二黒	甲辰	9月29日	五黄	甲戌	8月28日	九紫	癸卯	7月28日	三碧	癸酉	6月26日	七赤	壬寅	5月25日	二黒	辛丑
13	11月1日	一白	乙巳	10月1日	四緑	乙亥	8月29日	八白	甲辰	7月29日	二黒	甲戌	6月27日	六白	癸卯	5月26日	一白	壬寅
14	11月2日	九紫	丙午	10月2日	三碧	丙子	8月30日	七赤	乙巳	7月30日	一白	乙亥	6月28日	五黄	甲辰	5月27日	九紫	癸卯
15	11月3日	八白	丁未	10月3日	二黒	丁丑	9月1日	六白	丙午	8月1日	九紫	丙子	6月29日	四緑	乙巳	5月28日	八白	甲辰
16	11月4日	七赤	戊申	10月4日	一白	戊寅	9月2日	五黄	丁未	8月2日	八白	丁丑	7月1日	三碧	丙午	5月29日	七赤	乙巳
17	11月5日	六白	己酉	10月5日	九紫	己卯	9月3日	四緑	戊申	8月3日	七赤	戊寅	7月2日	二黒	丁未	5月30日	六白	丙午
18	11月6日	五黄	庚戌	10月6日	八白	庚辰	9月4日	三碧	己酉	8月4日	六白	己卯	7月3日	一白	戊申	6月1日	五黄	丁未
19	11月7日	四緑	辛亥	10月7日	七赤	辛巳	9月5日	二黒	庚戌	8月5日	五黄	庚辰	7月4日	九紫	己酉	6月2日	四緑	戊申
20	11月8日	三碧	壬子	10月8日	六白	壬午	9月6日	一白	辛亥	8月6日	四緑	辛巳	7月5日	八白	庚戌	6月3日	三碧	己酉
21	11月9日	二黒	癸丑	10月9日	五黄	癸未	9月7日	九紫	壬子	8月7日	三碧	壬午	7月6日	七赤	辛亥	6月4日	二黒	庚戌
22	11月10日	一白	甲寅	10月10日	四緑	甲申	9月8日	八白	癸丑	8月8日	二黒	癸未	7月7日	六白	壬子	6月5日	一白	辛亥
23	11月11日	九紫	乙卯	10月11日	三碧	乙酉	9月9日	七赤	甲寅	8月9日	一白	甲申	7月8日	五黄	癸丑	6月6日	九紫	壬子
24	11月12日	八白	丙辰	10月12日	二黒	丙戌	9月10日	六白	乙卯	8月10日	九紫	乙酉	7月9日	四緑	甲寅	6月7日	八白	癸丑
25	11月13日	七赤	丁巳	10月13日	一白	丁亥	9月11日	五黄	丙辰	8月11日	八白	丙戌	7月10日	三碧	乙卯	6月8日	七赤	甲寅
26	11月14日	六白	戊午	10月14日	九紫	戊子	9月12日	四緑	丁巳	8月12日	七赤	丁亥	7月11日	二黒	丙辰	6月9日	六白	乙卯
27	11月15日	五黄	己未	10月15日	八白	己丑	9月13日	三碧	戊午	8月13日	六白	戊子	7月12日	一白	丁巳	6月10日	五黄	丙辰
28	11月16日	四緑	庚申	10月16日	七赤	庚寅	9月14日	二黒	己未	8月14日	五黄	己丑	7月13日	九紫	戊午	6月11日	四緑	丁巳
29	11月17日	三碧	辛酉	10月17日	六白	辛卯	9月15日	一白	庚申	8月15日	四緑	庚寅	7月14日	八白	己未	6月12日	三碧	戊午
30	11月18日	二黒	壬戌	10月18日	五黄	壬辰	9月16日	九紫	辛酉	8月16日	三碧	辛卯	7月15日	七赤	庚申	6月13日	二黒	己未
31	11月19日	一白	癸亥				9月17日	八白	壬戌				7月16日	六白	辛酉	6月14日	一白	庚申

6月庚午			5月己巳			4月戊辰			3月丁卯			2月丙寅			1月乙丑			
5日 13：09			5日 09：09			4日 16：01			5日 11：22			4日 17：27			6日 05：49			
21日 05：50			20日 21：59			19日 22：59			20日 12：06			19日 13：13			20日 23：07			
一白水星			二黒土星			三碧木星			四緑木星			五黄土星			六白金星			
4月25日	九紫	丙申	3月23日	五黄	乙丑	2月23日	二黒	乙未	1月21日	七赤	甲子	12月22日	五黄	乙未	11月20日	一白	甲子	1
4月26日	一白	丁酉	3月24日	六白	丙寅	2月24日	三碧	丙申	1月22日	八白	乙丑	12月23日	六白	丙申	11月21日	二黒	乙丑	2
4月27日	二黒	戊戌	3月25日	七赤	丁卯	2月25日	四緑	丁酉	1月23日	九紫	丙寅	12月24日	七赤	丁酉	11月22日	三碧	丙寅	3
4月28日	三碧	己亥	3月26日	八白	戊辰	2月26日	五黄	戊戌	1月24日	一白	丁卯	12月25日	八白	戊戌	11月23日	四緑	丁卯	4
4月29日	四緑	庚子	3月27日	九紫	己巳	2月27日	六白	己亥	1月25日	二黒	戊辰	12月26日	九紫	己亥	11月24日	五黄	戊辰	5
5月1日	五黄	辛丑	3月28日	一白	庚午	2月28日	七赤	庚子	1月26日	三碧	己巳	12月27日	一白	庚子	11月25日	六白	己巳	6
5月2日	六白	壬寅	3月29日	二黒	辛未	2月29日	八白	辛丑	1月27日	四緑	庚午	12月28日	二黒	辛丑	11月26日	七赤	庚午	7
5月3日	七赤	癸卯	4月1日	三碧	壬申	2月30日	九紫	壬寅	1月28日	五黄	辛未	12月29日	三碧	壬寅	11月27日	八白	辛未	8
5月4日	八白	甲辰	4月2日	四緑	癸酉	3月1日	一白	癸卯	1月29日	六白	壬申	12月30日	四緑	癸卯	11月28日	九紫	壬申	9
5月5日	九紫	乙巳	4月3日	五黄	甲戌	3月2日	二黒	甲辰	2月1日	七赤	癸酉	1月1日	五黄	甲辰	11月29日	一白	癸酉	10
5月6日	一白	丙午	4月4日	六白	乙亥	3月3日	三碧	乙巳	2月2日	八白	甲戌	1月2日	六白	乙巳	12月1日	二黒	甲戌	11
5月7日	二黒	丁未	4月5日	七赤	丙子	3月4日	四緑	丙午	2月3日	九紫	乙亥	1月3日	七赤	丙午	12月2日	三碧	乙亥	12
5月8日	三碧	戊申	4月6日	八白	丁丑	3月5日	五黄	丁未	2月4日	一白	丙子	1月4日	八白	丁未	12月3日	四緑	丙子	13
5月9日	四緑	己酉	4月7日	九紫	戊寅	3月6日	六白	戊申	2月5日	二黒	丁丑	1月5日	九紫	戊申	12月4日	五黄	丁丑	14
5月10日	五黄	庚戌	4月8日	一白	己卯	3月7日	七赤	己酉	2月6日	三碧	戊寅	1月6日	一白	己酉	12月5日	六白	戊寅	15
5月11日	六白	辛亥	4月9日	二黒	庚辰	3月8日	八白	庚戌	2月7日	四緑	己卯	1月7日	二黒	庚戌	12月6日	七赤	己卯	16
5月12日	七赤	壬子	4月10日	三碧	辛巳	3月9日	九紫	辛亥	2月8日	五黄	庚辰	1月8日	三碧	辛亥	12月7日	八白	庚辰	17
5月13日	八白	癸丑	4月11日	四緑	壬午	3月10日	一白	壬子	2月9日	六白	辛巳	1月9日	四緑	壬子	12月8日	九紫	辛巳	18
5月14日	九紫	甲寅	4月12日	五黄	癸未	3月11日	二黒	癸丑	2月10日	七赤	壬午	1月10日	五黄	癸丑	12月9日	一白	壬午	19
5月15日	一白	乙卯	4月13日	六白	甲申	3月12日	三碧	甲寅	2月11日	八白	癸未	1月11日	六白	甲寅	12月10日	二黒	癸未	20
5月16日	二黒	丙辰	4月14日	七赤	乙酉	3月13日	四緑	乙卯	2月12日	九紫	甲申	1月12日	七赤	乙卯	12月11日	三碧	甲申	21
5月17日	三碧	丁巳	4月15日	八白	丙戌	3月14日	五黄	丙辰	2月13日	一白	乙酉	1月13日	八白	丙辰	12月12日	四緑	乙酉	22
5月18日	四緑	戊午	4月16日	九紫	丁亥	3月15日	六白	丁巳	2月14日	二黒	丙戌	1月14日	九紫	丁巳	12月13日	五黄	丙戌	23
5月19日	五黄	己未	4月17日	一白	戊子	3月16日	七赤	戊午	2月15日	三碧	丁亥	1月15日	一白	戊午	12月14日	六白	丁亥	24
5月20日	六白	庚申	4月18日	二黒	己丑	3月17日	八白	己未	2月16日	四緑	戊子	1月16日	二黒	己未	12月15日	七赤	戊子	25
5月21日	七赤	辛酉	4月19日	三碧	庚寅	3月18日	九紫	庚申	2月17日	五黄	己丑	1月17日	三碧	庚申	12月16日	八白	己丑	26
5月22日	八白	壬戌	4月20日	四緑	辛卯	3月19日	一白	辛酉	2月18日	六白	庚寅	1月18日	四緑	辛酉	12月17日	九紫	庚寅	27
5月23日	九紫	癸亥	4月21日	五黄	壬辰	3月20日	二黒	壬戌	2月19日	七赤	辛卯	1月19日	五黄	壬戌	12月18日	一白	辛卯	28
5月24日	九紫	甲子	4月22日	六白	癸巳	3月21日	三碧	癸亥	2月20日	八白	壬辰	1月20日	六白	癸亥	12月19日	二黒	壬辰	29
5月25日	八白	乙丑	4月23日	七赤	甲午	3月22日	四緑	甲子	2月21日	九紫	癸巳				12月20日	三碧	癸巳	30
			4月24日	八白	乙未				2月22日	一白	甲午				12月21日	四緑	甲午	31

202

令和6年		2024年		甲辰年		三碧木星					
12月丙子		11月乙亥		10月甲戌		9月癸酉		8月壬申		7月辛未	
7日 00：17		7日 07：20		8日 03：59		7日 12：11		7日 09：09		6日 23：19	
21日 18：20		22日 04：56		23日 07：14		22日 21：43		22日 23：54		22日 16：44	
四緑木星		五黄土星		六白金星		七赤金星		八白土星		九紫火星	

1	11月1日	七赤	己亥	10月1日	一白	己巳	8月29日	五黄	戊戌	7月29日	八白	戊辰	6月27日	三碧	丁酉	5月26日	七赤	丙戌
2	11月2日	六白	庚子	10月2日	九紫	庚午	8月30日	四緑	己亥	7月30日	七赤	己巳	6月28日	二黒	戊戌	5月27日	六白	丁亥
3	11月3日	五黄	辛丑	10月3日	八白	辛未	9月1日	三碧	庚子	8月1日	六白	庚午	6月29日	一白	己亥	5月28日	五黄	戊子
4	11月4日	四緑	壬寅	10月4日	七赤	壬申	9月2日	二黒	辛丑	8月2日	五黄	辛未	7月1日	九紫	庚子	5月29日	四緑	己丑
5	11月5日	三碧	癸卯	10月5日	六白	癸酉	9月3日	一白	壬寅	8月3日	四緑	壬申	7月2日	八白	辛丑	5月30日	三碧	庚寅
6	11月6日	二黒	甲辰	10月6日	五黄	甲戌	9月4日	九紫	癸卯	8月4日	三碧	癸酉	7月3日	七赤	壬寅	6月1日	二黒	辛卯
7	11月7日	一白	乙巳	10月7日	四緑	乙亥	9月5日	八白	甲辰	8月5日	二黒	甲戌	7月4日	六白	癸卯	6月2日	一白	壬辰
8	11月8日	九紫	丙午	10月8日	三碧	丙子	9月6日	七赤	乙巳	8月6日	一白	乙亥	7月5日	五黄	甲辰	6月3日	九紫	癸巳
9	11月9日	八白	丁未	10月9日	二黒	丁丑	9月7日	六白	丙午	8月7日	九紫	丙子	7月6日	四緑	乙巳	6月4日	八白	甲午
10	11月10日	七赤	戊申	10月10日	一白	戊寅	9月8日	五黄	丁未	8月8日	八白	丁丑	7月7日	三碧	丙午	6月5日	七赤	乙未
11	11月11日	六白	己酉	10月11日	九紫	己卯	9月9日	四緑	戊申	8月9日	七赤	戊寅	7月8日	二黒	丁未	6月6日	六白	丙申
12	11月12日	五黄	庚戌	10月12日	八白	庚辰	9月10日	三碧	己酉	8月10日	六白	己卯	7月9日	一白	戊申	6月7日	五黄	丁酉
13	11月13日	四緑	辛亥	10月13日	七赤	辛巳	9月11日	二黒	庚戌	8月11日	五黄	庚辰	7月10日	九紫	己酉	6月8日	四緑	戊戌
14	11月14日	三碧	壬子	10月14日	六白	壬午	9月12日	一白	辛亥	8月12日	四緑	辛巳	7月11日	八白	庚戌	6月9日	三碧	己亥
15	11月15日	二黒	癸丑	10月15日	五黄	癸未	9月13日	九紫	壬子	8月13日	三碧	壬午	7月12日	七赤	辛亥	6月10日	二黒	庚子
16	11月16日	一白	甲寅	10月16日	四緑	甲申	9月14日	八白	癸丑	8月14日	二黒	癸未	7月13日	六白	壬子	6月11日	一白	辛丑
17	11月17日	九紫	乙卯	10月17日	三碧	乙酉	9月15日	七赤	甲寅	8月15日	一白	甲申	7月14日	五黄	癸丑	6月12日	九紫	壬寅
18	11月18日	八白	丙辰	10月18日	二黒	丙戌	9月16日	六白	乙卯	8月16日	九紫	乙酉	7月15日	四緑	甲寅	6月13日	八白	癸卯
19	11月19日	七赤	丁巳	10月19日	一白	丁亥	9月17日	五黄	丙辰	8月17日	八白	丙戌	7月16日	三碧	乙卯	6月14日	七赤	甲辰
20	11月20日	六白	戊午	10月20日	九紫	戊子	9月18日	四緑	丁巳	8月18日	七赤	丁亥	7月17日	二黒	丙辰	6月15日	六白	乙巳
21	11月21日	五黄	己未	10月21日	八白	己丑	9月19日	三碧	戊午	8月19日	六白	戊子	7月18日	一白	丁巳	6月16日	五黄	丙午
22	11月22日	四緑	庚申	10月22日	七赤	庚寅	9月20日	二黒	己未	8月20日	五黄	己丑	7月19日	九紫	戊午	6月17日	四緑	丁未
23	11月23日	三碧	辛酉	10月23日	六白	辛卯	9月21日	一白	庚申	8月21日	四緑	庚寅	7月20日	八白	己未	6月18日	三碧	戊申
24	11月24日	二黒	壬戌	10月24日	五黄	壬辰	9月22日	九紫	辛酉	8月22日	三碧	辛卯	7月21日	七赤	庚申	6月19日	二黒	己酉
25	11月25日	一白	癸亥	10月25日	四緑	癸巳	9月23日	八白	壬戌	8月23日	二黒	壬辰	7月22日	六白	辛酉	6月20日	一白	庚戌
26	11月26日	一白	甲子	10月26日	三碧	甲午	9月24日	七赤	癸亥	8月24日	一白	癸巳	7月23日	五黄	壬戌	6月21日	九紫	辛亥
27	11月27日	二黒	乙丑	10月27日	二黒	乙未	9月25日	六白	甲子	8月25日	九紫	甲午	7月24日	四緑	癸亥	6月22日	八白	壬子
28	11月28日	三碧	丙寅	10月28日	一白	丙申	9月26日	五黄	乙丑	8月26日	八白	乙未	7月25日	三碧	甲子	6月23日	七赤	癸丑
29	11月29日	四緑	丁卯	10月29日	九紫	丁酉	9月27日	四緑	丙寅	8月27日	七赤	丙申	7月26日	二黒	乙丑	6月24日	六白	甲寅
30	11月30日	五黄	戊辰	10月30日	八白	戊戌	9月28日	三碧	丁卯	8月28日	六白	丁酉	7月27日	一白	丙寅	6月25日	五黄	乙卯
31	12月1日	六白	己巳				9月29日	二黒	戊辰				7月28日	九紫	丁卯	6月26日	四緑	丙辰

6月壬午			5月辛巳			4月庚辰			3月己卯			2月戊寅			1月丁丑			
5日 18：56			5日 14：56			4日 21：48			5日 17：07			3日 23：10			5日 11：32			
21日 11：41			21日 03：54			20日 04：55			20日 18：01			18日 19：06			20日 05：00			
七赤金星			八白土星			九紫火星			一白水星			二黒土星			三碧木星			
5月6日	五黄	辛丑	4月4日	一白	庚午	3月4日	七赤	庚子	2月2日	三碧	己巳	1月4日	二黒	辛丑	12月2日	七赤	庚午	1
5月7日	六白	壬寅	4月5日	二黒	辛未	3月5日	八白	辛丑	2月3日	四緑	庚午	1月5日	三碧	壬寅	12月3日	八白	辛未	2
5月8日	七赤	癸卯	4月6日	三碧	壬申	3月6日	九紫	壬寅	2月4日	五黄	辛未	1月6日	四緑	癸卯	12月4日	九紫	壬申	3
5月9日	八白	甲辰	4月7日	四緑	癸酉	3月7日	一白	癸卯	2月5日	六白	壬申	1月7日	五黄	甲辰	12月5日	一白	癸酉	4
5月10日	九紫	乙巳	4月8日	五黄	甲戌	3月8日	二黒	甲辰	2月6日	七赤	癸酉	1月8日	六白	乙巳	12月6日	二黒	甲戌	5
5月11日	一白	丙午	4月9日	六白	乙亥	3月9日	三碧	乙巳	2月7日	八白	甲戌	1月9日	七赤	丙午	12月7日	三碧	乙亥	6
5月12日	二黒	丁未	4月10日	七赤	丙子	3月10日	四緑	丙午	2月8日	九紫	乙亥	1月10日	八白	丁未	12月8日	四緑	丙子	7
5月13日	三碧	戊申	4月11日	八白	丁丑	3月11日	五黄	丁未	2月9日	一白	丙子	1月11日	九紫	戊申	12月9日	五黄	丁丑	8
5月14日	四緑	己酉	4月12日	九紫	戊寅	3月12日	六白	戊申	2月10日	二黒	丁丑	1月12日	一白	己酉	12月10日	六白	戊寅	9
5月15日	五黄	庚戌	4月13日	一白	己卯	3月13日	七赤	己酉	2月11日	三碧	戊寅	1月13日	二黒	庚戌	12月11日	七赤	己卯	10
5月16日	六白	辛亥	4月14日	二黒	庚辰	3月14日	八白	庚戌	2月12日	四緑	己卯	1月14日	三碧	辛亥	12月12日	八白	庚辰	11
5月17日	七赤	壬子	4月15日	三碧	辛巳	3月15日	九紫	辛亥	2月13日	五黄	庚辰	1月15日	四緑	壬子	12月13日	九紫	辛巳	12
5月18日	八白	癸丑	4月16日	四緑	壬午	3月16日	一白	壬子	2月14日	六白	辛巳	1月16日	五黄	癸丑	12月14日	一白	壬午	13
5月19日	九紫	甲寅	4月17日	五黄	癸未	3月17日	二黒	癸丑	2月15日	七赤	壬午	1月17日	六白	甲寅	12月15日	二黒	癸未	14
5月20日	一白	乙卯	4月18日	六白	甲申	3月18日	三碧	甲寅	2月16日	八白	癸未	1月18日	七赤	乙卯	12月16日	三碧	甲申	15
5月21日	二黒	丙辰	4月19日	七赤	乙酉	3月19日	四緑	乙卯	2月17日	九紫	甲申	1月19日	八白	丙辰	12月17日	四緑	乙酉	16
5月22日	三碧	丁巳	4月20日	八白	丙戌	3月20日	五黄	丙辰	2月18日	一白	乙酉	1月20日	九紫	丁巳	12月18日	五黄	丙戌	17
5月23日	四緑	戊午	4月21日	九紫	丁亥	3月21日	六白	丁巳	2月19日	二黒	丙戌	1月21日	一白	戊午	12月19日	六白	丁亥	18
5月24日	五黄	己未	4月22日	一白	戊子	3月22日	七赤	戊午	2月20日	三碧	丁亥	1月22日	二黒	己未	12月20日	七赤	戊子	19
5月25日	六白	庚申	4月23日	二黒	己丑	3月23日	八白	己未	2月21日	四緑	戊子	1月23日	三碧	庚申	12月21日	八白	己丑	20
5月26日	七赤	辛酉	4月24日	三碧	庚寅	3月24日	九紫	庚申	2月22日	五黄	己丑	1月24日	四緑	辛酉	12月22日	九紫	庚寅	21
5月27日	八白	壬戌	4月25日	四緑	辛卯	3月25日	一白	辛酉	2月23日	六白	庚寅	1月25日	五黄	壬戌	12月23日	一白	辛卯	22
5月28日	九紫	癸亥	4月26日	五黄	壬辰	3月26日	二黒	壬戌	2月24日	七赤	辛卯	1月26日	六白	癸亥	12月24日	二黒	壬辰	23
5月29日	九紫	甲子	4月27日	六白	癸巳	3月27日	三碧	癸亥	2月25日	八白	壬辰	1月27日	七赤	甲子	12月25日	三碧	癸巳	24
6月1日	八白	乙丑	4月28日	七赤	甲午	3月28日	四緑	甲子	2月26日	九紫	癸巳	1月28日	八白	乙丑	12月26日	四緑	甲午	25
6月2日	七赤	丙寅	4月29日	八白	乙未	3月29日	五黄	乙丑	2月27日	一白	甲午	1月29日	九紫	丙寅	12月27日	五黄	乙未	26
6月3日	六白	丁卯	5月1日	九紫	丙申	3月30日	六白	丙寅	2月28日	二黒	乙未	1月30日	一白	丁卯	12月28日	六白	丙申	27
6月4日	五黄	戊辰	5月2日	一白	丁酉	4月1日	七赤	丁卯	2月29日	三碧	丙申	2月1日	二黒	戊辰	12月29日	七赤	丁酉	28
6月5日	四緑	己巳	5月3日	二黒	戊戌	4月2日	八白	戊辰	3月1日	四緑	丁酉				1月1日	八白	戊戌	29
6月6日	三碧	庚午	5月4日	三碧	己亥	4月3日	九紫	己巳	3月2日	五黄	戊戌				1月2日	九紫	己亥	30
			5月5日	四緑	庚子				3月3日	六白	己亥				1月3日	一白	庚子	31

	令和7年			2025年			乙巳年			二黒土星		
	12月戊子			11月丁亥			10月丙戌			9月乙酉		8月甲申	7月癸未
	7日 06：04			7日 13：04			8日 09：41			7日 17：52		7日 14：51	7日 05：04
	22日 00：02			22日 10：35			23日 12：51			23日 03：19		23日 05：33	22日 22：29
	一白水星			二黒土星			三碧木星			四緑木星		五黄土星	六白金星
1	10月12日	二黒	甲辰	9月12日	五黄	甲戌	8月10日	九紫	癸卯	7月10日	三碧	癸酉	閏6月8日	七赤	壬寅	6月7日	二黒	辛丑
2	10月13日	一白	乙巳	9月13日	四緑	乙亥	8月11日	八白	甲辰	7月11日	二黒	甲戌	閏6月9日	六白	癸卯	6月8日	一白	壬寅
3	10月14日	九紫	丙午	9月14日	三碧	丙子	8月12日	七赤	乙巳	7月12日	一白	乙亥	閏6月10日	五黄	甲辰	6月9日	九紫	癸卯
4	10月15日	八白	丁未	9月15日	二黒	丁丑	8月13日	六白	丙午	7月13日	九紫	丙子	閏6月11日	四緑	乙巳	6月10日	八白	甲辰
5	10月16日	七赤	戊申	9月16日	一白	戊寅	8月14日	五黄	丁未	7月14日	八白	丁丑	閏6月12日	三碧	丙午	6月11日	七赤	乙巳
6	10月17日	六白	己酉	9月17日	九紫	己卯	8月15日	四緑	戊申	7月15日	七赤	戊寅	閏6月13日	二黒	丁未	6月12日	六白	丙午
7	10月18日	五黄	庚戌	9月18日	八白	庚辰	8月16日	三碧	己酉	7月16日	六白	己卯	閏6月14日	一白	戊申	6月13日	五黄	丁未
8	10月19日	四緑	辛亥	9月19日	七赤	辛巳	8月17日	二黒	庚戌	7月17日	五黄	庚辰	閏6月15日	九紫	己酉	6月14日	四緑	戊申
9	10月20日	三碧	壬子	9月20日	六白	壬午	8月18日	一白	辛亥	7月18日	四緑	辛巳	閏6月16日	八白	庚戌	6月15日	三碧	己酉
10	10月21日	二黒	癸丑	9月21日	五黄	癸未	8月19日	九紫	壬子	7月19日	三碧	壬午	閏6月17日	七赤	辛亥	6月16日	二黒	庚戌
11	10月22日	一白	甲寅	9月22日	四緑	甲申	8月20日	八白	癸丑	7月20日	二黒	癸未	閏6月18日	六白	壬子	6月17日	一白	辛亥
12	10月23日	九紫	乙卯	9月23日	三碧	乙酉	8月21日	七赤	甲寅	7月21日	一白	甲申	閏6月19日	五黄	癸丑	6月18日	九紫	壬子
13	10月24日	八白	丙辰	9月24日	二黒	丙戌	8月22日	六白	乙卯	7月22日	九紫	乙酉	閏6月20日	四緑	甲寅	6月19日	八白	癸丑
14	10月25日	七赤	丁巳	9月25日	一白	丁亥	8月23日	五黄	丙辰	7月23日	八白	丙戌	閏6月21日	三碧	乙卯	6月20日	七赤	甲寅
15	10月26日	六白	戊午	9月26日	九紫	戊子	8月24日	四緑	丁巳	7月24日	七赤	丁亥	閏6月22日	二黒	丙辰	6月21日	六白	乙卯
16	10月27日	五黄	己未	9月27日	八白	己丑	8月25日	三碧	戊午	7月25日	六白	戊子	閏6月23日	一白	丁巳	6月22日	五黄	丙辰
17	10月28日	四緑	庚申	9月28日	七赤	庚寅	8月26日	二黒	己未	7月26日	五黄	己丑	閏6月24日	九紫	戊午	6月23日	四緑	丁巳
18	10月29日	三碧	辛酉	9月29日	六白	辛卯	8月27日	一白	庚申	7月27日	四緑	庚寅	閏6月25日	八白	己未	6月24日	三碧	戊午
19	10月30日	二黒	壬戌	9月30日	五黄	壬辰	8月28日	九紫	辛酉	7月28日	三碧	辛卯	閏6月26日	七赤	庚申	6月25日	二黒	己未
20	11月1日	一白	癸亥	10月1日	四緑	癸巳	8月29日	八白	壬戌	7月29日	二黒	壬辰	閏6月27日	六白	辛酉	6月26日	一白	庚申
21	11月2日	一白	甲子	10月2日	三碧	甲午	9月1日	七赤	癸亥	7月30日	一白	癸巳	閏6月28日	五黄	壬戌	6月27日	九紫	辛酉
22	11月3日	二黒	乙丑	10月3日	二黒	乙未	9月2日	六白	甲子	8月1日	九紫	甲午	閏6月29日	四緑	癸亥	6月28日	八白	壬戌
23	11月4日	三碧	丙寅	10月4日	一白	丙申	9月3日	五黄	乙丑	8月2日	八白	乙未	7月1日	三碧	甲子	6月29日	七赤	癸亥
24	11月5日	四緑	丁卯	10月5日	九紫	丁酉	9月4日	四緑	丙寅	8月3日	七赤	丙申	7月2日	二黒	乙丑	6月30日	六白	甲子
25	11月6日	五黄	戊辰	10月6日	八白	戊戌	9月5日	三碧	丁卯	8月4日	六白	丁酉	7月3日	一白	丙寅	閏6月1日	五黄	乙丑
26	11月7日	六白	己巳	10月7日	七赤	己亥	9月6日	二黒	戊辰	8月5日	五黄	戊戌	7月4日	九紫	丁卯	閏6月2日	四緑	丙寅
27	11月8日	七赤	庚午	10月8日	六白	庚子	9月7日	一白	己巳	8月6日	四緑	己亥	7月5日	八白	戊辰	閏6月3日	三碧	丁卯
28	11月9日	八白	辛未	10月9日	五黄	辛丑	9月8日	九紫	庚午	8月7日	三碧	庚子	7月6日	七赤	己巳	閏6月4日	二黒	戊辰
29	11月10日	九紫	壬申	10月10日	四緑	壬寅	9月9日	八白	辛未	8月8日	二黒	辛丑	7月7日	六白	庚午	閏6月5日	一白	己巳
30	11月11日	一白	癸酉	10月11日	三碧	癸卯	9月10日	七赤	壬申	8月9日	一白	壬寅	7月8日	五黄	辛未	閏6月6日	九紫	庚午
31	11月12日	二黒	甲戌				9月11日	六白	癸酉				7月9日	四緑	壬申	閏6月7日	八白	辛未

	6月甲午	5月癸巳	4月壬辰	3月辛卯	2月庚寅	1月己丑	
	6日 00：47	5日 20：48	5日 03：40	5日 22：59	4日 05：02	5日 17：23	
	21日 17：23	21日 09：36	20日 10：38	20日 23：46	19日 00：52	20日 10：44	
	四緑木星	五黄土星	六白金星	七赤金星	八白土星	九紫火星	
4月16日 一白 丙午	3月15日 六白 乙亥	2月14日 三碧 乙巳	1月13日 八白 甲戌	12月14日 七赤 丙午	11月13日 三碧 乙亥	1
4月17日 二黒 丁未	3月16日 七赤 丙子	2月15日 四緑 丙午	1月14日 九紫 乙亥	12月15日 八白 丁未	11月14日 四緑 丙子	2
4月18日 三碧 戊申	3月17日 八白 丁丑	2月16日 五黄 丁未	1月15日 一白 丙子	12月16日 九紫 戊申	11月15日 五黄 丁丑	3
4月19日 四緑 己酉	3月18日 九紫 戊寅	2月17日 六白 戊申	1月16日 二黒 丁丑	12月17日 一白 己酉	11月16日 六白 戊寅	4
4月20日 五黄 庚戌	3月19日 一白 己卯	2月18日 七赤 己酉	1月17日 三碧 戊寅	12月18日 二黒 庚戌	11月17日 七赤 己卯	5
4月21日 六白 辛亥	3月20日 二黒 庚辰	2月19日 八白 庚戌	1月18日 四緑 己卯	12月19日 三碧 辛亥	11月18日 八白 庚辰	6
4月22日 七赤 壬子	3月21日 三碧 辛巳	2月20日 九紫 辛亥	1月19日 五黄 庚辰	12月20日 四緑 壬子	11月19日 九紫 辛巳	7
4月23日 八白 癸丑	3月22日 四緑 壬午	2月21日 一白 壬子	1月20日 六白 辛巳	12月21日 五黄 癸丑	11月20日 一白 壬午	8
4月24日 九紫 甲寅	3月23日 五黄 癸未	2月22日 二黒 癸丑	1月21日 七赤 壬午	12月22日 六白 甲寅	11月21日 二黒 癸未	9
4月25日 一白 乙卯	3月24日 六白 甲申	2月23日 三碧 甲寅	1月22日 八白 癸未	12月23日 七赤 乙卯	11月22日 三碧 甲申	10
4月26日 二黒 丙辰	3月25日 七赤 乙酉	2月24日 四緑 乙卯	1月23日 九紫 甲申	12月24日 八白 丙辰	11月23日 四緑 乙酉	11
4月27日 三碧 丁巳	3月26日 八白 丙戌	2月25日 五黄 丙辰	1月24日 一白 乙酉	12月25日 九紫 丁巳	11月24日 五黄 丙戌	12
4月28日 四緑 戊午	3月27日 九紫 丁亥	2月26日 六白 丁巳	1月25日 二黒 丙戌	12月26日 一白 戊午	11月25日 六白 丁亥	13
4月29日 五黄 己未	3月28日 一白 戊子	2月27日 七赤 戊午	1月26日 三碧 丁亥	12月27日 二黒 己未	11月26日 七赤 戊子	14
5月1日 六白 庚申	3月29日 二黒 己丑	2月28日 八白 己未	1月27日 四緑 戊子	12月28日 三碧 庚申	11月27日 八白 己丑	15
5月2日 七赤 辛酉	3月30日 三碧 庚寅	2月29日 九紫 庚申	1月28日 五黄 己丑	12月29日 四緑 辛酉	11月28日 九紫 庚寅	16
5月3日 八白 壬戌	4月1日 四緑 辛卯	3月1日 一白 辛酉	1月29日 六白 庚寅	1月1日 五黄 壬戌	11月29日 一白 辛卯	17
5月4日 九紫 癸亥	4月2日 五黄 壬辰	3月2日 二黒 壬戌	1月30日 七赤 辛卯	1月2日 六白 癸亥	11月30日 二黒 壬辰	18
5月5日 九紫 甲子	4月3日 六白 癸巳	3月3日 三碧 癸亥	2月1日 八白 壬辰	1月3日 七赤 甲子	12月1日 三碧 癸巳	19
5月6日 八白 乙丑	4月4日 七赤 甲午	3月4日 四緑 甲子	2月2日 九紫 癸巳	1月4日 八白 乙丑	12月2日 四緑 甲午	20
5月7日 七赤 丙寅	4月5日 八白 乙未	3月5日 五黄 乙丑	2月3日 一白 甲午	1月5日 九紫 丙寅	12月3日 五黄 乙未	21
5月8日 六白 丁卯	4月6日 九紫 丙申	3月6日 六白 丙寅	2月4日 二黒 乙未	1月6日 一白 丁卯	12月4日 六白 丙申	22
5月9日 五黄 戊辰	4月7日 一白 丁酉	3月7日 七赤 丁卯	2月5日 三碧 丙申	1月7日 二黒 戊辰	12月5日 七赤 丁酉	23
5月10日 四緑 己巳	4月8日 二黒 戊戌	3月8日 八白 戊辰	2月6日 四緑 丁酉	1月8日 三碧 己巳	12月6日 八白 戊戌	24
5月11日 三碧 庚午	4月9日 三碧 己亥	3月9日 九紫 己巳	2月7日 五黄 戊戌	1月9日 四緑 庚午	12月7日 九紫 己亥	25
5月12日 二黒 辛未	4月10日 四緑 庚子	3月10日 一白 庚午	2月8日 六白 己亥	1月10日 五黄 辛未	12月8日 一白 庚子	26
5月13日 一白 壬申	4月11日 五黄 辛丑	3月11日 二黒 辛未	2月9日 七赤 庚子	1月11日 六白 壬申	12月9日 二黒 辛丑	27
5月14日 九紫 癸酉	4月12日 六白 壬寅	3月12日 三碧 壬申	2月10日 八白 辛丑	1月12日 七赤 癸酉	12月10日 三碧 壬寅	28
5月15日 八白 甲戌	4月13日 七赤 癸卯	3月13日 四緑 癸酉	2月11日 九紫 壬寅		12月11日 四緑 癸卯	29
5月16日 七赤 乙亥	4月14日 八白 甲辰	3月14日 五黄 甲戌	2月12日 一白 癸卯		12月12日 五黄 甲辰	30
	4月15日 九紫 乙巳		2月13日 二黒 甲辰		12月13日 六白 乙巳	31

206

	令和8年		2026年		丙午年		一白水星				
	12月庚子		11月己亥		10月戊戌		9月丁酉		8月丙申		7月乙未	
	7日 11：52		7日 18：51		8日 15：29		7日 23：41		7日 20：42		7日 10：56	
	22日 05：49		22日 16：22		23日 18：37		23日 09：05		23日 11：19		23日 04：12	
	七赤金星		八白土星		九紫火星		一白水星		二黒土星		三碧木星	
1	10月23日	六白	己酉	9月22日	九紫	己卯	8月21日	四緑	戊申	7月20日	七赤	戊寅	6月19日	二黒	丁未	5月17日	六白	丙午
2	10月24日	五黄	庚戌	9月23日	八白	庚辰	8月22日	三碧	己酉	7月21日	六白	己卯	6月20日	一白	戊申	5月18日	五黄	丁未
3	10月25日	四緑	辛亥	9月24日	七赤	辛巳	8月23日	二黒	庚戌	7月22日	五黄	庚辰	6月21日	九紫	己酉	5月19日	四緑	戊寅
4	10月26日	三碧	壬子	9月25日	六白	壬午	8月24日	一白	辛亥	7月23日	四緑	辛巳	6月22日	八白	庚戌	5月20日	三碧	己卯
5	10月27日	二黒	癸丑	9月26日	五黄	癸未	8月25日	九紫	壬子	7月24日	三碧	壬午	6月23日	七赤	辛亥	5月21日	二黒	庚辰
6	10月28日	一白	甲寅	9月27日	四緑	甲申	8月26日	八白	癸丑	7月25日	二黒	癸未	6月24日	六白	壬子	5月22日	一白	辛巳
7	10月29日	九紫	乙卯	9月28日	三碧	乙酉	8月27日	七赤	甲寅	7月26日	一白	甲申	6月25日	五黄	癸丑	5月23日	九紫	壬午
8	10月30日	八白	丙辰	9月29日	二黒	丙戌	8月28日	六白	乙卯	7月27日	九紫	乙酉	6月26日	四緑	甲寅	5月24日	八白	癸未
9	11月1日	七赤	丁巳	10月1日	一白	丁亥	8月29日	五黄	丙辰	7月28日	八白	丙戌	6月27日	三碧	乙卯	5月25日	七赤	甲申
10	11月2日	六白	戊午	10月2日	九紫	戊子	8月30日	四緑	丁巳	7月29日	七赤	丁亥	6月28日	二黒	丙辰	5月26日	六白	乙酉
11	11月3日	五黄	己未	10月3日	八白	己丑	9月1日	三碧	戊午	8月1日	六白	戊子	6月29日	一白	丁巳	5月27日	五黄	丙戌
12	11月4日	四緑	庚申	10月4日	七赤	庚寅	9月2日	二黒	己未	8月2日	五黄	己丑	6月30日	九紫	戊午	5月28日	四緑	丁亥
13	11月5日	三碧	辛酉	10月5日	六白	辛卯	9月3日	一白	庚申	8月3日	四緑	庚寅	7月1日	八白	己未	5月29日	三碧	戊子
14	11月6日	二黒	壬戌	10月6日	五黄	壬辰	9月4日	九紫	辛酉	8月4日	三碧	辛卯	7月2日	七赤	庚申	6月1日	二黒	己丑
15	11月7日	一白	癸亥	10月7日	四緑	癸巳	9月5日	八白	壬戌	8月5日	二黒	壬辰	7月3日	六白	辛酉	6月2日	一白	庚寅
16	11月8日	一白	甲子	10月8日	三碧	甲午	9月6日	七赤	癸亥	8月6日	一白	癸巳	7月4日	五黄	壬戌	6月3日	九紫	辛卯
17	11月9日	二黒	乙丑	10月9日	二黒	乙未	9月7日	六白	甲子	8月7日	九紫	甲午	7月5日	四緑	癸亥	6月4日	八白	壬辰
18	11月10日	三碧	丙寅	10月10日	一白	丙申	9月8日	五黄	乙丑	8月8日	八白	乙未	7月6日	三碧	甲子	6月5日	七赤	癸巳
19	11月11日	四緑	丁卯	10月11日	九紫	丁酉	9月9日	四緑	丙寅	8月9日	七赤	丙申	7月7日	二黒	乙丑	6月6日	六白	甲午
20	11月12日	五黄	戊辰	10月12日	八白	戊戌	9月10日	三碧	丁卯	8月10日	六白	丁酉	7月8日	一白	丙寅	6月7日	五黄	乙未
21	11月13日	六白	己巳	10月13日	七赤	己亥	9月11日	二黒	戊辰	8月11日	五黄	戊戌	7月9日	九紫	丁卯	6月8日	四緑	丙申
22	11月14日	七赤	庚午	10月14日	六白	庚子	9月12日	一白	己巳	8月12日	四緑	己亥	7月10日	八白	戊辰	6月9日	三碧	丁酉
23	11月15日	八白	辛未	10月15日	五黄	辛丑	9月13日	九紫	庚午	8月13日	三碧	庚子	7月11日	七赤	己巳	6月10日	二黒	戊戌
24	11月16日	九紫	壬申	10月16日	四緑	壬寅	9月14日	八白	辛未	8月14日	二黒	辛丑	7月12日	六白	庚午	6月11日	一白	己亥
25	11月17日	一白	癸酉	10月17日	三碧	癸卯	9月15日	七赤	壬申	8月15日	一白	壬寅	7月13日	五黄	辛未	6月12日	九紫	庚子
26	11月18日	二黒	甲戌	10月18日	二黒	甲辰	9月16日	六白	癸酉	8月16日	九紫	癸卯	7月14日	四緑	壬申	6月13日	八白	辛丑
27	11月19日	三碧	乙亥	10月19日	一白	乙巳	9月17日	五黄	甲戌	8月17日	八白	甲辰	7月15日	三碧	癸酉	6月14日	七赤	壬寅
28	11月20日	四緑	丙子	10月20日	九紫	丙午	9月18日	四緑	乙亥	8月18日	七赤	乙巳	7月16日	二黒	甲戌	6月15日	六白	癸卯
29	11月21日	五黄	丁丑	10月21日	八白	丁未	9月19日	三碧	丙子	8月19日	六白	丙午	7月17日	一白	乙亥	6月16日	五黄	甲辰
30	11月22日	六白	戊寅	10月22日	七赤	戊申	9月20日	二黒	丁丑	8月20日	五黄	丁未	7月18日	九紫	丙子	6月17日	四緑	乙巳
31	11月23日	七赤	己卯				9月21日	一白	戊寅				7月19日	八白	丁丑	6月18日	三碧	丙午

万年暦

6月丙午	5月乙巳	4月甲辰	3月癸卯	2月壬寅	1月辛丑	
6日 06：24	6日 02：24	5日 09：17	6日 04：40	4日 10：46	5日 23：09	
21日 23：09	21日 15：17	20日 16：17	21日 05：25	19日 06：34	20日 16：29	
一白水星	二黒土星	三碧木星	四緑木星	五黄土星	六白金星	
4月27日 六白 辛亥	3月25日 二黒 庚辰	2月25日 八白 庚戌	1月23日 四緑 己卯	12月25日 三碧 辛亥	11月24日 八白 庚辰	1
4月28日 七赤 壬子	3月26日 三碧 辛巳	2月26日 九紫 辛亥	1月24日 五黄 庚辰	12月26日 四緑 壬子	11月25日 九紫 辛巳	2
4月29日 八白 癸丑	3月27日 四緑 壬午	2月27日 一白 壬子	1月25日 六白 辛巳	12月27日 五黄 癸丑	11月26日 一白 壬午	3
4月30日 九紫 甲寅	3月28日 五黄 癸未	2月28日 二黒 癸丑	1月26日 七赤 壬午	12月28日 六白 甲寅	11月27日 二黒 癸未	4
5月1日 一白 乙卯	3月29日 六白 甲申	2月29日 三碧 甲寅	1月27日 八白 癸未	12月29日 七赤 乙卯	11月28日 三碧 甲申	5
5月2日 二黒 丙辰	4月1日 七赤 乙酉	2月30日 四緑 乙卯	1月28日 九紫 甲申	12月30日 八白 丙辰	11月29日 四緑 乙酉	6
5月3日 三碧 丁巳	4月2日 八白 丙戌	3月1日 五黄 丙辰	1月29日 一白 乙酉	1月1日 九紫 丁巳	11月30日 五黄 丙戌	7
5月4日 四緑 戊午	4月3日 九紫 丁亥	3月2日 六白 丁巳	2月1日 二黒 丙戌	1月2日 一白 戊午	12月1日 六白 丁亥	8
5月5日 五黄 己未	4月4日 一白 戊子	3月3日 七赤 戊午	2月2日 三碧 丁亥	1月3日 二黒 己未	12月2日 七赤 戊子	9
5月6日 六白 庚申	4月5日 二黒 己丑	3月4日 八白 己未	2月3日 四緑 戊子	1月4日 三碧 庚申	12月3日 八白 己丑	10
5月7日 七赤 辛酉	4月6日 三碧 庚寅	3月5日 九紫 庚申	2月4日 五黄 己丑	1月5日 四緑 辛酉	12月4日 九紫 庚寅	11
5月8日 八白 壬戌	4月7日 四緑 辛卯	3月6日 一白 辛酉	2月5日 六白 庚寅	1月6日 五黄 壬戌	12月5日 一白 辛卯	12
5月9日 九紫 癸亥	4月8日 五黄 壬辰	3月7日 二黒 壬戌	2月6日 七赤 辛卯	1月7日 六白 癸亥	12月6日 二黒 壬辰	13
5月10日 九紫 甲子	4月9日 六白 癸巳	3月8日 三碧 癸亥	2月7日 八白 壬辰	1月8日 七赤 甲子	12月7日 三碧 癸巳	14
5月11日 八白 乙丑	4月10日 七赤 甲午	3月9日 四緑 甲子	2月8日 九紫 癸巳	1月9日 八白 乙丑	12月8日 四緑 甲午	15
5月12日 七赤 丙寅	4月11日 八白 乙未	3月10日 五黄 乙丑	2月9日 一白 甲午	1月10日 九紫 丙寅	12月9日 五黄 乙未	16
5月13日 六白 丁卯	4月12日 九紫 丙申	3月11日 六白 丙寅	2月10日 二黒 乙未	1月11日 一白 丁卯	12月10日 六白 丙申	17
5月14日 五黄 戊辰	4月13日 一白 丁酉	3月12日 七赤 丁卯	2月11日 三碧 丙申	1月12日 二黒 戊辰	12月11日 七赤 丁酉	18
5月15日 四緑 己巳	4月14日 二黒 戊戌	3月13日 八白 戊辰	2月12日 四緑 丁酉	1月13日 三碧 己巳	12月12日 八白 戊戌	19
5月16日 三碧 庚午	4月15日 三碧 己亥	3月14日 九紫 己巳	2月13日 五黄 戊戌	1月14日 四緑 庚午	12月13日 九紫 己亥	20
5月17日 二黒 辛未	4月16日 四緑 庚子	3月15日 一白 庚午	2月14日 六白 己亥	1月15日 五黄 辛未	12月14日 一白 庚子	21
5月18日 一白 壬申	4月17日 五黄 辛丑	3月16日 二黒 辛未	2月15日 七赤 庚子	1月16日 六白 壬申	12月15日 二黒 辛丑	22
5月19日 九紫 癸酉	4月18日 六白 壬寅	3月17日 三碧 壬申	2月16日 八白 辛丑	1月17日 七赤 癸酉	12月16日 三碧 壬寅	23
5月20日 八白 甲戌	4月19日 七赤 癸卯	3月18日 四緑 癸酉	2月17日 九紫 壬寅	1月18日 八白 甲戌	12月17日 四緑 癸卯	24
5月21日 七赤 乙亥	4月20日 八白 甲辰	3月19日 五黄 甲戌	2月18日 一白 癸卯	1月19日 九紫 乙亥	12月18日 五黄 甲辰	25
5月22日 六白 丙子	4月21日 九紫 乙巳	3月20日 六白 乙亥	2月19日 二黒 甲辰	1月20日 一白 丙子	12月19日 六白 乙巳	26
5月23日 五黄 丁丑	4月22日 一白 丙午	3月21日 七赤 丙子	2月20日 三碧 乙巳	1月21日 二黒 丁丑	12月20日 七赤 丙午	27
5月24日 四緑 戊寅	4月23日 二黒 丁未	3月22日 八白 丁丑	2月21日 四緑 丙午	1月22日 三碧 戊寅	12月21日 八白 丁未	28
5月25日 三碧 己卯	4月24日 三碧 戊申	3月23日 九紫 戊寅	2月22日 五黄 丁未		12月22日 九紫 戊申	29
5月26日 二黒 庚辰	4月25日 四緑 己酉	3月24日 一白 己卯	2月23日 六白 戊申		12月23日 一白 己酉	30
	4月26日 五黄 庚戌		2月24日 七赤 己酉		12月24日 二黒 庚戌	31

	令和9年			2027年			丁未年			九紫火星						
	12月壬子			11月辛亥			10月庚戌			9月己酉			8月戊申			7月丁未		
	7日 17:37			8日 00:37			8日 21:17			8日 05:29			8日 02:27			7日 16:36		
	22日 11:41			22日 22:15			24日 00:32			23日 15:02			23日 17:14			23日 10:04		
	四緑木星			五黄土星			六白金星			七赤金星			八白土星			九紫火星		
1	11月4日	一白	甲寅	10月4日	四緑	甲申	9月2日	八白	癸丑	8月1日	二黒	癸未	6月29日	六白	壬子	5月27日	一白	辛巳
2	11月5日	九紫	乙卯	10月5日	三碧	乙酉	9月3日	七赤	甲寅	8月2日	一白	甲申	7月1日	五黄	癸丑	5月28日	九紫	壬午
3	11月6日	八白	丙辰	10月6日	二黒	丙戌	9月4日	六白	乙卯	8月3日	九紫	乙酉	7月2日	四緑	甲寅	5月29日	八白	癸未
4	11月7日	七赤	丁巳	10月7日	一白	丁亥	9月5日	五黄	丙辰	8月4日	八白	丙戌	7月3日	三碧	乙卯	6月1日	七赤	甲申
5	11月8日	六白	戊午	10月8日	九紫	戊子	9月6日	四緑	丁巳	8月5日	七赤	丁亥	7月4日	二黒	丙辰	6月2日	六白	乙酉
6	11月9日	五黄	己未	10月9日	八白	己丑	9月7日	三碧	戊午	8月6日	六白	戊子	7月5日	一白	丁巳	6月3日	五黄	丙戌
7	11月10日	四緑	庚申	10月10日	七赤	庚寅	9月8日	二黒	己未	8月7日	五黄	己丑	7月6日	九紫	戊午	6月4日	四緑	丁亥
8	11月11日	三碧	辛酉	10月11日	六白	辛卯	9月9日	一白	庚申	8月8日	四緑	庚寅	7月7日	八白	己未	6月5日	三碧	戊子
9	11月12日	二黒	壬戌	10月12日	五黄	壬辰	9月10日	九紫	辛酉	8月9日	三碧	辛卯	7月8日	七赤	庚申	6月6日	二黒	己丑
10	11月13日	一白	癸亥	10月13日	四緑	癸巳	9月11日	八白	壬戌	8月10日	二黒	壬辰	7月9日	六白	辛酉	6月7日	一白	庚寅
11	11月14日	一白	甲子	10月14日	三碧	甲午	9月12日	七赤	癸亥	8月11日	一白	癸巳	7月10日	五黄	壬戌	6月8日	九紫	辛卯
12	11月15日	二黒	乙丑	10月15日	二黒	乙未	9月13日	六白	甲子	8月12日	九紫	甲午	7月11日	四緑	癸亥	6月9日	八白	壬辰
13	11月16日	三碧	丙寅	10月16日	一白	丙申	9月14日	五黄	乙丑	8月13日	八白	乙未	7月12日	三碧	甲子	6月10日	七赤	癸巳
14	11月17日	四緑	丁卯	10月17日	九紫	丁酉	9月15日	四緑	丙寅	8月14日	七赤	丙申	7月13日	二黒	乙丑	6月11日	六白	甲午
15	11月18日	五黄	戊辰	10月18日	八白	戊戌	9月16日	三碧	丁卯	8月15日	六白	丁酉	7月14日	一白	丙寅	6月12日	五黄	乙未
16	11月19日	六白	己巳	10月19日	七赤	己亥	9月17日	二黒	戊辰	8月16日	五黄	戊戌	7月15日	九紫	丁卯	6月13日	四緑	丙申
17	11月20日	七赤	庚午	10月20日	六白	庚子	9月18日	一白	己巳	8月17日	四緑	己亥	7月16日	八白	戊辰	6月14日	三碧	丁酉
18	11月21日	八白	辛未	10月21日	五黄	辛丑	9月19日	九紫	庚午	8月18日	三碧	庚子	7月17日	七赤	己巳	6月15日	二黒	戊戌
19	11月22日	九紫	壬申	10月22日	四緑	壬寅	9月20日	八白	辛未	8月19日	二黒	辛丑	7月18日	六白	庚午	6月16日	一白	己亥
20	11月23日	一白	癸酉	10月23日	三碧	癸卯	9月21日	七赤	壬申	8月20日	一白	壬寅	7月19日	五黄	辛未	6月17日	九紫	庚子
21	11月24日	二黒	甲戌	10月24日	二黒	甲辰	9月22日	六白	癸酉	8月21日	九紫	癸卯	7月20日	四緑	壬申	6月18日	八白	辛丑
22	11月25日	三碧	乙亥	10月25日	一白	乙巳	9月23日	五黄	甲戌	8月22日	八白	甲辰	7月21日	三碧	癸酉	6月19日	七赤	壬寅
23	11月26日	四緑	丙子	10月26日	九紫	丙午	9月24日	四緑	乙亥	8月23日	七赤	乙巳	7月22日	二黒	甲戌	6月20日	六白	癸卯
24	11月27日	五黄	丁丑	10月27日	八白	丁未	9月25日	三碧	丙子	8月24日	六白	丙午	7月23日	一白	乙亥	6月21日	五黄	甲辰
25	11月28日	六白	戊寅	10月28日	七赤	戊申	9月26日	二黒	丁丑	8月25日	五黄	丁未	7月24日	九紫	丙子	6月22日	四緑	乙巳
26	11月29日	七赤	己卯	10月29日	六白	己酉	9月27日	一白	戊寅	8月26日	四緑	戊申	7月25日	八白	丁丑	6月23日	三碧	丙午
27	11月30日	八白	庚辰	10月30日	五黄	庚戌	9月28日	九紫	己卯	8月27日	三碧	己酉	7月26日	七赤	戊寅	6月24日	二黒	丁未
28	12月1日	九紫	辛巳	11月1日	四緑	辛亥	9月29日	八白	庚辰	8月28日	二黒	庚戌	7月27日	六白	己卯	6月25日	一白	戊申
29	12月2日	一白	壬午	11月2日	三碧	壬子	10月1日	七赤	辛巳	8月29日	一白	辛亥	7月28日	五黄	庚辰	6月26日	九紫	己酉
30	12月3日	二黒	癸未	11月3日	二黒	癸丑	10月2日	六白	壬午	9月1日	九紫	壬子	7月29日	四緑	辛巳	6月27日	八白	庚戌
31	12月4日	三碧	甲申				10月3日	五黄	癸未				7月30日	三碧	壬午	6月28日	七赤	辛亥

6月戊午	5月丁巳	4月丙辰	3月乙卯	2月甲寅	1月癸丑	
5日 12：14	5日 08：10	4日 15：02	5日 10：25	4日 16：31	6日 04：54	
21日 05：01	20日 21：08	19日 22：08	20日 11：17	19日 12：26	20日 22：22	
七赤金星	八白土星	九紫火星	一白水星	二黒土星	三碧木星	
5月9日 三碧 丁巳	4月7日 八白 丙戌	3月7日 五黄 丙辰	2月6日 一白 乙酉	1月6日 八白 丙辰	12月5日 四緑 乙酉	1
5月10日 四緑 戊午	4月8日 九紫 丁亥	3月8日 六白 丁巳	2月7日 二黒 丙戌	1月7日 九紫 丁巳	12月6日 五黄 丙戌	2
5月11日 五黄 己未	4月9日 一白 戊子	3月9日 七赤 戊午	2月8日 三碧 丁亥	1月8日 一白 戊午	12月7日 六白 丁亥	3
5月12日 六白 庚申	4月10日 二黒 己丑	3月10日 八白 己未	2月9日 四緑 戊子	1月9日 二黒 己未	12月8日 七赤 戊子	4
5月13日 七赤 辛酉	4月11日 三碧 庚寅	3月11日 九紫 庚申	2月10日 五黄 己丑	1月10日 三碧 庚申	12月9日 八白 己丑	5
5月14日 八白 壬戌	4月12日 四緑 辛卯	3月12日 一白 辛酉	2月11日 六白 庚寅	1月11日 四緑 辛酉	12月10日 九紫 庚寅	6
5月15日 九紫 癸亥	4月13日 五黄 壬辰	3月13日 二黒 壬戌	2月12日 七赤 辛卯	1月12日 五黄 壬戌	12月11日 一白 辛卯	7
5月16日 九紫 甲子	4月14日 六白 癸巳	3月14日 三碧 癸亥	2月13日 八白 壬辰	1月13日 六白 癸亥	12月12日 二黒 壬辰	8
5月17日 八白 乙丑	4月15日 七赤 甲午	3月15日 四緑 甲子	2月14日 九紫 癸巳	1月14日 七赤 甲子	12月13日 三碧 癸巳	9
5月18日 七赤 丙寅	4月16日 八白 乙未	3月16日 五黄 乙丑	2月15日 一白 甲午	1月15日 八白 乙丑	12月14日 四緑 甲午	10
5月19日 六白 丁卯	4月17日 九紫 丙申	3月17日 六白 丙寅	2月16日 二黒 乙未	1月16日 九紫 丙寅	12月15日 五黄 乙未	11
5月20日 五黄 戊辰	4月18日 一白 丁酉	3月18日 七赤 丁卯	2月17日 三碧 丙申	1月17日 一白 丁卯	12月16日 六白 丙申	12
5月21日 四緑 己巳	4月19日 二黒 戊戌	3月19日 八白 戊辰	2月18日 四緑 丁酉	1月18日 二黒 戊辰	12月17日 七赤 丁酉	13
5月22日 三碧 庚午	4月20日 三碧 己亥	3月20日 九紫 己巳	2月19日 五黄 戊戌	1月19日 三碧 己巳	12月18日 八白 戊戌	14
5月23日 二黒 辛未	4月21日 四緑 庚子	3月21日 一白 庚午	2月20日 六白 己亥	1月20日 四緑 庚午	12月19日 九紫 己亥	15
5月24日 一白 壬申	4月22日 五黄 辛丑	3月22日 二黒 辛未	2月21日 七赤 庚子	1月21日 五黄 辛未	12月20日 一白 庚子	16
5月25日 九紫 癸酉	4月23日 六白 壬寅	3月23日 三碧 壬申	2月22日 八白 辛丑	1月22日 六白 壬申	12月21日 二黒 辛丑	17
5月26日 八白 甲戌	4月24日 七赤 癸卯	3月24日 四緑 癸酉	2月23日 九紫 壬寅	1月23日 七赤 癸酉	12月22日 三碧 壬寅	18
5月27日 七赤 乙亥	4月25日 八白 甲辰	3月25日 五黄 甲戌	2月24日 一白 癸卯	1月24日 八白 甲戌	12月23日 四緑 癸卯	19
5月28日 六白 丙子	4月26日 九紫 乙巳	3月26日 六白 乙亥	2月25日 二黒 甲辰	1月25日 九紫 乙亥	12月24日 五黄 甲辰	20
5月29日 五黄 丁丑	4月27日 一白 丙午	3月27日 七赤 丙子	2月26日 三碧 乙巳	1月26日 一白 丙子	12月25日 六白 乙巳	21
5月30日 四緑 戊寅	4月28日 二黒 丁未	3月28日 八白 丁丑	2月27日 四緑 丙午	1月27日 二黒 丁丑	12月26日 七赤 丙午	22
閏5月1日 三碧 己卯	4月29日 三碧 戊申	3月29日 九紫 戊寅	2月28日 五黄 丁未	1月28日 三碧 戊寅	12月27日 八白 丁未	23
閏5月2日 二黒 庚辰	5月1日 四緑 己酉	3月30日 一白 己卯	2月29日 六白 戊申	1月29日 四緑 己卯	12月28日 九紫 戊申	24
閏5月3日 一白 辛巳	5月2日 五黄 庚戌	4月1日 二黒 庚辰	2月30日 七赤 己酉	2月1日 五黄 庚辰	12月29日 一白 己酉	25
閏5月4日 九紫 壬午	5月3日 六白 辛亥	4月2日 三碧 辛巳	3月1日 八白 庚戌	2月2日 六白 辛巳	12月30日 二黒 庚戌	26
閏5月5日 八白 癸未	5月4日 七赤 壬子	4月3日 四緑 壬午	3月2日 九紫 辛亥	2月3日 七赤 壬午	1月1日 三碧 辛亥	27
閏5月6日 七赤 甲申	5月5日 八白 癸丑	4月4日 五黄 癸未	3月3日 一白 壬子	2月4日 八白 癸未	1月2日 四緑 壬子	28
閏5月7日 六白 乙酉	5月6日 九紫 甲寅	4月5日 六白 甲申	3月4日 二黒 癸丑	2月5日 九紫 甲申	1月3日 五黄 癸丑	29
閏5月8日 五黄 丙戌	5月7日 一白 乙卯	4月6日 七赤 乙酉	3月5日 三碧 甲寅		1月4日 六白 甲寅	30
	5月8日 二黒 丙辰		3月6日 四緑 乙卯		1月5日 七赤 乙卯	31

	令和10年		2028年		戊申年		八白土星					
	12月甲子		11月癸亥		10月壬戌		9月辛酉		8月庚申		7月己未	
	6日 23：24		7日 06：26		8日 03：08		7日 11：22		7日 08：21		6日 22：30	
	21日 17：19		22日 03：53		23日 06：12		22日 20：45		22日 23：01		22日 15：54	
	一白水星		二黒土星		三碧木星		四緑木星		五黄土星		六白金星	
1	10月16日	四緑 庚申	9月15日	七赤 庚寅	8月13日	二黒 己未	7月13日	五黄 己丑	6月11日	九紫 戊午	閏5月9日	四緑 丁亥
2	10月17日	三碧 辛酉	9月16日	六白 辛卯	8月14日	一白 庚申	7月14日	四緑 庚寅	6月12日	八白 己未	閏5月10日	三碧 戊子
3	10月18日	二黒 壬戌	9月17日	五黄 壬辰	8月15日	九紫 辛酉	7月15日	三碧 辛卯	6月13日	七赤 庚申	閏5月11日	二黒 己丑
4	10月19日	一白 癸亥	9月18日	四緑 癸巳	8月16日	八白 壬戌	7月16日	二黒 壬辰	6月14日	六白 辛酉	閏5月12日	一白 庚寅
5	10月20日	一白 甲子	9月19日	三碧 甲午	8月17日	七赤 癸亥	7月17日	一白 癸巳	6月15日	五黄 壬戌	閏5月13日	九紫 辛卯
6	10月21日	二黒 乙丑	9月20日	二黒 乙未	8月18日	六白 甲子	7月18日	九紫 甲午	6月16日	四緑 癸亥	閏5月14日	八白 壬辰
7	10月22日	三碧 丙寅	9月21日	一白 丙申	8月19日	五黄 乙丑	7月19日	八白 乙未	6月17日	三碧 甲子	閏5月15日	七赤 癸巳
8	10月23日	四緑 丁卯	9月22日	九紫 丁酉	8月20日	四緑 丙寅	7月20日	七赤 丙申	6月18日	二黒 乙丑	閏5月16日	六白 甲午
9	10月24日	五黄 戊辰	9月23日	八白 戊戌	8月21日	三碧 丁卯	7月21日	六白 丁酉	6月19日	一白 丙寅	閏5月17日	五黄 乙未
10	10月25日	六白 己巳	9月24日	七赤 己亥	8月22日	二黒 戊辰	7月22日	五黄 戊戌	6月20日	九紫 丁卯	閏5月18日	四緑 丙申
11	10月26日	七赤 庚午	9月25日	六白 庚子	8月23日	一白 己巳	7月23日	四緑 己亥	6月21日	八白 戊辰	閏5月19日	三碧 丁酉
12	10月27日	八白 辛未	9月26日	五黄 辛丑	8月24日	九紫 庚午	7月24日	三碧 庚子	6月22日	七赤 己巳	閏5月20日	二黒 戊戌
13	10月28日	九紫 壬申	9月27日	四緑 壬寅	8月25日	八白 辛未	7月25日	二黒 辛丑	6月23日	六白 庚午	閏5月21日	一白 己亥
14	10月29日	一白 癸酉	9月28日	三碧 癸卯	8月26日	七赤 壬申	7月26日	一白 壬寅	6月24日	五黄 辛未	閏5月22日	九紫 庚子
15	10月30日	二黒 甲戌	9月29日	二黒 甲辰	8月27日	六白 癸酉	7月27日	九紫 癸卯	6月25日	四緑 壬申	閏5月23日	八白 辛丑
16	11月1日	三碧 乙亥	10月1日	一白 乙巳	8月28日	五黄 甲戌	7月28日	八白 甲辰	6月26日	三碧 癸酉	閏5月24日	七赤 壬寅
17	11月2日	四緑 丙子	10月2日	九紫 丙午	8月29日	四緑 乙亥	7月29日	七赤 乙巳	6月27日	二黒 甲戌	閏5月25日	六白 癸卯
18	11月3日	五黄 丁丑	10月3日	八白 丁未	9月1日	三碧 丙子	7月30日	六白 丙午	6月28日	一白 乙亥	閏5月26日	五黄 甲辰
19	11月4日	六白 戊寅	10月4日	七赤 戊申	9月2日	二黒 丁丑	8月1日	五黄 丁未	6月29日	九紫 丙子	閏5月27日	四緑 乙巳
20	11月5日	七赤 己卯	10月5日	六白 己酉	9月3日	一白 戊寅	8月2日	四緑 戊申	7月1日	八白 丁丑	閏5月28日	三碧 丙午
21	11月6日	八白 庚辰	10月6日	五黄 庚戌	9月4日	九紫 己卯	8月3日	三碧 己酉	7月2日	七赤 戊寅	閏5月29日	二黒 丁未
22	11月7日	九紫 辛巳	10月7日	四緑 辛亥	9月5日	八白 庚辰	8月4日	二黒 庚戌	7月3日	六白 己卯	6月1日	一白 戊申
23	11月8日	一白 壬午	10月8日	三碧 壬子	9月6日	七赤 辛巳	8月5日	一白 辛亥	7月4日	五黄 庚辰	6月2日	九紫 己酉
24	11月9日	二黒 癸未	10月9日	二黒 癸丑	9月7日	六白 壬午	8月6日	九紫 壬子	7月5日	四緑 辛巳	6月3日	八白 庚戌
25	11月10日	三碧 甲申	10月10日	一白 甲寅	9月8日	五黄 癸未	8月7日	八白 癸丑	7月6日	三碧 壬午	6月4日	七赤 辛亥
26	11月11日	四緑 乙酉	10月11日	九紫 乙卯	9月9日	四緑 甲申	8月8日	七赤 甲寅	7月7日	二黒 癸未	6月5日	六白 壬子
27	11月12日	五黄 丙戌	10月12日	八白 丙辰	9月10日	三碧 乙酉	8月9日	六白 乙卯	7月8日	一白 甲申	6月6日	五黄 癸丑
28	11月13日	六白 丁亥	10月13日	七赤 丁巳	9月11日	二黒 丙戌	8月10日	五黄 丙辰	7月9日	九紫 乙酉	6月7日	四緑 甲寅
29	11月14日	七赤 戊子	10月14日	六白 戊午	9月12日	一白 丁亥	8月11日	四緑 丁巳	7月10日	八白 丙戌	6月8日	三碧 乙卯
30	11月15日	八白 己丑	10月15日	五黄 己未	9月13日	九紫 戊子	8月12日	三碧 戊午	7月11日	七赤 丁亥	6月9日	二黒 丙辰
31	11月16日	九紫 庚寅			9月14日	八白 己丑			7月12日	六白 戊子	6月10日	一白 丁巳

6月庚午			5月己巳			4月戊辰			3月丁卯			2月丙寅			1月乙丑			
5日 18：08			5日 14：06			4日 20：57			5日 16：18			3日 22：21			5日 10：42			
21日 10：47			21日 02：54			20日 03：54			20日 17：01			18日 18：08			20日 04：01			
四緑木星			五黄土星			六白金星			七赤金星			八白土星			九紫火星			
4月20日	八白	壬戌	3月18日	四緑	辛卯	2月18日	一白	辛酉	1月17日	六白	庚寅	12月18日	五黄	壬戌	11月17日	一白	辛卯	1
4月21日	九紫	癸亥	3月19日	五黄	壬辰	2月19日	二黒	壬戌	1月18日	七赤	辛卯	12月19日	六白	癸亥	11月18日	二黒	壬辰	2
4月22日	九紫	甲子	3月20日	六白	癸巳	2月20日	三碧	癸亥	1月19日	八白	壬辰	12月20日	七赤	甲子	11月19日	三碧	癸巳	3
4月23日	八白	乙丑	3月21日	七赤	甲午	2月21日	四緑	甲子	1月20日	九紫	癸巳	12月21日	八白	乙丑	11月20日	四緑	甲午	4
4月24日	七赤	丙寅	3月22日	八白	乙未	2月22日	五黄	乙丑	1月21日	一白	甲午	12月22日	九紫	丙寅	11月21日	五黄	乙未	5
4月25日	六白	丁卯	3月23日	九紫	丙申	2月23日	六白	丙寅	1月22日	二黒	乙未	12月23日	一白	丁卯	11月22日	六白	丙申	6
4月26日	五黄	戊辰	3月24日	一白	丁酉	2月24日	七赤	丁卯	1月23日	三碧	丙申	12月24日	二黒	戊辰	11月23日	七赤	丁酉	7
4月27日	四緑	己巳	3月25日	二黒	戊戌	2月25日	八白	戊辰	1月24日	四緑	丁酉	12月25日	三碧	己巳	11月24日	八白	戊戌	8
4月28日	三碧	庚午	3月26日	三碧	己亥	2月26日	九紫	己巳	1月25日	五黄	戊戌	12月26日	四緑	庚午	11月25日	九紫	己亥	9
4月29日	二黒	辛未	3月27日	四緑	庚子	2月27日	一白	庚午	1月26日	六白	己亥	12月27日	五黄	辛未	11月26日	一白	庚子	10
4月30日	一白	壬申	3月28日	五黄	辛丑	2月28日	二黒	辛未	1月27日	七赤	庚子	12月28日	六白	壬申	11月27日	二黒	辛丑	11
5月1日	九紫	癸酉	3月29日	六白	壬寅	2月29日	三碧	壬申	1月28日	八白	辛丑	12月29日	七赤	癸酉	11月28日	三碧	壬寅	12
5月2日	八白	甲戌	4月1日	七赤	癸卯	2月30日	四緑	癸酉	1月29日	九紫	壬寅	1月1日	八白	甲戌	11月29日	四緑	癸卯	13
5月3日	七赤	乙亥	4月2日	八白	甲辰	3月1日	五黄	甲戌	1月30日	一白	癸卯	1月2日	九紫	乙亥	11月30日	五黄	甲辰	14
5月4日	六白	丙子	4月3日	九紫	乙巳	3月2日	六白	乙亥	2月1日	二黒	甲辰	1月3日	一白	丙子	12月1日	六白	乙巳	15
5月5日	五黄	丁丑	4月4日	一白	丙午	3月3日	七赤	丙子	2月2日	三碧	乙巳	1月4日	二黒	丁丑	12月2日	七赤	丙午	16
5月6日	四緑	戊寅	4月5日	二黒	丁未	3月4日	八白	丁丑	2月3日	四緑	丙午	1月5日	三碧	戊寅	12月3日	八白	丁未	17
5月7日	三碧	己卯	4月6日	三碧	戊申	3月5日	九紫	戊寅	2月4日	五黄	丁未	1月6日	四緑	己卯	12月4日	九紫	戊申	18
5月8日	二黒	庚辰	4月7日	四緑	己酉	3月6日	一白	己卯	2月5日	六白	戊申	1月7日	五黄	庚辰	12月5日	一白	己酉	19
5月9日	一白	辛巳	4月8日	五黄	庚戌	3月7日	二黒	庚辰	2月6日	七赤	己酉	1月8日	六白	辛巳	12月6日	二黒	庚戌	20
5月10日	九紫	壬午	4月9日	六白	辛亥	3月8日	三碧	辛巳	2月7日	八白	庚戌	1月9日	七赤	壬午	12月7日	三碧	辛亥	21
5月11日	八白	癸未	4月10日	七赤	壬子	3月9日	四緑	壬午	2月8日	九紫	辛亥	1月10日	八白	癸未	12月8日	四緑	壬子	22
5月12日	七赤	甲申	4月11日	八白	癸丑	3月10日	五黄	癸未	2月9日	一白	壬子	1月11日	九紫	甲申	12月9日	五黄	癸丑	23
5月13日	六白	乙酉	4月12日	九紫	甲寅	3月11日	六白	甲申	2月10日	二黒	癸丑	1月12日	一白	乙酉	12月10日	六白	甲寅	24
5月14日	五黄	丙戌	4月13日	一白	乙卯	3月12日	七赤	乙酉	2月11日	三碧	甲寅	1月13日	二黒	丙戌	12月11日	七赤	乙卯	25
5月15日	四緑	丁亥	4月14日	二黒	丙辰	3月13日	八白	丙戌	2月12日	四緑	乙卯	1月14日	三碧	丁亥	12月12日	八白	丙辰	26
5月16日	三碧	戊子	4月15日	三碧	丁巳	3月14日	九紫	丁亥	2月13日	五黄	丙辰	1月15日	四緑	戊子	12月13日	九紫	丁巳	27
5月17日	二黒	己丑	4月16日	四緑	戊午	3月15日	一白	戊子	2月14日	六白	丁巳	1月16日	五黄	己丑	12月14日	一白	戊午	28
5月18日	一白	庚寅	4月17日	五黄	己未	3月16日	二黒	己丑	2月15日	七赤	戊午				12月15日	二黒	己未	29
5月19日	九紫	辛卯	4月18日	六白	庚申	3月17日	三碧	庚寅	2月16日	八白	己未				12月16日	三碧	庚申	30
			4月19日	七赤	辛酉				2月17日	九紫	庚申				12月17日	四緑	辛酉	31

	令和11年		2029年		己酉年		七赤金星				
	12月丙子		11月乙亥		10月甲戌		9月癸酉		8月壬申		7月辛未	
	7日 05：13		7日 12：15		8日 08：57		7日 17：12		7日 14：12		7日 04：22	
	21日 23：14		22日 09：48		23日 12：07		23日 02：38		23日 04：52		22日 21：42	
	七赤金星		八白土星		九紫火星		一白水星		二黒土星		三碧木星	
1	10月26日	二黒	乙丑	9月25日	二黒	乙未	8月24日	六白	甲子	7月23日	九紫	甲午	6月21日	四緑	癸亥	5月20日	八白	壬辰
2	10月27日	三碧	丙寅	9月26日	一白	丙申	8月25日	五黄	乙丑	7月24日	八白	乙未	6月22日	三碧	甲子	5月21日	七赤	癸巳
3	10月28日	四緑	丁卯	9月27日	九紫	丁酉	8月26日	四緑	丙寅	7月25日	七赤	丙申	6月23日	二黒	乙丑	5月22日	六白	甲午
4	10月29日	五黄	戊辰	9月28日	八白	戊戌	8月27日	三碧	丁卯	7月26日	六白	丁酉	6月24日	一白	丙寅	5月23日	五黄	乙未
5	11月1日	六白	己巳	9月29日	七赤	己亥	8月28日	二黒	戊辰	7月27日	五黄	戊戌	6月25日	九紫	丁卯	5月24日	四緑	丙申
6	11月2日	七赤	庚午	10月1日	六白	庚子	8月29日	一白	己巳	7月28日	四緑	己亥	6月26日	八白	戊辰	5月25日	三碧	丁酉
7	11月3日	八白	辛未	10月2日	五黄	辛丑	8月30日	九紫	庚午	7月29日	三碧	庚子	6月27日	七赤	己巳	5月26日	二黒	戊戌
8	11月4日	九紫	壬申	10月3日	四緑	壬寅	9月1日	八白	辛未	8月1日	二黒	辛丑	6月28日	六白	庚午	5月27日	一白	己亥
9	11月5日	一白	癸酉	10月4日	三碧	癸卯	9月2日	七赤	壬申	8月2日	一白	壬寅	6月29日	五黄	辛未	5月28日	九紫	庚子
10	11月6日	二黒	甲戌	10月5日	二黒	甲辰	9月3日	六白	癸酉	8月3日	九紫	癸卯	7月1日	四緑	壬申	5月29日	八白	辛丑
11	11月7日	三碧	乙亥	10月6日	一白	乙巳	9月4日	五黄	甲戌	8月4日	八白	甲辰	7月2日	三碧	癸酉	5月30日	七赤	壬寅
12	11月8日	四緑	丙子	10月7日	九紫	丙午	9月5日	四緑	乙亥	8月5日	七赤	乙巳	7月3日	二黒	甲戌	6月1日	六白	癸卯
13	11月9日	五黄	丁丑	10月8日	八白	丁未	9月6日	三碧	丙子	8月6日	六白	丙午	7月4日	一白	乙亥	6月2日	五黄	甲辰
14	11月10日	六白	戊寅	10月9日	七赤	戊申	9月7日	二黒	丁丑	8月7日	五黄	丁未	7月5日	九紫	丙子	6月3日	四緑	乙巳
15	11月11日	七赤	己卯	10月10日	六白	己酉	9月8日	一白	戊寅	8月8日	四緑	戊申	7月6日	八白	丁丑	6月4日	三碧	丙午
16	11月12日	八白	庚辰	10月11日	五黄	庚戌	9月9日	九紫	己卯	8月9日	三碧	己酉	7月7日	七赤	戊寅	6月5日	二黒	丁未
17	11月13日	九紫	辛巳	10月12日	四緑	辛亥	9月10日	八白	庚辰	8月10日	二黒	庚戌	7月8日	六白	己卯	6月6日	一白	戊申
18	11月14日	一白	壬午	10月13日	三碧	壬子	9月11日	七赤	辛巳	8月11日	一白	辛亥	7月9日	五黄	庚辰	6月7日	九紫	己酉
19	11月15日	二黒	癸未	10月14日	二黒	癸丑	9月12日	六白	壬午	8月12日	九紫	壬子	7月10日	四緑	辛巳	6月8日	八白	庚戌
20	11月16日	三碧	甲申	10月15日	一白	甲寅	9月13日	五黄	癸未	8月13日	八白	癸丑	7月11日	三碧	壬午	6月9日	七赤	辛亥
21	11月17日	四緑	乙酉	10月16日	九紫	乙卯	9月14日	四緑	甲申	8月14日	七赤	甲寅	7月12日	二黒	癸未	6月10日	六白	壬子
22	11月18日	五黄	丙戌	10月17日	八白	丙辰	9月15日	三碧	乙酉	8月15日	六白	乙卯	7月13日	一白	甲申	6月11日	五黄	癸丑
23	11月19日	六白	丁亥	10月18日	七赤	丁巳	9月16日	二黒	丙戌	8月16日	五黄	丙辰	7月14日	九紫	乙酉	6月12日	四緑	甲寅
24	11月20日	七赤	戊子	10月19日	六白	戊午	9月17日	一白	丁亥	8月17日	四緑	丁巳	7月15日	八白	丙戌	6月13日	三碧	乙卯
25	11月21日	八白	己丑	10月20日	五黄	己未	9月18日	九紫	戊子	8月18日	三碧	戊午	7月16日	七赤	丁亥	6月14日	二黒	丙辰
26	11月22日	九紫	庚寅	10月21日	四緑	庚申	9月19日	八白	己丑	8月19日	二黒	己未	7月17日	六白	戊子	6月15日	一白	丁巳
27	11月23日	一白	辛卯	10月22日	三碧	辛酉	9月20日	七赤	庚寅	8月20日	一白	庚申	7月18日	五黄	己丑	6月16日	九紫	戊午
28	11月24日	二黒	壬辰	10月23日	二黒	壬戌	9月21日	六白	辛卯	8月21日	九紫	辛酉	7月19日	四緑	庚寅	6月17日	八白	己未
29	11月25日	三碧	癸巳	10月24日	一白	癸亥	9月22日	五黄	壬辰	8月22日	八白	壬戌	7月20日	三碧	辛卯	6月18日	七赤	庚申
30	11月26日	四緑	甲午	10月25日	一白	甲子	9月23日	四緑	癸巳	8月23日	七赤	癸亥	7月21日	二黒	壬辰	6月19日	六白	辛酉
31	11月27日	五黄	乙未				9月24日	三碧	甲午				7月22日	一白	癸巳	6月20日	五黄	壬戌

6月壬午			5月辛巳			4月庚辰			3月己卯			2月戊寅			1月丁丑			
5日 23：43			5日 19：44			5日 02：40			5日 22：03			4日 04：09			5日 16：31			
21日 16：31			21日 08：39			20日 09：42			20日 22：51			19日 00：00			20日 09：55			
一白水星			二黒土星			三碧木星			四緑木星			五黄土星			六白金星			
5月1日	六白	丁卯	3月29日	九紫	丙申	2月29日	六白	丙寅	1月27日	二黒	乙未	12月29日	一白	丁卯	11月28日	六白	丙申	1
5月2日	五黄	戊辰	4月1日	一白	丁酉	2月30日	七赤	丁卯	1月28日	三碧	丙申	12月30日	二黒	戊辰	11月29日	七赤	丁酉	2
5月3日	四緑	己巳	4月2日	二黒	戊戌	3月1日	八白	戊辰	1月29日	四緑	丁酉	1月1日	三碧	己巳	11月30日	八白	戊戌	3
5月4日	三碧	庚午	4月3日	三碧	己亥	3月2日	九紫	己巳	2月1日	五黄	戊戌	1月2日	四緑	庚午	12月1日	九紫	己亥	4
5月5日	二黒	辛未	4月4日	四緑	庚子	3月3日	一白	庚午	2月2日	六白	己亥	1月3日	五黄	辛未	12月2日	一白	庚子	5
5月6日	一白	壬申	4月5日	五黄	辛丑	3月4日	二黒	辛未	2月3日	七赤	庚子	1月4日	六白	壬申	12月3日	二黒	辛丑	6
5月7日	九紫	癸酉	4月6日	六白	壬寅	3月5日	三碧	壬申	2月4日	八白	辛丑	1月5日	七赤	癸酉	12月4日	三碧	壬寅	7
5月8日	八白	甲戌	4月7日	七赤	癸卯	3月6日	四緑	癸酉	2月5日	九紫	壬寅	1月6日	八白	甲戌	12月5日	四緑	癸卯	8
5月9日	七赤	乙亥	4月8日	八白	甲辰	3月7日	五黄	甲戌	2月6日	一白	癸卯	1月7日	九紫	乙亥	12月6日	五黄	甲辰	9
5月10日	六白	丙子	4月9日	九紫	乙巳	3月8日	六白	乙亥	2月7日	二黒	甲辰	1月8日	一白	丙子	12月7日	六白	乙巳	10
5月11日	五黄	丁丑	4月10日	一白	丙午	3月9日	七赤	丙子	2月8日	三碧	乙巳	1月9日	二黒	丁丑	12月8日	七赤	丙午	11
5月12日	四緑	戊寅	4月11日	二黒	丁未	3月10日	八白	丁丑	2月9日	四緑	丙午	1月10日	三碧	戊寅	12月9日	八白	丁未	12
5月13日	三碧	己卯	4月12日	三碧	戊申	3月11日	九紫	戊寅	2月10日	五黄	丁未	1月11日	四緑	己卯	12月10日	九紫	戊申	13
5月14日	二黒	庚辰	4月13日	四緑	己酉	3月12日	一白	己卯	2月11日	六白	戊申	1月12日	五黄	庚辰	12月11日	一白	己酉	14
5月15日	一白	辛巳	4月14日	五黄	庚戌	3月13日	二黒	庚辰	2月12日	七赤	己酉	1月13日	六白	辛巳	12月12日	二黒	庚戌	15
5月16日	九紫	壬午	4月15日	六白	辛亥	3月14日	三碧	辛巳	2月13日	八白	庚戌	1月14日	七赤	壬午	12月13日	三碧	辛亥	16
5月17日	八白	癸未	4月16日	七赤	壬子	3月15日	四緑	壬午	2月14日	九紫	辛亥	1月15日	八白	癸未	12月14日	四緑	壬子	17
5月18日	七赤	甲申	4月17日	八白	癸丑	3月16日	五黄	癸未	2月15日	一白	壬子	1月16日	九紫	甲申	12月15日	五黄	癸丑	18
5月19日	六白	乙酉	4月18日	九紫	甲寅	3月17日	六白	甲申	2月16日	二黒	癸丑	1月17日	一白	乙酉	12月16日	六白	甲寅	19
5月20日	五黄	丙戌	4月19日	一白	乙卯	3月18日	七赤	乙酉	2月17日	三碧	甲寅	1月18日	二黒	丙戌	12月17日	七赤	乙卯	20
5月21日	四緑	丁亥	4月20日	二黒	丙辰	3月19日	八白	丙戌	2月18日	四緑	乙卯	1月19日	三碧	丁亥	12月18日	八白	丙辰	21
5月22日	三碧	戊子	4月21日	三碧	丁巳	3月20日	九紫	丁亥	2月19日	五黄	丙辰	1月20日	四緑	戊子	12月19日	九紫	丁巳	22
5月23日	二黒	己丑	4月22日	四緑	戊午	3月21日	一白	戊子	2月20日	六白	丁巳	1月21日	五黄	己丑	12月20日	一白	戊午	23
5月24日	一白	庚寅	4月23日	五黄	己未	3月22日	二黒	己丑	2月21日	七赤	戊午	1月22日	六白	庚寅	12月21日	二黒	己未	24
5月25日	九紫	辛卯	4月24日	六白	庚申	3月23日	三碧	庚寅	2月22日	八白	己未	1月23日	七赤	辛卯	12月22日	三碧	庚申	25
5月26日	八白	壬辰	4月25日	七赤	辛酉	3月24日	四緑	辛卯	2月23日	九紫	庚申	1月24日	八白	壬辰	12月23日	四緑	辛酉	26
5月27日	七赤	癸巳	4月26日	八白	壬戌	3月25日	五黄	壬辰	2月24日	一白	辛酉	1月25日	九紫	癸巳	12月24日	五黄	壬戌	27
5月28日	六白	甲午	4月27日	九紫	癸亥	3月26日	六白	癸巳	2月25日	二黒	壬戌	1月26日	一白	甲午	12月25日	六白	癸亥	28
5月29日	五黄	乙未	4月28日	九紫	甲子	3月27日	七赤	甲午	2月26日	三碧	癸亥				12月26日	七赤	甲子	29
5月30日	四緑	丙申	4月29日	八白	乙丑	3月28日	八白	乙未	2月27日	四緑	甲子				12月27日	八白	乙丑	30
			4月30日	七赤	丙寅				2月28日	五黄	乙丑				12月28日	九紫	丙寅	31

令和12年		2030年		庚戌年		六白金星					
12月戊子		11月丁亥		10月丙戌		9月乙酉		8月甲申		7月癸未	
7日 11:07		7日 18:07		8日 14:44		7日 22:52		7日 19:48		7日 09:55	
22日 05:10		22日 15:44		23日 17:59		23日 08:26		23日 10:36		23日 03:25	
四緑木星		五黄土星		六白金星		七赤金星		八白土星		九紫火星	

1	11月7日	七赤	庚午	10月6日	六白	庚子	9月5日	一白	己巳	8月4日	四緑	己亥	7月3日	八白	戊辰	6月1日	三碧	丁酉
2	11月8日	八白	辛未	10月7日	五黄	辛丑	9月6日	九紫	庚午	8月5日	三碧	庚子	7月4日	七赤	己巳	6月2日	二黒	戊戌
3	11月9日	九紫	壬申	10月8日	四緑	壬寅	9月7日	八白	辛未	8月6日	二黒	辛丑	7月5日	六白	庚午	6月3日	一白	己亥
4	11月10日	一白	癸酉	10月9日	三碧	癸卯	9月8日	七赤	壬申	8月7日	一白	壬寅	7月6日	五黄	辛未	6月4日	九紫	庚子
5	11月11日	二黒	甲戌	10月10日	二黒	甲辰	9月9日	六白	癸酉	8月8日	九紫	癸卯	7月7日	四緑	壬申	6月5日	八白	辛丑
6	11月12日	三碧	乙亥	10月11日	一白	乙巳	9月10日	五黄	甲戌	8月9日	八白	甲辰	7月8日	三碧	癸酉	6月6日	七赤	壬寅
7	11月13日	四緑	丙子	10月12日	九紫	丙午	9月11日	四緑	乙亥	8月10日	七赤	乙巳	7月9日	二黒	甲戌	6月7日	六白	癸卯
8	11月14日	五黄	丁丑	10月13日	八白	丁未	9月12日	三碧	丙子	8月11日	六白	丙午	7月10日	一白	乙亥	6月8日	五黄	甲辰
9	11月15日	六白	戊寅	10月14日	七赤	戊申	9月13日	二黒	丁丑	8月12日	五黄	丁未	7月11日	九紫	丙子	6月9日	四緑	乙巳
10	11月16日	七赤	己卯	10月15日	六白	己酉	9月14日	一白	戊寅	8月13日	四緑	戊申	7月12日	八白	丁丑	6月10日	三碧	丙午
11	11月17日	八白	庚辰	10月16日	五黄	庚戌	9月15日	九紫	己卯	8月14日	三碧	己酉	7月13日	七赤	戊寅	6月11日	二黒	丁未
12	11月18日	九紫	辛巳	10月17日	四緑	辛亥	9月16日	八白	庚辰	8月15日	二黒	庚戌	7月14日	六白	己卯	6月12日	一白	戊申
13	11月19日	一白	壬午	10月18日	三碧	壬子	9月17日	七赤	辛巳	8月16日	一白	辛亥	7月15日	五黄	庚辰	6月13日	九紫	己酉
14	11月20日	二黒	癸未	10月19日	二黒	癸丑	9月18日	六白	壬午	8月17日	九紫	壬子	7月16日	四緑	辛巳	6月14日	八白	庚戌
15	11月21日	三碧	甲申	10月20日	一白	甲寅	9月19日	五黄	癸未	8月18日	八白	癸丑	7月17日	三碧	壬午	6月15日	七赤	辛亥
16	11月22日	四緑	乙酉	10月21日	九紫	乙卯	9月20日	四緑	甲申	8月19日	七赤	甲寅	7月18日	二黒	癸未	6月16日	六白	壬子
17	11月23日	五黄	丙戌	10月22日	八白	丙辰	9月21日	三碧	乙酉	8月20日	六白	乙卯	7月19日	一白	甲申	6月17日	五黄	癸丑
18	11月24日	六白	丁亥	10月23日	七赤	丁巳	9月22日	二黒	丙戌	8月21日	五黄	丙辰	7月20日	九紫	乙酉	6月18日	四緑	甲寅
19	11月25日	七赤	戊子	10月24日	六白	戊午	9月23日	一白	丁亥	8月22日	四緑	丁巳	7月21日	八白	丙戌	6月19日	三碧	乙卯
20	11月26日	八白	己丑	10月25日	五黄	己未	9月24日	九紫	戊子	8月23日	三碧	戊午	7月22日	七赤	丁亥	6月20日	二黒	丙辰
21	11月27日	九紫	庚寅	10月26日	四緑	庚申	9月25日	八白	己丑	8月24日	二黒	己未	7月23日	六白	戊子	6月21日	一白	丁巳
22	11月28日	一白	辛卯	10月27日	三碧	辛酉	9月26日	七赤	庚寅	8月25日	一白	庚申	7月24日	五黄	己丑	6月22日	九紫	戊午
23	11月29日	二黒	壬辰	10月28日	二黒	壬戌	9月27日	六白	辛卯	8月26日	九紫	辛酉	7月25日	四緑	庚寅	6月23日	八白	己未
24	11月30日	三碧	癸巳	10月29日	一白	癸亥	9月28日	五黄	壬辰	8月27日	八白	壬戌	7月26日	三碧	辛卯	6月24日	七赤	庚申
25	12月1日	四緑	甲午	11月1日	一白	甲子	9月29日	四緑	癸巳	8月28日	七赤	癸亥	7月27日	二黒	壬辰	6月25日	六白	辛酉
26	12月2日	五黄	乙未	11月2日	二黒	乙丑	9月30日	三碧	甲午	8月29日	六白	甲子	7月28日	一白	癸巳	6月26日	五黄	壬戌
27	12月3日	六白	丙申	11月3日	三碧	丙寅	10月1日	二黒	乙未	9月1日	五黄	乙丑	7月29日	九紫	甲午	6月27日	四緑	癸亥
28	12月4日	七赤	丁酉	11月4日	四緑	丁卯	10月2日	一白	丙申	9月2日	四緑	丙寅	7月30日	八白	乙未	6月28日	三碧	甲子
29	12月5日	八白	戊戌	11月5日	五黄	戊辰	10月3日	九紫	丁酉	9月3日	三碧	丁卯	8月1日	七赤	丙申	6月29日	二黒	乙丑
30	12月6日	九紫	己亥	11月6日	六白	己巳	10月4日	八白	戊戌	9月4日	二黒	戊辰	8月2日	六白	丁酉	7月1日	一白	丙寅
31	12月7日	一白	庚子				10月5日	七赤	己亥				8月3日	五黄	戊戌	7月2日	九紫	丁卯

6月甲午			5月癸巳			4月壬辰			3月辛卯			2月庚寅			1月己丑			
6日 05：35			6日 01：33			5日 08：27			6日 03：50			4日 09：59			5日 22：23			
21日 22：17			21日 14：27			20日 15：29			21日 04：40			19日 05：51			20日 15：48			
七赤金星			八白土星			九紫火星			一白水星			二黒土星			三碧木星			
4月12日	九紫	壬申	閏3月10日	五黄	辛丑	3月10日	二黒	辛未	2月8日	七赤	庚子	1月10日	六白	壬申	12月8日	二黒	辛丑	1
4月13日	一白	癸酉	閏3月11日	六白	壬寅	3月11日	三碧	壬申	2月9日	八白	辛丑	1月11日	七赤	癸酉	12月9日	三碧	壬寅	2
4月14日	二黒	甲戌	閏3月12日	七赤	癸卯	3月12日	四緑	癸酉	2月10日	九紫	壬寅	1月12日	八白	甲戌	12月10日	四緑	癸卯	3
4月15日	三碧	乙亥	閏3月13日	八白	甲辰	3月13日	五黄	甲戌	2月11日	一白	癸卯	1月13日	九紫	乙亥	12月11日	五黄	甲辰	4
4月16日	四緑	丙子	閏3月14日	九紫	乙巳	3月14日	六白	乙亥	2月12日	二黒	甲辰	1月14日	一白	丙子	12月12日	六白	乙巳	5
4月17日	五黄	丁丑	閏3月15日	一白	丙午	3月15日	七赤	丙子	2月13日	三碧	乙巳	1月15日	二黒	丁丑	12月13日	七赤	丙午	6
4月18日	六白	戊寅	閏3月16日	二黒	丁未	3月16日	八白	丁丑	2月14日	四緑	丙午	1月16日	三碧	戊寅	12月14日	八白	丁未	7
4月19日	七赤	己卯	閏3月17日	三碧	戊申	3月17日	九紫	戊寅	2月15日	五黄	丁未	1月17日	四緑	己卯	12月15日	九紫	戊申	8
4月20日	八白	庚辰	閏3月18日	四緑	己酉	3月18日	一白	己卯	2月16日	六白	戊申	1月18日	五黄	庚辰	12月16日	一白	己酉	9
4月21日	九紫	辛巳	閏3月19日	五黄	庚戌	3月19日	二黒	庚辰	2月17日	七赤	己酉	1月19日	六白	辛巳	12月17日	二黒	庚戌	10
4月22日	一白	壬午	閏3月20日	六白	辛亥	3月20日	三碧	辛巳	2月18日	八白	庚戌	1月20日	七赤	壬午	12月18日	三碧	辛亥	11
4月23日	二黒	癸未	閏3月21日	七赤	壬子	3月21日	四緑	壬午	2月19日	九紫	辛亥	1月21日	八白	癸未	12月19日	四緑	壬子	12
4月24日	三碧	甲申	閏3月22日	八白	癸丑	3月22日	五黄	癸未	2月20日	一白	壬子	1月22日	九紫	甲申	12月20日	五黄	癸丑	13
4月25日	四緑	乙酉	閏3月23日	九紫	甲寅	3月23日	六白	甲申	2月21日	二黒	癸丑	1月23日	一白	乙酉	12月21日	六白	甲寅	14
4月26日	五黄	丙戌	閏3月24日	一白	乙卯	3月24日	七赤	乙酉	2月22日	三碧	甲寅	1月24日	二黒	丙戌	12月22日	七赤	乙卯	15
4月27日	六白	丁亥	閏3月25日	二黒	丙辰	3月25日	八白	丙戌	2月23日	四緑	乙卯	1月25日	三碧	丁亥	12月23日	八白	丙辰	16
4月28日	七赤	戊子	閏3月26日	三碧	丁巳	3月26日	九紫	丁亥	2月24日	五黄	丙辰	1月26日	四緑	戊子	12月24日	九紫	丁巳	17
4月29日	八白	己丑	閏3月27日	四緑	戊午	3月27日	一白	戊子	2月25日	六白	丁巳	1月27日	五黄	己丑	12月25日	一白	戊午	18
4月30日	九紫	庚寅	閏3月28日	五黄	己未	3月28日	二黒	己丑	2月26日	七赤	戊午	1月28日	六白	庚寅	12月26日	二黒	己未	19
5月1日	一白	辛卯	閏3月29日	六白	庚申	3月29日	三碧	庚寅	2月27日	八白	己未	1月29日	七赤	辛卯	12月27日	三碧	庚申	20
5月2日	二黒	壬辰	4月1日	七赤	辛酉	3月30日	四緑	辛卯	2月28日	九紫	庚申	1月30日	八白	壬辰	12月28日	四緑	辛酉	21
5月3日	三碧	癸巳	4月2日	八白	壬戌	閏3月1日	五黄	壬辰	2月29日	一白	辛酉	2月1日	九紫	癸巳	12月29日	五黄	壬戌	22
5月4日	三碧	甲午	4月3日	九紫	癸亥	閏3月2日	六白	癸巳	3月1日	二黒	壬戌	2月2日	一白	甲午	1月1日	六白	癸亥	23
5月5日	二黒	乙未	4月4日	一白	甲子	閏3月3日	七赤	甲午	3月2日	三碧	癸亥	2月3日	二黒	乙未	1月2日	七赤	甲子	24
5月6日	一白	丙申	4月5日	二黒	乙丑	閏3月4日	八白	乙未	3月3日	四緑	甲子	2月4日	三碧	丙申	1月3日	八白	乙丑	25
5月7日	九紫	丁酉	4月6日	三碧	丙寅	閏3月5日	九紫	丙申	3月4日	五黄	乙丑	2月5日	四緑	丁酉	1月4日	九紫	丙寅	26
5月8日	八白	戊戌	4月7日	四緑	丁卯	閏3月6日	一白	丁酉	3月5日	六白	丙寅	2月6日	五黄	戊戌	1月5日	一白	丁卯	27
5月9日	七赤	己亥	4月8日	五黄	戊辰	閏3月7日	二黒	戊戌	3月6日	七赤	丁卯	2月7日	六白	己亥	1月6日	二黒	戊辰	28
5月10日	六白	庚子	4月9日	六白	己巳	閏3月8日	三碧	己亥	3月7日	八白	戊辰				1月7日	三碧	己巳	29
5月11日	五黄	辛丑	4月10日	七赤	庚午	閏3月9日	四緑	庚子	3月8日	九紫	己巳				1月8日	四緑	庚午	30
			4月11日	八白	辛未				3月9日	一白	庚午				1月9日	五黄	辛未	31

令和13年		2031年		辛亥年		五黄土星					
12月庚子		11月己亥		10月戊戌		9月丁酉		8月丙申		7月乙未	
7日 17:03		8日 00:05		8日 20:42		8日 04:49		8日 01:43		7日 15:49	
22日 10:56		22日 21:32		23日 23:48		23日 14:14		23日 16:23		23日 09:10	
一白水星		二黒土星		三碧木星		四緑木星		五黄土星		六白金星	

1	10月17日	四緑	乙亥	9月17日	七赤	乙巳	8月15日	二黒	甲戌	7月15日	五黄	甲辰	6月14日	九紫	癸酉	5月12日	四緑	壬寅
2	10月18日	三碧	丙子	9月18日	六白	丙午	8月16日	一白	乙亥	7月16日	四緑	乙巳	6月15日	八白	甲戌	5月13日	三碧	癸卯
3	10月19日	二黒	丁丑	9月19日	五黄	丁未	8月17日	九紫	丙子	7月17日	三碧	丙午	6月16日	七赤	乙亥	5月14日	二黒	甲辰
4	10月20日	一白	戊寅	9月20日	四緑	戊申	8月18日	八白	丁丑	7月18日	二黒	丁未	6月17日	六白	丙子	5月15日	一白	乙巳
5	10月21日	九紫	己卯	9月21日	三碧	己酉	8月19日	七赤	戊寅	7月19日	一白	戊申	6月18日	五黄	丁丑	5月16日	九紫	丙午
6	10月22日	八白	庚辰	9月22日	二黒	庚戌	8月20日	六白	己卯	7月20日	九紫	己酉	6月19日	四緑	戊寅	5月17日	八白	丁未
7	10月23日	七赤	辛巳	9月23日	一白	辛亥	8月21日	五黄	庚辰	7月21日	八白	庚戌	6月20日	三碧	己卯	5月18日	七赤	戊申
8	10月24日	六白	壬午	9月24日	九紫	壬子	8月22日	四緑	辛巳	7月22日	七赤	辛亥	6月21日	二黒	庚辰	5月19日	六白	己酉
9	10月25日	五黄	癸未	9月25日	八白	癸丑	8月23日	三碧	壬午	7月23日	六白	壬子	6月22日	一白	辛巳	5月20日	五黄	庚戌
10	10月26日	四緑	甲申	9月26日	七赤	甲寅	8月24日	二黒	癸未	7月24日	五黄	癸丑	6月23日	九紫	壬午	5月21日	四緑	辛亥
11	10月27日	三碧	乙酉	9月27日	六白	乙卯	8月25日	一白	甲申	7月25日	四緑	甲寅	6月24日	八白	癸未	5月22日	三碧	壬子
12	10月28日	二黒	丙戌	9月28日	五黄	丙辰	8月26日	九紫	乙酉	7月26日	三碧	乙卯	6月25日	七赤	甲申	5月23日	二黒	癸丑
13	10月29日	一白	丁亥	9月29日	四緑	丁巳	8月27日	八白	丙戌	7月27日	二黒	丙辰	6月26日	六白	乙酉	5月24日	一白	甲寅
14	11月1日	九紫	戊子	9月30日	三碧	戊午	8月28日	七赤	丁亥	7月28日	一白	丁巳	6月27日	五黄	丙戌	5月25日	九紫	乙卯
15	11月2日	八白	己丑	10月1日	二黒	己未	8月29日	六白	戊子	7月29日	九紫	戊午	6月28日	四緑	丁亥	5月26日	八白	丙辰
16	11月3日	七赤	庚寅	10月2日	一白	庚申	9月1日	五黄	己丑	7月30日	八白	己未	6月29日	三碧	戊子	5月27日	七赤	丁巳
17	11月4日	六白	辛卯	10月3日	九紫	辛酉	9月2日	四緑	庚寅	8月1日	七赤	庚申	6月30日	二黒	己丑	5月28日	六白	戊午
18	11月5日	五黄	壬辰	10月4日	八白	壬戌	9月3日	三碧	辛卯	8月2日	六白	辛酉	7月1日	一白	庚寅	5月29日	五黄	己未
19	11月6日	四緑	癸巳	10月5日	七赤	癸亥	9月4日	二黒	壬辰	8月3日	五黄	壬戌	7月2日	九紫	辛卯	6月1日	四緑	庚申
20	11月7日	三碧	甲午	10月6日	六白	甲子	9月5日	一白	癸巳	8月4日	四緑	癸亥	7月3日	八白	壬辰	6月2日	三碧	辛酉
21	11月8日	二黒	乙未	10月7日	五黄	乙丑	9月6日	九紫	甲午	8月5日	三碧	甲子	7月4日	七赤	癸巳	6月3日	二黒	壬戌
22	11月9日	一白	丙申	10月8日	四緑	丙寅	9月7日	八白	乙未	8月6日	二黒	乙丑	7月5日	六白	甲午	6月4日	一白	癸亥
23	11月10日	九紫	丁酉	10月9日	三碧	丁卯	9月8日	七赤	丙申	8月7日	一白	丙寅	7月6日	五黄	乙未	6月5日	九紫	甲子
24	11月11日	八白	戊戌	10月10日	二黒	戊辰	9月9日	六白	丁酉	8月8日	九紫	丁卯	7月7日	四緑	丙申	6月6日	八白	乙丑
25	11月12日	七赤	己亥	10月11日	一白	己巳	9月10日	五黄	戊戌	8月9日	八白	戊辰	7月8日	三碧	丁酉	6月7日	七赤	丙寅
26	11月13日	六白	庚子	10月12日	九紫	庚午	9月11日	四緑	己亥	8月10日	七赤	己巳	7月9日	二黒	戊戌	6月8日	六白	丁卯
27	11月14日	五黄	辛丑	10月13日	八白	辛未	9月12日	三碧	庚子	8月11日	六白	庚午	7月10日	一白	己亥	6月9日	五黄	戊辰
28	11月15日	四緑	壬寅	10月14日	七赤	壬申	9月13日	二黒	辛丑	8月12日	五黄	辛未	7月11日	九紫	庚子	6月10日	四緑	己巳
29	11月16日	三碧	癸卯	10月15日	六白	癸酉	9月14日	一白	壬寅	8月13日	四緑	壬申	7月12日	八白	辛丑	6月11日	三碧	庚午
30	11月17日	二黒	甲辰	10月16日	五黄	甲戌	9月15日	九紫	癸卯	8月14日	三碧	癸酉	7月13日	七赤	壬寅	6月12日	二黒	辛未
31	11月18日	一白	乙巳				9月16日	八白	甲辰				7月14日	六白	癸卯	6月13日	一白	壬申

	6月丙午			5月乙巳			4月甲辰			3月癸卯			2月壬寅			1月辛丑		
	5日 11：27			5日 07：25			4日 14：16			5日 09：39			4日 15：49			6日 04：16		
	21日 04：08			20日 20：14			19日 21：13			20日 10：21			19日 11：32			20日 21：31		
	四緑木星			五黄土星			六白金星			七赤金星			八白土星			九紫火星		
4月24日	九紫	戊寅	3月22日	五黄	丁未	2月21日	二黒	丁丑	1月20日	七赤	丙午	12月20日	五黄	丁丑	11月19日	九紫	丙午	1
4月25日	一白	己卯	3月23日	六白	戊申	2月22日	三碧	戊寅	1月21日	八白	丁未	12月21日	六白	戊寅	11月20日	八白	丁未	2
4月26日	二黒	庚辰	3月24日	七赤	己酉	2月23日	四緑	己卯	1月22日	九紫	戊申	12月22日	七赤	己卯	11月21日	七赤	戊申	3
4月27日	三碧	辛巳	3月25日	八白	庚戌	2月24日	五黄	庚辰	1月23日	一白	己酉	12月23日	八白	庚辰	11月22日	六白	己酉	4
4月28日	四緑	壬午	3月26日	九紫	辛亥	2月25日	六白	辛巳	1月24日	二黒	庚戌	12月24日	九紫	辛巳	11月23日	五黄	庚戌	5
4月29日	五黄	癸未	3月27日	一白	壬子	2月26日	七赤	壬午	1月25日	三碧	辛亥	12月25日	一白	壬午	11月24日	四緑	辛亥	6
4月30日	六白	甲申	3月28日	二黒	癸丑	2月27日	八白	癸未	1月26日	四緑	壬子	12月26日	二黒	癸未	11月25日	三碧	壬子	7
5月1日	七赤	乙酉	3月29日	三碧	甲寅	2月28日	九紫	甲申	1月27日	五黄	癸丑	12月27日	三碧	甲申	11月26日	二黒	癸丑	8
5月2日	八白	丙戌	4月1日	四緑	乙卯	2月29日	一白	乙酉	1月28日	六白	甲寅	12月28日	四緑	乙酉	11月27日	一白	甲寅	9
5月3日	九紫	丁亥	4月2日	五黄	丙辰	3月1日	二黒	丙戌	1月29日	七赤	乙卯	12月29日	五黄	丙戌	11月28日	九紫	乙卯	10
5月4日	一白	戊子	4月3日	六白	丁巳	3月2日	三碧	丁亥	1月30日	八白	丙辰	1月1日	六白	丁亥	11月29日	八白	丙辰	11
5月5日	二黒	己丑	4月4日	七赤	戊午	3月3日	四緑	戊子	2月1日	九紫	丁巳	1月2日	七赤	戊子	11月30日	七赤	丁巳	12
5月6日	三碧	庚寅	4月5日	八白	己未	3月4日	五黄	己丑	2月2日	一白	戊午	1月3日	八白	己丑	12月1日	六白	戊午	13
5月7日	四緑	辛卯	4月6日	九紫	庚申	3月5日	六白	庚寅	2月3日	二黒	己未	1月4日	九紫	庚寅	12月2日	五黄	己未	14
5月8日	五黄	壬辰	4月7日	一白	辛酉	3月6日	七赤	辛卯	2月4日	三碧	庚申	1月5日	一白	辛卯	12月3日	四緑	庚申	15
5月9日	六白	癸巳	4月8日	二黒	壬戌	3月7日	八白	壬辰	2月5日	四緑	辛酉	1月6日	二黒	壬辰	12月4日	三碧	辛酉	16
5月10日	七赤	甲午	4月9日	三碧	癸亥	3月8日	九紫	癸巳	2月6日	五黄	壬戌	1月7日	三碧	癸巳	12月5日	二黒	壬戌	17
5月11日	八白	乙未	4月10日	四緑	甲子	3月9日	一白	甲午	2月7日	六白	癸亥	1月8日	四緑	甲午	12月6日	一白	癸亥	18
5月12日	九紫	丙申	4月11日	五黄	乙丑	3月10日	二黒	乙未	2月8日	七赤	甲子	1月9日	五黄	乙未	12月7日	一白	甲子	19
5月13日	一白	丁酉	4月12日	六白	丙寅	3月11日	三碧	丙申	2月9日	八白	乙丑	1月10日	六白	丙申	12月8日	二黒	乙丑	20
5月14日	二黒	戊戌	4月13日	七赤	丁卯	3月12日	四緑	丁酉	2月10日	九紫	丙寅	1月11日	七赤	丁酉	12月9日	三碧	丙寅	21
5月15日	三碧	己亥	4月14日	八白	戊辰	3月13日	五黄	戊戌	2月11日	一白	丁卯	1月12日	八白	戊戌	12月10日	四緑	丁卯	22
5月16日	四緑	庚子	4月15日	九紫	己巳	3月14日	六白	己亥	2月12日	二黒	戊辰	1月13日	九紫	己亥	12月11日	五黄	戊辰	23
5月17日	五黄	辛丑	4月16日	一白	庚午	3月15日	七赤	庚子	2月13日	三碧	己巳	1月14日	一白	庚子	12月12日	六白	己巳	24
5月18日	六白	壬寅	4月17日	二黒	辛未	3月16日	八白	辛丑	2月14日	四緑	庚午	1月15日	二黒	辛丑	12月13日	七赤	庚午	25
5月19日	七赤	癸卯	4月18日	三碧	壬申	3月17日	九紫	壬寅	2月15日	五黄	辛未	1月16日	三碧	壬寅	12月14日	八白	辛未	26
5月20日	八白	甲辰	4月19日	四緑	癸酉	3月18日	一白	癸卯	2月16日	六白	壬申	1月17日	四緑	癸卯	12月15日	九紫	壬申	27
5月21日	九紫	乙巳	4月20日	五黄	甲戌	3月19日	二黒	甲辰	2月17日	七赤	癸酉	1月18日	五黄	甲辰	12月16日	一白	癸酉	28
5月22日	一白	丙午	4月21日	六白	乙亥	3月20日	三碧	乙巳	2月18日	八白	甲戌	1月19日	六白	甲辰	12月17日	二黒	甲戌	29
5月23日	二黒	丁未	4月22日	七赤	丙子	3月21日	四緑	丙午	2月19日	九紫	乙亥				12月18日	三碧	乙亥	30
			4月23日	八白	丁丑				2月20日	一白	丙子				12月19日	四緑	丙子	31

令和14年		2032年		壬子年		四緑木星					
12月壬子		11月辛亥		10月庚戌		9月己酉		8月戊申		7月丁未	
6日 22：53		7日 05：54		8日 02：29		7日 10：37		7日 07：32		6日 21：41	
21日 16：56		22日 03：31		23日 05：45		22日 20：10		22日 22：18		22日 15：04	
七赤金星		八白土星		九紫火星		一白水星		二黒土星		三碧木星	

1	10月29日	七赤	辛巳	9月29日	一白	辛亥	8月27日	五黄	庚辰	7月27日	八白	庚戌	6月26日	三碧	己卯	5月24日	三碧	戊申
2	10月30日	六白	壬午	9月30日	九紫	壬子	8月28日	四緑	辛巳	7月28日	七赤	辛亥	6月27日	二黒	庚辰	5月25日	四緑	己酉
3	11月1日	五黄	癸未	10月1日	八白	癸丑	8月29日	三碧	壬午	7月29日	六白	壬子	6月28日	一白	辛巳	5月26日	五黄	庚戌
4	11月2日	四緑	甲申	10月2日	七赤	甲寅	9月1日	二黒	癸未	7月30日	五黄	癸丑	6月29日	九紫	壬午	5月27日	六白	辛亥
5	11月3日	三碧	乙酉	10月3日	六白	乙卯	9月2日	一白	甲申	8月1日	四緑	甲寅	6月30日	八白	癸未	5月28日	七赤	壬子
6	11月4日	二黒	丙戌	10月4日	五黄	丙辰	9月3日	九紫	乙酉	8月2日	三碧	乙卯	7月1日	七赤	甲申	5月29日	八白	癸丑
7	11月5日	一白	丁亥	10月5日	四緑	丁巳	9月4日	八白	丙戌	8月3日	二黒	丙辰	7月2日	六白	乙酉	6月1日	九紫	甲寅
8	11月6日	九紫	戊子	10月6日	三碧	戊午	9月5日	七赤	丁亥	8月4日	一白	丁巳	7月3日	五黄	丙戌	6月2日	一白	乙卯
9	11月7日	八白	己丑	10月7日	二黒	己未	9月6日	六白	戊子	8月5日	九紫	戊午	7月4日	四緑	丁亥	6月3日	二黒	丙辰
10	11月8日	七赤	庚寅	10月8日	一白	庚申	9月7日	五黄	己丑	8月6日	八白	己未	7月5日	三碧	戊子	6月4日	三碧	丁巳
11	11月9日	六白	辛卯	10月9日	九紫	辛酉	9月8日	四緑	庚寅	8月7日	七赤	庚申	7月6日	二黒	己丑	6月5日	四緑	戊午
12	11月10日	五黄	壬辰	10月10日	八白	壬戌	9月9日	三碧	辛卯	8月8日	六白	辛酉	7月7日	一白	庚寅	6月6日	五黄	己未
13	11月11日	四緑	癸巳	10月11日	七赤	癸亥	9月10日	二黒	壬辰	8月9日	五黄	壬戌	7月8日	九紫	辛卯	6月7日	六白	庚申
14	11月12日	三碧	甲午	10月12日	六白	甲子	9月11日	一白	癸巳	8月10日	四緑	癸亥	7月9日	八白	壬辰	6月8日	七赤	辛酉
15	11月13日	二黒	乙未	10月13日	五黄	乙丑	9月12日	九紫	甲午	8月11日	三碧	甲子	7月10日	七赤	癸巳	6月9日	八白	壬戌
16	11月14日	一白	丙申	10月14日	四緑	丙寅	9月13日	八白	乙未	8月12日	二黒	乙丑	7月11日	六白	甲午	6月10日	九紫	癸亥
17	11月15日	九紫	丁酉	10月15日	三碧	丁卯	9月14日	七赤	丙申	8月13日	一白	丙寅	7月12日	五黄	乙未	6月11日	九紫	甲子
18	11月16日	八白	戊戌	10月16日	二黒	戊辰	9月15日	六白	丁酉	8月14日	九紫	丁卯	7月13日	四緑	丙申	6月12日	八白	乙丑
19	11月17日	七赤	己亥	10月17日	一白	己巳	9月16日	五黄	戊戌	8月15日	八白	戊辰	7月14日	三碧	丁酉	6月13日	七赤	丙寅
20	11月18日	六白	庚子	10月18日	九紫	庚午	9月17日	四緑	己亥	8月16日	七赤	己巳	7月15日	二黒	戊戌	6月14日	六白	丁卯
21	11月19日	五黄	辛丑	10月19日	八白	辛未	9月18日	三碧	庚子	8月17日	六白	庚午	7月16日	一白	己亥	6月15日	五黄	戊辰
22	11月20日	四緑	壬寅	10月20日	七赤	壬申	9月19日	二黒	辛丑	8月18日	五黄	辛未	7月17日	九紫	庚子	6月16日	四緑	己巳
23	11月21日	三碧	癸卯	10月21日	六白	癸酉	9月20日	一白	壬寅	8月19日	四緑	壬申	7月18日	八白	辛丑	6月17日	三碧	庚午
24	11月22日	二黒	甲辰	10月22日	五黄	甲戌	9月21日	九紫	癸卯	8月20日	三碧	癸酉	7月19日	七赤	壬寅	6月18日	二黒	辛未
25	11月23日	一白	乙巳	10月23日	四緑	乙亥	9月22日	八白	甲辰	8月21日	二黒	甲戌	7月20日	六白	癸卯	6月19日	一白	壬申
26	11月24日	九紫	丙午	10月24日	三碧	丙子	9月23日	七赤	乙巳	8月22日	一白	乙亥	7月21日	五黄	甲辰	6月20日	九紫	癸酉
27	11月25日	八白	丁未	10月25日	二黒	丁丑	9月24日	六白	丙午	8月23日	九紫	丙子	7月22日	四緑	乙巳	6月21日	八白	甲戌
28	11月26日	七赤	戊申	10月26日	一白	戊寅	9月25日	五黄	丁未	8月24日	八白	丁丑	7月23日	三碧	丙午	6月22日	七赤	乙亥
29	11月27日	六白	己酉	10月27日	九紫	己卯	9月26日	四緑	戊申	8月25日	七赤	戊寅	7月24日	二黒	丁未	6月23日	六白	丙子
30	11月28日	五黄	庚戌	10月28日	八白	庚辰	9月27日	三碧	己酉	8月26日	六白	己卯	7月25日	一白	戊申	6月24日	五黄	丁丑
31	11月29日	四緑	辛亥				9月28日	二黒	庚戌				7月26日	九紫	己酉	6月25日	四緑	戊寅

万年暦

6月戊午	5月丁巳	4月丙辰	3月乙卯	2月甲寅	1月癸丑	
5日 17：13	5日 13：13	4日 20：07	5日 15：31	3日 21：41	5日 10：08	
21日 10：01	21日 02：10	20日 03：12	20日 16：22	18日 17：33	20日 03：33	
一白水星	二黒土星	三碧木星	四緑木星	五黄土星	六白金星	
5月5日 五黄 癸未	4月3日 一白 壬子	3月2日 七赤 壬午	2月1日 三碧 辛亥	1月2日 二黒 癸未	12月1日 三碧 壬子	1
5月6日 六白 甲申	4月4日 二黒 癸丑	3月3日 八白 癸未	2月2日 四緑 壬子	1月3日 三碧 甲申	12月2日 二黒 癸丑	2
5月7日 七赤 乙酉	4月5日 三碧 甲寅	3月4日 九紫 甲申	2月3日 五黄 癸丑	1月4日 四緑 乙酉	12月3日 一白 甲寅	3
5月8日 八白 丙戌	4月6日 四緑 乙卯	3月5日 一白 乙酉	2月4日 六白 甲寅	1月5日 五黄 丙戌	12月4日 九紫 乙卯	4
5月9日 九紫 丁亥	4月7日 五黄 丙辰	3月6日 二黒 丙戌	2月5日 七赤 乙卯	1月6日 六白 丁亥	12月5日 八白 丙辰	5
5月10日 一白 戊子	4月8日 六白 丁巳	3月7日 三碧 丁亥	2月6日 八白 丙辰	1月7日 七赤 戊子	12月6日 七赤 丁巳	6
5月11日 二黒 己丑	4月9日 七赤 戊午	3月8日 四緑 戊子	2月7日 九紫 丁巳	1月8日 八白 己丑	12月7日 六白 戊午	7
5月12日 三碧 庚寅	4月10日 八白 己未	3月9日 五黄 己丑	2月8日 一白 戊午	1月9日 九紫 庚寅	12月8日 五黄 己未	8
5月13日 四緑 辛卯	4月11日 九紫 庚申	3月10日 六白 庚寅	2月9日 二黒 己未	1月10日 一白 辛卯	12月9日 四緑 庚申	9
5月14日 五黄 壬辰	4月12日 一白 辛酉	3月11日 七赤 辛卯	2月10日 三碧 庚申	1月11日 二黒 壬辰	12月10日 三碧 辛酉	10
5月15日 六白 癸巳	4月13日 二黒 壬戌	3月12日 八白 壬辰	2月11日 四緑 辛酉	1月12日 三碧 癸巳	12月11日 二黒 壬戌	11
5月16日 七赤 甲午	4月14日 三碧 癸亥	3月13日 九紫 癸巳	2月12日 五黄 壬戌	1月13日 四緑 甲午	12月12日 一白 癸亥	12
5月17日 八白 乙未	4月15日 四緑 甲子	3月14日 一白 甲午	2月13日 六白 癸亥	1月14日 五黄 乙未	12月13日 一白 甲子	13
5月18日 九紫 丙申	4月16日 五黄 乙丑	3月15日 二黒 乙未	2月14日 七赤 甲子	1月15日 六白 丙申	12月14日 二黒 乙丑	14
5月19日 一白 丁酉	4月17日 六白 丙寅	3月16日 三碧 丙申	2月15日 八白 乙丑	1月16日 七赤 丁酉	12月15日 三碧 丙寅	15
5月20日 二黒 戊戌	4月18日 七赤 丁卯	3月17日 四緑 丁酉	2月16日 九紫 丙寅	1月17日 八白 戊戌	12月16日 四緑 丁卯	16
5月21日 三碧 己亥	4月19日 八白 戊辰	3月18日 五黄 戊戌	2月17日 一白 丁卯	1月18日 九紫 己亥	12月17日 五黄 戊辰	17
5月22日 四緑 庚子	4月20日 九紫 己巳	3月19日 六白 己亥	2月18日 二黒 戊辰	1月19日 一白 庚子	12月18日 六白 己巳	18
5月23日 五黄 辛丑	4月21日 一白 庚午	3月20日 七赤 庚子	2月19日 三碧 己巳	1月20日 二黒 辛丑	12月19日 七赤 庚午	19
5月24日 六白 壬寅	4月22日 二黒 辛未	3月21日 八白 辛丑	2月20日 四緑 庚午	1月21日 三碧 壬寅	12月20日 八白 辛未	20
5月25日 七赤 癸卯	4月23日 三碧 壬申	3月22日 九紫 壬寅	2月21日 五黄 辛未	1月22日 四緑 癸卯	12月21日 九紫 壬申	21
5月26日 八白 甲辰	4月24日 四緑 癸酉	3月23日 一白 癸卯	2月22日 六白 壬申	1月23日 五黄 甲辰	12月22日 一白 癸酉	22
5月27日 九紫 乙巳	4月25日 五黄 甲戌	3月24日 二黒 甲辰	2月23日 七赤 癸酉	1月24日 六白 乙巳	12月23日 二黒 甲戌	23
5月28日 一白 丙午	4月26日 六白 乙亥	3月25日 三碧 乙巳	2月24日 八白 甲戌	1月25日 七赤 丙午	12月24日 三碧 乙亥	24
5月29日 二黒 丁未	4月27日 七赤 丙子	3月26日 四緑 丙午	2月25日 九紫 乙亥	1月26日 八白 丁未	12月25日 四緑 丙子	25
5月30日 三碧 戊申	4月28日 八白 丁丑	3月27日 五黄 丁未	2月26日 一白 丙子	1月27日 九紫 戊申	12月26日 五黄 丁丑	26
6月1日 四緑 己酉	4月29日 九紫 戊寅	3月28日 六白 戊申	2月27日 二黒 丁丑	1月28日 一白 己酉	12月27日 六白 戊寅	27
6月2日 五黄 庚戌	5月1日 一白 己卯	3月29日 七赤 己酉	2月28日 三碧 戊寅	1月29日 二黒 庚戌	12月28日 七赤 己卯	28
6月3日 六白 辛亥	5月2日 二黒 庚辰	4月1日 八白 庚戌	2月29日 四緑 己卯		12月29日 八白 庚辰	29
6月4日 七赤 壬子	5月3日 三碧 辛巳	4月2日 九紫 辛亥	2月30日 五黄 庚辰		12月30日 九紫 辛巳	30
	5月4日 四緑 壬午		3月1日 六白 辛巳		1月1日 一白 壬午	31

220

	令和15年		2033年		癸丑年		三碧木星				
	12月甲子		11月癸亥		10月壬戌		9月辛酉		8月庚申		7月己未	
	7日 04：45		7日 11：41		8日 08：13		7日 16：19		7日 13：15		7日 03：24	
	21日 22：46		22日 09：16		23日 11：27		23日 01：51		23日 04：01		22日 20：52	
	四緑木星		五黄土星		六白金星		七赤金星		八白土星		九紫火星	
1	11月10日	二黒 丙戌	10月10日	五黄 丙辰	9月9日	九紫 乙酉	8月8日	三碧 乙卯	7月7日	七赤 甲申	6月5日	八白 癸丑
2	11月11日	一白 丁亥	10月11日	四緑 丁巳	9月10日	八白 丙戌	8月9日	二黒 丙辰	7月8日	六白 乙酉	6月6日	九紫 甲寅
3	11月12日	九紫 戊子	10月12日	三碧 戊午	9月11日	七赤 丁亥	8月10日	一白 丁巳	7月9日	五黄 丙戌	6月7日	一白 乙卯
4	11月13日	八白 己丑	10月13日	二黒 己未	9月12日	六白 戊子	8月11日	九紫 戊午	7月10日	四緑 丁亥	6月8日	二黒 丙辰
5	11月14日	七赤 庚寅	10月14日	一白 庚申	9月13日	五黄 己丑	8月12日	八白 己未	7月11日	三碧 戊子	6月9日	三碧 丁巳
6	11月15日	六白 辛卯	10月15日	九紫 辛酉	9月14日	四緑 庚寅	8月13日	七赤 庚申	7月12日	二黒 己丑	6月10日	四緑 戊午
7	11月16日	五黄 壬辰	10月16日	八白 壬戌	9月15日	三碧 辛卯	8月14日	六白 辛酉	7月13日	一白 庚寅	6月11日	五黄 己未
8	11月17日	四緑 癸巳	10月17日	七赤 癸亥	9月16日	二黒 壬辰	8月15日	五黄 壬戌	7月14日	九紫 辛卯	6月12日	六白 庚申
9	11月18日	三碧 甲午	10月18日	六白 甲子	9月17日	一白 癸巳	8月16日	四緑 癸亥	7月15日	八白 壬辰	6月13日	七赤 辛酉
10	11月19日	二黒 乙未	10月19日	五黄 乙丑	9月18日	九紫 甲午	8月17日	三碧 甲子	7月16日	七赤 癸巳	6月14日	八白 壬戌
11	11月20日	一白 丙申	10月20日	四緑 丙寅	9月19日	八白 乙未	8月18日	二黒 乙丑	7月17日	六白 甲午	6月15日	九紫 癸亥
12	11月21日	九紫 丁酉	10月21日	三碧 丁卯	9月20日	七赤 丙申	8月19日	一白 丙寅	7月18日	五黄 乙未	6月16日	九紫 甲子
13	11月22日	八白 戊戌	10月22日	二黒 戊辰	9月21日	六白 丁酉	8月20日	九紫 丁卯	7月19日	四緑 丙申	6月17日	八白 乙丑
14	11月23日	七赤 己亥	10月23日	一白 己巳	9月22日	五黄 戊戌	8月21日	八白 戊辰	7月20日	三碧 丁酉	6月18日	七赤 丙寅
15	11月24日	六白 庚子	10月24日	九紫 庚午	9月23日	四緑 己亥	8月22日	七赤 己巳	7月21日	二黒 戊戌	6月19日	六白 丁卯
16	11月25日	五黄 辛丑	10月25日	八白 辛未	9月24日	三碧 庚子	8月23日	六白 庚午	7月22日	一白 己亥	6月20日	五黄 戊辰
17	11月26日	四緑 壬寅	10月26日	七赤 壬申	9月25日	二黒 辛丑	8月24日	五黄 辛未	7月23日	九紫 庚子	6月21日	四緑 己巳
18	11月27日	三碧 癸卯	10月27日	六白 癸酉	9月26日	一白 壬寅	8月25日	四緑 壬申	7月24日	八白 辛丑	6月22日	三碧 庚午
19	11月28日	二黒 甲辰	10月28日	五黄 甲戌	9月27日	九紫 癸卯	8月26日	三碧 癸酉	7月25日	七赤 壬寅	6月23日	二黒 辛未
20	11月29日	一白 乙巳	10月29日	四緑 乙亥	9月28日	八白 甲辰	8月27日	二黒 甲戌	7月26日	六白 癸卯	6月24日	一白 壬申
21	11月30日	九紫 丙午	10月30日	三碧 丙子	9月29日	七赤 乙巳	8月28日	一白 乙亥	7月27日	五黄 甲辰	6月25日	九紫 癸酉
22	閏11月1日	八白 丁未	11月1日	二黒 丁丑	9月30日	六白 丙午	8月29日	九紫 丙子	7月28日	四緑 乙巳	6月26日	八白 甲戌
23	閏11月2日	七赤 戊申	11月2日	一白 戊寅	10月1日	五黄 丁未	9月1日	八白 丁丑	7月29日	三碧 丙午	6月27日	七赤 乙亥
24	閏11月3日	六白 己酉	11月3日	九紫 己卯	10月2日	四緑 戊申	9月2日	七赤 戊寅	7月30日	二黒 丁未	6月28日	六白 丙子
25	閏11月4日	五黄 庚戌	11月4日	八白 庚辰	10月3日	三碧 己酉	9月3日	六白 己卯	8月1日	一白 戊申	6月29日	五黄 丁丑
26	閏11月5日	四緑 辛亥	11月5日	七赤 辛巳	10月4日	二黒 庚戌	9月4日	五黄 庚辰	8月2日	九紫 己酉	7月1日	四緑 戊寅
27	閏11月6日	三碧 壬子	11月6日	六白 壬午	10月5日	一白 辛亥	9月5日	四緑 辛巳	8月3日	八白 庚戌	7月2日	三碧 己卯
28	閏11月7日	二黒 癸丑	11月7日	五黄 癸未	10月6日	九紫 壬子	9月6日	三碧 壬午	8月4日	七赤 辛亥	7月3日	二黒 庚辰
29	閏11月8日	一白 甲寅	11月8日	四緑 甲申	10月7日	八白 癸丑	9月7日	二黒 癸未	8月5日	六白 壬子	7月4日	一白 辛巳
30	閏11月9日	九紫 乙卯	11月9日	三碧 乙酉	10月8日	七赤 甲寅	9月8日	一白 甲申	8月6日	五黄 癸丑	7月5日	九紫 壬午
31	閏11月10日	八白 丙辰			10月9日	六白 乙卯			8月7日	四緑 甲寅	7月6日	八白 癸未

6月庚午	5月己巳	4月戊辰	3月丁卯	2月丙寅	1月乙丑	
5日 23:06	5日 19:08	5日 02:05	5日 21:32	4日 03:41	5日 16:04	
21日 15:43	21日 07:56	20日 09:03	20日 22:17	18日 23:30	20日 09:27	
七赤金星	八白土星	九紫火星	一白水星	二黒土星	三碧木星	
4月15日 一白 戊子	3月13日 六白 丁巳	2月13日 三碧 丁亥	1月11日 八白 丙辰	12月13日 七赤 戊子	閏11月11日 七赤 丁巳	1
4月16日 二黒 己丑	3月14日 七赤 戊午	2月14日 四緑 戊子	1月12日 九紫 丁巳	12月14日 八白 己丑	閏11月12日 六白 戊午	2
4月17日 三碧 庚寅	3月15日 八白 己未	2月15日 五黄 己丑	1月13日 一白 戊午	12月15日 九紫 庚寅	閏11月13日 五黄 己未	3
4月18日 四緑 辛卯	3月16日 九紫 庚申	2月16日 六白 庚寅	1月14日 二黒 己未	12月16日 一白 辛卯	閏11月14日 四緑 庚申	4
4月19日 五黄 壬辰	3月17日 一白 辛酉	2月17日 七赤 辛卯	1月15日 三碧 庚申	12月17日 二黒 壬辰	閏11月15日 三碧 辛酉	5
4月20日 六白 癸巳	3月18日 二黒 壬戌	2月18日 八白 壬辰	1月16日 四緑 辛酉	12月18日 三碧 癸巳	閏11月16日 二黒 壬戌	6
4月21日 七赤 甲午	3月19日 三碧 癸亥	2月19日 九紫 癸巳	1月17日 五黄 壬戌	12月19日 四緑 甲午	閏11月17日 一白 癸亥	7
4月22日 八白 乙未	3月20日 四緑 甲子	2月20日 一白 甲午	1月18日 六白 癸亥	12月20日 五黄 乙未	閏11月18日 一白 甲子	8
4月23日 九紫 丙申	3月21日 五黄 乙丑	2月21日 二黒 乙未	1月19日 七赤 甲子	12月21日 六白 丙申	閏11月19日 二黒 乙丑	9
4月24日 一白 丁酉	3月22日 六白 丙寅	2月22日 三碧 丙申	1月20日 八白 乙丑	12月22日 七赤 丁酉	閏11月20日 三碧 丙寅	10
4月25日 二黒 戊戌	3月23日 七赤 丁卯	2月23日 四緑 丁酉	1月21日 九紫 丙寅	12月23日 八白 戊戌	閏11月21日 四緑 丁卯	11
4月26日 三碧 己亥	3月24日 八白 戊辰	2月24日 五黄 戊戌	1月22日 一白 丁卯	12月24日 九紫 己亥	閏11月22日 五黄 戊辰	12
4月27日 四緑 庚子	3月25日 九紫 己巳	2月25日 六白 己亥	1月23日 二黒 戊辰	12月25日 一白 庚子	閏11月23日 六白 己巳	13
4月28日 五黄 辛丑	3月26日 一白 庚午	2月26日 七赤 庚子	1月24日 三碧 己巳	12月26日 二黒 辛丑	閏11月24日 七赤 庚午	14
4月29日 六白 壬寅	3月27日 二黒 辛未	2月27日 八白 辛丑	1月25日 四緑 庚午	12月27日 三碧 壬寅	閏11月25日 八白 辛未	15
5月1日 七赤 癸卯	3月28日 三碧 壬申	2月28日 九紫 壬寅	1月26日 五黄 辛未	12月28日 四緑 癸卯	閏11月26日 九紫 壬申	16
5月2日 八白 甲辰	3月29日 四緑 癸酉	2月29日 一白 癸卯	1月27日 六白 壬申	12月29日 五黄 甲辰	閏11月27日 一白 癸酉	17
5月3日 九紫 乙巳	4月1日 五黄 甲戌	2月30日 二黒 甲辰	1月28日 七赤 癸酉	12月30日 六白 乙巳	閏11月28日 二黒 甲戌	18
5月4日 一白 丙午	4月2日 六白 乙亥	3月1日 三碧 乙巳	1月29日 八白 甲戌	1月1日 七赤 丙午	閏11月29日 三碧 乙亥	19
5月5日 二黒 丁未	4月3日 七赤 丙子	3月2日 四緑 丙午	2月1日 九紫 乙亥	1月2日 八白 丁未	12月1日 四緑 丙子	20
5月6日 三碧 戊申	4月4日 八白 丁丑	3月3日 五黄 丁未	2月2日 一白 丙子	1月3日 九紫 戊申	12月2日 五黄 丁丑	21
5月7日 四緑 己酉	4月5日 九紫 戊寅	3月4日 六白 戊申	2月3日 二黒 丁丑	1月4日 一白 己酉	12月3日 六白 戊寅	22
5月8日 五黄 庚戌	4月6日 一白 己卯	3月5日 七赤 己酉	2月4日 三碧 戊寅	1月5日 二黒 庚戌	12月4日 七赤 己卯	23
5月9日 六白 辛亥	4月7日 二黒 庚辰	3月6日 八白 庚戌	2月5日 四緑 己卯	1月6日 三碧 辛亥	12月5日 八白 庚辰	24
5月10日 七赤 壬子	4月8日 三碧 辛巳	3月7日 九紫 辛亥	2月6日 五黄 庚辰	1月7日 四緑 壬子	12月6日 九紫 辛巳	25
5月11日 八白 癸丑	4月9日 四緑 壬午	3月8日 一白 壬子	2月7日 六白 辛巳	1月8日 五黄 癸丑	12月7日 一白 壬午	26
5月12日 九紫 甲寅	4月10日 五黄 癸未	3月9日 二黒 癸丑	2月8日 七赤 壬午	1月9日 六白 甲寅	12月8日 二黒 癸未	27
5月13日 一白 乙卯	4月11日 六白 甲申	3月10日 三碧 甲寅	2月9日 八白 癸未	1月10日 七赤 乙卯	12月9日 三碧 甲申	28
5月14日 二黒 丙辰	4月12日 七赤 乙酉	3月11日 四緑 乙卯	2月10日 九紫 甲申		12月10日 四緑 乙酉	29
5月15日 三碧 丁巳	4月13日 八白 丙戌	3月12日 五黄 丙辰	2月11日 一白 乙酉		12月11日 五黄 丙戌	30
	4月14日 九紫 丁亥		2月12日 二黒 丙戌		12月12日 六白 丁亥	31

令和16年		2034年		甲寅年		二黒土星					
12月丙子		11月乙亥		10月甲戌		9月癸酉		8月壬申		7月辛未	
7日 10：36		7日 17：33		8日 14：07		7日 22：13		7日 19：08		7日 09：17	
22日 04：33		22日 15：04		23日 17：16		23日 07：39		23日 09：47		23日 02：35	
一白水星		二黒土星		三碧木星		四緑木星		五黄土星		六白金星	

1	10月21日	六白	辛卯	9月21日	九紫	辛酉	8月19日	四緑	庚寅	7月19日	七赤	庚申	6月17日	二黒	己丑	5月16日	四緑	戊午
2	10月22日	五黄	壬辰	9月22日	八白	壬戌	8月20日	三碧	辛卯	7月20日	六白	辛酉	6月18日	一白	庚寅	5月17日	五黄	己未
3	10月23日	四緑	癸巳	9月23日	七赤	癸亥	8月21日	二黒	壬辰	7月21日	五黄	壬戌	6月19日	九紫	辛卯	5月18日	六白	庚申
4	10月24日	三碧	甲午	9月24日	六白	甲子	8月22日	一白	癸巳	7月22日	四緑	癸亥	6月20日	八白	壬辰	5月19日	七赤	辛酉
5	10月25日	二黒	乙未	9月25日	五黄	乙丑	8月23日	九紫	甲午	7月23日	三碧	甲子	6月21日	七赤	癸巳	5月20日	八白	壬戌
6	10月26日	一白	丙申	9月26日	四緑	丙寅	8月24日	八白	乙未	7月24日	二黒	乙丑	6月22日	六白	甲午	5月21日	九紫	癸亥
7	10月27日	九紫	丁酉	9月27日	三碧	丁卯	8月25日	七赤	丙申	7月25日	一白	丙寅	6月23日	五黄	乙未	5月22日	九紫	甲子
8	10月28日	八白	戊戌	9月28日	二黒	戊辰	8月26日	六白	丁酉	7月26日	九紫	丁卯	6月24日	四緑	丙申	5月23日	八白	乙丑
9	10月29日	七赤	己亥	9月29日	一白	己巳	8月27日	五黄	戊戌	7月27日	八白	戊辰	6月25日	三碧	丁酉	5月24日	七赤	丙寅
10	10月30日	六白	庚子	9月30日	九紫	庚午	8月28日	四緑	己亥	7月28日	七赤	己巳	6月26日	二黒	戊戌	5月25日	六白	丁卯
11	11月1日	五黄	辛丑	10月1日	八白	辛未	8月29日	三碧	庚子	7月29日	六白	庚午	6月27日	一白	己亥	5月26日	五黄	戊辰
12	11月2日	四緑	壬寅	10月2日	七赤	壬申	9月1日	二黒	辛丑	7月30日	五黄	辛未	6月28日	九紫	庚子	5月27日	四緑	己巳
13	11月3日	三碧	癸卯	10月3日	六白	癸酉	9月2日	一白	壬寅	8月1日	四緑	壬申	6月29日	八白	辛丑	5月28日	三碧	庚午
14	11月4日	二黒	甲辰	10月4日	五黄	甲戌	9月3日	九紫	癸卯	8月2日	三碧	癸酉	7月1日	七赤	壬寅	5月29日	二黒	辛未
15	11月5日	一白	乙巳	10月5日	四緑	乙亥	9月4日	八白	甲辰	8月3日	二黒	甲戌	7月2日	六白	癸卯	5月30日	一白	壬申
16	11月6日	九紫	丙午	10月6日	三碧	丙子	9月5日	七赤	乙巳	8月4日	一白	乙亥	7月3日	五黄	甲辰	6月1日	九紫	癸酉
17	11月7日	八白	丁未	10月7日	二黒	丁丑	9月6日	六白	丙午	8月5日	九紫	丙子	7月4日	四緑	乙巳	6月2日	八白	甲戌
18	11月8日	七赤	戊申	10月8日	一白	戊寅	9月7日	五黄	丁未	8月6日	八白	丁丑	7月5日	三碧	丙午	6月3日	七赤	乙亥
19	11月9日	六白	己酉	10月9日	九紫	己卯	9月8日	四緑	戊申	8月7日	七赤	戊寅	7月6日	二黒	丁未	6月4日	六白	丙子
20	11月10日	五黄	庚戌	10月10日	八白	庚辰	9月9日	三碧	己酉	8月8日	六白	己卯	7月7日	一白	戊申	6月5日	五黄	丁丑
21	11月11日	四緑	辛亥	10月11日	七赤	辛巳	9月10日	二黒	庚戌	8月9日	五黄	庚辰	7月8日	九紫	己酉	6月6日	四緑	戊寅
22	11月12日	三碧	壬子	10月12日	六白	壬午	9月11日	一白	辛亥	8月10日	四緑	辛巳	7月9日	八白	庚戌	6月7日	三碧	己卯
23	11月13日	二黒	癸丑	10月13日	五黄	癸未	9月12日	九紫	壬子	8月11日	三碧	壬午	7月10日	七赤	辛亥	6月8日	二黒	庚辰
24	11月14日	一白	甲寅	10月14日	四緑	甲申	9月13日	八白	癸丑	8月12日	二黒	癸未	7月11日	六白	壬子	6月9日	一白	辛巳
25	11月15日	九紫	乙卯	10月15日	三碧	乙酉	9月14日	七赤	甲寅	8月13日	一白	甲申	7月12日	五黄	癸丑	6月10日	九紫	壬午
26	11月16日	八白	丙辰	10月16日	二黒	丙戌	9月15日	六白	乙卯	8月14日	九紫	乙酉	7月13日	四緑	甲寅	6月11日	八白	癸未
27	11月17日	七赤	丁巳	10月17日	一白	丁亥	9月16日	五黄	丙辰	8月15日	八白	丙戌	7月14日	三碧	乙卯	6月12日	七赤	甲申
28	11月18日	六白	戊午	10月18日	九紫	戊子	9月17日	四緑	丁巳	8月16日	七赤	丁亥	7月15日	二黒	丙辰	6月13日	六白	乙酉
29	11月19日	五黄	己未	10月19日	八白	己丑	9月18日	三碧	戊午	8月17日	六白	戊子	7月16日	一白	丁巳	6月14日	五黄	丙戌
30	11月20日	四緑	庚申	10月20日	七赤	庚寅	9月19日	二黒	己未	8月18日	五黄	己丑	7月17日	九紫	戊午	6月15日	四緑	丁亥
31	11月21日	三碧	辛酉				9月20日	一白	庚申				7月18日	八白	己未	6月16日	三碧	戊子

6月壬午			5月辛巳			4月庚辰			3月己卯			2月戊寅			1月丁丑			
6日 04：49			6日 00：54			5日 07：53			6日 03：21			4日 09：31			5日 21：55			
21日 21：32			21日 13：42			20日 14：48			21日 04：02			19日 05：16			20日 15：14			
四緑木星			五黄土星			六白金星			七赤金星			八白土星			九紫火星			
4月25日	六白	癸巳	3月24日	二黒	壬戌	2月23日	八白	壬辰	1月22日	四緑	辛酉	12月23日	三碧	癸巳	11月22日	二黒	壬戌	1
4月26日	七赤	甲午	3月25日	三碧	癸亥	2月24日	九紫	癸巳	1月23日	五黄	壬戌	12月24日	四緑	甲午	11月23日	一白	癸亥	2
4月27日	八白	乙未	3月26日	四緑	甲子	2月25日	一白	甲午	1月24日	六白	癸亥	12月25日	五黄	乙未	11月24日	一白	甲子	3
4月28日	九紫	丙申	3月27日	五黄	乙丑	2月26日	二黒	乙未	1月25日	七赤	甲子	12月26日	六白	丙申	11月25日	二黒	乙丑	4
4月29日	一白	丁酉	3月28日	六白	丙寅	2月27日	三碧	丙申	1月26日	八白	乙丑	12月27日	七赤	丁酉	11月26日	三碧	丙寅	5
5月1日	二黒	戊戌	3月29日	七赤	丁卯	2月28日	四緑	丁酉	1月27日	九紫	丙寅	12月28日	八白	戊戌	11月27日	四緑	丁卯	6
5月2日	三碧	己亥	3月30日	八白	戊辰	2月29日	五黄	戊戌	1月28日	一白	丁卯	12月29日	九紫	己亥	11月28日	五黄	戊辰	7
5月3日	四緑	庚子	4月1日	九紫	己巳	3月1日	六白	己亥	1月29日	二黒	戊辰	1月1日	一白	庚子	11月29日	六白	己巳	8
5月4日	五黄	辛丑	4月2日	一白	庚午	3月2日	七赤	庚子	1月30日	三碧	己巳	1月2日	二黒	辛丑	11月30日	七赤	庚午	9
5月5日	六白	壬寅	4月3日	二黒	辛未	3月3日	八白	辛丑	2月1日	四緑	庚午	1月3日	三碧	壬寅	12月1日	八白	辛未	10
5月6日	七赤	癸卯	4月4日	三碧	壬申	3月4日	九紫	壬寅	2月2日	五黄	辛未	1月4日	四緑	癸卯	12月2日	九紫	壬申	11
5月7日	八白	甲辰	4月5日	四緑	癸酉	3月5日	一白	癸卯	2月3日	六白	壬申	1月5日	五黄	甲辰	12月3日	一白	癸酉	12
5月8日	九紫	乙巳	4月6日	五黄	甲戌	3月6日	二黒	甲辰	2月4日	七赤	癸酉	1月6日	六白	乙巳	12月4日	二黒	甲戌	13
5月9日	一白	丙午	4月7日	六白	乙亥	3月7日	三碧	乙巳	2月5日	八白	甲戌	1月7日	七赤	丙午	12月5日	三碧	乙亥	14
5月10日	二黒	丁未	4月8日	七赤	丙子	3月8日	四緑	丙午	2月6日	九紫	乙亥	1月8日	八白	丁未	12月6日	四緑	丙子	15
5月11日	三碧	戊申	4月9日	八白	丁丑	3月9日	五黄	丁未	2月7日	一白	丙子	1月9日	九紫	戊申	12月7日	五黄	丁丑	16
5月12日	四緑	己酉	4月10日	九紫	戊寅	3月10日	六白	戊申	2月8日	二黒	丁丑	1月10日	一白	己酉	12月8日	六白	戊寅	17
5月13日	五黄	庚戌	4月11日	一白	己卯	3月11日	七赤	己酉	2月9日	三碧	戊寅	1月11日	二黒	庚戌	12月9日	七赤	己卯	18
5月14日	六白	辛亥	4月12日	二黒	庚辰	3月12日	八白	庚戌	2月10日	四緑	己卯	1月12日	三碧	辛亥	12月10日	八白	庚辰	19
5月15日	七赤	壬子	4月13日	三碧	辛巳	3月13日	九紫	辛亥	2月11日	五黄	庚辰	1月13日	四緑	壬子	12月11日	九紫	辛巳	20
5月16日	八白	癸丑	4月14日	四緑	壬午	3月14日	一白	壬子	2月12日	六白	辛巳	1月14日	五黄	癸丑	12月12日	一白	壬午	21
5月17日	九紫	甲寅	4月15日	五黄	癸未	3月15日	二黒	癸丑	2月13日	七赤	壬午	1月15日	六白	甲寅	12月13日	二黒	癸未	22
5月18日	一白	乙卯	4月16日	六白	甲申	3月16日	三碧	甲寅	2月14日	八白	癸未	1月16日	七赤	乙卯	12月14日	三碧	甲申	23
5月19日	二黒	丙辰	4月17日	七赤	乙酉	3月17日	四緑	乙卯	2月15日	九紫	甲申	1月17日	八白	丙辰	12月15日	四緑	乙酉	24
5月20日	三碧	丁巳	4月18日	八白	丙戌	3月18日	五黄	丙辰	2月16日	一白	乙酉	1月18日	九紫	丁巳	12月16日	五黄	丙戌	25
5月21日	四緑	戊午	4月19日	九紫	丁亥	3月19日	六白	丁巳	2月17日	二黒	丙戌	1月19日	一白	戊午	12月17日	六白	丁亥	26
5月22日	五黄	己未	4月20日	一白	戊子	3月20日	七赤	戊午	2月18日	三碧	丁亥	1月20日	二黒	己未	12月18日	七赤	戊子	27
5月23日	六白	庚申	4月21日	二黒	己丑	3月21日	八白	己未	2月19日	四緑	戊子	1月21日	三碧	庚申	12月19日	八白	己丑	28
5月24日	七赤	辛酉	4月22日	三碧	庚寅	3月22日	九紫	庚申	2月20日	五黄	己丑				12月20日	九紫	庚寅	29
5月25日	八白	壬戌	4月23日	四緑	辛卯	3月23日	一白	辛酉	2月21日	六白	庚寅				12月21日	一白	辛卯	30
			4月24日	五黄	壬辰				2月22日	七赤	辛卯				12月22日	二黒	壬辰	31

	令和17年	2035年	乙卯年	一白水星		
	12月戊子	11月丁亥	10月丙戌	9月乙酉	8月甲申	7月癸未
	7日 16：25	7日 23：23	8日 19：57	8日 04：02	8日 00：54	7日 15：00
	22日 10：30	22日 21：02	23日 23：16	23日 13：39	23日 15：44	23日 08：28
	七赤金星	八白土星	九紫火星	一白水星	二黒土星	三碧木星
1	11月2日 一白 丙申	10月2日 四緑 丙寅	9月1日 八白 乙未	7月29日 二黒 乙丑	6月28日 六白 甲午	5月26日 九紫 癸巳
2	11月3日 九紫 丁酉	10月3日 三碧 丁卯	9月2日 七赤 丙申	8月1日 一白 丙寅	6月29日 五黄 乙未	5月27日 九紫 甲午
3	11月4日 八白 戊戌	10月4日 二黒 戊辰	9月3日 六白 丁酉	8月2日 九紫 丁卯	6月30日 四緑 丙申	5月28日 八白 乙未
4	11月5日 七赤 己亥	10月5日 一白 己巳	9月4日 五黄 戊戌	8月3日 八白 戊辰	7月1日 三碧 丁酉	5月29日 七赤 丙申
5	11月6日 六白 庚子	10月6日 九紫 庚午	9月5日 四緑 己亥	8月4日 七赤 己巳	7月2日 二黒 戊戌	6月1日 六白 丁酉
6	11月7日 五黄 辛丑	10月7日 八白 辛未	9月6日 三碧 庚子	8月5日 六白 庚午	7月3日 一白 己亥	6月2日 五黄 戊戌
7	11月8日 四緑 壬寅	10月8日 七赤 壬申	9月7日 二黒 辛丑	8月6日 五黄 辛未	7月4日 九紫 庚子	6月3日 四緑 己亥
8	11月9日 三碧 癸卯	10月9日 六白 癸酉	9月8日 一白 壬寅	8月7日 四緑 壬申	7月5日 八白 辛丑	6月4日 三碧 庚子
9	11月10日 二黒 甲辰	10月10日 五黄 甲戌	9月9日 九紫 癸卯	8月8日 三碧 癸酉	7月6日 七赤 壬寅	6月5日 二黒 辛丑
10	11月11日 一白 乙巳	10月11日 四緑 乙亥	9月10日 八白 甲辰	8月9日 二黒 甲戌	7月7日 六白 癸卯	6月6日 一白 壬寅
11	11月12日 九紫 丙午	10月12日 三碧 丙子	9月11日 七赤 乙巳	8月10日 一白 乙亥	7月8日 五黄 甲辰	6月7日 九紫 癸卯
12	11月13日 八白 丁未	10月13日 二黒 丁丑	9月12日 六白 丙午	8月11日 九紫 丙子	7月9日 四緑 乙巳	6月8日 八白 甲辰
13	11月14日 七赤 戊申	10月14日 一白 戊寅	9月13日 五黄 丁未	8月12日 八白 丁丑	7月10日 三碧 丙午	6月9日 七赤 乙巳
14	11月15日 六白 己酉	10月15日 九紫 己卯	9月14日 四緑 戊申	8月13日 七赤 戊寅	7月11日 二黒 丁未	6月10日 六白 丙午
15	11月16日 五黄 庚戌	10月16日 八白 庚辰	9月15日 三碧 己酉	8月14日 六白 己卯	7月12日 一白 戊申	6月11日 五黄 丁未
16	11月17日 四緑 辛亥	10月17日 七赤 辛巳	9月16日 二黒 庚戌	8月15日 五黄 庚辰	7月13日 九紫 己酉	6月12日 四緑 戊申
17	11月18日 三碧 壬子	10月18日 六白 壬午	9月17日 一白 辛亥	8月16日 四緑 辛巳	7月14日 八白 庚戌	6月13日 三碧 己酉
18	11月19日 二黒 癸丑	10月19日 五黄 癸未	9月18日 九紫 壬子	8月17日 三碧 壬午	7月15日 七赤 辛亥	6月14日 二黒 庚戌
19	11月20日 一白 甲寅	10月20日 四緑 甲申	9月19日 八白 癸丑	8月18日 二黒 癸未	7月16日 六白 壬子	6月15日 一白 辛亥
20	11月21日 九紫 乙卯	10月21日 三碧 乙酉	9月20日 七赤 甲寅	8月19日 一白 甲申	7月17日 五黄 癸丑	6月16日 九紫 壬子
21	11月22日 八白 丙辰	10月22日 二黒 丙戌	9月21日 六白 乙卯	8月20日 九紫 乙酉	7月18日 四緑 甲寅	6月17日 八白 癸丑
22	11月23日 七赤 丁巳	10月23日 一白 丁亥	9月22日 五黄 丙辰	8月21日 八白 丙戌	7月19日 三碧 乙卯	6月18日 七赤 甲寅
23	11月24日 六白 戊午	10月24日 九紫 戊子	9月23日 四緑 丁巳	8月22日 七赤 丁亥	7月20日 二黒 丙辰	6月19日 六白 乙卯
24	11月25日 五黄 己未	10月25日 八白 己丑	9月24日 三碧 戊午	8月23日 六白 戊子	7月21日 一白 丁巳	6月20日 五黄 丙辰
25	11月26日 四緑 庚申	10月26日 七赤 庚寅	9月25日 二黒 己未	8月24日 五黄 己丑	7月22日 九紫 戊午	6月21日 四緑 丁巳
26	11月27日 三碧 辛酉	10月27日 六白 辛卯	9月26日 一白 庚申	8月25日 四緑 庚寅	7月23日 八白 己未	6月22日 三碧 戊午
27	11月28日 二黒 壬戌	10月28日 五黄 壬辰	9月27日 九紫 辛酉	8月26日 三碧 辛卯	7月24日 七赤 庚申	6月23日 二黒 己未
28	11月29日 一白 癸亥	10月29日 四緑 癸巳	9月28日 八白 壬戌	8月27日 二黒 壬辰	7月25日 六白 辛酉	6月24日 一白 庚申
29	12月1日 一白 甲子	10月30日 三碧 甲午	9月29日 七赤 癸亥	8月28日 一白 癸巳	7月26日 五黄 壬戌	6月25日 九紫 辛酉
30	12月2日 二黒 乙丑	11月1日 二黒 乙未	9月30日 六白 甲子	8月29日 九紫 甲午	7月27日 四緑 癸亥	6月26日 八白 壬戌
31	12月3日 三碧 丙寅		10月1日 五黄 乙丑		7月28日 三碧 甲子	6月27日 七赤 癸亥

6月甲午			5月癸巳			4月壬辰			3月辛卯			2月庚寅			1月己丑			
5日 10：45			5日 06：48			4日 13：46			5日 09：12			4日 15：20			6日 03：43			
21日 03：31			20日 19：43			19日 20：50			20日 10：03			19日 11：14			20日 21：10			
一白水星			二黒土星			三碧木星			四緑木星			五黄土星			六白金星			
5月7日	三碧	己亥	4月6日	八白	戊辰	3月5日	五黄	戊戌	2月4日	一白	丁卯	1月5日	八白	戊戌	12月4日	四緑	丁卯	1
5月8日	四緑	庚子	4月7日	九紫	己巳	3月6日	六白	己亥	2月5日	二黒	戊辰	1月6日	九紫	己亥	12月5日	五黄	戊辰	2
5月9日	五黄	辛丑	4月8日	一白	庚午	3月7日	七赤	庚子	2月6日	三碧	己巳	1月7日	一白	庚子	12月6日	六白	己巳	3
5月10日	六白	壬寅	4月9日	二黒	辛未	3月8日	八白	辛丑	2月7日	四緑	庚午	1月8日	二黒	辛丑	12月7日	七赤	庚午	4
5月11日	七赤	癸卯	4月10日	三碧	壬申	3月9日	九紫	壬寅	2月8日	五黄	辛未	1月9日	三碧	壬寅	12月8日	八白	辛未	5
5月12日	八白	甲辰	4月11日	四緑	癸酉	3月10日	一白	癸卯	2月9日	六白	壬申	1月10日	四緑	癸卯	12月9日	九紫	壬申	6
5月13日	九紫	乙巳	4月12日	五黄	甲戌	3月11日	二黒	甲辰	2月10日	七赤	癸酉	1月11日	五黄	甲辰	12月10日	一白	癸酉	7
5月14日	一白	丙午	4月13日	六白	乙亥	3月12日	三碧	乙巳	2月11日	八白	甲戌	1月12日	六白	乙巳	12月11日	二黒	甲戌	8
5月15日	二黒	丁未	4月14日	七赤	丙子	3月13日	四緑	丙午	2月12日	九紫	乙亥	1月13日	七赤	丙午	12月12日	三碧	乙亥	9
5月16日	三碧	戊申	4月15日	八白	丁丑	3月14日	五黄	丁未	2月13日	一白	丙子	1月14日	八白	丁未	12月13日	四緑	丙子	10
5月17日	四緑	己酉	4月16日	九紫	戊寅	3月15日	六白	戊申	2月14日	二黒	丁丑	1月15日	九紫	戊申	12月14日	五黄	丁丑	11
5月18日	五黄	庚戌	4月17日	一白	己卯	3月16日	七赤	己酉	2月15日	三碧	戊寅	1月16日	一白	己酉	12月15日	六白	戊寅	12
5月19日	六白	辛亥	4月18日	二黒	庚辰	3月17日	八白	庚戌	2月16日	四緑	己卯	1月17日	二黒	庚戌	12月16日	七赤	己卯	13
5月20日	七赤	壬子	4月19日	三碧	辛巳	3月18日	九紫	辛亥	2月17日	五黄	庚辰	1月18日	三碧	辛亥	12月17日	八白	庚辰	14
5月21日	八白	癸丑	4月20日	四緑	壬午	3月19日	一白	壬子	2月18日	六白	辛巳	1月19日	四緑	壬子	12月18日	九紫	辛巳	15
5月22日	九紫	甲寅	4月21日	五黄	癸未	3月20日	二黒	癸丑	2月19日	七赤	壬午	1月20日	五黄	癸丑	12月19日	一白	壬午	16
5月23日	一白	乙卯	4月22日	六白	甲申	3月21日	三碧	甲寅	2月20日	八白	癸未	1月21日	六白	甲寅	12月20日	二黒	癸未	17
5月24日	二黒	丙辰	4月23日	七赤	乙酉	3月22日	四緑	乙卯	2月21日	九紫	甲申	1月22日	七赤	乙卯	12月21日	三碧	甲申	18
5月25日	三碧	丁巳	4月24日	八白	丙戌	3月23日	五黄	丙辰	2月22日	一白	乙酉	1月23日	八白	丙辰	12月22日	四緑	乙酉	19
5月26日	四緑	戊午	4月25日	九紫	丁亥	3月24日	六白	丁巳	2月23日	二黒	丙戌	1月24日	九紫	丁巳	12月23日	五黄	丙戌	20
5月27日	五黄	己未	4月26日	一白	戊子	3月25日	七赤	戊午	2月24日	三碧	丁亥	1月25日	一白	戊午	12月24日	六白	丁亥	21
5月28日	六白	庚申	4月27日	二黒	己丑	3月26日	八白	己未	2月25日	四緑	戊子	1月26日	二黒	己未	12月25日	七赤	戊子	22
5月29日	七赤	辛酉	4月28日	三碧	庚寅	3月27日	九紫	庚申	2月26日	五黄	己丑	1月27日	三碧	庚申	12月26日	八白	己丑	23
6月1日	八白	壬戌	4月29日	四緑	辛卯	3月28日	一白	辛酉	2月27日	六白	庚寅	1月28日	四緑	辛酉	12月27日	九紫	庚寅	24
6月2日	九紫	癸亥	4月30日	五黄	壬辰	3月29日	二黒	壬戌	2月28日	七赤	辛卯	1月29日	五黄	壬戌	12月28日	一白	辛卯	25
6月3日	九紫	甲子	5月1日	六白	癸巳	4月1日	三碧	癸亥	2月29日	八白	壬辰	1月30日	六白	癸亥	12月29日	二黒	壬辰	26
6月4日	八白	乙丑	5月2日	七赤	甲午	4月2日	四緑	甲子	2月30日	九紫	癸巳	2月1日	七赤	甲子	12月30日	三碧	癸巳	27
6月5日	七赤	丙寅	5月3日	八白	乙未	4月3日	五黄	乙丑	3月1日	一白	甲午	2月2日	八白	乙丑	1月1日	四緑	甲午	28
6月6日	六白	丁卯	5月4日	九紫	丙申	4月4日	六白	丙寅	3月2日	二黒	乙未	2月3日	九紫	丙寅	1月2日	五黄	乙未	29
6月7日	五黄	戊辰	5月5日	一白	丁酉	4月5日	七赤	丁卯	3月3日	三碧	丙申				1月3日	六白	丙申	30
			5月6日	二黒	戊戌				3月4日	四緑	丁酉				1月4日	七赤	丁酉	31

226

令和18年		2036年		丙辰年		九紫火星					
12月庚子		11月己亥		10月戊戌		9月丁酉		8月丙申		7月乙未	
6日22：15		7日05：13		8日01：48		7日09：55		7日06：49		6日20：56	
21日16：12		22日02：44		23日04：58		22日19：23		22日21：32		22日14：22	
四緑木星		五黄土星		六白金星		七赤金星		八白土星		九紫火星	

1	10月14日	四緑	壬寅	9月14日	七赤	壬申	8月12日	二黒	辛丑	7月11日	五黄	辛未	閏6月10日	九紫	庚子	6月8日	四緑	己巳
2	10月15日	三碧	癸卯	9月15日	六白	癸酉	8月13日	一白	壬寅	7月12日	四緑	壬申	閏6月11日	八白	辛丑	6月9日	三碧	庚午
3	10月16日	二黒	甲辰	9月16日	五黄	甲戌	8月14日	九紫	癸卯	7月13日	三碧	癸酉	閏6月12日	七赤	壬寅	6月10日	二黒	辛未
4	10月17日	一白	乙巳	9月17日	四緑	乙亥	8月15日	八白	甲辰	7月14日	二黒	甲戌	閏6月13日	六白	癸卯	6月11日	一白	壬申
5	10月18日	九紫	丙午	9月18日	三碧	丙子	8月16日	七赤	乙巳	7月15日	一白	乙亥	閏6月14日	五黄	甲辰	6月12日	九紫	癸酉
6	10月19日	八白	丁未	9月19日	二黒	丁丑	8月17日	六白	丙午	7月16日	九紫	丙子	閏6月15日	四緑	乙巳	6月13日	八白	甲戌
7	10月20日	七赤	戊申	9月20日	一白	戊寅	8月18日	五黄	丁未	7月17日	八白	丁丑	閏6月16日	三碧	丙午	6月14日	七赤	乙亥
8	10月21日	六白	己酉	9月21日	九紫	己卯	8月19日	四緑	戊申	7月18日	七赤	戊寅	閏6月17日	二黒	丁未	6月15日	六白	丙子
9	10月22日	五黄	庚戌	9月22日	八白	庚辰	8月20日	三碧	己酉	7月19日	六白	己卯	閏6月18日	一白	戊申	6月16日	五黄	丁丑
10	10月23日	四緑	辛亥	9月23日	七赤	辛巳	8月21日	二黒	庚戌	7月20日	五黄	庚辰	閏6月19日	九紫	己酉	6月17日	四緑	戊寅
11	10月24日	三碧	壬子	9月24日	六白	壬午	8月22日	一白	辛亥	7月21日	四緑	辛巳	閏6月20日	八白	庚戌	6月18日	三碧	己卯
12	10月25日	二黒	癸丑	9月25日	五黄	癸未	8月23日	九紫	壬子	7月22日	三碧	壬午	閏6月21日	七赤	辛亥	6月19日	二黒	庚辰
13	10月26日	一白	甲寅	9月26日	四緑	甲申	8月24日	八白	癸丑	7月23日	二黒	癸未	閏6月22日	六白	壬子	6月20日	一白	辛巳
14	10月27日	九紫	乙卯	9月27日	三碧	乙酉	8月25日	七赤	甲寅	7月24日	一白	甲申	閏6月23日	五黄	癸丑	6月21日	九紫	壬午
15	10月28日	八白	丙辰	9月28日	二黒	丙戌	8月26日	六白	乙卯	7月25日	九紫	乙酉	閏6月24日	四緑	甲寅	6月22日	八白	癸未
16	10月29日	七赤	丁巳	9月29日	一白	丁亥	8月27日	五黄	丙辰	7月26日	八白	丙戌	閏6月25日	三碧	乙卯	6月23日	七赤	甲申
17	10月30日	六白	戊午	9月30日	九紫	戊子	8月28日	四緑	丁巳	7月27日	七赤	丁亥	閏6月26日	二黒	丙辰	6月24日	六白	乙酉
18	11月1日	五黄	己未	10月1日	八白	己丑	8月29日	三碧	戊午	7月28日	六白	戊子	閏6月27日	一白	丁巳	6月25日	五黄	丙戌
19	11月2日	四緑	庚申	10月2日	七赤	庚寅	9月1日	二黒	己未	7月29日	五黄	己丑	閏6月28日	九紫	戊午	6月26日	四緑	丁亥
20	11月3日	三碧	辛酉	10月3日	六白	辛卯	9月2日	一白	庚申	8月1日	四緑	庚寅	閏6月29日	八白	己未	6月27日	三碧	戊子
21	11月4日	二黒	壬戌	10月4日	五黄	壬辰	9月3日	九紫	辛酉	8月2日	三碧	辛卯	閏6月30日	七赤	庚申	6月28日	二黒	己丑
22	11月5日	一白	癸亥	10月5日	四緑	癸巳	9月4日	八白	壬戌	8月3日	二黒	壬辰	7月1日	六白	辛酉	6月29日	一白	庚寅
23	11月6日	一白	甲子	10月6日	三碧	甲午	9月5日	七赤	癸亥	8月4日	一白	癸巳	7月2日	五黄	壬戌	閏6月1日	九紫	辛卯
24	11月7日	二黒	乙丑	10月7日	二黒	乙未	9月6日	六白	甲子	8月5日	九紫	甲午	7月3日	四緑	癸亥	閏6月2日	八白	壬辰
25	11月8日	三碧	丙寅	10月8日	一白	丙申	9月7日	五黄	乙丑	8月6日	八白	乙未	7月4日	三碧	甲子	閏6月3日	七赤	癸巳
26	11月9日	四緑	丁卯	10月9日	九紫	丁酉	9月8日	四緑	丙寅	8月7日	七赤	丙申	7月5日	二黒	乙丑	閏6月4日	六白	甲午
27	11月10日	五黄	戊辰	10月10日	八白	戊戌	9月9日	三碧	丁卯	8月8日	六白	丁酉	7月6日	一白	丙寅	閏6月5日	五黄	乙未
28	11月11日	六白	己巳	10月11日	七赤	己亥	9月10日	二黒	戊辰	8月9日	五黄	戊戌	7月7日	九紫	丁卯	閏6月6日	四緑	丙申
29	11月12日	七赤	庚午	10月12日	六白	庚子	9月11日	一白	己巳	8月10日	四緑	己亥	7月8日	八白	戊辰	閏6月7日	三碧	丁酉
30	11月13日	八白	辛未	10月13日	五黄	辛丑	9月12日	九紫	庚午	8月11日	三碧	庚子	7月9日	七赤	己巳	閏6月8日	二黒	戊戌
31	11月14日	九紫	壬申				9月13日	八白	辛未				7月10日	六白	庚午	閏6月9日	一白	己亥

6月丙午			5月乙巳			4月甲辰			3月癸卯			2月壬寅			1月辛丑			
5日 16：45			5日 12：48			4日 19：43			5日 15：06			3日 21：12			5日 09：33			
21日 09：21			21日 01：34			20日 02：39			20日 15：50			18日 16：59			20日 02：54			
七赤金星			八白土星			九紫火星			一白水星			二黒土星			三碧木星			
4月18日	八白	甲辰	3月16日	四緑	癸酉	2月16日	一白	癸卯	1月15日	六白	壬申	12月17日	五黄	甲辰	11月15日	一白	癸酉	1
4月19日	九紫	乙巳	3月17日	五黄	甲戌	2月17日	二黒	甲辰	1月16日	七赤	癸酉	12月18日	六白	乙巳	11月16日	二黒	甲戌	2
4月20日	一白	丙午	3月18日	六白	乙亥	2月18日	三碧	乙巳	1月17日	八白	甲戌	12月19日	七赤	丙午	11月17日	三碧	乙亥	3
4月21日	二黒	丁未	3月19日	七赤	丙子	2月19日	四緑	丙午	1月18日	九紫	乙亥	12月20日	八白	丁未	11月18日	四緑	丙子	4
4月22日	三碧	戊申	3月20日	八白	丁丑	2月20日	五黄	丁未	1月19日	一白	丙子	12月21日	九紫	戊申	11月19日	五黄	丁丑	5
4月23日	四緑	己酉	3月21日	九紫	戊寅	2月21日	六白	戊申	1月20日	二黒	丁丑	12月22日	一白	己酉	11月20日	六白	戊寅	6
4月24日	五黄	庚戌	3月22日	一白	己卯	2月22日	七赤	己酉	1月21日	三碧	戊寅	12月23日	二黒	庚戌	11月21日	七赤	己卯	7
4月25日	六白	辛亥	3月23日	二黒	庚辰	2月23日	八白	庚戌	1月22日	四緑	己卯	12月24日	三碧	辛亥	11月22日	八白	庚辰	8
4月26日	七赤	壬子	3月24日	三碧	辛巳	2月24日	九紫	辛亥	1月23日	五黄	庚辰	12月25日	四緑	壬子	11月23日	九紫	辛巳	9
4月27日	八白	癸丑	3月25日	四緑	壬午	2月25日	一白	壬子	1月24日	六白	辛巳	12月26日	五黄	癸丑	11月24日	一白	壬午	10
4月28日	九紫	甲寅	3月26日	五黄	癸未	2月26日	二黒	癸丑	1月25日	七赤	壬午	12月27日	六白	甲寅	11月25日	二黒	癸未	11
4月29日	一白	乙卯	3月27日	六白	甲申	2月27日	三碧	甲寅	1月26日	八白	癸未	12月28日	七赤	乙卯	11月26日	三碧	甲申	12
4月30日	二黒	丙辰	3月28日	七赤	乙酉	2月28日	四緑	乙卯	1月27日	九紫	甲申	12月29日	八白	丙辰	11月27日	四緑	乙酉	13
5月1日	三碧	丁巳	3月29日	八白	丙戌	2月29日	五黄	丙辰	1月28日	一白	乙酉	12月30日	九紫	丁巳	11月28日	五黄	丙戌	14
5月2日	四緑	戊午	3月30日	九紫	丁亥	2月30日	六白	丁巳	1月29日	二黒	丙戌	1月1日	一白	戊午	11月29日	六白	丁亥	15
5月3日	五黄	己未	4月2日	一白	戊子	3月1日	七赤	戊午	1月30日	三碧	丁亥	1月2日	二黒	己未	12月1日	七赤	戊子	16
5月4日	六白	庚申	4月3日	二黒	己丑	3月2日	八白	己未	2月1日	四緑	戊子	1月3日	三碧	庚申	12月2日	八白	己丑	17
5月5日	七赤	辛酉	4月4日	三碧	庚寅	3月3日	九紫	庚申	2月2日	五黄	己丑	1月4日	四緑	辛酉	12月3日	九紫	庚寅	18
5月6日	八白	壬戌	4月5日	四緑	辛卯	3月4日	一白	辛酉	2月3日	六白	庚寅	1月5日	五黄	壬戌	12月4日	一白	辛卯	19
5月7日	九紫	癸亥	4月6日	五黄	壬辰	3月5日	二黒	壬戌	2月4日	七赤	辛卯	1月6日	六白	癸亥	12月5日	二黒	壬辰	20
5月8日	九紫	甲子	4月7日	六白	癸巳	3月6日	三碧	癸亥	2月5日	八白	壬辰	1月7日	七赤	甲子	12月6日	三碧	癸巳	21
5月9日	八白	乙丑	4月8日	七赤	甲午	3月7日	四緑	甲子	2月6日	九紫	癸巳	1月8日	八白	乙丑	12月7日	四緑	甲午	22
5月10日	七赤	丙寅	4月9日	八白	乙未	3月8日	五黄	乙丑	2月7日	一白	甲午	1月9日	九紫	丙寅	12月8日	五黄	乙未	23
5月11日	六白	丁卯	4月10日	九紫	丙申	3月9日	六白	丙寅	2月8日	二黒	乙未	1月10日	一白	丁卯	12月9日	六白	丙申	24
5月12日	五黄	戊辰	4月11日	一白	丁酉	3月10日	七赤	丁卯	2月9日	三碧	丙申	1月11日	二黒	戊辰	12月10日	七赤	丁酉	25
5月13日	四緑	己巳	4月12日	二黒	戊戌	3月11日	八白	戊辰	2月10日	四緑	丁酉	1月12日	三碧	己巳	12月11日	八白	戊戌	26
5月14日	三碧	庚午	4月13日	三碧	己亥	3月12日	九紫	己巳	2月11日	五黄	戊戌	1月13日	四緑	庚午	12月12日	九紫	己亥	27
5月15日	二黒	辛未	4月14日	四緑	庚子	3月13日	一白	庚午	2月12日	六白	己亥	1月14日	五黄	辛未	12月13日	一白	庚子	28
5月16日	一白	壬申	4月15日	五黄	辛丑	3月14日	二黒	辛未	2月13日	七赤	庚子				12月14日	二黒	辛丑	29
5月17日	九紫	癸酉	4月16日	六白	壬寅	3月15日	三碧	壬申	2月14日	八白	辛丑				12月15日	三碧	壬寅	30
			4月17日	七赤	癸卯				2月15日	九紫	壬寅				12月16日	四緑	癸卯	31

228

令和19年			2037年			丁巳年			八白土星								
	12月壬子			11月辛亥			10月庚戌			9月己酉			8月戊申			7月丁未	
	7日 04：06			7日 11：03			8日 07：37			7日 15：46			7日 12：43			7日 02：54	
	21日 22：07			22日 08：37			23日 10：49			23日 01：13			23日 03：22			22日 20：12	
	一白水星			二黒土星			三碧木星			四緑木星			五黄土星			六白金星	
1	10月25日	八白	丁未	9月24日	二黒	丁丑	8月22日	六白	丙午	7月22日	九紫	丙子	6月20日	四緑	乙巳	5月18日	八白	甲午
2	10月26日	七赤	戊申	9月25日	一白	戊寅	8月23日	五黄	丁未	7月23日	八白	丁丑	6月21日	三碧	丙午	5月19日	七赤	乙未
3	10月27日	六白	己酉	9月26日	九紫	己卯	8月24日	四緑	戊申	7月24日	七赤	戊寅	6月22日	二黒	丁未	5月20日	六白	丙申
4	10月28日	五黄	庚戌	9月27日	八白	庚辰	8月25日	三碧	己酉	7月25日	六白	己卯	6月23日	一白	戊申	5月21日	五黄	丁酉
5	10月29日	四緑	辛亥	9月28日	七赤	辛巳	8月26日	二黒	庚戌	7月26日	五黄	庚辰	6月24日	九紫	己酉	5月22日	四緑	戊戌
6	10月30日	三碧	壬子	9月29日	六白	壬午	8月27日	一白	辛亥	7月27日	四緑	辛巳	6月25日	八白	庚戌	5月23日	三碧	己亥
7	11月1日	二黒	癸丑	10月1日	五黄	癸未	8月28日	九紫	壬子	7月28日	三碧	壬午	6月26日	七赤	辛亥	5月24日	二黒	庚子
8	11月2日	一白	甲寅	10月2日	四緑	甲申	8月29日	八白	癸丑	7月29日	二黒	癸未	6月27日	六白	壬子	5月25日	一白	辛丑
9	11月3日	九紫	乙卯	10月3日	三碧	乙酉	9月1日	七赤	甲寅	7月30日	一白	甲申	6月28日	五黄	癸丑	5月26日	九紫	壬寅
10	11月4日	八白	丙辰	10月4日	二黒	丙戌	9月2日	六白	乙卯	8月1日	九紫	乙酉	6月29日	四緑	甲寅	5月27日	八白	癸卯
11	11月5日	七赤	丁巳	10月5日	一白	丁亥	9月3日	五黄	丙辰	8月2日	八白	丙戌	7月1日	三碧	乙卯	5月28日	七赤	甲辰
12	11月6日	六白	戊午	10月6日	九紫	戊子	9月4日	四緑	丁巳	8月3日	七赤	丁亥	7月2日	二黒	丙辰	5月29日	六白	乙巳
13	11月7日	五黄	己未	10月7日	八白	己丑	9月5日	三碧	戊午	8月4日	六白	戊子	7月3日	一白	丁巳	6月1日	五黄	丙午
14	11月8日	四緑	庚申	10月8日	七赤	庚寅	9月6日	二黒	己未	8月5日	五黄	己丑	7月4日	九紫	戊午	6月2日	四緑	丁未
15	11月9日	三碧	辛酉	10月9日	六白	辛卯	9月7日	一白	庚申	8月6日	四緑	庚寅	7月5日	八白	己未	6月3日	三碧	戊申
16	11月10日	二黒	壬戌	10月10日	五黄	壬辰	9月8日	九紫	辛酉	8月7日	三碧	辛卯	7月6日	七赤	庚申	6月4日	二黒	己酉
17	11月11日	一白	癸亥	10月11日	四緑	癸巳	9月9日	八白	壬戌	8月8日	二黒	壬辰	7月7日	六白	辛酉	6月5日	一白	庚戌
18	11月12日	一白	甲子	10月12日	三碧	甲午	9月10日	七赤	癸亥	8月9日	一白	癸巳	7月8日	五黄	壬戌	6月6日	九紫	辛亥
19	11月13日	二黒	乙丑	10月13日	二黒	乙未	9月11日	六白	甲子	8月10日	九紫	甲午	7月9日	四緑	癸亥	6月7日	八白	壬子
20	11月14日	三碧	丙寅	10月14日	一白	丙申	9月12日	五黄	乙丑	8月11日	八白	乙未	7月10日	三碧	甲子	6月8日	七赤	癸丑
21	11月15日	四緑	丁卯	10月15日	九紫	丁酉	9月13日	四緑	丙寅	8月12日	七赤	丙申	7月11日	二黒	乙丑	6月9日	六白	甲寅
22	11月16日	五黄	戊辰	10月16日	八白	戊戌	9月14日	三碧	丁卯	8月13日	六白	丁酉	7月12日	一白	丙寅	6月10日	五黄	乙卯
23	11月17日	六白	己巳	10月17日	七赤	己亥	9月15日	二黒	戊辰	8月14日	五黄	戊戌	7月13日	九紫	丁卯	6月11日	四緑	丙辰
24	11月18日	七赤	庚午	10月18日	六白	庚子	9月16日	一白	己巳	8月15日	四緑	己亥	7月14日	八白	戊辰	6月12日	三碧	丁巳
25	11月19日	八白	辛未	10月19日	五黄	辛丑	9月17日	九紫	庚午	8月16日	三碧	庚子	7月15日	七赤	己巳	6月13日	二黒	戊午
26	11月20日	九紫	壬申	10月20日	四緑	壬寅	9月18日	八白	辛未	8月17日	二黒	辛丑	7月16日	六白	庚午	6月14日	一白	己未
27	11月21日	一白	癸酉	10月21日	三碧	癸卯	9月19日	七赤	壬申	8月18日	一白	壬寅	7月17日	五黄	辛未	6月15日	九紫	庚申
28	11月22日	二黒	甲戌	10月22日	二黒	甲辰	9月20日	六白	癸酉	8月19日	九紫	癸卯	7月18日	四緑	壬申	6月16日	八白	辛酉
29	11月23日	三碧	乙亥	10月23日	一白	乙巳	9月21日	五黄	甲戌	8月20日	八白	甲辰	7月19日	三碧	癸酉	6月17日	七赤	壬戌
30	11月24日	四緑	丙子	10月24日	九紫	丙午	9月22日	四緑	乙亥	8月21日	七赤	乙巳	7月20日	二黒	甲戌	6月18日	六白	癸亥
31	11月25日	五黄	丁丑				9月23日	三碧	丙子				7月21日	一白	乙亥	6月19日	五黄	甲子

6月戊午			5月丁巳			4月丙辰			3月乙卯			2月甲寅			1月癸丑			
5日 22：24			5日 18：29			5日 01：28			5日 20：56			4日 03：04			5日 15：26			
21日 15：08			21日 07：21			20日 08：27			20日 21：40			18日 22：52			20日 08：49			
四緑木星			五黄土星			六白金星			七赤金星			八白土星			九紫火星			
4月29日	四緑	己酉	3月27日	九紫	戊寅	2月27日	六白	戊申	1月26日	二黒	丁丑	12月28日	一白	己酉	11月26日	六白	戊寅	1
4月30日	五黄	庚戌	3月28日	一白	己卯	2月28日	七赤	己酉	1月27日	三碧	戊寅	12月29日	二黒	庚戌	11月27日	七赤	己卯	2
5月1日	六白	辛亥	3月29日	二黒	庚辰	2月29日	八白	庚戌	1月28日	四緑	己卯	12月30日	三碧	辛亥	11月28日	八白	庚辰	3
5月2日	七赤	壬子	4月1日	三碧	辛巳	2月30日	九紫	辛亥	1月29日	五黄	庚辰	1月1日	四緑	壬子	11月29日	九紫	辛巳	4
5月3日	八白	癸丑	4月2日	四緑	壬午	3月1日	一白	壬子	1月30日	六白	辛巳	1月2日	五黄	癸丑	12月1日	一白	壬午	5
5月4日	九紫	甲寅	4月3日	五黄	癸未	3月2日	二黒	癸丑	2月1日	七赤	壬午	1月3日	六白	甲寅	12月2日	二黒	癸未	6
5月5日	一白	乙卯	4月4日	六白	甲申	3月3日	三碧	甲寅	2月2日	八白	癸未	1月4日	七赤	乙卯	12月3日	三碧	甲申	7
5月6日	二黒	丙辰	4月5日	七赤	乙酉	3月4日	四緑	乙卯	2月3日	九紫	甲申	1月5日	八白	丙辰	12月4日	四緑	乙酉	8
5月7日	三碧	丁巳	4月6日	八白	丙戌	3月5日	五黄	丙辰	2月4日	一白	乙酉	1月6日	九紫	丁巳	12月5日	五黄	丙戌	9
5月8日	四緑	戊午	4月7日	九紫	丁亥	3月6日	六白	丁巳	2月5日	二黒	丙戌	1月7日	一白	戊午	12月6日	六白	丁亥	10
5月9日	五黄	己未	4月8日	一白	戊子	3月7日	七赤	戊午	2月6日	三碧	丁亥	1月8日	二黒	己未	12月7日	七赤	戊子	11
5月10日	六白	庚申	4月9日	二黒	己丑	3月8日	八白	己未	2月7日	四緑	戊子	1月9日	三碧	庚申	12月8日	八白	己丑	12
5月11日	七赤	辛酉	4月10日	三碧	庚寅	3月9日	九紫	庚申	2月8日	五黄	己丑	1月10日	四緑	辛酉	12月9日	九紫	庚寅	13
5月12日	八白	壬戌	4月11日	四緑	辛卯	3月10日	一白	辛酉	2月9日	六白	庚寅	1月11日	五黄	壬戌	12月10日	一白	辛卯	14
5月13日	九紫	癸亥	4月12日	五黄	壬辰	3月11日	二黒	壬戌	2月10日	七赤	辛卯	1月12日	六白	癸亥	12月11日	二黒	壬辰	15
5月14日	九紫	甲子	4月13日	六白	癸巳	3月12日	三碧	癸亥	2月11日	八白	壬辰	1月13日	七赤	甲子	12月12日	三碧	癸巳	16
5月15日	八白	乙丑	4月14日	七赤	甲午	3月13日	四緑	甲子	2月12日	九紫	癸巳	1月14日	八白	乙丑	12月13日	四緑	甲午	17
5月16日	七赤	丙寅	4月15日	八白	乙未	3月14日	五黄	乙丑	2月13日	一白	甲午	1月15日	九紫	丙寅	12月14日	五黄	乙未	18
5月17日	六白	丁卯	4月16日	九紫	丙申	3月15日	六白	丙寅	2月14日	二黒	乙未	1月16日	一白	丁卯	12月15日	六白	丙申	19
5月18日	五黄	戊辰	4月17日	一白	丁酉	3月16日	七赤	丁卯	2月15日	三碧	丙申	1月17日	二黒	戊辰	12月16日	七赤	丁酉	20
5月19日	四緑	己巳	4月18日	二黒	戊戌	3月17日	八白	戊辰	2月16日	四緑	丁酉	1月18日	三碧	己巳	12月17日	八白	戊戌	21
5月20日	三碧	庚午	4月19日	三碧	己亥	3月18日	九紫	己巳	2月17日	五黄	戊戌	1月19日	四緑	庚午	12月18日	九紫	己亥	22
5月21日	二黒	辛未	4月20日	四緑	庚子	3月19日	一白	庚午	2月18日	六白	己亥	1月20日	五黄	辛未	12月19日	一白	庚子	23
5月22日	一白	壬申	4月21日	五黄	辛丑	3月20日	二黒	辛未	2月19日	七赤	庚子	1月21日	六白	壬申	12月20日	二黒	辛丑	24
5月23日	九紫	癸酉	4月22日	六白	壬寅	3月21日	三碧	壬申	2月20日	八白	辛丑	1月22日	七赤	癸酉	12月21日	三碧	壬寅	25
5月24日	八白	甲戌	4月23日	七赤	癸卯	3月22日	四緑	癸酉	2月21日	九紫	壬寅	1月23日	八白	甲戌	12月22日	四緑	癸卯	26
5月25日	七赤	乙亥	4月24日	八白	甲辰	3月23日	五黄	甲戌	2月22日	一白	癸卯	1月24日	九紫	乙亥	12月23日	五黄	甲辰	27
5月26日	六白	丙子	4月25日	九紫	乙巳	3月24日	六白	乙亥	2月23日	二黒	甲辰	1月25日	一白	丙子	12月24日	六白	乙巳	28
5月27日	五黄	丁丑	4月26日	一白	丙午	3月25日	七赤	丙子	2月24日	三碧	乙巳				12月25日	七赤	丙午	29
5月28日	四緑	戊寅	4月27日	二黒	丁未	3月26日	八白	丁丑	2月25日	四緑	丙午				12月26日	八白	丁未	30
			4月28日	三碧	戊申				2月26日	五黄	丁未				12月27日	九紫	戊申	31

令和20年		2038年		戊午年		七赤金星					
12月甲子		11月癸亥		10月壬戌		9月辛酉		8月庚申		7月己未	
7日 09:55		7日 16:49		8日 13:20		7日 21:26		7日 18:22		7日 08:32	
22日 04:02		22日 14:30		23日 16:39		23日 07:02		23日 09:10		23日 02:00	
七赤金星		八白土星		九紫火星		一白水星		二黒土星		三碧木星	

1	11月6日	三碧 壬子	10月5日	六白 壬午	9月3日	一白 辛亥	8月3日	四緑 辛巳	7月1日	八白 庚戌	5月29日	三碧 己酉
2	11月7日	二黒 癸丑	10月6日	五黄 癸未	9月4日	九紫 壬子	8月4日	三碧 壬午	7月2日	七赤 辛亥	6月1日	二黒 庚辰
3	11月8日	一白 甲寅	10月7日	四緑 甲申	9月5日	八白 癸丑	8月5日	二黒 癸未	7月3日	六白 壬子	6月2日	一白 辛巳
4	11月9日	九紫 乙卯	10月8日	三碧 乙酉	9月6日	七赤 甲寅	8月6日	一白 甲申	7月4日	五黄 癸丑	6月3日	九紫 壬午
5	11月10日	八白 丙辰	10月9日	二黒 丙戌	9月7日	六白 乙卯	8月7日	九紫 乙酉	7月5日	四緑 甲寅	6月4日	八白 癸未
6	11月11日	七赤 丁巳	10月10日	一白 丁亥	9月8日	五黄 丙辰	8月8日	八白 丙戌	7月6日	三碧 乙卯	6月5日	七赤 甲申
7	11月12日	六白 戊午	10月11日	九紫 戊子	9月9日	四緑 丁巳	8月9日	七赤 丁亥	7月7日	二黒 丙辰	6月6日	六白 乙酉
8	11月13日	五黄 己未	10月12日	八白 己丑	9月10日	三碧 戊午	8月10日	六白 戊子	7月8日	一白 丁巳	6月7日	五黄 丙戌
9	11月14日	四緑 庚申	10月13日	七赤 庚寅	9月11日	二黒 己未	8月11日	五黄 己丑	7月9日	九紫 戊午	6月8日	四緑 丁亥
10	11月15日	三碧 辛酉	10月14日	六白 辛卯	9月12日	一白 庚申	8月12日	四緑 庚寅	7月10日	八白 己未	6月9日	三碧 戊子
11	11月16日	二黒 壬戌	10月15日	五黄 壬辰	9月13日	九紫 辛酉	8月13日	三碧 辛卯	7月11日	七赤 庚申	6月10日	二黒 己丑
12	11月17日	一白 癸亥	10月16日	四緑 癸巳	9月14日	八白 壬戌	8月14日	二黒 壬辰	7月12日	六白 辛酉	6月11日	一白 庚寅
13	11月18日	一白 甲子	10月17日	三碧 甲午	9月15日	七赤 癸亥	8月15日	一白 癸巳	7月13日	五黄 壬戌	6月12日	九紫 辛卯
14	11月19日	二黒 乙丑	10月18日	二黒 乙未	9月16日	六白 甲子	8月16日	九紫 甲午	7月14日	四緑 癸亥	6月13日	八白 壬辰
15	11月20日	三碧 丙寅	10月19日	一白 丙申	9月17日	五黄 乙丑	8月17日	八白 乙未	7月15日	三碧 甲子	6月14日	七赤 癸巳
16	11月21日	四緑 丁卯	10月20日	九紫 丁酉	9月18日	四緑 丙寅	8月18日	七赤 丙申	7月16日	二黒 乙丑	6月15日	六白 甲午
17	11月22日	五黄 戊辰	10月21日	八白 戊戌	9月19日	三碧 丁卯	8月19日	六白 丁酉	7月17日	一白 丙寅	6月16日	五黄 乙未
18	11月23日	六白 己巳	10月22日	七赤 己亥	9月20日	二黒 戊辰	8月20日	五黄 戊戌	7月18日	九紫 丁卯	6月17日	四緑 丙申
19	11月24日	七赤 庚午	10月23日	六白 庚子	9月21日	一白 己巳	8月21日	四緑 己亥	7月19日	八白 戊辰	6月18日	三碧 丁酉
20	11月25日	八白 辛未	10月24日	五黄 辛丑	9月22日	九紫 庚午	8月22日	三碧 庚子	7月20日	七赤 己巳	6月19日	二黒 戊戌
21	11月26日	九紫 壬申	10月25日	四緑 壬寅	9月23日	八白 辛未	8月23日	二黒 辛丑	7月21日	六白 庚午	6月20日	一白 己亥
22	11月27日	一白 癸酉	10月26日	三碧 癸卯	9月24日	七赤 壬申	8月24日	一白 壬寅	7月22日	五黄 辛未	6月21日	九紫 庚子
23	11月28日	二黒 甲戌	10月27日	二黒 甲辰	9月25日	六白 癸酉	8月25日	九紫 癸卯	7月23日	四緑 壬申	6月22日	八白 辛丑
24	11月29日	三碧 乙亥	10月28日	一白 乙巳	9月26日	五黄 甲戌	8月26日	八白 甲辰	7月24日	三碧 癸酉	6月23日	七赤 壬寅
25	11月30日	四緑 丙子	10月29日	九紫 丙午	9月27日	四緑 乙亥	8月27日	七赤 乙巳	7月25日	二黒 甲戌	6月24日	六白 癸卯
26	12月1日	五黄 丁丑	11月1日	八白 丁未	9月28日	三碧 丙子	8月28日	六白 丙午	7月26日	一白 乙亥	6月25日	五黄 甲辰
27	12月2日	六白 戊寅	11月2日	七赤 戊申	9月29日	二黒 丁丑	8月29日	五黄 丁未	7月27日	九紫 丙子	6月26日	四緑 乙巳
28	12月3日	七赤 己卯	11月3日	六白 己酉	10月1日	一白 戊寅	8月30日	四緑 戊申	7月28日	八白 丁丑	6月27日	三碧 丙午
29	12月4日	八白 庚辰	11月4日	五黄 庚戌	10月2日	九紫 己卯	9月1日	三碧 己酉	7月29日	七赤 戊寅	6月28日	二黒 丁未
30	12月5日	九紫 辛巳	11月5日	四緑 辛亥	10月3日	八白 庚辰	9月2日	二黒 庚戌	8月1日	六白 己卯	6月29日	一白 戊申
31	12月6日	一白 壬午			10月4日	七赤 辛巳			8月2日	五黄 庚辰	6月30日	九紫 己酉

6月庚午	5月己巳	4月戊辰	3月丁卯	2月丙寅	1月乙丑	
6日 04:14	6日 00:16	5日 07:14	6日 02:43	4日 08:53	5日 21:17	
21日 20:57	21日 13:09	20日 14:16	21日 03:31	19日 04:46	20日 14:44	
一白水星	二黒土星	三碧木星	四緑木星	五黄土星	六白金星	
5月10日 九紫 甲寅	4月9日 五黄 癸未	3月8日 二黒 癸丑	2月7日 七赤 壬午	1月9日 六白 甲寅	12月7日 二黒 癸未	1
5月11日 一白 乙卯	4月10日 六白 甲申	3月9日 三碧 甲寅	2月8日 八白 癸未	1月10日 七赤 乙卯	12月8日 三碧 甲申	2
5月12日 二黒 丙辰	4月11日 七赤 乙酉	3月10日 四緑 乙卯	2月9日 九紫 甲申	1月11日 八白 丙辰	12月9日 四緑 乙酉	3
5月13日 三碧 丁巳	4月12日 八白 丙戌	3月11日 五黄 丙辰	2月10日 一白 乙酉	1月12日 九紫 丁巳	12月10日 五黄 丙戌	4
5月14日 四緑 戊午	4月13日 九紫 丁亥	3月12日 六白 丁巳	2月11日 二黒 丙戌	1月13日 一白 戊午	12月11日 六白 丁亥	5
5月15日 五黄 己未	4月14日 一白 戊子	3月13日 七赤 戊午	2月12日 三碧 丁亥	1月14日 二黒 己未	12月12日 七赤 戊子	6
5月16日 六白 庚申	4月15日 二黒 己丑	3月14日 八白 己未	2月13日 四緑 戊子	1月15日 三碧 庚申	12月13日 八白 己丑	7
5月17日 七赤 辛酉	4月16日 三碧 庚寅	3月15日 九紫 庚申	2月14日 五黄 己丑	1月16日 四緑 辛酉	12月14日 九紫 庚寅	8
5月18日 八白 壬戌	4月17日 四緑 辛卯	3月16日 一白 辛酉	2月15日 六白 庚寅	1月17日 五黄 壬戌	12月15日 一白 辛卯	9
5月19日 九紫 癸亥	4月18日 五黄 壬辰	3月17日 二黒 壬戌	2月16日 七赤 辛卯	1月18日 六白 癸亥	12月16日 二黒 壬辰	10
5月20日 九紫 甲子	4月19日 六白 癸巳	3月18日 三碧 癸亥	2月17日 八白 壬辰	1月19日 七赤 甲子	12月17日 三碧 癸巳	11
5月21日 八白 乙丑	4月20日 七赤 甲午	3月19日 四緑 甲子	2月18日 九紫 癸巳	1月20日 八白 乙丑	12月18日 四緑 甲午	12
5月22日 七赤 丙寅	4月21日 八白 乙未	3月20日 五黄 乙丑	2月19日 一白 甲午	1月21日 九紫 丙寅	12月19日 五黄 乙未	13
5月23日 六白 丁卯	4月22日 九紫 丙申	3月21日 六白 丙寅	2月20日 二黒 乙未	1月22日 一白 丁卯	12月20日 六白 丙申	14
5月24日 五黄 戊辰	4月23日 一白 丁酉	3月22日 七赤 丁卯	2月21日 三碧 丙申	1月23日 二黒 戊辰	12月21日 七赤 丁酉	15
5月25日 四緑 己巳	4月24日 二黒 戊戌	3月23日 八白 戊辰	2月22日 四緑 丁酉	1月24日 三碧 己巳	12月22日 八白 戊戌	16
5月26日 三碧 庚午	4月25日 三碧 己亥	3月24日 九紫 己巳	2月23日 五黄 戊戌	1月25日 四緑 庚午	12月23日 九紫 己亥	17
5月27日 二黒 辛未	4月26日 四緑 庚子	3月25日 一白 庚午	2月24日 六白 己亥	1月26日 五黄 辛未	12月24日 一白 庚子	18
5月28日 一白 壬申	4月27日 五黄 辛丑	3月26日 二黒 辛未	2月25日 七赤 庚子	1月27日 六白 壬申	12月25日 二黒 辛丑	19
5月29日 九紫 癸酉	4月28日 六白 壬寅	3月27日 三碧 壬申	2月26日 八白 辛丑	1月28日 七赤 癸酉	12月26日 三碧 壬寅	20
5月30日 八白 甲戌	4月29日 七赤 癸卯	3月28日 四緑 癸酉	2月27日 九紫 壬寅	1月29日 八白 甲戌	12月27日 四緑 癸卯	21
閏5月1日 七赤 乙亥	4月30日 八白 甲辰	3月29日 五黄 甲戌	2月28日 一白 癸卯	1月30日 九紫 乙亥	12月28日 五黄 甲辰	22
閏5月2日 六白 丙子	5月1日 九紫 乙巳	4月1日 六白 乙亥	2月29日 二黒 甲辰	2月1日 一白 丙子	12月29日 六白 乙巳	23
閏5月3日 五黄 丁丑	5月2日 一白 丙午	4月2日 七赤 丙子	2月30日 三碧 乙巳	2月2日 二黒 丁丑	1月1日 七赤 丙午	24
閏5月4日 四緑 戊寅	5月3日 二黒 丁未	4月3日 八白 丁丑	3月1日 四緑 丙午	2月3日 三碧 戊寅	1月2日 八白 丁未	25
閏5月5日 三碧 己卯	5月4日 三碧 戊申	4月4日 九紫 戊寅	3月2日 五黄 丁未	2月4日 四緑 己卯	1月3日 九紫 戊申	26
閏5月6日 二黒 庚辰	5月5日 四緑 己酉	4月5日 一白 己卯	3月3日 六白 戊申	2月5日 五黄 庚辰	1月4日 一白 己酉	27
閏5月7日 一白 辛巳	5月6日 五黄 庚戌	4月6日 二黒 庚辰	3月4日 七赤 己酉	2月6日 六白 辛巳	1月5日 二黒 庚戌	28
閏5月8日 九紫 壬午	5月7日 六白 辛亥	4月7日 三碧 辛巳	3月5日 八白 庚戌		1月6日 三碧 辛亥	29
閏5月9日 八白 癸未	5月8日 七赤 壬子	4月8日 四緑 壬午	3月6日 九紫 辛亥		1月7日 四緑 壬子	30
	5月9日 八白 癸丑		3月7日 一白 壬子		1月8日 五黄 癸丑	31

令和21年			2039年			己未年			六白金星		
12月丙子			11月乙亥			10月甲戌			9月癸酉			8月壬申			7月辛未
7日 15：44			7日 22：41			8日 19：16			8日 03：24			8日 00：18			7日 14：26
22日 09：40			22日 20：11			23日 22：24			23日 12：49			23日 14：59			23日 07：48
四緑木星			五黄土星			六白金星			七赤金星			八白土星			九紫火星

1	10月16日	七赤	丁巳	9月15日	一白	丁亥	8月14日	五黄	丙辰	7月13日	八白	丙戌	6月12日	三碧	乙卯	閏5月10日	七赤	甲申
2	10月17日	六白	戊午	9月16日	九紫	戊子	8月15日	四緑	丁巳	7月14日	七赤	丁亥	6月13日	二黒	丙辰	閏5月11日	六白	乙酉
3	10月18日	五黄	己未	9月17日	八白	己丑	8月16日	三碧	戊午	7月15日	六白	戊子	6月14日	一白	丁巳	閏5月12日	五黄	丙戌
4	10月19日	四緑	庚申	9月18日	七赤	庚寅	8月17日	二黒	己未	7月16日	五黄	己丑	6月15日	九紫	戊午	閏5月13日	四緑	丁亥
5	10月20日	三碧	辛酉	9月19日	六白	辛卯	8月18日	一白	庚申	7月17日	四緑	庚寅	6月16日	八白	己未	閏5月14日	三碧	戊子
6	10月21日	二黒	壬戌	9月20日	五黄	壬辰	8月19日	九紫	辛酉	7月18日	三碧	辛卯	6月17日	七赤	庚申	閏5月15日	二黒	己丑
7	10月22日	一白	癸亥	9月21日	四緑	癸巳	8月20日	八白	壬戌	7月19日	二黒	壬辰	6月18日	六白	辛酉	閏5月16日	一白	庚寅
8	10月23日	一白	甲子	9月22日	三碧	甲午	8月21日	七赤	癸亥	7月20日	一白	癸巳	6月19日	五黄	壬戌	閏5月17日	九紫	辛卯
9	10月24日	二黒	乙丑	9月23日	二黒	乙未	8月22日	六白	甲子	7月21日	九紫	甲午	6月20日	四緑	癸亥	閏5月18日	八白	壬辰
10	10月25日	三碧	丙寅	9月24日	一白	丙申	8月23日	五黄	乙丑	7月22日	八白	乙未	6月21日	三碧	甲子	閏5月19日	七赤	癸巳
11	10月26日	四緑	丁卯	9月25日	九紫	丁酉	8月24日	四緑	丙寅	7月23日	七赤	丙申	6月22日	二黒	乙丑	閏5月20日	六白	甲午
12	10月27日	五黄	戊辰	9月26日	八白	戊戌	8月25日	三碧	丁卯	7月24日	六白	丁酉	6月23日	一白	丙寅	閏5月21日	五黄	乙未
13	10月28日	六白	己巳	9月27日	七赤	己亥	8月26日	二黒	戊辰	7月25日	五黄	戊戌	6月24日	九紫	丁卯	閏5月22日	四緑	丙申
14	10月29日	七赤	庚午	9月28日	六白	庚子	8月27日	一白	己巳	7月26日	四緑	己亥	6月25日	八白	戊辰	閏5月23日	三碧	丁酉
15	10月30日	八白	辛未	9月29日	五黄	辛丑	8月28日	九紫	庚午	7月27日	三碧	庚子	6月26日	七赤	己巳	閏5月24日	二黒	戊戌
16	11月1日	九紫	壬申	10月1日	四緑	壬寅	8月29日	八白	辛未	7月28日	二黒	辛丑	6月27日	六白	庚午	閏5月25日	一白	己亥
17	11月2日	一白	癸酉	10月2日	三碧	癸卯	8月30日	七赤	壬申	7月29日	一白	壬寅	6月28日	五黄	辛未	閏5月26日	九紫	庚子
18	11月3日	二黒	甲戌	10月3日	二黒	甲辰	9月1日	六白	癸酉	8月1日	九紫	癸卯	6月29日	四緑	壬申	閏5月27日	八白	辛丑
19	11月4日	三碧	乙亥	10月4日	一白	乙巳	9月2日	五黄	甲戌	8月2日	八白	甲辰	6月30日	三碧	癸酉	閏5月28日	七赤	壬寅
20	11月5日	四緑	丙子	10月5日	九紫	丙午	9月3日	四緑	乙亥	8月3日	七赤	乙巳	7月1日	二黒	甲戌	閏5月29日	六白	癸卯
21	11月6日	五黄	丁丑	10月6日	八白	丁未	9月4日	三碧	丙子	8月4日	六白	丙午	7月2日	一白	乙亥	6月1日	五黄	甲辰
22	11月7日	六白	戊寅	10月7日	七赤	戊申	9月5日	二黒	丁丑	8月5日	五黄	丁未	7月3日	九紫	丙子	6月2日	四緑	乙巳
23	11月8日	七赤	己卯	10月8日	六白	己酉	9月6日	一白	戊寅	8月6日	四緑	戊申	7月4日	八白	丁丑	6月3日	三碧	丙午
24	11月9日	八白	庚辰	10月9日	五黄	庚戌	9月7日	九紫	己卯	8月7日	三碧	己酉	7月5日	七赤	戊寅	6月4日	二黒	丁未
25	11月10日	九紫	辛巳	10月10日	四緑	辛亥	9月8日	八白	庚辰	8月8日	二黒	庚戌	7月6日	六白	己卯	6月5日	一白	戊申
26	11月11日	一白	壬午	10月11日	三碧	壬子	9月9日	七赤	辛巳	8月9日	一白	辛亥	7月7日	五黄	庚辰	6月6日	九紫	己酉
27	11月12日	二黒	癸未	10月12日	二黒	癸丑	9月10日	六白	壬午	8月10日	九紫	壬子	7月8日	四緑	辛巳	6月7日	八白	庚戌
28	11月13日	三碧	甲申	10月13日	一白	甲寅	9月11日	五黄	癸未	8月11日	八白	癸丑	7月9日	三碧	壬午	6月8日	七赤	辛亥
29	11月14日	四緑	乙酉	10月14日	九紫	乙卯	9月12日	四緑	甲申	8月12日	七赤	甲寅	7月10日	二黒	癸未	6月9日	六白	壬子
30	11月15日	五黄	丙戌	10月15日	八白	丙辰	9月13日	三碧	乙酉	8月13日	六白	乙卯	7月11日	一白	甲申	6月10日	五黄	癸丑
31	11月16日	六白	丁亥				9月14日	二黒	丙戌				7月12日	九紫	乙酉	6月11日	四緑	甲寅

万年暦

	6月壬午			5月辛巳			4月庚辰			3月己卯			2月戊寅			1月丁丑		
	5日 10：07			5日 06：08			4日 13：04			5日 08：31			4日 14：40			6日 03：04		
	21日 02：46			20日 18：54			19日 19：58			20日 09：11			19日 10：24			20日 20：21		
	七赤金星			八白土星			九紫火星			一白水星			二黒土星			三碧木星		
4月22日	六白	庚申	3月21日	二黒	己丑	2月20日	八白	己未	1月19日	四緑	戊子	12月19日	二黒	己未	11月17日	七赤	戊子	1
4月23日	七赤	辛酉	3月22日	三碧	庚寅	2月21日	九紫	庚申	1月20日	五黄	己丑	12月20日	三碧	庚申	11月18日	八白	己丑	2
4月24日	八白	壬戌	3月23日	四緑	辛卯	2月22日	一白	辛酉	1月21日	六白	庚寅	12月21日	四緑	辛酉	11月19日	九紫	庚寅	3
4月25日	九紫	癸亥	3月24日	五黄	壬辰	2月23日	二黒	壬戌	1月22日	七赤	辛卯	12月22日	五黄	壬戌	11月20日	一白	辛卯	4
4月26日	九紫	甲子	3月25日	六白	癸巳	2月24日	三碧	癸亥	1月23日	八白	壬辰	12月23日	六白	癸亥	11月21日	二黒	壬辰	5
4月27日	八白	乙丑	3月26日	七赤	甲午	2月25日	四緑	甲子	1月24日	九紫	癸巳	12月24日	七赤	甲子	11月22日	三碧	癸巳	6
4月28日	七赤	丙寅	3月27日	八白	乙未	2月26日	五黄	乙丑	1月25日	一白	甲午	12月25日	八白	乙丑	11月23日	四緑	甲午	7
4月29日	六白	丁卯	3月28日	九紫	丙申	2月27日	六白	丙寅	1月26日	二黒	乙未	12月26日	九紫	丙寅	11月24日	五黄	乙未	8
4月30日	五黄	戊辰	3月29日	一白	丁酉	2月28日	七赤	丁卯	1月27日	三碧	丙申	12月27日	一白	丁卯	11月25日	六白	丙申	9
5月1日	四緑	己巳	3月30日	二黒	戊戌	2月29日	八白	戊辰	1月28日	四緑	丁酉	12月28日	二黒	戊辰	11月26日	七赤	丁酉	10
5月2日	三碧	庚午	4月1日	三碧	己亥	3月1日	九紫	己巳	1月29日	五黄	戊戌	12月29日	三碧	己巳	11月27日	八白	戊戌	11
5月3日	二黒	辛未	4月2日	四緑	庚子	3月2日	一白	庚午	1月30日	六白	己亥	1月1日	四緑	庚午	11月28日	九紫	己亥	12
5月4日	一白	壬申	4月3日	五黄	辛丑	3月3日	二黒	辛未	2月1日	七赤	庚子	1月2日	五黄	辛未	11月29日	一白	庚子	13
5月5日	九紫	癸酉	4月4日	六白	壬寅	3月4日	三碧	壬申	2月2日	八白	辛丑	1月3日	六白	壬申	12月1日	二黒	辛丑	14
5月6日	八白	甲戌	4月5日	七赤	癸卯	3月5日	四緑	癸酉	2月3日	九紫	壬寅	1月4日	七赤	癸酉	12月2日	三碧	壬寅	15
5月7日	七赤	乙亥	4月6日	八白	甲辰	3月6日	五黄	甲戌	2月4日	一白	癸卯	1月5日	八白	甲戌	12月3日	四緑	癸卯	16
5月8日	六白	丙子	4月7日	九紫	乙巳	3月7日	六白	乙亥	2月5日	二黒	甲辰	1月6日	九紫	乙亥	12月4日	五黄	甲辰	17
5月9日	五黄	丁丑	4月8日	一白	丙午	3月8日	七赤	丙子	2月6日	三碧	乙巳	1月7日	一白	丙子	12月5日	六白	乙巳	18
5月10日	四緑	戊寅	4月9日	二黒	丁未	3月9日	八白	丁丑	2月7日	四緑	丙午	1月8日	二黒	丁丑	12月6日	七赤	丙午	19
5月11日	三碧	己卯	4月10日	三碧	戊申	3月10日	九紫	戊寅	2月8日	五黄	丁未	1月9日	三碧	戊寅	12月7日	八白	丁未	20
5月12日	二黒	庚辰	4月11日	四緑	己酉	3月11日	一白	己卯	2月9日	六白	戊申	1月10日	四緑	己卯	12月8日	九紫	戊申	21
5月13日	一白	辛巳	4月12日	五黄	庚戌	3月12日	二黒	庚辰	2月10日	七赤	己酉	1月11日	五黄	庚辰	12月9日	一白	己酉	22
5月14日	九紫	壬午	4月13日	六白	辛亥	3月13日	三碧	辛巳	2月11日	八白	庚戌	1月12日	六白	辛巳	12月10日	二黒	庚戌	23
5月15日	八白	癸未	4月14日	七赤	壬子	3月14日	四緑	壬午	2月12日	九紫	辛亥	1月13日	七赤	壬午	12月11日	三碧	辛亥	24
5月16日	七赤	甲申	4月15日	八白	癸丑	3月15日	五黄	癸未	2月13日	一白	壬子	1月14日	八白	癸未	12月12日	四緑	壬子	25
5月17日	六白	乙酉	4月16日	九紫	甲寅	3月16日	六白	甲申	2月14日	二黒	癸丑	1月15日	九紫	甲申	12月13日	五黄	癸丑	26
5月18日	五黄	丙戌	4月17日	一白	乙卯	3月17日	七赤	乙酉	2月15日	三碧	甲寅	1月16日	一白	乙酉	12月14日	六白	甲寅	27
5月19日	四緑	丁亥	4月18日	二黒	丙辰	3月18日	八白	丙戌	2月16日	四緑	乙卯	1月17日	二黒	丙戌	12月15日	七赤	乙卯	28
5月20日	三碧	戊子	4月19日	三碧	丁巳	3月19日	九紫	丁亥	2月17日	五黄	丙辰	1月18日	三碧	丁亥	12月16日	八白	丙辰	29
5月21日	二黒	己丑	4月20日	四緑	戊午	3月20日	一白	戊子	2月18日	六白	丁巳				12月17日	九紫	丁巳	30
			4月21日	五黄	己未				2月19日	七赤	戊午				12月18日	一白	戊午	31

令和22年		2040年		庚申年		五黄土星					
12月戊子		11月丁亥		10月丙戌		9月乙酉		8月甲申		7月癸未	
6日 21:30		7日 04:28		8日 01:04		7日 09:13		7日 06:10		6日 20:19	
21日 15:33		22日 02:05		23日 04:18		22日 18:44		22日 20:53		22日 13:41	
一白水星		二黒土星		三碧木星		四緑木星		五黄土星		六白金星	

1	10月27日	一白 癸亥	9月27日	四緑 癸巳	8月25日	八白 壬戌	7月25日	二黒 壬辰	6月24日	六白 辛酉	5月22日	一白 庚寅
2	10月28日	一白 甲子	9月28日	三碧 甲午	8月26日	七赤 癸亥	7月26日	一白 癸巳	6月25日	五黄 壬戌	5月23日	九紫 辛卯
3	10月29日	二黒 乙丑	9月29日	二黒 乙未	8月27日	六白 甲子	7月27日	九紫 甲午	6月26日	四緑 癸亥	5月24日	八白 壬辰
4	11月1日	三碧 丙寅	9月30日	一白 丙申	8月28日	五黄 乙丑	7月28日	八白 乙未	6月27日	三碧 甲子	5月25日	七赤 癸巳
5	11月2日	四緑 丁卯	10月1日	九紫 丁酉	8月29日	四緑 丙寅	7月29日	七赤 丙申	6月28日	二黒 乙丑	5月26日	六白 甲午
6	11月3日	五黄 戊辰	10月2日	八白 戊戌	9月1日	三碧 丁卯	7月30日	六白 丁酉	6月29日	一白 丙寅	5月27日	五黄 乙未
7	11月4日	六白 己巳	10月3日	七赤 己亥	9月2日	二黒 戊辰	8月1日	五黄 戊戌	6月30日	九紫 丁卯	5月28日	四緑 丙申
8	11月5日	七赤 庚午	10月4日	六白 庚子	9月3日	一白 己巳	8月2日	四緑 己亥	7月1日	八白 戊辰	5月29日	三碧 丁酉
9	11月6日	八白 辛未	10月5日	五黄 辛丑	9月4日	九紫 庚午	8月3日	三碧 庚子	7月2日	七赤 己巳	6月1日	二黒 戊戌
10	11月7日	九紫 壬申	10月6日	四緑 壬寅	9月5日	八白 辛未	8月4日	二黒 辛丑	7月3日	六白 庚午	6月2日	一白 己亥
11	11月8日	一白 癸酉	10月7日	三碧 癸卯	9月6日	七赤 壬申	8月5日	一白 壬寅	7月4日	五黄 辛未	6月3日	九紫 庚子
12	11月9日	二黒 甲戌	10月8日	二黒 甲辰	9月7日	六白 癸酉	8月6日	九紫 癸卯	7月5日	四緑 壬申	6月4日	八白 辛丑
13	11月10日	三碧 乙亥	10月9日	一白 乙巳	9月8日	五黄 甲戌	8月7日	八白 甲辰	7月6日	三碧 癸酉	6月5日	七赤 壬寅
14	11月11日	四緑 丙子	10月10日	九紫 丙午	9月9日	四緑 乙亥	8月8日	七赤 乙巳	7月7日	二黒 甲戌	6月6日	六白 癸卯
15	11月12日	五黄 丁丑	10月11日	八白 丁未	9月10日	三碧 丙子	8月9日	六白 丙午	7月8日	一白 乙亥	6月7日	五黄 甲辰
16	11月13日	六白 戊寅	10月12日	七赤 戊申	9月11日	二黒 丁丑	8月10日	五黄 丁未	7月9日	九紫 丙子	6月8日	四緑 乙巳
17	11月14日	七赤 己卯	10月13日	六白 己酉	9月12日	一白 戊寅	8月11日	四緑 戊申	7月10日	八白 丁丑	6月9日	三碧 丙午
18	11月15日	八白 庚辰	10月14日	五黄 庚戌	9月13日	九紫 己卯	8月12日	三碧 己酉	7月11日	七赤 戊寅	6月10日	二黒 丁未
19	11月16日	九紫 辛巳	10月15日	四緑 辛亥	9月14日	八白 庚辰	8月13日	二黒 庚戌	7月12日	六白 己卯	6月11日	一白 戊申
20	11月17日	一白 壬午	10月16日	三碧 壬子	9月15日	七赤 辛巳	8月14日	一白 辛亥	7月13日	五黄 庚辰	6月12日	九紫 己酉
21	11月18日	二黒 癸未	10月17日	二黒 癸丑	9月16日	六白 壬午	8月15日	九紫 壬子	7月14日	四緑 辛巳	6月13日	八白 庚戌
22	11月19日	三碧 甲申	10月18日	一白 甲寅	9月17日	五黄 癸未	8月16日	八白 癸丑	7月15日	三碧 壬午	6月14日	七赤 辛亥
23	11月20日	四緑 乙酉	10月19日	九紫 乙卯	9月18日	四緑 甲申	8月17日	七赤 甲寅	7月16日	二黒 癸未	6月15日	六白 壬子
24	11月21日	五黄 丙戌	10月20日	八白 丙辰	9月19日	三碧 乙酉	8月18日	六白 乙卯	7月17日	一白 甲申	6月16日	五黄 癸丑
25	11月22日	六白 丁亥	10月21日	七赤 丁巳	9月20日	二黒 丙戌	8月19日	五黄 丙辰	7月18日	九紫 乙酉	6月17日	四緑 甲寅
26	11月23日	七赤 戊子	10月22日	六白 戊午	9月21日	一白 丁亥	8月20日	四緑 丁巳	7月19日	八白 丙戌	6月18日	三碧 乙卯
27	11月24日	八白 己丑	10月23日	五黄 己未	9月22日	九紫 戊子	8月21日	三碧 戊午	7月20日	七赤 丁亥	6月19日	二黒 丙辰
28	11月25日	九紫 庚寅	10月24日	四緑 庚申	9月23日	八白 己丑	8月22日	二黒 己未	7月21日	六白 戊子	6月20日	一白 丁巳
29	11月26日	一白 辛卯	10月25日	三碧 辛酉	9月24日	七赤 庚寅	8月23日	一白 庚申	7月22日	五黄 己丑	6月21日	九紫 戊午
30	11月27日	二黒 壬辰	10月26日	二黒 壬戌	9月25日	六白 辛卯	8月24日	九紫 辛酉	7月23日	四緑 庚寅	6月22日	八白 己未
31	11月28日	三碧 癸巳			9月26日	五黄 壬辰			7月24日	三碧 辛卯	6月23日	七赤 庚申

6月甲午			5月癸巳			4月壬辰			3月辛卯			2月庚寅			1月己丑			
5日 15:49			5日 11:53			4日 18:51			5日 14:17			3日 20:25			5日 08:48			
21日 08:35			21日 00:48			20日 01:53			20日 15:06			18日 16:17			20日 02:14			
四緑木星			五黄土星			六白金星			七赤金星			八白土星			九紫火星			
5月3日	八白	乙丑	4月2日	七赤	甲午	3月1日	四緑	甲子	1月29日	九紫	癸巳	1月1日	八白	乙丑	11月29日	四緑	甲午	1
5月4日	七赤	丙寅	4月3日	八白	乙未	3月2日	五黄	乙丑	1月30日	一白	甲午	1月2日	九紫	丙寅	11月30日	五黄	乙未	2
5月5日	六白	丁卯	4月4日	九紫	丙申	3月3日	六白	丙寅	2月1日	二黒	乙未	1月3日	一白	丁卯	12月1日	六白	丙申	3
5月6日	五黄	戊辰	4月5日	一白	丁酉	3月4日	七赤	丁卯	2月2日	三碧	丙申	1月4日	二黒	戊辰	12月2日	七赤	丁酉	4
5月7日	四緑	己巳	4月6日	二黒	戊戌	3月5日	八白	戊辰	2月3日	四緑	丁酉	1月5日	三碧	己巳	12月3日	八白	戊戌	5
5月8日	三碧	庚午	4月7日	三碧	己亥	3月6日	九紫	己巳	2月4日	五黄	戊戌	1月6日	四緑	庚午	12月4日	九紫	己亥	6
5月9日	二黒	辛未	4月8日	四緑	庚子	3月7日	一白	庚午	2月5日	六白	己亥	1月7日	五黄	辛未	12月5日	一白	庚子	7
5月10日	一白	壬申	4月9日	五黄	辛丑	3月8日	二黒	辛未	2月6日	七赤	庚子	1月8日	六白	壬申	12月6日	二黒	辛丑	8
5月11日	九紫	癸酉	4月10日	六白	壬寅	3月9日	三碧	壬申	2月7日	八白	辛丑	1月9日	七赤	癸酉	12月7日	三碧	壬寅	9
5月12日	八白	甲戌	4月11日	七赤	癸卯	3月10日	四緑	癸酉	2月8日	九紫	壬寅	1月10日	八白	甲戌	12月8日	四緑	癸卯	10
5月13日	七赤	乙亥	4月12日	八白	甲辰	3月11日	五黄	甲戌	2月9日	一白	癸卯	1月11日	九紫	乙亥	12月9日	五黄	甲辰	11
5月14日	六白	丙子	4月13日	九紫	乙巳	3月12日	六白	乙亥	2月10日	二黒	甲辰	1月12日	一白	丙子	12月10日	六白	乙巳	12
5月15日	五黄	丁丑	4月14日	一白	丙午	3月13日	七赤	丙子	2月11日	三碧	乙巳	1月13日	二黒	丁丑	12月11日	七赤	丙午	13
5月16日	四緑	戊寅	4月15日	二黒	丁未	3月14日	八白	丁丑	2月12日	四緑	丙午	1月14日	三碧	戊寅	12月12日	八白	丁未	14
5月17日	三碧	己卯	4月16日	三碧	戊申	3月15日	九紫	戊寅	2月13日	五黄	丁未	1月15日	四緑	己卯	12月13日	九紫	戊申	15
5月18日	二黒	庚辰	4月17日	四緑	己酉	3月16日	一白	己卯	2月14日	六白	戊申	1月16日	五黄	庚辰	12月14日	一白	己酉	16
5月19日	一白	辛巳	4月18日	五黄	庚戌	3月17日	二黒	庚辰	2月15日	七赤	己酉	1月17日	六白	辛巳	12月15日	二黒	庚戌	17
5月20日	九紫	壬午	4月19日	六白	辛亥	3月18日	三碧	辛巳	2月16日	八白	庚戌	1月18日	七赤	壬午	12月16日	三碧	辛亥	18
5月21日	八白	癸未	4月20日	七赤	壬子	3月19日	四緑	壬午	2月17日	九紫	辛亥	1月19日	八白	癸未	12月17日	四緑	壬子	19
5月22日	七赤	甲申	4月21日	八白	癸丑	3月20日	五黄	癸未	2月18日	一白	壬子	1月20日	九紫	甲申	12月18日	五黄	癸丑	20
5月23日	六白	乙酉	4月22日	九紫	甲寅	3月21日	六白	甲申	2月19日	二黒	癸丑	1月21日	一白	乙酉	12月19日	六白	甲寅	21
5月24日	五黄	丙戌	4月23日	一白	乙卯	3月22日	七赤	乙酉	2月20日	三碧	甲寅	1月22日	二黒	丙戌	12月20日	七赤	乙卯	22
5月25日	四緑	丁亥	4月24日	二黒	丙辰	3月23日	八白	丙戌	2月21日	四緑	乙卯	1月23日	三碧	丁亥	12月21日	八白	丙辰	23
5月26日	三碧	戊子	4月25日	三碧	丁巳	3月24日	九紫	丁亥	2月22日	五黄	丙辰	1月24日	四緑	戊子	12月22日	九紫	丁巳	24
5月27日	二黒	己丑	4月26日	四緑	戊午	3月25日	一白	戊子	2月23日	六白	丁巳	1月25日	五黄	己丑	12月23日	一白	戊午	25
5月28日	一白	庚寅	4月27日	五黄	己未	3月26日	二黒	己丑	2月24日	七赤	戊午	1月26日	六白	庚寅	12月24日	二黒	己未	26
5月29日	九紫	辛卯	4月28日	六白	庚申	3月27日	三碧	庚寅	2月25日	八白	己未	1月27日	七赤	辛卯	12月25日	三碧	庚申	27
6月1日	八白	壬辰	4月29日	七赤	辛酉	3月28日	四緑	辛卯	2月26日	九紫	庚申	1月28日	八白	壬辰	12月26日	四緑	辛酉	28
6月2日	七赤	癸巳	4月30日	八白	壬戌	3月29日	五黄	壬辰	2月27日	一白	辛酉				12月27日	五黄	壬戌	29
6月3日	六白	甲午	5月1日	九紫	癸亥	4月1日	六白	癸巳	2月28日	二黒	壬戌				12月28日	六白	癸亥	30
			5月2日	九紫	甲子				2月29日	三碧	癸亥				12月29日	七赤	甲子	31

236

令和23年		2041年		辛酉年		四緑木星					
12月庚子		11月己亥		10月戊戌		9月丁酉		8月丙申		7月乙未	
7日 03：16		7日 10：12		8日 06：46		7日 14：53		7日 11：48		7日 01：58	
21日 21：18		22日 07：49		23日 10：01		23日 00：25		23日 02：36		22日 19：26	
七赤金星		八白土星		九紫火星		一白水星		二黒土星		三碧木星	

1	11月8日	五黄	戊辰	10月8日	八白	戊戌	9月7日	三碧	丁卯	8月6日	六白	丁酉	7月5日	一白	丙寅	6月4日	五黄	乙未
2	11月9日	六白	己巳	10月9日	七赤	己亥	9月8日	二黒	戊辰	8月7日	五黄	戊戌	7月6日	九紫	丁卯	6月5日	四緑	丙申
3	11月10日	七赤	庚午	10月10日	六白	庚子	9月9日	一白	己巳	8月8日	四緑	己亥	7月7日	八白	戊辰	6月6日	三碧	丁酉
4	11月11日	八白	辛未	10月11日	五黄	辛丑	9月10日	九紫	庚午	8月9日	三碧	庚子	7月8日	七赤	己巳	6月7日	二黒	戊戌
5	11月12日	九紫	壬申	10月12日	四緑	壬寅	9月11日	八白	辛未	8月10日	二黒	辛丑	7月9日	六白	庚午	6月8日	一白	己亥
6	11月13日	一白	癸酉	10月13日	三碧	癸卯	9月12日	七赤	壬申	8月11日	一白	壬寅	7月10日	五黄	辛未	6月9日	九紫	庚子
7	11月14日	二黒	甲戌	10月14日	二黒	甲辰	9月13日	六白	癸酉	8月12日	九紫	癸卯	7月11日	四緑	壬申	6月10日	八白	辛丑
8	11月15日	三碧	乙亥	10月15日	一白	乙巳	9月14日	五黄	甲戌	8月13日	八白	甲辰	7月12日	三碧	癸酉	6月11日	七赤	壬寅
9	11月16日	四緑	丙子	10月16日	九紫	丙午	9月15日	四緑	乙亥	8月14日	七赤	乙巳	7月13日	二黒	甲戌	6月12日	六白	癸卯
10	11月17日	五黄	丁丑	10月17日	八白	丁未	9月16日	三碧	丙子	8月15日	六白	丙午	7月14日	一白	乙亥	6月13日	五黄	甲辰
11	11月18日	六白	戊寅	10月18日	七赤	戊申	9月17日	二黒	丁丑	8月16日	五黄	丁未	7月15日	九紫	丙子	6月14日	四緑	乙巳
12	11月19日	七赤	己卯	10月19日	六白	己酉	9月18日	一白	戊寅	8月17日	四緑	戊申	7月16日	八白	丁丑	6月15日	三碧	丙午
13	11月20日	八白	庚辰	10月20日	五黄	庚戌	9月19日	九紫	己卯	8月18日	三碧	己酉	7月17日	七赤	戊寅	6月16日	二黒	丁未
14	11月21日	九紫	辛巳	10月21日	四緑	辛亥	9月20日	八白	庚辰	8月19日	二黒	庚戌	7月18日	六白	己卯	6月17日	一白	戊申
15	11月22日	一白	壬午	10月22日	三碧	壬子	9月21日	七赤	辛巳	8月20日	一白	辛亥	7月19日	五黄	庚辰	6月18日	九紫	己酉
16	11月23日	二黒	癸未	10月23日	二黒	癸丑	9月22日	六白	壬午	8月21日	九紫	壬子	7月20日	四緑	辛巳	6月19日	八白	庚戌
17	11月24日	三碧	甲申	10月24日	一白	甲寅	9月23日	五黄	癸未	8月22日	八白	癸丑	7月21日	三碧	壬午	6月20日	七赤	辛亥
18	11月25日	四緑	乙酉	10月25日	九紫	乙卯	9月24日	四緑	甲申	8月23日	七赤	甲寅	7月22日	二黒	癸未	6月21日	六白	壬子
19	11月26日	五黄	丙戌	10月26日	八白	丙辰	9月25日	三碧	乙酉	8月24日	六白	乙卯	7月23日	一白	甲申	6月22日	五黄	癸丑
20	11月27日	六白	丁亥	10月27日	七赤	丁巳	9月26日	二黒	丙戌	8月25日	五黄	丙辰	7月24日	九紫	乙酉	6月23日	四緑	甲寅
21	11月28日	七赤	戊子	10月28日	六白	戊午	9月27日	一白	丁亥	8月26日	四緑	丁巳	7月25日	八白	丙戌	6月24日	三碧	乙卯
22	11月29日	八白	己丑	10月29日	五黄	己未	9月28日	九紫	戊子	8月27日	三碧	戊午	7月26日	七赤	丁亥	6月25日	二黒	丙辰
23	12月1日	九紫	庚寅	10月30日	四緑	庚申	9月29日	八白	己丑	8月28日	二黒	己未	7月27日	六白	戊子	6月26日	一白	丁巳
24	12月2日	一白	辛卯	11月1日	三碧	辛酉	9月30日	七赤	庚寅	8月29日	一白	庚申	7月28日	五黄	己丑	6月27日	九紫	戊午
25	12月3日	二黒	壬辰	11月2日	二黒	壬戌	10月1日	六白	辛卯	9月1日	九紫	辛酉	7月29日	四緑	庚寅	6月28日	八白	己未
26	12月4日	三碧	癸巳	11月3日	一白	癸亥	10月2日	五黄	壬辰	9月2日	八白	壬戌	7月30日	三碧	辛卯	6月29日	七赤	庚申
27	12月5日	四緑	甲午	11月4日	一白	甲子	10月3日	四緑	癸巳	9月3日	七赤	癸亥	8月1日	二黒	壬辰	6月30日	六白	辛酉
28	12月6日	五黄	乙未	11月5日	二黒	乙丑	10月4日	三碧	甲午	9月4日	六白	甲子	8月2日	一白	癸巳	7月1日	五黄	壬戌
29	12月7日	六白	丙申	11月6日	三碧	丙寅	10月5日	二黒	乙未	9月5日	五黄	乙丑	8月3日	九紫	甲午	7月2日	四緑	癸亥
30	12月8日	七赤	丁酉	11月7日	四緑	丁卯	10月6日	一白	丙申	9月6日	四緑	丙寅	8月4日	八白	乙未	7月3日	三碧	甲子
31	12月9日	八白	戊戌				10月7日	九紫	丁酉				8月5日	七赤	丙申	7月4日	二黒	乙丑

6月丙午		5月乙巳		4月甲辰		3月癸卯		2月壬寅		1月辛丑		
5日 21：38		5日 17：42		5日 00：39		5日 20：05		4日 02：13		5日 14：35		
21日 14：15		21日 06：30		20日 07：39		20日 20：52		18日 22：04		20日 08：00		
一白水星		二黒土星		三碧木星		四緑木星		五黄土星		六白金星		
4月14日	三碧 庚午	3月12日	三碧 己亥	閏2月11日	九紫 己巳	2月10日	五黄 戊戌	1月11日	四緑 庚午	12月10日	九紫 己亥	1
4月15日	二黒 辛未	3月13日	四緑 庚子	閏2月12日	一白 庚午	2月11日	六白 己亥	1月12日	五黄 辛未	12月11日	一白 庚子	2
4月16日	一白 壬申	3月14日	五黄 辛丑	閏2月13日	二黒 辛未	2月12日	七赤 庚子	1月13日	六白 壬申	12月12日	二黒 辛丑	3
4月17日	九紫 癸酉	3月15日	六白 壬寅	閏2月14日	三碧 壬申	2月13日	八白 辛丑	1月14日	七赤 癸酉	12月13日	三碧 壬寅	4
4月18日	八白 甲戌	3月16日	七赤 癸卯	閏2月15日	四緑 癸酉	2月14日	九紫 壬寅	1月15日	八白 甲戌	12月14日	四緑 癸卯	5
4月19日	七赤 乙亥	3月17日	八白 甲辰	閏2月16日	五黄 甲戌	2月15日	一白 癸卯	1月16日	九紫 乙亥	12月15日	五黄 甲辰	6
4月20日	六白 丙子	3月18日	九紫 乙巳	閏2月17日	六白 乙亥	2月16日	二黒 甲辰	1月17日	一白 丙子	12月16日	六白 乙巳	7
4月21日	五黄 丁丑	3月19日	一白 丙午	閏2月18日	七赤 丙子	2月17日	三碧 乙巳	1月18日	二黒 丁丑	12月17日	七赤 丙午	8
4月22日	四緑 戊寅	3月20日	二黒 丁未	閏2月19日	八白 丁丑	2月18日	四緑 丙午	1月19日	三碧 戊寅	12月18日	八白 丁未	9
4月23日	三碧 己卯	3月21日	三碧 戊申	閏2月20日	九紫 戊寅	2月19日	五黄 丁未	1月20日	四緑 己卯	12月19日	九紫 戊申	10
4月24日	二黒 庚辰	3月22日	四緑 己酉	閏2月21日	一白 己卯	2月20日	六白 戊申	1月21日	五黄 庚辰	12月20日	一白 己酉	11
4月25日	一白 辛巳	3月23日	五黄 庚戌	閏2月22日	二黒 庚辰	2月21日	七赤 己酉	1月22日	六白 辛巳	12月21日	二黒 庚戌	12
4月26日	九紫 壬午	3月24日	六白 辛亥	閏2月23日	三碧 辛巳	2月22日	八白 庚戌	1月23日	七赤 壬午	12月22日	三碧 辛亥	13
4月27日	八白 癸未	3月25日	七赤 壬子	閏2月24日	四緑 壬午	2月23日	九紫 辛亥	1月24日	八白 癸未	12月23日	四緑 壬子	14
4月28日	七赤 甲申	3月26日	八白 癸丑	閏2月25日	五黄 癸未	2月24日	一白 壬子	1月25日	九紫 甲申	12月24日	五黄 癸丑	15
4月29日	六白 乙酉	3月27日	九紫 甲寅	閏2月26日	六白 甲申	2月25日	二黒 癸丑	1月26日	一白 乙酉	12月25日	六白 甲寅	16
4月30日	五黄 丙戌	3月28日	一白 乙卯	閏2月27日	七赤 乙酉	2月26日	三碧 甲寅	1月27日	二黒 丙戌	12月26日	七赤 乙卯	17
5月1日	四緑 丁亥	3月29日	二黒 丙辰	閏2月28日	八白 丙戌	2月27日	四緑 乙卯	1月28日	三碧 丁亥	12月27日	八白 丙辰	18
5月2日	三碧 戊子	4月1日	三碧 丁巳	閏2月29日	九紫 丁亥	2月28日	五黄 丙辰	1月29日	四緑 戊子	12月28日	九紫 丁巳	19
5月3日	二黒 己丑	4月2日	四緑 戊午	3月1日	一白 戊子	2月29日	六白 丁巳	2月1日	五黄 己丑	12月29日	一白 戊午	20
5月4日	一白 庚寅	4月3日	五黄 己未	3月2日	二黒 己丑	2月30日	七赤 戊午	2月2日	六白 庚寅	12月30日	二黒 己未	21
5月5日	九紫 辛卯	4月4日	六白 庚申	3月3日	三碧 庚寅	閏2月1日	八白 己未	2月3日	七赤 辛卯	1月1日	三碧 庚申	22
5月6日	八白 壬辰	4月5日	七赤 辛酉	3月4日	四緑 辛卯	閏2月2日	九紫 庚申	2月4日	八白 壬辰	1月2日	四緑 辛酉	23
5月7日	七赤 癸巳	4月6日	八白 壬戌	3月5日	五黄 壬辰	閏2月3日	一白 辛酉	2月5日	九紫 癸巳	1月3日	五黄 壬戌	24
5月8日	六白 甲午	4月7日	九紫 癸亥	3月6日	六白 癸巳	閏2月4日	二黒 壬戌	2月6日	一白 甲午	1月4日	六白 癸亥	25
5月9日	五黄 乙未	4月8日	九紫 甲子	3月7日	七赤 甲午	閏2月5日	三碧 癸亥	2月7日	二黒 乙未	1月5日	七赤 甲子	26
5月10日	四緑 丙申	4月9日	八白 乙丑	3月8日	八白 乙未	閏2月6日	四緑 甲子	2月8日	三碧 丙申	1月6日	八白 乙丑	27
5月11日	三碧 丁酉	4月10日	七赤 丙寅	3月9日	九紫 丙申	閏2月7日	五黄 乙丑	2月9日	四緑 丁酉	1月7日	九紫 丙寅	28
5月12日	二黒 戊戌	4月11日	六白 丁卯	3月10日	一白 丁酉	閏2月8日	六白 丙寅			1月8日	一白 丁卯	29
5月13日	一白 己亥	4月12日	五黄 戊辰	3月11日	二黒 戊戌	閏2月9日	七赤 丁卯			1月9日	二黒 戊辰	30
		4月13日	四緑 己巳			閏2月10日	八白 戊辰			1月10日	三碧 己巳	31

238

	令和24年		2042年		壬戌年		三碧木星				
	12月壬子		11月辛亥		10月庚戌		9月己酉		8月戊申		7月丁未	
	7日 09：09		7日 16：07		8日 12：40		7日 20：45		7日 17：38		7日 07：47	
	22日 03：04		22日 13：37		23日 15：49		23日 06：11		23日 08：17		23日 01：06	
	四緑木星		五黄土星		六白金星		七赤金星		八白土星		九紫火星	
1	10月19日	九紫 癸酉	9月19日	三碧 癸卯	8月18日	七赤 壬申	7月17日	一白 壬寅	6月16日	五黄 辛未	5月14日	九紫 庚子
2	10月20日	八白 甲戌	9月20日	二黒 甲辰	8月19日	六白 癸酉	7月18日	九紫 癸卯	6月17日	四緑 壬申	5月15日	八白 辛丑
3	10月21日	七赤 乙亥	9月21日	一白 乙巳	8月20日	五黄 甲戌	7月19日	八白 甲辰	6月18日	三碧 癸酉	5月16日	七赤 壬寅
4	10月22日	六白 丙子	9月22日	九紫 丙午	8月21日	四緑 乙亥	7月20日	七赤 乙巳	6月19日	二黒 甲戌	5月17日	六白 癸卯
5	10月23日	五黄 丁丑	9月23日	八白 丁未	8月22日	三碧 丙子	7月21日	六白 丙午	6月20日	一白 乙亥	5月18日	五黄 甲辰
6	10月24日	四緑 戊寅	9月24日	七赤 戊申	8月23日	二黒 丁丑	7月22日	五黄 丁未	6月21日	九紫 丙子	5月19日	四緑 乙巳
7	10月25日	三碧 己卯	9月25日	六白 己酉	8月24日	一白 戊寅	7月23日	四緑 戊申	6月22日	八白 丁丑	5月20日	三碧 丙午
8	10月26日	二黒 庚辰	9月26日	五黄 庚戌	8月25日	九紫 己卯	7月24日	三碧 己酉	6月23日	七赤 戊寅	5月21日	二黒 丁未
9	10月27日	一白 辛巳	9月27日	四緑 辛亥	8月26日	八白 庚辰	7月25日	二黒 庚戌	6月24日	六白 己卯	5月22日	一白 戊申
10	10月28日	九紫 壬午	9月28日	三碧 壬子	8月27日	七赤 辛巳	7月26日	一白 辛亥	6月25日	五黄 庚辰	5月23日	九紫 己酉
11	10月29日	八白 癸未	9月29日	二黒 癸丑	8月28日	六白 壬午	7月27日	九紫 壬子	6月26日	四緑 辛巳	5月24日	八白 庚戌
12	11月1日	七赤 甲申	9月30日	一白 甲寅	8月29日	五黄 癸未	7月28日	八白 癸丑	6月27日	三碧 壬午	5月25日	七赤 辛亥
13	11月2日	六白 乙酉	10月1日	九紫 乙卯	8月30日	四緑 甲申	7月29日	七赤 甲寅	6月28日	二黒 癸未	5月26日	六白 壬子
14	11月3日	五黄 丙戌	10月2日	八白 丙辰	9月1日	三碧 乙酉	8月1日	六白 乙卯	6月29日	一白 甲申	5月27日	五黄 癸丑
15	11月4日	四緑 丁亥	10月3日	七赤 丁巳	9月2日	二黒 丙戌	8月2日	五黄 丙辰	6月30日	九紫 乙酉	5月28日	四緑 甲寅
16	11月5日	三碧 戊子	10月4日	六白 戊午	9月3日	一白 丁亥	8月3日	四緑 丁巳	7月1日	八白 丙戌	5月29日	三碧 乙卯
17	11月6日	二黒 己丑	10月5日	五黄 己未	9月4日	九紫 戊子	8月4日	三碧 戊午	7月2日	七赤 丁亥	6月1日	二黒 丙辰
18	11月7日	一白 庚寅	10月6日	四緑 庚申	9月5日	八白 己丑	8月5日	二黒 己未	7月3日	六白 戊子	6月2日	一白 丁巳
19	11月8日	九紫 辛卯	10月7日	三碧 辛酉	9月6日	七赤 庚寅	8月6日	一白 庚申	7月4日	五黄 己丑	6月3日	九紫 戊午
20	11月9日	八白 壬辰	10月8日	二黒 壬戌	9月7日	六白 辛卯	8月7日	九紫 辛酉	7月5日	四緑 庚寅	6月4日	八白 己未
21	11月10日	七赤 癸巳	10月9日	一白 癸亥	9月8日	五黄 壬辰	8月8日	八白 壬戌	7月6日	三碧 辛卯	6月5日	七赤 庚申
22	11月11日	七赤 甲午	10月10日	九紫 甲子	9月9日	四緑 癸巳	8月9日	七赤 癸亥	7月7日	二黒 壬辰	6月6日	六白 辛酉
23	11月12日	八白 乙未	10月11日	八白 乙丑	9月10日	三碧 甲午	8月10日	六白 甲子	7月8日	一白 癸巳	6月7日	五黄 壬戌
24	11月13日	九紫 丙申	10月12日	七赤 丙寅	9月11日	二黒 乙未	8月11日	五黄 乙丑	7月9日	九紫 甲午	6月8日	四緑 癸亥
25	11月14日	一白 丁酉	10月13日	六白 丁卯	9月12日	一白 丙申	8月12日	四緑 丙寅	7月10日	八白 乙未	6月9日	三碧 甲子
26	11月15日	二黒 戊戌	10月14日	五黄 戊辰	9月13日	九紫 丁酉	8月13日	三碧 丁卯	7月11日	七赤 丙申	6月10日	二黒 乙丑
27	11月16日	三碧 己亥	10月15日	四緑 己巳	9月14日	八白 戊戌	8月14日	二黒 戊辰	7月12日	六白 丁酉	6月11日	一白 丙寅
28	11月17日	四緑 庚子	10月16日	三碧 庚午	9月15日	七赤 己亥	8月15日	一白 己巳	7月13日	五黄 戊戌	6月12日	九紫 丁卯
29	11月18日	五黄 辛丑	10月17日	二黒 辛未	9月16日	六白 庚子	8月16日	九紫 庚午	7月14日	四緑 己亥	6月13日	八白 戊辰
30	11月19日	六白 壬寅	10月18日	一白 壬申	9月17日	五黄 辛丑	8月17日	八白 辛未	7月15日	三碧 庚子	6月14日	七赤 己巳
31	11月20日	七赤 癸卯			9月18日	四緑 壬寅			7月16日	二黒 辛丑	6月15日	六白 庚午

6月戊午			5月丁巳			4月丙辰			3月乙卯			2月甲寅			1月癸丑			
6日 03:17			5日 23:21			5日 06:19			6日 01:47			4日 07:58			5日 20:25			
21日 19:57			21日 12:08			20日 13:13			21日 02:27			19日 03:41			20日 13:41			
七赤金星			八白土星			九紫火星			一白水星			二黒土星			三碧木星			
4月24日	六白	乙亥	3月22日	二黒	甲辰	2月22日	八白	甲戌	1月20日	四緑	癸卯	12月22日	三碧	乙亥	11月21日	八白	甲辰	1
4月25日	七赤	丙子	3月23日	三碧	乙巳	2月23日	九紫	乙亥	1月21日	五黄	甲辰	12月23日	四緑	丙子	11月22日	九紫	乙巳	2
4月26日	八白	丁丑	3月24日	四緑	丙午	2月24日	一白	丙子	1月22日	六白	乙巳	12月24日	五黄	丁丑	11月23日	一白	丙午	3
4月27日	九紫	戊寅	3月25日	五黄	丁未	2月25日	二黒	丁丑	1月23日	七赤	丙午	12月25日	六白	戊寅	11月24日	二黒	丁未	4
4月28日	一白	己卯	3月26日	六白	戊申	2月26日	三碧	戊寅	1月24日	八白	丁未	12月26日	七赤	己卯	11月25日	三碧	戊申	5
4月29日	二黒	庚辰	3月27日	七赤	己酉	2月27日	四緑	己卯	1月25日	九紫	戊申	12月27日	八白	庚辰	11月26日	四緑	己酉	6
5月1日	三碧	辛巳	3月28日	八白	庚戌	2月28日	五黄	庚辰	1月26日	一白	己酉	12月28日	九紫	辛巳	11月27日	五黄	庚戌	7
5月2日	四緑	壬午	3月29日	九紫	辛亥	2月29日	六白	辛巳	1月27日	二黒	庚戌	12月29日	一白	壬午	11月28日	六白	辛亥	8
5月3日	五黄	癸未	4月1日	一白	壬子	2月30日	七赤	壬午	1月28日	三碧	辛亥	12月30日	二黒	癸未	11月29日	七赤	壬子	9
5月4日	六白	甲申	4月2日	二黒	癸丑	3月1日	八白	癸未	1月29日	四緑	壬子	1月1日	三碧	甲申	11月30日	八白	癸丑	10
5月5日	七赤	乙酉	4月3日	三碧	甲寅	3月2日	九紫	甲申	2月1日	五黄	癸丑	1月2日	四緑	乙酉	12月1日	九紫	甲寅	11
5月6日	八白	丙戌	4月4日	四緑	乙卯	3月3日	一白	乙酉	2月2日	六白	甲寅	1月3日	五黄	丙戌	12月2日	一白	乙卯	12
5月7日	九紫	丁亥	4月5日	五黄	丙辰	3月4日	二黒	丙戌	2月3日	七赤	乙卯	1月4日	六白	丁亥	12月3日	二黒	丙辰	13
5月8日	一白	戊子	4月6日	六白	丁巳	3月5日	三碧	丁亥	2月4日	八白	丙辰	1月5日	七赤	戊子	12月4日	三碧	丁巳	14
5月9日	二黒	己丑	4月7日	七赤	戊午	3月6日	四緑	戊子	2月5日	九紫	丁巳	1月6日	八白	己丑	12月5日	四緑	戊午	15
5月10日	三碧	庚寅	4月8日	八白	己未	3月7日	五黄	己丑	2月6日	一白	戊午	1月7日	九紫	庚寅	12月6日	五黄	己未	16
5月11日	四緑	辛卯	4月9日	九紫	庚申	3月8日	六白	庚寅	2月7日	二黒	己未	1月8日	一白	辛卯	12月7日	六白	庚申	17
5月12日	五黄	壬辰	4月10日	一白	辛酉	3月9日	七赤	辛卯	2月8日	三碧	庚申	1月9日	二黒	壬辰	12月8日	七赤	辛酉	18
5月13日	六白	癸巳	4月11日	二黒	壬戌	3月10日	八白	壬辰	2月9日	四緑	辛酉	1月10日	三碧	癸巳	12月9日	八白	壬戌	19
5月14日	七赤	甲午	4月12日	三碧	癸亥	3月11日	九紫	癸巳	2月10日	五黄	壬戌	1月11日	四緑	甲午	12月10日	九紫	癸亥	20
5月15日	八白	乙未	4月13日	四緑	甲子	3月12日	一白	甲午	2月11日	六白	癸亥	1月12日	五黄	乙未	12月11日	一白	甲子	21
5月16日	九紫	丙申	4月14日	五黄	乙丑	3月13日	二黒	乙未	2月12日	七赤	甲子	1月13日	六白	丙申	12月12日	二黒	乙丑	22
5月17日	一白	丁酉	4月15日	六白	丙寅	3月14日	三碧	丙申	2月13日	八白	乙丑	1月14日	七赤	丁酉	12月13日	三碧	丙寅	23
5月18日	二黒	戊戌	4月16日	七赤	丁卯	3月15日	四緑	丁酉	2月14日	九紫	丙寅	1月15日	八白	戊戌	12月14日	四緑	丁卯	24
5月19日	三碧	己亥	4月17日	八白	戊辰	3月16日	五黄	戊戌	2月15日	一白	丁卯	1月16日	九紫	己亥	12月15日	五黄	戊辰	25
5月20日	四緑	庚子	4月18日	九紫	己巳	3月17日	六白	己亥	2月16日	二黒	戊辰	1月17日	一白	庚子	12月16日	六白	己巳	26
5月21日	五黄	辛丑	4月19日	一白	庚午	3月18日	七赤	庚子	2月17日	三碧	己巳	1月18日	二黒	辛丑	12月17日	七赤	庚午	27
5月22日	六白	壬寅	4月20日	二黒	辛未	3月19日	八白	辛丑	2月18日	四緑	庚午	1月19日	三碧	壬寅	12月18日	八白	辛未	28
5月23日	七赤	癸卯	4月21日	三碧	壬申	3月20日	九紫	壬寅	2月19日	五黄	辛未				12月19日	九紫	壬申	29
5月24日	八白	甲辰	4月22日	四緑	癸酉	3月21日	一白	癸卯	2月20日	六白	壬申				12月20日	一白	癸酉	30
			4月23日	五黄	甲戌				2月21日	七赤	癸酉				12月21日	二黒	甲戌	31

		令和25年		2043年		癸亥年		二黒土星			
		12月甲子		11月癸亥		10月壬戌		9月辛酉		8月庚申		7月己未	
		7日 14:57		7日 21:55		8日 18:27		8日 02:29		7日 23:20		7日 13:27	
		22日 09:01		22日 19:35		23日 21:46		23日 12:06		23日 14:09		23日 06:53	
		一白水星		二黒土星		三碧木星		四緑木星		五黄土星		六白金星	
1	11月1日	一白	戊寅	9月30日	四緑	戊申	8月29日	八白	丁丑	7月28日	二黒	丁未	6月26日	六白	丙子	5月25日	九紫	乙亥
2	11月2日	九紫	己卯	10月1日	三碧	己酉	8月30日	七赤	戊寅	7月29日	一白	戊申	6月27日	五黄	丁丑	5月26日	一白	丙子
3	11月3日	八白	庚辰	10月2日	二黒	庚戌	9月1日	六白	己卯	8月1日	九紫	己酉	6月28日	四緑	戊寅	5月27日	二黒	丁丑
4	11月4日	七赤	辛巳	10月3日	一白	辛亥	9月2日	五黄	庚辰	8月2日	八白	庚戌	6月29日	三碧	己卯	5月28日	三碧	戊寅
5	11月5日	六白	壬午	10月4日	九紫	壬子	9月3日	四緑	辛巳	8月3日	七赤	辛亥	7月1日	二黒	庚辰	5月29日	四緑	己卯
6	11月6日	五黄	癸未	10月5日	八白	癸丑	9月4日	三碧	壬午	8月4日	六白	壬子	7月2日	一白	辛巳	5月30日	五黄	庚辰
7	11月7日	四緑	甲申	10月6日	七赤	甲寅	9月5日	二黒	癸未	8月5日	五黄	癸丑	7月3日	九紫	壬午	6月1日	六白	辛巳
8	11月8日	三碧	乙酉	10月7日	六白	乙卯	9月6日	一白	甲申	8月6日	四緑	甲寅	7月4日	八白	癸未	6月2日	七赤	壬午
9	11月9日	二黒	丙戌	10月8日	五黄	丙辰	9月7日	九紫	乙酉	8月7日	三碧	乙卯	7月5日	七赤	甲申	6月3日	八白	癸未
10	11月10日	一白	丁亥	10月9日	四緑	丁巳	9月8日	八白	丙戌	8月8日	二黒	丙辰	7月6日	六白	乙酉	6月4日	九紫	甲申
11	11月11日	九紫	戊子	10月10日	三碧	戊午	9月9日	七赤	丁亥	8月9日	一白	丁巳	7月7日	五黄	丙戌	6月5日	一白	乙酉
12	11月12日	八白	己丑	10月11日	二黒	己未	9月10日	六白	戊子	8月10日	九紫	戊午	7月8日	四緑	丁亥	6月6日	二黒	丙戌
13	11月13日	七赤	庚寅	10月12日	一白	庚申	9月11日	五黄	己丑	8月11日	八白	己未	7月9日	三碧	戊子	6月7日	三碧	丁亥
14	11月14日	六白	辛卯	10月13日	九紫	辛酉	9月12日	四緑	庚寅	8月12日	七赤	庚申	7月10日	二黒	己丑	6月8日	四緑	戊子
15	11月15日	五黄	壬辰	10月14日	八白	壬戌	9月13日	三碧	辛卯	8月13日	六白	辛酉	7月11日	一白	庚寅	6月9日	五黄	己丑
16	11月16日	四緑	癸巳	10月15日	七赤	癸亥	9月14日	二黒	壬辰	8月14日	五黄	壬戌	7月12日	九紫	辛卯	6月10日	六白	庚寅
17	11月17日	三碧	甲午	10月16日	六白	甲子	9月15日	一白	癸巳	8月15日	四緑	癸亥	7月13日	八白	壬辰	6月11日	七赤	辛卯
18	11月18日	二黒	乙未	10月17日	五黄	乙丑	9月16日	九紫	甲午	8月16日	三碧	甲子	7月14日	七赤	癸巳	6月12日	八白	壬辰
19	11月19日	一白	丙申	10月18日	四緑	丙寅	9月17日	八白	乙未	8月17日	二黒	乙丑	7月15日	六白	甲午	6月13日	九紫	癸巳
20	11月20日	九紫	丁酉	10月19日	三碧	丁卯	9月18日	七赤	丙申	8月18日	一白	丙寅	7月16日	五黄	乙未	6月14日	九紫	甲午
21	11月21日	八白	戊戌	10月20日	二黒	戊辰	9月19日	六白	丁酉	8月19日	九紫	丁卯	7月17日	四緑	丙申	6月15日	八白	乙未
22	11月22日	七赤	己亥	10月21日	一白	己巳	9月20日	五黄	戊戌	8月20日	八白	戊辰	7月18日	三碧	丁酉	6月16日	七赤	丙申
23	11月23日	六白	庚子	10月22日	九紫	庚午	9月21日	四緑	己亥	8月21日	七赤	己巳	7月19日	二黒	戊戌	6月17日	六白	丁酉
24	11月24日	五黄	辛丑	10月23日	八白	辛未	9月22日	三碧	庚子	8月22日	六白	庚午	7月20日	一白	己亥	6月18日	五黄	戊戌
25	11月25日	四緑	壬寅	10月24日	七赤	壬申	9月23日	二黒	辛丑	8月23日	五黄	辛未	7月21日	九紫	庚子	6月19日	四緑	己亥
26	11月26日	三碧	癸卯	10月25日	六白	癸酉	9月24日	一白	壬寅	8月24日	四緑	壬申	7月22日	八白	辛丑	6月20日	三碧	庚子
27	11月27日	二黒	甲辰	10月26日	五黄	甲戌	9月25日	九紫	癸卯	8月25日	三碧	癸酉	7月23日	七赤	壬寅	6月21日	二黒	辛丑
28	11月28日	一白	乙巳	10月27日	四緑	乙亥	9月26日	八白	甲辰	8月26日	二黒	甲戌	7月24日	六白	癸卯	6月22日	一白	壬寅
29	11月29日	九紫	丙午	10月28日	三碧	丙子	9月27日	七赤	乙巳	8月27日	一白	乙亥	7月25日	五黄	甲辰	6月23日	九紫	癸卯
30	11月30日	八白	丁未	10月29日	二黒	丁丑	9月28日	六白	丙午	8月28日	九紫	丙子	7月26日	四緑	乙巳	6月24日	八白	甲辰
31	12月1日	七赤	戊申				9月29日	五黄	丁未				7月27日	三碧	丙午	6月25日	七赤	乙巳

万年暦

6月庚午		5月己巳		4月戊辰		3月丁卯		2月丙寅		1月乙丑		
5日 09:03		5日 05:05		4日 12:02		5日 07:31		4日 13:44		6日 02:12		
21日 01:50		20日 18:01		19日 19:06		20日 08:20		19日 09:35		20日 19:37		
四緑木星		五黄土星		六白金星		七赤金星		八白土星		九紫火星		
5月6日	三碧 辛巳	4月4日	八白 庚戌	3月4日	五黄 庚辰	2月2日	一白 己酉	1月3日	八白 庚辰	12月2日	六白 己酉	1
5月7日	四緑 壬午	4月5日	九紫 辛亥	3月5日	六白 辛巳	2月3日	二黒 庚戌	1月4日	九紫 辛巳	12月3日	五黄 庚戌	2
5月8日	五黄 癸未	4月6日	一白 壬子	3月6日	七赤 壬午	2月4日	三碧 辛亥	1月5日	一白 壬午	12月4日	四緑 辛亥	3
5月9日	六白 甲申	4月7日	二黒 癸丑	3月7日	八白 癸未	2月5日	四緑 壬子	1月6日	二黒 癸未	12月5日	三碧 壬子	4
5月10日	七赤 乙酉	4月8日	三碧 甲寅	3月8日	九紫 甲申	2月6日	五黄 癸丑	1月7日	三碧 甲申	12月6日	二黒 癸丑	5
5月11日	八白 丙戌	4月9日	四緑 乙卯	3月9日	一白 乙酉	2月7日	六白 甲寅	1月8日	四緑 乙酉	12月7日	一白 甲寅	6
5月12日	九紫 丁亥	4月10日	五黄 丙辰	3月10日	二黒 丙戌	2月8日	七赤 乙卯	1月9日	五黄 丙戌	12月8日	九紫 乙卯	7
5月13日	一白 戊子	4月11日	六白 丁巳	3月11日	三碧 丁亥	2月9日	八白 丙辰	1月10日	六白 丁亥	12月9日	八白 丙辰	8
5月14日	二黒 己丑	4月12日	七赤 戊午	3月12日	四緑 戊子	2月10日	九紫 丁巳	1月11日	七赤 戊子	12月10日	七赤 丁巳	9
5月15日	三碧 庚寅	4月13日	八白 己未	3月13日	五黄 己丑	2月11日	一白 戊午	1月12日	八白 己丑	12月11日	六白 戊午	10
5月16日	四緑 辛卯	4月14日	九紫 庚申	3月14日	六白 庚寅	2月12日	二黒 己未	1月13日	九紫 庚寅	12月12日	五黄 己未	11
5月17日	五黄 壬辰	4月15日	一白 辛酉	3月15日	七赤 辛卯	2月13日	三碧 庚申	1月14日	一白 辛卯	12月13日	四緑 庚申	12
5月18日	六白 癸巳	4月16日	二黒 壬戌	3月16日	八白 壬辰	2月14日	四緑 辛酉	1月15日	二黒 壬辰	12月14日	三碧 辛酉	13
5月19日	七赤 甲午	4月17日	三碧 癸亥	3月17日	九紫 癸巳	2月15日	五黄 壬戌	1月16日	三碧 癸巳	12月15日	二黒 壬戌	14
5月20日	八白 乙未	4月18日	四緑 甲子	3月18日	一白 甲午	2月16日	六白 癸亥	1月17日	四緑 甲午	12月16日	一白 癸亥	15
5月21日	九紫 丙申	4月19日	五黄 乙丑	3月19日	二黒 乙未	2月17日	七赤 甲子	1月18日	五黄 乙未	12月17日	一白 甲子	16
5月22日	一白 丁酉	4月20日	六白 丙寅	3月20日	三碧 丙申	2月18日	八白 乙丑	1月19日	六白 丙申	12月18日	二黒 乙丑	17
5月23日	二黒 戊戌	4月21日	七赤 丁卯	3月21日	四緑 丁酉	2月19日	九紫 丙寅	1月20日	七赤 丁酉	12月19日	三碧 丙寅	18
5月24日	三碧 己亥	4月22日	八白 戊辰	3月22日	五黄 戊戌	2月20日	一白 丁卯	1月21日	八白 戊戌	12月20日	四緑 丁卯	19
5月25日	四緑 庚子	4月23日	九紫 己巳	3月23日	六白 己亥	2月21日	二黒 戊辰	1月22日	九紫 己亥	12月21日	五黄 戊辰	20
5月26日	五黄 辛丑	4月24日	一白 庚午	3月24日	七赤 庚子	2月22日	三碧 己巳	1月23日	一白 庚子	12月22日	六白 己巳	21
5月27日	六白 壬寅	4月25日	二黒 辛未	3月25日	八白 辛丑	2月23日	四緑 庚午	1月24日	二黒 辛丑	12月23日	七赤 庚午	22
5月28日	七赤 癸卯	4月26日	三碧 壬申	3月26日	九紫 壬寅	2月24日	五黄 辛未	1月25日	三碧 壬寅	12月24日	八白 辛未	23
5月29日	八白 甲辰	4月27日	四緑 癸酉	3月27日	一白 癸卯	2月25日	六白 壬申	1月26日	四緑 癸卯	12月25日	九紫 壬申	24
6月1日	九紫 乙巳	4月28日	五黄 甲戌	3月28日	二黒 甲辰	2月26日	七赤 癸酉	1月27日	五黄 甲辰	12月26日	一白 癸酉	25
6月2日	一白 丙午	4月29日	六白 乙亥	3月29日	三碧 乙巳	2月27日	八白 甲戌	1月28日	六白 乙巳	12月27日	二黒 甲戌	26
6月3日	二黒 丁未	5月1日	七赤 丙子	3月30日	四緑 丙午	2月28日	九紫 乙亥	1月29日	七赤 丙午	12月28日	三碧 乙亥	27
6月4日	三碧 戊申	5月2日	八白 丁丑	4月1日	五黄 丁未	2月29日	一白 丙子	1月30日	八白 丁未	12月29日	四緑 丙子	28
6月5日	四緑 己酉	5月3日	九紫 戊寅	4月2日	六白 戊申	3月1日	二黒 丁丑	2月1日	九紫 戊申	12月30日	五黄 丁丑	29
6月6日	五黄 庚戌	5月4日	一白 己卯	4月3日	七赤 己酉	3月2日	三碧 戊寅			1月1日	六白 戊寅	30
		5月5日	二黒 庚辰			3月3日	四緑 己卯			1月2日	七赤 己卯	31

242

	令和26年		2044年		甲子年		一白水星					
	12月丙子		11月乙亥		10月甲戌		9月癸酉		8月壬申		7月辛未	
	6日 20:44		7日 03:41		8日 00:13		7日 08:16		7日 05:08		6日 19:15	
	21日 14:43		22日 01:14		23日 03:26		22日 17:48		22日 19:54		22日 12:42	
	七赤金星		八白土星		九紫火星		一白水星		二黒土星		三碧木星	
1	10月13日	四緑	甲申	9月12日	七赤	甲寅	8月11日	二黒	癸未	閏7月10日	五黄	癸丑	7月8日	九紫	壬午	6月7日	六白	辛亥
2	10月14日	三碧	乙酉	9月13日	六白	乙卯	8月12日	一白	甲申	閏7月11日	四緑	甲寅	7月9日	八白	癸未	6月8日	七赤	壬子
3	10月15日	二黒	丙戌	9月14日	五黄	丙辰	8月13日	九紫	乙酉	閏7月12日	三碧	乙卯	7月10日	七赤	甲申	6月9日	八白	癸丑
4	10月16日	一白	丁亥	9月15日	四緑	丁巳	8月14日	八白	丙戌	閏7月13日	二黒	丙辰	7月11日	六白	乙酉	6月10日	九紫	甲寅
5	10月17日	九紫	戊子	9月16日	三碧	戊午	8月15日	七赤	丁亥	閏7月14日	一白	丁巳	7月12日	五黄	丙戌	6月11日	一白	乙卯
6	10月18日	八白	己丑	9月17日	二黒	己未	8月16日	六白	戊子	閏7月15日	九紫	戊午	7月13日	四緑	丁亥	6月12日	二黒	丙辰
7	10月19日	七赤	庚寅	9月18日	一白	庚申	8月17日	五黄	己丑	閏7月16日	八白	己未	7月14日	三碧	戊子	6月13日	三碧	丁巳
8	10月20日	六白	辛卯	9月19日	九紫	辛酉	8月18日	四緑	庚寅	閏7月17日	七赤	庚申	7月15日	二黒	己丑	6月14日	四緑	戊午
9	10月21日	五黄	壬辰	9月20日	八白	壬戌	8月19日	三碧	辛卯	閏7月18日	六白	辛酉	7月16日	一白	庚寅	6月15日	五黄	己未
10	10月22日	四緑	癸巳	9月21日	七赤	癸亥	8月20日	二黒	壬辰	閏7月19日	五黄	壬戌	7月17日	九紫	辛卯	6月16日	六白	庚申
11	10月23日	三碧	甲午	9月22日	六白	甲子	8月21日	一白	癸巳	閏7月20日	四緑	癸亥	7月18日	八白	壬辰	6月17日	七赤	辛酉
12	10月24日	二黒	乙未	9月23日	五黄	乙丑	8月22日	九紫	甲午	閏7月21日	三碧	甲子	7月19日	七赤	癸巳	6月18日	八白	壬戌
13	10月25日	一白	丙申	9月24日	四緑	丙寅	8月23日	八白	乙未	閏7月22日	二黒	乙丑	7月20日	六白	甲午	6月19日	九紫	癸亥
14	10月26日	九紫	丁酉	9月25日	三碧	丁卯	8月24日	七赤	丙申	閏7月23日	一白	丙寅	7月21日	五黄	乙未	6月20日	九紫	甲子
15	10月27日	八白	戊戌	9月26日	二黒	戊辰	8月25日	六白	丁酉	閏7月24日	九紫	丁卯	7月22日	四緑	丙申	6月21日	八白	乙丑
16	10月28日	七赤	己亥	9月27日	一白	己巳	8月26日	五黄	戊戌	閏7月25日	八白	戊辰	7月23日	三碧	丁酉	6月22日	七赤	丙寅
17	10月29日	六白	庚子	9月28日	九紫	庚午	8月27日	四緑	己亥	閏7月26日	七赤	己巳	7月24日	二黒	戊戌	6月23日	六白	丁卯
18	10月30日	五黄	辛丑	9月29日	八白	辛未	8月28日	三碧	庚子	閏7月27日	六白	庚午	7月25日	一白	己亥	6月24日	五黄	戊辰
19	11月1日	四緑	壬寅	10月1日	七赤	壬申	8月29日	二黒	辛丑	閏7月28日	五黄	辛未	7月26日	九紫	庚子	6月25日	四緑	己巳
20	11月2日	三碧	癸卯	10月2日	六白	癸酉	8月30日	一白	壬寅	閏7月29日	四緑	壬申	7月27日	八白	辛丑	6月26日	三碧	庚午
21	11月3日	二黒	甲辰	10月3日	五黄	甲戌	9月1日	九紫	癸卯	8月1日	三碧	癸酉	7月28日	七赤	壬寅	6月27日	二黒	辛未
22	11月4日	一白	乙巳	10月4日	四緑	乙亥	9月2日	八白	甲辰	8月2日	二黒	甲戌	7月29日	六白	癸卯	6月28日	一白	壬申
23	11月5日	九紫	丙午	10月5日	三碧	丙子	9月3日	七赤	乙巳	8月3日	一白	乙亥	閏7月1日	五黄	甲辰	6月29日	九紫	癸酉
24	11月6日	八白	丁未	10月6日	二黒	丁丑	9月4日	六白	丙午	8月4日	九紫	丙子	閏7月2日	四緑	乙巳	6月30日	八白	甲戌
25	11月7日	七赤	戊申	10月7日	一白	戊寅	9月5日	五黄	丁未	8月5日	八白	丁丑	閏7月3日	三碧	丙午	7月1日	七赤	乙亥
26	11月8日	六白	己酉	10月8日	九紫	己卯	9月6日	四緑	戊申	8月6日	七赤	戊寅	閏7月4日	二黒	丁未	7月2日	六白	丙子
27	11月9日	五黄	庚戌	10月9日	八白	庚辰	9月7日	三碧	己酉	8月7日	六白	己卯	閏7月5日	一白	戊申	7月3日	五黄	丁丑
28	11月10日	四緑	辛亥	10月10日	七赤	辛巳	9月8日	二黒	庚戌	8月8日	五黄	庚辰	閏7月6日	九紫	己酉	7月4日	四緑	戊寅
29	11月11日	三碧	壬子	10月11日	六白	壬午	9月9日	一白	辛亥	8月9日	四緑	辛巳	閏7月7日	八白	庚戌	7月5日	三碧	己卯
30	11月12日	二黒	癸丑	10月12日	五黄	癸未	9月10日	九紫	壬子	8月10日	三碧	壬午	閏7月8日	七赤	辛亥	7月6日	二黒	庚辰
31	11月13日	一白	甲寅				9月11日	八白	癸丑				閏7月9日	六白	壬子	7月7日	一白	辛巳

6月壬午			5月辛巳			4月庚辰			3月己卯			2月戊寅			1月丁丑			
5日 14：55			5日 10：58			4日 17：57			5日 13：25			3日 19：36			5日 08：02			
21日 07：32			20日 23：45			20日 00：52			20日 14：07			18日 15：22			20日 01：22			
一白水星			二黒土星			三碧木星			四緑木星			五黄土星			六白金星			
4月16日	八白	丙戌	3月15日	四緑	乙卯	2月14日	一白	乙酉	1月13日	六白	甲寅	12月15日	五黄	丙戌	11月14日	九紫	乙卯	1
4月17日	九紫	丁亥	3月16日	五黄	丙辰	2月15日	二黒	丙戌	1月14日	七赤	乙卯	12月16日	六白	丁亥	11月15日	八白	丙辰	2
4月18日	一白	戊子	3月17日	六白	丁巳	2月16日	三碧	丁亥	1月15日	八白	丙辰	12月17日	七赤	戊子	11月16日	七赤	丁巳	3
4月19日	二黒	己丑	3月18日	七赤	戊午	2月17日	四緑	戊子	1月16日	九紫	丁巳	12月18日	八白	己丑	11月17日	六白	戊午	4
4月20日	三碧	庚寅	3月19日	八白	己未	2月18日	五黄	己丑	1月17日	一白	戊午	12月19日	九紫	庚寅	11月18日	五黄	己未	5
4月21日	四緑	辛卯	3月20日	九紫	庚申	2月19日	六白	庚寅	1月18日	二黒	己未	12月20日	一白	辛卯	11月19日	四緑	庚申	6
4月22日	五黄	壬辰	3月21日	一白	辛酉	2月20日	七赤	辛卯	1月19日	三碧	庚申	12月21日	二黒	壬辰	11月20日	三碧	辛酉	7
4月23日	六白	癸巳	3月22日	二黒	壬戌	2月21日	八白	壬辰	1月20日	四緑	辛酉	12月22日	三碧	癸巳	11月21日	二黒	壬戌	8
4月24日	七赤	甲午	3月23日	三碧	癸亥	2月22日	九紫	癸巳	1月21日	五黄	壬戌	12月23日	四緑	甲午	11月22日	一白	癸亥	9
4月25日	八白	乙未	3月24日	四緑	甲子	2月23日	一白	甲午	1月22日	六白	癸亥	12月24日	五黄	乙未	11月23日	一白	甲子	10
4月26日	九紫	丙申	3月25日	五黄	乙丑	2月24日	二黒	乙未	1月23日	七赤	甲子	12月25日	六白	丙申	11月24日	二黒	乙丑	11
4月27日	一白	丁酉	3月26日	六白	丙寅	2月25日	三碧	丙申	1月24日	八白	乙丑	12月26日	七赤	丁酉	11月25日	三碧	丙寅	12
4月28日	二黒	戊戌	3月27日	七赤	丁卯	2月26日	四緑	丁酉	1月25日	九紫	丙寅	12月27日	八白	戊戌	11月26日	四緑	丁卯	13
4月29日	三碧	己亥	3月28日	八白	戊辰	2月27日	五黄	戊戌	1月26日	一白	丁卯	12月28日	九紫	己亥	11月27日	五黄	戊辰	14
5月1日	四緑	庚子	3月29日	九紫	己巳	2月28日	六白	己亥	1月27日	二黒	戊辰	12月29日	一白	庚子	11月28日	六白	己巳	15
5月2日	五黄	辛丑	3月30日	一白	庚午	2月29日	七赤	庚子	1月28日	三碧	己巳	12月30日	二黒	辛丑	11月29日	七赤	庚午	16
5月3日	六白	壬寅	4月1日	二黒	辛未	3月1日	八白	辛丑	1月29日	四緑	庚午	1月1日	三碧	壬寅	11月30日	八白	辛未	17
5月4日	七赤	癸卯	4月2日	三碧	壬申	3月2日	九紫	壬寅	1月30日	五黄	辛未	1月2日	四緑	癸卯	12月1日	九紫	壬申	18
5月5日	八白	甲辰	4月3日	四緑	癸酉	3月3日	一白	癸卯	2月1日	六白	壬申	1月3日	五黄	甲辰	12月2日	一白	癸酉	19
5月6日	九紫	乙巳	4月4日	五黄	甲戌	3月4日	二黒	甲辰	2月2日	七赤	癸酉	1月4日	六白	乙巳	12月3日	二黒	甲戌	20
5月7日	一白	丙午	4月5日	六白	乙亥	3月5日	三碧	乙巳	2月3日	八白	甲戌	1月5日	七赤	丙午	12月4日	三碧	乙亥	21
5月8日	二黒	丁未	4月6日	七赤	丙子	3月6日	四緑	丙午	2月4日	九紫	乙亥	1月6日	八白	丁未	12月5日	四緑	丙子	22
5月9日	三碧	戊申	4月7日	八白	丁丑	3月7日	五黄	丁未	2月5日	一白	丙子	1月7日	九紫	戊申	12月6日	五黄	丁丑	23
5月10日	四緑	己酉	4月8日	九紫	戊寅	3月8日	六白	戊申	2月6日	二黒	丁丑	1月8日	一白	己酉	12月7日	六白	戊寅	24
5月11日	五黄	庚戌	4月9日	一白	己卯	3月9日	七赤	己酉	2月7日	三碧	戊寅	1月9日	二黒	庚戌	12月8日	七赤	己卯	25
5月12日	六白	辛亥	4月10日	二黒	庚辰	3月10日	八白	庚戌	2月8日	四緑	己卯	1月10日	三碧	辛亥	12月9日	八白	庚辰	26
5月13日	七赤	壬子	4月11日	三碧	辛巳	3月11日	九紫	辛亥	2月9日	五黄	庚辰	1月11日	四緑	壬子	12月10日	九紫	辛巳	27
5月14日	八白	癸丑	4月12日	四緑	壬午	3月12日	一白	壬子	2月10日	六白	辛巳	1月12日	五黄	癸丑	12月11日	一白	壬午	28
5月15日	九紫	甲寅	4月13日	五黄	癸未	3月13日	二黒	癸丑	2月11日	七赤	壬午				12月12日	二黒	癸未	29
5月16日	一白	乙卯	4月14日	六白	甲申	3月14日	三碧	甲寅	2月12日	八白	癸未				12月13日	三碧	甲申	30
			4月15日	七赤	乙酉				2月13日	九紫	甲申				12月14日	四緑	乙酉	31

	令和27年		2045年		乙丑年		九紫火星					
	12月戊子		11月丁亥		10月丙戌		9月乙酉		8月甲申		7月癸未	
	7日 02:34		7日 09:29		8日 06:00		7日 14:05		7日 10:59		7日 01:07	
	21日 20:34		22日 07:03		23日 09:12		22日 23:33		23日 01:39		22日 18:26	
	四緑木星		五黄土星		六白金星		七赤金星		八白土星		九紫火星	
1	10月23日	八白 己丑	9月23日	二黒 己未	8月21日	六白 戊子	7月20日	九紫 戊午	6月19日	四緑 丁亥	5月17日	二黒 丙辰
2	10月24日	七赤 庚寅	9月24日	一白 庚申	8月22日	五黄 己丑	7月21日	八白 己未	6月20日	三碧 戊子	5月18日	三碧 丁巳
3	10月25日	六白 辛卯	9月25日	九紫 辛酉	8月23日	四緑 庚寅	7月22日	七赤 庚申	6月21日	二黒 己丑	5月19日	四緑 戊午
4	10月26日	五黄 壬辰	9月26日	八白 壬戌	8月24日	三碧 辛卯	7月23日	六白 辛酉	6月22日	一白 庚寅	5月20日	五黄 己未
5	10月27日	四緑 癸巳	9月27日	七赤 癸亥	8月25日	二黒 壬辰	7月24日	五黄 壬戌	6月23日	九紫 辛卯	5月21日	六白 庚申
6	10月28日	三碧 甲午	9月28日	六白 甲子	8月26日	一白 癸巳	7月25日	四緑 癸亥	6月24日	八白 壬辰	5月22日	七赤 辛酉
7	10月29日	二黒 乙未	9月29日	五黄 乙丑	8月27日	九紫 甲午	7月26日	三碧 甲子	6月25日	七赤 癸巳	5月23日	八白 壬戌
8	11月1日	一白 丙申	9月30日	四緑 丙寅	8月28日	八白 乙未	7月27日	二黒 乙丑	6月26日	六白 甲午	5月24日	九紫 癸亥
9	11月2日	九紫 丁酉	10月1日	三碧 丁卯	8月29日	七赤 丙申	7月28日	一白 丙寅	6月27日	五黄 乙未	5月25日	九紫 甲子
10	11月3日	八白 戊戌	10月2日	二黒 戊辰	9月1日	六白 丁酉	7月29日	九紫 丁卯	6月28日	四緑 丙申	5月26日	八白 乙丑
11	11月4日	七赤 己亥	10月3日	一白 己巳	9月2日	五黄 戊戌	8月1日	八白 戊辰	6月29日	三碧 丁酉	5月27日	七赤 丙寅
12	11月5日	六白 庚子	10月4日	九紫 庚午	9月3日	四緑 己亥	8月2日	七赤 己巳	6月30日	二黒 戊戌	5月28日	六白 丁卯
13	11月6日	五黄 辛丑	10月5日	八白 辛未	9月4日	三碧 庚子	8月3日	六白 庚午	7月1日	一白 己亥	5月29日	五黄 戊辰
14	11月7日	四緑 壬寅	10月6日	七赤 壬申	9月5日	二黒 辛丑	8月4日	五黄 辛未	7月2日	九紫 庚子	6月1日	四緑 己巳
15	11月8日	三碧 癸卯	10月7日	六白 癸酉	9月6日	一白 壬寅	8月5日	四緑 壬申	7月3日	八白 辛丑	6月2日	三碧 庚午
16	11月9日	二黒 甲辰	10月8日	五黄 甲戌	9月7日	九紫 癸卯	8月6日	三碧 癸酉	7月4日	七赤 壬寅	6月3日	二黒 辛未
17	11月10日	一白 乙巳	10月9日	四緑 乙亥	9月8日	八白 甲辰	8月7日	二黒 甲戌	7月5日	六白 癸卯	6月4日	一白 壬申
18	11月11日	九紫 丙午	10月10日	三碧 丙子	9月9日	七赤 乙巳	8月8日	一白 乙亥	7月6日	五黄 甲辰	6月5日	九紫 癸酉
19	11月12日	八白 丁未	10月11日	二黒 丁丑	9月10日	六白 丙午	8月9日	九紫 丙子	7月7日	四緑 乙巳	6月6日	八白 甲戌
20	11月13日	七赤 戊申	10月12日	一白 戊寅	9月11日	五黄 丁未	8月10日	八白 丁丑	7月8日	三碧 丙午	6月7日	七赤 乙亥
21	11月14日	六白 己酉	10月13日	九紫 己卯	9月12日	四緑 戊申	8月11日	七赤 戊寅	7月9日	二黒 丁未	6月8日	六白 丙子
22	11月15日	五黄 庚戌	10月14日	八白 庚辰	9月13日	三碧 己酉	8月12日	六白 己卯	7月10日	一白 戊申	6月9日	五黄 丁丑
23	11月16日	四緑 辛亥	10月15日	七赤 辛巳	9月14日	二黒 庚戌	8月13日	五黄 庚辰	7月11日	九紫 己酉	6月10日	四緑 戊寅
24	11月17日	三碧 壬子	10月16日	六白 壬午	9月15日	一白 辛亥	8月14日	四緑 辛巳	7月12日	八白 庚戌	6月11日	三碧 己卯
25	11月18日	二黒 癸丑	10月17日	五黄 癸未	9月16日	九紫 壬子	8月15日	三碧 壬午	7月13日	七赤 辛亥	6月12日	二黒 庚辰
26	11月19日	一白 甲寅	10月18日	四緑 甲申	9月17日	八白 癸丑	8月16日	二黒 癸未	7月14日	六白 壬子	6月13日	一白 辛巳
27	11月20日	九紫 乙卯	10月19日	三碧 乙酉	9月18日	七赤 甲寅	8月17日	一白 甲申	7月15日	五黄 癸丑	6月14日	九紫 壬午
28	11月21日	八白 丙辰	10月20日	二黒 丙戌	9月19日	六白 乙卯	8月18日	九紫 乙酉	7月16日	四緑 甲寅	6月15日	八白 癸未
29	11月22日	七赤 丁巳	10月21日	一白 丁亥	9月20日	五黄 丙辰	8月19日	八白 丙戌	7月17日	三碧 乙卯	6月16日	七赤 甲申
30	11月23日	六白 戊午	10月22日	九紫 戊子	9月21日	四緑 丁巳	8月20日	七赤 丁亥	7月18日	二黒 丙辰	6月17日	六白 乙酉
31	11月24日	五黄 己未			9月22日	三碧 戊午			7月19日	一白 丁巳	6月18日	五黄 丙戌

6月甲午			5月癸巳			4月壬辰			3月辛卯			2月庚寅			1月己丑			
5日 20:31			5日 16:39			4日 23:44			5日 19:18			4日 01:31			5日 13:55			
21日 13:13			21日 05:27			20日 06:38			20日 19:58			18日 21:16			20日 07:16			
七赤金星			八白土星			九紫火星			一白水星			二黒土星			三碧木星			
4月27日	四緑	辛卯	3月26日	九紫	庚申	2月25日	六白	庚寅	1月24日	二黒	己未	12月26日	一白	辛卯	11月25日	四緑	庚申	1
4月28日	五黄	壬辰	3月27日	一白	辛酉	2月26日	七赤	辛卯	1月25日	三碧	庚申	12月27日	二黒	壬辰	11月26日	三碧	辛酉	2
4月29日	六白	癸巳	3月28日	二黒	壬戌	2月27日	八白	壬辰	1月26日	四緑	辛酉	12月28日	三碧	癸巳	11月27日	二黒	壬戌	3
4月30日	七赤	甲午	3月29日	三碧	癸亥	2月28日	九紫	癸巳	1月27日	五黄	壬戌	12月29日	四緑	甲午	11月28日	一白	癸亥	4
5月1日	八白	乙未	3月30日	四緑	甲子	2月29日	一白	甲午	1月28日	六白	癸亥	12月30日	五黄	乙未	11月29日	一白	甲子	5
5月2日	九紫	丙申	4月1日	五黄	乙丑	3月1日	二黒	乙未	1月29日	七赤	甲子	1月1日	六白	丙申	11月30日	二黒	乙丑	6
5月3日	一白	丁酉	4月2日	六白	丙寅	3月2日	三碧	丙申	1月30日	八白	乙丑	1月2日	七赤	丁酉	12月1日	三碧	丙寅	7
5月4日	二黒	戊戌	4月3日	七赤	丁卯	3月3日	四緑	丁酉	2月1日	九紫	丙寅	1月3日	八白	戊戌	12月2日	四緑	丁卯	8
5月5日	三碧	己亥	4月4日	八白	戊辰	3月4日	五黄	戊戌	2月2日	一白	丁卯	1月4日	九紫	己亥	12月3日	五黄	戊辰	9
5月6日	四緑	庚子	4月5日	九紫	己巳	3月5日	六白	己亥	2月3日	二黒	戊辰	1月5日	一白	庚子	12月4日	六白	己巳	10
5月7日	五黄	辛丑	4月6日	一白	庚午	3月6日	七赤	庚子	2月4日	三碧	己巳	1月6日	二黒	辛丑	12月5日	七赤	庚午	11
5月8日	六白	壬寅	4月7日	二黒	辛未	3月7日	八白	辛丑	2月5日	四緑	庚午	1月7日	三碧	壬寅	12月6日	八白	辛未	12
5月9日	七赤	癸卯	4月8日	三碧	壬申	3月8日	九紫	壬寅	2月6日	五黄	辛未	1月8日	四緑	癸卯	12月7日	九紫	壬申	13
5月10日	八白	甲辰	4月9日	四緑	癸酉	3月9日	一白	癸卯	2月7日	六白	壬申	1月9日	五黄	甲辰	12月8日	一白	癸酉	14
5月11日	九紫	乙巳	4月10日	五黄	甲戌	3月10日	二黒	甲辰	2月8日	七赤	癸酉	1月10日	六白	乙巳	12月9日	二黒	甲戌	15
5月12日	一白	丙午	4月11日	六白	乙亥	3月11日	三碧	乙巳	2月9日	八白	甲戌	1月11日	七赤	丙午	12月10日	三碧	乙亥	16
5月13日	二黒	丁未	4月12日	七赤	丙子	3月12日	四緑	丙午	2月10日	九紫	乙亥	1月12日	八白	丁未	12月11日	四緑	丙子	17
5月14日	三碧	戊申	4月13日	八白	丁丑	3月13日	五黄	丁未	2月11日	一白	丙子	1月13日	九紫	戊申	12月12日	五黄	丁丑	18
5月15日	四緑	己酉	4月14日	九紫	戊寅	3月14日	六白	戊申	2月12日	二黒	丁丑	1月14日	一白	己酉	12月13日	六白	戊寅	19
5月16日	五黄	庚戌	4月15日	一白	己卯	3月15日	七赤	己酉	2月13日	三碧	戊寅	1月15日	二黒	庚戌	12月14日	七赤	己卯	20
5月17日	六白	辛亥	4月16日	二黒	庚辰	3月16日	八白	庚戌	2月14日	四緑	己卯	1月16日	三碧	辛亥	12月15日	八白	庚辰	21
5月18日	七赤	壬子	4月17日	三碧	辛巳	3月17日	九紫	辛亥	2月15日	五黄	庚辰	1月17日	四緑	壬子	12月16日	九紫	辛巳	22
5月19日	八白	癸丑	4月18日	四緑	壬午	3月18日	一白	壬子	2月16日	六白	辛巳	1月18日	五黄	癸丑	12月17日	一白	壬午	23
5月20日	九紫	甲寅	4月19日	五黄	癸未	3月19日	二黒	癸丑	2月17日	七赤	壬午	1月19日	六白	甲寅	12月18日	二黒	癸未	24
5月21日	一白	乙卯	4月20日	六白	甲申	3月20日	三碧	甲寅	2月18日	八白	癸未	1月20日	七赤	乙卯	12月19日	三碧	甲申	25
5月22日	二黒	丙辰	4月21日	七赤	乙酉	3月21日	四緑	乙卯	2月19日	九紫	甲申	1月21日	八白	丙辰	12月20日	四緑	乙酉	26
5月23日	三碧	丁巳	4月22日	八白	丙戌	3月22日	五黄	丙辰	2月20日	一白	乙酉	1月22日	九紫	丁巳	12月21日	五黄	丙戌	27
5月24日	四緑	戊午	4月23日	九紫	丁亥	3月23日	六白	丁巳	2月21日	二黒	丙戌	1月23日	一白	戊午	12月22日	六白	丁亥	28
5月25日	五黄	己未	4月24日	一白	戊子	3月24日	七赤	戊午	2月22日	三碧	丁亥				12月23日	七赤	戊子	29
5月26日	六白	庚申	4月25日	二黒	己丑	3月25日	八白	己未	2月23日	四緑	戊子				12月24日	八白	己丑	30
			4月26日	三碧	庚寅				2月24日	五黄	己丑				12月25日	九紫	庚寅	31

	令和28年		2046年		丙寅年		八白土星					
	12月庚子		11月己亥		10月戊戌		9月丁酉		8月丙申		7月乙未	
	7日 08：20		7日 15：13		8日 11：42		7日 19：43		7日 16：33		7日 06：39	
	22日 02：28		22日 12：55		23日 15：02		23日 05：21		23日 07：25		23日 00：08	
	一白水星		二黒土星		三碧木星		四緑木星		五黄土星		六白金星	
1	11月4日	三碧	甲午	10月4日	六白	甲子	9月2日	一白	癸巳	8月1日	四緑	癸亥	6月29日	八白	壬辰	5月27日	七赤	辛酉
2	11月5日	二黒	乙未	10月5日	五黄	乙丑	9月3日	九紫	甲午	8月2日	三碧	甲子	7月1日	七赤	癸巳	5月28日	八白	壬戌
3	11月6日	一白	丙申	10月6日	四緑	丙寅	9月4日	八白	乙未	8月3日	二黒	乙丑	7月2日	六白	甲午	5月29日	九紫	癸亥
4	11月7日	九紫	丁酉	10月7日	三碧	丁卯	9月5日	七赤	丙申	8月4日	一白	丙寅	7月3日	五黄	乙未	6月1日	九紫	甲子
5	11月8日	八白	戊戌	10月8日	二黒	戊辰	9月6日	六白	丁酉	8月5日	九紫	丁卯	7月4日	四緑	丙申	6月2日	八白	乙丑
6	11月9日	七赤	己亥	10月9日	一白	己巳	9月7日	五黄	戊戌	8月6日	八白	戊辰	7月5日	三碧	丁酉	6月3日	七赤	丙寅
7	11月10日	六白	庚子	10月10日	九紫	庚午	9月8日	四緑	己亥	8月7日	七赤	己巳	7月6日	二黒	戊戌	6月4日	六白	丁卯
8	11月11日	五黄	辛丑	10月11日	八白	辛未	9月9日	三碧	庚子	8月8日	六白	庚午	7月7日	一白	己亥	6月5日	五黄	戊辰
9	11月12日	四緑	壬寅	10月12日	七赤	壬申	9月10日	二黒	辛丑	8月9日	五黄	辛未	7月8日	九紫	庚子	6月6日	四緑	己巳
10	11月13日	三碧	癸卯	10月13日	六白	癸酉	9月11日	一白	壬寅	8月10日	四緑	壬申	7月9日	八白	辛丑	6月7日	三碧	庚午
11	11月14日	二黒	甲辰	10月14日	五黄	甲戌	9月12日	九紫	癸卯	8月11日	三碧	癸酉	7月10日	七赤	壬寅	6月8日	二黒	辛未
12	11月15日	一白	乙巳	10月15日	四緑	乙亥	9月13日	八白	甲辰	8月12日	二黒	甲戌	7月11日	六白	癸卯	6月9日	一白	壬申
13	11月16日	九紫	丙午	10月16日	三碧	丙子	9月14日	七赤	乙巳	8月13日	一白	乙亥	7月12日	五黄	甲辰	6月10日	九紫	癸酉
14	11月17日	八白	丁未	10月17日	二黒	丁丑	9月15日	六白	丙午	8月14日	九紫	丙子	7月13日	四緑	乙巳	6月11日	八白	甲戌
15	11月18日	七赤	戊申	10月18日	一白	戊寅	9月16日	五黄	丁未	8月15日	八白	丁丑	7月14日	三碧	丙午	6月12日	七赤	乙亥
16	11月19日	六白	己酉	10月19日	九紫	己卯	9月17日	四緑	戊申	8月16日	七赤	戊寅	7月15日	二黒	丁未	6月13日	六白	丙子
17	11月20日	五黄	庚戌	10月20日	八白	庚辰	9月18日	三碧	己酉	8月17日	六白	己卯	7月16日	一白	戊申	6月14日	五黄	丁丑
18	11月21日	四緑	辛亥	10月21日	七赤	辛巳	9月19日	二黒	庚戌	8月18日	五黄	庚辰	7月17日	九紫	己酉	6月15日	四緑	戊寅
19	11月22日	三碧	壬子	10月22日	六白	壬午	9月20日	一白	辛亥	8月19日	四緑	辛巳	7月18日	八白	庚戌	6月16日	三碧	己卯
20	11月23日	二黒	癸丑	10月23日	五黄	癸未	9月21日	九紫	壬子	8月20日	三碧	壬午	7月19日	七赤	辛亥	6月17日	二黒	庚辰
21	11月24日	一白	甲寅	10月24日	四緑	甲申	9月22日	八白	癸丑	8月21日	二黒	癸未	7月20日	六白	壬子	6月18日	一白	辛巳
22	11月25日	九紫	乙卯	10月25日	三碧	乙酉	9月23日	七赤	甲寅	8月22日	一白	甲申	7月21日	五黄	癸丑	6月19日	九紫	壬午
23	11月26日	八白	丙辰	10月26日	二黒	丙戌	9月24日	六白	乙卯	8月23日	九紫	乙酉	7月22日	四緑	甲寅	6月20日	八白	癸未
24	11月27日	七赤	丁巳	10月27日	一白	丁亥	9月25日	五黄	丙辰	8月24日	八白	丙戌	7月23日	三碧	乙卯	6月21日	七赤	甲申
25	11月28日	六白	戊午	10月28日	九紫	戊子	9月26日	四緑	丁巳	8月25日	七赤	丁亥	7月24日	二黒	丙辰	6月22日	六白	乙酉
26	11月29日	五黄	己未	10月29日	八白	己丑	9月27日	三碧	戊午	8月26日	六白	戊子	7月25日	一白	丁巳	6月23日	五黄	丙戌
27	12月1日	四緑	庚申	10月30日	七赤	庚寅	9月28日	二黒	己未	8月27日	五黄	己丑	7月26日	九紫	戊午	6月24日	四緑	丁亥
28	12月2日	三碧	辛酉	11月1日	六白	辛卯	9月29日	一白	庚申	8月28日	四緑	庚寅	7月27日	八白	己未	6月25日	三碧	戊子
29	12月3日	二黒	壬戌	11月2日	五黄	壬辰	10月1日	九紫	辛酉	8月29日	三碧	辛卯	7月28日	七赤	庚申	6月26日	二黒	己丑
30	12月4日	一白	癸亥	11月3日	四緑	癸巳	10月2日	八白	壬戌	9月1日	二黒	壬辰	7月29日	六白	辛酉	6月27日	一白	庚寅
31	12月5日	一白	甲子				10月3日	七赤	癸亥				7月30日	五黄	壬戌	6月28日	九紫	辛卯

6月丙午			5月乙巳			4月甲辰			3月癸卯			2月壬寅			1月辛丑			
6日 02：19			5日 22：27			5日 05：32			6日 01：05			4日 07：18			5日 19：42			
21日 19：02			21日 11：18			20日 12：31			21日 01：52			19日 03：11			20日 13：10			
四緑木星			五黄土星			六白金星			七赤金星			八白土星			九紫火星			
5月8日	九紫	丙申	4月7日	五黄	乙丑	3月7日	二黒	乙未	2月5日	七赤	甲子	1月7日	六白	丙申	12月6日	二黒	乙丑	1
5月9日	一白	丁酉	4月8日	六白	丙寅	3月8日	三碧	丙申	2月6日	八白	乙丑	1月8日	七赤	丁酉	12月7日	三碧	丙寅	2
5月10日	二黒	戊戌	4月9日	七赤	丁卯	3月9日	四緑	丁酉	2月7日	九紫	丙寅	1月9日	八白	戊戌	12月8日	四緑	丁卯	3
5月11日	三碧	己亥	4月10日	八白	戊辰	3月10日	五黄	戊戌	2月8日	一白	丁卯	1月10日	九紫	己亥	12月9日	五黄	戊辰	4
5月12日	四緑	庚子	4月11日	九紫	己巳	3月11日	六白	己亥	2月9日	二黒	戊辰	1月11日	一白	庚子	12月10日	六白	己巳	5
5月13日	五黄	辛丑	4月12日	一白	庚午	3月12日	七赤	庚子	2月10日	三碧	己巳	1月12日	二黒	辛丑	12月11日	七赤	庚午	6
5月14日	六白	壬寅	4月13日	二黒	辛未	3月13日	八白	辛丑	2月11日	四緑	庚午	1月13日	三碧	壬寅	12月12日	八白	辛未	7
5月15日	七赤	癸卯	4月14日	三碧	壬申	3月14日	九紫	壬寅	2月12日	五黄	辛未	1月14日	四緑	癸卯	12月13日	九紫	壬申	8
5月16日	八白	甲辰	4月15日	四緑	癸酉	3月15日	一白	癸卯	2月13日	六白	壬申	1月15日	五黄	甲辰	12月14日	一白	癸酉	9
5月17日	九紫	乙巳	4月16日	五黄	甲戌	3月16日	二黒	甲辰	2月14日	七赤	癸酉	1月16日	六白	乙巳	12月15日	二黒	甲戌	10
5月18日	一白	丙午	4月17日	六白	乙亥	3月17日	三碧	乙巳	2月15日	八白	甲戌	1月17日	七赤	丙午	12月16日	三碧	乙亥	11
5月19日	二黒	丁未	4月18日	七赤	丙子	3月18日	四緑	丙午	2月16日	九紫	乙亥	1月18日	八白	丁未	12月17日	四緑	丙子	12
5月20日	三碧	戊申	4月19日	八白	丁丑	3月19日	五黄	丁未	2月17日	一白	丙子	1月19日	九紫	戊申	12月18日	五黄	丁丑	13
5月21日	四緑	己酉	4月20日	九紫	戊寅	3月20日	六白	戊申	2月18日	二黒	丁丑	1月20日	一白	己酉	12月19日	六白	戊寅	14
5月22日	五黄	庚戌	4月21日	一白	己卯	3月21日	七赤	己酉	2月19日	三碧	戊寅	1月21日	二黒	庚戌	12月20日	七赤	己卯	15
5月23日	六白	辛亥	4月22日	二黒	庚辰	3月22日	八白	庚戌	2月20日	四緑	己卯	1月22日	三碧	辛亥	12月21日	八白	庚辰	16
5月24日	七赤	壬子	4月23日	三碧	辛巳	3月23日	九紫	辛亥	2月21日	五黄	庚辰	1月23日	四緑	壬子	12月22日	九紫	辛巳	17
5月25日	八白	癸丑	4月24日	四緑	壬午	3月24日	一白	壬子	2月22日	六白	辛巳	1月24日	五黄	癸丑	12月23日	一白	壬午	18
5月26日	九紫	甲寅	4月25日	五黄	癸未	3月25日	二黒	癸丑	2月23日	七赤	壬午	1月25日	六白	甲寅	12月24日	二黒	癸未	19
5月27日	一白	乙卯	4月26日	六白	甲申	3月26日	三碧	甲寅	2月24日	八白	癸未	1月26日	七赤	乙卯	12月25日	三碧	甲申	20
5月28日	二黒	丙辰	4月27日	七赤	乙酉	3月27日	四緑	乙卯	2月25日	九紫	甲申	1月27日	八白	丙辰	12月26日	四緑	乙酉	21
5月29日	三碧	丁巳	4月28日	八白	丙戌	3月28日	五黄	丙辰	2月26日	一白	乙酉	1月28日	九紫	丁巳	12月27日	五黄	丙戌	22
閏5月1日	四緑	戊午	4月29日	九紫	丁亥	3月29日	六白	丁巳	2月27日	二黒	丙戌	1月29日	一白	戊午	12月28日	六白	丁亥	23
閏5月2日	五黄	己未	4月30日	一白	戊子	3月30日	七赤	戊午	2月28日	三碧	丁亥	1月30日	二黒	己未	12月29日	七赤	戊子	24
閏5月3日	六白	庚申	5月1日	二黒	己丑	4月1日	八白	己未	2月29日	四緑	戊子	2月1日	三碧	庚申	12月30日	八白	己丑	25
閏5月4日	七赤	辛酉	5月2日	三碧	庚寅	4月2日	九紫	庚申	3月1日	五黄	己丑	2月2日	四緑	辛酉	1月1日	九紫	庚寅	26
閏5月5日	八白	壬戌	5月3日	四緑	辛卯	4月3日	一白	辛酉	3月2日	六白	庚寅	2月3日	五黄	壬戌	1月2日	一白	辛卯	27
閏5月6日	九紫	癸亥	5月4日	五黄	壬辰	4月4日	二黒	壬戌	3月3日	七赤	辛卯	2月4日	六白	癸亥	1月3日	二黒	壬辰	28
閏5月7日	九紫	甲子	5月5日	六白	癸巳	4月5日	三碧	癸亥	3月4日	八白	壬辰				1月4日	三碧	癸巳	29
閏5月8日	八白	乙丑	5月6日	七赤	甲午	4月6日	四緑	甲子	3月5日	九紫	癸巳				1月5日	四緑	甲午	30
			5月7日	八白	乙未				3月6日	一白	甲午				1月6日	五黄	乙未	31

248

	令和29年			2047年			丁卯年			七赤金星				
	12月壬子			11月辛亥			10月庚戌			9月己酉			8月戊申			7月丁未		
	7日 14：10			7日 21：06			8日 17：37			8日 01：38			7日 22：26			7日 12：30		
	22日 08：07			22日 18：37			23日 20：47			23日 11：08			23日 13：11			23日 05：55		
	七赤金星			八白土星			九紫火星			一白水星			二黒土星			三碧木星		
1	10月15日	七赤	己亥	9月14日	一白	己巳	8月12日	五黄	戊戌	7月12日	八白	戊辰	6月10日	三碧	丁酉	閏5月9日	七赤	丙寅
2	10月16日	六白	庚子	9月15日	九紫	庚午	8月13日	四緑	己亥	7月13日	七赤	己巳	6月11日	二黒	戊戌	閏5月10日	六白	丁卯
3	10月17日	五黄	辛丑	9月16日	八白	辛未	8月14日	三碧	庚子	7月14日	六白	庚午	6月12日	一白	己亥	閏5月11日	五黄	戊辰
4	10月18日	四緑	壬寅	9月17日	七赤	壬申	8月15日	二黒	辛丑	7月15日	五黄	辛未	6月13日	九紫	庚子	閏5月12日	四緑	己巳
5	10月19日	三碧	癸卯	9月18日	六白	癸酉	8月16日	一白	壬寅	7月16日	四緑	壬申	6月14日	八白	辛丑	閏5月13日	三碧	庚午
6	10月20日	二黒	甲辰	9月19日	五黄	甲戌	8月17日	九紫	癸卯	7月17日	三碧	癸酉	6月15日	七赤	壬寅	閏5月14日	二黒	辛未
7	10月21日	一白	乙巳	9月20日	四緑	乙亥	8月18日	八白	甲辰	7月18日	二黒	甲戌	6月16日	六白	癸卯	閏5月15日	一白	壬申
8	10月22日	九紫	丙午	9月21日	三碧	丙子	8月19日	七赤	乙巳	7月19日	一白	乙亥	6月17日	五黄	甲辰	閏5月16日	九紫	癸酉
9	10月23日	八白	丁未	9月22日	二黒	丁丑	8月20日	六白	丙午	7月20日	九紫	丙子	6月18日	四緑	乙巳	閏5月17日	八白	甲戌
10	10月24日	七赤	戊申	9月23日	一白	戊寅	8月21日	五黄	丁未	7月21日	八白	丁丑	6月19日	三碧	丙午	閏5月18日	七赤	乙亥
11	10月25日	六白	己酉	9月24日	九紫	己卯	8月22日	四緑	戊申	7月22日	七赤	戊寅	6月20日	二黒	丁未	閏5月19日	六白	丙子
12	10月26日	五黄	庚戌	9月25日	八白	庚辰	8月23日	三碧	己酉	7月23日	六白	己卯	6月21日	一白	戊申	閏5月20日	五黄	丁丑
13	10月27日	四緑	辛亥	9月26日	七赤	辛巳	8月24日	二黒	庚戌	7月24日	五黄	庚辰	6月22日	九紫	己酉	閏5月21日	四緑	戊寅
14	10月28日	三碧	壬子	9月27日	六白	壬午	8月25日	一白	辛亥	7月25日	四緑	辛巳	6月23日	八白	庚戌	閏5月22日	三碧	己卯
15	10月29日	二黒	癸丑	9月28日	五黄	癸未	8月26日	九紫	壬子	7月26日	三碧	壬午	6月24日	七赤	辛亥	閏5月23日	二黒	庚辰
16	10月30日	一白	甲寅	9月29日	四緑	甲申	8月27日	八白	癸丑	7月27日	二黒	癸未	6月25日	六白	壬子	閏5月24日	一白	辛巳
17	11月1日	九紫	乙卯	10月1日	三碧	乙酉	8月28日	七赤	甲寅	7月28日	一白	甲申	6月26日	五黄	癸丑	閏5月25日	九紫	壬午
18	11月2日	八白	丙辰	10月2日	二黒	丙戌	8月29日	六白	乙卯	7月29日	九紫	乙酉	6月27日	四緑	甲寅	閏5月26日	八白	癸未
19	11月3日	七赤	丁巳	10月3日	一白	丁亥	9月1日	五黄	丙辰	7月30日	八白	丙戌	6月28日	三碧	乙卯	閏5月27日	七赤	甲申
20	11月4日	六白	戊午	10月4日	九紫	戊子	9月2日	四緑	丁巳	8月1日	七赤	丁亥	6月29日	二黒	丙辰	閏5月28日	六白	乙酉
21	11月5日	五黄	己未	10月5日	八白	己丑	9月3日	三碧	戊午	8月2日	六白	戊子	7月1日	一白	丁巳	閏5月29日	五黄	丙戌
22	11月6日	四緑	庚申	10月6日	七赤	庚寅	9月4日	二黒	己未	8月3日	五黄	己丑	7月2日	九紫	戊午	閏5月30日	四緑	丁亥
23	11月7日	三碧	辛酉	10月7日	六白	辛卯	9月5日	一白	庚申	8月4日	四緑	庚寅	7月3日	八白	己未	6月1日	三碧	戊子
24	11月8日	二黒	壬戌	10月8日	五黄	壬辰	9月6日	九紫	辛酉	8月5日	三碧	辛卯	7月4日	七赤	庚申	6月2日	二黒	己丑
25	11月9日	一白	癸亥	10月9日	四緑	癸巳	9月7日	八白	壬戌	8月6日	二黒	壬辰	7月5日	六白	辛酉	6月3日	一白	庚寅
26	11月10日	一白	甲子	10月10日	三碧	甲午	9月8日	七赤	癸亥	8月7日	一白	癸巳	7月6日	五黄	壬戌	6月4日	九紫	辛卯
27	11月11日	二黒	乙丑	10月11日	二黒	乙未	9月9日	六白	甲子	8月8日	九紫	甲午	7月7日	四緑	癸亥	6月5日	八白	壬辰
28	11月12日	三碧	丙寅	10月12日	一白	丙申	9月10日	五黄	乙丑	8月9日	八白	乙未	7月8日	三碧	甲子	6月6日	七赤	癸巳
29	11月13日	四緑	丁卯	10月13日	九紫	丁酉	9月11日	四緑	丙寅	8月10日	七赤	丙申	7月9日	二黒	乙丑	6月7日	六白	甲午
30	11月14日	五黄	戊辰	10月14日	八白	戊戌	9月12日	三碧	丁卯	8月11日	六白	丁酉	7月10日	一白	丙寅	6月8日	五黄	乙未
31	11月15日	六白	己巳				9月13日	二黒	戊辰				7月11日	九紫	丁卯	6月9日	四緑	丙申

6月戊午	5月丁巳	4月丙辰	3月乙卯	2月甲寅	1月癸丑	
5日 08：17	5日 04：23	4日 11：24	5日 06：54	4日 13：05	6日 01：29	
21日 00：53	20日 17：06	19日 18：16	20日 07：33	19日 08：49	20日 18：47	
一白水星	二黒土星	三碧木星	四緑木星	五黄土星	六白金星	
4月20日 六白 壬寅	3月19日 二黒 辛未	2月19日 八白 辛丑	1月17日 四緑 庚午	12月18日 二黒 辛丑	11月16日 七赤 庚午	1
4月21日 七赤 癸卯	3月20日 三碧 壬申	2月20日 九紫 壬寅	1月18日 五黄 辛未	12月19日 三碧 壬寅	11月17日 八白 辛未	2
4月22日 八白 甲辰	3月21日 四緑 癸酉	2月21日 一白 癸卯	1月19日 六白 壬申	12月20日 四緑 癸卯	11月18日 九紫 壬申	3
4月23日 九紫 乙巳	3月22日 五黄 甲戌	2月22日 二黒 甲辰	1月20日 七赤 癸酉	12月21日 五黄 甲辰	11月19日 一白 癸酉	4
4月24日 一白 丙午	3月23日 六白 乙亥	2月23日 三碧 乙巳	1月21日 八白 甲戌	12月22日 六白 乙巳	11月20日 二黒 甲戌	5
4月25日 二黒 丁未	3月24日 七赤 丙子	2月24日 四緑 丙午	1月22日 九紫 乙亥	12月23日 七赤 丙午	11月21日 三碧 乙亥	6
4月26日 三碧 戊申	3月25日 八白 丁丑	2月25日 五黄 丁未	1月23日 一白 丙子	12月24日 八白 丁未	11月22日 四緑 丙子	7
4月27日 四緑 己酉	3月26日 九紫 戊寅	2月26日 六白 戊申	1月24日 二黒 丁丑	12月25日 九紫 戊申	11月23日 五黄 丁丑	8
4月28日 五黄 庚戌	3月27日 一白 己卯	2月27日 七赤 己酉	1月25日 三碧 戊寅	12月26日 一白 己酉	11月24日 六白 戊寅	9
4月29日 六白 辛亥	3月28日 二黒 庚辰	2月28日 八白 庚戌	1月26日 四緑 己卯	12月27日 二黒 庚戌	11月25日 七赤 己卯	10
5月1日 七赤 壬子	3月29日 三碧 辛巳	2月29日 九紫 辛亥	1月27日 五黄 庚辰	12月28日 三碧 辛亥	11月26日 八白 庚辰	11
5月2日 八白 癸丑	3月30日 四緑 壬午	2月30日 一白 壬子	1月28日 六白 辛巳	12月29日 四緑 壬子	11月27日 九紫 辛巳	12
5月3日 九紫 甲寅	4月1日 五黄 癸未	3月1日 二黒 癸丑	1月29日 七赤 壬午	12月30日 五黄 癸丑	11月28日 一白 壬午	13
5月4日 一白 乙卯	4月2日 六白 甲申	3月2日 三碧 甲寅	2月1日 八白 癸未	1月1日 六白 甲寅	11月29日 二黒 癸未	14
5月5日 二黒 丙辰	4月3日 七赤 乙酉	3月3日 四緑 乙卯	2月2日 九紫 甲申	1月2日 七赤 乙卯	12月1日 三碧 甲申	15
5月6日 三碧 丁巳	4月4日 八白 丙戌	3月4日 五黄 丙辰	2月3日 一白 乙酉	1月3日 八白 丙辰	12月2日 四緑 乙酉	16
5月7日 四緑 戊午	4月5日 九紫 丁亥	3月5日 六白 丁巳	2月4日 二黒 丙戌	1月4日 九紫 丁巳	12月3日 五黄 丙戌	17
5月8日 五黄 己未	4月6日 一白 戊子	3月6日 七赤 戊午	2月5日 三碧 丁亥	1月5日 一白 戊午	12月4日 六白 丁亥	18
5月9日 六白 庚申	4月7日 二黒 己丑	3月7日 八白 己未	2月6日 四緑 戊子	1月6日 二黒 己未	12月5日 七赤 戊子	19
5月10日 七赤 辛酉	4月8日 三碧 庚寅	3月8日 九紫 庚申	2月7日 五黄 己丑	1月7日 三碧 庚申	12月6日 八白 己丑	20
5月11日 八白 壬戌	4月9日 四緑 辛卯	3月9日 一白 辛酉	2月8日 六白 庚寅	1月8日 四緑 辛酉	12月7日 九紫 庚寅	21
5月12日 九紫 癸亥	4月10日 五黄 壬辰	3月10日 二黒 壬戌	2月9日 七赤 辛卯	1月9日 五黄 壬戌	12月8日 一白 辛卯	22
5月13日 九紫 甲子	4月11日 六白 癸巳	3月11日 三碧 癸亥	2月10日 八白 壬辰	1月10日 六白 癸亥	12月9日 二黒 壬辰	23
5月14日 八白 乙丑	4月12日 七赤 甲午	3月12日 四緑 甲子	2月11日 九紫 癸巳	1月11日 七赤 甲子	12月10日 三碧 癸巳	24
5月15日 七赤 丙寅	4月13日 八白 乙未	3月13日 五黄 乙丑	2月12日 一白 甲午	1月12日 八白 乙丑	12月11日 四緑 甲午	25
5月16日 六白 丁卯	4月14日 九紫 丙申	3月14日 六白 丙寅	2月13日 二黒 乙未	1月13日 九紫 丙寅	12月12日 五黄 乙未	26
5月17日 五黄 戊辰	4月15日 一白 丁酉	3月15日 七赤 丁卯	2月14日 三碧 丙申	1月14日 一白 丁卯	12月13日 六白 丙申	27
5月18日 四緑 己巳	4月16日 二黒 戊戌	3月16日 八白 戊辰	2月15日 四緑 丁酉	1月15日 二黒 戊辰	12月14日 七赤 丁酉	28
5月19日 三碧 庚午	4月17日 三碧 己亥	3月17日 九紫 己巳	2月16日 五黄 戊戌	1月16日 三碧 己巳	12月15日 八白 戊戌	29
5月20日 二黒 辛未	4月18日 四緑 庚子	3月18日 一白 庚午	2月17日 六白 己亥		12月16日 九紫 己亥	30
	4月19日 五黄 辛丑		2月18日 七赤 庚子		12月17日 一白 庚子	31

250

	令和30年		2048年		戊辰年		六白金星				
	12月甲子		11月癸亥		10月壬戌		9月辛酉		8月庚申		7月己未	
	6日 20：00		7日 02：55		7日 23：25		7日 07：28		7日 04：19		6日 18：27	
	21日 14：02		22日 00：32		23日 02：41		22日 17：00		22日 19：03		22日 11：47	
	四緑木星		五黄土星		六白金星		七赤金星		八白土星		九紫火星	
1	10月26日	一白 乙巳	9月25日	四緑 乙亥	8月24日	八白 甲辰	7月23日	二黒 甲戌	6月22日	六白 癸卯	5月21日	一白 壬戌
2	10月27日	九紫 丙午	9月26日	三碧 丙子	8月25日	七赤 乙巳	7月24日	一白 乙亥	6月23日	五黄 甲辰	5月22日	九紫 癸亥
3	10月28日	八白 丁未	9月27日	二黒 丁丑	8月26日	六白 丙午	7月25日	九紫 丙子	6月24日	四緑 乙巳	5月23日	八白 甲子
4	10月29日	七赤 戊申	9月28日	一白 戊寅	8月27日	五黄 丁未	7月26日	八白 丁丑	6月25日	三碧 丙午	5月24日	七赤 乙丑
5	10月30日	六白 己酉	9月29日	九紫 己卯	8月28日	四緑 戊申	7月27日	七赤 戊寅	6月26日	二黒 丁未	5月25日	六白 丙寅
6	11月1日	五黄 庚戌	10月1日	八白 庚辰	8月29日	三碧 己酉	7月28日	六白 己卯	6月27日	一白 戊申	5月26日	五黄 丁卯
7	11月2日	四緑 辛亥	10月2日	七赤 辛巳	8月30日	二黒 庚戌	7月29日	五黄 庚辰	6月28日	九紫 己酉	5月27日	四緑 戊辰
8	11月3日	三碧 壬子	10月3日	六白 壬午	9月1日	一白 辛亥	8月1日	四緑 辛巳	6月29日	八白 庚戌	5月28日	三碧 己卯
9	11月4日	二黒 癸丑	10月4日	五黄 癸未	9月2日	九紫 壬子	8月2日	三碧 壬午	6月30日	七赤 辛亥	5月29日	二黒 庚辰
10	11月5日	一白 甲寅	10月5日	四緑 甲申	9月3日	八白 癸丑	8月3日	二黒 癸未	7月1日	六白 壬子	5月30日	一白 辛巳
11	11月6日	九紫 乙卯	10月6日	三碧 乙酉	9月4日	七赤 甲寅	8月4日	一白 甲申	7月2日	五黄 癸丑	6月1日	九紫 壬午
12	11月7日	八白 丙辰	10月7日	二黒 丙戌	9月5日	六白 乙卯	8月5日	九紫 乙酉	7月3日	四緑 甲寅	6月2日	八白 癸未
13	11月8日	七赤 丁巳	10月8日	一白 丁亥	9月6日	五黄 丙辰	8月6日	八白 丙戌	7月4日	三碧 乙卯	6月3日	七赤 甲申
14	11月9日	六白 戊午	10月9日	九紫 戊子	9月7日	四緑 丁巳	8月7日	七赤 丁亥	7月5日	二黒 丙辰	6月4日	六白 乙酉
15	11月10日	五黄 己未	10月10日	八白 己丑	9月8日	三碧 戊午	8月8日	六白 戊子	7月6日	一白 丁巳	6月5日	五黄 丙戌
16	11月11日	四緑 庚申	10月11日	七赤 庚寅	9月9日	二黒 己未	8月9日	五黄 己丑	7月7日	九紫 戊午	6月6日	四緑 丁亥
17	11月12日	三碧 辛酉	10月12日	六白 辛卯	9月10日	一白 庚申	8月10日	四緑 庚寅	7月8日	八白 己未	6月7日	三碧 戊子
18	11月13日	二黒 壬戌	10月13日	五黄 壬辰	9月11日	九紫 辛酉	8月11日	三碧 辛卯	7月9日	七赤 庚申	6月8日	二黒 己丑
19	11月14日	一白 癸亥	10月14日	四緑 癸巳	9月12日	八白 壬戌	8月12日	二黒 壬辰	7月10日	六白 辛酉	6月9日	一白 庚寅
20	11月15日	一白 甲子	10月15日	三碧 甲午	9月13日	七赤 癸亥	8月13日	一白 癸巳	7月11日	五黄 壬戌	6月10日	九紫 辛卯
21	11月16日	二黒 乙丑	10月16日	二黒 乙未	9月14日	六白 甲子	8月14日	九紫 甲午	7月12日	四緑 癸亥	6月11日	八白 壬辰
22	11月17日	三碧 丙寅	10月17日	一白 丙申	9月15日	五黄 乙丑	8月15日	八白 乙未	7月13日	三碧 甲子	6月12日	七赤 癸巳
23	11月18日	四緑 丁卯	10月18日	九紫 丁酉	9月16日	四緑 丙寅	8月16日	七赤 丙申	7月14日	二黒 乙丑	6月13日	六白 甲午
24	11月19日	五黄 戊辰	10月19日	八白 戊戌	9月17日	三碧 丁卯	8月17日	六白 丁酉	7月15日	一白 丙寅	6月14日	五黄 乙未
25	11月20日	六白 己巳	10月20日	七赤 己亥	9月18日	二黒 戊辰	8月18日	五黄 戊戌	7月16日	九紫 丁卯	6月15日	四緑 丙申
26	11月21日	七赤 庚午	10月21日	六白 庚子	9月19日	一白 己巳	8月19日	四緑 己亥	7月17日	八白 戊辰	6月16日	三碧 丁酉
27	11月22日	八白 辛未	10月22日	五黄 辛丑	9月20日	九紫 庚午	8月20日	三碧 庚子	7月18日	七赤 己巳	6月17日	二黒 戊戌
28	11月23日	九紫 壬申	10月23日	四緑 壬寅	9月21日	八白 辛未	8月21日	二黒 辛丑	7月19日	六白 庚午	6月18日	一白 己亥
29	11月24日	一白 癸酉	10月24日	三碧 癸卯	9月22日	七赤 壬申	8月22日	一白 壬寅	7月20日	五黄 辛未	6月19日	九紫 庚子
30	11月25日	二黒 甲戌	10月25日	二黒 甲辰	9月23日	六白 癸酉	8月23日	九紫 癸卯	7月21日	四緑 壬申	6月20日	八白 辛丑
31	11月26日	三碧 乙亥			9月24日	五黄 甲戌			7月22日	三碧 癸酉	6月21日	七赤 壬寅

6月庚午			5月己巳			4月戊辰			3月丁卯			2月丙寅			1月乙丑			
5日 14：03			5日 10：11			4日 17：13			5日 12：43			3日 18：54			5日 07：19			
21日 06：47			20日 23：02			20日 00：12			20日 13：28			18日 14：42			20日 00：42			
七赤金星			八白土星			九紫火星			一白水星			二黒土星			三碧木星			
5月2日	二黒	丁未	3月30日	七赤	丙子	2月29日	四緑	丙午	1月28日	九紫	乙亥	12月29日	八白	丁未	11月27日	四緑	丙子	1
5月3日	三碧	戊申	4月1日	八白	丁丑	3月1日	五黄	丁未	1月29日	一白	丙子	1月1日	九紫	戊申	11月28日	五黄	丁丑	2
5月4日	四緑	己酉	4月2日	九紫	戊寅	3月2日	六白	戊申	1月30日	二黒	丁丑	1月2日	一白	己酉	11月29日	六白	戊寅	3
5月5日	五黄	庚戌	4月3日	一白	己卯	3月3日	七赤	己酉	2月1日	三碧	戊寅	1月3日	二黒	庚戌	12月1日	七赤	己卯	4
5月6日	六白	辛亥	4月4日	二黒	庚辰	3月4日	八白	庚戌	2月2日	四緑	己卯	1月4日	三碧	辛亥	12月2日	八白	庚辰	5
5月7日	七赤	壬子	4月5日	三碧	辛巳	3月5日	九紫	辛亥	2月3日	五黄	庚辰	1月5日	四緑	壬子	12月3日	九紫	辛巳	6
5月8日	八白	癸丑	4月6日	四緑	壬午	3月6日	一白	壬子	2月4日	六白	辛巳	1月6日	五黄	癸丑	12月4日	一白	壬午	7
5月9日	九紫	甲寅	4月7日	五黄	癸未	3月7日	二黒	癸丑	2月5日	七赤	壬午	1月7日	六白	甲寅	12月5日	二黒	癸未	8
5月10日	一白	乙卯	4月8日	六白	甲申	3月8日	三碧	甲寅	2月6日	八白	癸未	1月8日	七赤	乙卯	12月6日	三碧	甲申	9
5月11日	二黒	丙辰	4月9日	七赤	乙酉	3月9日	四緑	乙卯	2月7日	九紫	甲申	1月9日	八白	丙辰	12月7日	四緑	乙酉	10
5月12日	三碧	丁巳	4月10日	八白	丙戌	3月10日	五黄	丙辰	2月8日	一白	乙酉	1月10日	九紫	丁巳	12月8日	五黄	丙戌	11
5月13日	四緑	戊午	4月11日	九紫	丁亥	3月11日	六白	丁巳	2月9日	二黒	丙戌	1月11日	一白	戊午	12月9日	六白	丁亥	12
5月14日	五黄	己未	4月12日	一白	戊子	3月12日	七赤	戊午	2月10日	三碧	丁亥	1月12日	二黒	己未	12月10日	七赤	戊子	13
5月15日	六白	庚申	4月13日	二黒	己丑	3月13日	八白	己未	2月11日	四緑	戊子	1月13日	三碧	庚申	12月11日	八白	己丑	14
5月16日	七赤	辛酉	4月14日	三碧	庚寅	3月14日	九紫	庚申	2月12日	五黄	己丑	1月14日	四緑	辛酉	12月12日	九紫	庚寅	15
5月17日	八白	壬戌	4月15日	四緑	辛卯	3月15日	一白	辛酉	2月13日	六白	庚寅	1月15日	五黄	壬戌	12月13日	一白	辛卯	16
5月18日	九紫	癸亥	4月16日	五黄	壬辰	3月16日	二黒	壬戌	2月14日	七赤	辛卯	1月16日	六白	癸亥	12月14日	二黒	壬辰	17
5月19日	九紫	甲子	4月17日	六白	癸巳	3月17日	三碧	癸亥	2月15日	八白	壬辰	1月17日	七赤	甲子	12月15日	三碧	癸巳	18
5月20日	八白	乙丑	4月18日	七赤	甲午	3月18日	四緑	甲子	2月16日	九紫	癸巳	1月18日	八白	乙丑	12月16日	四緑	甲午	19
5月21日	七赤	丙寅	4月19日	八白	乙未	3月19日	五黄	乙丑	2月17日	一白	甲午	1月19日	九紫	丙寅	12月17日	五黄	乙未	20
5月22日	六白	丁卯	4月20日	九紫	丙申	3月20日	六白	丙寅	2月18日	二黒	乙未	1月20日	一白	丁卯	12月18日	六白	丙申	21
5月23日	五黄	戊辰	4月21日	一白	丁酉	3月21日	七赤	丁卯	2月19日	三碧	丙申	1月21日	二黒	戊辰	12月19日	七赤	丁酉	22
5月24日	四緑	己巳	4月22日	二黒	戊戌	3月22日	八白	戊辰	2月20日	四緑	丁酉	1月22日	三碧	己巳	12月20日	八白	戊戌	23
5月25日	三碧	庚午	4月23日	三碧	己亥	3月23日	九紫	己巳	2月21日	五黄	戊戌	1月23日	四緑	庚午	12月21日	九紫	己亥	24
5月26日	二黒	辛未	4月24日	四緑	庚子	3月24日	一白	庚午	2月22日	六白	己亥	1月24日	五黄	辛未	12月22日	一白	庚子	25
5月27日	一白	壬申	4月25日	五黄	辛丑	3月25日	二黒	辛未	2月23日	七赤	庚子	1月25日	六白	壬申	12月23日	二黒	辛丑	26
5月28日	九紫	癸酉	4月26日	六白	壬寅	3月26日	三碧	壬申	2月24日	八白	辛丑	1月26日	七赤	癸酉	12月24日	三碧	壬寅	27
5月29日	八白	甲戌	4月27日	七赤	癸卯	3月27日	四緑	癸酉	2月25日	九紫	壬寅	1月27日	八白	甲戌	12月25日	四緑	癸卯	28
5月30日	七赤	乙亥	4月28日	八白	甲辰	3月28日	五黄	甲戌	2月26日	一白	癸卯				12月26日	五黄	甲辰	29
6月1日	六白	丙子	4月29日	九紫	乙巳	3月29日	六白	乙亥	2月27日	二黒	甲辰				12月27日	六白	乙巳	30
			5月1日	一白	丙午				2月28日	三碧	乙巳				12月28日	七赤	丙午	31

令和31年		2049年		己巳年				五黄土星			
12月丙子		11月乙亥		10月甲戌		9月癸酉		8月壬申		7月辛未	
7日 01：46		7日 08：37		8日 05：04		7日 13：05		7日 09：58		7日 00：09	
21日 19：52		22日 06：18		23日 08：24		22日 22：41		23日 00：47		22日 17：36	
一白水星		二黒土星		三碧木星		四緑木星		五黄土星		六白金星	
1	11月7日	五黄	庚戌	10月6日	八白	庚辰	9月5日	三碧	己酉	8月5日	六白	己卯	7月3日	一白	戊申	6月2日	五黄	丁丑
2	11月8日	四緑	辛亥	10月7日	七赤	辛巳	9月6日	二黒	庚戌	8月6日	五黄	庚辰	7月4日	九紫	己酉	6月3日	四緑	戊寅
3	11月9日	三碧	壬子	10月8日	六白	壬午	9月7日	一白	辛亥	8月7日	四緑	辛巳	7月5日	八白	庚戌	6月4日	三碧	己卯
4	11月10日	二黒	癸丑	10月9日	五黄	癸未	9月8日	九紫	壬子	8月8日	三碧	壬午	7月6日	七赤	辛亥	6月5日	二黒	庚辰
5	11月11日	一白	甲寅	10月10日	四緑	甲申	9月9日	八白	癸丑	8月9日	二黒	癸未	7月7日	六白	壬子	6月6日	一白	辛巳
6	11月12日	九紫	乙卯	10月11日	三碧	乙酉	9月10日	七赤	甲寅	8月10日	一白	甲申	7月8日	五黄	癸丑	6月7日	九紫	壬午
7	11月13日	八白	丙辰	10月12日	二黒	丙戌	9月11日	六白	乙卯	8月11日	九紫	乙酉	7月9日	四緑	甲寅	6月8日	八白	癸未
8	11月14日	七赤	丁巳	10月13日	一白	丁亥	9月12日	五黄	丙辰	8月12日	八白	丙戌	7月10日	三碧	乙卯	6月9日	七赤	甲申
9	11月15日	六白	戊午	10月14日	九紫	戊子	9月13日	四緑	丁巳	8月13日	七赤	丁亥	7月11日	二黒	丙辰	6月10日	六白	乙酉
10	11月16日	五黄	己未	10月15日	八白	己丑	9月14日	三碧	戊午	8月14日	六白	戊子	7月12日	一白	丁巳	6月11日	五黄	丙戌
11	11月17日	四緑	庚申	10月16日	七赤	庚寅	9月15日	二黒	己未	8月15日	五黄	己丑	7月13日	九紫	戊午	6月12日	四緑	丁亥
12	11月18日	三碧	辛酉	10月17日	六白	辛卯	9月16日	一白	庚申	8月16日	四緑	庚寅	7月14日	八白	己未	6月13日	三碧	戊子
13	11月19日	二黒	壬戌	10月18日	五黄	壬辰	9月17日	九紫	辛酉	8月17日	三碧	辛卯	7月15日	七赤	庚申	6月14日	二黒	己丑
14	11月20日	一白	癸亥	10月19日	四緑	癸巳	9月18日	八白	壬戌	8月18日	二黒	壬辰	7月16日	六白	辛酉	6月15日	一白	庚寅
15	11月21日	一白	甲子	10月20日	三碧	甲午	9月19日	七赤	癸亥	8月19日	一白	癸巳	7月17日	五黄	壬戌	6月16日	九紫	辛卯
16	11月22日	二黒	乙丑	10月21日	二黒	乙未	9月20日	六白	甲子	8月20日	九紫	甲午	7月18日	四緑	癸亥	6月17日	八白	壬辰
17	11月23日	三碧	丙寅	10月22日	一白	丙申	9月21日	五黄	乙丑	8月21日	八白	乙未	7月19日	三碧	甲子	6月18日	七赤	癸巳
18	11月24日	四緑	丁卯	10月23日	九紫	丁酉	9月22日	四緑	丙寅	8月22日	七赤	丙申	7月20日	二黒	乙丑	6月19日	六白	甲午
19	11月25日	五黄	戊辰	10月24日	八白	戊戌	9月23日	三碧	丁卯	8月23日	六白	丁酉	7月21日	一白	丙寅	6月20日	五黄	乙未
20	11月26日	六白	己巳	10月25日	七赤	己亥	9月24日	二黒	戊辰	8月24日	五黄	戊戌	7月22日	九紫	丁卯	6月21日	四緑	丙申
21	11月27日	七赤	庚午	10月26日	六白	庚子	9月25日	一白	己巳	8月25日	四緑	己亥	7月23日	八白	戊辰	6月22日	三碧	丁酉
22	11月28日	八白	辛未	10月27日	五黄	辛丑	9月26日	九紫	庚午	8月26日	三碧	庚子	7月24日	七赤	己巳	6月23日	二黒	戊戌
23	11月29日	九紫	壬申	10月28日	四緑	壬寅	9月27日	八白	辛未	8月27日	二黒	辛丑	7月25日	六白	庚午	6月24日	一白	己亥
24	11月30日	一白	癸酉	10月29日	三碧	癸卯	9月28日	七赤	壬申	8月28日	一白	壬寅	7月26日	五黄	辛未	6月25日	九紫	庚子
25	12月1日	二黒	甲戌	11月1日	二黒	甲辰	9月29日	六白	癸酉	8月29日	九紫	癸卯	7月27日	四緑	壬申	6月26日	八白	辛丑
26	12月2日	三碧	乙亥	11月2日	一白	乙巳	9月30日	五黄	甲戌	8月30日	八白	甲辰	7月28日	三碧	癸酉	6月27日	七赤	壬寅
27	12月3日	四緑	丙子	11月3日	九紫	丙午	10月1日	四緑	乙亥	9月1日	七赤	乙巳	7月29日	二黒	甲戌	6月28日	六白	癸卯
28	12月4日	五黄	丁丑	11月4日	八白	丁未	10月2日	三碧	丙子	9月2日	六白	丙午	7月30日	一白	乙亥	6月29日	五黄	甲辰
29	12月5日	六白	戊寅	11月5日	七赤	戊申	10月3日	二黒	丁丑	9月3日	五黄	丁未	7月31日	九紫	丙子	6月30日	四緑	乙巳
30	12月6日	七赤	己卯	11月6日	六白	己酉	10月4日	一白	戊寅	9月4日	四緑	戊申	7月32日	八白	丁丑	7月1日	三碧	丙午
31	12月7日	八白	庚辰				10月5日	九紫	己卯				7月33日	七赤	戊寅	7月2日	二黒	丁未

6月壬午			5月辛巳			4月庚辰			3月己卯			2月戊寅			1月丁丑			
5日 19:54			5日 16:00			4日 23:02			5日 18:32			4日 00:44			5日 13:08			
21日 12:33			21日 04:50			20日 06:01			20日 19:18			18日 20:35			20日 06:34			
四緑木星			五黄土星			六白金星			七赤金星			八白土星			九紫火星			
4月12日	七赤	壬子	閏3月11日	三碧	辛巳	3月10日	九紫	辛亥	2月8日	五黄	庚辰	1月10日	四緑	壬子	12月8日	九紫	辛巳	1
4月13日	八白	癸丑	閏3月12日	四緑	壬午	3月11日	一白	壬子	2月9日	六白	辛巳	1月11日	五黄	癸丑	12月9日	一白	壬午	2
4月14日	九紫	甲寅	閏3月13日	五黄	癸未	3月12日	二黒	癸丑	2月10日	七赤	壬午	1月12日	六白	甲寅	12月10日	二黒	癸未	3
4月15日	一白	乙卯	閏3月14日	六白	甲申	3月13日	三碧	甲寅	2月11日	八白	癸未	1月13日	七赤	乙卯	12月11日	三碧	甲申	4
4月16日	二黒	丙辰	閏3月15日	七赤	乙酉	3月14日	四緑	乙卯	2月12日	九紫	甲申	1月14日	八白	丙辰	12月12日	四緑	乙酉	5
4月17日	三碧	丁巳	閏3月16日	八白	丙戌	3月15日	五黄	丙辰	2月13日	一白	乙酉	1月15日	九紫	丁巳	12月13日	五黄	丙戌	6
4月18日	四緑	戊午	閏3月17日	九紫	丁亥	3月16日	六白	丁巳	2月14日	二黒	丙戌	1月16日	一白	戊午	12月14日	六白	丁亥	7
4月19日	五黄	己未	閏3月18日	一白	戊子	3月17日	七赤	戊午	2月15日	三碧	丁亥	1月17日	二黒	己未	12月15日	七赤	戊子	8
4月20日	六白	庚申	閏3月19日	二黒	己丑	3月18日	八白	己未	2月16日	四緑	戊子	1月18日	三碧	庚申	12月16日	八白	己丑	9
4月21日	七赤	辛酉	閏3月20日	三碧	庚寅	3月19日	九紫	庚申	2月17日	五黄	己丑	1月19日	四緑	辛酉	12月17日	九紫	庚寅	10
4月22日	八白	壬戌	閏3月21日	四緑	辛卯	3月20日	一白	辛酉	2月18日	六白	庚寅	1月20日	五黄	壬戌	12月18日	一白	辛卯	11
4月23日	九紫	癸亥	閏3月22日	五黄	壬辰	3月21日	二黒	壬戌	2月19日	七赤	辛卯	1月21日	六白	癸亥	12月19日	二黒	壬辰	12
4月24日	九紫	甲子	閏3月23日	六白	癸巳	3月22日	三碧	癸亥	2月20日	八白	壬辰	1月22日	七赤	甲子	12月20日	三碧	癸巳	13
4月25日	八白	乙丑	閏3月24日	七赤	甲午	3月23日	四緑	甲子	2月21日	九紫	癸巳	1月23日	八白	乙丑	12月21日	四緑	甲午	14
4月26日	七赤	丙寅	閏3月25日	八白	乙未	3月24日	五黄	乙丑	2月22日	一白	甲午	1月24日	九紫	丙寅	12月22日	五黄	乙未	15
4月27日	六白	丁卯	閏3月26日	九紫	丙申	3月25日	六白	丙寅	2月23日	二黒	乙未	1月25日	一白	丁卯	12月23日	六白	丙申	16
4月28日	五黄	戊辰	閏3月27日	一白	丁酉	3月26日	七赤	丁卯	2月24日	三碧	丙申	1月26日	二黒	戊辰	12月24日	七赤	丁酉	17
4月29日	四緑	己巳	閏3月28日	二黒	戊戌	3月27日	八白	戊辰	2月25日	四緑	丁酉	1月27日	三碧	己巳	12月25日	八白	戊戌	18
5月1日	三碧	庚午	閏3月29日	三碧	己亥	3月28日	九紫	己巳	2月26日	五黄	戊戌	1月28日	四緑	庚午	12月26日	九紫	己亥	19
5月2日	二黒	辛未	閏3月30日	四緑	庚子	3月29日	一白	庚午	2月27日	六白	己亥	1月29日	五黄	辛未	12月27日	一白	庚子	20
5月3日	一白	壬申	4月1日	五黄	辛丑	閏3月1日	二黒	辛未	2月28日	七赤	庚子	1月30日	六白	壬申	12月28日	二黒	辛丑	21
5月4日	九紫	癸酉	4月2日	六白	壬寅	閏3月2日	三碧	壬申	2月29日	八白	辛丑	2月1日	七赤	癸酉	12月29日	三碧	壬寅	22
5月5日	八白	甲戌	4月3日	七赤	癸卯	閏3月3日	四緑	癸酉	3月1日	九紫	壬寅	2月2日	八白	甲戌	1月1日	四緑	癸卯	23
5月6日	七赤	乙亥	4月4日	八白	甲辰	閏3月4日	五黄	甲戌	3月2日	一白	癸卯	2月3日	九紫	乙亥	1月2日	五黄	甲辰	24
5月7日	六白	丙子	4月5日	九紫	乙巳	閏3月5日	六白	乙亥	3月3日	二黒	甲辰	2月4日	一白	丙子	1月3日	六白	乙巳	25
5月8日	五黄	丁丑	4月6日	一白	丙午	閏3月6日	七赤	丙子	3月4日	三碧	乙巳	2月5日	二黒	丁丑	1月4日	七赤	丙午	26
5月9日	四緑	戊寅	4月7日	二黒	丁未	閏3月7日	八白	丁丑	3月5日	四緑	丙午	2月6日	三碧	戊寅	1月5日	八白	丁未	27
5月10日	三碧	己卯	4月8日	三碧	戊申	閏3月8日	九紫	戊寅	3月6日	五黄	丁未	2月7日	四緑	己卯	1月6日	九紫	戊申	28
5月11日	二黒	庚辰	4月9日	四緑	己酉	閏3月9日	一白	己卯	3月7日	六白	戊申				1月7日	一白	己酉	29
5月12日	一白	辛巳	4月10日	五黄	庚戌	閏3月10日	二黒	庚辰	3月8日	七赤	己酉				1月8日	二黒	庚戌	30
			4月11日	六白	辛亥				3月9日	八白	庚戌				1月9日	三碧	辛亥	31

254

令和32年		2050年				庚午年		四緑木星			
12月戊子		11月丁亥		10月丙戌		9月乙酉		8月甲申		7月癸未	
7日 07:42		7日 14:33		8日 10:59		7日 19:00		7日 15:52		7日 06:02	
22日 01:39		22日 12:06		23日 14:11		23日 04:27		23日 06:32		22日 23:21	
七赤金星		八白土星		九紫火星		一白水星		二黒土星		三碧木星	

1	10月18日	九紫	乙卯	9月17日	三碧	乙酉	8月16日	七赤	甲寅	7月16日	一白	甲申	6月14日	五黄	癸丑	5月13日	九紫	壬子
2	10月19日	八白	丙辰	9月18日	二黒	丙戌	8月17日	六白	乙卯	7月17日	九紫	乙酉	6月15日	四緑	甲寅	5月14日	八白	癸丑
3	10月20日	七赤	丁巳	9月19日	一白	丁亥	8月18日	五黄	丙辰	7月18日	八白	丙戌	6月16日	三碧	乙卯	5月15日	七赤	甲寅
4	10月21日	六白	戊午	9月20日	九紫	戊子	8月19日	四緑	丁巳	7月19日	七赤	丁亥	6月17日	二黒	丙辰	5月16日	六白	乙卯
5	10月22日	五黄	己未	9月21日	八白	己丑	8月20日	三碧	戊午	7月20日	六白	戊子	6月18日	一白	丁巳	5月17日	五黄	丙辰
6	10月23日	四緑	庚申	9月22日	七赤	庚寅	8月21日	二黒	己未	7月21日	五黄	己丑	6月19日	九紫	戊午	5月18日	四緑	丁巳
7	10月24日	三碧	辛酉	9月23日	六白	辛卯	8月22日	一白	庚申	7月22日	四緑	庚寅	6月20日	八白	己未	5月19日	三碧	戊午
8	10月25日	二黒	壬戌	9月24日	五黄	壬辰	8月23日	九紫	辛酉	7月23日	三碧	辛卯	6月21日	七赤	庚申	5月20日	二黒	己未
9	10月26日	一白	癸亥	9月25日	四緑	癸巳	8月24日	八白	壬戌	7月24日	二黒	壬辰	6月22日	六白	辛酉	5月21日	一白	庚申
10	10月27日	一白	甲子	9月26日	三碧	甲午	8月25日	七赤	癸亥	7月25日	一白	癸巳	6月23日	五黄	壬戌	5月22日	九紫	辛酉
11	10月28日	二黒	乙丑	9月27日	二黒	乙未	8月26日	六白	甲子	7月26日	九紫	甲午	6月24日	四緑	癸亥	5月23日	八白	壬戌
12	10月29日	三碧	丙寅	9月28日	一白	丙申	8月27日	五黄	乙丑	7月27日	八白	乙未	6月25日	三碧	甲子	5月24日	七赤	癸亥
13	10月30日	四緑	丁卯	9月29日	九紫	丁酉	8月28日	四緑	丙寅	7月28日	七赤	丙申	6月26日	二黒	乙丑	5月25日	六白	甲子
14	11月1日	五黄	戊辰	10月1日	八白	戊戌	8月29日	三碧	丁卯	7月29日	六白	丁酉	6月27日	一白	丙寅	5月26日	五黄	乙丑
15	11月2日	六白	己巳	10月2日	七赤	己亥	8月30日	二黒	戊辰	7月30日	五黄	戊戌	6月28日	九紫	丁卯	5月27日	四緑	丙寅
16	11月3日	七赤	庚午	10月3日	六白	庚子	9月1日	一白	己巳	8月1日	四緑	己亥	6月29日	八白	戊辰	5月28日	三碧	丁卯
17	11月4日	八白	辛未	10月4日	五黄	辛丑	9月2日	九紫	庚午	8月2日	三碧	庚子	7月1日	七赤	己巳	5月29日	二黒	戊辰
18	11月5日	九紫	壬申	10月5日	四緑	壬寅	9月3日	八白	辛未	8月3日	二黒	辛丑	7月2日	六白	庚午	5月30日	一白	己巳
19	11月6日	一白	癸酉	10月6日	三碧	癸卯	9月4日	七赤	壬申	8月4日	一白	壬寅	7月3日	五黄	辛未	6月1日	九紫	庚午
20	11月7日	二黒	甲戌	10月7日	二黒	甲辰	9月5日	六白	癸酉	8月5日	九紫	癸卯	7月4日	四緑	壬申	6月2日	八白	辛未
21	11月8日	三碧	乙亥	10月8日	一白	乙巳	9月6日	五黄	甲戌	8月6日	八白	甲辰	7月5日	三碧	癸酉	6月3日	七赤	壬申
22	11月9日	四緑	丙子	10月9日	九紫	丙午	9月7日	四緑	乙亥	8月7日	七赤	乙巳	7月6日	二黒	甲戌	6月4日	六白	癸酉
23	11月10日	五黄	丁丑	10月10日	八白	丁未	9月8日	三碧	丙子	8月8日	六白	丙午	7月7日	一白	乙亥	6月5日	五黄	甲戌
24	11月11日	六白	戊寅	10月11日	七赤	戊申	9月9日	二黒	丁丑	8月9日	五黄	丁未	7月8日	九紫	丙子	6月6日	四緑	乙亥
25	11月12日	七赤	己卯	10月12日	六白	己酉	9月10日	一白	戊寅	8月10日	四緑	戊申	7月9日	八白	丁丑	6月7日	三碧	丙子
26	11月13日	八白	庚辰	10月13日	五黄	庚戌	9月11日	九紫	己卯	8月11日	三碧	己酉	7月10日	七赤	戊寅	6月8日	二黒	丁丑
27	11月14日	九紫	辛巳	10月14日	四緑	辛亥	9月12日	八白	庚辰	8月12日	二黒	庚戌	7月11日	六白	己卯	6月9日	一白	戊寅
28	11月15日	一白	壬午	10月15日	三碧	壬子	9月13日	七赤	辛巳	8月13日	一白	辛亥	7月12日	五黄	庚辰	6月10日	九紫	己卯
29	11月16日	二黒	癸未	10月16日	二黒	癸丑	9月14日	六白	壬午	8月14日	九紫	壬子	7月13日	四緑	辛巳	6月11日	八白	庚辰
30	11月17日	三碧	甲申	10月17日	一白	甲寅	9月15日	五黄	癸未	8月15日	八白	癸丑	7月14日	三碧	壬午	6月12日	七赤	辛巳
31	11月18日	四緑	乙酉				9月16日	四緑	甲申				7月15日	二黒	癸未	6月13日	六白	壬午

6月甲午			5月癸巳			4月壬辰			3月辛卯			2月庚寅			1月己丑			
6日 01：40			5日 21：46			5日 04：48			6日 00：21			4日 06：36			5日 19：02			
21日 18：18			21日 10：30			20日 11：39			21日 00：58			19日 02：17			20日 12：19			
一白水星			二黒土星			三碧木星			四緑木星			五黄土星			六白金星			
4月23日	三碧	丁巳	3月21日	八白	丙戌	2月20日	五黄	丙辰	1月19日	一白	乙酉	12月20日	九紫	丁巳	11月19日	五黄	丙戌	1
4月24日	四緑	戊午	3月22日	九紫	丁亥	2月21日	六白	丁巳	1月20日	二黒	丙戌	12月21日	一白	戊午	11月20日	六白	丁亥	2
4月25日	五黄	己未	3月23日	一白	戊子	2月22日	七赤	戊午	1月21日	三碧	丁亥	12月22日	二黒	己未	11月21日	七赤	戊子	3
4月26日	六白	庚申	3月24日	二黒	己丑	2月23日	八白	己未	1月22日	四緑	戊子	12月23日	三碧	庚申	11月22日	八白	己丑	4
4月27日	七赤	辛酉	3月25日	三碧	庚寅	2月24日	九紫	庚申	1月23日	五黄	己丑	12月24日	四緑	辛酉	11月23日	九紫	庚寅	5
4月28日	八白	壬戌	42455	四緑	辛卯	2月25日	一白	辛酉	1月24日	六白	庚寅	12月25日	五黄	壬戌	11月24日	一白	辛卯	6
4月29日	九紫	癸亥	3月27日	五黄	壬辰	2月26日	二黒	壬戌	1月25日	七赤	辛卯	12月26日	六白	癸亥	11月25日	二黒	壬辰	7
4月30日	九紫	甲子	3月28日	六白	癸巳	2月27日	三碧	癸亥	1月26日	八白	壬辰	12月27日	七赤	甲子	11月26日	三碧	癸巳	8
5月1日	八白	乙丑	3月29日	七赤	甲午	2月28日	四緑	甲子	1月27日	九紫	癸巳	12月28日	八白	乙丑	11月27日	四緑	甲午	9
5月2日	七赤	丙寅	4月1日	八白	乙未	2月29日	五黄	乙丑	1月28日	一白	甲午	12月29日	九紫	丙寅	11月28日	五黄	乙未	10
5月3日	六白	丁卯	4月2日	九紫	丙申	3月1日	六白	丙寅	1月29日	二黒	乙未	1月1日	一白	丁卯	11月29日	六白	丙申	11
5月4日	五黄	戊辰	4月3日	一白	丁酉	3月2日	七赤	丁卯	1月30日	三碧	丙申	1月2日	二黒	戊辰	11月30日	七赤	丁酉	12
5月5日	四緑	己巳	4月4日	二黒	戊戌	3月3日	八白	戊辰	2月1日	四緑	丁酉	1月3日	三碧	己巳	12月1日	八白	戊戌	13
5月6日	三碧	庚午	4月5日	三碧	己亥	3月4日	九紫	己巳	2月2日	五黄	戊戌	1月4日	四緑	庚午	12月2日	九紫	己亥	14
5月7日	二黒	辛未	4月6日	四緑	庚子	3月5日	一白	庚午	2月3日	六白	己亥	1月5日	五黄	辛未	12月3日	一白	庚子	15
5月8日	一白	壬申	4月7日	五黄	辛丑	3月6日	二黒	辛未	2月4日	七赤	庚子	1月6日	六白	壬申	12月4日	二黒	辛丑	16
5月9日	九紫	癸酉	4月8日	六白	壬寅	3月7日	三碧	壬申	2月5日	八白	辛丑	1月7日	七赤	癸酉	12月5日	三碧	壬寅	17
5月10日	八白	甲戌	4月9日	七赤	癸卯	3月8日	四緑	癸酉	2月6日	九紫	壬寅	1月8日	八白	甲戌	12月6日	四緑	癸卯	18
5月11日	七赤	乙亥	4月10日	八白	甲辰	3月9日	五黄	甲戌	2月7日	一白	癸卯	1月9日	九紫	乙亥	12月7日	五黄	甲辰	19
5月12日	六白	丙子	4月11日	九紫	乙巳	3月10日	六白	乙亥	2月8日	二黒	甲辰	1月10日	一白	丙子	12月8日	六白	乙巳	20
5月13日	五黄	丁丑	4月12日	一白	丙午	3月11日	七赤	丙子	2月9日	三碧	乙巳	1月11日	二黒	丁丑	12月9日	七赤	丙午	21
5月14日	四緑	戊寅	4月13日	二黒	丁未	3月12日	八白	丁丑	2月10日	四緑	丙午	1月12日	三碧	戊寅	12月10日	八白	丁未	22
5月15日	三碧	己卯	4月14日	三碧	戊申	3月13日	九紫	戊寅	2月11日	五黄	丁未	1月13日	四緑	己卯	12月11日	九紫	戊申	23
5月16日	二黒	庚辰	4月15日	四緑	己酉	3月14日	一白	己卯	2月12日	六白	戊申	1月14日	五黄	庚辰	12月12日	一白	己酉	24
5月17日	一白	辛巳	4月16日	五黄	庚戌	3月15日	二黒	庚辰	2月13日	七赤	己酉	1月15日	六白	辛巳	12月13日	二黒	庚戌	25
5月18日	九紫	壬午	4月17日	六白	辛亥	3月16日	三碧	辛巳	2月14日	八白	庚戌	1月16日	七赤	壬午	12月14日	三碧	辛亥	26
5月19日	八白	癸未	4月18日	七赤	壬子	3月17日	四緑	壬午	2月15日	九紫	辛亥	1月17日	八白	癸未	12月15日	四緑	壬子	27
5月20日	七赤	甲申	4月19日	八白	癸丑	3月18日	五黄	癸未	2月16日	一白	壬子	1月18日	九紫	甲申	12月16日	五黄	癸丑	28
5月21日	六白	乙酉	4月20日	九紫	甲寅	3月19日	六白	甲申	2月17日	二黒	癸丑				12月17日	六白	甲寅	29
5月22日	五黄	丙戌	4月21日	一白	乙卯	3月20日	七赤	乙酉	2月18日	三碧	甲寅				12月18日	七赤	乙卯	30
			4月22日	二黒	丙辰				2月19日	四緑	乙卯				12月19日	八白	丙辰	31

	令和33年		2051年		辛未年		三碧木星				
	12月庚子		11月己亥		10月戊戌		9月丁酉		8月丙申		7月乙未	
	7日 13：28		7日 20：21		8日 16：49		8日 00：50		7日 21：41		7日 11：49	
	22日 07：34		22日 18：02		23日 20：09		23日 10：26		23日 12：28		23日 05：12	
	四緑木星		五黄土星		六白金星		七赤金星		八白土星		九紫火星	
1	10月28日	四緑 庚申	9月28日	七赤 庚寅	8月27日	二黒 己未	7月26日	五黄 己丑	6月25日	九紫 戊午	5月23日	四緑 丁巳
2	10月29日	三碧 辛酉	9月29日	六白 辛卯	8月28日	一白 庚申	7月27日	四緑 庚寅	6月26日	八白 己未	5月24日	三碧 戊午
3	11月1日	二黒 壬戌	9月30日	五黄 壬辰	8月29日	九紫 辛酉	7月28日	三碧 辛卯	6月27日	七赤 庚申	5月25日	二黒 己未
4	11月2日	一白 癸亥	10月1日	四緑 癸巳	8月30日	八白 壬戌	7月29日	二黒 壬辰	6月28日	六白 辛酉	5月26日	一白 庚申
5	11月3日	一白 甲子	10月2日	三碧 甲午	9月1日	七赤 癸亥	8月1日	一白 癸巳	6月29日	五黄 壬戌	5月27日	九紫 辛酉
6	11月4日	二黒 乙丑	10月3日	二黒 乙未	9月2日	六白 甲子	8月2日	九紫 甲午	6月30日	四緑 癸亥	5月28日	八白 壬戌
7	11月5日	三碧 丙寅	10月4日	一白 丙申	9月3日	五黄 乙丑	8月3日	八白 乙未	7月1日	三碧 甲子	5月29日	七赤 癸亥
8	11月6日	四緑 丁卯	10月5日	九紫 丁酉	9月4日	四緑 丙寅	8月4日	七赤 丙申	7月2日	二黒 乙丑	6月1日	六白 甲子
9	11月7日	五黄 戊辰	10月6日	八白 戊戌	9月5日	三碧 丁卯	8月5日	六白 丁酉	7月3日	一白 丙寅	6月2日	五黄 乙丑
10	11月8日	六白 己巳	10月7日	七赤 己亥	9月6日	二黒 戊辰	8月6日	五黄 戊戌	7月4日	九紫 丁卯	6月3日	四緑 丙寅
11	11月9日	七赤 庚午	10月8日	六白 庚子	9月7日	一白 己巳	8月7日	四緑 己亥	7月5日	八白 戊辰	6月4日	三碧 丁卯
12	11月10日	八白 辛未	10月9日	五黄 辛丑	9月8日	九紫 庚午	8月8日	三碧 庚子	7月6日	七赤 己巳	6月5日	二黒 戊辰
13	11月11日	九紫 壬申	10月10日	四緑 壬寅	9月9日	八白 辛未	8月9日	二黒 辛丑	7月7日	六白 庚午	6月6日	一白 己巳
14	11月12日	一白 癸酉	10月11日	三碧 癸卯	9月10日	七赤 壬申	8月10日	一白 壬寅	7月8日	五黄 辛未	6月7日	九紫 庚午
15	11月13日	二黒 甲戌	10月12日	二黒 甲辰	9月11日	六白 癸酉	8月11日	九紫 癸卯	7月9日	四緑 壬申	6月8日	八白 辛未
16	11月14日	三碧 乙亥	10月13日	一白 乙巳	9月12日	五黄 甲戌	8月12日	八白 甲辰	7月10日	三碧 癸酉	6月9日	七赤 壬申
17	11月15日	四緑 丙子	10月14日	九紫 丙午	9月13日	四緑 乙亥	8月13日	七赤 乙巳	7月11日	二黒 甲戌	6月10日	六白 癸酉
18	11月16日	五黄 丁丑	10月15日	八白 丁未	9月14日	三碧 丙子	8月14日	六白 丙午	7月12日	一白 乙亥	6月11日	五黄 甲戌
19	11月17日	六白 戊寅	10月16日	七赤 戊申	9月15日	二黒 丁丑	8月15日	五黄 丁未	7月13日	九紫 丙子	6月12日	四緑 乙亥
20	11月18日	七赤 己卯	10月17日	六白 己酉	9月16日	一白 戊寅	8月16日	四緑 戊申	7月14日	八白 丁丑	6月13日	三碧 丙子
21	11月19日	八白 庚辰	10月18日	五黄 庚戌	9月17日	九紫 己卯	8月17日	三碧 己酉	7月15日	七赤 戊寅	6月14日	二黒 丁丑
22	11月20日	九紫 辛巳	10月19日	四緑 辛亥	9月18日	八白 庚辰	8月18日	二黒 庚戌	7月16日	六白 己卯	6月15日	一白 戊寅
23	11月21日	一白 壬午	10月20日	三碧 壬子	9月19日	七赤 辛巳	8月19日	一白 辛亥	7月17日	五黄 庚辰	6月16日	九紫 己卯
24	11月22日	二黒 癸未	10月21日	二黒 癸丑	9月20日	六白 壬午	8月20日	九紫 壬子	7月18日	四緑 辛巳	6月17日	八白 庚辰
25	11月23日	三碧 甲申	10月22日	一白 甲寅	9月21日	五黄 癸未	8月21日	八白 癸丑	7月19日	三碧 壬午	6月18日	七赤 辛巳
26	11月24日	四緑 乙酉	10月23日	九紫 乙卯	9月22日	四緑 甲申	8月22日	七赤 甲寅	7月20日	二黒 癸未	6月19日	六白 壬午
27	11月25日	五黄 丙戌	10月24日	八白 丙辰	9月23日	三碧 乙酉	8月23日	六白 乙卯	7月21日	一白 甲申	6月20日	五黄 癸未
28	11月26日	六白 丁亥	10月25日	七赤 丁巳	9月24日	二黒 丙戌	8月24日	五黄 丙辰	7月22日	九紫 乙酉	6月21日	四緑 甲申
29	11月27日	七赤 戊子	10月26日	六白 戊午	9月25日	一白 丁亥	8月25日	四緑 丁巳	7月23日	八白 丙戌	6月22日	三碧 乙酉
30	11月28日	八白 己丑	10月27日	五黄 己未	9月26日	九紫 戊子	8月26日	三碧 戊午	7月24日	七赤 丁亥	6月23日	二黒 丙戌
31	11月29日	九紫 庚寅			9月27日	八白 己丑			7月25日	六白 戊子	6月24日	一白 丁亥

万年暦

6月丙午			5月乙巳			4月甲辰			3月癸卯			2月壬寅			1月辛丑			
5日 07：29			5日 03：34			4日 10：36			5日 06：09			4日 12：22			6日 00：48			
21日 00：15			20日 16：28			19日 17：37			20日 06：55			19日 08：13			20日 18：14			
七赤金星			八白土星			九紫火星			一白水星			二黒土星			三碧木星			
5月5日	九紫	癸亥	4月3日	五黄	壬辰	3月2日	二黒	壬戌	2月1日	七赤	辛卯	1月1日	五黄	壬辰	11月30日	一白	辛卯	1
5月6日	九紫	甲子	4月4日	六白	癸巳	3月3日	三碧	癸亥	2月2日	八白	壬辰	1月2日	六白	癸巳	12月1日	二黒	壬辰	2
5月7日	八白	乙丑	4月5日	七赤	甲午	3月4日	四緑	甲子	2月3日	九紫	癸巳	1月3日	七赤	甲子	12月2日	三碧	癸巳	3
5月8日	七赤	丙寅	4月6日	八白	乙未	3月5日	五黄	乙丑	2月4日	一白	甲午	1月4日	八白	乙丑	12月3日	四緑	甲午	4
5月9日	六白	丁卯	4月7日	九紫	丙申	3月6日	六白	丙寅	2月5日	二黒	乙未	1月5日	九紫	丙寅	12月4日	五黄	乙未	5
5月10日	五黄	戊辰	4月8日	一白	丁酉	3月7日	七赤	丁卯	2月6日	三碧	丙申	1月6日	一白	丁卯	12月5日	六白	丙申	6
5月11日	四緑	己巳	4月9日	二黒	戊戌	3月8日	八白	戊辰	2月7日	四緑	丁酉	1月7日	二黒	戊辰	12月6日	七赤	丁酉	7
5月12日	三碧	庚午	4月10日	三碧	己亥	3月9日	九紫	己巳	2月8日	五黄	戊戌	1月8日	三碧	己巳	12月7日	八白	戊戌	8
5月13日	二黒	辛未	4月11日	四緑	庚子	3月10日	一白	庚午	2月9日	六白	己亥	1月9日	四緑	庚午	12月8日	九紫	己亥	9
5月14日	一白	壬申	4月12日	五黄	辛丑	3月11日	二黒	辛未	2月10日	七赤	庚子	1月10日	五黄	辛未	12月9日	一白	庚子	10
5月15日	九紫	癸酉	4月13日	六白	壬寅	3月12日	三碧	壬申	2月11日	八白	辛丑	1月11日	六白	壬申	12月10日	二黒	辛丑	11
5月16日	八白	甲戌	4月14日	七赤	癸卯	3月13日	四緑	癸酉	2月12日	九紫	壬寅	1月12日	七赤	癸酉	12月11日	三碧	壬寅	12
5月17日	七赤	乙亥	4月15日	八白	甲辰	3月14日	五黄	甲戌	2月13日	一白	癸卯	1月13日	八白	甲戌	12月12日	四緑	癸卯	13
5月18日	六白	丙子	4月16日	九紫	乙巳	3月15日	六白	乙亥	2月14日	二黒	甲辰	1月14日	九紫	乙亥	12月13日	五黄	甲辰	14
5月19日	五黄	丁丑	4月17日	一白	丙午	3月16日	七赤	丙子	2月15日	三碧	乙巳	1月15日	一白	丙子	12月14日	六白	乙巳	15
5月20日	四緑	戊寅	4月18日	二黒	丁未	3月17日	八白	丁丑	2月16日	四緑	丙午	1月16日	二黒	丁丑	12月15日	七赤	丙午	16
5月21日	三碧	己卯	4月19日	三碧	戊申	3月18日	九紫	戊寅	2月17日	五黄	丁未	1月17日	三碧	戊寅	12月16日	八白	丁未	17
5月22日	二黒	庚辰	4月20日	四緑	己酉	3月19日	一白	己卯	2月18日	六白	戊申	1月18日	四緑	己卯	12月17日	九紫	戊申	18
5月23日	一白	辛巳	4月21日	五黄	庚戌	3月20日	二黒	庚辰	2月19日	七赤	己酉	1月19日	五黄	庚辰	12月18日	一白	己酉	19
5月24日	九紫	壬午	4月22日	六白	辛亥	3月21日	三碧	辛巳	2月20日	八白	庚戌	1月20日	六白	辛巳	12月19日	二黒	庚戌	20
5月25日	八白	癸未	4月23日	七赤	壬子	3月22日	四緑	壬午	2月21日	九紫	辛亥	1月21日	七赤	壬午	12月20日	三碧	辛亥	21
5月26日	七赤	甲申	4月24日	八白	癸丑	3月23日	五黄	癸未	2月22日	一白	壬子	1月22日	八白	癸未	12月21日	四緑	壬子	22
5月27日	六白	乙酉	4月25日	九紫	甲寅	3月24日	六白	甲申	2月23日	二黒	癸丑	1月23日	九紫	甲申	12月22日	五黄	癸丑	23
5月28日	五黄	丙戌	4月26日	一白	乙卯	3月25日	七赤	乙酉	2月24日	三碧	甲寅	1月24日	一白	乙酉	12月23日	六白	甲寅	24
5月29日	四緑	丁亥	4月27日	二黒	丙辰	3月26日	八白	丙戌	2月25日	四緑	乙卯	1月25日	二黒	丙戌	12月24日	七赤	乙卯	25
5月30日	三碧	戊子	4月28日	三碧	丁巳	3月27日	九紫	丁亥	2月26日	五黄	丙辰	1月26日	三碧	丁亥	12月25日	八白	丙辰	26
6月1日	二黒	己丑	4月29日	四緑	戊午	3月28日	一白	戊子	2月27日	六白	丁巳	1月27日	四緑	戊子	12月26日	九紫	丁巳	27
6月2日	一白	庚寅	5月1日	五黄	己未	3月29日	二黒	己丑	2月28日	七赤	戊午	1月28日	五黄	己丑	12月27日	一白	戊午	28
6月3日	九紫	辛卯	5月2日	六白	庚申	4月1日	三碧	庚寅	2月29日	八白	己未	1月29日	六白	庚寅	12月28日	二黒	己未	29
6月4日	八白	壬辰	5月3日	七赤	辛酉	4月2日	四緑	辛卯	2月30日	九紫	庚申				12月29日	三碧	庚申	30
			5月4日	八白	壬戌				3月1日	一白	辛酉				12月30日	四緑	辛酉	31

令和34年		2052年		壬申年		二黒土星					
12月壬子		11月辛亥		10月庚戌		9月己酉		8月戊申		7月丁未	
6日 19：15		7日 02：09		7日 22：39		7日 06：41		7日 03：32		6日 17：39	
21日 13：17		21日 23：46		23日 01：55		22日 16：15		22日 18：21		22日 11：08	
一白水星		二黒土星		三碧木星		四緑木星		五黄土星		六白金星	

1	10月11日	三碧	丙寅	9月10日	一白	丙申	閏8月9日	五黄	乙丑	8月9日	八白	乙未	7月7日	三碧	甲子	6月5日	七赤	癸巳
2	10月12日	四緑	丁卯	9月11日	九紫	丁酉	閏8月10日	四緑	丙寅	8月10日	七赤	丙申	7月8日	二黒	乙丑	6月6日	六白	甲午
3	10月13日	五黄	戊辰	9月12日	八白	戊戌	閏8月11日	三碧	丁卯	8月11日	六白	丁酉	7月9日	一白	丙寅	6月7日	五黄	乙未
4	10月14日	六白	己巳	9月13日	七赤	己亥	閏8月12日	二黒	戊辰	8月12日	五黄	戊戌	7月10日	九紫	丁卯	6月8日	四緑	丙申
5	10月15日	七赤	庚午	9月14日	六白	庚子	閏8月13日	一白	己巳	8月13日	四緑	己亥	7月11日	八白	戊辰	6月9日	三碧	丁酉
6	10月16日	八白	辛未	9月15日	五黄	辛丑	閏8月14日	九紫	庚午	8月14日	三碧	庚子	7月12日	七赤	己巳	6月10日	二黒	戊戌
7	10月17日	九紫	壬申	9月16日	四緑	壬寅	閏8月15日	八白	辛未	8月15日	二黒	辛丑	7月13日	六白	庚午	6月11日	一白	己亥
8	10月18日	一白	癸酉	9月17日	三碧	癸卯	閏8月16日	七赤	壬申	8月16日	一白	壬寅	7月14日	五黄	辛未	6月12日	九紫	庚子
9	10月19日	二黒	甲戌	9月18日	二黒	甲辰	閏8月17日	六白	癸酉	8月17日	九紫	癸卯	7月15日	四緑	壬申	6月13日	八白	辛丑
10	10月20日	三碧	乙亥	9月19日	一白	乙巳	閏8月18日	五黄	甲戌	8月18日	八白	甲辰	7月16日	三碧	癸酉	6月14日	七赤	壬寅
11	10月21日	四緑	丙子	9月20日	九紫	丙午	閏8月19日	四緑	乙亥	8月19日	七赤	乙巳	7月17日	二黒	甲戌	6月15日	六白	癸卯
12	10月22日	五黄	丁丑	9月21日	八白	丁未	閏8月20日	三碧	丙子	8月20日	六白	丙午	7月18日	一白	乙亥	6月16日	五黄	甲辰
13	10月23日	六白	戊寅	9月22日	七赤	戊申	閏8月21日	二黒	丁丑	8月21日	五黄	丁未	7月19日	九紫	丙子	6月17日	四緑	乙巳
14	10月24日	七赤	己卯	9月23日	六白	己酉	閏8月22日	一白	戊寅	8月22日	四緑	戊申	7月20日	八白	丁丑	6月18日	三碧	丙午
15	10月25日	八白	庚辰	9月24日	五黄	庚戌	閏8月23日	九紫	己卯	8月23日	三碧	己酉	7月21日	七赤	戊寅	6月19日	二黒	丁未
16	10月26日	九紫	辛巳	9月25日	四緑	辛亥	閏8月24日	八白	庚辰	8月24日	二黒	庚戌	7月22日	六白	己卯	6月20日	一白	戊申
17	10月27日	一白	壬午	9月26日	三碧	壬子	閏8月25日	七赤	辛巳	8月25日	一白	辛亥	7月23日	五黄	庚辰	6月21日	九紫	己酉
18	10月28日	二黒	癸未	9月27日	二黒	癸丑	閏8月26日	六白	壬午	8月26日	九紫	壬子	7月24日	四緑	辛巳	6月22日	八白	庚戌
19	10月29日	三碧	甲申	9月28日	一白	甲寅	閏8月27日	五黄	癸未	8月27日	八白	癸丑	7月25日	三碧	壬午	6月23日	七赤	辛亥
20	10月30日	四緑	乙酉	9月29日	九紫	乙卯	閏8月28日	四緑	甲申	8月28日	七赤	甲寅	7月26日	二黒	癸未	6月24日	六白	壬子
21	11月1日	五黄	丙戌	10月1日	八白	丙辰	閏8月29日	三碧	乙酉	8月29日	六白	乙卯	7月27日	一白	甲申	6月25日	五黄	癸丑
22	11月2日	六白	丁亥	10月2日	七赤	丁巳	閏8月30日	二黒	丙戌	8月30日	五黄	丙辰	7月28日	九紫	乙酉	6月26日	四緑	甲寅
23	11月3日	七赤	戊子	10月3日	六白	戊午	9月1日	一白	丁亥	8月1日	四緑	丁巳	7月29日	八白	丙戌	6月27日	三碧	乙卯
24	11月4日	八白	己丑	10月4日	五黄	己未	9月2日	九紫	戊子	閏8月2日	三碧	戊午	8月1日	七赤	丁亥	6月28日	二黒	丙辰
25	11月5日	九紫	庚寅	10月5日	四緑	庚申	9月3日	八白	己丑	閏8月3日	二黒	己未	8月2日	六白	戊子	6月29日	一白	丁巳
26	11月6日	一白	辛卯	10月6日	三碧	辛酉	9月4日	七赤	庚寅	閏8月4日	一白	庚申	8月3日	五黄	己丑	7月1日	九紫	戊午
27	11月7日	二黒	壬辰	10月7日	二黒	壬戌	9月5日	六白	辛卯	閏8月5日	九紫	辛酉	8月4日	四緑	庚寅	7月2日	八白	己未
28	11月8日	三碧	癸巳	10月8日	一白	癸亥	9月6日	五黄	壬辰	閏8月6日	八白	壬戌	8月5日	三碧	辛卯	7月3日	七赤	庚申
29	11月9日	四緑	甲午	10月9日	一白	甲子	9月7日	四緑	癸巳	閏8月7日	七赤	癸亥	8月6日	二黒	壬辰	7月4日	六白	辛酉
30	11月10日	五黄	乙未	10月10日	二黒	乙丑	9月8日	三碧	甲午	閏8月8日	六白	甲子	8月7日	一白	癸巳	7月5日	五黄	壬戌
31	11月11日	六白	丙申				9月9日	二黒	乙未				8月8日	九紫	甲午	7月6日	四緑	癸亥

6月戊午			5月丁巳			4月丙辰			3月乙卯			2月甲寅			1月癸丑			
5日 13：27			5日 09：33			4日 16：34			5日 12：03			3日 18：13			5日 06：36			
21日 06：03			20日 22：19			19日 23：29			20日 12：47			18日 14：01			19日 23：59			
四緑木星			五黄土星			六白金星			七赤金星			八白土星			九紫火星			
4月15日	五黄	戊辰	3月13日	一白	丁酉	2月13日	七赤	丁卯	1月11日	三碧	丙申	12月13日	二黒	戊辰	11月12日	七赤	丁酉	1
4月16日	四緑	己巳	3月14日	二黒	戊戌	2月14日	八白	戊辰	1月12日	四緑	丁酉	12月14日	三碧	己巳	11月13日	八白	戊戌	2
4月17日	三碧	庚午	3月15日	三碧	己亥	2月15日	九紫	己巳	1月13日	五黄	戊戌	12月15日	四緑	庚午	11月14日	九紫	己亥	3
4月18日	二黒	辛未	3月16日	四緑	庚子	2月16日	一白	庚午	1月14日	六白	己亥	12月16日	五黄	辛未	11月15日	一白	庚子	4
4月19日	一白	壬申	3月17日	五黄	辛丑	2月17日	二黒	辛未	1月15日	七赤	庚子	12月17日	六白	壬申	11月16日	二黒	辛丑	5
4月20日	九紫	癸酉	3月18日	六白	壬寅	2月18日	三碧	壬申	1月16日	八白	辛丑	12月18日	七赤	癸酉	11月17日	三碧	壬寅	6
4月21日	八白	甲戌	3月19日	七赤	癸卯	2月19日	四緑	癸酉	1月17日	九紫	壬寅	12月19日	八白	甲戌	11月18日	四緑	癸卯	7
4月22日	七赤	乙亥	3月20日	八白	甲辰	2月20日	五黄	甲戌	1月18日	一白	癸卯	12月20日	九紫	乙亥	11月19日	五黄	甲辰	8
4月23日	六白	丙子	3月21日	九紫	乙巳	2月21日	六白	乙亥	1月19日	二黒	甲辰	12月21日	一白	丙子	11月20日	六白	乙巳	9
4月24日	五黄	丁丑	3月22日	一白	丙午	2月22日	七赤	丙子	1月20日	三碧	乙巳	12月22日	二黒	丁丑	11月21日	七赤	丙午	10
4月25日	四緑	戊寅	3月23日	二黒	丁未	2月23日	八白	丁丑	1月21日	四緑	丙午	12月23日	三碧	戊寅	11月22日	八白	丁未	11
4月26日	三碧	己卯	3月24日	三碧	戊申	2月24日	九紫	戊寅	1月22日	五黄	丁未	12月24日	四緑	己卯	11月23日	九紫	戊申	12
4月27日	二黒	庚辰	3月25日	四緑	己酉	2月25日	一白	己卯	1月23日	六白	戊申	12月25日	五黄	庚辰	11月24日	一白	己酉	13
4月28日	一白	辛巳	3月26日	五黄	庚戌	2月26日	二黒	庚辰	1月24日	七赤	己酉	12月26日	六白	辛巳	11月25日	二黒	庚戌	14
4月29日	九紫	壬午	3月27日	六白	辛亥	2月27日	三碧	辛巳	1月25日	八白	庚戌	12月27日	七赤	壬午	11月26日	三碧	辛亥	15
5月1日	八白	癸未	3月28日	七赤	壬子	2月28日	四緑	壬午	1月26日	九紫	辛亥	12月28日	八白	癸未	11月27日	四緑	壬子	16
5月2日	七赤	甲申	3月29日	八白	癸丑	2月29日	五黄	癸未	1月27日	一白	壬子	12月29日	九紫	甲申	11月28日	五黄	癸丑	17
5月3日	六白	乙酉	4月1日	九紫	甲寅	2月30日	六白	甲申	1月28日	二黒	癸丑	12月30日	一白	乙酉	11月29日	六白	甲寅	18
5月4日	五黄	丙戌	4月2日	一白	乙卯	3月1日	七赤	乙酉	1月29日	三碧	甲寅	1月1日	二黒	丙戌	11月30日	七赤	乙卯	19
5月5日	四緑	丁亥	4月3日	二黒	丙辰	3月2日	八白	丙戌	2月1日	四緑	乙卯	1月2日	三碧	丁亥	12月1日	八白	丙辰	20
5月6日	三碧	戊子	4月4日	三碧	丁巳	3月3日	九紫	丁亥	2月2日	五黄	丙辰	1月3日	四緑	戊子	12月2日	九紫	丁巳	21
5月7日	二黒	己丑	4月5日	四緑	戊午	3月4日	一白	戊子	2月3日	六白	丁巳	1月4日	五黄	己丑	12月3日	一白	戊午	22
5月8日	一白	庚寅	4月6日	五黄	己未	3月5日	二黒	己丑	2月4日	七赤	戊午	1月5日	六白	庚寅	12月4日	二黒	己未	23
5月9日	九紫	辛卯	4月7日	六白	庚申	3月6日	三碧	庚寅	2月5日	八白	己未	1月6日	七赤	辛卯	12月5日	三碧	庚申	24
5月10日	八白	壬辰	4月8日	七赤	辛酉	3月7日	四緑	辛卯	2月6日	九紫	庚申	1月7日	八白	壬辰	12月6日	四緑	辛酉	25
5月11日	七赤	癸巳	4月9日	八白	壬戌	3月8日	五黄	壬辰	2月7日	一白	辛酉	1月8日	九紫	癸巳	12月7日	五黄	壬戌	26
5月12日	六白	甲午	4月10日	九紫	癸亥	3月9日	六白	癸巳	2月8日	二黒	壬戌	1月9日	一白	甲午	12月8日	六白	癸亥	27
5月13日	五黄	乙未	4月11日	九紫	甲子	3月10日	七赤	甲午	2月9日	三碧	癸亥	1月10日	二黒	乙未	12月9日	七赤	甲子	28
5月14日	四緑	丙申	4月12日	八白	乙丑	3月11日	八白	乙未	2月10日	四緑	甲子				12月10日	八白	乙丑	29
5月15日	三碧	丁酉	4月13日	七赤	丙寅	3月12日	九紫	丙申	2月11日	五黄	乙丑				12月11日	九紫	丙寅	30
			4月14日	六白	丁卯				2月12日	六白	丙寅				12月12日	一白	丁卯	31

260

	令和35年		2053年		癸酉年		一白水星				
	12月甲子		11月癸亥		10月壬戌		9月辛酉		8月庚申		7月己未	
	7日 01：11		7日 08：06		8日 04：36		7日 12：38		7日 09：29		6日 23：36	
	21日 19：09		22日 05：38		23日 07：47		22日 22：06		23日 00：10		22日 16：55	
	七赤金星		八白土星		九紫火星		一白水星		二黒土星		三碧木星	
1	10月22日	八白 辛未	9月21日	五黄 辛丑	8月20日	九紫 庚午	7月19日	三碧 庚子	6月17日	七赤 己巳	5月16日	二黒 戊戌
2	10月23日	九紫 壬申	9月22日	四緑 壬寅	8月21日	八白 辛未	7月20日	二黒 辛丑	6月18日	六白 庚午	5月17日	一白 己亥
3	10月24日	一白 癸酉	9月23日	三碧 癸卯	8月22日	七赤 壬申	7月21日	一白 壬寅	6月19日	五黄 辛未	5月18日	九紫 庚子
4	10月25日	二黒 甲戌	9月24日	二黒 甲辰	8月23日	六白 癸酉	7月22日	九紫 癸卯	6月20日	四緑 壬申	5月19日	八白 辛丑
5	10月26日	三碧 乙亥	9月25日	一白 乙巳	8月24日	五黄 甲戌	7月23日	八白 甲辰	6月21日	三碧 癸酉	5月20日	七赤 壬寅
6	10月27日	四緑 丙子	9月26日	九紫 丙午	8月25日	四緑 乙亥	7月24日	七赤 乙巳	6月22日	二黒 甲戌	5月21日	六白 癸卯
7	10月28日	五黄 丁丑	9月27日	八白 丁未	8月26日	三碧 丙子	7月25日	六白 丙午	6月23日	一白 乙亥	5月22日	五黄 甲辰
8	10月29日	六白 戊寅	9月28日	七赤 戊申	8月27日	二黒 丁丑	7月26日	五黄 丁未	6月24日	九紫 丙子	5月23日	四緑 乙巳
9	10月30日	七赤 己卯	9月29日	六白 己酉	8月28日	一白 戊寅	7月27日	四緑 戊申	6月25日	八白 丁丑	5月24日	三碧 丙午
10	11月1日	八白 庚辰	10月1日	五黄 庚戌	8月29日	九紫 己卯	7月28日	三碧 己酉	6月26日	七赤 戊寅	5月25日	二黒 丁未
11	11月2日	九紫 辛巳	10月2日	四緑 辛亥	8月30日	八白 庚辰	7月29日	二黒 庚戌	6月27日	六白 己卯	5月26日	一白 戊申
12	11月3日	一白 壬午	10月3日	三碧 壬子	9月1日	七赤 辛巳	8月1日	一白 辛亥	6月28日	五黄 庚辰	5月27日	九紫 己酉
13	11月4日	二黒 癸未	10月4日	二黒 癸丑	9月2日	六白 壬午	8月2日	九紫 壬子	6月29日	四緑 辛巳	5月28日	八白 庚戌
14	11月5日	三碧 甲申	10月5日	一白 甲寅	9月3日	五黄 癸未	8月3日	八白 癸丑	7月1日	三碧 壬午	5月29日	七赤 辛亥
15	11月6日	四緑 乙酉	10月6日	九紫 乙卯	9月4日	四緑 甲申	8月4日	七赤 甲寅	7月2日	二黒 癸未	5月30日	六白 壬子
16	11月7日	五黄 丙戌	10月7日	八白 丙辰	9月5日	三碧 乙酉	8月5日	六白 乙卯	7月3日	一白 甲申	6月1日	五黄 癸丑
17	11月8日	六白 丁亥	10月8日	七赤 丁巳	9月6日	二黒 丙戌	8月6日	五黄 丙辰	7月4日	九紫 乙酉	6月2日	四緑 甲寅
18	11月9日	七赤 戊子	10月9日	六白 戊午	9月7日	一白 丁亥	8月7日	四緑 丁巳	7月5日	八白 丙戌	6月3日	三碧 乙卯
19	11月10日	八白 己丑	10月10日	五黄 己未	9月8日	九紫 戊子	8月8日	三碧 戊午	7月6日	七赤 丁亥	6月4日	二黒 丙辰
20	11月11日	九紫 庚寅	10月11日	四緑 庚申	9月9日	八白 己丑	8月9日	二黒 己未	7月7日	六白 戊子	6月5日	一白 丁巳
21	11月12日	一白 辛卯	10月12日	三碧 辛酉	9月10日	七赤 庚寅	8月10日	一白 庚申	7月8日	五黄 己丑	6月6日	九紫 戊午
22	11月13日	二黒 壬辰	10月13日	二黒 壬戌	9月11日	六白 辛卯	8月11日	九紫 辛酉	7月9日	四緑 庚寅	6月7日	八白 己未
23	11月14日	三碧 癸巳	10月14日	一白 癸亥	9月12日	五黄 壬辰	8月12日	八白 壬戌	7月10日	三碧 辛卯	6月8日	七赤 庚申
24	11月15日	四緑 甲午	10月15日	一白 甲子	9月13日	四緑 癸巳	8月13日	七赤 癸亥	7月11日	二黒 壬辰	6月9日	六白 辛酉
25	11月16日	五黄 乙未	10月16日	二黒 乙丑	9月14日	三碧 甲午	8月14日	六白 甲子	7月12日	一白 癸巳	6月10日	五黄 壬戌
26	11月17日	六白 丙申	10月17日	三碧 丙寅	9月15日	二黒 乙未	8月15日	五黄 乙丑	7月13日	九紫 甲午	6月11日	四緑 癸亥
27	11月18日	七赤 丁酉	10月18日	四緑 丁卯	9月16日	一白 丙申	8月16日	四緑 丙寅	7月14日	八白 乙未	6月12日	三碧 甲子
28	11月19日	八白 戊戌	10月19日	五黄 戊辰	9月17日	九紫 丁酉	8月17日	三碧 丁卯	7月15日	七赤 丙申	6月13日	二黒 乙丑
29	11月20日	九紫 己亥	10月20日	六白 己巳	9月18日	八白 戊戌	8月18日	二黒 戊辰	7月16日	六白 丁酉	6月14日	一白 丙寅
30	11月21日	一白 庚子	10月21日	七赤 庚午	9月19日	七赤 己亥	8月19日	一白 己巳	7月17日	五黄 戊戌	6月15日	九紫 丁卯
31	11月22日	二黒 辛丑			9月20日	六白 庚子			7月18日	四緑 己亥	6月16日	八白 戊辰

6月庚午			5月己巳			4月戊辰			3月丁卯			2月丙寅			1月乙丑			
5日 19：06			5日 15：17			4日 22：23			5日 17：55			4日 00：08			5日 12：32			
21日 11：46			21日 04：02			20日 05：14			20日 18：34			18日 19：51			20日 05：50			
一白水星			二黒土星			三碧木星			四緑木星			五黄土星			六白金星			
4月25日	一白	癸酉	3月24日	六白	壬寅	2月24日	三碧	壬申	1月22日	八白	辛丑	12月24日	七赤	癸酉	11月23日	三碧	壬寅	1
4月26日	二黒	甲戌	3月25日	七赤	癸卯	2月25日	四緑	癸酉	1月23日	九紫	壬寅	12月25日	八白	甲戌	11月24日	四緑	癸卯	2
4月27日	三碧	乙亥	3月26日	八白	甲辰	2月26日	五黄	甲戌	1月24日	一白	癸卯	12月26日	九紫	乙亥	11月25日	五黄	甲辰	3
4月28日	四緑	丙子	3月27日	九紫	乙巳	2月27日	六白	乙亥	1月25日	二黒	甲辰	12月27日	一白	丙子	11月26日	六白	乙巳	4
4月29日	五黄	丁丑	3月28日	一白	丙午	2月28日	七赤	丙子	1月26日	三碧	乙巳	12月28日	二黒	丁丑	11月27日	七赤	丙午	5
5月1日	六白	戊寅	3月29日	二黒	丁未	2月29日	八白	丁丑	1月27日	四緑	丙午	12月29日	三碧	戊寅	11月28日	八白	丁未	6
5月2日	七赤	己卯	3月30日	三碧	戊申	2月30日	九紫	戊寅	1月28日	五黄	丁未	12月30日	四緑	己卯	11月29日	九紫	戊申	7
5月3日	八白	庚辰	4月1日	四緑	己酉	3月1日	一白	己卯	1月29日	六白	戊申	1月1日	五黄	庚辰	11月30日	一白	己酉	8
5月4日	九紫	辛巳	4月2日	五黄	庚戌	3月2日	二黒	庚辰	2月1日	七赤	己酉	1月2日	六白	辛巳	12月1日	二黒	庚戌	9
5月5日	一白	壬午	4月3日	六白	辛亥	3月3日	三碧	辛巳	2月2日	八白	庚戌	1月3日	七赤	壬午	12月2日	三碧	辛亥	10
5月6日	二黒	癸未	4月4日	七赤	壬子	3月4日	四緑	壬午	2月3日	九紫	辛亥	1月4日	八白	癸未	12月3日	四緑	壬子	11
5月7日	三碧	甲申	4月5日	八白	癸丑	3月5日	五黄	癸未	2月4日	一白	壬子	1月5日	九紫	甲申	12月4日	五黄	癸丑	12
5月8日	四緑	乙酉	4月6日	九紫	甲寅	3月6日	六白	甲申	2月5日	二黒	癸丑	1月6日	一白	乙酉	12月5日	六白	甲寅	13
5月9日	五黄	丙戌	4月7日	一白	乙卯	3月7日	七赤	乙酉	2月6日	三碧	甲寅	1月7日	二黒	丙戌	12月6日	七赤	乙卯	14
5月10日	六白	丁亥	4月8日	二黒	丙辰	3月8日	八白	丙戌	2月7日	四緑	乙卯	1月8日	三碧	丁亥	12月7日	八白	丙辰	15
5月11日	七赤	戊子	4月9日	三碧	丁巳	3月9日	九紫	丁亥	2月8日	五黄	丙辰	1月9日	四緑	戊子	12月8日	九紫	丁巳	16
5月12日	八白	己丑	4月10日	四緑	戊午	3月10日	一白	戊子	2月9日	六白	丁巳	1月10日	五黄	己丑	12月9日	一白	戊午	17
5月13日	九紫	庚寅	4月11日	五黄	己未	3月11日	二黒	己丑	2月10日	七赤	戊午	1月11日	六白	庚寅	12月10日	二黒	己未	18
5月14日	一白	辛卯	4月12日	六白	庚申	3月12日	三碧	庚寅	2月11日	八白	己未	1月12日	七赤	辛卯	12月11日	三碧	庚申	19
5月15日	二黒	壬辰	4月13日	七赤	辛酉	3月13日	四緑	辛卯	2月12日	九紫	庚申	1月13日	八白	壬辰	12月12日	四緑	辛酉	20
5月16日	三碧	癸巳	4月14日	八白	壬戌	3月14日	五黄	壬辰	2月13日	一白	辛酉	1月14日	九紫	癸巳	12月13日	五黄	壬戌	21
5月17日	三碧	甲午	4月15日	九紫	癸亥	3月15日	六白	癸巳	2月14日	二黒	壬戌	1月15日	一白	甲午	12月14日	六白	癸亥	22
5月18日	二黒	乙未	4月16日	一白	甲子	3月16日	七赤	甲午	2月15日	三碧	癸亥	1月16日	二黒	乙未	12月15日	七赤	甲子	23
5月19日	一白	丙申	4月17日	二黒	乙丑	3月17日	八白	乙未	2月16日	四緑	甲子	1月17日	三碧	丙申	12月16日	八白	乙丑	24
5月20日	九紫	丁酉	4月18日	三碧	丙寅	3月18日	九紫	丙申	2月17日	五黄	乙丑	1月18日	四緑	丁酉	12月17日	九紫	丙寅	25
5月21日	八白	戊戌	4月19日	四緑	丁卯	3月19日	一白	丁酉	2月18日	六白	丙寅	1月19日	五黄	戊戌	12月18日	一白	丁卯	26
5月22日	七赤	己亥	4月20日	五黄	戊辰	3月20日	二黒	戊戌	2月19日	七赤	丁卯	1月20日	六白	己亥	12月19日	二黒	戊辰	27
5月23日	六白	庚子	4月21日	六白	己巳	3月21日	三碧	己亥	2月20日	八白	戊辰	1月21日	七赤	庚子	12月20日	三碧	己巳	28
5月24日	五黄	辛丑	4月22日	七赤	庚午	3月22日	四緑	庚子	2月21日	九紫	己巳				12月21日	四緑	庚午	29
5月25日	四緑	壬寅	4月23日	八白	辛未	3月23日	五黄	辛丑	2月22日	一白	庚午				12月22日	五黄	辛未	30
			4月24日	九紫	壬申				2月23日	二黒	辛未				12月23日	六白	壬申	31

令和36年			2054年			甲戌年			九紫火星								
12月丙子			11月乙亥			10月甲戌			9月癸酉			8月壬申			7月辛未		
7日 07：02			7日 13：55			8日 10：22			7日 18：19			7日 15：07			7日 05：13		
22日 01：09			22日 11：38			23日 13：44			23日 03：59			23日 05：58			22日 22：40		
四緑木星			五黄土星			六白金星			七赤金星			八白土星			九紫火星		
1	11月3日	三碧	丙子	10月2日	六白	丙午	9月1日	一白	乙亥	7月29日	四緑	乙巳	6月28日	八白	甲戌	5月26日	三碧	癸卯
2	11月4日	二黒	丁丑	10月3日	五黄	丁未	9月2日	九紫	丙子	8月1日	三碧	丙午	6月29日	七赤	乙亥	5月27日	二黒	甲辰
3	11月5日	一白	戊寅	10月4日	四緑	戊申	9月3日	八白	丁丑	8月2日	二黒	丁未	6月30日	六白	丙子	5月28日	一白	乙巳
4	11月6日	九紫	己卯	10月5日	三碧	己酉	9月4日	七赤	戊寅	8月3日	一白	戊申	7月1日	五黄	丁丑	5月29日	九紫	丙午
5	11月7日	八白	庚辰	10月6日	二黒	庚戌	9月5日	六白	己卯	8月4日	九紫	己酉	7月2日	四緑	戊寅	6月1日	八白	丁未
6	11月8日	七赤	辛巳	10月7日	一白	辛亥	9月6日	五黄	庚辰	8月5日	八白	庚戌	7月3日	三碧	己卯	6月2日	七赤	戊申
7	11月9日	六白	壬午	10月8日	九紫	壬子	9月7日	四緑	辛巳	8月6日	七赤	辛亥	7月4日	二黒	庚辰	6月3日	六白	己酉
8	11月10日	五黄	癸未	10月9日	八白	癸丑	9月8日	三碧	壬午	8月7日	六白	壬子	7月5日	一白	辛巳	6月4日	五黄	庚戌
9	11月11日	四緑	甲申	10月10日	七赤	甲寅	9月9日	二黒	癸未	8月8日	五黄	癸丑	7月6日	九紫	壬午	6月5日	四緑	辛亥
10	11月12日	三碧	乙酉	10月11日	六白	乙卯	9月10日	一白	甲申	8月9日	四緑	甲寅	7月7日	八白	癸未	6月6日	三碧	壬子
11	11月13日	二黒	丙戌	10月12日	五黄	丙辰	9月11日	九紫	乙酉	8月10日	三碧	乙卯	7月8日	七赤	甲申	6月7日	二黒	癸丑
12	11月14日	一白	丁亥	10月13日	四緑	丁巳	9月12日	八白	丙戌	8月11日	二黒	丙辰	7月9日	六白	乙酉	6月8日	一白	甲寅
13	11月15日	九紫	戊子	10月14日	三碧	戊午	9月13日	七赤	丁亥	8月12日	一白	丁巳	7月10日	五黄	丙戌	6月9日	九紫	乙卯
14	11月16日	八白	己丑	10月15日	二黒	己未	9月14日	六白	戊子	8月13日	九紫	戊午	7月11日	四緑	丁亥	6月10日	八白	丙辰
15	11月17日	七赤	庚寅	10月16日	一白	庚申	9月15日	五黄	己丑	8月14日	八白	己未	7月12日	三碧	戊子	6月11日	七赤	丁巳
16	11月18日	六白	辛卯	10月17日	九紫	辛酉	9月16日	四緑	庚寅	8月15日	七赤	庚申	7月13日	二黒	己丑	6月12日	六白	戊午
17	11月19日	五黄	壬辰	10月18日	八白	壬戌	9月17日	三碧	辛卯	8月16日	六白	辛酉	7月14日	一白	庚寅	6月13日	五黄	己未
18	11月20日	四緑	癸巳	10月19日	七赤	癸亥	9月18日	二黒	壬辰	8月17日	五黄	壬戌	7月15日	九紫	辛卯	6月14日	四緑	庚申
19	11月21日	三碧	甲午	10月20日	六白	甲子	9月19日	一白	癸巳	8月18日	四緑	癸亥	7月16日	八白	壬辰	6月15日	三碧	辛酉
20	11月22日	二黒	乙未	10月21日	五黄	乙丑	9月20日	九紫	甲午	8月19日	三碧	甲子	7月17日	七赤	癸巳	6月16日	二黒	壬戌
21	11月23日	一白	丙申	10月22日	四緑	丙寅	9月21日	八白	乙未	8月20日	二黒	乙丑	7月18日	六白	甲午	6月17日	一白	癸亥
22	11月24日	九紫	丁酉	10月23日	三碧	丁卯	9月22日	七赤	丙申	8月21日	一白	丙寅	7月19日	五黄	乙未	6月18日	九紫	甲子
23	11月25日	八白	戊戌	10月24日	二黒	戊辰	9月23日	六白	丁酉	8月22日	九紫	丁卯	7月20日	四緑	丙申	6月19日	八白	乙丑
24	11月26日	七赤	己亥	10月25日	一白	己巳	9月24日	五黄	戊戌	8月23日	八白	戊辰	7月21日	三碧	丁酉	6月20日	七赤	丙寅
25	11月27日	六白	庚子	10月26日	九紫	庚午	9月25日	四緑	己亥	8月24日	七赤	己巳	7月22日	二黒	戊戌	6月21日	六白	丁卯
26	11月28日	五黄	辛丑	10月27日	八白	辛未	9月26日	三碧	庚子	8月25日	六白	庚午	7月23日	一白	己亥	6月22日	五黄	戊辰
27	11月29日	四緑	壬寅	10月28日	七赤	壬申	9月27日	二黒	辛丑	8月26日	五黄	辛未	7月24日	九紫	庚子	6月23日	四緑	己巳
28	11月30日	三碧	癸卯	10月29日	六白	癸酉	9月28日	一白	壬寅	8月27日	四緑	壬申	7月25日	八白	辛丑	6月24日	三碧	庚午
29	12月1日	二黒	甲辰	11月1日	五黄	甲戌	9月29日	九紫	癸卯	8月28日	三碧	癸酉	7月26日	七赤	壬寅	6月25日	二黒	辛未
30	12月2日	一白	乙巳	11月2日	四緑	乙亥	9月30日	八白	甲辰	8月29日	二黒	甲戌	7月27日	六白	癸卯	6月26日	一白	壬申
31	12月3日	九紫	丙午				10月1日	七赤	乙巳				7月28日	五黄	甲辰	6月27日	九紫	癸酉

6月壬午			5月辛巳			4月庚辰			3月己卯			2月戊寅			1月丁丑			
6日 00：54			5日 21：03			5日 04：08			5日 23：42			4日 05：56			5日 18：22			
21日 17：38			21日 09：55			20日 11：08			21日 00：29			19日 01：47			20日 11：49			
七赤金星			八白土星			九紫火星			一白水星			二黒土星			三碧木星			
5月7日	九紫	戊寅	4月5日	五黄	丁未	3月5日	二黒	丁丑	2月4日	七赤	丙午	1月5日	六白	戊寅	12月4日	八白	丁未	1
5月8日	一白	己卯	4月6日	六白	戊申	3月6日	三碧	戊寅	2月5日	八白	丁未	1月6日	七赤	己卯	12月5日	七赤	戊申	2
5月9日	二黒	庚辰	4月7日	七赤	己酉	3月7日	四緑	己卯	2月6日	九紫	戊申	1月7日	八白	庚辰	12月6日	六白	己酉	3
5月10日	三碧	辛巳	4月8日	八白	庚戌	3月8日	五黄	庚辰	2月7日	一白	己酉	1月8日	九紫	辛巳	12月7日	五黄	庚戌	4
5月11日	四緑	壬午	4月9日	九紫	辛亥	3月9日	六白	辛巳	2月8日	二黒	庚戌	1月9日	一白	壬午	12月8日	四緑	辛亥	5
5月12日	五黄	癸未	4月10日	一白	壬子	3月10日	七赤	壬午	2月9日	三碧	辛亥	1月10日	二黒	癸未	12月9日	三碧	壬子	6
5月13日	六白	甲申	4月11日	二黒	癸丑	3月11日	八白	癸未	2月10日	四緑	壬子	1月11日	三碧	甲申	12月10日	二黒	癸丑	7
5月14日	七赤	乙酉	4月12日	三碧	甲寅	3月12日	九紫	甲申	2月11日	五黄	癸丑	1月12日	四緑	乙酉	12月11日	一白	甲寅	8
5月15日	八白	丙戌	4月13日	四緑	乙卯	3月13日	一白	乙酉	2月12日	六白	甲寅	1月13日	五黄	丙戌	12月12日	九紫	乙卯	9
5月16日	九紫	丁亥	4月14日	五黄	丙辰	3月14日	二黒	丙戌	2月13日	七赤	乙卯	1月14日	六白	丁亥	12月13日	八白	丙辰	10
5月17日	一白	戊子	4月15日	六白	丁巳	3月15日	三碧	丁亥	2月14日	八白	丙辰	1月15日	七赤	戊子	12月14日	七赤	丁巳	11
5月18日	二黒	己丑	4月16日	七赤	戊午	3月16日	四緑	戊子	2月15日	九紫	丁巳	1月16日	八白	己丑	12月15日	六白	戊午	12
5月19日	三碧	庚寅	4月17日	八白	己未	3月17日	五黄	己丑	2月16日	一白	戊午	1月17日	九紫	庚寅	12月16日	五黄	己未	13
5月20日	四緑	辛卯	4月18日	九紫	庚申	3月18日	六白	庚寅	2月17日	二黒	己未	1月18日	一白	辛卯	12月17日	四緑	庚申	14
5月21日	五黄	壬辰	4月19日	一白	辛酉	3月19日	七赤	辛卯	2月18日	三碧	庚申	1月19日	二黒	壬辰	12月18日	三碧	辛酉	15
5月22日	六白	癸巳	4月20日	二黒	壬戌	3月20日	八白	壬辰	2月19日	四緑	辛酉	1月20日	三碧	癸巳	12月19日	二黒	壬戌	16
5月23日	七赤	甲午	4月21日	三碧	癸亥	3月21日	九紫	癸巳	2月20日	五黄	壬戌	1月21日	四緑	甲午	12月20日	一白	癸亥	17
5月24日	八白	乙未	4月22日	四緑	甲子	3月22日	一白	甲午	2月21日	六白	癸亥	1月22日	五黄	乙未	12月21日	一白	甲子	18
5月25日	九紫	丙申	4月23日	五黄	乙丑	3月23日	二黒	乙未	2月22日	七赤	甲子	1月23日	六白	丙申	12月22日	二黒	乙丑	19
5月26日	一白	丁酉	4月24日	六白	丙寅	3月24日	三碧	丙申	2月23日	八白	乙丑	1月24日	七赤	丁酉	12月23日	三碧	丙寅	20
5月27日	二黒	戊戌	4月25日	七赤	丁卯	3月25日	四緑	丁酉	2月24日	九紫	丙寅	1月25日	八白	戊戌	12月24日	四緑	丁卯	21
5月28日	三碧	己亥	4月26日	八白	戊辰	3月26日	五黄	戊戌	2月25日	一白	丁卯	1月26日	九紫	己亥	12月25日	五黄	戊辰	22
5月29日	四緑	庚子	4月27日	九紫	己巳	3月27日	六白	己亥	2月26日	二黒	戊辰	1月27日	一白	庚子	12月26日	六白	己巳	23
5月30日	五黄	辛丑	4月28日	一白	庚午	3月28日	七赤	庚子	2月27日	三碧	己巳	1月28日	二黒	辛丑	12月27日	七赤	庚午	24
6月1日	六白	壬寅	4月29日	二黒	辛未	3月29日	八白	辛丑	2月28日	四緑	庚午	1月29日	三碧	壬寅	12月28日	八白	辛未	25
6月2日	七赤	癸卯	5月1日	三碧	壬申	3月30日	九紫	壬寅	2月29日	五黄	辛未	2月1日	四緑	癸卯	12月29日	九紫	壬申	26
6月3日	八白	甲辰	5月2日	四緑	癸酉	4月1日	一白	癸卯	2月30日	六白	壬申	2月2日	五黄	甲辰	12月30日	一白	癸酉	27
6月4日	九紫	乙巳	5月3日	五黄	甲戌	4月2日	二黒	甲辰	3月1日	七赤	癸酉	2月3日	六白	乙巳	1月1日	二黒	甲戌	28
6月5日	一白	丙午	5月4日	六白	乙亥	4月3日	三碧	乙巳	3月2日	八白	甲戌				1月2日	三碧	乙亥	29
6月6日	二黒	丁未	5月5日	七赤	丙子	4月4日	四緑	丙午	3月3日	九紫	乙亥				1月3日	四緑	丙子	30
			5月6日	八白	丁丑				3月4日	一白	丙子				1月4日	五黄	丁丑	31

令和37年			2055年			乙亥年			八白土星								
12月戊子			11月丁亥			10月丙戌			9月乙酉			8月甲申			7月癸未		
7日 12：57			7日 19：52			8日 16：19			8日 00：16			7日 21：01			7日 11：04		
22日 06：55			22日 17：25			23日 19：32			23日 09：49			23日 11：49			23日 04：32		
一白水星			二黒土星			三碧木星			四緑木星			五黄土星			六白金星		

1	10月13日	七赤	辛巳	9月13日	一白	辛亥	8月11日	五黄	庚辰	7月10日	八白	庚戌	閏6月9日	三碧	己卯	6月7日	三碧	戊申
2	10月14日	六白	壬午	9月14日	九紫	壬子	8月12日	四緑	辛巳	7月11日	七赤	辛亥	閏6月10日	二黒	庚辰	6月8日	四緑	己酉
3	10月15日	五黄	癸未	9月15日	八白	癸丑	8月13日	三碧	壬午	7月12日	六白	壬子	閏6月11日	一白	辛巳	6月9日	五黄	庚戌
4	10月16日	四緑	甲申	9月16日	七赤	甲寅	8月14日	二黒	癸未	7月13日	五黄	癸丑	閏6月12日	九紫	壬午	6月10日	六白	辛亥
5	10月17日	三碧	乙酉	9月17日	六白	乙卯	8月15日	一白	甲申	7月14日	四緑	甲寅	閏6月13日	八白	癸未	6月11日	七赤	壬子
6	10月18日	二黒	丙戌	9月18日	五黄	丙辰	8月16日	九紫	乙酉	7月15日	三碧	乙卯	閏6月14日	七赤	甲申	6月12日	八白	癸丑
7	10月19日	一白	丁亥	9月19日	四緑	丁巳	8月17日	八白	丙戌	7月16日	二黒	丙辰	閏6月15日	六白	乙酉	6月13日	九紫	甲寅
8	10月20日	九紫	戊子	9月20日	三碧	戊午	8月18日	七赤	丁亥	7月17日	一白	丁巳	閏6月16日	五黄	丙戌	6月14日	一白	乙卯
9	10月21日	八白	己丑	9月21日	二黒	己未	8月19日	六白	戊子	7月18日	九紫	戊午	閏6月17日	四緑	丁亥	6月15日	二黒	丙辰
10	10月22日	七赤	庚寅	9月22日	一白	庚申	8月20日	五黄	己丑	7月19日	八白	己未	閏6月18日	三碧	戊子	6月16日	三碧	丁巳
11	10月23日	六白	辛卯	9月23日	九紫	辛酉	8月21日	四緑	庚寅	7月20日	七赤	庚申	閏6月19日	二黒	己丑	6月17日	四緑	戊午
12	10月24日	五黄	壬辰	9月24日	八白	壬戌	8月22日	三碧	辛卯	7月21日	六白	辛酉	閏6月20日	一白	庚寅	6月18日	五黄	己未
13	10月25日	四緑	癸巳	9月25日	七赤	癸亥	8月23日	二黒	壬辰	7月22日	五黄	壬戌	閏6月21日	九紫	辛卯	6月19日	六白	庚申
14	10月26日	三碧	甲午	9月26日	六白	甲子	8月24日	一白	癸巳	7月23日	四緑	癸亥	閏6月22日	八白	壬辰	6月20日	七赤	辛酉
15	10月27日	二黒	乙未	9月27日	五黄	乙丑	8月25日	九紫	甲午	7月24日	三碧	甲子	閏6月23日	七赤	癸巳	6月21日	八白	壬戌
16	10月28日	一白	丙申	9月28日	四緑	丙寅	8月26日	八白	乙未	7月25日	二黒	乙丑	閏6月24日	六白	甲午	6月22日	九紫	癸亥
17	10月29日	九紫	丁酉	9月29日	三碧	丁卯	8月27日	七赤	丙申	7月26日	一白	丙寅	閏6月25日	五黄	乙未	6月23日	九紫	甲子
18	11月1日	八白	戊戌	9月30日	二黒	戊辰	8月28日	六白	丁酉	7月27日	九紫	丁卯	閏6月26日	四緑	丙申	6月24日	八白	乙丑
19	11月2日	七赤	己亥	10月1日	一白	己巳	8月29日	五黄	戊戌	7月28日	八白	戊辰	閏6月27日	三碧	丁酉	6月25日	七赤	丙寅
20	11月3日	六白	庚子	10月2日	九紫	庚午	9月1日	四緑	己亥	7月29日	七赤	己巳	閏6月28日	二黒	戊戌	6月26日	六白	丁卯
21	11月4日	五黄	辛丑	10月3日	八白	辛未	9月2日	三碧	庚子	8月1日	六白	庚午	閏6月29日	一白	己亥	6月27日	五黄	戊辰
22	11月5日	四緑	壬寅	10月4日	七赤	壬申	9月3日	二黒	辛丑	8月2日	五黄	辛未	閏6月30日	九紫	庚子	6月28日	四緑	己巳
23	11月6日	三碧	癸卯	10月5日	六白	癸酉	9月4日	一白	壬寅	8月3日	四緑	壬申	7月1日	八白	辛丑	6月29日	三碧	庚午
24	11月7日	二黒	甲辰	10月6日	五黄	甲戌	9月5日	九紫	癸卯	8月4日	三碧	癸酉	7月2日	七赤	壬寅	閏6月1日	二黒	辛未
25	11月8日	一白	乙巳	10月7日	四緑	乙亥	9月6日	八白	甲辰	8月5日	二黒	甲戌	7月3日	六白	癸卯	閏6月2日	一白	壬申
26	11月9日	九紫	丙午	10月8日	三碧	丙子	9月7日	七赤	乙巳	8月6日	一白	乙亥	7月4日	五黄	甲辰	閏6月3日	九紫	癸酉
27	11月10日	八白	丁未	10月9日	二黒	丁丑	9月8日	六白	丙午	8月7日	九紫	丙子	7月5日	四緑	乙巳	閏6月4日	八白	甲戌
28	11月11日	七赤	戊申	10月10日	一白	戊寅	9月9日	五黄	丁未	8月8日	八白	丁丑	7月6日	三碧	丙午	閏6月5日	七赤	乙亥
29	11月12日	六白	己酉	10月11日	九紫	己卯	9月10日	四緑	戊申	8月9日	七赤	戊寅	7月7日	二黒	丁未	閏6月6日	六白	丙子
30	11月13日	五黄	庚戌	10月12日	八白	庚辰	9月11日	三碧	己酉	8月10日	六白	己卯	7月8日	一白	戊申	閏6月7日	五黄	丁丑
31	11月14日	四緑	辛亥				9月12日	二黒	庚戌				7月9日	九紫	己酉	閏6月8日	四緑	戊寅

万年暦

6月甲午			5月癸巳			4月壬辰			3月辛卯			2月庚寅			1月己丑			
5日 06：51			5日 02：56			4日 09：59			5日 05：32			4日 11：47			6日 00：15			
20日 23：27			20日 15：40			19日 16：51			20日 06：11			19日 07：30			20日 17：33			
四緑木星			五黄土星			六白金星			七赤金星			八白土星			九紫火星			
4月18日	六白	甲申	3月17日	二黒	癸丑	2月17日	八白	癸未	1月16日	四緑	壬子	12月16日	二黒	癸未	11月15日	三碧	壬子	1
4月19日	七赤	乙酉	3月18日	三碧	甲寅	2月18日	九紫	甲申	1月17日	五黄	癸丑	12月17日	三碧	甲申	11月16日	二黒	癸丑	2
4月20日	八白	丙戌	3月19日	四緑	乙卯	2月19日	一白	乙酉	1月18日	六白	甲寅	12月18日	四緑	乙酉	11月17日	一白	甲寅	3
4月21日	九紫	丁亥	3月20日	五黄	丙辰	2月20日	二黒	丙戌	1月19日	七赤	乙卯	12月19日	五黄	丙戌	11月18日	九紫	乙卯	4
4月22日	一白	戊子	3月21日	六白	丁巳	2月21日	三碧	丁亥	1月20日	八白	丙辰	12月20日	六白	丁亥	11月19日	八白	丙辰	5
4月23日	二黒	己丑	3月22日	七赤	戊午	2月22日	四緑	戊子	1月21日	九紫	丁巳	12月21日	七赤	戊子	11月20日	七赤	丁巳	6
4月24日	三碧	庚寅	3月23日	八白	己未	2月23日	五黄	己丑	1月22日	一白	戊午	12月22日	八白	己丑	11月21日	六白	戊午	7
4月25日	四緑	辛卯	3月24日	九紫	庚申	2月24日	六白	庚寅	1月23日	二黒	己未	12月23日	九紫	庚寅	11月22日	五黄	己未	8
4月26日	五黄	壬辰	3月25日	一白	辛酉	2月25日	七赤	辛卯	1月24日	三碧	庚申	12月24日	一白	辛卯	11月23日	四緑	庚申	9
4月27日	六白	癸巳	3月26日	二黒	壬戌	2月26日	八白	壬辰	1月25日	四緑	辛酉	12月25日	二黒	壬辰	11月24日	三碧	辛酉	10
4月28日	七赤	甲午	3月27日	三碧	癸亥	2月27日	九紫	癸巳	1月26日	五黄	壬戌	12月26日	三碧	癸巳	11月25日	二黒	壬戌	11
4月29日	八白	乙未	3月28日	四緑	甲子	2月28日	一白	甲午	1月27日	六白	癸亥	12月27日	四緑	甲午	11月26日	一白	癸亥	12
5月1日	九紫	丙申	3月29日	五黄	乙丑	2月29日	二黒	乙未	1月28日	七赤	甲子	12月28日	五黄	乙未	11月27日	一白	甲子	13
5月2日	一白	丁酉	3月30日	六白	丙寅	2月30日	三碧	丙申	1月29日	八白	乙丑	12月29日	六白	丙申	11月28日	二黒	乙丑	14
5月3日	二黒	戊戌	4月1日	七赤	丁卯	3月1日	四緑	丁酉	1月30日	九紫	丙寅	1月1日	七赤	丁酉	11月29日	三碧	丙寅	15
5月4日	三碧	己亥	4月2日	八白	戊辰	3月2日	五黄	戊戌	2月1日	一白	丁卯	1月2日	八白	戊戌	11月30日	四緑	丁卯	16
5月5日	四緑	庚子	4月3日	九紫	己巳	3月3日	六白	己亥	2月2日	二黒	戊辰	1月3日	九紫	己亥	12月1日	五黄	戊辰	17
5月6日	五黄	辛丑	4月4日	一白	庚午	3月4日	七赤	庚子	2月3日	三碧	己巳	1月4日	一白	庚子	12月2日	六白	己巳	18
5月7日	六白	壬寅	4月5日	二黒	辛未	3月5日	八白	辛丑	2月4日	四緑	庚午	1月5日	二黒	辛丑	12月3日	七赤	庚午	19
5月8日	七赤	癸卯	4月6日	三碧	壬申	3月6日	九紫	壬寅	2月5日	五黄	辛未	1月6日	三碧	壬寅	12月4日	八白	辛未	20
5月9日	八白	甲辰	4月7日	四緑	癸酉	3月7日	一白	癸卯	2月6日	六白	壬申	1月7日	四緑	癸卯	12月5日	九紫	壬申	21
5月10日	九紫	乙巳	4月8日	五黄	甲戌	3月8日	二黒	甲辰	2月7日	七赤	癸酉	1月8日	五黄	甲辰	12月6日	一白	癸酉	22
5月11日	一白	丙午	4月9日	六白	乙亥	3月9日	三碧	乙巳	2月8日	八白	甲戌	1月9日	六白	乙巳	12月7日	二黒	甲戌	23
5月12日	二黒	丁未	4月10日	七赤	丙子	3月10日	四緑	丙午	2月9日	九紫	乙亥	1月10日	七赤	丙午	12月8日	三碧	乙亥	24
5月13日	三碧	戊申	4月11日	八白	丁丑	3月11日	五黄	丁未	2月10日	一白	丙子	1月11日	八白	丁未	12月9日	四緑	丙子	25
5月14日	四緑	己酉	4月12日	九紫	戊寅	3月12日	六白	戊申	2月11日	二黒	丁丑	1月12日	九紫	戊申	12月10日	五黄	丁丑	26
5月15日	五黄	庚戌	4月13日	一白	己卯	3月13日	七赤	己酉	2月12日	三碧	戊寅	1月13日	一白	己酉	12月11日	六白	戊寅	27
5月16日	六白	辛亥	4月14日	二黒	庚辰	3月14日	八白	庚戌	2月13日	四緑	己卯	1月14日	二黒	庚戌	12月12日	七赤	己卯	28
5月17日	七赤	壬子	4月15日	三碧	辛巳	3月15日	九紫	辛亥	2月14日	五黄	庚辰	1月15日	三碧	辛亥	12月13日	八白	庚辰	29
5月18日	八白	癸丑	4月16日	四緑	壬午	3月16日	一白	壬子	2月15日	六白	辛巳				12月14日	九紫	辛巳	30
			4月17日	五黄	癸未				2月16日	七赤	壬午				12月15日	一白	壬午	31

266

令和38年		2056年		丙子年		七赤金星					
12月庚子		11月己亥		10月戊戌		9月丁酉		8月丙申		7月乙未	
6日 18：50		7日 01：42		7日 22：08		7日 06：07		7日 02：56		6日 17：02	
21日 12：51		21日 23：19		23日 01：24		22日 15：39		22日 17：39		22日 10：22	
七赤金星		八白土星		九紫火星		一白水星		二黒土星		三碧木星	

1	10月25日	一白	丁亥	9月24日	四緑	丁巳	8月22日	八白	丙戌	7月22日	二黒	丙辰	6月20日	六白	乙酉	5月19日	九紫	甲寅
2	10月26日	九紫	戊子	9月25日	三碧	戊午	8月23日	七赤	丁亥	7月23日	一白	丁巳	6月21日	五黄	丙戌	5月20日	一白	乙卯
3	10月27日	八白	己丑	9月26日	二黒	己未	8月24日	六白	戊子	7月24日	九紫	戊午	6月22日	四緑	丁亥	5月21日	二黒	丙辰
4	10月28日	七赤	庚寅	9月27日	一白	庚申	8月25日	五黄	己丑	7月25日	八白	己未	6月23日	三碧	戊子	5月22日	三碧	丁巳
5	10月29日	六白	辛卯	9月28日	九紫	辛酉	8月26日	四緑	庚寅	7月26日	七赤	庚申	6月24日	二黒	己丑	5月23日	四緑	戊午
6	10月30日	五黄	壬辰	9月29日	八白	壬戌	8月27日	三碧	辛卯	7月27日	六白	辛酉	6月25日	一白	庚寅	5月24日	五黄	己未
7	11月1日	四緑	癸巳	10月1日	七赤	癸亥	8月28日	二黒	壬辰	7月28日	五黄	壬戌	6月26日	九紫	辛卯	5月25日	六白	庚申
8	11月2日	三碧	甲午	10月2日	六白	甲子	8月29日	一白	癸巳	7月29日	四緑	癸亥	6月27日	八白	壬辰	5月26日	七赤	辛酉
9	11月3日	二黒	乙未	10月3日	五黄	乙丑	9月1日	九紫	甲午	7月30日	三碧	甲子	6月28日	七赤	癸巳	5月27日	八白	壬戌
10	11月4日	一白	丙申	10月4日	四緑	丙寅	9月2日	八白	乙未	8月1日	二黒	乙丑	6月29日	六白	甲午	5月28日	九紫	癸亥
11	11月5日	九紫	丁酉	10月5日	三碧	丁卯	9月3日	七赤	丙申	8月2日	一白	丙寅	7月1日	五黄	乙未	5月29日	九紫	甲子
12	11月6日	八白	戊戌	10月6日	二黒	戊辰	9月4日	六白	丁酉	8月3日	九紫	丁卯	7月2日	四緑	丙申	5月30日	八白	乙丑
13	11月7日	七赤	己亥	10月7日	一白	己巳	9月5日	五黄	戊戌	8月4日	八白	戊辰	7月3日	三碧	丁酉	6月1日	七赤	丙寅
14	11月8日	六白	庚子	10月8日	九紫	庚午	9月6日	四緑	己亥	8月5日	七赤	己巳	7月4日	二黒	戊戌	6月2日	六白	丁卯
15	11月9日	五黄	辛丑	10月9日	八白	辛未	9月7日	三碧	庚子	8月6日	六白	庚午	7月5日	一白	己亥	6月3日	五黄	戊辰
16	11月10日	四緑	壬寅	10月10日	七赤	壬申	9月8日	二黒	辛丑	8月7日	五黄	辛未	7月6日	九紫	庚子	6月4日	四緑	己巳
17	11月11日	三碧	癸卯	10月11日	六白	癸酉	9月9日	一白	壬寅	8月8日	四緑	壬申	7月7日	八白	辛丑	6月5日	三碧	庚午
18	11月12日	二黒	甲辰	10月12日	五黄	甲戌	9月10日	九紫	癸卯	8月9日	三碧	癸酉	7月8日	七赤	壬寅	6月6日	二黒	辛未
19	11月13日	一白	乙巳	10月13日	四緑	乙亥	9月11日	八白	甲辰	8月10日	二黒	甲戌	7月9日	六白	癸卯	6月7日	一白	壬申
20	11月14日	九紫	丙午	10月14日	三碧	丙子	9月12日	七赤	乙巳	8月11日	一白	乙亥	7月10日	五黄	甲辰	6月8日	九紫	癸酉
21	11月15日	八白	丁未	10月15日	二黒	丁丑	9月13日	六白	丙午	8月12日	九紫	丙子	7月11日	四緑	乙巳	6月9日	八白	甲戌
22	11月16日	七赤	戊申	10月16日	一白	戊寅	9月14日	五黄	丁未	8月13日	八白	丁丑	7月12日	三碧	丙午	6月10日	七赤	乙亥
23	11月17日	六白	己酉	10月17日	九紫	己卯	9月15日	四緑	戊申	8月14日	七赤	戊寅	7月13日	二黒	丁未	6月11日	六白	丙子
24	11月18日	五黄	庚戌	10月18日	八白	庚辰	9月16日	三碧	己酉	8月15日	六白	己卯	7月14日	一白	戊申	6月12日	五黄	丁丑
25	11月19日	四緑	辛亥	10月19日	七赤	辛巳	9月17日	二黒	庚戌	8月16日	五黄	庚辰	7月15日	九紫	己酉	6月13日	四緑	戊寅
26	11月20日	三碧	壬子	10月20日	六白	壬午	9月18日	一白	辛亥	8月17日	四緑	辛巳	7月16日	八白	庚戌	6月14日	三碧	己卯
27	11月21日	二黒	癸丑	10月21日	五黄	癸未	9月19日	九紫	壬子	8月18日	三碧	壬午	7月17日	七赤	辛亥	6月15日	二黒	庚辰
28	11月22日	一白	甲寅	10月22日	四緑	甲申	9月20日	八白	癸丑	8月19日	二黒	癸未	7月18日	六白	壬子	6月16日	一白	辛巳
29	11月23日	九紫	乙卯	10月23日	三碧	乙酉	9月21日	七赤	甲寅	8月20日	一白	甲申	7月19日	五黄	癸丑	6月17日	九紫	壬午
30	11月24日	八白	丙辰	10月24日	二黒	丙戌	9月22日	六白	乙卯	8月21日	九紫	乙酉	7月20日	四緑	甲寅	6月18日	八白	癸未
31	11月25日	七赤	丁巳				9月23日	五黄	丙辰				7月21日	三碧	乙卯	6月19日	七赤	甲申

6月丙午			5月乙巳			4月甲辰			3月癸卯			2月壬寅			1月辛丑			
5日 12：35			5日 08：45			4日 15：52			5日 11：27			3日 17：43			5日 06：10			
21日 05：18			20日 21：34			19日 22：46			20日 12：08			18日 13：28			19日 23：31			
一白水星			二黒土星			三碧木星			四緑木星			五黄土星			六白金星			
4月29日	二黒	己丑	3月28日	七赤	戊午	2月28日	四緑	戊子	1月26日	九紫	丁巳	12月28日	八白	己丑	11月26日	六白	戊午	1
5月1日	三碧	庚寅	3月29日	八白	己未	2月29日	五黄	己丑	1月27日	一白	戊午	12月29日	九紫	庚寅	11月27日	五黄	己未	2
5月2日	四緑	辛卯	3月30日	九紫	庚申	2月30日	六白	庚寅	1月28日	二黒	己未	12月30日	一白	辛卯	11月28日	四緑	庚申	3
5月3日	五黄	壬辰	4月1日	一白	辛酉	3月1日	七赤	辛卯	1月29日	三碧	庚申	1月1日	二黒	壬辰	11月29日	三碧	辛酉	4
5月4日	六白	癸巳	4月2日	二黒	壬戌	3月2日	八白	壬辰	2月1日	四緑	辛酉	1月2日	三碧	癸巳	12月1日	二黒	壬戌	5
5月5日	七赤	甲午	4月3日	三碧	癸亥	3月3日	九紫	癸巳	2月2日	五黄	壬戌	1月3日	四緑	甲午	12月2日	一白	癸亥	6
5月6日	八白	乙未	4月4日	四緑	甲子	3月4日	一白	甲午	2月3日	六白	癸亥	1月4日	五黄	乙未	12月3日	一白	甲子	7
5月7日	九紫	丙申	4月5日	五黄	乙丑	3月5日	二黒	乙未	2月4日	七赤	甲子	1月5日	六白	丙申	12月4日	二黒	乙丑	8
5月8日	一白	丁酉	4月6日	六白	丙寅	3月6日	三碧	丙申	2月5日	八白	乙丑	1月6日	七赤	丁酉	12月5日	三碧	丙寅	9
5月9日	二黒	戊戌	4月7日	七赤	丁卯	3月7日	四緑	丁酉	2月6日	九紫	丙寅	1月7日	八白	戊戌	12月6日	四緑	丁卯	10
5月10日	三碧	己亥	4月8日	八白	戊辰	3月8日	五黄	戊戌	2月7日	一白	丁卯	1月8日	九紫	己亥	12月7日	五黄	戊辰	11
5月11日	四緑	庚子	4月9日	九紫	己巳	3月9日	六白	己亥	2月8日	二黒	戊辰	1月9日	一白	庚子	12月8日	六白	己巳	12
5月12日	五黄	辛丑	4月10日	一白	庚午	3月10日	七赤	庚子	2月9日	三碧	己巳	1月10日	二黒	辛丑	12月9日	七赤	庚午	13
5月13日	六白	壬寅	4月11日	二黒	辛未	3月11日	八白	辛丑	2月10日	四緑	庚午	1月11日	三碧	壬寅	12月10日	八白	辛未	14
5月14日	七赤	癸卯	4月12日	三碧	壬申	3月12日	九紫	壬寅	2月11日	五黄	辛未	1月12日	四緑	癸卯	12月11日	九紫	壬申	15
5月15日	八白	甲辰	4月13日	四緑	癸酉	3月13日	一白	癸卯	2月12日	六白	壬申	1月13日	五黄	甲辰	12月12日	一白	癸酉	16
5月16日	九紫	乙巳	4月14日	五黄	甲戌	3月14日	二黒	甲辰	2月13日	七赤	癸酉	1月14日	六白	乙巳	12月13日	二黒	甲戌	17
5月17日	一白	丙午	4月15日	六白	乙亥	3月15日	三碧	乙巳	2月14日	八白	甲戌	1月15日	七赤	丙午	12月14日	三碧	乙亥	18
5月18日	二黒	丁未	4月16日	七赤	丙子	3月16日	四緑	丙午	2月15日	九紫	乙亥	1月16日	八白	丁未	12月15日	四緑	丙子	19
5月19日	三碧	戊申	4月17日	八白	丁丑	3月17日	五黄	丁未	2月16日	一白	丙子	1月17日	九紫	戊申	12月16日	五黄	丁丑	20
5月20日	四緑	己酉	4月18日	九紫	戊寅	3月18日	六白	戊申	2月17日	二黒	丁丑	1月18日	一白	己酉	12月17日	六白	戊寅	21
5月21日	五黄	庚戌	4月19日	一白	己卯	3月19日	七赤	己酉	2月18日	三碧	戊寅	1月19日	二黒	庚戌	12月18日	七赤	己卯	22
5月22日	六白	辛亥	4月20日	二黒	庚辰	3月20日	八白	庚戌	2月19日	四緑	己卯	1月20日	三碧	辛亥	12月19日	八白	庚辰	23
5月23日	七赤	壬子	4月21日	三碧	辛巳	3月21日	九紫	辛亥	2月20日	五黄	庚辰	1月21日	四緑	壬子	12月20日	九紫	辛巳	24
5月24日	八白	癸丑	4月22日	四緑	壬午	3月22日	一白	壬子	2月21日	六白	辛巳	1月22日	五黄	癸丑	12月21日	一白	壬午	25
5月25日	九紫	甲寅	4月23日	五黄	癸未	3月23日	二黒	癸丑	2月22日	七赤	壬午	1月23日	六白	甲寅	12月22日	二黒	癸未	26
5月26日	一白	乙卯	4月24日	六白	甲申	3月24日	三碧	甲寅	2月23日	八白	癸未	1月24日	七赤	乙卯	12月23日	三碧	甲申	27
5月27日	二黒	丙辰	4月25日	七赤	乙酉	3月25日	四緑	乙卯	2月24日	九紫	甲申	1月25日	八白	丙辰	12月24日	四緑	乙酉	28
5月28日	三碧	丁巳	4月26日	八白	丙戌	3月26日	五黄	丙辰	2月25日	一白	乙酉				12月25日	五黄	丙戌	29
5月29日	四緑	戊午	4月27日	九紫	丁亥	3月27日	六白	丁巳	2月26日	二黒	丙戌				12月26日	六白	丁亥	30
			4月28日	一白	戊子				2月27日	三碧	丁亥				12月27日	七赤	戊子	31

268

令和39年		2057年		丁丑年		六白金星					
12月壬子		11月辛亥		10月庚戌		9月己酉		8月戊申		7月丁未	
7日 00：34		7日 07：21		8日 03：45		7日 11：44		7日 08：34		6日 22：42	
21日 18：43		22日 05：06		23日 07：08		22日 21：23		22日 23：25		22日 16：11	
四緑木星		五黄土星		六白金星		七赤金星		八白土星		九紫火星	

1	11月6日	五黄	壬辰	10月5日	八白	壬戌	9月3日	三碧	辛卯	8月3日	六白	辛酉	7月2日	一白	庚寅	5月30日	五黄	己未
2	11月7日	四緑	癸巳	10月6日	七赤	癸亥	9月4日	二黒	壬辰	8月4日	五黄	壬戌	7月3日	九紫	辛卯	6月1日	六白	庚申
3	11月8日	三碧	甲午	10月7日	六白	甲子	9月5日	一白	癸巳	8月5日	四緑	癸亥	7月4日	八白	壬辰	6月2日	七赤	辛酉
4	11月9日	二黒	乙未	10月8日	五黄	乙丑	9月6日	九紫	甲午	8月6日	三碧	甲子	7月5日	七赤	癸巳	6月3日	八白	壬戌
5	11月10日	一白	丙申	10月9日	四緑	丙寅	9月7日	八白	乙未	8月7日	二黒	乙丑	7月6日	六白	甲午	6月4日	九紫	癸亥
6	11月11日	九紫	丁酉	10月10日	三碧	丁卯	9月8日	七赤	丙申	8月8日	一白	丙寅	7月7日	五黄	乙未	6月5日	九紫	甲子
7	11月12日	八白	戊戌	10月11日	二黒	戊辰	9月9日	六白	丁酉	8月9日	九紫	丁卯	7月8日	四緑	丙申	6月6日	八白	乙丑
8	11月13日	七赤	己亥	10月12日	一白	己巳	9月10日	五黄	戊戌	8月10日	八白	戊辰	7月9日	三碧	丁酉	6月7日	七赤	丙寅
9	11月14日	六白	庚子	10月13日	九紫	庚午	9月11日	四緑	己亥	8月11日	七赤	己巳	7月10日	二黒	戊戌	6月8日	六白	丁卯
10	11月15日	五黄	辛丑	10月14日	八白	辛未	9月12日	三碧	庚子	8月12日	六白	庚午	7月11日	一白	己亥	6月9日	五黄	戊辰
11	11月16日	四緑	壬寅	10月15日	七赤	壬申	9月13日	二黒	辛丑	8月13日	五黄	辛未	7月12日	九紫	庚子	6月10日	四緑	己巳
12	11月17日	三碧	癸卯	10月16日	六白	癸酉	9月14日	一白	壬寅	8月14日	四緑	壬申	7月13日	八白	辛丑	6月11日	三碧	庚午
13	11月18日	二黒	甲辰	10月17日	五黄	甲戌	9月15日	九紫	癸卯	8月15日	三碧	癸酉	7月14日	七赤	壬寅	6月12日	二黒	辛未
14	11月19日	一白	乙巳	10月18日	四緑	乙亥	9月16日	八白	甲辰	8月16日	二黒	甲戌	7月15日	六白	癸卯	6月13日	一白	壬申
15	11月20日	九紫	丙午	10月19日	三碧	丙子	9月17日	七赤	乙巳	8月17日	一白	乙亥	7月16日	五黄	甲辰	6月14日	九紫	癸酉
16	11月21日	八白	丁未	10月20日	二黒	丁丑	9月18日	六白	丙午	8月18日	九紫	丙子	7月17日	四緑	乙巳	6月15日	八白	甲戌
17	11月22日	七赤	戊申	10月21日	一白	戊寅	9月19日	五黄	丁未	8月19日	八白	丁丑	7月18日	三碧	丙午	6月16日	七赤	乙亥
18	11月23日	六白	己酉	10月22日	九紫	己卯	9月20日	四緑	戊申	8月20日	七赤	戊寅	7月19日	二黒	丁未	6月17日	六白	丙子
19	11月24日	五黄	庚戌	10月23日	八白	庚辰	9月21日	三碧	己酉	8月21日	六白	己卯	7月20日	一白	戊申	6月18日	五黄	丁丑
20	11月25日	四緑	辛亥	10月24日	七赤	辛巳	9月22日	二黒	庚戌	8月22日	五黄	庚辰	7月21日	九紫	己酉	6月19日	四緑	戊寅
21	11月26日	三碧	壬子	10月25日	六白	壬午	9月23日	一白	辛亥	8月23日	四緑	辛巳	7月22日	八白	庚戌	6月20日	三碧	己卯
22	11月27日	二黒	癸丑	10月26日	五黄	癸未	9月24日	九紫	壬子	8月24日	三碧	壬午	7月23日	七赤	辛亥	6月21日	二黒	庚辰
23	11月28日	一白	甲寅	10月27日	四緑	甲申	9月25日	八白	癸丑	8月25日	二黒	癸未	7月24日	六白	壬子	6月22日	一白	辛巳
24	11月29日	九紫	乙卯	10月28日	三碧	乙酉	9月26日	七赤	甲寅	8月26日	一白	甲申	7月25日	五黄	癸丑	6月23日	九紫	壬午
25	11月30日	八白	丙辰	10月29日	二黒	丙戌	9月27日	六白	乙卯	8月27日	九紫	乙酉	7月26日	四緑	甲寅	6月24日	八白	癸未
26	12月1日	七赤	丁巳	11月1日	一白	丁亥	9月28日	五黄	丙辰	8月28日	八白	丙戌	7月27日	三碧	乙卯	6月25日	七赤	甲申
27	12月2日	六白	戊午	11月2日	九紫	戊子	9月29日	四緑	丁巳	8月29日	七赤	丁亥	7月28日	二黒	丙辰	6月26日	六白	乙酉
28	12月3日	五黄	己未	11月3日	八白	己丑	10月1日	三碧	戊午	8月30日	六白	戊子	7月29日	一白	丁巳	6月27日	五黄	丙戌
29	12月4日	四緑	庚申	11月4日	七赤	庚寅	10月2日	二黒	己未	9月1日	五黄	己丑	7月30日	九紫	戊午	6月28日	四緑	丁亥
30	12月5日	三碧	辛酉	11月5日	六白	辛卯	10月3日	一白	庚申	9月2日	四緑	庚寅	8月1日	八白	己未	6月29日	三碧	戊子
31	12月6日	二黒	壬戌				10月4日	九紫	辛酉				8月2日	七赤	庚申	7月1日	二黒	己丑

万年暦

6月戊午			5月丁巳			4月丙辰			3月乙卯			2月甲寅			1月癸丑			
5日 18：24			5日 14：34			4日 21：43			5日 17：20			3日 23：35			5日 11：59			
21日 11：04			21日 03：23			20日 04：39			20日 18：04			18日 19：26			20日 05：27			
七赤金星			八白土星			九紫火星			一白水星			二黒土星			三碧木星			
閏4月11日	七赤	甲午	4月9日	三碧	癸亥	3月9日	九紫	癸巳	2月7日	五黄	壬戌	1月9日	四緑	甲午	12月7日	一白	癸亥	1
閏4月12日	八白	乙未	4月10日	四緑	甲子	3月10日	一白	甲午	2月8日	六白	癸亥	1月10日	五黄	乙未	12月8日	一白	甲子	2
閏4月13日	九紫	丙申	4月11日	五黄	乙丑	3月11日	二黒	乙未	2月9日	七赤	甲子	1月11日	六白	丙申	12月9日	二黒	乙丑	3
閏4月14日	一白	丁酉	4月12日	六白	丙寅	3月12日	三碧	丙申	2月10日	八白	乙丑	1月12日	七赤	丁酉	12月10日	三碧	丙寅	4
閏4月15日	二黒	戊戌	4月13日	七赤	丁卯	3月13日	四緑	丁酉	2月11日	九紫	丙寅	1月13日	八白	戊戌	12月11日	四緑	丁卯	5
閏4月16日	三碧	己亥	4月14日	八白	戊辰	3月14日	五黄	戊戌	2月12日	一白	丁卯	1月14日	九紫	己亥	12月12日	五黄	戊辰	6
閏4月17日	四緑	庚子	4月15日	九紫	己巳	3月15日	六白	己亥	2月13日	二黒	戊辰	1月15日	一白	庚子	12月13日	六白	己巳	7
閏4月18日	五黄	辛丑	4月16日	一白	庚午	3月16日	七赤	庚子	2月14日	三碧	己巳	1月16日	二黒	辛丑	12月14日	七赤	庚午	8
閏4月19日	六白	壬寅	4月17日	二黒	辛未	3月17日	八白	辛丑	2月15日	四緑	庚午	1月17日	三碧	壬寅	12月15日	八白	辛未	9
閏4月20日	七赤	癸卯	4月18日	三碧	壬申	3月18日	九紫	壬寅	2月16日	五黄	辛未	1月18日	四緑	癸卯	12月16日	九紫	壬申	10
閏4月21日	八白	甲辰	4月19日	四緑	癸酉	3月19日	一白	癸卯	2月17日	六白	壬申	1月19日	五黄	甲辰	12月17日	一白	癸酉	11
閏4月22日	九紫	乙巳	4月20日	五黄	甲戌	3月20日	二黒	甲辰	2月18日	七赤	癸酉	1月20日	六白	乙巳	12月18日	二黒	甲戌	12
閏4月23日	一白	丙午	4月21日	六白	乙亥	3月21日	三碧	乙巳	2月19日	八白	甲戌	1月21日	七赤	丙午	12月19日	三碧	乙亥	13
閏4月24日	二黒	丁未	4月22日	七赤	丙子	3月22日	四緑	丙午	2月20日	九紫	乙亥	1月22日	八白	丁未	12月20日	四緑	丙子	14
閏4月25日	三碧	戊申	4月23日	八白	丁丑	3月23日	五黄	丁未	2月21日	一白	丙子	1月23日	九紫	戊申	12月21日	五黄	丁丑	15
閏4月26日	四緑	己酉	4月24日	九紫	戊寅	3月24日	六白	戊申	2月22日	二黒	丁丑	1月24日	一白	己酉	12月22日	六白	戊寅	16
閏4月27日	五黄	庚戌	4月25日	一白	己卯	3月25日	七赤	己酉	2月23日	三碧	戊寅	1月25日	二黒	庚戌	12月23日	七赤	己卯	17
閏4月28日	六白	辛亥	4月26日	二黒	庚辰	3月26日	八白	庚戌	2月24日	四緑	己卯	1月26日	三碧	辛亥	12月24日	八白	庚辰	18
閏4月29日	七赤	壬子	4月27日	三碧	辛巳	3月27日	九紫	辛亥	2月25日	五黄	庚辰	1月27日	四緑	壬子	12月25日	九紫	辛巳	19
閏4月30日	八白	癸丑	4月28日	四緑	壬午	3月28日	一白	壬子	2月26日	六白	辛巳	1月28日	五黄	癸丑	12月26日	一白	壬午	20
5月1日	九紫	甲寅	4月29日	五黄	癸未	3月29日	二黒	癸丑	2月27日	七赤	壬午	1月29日	六白	甲寅	12月27日	二黒	癸未	21
5月2日	一白	乙卯	閏4月1日	六白	甲申	3月30日	三碧	甲寅	2月28日	八白	癸未	1月30日	七赤	乙卯	12月28日	三碧	甲申	22
5月3日	二黒	丙辰	閏4月2日	七赤	乙酉	4月1日	四緑	乙卯	2月29日	九紫	甲申	2月1日	八白	丙辰	12月29日	四緑	乙酉	23
5月4日	三碧	丁巳	閏4月3日	八白	丙戌	4月2日	五黄	丙辰	3月1日	一白	乙酉	2月2日	九紫	丁巳	1月1日	五黄	丙戌	24
5月5日	四緑	戊午	閏4月4日	九紫	丁亥	4月3日	六白	丁巳	3月2日	二黒	丙戌	2月3日	一白	戊午	1月2日	六白	丁亥	25
5月6日	五黄	己未	閏4月5日	一白	戊子	4月4日	七赤	戊午	3月3日	三碧	丁亥	2月4日	二黒	己未	1月3日	七赤	戊子	26
5月7日	六白	庚申	閏4月6日	二黒	己丑	4月5日	八白	己未	3月4日	四緑	戊子	2月5日	三碧	庚申	1月4日	八白	己丑	27
5月8日	七赤	辛酉	閏4月7日	三碧	庚寅	4月6日	九紫	庚申	3月5日	五黄	己丑	2月6日	四緑	辛酉	1月5日	九紫	庚寅	28
5月9日	八白	壬戌	閏4月8日	四緑	辛卯	4月7日	一白	辛酉	3月6日	六白	庚寅				1月6日	一白	辛卯	29
5月10日	九紫	癸亥	閏4月9日	五黄	壬辰	4月8日	二黒	壬戌	3月7日	七赤	辛卯				1月7日	二黒	壬辰	30
			閏4月10日	六白	癸巳				3月8日	八白	壬辰				1月8日	三碧	癸巳	31

270

令和40年		2058年		戊寅年		五黄土星					
12月甲子		11月癸亥		10月壬戌		9月辛酉		8月庚申		7月己未	
7日 06:27		7日 13:16		8日 09:40		7日 17:38		7日 14:26		7日 04:32	
22日 00:25		22日 10:50		23日 12:53		23日 03:07		23日 05:09		22日 21:54	
一白水星		二黒土星		三碧木星		四緑木星		五黄土星		六白金星	

1	10月16日	九紫	丁酉	9月16日	三碧	丁卯	8月14日	七赤	丙申	7月14日	一白	丙寅	6月12日	五黄	乙未	5月11日	九紫	甲子
2	10月17日	八白	戊戌	9月17日	二黒	戊辰	8月15日	六白	丁酉	7月15日	九紫	丁卯	6月13日	四緑	丙申	5月12日	八白	乙丑
3	10月18日	七赤	己亥	9月18日	一白	己巳	8月16日	五黄	戊戌	7月16日	八白	戊辰	6月14日	三碧	丁酉	5月13日	七赤	丙寅
4	10月19日	六白	庚子	9月19日	九紫	庚午	8月17日	四緑	己亥	7月17日	七赤	己巳	6月15日	二黒	戊戌	5月14日	六白	丁卯
5	10月20日	五黄	辛丑	9月20日	八白	辛未	8月18日	三碧	庚子	7月18日	六白	庚午	6月16日	一白	己亥	5月15日	五黄	戊辰
6	10月21日	四緑	壬寅	9月21日	七赤	壬申	8月19日	二黒	辛丑	7月19日	五黄	辛未	6月17日	九紫	庚子	5月16日	四緑	己巳
7	10月22日	三碧	癸卯	9月22日	六白	癸酉	8月20日	一白	壬寅	7月20日	四緑	壬申	6月18日	八白	辛丑	5月17日	三碧	庚午
8	10月23日	二黒	甲辰	9月23日	五黄	甲戌	8月21日	九紫	癸卯	7月21日	三碧	癸酉	6月19日	七赤	壬寅	5月18日	二黒	辛未
9	10月24日	一白	乙巳	9月24日	四緑	乙亥	8月22日	八白	甲辰	7月22日	二黒	甲戌	6月20日	六白	癸卯	5月19日	一白	壬申
10	10月25日	九紫	丙午	9月25日	三碧	丙子	8月23日	七赤	乙巳	7月23日	一白	乙亥	6月21日	五黄	甲辰	5月20日	九紫	癸酉
11	10月26日	八白	丁未	9月26日	二黒	丁丑	8月24日	六白	丙午	7月24日	九紫	丙子	6月22日	四緑	乙巳	5月21日	八白	甲戌
12	10月27日	七赤	戊申	9月27日	一白	戊寅	8月25日	五黄	丁未	7月25日	八白	丁丑	6月23日	三碧	丙午	5月22日	七赤	乙亥
13	10月28日	六白	己酉	9月28日	九紫	己卯	8月26日	四緑	戊申	7月26日	七赤	戊寅	6月24日	二黒	丁未	5月23日	六白	丙子
14	10月29日	五黄	庚戌	9月29日	八白	庚辰	8月27日	三碧	己酉	7月27日	六白	己卯	6月25日	一白	戊申	5月24日	五黄	丁丑
15	10月30日	四緑	辛亥	9月30日	七赤	辛巳	8月28日	二黒	庚戌	7月28日	五黄	庚辰	6月26日	九紫	己酉	5月25日	四緑	戊寅
16	11月1日	三碧	壬子	10月1日	六白	壬午	8月29日	一白	辛亥	7月29日	四緑	辛巳	6月27日	八白	庚戌	5月26日	三碧	己卯
17	11月2日	二黒	癸丑	10月2日	五黄	癸未	9月1日	九紫	壬子	7月30日	三碧	壬午	6月28日	七赤	辛亥	5月27日	二黒	庚辰
18	11月3日	一白	甲寅	10月3日	四緑	甲申	9月2日	八白	癸丑	8月1日	二黒	癸未	6月29日	六白	壬子	5月28日	一白	辛巳
19	11月4日	九紫	乙卯	10月4日	三碧	乙酉	9月3日	七赤	甲寅	8月2日	一白	甲申	7月1日	五黄	癸丑	5月29日	九紫	壬午
20	11月5日	八白	丙辰	10月5日	二黒	丙戌	9月4日	六白	乙卯	8月3日	九紫	乙酉	7月2日	四緑	甲寅	5月30日	八白	癸未
21	11月6日	七赤	丁巳	10月6日	一白	丁亥	9月5日	五黄	丙辰	8月4日	八白	丙戌	7月3日	三碧	乙卯	6月1日	七赤	甲申
22	11月7日	六白	戊午	10月7日	九紫	戊子	9月6日	四緑	丁巳	8月5日	七赤	丁亥	7月4日	二黒	丙辰	6月2日	六白	乙酉
23	11月8日	五黄	己未	10月8日	八白	己丑	9月7日	三碧	戊午	8月6日	六白	戊子	7月5日	一白	丁巳	6月3日	五黄	丙戌
24	11月9日	四緑	庚申	10月9日	七赤	庚寅	9月8日	二黒	己未	8月7日	五黄	己丑	7月6日	九紫	戊午	6月4日	四緑	丁亥
25	11月10日	三碧	辛酉	10月10日	六白	辛卯	9月9日	一白	庚申	8月8日	四緑	庚寅	7月7日	八白	己未	6月5日	三碧	戊子
26	11月11日	二黒	壬戌	10月11日	五黄	壬辰	9月10日	九紫	辛酉	8月9日	三碧	辛卯	7月8日	七赤	庚申	6月6日	二黒	己丑
27	11月12日	一白	癸亥	10月12日	四緑	癸巳	9月11日	八白	壬戌	8月10日	二黒	壬辰	7月9日	六白	辛酉	6月7日	一白	庚寅
28	11月13日	一白	甲子	10月13日	三碧	甲午	9月12日	七赤	癸亥	8月11日	一白	癸巳	7月10日	五黄	壬戌	6月8日	九紫	辛卯
29	11月14日	二黒	乙丑	10月14日	二黒	乙未	9月13日	六白	甲子	8月12日	九紫	甲午	7月11日	四緑	癸亥	6月9日	八白	壬辰
30	11月15日	三碧	丙寅	10月15日	一白	丙申	9月14日	五黄	乙丑	8月13日	八白	乙未	7月12日	三碧	甲子	6月10日	七赤	癸巳
31	11月16日	四緑	丁卯				9月15日	四緑	丙寅				7月13日	二黒	乙丑	6月11日	六白	甲午

6月庚午			5月己巳			4月戊辰			3月丁卯			2月丙寅			1月乙丑			
6日 00:12			5日 20:23			5日 03:31			5日 23:08			4日 05:24			5日 17:50			
21日 16:47			21日 09:03			20日 10:19			20日 23:43			19日 01:05			20日 11:07			
四緑木星			五黄土星			六白金星			七赤金星			八白土星			九紫火星			
4月21日	三碧	己亥	3月20日	八白	戊辰	2月19日	五黄	戊戌	1月18日	一白	丁卯	12月19日	九紫	己亥	11月17日	五黄	戊辰	1
4月22日	四緑	庚子	3月21日	九紫	己巳	2月20日	六白	己亥	1月19日	二黒	戊辰	12月20日	一白	庚子	11月18日	六白	己巳	2
4月23日	五黄	辛丑	3月22日	一白	庚午	2月21日	七赤	庚子	1月20日	三碧	己巳	12月21日	二黒	辛丑	11月19日	七赤	庚午	3
4月24日	六白	壬寅	3月23日	二黒	辛未	2月22日	八白	辛丑	1月21日	四緑	庚午	12月22日	三碧	壬寅	11月20日	八白	辛未	4
4月25日	七赤	癸卯	3月24日	三碧	壬申	2月23日	九紫	壬寅	1月22日	五黄	辛未	12月23日	四緑	癸卯	11月21日	九紫	壬申	5
4月26日	八白	甲辰	3月25日	四緑	癸酉	2月24日	一白	癸卯	1月23日	六白	壬申	12月24日	五黄	甲辰	11月22日	一白	癸酉	6
4月27日	九紫	乙巳	3月26日	五黄	甲戌	2月25日	二黒	甲辰	1月24日	七赤	癸酉	12月25日	六白	乙巳	11月23日	二黒	甲戌	7
4月28日	一白	丙午	3月27日	六白	乙亥	2月26日	三碧	乙巳	1月25日	八白	甲戌	12月26日	七赤	丙午	11月24日	三碧	乙亥	8
4月29日	二黒	丁未	3月28日	七赤	丙子	2月27日	四緑	丙午	1月26日	九紫	乙亥	12月27日	八白	丁未	11月25日	四緑	丙子	9
5月1日	三碧	戊申	3月29日	八白	丁丑	2月28日	五黄	丁未	1月27日	一白	丙子	12月28日	九紫	戊申	11月26日	五黄	丁丑	10
5月2日	四緑	己酉	3月30日	九紫	戊寅	2月29日	六白	戊申	1月28日	二黒	丁丑	12月29日	一白	己酉	11月27日	六白	戊寅	11
5月3日	五黄	庚戌	4月1日	一白	己卯	3月1日	七赤	己酉	1月29日	三碧	戊寅	1月1日	二黒	庚戌	11月28日	七赤	己卯	12
5月4日	六白	辛亥	4月2日	二黒	庚辰	3月2日	八白	庚戌	1月30日	四緑	己卯	1月2日	三碧	辛亥	11月29日	八白	庚辰	13
5月5日	七赤	壬子	4月3日	三碧	辛巳	3月3日	九紫	辛亥	2月1日	五黄	庚辰	1月3日	四緑	壬子	12月1日	九紫	辛巳	14
5月6日	八白	癸丑	4月4日	四緑	壬午	3月4日	一白	壬子	2月2日	六白	辛巳	1月4日	五黄	癸丑	12月2日	一白	壬午	15
5月7日	九紫	甲寅	4月5日	五黄	癸未	3月5日	二黒	癸丑	2月3日	七赤	壬午	1月5日	六白	甲寅	12月3日	二黒	癸未	16
5月8日	一白	乙卯	4月6日	六白	甲申	3月6日	三碧	甲寅	2月4日	八白	癸未	1月6日	七赤	乙卯	12月4日	三碧	甲申	17
5月9日	二黒	丙辰	4月7日	七赤	乙酉	3月7日	四緑	乙卯	2月5日	九紫	甲申	1月7日	八白	丙辰	12月5日	四緑	乙酉	18
5月10日	三碧	丁巳	4月8日	八白	丙戌	3月8日	五黄	丙辰	2月6日	一白	乙酉	1月8日	九紫	丁巳	12月6日	五黄	丙戌	19
5月11日	四緑	戊午	4月9日	九紫	丁亥	3月9日	六白	丁巳	2月7日	二黒	丙戌	1月9日	一白	戊午	12月7日	六白	丁亥	20
5月12日	五黄	己未	4月10日	一白	戊子	3月10日	七赤	戊午	2月8日	三碧	丁亥	1月10日	二黒	己未	12月8日	七赤	戊子	21
5月13日	六白	庚申	4月11日	二黒	己丑	3月11日	八白	己未	2月9日	四緑	戊子	1月11日	三碧	庚申	12月9日	八白	己丑	22
5月14日	七赤	辛酉	4月12日	三碧	庚寅	3月12日	九紫	庚申	2月10日	五黄	己丑	1月12日	四緑	辛酉	12月10日	九紫	庚寅	23
5月15日	八白	壬戌	4月13日	四緑	辛卯	3月13日	一白	辛酉	2月11日	六白	庚寅	1月13日	五黄	壬戌	12月11日	一白	辛卯	24
5月16日	九紫	癸亥	4月14日	五黄	壬辰	3月14日	二黒	壬戌	2月12日	七赤	辛卯	1月14日	六白	癸亥	12月12日	二黒	壬辰	25
5月17日	九紫	甲子	4月15日	六白	癸巳	3月15日	三碧	癸亥	2月13日	八白	壬辰	1月15日	七赤	甲子	12月13日	三碧	癸巳	26
5月18日	八白	乙丑	4月16日	七赤	甲午	3月16日	四緑	甲子	2月14日	九紫	癸巳	1月16日	八白	乙丑	12月14日	四緑	甲午	27
5月19日	七赤	丙寅	4月17日	八白	乙未	3月17日	五黄	乙丑	2月15日	一白	甲午	1月17日	九紫	丙寅	12月15日	五黄	乙未	28
5月20日	六白	丁卯	4月18日	九紫	丙申	3月18日	六白	丙寅	2月16日	二黒	乙未				12月16日	六白	丙申	29
5月21日	五黄	戊辰	4月19日	一白	丁酉	3月19日	七赤	丁卯	2月17日	三碧	丙申				12月17日	七赤	丁酉	30
			4月20日	二黒	戊戌				2月18日	四緑	丁酉				12月18日	八白	戊戌	31

令和41年		2059年		己卯年		四緑木星					
12月丙子		11月乙亥		10月甲戌		9月癸酉		8月壬申		7月辛未	
7日 12:14		7日 19:05		8日 15:29		7日 23:26		7日 20:13		7日 10:19	
22日 06:18		22日 16:45		23日 18:50		23日 09:02		23日 11:00		23日 03:41	
七赤金星			八白土星		九紫火星		一白水星		二黒土星		三碧木星

1	10月27日	四緑	壬寅	9月27日	七赤	壬申	8月25日	二黒	辛丑	7月25日	五黄	辛未	6月23日	九紫	庚子	5月22日	四緑	己巳
2	10月28日	三碧	癸卯	9月28日	六白	癸酉	8月26日	一白	壬寅	7月26日	四緑	壬申	6月24日	八白	辛丑	5月23日	三碧	庚午
3	10月29日	二黒	甲辰	9月29日	五黄	甲戌	8月27日	九紫	癸卯	7月27日	三碧	癸酉	6月25日	七赤	壬寅	5月24日	二黒	辛未
4	10月30日	一白	乙巳	9月30日	四緑	乙亥	8月28日	八白	甲辰	7月28日	二黒	甲戌	6月26日	六白	癸卯	5月25日	一白	壬申
5	11月1日	九紫	丙午	10月1日	三碧	丙子	8月29日	七赤	乙巳	7月29日	一白	乙亥	6月27日	五黄	甲辰	5月26日	九紫	癸酉
6	11月2日	八白	丁未	10月2日	二黒	丁丑	9月1日	六白	丙午	7月30日	九紫	丙子	6月28日	四緑	乙巳	5月27日	八白	甲戌
7	11月3日	七赤	戊申	10月3日	一白	戊寅	9月2日	五黄	丁未	8月1日	八白	丁丑	6月29日	三碧	丙午	5月28日	七赤	乙亥
8	11月4日	六白	己酉	10月4日	九紫	己卯	9月3日	四緑	戊申	8月2日	七赤	戊寅	7月1日	二黒	丁未	5月29日	六白	丙子
9	11月5日	五黄	庚戌	10月5日	八白	庚辰	9月4日	三碧	己酉	8月3日	六白	己卯	7月2日	一白	戊申	5月30日	五黄	丁丑
10	11月6日	四緑	辛亥	10月6日	七赤	辛巳	9月5日	二黒	庚戌	8月4日	五黄	庚辰	7月3日	九紫	己酉	6月1日	四緑	戊寅
11	11月7日	三碧	壬子	10月7日	六白	壬午	9月6日	一白	辛亥	8月5日	四緑	辛巳	7月4日	八白	庚戌	6月2日	三碧	己卯
12	11月8日	二黒	癸丑	10月8日	五黄	癸未	9月7日	九紫	壬子	8月6日	三碧	壬午	7月5日	七赤	辛亥	6月3日	二黒	庚辰
13	11月9日	一白	甲寅	10月9日	四緑	甲申	9月8日	八白	癸丑	8月7日	二黒	癸未	7月6日	六白	壬子	6月4日	一白	辛巳
14	11月10日	九紫	乙卯	10月10日	三碧	乙酉	9月9日	七赤	甲寅	8月8日	一白	甲申	7月7日	五黄	癸丑	6月5日	九紫	壬午
15	11月11日	八白	丙辰	10月11日	二黒	丙戌	9月10日	六白	乙卯	8月9日	九紫	乙酉	7月8日	四緑	甲寅	6月6日	八白	癸未
16	11月12日	七赤	丁巳	10月12日	一白	丁亥	9月11日	五黄	丙辰	8月10日	八白	丙戌	7月9日	三碧	乙卯	6月7日	七赤	甲申
17	11月13日	六白	戊午	10月13日	九紫	戊子	9月12日	四緑	丁巳	8月11日	七赤	丁亥	7月10日	二黒	丙辰	6月8日	六白	乙酉
18	11月14日	五黄	己未	10月14日	八白	己丑	9月13日	三碧	戊午	8月12日	六白	戊子	7月11日	一白	丁巳	6月9日	五黄	丙戌
19	11月15日	四緑	庚申	10月15日	七赤	庚寅	9月14日	二黒	己未	8月13日	五黄	己丑	7月12日	九紫	戊午	6月10日	四緑	丁亥
20	11月16日	三碧	辛酉	10月16日	六白	辛卯	9月15日	一白	庚申	8月14日	四緑	庚寅	7月13日	八白	己未	6月11日	三碧	戊子
21	11月17日	二黒	壬戌	10月17日	五黄	壬辰	9月16日	九紫	辛酉	8月15日	三碧	辛卯	7月14日	七赤	庚申	6月12日	二黒	己丑
22	11月18日	一白	癸亥	10月18日	四緑	癸巳	9月17日	八白	壬戌	8月16日	二黒	壬辰	7月15日	六白	辛酉	6月13日	一白	庚寅
23	11月19日	一白	甲子	10月19日	三碧	甲午	9月18日	七赤	癸亥	8月17日	一白	癸巳	7月16日	五黄	壬戌	6月14日	九紫	辛卯
24	11月20日	二黒	乙丑	10月20日	二黒	乙未	9月19日	六白	甲子	8月18日	九紫	甲午	7月17日	四緑	癸亥	6月15日	八白	壬辰
25	11月21日	三碧	丙寅	10月21日	一白	丙申	9月20日	五黄	乙丑	8月19日	八白	乙未	7月18日	三碧	甲子	6月16日	七赤	癸巳
26	11月22日	四緑	丁卯	10月22日	九紫	丁酉	9月21日	四緑	丙寅	8月20日	七赤	丙申	7月19日	二黒	乙丑	6月17日	六白	甲午
27	11月23日	五黄	戊辰	10月23日	八白	戊戌	9月22日	三碧	丁卯	8月21日	六白	丁酉	7月20日	一白	丙寅	6月18日	五黄	乙未
28	11月24日	六白	己巳	10月24日	七赤	己亥	9月23日	二黒	戊辰	8月22日	五黄	戊戌	7月21日	九紫	丁卯	6月19日	四緑	丙申
29	11月25日	七赤	庚午	10月25日	六白	庚子	9月24日	一白	己巳	8月23日	四緑	己亥	7月22日	八白	戊辰	6月20日	三碧	丁酉
30	11月26日	八白	辛未	10月26日	五黄	辛丑	9月25日	九紫	庚午	8月24日	三碧	庚子	7月23日	七赤	己巳	6月21日	二黒	戊戌
31	11月27日	九紫	壬申				9月26日	八白	辛未				7月24日	六白	庚午	6月22日	一白	己亥

6月壬午			5月辛巳			4月庚辰			3月己卯			2月戊寅			1月丁丑			
5日 06：01			5日 02：12			4日 09：18			5日 04：53			4日 11：08			5日 23：34			
20日 22：45			20日 15：03			19日 16：16			20日 05：37			19日 06：57			20日 16：58			
一白水星			二黒土星			三碧木星			四緑木星			五黄土星			六白金星			
5月3日	九紫	乙巳	4月2日	五黄	甲戌	3月1日	二黒	甲辰	1月29日	七赤	癸酉	12月29日	五黄	甲辰	11月28日	一白	癸酉	1
5月4日	一白	丙午	4月3日	六白	乙亥	3月2日	三碧	乙巳	1月30日	八白	甲戌	1月1日	六白	乙巳	11月29日	二黒	甲戌	2
5月5日	二黒	丁未	4月4日	七赤	丙子	3月3日	四緑	丙午	2月1日	九紫	乙亥	1月2日	七赤	丙午	11月30日	三碧	乙亥	3
5月6日	三碧	戊申	4月5日	八白	丁丑	3月4日	五黄	丁未	2月2日	一白	丙子	1月3日	八白	丁未	12月1日	四緑	丙子	4
5月7日	四緑	己酉	4月6日	九紫	戊寅	3月5日	六白	戊申	2月3日	二黒	丁丑	1月4日	九紫	戊申	12月2日	五黄	丁丑	5
5月8日	五黄	庚戌	4月7日	一白	己卯	3月6日	七赤	己酉	2月4日	三碧	戊寅	1月5日	一白	己酉	12月3日	六白	戊寅	6
5月9日	六白	辛亥	4月8日	二黒	庚辰	3月7日	八白	庚戌	2月5日	四緑	己卯	1月6日	二黒	庚戌	12月4日	七赤	己卯	7
5月10日	七赤	壬子	4月9日	三碧	辛巳	3月8日	九紫	辛亥	2月6日	五黄	庚辰	1月7日	三碧	辛亥	12月5日	八白	庚辰	8
5月11日	八白	癸丑	4月10日	四緑	壬午	3月9日	一白	壬子	2月7日	六白	辛巳	1月8日	四緑	壬子	12月6日	九紫	辛巳	9
5月12日	九紫	甲寅	4月11日	五黄	癸未	3月10日	二黒	癸丑	2月8日	七赤	壬午	1月9日	五黄	癸丑	12月7日	一白	壬午	10
5月13日	一白	乙卯	4月12日	六白	甲申	3月11日	三碧	甲寅	2月9日	八白	癸未	1月10日	六白	甲寅	12月8日	二黒	癸未	11
5月14日	二黒	丙辰	4月13日	七赤	乙酉	3月12日	四緑	乙卯	2月10日	九紫	甲申	1月11日	七赤	乙卯	12月9日	三碧	甲申	12
5月15日	三碧	丁巳	4月14日	八白	丙戌	3月13日	五黄	丙辰	2月11日	一白	乙酉	1月12日	八白	丙辰	12月10日	四緑	乙酉	13
5月16日	四緑	戊午	4月15日	九紫	丁亥	3月14日	六白	丁巳	2月12日	二黒	丙戌	1月13日	九紫	丁巳	12月11日	五黄	丙戌	14
5月17日	五黄	己未	4月16日	一白	戊子	3月15日	七赤	戊午	2月13日	三碧	丁亥	1月14日	一白	戊午	12月12日	六白	丁亥	15
5月18日	六白	庚申	4月17日	二黒	己丑	3月16日	八白	己未	2月14日	四緑	戊子	1月15日	二黒	己未	12月13日	七赤	戊子	16
5月19日	七赤	辛酉	4月18日	三碧	庚寅	3月17日	九紫	庚申	2月15日	五黄	己丑	1月16日	三碧	庚申	12月14日	八白	己丑	17
5月20日	八白	壬戌	4月19日	四緑	辛卯	3月18日	一白	辛酉	2月16日	六白	庚寅	1月17日	四緑	辛酉	12月15日	九紫	庚寅	18
5月21日	九紫	癸亥	4月20日	五黄	壬辰	3月19日	二黒	壬戌	2月17日	七赤	辛卯	1月18日	五黄	壬戌	12月16日	一白	辛卯	19
5月22日	九紫	甲子	4月21日	六白	癸巳	3月20日	三碧	癸亥	2月18日	八白	壬辰	1月19日	六白	癸亥	12月17日	二黒	壬辰	20
5月23日	八白	乙丑	4月22日	七赤	甲午	3月21日	四緑	甲子	2月19日	九紫	癸巳	1月20日	七赤	甲子	12月18日	三碧	癸巳	21
5月24日	七赤	丙寅	4月23日	八白	乙未	3月22日	五黄	乙丑	2月20日	一白	甲午	1月21日	八白	乙丑	12月19日	四緑	甲午	22
5月25日	六白	丁卯	4月24日	九紫	丙申	3月23日	六白	丙寅	2月21日	二黒	乙未	1月22日	九紫	丙寅	12月20日	五黄	乙未	23
5月26日	五黄	戊辰	4月25日	一白	丁酉	3月24日	七赤	丁卯	2月22日	三碧	丙申	1月23日	一白	丁卯	12月21日	六白	丙申	24
5月27日	四緑	己巳	4月26日	二黒	戊戌	3月25日	八白	戊辰	2月23日	四緑	丁酉	1月24日	二黒	戊辰	12月22日	七赤	丁酉	25
5月28日	三碧	庚午	4月27日	三碧	己亥	3月26日	九紫	己巳	2月24日	五黄	戊戌	1月25日	三碧	己巳	12月23日	八白	戊戌	26
5月29日	二黒	辛未	4月28日	四緑	庚子	3月27日	一白	庚午	2月25日	六白	己亥	1月26日	四緑	庚午	12月24日	九紫	己亥	27
6月1日	一白	壬申	4月29日	五黄	辛丑	3月28日	二黒	辛未	2月26日	七赤	庚子	1月27日	五黄	辛未	12月25日	一白	庚子	28
6月2日	九紫	癸酉	4月30日	六白	壬寅	3月29日	三碧	壬申	2月27日	八白	辛丑	1月28日	六白	壬申	12月26日	二黒	辛丑	29
6月3日	八白	甲戌	5月1日	七赤	癸卯	4月1日	四緑	癸酉	2月28日	九紫	壬寅				12月27日	三碧	壬寅	30
			5月2日	八白	甲辰				2月29日	一白	癸卯				12月28日	四緑	癸卯	31

令和42年		2060年		庚辰年		三碧木星					
12月戊子		11月丁亥		10月丙戌		9月乙酉		8月甲申		7月癸未	
6日 17：58		7日 00：48		7日 21：13		7日 05：10		7日 01：59		6日 16：07	
21日 12：02		21日 22：28		23日 00：33		22日 14：47		22日 16：49		22日 09：36	
四緑木星		五黄土星		六白金星		七赤金星		八白土星		九紫火星	

1	11月9日	七赤	戊申	10月9日	一白	戊寅	9月7日	五黄	丁未	8月7日	八白	丁丑	7月6日	三碧	丙午	6月4日	七赤	乙亥
2	11月10日	六白	己酉	10月10日	九紫	己卯	9月8日	四緑	戊申	8月8日	七赤	戊寅	7月7日	二黒	丁未	6月5日	六白	丙子
3	11月11日	五黄	庚戌	10月11日	八白	庚辰	9月9日	三碧	己酉	8月9日	六白	己卯	7月8日	一白	戊申	6月6日	五黄	丁丑
4	11月12日	四緑	辛亥	10月12日	七赤	辛巳	9月10日	二黒	庚戌	8月10日	五黄	庚辰	7月9日	九紫	己酉	6月7日	四緑	戊寅
5	11月13日	三碧	壬子	10月13日	六白	壬午	9月11日	一白	辛亥	8月11日	四緑	辛巳	7月10日	八白	庚戌	6月8日	三碧	己卯
6	11月14日	二黒	癸丑	10月14日	五黄	癸未	9月12日	九紫	壬子	8月12日	三碧	壬午	7月11日	七赤	辛亥	6月9日	二黒	庚辰
7	11月15日	一白	甲寅	10月15日	四緑	甲申	9月13日	八白	癸丑	8月13日	二黒	癸未	7月12日	六白	壬子	6月10日	一白	辛巳
8	11月16日	九紫	乙卯	10月16日	三碧	乙酉	9月14日	七赤	甲寅	8月14日	一白	甲申	7月13日	五黄	癸丑	6月11日	九紫	壬午
9	11月17日	八白	丙辰	10月17日	二黒	丙戌	9月15日	六白	乙卯	8月15日	九紫	乙酉	7月14日	四緑	甲寅	6月12日	八白	癸未
10	11月18日	七赤	丁巳	10月18日	一白	丁亥	9月16日	五黄	丙辰	8月16日	八白	丙戌	7月15日	三碧	乙卯	6月13日	七赤	甲申
11	11月19日	六白	戊午	10月19日	九紫	戊子	9月17日	四緑	丁巳	8月17日	七赤	丁亥	7月16日	二黒	丙辰	6月14日	六白	乙酉
12	11月20日	五黄	己未	10月20日	八白	己丑	9月18日	三碧	戊午	8月18日	六白	戊子	7月17日	一白	丁巳	6月15日	五黄	丙戌
13	11月21日	四緑	庚申	10月21日	七赤	庚寅	9月19日	二黒	己未	8月19日	五黄	己丑	7月18日	九紫	戊午	6月16日	四緑	丁亥
14	11月22日	三碧	辛酉	10月22日	六白	辛卯	9月20日	一白	庚申	8月20日	四緑	庚寅	7月19日	八白	己未	6月17日	三碧	戊子
15	11月23日	二黒	壬戌	10月23日	五黄	壬辰	9月21日	九紫	辛酉	8月21日	三碧	辛卯	7月20日	七赤	庚申	6月18日	二黒	己丑
16	11月24日	一白	癸亥	10月24日	四緑	癸巳	9月22日	八白	壬戌	8月22日	二黒	壬辰	7月21日	六白	辛酉	6月19日	一白	庚寅
17	11月25日	一白	甲子	10月25日	三碧	甲午	9月23日	七赤	癸亥	8月23日	一白	癸巳	7月22日	五黄	壬戌	6月20日	九紫	辛卯
18	11月26日	二黒	乙丑	10月26日	二黒	乙未	9月24日	六白	甲子	8月24日	九紫	甲午	7月23日	四緑	癸亥	6月21日	八白	壬辰
19	11月27日	三碧	丙寅	10月27日	一白	丙申	9月25日	五黄	乙丑	8月25日	八白	乙未	7月24日	三碧	甲子	6月22日	七赤	癸巳
20	11月28日	四緑	丁卯	10月28日	九紫	丁酉	9月26日	四緑	丙寅	8月26日	七赤	丙申	7月25日	二黒	乙丑	6月23日	六白	甲午
21	11月29日	五黄	戊辰	10月29日	八白	戊戌	9月27日	三碧	丁卯	8月27日	六白	丁酉	7月26日	一白	丙寅	6月24日	五黄	乙未
22	11月30日	六白	己巳	10月30日	七赤	己亥	9月28日	二黒	戊辰	8月28日	五黄	戊戌	7月27日	九紫	丁卯	6月25日	四緑	丙申
23	12月1日	七赤	庚午	11月1日	六白	庚子	9月29日	一白	己巳	8月29日	四緑	己亥	7月28日	八白	戊辰	6月26日	三碧	丁酉
24	12月2日	八白	辛未	11月2日	五黄	辛丑	10月1日	九紫	庚午	8月30日	三碧	庚子	7月29日	七赤	己巳	6月27日	二黒	戊戌
25	12月3日	九紫	壬申	11月3日	四緑	壬寅	10月2日	八白	辛未	9月1日	二黒	辛丑	7月30日	六白	庚午	6月28日	一白	己亥
26	12月4日	一白	癸酉	11月4日	三碧	癸卯	10月3日	七赤	壬申	9月2日	一白	壬寅	8月1日	五黄	辛未	6月29日	九紫	庚子
27	12月5日	二黒	甲戌	11月5日	二黒	甲辰	10月4日	六白	癸酉	9月3日	九紫	癸卯	8月2日	四緑	壬申	7月1日	八白	辛丑
28	12月6日	三碧	乙亥	11月6日	一白	乙巳	10月5日	五黄	甲戌	9月4日	八白	甲辰	8月3日	三碧	癸酉	7月2日	七赤	壬寅
29	12月7日	四緑	丙子	11月7日	九紫	丙午	10月6日	四緑	乙亥	9月5日	七赤	乙巳	8月4日	二黒	甲戌	7月3日	六白	癸卯
30	12月8日	五黄	丁丑	11月8日	八白	丁未	10月7日	三碧	丙子	9月6日	六白	丙午	8月5日	一白	乙亥	7月4日	五黄	甲辰
31	12月9日	六白	戊寅				10月8日	二黒	丁丑				8月6日	九紫	丙子	7月5日	四緑	乙巳

6月甲午			5月癸巳			4月壬辰			3月辛卯			2月庚寅			1月己丑			
5日 11：56			5日 08：06			4日 15：09			5日 10：41			3日 16：54			5日 05：19			
21日 04：32			20日 20：52			19日 22：06			20日 11：25			18日 12：43			19日 22：43			
七赤金星			八白土星			九紫火星			一白水星			二黒土星			三碧木星			
4月14日	五黄	庚戌	閏3月12日	一白	己卯	3月11日	七赤	己酉	2月10日	三碧	戊寅	1月11日	二黒	庚戌	12月10日	七赤	己卯	1
4月15日	六白	辛亥	閏3月13日	二黒	庚辰	3月12日	八白	庚戌	2月11日	四緑	己卯	1月12日	三碧	辛亥	12月11日	八白	庚辰	2
4月16日	七赤	壬子	閏3月14日	三碧	辛巳	3月13日	九紫	辛亥	2月12日	五黄	庚辰	1月13日	四緑	壬子	12月12日	九紫	辛巳	3
4月17日	八白	癸丑	閏3月15日	四緑	壬午	3月14日	一白	壬子	2月13日	六白	辛巳	1月14日	五黄	癸丑	12月13日	一白	壬午	4
4月18日	九紫	甲寅	閏3月16日	五黄	癸未	3月15日	二黒	癸丑	2月14日	七赤	壬午	1月15日	六白	甲寅	12月14日	二黒	癸未	5
4月19日	一白	乙卯	閏3月17日	六白	甲申	3月16日	三碧	甲寅	2月15日	八白	癸未	1月16日	七赤	乙卯	12月15日	三碧	甲申	6
4月20日	二黒	丙辰	閏3月18日	七赤	乙酉	3月17日	四緑	乙卯	2月16日	九紫	甲申	1月17日	八白	丙辰	12月16日	四緑	乙酉	7
4月21日	三碧	丁巳	閏3月19日	八白	丙戌	3月18日	五黄	丙辰	2月17日	一白	乙酉	1月18日	九紫	丁巳	12月17日	五黄	丙戌	8
4月22日	四緑	戊午	閏3月20日	九紫	丁亥	3月19日	六白	丁巳	2月18日	二黒	丙戌	1月19日	一白	戊午	12月18日	六白	丁亥	9
4月23日	五黄	己未	閏3月21日	一白	戊子	3月20日	七赤	戊午	2月19日	三碧	丁亥	1月20日	二黒	己未	12月19日	七赤	戊子	10
4月24日	六白	庚申	閏3月22日	二黒	己丑	3月21日	八白	己未	2月20日	四緑	戊子	1月21日	三碧	庚申	12月20日	八白	己丑	11
4月25日	七赤	辛酉	閏3月23日	三碧	庚寅	3月22日	九紫	庚申	2月21日	五黄	己丑	1月22日	四緑	辛酉	12月21日	九紫	庚寅	12
4月26日	八白	壬戌	閏3月24日	四緑	辛卯	3月23日	一白	辛酉	2月22日	六白	庚寅	1月23日	五黄	壬戌	12月22日	一白	辛卯	13
4月27日	九紫	癸亥	閏3月25日	五黄	壬辰	3月24日	二黒	壬戌	2月23日	七赤	辛卯	1月24日	六白	癸亥	12月23日	二黒	壬辰	14
4月28日	九紫	甲子	閏3月26日	六白	癸巳	3月25日	三碧	癸亥	2月24日	八白	壬辰	1月25日	七赤	甲子	12月24日	三碧	癸巳	15
4月29日	八白	乙丑	閏3月27日	七赤	甲午	3月26日	四緑	甲子	2月25日	九紫	癸巳	1月26日	八白	乙丑	12月25日	四緑	甲午	16
4月30日	七赤	丙寅	閏3月28日	八白	乙未	3月27日	五黄	乙丑	2月26日	一白	甲午	1月27日	九紫	丙寅	12月26日	五黄	乙未	17
5月1日	六白	丁卯	閏3月29日	九紫	丙申	3月28日	六白	丙寅	2月27日	二黒	乙未	1月28日	一白	丁卯	12月27日	六白	丙申	18
5月2日	五黄	戊辰	4月1日	一白	丁酉	3月29日	七赤	丁卯	2月28日	三碧	丙申	1月29日	二黒	戊辰	12月28日	七赤	丁酉	19
5月3日	四緑	己巳	4月2日	二黒	戊戌	閏3月1日	八白	戊辰	2月29日	四緑	丁酉	2月1日	三碧	己巳	12月29日	八白	戊戌	20
5月4日	三碧	庚午	4月3日	三碧	己亥	閏3月2日	九紫	己巳	2月30日	五黄	戊戌	2月2日	四緑	庚午	12月30日	九紫	己亥	21
5月5日	二黒	辛未	4月4日	四緑	庚子	閏3月3日	一白	庚午	3月1日	六白	己亥	2月3日	五黄	辛未	1月1日	一白	庚子	22
5月6日	一白	壬申	4月5日	五黄	辛丑	閏3月4日	二黒	辛未	3月2日	七赤	庚子	2月4日	六白	壬申	1月2日	二黒	辛丑	23
5月7日	九紫	癸酉	4月6日	六白	壬寅	閏3月5日	三碧	壬申	3月3日	八白	辛丑	2月5日	七赤	癸酉	1月3日	三碧	壬寅	24
5月8日	八白	甲戌	4月7日	七赤	癸卯	閏3月6日	四緑	癸酉	3月4日	九紫	壬寅	2月6日	八白	甲戌	1月4日	四緑	癸卯	25
5月9日	七赤	乙亥	4月8日	八白	甲辰	閏3月7日	五黄	甲戌	3月5日	一白	癸卯	2月7日	九紫	乙亥	1月5日	五黄	甲辰	26
5月10日	六白	丙子	4月9日	九紫	乙巳	閏3月8日	六白	乙亥	3月6日	二黒	甲辰	2月8日	一白	丙子	1月6日	六白	乙巳	27
5月11日	五黄	丁丑	4月10日	一白	丙午	閏3月9日	七赤	丙子	3月7日	三碧	乙巳	2月9日	二黒	丁丑	1月7日	七赤	丙午	28
5月12日	四緑	戊寅	4月11日	二黒	丁未	閏3月10日	八白	丁丑	3月8日	四緑	丙午				1月8日	八白	丁未	29
5月13日	三碧	己卯	4月12日	三碧	戊申	閏3月11日	九紫	戊寅	3月9日	五黄	丁未				1月9日	九紫	戊申	30
			4月13日	四緑	己酉				3月10日	六白	戊申				1月10日	一白	己酉	31

令和43年		2061年		辛巳年		二黒土星					
12月庚子		11月己亥		10月戊戌		9月丁酉		8月丙申		7月乙未	
6日 23：50		7日 06：40		8日 03：04		7日 11：02		7日 07：52		6日 22：02	
21日 17：49		22日 04：14		23日 06：17		22日 20：31		22日 22：33		22日 15：20	
一白水星		二黒土星		三碧木星		四緑木星		五黄土星		六白金星	

	12月		11月		10月		9月		8月		7月	
1	10月20日	二黒 癸丑	9月20日	五黄 癸未	8月18日	九紫 壬子	7月18日	三碧 壬午	6月16日	七赤 辛亥	5月14日	二黒 庚辰
2	10月21日	一白 甲寅	9月21日	四緑 甲申	8月19日	八白 癸丑	7月19日	二黒 癸未	6月17日	六白 壬子	5月15日	一白 辛巳
3	10月22日	九紫 乙卯	9月22日	三碧 乙酉	8月20日	七赤 甲寅	7月20日	一白 甲申	6月18日	五黄 癸丑	5月16日	九紫 壬午
4	10月23日	八白 丙辰	9月23日	二黒 丙戌	8月21日	六白 乙卯	7月21日	九紫 乙酉	6月19日	四緑 甲寅	5月17日	八白 癸未
5	10月24日	七赤 丁巳	9月24日	一白 丁亥	8月22日	五黄 丙辰	7月22日	八白 丙戌	6月20日	三碧 乙卯	5月18日	七赤 甲申
6	10月25日	六白 戊午	9月25日	九紫 戊子	8月23日	四緑 丁巳	7月23日	七赤 丁亥	6月21日	二黒 丙辰	5月19日	六白 乙酉
7	10月26日	五黄 己未	9月26日	八白 己丑	8月24日	三碧 戊午	7月24日	六白 戊子	6月22日	一白 丁巳	5月20日	五黄 丙戌
8	10月27日	四緑 庚申	9月27日	七赤 庚寅	8月25日	二黒 己未	7月25日	五黄 己丑	6月23日	九紫 戊午	5月21日	四緑 丁亥
9	10月28日	三碧 辛酉	9月28日	六白 辛卯	8月26日	一白 庚申	7月26日	四緑 庚寅	6月24日	八白 己未	5月22日	三碧 戊子
10	10月29日	二黒 壬戌	9月29日	五黄 壬辰	8月27日	九紫 辛酉	7月27日	三碧 辛卯	6月25日	七赤 庚申	5月23日	二黒 己丑
11	10月30日	一白 癸亥	9月30日	四緑 癸巳	8月28日	八白 壬戌	7月28日	二黒 壬辰	6月26日	六白 辛酉	5月24日	一白 庚寅
12	11月1日	一白 甲子	10月1日	三碧 甲午	8月29日	七赤 癸亥	7月29日	一白 癸巳	6月27日	五黄 壬戌	5月25日	九紫 辛卯
13	11月2日	二黒 乙丑	10月2日	二黒 乙未	9月1日	六白 甲子	7月30日	九紫 甲午	6月28日	四緑 癸亥	5月26日	八白 壬辰
14	11月3日	三碧 丙寅	10月3日	一白 丙申	9月2日	五黄 乙丑	8月1日	八白 乙未	6月29日	三碧 甲子	5月27日	七赤 癸巳
15	11月4日	四緑 丁卯	10月4日	九紫 丁酉	9月3日	四緑 丙寅	8月2日	七赤 丙申	7月1日	二黒 乙丑	5月28日	六白 甲午
16	11月5日	五黄 戊辰	10月5日	八白 戊戌	9月4日	三碧 丁卯	8月3日	六白 丁酉	7月2日	一白 丙寅	5月29日	五黄 乙未
17	11月6日	六白 己巳	10月6日	七赤 己亥	9月5日	二黒 戊辰	8月4日	五黄 戊戌	7月3日	九紫 丁卯	6月1日	四緑 丙申
18	11月7日	七赤 庚午	10月7日	六白 庚子	9月6日	一白 己巳	8月5日	四緑 己亥	7月4日	八白 戊辰	6月2日	三碧 丁酉
19	11月8日	八白 辛未	10月8日	五黄 辛丑	9月7日	九紫 庚午	8月6日	三碧 庚子	7月5日	七赤 己巳	6月3日	二黒 戊戌
20	11月9日	九紫 壬申	10月9日	四緑 壬寅	9月8日	八白 辛未	8月7日	二黒 辛丑	7月6日	六白 庚午	6月4日	一白 己亥
21	11月10日	一白 癸酉	10月10日	三碧 癸卯	9月9日	七赤 壬申	8月8日	一白 壬寅	7月7日	五黄 辛未	6月5日	九紫 庚子
22	11月11日	二黒 甲戌	10月11日	二黒 甲辰	9月10日	六白 癸酉	8月9日	九紫 癸卯	7月8日	四緑 壬申	6月6日	八白 辛丑
23	11月12日	三碧 乙亥	10月12日	一白 乙巳	9月11日	五黄 甲戌	8月10日	八白 甲辰	7月9日	三碧 癸酉	6月7日	七赤 壬寅
24	11月13日	四緑 丙子	10月13日	九紫 丙午	9月12日	四緑 乙亥	8月11日	七赤 乙巳	7月10日	二黒 甲戌	6月8日	六白 癸卯
25	11月14日	五黄 丁丑	10月14日	八白 丁未	9月13日	三碧 丙子	8月12日	六白 丙午	7月11日	一白 乙亥	6月9日	五黄 甲辰
26	11月15日	六白 戊寅	10月15日	七赤 戊申	9月14日	二黒 丁丑	8月13日	五黄 丁未	7月12日	九紫 丙子	6月10日	四緑 乙巳
27	11月16日	七赤 己卯	10月16日	六白 己酉	9月15日	一白 戊寅	8月14日	四緑 戊申	7月13日	八白 丁丑	6月11日	三碧 丙午
28	11月17日	八白 庚辰	10月17日	五黄 庚戌	9月16日	九紫 己卯	8月15日	三碧 己酉	7月14日	七赤 戊寅	6月12日	二黒 丁未
29	11月18日	九紫 辛巳	10月18日	四緑 辛亥	9月17日	八白 庚辰	8月16日	二黒 庚戌	7月15日	六白 己卯	6月13日	一白 戊申
30	11月19日	一白 壬午	10月19日	三碧 壬子	9月18日	七赤 辛巳	8月17日	一白 辛亥	7月16日	五黄 庚辰	6月14日	九紫 己酉
31	11月20日	二黒 癸未			9月19日	六白 壬午			7月17日	四緑 辛巳	6月15日	八白 庚戌

6月丙午			5月乙巳			4月甲辰			3月癸卯			2月壬寅			1月辛丑			
5日 17：34			5日 13：47			4日 20：55			5日 16：31			3日 22：47			5日 11：13			
21日 10：11			21日 02：29			20日 03：44			20日 17：07			18日 18：28			20日 04：30			
四緑木星			五黄土星			六白金星			七赤金星			八白土星			九紫火星			
4月24日	一白	乙卯	3月22日	六白	甲申	2月22日	三碧	甲寅	1月21日	八白	癸未	12月22日	七赤	乙卯	11月21日	三碧	甲申	1
4月25日	二黒	丙辰	3月23日	七赤	乙酉	2月23日	四緑	乙卯	1月22日	九紫	甲申	12月23日	八白	丙辰	11月22日	四緑	乙酉	2
4月26日	三碧	丁巳	3月24日	八白	丙戌	2月24日	五黄	丙辰	1月23日	一白	乙酉	12月24日	九紫	丁巳	11月23日	五黄	丙戌	3
4月27日	四緑	戊午	3月25日	九紫	丁亥	2月25日	六白	丁巳	1月24日	二黒	丙戌	12月25日	一白	戊午	11月24日	六白	丁亥	4
4月28日	五黄	己未	3月26日	一白	戊子	2月26日	七赤	戊午	1月25日	三碧	丁亥	12月26日	二黒	己未	11月25日	七赤	戊子	5
4月29日	六白	庚申	3月27日	二黒	己丑	2月27日	八白	己未	1月26日	四緑	戊子	12月27日	三碧	庚申	11月26日	八白	己丑	6
5月1日	七赤	辛酉	3月28日	三碧	庚寅	2月28日	九紫	庚申	1月27日	五黄	己丑	12月28日	四緑	辛酉	11月27日	九紫	庚寅	7
5月2日	八白	壬戌	3月29日	四緑	辛卯	2月29日	一白	辛酉	1月28日	六白	庚寅	12月29日	五黄	壬戌	11月28日	一白	辛卯	8
5月3日	九紫	癸亥	4月1日	五黄	壬辰	2月30日	二黒	壬戌	1月29日	七赤	辛卯	1月1日	六白	癸亥	11月29日	二黒	壬辰	9
5月4日	九紫	甲子	4月2日	六白	癸巳	3月1日	三碧	癸亥	1月30日	八白	壬辰	1月2日	七赤	甲子	11月30日	三碧	癸巳	10
5月5日	八白	乙丑	4月3日	七赤	甲午	3月2日	四緑	甲子	2月1日	九紫	癸巳	1月3日	八白	乙丑	12月1日	四緑	甲午	11
5月6日	七赤	丙寅	4月4日	八白	乙未	3月3日	五黄	乙丑	2月2日	一白	甲午	1月4日	九紫	丙寅	12月2日	五黄	乙未	12
5月7日	六白	丁卯	4月5日	九紫	丙申	3月4日	六白	丙寅	2月3日	二黒	乙未	1月5日	一白	丁卯	12月3日	六白	丙申	13
5月8日	五黄	戊辰	4月6日	一白	丁酉	3月5日	七赤	丁卯	2月4日	三碧	丙申	1月6日	二黒	戊辰	12月4日	七赤	丁酉	14
5月9日	四緑	己巳	4月7日	二黒	戊戌	3月6日	八白	戊辰	2月5日	四緑	丁酉	1月7日	三碧	己巳	12月5日	八白	戊戌	15
5月10日	三碧	庚午	4月8日	三碧	己亥	3月7日	九紫	己巳	2月6日	五黄	戊戌	1月8日	四緑	庚午	12月6日	九紫	己亥	16
5月11日	二黒	辛未	4月9日	四緑	庚子	3月8日	一白	庚午	2月7日	六白	己亥	1月9日	五黄	辛未	12月7日	一白	庚子	17
5月12日	一白	壬申	4月10日	五黄	辛丑	3月9日	二黒	辛未	2月8日	七赤	庚子	1月10日	六白	壬申	12月8日	二黒	辛丑	18
5月13日	九紫	癸酉	4月11日	六白	壬寅	3月10日	三碧	壬申	2月9日	八白	辛丑	1月11日	七赤	癸酉	12月9日	三碧	壬寅	19
5月14日	八白	甲戌	4月12日	七赤	癸卯	3月11日	四緑	癸酉	2月10日	九紫	壬寅	1月12日	八白	甲戌	12月10日	四緑	癸卯	20
5月15日	七赤	乙亥	4月13日	八白	甲辰	3月12日	五黄	甲戌	2月11日	一白	癸卯	1月13日	九紫	乙亥	12月11日	五黄	甲辰	21
5月16日	六白	丙子	4月14日	九紫	乙巳	3月13日	六白	乙亥	2月12日	二黒	甲辰	1月14日	一白	丙子	12月12日	六白	乙巳	22
5月17日	五黄	丁丑	4月15日	一白	丙午	3月14日	七赤	丙子	2月13日	三碧	乙巳	1月15日	二黒	丁丑	12月13日	七赤	丙午	23
5月18日	四緑	戊寅	4月16日	二黒	丁未	3月15日	八白	丁丑	2月14日	四緑	丙午	1月16日	三碧	戊寅	12月14日	八白	丁未	24
5月19日	三碧	己卯	4月17日	三碧	戊申	3月16日	九紫	戊寅	2月15日	五黄	丁未	1月17日	四緑	己卯	12月15日	九紫	戊申	25
5月20日	二黒	庚辰	4月18日	四緑	己酉	3月17日	一白	己卯	2月16日	六白	戊申	1月18日	五黄	庚辰	12月16日	一白	己酉	26
5月21日	一白	辛巳	4月19日	五黄	庚戌	3月18日	二黒	庚辰	2月17日	七赤	己酉	1月19日	六白	辛巳	12月17日	二黒	庚戌	27
5月22日	九紫	壬午	4月20日	六白	辛亥	3月19日	三碧	辛巳	2月18日	八白	庚戌	1月20日	七赤	壬午	12月18日	三碧	辛亥	28
5月23日	八白	癸未	4月21日	七赤	壬子	3月20日	四緑	壬午	2月19日	九紫	辛亥				12月19日	四緑	壬子	29
5月24日	七赤	甲申	4月22日	八白	癸丑	3月21日	五黄	癸未	2月20日	一白	壬子				12月20日	五黄	癸丑	30
			4月23日	九紫	甲寅				2月21日	二黒	癸丑				12月21日	六白	甲寅	31

278

令和44年		2062年		壬午年		一白水星					
12月壬子		11月辛亥		10月庚戌		9月己酉		8月戊申		7月丁未	
7日 05：34		7日 12：22		8日 08：44		7日 16：40		7日 13：28		7日 03：38	
21日 23：42		22日 10：07		23日 12：08		23日 02：20		23日 04：18		22日 21：01	
七赤金星		八白土星		九紫火星		一白水星		二黒土星		三碧木星	
1	11月1日	六白	戊午	10月1日	九紫	戊子	8月29日	四緑	丁巳	7月28日	七赤	丁亥	6月26日	二黒	丙辰	5月25日	六白	乙酉
2	11月2日	五黄	己未	10月2日	八白	己丑	8月30日	三碧	戊午	7月29日	六白	戊子	6月27日	一白	丁巳	5月26日	五黄	丙戌
3	11月3日	四緑	庚申	10月3日	七赤	庚寅	9月1日	二黒	己未	8月1日	五黄	己丑	6月28日	九紫	戊午	5月27日	四緑	丁亥
4	11月4日	三碧	辛酉	10月4日	六白	辛卯	9月2日	一白	庚申	8月2日	四緑	庚寅	6月29日	八白	己未	5月28日	三碧	戊子
5	11月5日	二黒	壬戌	10月5日	五黄	壬辰	9月3日	九紫	辛酉	8月3日	三碧	辛卯	7月1日	七赤	庚申	5月29日	二黒	己丑
6	11月6日	一白	癸亥	10月6日	四緑	癸巳	9月4日	八白	壬戌	8月4日	二黒	壬辰	7月2日	六白	辛酉	5月30日	一白	庚寅
7	11月7日	一白	甲子	10月7日	三碧	甲午	9月5日	七赤	癸亥	8月5日	一白	癸巳	7月3日	五黄	壬戌	6月1日	九紫	辛卯
8	11月8日	二黒	乙丑	10月8日	二黒	乙未	9月6日	六白	甲子	8月6日	九紫	甲午	7月4日	四緑	癸亥	6月2日	八白	壬辰
9	11月9日	三碧	丙寅	10月9日	一白	丙申	9月7日	五黄	乙丑	8月7日	八白	乙未	7月5日	三碧	甲子	6月3日	七赤	癸巳
10	11月10日	四緑	丁卯	10月10日	九紫	丁酉	9月8日	四緑	丙寅	8月8日	七赤	丙申	7月6日	二黒	乙丑	6月4日	六白	甲午
11	11月11日	五黄	戊辰	10月11日	八白	戊戌	9月9日	三碧	丁卯	8月9日	六白	丁酉	7月7日	一白	丙寅	6月5日	五黄	乙未
12	11月12日	六白	己巳	10月12日	七赤	己亥	9月10日	二黒	戊辰	8月10日	五黄	戊戌	7月8日	九紫	丁卯	6月6日	四緑	丙申
13	11月13日	七赤	庚午	10月13日	六白	庚子	9月11日	一白	己巳	8月11日	四緑	己亥	7月9日	八白	戊辰	6月7日	三碧	丁酉
14	11月14日	八白	辛未	10月14日	五黄	辛丑	9月12日	九紫	庚午	8月12日	三碧	庚子	7月10日	七赤	己巳	6月8日	二黒	戊戌
15	11月15日	九紫	壬申	10月15日	四緑	壬寅	9月13日	八白	辛未	8月13日	二黒	辛丑	7月11日	六白	庚午	6月9日	一白	己亥
16	11月16日	一白	癸酉	10月16日	三碧	癸卯	9月14日	七赤	壬申	8月14日	一白	壬寅	7月12日	五黄	辛未	6月10日	九紫	庚子
17	11月17日	二黒	甲戌	10月17日	二黒	甲辰	9月15日	六白	癸酉	8月15日	九紫	癸卯	7月13日	四緑	壬申	6月11日	八白	辛丑
18	11月18日	三碧	乙亥	10月18日	一白	乙巳	9月16日	五黄	甲戌	8月16日	八白	甲辰	7月14日	三碧	癸酉	6月12日	七赤	壬寅
19	11月19日	四緑	丙子	10月19日	九紫	丙午	9月17日	四緑	乙亥	8月17日	七赤	乙巳	7月15日	二黒	甲戌	6月13日	六白	癸卯
20	11月20日	五黄	丁丑	10月20日	八白	丁未	9月18日	三碧	丙子	8月18日	六白	丙午	7月16日	一白	乙亥	6月14日	五黄	甲辰
21	11月21日	六白	戊寅	10月21日	七赤	戊申	9月19日	二黒	丁丑	8月19日	五黄	丁未	7月17日	九紫	丙子	6月15日	四緑	乙巳
22	11月22日	七赤	己卯	10月22日	六白	己酉	9月20日	一白	戊寅	8月20日	四緑	戊申	7月18日	八白	丁丑	6月16日	三碧	丙午
23	11月23日	八白	庚辰	10月23日	五黄	庚戌	9月21日	九紫	己卯	8月21日	三碧	己酉	7月19日	七赤	戊寅	6月17日	二黒	丁未
24	11月24日	九紫	辛巳	10月24日	四緑	辛亥	9月22日	八白	庚辰	8月22日	二黒	庚戌	7月20日	六白	己卯	6月18日	一白	戊申
25	11月25日	一白	壬午	10月25日	三碧	壬子	9月23日	七赤	辛巳	8月23日	一白	辛亥	7月21日	五黄	庚辰	6月19日	九紫	己酉
26	11月26日	二黒	癸未	10月26日	二黒	癸丑	9月24日	六白	壬午	8月24日	九紫	壬子	7月22日	四緑	辛巳	6月20日	八白	庚戌
27	11月27日	三碧	甲申	10月27日	一白	甲寅	9月25日	五黄	癸未	8月25日	八白	癸丑	7月23日	三碧	壬午	6月21日	七赤	辛亥
28	11月28日	四緑	乙酉	10月28日	九紫	乙卯	9月26日	四緑	甲申	8月26日	七赤	甲寅	7月24日	二黒	癸未	6月22日	六白	壬子
29	11月29日	五黄	丙戌	10月29日	八白	丙辰	9月27日	三碧	乙酉	8月27日	六白	乙卯	7月25日	一白	甲申	6月23日	五黄	癸丑
30	11月30日	六白	丁亥	10月30日	七赤	丁巳	9月28日	二黒	丙戌	8月28日	五黄	丙辰	7月26日	九紫	乙酉	6月24日	四緑	甲寅
31	12月1日	七赤	戊子				9月29日	一白	丁亥				7月27日	八白	丙戌	6月25日	三碧	乙卯

6月戊午			5月丁巳			4月丙辰			3月乙卯			2月甲寅			1月癸丑			
5日 23：16			5日 19：28			5日 02：37			5日 22：14			4日 04：31			5日 16：57			
21日 16：01			21日 08：19			20日 09：34			20日 22：59			19日 00：21			20日 10：24			
一白水星			二黒土星			三碧木星			四緑木星			五黄土星			六白金星			
5月5日	六白	庚申	4月4日	二黒	己丑	3月3日	八白	己未	2月2日	四緑	戊子	1月4日	三碧	庚申	12月2日	八白	己丑	1
5月6日	七赤	辛酉	4月5日	三碧	庚寅	3月4日	九紫	庚申	2月3日	五黄	己丑	1月5日	四緑	辛酉	12月3日	九紫	庚寅	2
5月7日	八白	壬戌	4月6日	四緑	辛卯	3月5日	一白	辛酉	2月4日	六白	庚寅	1月6日	五黄	壬戌	12月4日	一白	辛卯	3
5月8日	九紫	癸亥	4月7日	五黄	壬辰	3月6日	二黒	壬戌	2月5日	七赤	辛卯	1月7日	六白	癸亥	12月5日	二黒	壬辰	4
5月9日	九紫	甲子	4月8日	六白	癸巳	3月7日	三碧	癸亥	2月6日	八白	壬辰	1月8日	七赤	甲子	12月6日	三碧	癸巳	5
5月10日	八白	乙丑	4月9日	七赤	甲午	3月8日	四緑	甲子	2月7日	九紫	癸巳	1月9日	八白	乙丑	12月7日	四緑	甲午	6
5月11日	七赤	丙寅	4月10日	八白	乙未	3月9日	五黄	乙丑	2月8日	一白	甲午	1月10日	九紫	丙寅	12月8日	五黄	乙未	7
5月12日	六白	丁卯	4月11日	九紫	丙申	3月10日	六白	丙寅	2月9日	二黒	乙未	1月11日	一白	丁卯	12月9日	六白	丙申	8
5月13日	五黄	戊辰	4月12日	一白	丁酉	3月11日	七赤	丁卯	2月10日	三碧	丙申	1月12日	二黒	戊辰	12月10日	七赤	丁酉	9
5月14日	四緑	己巳	4月13日	二黒	戊戌	3月12日	八白	戊辰	2月11日	四緑	丁酉	1月13日	三碧	己巳	12月11日	八白	戊戌	10
5月15日	三碧	庚午	4月14日	三碧	己亥	3月13日	九紫	己巳	2月12日	五黄	戊戌	1月14日	四緑	庚午	12月12日	九紫	己亥	11
5月16日	二黒	辛未	4月15日	四緑	庚子	3月14日	一白	庚午	2月13日	六白	己亥	1月15日	五黄	辛未	12月13日	一白	庚子	12
5月17日	一白	壬申	4月16日	五黄	辛丑	3月15日	二黒	辛未	2月14日	七赤	庚子	1月16日	六白	壬申	12月14日	二黒	辛丑	13
5月18日	九紫	癸酉	4月17日	六白	壬寅	3月16日	三碧	壬申	2月15日	八白	辛丑	1月17日	七赤	癸酉	12月15日	三碧	壬寅	14
5月19日	八白	甲戌	4月18日	七赤	癸卯	3月17日	四緑	癸酉	2月16日	九紫	壬寅	1月18日	八白	甲戌	12月16日	四緑	癸卯	15
5月20日	七赤	乙亥	4月19日	八白	甲辰	3月18日	五黄	甲戌	2月17日	一白	癸卯	1月19日	九紫	乙亥	12月17日	五黄	甲辰	16
5月21日	六白	丙子	4月20日	九紫	乙巳	3月19日	六白	乙亥	2月18日	二黒	甲辰	1月20日	一白	丙子	12月18日	六白	乙巳	17
5月22日	五黄	丁丑	4月21日	一白	丙午	3月20日	七赤	丙子	2月19日	三碧	乙巳	1月21日	二黒	丁丑	12月19日	七赤	丙午	18
5月23日	四緑	戊寅	4月22日	二黒	丁未	3月21日	八白	丁丑	2月20日	四緑	丙午	1月22日	三碧	戊寅	12月20日	八白	丁未	19
5月24日	三碧	己卯	4月23日	三碧	戊申	3月22日	九紫	戊寅	2月21日	五黄	丁未	1月23日	四緑	己卯	12月21日	九紫	戊申	20
5月25日	二黒	庚辰	4月24日	四緑	己酉	3月23日	一白	己卯	2月22日	六白	戊申	1月24日	五黄	庚辰	12月22日	一白	己酉	21
5月26日	一白	辛巳	4月25日	五黄	庚戌	3月24日	二黒	庚辰	2月23日	七赤	己酉	1月25日	六白	辛巳	12月23日	二黒	庚戌	22
5月27日	九紫	壬午	4月26日	六白	辛亥	3月25日	三碧	辛巳	2月24日	八白	庚戌	1月26日	七赤	壬午	12月24日	三碧	辛亥	23
5月28日	八白	癸未	4月27日	七赤	壬子	3月26日	四緑	壬午	2月25日	九紫	辛亥	1月27日	八白	癸未	12月25日	四緑	壬子	24
5月29日	七赤	甲申	4月28日	八白	癸丑	3月27日	五黄	癸未	2月26日	一白	壬子	1月28日	九紫	甲申	12月26日	五黄	癸丑	25
6月1日	六白	乙酉	4月29日	九紫	甲寅	3月28日	六白	甲申	2月27日	二黒	癸丑	1月29日	一白	乙酉	12月27日	六白	甲寅	26
6月2日	五黄	丙戌	4月30日	一白	乙卯	3月29日	七赤	乙酉	2月28日	三碧	甲寅	1月30日	二黒	丙戌	12月28日	七赤	乙卯	27
6月3日	四緑	丁亥	5月1日	二黒	丙辰	4月1日	八白	丙戌	2月29日	四緑	乙卯	2月1日	三碧	丁亥	12月29日	八白	丙辰	28
6月4日	三碧	戊子	5月2日	三碧	丁巳	4月2日	九紫	丁亥	2月30日	五黄	丙辰				1月1日	九紫	丁巳	29
6月5日	二黒	己丑	5月3日	四緑	戊午	4月3日	一白	戊子	3月1日	六白	丁巳				1月2日	一白	戊午	30
			5月4日	五黄	己未				3月2日	七赤	戊午				1月3日	二黒	己未	31

280

	令和45年			2063年			癸未年			九紫火星				
	12月甲子			11月癸亥			10月壬戌			9月辛酉			8月庚申			7月己未		
	7日 11：20			7日 18：12			8日 14：37			7日 22：34			7日 19：20			7日 09：25		
	22日 05：21			22日 15：48			23日 17：53			23日 08：08			23日 10：09			23日 02：53		
	四緑木星			五黄土星			六白金星			七赤金星			八白土星			九紫火星		
1	10月12日	一白	癸亥	9月11日	四緑	癸巳	8月10日	八白	壬戌	閏7月9日	二黒	壬辰	7月7日	六白	辛酉	6月6日	一白	庚寅
2	10月13日	一白	甲子	9月12日	三碧	甲午	8月11日	七赤	癸亥	閏7月10日	一白	癸巳	7月8日	五黄	壬戌	6月7日	九紫	辛卯
3	10月14日	二黒	乙丑	9月13日	二黒	乙未	8月12日	六白	甲子	閏7月11日	九紫	甲午	7月9日	四緑	癸亥	6月8日	八白	壬辰
4	10月15日	三碧	丙寅	9月14日	一白	丙申	8月13日	五黄	乙丑	閏7月12日	八白	乙未	7月10日	三碧	甲子	6月9日	七赤	癸巳
5	10月16日	四緑	丁卯	9月15日	九紫	丁酉	8月14日	四緑	丙寅	閏7月13日	七赤	丙申	7月11日	二黒	乙丑	6月10日	六白	甲午
6	10月17日	五黄	戊辰	9月16日	八白	戊戌	8月15日	三碧	丁卯	閏7月14日	六白	丁酉	7月12日	一白	丙寅	6月11日	五黄	乙未
7	10月18日	六白	己巳	9月17日	七赤	己亥	8月16日	二黒	戊辰	閏7月15日	五黄	戊戌	7月13日	九紫	丁卯	6月12日	四緑	丙申
8	10月19日	七赤	庚午	9月18日	六白	庚子	8月17日	一白	己巳	閏7月16日	四緑	己亥	7月14日	八白	戊辰	6月13日	三碧	丁酉
9	10月20日	八白	辛未	9月19日	五黄	辛丑	8月18日	九紫	庚午	閏7月17日	三碧	庚子	7月15日	七赤	己巳	6月14日	二黒	戊戌
10	10月21日	九紫	壬申	9月20日	四緑	壬寅	8月19日	八白	辛未	閏7月18日	二黒	辛丑	7月16日	六白	庚午	6月15日	一白	己亥
11	10月22日	一白	癸酉	9月21日	三碧	癸卯	8月20日	七赤	壬申	閏7月19日	一白	壬寅	7月17日	五黄	辛未	6月16日	九紫	庚子
12	10月23日	二黒	甲戌	9月22日	二黒	甲辰	8月21日	六白	癸酉	閏7月20日	九紫	癸卯	7月18日	四緑	壬申	6月17日	八白	辛丑
13	10月24日	三碧	乙亥	9月23日	一白	乙巳	8月22日	五黄	甲戌	閏7月21日	八白	甲辰	7月19日	三碧	癸酉	6月18日	七赤	壬寅
14	10月25日	四緑	丙子	9月24日	九紫	丙午	8月23日	四緑	乙亥	閏7月22日	七赤	乙巳	7月20日	二黒	甲戌	6月19日	六白	癸卯
15	10月26日	五黄	丁丑	9月25日	八白	丁未	8月24日	三碧	丙子	閏7月23日	六白	丙午	7月21日	一白	乙亥	6月20日	五黄	甲辰
16	10月27日	六白	戊寅	9月26日	七赤	戊申	8月25日	二黒	丁丑	閏7月24日	五黄	丁未	7月22日	九紫	丙子	6月21日	四緑	乙巳
17	10月28日	七赤	己卯	9月27日	六白	己酉	8月26日	一白	戊寅	閏7月25日	四緑	戊申	7月23日	八白	丁丑	6月22日	三碧	丙午
18	10月29日	八白	庚辰	9月28日	五黄	庚戌	8月27日	九紫	己卯	閏7月26日	三碧	己酉	7月24日	七赤	戊寅	6月23日	二黒	丁未
19	10月30日	九紫	辛巳	9月29日	四緑	辛亥	8月28日	八白	庚辰	閏7月27日	二黒	庚戌	7月25日	六白	己卯	6月24日	一白	戊申
20	11月1日	一白	壬午	10月1日	三碧	壬子	8月29日	七赤	辛巳	閏7月28日	一白	辛亥	7月26日	五黄	庚辰	6月25日	九紫	己酉
21	11月2日	二黒	癸未	10月2日	二黒	癸丑	8月30日	六白	壬午	閏7月29日	九紫	壬子	7月27日	四緑	辛巳	6月26日	八白	庚戌
22	11月3日	三碧	甲申	10月3日	一白	甲寅	9月1日	五黄	癸未	8月1日	八白	癸丑	7月28日	三碧	壬午	6月27日	七赤	辛亥
23	11月4日	四緑	乙酉	10月4日	九紫	乙卯	9月2日	四緑	甲申	8月2日	七赤	甲寅	7月29日	二黒	癸未	6月28日	六白	壬子
24	11月5日	五黄	丙戌	10月5日	八白	丙辰	9月3日	三碧	乙酉	8月3日	六白	乙卯	閏7月1日	一白	甲申	6月29日	五黄	癸丑
25	11月6日	六白	丁亥	10月6日	七赤	丁巳	9月4日	二黒	丙戌	8月4日	五黄	丙辰	閏7月2日	九紫	乙酉	6月30日	四緑	甲寅
26	11月7日	七赤	戊子	10月7日	六白	戊午	9月5日	一白	丁亥	8月5日	四緑	丁巳	閏7月3日	八白	丙戌	7月1日	三碧	乙卯
27	11月8日	八白	己丑	10月8日	五黄	己未	9月6日	九紫	戊子	8月6日	三碧	戊午	閏7月4日	七赤	丁亥	7月2日	二黒	丙辰
28	11月9日	九紫	庚寅	10月9日	四緑	庚申	9月7日	八白	己丑	8月7日	二黒	己未	閏7月5日	六白	戊子	7月3日	一白	丁巳
29	11月10日	一白	辛卯	10月10日	三碧	辛酉	9月8日	七赤	庚寅	8月8日	一白	庚申	閏7月6日	五黄	己丑	7月4日	九紫	戊午
30	11月11日	二黒	壬辰	10月11日	二黒	壬戌	9月9日	六白	辛卯	8月9日	九紫	辛酉	閏7月7日	四緑	庚寅	7月5日	八白	己未
31	11月12日	三碧	癸巳				9月10日	五黄	壬辰				閏7月8日	三碧	辛卯	7月6日	七赤	庚申

6月庚午	5月己巳	4月戊辰	3月丁卯	2月丙寅	1月乙丑	
5日 05：09	5日 01：17	4日 08：24	5日 04：00	4日 10：15	5日 22：41	
20日 21：45	20日 14：00	19日 15：15	20日 04：39	19日 06：00	20日 16：01	
七赤金星	八白土星	九紫火星	一白水星	二黒土星	三碧木星	
4月17日 七赤 丙寅	3月15日 八白 乙未	2月15日 五黄 乙丑	1月14日 一白 甲午	12月15日 八白 乙丑	11月13日 四緑 甲午	1
4月18日 六白 丁卯	3月16日 九紫 丙申	2月16日 六白 丙寅	1月15日 二黒 乙未	12月16日 九紫 丙寅	11月14日 五黄 乙未	2
4月19日 五黄 戊辰	3月17日 一白 丁酉	2月17日 七赤 丁卯	1月16日 三碧 丙申	12月17日 一白 丁卯	11月15日 六白 丙申	3
4月20日 四緑 己巳	3月18日 二黒 戊戌	2月18日 八白 戊辰	1月17日 四緑 丁酉	12月18日 二黒 戊辰	11月16日 七赤 丁酉	4
4月21日 三碧 庚午	3月19日 三碧 己亥	2月19日 九紫 己巳	1月18日 五黄 戊戌	12月19日 三碧 己巳	11月17日 八白 戊戌	5
4月22日 二黒 辛未	3月20日 四緑 庚子	2月20日 一白 庚午	1月19日 六白 己亥	12月20日 四緑 庚午	11月18日 九紫 己亥	6
4月23日 一白 壬申	3月21日 五黄 辛丑	2月21日 二黒 辛未	1月20日 七赤 庚子	12月21日 五黄 辛未	11月19日 一白 庚子	7
4月24日 九紫 癸酉	3月22日 六白 壬寅	2月22日 三碧 壬申	1月21日 八白 辛丑	12月22日 六白 壬申	11月20日 二黒 辛丑	8
4月25日 八白 甲戌	3月23日 七赤 癸卯	2月23日 四緑 癸酉	1月22日 九紫 壬寅	12月23日 七赤 癸酉	11月21日 三碧 壬寅	9
4月26日 七赤 乙亥	3月24日 八白 甲辰	2月24日 五黄 甲戌	1月23日 一白 癸卯	12月24日 八白 甲戌	11月22日 四緑 癸卯	10
4月27日 六白 丙子	3月25日 九紫 乙巳	2月25日 六白 乙亥	1月24日 二黒 甲辰	12月25日 九紫 乙亥	11月23日 五黄 甲辰	11
4月28日 五黄 丁丑	3月26日 一白 丙午	2月26日 七赤 丙子	1月25日 三碧 乙巳	12月26日 一白 丙子	11月24日 六白 乙巳	12
4月29日 四緑 戊寅	3月27日 二黒 丁未	2月27日 八白 丁丑	1月26日 四緑 丙午	12月27日 二黒 丁丑	11月25日 七赤 丙午	13
4月30日 三碧 己卯	3月28日 三碧 戊申	2月28日 九紫 戊寅	1月27日 五黄 丁未	12月28日 三碧 戊寅	11月26日 八白 丁未	14
5月1日 二黒 庚辰	3月29日 四緑 己酉	2月29日 一白 己卯	1月28日 六白 戊申	12月29日 四緑 己卯	11月27日 九紫 戊申	15
5月2日 一白 辛巳	4月1日 五黄 庚戌	2月30日 二黒 庚辰	1月29日 七赤 己酉	12月30日 五黄 庚辰	11月28日 一白 己酉	16
5月3日 九紫 壬午	4月2日 六白 辛亥	3月1日 三碧 辛巳	1月30日 八白 庚戌	1月1日 六白 辛巳	11月29日 二黒 庚戌	17
5月4日 八白 癸未	4月3日 七赤 壬子	3月2日 四緑 壬午	2月1日 九紫 辛亥	1月2日 七赤 壬午	12月1日 三碧 辛亥	18
5月5日 七赤 甲申	4月4日 八白 癸丑	3月3日 五黄 癸未	2月2日 一白 壬子	1月3日 八白 癸未	12月2日 四緑 壬子	19
5月6日 六白 乙酉	4月5日 九紫 甲寅	3月4日 六白 甲申	2月3日 二黒 癸丑	1月4日 九紫 甲申	12月3日 五黄 癸丑	20
5月7日 五黄 丙戌	4月6日 一白 乙卯	3月5日 七赤 乙酉	2月4日 三碧 甲寅	1月5日 一白 乙酉	12月4日 六白 甲寅	21
5月8日 四緑 丁亥	4月7日 二黒 丙辰	3月6日 八白 丙戌	2月5日 四緑 乙卯	1月6日 二黒 丙戌	12月5日 七赤 乙卯	22
5月9日 三碧 戊子	4月8日 三碧 丁巳	3月7日 九紫 丁亥	2月6日 五黄 丙辰	1月7日 三碧 丁亥	12月6日 八白 丙辰	23
5月10日 二黒 己丑	4月9日 四緑 戊午	3月8日 一白 戊子	2月7日 六白 丁巳	1月8日 四緑 戊子	12月7日 九紫 丁巳	24
5月11日 一白 庚寅	4月10日 五黄 己未	3月9日 二黒 己丑	2月8日 七赤 戊午	1月9日 五黄 己丑	12月8日 一白 戊午	25
5月12日 九紫 辛卯	4月11日 六白 庚申	3月10日 三碧 庚寅	2月9日 八白 己未	1月10日 六白 庚寅	12月9日 二黒 己未	26
5月13日 八白 壬辰	4月12日 七赤 辛酉	3月11日 四緑 辛卯	2月10日 九紫 庚申	1月11日 七赤 辛卯	12月10日 三碧 庚申	27
5月14日 七赤 癸巳	4月13日 八白 壬戌	3月12日 五黄 壬辰	2月11日 一白 辛酉	1月12日 八白 壬辰	12月11日 四緑 辛酉	28
5月15日 六白 甲午	4月14日 九紫 癸亥	3月13日 六白 癸巳	2月12日 二黒 壬戌	1月13日 九紫 癸巳	12月12日 五黄 壬戌	29
5月16日 五黄 乙未	4月15日 九紫 甲子	3月14日 七赤 甲午	2月13日 三碧 癸亥		12月13日 六白 癸亥	30
	4月16日 八白 乙丑		2月14日 四緑 甲子		12月14日 七赤 甲子	31

282

令和46年		2064年		甲申年		八白土星					
12月丙子		11月乙亥		10月甲戌		9月癸酉		8月壬申		7月辛未	
6日 17:08		7日 00:01		7日 20:28		7日 04:27		7日 01:14		6日 15:19	
21日 11:08		21日 21:36		22日 23:42		22日 13:57		22日 15:57		22日 08:39	
一白水星		二黒土星		三碧木星		四緑木星		五黄土星		六白金星	
1	10月23日	六白	己巳	9月23日	七赤	己亥	8月21日	二黒	戊辰	7月20日	五黄	戊戌	6月19日	九紫	丁卯	5月17日	四緑	丙申
2	10月24日	七赤	庚午	9月24日	六白	庚子	8月22日	一白	己巳	7月21日	四緑	己亥	6月20日	八白	戊辰	5月18日	三碧	丁酉
3	10月25日	八白	辛未	9月25日	五黄	辛丑	8月23日	九紫	庚午	7月22日	三碧	庚子	6月21日	七赤	己巳	5月19日	二黒	戊戌
4	10月26日	九紫	壬申	9月26日	四緑	壬寅	8月24日	八白	辛未	7月23日	二黒	辛丑	6月22日	六白	庚午	5月20日	一白	己亥
5	10月27日	一白	癸酉	9月27日	三碧	癸卯	8月25日	七赤	壬申	7月24日	一白	壬寅	6月23日	五黄	辛未	5月21日	九紫	庚子
6	10月28日	二黒	甲戌	9月28日	二黒	甲辰	8月26日	六白	癸酉	7月25日	九紫	癸卯	6月24日	四緑	壬申	5月22日	八白	辛丑
7	10月29日	三碧	乙亥	9月29日	一白	乙巳	8月27日	五黄	甲戌	7月26日	八白	甲辰	6月25日	三碧	癸酉	5月23日	七赤	壬寅
8	11月1日	四緑	丙子	9月30日	九紫	丙午	8月28日	四緑	乙亥	7月27日	七赤	乙巳	6月26日	二黒	甲戌	5月24日	六白	癸卯
9	11月2日	五黄	丁丑	10月1日	八白	丁未	8月29日	三碧	丙子	7月28日	六白	丙午	6月27日	一白	乙亥	5月25日	五黄	甲辰
10	11月3日	六白	戊寅	10月2日	七赤	戊申	9月1日	二黒	丁丑	7月29日	五黄	丁未	6月28日	九紫	丙子	5月26日	四緑	乙巳
11	11月4日	七赤	己卯	10月3日	六白	己酉	9月2日	一白	戊寅	8月1日	四緑	戊申	6月29日	八白	丁丑	5月27日	三碧	丙午
12	11月5日	八白	庚辰	10月4日	五黄	庚戌	9月3日	九紫	己卯	8月2日	三碧	己酉	6月30日	七赤	戊寅	5月28日	二黒	丁未
13	11月6日	九紫	辛巳	10月5日	四緑	辛亥	9月4日	八白	庚辰	8月3日	二黒	庚戌	7月1日	六白	己卯	5月29日	一白	戊申
14	11月7日	一白	壬午	10月6日	三碧	壬子	9月5日	七赤	辛巳	8月4日	一白	辛亥	7月2日	五黄	庚辰	6月1日	九紫	己酉
15	11月8日	二黒	癸未	10月7日	二黒	癸丑	9月6日	六白	壬午	8月5日	九紫	壬子	7月3日	四緑	辛巳	6月2日	八白	庚戌
16	11月9日	三碧	甲申	10月8日	一白	甲寅	9月7日	五黄	癸未	8月6日	八白	癸丑	7月4日	三碧	壬午	6月3日	七赤	辛亥
17	11月10日	四緑	乙酉	10月9日	九紫	乙卯	9月8日	四緑	甲申	8月7日	七赤	甲寅	7月5日	二黒	癸未	6月4日	六白	壬子
18	11月11日	五黄	丙戌	10月10日	八白	丙辰	9月9日	三碧	乙酉	8月8日	六白	乙卯	7月6日	一白	甲申	6月5日	五黄	癸丑
19	11月12日	六白	丁亥	10月11日	七赤	丁巳	9月10日	二黒	丙戌	8月9日	五黄	丙辰	7月7日	九紫	乙酉	6月6日	四緑	甲寅
20	11月13日	七赤	戊子	10月12日	六白	戊午	9月11日	一白	丁亥	8月10日	四緑	丁巳	7月8日	八白	丙戌	6月7日	三碧	乙卯
21	11月14日	八白	己丑	10月13日	五黄	己未	9月12日	九紫	戊子	8月11日	三碧	戊午	7月9日	七赤	丁亥	6月8日	二黒	丙辰
22	11月15日	九紫	庚寅	10月14日	四緑	庚申	9月13日	八白	己丑	8月12日	二黒	己未	7月10日	六白	戊子	6月9日	一白	丁巳
23	11月16日	一白	辛卯	10月15日	三碧	辛酉	9月14日	七赤	庚寅	8月13日	一白	庚申	7月11日	五黄	己丑	6月10日	九紫	戊午
24	11月17日	二黒	壬辰	10月16日	二黒	壬戌	9月15日	六白	辛卯	8月14日	九紫	辛酉	7月12日	四緑	庚寅	6月11日	八白	己未
25	11月18日	三碧	癸巳	10月17日	一白	癸亥	9月16日	五黄	壬辰	8月15日	八白	壬戌	7月13日	三碧	辛卯	6月12日	七赤	庚申
26	11月19日	四緑	甲午	10月18日	一白	甲子	9月17日	四緑	癸巳	8月16日	七赤	癸亥	7月14日	二黒	壬辰	6月13日	六白	辛酉
27	11月20日	五黄	乙未	10月19日	二黒	乙丑	9月18日	三碧	甲午	8月17日	六白	甲子	7月15日	一白	癸巳	6月14日	五黄	壬戌
28	11月21日	六白	丙申	10月20日	三碧	丙寅	9月19日	二黒	乙未	8月18日	五黄	乙丑	7月16日	九紫	甲午	6月15日	四緑	癸亥
29	11月22日	七赤	丁酉	10月21日	四緑	丁卯	9月20日	一白	丙申	8月19日	四緑	丙寅	7月17日	八白	乙未	6月16日	三碧	甲子
30	11月23日	八白	戊戌	10月22日	五黄	戊辰	9月21日	九紫	丁酉	8月20日	三碧	丁卯	7月18日	七赤	丙申	6月17日	二黒	乙丑
31	11月24日	九紫	己亥				9月22日	八白	戊戌				7月19日	六白	丁酉	6月18日	一白	丙寅

6月壬午			5月辛巳			4月庚辰			3月己卯			2月戊寅			1月丁丑			
5日 10：51			5日 07：04			4日 14：14			5日 09：50			3日 16：04			5日 04：29			
21日 03：31			20日 19：49			19日 21：05			20日 10：28			18日 11：48			19日 21：49			
四緑木星			五黄土星			六白金星			七赤金星			八白土星			九紫火星			
4月28日	二黒	辛未	3月26日	四緑	庚子	2月26日	一白	庚午	1月25日	六白	己亥	12月26日	五黄	辛未	11月25日	一白	庚子	1
4月29日	一白	壬申	3月27日	五黄	辛丑	2月27日	二黒	辛未	1月26日	七赤	庚子	12月27日	六白	壬申	11月26日	二黒	辛丑	2
4月30日	九紫	癸酉	3月28日	六白	壬寅	2月28日	三碧	壬申	1月27日	八白	辛丑	12月28日	七赤	癸酉	11月27日	三碧	壬寅	3
5月1日	八白	甲戌	3月29日	七赤	癸卯	2月29日	四緑	癸酉	1月28日	九紫	壬寅	12月29日	八白	甲戌	11月28日	四緑	癸卯	4
5月2日	七赤	乙亥	4月1日	八白	甲辰	2月30日	五黄	甲戌	1月29日	一白	癸卯	1月1日	九紫	乙亥	11月29日	五黄	甲辰	5
5月3日	六白	丙子	4月2日	九紫	乙巳	3月1日	六白	乙亥	1月30日	二黒	甲辰	1月2日	一白	丙子	11月30日	六白	乙巳	6
5月4日	五黄	丁丑	4月3日	一白	丙午	3月2日	七赤	丙子	2月1日	三碧	乙巳	1月3日	二黒	丁丑	12月1日	七赤	丙午	7
5月5日	四緑	戊寅	4月4日	二黒	丁未	3月3日	八白	丁丑	2月2日	四緑	丙午	1月4日	三碧	戊寅	12月2日	八白	丁未	8
5月6日	三碧	己卯	4月5日	三碧	戊申	3月4日	九紫	戊寅	2月3日	五黄	丁未	1月5日	四緑	己卯	12月3日	九紫	戊申	9
5月7日	二黒	庚辰	4月6日	四緑	己酉	3月5日	一白	己卯	2月4日	六白	戊申	1月6日	五黄	庚辰	12月4日	一白	己酉	10
5月8日	一白	辛巳	4月7日	五黄	庚戌	3月6日	二黒	庚辰	2月5日	七赤	己酉	1月7日	六白	辛巳	12月5日	二黒	庚戌	11
5月9日	九紫	壬午	4月8日	六白	辛亥	3月7日	三碧	辛巳	2月6日	八白	庚戌	1月8日	七赤	壬午	12月6日	三碧	辛亥	12
5月10日	八白	癸未	4月9日	七赤	壬子	3月8日	四緑	壬午	2月7日	九紫	辛亥	1月9日	八白	癸未	12月7日	四緑	壬子	13
5月11日	七赤	甲申	4月10日	八白	癸丑	3月9日	五黄	癸未	2月8日	一白	壬子	1月10日	九紫	甲申	12月8日	五黄	癸丑	14
5月12日	六白	乙酉	4月11日	九紫	甲寅	3月10日	六白	甲申	2月9日	二黒	癸丑	1月11日	一白	乙酉	12月9日	六白	甲寅	15
5月13日	五黄	丙戌	4月12日	一白	乙卯	3月11日	七赤	乙酉	2月10日	三碧	甲寅	1月12日	二黒	丙戌	12月10日	七赤	乙卯	16
5月14日	四緑	丁亥	4月13日	二黒	丙辰	3月12日	八白	丙戌	2月11日	四緑	乙卯	1月13日	三碧	丁亥	12月11日	八白	丙辰	17
5月15日	三碧	戊子	4月14日	三碧	丁巳	3月13日	九紫	丁亥	2月12日	五黄	丙辰	1月14日	四緑	戊子	12月12日	九紫	丁巳	18
5月16日	二黒	己丑	4月15日	四緑	戊午	3月14日	一白	戊子	2月13日	六白	丁巳	1月15日	五黄	己丑	12月13日	一白	戊午	19
5月17日	一白	庚寅	4月16日	五黄	己未	3月15日	二黒	己丑	2月14日	七赤	戊午	1月16日	六白	庚寅	12月14日	二黒	己未	20
5月18日	九紫	辛卯	4月17日	六白	庚申	3月16日	三碧	庚寅	2月15日	八白	己未	1月17日	七赤	辛卯	12月15日	三碧	庚申	21
5月19日	八白	壬辰	4月18日	七赤	辛酉	3月17日	四緑	辛卯	2月16日	九紫	庚申	1月18日	八白	壬辰	12月16日	四緑	辛酉	22
5月20日	七赤	癸巳	4月19日	八白	壬戌	3月18日	五黄	壬辰	2月17日	一白	辛酉	1月19日	九紫	癸巳	12月17日	五黄	壬戌	23
5月21日	六白	甲午	4月20日	九紫	癸亥	3月19日	六白	癸巳	2月18日	二黒	壬戌	1月20日	一白	甲午	12月18日	六白	癸亥	24
5月22日	五黄	乙未	4月21日	九紫	甲子	3月20日	七赤	甲午	2月19日	三碧	癸亥	1月21日	二黒	乙未	12月19日	七赤	甲子	25
5月23日	四緑	丙申	4月22日	八白	乙丑	3月21日	八白	乙未	2月20日	四緑	甲子	1月22日	三碧	丙申	12月20日	八白	乙丑	26
5月24日	三碧	丁酉	4月23日	七赤	丙寅	3月22日	九紫	丙申	2月21日	五黄	乙丑	1月23日	四緑	丁酉	12月21日	九紫	丙寅	27
5月25日	二黒	戊戌	4月24日	六白	丁卯	3月23日	一白	丁酉	2月22日	六白	丙寅	1月24日	五黄	戊戌	12月22日	一白	丁卯	28
5月26日	一白	己亥	4月25日	五黄	戊辰	3月24日	二黒	戊戌	2月23日	七赤	丁卯				12月23日	二黒	戊辰	29
5月27日	九紫	庚子	4月26日	四緑	己巳	3月25日	三碧	己亥	2月24日	八白	戊辰				12月24日	三碧	己巳	30
			4月27日	三碧	庚午				2月25日	九紫	己巳				12月25日	四緑	庚午	31

令和47年		2065年		乙酉年		七赤金星					
12月戊子		11月丁亥		10月丙戌		9月乙酉		8月甲申		7月癸未	
6日 22：52		7日 05：41		8日 02：05		7日 10：02		7日 06：50		6日 20：56	
21日 17：00		22日 03：26		23日 05：29		22日 19：43		22日 21：42		22日 14：24	
七赤金星		八白土星		九紫火星		一白水星		二黒土星		三碧木星	

	12月		11月		10月		9月		8月		7月	
1	11月4日	八白 甲戌	10月4日	二黒 甲辰	9月2日	六白 癸酉	8月1日	九紫 癸卯	7月1日	三碧 癸酉	5月28日	八白 辛丑
2	11月5日	七赤 乙亥	10月5日	一白 乙巳	9月3日	五黄 甲戌	8月2日	八白 甲辰	7月2日	二黒 甲戌	5月29日	七赤 壬寅
3	11月6日	六白 丙子	10月6日	九紫 丙午	9月4日	四緑 乙亥	8月3日	七赤 乙巳	7月3日	一白 乙亥	5月30日	六白 癸卯
4	11月7日	五黄 丁丑	10月7日	八白 丁未	9月5日	三碧 丙子	8月4日	六白 丙午	7月4日	九紫 丙子	6月1日	五黄 甲辰
5	11月8日	四緑 戊寅	10月8日	七赤 戊申	9月6日	二黒 丁丑	8月5日	五黄 丁未	7月5日	八白 丁丑	6月2日	四緑 乙巳
6	11月9日	三碧 己卯	10月9日	六白 己酉	9月7日	一白 戊寅	8月6日	四緑 戊申	7月6日	七赤 戊寅	6月3日	三碧 丙午
7	11月10日	二黒 庚辰	10月10日	五黄 庚戌	9月8日	九紫 己卯	8月7日	三碧 己酉	7月7日	六白 己卯	6月4日	二黒 丁未
8	11月11日	一白 辛巳	10月11日	四緑 辛亥	9月9日	八白 庚辰	8月8日	二黒 庚戌	7月8日	五黄 庚辰	6月5日	一白 戊申
9	11月12日	九紫 壬午	10月12日	三碧 壬子	9月10日	七赤 辛巳	8月9日	一白 辛亥	7月9日	四緑 辛巳	6月6日	九紫 己酉
10	11月13日	八白 癸未	10月13日	二黒 癸丑	9月11日	六白 壬午	8月10日	九紫 壬子	7月10日	三碧 壬午	6月7日	八白 庚戌
11	11月14日	七赤 甲申	10月14日	一白 甲寅	9月12日	五黄 癸未	8月11日	八白 癸丑	7月11日	二黒 癸未	6月8日	七赤 辛亥
12	11月15日	六白 乙酉	10月15日	九紫 乙卯	9月13日	四緑 甲申	8月12日	七赤 甲寅	7月12日	一白 甲申	6月9日	六白 壬子
13	11月16日	五黄 丙戌	10月16日	八白 丙辰	9月14日	三碧 乙酉	8月13日	六白 乙卯	7月13日	九紫 乙酉	6月10日	五黄 癸丑
14	11月17日	四緑 丁亥	10月17日	七赤 丁巳	9月15日	二黒 丙戌	8月14日	五黄 丙辰	7月14日	八白 丙戌	6月11日	四緑 甲寅
15	11月18日	三碧 戊子	10月18日	六白 戊午	9月16日	一白 丁亥	8月15日	四緑 丁巳	7月15日	七赤 丁亥	6月12日	三碧 乙卯
16	11月19日	二黒 己丑	10月19日	五黄 己未	9月17日	九紫 戊子	8月16日	三碧 戊午	7月16日	六白 戊子	6月13日	二黒 丙辰
17	11月20日	一白 庚寅	10月20日	四緑 庚申	9月18日	八白 己丑	8月17日	二黒 己未	7月17日	五黄 己丑	6月14日	一白 丁巳
18	11月21日	九紫 辛卯	10月21日	三碧 辛酉	9月19日	七赤 庚寅	8月18日	一白 庚申	7月18日	四緑 庚寅	6月15日	九紫 戊午
19	11月22日	八白 壬辰	10月22日	二黒 壬戌	9月20日	六白 辛卯	8月19日	九紫 辛酉	7月19日	三碧 辛卯	6月16日	八白 己未
20	11月23日	七赤 癸巳	10月23日	一白 癸亥	9月21日	五黄 壬辰	8月20日	八白 壬戌	7月20日	二黒 壬辰	6月17日	七赤 庚申
21	11月24日	七赤 甲午	10月24日	九紫 甲子	9月22日	四緑 癸巳	8月21日	七赤 癸亥	7月21日	一白 癸巳	6月18日	六白 辛酉
22	11月25日	八白 乙未	10月25日	八白 乙丑	9月23日	三碧 甲午	8月22日	六白 甲子	7月22日	九紫 甲午	6月19日	五黄 壬戌
23	11月26日	九紫 丙申	10月26日	七赤 丙寅	9月24日	二黒 乙未	8月23日	五黄 乙丑	7月23日	八白 乙未	6月20日	四緑 癸亥
24	11月27日	一白 丁酉	10月27日	六白 丁卯	9月25日	一白 丙申	8月24日	四緑 丙寅	7月24日	七赤 丙申	6月21日	三碧 甲子
25	11月28日	二黒 戊戌	10月28日	五黄 戊辰	9月26日	九紫 丁酉	8月25日	三碧 丁卯	7月25日	六白 丁酉	6月22日	二黒 乙丑
26	11月29日	三碧 己亥	10月29日	四緑 己巳	9月27日	八白 戊戌	8月26日	二黒 戊辰	7月26日	五黄 戊戌	6月23日	一白 丙寅
27	12月1日	四緑 庚子	10月30日	三碧 庚午	9月28日	七赤 己亥	8月27日	一白 己巳	7月27日	四緑 己亥	6月24日	九紫 丁卯
28	12月2日	五黄 辛丑	11月1日	二黒 辛未	9月29日	六白 庚子	8月28日	九紫 庚午	7月28日	三碧 庚子	6月25日	八白 戊辰
29	12月3日	六白 壬寅	11月2日	一白 壬申	10月1日	五黄 辛丑	8月29日	八白 辛未	7月29日	二黒 辛丑	6月26日	七赤 己巳
30	12月4日	七赤 癸卯	11月3日	九紫 癸酉	10月2日	四緑 壬寅	9月1日	七赤 壬申	7月30日	一白 壬寅	6月27日	六白 庚午
31	12月5日	八白 甲辰			10月3日	三碧 癸卯					6月28日	五黄 辛未

6月甲午			5月癸巳			4月壬辰			3月辛卯			2月庚寅			1月己丑			
5日 16:35			5日 12:47			4日 19:57			5日 15:35			3日 21:50			5日 10:15			
21日 09:16			21日 01:36			20日 02:54			20日 16:20			18日 17:41			20日 03:43			
一白水星			二黒土星			三碧木星			四緑木星			五黄土星			六白金星			
5月9日	七赤	丙子	4月8日	三碧	乙巳	3月7日	九紫	乙亥	2月6日	五黄	甲辰	1月7日	四緑	丙子	12月6日	九紫	乙巳	1
5月10日	八白	丁丑	4月9日	四緑	丙午	3月8日	一白	丙子	2月7日	六白	乙巳	1月8日	五黄	丁丑	12月7日	一白	丙午	2
5月11日	九紫	戊寅	4月10日	五黄	丁未	3月9日	二黒	丁丑	2月8日	七赤	丙午	1月9日	六白	戊寅	12月8日	二黒	丁未	3
5月12日	一白	己卯	4月11日	六白	戊申	3月10日	三碧	戊寅	2月9日	八白	丁未	1月10日	七赤	己卯	12月9日	三碧	戊申	4
5月13日	二黒	庚辰	4月12日	七赤	己酉	3月11日	四緑	己卯	2月10日	九紫	戊申	1月11日	八白	庚辰	12月10日	四緑	己酉	5
5月14日	三碧	辛巳	4月13日	八白	庚戌	3月12日	五黄	庚辰	2月11日	一白	己酉	1月12日	九紫	辛巳	12月11日	五黄	庚戌	6
5月15日	四緑	壬午	4月14日	九紫	辛亥	3月13日	六白	辛巳	2月12日	二黒	庚戌	1月13日	一白	壬午	12月12日	六白	辛亥	7
5月16日	五黄	癸未	4月15日	一白	壬子	3月14日	七赤	壬午	2月13日	三碧	辛亥	1月14日	二黒	癸未	12月13日	七赤	壬子	8
5月17日	六白	甲申	4月16日	二黒	癸丑	3月15日	八白	癸未	2月14日	四緑	壬子	1月15日	三碧	甲申	12月14日	八白	癸丑	9
5月18日	七赤	乙酉	4月17日	三碧	甲寅	3月16日	九紫	甲申	2月15日	五黄	癸丑	1月16日	四緑	乙酉	12月15日	九紫	甲寅	10
5月19日	八白	丙戌	4月18日	四緑	乙卯	3月17日	一白	乙酉	2月16日	六白	甲寅	1月17日	五黄	丙戌	12月16日	一白	乙卯	11
5月20日	九紫	丁亥	4月19日	五黄	丙辰	3月18日	二黒	丙戌	2月17日	七赤	乙卯	1月18日	六白	丁亥	12月17日	二黒	丙辰	12
5月21日	一白	戊子	4月20日	六白	丁巳	3月19日	三碧	丁亥	2月18日	八白	丙辰	1月19日	七赤	戊子	12月18日	三碧	丁巳	13
5月22日	二黒	己丑	4月21日	七赤	戊午	3月20日	四緑	戊子	2月19日	九紫	丁巳	1月20日	八白	己丑	12月19日	四緑	戊午	14
5月23日	三碧	庚寅	4月22日	八白	己未	3月21日	五黄	己丑	2月20日	一白	戊午	1月21日	九紫	庚寅	12月20日	五黄	己未	15
5月24日	四緑	辛卯	4月23日	九紫	庚申	3月22日	六白	庚寅	2月21日	二黒	己未	1月22日	一白	辛卯	12月21日	六白	庚申	16
5月25日	五黄	壬辰	4月24日	一白	辛酉	3月23日	七赤	辛卯	2月22日	三碧	庚申	1月23日	二黒	壬辰	12月22日	七赤	辛酉	17
5月26日	六白	癸巳	4月25日	二黒	壬戌	3月24日	八白	壬辰	2月23日	四緑	辛酉	1月24日	三碧	癸巳	12月23日	八白	壬戌	18
5月27日	七赤	甲午	4月26日	三碧	癸亥	3月25日	九紫	癸巳	2月24日	五黄	壬戌	1月25日	四緑	甲午	12月24日	九紫	癸亥	19
5月28日	八白	乙未	4月27日	四緑	甲子	3月26日	一白	甲午	2月25日	六白	癸亥	1月26日	五黄	乙未	12月25日	一白	甲子	20
5月29日	九紫	丙申	4月28日	五黄	乙丑	3月27日	二黒	乙未	2月26日	七赤	甲子	1月27日	六白	丙申	12月26日	二黒	乙丑	21
5月30日	一白	丁酉	4月29日	六白	丙寅	3月28日	三碧	丙申	2月27日	八白	乙丑	1月28日	七赤	丁酉	12月27日	三碧	丙寅	22
閏5月1日	二黒	戊戌	4月30日	七赤	丁卯	3月29日	四緑	丁酉	2月28日	九紫	丙寅	1月29日	八白	戊戌	12月28日	四緑	丁卯	23
閏5月2日	三碧	己亥	5月1日	八白	戊辰	4月1日	五黄	戊戌	2月29日	一白	丁卯	2月1日	九紫	己亥	12月29日	五黄	戊辰	24
閏5月3日	四緑	庚子	5月2日	九紫	己巳	4月2日	六白	己亥	2月30日	二黒	戊辰	2月2日	一白	庚子	12月30日	六白	己巳	25
閏5月4日	五黄	辛丑	5月3日	一白	庚午	4月3日	七赤	庚子	3月1日	三碧	己巳	2月3日	二黒	辛丑	1月1日	七赤	庚午	26
閏5月5日	六白	壬寅	5月4日	二黒	辛未	4月4日	八白	辛丑	3月2日	四緑	庚午	2月4日	三碧	壬寅	1月2日	八白	辛未	27
閏5月6日	七赤	癸卯	5月5日	三碧	壬申	4月5日	九紫	壬寅	3月3日	五黄	辛未	2月5日	四緑	癸卯	1月3日	九紫	壬申	28
閏5月7日	八白	甲辰	5月6日	四緑	癸酉	4月6日	一白	癸卯	3月4日	六白	壬申				1月4日	一白	癸酉	29
閏5月8日	九紫	乙巳	5月7日	五黄	甲戌	4月7日	二黒	甲辰	3月5日	七赤	癸酉				1月5日	二黒	甲戌	30
			5月8日	六白	乙亥				3月6日	八白	甲戌				1月6日	三碧	乙亥	31

286

令和48年			2066年			丙戌年			六白金星								
	12月庚子			11月己亥			10月戊戌			9月丁酉			8月丙申			7月乙未	
	7日 04：48			7日 11：38			8日 08：00			7日 15：53			7日 12：37			7日 02：42	
	21日 22：46			22日 09：13			23日 11：15			23日 01：27			23日 03：24			22日 20：07	
	四緑木星			五黄土星			六白金星			七赤金星			八白土星			九紫火星	
1	10月15日	九紫	己卯	9月14日	三碧	己酉	8月13日	七赤	戊寅	7月12日	一白	戊申	6月11日	五黄	丁丑	閏5月9日	一白	丙午
2	10月16日	八白	庚辰	9月15日	二黒	庚戌	8月14日	六白	己卯	7月13日	九紫	己酉	6月12日	四緑	戊寅	閏5月10日	二黒	丁未
3	10月17日	七赤	辛巳	9月16日	一白	辛亥	8月15日	五黄	庚辰	7月14日	八白	庚戌	6月13日	三碧	己卯	閏5月11日	三碧	戊申
4	10月18日	六白	壬午	9月17日	九紫	壬子	8月16日	四緑	辛巳	7月15日	七赤	辛亥	6月14日	二黒	庚辰	閏5月12日	四緑	己酉
5	10月19日	五黄	癸未	9月18日	八白	癸丑	8月17日	三碧	壬午	7月16日	六白	壬子	6月15日	一白	辛巳	閏5月13日	五黄	庚戌
6	10月20日	四緑	甲申	9月19日	七赤	甲寅	8月18日	二黒	癸未	7月17日	五黄	癸丑	6月16日	九紫	壬午	閏5月14日	六白	辛亥
7	10月21日	三碧	乙酉	9月20日	六白	乙卯	8月19日	一白	甲申	7月18日	四緑	甲寅	6月17日	八白	癸未	閏5月15日	七赤	壬子
8	10月22日	二黒	丙戌	9月21日	五黄	丙辰	8月20日	九紫	乙酉	7月19日	三碧	乙卯	6月18日	七赤	甲申	閏5月16日	八白	癸丑
9	10月23日	一白	丁亥	9月22日	四緑	丁巳	8月21日	八白	丙戌	7月20日	二黒	丙辰	6月19日	六白	乙酉	閏5月17日	九紫	甲寅
10	10月24日	九紫	戊子	9月23日	三碧	戊午	8月22日	七赤	丁亥	7月21日	一白	丁巳	6月20日	五黄	丙戌	閏5月18日	一白	乙卯
11	10月25日	八白	己丑	9月24日	二黒	己未	8月23日	六白	戊子	7月22日	九紫	戊午	6月21日	四緑	丁亥	閏5月19日	二黒	丙辰
12	10月26日	七赤	庚寅	9月25日	一白	庚申	8月24日	五黄	己丑	7月23日	八白	己未	6月22日	三碧	戊子	閏5月20日	三碧	丁巳
13	10月27日	六白	辛卯	9月26日	九紫	辛酉	8月25日	四緑	庚寅	7月24日	七赤	庚申	6月23日	二黒	己丑	閏5月21日	四緑	戊午
14	10月28日	五黄	壬辰	9月27日	八白	壬戌	8月26日	三碧	辛卯	7月25日	六白	辛酉	6月24日	一白	庚寅	閏5月22日	五黄	己未
15	10月29日	四緑	癸巳	9月28日	七赤	癸亥	8月27日	二黒	壬辰	7月26日	五黄	壬戌	6月25日	九紫	辛卯	閏5月23日	六白	庚申
16	10月30日	三碧	甲午	9月29日	六白	甲子	8月28日	一白	癸巳	7月27日	四緑	癸亥	6月26日	八白	壬辰	閏5月24日	七赤	辛酉
17	11月1日	二黒	乙未	10月1日	五黄	乙丑	8月29日	九紫	甲午	7月28日	三碧	甲子	6月27日	七赤	癸巳	閏5月25日	八白	壬戌
18	11月2日	一白	丙申	10月2日	四緑	丙寅	8月30日	八白	乙未	7月29日	二黒	乙丑	6月28日	六白	甲午	閏5月26日	九紫	癸亥
19	11月3日	九紫	丁酉	10月3日	三碧	丁卯	9月1日	七赤	丙申	8月1日	一白	丙寅	6月29日	五黄	乙未	閏5月27日	九紫	甲子
20	11月4日	八白	戊戌	10月4日	二黒	戊辰	9月2日	六白	丁酉	8月2日	九紫	丁卯	6月30日	四緑	丙申	閏5月28日	八白	乙丑
21	11月5日	七赤	己亥	10月5日	一白	己巳	9月3日	五黄	戊戌	8月3日	八白	戊辰	7月1日	三碧	丁酉	閏5月29日	七赤	丙寅
22	11月6日	六白	庚子	10月6日	九紫	庚午	9月4日	四緑	己亥	8月4日	七赤	己巳	7月2日	二黒	戊戌	6月1日	六白	丁卯
23	11月7日	五黄	辛丑	10月7日	八白	辛未	9月5日	三碧	庚子	8月5日	六白	庚午	7月3日	一白	己亥	6月2日	五黄	戊辰
24	11月8日	四緑	壬寅	10月8日	七赤	壬申	9月6日	二黒	辛丑	8月6日	五黄	辛未	7月4日	九紫	庚子	6月3日	四緑	己巳
25	11月9日	三碧	癸卯	10月9日	六白	癸酉	9月7日	一白	壬寅	8月7日	四緑	壬申	7月5日	八白	辛丑	6月4日	三碧	庚午
26	11月10日	二黒	甲辰	10月10日	五黄	甲戌	9月8日	九紫	癸卯	8月8日	三碧	癸酉	7月6日	七赤	壬寅	6月5日	二黒	辛未
27	11月11日	一白	乙巳	10月11日	四緑	乙亥	9月9日	八白	甲辰	8月9日	二黒	甲戌	7月7日	六白	癸卯	6月6日	一白	壬申
28	11月12日	九紫	丙午	10月12日	三碧	丙子	9月10日	七赤	乙巳	8月10日	一白	乙亥	7月8日	五黄	甲辰	6月7日	九紫	癸酉
29	11月13日	八白	丁未	10月13日	二黒	丁丑	9月11日	六白	丙午	8月11日	九紫	丙子	7月9日	四緑	乙巳	6月8日	八白	甲戌
30	11月14日	七赤	戊申	10月14日	一白	戊寅	9月12日	五黄	丁未	8月12日	八白	丁丑	7月10日	三碧	丙午	6月9日	七赤	乙亥
31	11月15日	六白	己酉				9月13日	四緑	戊申				7月11日	二黒	丁未	6月10日	六白	丙子

6月丙午		5月乙巳		4月甲辰		3月癸卯		2月壬寅		1月辛丑		
5日 22：20		5日 18：31		5日 01：40		5日 21：19		4日 03：38		5日 16：07		
21日 14：56		21日 07：11		20日 08：27		20日 21：53		18日 23：18		20日 09：24		
七赤金星		八白土星		九紫火星		一白水星		二黒土星		三碧木星		
4月20日	三碧 辛巳	3月18日	八白 庚戌	2月18日	五黄 庚辰	1月16日	一白 己酉	12月18日	九紫 辛巳	11月16日	五黄 庚戌	1
4月21日	四緑 壬午	3月19日	九紫 辛亥	2月19日	六白 辛巳	1月17日	二黒 庚戌	12月19日	一白 壬午	11月17日	四緑 辛亥	2
4月22日	五黄 癸未	3月20日	一白 壬子	2月20日	七赤 壬午	1月18日	三碧 辛亥	12月20日	二黒 癸未	11月18日	三碧 壬子	3
4月23日	六白 甲申	3月21日	二黒 癸丑	2月21日	八白 癸未	1月19日	四緑 壬子	12月21日	三碧 甲申	11月19日	二黒 癸丑	4
4月24日	七赤 乙酉	3月22日	三碧 甲寅	2月22日	九紫 甲申	1月20日	五黄 癸丑	12月22日	四緑 乙酉	11月20日	一白 甲寅	5
4月25日	八白 丙戌	3月23日	四緑 乙卯	2月23日	一白 乙酉	1月21日	六白 甲寅	12月23日	五黄 丙戌	11月21日	九紫 乙卯	6
4月26日	九紫 丁亥	3月24日	五黄 丙辰	2月24日	二黒 丙戌	1月22日	七赤 乙卯	12月24日	六白 丁亥	11月22日	八白 丙辰	7
4月27日	一白 戊子	3月25日	六白 丁巳	2月25日	三碧 丁亥	1月23日	八白 丙辰	12月25日	七赤 戊子	11月23日	七赤 丁巳	8
4月28日	二黒 己丑	3月26日	七赤 戊午	2月26日	四緑 戊子	1月24日	九紫 丁巳	12月26日	八白 己丑	11月24日	六白 戊午	9
4月29日	三碧 庚寅	3月27日	八白 己未	2月27日	五黄 己丑	1月25日	一白 戊午	12月27日	九紫 庚寅	11月25日	五黄 己未	10
4月30日	四緑 辛卯	3月28日	九紫 庚申	2月28日	六白 庚寅	1月26日	二黒 己未	12月28日	一白 辛卯	11月26日	四緑 庚申	11
5月1日	五黄 壬辰	3月29日	一白 辛酉	2月29日	七赤 辛卯	1月27日	三碧 庚申	12月29日	二黒 壬辰	11月27日	三碧 辛酉	12
5月2日	六白 癸巳	4月1日	二黒 壬戌	2月30日	八白 壬辰	1月28日	四緑 辛酉	12月30日	三碧 癸巳	11月28日	二黒 壬戌	13
5月3日	七赤 甲午	4月2日	三碧 癸亥	3月1日	九紫 癸巳	1月29日	五黄 壬戌	1月1日	四緑 甲午	11月29日	一白 癸亥	14
5月4日	八白 乙未	4月3日	四緑 甲子	3月2日	一白 甲午	2月1日	六白 癸亥	1月2日	五黄 乙未	12月1日	一白 甲子	15
5月5日	九紫 丙申	4月4日	五黄 乙丑	3月3日	二黒 乙未	2月2日	七赤 甲子	1月3日	六白 丙申	12月2日	二黒 乙丑	16
5月6日	一白 丁酉	4月5日	六白 丙寅	3月4日	三碧 丙申	2月3日	八白 乙丑	1月4日	七赤 丁酉	12月3日	三碧 丙寅	17
5月7日	二黒 戊戌	4月6日	七赤 丁卯	3月5日	四緑 丁酉	2月4日	九紫 丙寅	1月5日	八白 戊戌	12月4日	四緑 丁卯	18
5月8日	三碧 己亥	4月7日	八白 戊辰	3月6日	五黄 戊戌	2月5日	一白 丁卯	1月6日	九紫 己亥	12月5日	五黄 戊辰	19
5月9日	四緑 庚子	4月8日	九紫 己巳	3月7日	六白 己亥	2月6日	二黒 戊辰	1月7日	一白 庚子	12月6日	六白 己巳	20
5月10日	五黄 辛丑	4月9日	一白 庚午	3月8日	七赤 庚子	2月7日	三碧 己巳	1月8日	二黒 辛丑	12月7日	七赤 庚午	21
5月11日	六白 壬寅	4月10日	二黒 辛未	3月9日	八白 辛丑	2月8日	四緑 庚午	1月9日	三碧 壬寅	12月8日	八白 辛未	22
5月12日	七赤 癸卯	4月11日	三碧 壬申	3月10日	九紫 壬寅	2月9日	五黄 辛未	1月10日	四緑 癸卯	12月9日	九紫 壬申	23
5月13日	八白 甲辰	4月12日	四緑 癸酉	3月11日	一白 癸卯	2月10日	六白 壬申	1月11日	五黄 甲辰	12月10日	一白 癸酉	24
5月14日	九紫 乙巳	4月13日	五黄 甲戌	3月12日	二黒 甲辰	2月11日	七赤 癸酉	1月12日	六白 乙巳	12月11日	二黒 甲戌	25
5月15日	一白 丙午	4月14日	六白 乙亥	3月13日	三碧 乙巳	2月12日	八白 甲戌	1月13日	七赤 丙午	12月12日	三碧 乙亥	26
5月16日	二黒 丁未	4月15日	七赤 丙子	3月14日	四緑 丙午	2月13日	九紫 乙亥	1月14日	八白 丁未	12月13日	四緑 丙子	27
5月17日	三碧 戊申	4月16日	八白 丁丑	3月15日	五黄 丁未	2月14日	一白 丙子	1月15日	九紫 戊申	12月14日	五黄 丁丑	28
5月18日	四緑 己酉	4月17日	九紫 戊寅	3月16日	六白 戊申	2月15日	二黒 丁丑			12月15日	六白 戊寅	29
5月19日	五黄 庚戌	4月18日	一白 己卯	3月17日	七赤 己酉	2月16日	三碧 戊寅			12月16日	七赤 己卯	30
		4月19日	二黒 庚辰			2月17日	四緑 己卯			12月17日	八白 庚辰	31

288

	令和49年		2067年		丁亥年		五黄土星				
	12月壬子		11月辛亥		10月庚戌		9月己酉		8月戊申		7月丁未	
	7日 10：40		7日 17：29		8日 13：50		7日 21：42		7日 18：26		7日 08：29	
	22日 04：43		22日 15：10		23日 17：11		23日 07：19		23日 09：12		23日 01：51	
	一白水星		二黒土星		三碧木星		四緑木星		五黄土星		六白金星	
1	10月25日	四緑	甲申	9月25日	七赤	甲寅	8月23日	二黒	癸未	7月23日	五黄	癸丑	6月22日	九紫	壬午	5月20日	六白	辛巳
2	10月26日	三碧	乙酉	9月26日	六白	乙卯	8月24日	一白	甲申	7月24日	四緑	甲寅	6月23日	八白	癸未	5月21日	七赤	壬午
3	10月27日	二黒	丙戌	9月27日	五黄	丙辰	8月25日	九紫	乙酉	7月25日	三碧	乙卯	6月24日	七赤	甲申	5月22日	八白	癸未
4	10月28日	一白	丁亥	9月28日	四緑	丁巳	8月26日	八白	丙戌	7月26日	二黒	丙辰	6月25日	六白	乙酉	5月23日	九紫	甲申
5	10月29日	九紫	戊子	9月29日	三碧	戊午	8月27日	七赤	丁亥	7月27日	一白	丁巳	6月26日	五黄	丙戌	5月24日	一白	乙酉
6	11月1日	八白	己丑	9月30日	二黒	己未	8月28日	六白	戊子	7月28日	九紫	戊午	6月27日	四緑	丁亥	5月25日	二黒	丙戌
7	11月2日	七赤	庚寅	10月1日	一白	庚申	8月29日	五黄	己丑	7月29日	八白	己未	6月28日	三碧	戊子	5月26日	三碧	丁亥
8	11月3日	六白	辛卯	10月2日	九紫	辛酉	9月1日	四緑	庚寅	7月30日	七赤	庚申	6月29日	二黒	己丑	5月27日	四緑	戊子
9	11月4日	五黄	壬辰	10月3日	八白	壬戌	9月2日	三碧	辛卯	8月1日	六白	辛酉	6月30日	一白	庚寅	5月28日	五黄	己丑
10	11月5日	四緑	癸巳	10月4日	七赤	癸亥	9月3日	二黒	壬辰	8月2日	五黄	壬戌	7月1日	九紫	辛卯	5月29日	六白	庚寅
11	11月6日	三碧	甲午	10月5日	六白	甲子	9月4日	一白	癸巳	8月3日	四緑	癸亥	7月2日	八白	壬辰	6月1日	七赤	辛卯
12	11月7日	二黒	乙未	10月6日	五黄	乙丑	9月5日	九紫	甲午	8月4日	三碧	甲子	7月3日	七赤	癸巳	6月2日	八白	壬辰
13	11月8日	一白	丙申	10月7日	四緑	丙寅	9月6日	八白	乙未	8月5日	二黒	乙丑	7月4日	六白	甲午	6月3日	九紫	癸巳
14	11月9日	九紫	丁酉	10月8日	三碧	丁卯	9月7日	七赤	丙申	8月6日	一白	丙寅	7月5日	五黄	乙未	6月4日	九紫	甲午
15	11月10日	八白	戊戌	10月9日	二黒	戊辰	9月8日	六白	丁酉	8月7日	九紫	丁卯	7月6日	四緑	丙申	6月5日	八白	乙未
16	11月11日	七赤	己亥	10月10日	一白	己巳	9月9日	五黄	戊戌	8月8日	八白	戊辰	7月7日	三碧	丁酉	6月6日	七赤	丙申
17	11月12日	六白	庚子	10月11日	九紫	庚午	9月10日	四緑	己亥	8月9日	七赤	己巳	7月8日	二黒	戊戌	6月7日	六白	丁酉
18	11月13日	五黄	辛丑	10月12日	八白	辛未	9月11日	三碧	庚子	8月10日	六白	庚午	7月9日	一白	己亥	6月8日	五黄	戊戌
19	11月14日	四緑	壬寅	10月13日	七赤	壬申	9月12日	二黒	辛丑	8月11日	五黄	辛未	7月10日	九紫	庚子	6月9日	四緑	己亥
20	11月15日	三碧	癸卯	10月14日	六白	癸酉	9月13日	一白	壬寅	8月12日	四緑	壬申	7月11日	八白	辛丑	6月10日	三碧	庚子
21	11月16日	二黒	甲辰	10月15日	五黄	甲戌	9月14日	九紫	癸卯	8月13日	三碧	癸酉	7月12日	七赤	壬寅	6月11日	二黒	辛丑
22	11月17日	一白	乙巳	10月16日	四緑	乙亥	9月15日	八白	甲辰	8月14日	二黒	甲戌	7月13日	六白	癸卯	6月12日	一白	壬寅
23	11月18日	九紫	丙午	10月17日	三碧	丙子	9月16日	七赤	乙巳	8月15日	一白	乙亥	7月14日	五黄	甲辰	6月13日	九紫	癸卯
24	11月19日	八白	丁未	10月18日	二黒	丁丑	9月17日	六白	丙午	8月16日	九紫	丙子	7月15日	四緑	乙巳	6月14日	八白	甲辰
25	11月20日	七赤	戊申	10月19日	一白	戊寅	9月18日	五黄	丁未	8月17日	八白	丁丑	7月16日	三碧	丙午	6月15日	七赤	乙巳
26	11月21日	六白	己酉	10月20日	九紫	己卯	9月19日	四緑	戊申	8月18日	七赤	戊寅	7月17日	二黒	丁未	6月16日	六白	丙午
27	11月22日	五黄	庚戌	10月21日	八白	庚辰	9月20日	三碧	己酉	8月19日	六白	己卯	7月18日	一白	戊申	6月17日	五黄	丁未
28	11月23日	四緑	辛亥	10月22日	七赤	辛巳	9月21日	二黒	庚戌	8月20日	五黄	庚辰	7月19日	九紫	己酉	6月18日	四緑	戊申
29	11月24日	三碧	壬子	10月23日	六白	壬午	9月22日	一白	辛亥	8月21日	四緑	辛巳	7月20日	八白	庚戌	6月19日	三碧	己酉
30	11月25日	二黒	癸丑	10月24日	五黄	癸未	9月23日	九紫	壬子	8月22日	三碧	壬午	7月21日	七赤	辛亥	6月20日	二黒	庚戌
31	11月26日	一白	甲寅				9月24日	八白	癸丑				7月22日	六白	壬子	6月21日	一白	辛亥

6月戊午			5月丁巳			4月丙辰			3月乙卯			2月甲寅			1月癸丑			
5日 04:09			5日 00:19			4日 07:29			5日 03:09			4日 09:30			5日 22:00			
20日 20:54			20日 13:09			19日 14:23			20日 03:48			19日 05:14			20日 15:21			
四緑木星			五黄土星			六白金星			七赤金星			八白土星			九紫火星			
5月2日	九紫	丁亥	3月30日	五黄	丙辰	2月29日	二黒	丙戌	1月28日	七赤	乙卯	12月28日	五黄	乙酉	11月27日	九紫	乙卯	1
5月3日	一白	戊子	4月1日	六白	丁巳	3月1日	三碧	丁亥	1月29日	八白	丙辰	12月29日	六白	丙戌	11月28日	八白	丙辰	2
5月4日	二黒	己丑	4月2日	七赤	戊午	3月2日	四緑	戊子	1月30日	九紫	丁巳	1月1日	七赤	丁亥	11月29日	七赤	丁巳	3
5月5日	三碧	庚寅	4月3日	八白	己未	3月3日	五黄	己丑	2月1日	一白	戊午	1月2日	八白	戊子	11月30日	六白	戊午	4
5月6日	四緑	辛卯	4月4日	九紫	庚申	3月4日	六白	庚寅	2月2日	二黒	己未	1月3日	九紫	己丑	12月1日	五黄	己未	5
5月7日	五黄	壬辰	4月5日	一白	辛酉	3月5日	七赤	辛卯	2月3日	三碧	庚申	1月4日	一白	庚寅	12月2日	四緑	庚申	6
5月8日	六白	癸巳	4月6日	二黒	壬戌	3月6日	八白	壬辰	2月4日	四緑	辛酉	1月5日	二黒	辛卯	12月3日	三碧	辛酉	7
5月9日	七赤	甲午	4月7日	三碧	癸亥	3月7日	九紫	癸巳	2月5日	五黄	壬戌	1月6日	三碧	壬辰	12月4日	二黒	壬戌	8
5月10日	八白	乙未	4月8日	四緑	甲子	3月8日	一白	甲午	2月6日	六白	癸亥	1月7日	四緑	癸巳	12月5日	一白	癸亥	9
5月11日	九紫	丙申	4月9日	五黄	乙丑	3月9日	二黒	乙未	2月7日	七赤	甲子	1月8日	五黄	甲午	12月6日	一白	甲子	10
5月12日	一白	丁酉	4月10日	六白	丙寅	3月10日	三碧	丙申	2月8日	八白	乙丑	1月9日	六白	乙未	12月7日	二黒	乙丑	11
5月13日	二黒	戊戌	4月11日	七赤	丁卯	3月11日	四緑	丁酉	2月9日	九紫	丙寅	1月10日	七赤	丙申	12月8日	三碧	丙寅	12
5月14日	三碧	己亥	4月12日	八白	戊辰	3月12日	五黄	戊戌	2月10日	一白	丁卯	1月11日	八白	丁酉	12月9日	四緑	丁卯	13
5月15日	四緑	庚子	4月13日	九紫	己巳	3月13日	六白	己亥	2月11日	二黒	戊辰	1月12日	九紫	戊戌	12月10日	五黄	戊辰	14
5月16日	五黄	辛丑	4月14日	一白	庚午	3月14日	七赤	庚子	2月12日	三碧	己巳	1月13日	一白	己亥	12月11日	六白	己巳	15
5月17日	六白	壬寅	4月15日	二黒	辛未	3月15日	八白	辛丑	2月13日	四緑	庚午	1月14日	二黒	庚子	12月12日	七赤	庚午	16
5月18日	七赤	癸卯	4月16日	三碧	壬申	3月16日	九紫	壬寅	2月14日	五黄	辛未	1月15日	三碧	辛丑	12月13日	八白	辛未	17
5月19日	八白	甲辰	4月17日	四緑	癸酉	3月17日	一白	癸卯	2月15日	六白	壬申	1月16日	四緑	壬寅	12月14日	九紫	壬申	18
5月20日	九紫	乙巳	4月18日	五黄	甲戌	3月18日	二黒	甲辰	2月16日	七赤	癸酉	1月17日	五黄	癸卯	12月15日	一白	癸酉	19
5月21日	一白	丙午	4月19日	六白	乙亥	3月19日	三碧	乙巳	2月17日	八白	甲戌	1月18日	六白	甲辰	12月16日	二黒	甲戌	20
5月22日	二黒	丁未	4月20日	七赤	丙子	3月20日	四緑	丙午	2月18日	九紫	乙亥	1月19日	七赤	乙巳	12月17日	三碧	乙亥	21
5月23日	三碧	戊申	4月21日	八白	丁丑	3月21日	五黄	丁未	2月19日	一白	丙子	1月20日	八白	丙午	12月18日	四緑	丙子	22
5月24日	四緑	己酉	4月22日	九紫	戊寅	3月22日	六白	戊申	2月20日	二黒	丁丑	1月21日	九紫	戊申	12月19日	五黄	丁丑	23
5月25日	五黄	庚戌	4月23日	一白	己卯	3月23日	七赤	己酉	2月21日	三碧	戊寅	1月22日	一白	己酉	12月20日	六白	戊寅	24
5月26日	六白	辛亥	4月24日	二黒	庚辰	3月24日	八白	庚戌	2月22日	四緑	己卯	1月23日	二黒	庚戌	12月21日	七赤	己卯	25
5月27日	七赤	壬子	4月25日	三碧	辛巳	3月25日	九紫	辛亥	2月23日	五黄	庚辰	1月24日	三碧	辛亥	12月22日	八白	庚辰	26
5月28日	八白	癸丑	4月26日	四緑	壬午	3月26日	一白	壬子	2月24日	六白	辛巳	1月25日	四緑	壬子	12月23日	九紫	辛巳	27
5月29日	九紫	甲寅	4月27日	五黄	癸未	3月27日	二黒	癸丑	2月25日	七赤	壬午	1月26日	五黄	癸丑	12月24日	一白	壬午	28
5月30日	一白	乙卯	4月28日	六白	甲申	3月28日	三碧	甲寅	2月26日	八白	癸未	1月27日	六白	甲寅	12月25日	二黒	癸未	29
6月1日	二黒	丙辰	4月29日	七赤	乙酉	3月29日	四緑	乙卯	2月27日	九紫	甲申				12月26日	三碧	甲申	30
			5月1日	八白	丙戌				2月28日	一白	乙酉				12月27日	四緑	乙酉	31

290

令和50年		2068年		戊子年		四緑木星					
12月甲子		11月癸亥		10月壬戌		9月辛酉		8月庚申		7月己未	
6日 16：26		6日 23：13		7日 19：32		7日 03：25		7日 00：11		6日 14：17	
21日 10：33		21日 20：57		22日 22：56		22日 13：06		22日 15：04		22日 07：47	
七赤金星		八白土星		九紫火星		一白水星		二黒土星		三碧木星	

1	11月7日	七赤	庚寅	10月7日	一白	庚申	9月6日	五黄	己丑	8月5日	八白	己未	7月4日	三碧	戊子	6月2日	三碧	丁巳
2	11月8日	六白	辛卯	10月8日	九紫	辛酉	9月7日	四緑	庚寅	8月6日	七赤	庚申	7月5日	二黒	己丑	6月3日	四緑	戊午
3	11月9日	五黄	壬辰	10月9日	八白	壬戌	9月8日	三碧	辛卯	8月7日	六白	辛酉	7月6日	一白	庚寅	6月4日	五黄	己未
4	11月10日	四緑	癸巳	10月10日	七赤	癸亥	9月9日	二黒	壬辰	8月8日	五黄	壬戌	7月7日	九紫	辛卯	6月5日	六白	庚申
5	11月11日	三碧	甲午	10月11日	六白	甲子	9月10日	一白	癸巳	8月9日	四緑	癸亥	7月8日	八白	壬辰	6月6日	七赤	辛酉
6	11月12日	二黒	乙未	10月12日	五黄	乙丑	9月11日	九紫	甲午	8月10日	三碧	甲子	7月9日	七赤	癸巳	6月7日	八白	壬戌
7	11月13日	一白	丙申	10月13日	四緑	丙寅	9月12日	八白	乙未	8月11日	二黒	乙丑	7月10日	六白	甲午	6月8日	九紫	癸亥
8	11月14日	九紫	丁酉	10月14日	三碧	丁卯	9月13日	七赤	丙申	8月12日	一白	丙寅	7月11日	五黄	乙未	6月9日	九紫	甲子
9	11月15日	八白	戊戌	10月15日	二黒	戊辰	9月14日	六白	丁酉	8月13日	九紫	丁卯	7月12日	四緑	丙申	6月10日	八白	乙丑
10	11月16日	七赤	己亥	10月16日	一白	己巳	9月15日	五黄	戊戌	8月14日	八白	戊辰	7月13日	三碧	丁酉	6月11日	七赤	丙寅
11	11月17日	六白	庚子	10月17日	九紫	庚午	9月16日	四緑	己亥	8月15日	七赤	己巳	7月14日	二黒	戊戌	6月12日	六白	丁卯
12	11月18日	五黄	辛丑	10月18日	八白	辛未	9月17日	三碧	庚子	8月16日	六白	庚午	7月15日	一白	己亥	6月13日	五黄	戊辰
13	11月19日	四緑	壬寅	10月19日	七赤	壬申	9月18日	二黒	辛丑	8月17日	五黄	辛未	7月16日	九紫	庚子	6月14日	四緑	己巳
14	11月20日	三碧	癸卯	10月20日	六白	癸酉	9月19日	一白	壬寅	8月18日	四緑	壬申	7月17日	八白	辛丑	6月15日	三碧	庚午
15	11月21日	二黒	甲辰	10月21日	五黄	甲戌	9月20日	九紫	癸卯	8月19日	三碧	癸酉	7月18日	七赤	壬寅	6月16日	二黒	辛未
16	11月22日	一白	乙巳	10月22日	四緑	乙亥	9月21日	八白	甲辰	8月20日	二黒	甲戌	7月19日	六白	癸卯	6月17日	一白	壬申
17	11月23日	九紫	丙午	10月23日	三碧	丙子	9月22日	七赤	乙巳	8月21日	一白	乙亥	7月20日	五黄	甲辰	6月18日	九紫	癸酉
18	11月24日	八白	丁未	10月24日	二黒	丁丑	9月23日	六白	丙午	8月22日	九紫	丙子	7月21日	四緑	乙巳	6月19日	八白	甲戌
19	11月25日	七赤	戊申	10月25日	一白	戊寅	9月24日	五黄	丁未	8月23日	八白	丁丑	7月22日	三碧	丙午	6月20日	七赤	乙亥
20	11月26日	六白	己酉	10月26日	九紫	己卯	9月25日	四緑	戊申	8月24日	七赤	戊寅	7月23日	二黒	丁未	6月21日	六白	丙子
21	11月27日	五黄	庚戌	10月27日	八白	庚辰	9月26日	三碧	己酉	8月25日	六白	己卯	7月24日	一白	戊申	6月22日	五黄	丁丑
22	11月28日	四緑	辛亥	10月28日	七赤	辛巳	9月27日	二黒	庚戌	8月26日	五黄	庚辰	7月25日	九紫	己酉	6月23日	四緑	戊寅
23	11月29日	三碧	壬子	10月29日	六白	壬午	9月28日	一白	辛亥	8月27日	四緑	辛巳	7月26日	八白	庚戌	6月24日	三碧	己卯
24	12月1日	二黒	癸丑	10月30日	五黄	癸未	9月29日	九紫	壬子	8月28日	三碧	壬午	7月27日	七赤	辛亥	6月25日	二黒	庚辰
25	12月2日	一白	甲寅	11月1日	四緑	甲申	9月30日	八白	癸丑	8月29日	二黒	癸未	7月28日	六白	壬子	6月26日	一白	辛巳
26	12月3日	九紫	乙卯	11月2日	三碧	乙酉	10月1日	七赤	甲寅	9月1日	一白	甲申	7月29日	五黄	癸丑	6月27日	九紫	壬午
27	12月4日	八白	丙辰	11月3日	二黒	丙戌	10月2日	六白	乙卯	9月2日	九紫	乙酉	7月30日	四緑	甲寅	6月28日	八白	癸未
28	12月5日	七赤	丁巳	11月4日	一白	丁亥	10月3日	五黄	丙辰	9月3日	八白	丙戌	8月1日	三碧	乙卯	6月29日	七赤	甲申
29	12月6日	六白	戊午	11月5日	九紫	戊子	10月4日	四緑	丁巳	9月4日	七赤	丁亥	8月2日	二黒	丙辰	7月1日	六白	乙酉
30	12月7日	五黄	己未	11月6日	八白	己丑	10月5日	三碧	戊午	9月5日	六白	戊子	8月3日	一白	丁巳	7月2日	五黄	丙戌
31	12月8日	四緑	庚申				10月6日	二黒	己未				8月4日	九紫	戊午	7月3日	四緑	丁亥

地域別・時差一覧表

【北海道】		【茨城県】		【新潟県】		【福井県】		【鳥取県】		八幡浜	－10
根　室	＋42	日　立	＋23	新　潟	＋16	福　井	＋05	鳥　取	－03	【福岡県】	
釧　路	＋38	水　戸	＋22	長　岡	＋16	敦　賀	＋04	倉　吉	－04	豊　前	－15
網　走	＋37	土　浦	＋21	柏　崎	＋15	小　浜	＋03	米　子	－06	北九州	－17
帯　広	＋33	下　館	＋20							福　岡	－18
旭　川	＋29			【長野県】		【滋賀県】		【島根県】			
稚　内	＋27	【栃木県】		長　野	＋13	長　浜	＋07	松　江	－08	【大分県】	
札　幌	＋25	黒　磯	＋20	諏　訪	＋13	彦　根	＋07	出　雲	－09	佐　伯	－12
函　館	＋23	宇都宮	＋20	塩　尻	＋12	大　津	＋04	浜　田	－12	大　分	－13
		日　光	＋19	松　本	＋12			益　田	－12	別　府	－14
【青森県】		足　利	＋18	飯　田	＋11	【三重県】				宇　佐	－15
八　戸	＋26					桑　名	＋07	【岡山県】			
三　沢	＋26	【群馬県】		【山梨県】		四日市	＋07	備　前	－03	【宮崎県】	
青　森	＋23	館　林	＋18	大　月	＋16	伊　勢	＋07	津　山	－04	延　岡	－13
弘　前	＋22	桐　生	＋18	山　梨	＋15	津	＋06	岡　山	－04	宮　崎	－14
		前　橋	＋17	甲　府	＋14	亀　山	＋05	倉　敷	－05	都　城	－15
【岩手県】		高　崎	＋16	韮　崎	＋13	熊　野	＋04				
釜　石	＋28							【広島県】		【熊本県】	
陸前高田	＋27	【千葉県】		【静岡県】		【京都府】		福　山	－06	阿　蘇	－16
盛　岡	＋25	銚　子	＋23	熱　海	＋16	宇　治	＋03	尾　道	－07	熊　本	－17
花　巻	＋25	勝　浦	＋21	伊　東	＋16	京　都	＋03	三　原	－07	本　渡	－19
		千　葉	＋21	清　水	＋14	亀　岡	＋02	竹　原	－08		
【秋田県】		船　橋	＋20	静　岡	＋14	舞　鶴	＋01	広　島	－10	【佐賀県】	
横　手	＋22	館　山	＋20	浜　松	＋11	宮　津	＋01			佐　賀	－19
大　館	＋22					福知山	＋01	【山口県】		唐　津	－20
秋　田	＋21	【埼玉県】		【愛知県】				岩　国	－11		
本　荘	＋20	春日部	＋19	豊　橋	＋10	【大阪府】		徳　山	－13	【長崎県】	
能　代	＋20	さいたま	＋19	岡　崎	＋09	東大阪	＋03	防　府	－14	島　原	－19
		所　沢	＋18	豊　田	＋09	枚　方	＋03	山　口	－14	長　崎	－20
【宮城県】		秩　父	＋17	名古屋	＋08	大　阪	＋02	宇　部	－15	佐世保	－21
気仙沼	＋26					泉　南	＋01	下　関	－16		
石　巻	＋25	【東京都】		【岐阜県】						【鹿児島県】	
仙　台	＋24	23区	＋19	富　山	＋09	【奈良県】		【香川県】		鹿　屋	－16
		府　中	＋18	岐　阜	＋07	奈　良	＋03	高　松	－04	鹿児島	－18
【山形県】		立　川	＋18	大　垣	＋06	大和高田	＋03	坂　出	－05	阿久根	－19
山　形	＋21	八王子	＋17			生　駒	＋03	丸　亀	－05		
新　庄	＋21	青　梅	＋17	【富山県】						【沖縄県】	
米　沢	＋21			黒　部	＋10	【兵庫県】		【高知県】		那　覇	－29
鶴　岡	＋19	【神奈川県】		富　山	＋09	尼　崎	＋02	室　戸	－04	石　垣	－43
酒　田	＋19	川　崎	＋19	高　岡	＋08	西　宮	＋02	高　知	－06		
		横　浜	＋19			神　戸	＋01	中　村	－08		
【福島県】		鎌　倉	＋19	【石川県】		明　石	±0				
いわき	＋24	横須賀	＋19	輪　島	＋08	姫　路	－01	【愛媛県】			
福　島	＋22	平　塚	＋18	金　沢	＋06			伊予三島	－06		
郡　山	＋22	小田原	＋17	小　松	＋06			今　治	－08		
会津若松	＋20			加　賀	＋05			松　山	－09		

292

推命関係各表

空亡表

甲寅	甲辰	甲午	甲申	甲戌	甲子
乙卯	乙巳	乙未	乙酉	乙亥	乙丑
丙辰	丙午	丙申	丙戌	丙子	丙寅
丁巳	丁未	丁酉	丁亥	丁丑	丁卯
戊午	戊申	戊戌	戊子	戊寅	戊辰
己未	己酉	己亥	己丑	己卯	己巳
庚申	庚戌	庚子	庚寅	庚辰	庚午
辛酉	辛亥	辛丑	辛卯	辛巳	辛未
壬戌	壬子	壬寅	壬辰	壬午	壬申
癸亥	癸丑	癸卯	癸巳	癸未	癸酉
子丑	寅卯	辰巳	午未	申酉	戌亥

月干支表

戊癸の年	丁壬の年	丙辛の年	乙庚の年	甲己の年		
甲寅	壬寅	庚寅	戊寅	丙寅	寅月	2月
乙卯	癸卯	辛卯	己卯	丁卯	卯月	3月
丙辰	甲辰	壬辰	庚辰	戊辰	辰月	4月
丁巳	乙巳	癸巳	辛巳	己巳	巳月	5月
戊午	丙午	甲午	壬午	庚午	午月	6月
己未	丁未	乙未	癸未	辛未	未月	7月
庚申	戊申	丙申	甲申	壬申	申月	8月
辛酉	己酉	丁酉	乙酉	癸酉	酉月	9月
壬戌	庚戌	戊戌	丙戌	甲戌	戌月	10月
癸亥	辛亥	己亥	丁亥	乙亥	亥月	11月
甲子	壬子	庚子	戊子	丙子	子月	12月
乙丑	癸丑	辛丑	己丑	丁丑	丑月	1月

時干支表

戊癸の日	丁壬の日	丙辛の日	乙庚の日	甲己の日	時間	
壬子	庚子	戊子	丙子	甲子	子の刻	PM11〜AM1
癸丑	辛丑	己丑	丁丑	乙丑	丑の刻	AM1〜AM3
甲寅	壬寅	庚寅	戊寅	丙寅	寅の刻	AM3〜AM5
乙卯	癸卯	辛卯	己卯	丁卯	卯の刻	AM5〜AM7
丙辰	甲辰	壬辰	庚辰	戊辰	辰の刻	AM7〜AM9
丁巳	乙巳	癸巳	辛巳	己巳	巳の刻	AM9〜AM11
戊午	丙午	甲午	壬午	庚午	午の刻	AM11〜PM1
己未	丁未	乙未	癸未	辛未	未の刻	PM1〜PM3
庚申	戊申	丙申	甲申	壬申	申の刻	PM3〜PM5
辛酉	己酉	丁酉	乙酉	癸酉	酉の刻	PM5〜PM7
壬戌	庚戌	戊戌	丙戌	甲戌	戌の刻	PM7〜PM9
癸亥	辛亥	己亥	丁亥	乙亥	亥の刻	PM9〜PM11

通変星早見表

日干										
癸	壬	辛	庚	己	戊	丁	丙	乙	甲	
傷官	食神	正財	偏財	正官	偏官	印綬	偏印	劫財	比肩	甲
食神	傷官	偏財	正財	偏官	正官	偏印	印綬	比肩	劫財	乙
正財	偏財	正官	偏官	印綬	偏印	劫財	比肩	傷官	食神	丙
偏財	正財	偏官	正官	偏印	印綬	比肩	劫財	食神	傷官	丁
正官	偏官	印綬	偏印	劫財	比肩	傷官	食神	正財	偏財	戊
偏官	正官	偏印	印綬	比肩	劫財	食神	傷官	偏財	正財	己
印綬	偏印	劫財	比肩	傷官	食神	正財	偏財	正官	偏官	庚
偏印	印綬	比肩	劫財	食神	傷官	偏財	正財	偏官	正官	辛
劫財	比肩	傷官	食神	正財	偏財	正官	偏官	偏印	印綬	壬
比肩	劫財	食神	傷官	偏財	正財	偏官	正官	偏印	印綬	癸

地支蔵干一覧表

理論①

亥	戌	酉	申	未	午	巳	辰	卯	寅	丑	子	節入りよりの日数
甲	辛	庚	戊	丁	己	戊	乙	甲	戊	癸	壬	1
甲	辛	庚	戊	丁	己	戊	乙	甲	戊	癸	壬	2
甲	辛	庚	戊	丁	己	戊	乙	甲	戊	癸	壬	3
甲	辛	庚	戊	丁	己	戊	乙	甲	戊	癸	壬	4
甲	辛	庚	戊	丁	己	戊	乙	甲	戊	癸	壬	5
甲	辛	庚	戊	丁	己	戊	乙	甲	戊	癸	壬	6
甲	辛	庚	戊	丁	己	戊	乙	甲	戊	癸	壬	7
甲	辛	庚	壬	丁	己	庚	乙	甲	丙	癸	壬	8
甲	辛	庚	壬	丁	己	庚	乙	甲	丙	癸	壬	9
甲	丁	庚	壬	乙	己	庚	癸	甲	丙	辛	壬	10
甲	丁	辛	壬	乙	己	庚	癸	乙	丙	辛	癸	11
甲	丁	辛	壬	乙	己	庚	癸	乙	甲	辛	癸	12
甲	戊	辛	壬	己	己	庚	戊	乙	甲	己	癸	13
甲	戊	辛	壬	己	己	庚	戊	乙	甲	己	癸	14
壬	戊	辛	庚	己	己	丙	戊	乙	甲	己	癸	15
壬	戊	辛	庚	己	己	丙	戊	乙	甲	己	癸	16
壬	戊	辛	庚	己	己	丙	戊	乙	甲	己	癸	17
壬	戊	辛	庚	己	己	丙	戊	乙	甲	己	癸	18
壬	戊	辛	庚	己	己	丙	戊	乙	甲	己	癸	19
壬	戊	辛	庚	己	丁	丙	戊	乙	甲	己	癸	20
壬	戊	辛	庚	己	丁	丙	戊	乙	甲	己	癸	21
壬	戊	辛	庚	己	丁	丙	戊	乙	甲	己	癸	22
壬	戊	辛	庚	己	丁	丙	戊	乙	甲	己	癸	23
壬	戊	辛	庚	己	丁	丙	戊	乙	甲	己	癸	24
壬	戊	辛	庚	己	丁	丙	戊	乙	甲	己	癸	25
壬	戊	辛	庚	己	丁	丙	戊	乙	甲	己	癸	26
壬	戊	辛	庚	己	丁	丙	戊	乙	甲	己	癸	27
壬	戊	辛	庚	己	丁	丙	戊	乙	甲	己	癸	28
壬	戊	辛	庚	己	丁	丙	戊	乙	甲	己	癸	29
壬	戊	辛	庚	己	丁	丙	戊	乙	甲	己	癸	30

理論②

支	初蔵	中蔵	本蔵
子			癸
丑	癸9	辛3_{12}	己
寅	戊7	丙7_{14}	甲
卯			乙
辰	乙9	癸3_{12}	戊
巳	戊5	庚9_{14}	丙
午		己19	丁
未	丁9	乙3_{12}	己
申	戊10	壬3_{13}	庚
酉			辛
戌	辛9	丁3_{12}	戊
亥		甲12	壬

地支蔵干については様々な流派による説が存在します。

十二運星早見表

癸	壬	辛	庚	己	戊	丁	丙	乙	甲	日干
建禄	帝旺	長生	死	絶	胎	絶	胎	病	沐浴	子
冠帯	衰	養	墓	墓	養	墓	養	衰	冠帯	丑
沐浴	病	胎	絶	死	長生	死	長生	帝旺	建禄	寅
長生	死	絶	胎	病	沐浴	病	沐浴	建禄	帝旺	卯
養	墓	墓	養	衰	冠帯	衰	冠帯	冠帯	衰	辰
胎	絶	死	長生	帝旺	建禄	帝旺	建禄	沐浴	病	巳
絶	胎	病	沐浴	建禄	帝旺	建禄	帝旺	長生	死	午
墓	養	衰	冠帯	冠帯	衰	冠帯	衰	養	墓	未
死	長生	帝旺	建禄	沐浴	病	沐浴	病	胎	絶	申
病	沐浴	建禄	帝旺	長生	死	長生	死	絶	胎	酉
衰	冠帯	冠帯	衰	養	墓	養	墓	墓	養	戌
帝旺	建禄	沐浴	病	胎	絶	胎	絶	死	長生	亥

刑冲破害表

亥	戌	酉	申	未	午	巳	辰	卯	寅	丑	子	
		破	三合	害	冲		三合	刑		合		子
	刑	三合		刑冲	害	三合	破				合	丑
破合	三合		刑冲		三合	刑害						寅
三合	合	冲		三合	破		害				刑	卯
	冲	合	三合			自刑	害			破	三合	辰
冲		三合	刑合破					刑害	三合			巳
	三合			合	自刑		破	三合	害	冲		午
三合	刑破				合			三合	刑冲	害		未
害				刑合破	三合		刑冲			三合		申
	害	自刑			三合	合	冲		三合	破		酉
		害		刑破	三合		冲	合	三合	刑		戌
自刑			害	三合		冲		三合	破合			亥

干合表

己　　　　　　甲 　　　化土	
庚　　　　　　乙 　　　化金	
辛　　　　　　丙 　　　化水	
壬　　　　　　丁 　　　化木	
癸　　　　　　戊 　　　化火	

支合表

理論①

丑　　　　　　子 　　　化土	
寅　　　　　　亥 　　　化木	
戌　　　　　　卯 　　　化火	
酉　　　　　　辰 　　化土、化金	
申　　　　　　巳 　　　化水	
未　　　　　　午 　　　化火	

理論②

丑　　　　　　子 　　　化水	
寅　　　　　　亥 　　　化木	
戌　　　　　　卯 　　化土、化木	
酉　　　　　　辰 　　化土、化金	
申　　　　　　巳 　　　化金	
未　　　　　　午 　　　化火	

三合局表

三合木局	亥	卯	未	化木
三合火局	寅	午	戌	化火
三合金局	巳	酉	丑	化金
三合水局	申	子	辰	化水

方合表

東方合	寅	卯	辰	化木
南方合	巳	午	未	化火
西方合	申	酉	戌	化金
北方合	亥	子	丑	化水

神殺表一覧

癸	壬	辛	庚	己	戊	丁	丙	乙	甲	日干
卯巳	卯巳	寅午	丑未	申子	丑未	酉亥	酉亥	申子	丑未	天乙貴人
卯	寅	子	亥	酉	申	酉	申	午	巳	文昌貴人
丑	子	戌	酉	未	午	未	午	辰	卯	羊刃
子	亥	酉	申	午	巳	午	巳	卯	寅	十干禄
申	子	酉	戌	辰	辰	未	寅	申	午	紅艶

亥	戌	酉	申	未	午	巳	辰	卯	寅	丑	子	月支
乙	丙	寅	癸	甲	亥	辛	壬	申	丁	庚	巳	天徳貴人
甲	丙	庚	壬	甲	丙	庚	壬	甲	丙	庚	壬	月徳貴人

亥	戌	酉	申	未	午	巳	辰	卯	寅	丑	子	年支・日支
卯	午	酉	子	卯	午	酉	子	卯	午	酉	子	将星
未	戌	丑	辰	未	戌	丑	辰	未	戌	丑	辰	華蓋
巳	申	亥	寅	巳	申	亥	寅	巳	申	亥	寅	駅馬
寅	巳	申	亥	寅	巳	申	亥	寅	巳	申	亥	亡神
申	亥	寅	巳	申	亥	寅	巳	申	亥	寅	巳	劫殺
子	卯	午	酉	子	卯	午	酉	子	卯	午	酉	咸池・桃花

亥	戌	酉	申	未	午	巳	辰	卯	寅	丑	子	年支
寅	亥	亥	亥	申	申	申	巳	巳	巳	寅	寅	孤辰
戌	未	未	未	辰	辰	辰	丑	丑	丑	戌	戌	寡宿
丑	子	亥	戌	酉	申	未	午	巳	辰	卯	寅	喪門
酉	申	未	午	巳	辰	卯	寅	丑	子	亥	戌	弔客
辰	巳	寅	卯	子	丑	戌	亥	申	酉	午	未	大耗

天赦日				
甲子	戊申	甲午	戊寅	日柱
亥子丑	申酉戌	巳午未	寅卯辰	月支

四廃日				
丙午	甲寅	壬子	庚申	日柱
亥子丑	申酉戌	巳午未	寅卯辰	月支

紫微斗数関係各表

命宮・身宮表

十二	十一	十	九	八	七	六	五	四	三	二	正	生月＼命身	生時
丑	子	亥	戌	酉	申	未	午	巳	辰	卯	寅	命身	子
子	亥	戌	酉	申	未	午	巳	辰	卯	寅	丑	命	丑
寅	丑	子	亥	戌	酉	申	未	午	巳	辰	卯	身	
亥	戌	酉	申	未	午	巳	辰	卯	寅	丑	子	命	寅
卯	寅	丑	子	亥	戌	酉	申	未	午	巳	辰	身	
戌	酉	申	未	午	巳	辰	卯	寅	丑	子	亥	命	卯
辰	卯	寅	丑	子	亥	戌	酉	申	未	午	巳	身	
酉	申	未	午	巳	辰	卯	寅	丑	子	亥	戌	命	辰
巳	辰	卯	寅	丑	子	亥	戌	酉	申	未	午	身	
申	未	午	巳	辰	卯	寅	丑	子	亥	戌	酉	命	巳
午	巳	辰	卯	寅	丑	子	亥	戌	酉	申	未	身	
未	午	巳	辰	卯	寅	丑	子	亥	戌	酉	申	命身	午
午	巳	辰	卯	寅	丑	子	亥	戌	酉	申	未	命	未
申	未	午	巳	辰	卯	寅	丑	子	亥	戌	酉	身	
巳	辰	卯	寅	丑	子	亥	戌	酉	申	未	午	命	申
酉	申	未	午	巳	辰	卯	寅	丑	子	亥	戌	身	
辰	卯	寅	丑	子	亥	戌	酉	申	未	午	巳	命	酉
戌	酉	申	未	午	巳	辰	卯	寅	丑	子	亥	身	
卯	寅	丑	子	亥	戌	酉	申	未	午	巳	辰	命	戌
亥	戌	酉	申	未	午	巳	辰	卯	寅	丑	子	身	
寅	丑	子	亥	戌	酉	申	未	午	巳	辰	卯	命	亥
子	亥	戌	酉	申	未	午	巳	辰	卯	寅	丑	身	

命宮の位置が決定したら、十二支の反対方向に、兄弟、夫妻、子女、財帛、疾厄、遷移、交友、官禄、田宅、福徳、父母と配置して行きます。

十二宮十干配置表

戊癸	丁壬	丙辛	乙庚	甲己	本生年干＼十二宮
甲	壬	庚	戊	丙	寅
乙	癸	辛	己	丁	卯
丙	甲	壬	庚	戊	辰
丁	乙	癸	辛	己	巳
戊	丙	甲	壬	庚	午
己	丁	乙	癸	辛	未
庚	戊	丙	甲	壬	申
辛	己	丁	乙	癸	酉
壬	庚	戊	丙	甲	戌
癸	辛	己	丁	乙	亥
甲	壬	庚	戊	丙	子
乙	癸	辛	己	丁	丑

五行局算出表

命宫 干支	甲乙	丙丁	戊己	庚辛	壬癸
子丑	金四	水二	火六	土五	木三
寅卯	水二	火六	土五	木三	金四
辰巳	火六	土五	木三	金四	水二
午未	金四	水二	火六	土五	木三
申酉	水二	火六	土五	木三	金四
戌亥	火六	土五	木三	金四	水二

紫微星表

水	金	土	火	木	五行
丑	亥	午	酉	辰	1
寅	辰	亥	午	丑	2
寅	丑	辰	亥	寅	3
卯	寅	丑	辰	巳	4
卯	子	寅	丑	寅	5
辰	巳	未	寅	卯	6
辰	寅	子	戌	午	7
巳	卯	巳	未	卯	8
巳	丑	寅	子	辰	9
午	午	卯	巳	未	10
午	卯	申	寅	辰	11
未	辰	丑	卯	巳	12
未	寅	午	亥	申	13
申	未	卯	申	巳	14
申	辰	辰	丑	午	15
酉	巳	酉	午	酉	16
酉	卯	寅	卯	午	17
戌	申	未	辰	未	18
戌	巳	辰	子	戌	19
亥	午	巳	酉	未	20
亥	辰	戌	寅	申	21
子	酉	卯	未	亥	22
子	午	申	辰	申	23
丑	未	巳	巳	酉	24
丑	巳	午	丑	子	25
寅	戌	亥	戌	酉	26
寅	未	辰	卯	戌	27
卯	申	酉	申	丑	28
卯	午	午	巳	戌	29
辰	亥	未	午	亥	30

紫微星系主星算出表

天府	廉貞	天同	武曲	太陽	天機	紫微星
辰	辰	未	申	酉	亥	子
卯	巳	申	酉	戌	子	丑
寅	午	酉	戌	亥	丑	寅
丑	未	戌	亥	子	寅	卯
子	申	亥	子	丑	卯	辰
亥	酉	子	丑	寅	辰	巳
戌	戌	丑	寅	卯	巳	午
酉	亥	寅	卯	辰	午	未
申	子	卯	辰	巳	未	申
未	丑	辰	巳	午	申	酉
午	寅	巳	午	未	酉	戌
巳	卯	午	未	申	戌	亥

天府星系主星算出表

破軍	七殺	天梁	天相	巨門	貪狼	太陰	天府星
戌	午	巳	辰	卯	寅	丑	子
亥	未	午	巳	辰	卯	寅	丑
子	申	未	午	巳	辰	卯	寅
丑	酉	申	未	午	巳	辰	卯
寅	戌	酉	申	未	午	巳	辰
卯	亥	戌	酉	申	未	午	巳
辰	子	亥	戌	酉	申	未	午
巳	丑	子	亥	戌	酉	申	未
午	寅	丑	子	亥	戌	酉	申
未	卯	寅	丑	子	亥	戌	酉
申	辰	卯	寅	丑	子	亥	戌
酉	巳	辰	卯	寅	丑	子	亥

月系星算出表

陰煞	右弼	左輔	天刑	天姚	星＼生月
寅	戌	辰	酉	丑	一月
子	酉	巳	戌	寅	二月
戌	申	午	亥	卯	三月
申	未	未	子	辰	四月
午	午	申	丑	巳	五月
辰	巳	酉	寅	午	六月
寅	辰	戌	卯	未	七月
子	卯	亥	辰	申	八月
戌	寅	子	巳	酉	九月
申	丑	丑	午	戌	十月
午	子	寅	未	亥	十一月
辰	亥	卯	申	子	十二月

年干系星表

化忌	化科	化権	化禄	天鉞	天魁	陀羅	擎羊	禄存	年干
太陽	武曲	破軍	廉貞	未	丑	丑	卯	寅	甲
太陰	紫微	天梁	天機	申	子	寅	辰	卯	乙
廉貞	文昌	天機	天同	酉	亥	辰	午	巳	丙
巨門	天機	天同	太陰	酉	亥	巳	未	午	丁
天機	右弼	太陰	貪狼	未	丑	辰	午	巳	戊
文曲	天梁	貪狼	武曲	申	子	巳	未	午	己
天同	太陰	武曲	太陽	未	丑	未	酉	申	庚
文昌	文曲	太陽	巨門	寅	午	申	戌	酉	辛
武曲	左輔	紫微	天梁	巳	卯	戌	子	亥	壬
貪狼	太陰	巨門	破軍	巳	卯	亥	丑	子	癸

時系星表

生年支			寅午戌	申子辰	巳酉丑	亥卯未
生時	文昌 文曲	天空 地劫	火星 鈴星	火星 鈴星	火星 鈴星	火星 鈴星
子丑	辰 戌 巳 酉	亥 亥 子 戌	丑 卯 寅 辰	寅 戌 卯 亥	卯 戌 辰 亥	酉 戌 亥 戌
寅卯	午 申 未 未	酉 申 戌 寅	卯 巳 辰 午	辰 子 巳 丑	巳 子 午 丑	亥 子 子 丑
辰巳	申 午 酉 巳	未 卯 午 辰	巳 未 午 申	午 寅 未 卯	未 寅 申 卯	丑 寅 寅 卯
午未	戌 辰 亥 卯	巳 巳 午 辰	未 酉 申 戌	申 辰 酉 巳	酉 辰 戌 巳	卯 辰 辰 巳
申酉	寅 子 丑 丑	卯 未 申 寅	酉 亥 戌 子	戌 午 亥 未	亥 午 子 未	巳 午 未 午
戌亥	子 寅 亥 卯	酉 丑 戌 子	亥 丑 子 寅	子 申 丑 酉	丑 申 寅 酉	未 申 申 酉

308

年支系星表

諸星 \ 年支	天馬	龍池	鳳閣	紅鸞	天喜
子	寅	辰	戌	卯	酉
丑	亥	巳	酉	寅	申
寅	申	午	申	丑	未
卯	巳	未	未	子	午
辰	寅	申	午	亥	巳
巳	亥	酉	巳	戌	辰
午	申	戌	辰	酉	卯
未	巳	亥	卯	申	寅
申	寅	子	寅	未	丑
酉	亥	丑	丑	午	子
戌	申	寅	子	巳	亥
亥	巳	卯	亥	辰	戌

星辰の廟旺平落陥表

	廟	旺	平	落陥
子	天機　天同 太陰　巨門 天梁　破軍 文昌　文曲	紫微　天府 武曲　貪狼 七殺	太陽　廉貞 天相	火星　鈴星 擎羊　陀羅
丑	天府　天相	太陽　武曲 廉貞　太陰 貪狼　天梁 七殺　文昌 文曲　擎羊 陀羅	紫微　天機 天同　巨門 破軍　火星 鈴星	
寅	七殺	紫微　太陽 武曲　天同 廉貞　天府 巨門　天相 天梁　火星 鈴星	天機　太陰 貪狼　文曲 文昌	破軍　擎羊 陀羅
卯	太陽　天梁	天機　武曲 天同　天府 巨門　七殺 文曲　文昌	紫微　太陰 貪狼　天相 火星　鈴星	廉貞　破軍 擎羊　陀羅
辰	太陽　貪狼 文曲　文昌	紫微　天機 武曲　天同 廉貞　天府 天相　天梁 破軍　擎羊 陀羅	太陰　巨門	七殺　火星 鈴星
巳	太陽	紫微　天同 天府　天相 七殺　文曲 文昌	天機　武曲 太陰　巨門 天梁　破軍 火星　鈴星	廉貞　貪狼 擎羊　陀羅
午	紫微　天機 太陽　巨門 天梁　破軍	武曲　天府 貪狼　七殺 火星　鈴星	天同　廉貞 太陰　天相 文曲　文昌	擎羊　陀羅
未	天府　太陽 廉貞 貪狼 七殺 天梁 文曲 擎羊	武曲　紫微 太陰　天同 天相　破軍 七殺　鈴星 文昌 陀羅	天機 巨門 火星	
申	廉貞　七殺 文曲　文昌	紫微　天機 武曲　天府 太陽　天相	太陽　天同 貪狼　巨門 天梁	破軍　火星 鈴星　擎羊 陀羅
酉	太陰	天機　武曲 天同　天府 巨門　七殺 文曲　文昌	紫微　太陽 貪狼　天相 天梁　火星 鈴星	廉貞　破軍 擎羊　陀羅
戌	太陰　貪狼	紫微　天機 武曲　天同 廉貞　天府 天相　天梁 破軍　火星 鈴星　擎羊 陀羅	太陽　巨門 文曲　文昌	七殺
亥	太陰	紫微　天同 天府　天相 七殺　文曲 文昌	天機　太陽 武曲　巨門 天梁　破軍 火星　鈴星	廉貞　貪狼 擎羊　陀羅

生年天干陰陽表

陰男・陰女	陽男・陽女
乙	甲
丁	丙
己	戊
辛	庚
癸	壬

大限速見表

父母	福德	田宅	官禄	交友	遷移	疾厄	財帛	子女	夫妻	兄弟	命宮	大限宮 陰陽男女	五行局
12-21	22-31	32-41	42-51	52-61	62-71	72-81	82-91	92-101	102-111	112-121	2-11	陰女 陽男	水二局
112-121	102-111	92-101	82-91	72-81	62-71	52-61	42-51	32-41	22-31	12-21	2-11	陽女 陰男	
13-22	23-32	33-42	43-52	53-62	63-72	73-82	83-92	93-102	103-112	113-122	3-12	陰女 陽男	木三局
113-122	103-112	93-102	83-92	73-82	63-72	53-62	43-52	33-42	23-32	13-22	3-12	陽女 陰男	
14-23	24-33	34-43	44-53	54-63	64-73	74-83	84-93	94-103	104-113	114-123	4-13	陰女 陽男	金四局
114-123	104-113	94-103	84-93	74-83	64-73	54-63	44-53	34-43	24-33	14-23	4-13	陽女 陰男	
15-24	25-34	35-44	45-54	55-64	65-74	75-84	85-94	95-104	105-114	115-124	5-14	陰女 陽男	土五局
115-124	105-114	95-104	85-94	75-84	65-74	55-64	45-54	35-44	25-34	15-24	5-14	陽女 陰男	
16-25	26-35	36-45	46-55	56-65	66-75	76-85	86-95	96-105	106-115	116-125	6-15	陰女 陽男	火六局
116-125	106-115	96-105	86-95	76-85	66-75	56-65	46-55	36-45	26-35	16-25	6-15	陽女 陰男	

小限表

12	11	10	9	8	7	6	5	4	3	2	1	小限之歲	本
24	23	22	21	20	19	18	17	16	15	14	13		
36	35	34	33	32	31	30	29	28	27	26	25		
48	47	46	45	44	43	42	41	40	39	38	37		生
60	59	58	57	56	55	54	53	52	51	50	49		
72	71	70	69	68	67	66	65	64	63	62	61		
84	83	82	81	80	79	78	77	76	75	74	73		年
96	95	94	93	92	91	90	89	88	87	86	85		
108	107	106	105	104	103	102	101	100	99	98	97		
120	119	118	117	116	115	114	113	112	111	110	109	小限值宮	支
卯	寅	丑	子	亥	戌	酉	申	未	午	巳	辰	男	戌寅
巳	午	未	申	酉	戌	亥	子	丑	寅	卯	辰	女	年午
午	巳	辰	卯	寅	丑	子	亥	戌	酉	申	未	男	丑巳
申	酉	戌	亥	子	丑	寅	卯	辰	巳	午	未	女	年酉
子	亥	戌	酉	申	未	午	巳	辰	卯	寅	丑	男	未亥
寅	卯	辰	巳	午	未	申	酉	戌	亥	子	丑	女	年卯
酉	申	未	午	巳	辰	卯	寅	丑	子	亥	戌	男	辰申
亥	子	丑	寅	卯	辰	巳	午	未	申	酉	戌	女	年子

子年斗君表

生月\生時	正月	二月	三月	四月	五月	六月	七月	八月	九月	十月	十一月	十二月
子	子	亥	戌	酉	申	未	午	巳	辰	卯	寅	丑
丑	丑	子	亥	戌	酉	申	未	午	巳	辰	卯	寅
寅	寅	丑	子	亥	戌	酉	申	未	午	巳	辰	卯
卯	卯	寅	丑	子	亥	戌	酉	申	未	午	巳	辰
辰	辰	卯	寅	丑	子	亥	戌	酉	申	未	午	巳
巳	巳	辰	卯	寅	丑	子	亥	戌	酉	申	未	午
午	午	巳	辰	卯	寅	丑	子	亥	戌	酉	申	未
未	未	午	巳	辰	卯	寅	丑	子	亥	戌	酉	申
申	申	未	午	巳	辰	卯	寅	丑	子	亥	戌	酉
酉	酉	申	未	午	巳	辰	卯	寅	丑	子	亥	戌
戌	戌	酉	申	未	午	巳	辰	卯	寅	丑	子	亥
亥	亥	戌	酉	申	未	午	巳	辰	卯	寅	丑	子

気学関係各表

子卯午酉の年
（一白・四緑・七赤の年）

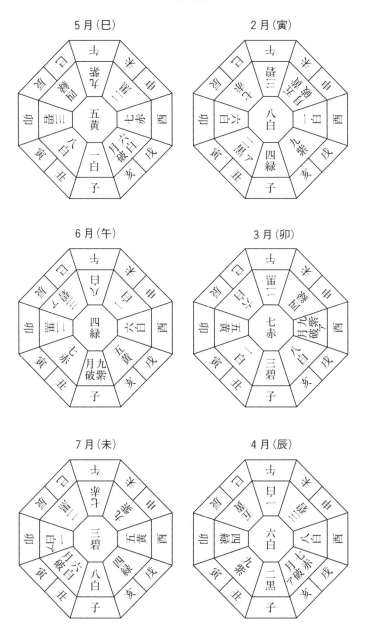

子卯午酉の年
（一白・四緑・七赤の年）

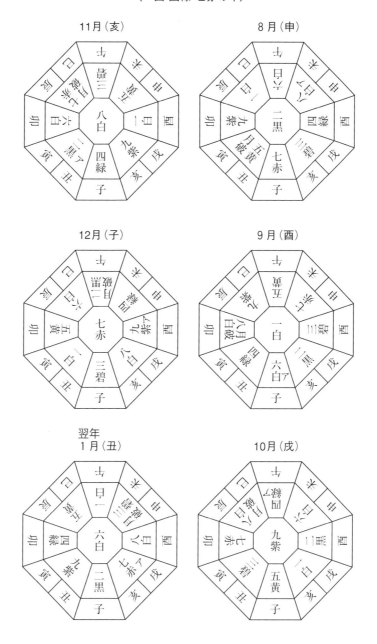

辰戌丑未の年
(三碧・六白・九紫の年)

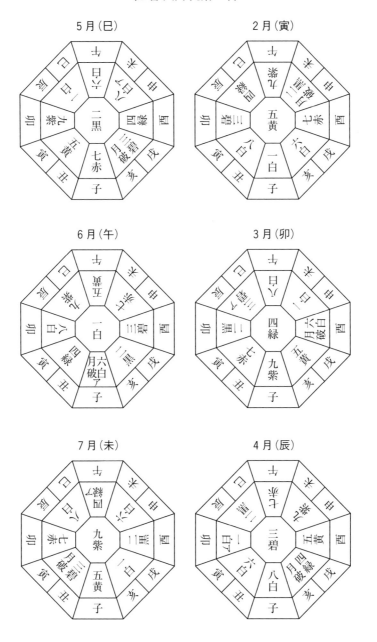

辰戌丑未の年
（三碧・六白・九紫の年）

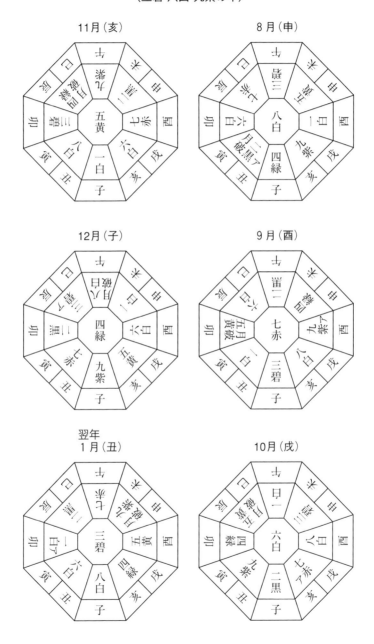

寅申巳亥の年
（二黒・五黄・八白の年）

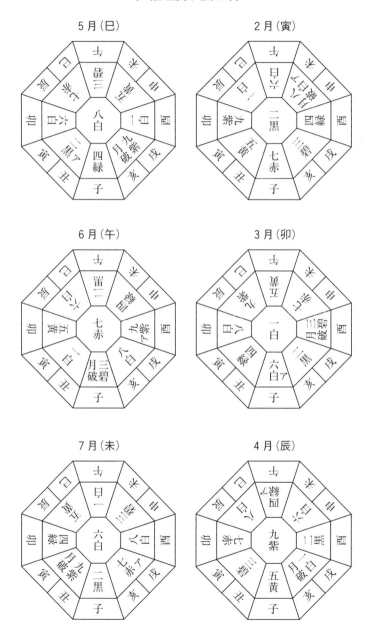

寅申巳亥の年
(二黒・五黄・八白の年)

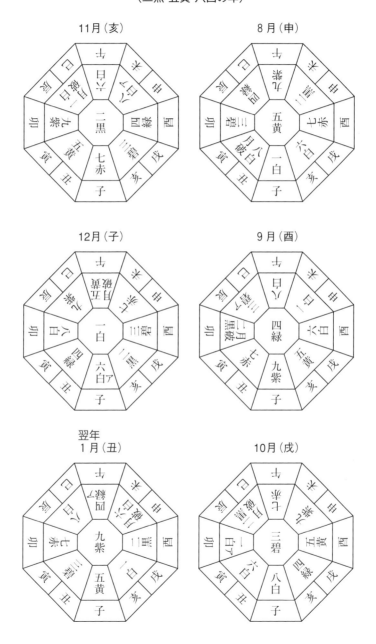

319　気学関係各表

生まれ月九星早見表

年月九星 / 生れ月	七四一赤緑白生まれ	八五二白黄黒生まれ	九六三紫白碧生まれ
二月寅	八白	二黒	五黄
三月卯	七赤	一白	四緑
四月辰	六白	九紫	三碧
五月巳	五黄	八白	二黒
六月午	四緑	七赤	一白
七月未	三碧	六白	九紫
八月申	二黒	五黄	八白
九月酉	一白	四緑	七赤
十月戌	九紫	三碧	六白
十一月亥	八白	二黒	五黄
十二月子	七赤	一白	四緑
一月丑	六白	九紫	三碧

時の九星早見表

陰遁日の時間	寅巳申亥	丑辰未戌	子卯午酉	午後十一時より午前一時頃	子の刻は	寅巳申亥	丑辰未戌	子卯午酉	陽遁日の時間
子	三	六	九	11	12	1	七	四	一	子
丑	二	五	八	1	2	3	八	五	二	丑
寅	一	四	七	3	4	5	九	六	三	寅
卯	九	三	六	5	6	7	一	七	四	卯
辰	八	二	五	7	8	9	二	八	五	辰
巳	七	一	四	9	10	11	三	九	六	巳
午	六	九	三	11	12	1	四	一	七	午
未	五	八	二	1	2	3	五	二	八	未
申	四	七	一	3	4	5	六	三	九	申
酉	三	六	九	5	6	7	七	四	一	酉
戌	二	五	八	7	8	9	八	五	二	戌
亥	一	四	七	9	10	11	九	六	三	亥

断易関係各表

下卦 上卦	乾(天) ☰	兌(沢) ☱	離(火) ☲	震(雷) ☳	巽(風) ☴	坎(水) ☵	艮(山) ☶	坤(地) ☷
乾(天) ☰	乾為天 1	天沢履 22	天火同人 48	天雷无妄 37	天風姤 2	天水訟 47	天山遯 3	天地否 4
兌(沢) ☱	沢天夬 54	兌為沢 57	沢火革 13	沢雷随 32	沢風大過 31	沢水困 58	沢山咸 60	沢地萃 59
離(火) ☲	火天大有 8	火沢睽 21	離為火 41	火雷噬嗑 38	火風鼎 43	火水未済 44	火山旅 42	火地晋 7
震(雷) ☳	雷天大壮 53	雷沢帰妹 64	雷火豊 14	震為雷 25	雷風恒 28	雷水解 27	雷山小過 63	雷地予 26
巽(風) ☴	風天小畜 34	風沢中孚 23	風火家人 35	風雷益 36	巽為風 33	風水渙 46	風山漸 24	風地観 5
坎(水) ☵	水天需 55	水沢節 10	水火既済 12	水雷屯 11	水風井 30	坎為水 9	水山蹇 61	水地比 56
艮(山) ☶	山天大畜 19	山沢損 20	山火賁 18	山雷頤 39	山風蠱 40	山水蒙 45	艮為山 17	山地剝 6
坤(地) ☷	地天泰 52	地沢臨 51	地火明夷 15	地雷復 50	地風升 29	地水師 16	地山謙 62	坤為地 49

天象	心象	物象	人物	
雲・風	闘争心 競争心	破財 ギャンブル	兄弟・姉妹 従姉妹・同僚 友人・ライバル	兄弟
日月 星 快晴	感性 表現力 同情	嗜好品 医薬品 テレビ	子供・孫 生徒 医者・僧侶	子孫
晴天	欲望 支配性	金銭・財産 食品 日用品	妻・愛人 使用人	妻財
雷・霧 台風	理性 悪心 悩み	神仏・諸霊 危険物	夫・官吏 犯罪者・悪人	官鬼
雨・雪	辛労 忍耐 知識	土地・建物 船舶・車両 衣類・電話 印鑑・書類	父母・祖父母 伯父・伯母 師匠 目上の人	父母

十二運表

亥子	申酉	丑辰未戌	巳午	寅卯	爻の十二支 / 十二運
申	巳	申	寅	亥	長生
子	酉	子	午	卯	帝旺
辰	丑	辰	戌	未	墓
巳	寅	巳	亥	申	絶
午	卯	午	子	酉	胎

六神表

壬癸	庚辛	己	戊	丙丁	甲乙	日干
白虎	騰陀	勾陳	朱雀	青龍	玄武	上爻
騰陀	勾陳	朱雀	青龍	玄武	白虎	五爻
勾陳	朱雀	青龍	玄武	白虎	騰陀	四爻
朱雀	青龍	玄武	白虎	騰陀	勾陳	三爻
青龍	玄武	白虎	騰陀	勾陳	朱雀	二爻
玄武	白虎	騰陀	勾陳	朱雀	青龍	初爻

旺相休囚死表

冬	秋	土用	夏	春	
水	金	土	火	木	旺
木	水	金	土	火	相
火	木	水	金	土	死
土	火	木	水	金	囚
金	土	火	木	水	休

桃花殺	劫殺	駅馬	日支
子	申	巳	亥卯未
卯	亥	申	寅午戌
午	寅	亥	巳酉丑
酉	巳	寅	申子辰

羊刃	十干禄	天乙貴人	日干
卯	寅	丑未	甲
辰	卯	申子	乙
午	巳	酉亥	丙
未	午	酉亥	丁
午	巳	丑未	戊
未	午	申子	己
酉	申	寅午	庚
戌	酉	寅午	辛
子	亥	卯巳	壬
丑	子	卯巳	癸

往亡	天喜	月支
戌	申	子
丑	酉	丑
寅	戌	寅
巳	亥	卯
申	子	辰
亥	丑	巳
卯	寅	午
午	卯	未
酉	辰	申
子	巳	酉
辰	午	戌
未	未	亥

2 天風姤

```
          ┌────────────┐  父母 戌
          ┌────────────┐  兄弟 申
          ┌─応──卦身──┐  官鬼 午
          ┌────────────┐  兄弟 酉
妻財 寅 ┌──┐      ┌──┐  子孫 亥
          ┌──┐ 世 ┌──┐  父母 丑
```

六冲卦 1 乾為天

```
          ┌─────世────┐  父母 戌
          ┌────────────┐  兄弟 申
          ┌────────────┐  官鬼 午
          ┌─────応────┐  父母 辰
          ┌────────────┐  妻財 寅
          ┌────────────┐  子孫 子
```

六合卦 4 天地否

```
          ┌─────応────┐  父母 戌
          ┌────卦身──┐  兄弟 申
          ┌────────────┐  官鬼 午
          ┌──┐ 世 ┌──┐  妻財 卯
          ┌──┐    ┌──┐  官鬼 巳
子孫 子 ┌──┐    ┌──┐  父母 未
```

3 天山遯

```
          ┌────────────┐  父母 戌
          ┌─────応────┐  兄弟 申
          ┌────────────┐  官鬼 午
          ┌────────────┐  兄弟 申
妻財 寅 ┌──┐ 世 ┌──┐  官鬼 午
子孫 子 ┌──┐    ┌──┐  父母 辰
```

326

6 山地剝

▭▭▭	妻財	寅
兄弟 申 ▭ 世 ▭	子孫	子
▭ 卦身	父母	戌
▭▭▭	妻財	卯
▭ 応 ▭	官鬼	巳
▭ ▭	父母	未

5 風地観

▭▭▭	妻財	卯
兄弟 申 ▭▭▭	官鬼	巳
▭ 世 ▭	父母	未
▭▭▭	妻財	卯
▭ ▭	官鬼	巳
子孫 子 ▭ 応 ▭	父母	未

帰魂卦　8 火天大有

▭ 応 ▭	官鬼	巳
▭ ▭	父母	未
▭▭▭	兄弟	酉
▭ 世 ▭	父母	辰
▭ 卦身 ▭	妻財	寅
▭▭▭	子孫	子

遊魂卦　7 火地晋

▭▭▭	官鬼	巳
▭ ▭	父母	未
▭ 世 ▭	兄弟	酉
▭ 卦身	妻財	卯
▭ ▭	官鬼	巳
子孫 子 ▭ 応 ▭	父母	未

六合卦　10 水沢節

	卦身	兄弟 子
		官鬼 戌
応		父母 申
		官鬼 丑
		子孫 卯
世		妻財 巳

六冲卦　9 坎為水

世		兄弟 子
		官鬼 戌
		父母 申
応		妻財 午
		官鬼 辰
		子孫 寅

12 水火既済

応		兄弟 子
		官鬼 戌
		父母 申
妻財 午	世	兄弟 亥
		官鬼 丑
		子孫 卯

11 水雷屯

		兄弟 子
	応	官鬼 戌
		父母 申
妻財 午		官鬼 辰
	世	子孫 寅
		兄弟 子

328

14 雷火豊

	卦身	官鬼	戌
世		父母	申
		妻財	午
		兄弟	亥
応		官鬼	丑
		子孫	卯

13 沢火革

		官鬼	未
		父母	酉
世		兄弟	亥
妻財	午	兄弟	亥
		官鬼	丑
応	卦身	子孫	卯

帰魂卦 16 地水師

応		父母	酉
		兄弟	亥
		官鬼	丑
世		妻財	午
		官鬼	辰
		子孫	寅

遊魂卦 15 地火明夷

	卦身	父母	酉
		兄弟	亥
世		官鬼	丑
妻財	午	兄弟	亥
		官鬼	丑
応		子孫	卯

六合卦　18 山火賁

▬▬▬▬▬	官鬼	寅
▬▬ 卦身 ▬▬	妻財	子
▬▬ 応 ▬▬	兄弟	戌
子孫 申 ▬▬▬▬▬	妻財	亥
父母 午 ▬▬ ▬▬	兄弟	丑
▬▬ 世 ▬▬	官鬼	卯

六冲卦　17 艮為山

▬▬ 世 ▬▬	官鬼	寅
▬▬ ▬▬	妻財	子
▬▬ ▬▬	兄弟	戌
▬▬ 応 ▬▬	子孫	申
▬▬ ▬▬	父母	午
▬▬ ▬▬	兄弟	辰

20 山沢損

▬▬ 応 ▬▬	官鬼	寅
▬▬ ▬▬	妻財	子
▬▬ ▬▬	兄弟	戌
子孫 申 ▬▬ 世 ▬▬	兄弟	丑
▬▬▬▬▬	官鬼	卯
▬▬▬▬▬	父母	巳

19 山天大畜

▬▬▬▬▬	官鬼	寅
▬▬ 応 ▬▬	妻財	子
▬▬ ▬▬	兄弟	戌
子孫 申 ▬▬▬▬▬	兄弟	辰
父母 午 ▬▬ 世 ▬▬	官鬼	寅
▬▬▬▬▬	妻財	子

330

22 天沢履

	兄弟	戌
妻財 子　世	子孫	申
	父母	午
	兄弟	丑
応	官鬼	卯
	父母	巳

21 火沢睽

	父母	巳
妻財 子	兄弟	未
世	子孫	酉
	兄弟	丑
卦身	官鬼	卯
応	父母	巳

帰魂卦　24 風山漸

応	官鬼	卯
妻財 子	父母	巳
	兄弟	未
世	子孫	申
	父母	午
	兄弟	辰

遊魂卦　23 風沢中孚

	官鬼	卯
妻財 子	父母	巳
世	兄弟	未
子孫 申	兄弟	丑
	官鬼	卯
応	父母	巳

六合卦　　26 雷地予

▬▬　▬▬	妻財　戌
▬▬　▬▬	官鬼　申
▬▬▬▬▬ 応　卦身	子孫　午
▬▬　▬▬	兄弟　卯
▬▬　▬▬	子孫　巳
父母 子　▬▬　▬▬ 世	妻財　未

六冲卦　　25 震為雷

▬▬　▬▬ 世	妻財　戌
▬▬　▬▬	官鬼　申
▬▬▬▬▬	子孫　午
▬▬　▬▬ 応	妻財　辰
▬▬　▬▬	兄弟　寅
▬▬▬▬▬	父母　子

28 雷風恒

▬▬　▬▬ 応	妻財　戌
▬▬　▬▬	官鬼　申
▬▬▬▬▬	子孫　午
▬▬▬▬▬ 世	官鬼　酉
兄弟 寅　▬▬▬▬▬	父母　亥
▬▬　▬▬	妻財　丑

27 雷水解

▬▬　▬▬	妻財　戌
▬▬　▬▬ 応	官鬼　申
▬▬▬▬▬	子孫　午
▬▬　▬▬	子孫　午
▬▬▬▬▬ 世	妻財　辰
父母 子　▬▬　▬▬	兄弟　寅

332

30 水風井

		父母	子
世		妻財	戌
子孫 午		官鬼	申
		官鬼	酉
兄弟 寅	応	父母	亥
		妻財	丑

29 地風升

	卦身	官鬼	酉
		父母	亥
子孫 午	世	妻財	丑
	卦身	官鬼	酉
兄弟 寅		父母	亥
	応	妻財	丑

帰魂卦　32 沢雷随

	応	妻財	未
		官鬼	酉
子孫 午		父母	亥
	世	妻財	辰
		兄弟	寅
		父母	子

遊魂卦　31 沢風大過

		妻財	未
		官鬼	酉
子孫 午	世	父母	亥
		官鬼	酉
兄弟 寅		父母	亥
	応	妻財	丑

34 風天小畜

```
▭▭▭▭▭         兄弟 卯
▭▭▭▭▭         子孫 巳
▭▭ 応 ▭▭       妻財 未
官鬼 酉 ▭▭▭▭▭  妻財 辰
▭▭▭▭▭         兄弟 寅
▭▭ 世 卦身 父母 子
```

六冲卦　33 巽為風

```
▭▭ 世 ▭▭         兄弟 卯
▭▭▭▭ 卦身 子孫 巳
▭▭ ▭▭            妻財 未
▭▭ 応 ▭▭         官鬼 酉
▭▭▭▭▭            父母 亥
▭▭ ▭▭            妻財 丑
```

36 風雷益

```
▭▭ 応 ▭▭         兄弟 卯
▭▭▭▭▭            子孫 巳
▭▭ ▭▭            妻財 未
官鬼 酉 ▭▭ 世 ▭▭  妻財 辰
▭▭ ▭▭            兄弟 寅
▭▭▭▭▭            父母 子
```

35 風火家人

```
▭▭▭▭▭            兄弟 卯
▭▭ 応 ▭▭         子孫 巳
▭▭ 卦身 ▭▭       妻財 未
官鬼 酉 ▭▭▭▭▭    父母 亥
▭▭ 世 ▭▭         妻財 丑
▭▭▭▭▭            兄弟 卯
```

334

38 火雷噬嗑

▭▭▭▭▭	子孫	巳
▭ 世 ▭ 妻財	妻財	未
▭▭▭▭▭	官鬼	酉
▭ ▭	妻財	辰
▭ 応 ▭	兄弟	寅
▭▭▭▭▭	父母	子

六冲卦　37 天雷无妄

▭▭▭▭▭	妻財	戌
▭▭▭▭▭	官鬼	申
▭ 世 ▭	子孫	午
▭ ▭	妻財	辰
▭ ▭	兄弟	寅
▭ 応 ▭	父母	子

帰魂卦　40 山風蠱

▭ 応　卦身 ▭	兄弟	寅
子孫 巳 ▭　▭	父母	子
▭ ▭	妻財	戌
▭ 世 ▭	官鬼	酉
▭▭▭▭▭	父母	亥
▭　▭	妻財	丑

遊魂卦　39 山雷頤

▭▭▭▭▭	兄弟	寅
子孫 巳 ▭　▭	父母	子
▭ 世 ▭	妻財	戌
官鬼 酉 ▭　▭	妻財	辰
▭ ▭	兄弟	寅
▭ 応 ▭	父母	子

六合卦　42 火山旅

```
━━━━━━━━━━━  兄弟 巳
━━　　━━     子孫 未
━━━ 応 ━━━   妻財 酉
官鬼 亥 ━━━━━━  妻財 申
━━　卦身 ━━  兄弟 午
父母 卯 ━━ 世 ━━  子孫 辰
```

六冲卦　41 離爲火

```
━━━ 世　卦身 ━━━  兄弟 巳
━━　　━━   子孫 未
━━━━━━━━━  妻財 酉
━━━ 応 ━━━  官鬼 亥
━━　　━━   子孫 丑
━━━━━━━━━  父母 卯
```

44 火水未済

```
━━━ 応 ━━━  兄弟 巳
━━　　━━   子孫 未
━━━━━━━━━  妻財 酉
官鬼 亥 ━━ 世 ━━  兄弟 午
━━━━━━━━━  子孫 辰
━━　　━━   父母 寅
```

43 火風鼎

```
━━━━━━━━━  兄弟 巳
━━ 応 ━━   子孫 未
━━━━━━━━━  妻財 酉
━━━━━━━━━  妻財 酉
━━━ 世 ━━━  官鬼 亥
父母 卯 ━━━━━　卦身  子孫 丑
```

336

46 風水渙

	父母	卯
世	兄弟	巳
妻財 酉	子孫	未
官鬼 亥	兄弟	午
応　卦身	子孫	辰
	父母	寅

45 山水蒙

	父母	寅
	官鬼	子
妻財 酉　世	子孫	戌
	兄弟	午
	子孫	辰
応	父母	寅

帰魂卦　48 天火同人

応	子孫	戌
	妻財	申
	兄弟	午
世	官鬼	亥
	子孫	丑
	父母	卯

遊魂卦　47 天水訟

	子孫	戌
	妻財	申
世	兄弟	午
官鬼 亥	兄弟	午
	子孫	辰
応	父母	寅

六合卦　50 地雷復

▬▬　▬▬	子孫	酉
▬▬　▬▬	妻財	亥
▬▬　▬▬　応	兄弟	丑
▬▬　▬▬	兄弟	辰
父母 巳　▬▬　▬▬	官鬼	寅
▬▬▬▬▬　世　卦身	妻財	子

六冲卦　49 坤為地

▬▬　▬▬　世	子孫	酉
▬▬　▬▬　卦身	妻財	亥
▬▬　▬▬	兄弟	丑
▬▬　▬▬　応	官鬼	卯
▬▬　▬▬	父母	巳
▬▬　▬▬	兄弟	未

六合卦　52 地天泰

▬▬　▬▬　応	子孫	酉
▬▬　▬▬	妻財	亥
▬▬　▬▬	兄弟	丑
▬▬▬▬▬　世	兄弟	辰
父母 巳　▬▬▬▬▬　卦身	官鬼	寅
▬▬▬▬▬	妻財	子

51 地沢臨

▬▬　▬▬	子孫	酉
▬▬　▬▬　応	妻財	亥
▬▬　▬▬　卦身	兄弟	丑
▬▬　▬▬　卦身	兄弟	丑
▬▬▬▬▬　世	官鬼	卯
▬▬▬▬▬	父母	巳

54 沢天夬

		兄弟	未
世		子孫	酉
		妻財	亥
	卦身	兄弟	辰
父母 巳 応		官鬼	寅
		妻財	子

六冲卦 53 雷天大壮

		兄弟	戌
		子孫	申
世		父母	午
		兄弟	辰
		官鬼	寅
応		妻財	子

帰魂卦 56 水地比

	応	妻財	子
		兄弟	戌
	卦身	子孫	申
世		官鬼	卯
		父母	巳
		兄弟	未

遊魂卦 55 水天需

		妻財	子
		兄弟	戌
世		子孫	申
		兄弟	辰
父母 巳		官鬼	寅
応		妻財	子

六合卦　　58 沢水困

		父母	未
		兄弟	酉
応		子孫	亥
	卦身	官鬼	午
		父母	辰
世		妻財	寅

六冲卦　　57 兌為沢

世		父母	未
		兄弟	酉
	卦身	子孫	亥
応		父母	丑
		妻財	卯
		官鬼	巳

60 沢山咸

応		父母	未
		兄弟	酉
		子孫	亥
世		兄弟	申
妻財 卯		官鬼	午
		父母	辰

59 沢地萃

	卦身	父母	未
応		兄弟	酉
		子孫	亥
		妻財	卯
世		官鬼	巳
	卦身	父母	未

62 地山謙

		兄弟	酉
世		子孫	亥
		父母	丑
		兄弟	申
妻財 卯	応	官鬼	午
		父母	辰

61 水山蹇

		子孫	子
		父母	戌
世		兄弟	申
		兄弟	申
妻財 卯		官鬼	午
	応	父母	辰

帰魂卦 64 雷沢帰妹

	応		父母	戌
	卦身		兄弟	申
子孫 亥			官鬼	午
	世		父母	丑
			妻財	卯
			官鬼	巳

遊魂卦 63 雷山小過

		父母	戌
		兄弟	申
子孫 亥	世	官鬼	午
		兄弟	申
妻財 卯		官鬼	午
	応	父母	辰

あとがき

1 本書は気学、推命、紫微斗数、断易を活用する方々に幅広く利用出来るよう配慮しました。

2 旧暦（陰暦）については様々な説や考え方が存在します。どれが正しくて、どれが間違っているという標準化することは無理があります。我が国で一般的に使用されている方法に準拠しました。特に旧暦から星を算出する紫微斗数占法や宿曜経（密教占星術）等に関連してきます。閏の月日の変換や修正等も、中国と我が国とではやや差異が見られます。また流派によってもそれぞれ見解が分れます。今後の研究課題とさせて頂きます。

3 各月の節入り日の詳細な時間については、それぞれの地域によって差異が出てきます。また命理占や六壬易・断易についてはそれぞれの地域の時間表を勘案して修正してください。命理占の場合、節入り日時以外はさほど懸念するにおよびません。紫微斗数占法の関連各表は流派によって星の名称や数に差異がありますが、特に作用の強い星に絞ってあります。

4 本書を発行するにあたり、命理研究家羽田一彦氏、断易および推命各表については占術家田嶋数人氏、紫微斗数関連については、東海林秀樹氏が担当いたしました。

　　　　　　編集部

参考文献

- 『理科年表』　政府刊行物
- 『精準、如意萬年暦』　如意堂書店
- 『万年暦』
- 『紫微斗数占法要義』　鮑　黎明 編　東洋書院
- 『気学即断要覧』　東海林秀樹 著　東洋書院
- 『断易入門』　東海林秀樹 著　東洋書院
- 『推命判断秘法』　菅原　壮 著　東洋書院
- 中村文聡 著　悠久書閣

編集協力者プロフィール

羽田 一彦（はた　かずひこ）
昭和34年（1959）東京生れ
学生時代より占術、神道等に興味をいだく。現在社会人として働くかたわら、各地の先学の氏に教えを請いながら占術の研究中。

東海林 秀樹（しょうじ　ひでき）
昭和32年（1957）東京生れ
占術家。斯界の大家に付き各占術を研鑽、特に台湾と日本の間を往来し、貴重な資料を渉猟。著書に『紫微斗数占法要義』など多数。占い処『占星堂』当主。

田嶋 数人（たじま　かずひと）
昭和32年（1957）東京生れ
中国人占術家に師事し、命卜相の全般について教授される。
斗数に関しては飛星派を学び、特に香港の中州派を深く研究する。
現在は各流派の師と交流しつつ、更なる研究を重ねる。

精解　吉象 万年暦
―気学、紫微斗数、推命、断易活用―

2019年4月25日　第1刷発行
2021年11月12日　第2刷発行

定価　　本体2800円＋税
監修　　東海林秀樹
発行者　斎藤 勝己
発行所　株式会社東洋書院
〒160-0003　東京都新宿区四谷本塩町15－8－8F
電話　03－3353－7579
FAX　03－3358－7458
http://www.toyoshoin.com
印刷所　シナノ印刷株式会社
製本所　株式会社難波製本

落丁本乱丁本は小社書籍制作部にお送りください。
送料小社負担にてお取り替えいたします。
本書の無断複写は禁じられています。

©TOYO SHOIN 2021　Printed in Japan.
ISBN978-4-88594-529-8